KODEX

DES ÖSTERREICHISCHEN RECHTS

Herausgeber: em. o. Univ.-Prof. Dr. Werner Doralt
Redaktion: Dkfm. Dr. Anica Doralt

UNIVERSITÄTS-RECHT

bearbeitet von

Mag.ª Christine PERLE
Bundesministerium für Wissenschaft und Forschung

LexisNexis

Benützungsanleitung: Die Novellen sind nach dem Muster der Wiederverlautbarung in Kursivdruck jeweils am Ende eines Paragraphen, eines Absatzes oder einer Ziffer durch Angabe des Bundesgesetzblattes in Klammer ausgewiesen. Soweit nach Meinung des Bearbeiters ein Bedarf nach einem genauen Novellenausweis besteht, ist der geänderte Text zusätzlich durch Anführungszeichen hervorgehoben.

KODEX

DES ÖSTERREICHISCHEN RECHTS

VERFASSUNGSRECHT
EUROPARECHT (EU-VERFASSUNGSRECHT)
EINFÜHRUNGSGESETZE ABGB UND B-VG
BÜRGERLICHES RECHT
HANDELSRECHT
ZIVILGERICHTLICHES VERFAHREN
AUSSERSTREITVERFAHREN
STRAFRECHT
GERICHTSORGANISATION
ANWALTS- UND GERICHTSTARIFE
WOHNUNGSGESETZE
BANKEN- UND BÖRSERECHT
EU-FINANZMARKTRECHT
VERSICHERUNGSRECHT
WIRTSCHAFTSGESETZE
VERGABEGESETZE
ARBEITSRECHT
EU-ARBEITSRECHT
AUSHANGPFLICHTIGE GESETZE
SOZIALVERSICHERUNG
PFLEGEGELDGESETZE
STEUERGESETZE
STEUER-ERLÄSSE
LST – RICHTLINIENKOMMENTAR
KSTG – RICHTLINIENKOMMENTAR
UMGRSTG – RICHTLINIENKOMMENTAR
USTG – RICHTLINIENKOMMENTAR
DOPPELBESTEUERUNGSABKOMMEN
ZOLLRECHT UND VERBRAUCHSTEUERN
VERKEHRSRECHT
WEHRRECHT
ÄRZTERECHT
KRANKENANSTALTENGESETZE
VETERINÄRRECHT
UMWELTRECHT
EU-UMWELTRECHT
CHEMIKALIENRECHT
WASSERRECHT
ABFALLRECHT
GEFAHRGUTRECHT
SCHULGESETZE
UNIVERSITÄTSRECHT
BESONDERES VERWALTUNGSRECHT
INNERE VERWALTUNG
VERWALTUNGSVERFAHRENSGESETZE
LANDESRECHT TIROL
LANDESRECHT VORARLBERG

ISBN: 978-3-7007-4656-0

LexisNexis Verlag ARD Orac GmbH & CoKG, 1030 Wien, Marxergasse 25, Tel. 534 52-0
Hersteller: Prime Rate GmbH, Budapest

Vorwort zur zehnten Auflage

Der Kodex „Universitätsrecht“ fasst alle für den Universitätsbereich relevanten Rechtsvorschriften in einer Ausgabe übersichtlich zusammen.

Mit der zehnten Auflage des Kodex „Universitätsrecht“ werden einerseits die im Kodex enthaltenen Rechtsvorschriften aktualisiert, andererseits werden neue Rechtsvorschriften in den Kodex aufgenommen.

Es ist dies in erster Linie das im Sommer 2011 vom Parlament beschlossene Bundesgesetz über die externe Qualitätssicherung im Hochschulwesen und die Agentur für Qualitätssicherung und Akkreditierung Austria – Hochschul-Qualitätssicherungsgesetz – HS-QSG. Ziel des Hochschul-Qualitätssicherungsgesetzes ist es, sektorenübergreifende Rahmenbedingungen für die externe Qualitätssicherung im österreichischen Hochschulraum zu schaffen. Zu diesem Zweck werden die neue Agentur für Qualitätssicherung und Akkreditierung Austria geschaffen und entsprechende Verfahrensrichtlinien definiert. Im Zusammenhang mit dem Hochschul-Qualitätssicherungsgesetz wird die bisherige Rechtsgrundlage der Privatuniversitäten (Universitäts-Akkreditierungsgesetz) durch das Bundesgesetz über Privatuniversitäten ersetzt und das Fachhochschul-Studiengesetz einer umfangreichen Novelle unterzogen.

Weiters wird das Bundesgesetz über die Organisation der Pädagogischen Hochschulen und ihre Studien (Hochschulgesetz 2005 – HG) in den Kodex aufgenommen. Mit dem Hochschulgesetz 2005 wurde die Entwicklung der damaligen Pädagogischen Akademien zu anerkannten postsekundären Einrichtungen abgeschlossen. Das Hochschulgesetz 2005 ist bereits am 1. Oktober 2007 vollständig in Kraft getreten. Mit seiner Aufnahme in den Kodex „Universitätsrecht“ werden die Rechtsvorschriften für anerkannte postsekundäre Einrichtungen in Österreich vervollständigt. Zudem werden sich mit dem Projekt „PädagogInnenbildung NEU“ in naher Zukunft vermehrt Anknüpfungspunkte zwischen den Universitäten und Pädagogischen Hochschulen ergeben.

An Aktualisierungen von Rechtsvorschriften ist in erster Linie die Änderung des Universitätsgesetzes 2002 vom März 2011 relevant. Mit dieser Änderung wurden die verpflichtende Vorausanmeldung sowie die verpflichtende Studienwahlberatung vor der Zulassung zu einem Studium vorgesehen. Die Bestimmungen über die Studieneingangs- und Orientierungsphase wurden verschärft. Eine der Intentionen des Universitätsrechts-Änderungsgesetzes 2009 – nämlich die intensivere Auseinandersetzung der zukünftigen Studierenden mit ihrer Studienwahl – wird damit konsequent fortgesetzt.

Dem am Thema „Universität“ interessierten Personenkreis steht mit dieser Ausgabe weiterhin eine vollständige und aktuelle Zusammenfassung von Rechtstexten zur Verfügung.

Wien, im September 2011 *Mag.ª Christine Perle*

Inhaltsverzeichnis

Universitätsgesetz 2002

BGBl I 2002/120 idF

BGBl I 2004/21	BGBl I 2004/96	BGBl I 2004/116
BGBl I 2005/77	BGBl I 2006/74	BGBl I 2007/24
BGBl I 2007/87	BGBl I 2008/134	BGBl I 2009/81
BGBl I 2010/111	BGBl I 2011/13	BGBl I 2011/45*)

Stichwortverzeichnis

Dem Stichwort folgende Zahlen verweisen auf Paragraphen des UG 2002. Zahlen in Klammern beziehen sich auf die Absätze im jeweiligen Paragraphen, unmittelbar daran anschließende Zahlen verweisen auf Ziffern innerhalb des Absatzes.

*) *Kundmachung des Bundeskanzlers über die Aufhebung des § 91 Abs. 1 bis 3 und 8 des Universitätsgesetzes 2002, BGBl I 2011/45 – siehe Anlage.*

Stichwortverzeichnis

Stichwortverzeichnis

Bundesgesetz über die Organisation der Universitäten und ihre Studien (Universitätsgesetz 2002 – UG)
(BGBl I 2009/81)

Inhaltsverzeichnis

I. Teil
Organisationsrecht

1. Abschnitt
Allgemeine Bestimmungen

1. Unterabschnitt
Grundsätze, Aufgaben und Geltungsbereich

2. Unterabschnitt
Finanzierung, Leistungsvereinbarung und Qualitätssicherung

3. Unterabschnitt
Gebarung und Rechnungswesen

2. Abschnitt
Leitung und innerer Aufbau der Universität

1. Unterabschnitt
Bestimmungen für alle Universitäten

2. Unterabschnitt
Forschungsförderung, Auftragsforschung und Vollmachten

3. Unterabschnitt
Sonderbestimmungen für die Klinischen Bereiche der Medizinischen Universitäten

4. Unterabschnitt
Sonderbestimmungen für die Veterinärmedizinische Universität Wien

5. Unterabschnitt
Sonderbestimmungen für die Katholische und die Evangelische Theologie

6. Unterabschnitt
Sonderbestimmungen für die Akademie der bildenden Künste Wien

7. Unterabschnitt
Sonderbestimmungen für den Universitätssport

3. Abschnitt
Gleichstellung von Frauen und Männern

4. Abschnitt
Verfahren

I. Teil
Organisationsrecht

1. Abschnitt
Allgemeine Bestimmungen

1. Unterabschnitt
Grundsätze, Aufgaben und Geltungsbereich

Ziele

§ 1. Die Universitäten sind berufen, der wissenschaftlichen Forschung und Lehre, der Entwicklung und der Erschließung der Künste sowie der Lehre der Kunst zu dienen und hiedurch auch verantwortlich zur Lösung der Probleme des Menschen sowie zur gedeihlichen Entwicklung der Gesellschaft und der natürlichen Umwelt beizutragen. Universitäten sind Bildungseinrichtungen des öffentlichen Rechts, die in Forschung und in forschungsgeleiteter akademischer Lehre auf die Hervorbringung neuer wissenschaftlicher Erkenntnisse sowie auf die Erschließung neuer Zugänge zu den Künsten ausgerichtet sind. Im gemeinsamen Wirken von Lehrenden und Studierenden wird in einer aufgeklärten Wissensgesellschaft das Streben nach Bildung und Autonomie des Individuums durch Wissenschaft vollzogen. Die Förderung des wissenschaftlichen Nachwuchses geht mit der Erarbeitung von Fähigkeiten und Qualifikationen sowohl im Bereich der wissenschaftlichen und künstlerischen Inhalte als auch im Bereich der methodischen Fertigkeiten mit dem Ziel einher, zur Bewältigung der gesellschaftlichen Herausforderungen in einer sich wandelnden humanen und geschlechtergerechten Gesellschaft beizutragen. Um den sich ständig wandelnden Erfordernissen organisatorisch, studien- und personalrechtlich Rechnung zu tragen, konstituieren sich die Universitäten und ihre Organe in größtmöglicher Autonomie und Selbstverwaltung.

Leitende Grundsätze

§ 2. Die leitenden Grundsätze für die Universitäten bei der Erfüllung ihrer Aufgaben sind:

1. Freiheit der Wissenschaften und ihrer Lehre (Art. 17 des Staatsgrundgesetzes über die allgemeinen Rechte der Staatsbürger, RGBl. Nr. 142/1867) und Freiheit des wissenschaftlichen und des künstlerischen Schaffens, der Vermittlung von Kunst und ihrer Lehre (Art. 17a des Staatsgrundgesetzes über die allgemeinen Rechte der Staatsbürger);
2. Verbindung von Forschung und Lehre, Verbindung der Entwicklung und Erschließung der Künste und ihrer Lehre sowie Verbindung von Wissenschaft und Kunst;
3. Vielfalt wissenschaftlicher und künstlerischer Theorien, Methoden und Lehrmeinungen;
4. Lernfreiheit;
5. Berücksichtigung der Erfordernisse der Berufszugänge;
6. Mitsprache der Studierenden, insbesondere bei Studienangelegenheiten, bei der Qualitätssicherung der Lehre und der Verwendung der Studienbeiträge;
7. nationale und internationale Mobilität der Studierenden, der Absolventinnen und Absolventen sowie des wissenschaftlichen und künstlerischen Universitätspersonals;
8. Zusammenwirken der Universitätsangehörigen;
9. Gleichstellung von Frauen und Männern;
10. soziale Chancengleichheit;
11. besondere Berücksichtigung der Erfordernisse von behinderten Menschen;
12. Wirtschaftlichkeit, Sparsamkeit und Zweckmäßigkeit der Gebarung.

Aufgaben

§ 3. Die Universitäten erfüllen im Rahmen ihres Wirkungsbereichs folgende Aufgaben:

1. Entwicklung der Wissenschaften (Forschung und Lehre), Entwicklung und Erschließung der Kunst sowie Lehre der Kunst;

2. Bildung durch Wissenschaft und durch die Entwicklung und Erschließung der Künste;
3. wissenschaftliche, künstlerische, künstlerisch-pädagogische und künstlerisch-wissenschaftliche Berufsvorbildung, Qualifizierung für berufliche Tätigkeiten, die eine Anwendung wissenschaftlicher Erkenntnisse und Methoden erfordern, sowie Ausbildung der künstlerischen und wissenschaftlichen Fähigkeiten bis zur höchsten Stufe;
4. Heranbildung und Förderung des wissenschaftlichen und künstlerischen Nachwuchses;
5. Weiterbildung, insbesondere der Absolventinnen und Absolventen von Universitäten;
6. Koordinierung der wissenschaftlichen Forschung (Entwicklung und Erschließung der Künste) und der Lehre innerhalb der Universität;
7. Unterstützung der nationalen und internationalen Zusammenarbeit im Bereich der wissenschaftlichen Forschung und Lehre sowie der Kunst;
8. Unterstützung der Nutzung und Umsetzung ihrer Forschungsergebnisse in der Praxis und Unterstützung der gesellschaftlichen Einbindung von Ergebnissen der Entwicklung und Erschließung der Künste;
9. Gleichstellung von Frauen und Männern und Frauenförderung;
10. Pflege der Kontakte zu den Absolventinnen und Absolventen;
11. Information der Öffentlichkeit über die Erfüllung der Aufgaben der Universitäten.

Rechtsform

§ 4. Die Universitäten sind juristische Personen des öffentlichen Rechts.

Weisungsfreiheit und Satzungsfreiheit

§ 5. Die Universitäten erfüllen ihre Aufgaben gemäß § 3 im Rahmen der Gesetze und Verordnungen weisungsfrei und geben sich ihre Satzung im Rahmen der Gesetze nach Maßgabe des Art. 81c Abs. 1 des Bundes-Verfassungsgesetzes (B-VG), BGBl. Nr. 1/1930, in der Fassung des Bundesgesetzes BGBl. I Nr. 2/2008. *(BGBl I 2009/81)*

Geltungsbereich

§ 6. Dieses Bundesgesetz gilt für folgende Universitäten:
1. Universität Wien;
2. Universität Graz;
3. Universität Innsbruck;
4. Medizinische Universität Wien;
5. Medizinische Universität Graz;
6. Medizinische Universität Innsbruck;
7. Universität Salzburg;
8. Technische Universität Wien;
9. Technische Universität Graz;
10. Montanuniversität Leoben;
11. Universität für Bodenkultur Wien;
12. Veterinärmedizinische Universität Wien;
13. Wirtschaftsuniversität Wien;
14. Universität Linz;
15. Universität Klagenfurt;
16. Universität für angewandte Kunst Wien;
17. Universität für Musik und darstellende Kunst Wien;
18. Universität Mozarteum Salzburg;
19. Universität für Musik und darstellende Kunst Graz;
20. Universität für künstlerische und industrielle Gestaltung Linz;
21. Akademie der bildenden Künste Wien.

Wirkungsbereich der Universitäten

§ 7. (1) Der Wirkungsbereich der Universitäten gemäß § 6 Z 1 bis 3 und 7 bis 21 ergibt sich, soweit nicht Abs. 2 anderes bestimmt, aus den am Tag vor dem In-Kraft-Treten dieses Bundesgesetzes an den gleichnamigen Universitäten eingerichteten Studien und Forschungseinrichtungen.

(2) Der Wirkungsbereich der Medizinischen Universitäten Wien, Graz und Innsbruck ergibt sich aus den am Tag vor dem In-Kraft-Treten dieses Bundesgesetzes an den Medizinischen Fakultäten der Universitäten Wien, Graz und Innsbruck eingerichteten Studien und Forschungseinrichtungen.

(3) Änderungen der Wirkungsbereiche der Universitäten sind nur im Wege der Leistungsvereinbarungen gemäß § 13 oder durch Verordnung der Bundesregierung gemäß § 8 zulässig.

Sicherung von Forschungs- und Lehrbereichen

§ 8. Die Bundesregierung kann auf Vorschlag der Bundesministerin oder des Bundesministers einer Universität oder mehreren Universitäten durch Verordnung die Einrichtung eines Studiums auftragen, wenn dies aus übergeordneten bildungspolitischen oder wissenschaftspolitischen Gründen erforderlich ist und keine diesbezügliche Einigung im Rahmen einer Leistungsvereinbarung erfolgt.

Rechtsaufsicht

§ 9. Die Universitäten, die von ihnen gemäß § 10 gegründeten Gesellschaften, Stiftungen und Vereine sowie jene Gesellschaften, deren Geschäftsanteile die Universität mittelbar oder unmittelbar zu mehr als 50 vH hält, unterliegen der Aufsicht des Bundes. Diese umfasst die Aufsicht über die Einhaltung der Gesetze und Verordnungen einschließlich der Satzung (Rechtsaufsicht). *(BGBl I 2009/81)*

Gesellschaften, Stiftungen, Vereine

§ 10. Jede Universität ist berechtigt, Gesellschaften, Stiftungen und Vereine zu gründen sowie sich an Gesellschaften zu beteiligen und Mitglied in Vereinen zu sein, sofern diese Gründung, Beteiligung oder Mitgliedschaft der Erfüllung der Aufgaben der Universität dient und insbesondere die Forschung (Entwicklung und Erschließung der Künste) und die Lehre dadurch nicht beeinträchtigt werden. *(BGBl I 2009/81)*

Universitätsbericht

§ 11. Die Bundesministerin oder der Bundesminister hat dem Nationalrat ab dem Jahr 2005 auf der Grundlage der Wissensbilanzen der Universitäten mindestens alle drei Jahre einen Bericht über die bisherige Entwicklung und die künftige Ausrichtung der Universitäten vorzulegen. Dabei ist unter anderem auch auf die Nachwuchsförderung, auf die Entwicklung der Personalstruktur der Universitäten und auf die Lage der Studierenden einzugehen. *(BGBl I 2009/81)*

2. Unterabschnitt

Finanzierung, Leistungsvereinbarung und Qualitätssicherung

Universitätsfinanzierung aus Bundesmitteln

§ 12. (1) Die Universitäten sind vom Bund zu finanzieren. Dabei sind die finanziellen Leistungsmöglichkeiten des Bundes, seine Anforderungen an die Universitäten und die Aufgabenerfüllung der Universitäten zu berücksichtigen.

(2) Die Bundesministerin oder der Bundesminister hat im Einvernehmen mit der Bundesministerin oder dem Bundesminister für Finanzen bis spätestens Ende des zweiten Jahres jeder Leistungsvereinbarungsperiode gemäß § 13 den für die nächste Leistungsvereinbarungsperiode zur Finanzierung der Universitäten zur Verfügung stehenden Gesamtbetrag festzusetzen und darüber das Einvernehmen gemäß § 45 des Bundeshaushaltsgesetzes, BGBl. Nr. 213/ 1986, herzustellen.

(3) Der Betrag gemäß Abs. 2 erhöht sich um die in den einzelnen Jahren der jeweiligen Leistungsvereinbarungsperiode anfallenden Aufwendungen der Universitäten aus den allgemeinen Bezugserhöhungen für das am Tag vor dem vollen Wirksamwerden dieses Bundesgesetzes an den Universitäten vorhandene Bundespersonal, soweit es in diesem Zeitraum in einem Arbeitsverhältnis zur Universität oder in einem Bundesdienstverhältnis, in einem besonderen öffentlich-rechtlichen Rechtsverhältnis als wissenschaftliche (künstlerische) Mitarbeiterin oder als wissenschaftlicher (künstlerischer) Mitarbeiter (in Ausbildung) (§ 132) steht und der Universität zugewiesen ist. Die Erhöhung darf jenen Hundertsatz nicht überschreiten, um den die veranschlagten Personalausgaben des Bundes gegenüber dem Bundesvoranschlag für das vorhergehende Kalenderjahr gestiegen sind. *(BGBl I 2009/81)*

(4) Die Erhöhung gemäß Abs. 3 ist mit jenem Betrag begrenzt, der erforderlich wäre, wenn das von dieser Bestimmung erfasste Universitätspersonal noch in einem Dienst- oder besonderen öffentlich-rechtlichen Rechtsverhältnis als wissenschaftliche (künstlerische) Mitarbeiterin oder als wissenschaftlicher (künstlerischer) Mitarbeiter (in Ausbildung) (§ 132) zum Bund stünde. *(BGBl I 2009/81)*

(5) Die Bundesministerin oder der Bundesminister kann 2 vH des jährlichen Betrags gemäß Abs. 2 und 3 für besondere Finanzierungserfordernisse, zur Ergänzung von Leistungsvereinbarungen gemäß § 13 sowie für Gestaltungsvereinbarungen gemäß Abs. 12 einbehalten. Die zurückbehaltenen Mittel müssen den Universitäten in voller Höhe zur Verfügung gestellt werden. *(BGBl I 2009/81)*

(6) Der gemäß Abs. 2 und 3 zur Verfügung stehende Gesamtbetrag wird auf einen Teilbetrag für die Grundbudgets gemäß § 13 und einen Teilbetrag für die formelgebundenen Budgets gemäß Abs. 8 aufgeteilt.

(7) Die Universitäten erhalten jeweils ein Globalbudget, das für die dreijährige Periode im Voraus festgelegt wird. Es setzt sich aus dem jeweiligen Grundbudget und dem jeweiligen formelgebundenen Budget zusammen. Die Universitäten können im Rahmen ihrer Aufgaben und der Leistungsvereinbarungen frei über den Einsatz der Globalbudgets ver-

fügen. Eine allfällige Reduktion des Globalbudgets einer Universität beträgt im ersten Jahr der dreijährigen Periode höchstens 2 vH, im zweiten Jahr höchstens 4 vH und im dritten Jahr höchstens 6 vH eines Drittels des für die vorangegangene dreijährige Periode festgesetzten Globalbudgets.

(8) Der Teilbetrag für die formelgebundenen Budgets beträgt 20 vH des gemäß Abs. 2 und 3 zur Verfügung stehenden Gesamtbetrags. Die auf die einzelnen Universitäten entfallenden Anteile werden anhand von qualitäts- und quantitätsbezogenen Indikatoren bemessen. Diese beziehen sich auf die Bereiche Lehre, Forschung oder Entwicklung und Erschließung der Künste sowie gesellschaftliche Zielsetzungen.

(9) Die Bundesministerin oder der Bundesminister hat im Einvernehmen mit der Bundesministerin oder dem Bundesminister für Finanzen nach Anhörung der Universitäten die Indikatoren gemäß Abs. 8 und die Art der Berechnung der formelgebundenen Budgets bis 31. Dezember 2005 durch Verordnung festzusetzen.

(10) Einnahmen aus Drittmitteln und Erträge, die Universitäten aus Veranlagungen erzielen, sind auszuweisen. Sie verbleiben in der Verfügung der Universitäten und reduzieren nicht die Höhe der staatlichen Zuweisungen.

(11) Die Zuteilungen der Mittel erfolgen monatlich aliquot. Die monatlichen Zuweisungen können entsprechend den universitären Erfordernissen im Rahmen der zur Verfügung stehenden Globalbudgets verändert werden.

(12) Für besondere Finanzierungserfordernisse, z. B. für bestimmte Vorhaben zur Schaffung oder Unterstützung eines nationalen Hochschulraumes, kann die Bundesministerin oder der Bundesminister nach Möglichkeit zu Beginn des jeweiligen Jahres mit den einzelnen Universitäten jährliche Gestaltungsvereinbarungen abschließen. Bei Erreichung der in der jeweiligen Gestaltungsvereinbarung festgelegten Ziele stehen der Universität die in der Gestaltungsvereinbarung in Aussicht gestellten finanziellen Mittel zur Verfügung. Die Erreichung der Ziele wird anhand von festgelegten Kenngrößen bewertet. Die Gestaltungsvereinbarung ist im Mitteilungsblatt zu veröffentlichen. *(BGBl I 2009/81)*

(13) Die Bundesministerin oder der Bundesminister kann im Falle der drohenden oder eingetretenen Zahlungsunfähigkeit der Universität ein Sanierungskonzept als verbindlichen Rahmen für ihre Wirtschaftsführung vorgeben, welches dem Ziel dient, im Rahmen einer geordneten Gebarung die künftige, dauerhafte Leistungsfähigkeit der Universität zu erreichen. Das Sanierungskonzept kann die Bestellung einer Universitätskuratorin, eines Universitätskurators oder von mehreren Universitätskuratorinnen oder Universitätskuratoren beinhalten. *(BGBl I 2009/81)*

Leistungsvereinbarung

§ 13. (1) Die Leistungsvereinbarung ist ein öffentlich-rechtlicher Vertrag. Sie ist zwischen den einzelnen Universitäten und dem Bund im Rahmen der Gesetze für jeweils drei Jahre abzuschließen. *(BGBl I 2004/21)*

(2) Inhalt der Leistungsvereinbarung ist insbesondere:

1. die von der Universität zu erbringenden Leistungen, die entsprechend den Zielen, leitenden Grundsätzen und Aufgaben der Universität in folgenden Bereichen festzulegen sind:

a) strategische Ziele, Profilbildung, Universitäts- und Personalentwicklung:
Die langfristigen und die innerhalb der Leistungsvereinbarungsperiode zu erreichenden Ziele sind festzulegen. Die Universität hat ihre besonderen Schwerpunkte und Stärken und den daraus abgeleiteten und zur Zielerreichung vorgesehenen Ressourceneinsatz bekannt zu geben. Es ist anzugeben, welche Fördermaßnahmen und Anreize zur Erreichung der Ziele in der Personalentwicklung erforderlich sind und welche Beiträge die Angehörigen der Universität leisten sollen. Im Rahmen der Personalentwicklung sind jedenfalls Maßnahmen zur Verbesserung der Vereinbarkeit von Kinderbetreuung und wissenschaftlicher Karriere zu berücksichtigen. *(BGBl I 2009/81)*

b) Forschung sowie Entwicklung und Erschließung der Künste:
Die Universität hat insbesondere die geplanten und die weiterzuführenden Forschungsprojekte und Forschungsprogramme sowie die Vorhaben zur Entwicklung und Erschließung der Künste bekannt zu geben.

c) Studien und Weiterbildung:
Die Angaben zum Studienbetrieb und zu den Weiterbildungsaktivitäten sind durch entsprechende Statistiken über die quantitative Entwicklung in diesen Bereichen und mittels der Ergebnisse der Auswertung der Lehrveranstaltungsbeurteilungen nach Studien zu belegen. Auf dieser Basis sind die Vorhaben im Studien- und Weiterbildungsbereich sowie bei der Heranbildung von besonders qualifizierten

Doktoranden und Postgraduierten zu bezeichnen und allfällige Änderungen der Lehr- und Lernorganisation zu definieren, mit denen den anzustrebenden Qualifikationsprofilen der Studierenden und der Forscherinnen und Forscher entsprochen werden soll.

d) Maßnahmen zur Verringerung der Zahl der Studienabbrecherinnen und Studienabbrecher:
Die Universität hat Erhebungen über die Ursachen von Studienabbrüchen vorzunehmen und Aktivitäten zur Verbesserung der Abschlussquoten bekanntzugeben. Weiters hat die Universität Maßnahmen zum Ausbau der Studierendenberatung, zum Coaching und Mentoring in der Studieneingangs- und Orientierungsphase sowie zum Ausbau der Betreuungsangebote für Studierende mit Kindern zu entwickeln. *(BGBl I 2009/81)*

e) Verbesserung der Betreuungsrelationen:
Es ist insbesondere unter Berücksichtigung der Bedürfnisse des jeweiligen wissenschaftlichen oder künstlerischen Faches eine Verbesserung der Betreuungsrelation mit dem Ziel anzustreben, internationale Standards in der Betreuung von Studierenden zu erreichen. *(BGBl I 2009/81)*

f) Angebote für berufstätige Studierende:
Dazu zählt jedenfalls die Schaffung von berufsbegleitend organisierten Studienangeboten sowie von Teilzeitstudienangeboten auch unter Berücksichtigung von blended learning. *(BGBl I 2009/81)*

g) gesellschaftliche Zielsetzungen:
Die Universität hat ihren Beitrag zur Entwicklung der Gesellschaft zu formulieren. Dazu zählen jedenfalls Maßnahmen zur besseren sozialen Durchlässigkeit, zur Erhöhung des Frauenanteils in leitenden Funktionen der Universität sowie zur gezielten Förderung von Nachwuchsforscherinnen, der Ausbau von gesellschaftlich relevanten Kunst-, Kultur- und Forschungsbereichen sowie der Wissens- und Technologietransfer. *(BGBl I 2009/81)*

h) Erhöhung der Internationalität und Mobilität:
Aktivitäten und Vorhaben in diesem Bereich beziehen sich insbesondere auf mehrjährige internationale Kooperationen mit Universitäten, mit anderen Forschungseinrichtungen und Institutionen aus dem Kunst- und Kulturbereich, auf gemeinsame Studien- und Austauschprogramme für Studierende, für das wissenschaftliche und künstlerische Personal sowie auf die Erhöhung des Anteils der ausländischen Studierenden und Postgraduierten. *(BGBl I 2009/81)*

i) interuniversitäre Kooperationen:
Die Universität hat ihre Aktivitäten zur gemeinsamen Nutzung von Organisationseinheiten und Leistungsangeboten mit anderen Universitäten zu bestimmen. Dabei sind Informationen über die Bereiche, das Ausmaß und die Auswirkungen der Kooperationen mit anderen österreichischen Universitäten zu liefern. *(BGBl I 2009/81)*

j) Festlegung von Indikatoren:
Es sind Indikatoren festzulegen, anhand derer die Erreichung von bestimmten Leistungsvereinbarungszielen gemessen werden kann; die betreffenden Indikatoren sind in die Wissensbilanz der Universität aufzunehmen. *(BGBl I 2009/81)*

k) an den Medizinischen Universitäten:
In den Studien Humanmedizin und Zahnmedizin die Festlegung der Anzahl der Studienplätze im Sinne einer bedarfsgerechten Studienplatzentwicklung, sodass unter Wahrung der in § 124b Abs. 5 geregelten Schutzinteressen sichergestellt ist, dass bis zum Wintersemester 2015/16 bis zu 2.000 Studienanfängerinnen und -anfängern die Aufnahme des Studiums möglich ist; bei der Aufteilung der Studierenden zwischen den Universitäten sind die bisherigen Studierendenzahlen zu berücksichtigen. Die Aufteilung der Studierenden auf die Studien Humanmedizin und Zahnmedizin ist zu regeln. *(BGBl I 2009/81)*

l) an der Veterinärmedizinischen Universität Wien:
Im Diplomstudium Veterinärmedizin die Festlegung der Anzahl der Studienplätze im Sinne einer bedarfsgerechten Studienplatzentwicklung, sodass sichergestellt ist, dass bis zum Wintersemester 2015/16 bis zu 250 Studienanfängerinnen und –anfängern die Aufnahme des Studiums möglich ist. *(BGBl I 2009/81)*

m) an den Universitäten Wien, Salzburg, Graz, Innsbruck und Klagenfurt:
Im Studium Psychologie die Festlegung der Anzahl der Studienplätze im Sinne einer bedarfsgerechten Studienplatzentwicklung, sodass sichergestellt ist, dass bis zum Wintersemester 2015/16 bis zu 2.300 Studienanfängerinnen und -anfängern die Aufnahme des Studiums möglich ist; bei der Aufteilung der Studierenden zwischen den Universitäten sind die bisherigen Studierendenzahlen zu berücksichtigen. *(BGBl I 2009/81)*

2. die Leistungsverpflichtung des Bundes:
Zuteilung des Grundbudgets, unter Berücksichtigung der Kriterien für das Grundbudget;

3. Inhalt, Ausmaß und Umfang der Ziele sowie Zeitpunkt der Zielerreichung;
4. Aufteilung der Zuweisung des Grundbudgets auf das Budgetjahr;
5. Maßnahmen im Falle der Nichterfüllung der Leistungsvereinbarung;
6. Berichtswesen und Rechenschaftslegung. *(BGBl I 2004/21, BGBl I 2004/96)*

(3) Die Leistungsvereinbarung kann bei gravierenden Veränderungen der ihr zugrunde liegenden Rahmenbedingungen einvernehmlich abgeändert werden. Kommt es zu keiner einvernehmlichen Abänderung kann die Schlichtungskommission (§ 13a) angerufen werden. Liegt eine gravierende Veränderung der zugrunde liegenden Rahmenbedingungen vor, hat die Schlichtungskommission unter sinngemäßer Anwendung des Abs. 8 eine abgeänderte Leistungsvereinbarung zu erlassen. *(BGBl I 2004/96)*

(4) Das Grundbudget wird als Grundfinanzierung auf Grund der Leistungsvereinbarung festgelegt. Folgende Kategorien bilden die Basis für die Verhandlung und sind für die Bemessung des Grundbudgets maßgebend:

a) Bedarf,

b) Nachfrage,

c) Leistung,

d) gesellschaftliche Zielsetzungen.

Die vier Kriterien sind unter Bedachtnahme auf die §§ 2 und 3 in der Leistungsvereinbarung zu konkretisieren.

(5) *entfällt (BGBl I 2009/81)*

(6) Das Rektorat hat dem Universitätsrat bis 30. April jeden Jahres eine Wissensbilanz über das abgelaufene Kalenderjahr vorzulegen. Der Universitätsrat hat die Wissensbilanz innerhalb von vier Wochen zu genehmigen und an die Bundesministerin oder den Bundesminister weiterzuleiten. Erfolgt bis zu diesem Zeitpunkt keine Genehmigung, ist die Wissensbilanz mit einer entsprechenden Stellungnahme dennoch weiterzuleiten. In der Wissensbilanz sind zumindest gesondert darzustellen:

1. der Wirkungsbereich, gesellschaftliche Zielsetzungen sowie selbst definierte Ziele und Strategien;
2. das intellektuelle Vermögen, differenziert in Human-, Struktur- und Beziehungskapital;
3. die in der Leistungsvereinbarung definierten Leistungsprozesse mit ihren Outputgrößen und Wirkungen.

Die Wissensbilanz hat einen Berichtsteil zu enthalten, der auf der Basis der Leistungsvereinbarung zu erstellen ist. Nach dem zweiten Budgetjahr ist überdies eine Prognose über die zu erwartenden Leistungsergebnisse aufzunehmen. Die Bundesministerin oder der Bundesminister hat durch Verordnung Richtlinien für den Aufbau und die Gestaltung der Wissensbilanz einschließlich des durch das Bundesministerium für Wissenschaft und Forschung durchzuführenden Datenclearingprozesses zu erlassen. *(BGBl I 2009/81)*

(7) Im dritten Jahr einer Leistungsperiode hat die Universität der Bundesministerin oder dem Bundesminister bis 30. April einen Entwurf für die nächste Leistungsvereinbarung vorzulegen. Die Bundesministerin oder der Bundesminister hat bis 31. August dazu Stellung zu nehmen. Die Verhandlungen über die Leistungsvereinbarung sind bis 31. Dezember abzuschließen.

(8) Kommt eine Leistungsvereinbarung nicht rechtzeitig zustande, bestimmt die Schlichtungskommission (§ 13a) auf Antrag der Bundesministerin oder des Bundesministers oder der betreffenden Universität im Rahmen der Bestimmungen dieses Bundesgesetzes unter Abwägung der wechselseitigen Interessen und auf der Grundlage des bisherigen Verhandlungsstandes den Inhalt der Leistungsvereinbarung durch Bescheid. Bis zur Rechtskraft dieses Bescheides gilt die Leistungsvereinbarung der vorhergehenden Leistungsperiode provisorisch weiter. Der Bescheid der Schlichtungskommission ersetzt die zu treffende Vereinbarung. Er steht dem späteren einvernehmlichen Abschluss einer Leistungsvereinbarung nach Abs. 1 nicht entgegen und tritt mit dem Abschluss einer solchen Vereinbarung außer Kraft. *(BGBl I 2004/96)*

(9) Die Bundesministerin oder der Bundesminister stellt von Amts wegen oder auf Antrag jener Universität, die Vertragspartner einer Leistungsvereinbarung nach Abs. 1 ist, durch Bescheid die Gültigkeit oder allfällige Ungültigkeit dieser Leistungsvereinbarung fest. Dies gilt nicht für jene Leistungsvereinbarungen, die durch Bescheid der Schlichtungskommission errichtet wurden. Die Universität hat in diesem Verfahren Parteistellung sowie das Recht, gegen den das Verfahren abschließenden Bescheid vor dem Verwaltungsgerichtshof Beschwerde zu führen. *(BGBl I 2004/21, BGBl I 2004/96)*

(10) Die Bundesministerin oder der Bundesminister stellt von Amts wegen oder auf Antrag bescheidmäßig die aus einer Leistungsvereinbarung nach Abs. 1 oder Abs. 8 folgenden Verpflichtungen fest. Die Universität hat in diesem Verfahren Parteistellung sowie das Recht, gegen den das Verfahren

abschließenden Bescheid vor dem Verwaltungsgerichtshof Beschwerde zu führen. *(BGBl I 2004/96)*

Schlichtungskommission

§ **13a.** (1) Zur Entscheidung über Anträge nach § 13 Abs. 8 ist eine Schlichtungskommission beim Bundesministerium für Bildung, Wissenschaft und Kultur zu errichten.

(2) Die Schlichtungskommission besteht aus einer Richterin oder einem Richter des Aktivstands als Vorsitzender oder Vorsitzendem und vier Beisitzern. Die oder der Vorsitzende und eine Stellvertreterin oder ein Stellvertreter für den Fall der Verhinderung sind von der Bundesministerin oder dem Bundesminister auf Vorschlag der Präsidentin oder des Präsidenten des Obersten Gerichtshofes für die Dauer einer Funktionsperiode von fünf Jahren zu bestellen. Eine Wiederbestellung ist zulässig. Je zwei Beisitzer werden im Einzelfall vom Rektorat im Einvernehmen mit dem Universitätsrat der beteiligten Universität und von der Bundesministerin oder dem Bundesminister über Aufforderung der oder des Vorsitzenden für die Dauer des laufenden Verfahrens entsendet. Die Schlichtungskommission ist beschlussfähig, wenn alle Mitglieder anwesend sind. Sie fasst ihre Beschlüsse mit Stimmenmehrheit; eine Stimmenthaltung ist nicht zulässig.

(3) Die Beisitzer müssen eine entsprechende Tätigkeit in der wissenschaftlichen Lehre und Forschung oder im Universitätsmanagement aufweisen, die zur sachkundigen Beurteilung von Fragen der Steuerung und Finanzierung von Universitäten qualifiziert. Die Mitglieder der Schlichtungskommission dürfen keine Mitarbeiterinnen oder Mitarbeiter des für die Angelegenheiten der Universitäten zuständigen Bundesministeriums und keine Universitätsangehörigen gemäß § 94 der beteiligten Universität sein. Sie dürfen nicht Mitglieder der Bundesregierung oder einer Landesregierung, Mitglieder des Nationalrats, des Bundesrats oder eines sonstigen allgemeinen Vertretungskörpers und Funktionäre einer politischen Partei sowie Personen, die eine dieser Funktionen in den letzten vier Jahren ausgeübt haben, sein. Ferner müssen sie die Gewähr der Unabhängigkeit und Unparteilichkeit gegenüber den Parteien des Verfahrens erfüllen.

(4) Die Schlichtungskommission hat auf das Verfahren das Allgemeine Verwaltungsverfahrensgesetz 1991 anzuwenden, sofern dieses Bundesgesetz nicht anderes anordnet. Der Schlichtungskommission sind von den Parteien alle sachdienlichen Informationen zugänglich zu machen. Sie kann ferner bei Bedarf geeignete Personen als Sachverständige heranziehen. Im Übrigen ist die Geschäftsordnung der Schlichtungskommission von der Bundesministerin oder vom Bundesminister nach Anhörung der oder des Vorsitzenden durch Verordnung zu regeln. Vor der Erlassung eines Bescheides hat die Schlichtungskommission auf den Abschluss oder die einvernehmliche Abänderung einer Leistungsvereinbarung innerhalb einer vierwöchigen Frist ab Antragstellung hinzuwirken.

(5) Die Bundesministerin oder der Bundesminister hat die Vorsitzende oder den Vorsitzenden oder deren Stellvertreter mit Bescheid des Amtes zu entheben, wenn sich ergibt, dass die Voraussetzungen für die Bestellung nicht gegeben waren oder sie sich einer groben Verletzung oder dauernden Vernachlässigung ihrer Amtspflichten schuldig gemacht haben. Wird die Vorsitzende oder der Vorsitzende enthoben, ist die Stellvertreterin oder der Stellvertreter für die Dauer der laufenden Verfahren heranzuziehen, bis eine neue Vorsitzende oder ein neuer Vorsitzender bestellt wird.

(6) Die Mitglieder der Schlichtungskommission sind in Ausübung ihres Amtes unabhängig und an keine Weisungen gebunden. Entscheidungen der Schlichtungskommission unterliegen weder der Aufhebung noch der Abänderung im Verwaltungsweg. Gegen die Entscheidung ist die Anrufung des Verwaltungsgerichtshofes durch jede der beiden Parteien zulässig.

(7) Die Mitglieder der Schlichtungskommission haben Anspruch auf Ersatz der angemessenen Reisekosten und Barauslagen sowie auf eine dem Zeit- und Arbeitsaufwand entsprechende Vergütung, die von der Bundesministerin oder vom Bundesminister durch Verordnung unter Bedachtnahme auf die Bedeutung und den Umfang der zu besorgenden Aufgaben festzusetzen ist.

(BGBl I 2004/96)

Evaluierung und Qualitätssicherung

§ **14.** (1) Die Universitäten haben zur Qualitäts- und Leistungssicherung ein eigenes Qualitätsmanagementsystem aufzubauen.

(2) Gegenstand der Evaluierung sind die Aufgaben und das gesamte Leistungsspektrum der Universität.

(3) Evaluierungen haben nach fachbezogenen internationalen Evaluierungsstandards

zu erfolgen. Die zu evaluierenden Bereiche des universitären Leistungsspektrums sind für jene Evaluierungen, die sich nur auf eine Universität beziehen, in der Leistungsvereinbarung festzulegen.

(4) Universitätsinterne Evaluierungen sind nach Maßgabe der Satzung kontinuierlich durchzuführen.

(5) Externe Evaluierungen sind, wenn sie

1. eine einzelne Universität betreffen, auf Veranlassung des Universitätsrats, des Rektorats oder der Bundesministerin oder des Bundesministers,
2. mehrere Universitäten betreffen, auf Veranlassung der Universitätsräte, der Rektorate der betreffenden Universitäten oder der Bundesministerin oder des Bundesministers

durchzuführen.

(6) Die betreffenden Universitäten und ihre Organe haben die für die Evaluierungen erforderlichen Daten und Informationen zur Verfügung zu stellen und sind zur Mitwirkung verpflichtet.

(7) Die Leistungen der Universitätsprofessorinnen und Universitätsprofessoren sowie der Universitätsdozentinnen und Universitätsdozenten und der wissenschaftlichen und künstlerischen Mitarbeiterinnen und Mitarbeiter im Forschungs-, Kunst- und Lehrbetrieb sind regelmäßig, zumindest aber alle fünf Jahre, zu evaluieren. Die näheren Bestimmungen trifft die Satzung.

(8) Die Ergebnisse aller Evaluierungen sind den Entscheidungen der Universitätsorgane zugrunde zu legen. Die Beurteilung der Lehre durch die Studierenden ist bei den Leistungsvereinbarungen zu berücksichtigen.

(9) Der Aufwand für von der Bundesministerin oder vom Bundesminister veranlasste Evaluierungen ist vom Bund zu tragen.

3. Unterabschnitt
Gebarung und Rechnungswesen

Gebarung

§ 15. (1) Das Rektorat hat die Gebarung der Universität nach den Grundsätzen der Rechtmäßigkeit, Wirtschaftlichkeit, Zweckmäßigkeit, Sparsamkeit und Transparenz zu gestalten und den Haushalt der Universität mit entsprechender Sorgfalt zu führen.

(2) Die Universitäten können über ihre Einnahmen frei verfügen, sofern gesetzlich nicht anderes bestimmt ist. Allfällige Zweckwidmungen sind zu berücksichtigen.

(3) Die Gebarung der Universitäten erfolgt im eigenen Namen und auf eigene Rechnung.

(4) Die Begründung von Verbindlichkeiten, die über die laufende Geschäftstätigkeit der Universität hinausgehen, bedarf der Zustimmung des Universitätsrats. Dieser kann das Rektorat ermächtigen, Verbindlichkeiten bis zu einer bestimmten Höhe ohne seine vorherige Zustimmung einzugehen.

(5) Für Verbindlichkeiten der Universitäten trifft den Bund keine Haftung, sofern gesetzlich nicht anderes bestimmt ist.

(6) Die Gebarung der Universitäten, der von ihnen gemäß § 10 gegründeten Gesellschaften, Stiftungen und Vereine sowie die Gebarung jener Gesellschaften, deren Geschäftsanteile die Universität mittelbar oder unmittelbar zu mehr als 50 vH hält, unterliegt der Prüfung durch den Rechnungshof. *(BGBl I 2009/81)*

(7) Die Universitäten unterliegen dem Beteiligungs- und Finanzcontrolling gemäß § 15b des Bundeshaushaltsgesetzes – BHG, BGBl. Nr. 213/1986. *(BGBl I 2007/24)*

Rechnungswesen und Berichte

§ 16. (1) An jeder Universität ist unter der Verantwortung und Leitung des Rektorats ein Rechnungswesen, einschließlich einer Kosten- und Leistungsrechnung, sowie ein Berichtswesen einzurichten, die den Aufgaben der Universität entsprechen. Für das Rechnungswesen ist der erste Abschnitt des dritten Buches des Handelsgesetzbuches sinngemäß anzuwenden.

(2) Jede Universität kann darüber hinaus weitere Abschnitte des dritten Buches des Bundesgesetzes über besondere zivilrechtliche Vorschriften für Unternehmen (Unternehmensgesetzbuch – UGB), dRGBl. S 219/1897, zuletzt geändert durch das Unternehmensrechts-Änderungsgesetz 2008 – URÄG 2008, BGBl. I Nr. 70/2008, anwenden, um damit ihrer Verpflichtung zur Rechnungslegung bei Wahrung der Vergleichbarkeit mit den anderen Universitäten nachzukommen. Die Bundesministerin oder der Bundesminister hat im Einvernehmen mit der Bundesministerin oder dem Bundesminister für Finanzen durch Verordnung die erforderlichen Regelungen, Anpassungen und Ergänzungen für die Gliederung des Rechnungsabschlusses, bestehend aus Bilanz sowie Gewinn- und Verlustrechnung, für die Bewertung der Vermögensgegenstände und Schulden, für die Anwendung von Bewertungsvereinfachungsverfahren, für die Prüfung des Rechnungsabschlusses, für die Aufnahme entsprechender Erläuterungen und für eine einheitliche Anwendung dieser Grundsätze festzulegen. *(BGBl I 2009/81)*

(3) Das Rechnungsjahr der Universitäten entspricht dem Kalenderjahr, soweit nicht in

der Verordnung gemäß Abs. 2 etwas anderes angeordnet wird.

(4) Das Rektorat hat dem Universitätsrat bis 30. April einen Rechnungsabschluss über das abgelaufene Rechnungsjahr zusammen mit einem Bericht einer Abschlussprüferin oder eines Abschlussprüfers vorzulegen. Die Abschlussprüferin oder der Abschlussprüfer ist vom Universitätsrat längstens sechs Monate vor Ablauf des Rechnungsjahres mit der Prüfung des Rechnungswesens und des Rechnungsabschlusses zu beauftragen. Die Abschlussprüferin oder der Abschlussprüfer muss eine von der Universität unabhängige beeidete Wirtschaftsprüferin und Steuerberaterin oder ein von der Universität unabhängiger beeideter Wirtschaftsprüfer und Steuerberater oder eine Wirtschaftsprüfungs- und Steuerberatungsgesellschaft sein. *(BGBl I 2009/81)*

(5) Der Universitätsrat hat den vom Rektorat vorgelegten Rechnungsabschluss innerhalb von vier Wochen zu genehmigen und an die Bundesministerin oder den Bundesminister weiterzuleiten. Erfolgt bis zu diesem Zeitpunkt keine Genehmigung, sind der Leistungsbericht und der Rechnungsabschluss mit einer entsprechenden Stellungnahme dennoch weiterzuleiten. *(BGBl I 2009/81)*

(6) Die Bundesministerin oder der Bundesminister kann durch Verordnung festlegen, dass die Universitäten ihr oder ihm laufend automationsunterstützt und in technisch geeigneter Form den Zugang zu den für die Planung, die Steuerung und die Statistik benötigten standardisierten Daten, insbesondere für die Berechnung der Indikatoren gemäß § 12 Abs. 8, ermöglichen.

Inanspruchnahme von Dienstleistungen

§ **17.** (1) Die Bundesrechenzentrum GmbH hat die Universitäten auf deren Verlangen und gegen Entgelt bei der Einrichtung, Fortentwicklung und beim Betrieb der IT-Verfahren zu unterstützen, die für ein Rechnungswesen gemäß § 16 und eine Personalverwaltung gemäß §§ 125 ff erforderlich sind.

(2) Für die Personalverrechnung der Beamtinnen und Beamten sind die von der Bundesrechenzentrum GmbH betriebenen diesbezüglichen IT-Verfahren jedenfalls in Anspruch zu nehmen.

Gewerbe- und abgabenrechtliche Stellung der Universitäten

§ **18.** (1) Bei der Erfüllung ihrer Aufgaben unterliegen die Universitäten nicht den Bestimmungen der Gewerbeordnung 1994 (GewO 1994), BGBl. Nr. 194/1994.

(2) Alle dem Bund auf Grund bundesgesetzlicher Bestimmungen eingeräumten abgaben- und gebührenrechtlichen Begünstigungen finden auch auf die Universitäten Anwendung, soweit diese in Erfüllung ihrer gesetzlichen Aufgaben tätig werden.

2. Abschnitt
Leitung und innerer Aufbau der Universität

1. Unterabschnitt
Bestimmungen für alle Universitäten

Satzung

§ **19.** (1) Jede Universität erlässt durch Verordnung (Satzung) die erforderlichen Ordnungsvorschriften im Rahmen der Gesetze und Verordnungen selbst. Die Satzung ist vom Senat auf Vorschlag des Rektorats mit einfacher Mehrheit zu beschließen und zu ändern. *(BGBl I 2009/81)*

(2) In der Satzung sind insbesondere folgende Angelegenheiten zu regeln:
1. Wahlordnung für die Wahl der Mitglieder des Universitätsrats, des Senats und anderer Organe; *(BGBl I 2009/81)*
2. Einrichtung eines für die Vollziehung der studienrechtlichen Bestimmungen in erster Instanz zuständigen monokratischen Organs;
3. generelle Richtlinien für die Durchführung, Veröffentlichung und Umsetzung von Evaluierungen;
4. studienrechtliche Bestimmungen nach Maßgabe des II. Teils dieses Bundesgesetzes;
5. Zusammensetzung des Arbeitskreises für Gleichbehandlungsfragen (§ 42 Abs. 2);
6. Frauenförderungsplan; das Recht auf Vorschlag des Frauenförderungsplanes an das Rektorat sowie auf Vorschlag einer Änderung des Frauenförderungsplanes an das Rektorat steht dem Arbeitskreis für Gleichbehandlungsfragen zu (§ 44);
7. Einrichtung einer Organisationseinheit zur Koordination der Aufgaben der Gleichstellung, der Frauenförderung sowie der Geschlechterforschung;
8. Richtlinien für akademische Ehrungen;
9. Art und Ausmaß der Einbindung der Absolventinnen und Absolventen der Universität.

(3) Wahlen sind geheim durchzuführen, das Wahlrecht ist persönlich und unmittelbar auszuüben.

Leitung und innere Organisation

§ 20. (1) Die obersten Organe der Universität sind der Universitätsrat, das Rektorat, die Rektorin oder der Rektor und der Senat.

(2) Die Mitgliedschaft in mehr als einem der obersten Organe der Universität ist unzulässig.

(3) Die Mitglieder von Kollegialorganen sind bei der Ausübung dieser Funktion an keine Weisungen oder Aufträge gebunden (Art. 81c Abs. 1 B-VG). Sie haben mit einfacher Stimmenmehrheit eine Vorsitzende oder einen Vorsitzenden zu wählen. Kommt eine zur Wahl, Entsendung oder Nominierung von Vertreterinnen und Vertretern in ein Kollegialorgan der Universität berufene Personengruppe dieser Verpflichtung nicht zeitgerecht nach, hat der Universitätsrat dieser Personengruppe eine einmalige Nachfrist zur Nachholung der Wahl, Entsendung oder Nominierung zu setzen. Kommt der Senat seiner Verpflichtung zur Wahl der Mitglieder des Universitätsrats gemäß § 21 Abs. 6 Z 1 oder Abs. 7 nicht zeitgerecht nach, hat die Bundesministerin oder der Bundesminister dem Senat eine einmalige Nachfrist zur Nachholung der Wahl zu setzen. Verstreicht diese Frist ergebnislos, gilt das Kollegialorgan auch ohne Vertreterinnen und Vertreter dieser Personengruppe als gesetzmäßig zusammengesetzt. *(BGBl I 2009/81)*

(4) Das Rektorat hat nach Stellungnahme des Senats einen Organisationsplan zu erstellen, der der Genehmigung des Universitätsrats bedarf. Bei der Einrichtung von Organisationseinheiten (Departments, Fakultäten, Institute oder andere Organisationseinheiten) ist auf eine zweckmäßige Zusammenfassung nach den Gesichtspunkten von Forschung, Entwicklung und Erschließung der Künste, Lehre und Lernen sowie Verwaltung zu achten. Das Rektorat hat sicherzustellen, dass den Organisationseinheiten die zur Erfüllung ihrer Aufgaben erforderlichen Ressourcen zugewiesen werden.

(5) Zur Leiterin oder zum Leiter einer Organisationseinheit mit Forschungs- und Lehraufgaben oder Aufgaben der Entwicklung und Erschließung der Künste und der Lehre der Kunst ist vom Rektorat auf Vorschlag der Universitätsprofessorinnen und Universitätsprofessoren der betreffenden Organisationseinheit eine entsprechend qualifizierte Person mit einem aufrechten Dienst- oder Arbeitsverhältnis zur Universität zu bestellen. Diese Leiterinnen und Leiter haben mit den der betreffenden Organisationseinheit zugeordneten Angehörigen der Universität Zielvereinbarungen über die Leistungen in Forschung oder Entwicklung und Erschließung der Künste sowie in der Lehre abzuschließen, die von diesen Angehörigen zu erbringen sind. Dabei ist auf die Freiheit der Wissenschaft und der Künste und auf einen entsprechenden Freiraum der einzelnen Wissenschafterinnen und Wissenschafter sowie Künstlerinnen und Künstler in der Forschung oder bei der Entwicklung und Erschließung der Künste sowie in der Lehre Bedacht zu nehmen. Nähere Bestimmungen sind in der Satzung festzulegen. *(BGBl I 2009/81)*

(5a) Die Leiterin oder der Leiter einer Organisationseinheit mit Forschungs- und Lehraufgaben oder Aufgaben der Entwicklung und Erschließung der Künste und der Lehre der Kunst kann vom Rektorat wegen einer schweren Pflichtverletzung, einer strafgerichtlichen Verurteilung, wegen mangelnder körperlicher oder geistiger Eignung oder wegen eines begründeten Vertrauensverlustes von ihrer oder seiner Funktion abberufen werden. *(BGBl I 2009/81)*

(6) Jede Universität hat ein Mitteilungsblatt herauszugeben und im Internet auf der Homepage der Universität öffentlich zugänglich zu machen. Im Mitteilungsblatt sind insbesondere kundzumachen:

1. Satzung, Entwicklungsplan und Organisationsplan einschließlich der Personalzuordnung;
2. Eröffnungsbilanz;
3. Leistungsvereinbarung unverzüglich nach deren Abschluss, Rechnungsabschluss und Wissensbilanz unverzüglich nach deren Weiterleitung an die Bundesministerin oder den Bundesminister; *(BGBl I 2009/81)*
4. Verordnungen und Geschäftsordnungen von Organen;
5. Richtlinien der Leitungsorgane;
6. Curricula;
7. von der Universität zu verleihende akademische Grade sowie Bezeichnungen für die Absolventinnen und Absolventen von Universitätslehrgängen;
8. Mitteilungen an die Studierenden sowie sonstige Verlautbarungen von allgemeinem Interesse;
9. Ausschreibung und Ergebnisse von Wahlen;
10. Ausschreibung von Stellen und Leitungsfunktionen;
11. Mitglieder der Leitungsorgane;
12. Verleihung von Lehrbefugnissen;
13. Berechtigungen und erteilte Bevollmächtigungen;
14. Verwendung der Studienbeiträge;
15. Gestaltungsvereinbarung unverzüglich nach deren Abschluss; *(BGBl I 2009/81)*
16. Vergütung für die Mitglieder des Universitätsrats. *(BGBl I 2009/81)*

(7) Personen ohne österreichische Staatsbürgerschaft können – unbeschadet anderer in diesem Bundesgesetz geregelter Voraussetzungen – Organfunktionen im Rahmen von monokratischen und kollegialen Universitätsorganen übernehmen. *(BGBl I 2009/81)*

Universitätsrat

§ 21. (1) Der Universitätsrat hat folgende Aufgaben:

1. Genehmigung des Entwicklungsplans, des Organisationsplans, des Entwurfs der Leistungsvereinbarung und der Gestaltungsvereinbarung sowie der Geschäftsordnung des Rektorats;
2. Ausschreibung der Funktion der Rektorin oder des Rektors spätestens acht Monate vor dem voraussichtlichen Freiwerden dieser Funktion bzw. innerhalb von drei Monaten ab dem Zeitpunkt der Abberufung oder des Rücktritts;
3. Erlassung der Bestimmungen für die Wahl der Rektorin oder des Rektors nach Einholung einer Stellungnahme des Senates, die dieser innerhalb von vier Wochen nach Vorlage abzugeben hat;
4. Wahl der Rektorin oder des Rektors aus dem Dreiervorschlag des Senats innerhalb von vier Wochen ab Vorlage des Vorschlags;
5. Wahl der Vizerektorinnen und Vizerektoren auf Grund eines Vorschlags der Rektorin oder des Rektors und nach Stellungnahme des Senats;
6. Abschluss der Zielvereinbarungen mit der Rektorin oder dem Rektor und dem Rektorat;

6a. Abschluss der Arbeitsverträge mit der Rektorin oder dem Rektor und den Vizerektorinnen und Vizerektoren;

7. Abberufung der Rektorin oder des Rektors und der Vizerektorinnen und Vizerektoren;
8. Nominierung eines weiblichen und eines männlichen Mitglieds für die Schiedskommission;
9. Genehmigung der Gründung von Gesellschaften und Stiftungen sowie der Beteiligung an Gesellschaften;
10. Genehmigung der Richtlinien für die Gebarung sowie Genehmigung des Rechnungsabschlusses und der Wissensbilanz des Rektorats und Weiterleitung an die Bundesministerin oder den Bundesminister;
11. Bestellung einer Abschlussprüferin oder eines Abschlussprüfers zur Prüfung des Rechnungsabschlusses der Universität;
12. Zustimmung zur Begründung von Verbindlichkeiten, die über die laufende Geschäftstätigkeit der Universität hinausgehen, sowie Ermächtigung des Rektorats, solche Verbindlichkeiten bis zu einer bestimmten Höhe ohne vorherige Einholung der Zustimmung des Universitätsrats einzugehen;
13. Jährliche Berichtspflicht sowie unverzügliche Berichtspflicht bei schwerwiegenden Rechtsverstößen von Universitätsorganen sowie bei Gefahr eines schweren wirtschaftlichen Schadens an die Bundesministerin oder den Bundesminister; der jährliche Bericht hat einen Bericht über die Maßnahmen des Arbeitskreises für Gleichbehandlungsfragen im Zusammenhang mit der geschlechtergerechten Zusammensetzung der universitären Kollegialorgane (sinngemäße Anwendung des § 11 Abs. 2 Z 3 des Bundes-Gleichbehandlungsgesetzes B-GlBG, BGBl. Nr. 100/1993), gegebenenfalls eine Begründung über das Nichteinhalten dieser Bestimmung sowie einen Bericht darüber zu enthalten, welche Maßnahmen die Universität zur Umsetzung dieser Bestimmung plant;
14. Zustimmung zum Budgetvoranschlag innerhalb von vier Wochen ab Vorlage durch das Rektorat; verweigert der Universitätsrat innerhalb von vier Wochen ab Vorlage die Zustimmung, hat das Rektorat unverzüglich einen neuen Budgetvoranschlag vorzulegen; stimmt der Universitätsrat nicht fristgerecht zu, gilt der Budgetvoranschlag als genehmigt;
15. Stellungnahme zur Leistungsvereinbarung vor Abschluss durch die Rektorin oder den Rektor innerhalb von drei Wochen;
16. Erlassung der Geschäftsordnung des Universitätsrats.

(BGBl I 2009/81)

(2) Der Universitätsrat oder jeweils mindestens zwei Mitglieder des Universitätsrats gemeinsam sind berechtigt, sich über alle Angelegenheiten der Universität zu informieren. Die Stellungnahme hat an den Universitätsrat zu ergehen und ist in der nächstfolgenden Sitzung des Universitätsrats zu behandeln. Die Universitätsorgane sind verpflichtet, dem Universitätsrat alle zweckdienlichen Auskünfte zu erteilen, Geschäftsstücke und Unterlagen über die vom Universitätsrat bezeichneten Gegenstände vorzulegen, von ihm angeordnete Erhebungen anzustellen und Überprüfungen an Ort und Stelle vornehmen zu lassen. *(BGBl I 2009/81)*

(3) Der Universitätsrat besteht aus fünf, sieben oder neun Mitgliedern, die in verantwortungsvollen Positionen in der Gesellschaft, insbesondere der Wissenschaft, Kultur oder Wirtschaft, tätig sind oder waren und auf

Grund ihrer hervorragenden Kenntnisse und Erfahrungen einen Beitrag zur Erreichung der Ziele und Aufgaben der Universität leisten können. Über eine Änderung der Größe des Universitätsrats entscheidet der Senat mit Zweidrittelmehrheit. *(BGBl I 2009/81)*

(4) Dem Universitätsrat dürfen Mitglieder der Bundesregierung oder einer Landesregierung, Mitglieder des Nationalrats, des Bundesrats oder eines sonstigen allgemeinen Vertretungskörpers und Funktionäre einer politischen Partei sowie Personen nicht angehören, die eine dieser Funktionen in den letzten vier Jahren ausgeübt haben.

(5) Die Mitglieder des Universitätsrats dürfen keine Universitätsangehörigen gemäß §§ 125, 132 und 133, keine Arbeitnehmerinnen und Arbeitnehmer der Universität und keine Mitarbeiterinnen oder Mitarbeiter des für die Angelegenheiten der Universitäten zuständigen Bundesministeriums sein. Die Mitgliedschaft in mehr als einem Universitätsrat ist unzulässig. Geschäftsbeziehungen zwischen einem Mitglied des Universitätsrats und der Universität bedürfen der Genehmigung durch den Universitätsrat, die nur dann erteilt werden darf, wenn keine Befangenheit vorliegt. Mögliche Interessenskonflikte haben die Mitglieder dem Universitätsrat unverzüglich zu melden. *(BGBl I 2009/81)*

(6) Dem Universitätsrat gehören nach Maßgabe des Abs. 3 folgende fünf, sieben oder neun Mitglieder an:

1. zwei, drei oder vier Mitglieder, die vom Senat gewählt werden;
2. zwei, drei oder vier Mitglieder, die von der Bundesregierung auf Vorschlag der Bundesministerin oder des Bundesministers bestellt werden;
3. ein weiteres Mitglied, das von den unter Z 1 und 2 genannten Mitgliedern einvernehmlich bestellt wird.

Der Senat und die Bundesregierung haben gleich viele Mitglieder zu bestellen, die Bestellung der Mitglieder gemäß Z 2 hat nach der Wahl der Mitglieder gemäß Z 1 zu erfolgen.

(6a) Sowohl der Senat als auch die Bundesregierung haben bei der Wahl bzw. Bestellung der Mitglieder des Universitätsrats § 11 Abs. 2 Z 3 des Bundes-Gleichbehandlungsgesetzes sinngemäß anzuwenden. Dem Universitätsrat haben daher mindestens 40vH Frauen anzugehören. Bei Nichteinhaltung der erforderlichen Frauenquote kann der Arbeitskreis für Gleichbehandlungsfragen bis zum 31. März des betreffenden Jahres die Einrede der unrichtigen Zusammensetzung erheben. *(BGBl I 2009/81)*

(7) Kommt es bis zum 30. April des betreffenden Jahres zu keiner einvernehmlichen Bestellung des weiteren Mitglieds gemäß Abs. 6 Z 3, hat die Bundesministerin oder der Bundesminister eine angemessene Nachfrist zu setzen. Verstreicht diese ergebnislos, ist dieses Mitglied des Universitätsrats vom Senat aus einem Dreiervorschlag des Präsidiums der Österreichischen Akademie der Wissenschaften auszuwählen. Das Präsidium der Österreichischen Akademie der Wissenschaften hat den Dreiervorschlag binnen einem Monat nach Befassung durch die Bundesministerin oder den Bundesminister vorzulegen. *(BGBl I 2009/81)*

(8) Die Funktionsperiode der Mitglieder beträgt fünf Jahre und beginnt mit dem 1. März des betreffenden Jahres. Die Einladung zur ersten Sitzung des Universitätsrats erfolgt durch die Vorsitzende oder den Vorsitzenden der vorhergegangenen Funktionsperiode, allenfalls durch die Rektorin oder den Rektor. Der Universitätsrat hat sich unverzüglich zu konstituieren und längstens bis 30. April des betreffenden Jahres das weitere Mitglied (Abs. 6 Z 3) zu bestellen. Die Wahl der oder des Vorsitzenden hat bis zum 30. April des betreffenden Jahres zu erfolgen. Eine Wiederwahl oder Wiederbestellung eines Mitgliedes ist zulässig, soferne nicht insgesamt eine Amtszeit von zehn Jahren überschritten wird. Bei vorzeitigem Ausscheiden eines Mitglieds des Universitätsrats ist für den Rest der Funktionsperiode ein neues Mitglied auf dieselbe Art wie das ausgeschiedene Mitglied zu wählen oder zu bestellen. *(BGBl I 2009/81)*

(9) Die oder der Vorsitzende des Universitätsrats wird vom Universitätsrat aus dem Kreis der Mitglieder mit einfacher Mehrheit gewählt.

(10) Die Mitglieder des Universitätsrats sind bei ihrer Tätigkeit zu entsprechender Sorgfalt verpflichtet.

(11) Die Mitglieder des Universitätsrats erhalten für ihre Tätigkeit eine Vergütung, die vom Universitätsrat festzusetzen ist. Die Vergütung ist im Mitteilungsblatt zu veröffentlichen. *(BGBl I 2009/81)*

(12) Der Universitätsrat ist beschlussfähig, wenn wenigstens die Hälfte der gemäß Abs. 3 festgelegten Anzahl der Mitglieder persönlich anwesend ist. Stimmübertragungen sind unzulässig. Der Universitätsrat entscheidet mit Stimmenmehrheit, sofern in diesem Bundesgesetz nicht anderes bestimmt ist. Dies gilt auch, wenn ein Mitglied oder mehrere Mitglieder vorzeitig aus dem Universitätsrat ausscheiden oder das neue Mitglied oder die neuen Mitglieder noch nicht gewählt oder bestellt wurden oder das zusätzliche Mitglied noch nicht bestellt worden ist. *(BGBl I 2009/81)*

(13) Die Mitgliedschaft im Universitätsrat endet
1. durch Ablauf der Funktionsperiode;
2. durch Verzicht;
3. durch Abberufung;
4. durch Tod;
5. durch Ablauf der zehnjährigen Amtszeit. *(BGBl I 2009/81)*

(14) Die Bundesministerin oder der Bundesminister kann ein Mitglied des Universitätsrats wegen einer schweren Pflichtverletzung, einer strafgerichtlichen Verurteilung oder wegen mangelnder gesundheitlicher Eignung mit Bescheid von seiner Funktion abberufen. Eine Abberufung setzt übereinstimmende Beschlüsse des Senats und des Rektorats voraus, die beide einer Zweidrittelmehrheit bedürfen. *(BGBl I 2009/81)*

(15) Das Rektorat, die oder der Vorsitzende des Senats, die oder der Vorsitzende des Arbeitskreises für Gleichbehandlungsfragen und die oder der Vorsitzende der Hochschülerinnen- und Hochschülerschaft an der betreffenden Universität haben das Recht, in den Sitzungen des Universitätsrats zu Tagesordnungspunkten angehört zu werden, die ihren Aufgabenbereich betreffen. Die Vorsitzenden der beiden Betriebsräte gemäß § 135 Abs. 3 sind einzuladen und haben jeweils das Recht, an den Sitzungen teilzunehmen, Anträge zu allen Tagesordnungspunkten zu stellen sowie zusätzliche Punkte auf die Tagesordnung setzen zu lassen, die mit der Ausübung ihrer Funktion als Betriebsrat im Rahmen ihrer innerbetrieblichen Interessenwahrnehmungskompetenz nach dem Arbeitsverfassungsgesetz (ArbVG), BGBl. Nr. 22/1974, unmittelbar in Zusammenhang stehen und in die Zuständigkeit des Universitätsrats fallen. Sie sind bei diesen Punkten stimmberechtigt, wobei diesbezügliche Beschlüsse der Zweidrittelmehrheit der Anwesenden bedürfen. Den Vorsitzenden der beiden Betriebsräte ist unverzüglich jeweils eine Abschrift der Protokolle der Sitzungen des Universitätsrats zu übermitteln. *(BGBl I 2009/81)*

Rektorat

§ 22. (1) Das Rektorat leitet die Universität und vertritt diese nach außen. Es hat alle Aufgaben wahrzunehmen, die durch dieses Bundesgesetz nicht einem anderen Organ zugewiesen sind. Zu seinen Aufgaben zählen insbesondere:

1. Erstellung eines Entwurfs der Satzung sowie von Entwürfen von Satzungsänderungen zur Vorlage an den Senat; *(BGBl I 2009/81)*
2. Erstellung eines Entwicklungsplans der Universität zur Vorlage an den Senat und an den Universitätsrat;
3. Erstellung eines Organisationsplans der Universität zur Vorlage an den Senat und an den Universitätsrat;
4. Erstellung eines Entwurfs der Leistungsvereinbarung und der Gestaltungsvereinbarung zur Vorlage an den Universitätsrat; *(BGBl I 2009/81)*
5. Bestellung und Abberufung der Leiterinnen und Leiter von Organisationseinheiten; *(BGBl I 2009/81)*
6. Abschluss von Zielvereinbarungen mit den Leiterinnen und Leitern der Organisationseinheiten;
7. Zuordnung der Universitätsangehörigen (§ 94 Abs. 1 Z 2 bis 6) zu den einzelnen Organisationseinheiten;
8. Aufnahme der Studierenden;
9. Einhebung der Studienbeiträge in der gesetzlich festgelegten Höhe;

9a. Festlegung der Lehrgangsbeiträge gemäß § 91 Abs. 7; *(BGBl I 2009/81)*

10. Veranlassung von Evaluierungen und der Veröffentlichung von Evaluierungsergebnissen;
11. Erteilung der Lehrbefugnis (venia docendi);
12. Einrichtung und Auflassung von Studien, Stellungnahme zu den Curricula, Untersagung von Curricula oder deren Änderungen, wenn diese dem Entwicklungsplan widersprechen oder wenn diese nicht bedeckbar sind, oder, wenn ein vom Rektorat in Auftrag gegebenes nach international anerkannten wissenschaftlichen Kriterien erstelltes Gutachten zu dem Schluss kommt, dass der Inhalt des Curriculums in Hinblick auf die wissenschaftliche und künstlerische Berufsvorbildung und die Qualifizierung für berufliche Tätigkeiten, welche die Anwendung wissenschaftlicher und künstlerischer Erkenntnisse und Methoden erfordern, nicht ausreichend ist; bei der Auflassung eines Studiums oder Untersagung eines Curriculums oder dessen Änderung sowie der Beauftragung eines Gutachtens ist nach Möglichkeit das Einvernehmen mit dem Senat herzustellen; *(BGBl I 2009/81)*
13. Einrichtung eines Rechnungs- und Berichtswesens;
14. Erstellung des Budgetvoranschlages zur Vorlage an den Universitätsrat und Budgetzuteilung; *(BGBl I 2009/81)*

14a. Übermittlung des Budgetvoranschlages an den Senat zur Information; *(BGBl I 2009/81)*

15. Erstellung des Rechnungsabschlusses und der Wissensbilanz; *(BGBl I 2009/81)*

16. Erlassung von Richtlinien für die Bevollmächtigung von Arbeitnehmerinnen und Arbeitnehmern der Universität gemäß § 28 Abs. 1;
17. die Errichtung eines Planungs- und Berichterstattungssystems, das die Erfüllung der Berichterstattungspflichten durch die Universitäten nach den gesetzlichen Vorschriften und den Vorgaben des Bundesministers für Finanzen hinsichtlich der Einrichtung eines Beteiligungs- und Finanzcontrolling gewährleistet. *(BGBl I 2007/24)*

(2) Dem Rektorat unterstehen alle Einrichtungen der Universität. Das Rektorat kann Entscheidungen anderer Organe mit Ausnahme der Beschlüsse des Universitätsrats zurückverweisen, wenn diese Entscheidungen nach Auffassung des Rektorats im Widerspruch zu Gesetzen und Verordnungen einschließlich der Satzung stehen. Der Universitätsrat ist in schwerwiegenden Fällen zu informieren.

(3) Das Rektorat besteht aus der Rektorin oder dem Rektor und bis zu vier Vizerektorinnen oder Vizerektoren. Bei der Zusammensetzung des Rektorats ist sicherzustellen, dass dieses über entsprechende Kompetenzen im Bereich der Wissenschaft sowie Management- und Verwaltungsführungskompetenzen verfügt.

(3a) Sowohl die Rektorin oder der Rektor als auch der Universitätsrat hat beim Vorschlag für bzw. bei der Wahl der Vizerektorinnen und Vizerektoren § 11 Abs. 2 Z 3 des Bundes-Gleichbehandlungsgesetzes sinngemäß anzuwenden. Dem Rektorat haben daher mindestens 40 vH Frauen anzugehören. Bei Nichteinhaltung der erforderlichen Frauenquote kann der Arbeitskreis für Gleichbehandlungsfragen die Einrede der unrichtigen Zusammensetzung erheben.

(BGBl I 2009/81)

(4) Die Rektorin oder der Rektor ist Vorsitzende oder Vorsitzender des Rektorats und dessen Sprecherin oder Sprecher.

(5) Das Rektorat entscheidet mit Stimmenmehrheit, sofern in der Geschäftsordnung nicht anderes bestimmt ist. Bei Stimmengleichheit gibt die Stimme der Rektorin oder des Rektors den Ausschlag.

(6) Das Rektorat hat eine Geschäftsordnung zu erlassen, die der Genehmigung des Universitätsrats bedarf und im Mitteilungsblatt zu verlautbaren ist. In der Geschäftsordnung ist festzulegen, welche Agenden gemäß Abs. 1 den einzelnen Mitgliedern des Rektorats allein zukommen, welche Agenden von zwei Mitgliedern des Rektorats und welche von allen Mitgliedern gemeinsam wahrzunehmen sind. Entscheidungen in wirtschaftlichen Angelegenheiten sind jedenfalls von mindestens zwei Mitgliedern des Rektorats zu treffen. In der Geschäftsordnung ist auch die Vertretungsbefugnis festzulegen.

(7) Die Mitglieder des Rektorats sind in dieser Funktion an keine Weisungen oder Aufträge gebunden (Art. 81c Abs. 1 B-VG); die Vizerektorinnen und Vizerektoren sind in dieser Funktion auch an keine Weisungen oder Aufträge der Rektorin oder des Rektors gebunden. Die Mitglieder des Rektorats sind bei ihrer Tätigkeit zu entsprechender Sorgfalt verpflichtet. *(BGBl I 2009/81)*

Rektorin oder Rektor

§ 23. (1) Die Rektorin oder der Rektor hat folgende Aufgaben:

1. Vorsitzende oder Vorsitzender sowie Sprecherin oder Sprecher des Rektorats;
2. Erstellung eines Vorschlags für die Wahl der Vizerektorinnen und Vizerektoren;
3. Leitung des Amts der Universität;
4. Verhandlung und Abschluss der Leistungsvereinbarungen und der Gestaltungsvereinbarungen mit der Bundesministerin oder dem Bundesminister und unverzügliche Information über das Ergebnis an den Universitätsrat; *(BGBl I 2009/81)*
5. Ausübung der Funktion der oder des obersten Vorgesetzten des gesamten Universitätspersonals;
6. *entfällt (BGBl I 2009/81)*
7. Auswahlentscheidung aus Besetzungsvorschlägen der Berufungskommissionen für Universitätsprofessorinnen und Universitätsprofessoren;
8. Führung von Berufungsverhandlungen;
9. Abschluss von Arbeits- und Werkverträgen;
10. Erteilung von Vollmachten gemäß § 28 Abs. 1.

(2) Die Funktion der Rektorin oder des Rektors ist vom Universitätsrat nach Zustimmung des Senats, spätestens acht Monate vor dem voraussichtlichen Freiwerden der Funktion bzw. innerhalb von drei Monaten ab dem Zeitpunkt der Abberufung oder des Rücktritts, öffentlich auszuschreiben. Zur Rektorin oder zum Rektor kann nur eine Person mit internationaler Erfahrung und der Fähigkeit zur organisatorischen und wirtschaftlichen Leitung einer Universität gewählt werden. *(BGBl I 2009/81)*

(3) Die Rektorin oder der Rektor ist vom Universitätsrat aus einem Dreiervorschlag des Senats für eine Funktionsperiode von vier Jahren zu wählen. Die Wiederwahl ist zulässig. *(BGBl I 2009/81)*

(4) Der Arbeitsvertrag und die Zielvereinbarung mit der Rektorin oder dem Rektor wird vom Universitätsrat abgeschlossen.

(5) Die Rektorin oder der Rektor kann vom Universitätsrat wegen einer schweren Pflichtverletzung, einer strafgerichtlichen Verurteilung, wegen mangelnder gesundheitlicher Eignung oder wegen eines begründeten Vertrauensverlusts von der Funktion abberufen werden. Die Abberufung kann auf Antrag des Senats oder von Amts wegen durch den Universitätsrat erfolgen. Im ersten Fall ist in beiden Organen jeweils die einfache Mehrheit aller Mitglieder erforderlich; im zweiten Fall bedarf der Beschluss im Universitätsrat der Zweidrittelmehrheit aller Mitglieder, der Senat ist anzuhören. Mit der Wirksamkeit der Abberufung endet das Arbeitsverhältnis der Rektorin oder des Rektors zur Universität. *(BGBl I 2009/81)*

Findungskommission
(BGBl I 2009/81)

§ **23a.** (1) Zur Wahl der Rektorin oder des Rektors ist spätestens vier Wochen nach der Ausschreibung eine Findungskommission einzurichten. Der Findungskommission gehören die oder der Vorsitzende des Universitätsrats und die oder der Vorsitzende des Senates an.

(2) Aufgaben der Findungskommission sind:
1. Überprüfung der eingelangten Bewerbungen für die Funktion der Rektorin oder des Rektors;
2. Aktive Suche nach Kandidatinnen und Kandidaten für die Funktion der Rektorin oder des Rektors;
3. Erstellung eines Vorschlages für die Wahl der Rektorin oder des Rektors an den Senat innerhalb von längstens vier Monaten ab der Ausschreibung. Der Vorschlag hat die drei für die Besetzung der Funktion am besten geeigneten Kandidatinnen und Kandidaten zu enthalten; die Findungskommission ist berechtigt, auch Kandidatinnen und Kandidaten, die sich nicht beworben haben, mit deren Zustimmung in den Vorschlag aufzunehmen.

(3) Der von der Findungskommission erstellte Dreiervorschlag ist nicht bindend.

(4) Bei der Erstellung des Vorschlages gemäß Abs. 2 Z 3 ist das Diskriminierungsverbot gemäß dem Bundes-Gleichbehandlungsgesetz zu beachten.

(5) Die Findungskommission entscheidet einstimmig.

(6) Ist die Findungskommission im Sinne des Abs. 2 Z 3 säumig, hat der Universitätsrat innerhalb von vier Wochen die Ersatzvornahme vorzunehmen. Der vom Universitätsrat im Rahmen der Ersatzvornahme erstellte Dreiervorschlag ist nicht bindend.

(BGBl I 2009/81)

Wiederwahl der Rektorin oder des Rektors
(BGBl I 2009/81)

§ **23b.** (1) Wenn die amtierende Rektorin oder der amtierende Rektor vor der Ausschreibung der Funktion ihr oder sein Interesse an der Wiederwahl bekannt gibt, so kann die Wiederwahl ohne Ausschreibung erfolgen, wenn der Senat und der Universitätsrat mit jeweils Zweidrittelmehrheit zustimmen.

(2) Bewirbt sich die amtierende Rektorin oder der amtierende Rektor um die ausgeschriebene Funktion, so ist sie oder er jedenfalls in den Vorschlag der Findungskommission aufzunehmen.

(BGBl I 2009/81)

Vizerektorinnen und Vizerektoren

§ **24.** (1) Die Rektorin oder der Rektor bestimmt die Zahl und das Beschäftigungsausmaß der Vizerektorinnen und Vizerektoren. Dem Senat kommt ein Recht zur Stellungnahme zu.

(2) Die Vizerektorinnen und Vizerektoren sind vom Universitätsrat auf Vorschlag der Rektorin oder des Rektors und nach Anhörung des Senats für eine Funktionsperiode zu wählen, die jener der Rektorin oder des Rektors entspricht. Die Wiederwahl ist zulässig. *(BGBl I 2009/81)*

(3) Scheidet die Rektorin oder der Rektor vor Ablauf der Funktionsperiode aus dem Amt aus oder ist zum Zeitpunkt des Ablaufes der Funktionsperiode noch keine neue Rektorin oder kein neuer Rektor gewählt, endet die Funktion der Vizerektorinnen und Vizerektoren mit dem Zeitpunkt des Amtsantritts der auf Vorschlag der neuen Rektorin oder des neuen Rektors gewählten Vizerektorinnen und Vizerektoren. *(BGBl I 2009/81)*

(4) Eine Vizerektorin oder ein Vizerektor kann vom Universitätsrat wegen einer schweren Pflichtverletzung, einer strafgerichtlichen Verurteilung, wegen mangelnder gesundheitlicher Eignung oder wegen eines begründeten Vertrauensverlusts von der Funktion abberufen werden. Die Rektorin oder der Rektor kann die Abberufung einer Vizerektorin oder eines Vizerektors beim Universitätsrat anregen. Die Abberufung bedarf der Zweidrittelmehrheit aller Mitglieder des Universitätsrats, der Senat ist anzuhören. Mit der Wirksamkeit der Abberufung endet das Arbeitsverhältnis der Vizerektorin oder des Vizerektors zur Universität. *(BGBl I 2009/81)*

Senat

§ 25. (1) Der Senat hat folgende Aufgaben:

1. Erlassung und Änderung der Satzung auf Vorschlag des Rektorates; *(BGBl I 2009/81)*
2. Zustimmung zu dem vom Rektorat erstellten Entwurf des Entwicklungsplans innerhalb von zwei Monaten; stimmt der Senat nicht fristgerecht zu, ist der Entwicklungsplan dennoch an den Universitätsrat weiterzuleiten;
3. Zustimmung zu dem vom Rektorat beschlossenen Entwurf des Organisationsplans innerhalb von zwei Monaten; stimmt der Senat nicht fristgerecht zu, ist der Organisationsplan dennoch an den Universitätsrat weiterzuleiten;
4. Änderung der Größe des Universitätsrats und Wahl von Mitgliedern des Universitätsrats (§ 21 Abs. 6 Z 1, Abs. 6a und Abs. 7);
5. Zustimmung zur Ausschreibung für die Funktion der Rektorin oder des Rektors innerhalb von zwei Wochen ab Vorlage durch den Universitätsrat; verweigert der Senat innerhalb von zwei Wochen die Zustimmung, hat der Universitätsrat unverzüglich einen neuen Ausschreibungstext vorzulegen; stimmt der Senat neuerlich fristgerecht nicht zu, so geht die Zuständigkeit zur Ausschreibung auf die Bundesministerin oder den Bundesminister über. Trifft der Senat innerhalb von zwei Wochen keine Entscheidung, ist die Ausschreibung dennoch durchzuführen; *(BGBl I 2009/81)*

5a. Erstellung eines Dreiervorschlages an den Universitätsrat für die Wahl der Rektorin oder des Rektors unter Berücksichtigung des Vorschlages der Findungskommission innerhalb von längstens vier Wochen ab Vorlage des Vorschlages. Weicht der Senat vom Vorschlag der Findungskommission ab, hat er dem Dreiervorschlag an den Universitätsrat eine schriftliche Begründung für seine Entscheidung anzuschließen. Bei der Erstellung des Dreiervorschlages ist das Diskriminierungsverbot gemäß dem Bundes-Gleichbehandlungsgesetz zu beachten; *(BGBl I 2009/81)*

6. Stellungnahme zu den Vorschlägen der Rektorin oder des Rektors bezüglich der Vizerektorinnen und Vizerektoren (Anzahl, Beschäftigungsausmaß und Wahlvorschlag);
7. Mitwirkung bei der Abberufung von Mitgliedern des Universitätsrats, der Rektorin oder des Rektors sowie von Vizerektorinnen und Vizerektoren;
8. Mitwirkung an Habilitationsverfahren;
9. Mitwirkung an Berufungsverfahren;
10. Erlassung und Änderung der Curricula für ordentliche Studien und Lehrgänge (§§ 56 und 57) nach Maßgabe des § 22 Abs. 1 Z 12 und § 54 Abs. 10; *(BGBl I 2009/81)*
11. Festlegung von akademischen Graden und Bezeichnungen für die Absolventinnen und Absolventen von Universitätslehrgängen;
12. Entscheidungen in zweiter Instanz in Studienangelegenheiten;
13. Festlegung der Kategorien für die Zweckwidmung der Studienbeiträge durch die Studierenden;
14. Einsetzung von Kollegialorganen mit und ohne Entscheidungsbefugnis (Abs. 7 und 8);
15. Erlassung von Richtlinien für die Tätigkeit von Kollegialorganen;
16. Genehmigung der Durchführung von Beschlüssen der entscheidungsbefugten Kollegialorgane;
17. Stellungnahme an das Rektorat vor der Zuordnung von Personen zu den einzelnen Organisationseinheiten durch das Rektorat;
18. Einrichtung eines Arbeitskreises für Gleichbehandlungsfragen;
19. Nominierung eines weiblichen und eines männlichen Mitglieds für die Schiedskommission.

(2) Der Senat besteht aus achtzehn oder sechsundzwanzig Mitgliedern. Über eine Änderung der Größe des Senats entscheidet der Senat mit Zweidrittelmehrheit. *(BGBl I 2009/81)*

(3) Dem Senat gehören Vertreterinnen und Vertreter der Universitätsprofessorinnen und Universitätsprofessoren einschließlich der Leiterinnen und Leiter von Organisationseinheiten mit Forschungs- und Lehraufgaben oder Aufgaben der Entwicklung und Erschließung der Künste und der Lehre der Kunst, die keine Universitätsprofessorinnen und Universitätsprofessoren sind, der im § 94 Abs. 2 Z 2 genannten Gruppe, des allgemeinen Universitätspersonals und der Studierenden an. *(BGBl I 2009/81)*

(3a) Die Anzahl der Vertreterinnen und Vertreter dieser Gruppen ist folgendermaßen festgelegt:

1. gehören dem Senat achtzehn Mitglieder an:
   – Neun Vertreterinnen und Vertreter der Universitätsprofessorinnen und Universitätsprofessoren einschließlich der Leiterinnen und Leiter von Organisationseinheiten mit Forschungs- und Lehraufgaben oder Aufgaben der Entwicklung und Erschließung der Künste

und der Lehre der Kunst, die keine Universitätsprofessorinnen und Universitätsprofessoren sind;
- Vier Vertreterinnen und Vertreter der Gruppe der Universitätsdozentinnen und Universitätsdozenten sowie der wissenschaftlichen und künstlerischen Mitarbeiterinnen und Mitarbeiter im Forschungs-, Kunst- und Lehrbetrieb einschließlich der Ärztinnen und Ärzte in Facharztausbildung;
- Vier Vertreterinnen und Vertreter der Studierenden;
- Eine Vertreterin oder ein Vertreter des allgemeinen Universitätspersonals.

2. gehören dem Senat sechsundzwanzig Mitglieder an:
   - Dreizehn Vertreterinnen und Vertreter der Universitätsprofessorinnen und Universitätsprofessoren einschließlich der Leiterinnen und Leiter von Organisationseinheiten mit Forschungs- und Lehraufgaben oder Aufgaben der Entwicklung und Erschließung der Künste und der Lehre der Kunst, die keine Universitätsprofessorinnen und Universitätsprofessoren sind;
   - Sechs Vertreterinnen und Vertreter der Gruppe der Universitätsdozentinnen und Universitätsdozenten sowie der wissenschaftlichen und künstlerischen Mitarbeiterinnen und Mitarbeiter im Forschungs-, Kunst- und Lehrbetrieb einschließlich der Ärztinnen und Ärzte in Facharztausbildung;
   - Sechs Vertreterinnen und Vertreter der Studierenden;
   - Eine Vertreterin oder ein Vertreter des allgemeinen Universitätspersonals.

(BGBl I 2009/81)

(4) Die Mitglieder und Ersatzmitglieder des Senats sind folgendermaßen zu bestellen:

1. Die Vertreterinnen und Vertreter der Universitätsprofessorinnen und Universitätsprofessoren sind von allen Universitätsprofessorinnen und Universitätsprofessoren (§ 97) und den Leiterinnen und Leitern von Organisationseinheiten mit Forschungs- und Lehraufgaben oder Aufgaben der Entwicklung und Erschließung der Künste und der Lehre der Kunst, die keine Universitätsprofessorinnen und Universitätsprofessoren sind, zu wählen. *(BGBl I 2009/81)*
2. Die Vertreterinnen und Vertreter der im § 94 Abs. 2 Z 2 genannten Gruppe einschließlich der Ärztinnen und Ärzte in Facharztausbildung gemäß § 94 Abs. 3 Z 6 sind von allen Universitätsdozentinnen und Universitätsdozenten (§ 122 Abs. 3) sowie den wissenschaftlichen und künstlerischen Mitarbeiterinnen und Mitarbeitern im Forschungs-, Kunst- und Lehrbetrieb einschließlich der Ärztinnen und Ärzte in Facharztausbildung gemäß § 94 Abs. 3 Z 6 zu wählen. An den Universitäten gemäß § 6 Z 1 bis 15 muss den Gewählten zumindest eine Person mit Lehrbefugnis (venia docendi) angehören. *(BGBl I 2009/81)*
3. Die Vertreterinnen und Vertreter des allgemeinen Universitätspersonals sind von allen Angehörigen des allgemeinen Universitätspersonals mit Ausnahme der Ärztinnen und Ärzte in Facharztausbildung gemäß § 94 Abs. 3 Z 6 zu wählen. *(BGBl I 2009/81)*
4. Die Vertreterinnen und Vertreter der Studierenden sind zu entsenden (§ 23 Abs. 1 des Hochschülerinnen- und Hochschülerschaftsgesetzes 1998 – HSG 1998, BGBl. I Nr. 22/1999). *(BGBl I 2009/81)*

(4a) Bei der Erstellung der Wahlvorschläge für die zu wählenden Vertreterinnen und Vertreter der Gruppen gemäß Abs. 4 Z 1, 2 und 3 ist § 11 Abs. 2 Z 3 des Bundes-Gleichbehandlungsgesetzes sinngemäß anzuwenden. In die Wahlvorschläge für die zu wählenden Vertreterinnen und Vertreter der Gruppen gemäß Abs. 4 Z 1, 2 und 3 sind daher pro Gruppe mindestens 40vH Frauen aufzunehmen. Sämtliche von der Wahlkommission zugelassenen Wahlvorschläge sind dem Arbeitskreis für Gleichbehandlungsfragen vorzulegen. Dieser hat binnen einer Woche zu entscheiden, ob der Wahlvorschlag einen ausreichenden Frauenanteil vorsieht. Entscheidet der Arbeitskreis für Gleichbehandlungsfragen, dass nicht ausreichend Frauen auf dem Wahlvorschlag enthalten sind, hat er die Einrede der Mangelhaftigkeit des Wahlvorschlages an die Schiedskommission zu erheben. Entscheidet die Schiedskommission, dass die Einrede zu Recht erhoben wurde, hat die Wahlkommission den Wahlvorschlag an die wahlwerbende Gruppe zur Verbesserung zurückzuweisen.

(BGBl I 2009/81)

(5) Die Funktionsperiode des Senats beträgt drei Jahre und beginnt mit dem 1. Oktober des betreffenden Jahres. *(BGBl I 2009/81)*

(6) Der Senat ist beschlussfähig, wenn wenigstens die Hälfte der Mitglieder anwesend ist. Er entscheidet mit Stimmenmehrheit, sofern in diesem Bundesgesetz nicht anderes bestimmt ist.

(7) Vom Senat können zur Beratung oder Entscheidung einzelner seiner Aufgaben Kollegialorgane eingerichtet werden.

(7a) Bei der Zusammensetzung der vom Senat eingerichteten Kollegialorgane ist § 11 Abs. 2 Z 3 des Bundes-Gleichbehandlungsgesetzes sinngemäß anzuwenden. Den vom Senat eingerichteten Kollegialorganen haben daher mindestens 40vH Frauen anzugehören. Bei Nichteinhaltung der erforderlichen Frauenquote kann der Arbeitskreis für Gleichbehandlungsfragen die Einrede der unrichtigen Zusammensetzung erheben. *(BGBl I 2009/81)*

(8) Für folgende Angelegenheiten sind entscheidungsbefugte Kollegialorgane einzusetzen:

1. Habilitationsverfahren (§ 103),
2. Berufungsverfahren (§ 98),
3. Studienangelegenheiten gemäß § 25 Abs. 1 Z 10.

Für die Beschlussfassung über die Einsetzung eines Kollegialorgans gemäß Z 1 und 2 ist neben den sonstigen Beschlusserfordernissen eine Mehrheit der anwesenden Mitglieder der Gruppe gemäß Abs. 4 Z 1 einschließlich der sonstigen Mitglieder des Senats mit venia docendi erforderlich. *(BGBl I 2009/81)*

(9) Die Zahl der Mitglieder der Kollegialorgane gemäß Abs. 8 darf die Hälfte der Zahl der Senatsmitglieder nicht überschreiten. In den Kollegialorganen gemäß Abs. 8 Z 3 stellen die Studierenden mindestens ein Viertel der Mitglieder. Die Kollegialorgane gemäß Abs. 7 haben in ihrer Zusammensetzung der Relation der Vertreterinnen und Vertreter der einzelnen Gruppen im Senat zu entsprechen.

(10) Die Kollegialorgane gemäß Abs. 7 und Abs. 8 Z 3 sind längstens für die Dauer der Funktionsperiode des Senats einzurichten. Diese Kollegialorgane sind an die Richtlinien des Senats gebunden und entscheiden in dessen Namen. Der Senat kann eine gemäß Abs. 7 erteilte Entscheidungsvollmacht jederzeit widerrufen. Die Beschlüsse der Kollegialorgane gemäß Abs. 7 und Abs. 8 Z 3 bedürfen der Genehmigung des Senats.

(11) Bei der Festlegung der Kategorien für die Zweckwidmung der Studienbeiträge durch die Studierenden gemäß Abs. 1 Z 13 hat der Senat jedenfalls eine von den Vertreterinnen und Vertretern der Studierenden im Senat bestimmte Kategorie zu berücksichtigen.

2. Unterabschnitt

Forschungsförderung, Auftragsforschung und Vollmachten

Forschungsförderung und Auftragsforschung

§ 26. (1) Die Angehörigen des wissenschaftlichen und künstlerischen Universitätspersonals sind berechtigt, in ihrem Fach auch Forschungsvorhaben oder künstlerische Arbeiten an der Universität durchzuführen, die nicht aus dem Budget der Universität, sondern aus Forschungsaufträgen Dritter, aus Mitteln der Forschungsförderung oder aus anderen Zuwendungen Dritter finanziert werden. Die Durchführung solcher Vorhaben zählt zur Universitätsforschung.

(2) Voraussetzung für die Durchführung eines Vorhabens gemäß Abs. 1 an der Universität ist, dass

1. die Erfüllung der Pflichten aus dem Arbeitsverhältnis,
2. die Erfüllung der Aufgaben der betreffenden Organisationseinheit der Universität in der Forschung oder in der Entwicklung und Erschließung der Künste sowie im Lehrbetrieb und
3. die Rechte und Pflichten anderer Universitätsangehöriger

nicht beeinträchtigt werden.

(3) Für die Inanspruchnahme von Personal und Sachmitteln der Universität zur Durchführung von Forschungsaufträgen oder künstlerischen Arbeiten im Auftrag Dritter ist voller Kostenersatz an die Universität zu leisten. Über die Verwendung dieses Kostenersatzes entscheidet das Rektorat.

(4) Ein Vorhaben gemäß Abs. 1 ist dem Rektorat von der Projektleiterin oder vom Projektleiter vor der beabsichtigten Übernahme und Durchführung zu melden. Es ist nur zu untersagen, wenn die Voraussetzungen des Abs. 2 nicht erfüllt sind oder keine Vereinbarung über den vollen Kostenersatz vorliegt.

(5) Über die Verwendung der Projektmittel entscheidet die Projektleiterin oder der Projektleiter. Die Mittel für Vorhaben gemäß Abs. 1 sind von der Universität zu verwalten und ausschließlich auf Anweisung der Projektleiterin oder des Projektleiters zu verwenden.

(6) Mitarbeiterinnen und Mitarbeiter an einem Vorhaben gemäß Abs. 1 sind auf Vorschlag der oder des Universitätsangehörigen, die oder der dieses Vorhaben durchführt, gegen Ersatz der Personalkosten in ein zeitlich befristetes Arbeitsverhältnis zur Universität aufzunehmen.

Vollmachten

§ 27. (1) Jede Leiterin und jeder Leiter einer Organisationseinheit ist berechtigt, im Namen der Universität und im Zusammenhang mit deren Aufgaben

1. durch unentgeltliche Rechtsgeschäfte Vermögen und Rechte zu erwerben;
2. Förderungen anderer Rechtsträger entgegenzunehmen;

3. Verträge über die Durchführung wissenschaftlicher oder künstlerischer Arbeiten sowie über Untersuchungen und Befundungen im Auftrag Dritter abzuschließen, soweit sie der wissenschaftlichen Forschung (Entwicklung und Erschließung der Künste) dienen;
4. staatlich autorisierte technische Prüf- und Gutachtertätigkeiten durchzuführen, sofern die betreffende Universitätseinrichtung als staatlich autorisierte Prüfanstalt anerkannt ist;
5. von Vermögen und Rechten, die aus Rechtsgeschäften gemäß Z 1 bis 4 erworben werden, zur Erfüllung der Zwecke der Organisationseinheit Gebrauch zu machen.

Bei Missbrauch kann diese Berechtigung vom Rektorat entzogen werden.

(2) Jede oder jeder mit der Erfüllung von Verträgen gemäß Abs. 1 Z 3 verantwortlich betraute Universitätsangehörige (Projektleiterin oder Projektleiter) ist zum Abschluss der für die Vertragserfüllung erforderlichen Rechtsgeschäfte und zur Verfügung über die Geldmittel im Rahmen der Einnahmen aus diesem Vertrag zu ermächtigen. Diese Bevollmächtigungen sind im Mitteilungsblatt der Universität zu verlautbaren.

(3) Für die Inanspruchnahme von Personal und Sachmitteln der Universität zur Durchführung von Aufträgen Dritter (Abs. 1 Z 3 und 4) ist voller Kostenersatz an die Universität zu leisten. Über die Verwendung dieses Kostenersatzes entscheidet das Rektorat.

(4) Die der Universität auf Grund von Tätigkeiten gemäß Abs. 1 zufließenden Drittmittel sind, sofern keine Zweckwidmung vorliegt, für Zwecke jener Organisationseinheit zu verwenden, der die zeichnungsbefugte Arbeitnehmerin oder der zeichnungsbefugte Arbeitnehmer der Universität zugeordnet ist. Zur Erfüllung von Verpflichtungen der Universität auf Grund von Rechtsgeschäften gemäß Abs. 1 sind zunächst die Mittel heranzuziehen, die für die betreffende Organisationseinheit zweckgewidmet sind.

(5) Die gemäß Abs. 1 berechtigten oder gemäß Abs. 2 bevollmächtigten Universitätsangehörigen haben dem Rektorat über die Durchführung der von ihnen abgeschlossenen Rechtsgeschäfte zu berichten.

§ 28. (1) Die Rektorin oder der Rektor kann unter Beachtung der vom Rektorat erlassenen Richtlinien festlegen, welche Arbeitnehmerinnen und Arbeitnehmer der Universität Rechtsgeschäfte im Namen der Universität abschließen dürfen. Diese Bevollmächtigungen sind im Mitteilungsblatt der Universität zu verlautbaren.

(2) § 27 Abs. 4 und 5 gelten sinngemäß.

3. Unterabschnitt
Sonderbestimmungen für die Klinischen Bereiche der Medizinischen Universitäten

Organisation

§ 29. (1) Die Medizinischen Universitäten gemäß § 6 Z 4 bis 6 erfüllen ihre Forschungs- und Lehraufgaben im Klinischen Bereich auch im Zusammenwirken mit öffentlichen Krankenanstalten.

(2) Die organisatorische Gliederung des Klinischen Bereichs der Medizinischen Universität und der Krankenanstalt sind aufeinander abzustimmen. Dabei sind auch jene Einrichtungen der Medizinischen Universität festzulegen, die zur Unterstützung der Lehr- und Forschungsaufgaben des Klinischen Bereichs erforderlich sind. Vor der Erstellung des Organisationsplans für den Klinischen Bereich hat das Rektorat daher das Einvernehmen mit dem Träger der Krankenanstalt herzustellen. Der Organisationsplan für den Klinischen Bereich bedarf der Zustimmung der Bundesministerin oder des Bundesministers.

(3) Die Medizinische Universität ist berechtigt, sich an einer Gesellschaft zur Führung des Betriebs der Krankenanstalt zu beteiligen.

(4) Die Medizinische Universität hat folgende Verpflichtungen:

1. Sie hat ihre in ärztlicher oder zahnärztlicher Verwendung stehenden Arbeitnehmerinnen und Arbeitnehmer mit der Mitwirkung an der Erfüllung der Aufgaben der Organisationseinheiten des Klinischen Bereichs als Einrichtungen der Krankenanstalt zu beauftragen. Diese Mitwirkung ist dem Rechtsträger dieser Krankenanstalt und nicht der Universität zuzurechnen. Ein Arbeitsverhältnis zum Rechtsträger der Krankenanstalt wird dadurch nicht begründet.
2. Sie hat die notwendigen Daten und Informationen aller Organisationseinheiten über die Erfordernisse von Forschung und Lehre zur Ermittlung und Abwicklung des Klinischen Mehraufwandes nach betriebswirtschaftlichen Kriterien zu erheben, zu dokumentieren und zu bewerten. Die Medizinische Universität hat ab 1. Jänner 2007 das Ergebnis ihrer Ermittlung der Leistung des Kostenersatzes gemäß § 55 des Bundesgesetzes über Kran-

kenanstalten und Kuranstalten (KAKuG), BGBl. Nr. 1/1957, zu Grunde zu legen, sofern nicht in einer Verordnung gemäß § 56 KAKuG oder in einer Vereinbarung gemäß Abs. 5 eine andere Regelung getroffen wird. *(BGBl I 2009/81)*

3. Sie hat eine mittelfristige Planung für sämtliche Anlagen zu erstellen, die ganz oder teilweise dem Bedarf von Forschung und Lehre dienen und zu Mehrkosten im Sinne des § 55 KAKuG führen. Diese Planung sowie Neuanschaffungen sind nach Maßgabe des Bedarfs für Forschung und Lehre unter Beachtung der Grundsätze der Sparsamkeit, Wirtschaftlichkeit und Zweckmäßigkeit sowie in Abstimmung mit den sonstigen Einrichtungen und Anschaffungen der Krankenanstalt vorzunehmen. *(BGBl I 2009/81)*

(5) Die Medizinische Universität hat mit dem Rechtsträger der Krankenanstalt nach Zustimmung der Bundesministerin oder des Bundesministers unter Bedachtnahme auf die Leistungsvereinbarung gemäß § 13 eine Vereinbarung über die Zusammenarbeit beim Betrieb der einzelnen zum Klinischen Bereich der Medizinischen Universität gehörenden und gleichzeitig einen Teil der öffentlichen Krankenanstalt bildenden Organisationseinheiten zu treffen, die auch die wechselseitigen Leistungen und deren Bewertung enthält. In dieser Vereinbarung über die Zusammenarbeit ist auch festzulegen, dass Universitätsangehörige gemäß § 94 Abs. 1 Z 4 in ärztlicher oder zahnärztlicher Verwendung, die mit der Mitwirkung an der Erfüllung der Aufgaben der Organisationseinheiten des Klinischen Bereichs als Einrichtungen der Krankenanstalt beauftragt sind, in einem Durchrechnungszeitraum von 26 Wochen mindestens 30 vH der Normalarbeitszeit dieser Universitätsangehörigen, bezogen auf die jeweilige Organisationseinheit, für universitäre Lehre und Forschung verwenden. *(BGBl I 2009/81)*

(6) Den Organisationseinheiten einer Medizinischen Universität können gegen Ersatz der Kosten auch Aufgaben des öffentlichen Gesundheitswesens übertragen werden.

(7) Die Leiterin oder der Leiter der Universitätsklinik für Zahn-, Mund- und Kieferheilkunde der Medizinischen Universität Wien ist berechtigt, im Namen der Medizinischen Universität Wien Verträge über die Erbringung zahnärztlicher Leistungen abzuschließen.

(8) Die Wahrnehmung der Aufgaben im Rahmen einer öffentlichen Krankenanstalt und der allfälligen Aufgaben im Rahmen des Gesundheitswesens ist von der autonomen Besorgung durch die Universität ausgenommen (§ 61 Abs. 3 UOG 1993).

Ethikkommission

§ 30. (1) An jeder Medizinischen Universität ist vom Senat zur Beurteilung klinischer Prüfungen von Arzneimitteln und Medizinprodukten, der Anwendung neuer medizinischer Methoden und angewandter medizinischer Forschung an Menschen eine Ethikkommission einzurichten.

(2) Die Ethikkommissionen haben jedenfalls den Erfordernissen des § 8c Abs. 1 bis 5 und 7 KAKuG, zu entsprechen. *(BGBl I 2009/81)*

(3) Die Ethikkommission hat sich eine Geschäftsordnung zu geben. Diese ist dem Universitätsrat und dem Rechtsträger der Krankenanstalt im Wege der Rektorin oder des Rektors zur Kenntnis zu bringen.

(4) Die Mitglieder der Ethikkommission unterliegen in dieser Funktion weder Weisungen der Organe der Krankenanstalt noch Weisungen der Organe der Universität.

Gliederung des Klinischen Bereichs

§ 31. (1) Der Klinische Bereich einer Medizinischen Universität umfasst jene Einrichtungen, die funktionell gleichzeitig Organisationseinheiten einer öffentlichen Krankenanstalt sind.

(2) Die Organisationseinheiten einer Medizinischen Universität, in denen im Rahmen einer Krankenanstalt neben Forschungs- und Lehraufgaben auch ärztliche oder zahnärztliche Leistungen unmittelbar am Menschen erbracht werden, führen die Bezeichnung „Universitätsklinik".

(3) Die Organisationseinheiten einer Medizinischen Universität, in denen im Rahmen einer Krankenanstalt neben Forschungs- und Lehraufgaben auch ärztliche Leistungen mittelbar für den Menschen erbracht werden, führen die Bezeichnung „Klinisches Institut".

(4) Die Universitätskliniken und Klinischen Institute können in „Klinische Abteilungen" gegliedert werden. In diesem Fall obliegt der Leiterin oder dem Leiter der Klinischen Abteilung die Verantwortung für die zu erfüllenden ärztlichen Aufgaben gemäß § 7a Abs. 1 KAKuG. *(BGBl I 2004/96, BGBl I 2009/81)*

Leitungsfunktionen im Klinischen Bereich

§ 32. (1) Zur Leiterin oder zum Leiter einer Organisationseinheit oder einer Klinischen Abteilung einer Medizinischen Universität, die gleichzeitig die Funktion einer Krankenabteilung oder einer gleichzuwertenden Einrichtung einer öffentlichen Krankenanstalt (§ 7 Abs. 4 und § 7a KAKuG) hat, darf nur eine Universitätsprofessorin oder ein Universitätsprofessor mit einschlägiger Facharzt- oder Zahnarztqualifikation bestellt werden. Zur Stellvertreterin oder zum Stellvertreter der Leiterin oder des Leiters darf nur eine Universitätsangehörige oder ein Universitätsangehöriger mit entsprechender Qualifikation als Fachärztin oder Facharzt oder als Zahnärztin oder Zahnarzt bestellt werden. Vor der Bestellung ist dem Rechtsträger der Krankenanstalt Gelegenheit zur Stellungnahme zu geben. *(BGBl I 2004/96, BGBl I 2009/81)*

(1a) Die Leiterin oder der Leiter einer Organisationseinheit oder einer Klinischen Abteilung einer Medizinischen Universität, die gleichzeitig die Funktion einer Krankenabteilung oder einer gleichzuwertenden Einrichtung einer öffentlichen Krankenanstalt (§ 7 Abs. 4 und § 7a KAKuG) hat, kann vom Rektorat wegen einer schweren Pflichtverletzung, einer strafgerichtlichen Verurteilung, wegen mangelnder gesundheitlicher Eignung oder wegen eines begründeten Vertrauensverlustes von ihrer oder seiner Funktion abberufen werden. Vor der Abberufung ist dem Rechtsträger der Krankenanstalt Gelegenheit zur Stellungnahme zu geben. *(BGBl I 2009/81)*

(2) Die Bestellung zur Leiterin oder zum Leiter sowie zur Stellvertreterin oder zum Stellvertreter der Leiterin oder des Leiters einer im Abs. 1 genannten Organisationseinheit oder einer Klinischen Abteilung hat zunächst zeitlich befristet zu erfolgen. *(BGBl I 2004/96)*

Kostenersatz an den Krankenanstaltenträger

§ 33. Die Medizinischen Universitäten sind verpflichtet, die Kostenersätze gemäß § 55 KAKuG namens des Bundes an den jeweiligen Rechtsträger der Krankenanstalt zu leisten. Ausgenommen davon sind die Kostenersätze des Bundes für Klinikneubauten und Klinikumbauten sowie für die Ersteinrichtung dieser Gebäude. *(BGBl I 2009/81)*

Vertreterinnen und Vertreter der Ärzte und Zahnärzte

§ 34. Die im Klinischen Bereich einer Medizinischen Universität tätigen Ärztinnen und Ärzte sowie Zahnärztinnen und Zahnärzte mit Ausnahme der Leiterinnen und Leiter von Organisationseinheiten (§ 32) haben zur Wahrnehmung der Aufgaben gemäß § 3 Abs. 3 des Krankenanstalten-Arbeitszeitgesetzes, BGBl. I Nr. 8/1997, aus ihrer Mitte fünf Vertreterinnen oder Vertreter zu wählen.

Lehrkrankenhaus

§ 35. Abteilungen von Krankenanstalten, die nicht zum Klinischen Bereich einer Medizinischen Universität gehören, können von den Medizinischen Universitäten mit Zustimmung des Rechtsträgers der Krankenanstalt zur Verbesserung und Intensivierung des praktisch-medizinischen Unterrichts herangezogen werden. Werden mehrere Abteilungen einer solchen Krankenanstalt zu diesem Zweck ständig herangezogen, kann dieser Krankenanstalt von der betreffenden Medizinischen Universität die Bezeichnung „Lehrkrankenhaus" verliehen werden.

4. Unterabschnitt
Sonderbestimmungen für die Veterinärmedizinische Universität Wien

Tierspital

§ 36. (1) Die Organisationseinheiten der Veterinärmedizinischen Universität Wien, die neben ihren Lehr- und Forschungsaufgaben auch tierärztliche Leistungen unmittelbar an lebenden Tieren zu erbringen haben, führen die Bezeichnung „Universitätsklinik" und bilden gemeinsam organisatorisch das „Tierspital".

(2) Für das Tierspital ist vom Rektorat durch Verordnung eine Anstaltsordnung zu erlassen, die der Genehmigung des Universitätsrats bedarf.

(3) Zu Leiterinnen und Leitern der Organisationseinheiten des Tierspitals dürfen nur Personen mit facheinschlägiger Qualifikation bestellt werden.

(4) Das den Organisationseinheiten des Tierspitals zugeordnete Personal hat an der Erfüllung der Aufgaben mitzuwirken, die dem Tierspital im Rahmen der Untersuchung und Behandlung von Tieren obliegen.

(5) Die Leiterinnen und Leiter der Organisationseinheiten des Tierspitals sind berechtigt, im Namen der Veterinärmedizinischen Universität Wien Verträge über die Erbringung tierärztlicher Leistungen abzuschließen.

(6) Die Wahrnehmung der tierärztlichen Aufgaben im Rahmen des Tierspitals ist von der autonomen Besorgung durch die Universität gemäß § 5 ausgenommen (§ 70 Abs. 4 UOG 1993).

Veterinärmedizinische Lehrinstitute und Organisationseinheit für Wildtierkunde und Ökologie

§ 37. (1) Tierkliniken, die nicht zur Veterinärmedizinischen Universität Wien gehören, und Tierarztpraxen können vom Rektorat mit Zustimmung der Betreiberin oder des

Betreibers der Tierklinik oder der Tierarztpraxis zur Verbesserung und Intensivierung des praktisch-veterinärmedizinischen Unterrichts herangezogen werden. Wird eine Tierklinik oder eine Tierarztpraxis ständig zu diesem Zweck herangezogen, kann dieser die Bezeichnung „Veterinärmedizinisches Lehrinstitut“ verliehen werden.

(2) An der Veterinärmedizinischen Universität Wien ist eine Organisationseinheit mit der Bezeichnung „Forschungsinstitut für Wildtierkunde und Ökologie“ einzurichten.

(3) Die im Abs. 2 genannte Organisationseinheit ist in der Leistungsvereinbarung und im Rechnungsabschluss sowie im Leistungsbericht gesondert auszuweisen.

5. Unterabschnitt

Sonderbestimmungen für die Katholische und die Evangelische Theologie

§ 38. (1) Die Universitäten, deren Wirkungsbereich sich auch auf Studien der Katholischen Theologie erstreckt, haben bei der Gestaltung ihrer inneren Organisation und der Studienvorschriften sowie bei der Sicherstellung des Lehr- und Forschungsbetriebs das Konkordat zwischen dem Heiligen Stuhle und der Republik Österreich, BGBl. II Nr. 2/1934, zu beachten. Die Verpflichtung zur Einholung der Zustimmung gemäß Art. V § 3 und zu einer allfälligen Enthebung von der Ausübung der Lehrbefugnis gemäß Art. V § 4 obliegt der Rektorin oder dem Rektor.

(2) Die Universität, deren Wirkungsbereich sich auch auf Studien der Evangelischen Theologie erstreckt, hat bei der Gestaltung ihrer internen Organisation und der Studienvorschriften sowie bei der Sicherstellung des Lehr- und Forschungsbetriebs § 15 des Bundesgesetzes über äußere Rechtsverhältnisse der Evangelischen Kirche, BGBl. Nr. 182/1961, zu beachten. Die Verpflichtung, gemäß § 15 Abs. 4 des Bundesgesetzes über äußere Rechtsverhältnisse der Evangelischen Kirche vor der Auswahl aus dem Besetzungsvorschlag mit der Evangelischen Kirche Kontakt aufzunehmen, obliegt der Rektorin oder dem Rektor.

6. Unterabschnitt

Sonderbestimmungen für die Akademie der bildenden Künste Wien

Gemäldegalerie und Kupferstichkabinett

§ 39. (1) An der Akademie der bildenden Künste Wien sind folgende Organisationseinheiten einzurichten:

1. die „Gemäldegalerie der Akademie der bildenden Künste Wien“, der eine Glyptothek eingegliedert ist;
2. das „Kupferstichkabinett“.

Bei der Organisation dieser beiden Einrichtungen sind die Aufgaben und die besondere Stellung dieser Einrichtungen zu berücksichtigen.

(2) Die Gemäldegalerie ist eine durch eine Stiftung geschaffene Einrichtung. Sie hat die Aufgaben der gleichnamigen Einrichtung gemäß § 46 des Bundesgesetzes über die Organisation der Universitäten der Künste (KUOG) weiterzuführen. Sie hat durch ständige Schausammlungen und zusätzliche Ausstellungen für eine Darbietung ausgewählter Objekte ihrer Sammlungen für die Öffentlichkeit zu sorgen.

(3) Das Kupferstichkabinett hat die Aufgaben der gleichnamigen Einrichtung gemäß § 65 KUOG weiterzuführen. Es hat ausgewählte Objekte seiner Sammlung der Öffentlichkeit darzubieten.

(4) Zu Leiterinnen oder zu Leitern der Gemäldegalerie und des Kupferstichkabinetts dürfen nur Personen mit einschlägiger Ausbildung und entsprechend hoher fachlicher Qualifikation bestellt werden. Die Leiterin oder der Leiter der Gemäldegalerie trägt die Funktionsbezeichnung „Direktorin“ oder „Direktor“.

(5) Die Gemäldegalerie und das Kupferstichkabinett sind in der Leistungsvereinbarung und im Rechnungsabschluss sowie im Leistungsbericht der Akademie der bildenden Künste Wien gesondert auszuweisen.

7. Unterabschnitt

Sonderbestimmungen für den Universitätssport

§ 40. (1) An den Universitäten gemäß § 6 Z 1, 2, 3, 7, 10, 14 und 15 sind Universitäts-Sportinstitute eingerichtet, die den Studierenden, den Absolventinnen und Absolventen und dem Personal der Universitäten sowie der Fachhochschul-Studiengänge des Universitätsstandortes für sportliche Tätigkeiten und Wettkämpfe zur Verfügung stehen.

(2) Die Universitäts-Sportinstitute sind in der Leistungsvereinbarung und im Rechnungsabschluss sowie im Leistungsbericht der betreffenden Universität gesondert auszuweisen.

(3) Mittel, die dem Universitäts-Sportinstitut aus dem universitären Sportbetrieb und aus dem Betrieb von Universitätssportanlagen zufließen, sind für die Zwecke des Universitätssportes zu verwenden.

(4) Zur Leiterin oder zum Leiter eines Universitäts-Sportinstituts darf nur eine Person mit einschlägiger Ausbildung und entsprechender fachlicher Qualifikation bestellt werden.

3. Abschnitt
Gleichstellung von Frauen und Männern

Frauenfördergebot

§ **41.** Alle Organe der Universität haben darauf hinzuwirken, dass in allen universitären Arbeitsbereichen ein ausgewogenes Zahlenverhältnis zwischen den an der Universität tätigen Frauen und Männern erreicht wird. Die Erreichung dieses Ziels ist durch geeignete Maßnahmen, insbesondere durch die Erlassung und Umsetzung eines Frauenförderungsplans, anzustreben.

Arbeitskreis für Gleichbehandlungsfragen

§ **42.** (1) An jeder Universität ist vom Senat ein Arbeitskreis für Gleichbehandlungsfragen einzurichten, dessen Aufgabe es ist, Diskriminierungen durch Universitätsorgane auf Grund des Geschlechts sowie auf Grund der ethnischen Zugehörigkeit, der Religion oder Weltanschauung, des Alters oder der sexuellen Orientierung entgegenzuwirken und die Angehörigen und Organe der Universität in diesen Angelegenheiten zu beraten und zu unterstützen. *(BGBl I 2009/81)*

(2) Die Anzahl der Mitglieder des Arbeitskreises für Gleichbehandlungsfragen sowie deren Funktionsdauer ist in der Satzung festzulegen. Die im Senat vertretenen Gruppen von Universitätsangehörigen sind berechtigt, Mitglieder in einem in der Satzung festgelegten Verhältnis in den Arbeitskreis zu entsenden. Aus dem Kreis der Mitglieder des Arbeitskreises ist eine Vorsitzende oder ein Vorsitzender zu wählen.

(3) Die Mitglieder des Arbeitskreises für Gleichbehandlungsfragen sind bei der Ausübung ihrer Funktion an keine Weisungen oder Aufträge gebunden (Art. 81c B-VG). Sie dürfen bei der Ausübung ihrer Befugnisse nicht behindert und wegen dieser Tätigkeit in ihrem beruflichen Fortkommen nicht benachteiligt werden. *(BGBl I 2009/81)*

(4) Den Mitgliedern des Arbeitskreises ist vom Rektorat in allen inneruniversitären Angelegenheiten Auskunft zu erteilen sowie Einsicht in die Geschäftsstücke, Unterlagen und in die automationsunterstützt aufgezeichneten Daten über das Personal der Universität zu geben, deren Kenntnis zur Erfüllung der Aufgaben des Arbeitskreises erforderlich ist. Auf Verlangen ist die Herstellung von Fotokopien dieser Unterlagen zu gestatten. Einsicht in die Personalakten ist nur mit Genehmigung der Betroffenen zulässig.

(5) Werden vom Arbeitskreis für Gleichbehandlungsfragen zur Vorbereitung seiner Beschlüsse Gutachten und Stellungnahmen facheinschlägiger Expertinnen oder Experten sowie Auskünfte eingeholt, dürfen diesen Expertinnen oder Experten die dafür erforderlichen Unterlagen zur Verfügung gestellt werden. Diese Expertinnen oder Experten sind zur Verschwiegenheit verpflichtet.

(6) Dem Arbeitskreis für Gleichbehandlungsfragen sind insbesondere unverzüglich zur Kenntnis zu bringen:

1. alle Ausschreibungstexte für die Besetzung von Stellen und Funktionen vor erfolgter Ausschreibung. Der Arbeitskreis hat das Recht, innerhalb von zwei Wochen ab Zustellung zur Ausschreibung Stellung zu nehmen; *(BGBl I 2009/81)*
2. die Liste der eingelangten Bewerbungen;
3. die Liste der zu Aufnahmegesprächen eingeladenen Bewerberinnen und Bewerber.

(7) Das Rektorat hat gleichzeitig mit der Information des zuständigen Betriebsrats den Arbeitskreis für Gleichbehandlungsfragen darüber in Kenntnis zu setzen, mit welcher Bewerberin oder mit welchem Bewerber ein Arbeitsvertrag abgeschlossen werden soll. Arbeitsverträge, die ohne vorherige Verständigung des Arbeitskreises oder vor Ablauf der Frist gemäß Abs. 8 abgeschlossen werden, sind unwirksam.

(8) Hat der Arbeitskreis für Gleichbehandlungsfragen Grund zur Annahme, dass die Entscheidung eines Universitätsorgans eine Diskriminierung von Personen auf Grund ihres Geschlechts oder auf Grund der ethnischen Zugehörigkeit, der Religion oder Weltanschauung, des Alters oder der sexuellen Orientierung darstellt, ist er berechtigt, innerhalb von drei Wochen die Schiedskommission anzurufen. *(BGBl I 2009/81)*

(8a) Das jeweilige Kollegialorgan hat den Arbeitskreis für Gleichbehandlungsfragen unverzüglich über seine Zusammensetzung zu informieren. Ist der Frauenanteil von mindestens 40 vH im Kollegialorgan nicht ausreichend gewahrt, so kann der Arbeitskreis für Gleichbehandlungsfragen binnen vier Wochen die Einrede der unrichtigen Zusammensetzung an die Schiedskommission erheben. Ist das Kollegialorgan unrichtig zusammengesetzt, sind dessen Beschlüsse ab dem Zeitpunkt der Einrede nichtig. Erhebt der Arbeitskreis für Gleichbehandlungsfragen nicht fristgerecht die Einrede der unrichtigen Zusammensetzung des Kollegialorgans, ist das Kollegialorgan insofern richtig zusammengesetzt.

(BGBl I 2009/81)

(8b) Die Findungskommission und der Senat haben dem Arbeitskreis für Gleichbehandlungsfragen ihren jeweiligen Vorschlag für die Bestellung der Rektorin oder des Rektors vorzulegen. Liegt der Verdacht der Diskriminierung auf Grund des Geschlechts einer Bewerberin vor, so hat der Arbeitskreis für Gleichbehandlungsfragen binnen einer Woche Beschwerde an die Schiedskommission zu erheben.

(BGBl I 2009/81)

(8c) Die Wahlkommission für die Wahl des Senates hat dem Arbeitskreis für Gleichbehandlungsfragen sämtliche zugelassenen Wahlvorschläge vorzulegen. Entscheidet der Arbeitskreis für Gleichbehandlungsfragen, dass der Frauenanteil von mindestens 40 vH auf dem Wahlvorschlag nicht ausreichend gewahrt ist, hat er die Einrede der Mangelhaftigkeit des Wahlvorschlages an die Schiedskommission zu erheben. Entscheidet die Schiedskommission, dass die Einrede zu Recht erhoben wurde, hat die Wahlkommission den Wahlvorschlag an die wahlwerbende Gruppe zur Verbesserung zurückzuweisen.

(BGBl I 2009/81)

(8d) Der Arbeitskreis für Gleichbehandlungsfragen hat unverzüglich an die Bundesministerin oder den Bundesminister zu berichten, wenn er

1. Einrede wegen unrichtiger Zusammensetzung eines Kollegialorgans an die Schiedskommission gemäß Abs. 8a erhebt oder
2. Beschwerde an die Schiedskommission wegen Diskriminierung im Zusammenhang mit der Wahl der Rektorin oder des Rektors gemäß Abs. 8b erhebt oder
3. Einrede wegen Mangelhaftigkeit des Wahlvorschlages an die Schiedskommission gemäß Abs. 8c erhebt.

(BGBl I 2009/81)

(8e) Der Universitätsrat hat in seinen jährlichen Bericht gemäß § 21 Abs. 2 Z 13 einen Bericht über die Maßnahmen des Arbeitskreises für Gleichbehandlungsfragen im Zusammenhang mit der geschlechtergerechten Zusammensetzung der universitären Kollegialorgane (sinngemäße Anwendung des § 11 Abs. 2 Z 3 des Bundes-Gleichbehand lungsgesetzes), sowie gegebenenfalls über die Maßnahmen der Universität zur Umsetzung dieser Bestimmung aufzunehmen.

(BGBl I 2009/81)

(8f) Die Bundesministerin oder der Bundesminister hat in geeigneter Form auf der Homepage des Bundesministeriums für Wissenschaft und Forschung eine auf Grund der Berichte der Universitätsräte erstellte Darstellung der Umsetzung der geschlechtergerechten Zusammensetzung von Kollegialorganen an allen Universitäten zu veröffentlichen.

(BGBl I 2009/81)

(9) Erhebt der Arbeitskreis für Gleichbehandlungsfragen Beschwerde an die Schiedskommission, ist die Vollziehung der Entscheidung des Universitätsorgans bis zur Entscheidung der Schiedskommission unzulässig. *(BGBl I 2009/81)*

(10) Dem Universitätsrat und dem Rektorat ist jährlich ein Tätigkeitsbericht des Arbeitskreises zu übermitteln.

Schiedskommission

§ **43.** (1) An jeder Universität ist eine Schiedskommission einzurichten. Zu ihren Aufgaben zählen:

1. die Vermittlung in Streitfällen von Angehörigen der Universität;
2. die Entscheidung über Beschwerden des Arbeitskreises für Gleichbehandlungsfragen wegen einer Diskriminierung auf Grund des Geschlechts oder auf Grund der ethnischen Zugehörigkeit, der Religion oder Weltanschauung, des Alters oder der sexuellen Orientierung durch die Entscheidung eines Universitätsorgans; *(BGBl I 2009/81)*
3. Entscheidung über Einreden der unrichtigen Zusammensetzung des Arbeitskreises für Gleichbehandlungsfragen binnen vier Wochen; *(BGBl I 2009/81)*
4. Entscheidung über Einreden der Mangelhaftigkeit des Wahlvorschlages des Arbeitskreises für Gleichbehandlungsfragen binnen 14 Tagen. *(BGBl I 2009/81)*

(2) Angelegenheiten, die einem Rechtszug unterliegen, und Leistungsbeurteilungen sind von der Prüfung durch die Schiedskommission ausgenommen.

(3) Die Schiedskommission soll bei der Erfüllung ihrer Aufgaben möglichst auf ein Einvernehmen zwischen den Beteiligten hinwirken. *(BGBl I 2009/81)*

(4) Alle Organe und Angehörigen der Universität sind verpflichtet, den Mitgliedern der Schiedskommission Auskünfte in der Sache zu erteilen und an Kontaktgesprächen teilzunehmen.

(5) Die Schiedskommission hat in den Angelegenheiten gemäß Abs. 1 Z 2 innerhalb von drei Monaten mit Bescheid darüber abzusprechen, ob durch die Entscheidung

des Universitätsorgans eine Diskriminierung auf Grund des Geschlechts, auf Grund der ethnischen Zugehörigkeit, der Religion oder Weltanschauung, des Alters oder der sexuellen Orientierung vorliegt. Betrifft die Beschwerde den Vorschlag der Findungskommission oder den Vorschlag des Senates zur Bestellung der Rektorin oder des Rektors, so hat die Schiedskommission binnen 14 Tagen zu entscheiden. *(BGBl I 2009/81)*

(6) Bejaht die Schiedskommission in den Fällen des Abs. 1 Z 2 das Vorliegen einer Diskriminierung auf Grund des Geschlechts, auf Grund der ethnischen Zugehörigkeit, der Religion oder Weltanschauung, des Alters oder der sexuellen Orientierung, hat das Universitätsorgan eine neue Personalentscheidung unter Beachtung der Rechtsauffassung der Schiedskommission zu treffen. Betrifft die Diskriminierung den Vorschlag der Findungskommission oder des Senates zur Bestellung der Rektorin oder des Rektors, ist der Vorschlag an die Findungskommission oder den Senat zurückzustellen. Die Findungskommission und der Senat sind in diesem Fall verpflichtet, den der Rechtsanschauung der Schiedskommission entsprechenden Rechtszustand unverzüglich herzustellen. *(BGBl I 2009/81)*

(7) Gegen den Bescheid der Schiedskommission ist kein ordentliches Rechtsmittel zulässig. Der Arbeitskreis für Gleichbehandlungsfragen und das betroffene Universitätsorgan haben das Recht, gegen den das Verfahren abschließenden Bescheid vor dem Verwaltungsgerichtshof Beschwerde zu führen.

(8) Arbeitsverträge, die von der Rektorin oder vom Rektor während eines anhängigen Verfahrens vor der Schiedskommission oder trotz eines negativen Bescheids der Schiedskommission abgeschlossen werden, sind unwirksam.

(9) Die Schiedskommission besteht aus sechs Mitgliedern, die keine Angehörigen der betreffenden Universität sein müssen. Je ein männliches und ein weibliches Mitglied sind vom Senat, vom Universitätsrat und vom Arbeitskreis für Gleichbehandlungsfragen für eine Funktionsperiode von zwei Jahren zu nominieren. Zwei der Mitglieder müssen rechtskundig sein. Vom Senat, vom Universitätsrat und vom Arbeitskreis für Gleichbehandlungsfragen ist jeweils ein Ersatzmitglied zu nominieren. *(BGBl I 2009/81)*

(10) Die Mitglieder der Schiedskommission sind bei der Ausübung dieser Funktion an keine Weisungen oder Aufträge gebunden (Art. 81c B-VG). *(BGBl I 2009/81)*

(11) Die Schiedskommission entscheidet mit einfacher Mehrheit. Bei Stimmengleichheit gibt die Stimme der oder des Vorsitzenden den Ausschlag.

(12) Dem Universitätsrat und dem Rektorat ist jährlich ein Tätigkeitsbericht der Schiedskommission zu übermitteln.

Anwendung des Bundes-Gleichbehandlungsgesetzes

§ 44. Auf alle Angehörigen der Universität sowie auf die Bewerberinnen und Bewerber um Aufnahme in ein Arbeitsverhältnis zur Universität oder um Aufnahme als Studierende ist das Bundes-Gleichbehandlungsgesetz, BGBl. Nr. 100/1993, mit Ausnahme des vierten und fünften Abschnitts des dritten Teils und des § 50 mit der Maßgabe anzuwenden, dass die Universität als Dienststelle und als Zentralstelle (§ 2 Abs. 1 und 2 B-GBG) gilt und sie die Pflicht zur Leistung von Schadenersatz gemäß § 10 Abs. 1 B-GBG trifft. Das Recht zur Erstellung eines Vorschlags für den Frauenförderungsplan (§ 41 Abs. 1 B-GBG) steht dem Arbeitskreis für Gleichbehandlungsfragen zu.

4. Abschnitt
Verfahren

Aufsicht

§ 45. (1) Die Universitäten, die von ihnen gemäß § 10 gegründeten Gesellschaften, Stiftungen und Vereine sowie jene Gesellschaften, deren Geschäftsanteile die Universität mittelbar oder unmittelbar zu mehr als 50 vH hält, unterliegen der Aufsicht des Bundes. Diese umfasst die Einhaltung der Gesetze und Verordnungen einschließlich der Satzung (Rechtsaufsicht). *(BGBl I 2009/81)*

(2) Die zuständigen Organe der Universität haben der Bundesministerin oder dem Bundesminister im Wege des Universitätsrats auf Verlangen unverzüglich alle zur Erfüllung ihrer oder seiner Aufgaben erforderlichen Auskünfte zu erteilen und alle erforderlichen Unterlagen zu übermitteln.

(3) Die Bundesministerin oder der Bundesminister hat mit Verordnung Verordnungen und mit Bescheid Entscheidungen von Universitätsorganen aufzuheben, wenn die betreffende Verordnung oder Entscheidung im Widerspruch zu geltenden Gesetzen oder Verordnungen einschließlich der Satzung stehen. Im Falle einer Verletzung von Verfahrensvorschriften hat eine Aufhebung nur dann zu erfolgen, wenn das Organ bei deren Einhaltung zu einem anderen Ergebnis hätte kommen können. *(BGBl I 2009/81)*

(4) Die Bundesministerin oder der Bundesminister hat mit Bescheid Wahlen, die im Widerspruch zu geltenden Gesetzen oder Verordnungen einschließlich der Satzung stehen, aufzuheben.

(5) Ab der formellen Einleitung eines aufsichtsbehördlichen Verfahrens durch das aufsichtsführende Organ ist die Durchführung der diesem Verfahren zu Grunde liegenden Beschlüsse bis zum Abschluss des Verfahrens unzulässig. Ein in diesem Zeitraum oder nach der aufsichtsbehördlichen Aufhebung des betreffenden Beschlusses dennoch ergangener Bescheid leidet an einem gemäß § 68 Abs. 4 Z 4 Allgemeines Verwaltungsverfahrensgesetz 1991 – AVG, BGBl. Nr. 51/1991, mit Nichtigkeit bedrohten Fehler. Hebt die Bundesministerin oder der Bundesminister eine Entscheidung eines Universitätsorganes mit Bescheid auf, so enden Arbeitsverhältnisse, die auf der aufgehobenen Entscheidung beruhen, mit Eintritt der Rechtskraft des Bescheides. *(BGBl I 2009/81)*

(6) Die Universitätsorgane sind im Fall der Abs. 3 und 4 verpflichtet, den der Rechtsanschauung der Bundesministerin oder des Bundesministers entsprechenden Rechtszustand unverzüglich herzustellen.

(7) Im aufsichtsbehördlichen Verfahren haben die Universitätsorgane Parteistellung sowie das Recht, gegen den das Verfahren abschließenden Bescheid vor dem Verwaltungsgerichtshof Beschwerde zu führen.

Verfahren in behördlichen Angelegenheiten

§ 46. (1) Die Universitätsorgane haben in allen behördlichen Angelegenheiten das AVG anzuwenden. § 73 Abs. 2 AVG gilt mit der Maßgabe, dass die Bundesministerin oder der Bundesminister nicht sachlich in Betracht kommende Oberbehörde ist. *(BGBl I 2009/81)*

(2) In Studienangelegenheiten endet der administrative Instanzenzug in behördlichen Verfahren beim Senat.

(3) In Studienangelegenheiten sind auch die Organe der gesetzlichen Vertretung der Studierenden zur Einbringung von Rechtsmitteln berechtigt, sofern die betroffenen Studierenden nicht ausdrücklich die Zustimmung verweigern.

Säumnis von Organen

§ 47. (1) Kommt ein nicht zu den Leitungsorganen zählendes Organ einer Universität einer ihm nach diesem Bundesgesetz obliegenden Aufgabe nicht innerhalb angemessener Zeit nach, hat das Rektorat auf Antrag einer oder eines davon betroffenen Angehörigen der Universität oder von Amts wegen eine Frist von vier Wochen zu setzen, innerhalb der das säumige Organ die zu erfüllende Aufgabe nachzuholen hat. Lässt dieses die Frist verstreichen, ist die zu erfüllende Aufgabe vom Rektorat durchzuführen (Ersatzvornahme). Dies gilt nicht im Anwendungsbereich des § 73 des Allgemeinen Verwaltungsverfahrensgesetzes 1991.

(2) Ist der Senat, das Rektorat oder die Rektorin oder der Rektor im Sinne des Abs. 1 säumig, hat der Universitätsrat auf Antrag einer oder eines davon betroffenen Angehörigen der Universität oder von Amts wegen die Maßnahmen gemäß Abs. 1 zu setzen.

(3) Ist der Universitätsrat im Sinne des Abs. 2 oder in einer Angelegenheit des § 21 Abs. 1 säumig, hat die Bundesministerin oder der Bundesminister die Ersatzvornahme vorzunehmen.

Verschwiegenheitspflicht

§ 48. Die Mitglieder von Kollegialorganen und andere Universitätsorgane sind zur Amtsverschwiegenheit verpflichtet (Art. 20 Abs. 3 B-VG).

Haftung

§ 49. (1) Die Universität kann für sich Rechte und Pflichten begründen. Für Verbindlichkeiten, die daraus entstehen, trifft den Bund keine Haftung. Die Rechte und Pflichten für die Obsorge für die ordnungsgemäße Instandhaltung, Instandsetzung und Abwendung von Schäden ergeben sich aus einschlägigen gesetzlichen Bestimmungen, sofern im Mietvertrag nichts anderes geregelt ist. Insbesondere ist hier auf §§ 1319 und 1319a des Allgemeinen bürgerlichen Gesetzbuches (ABGB), JGS Nr. 946/1811, zu verweisen. *(BGBl I 2009/81)*

(2) Für den von Organen oder Arbeitnehmerinnen oder Arbeitnehmern der Universität oder von anderen Personen im Auftrag der Universität auf Grund dieses Bundesgesetzes in Wahrnehmung der hoheitlichen Aufgaben wem immer schuldhaft zugefügten Schaden haftet der Bund nach den Bestimmungen des Amtshaftungsgesetzes, BGBl. Nr. 20/1949. Der Bund hat in diesem Fall derjenigen oder demjenigen, die oder den sie für den Rückersatzanspruch für haftbar erachtet, den Streit zu verkünden (§ 21 Zivilprozessordnung, RGBl. Nr. 113/1895). Diese oder dieser kann dem Rechtsstreit als Nebenintervenientin oder Nebenintervenient

beitreten (§ 17 Zivilprozessordnung). Die Universität und diejenige oder derjenige, die oder der den Schaden zugefügt hat, haften der oder dem Geschädigten nicht.

(3) Hat der Bund der oder dem Geschädigten gemäß Abs. 2 den Schaden ersetzt, ist er berechtigt, nach Maßgabe der §§ 3, 5 und 6 Abs. 2 des Amtshaftungsgesetzes von derjenigen oder demjenigen, die oder den sie für den Rückersatzanspruch für haftbar erachtet, Rückersatz zu fordern. In diesem Verfahren sind die zum Rückersatz herangezogenen Personen von der Verschwiegenheitspflicht befreit.

(4) Für die von Organen oder Arbeitnehmerinnen oder Arbeitnehmern der Universität oder von anderen Personen im Auftrag der Universität in Wahrnehmung der hoheitlichen Aufgaben dem Bund schuldhaft unmittelbar zugefügten Schäden haften diese Organe dem Bund nach den Bestimmungen des Organhaftpflichtgesetzes, BGBl. Nr. 181/1967, mit der Maßgabe, dass die zur Haftung herangezogenen Personen von der Verschwiegenheitspflicht befreit sind.

Rechtsvertretung

§ 50. Die Universität sowie Gesellschaften, deren Geschäftsanteile die Universität mittelbar oder unmittelbar zu mehr als 50 vH hält, sind berechtigt, sich von der Finanzprokuratur gemäß dem Prokuraturgesetz, StGBl. Nr. 172/1945, gegen Entgelt rechtlich beraten und vertreten zu lassen.

II. Teil
Studienrecht

1. Abschnitt
Allgemeine Bestimmungen

Begriffsbestimmungen

§ 51. (1) In Vollziehung der Studienvorschriften werden die Universitäten im Rahmen der Hoheitsverwaltung tätig.

(2) Im Geltungsbereich dieses Bundesgesetzes gelten folgende Begriffsbestimmungen:

1. Anerkannte postsekundäre Bildungseinrichtungen sind die Bildungseinrichtungen, die Studien im Ausmaß von mindestens sechs Semestern durchführen, bei denen die Zulassung die allgemeine Universitätsreife im Sinne dieses Bundesgesetzes oder bei künstlerischen Studien den Nachweis der künstlerischen Eignung voraussetzt und die auf Grund der Rechtsvorschriften des Staates, in dem sie ihren Sitz haben, als Bildungseinrichtungen im Sinne dieser Begriffsbestimmung anerkannt sind.
2. Ordentliche Studien sind die Diplomstudien, die Bachelorstudien, die Masterstudien und die Doktoratsstudien.
3. Diplomstudien sind die ordentlichen Studien, die sowohl der wissenschaftlichen und künstlerischen Berufsvorbildung und der Qualifizierung für berufliche Tätigkeiten, welche die Anwendung wissenschaftlicher und künstlerischer Erkenntnisse und Methoden erfordern, als auch deren Vertiefung und Ergänzung dienen. Diese Studien erfüllen die Anforderungen des Art. 11 lit. e der Richtlinie über die Anerkennung von Berufsqualifikationen, 2005/36/EG. *(BGBl I 2009/81)*
4. Bachelorstudien sind die ordentlichen Studien, die der wissenschaftlichen und künstlerischen Berufsvorbildung und der Qualifizierung für berufliche Tätigkeiten dienen, welche die Anwendung wissenschaftlicher und künstlerischer Erkenntnisse und Methoden erfordern. Diese Studien erfüllen die Anforderungen des Art. 11 lit. d der Richtlinie über die Anerkennung von Berufsqualifikationen, 2005/36/EG. Sie sind nicht in Studienabschnitte gegliedert. *(BGBl I 2009/81)*
5. Masterstudien sind die ordentlichen Studien, die der Vertiefung und Ergänzung der wissenschaftlichen und künstlerischen Berufsvorbildung auf der Grundlage von Bachelorstudien dienen. Diese Studien erfüllen die Anforderungen des Art. 11 lit. e der Richtlinie über die Anerkennung von Berufsqualifikationen, 2005/36/EG. Sie sind nicht in Studienabschnitte gegliedert. *(BGBl I 2009/81)*
6. Studieneingangsphase ist das Angebot von Lehrveranstaltungen aus den das jeweilige Diplom- oder Bachelorstudium besonders kennzeichnenden Fächern, das der Information und der Orientierung der Studienanfängerinnen und Studienanfänger dient.
7. Bachelorarbeiten sind die im Bachelorstudium anzufertigenden eigenständigen schriftlichen Arbeiten, die im Rahmen von Lehrveranstaltungen abzufassen sind.
8. Diplom- und Masterarbeiten sind die wissenschaftlichen Arbeiten in den Diplom- und Masterstudien, die dem Nachweis der Befähigung dienen, wissenschaftliche Themen selbstständig sowie inhaltlich und methodisch vertretbar zu bearbeiten.
9. Künstlerische Diplom- und Masterarbeiten sind künstlerische Arbeiten, die dem Nachweis der Befähigung dienen, im

Hinblick auf das Studienziel des Studiums selbstständig und wissenschaftlich fundiert künstlerisch arbeiten zu können.

10. Bachelorgrade sind die akademischen Grade, die nach dem Abschluss der Bachelorstudien verliehen werden. Sie lauten „Bachelor" mit einem im Curriculum festzulegenden Zusatz, wobei auch eine Abkürzung festzulegen ist. Für den Abschluss des Human- oder Zahnmedizinischen Bachelorstudiums ist kein akademischer Grad zu verleihen. *(BGBl I 2009/81)*
11. Mastergrade sind die akademischen Grade, die nach dem Abschluss der Masterstudien verliehen werden. Sie lauten: „Master…" mit einem im Curriculum festzulegenden Zusatz, wobei auch eine Abkürzung festzulegen ist, oder „Diplom-Ingenieurin/Diplom-Ingenieur", abgekürzt „Dipl.-Ing." oder „DI"; für den Abschluss des Humanmedizinischen Masterstudiums kann der Mastergrad „Doctor medicinae universae", abgekürzt „Dr. med. univ.", für den Abschluss des Zahnmedizinischen Masterstudiums kann der Mastergrad „Doctor medicinae dentalis", abgekürzt „Dr. med. dent." verliehen werden. *(BGBl I 2009/81)*
12. Doktoratsstudien sind die ordentlichen Studien, die der Weiterentwicklung der Befähigung zu selbstständiger wissenschaftlicher Arbeit sowie der Heranbildung und Förderung des wissenschaftlichen Nachwuchses auf der Grundlage von Diplom- und Masterstudien dienen. Sie sind nicht in Studienabschnitte gegliedert. *(BGBl I 2009/81)*
13. Dissertationen sind die wissenschaftlichen Arbeiten, die anders als die Diplom- und Masterarbeiten dem Nachweis der Befähigung zur selbstständigen Bewältigung wissenschaftlicher Fragestellungen dienen.
14. Doktorgrade sind die akademischen Grade, die nach dem Abschluss der Doktoratsstudien verliehen werden. Sie lauten „Doktorin …" oder „Doktor …", abgekürzt „Dr. …", mit einem im Curriculum festzulegenden Zusatz oder „Doctor of Philosophy", abgekürzt „PhD".
15. Ordentliche Studierende sind die Studierenden, die zu den ordentlichen Studien zugelassen sind.
16. Allgemeine Universitätsreife ist jener Ausbildungsstand, der einer Person die Fähigkeit und das Recht vermittelt, bei Erfüllung allfälliger ergänzender studienspezifischer Erfordernisse zu einem ordentlichen Studium an einer Universität zugelassen zu werden.
17. Besondere Universitätsreife ist die Erfüllung ergänzender studienspezifischer Voraussetzungen für die Zulassung zu einem bestimmten ordentlichen Studium.
18. Ergänzungsprüfungen sind die Prüfungen zur Erlangung der allgemeinen Universitätsreife oder für den Nachweis der Kenntnis der deutschen Sprache oder der körperlich-motorischen Eignung.
19. Zulassungsprüfungen sind die Prüfungen, die unter Berücksichtigung der Vorbildungsmöglichkeiten dem Nachweis der künstlerischen Eignung für die künstlerischen Studien dienen.
20. Außerordentliche Studien sind die Universitätslehrgänge und der Besuch einzelner Lehrveranstaltungen aus wissenschaftlichen Fächern.
21. Universitätslehrgänge dienen der Weiterbildung. Die Einrichtung von Universitätslehrgängen zur Vorbereitung auf ein künstlerisches Bachelor- oder Diplomstudium ist zulässig.
22. Außerordentliche Studierende sind die Studierenden, die zu den außerordentlichen Studien zugelassen sind.
23. Mastergrade in Universitätslehrgängen sind jene international gebräuchlichen Mastergrade, die für die Absolventinnen und Absolventen jener Universitätslehrgänge festgelegt werden, deren Zugangsbedingungen, Umfang und Anforderungen mit Zugangsbedingungen, Umfang und Anforderungen entsprechender ausländischer Weiterbildungsangebote vergleichbar sind.
24. Curriculum ist die Verordnung, mit der das Qualifikationsprofil, der Inhalt und der Aufbau eines Studiums und die Prüfungsordnung festgelegt werden.
25. Prüfungsordnung ist der Teil des Curriculums, der die Arten der Prüfungen, die Festlegung der Prüfungsmethode und nähere Bestimmungen für das Prüfungsverfahren enthält.
26. Der Umfang der Studien mit Ausnahme der Doktoratsstudien ist im Sinne des Europäischen Systems zur Anrechnung von Studienleistungen (European Credit Transfer System – ECTS, 253/2000/EG, Amtsblatt Nr. L 28 vom 3. Februar 2000) in ECTS-Anrechnungspunkten anzugeben. Mit diesen Anrechnungspunkten ist der relative Anteil des mit den einzelnen Studienleistungen verbundenen Arbeitspensums zu bestimmen, wobei das Arbeitspensum eines Jahres 1 500 Echtstunden zu betragen hat und diesem Arbeitspensum 60 Anrechnungspunkte zugeteilt werden.

27. Gemeinsame Studienprogramme sind ordentliche Studien, die auf Grund von Vereinbarungen zwischen einer oder mehreren österreichischen Universitäten, Erhaltern von Fachhochschul-Studiengängen, Privatuniversitäten oder Pädagogischen Hochschulen sowie ausländischen anerkannten postsekundären Bildungseinrichtungen in der Form eines joint, double oder multiple degree programs durchgeführt werden, wobei in diesen Vereinbarungen festgelegt sein muss, welche Leistungen die betreffenden Studierenden an den beteiligten Institutionen zu erbringen haben. *(BGBl I 2009/81)*
28. Nostrifizierung ist die Anerkennung eines ausländischen Studienabschlusses als Abschluss eines inländischen ordentlichen Studiums.
29. Qualifikationsprofil ist jener Teil des Curriculums, der beschreibt, welche wissenschaftlichen und beruflichen Qualifikationen die Studierenden durch die Absolvierung des betreffenden Studiums erwerben. *(BGBl I 2009/81)*

(BGBl I 2006/74)

(3) Studierende sind die nach den Bestimmungen dieses Bundesgesetzes durch das Rektorat zum Studium an der Universität zugelassenen Personen.

(4) Das Recht, als Vertreterin oder als Vertreter der Studierenden in Kollegialorganen tätig zu werden, richtet sich nach dem Hochschülerinnen- und Hochschülerschaftsgesetz 1998, BGBl. I Nr. 22/1999. *(BGBl I 2009/81)*

Einteilung des Studienjahres

§ 52. Das Studienjahr besteht aus dem Wintersemester, dem Sommersemester und der lehrveranstaltungsfreien Zeit. Es beginnt am 1. Oktober und endet am 30. September des folgenden Jahres. Der Senat hat nähere Bestimmungen über Beginn und Ende der Semester und der lehrveranstaltungsfreien Zeit zu erlassen.

Fernstudien

§ 53. (1) In jedem Studium dürfen Fernstudieneinheiten festgelegt werden. Dabei ist die Erreichung des Lehrzieles durch die planmäßige Abfolge von unterrichtlicher Betreuung und Selbststudium der Teilnehmerinnen und Teilnehmer mittels geeigneter Lernmaterialien sicherzustellen.

(2) Die Aufgliederung der vorgesehenen Unterrichtseinheiten auf unterrichtliche Betreuung und Selbststudium, das Lehrangebot und die vorgesehenen Lernmaterialien sind den Studierenden vor Beginn der Fernstudieneinheit in geeigneter Weise bekannt zu machen.

2. Abschnitt
Studien

Bachelor-, Master-, Diplom- und Doktoratsstudien
(BGBl I 2006/74)

§ 54. (1) Die Universitäten sind berechtigt, Diplom-, Bachelor-, Master- und Doktoratsstudien einzurichten. Dabei sind die Studien einer der folgenden Gruppen zuzuordnen:
1. Geistes- und kulturwissenschaftliche Studien;
2. Ingenieurwissenschaftliche Studien;
3. Künstlerische Studien;
4. Veterinärmedizinische Studien;
5. Naturwissenschaftliche Studien;
6. Rechtswissenschaftliche Studien;
7. Sozial- und wirtschaftswissenschaftliche Studien;
8. Theologische Studien;
9. Medizinische Studien;
10. Lehramtsstudien.

(BGBl I 2006/74)

(2) Neu einzurichtende Studien dürfen nur als Bachelor-, Master- oder Doktoratstudien eingerichtet werden. *(BGBl I 2009/81)*

(3) Der Arbeitsaufwand für Bachelorstudien hat 180 ECTS-Anrechnungspunkte und für Masterstudien mindestens 120 ECTS-Anrechnungspunkte zu betragen. Der Arbeitsaufwand für ein Bachelorstudium kann in Ausnahmefällen, wenn dies zur Erlangung der Beschäftigungsfähigkeit zwingend erforderlich ist und diese Studiendauer international vergleichbar ist, bis zu 240 ECTS-Anrechnungspunkte betragen. Zur Beschäftigungsfähigkeit ist die Vorlage eines nach international anerkannten wissenschaftlichen Kriterien erstellten Gutachtens erforderlich. In den Humanmedizinischen und Zahnmedizinischen Studien kann der Arbeitsaufwand für das Bachelor- und das Masterstudium insgesamt 360 ECTS-Anrechnungspunkte betragen. Die Berufsberechtigung für den Beruf der Ärztin oder des Arztes und der Zahnärztin oder des Zahnarztes bzw. für sonstige Gesundheitsberufe richtet sich ausschließlich nach den jeweiligen berufsrechtlichen Regelungen, insbesondere nach der Richtlinie des Europäischen Parlaments und des Rates über die Anerkennung von Berufsqualifikationen vom 7. September 2005, 2005/36/EG. *(BGBl I 2006/74, BGBl I 2009/81)*

(3a) Die Curricula für Bachelorstudien haben ein Qualifikationsprofil (§ 51 Abs. 2 Z 29) zu enthalten. Bei der Gestaltung der Curricula für Bachelorstudien ist überdies sicherzustellen, dass Auslandsstudien ohne Verlust von Studienzeiten möglich sind.
(BGBl I 2009/81)

(4) Die Dauer von Doktoratsstudien beträgt mindestens drei Jahre. Das Studium darf als „Doctor of Philosophy"-Doktoratsstudium bezeichnet und der akademische Grad „Doctor of Philosophy", abgekürzt „PhD", verliehen werden. *(BGBl I 2006/74)*

(5) Curricula und deren Änderungen sind vor der Beschlussfassung dem Rektorat und dem Universitätsrat, Curricula theologischer Studien auch den zuständigen kirchlichen Stellen zur Stellungnahme zuzuleiten. Curricula und deren Änderungen treten bei Veröffentlichung im Mitteilungsblatt vor dem 1. Juli mit dem 1. Oktober desselben Jahres in Kraft; bei Veröffentlichung nach dem 30. Juni treten sie mit 1. Oktober des nächsten Jahres in Kraft. *(BGBl I 2009/81)*

(6) Für die pädagogische und fachdidaktische Ausbildung in Lehramtsstudien sind in den Curricula unbeschadet der schulpraktischen Ausbildung 20 bis 25 vH des gesamten Arbeitspensums für das jeweilige Unterrichtsfach vorzusehen.

(7) Im Curriculum darf als Voraussetzung für die Anmeldung zu Lehrveranstaltungen, deren Verständnis besondere Vorkenntnisse erfordert, der Nachweis dieser Vorkenntnisse durch die positive Beurteilung bei einer oder mehreren Prüfungen oder in anderer zweckmäßiger Form festgelegt werden. Diese Festlegungen gelten auch für Studierende, die sich zu der betreffenden Lehrveranstaltung im Rahmen der Nutzung des Lehrangebotes oder eines individuellen Studiums anmelden.

(8) Im Curriculum ist für Lehrveranstaltungen mit einer beschränkten Zahl von Teilnehmerinnen und Teilnehmern die Anzahl der möglichen Teilnehmerinnen und Teilnehmer sowie das Verfahren zur Vergabe der Plätze festzulegen. Dabei ist zu beachten, dass den bei einer Anmeldung zurückgestellten Studierenden daraus keine Verlängerung der Studienzeit erwächst. Im Bedarfsfall sind überdies Parallellehrveranstaltungen, allenfalls auch während der sonst lehrveranstaltungsfreien Zeit, anzubieten.

(9) Studien dürfen auch gemeinsam mit anderen Universitäten sowie mit Privatuniversitäten gemäß § 3 des Universitäts-Akkreditierungsgesetzes, BGBl. I Nr. 168/1999, Erhaltern von Fachhochschul-Studiengängen gemäß § 2 des Bundesgesetzes über Fachhochschul-Studiengänge, BGBl. Nr. 340/1993, und Pädagogischen Hochschulen gemäß § 1 des Hochschulgesetzes 2005, BGBl. I Nr. 30/2006, durchgeführt werden. Bei Beteiligung von anderen als den in § 6 genannten Bildungseinrichtungen haben die beteiligten Bildungseinrichtungen eine Vereinbarung über die Durchführung, insbesondere die Zuständigkeiten (Zulassung, Ausstellung von Zeugnissen, Anerkennung von Prüfungen etc.) zu schließen. In dem von den beteiligten Bildungseinrichtungen gleichlautend zu erlassenden Curriculum ist die Zuordnung der Fächer oder Lehrveranstaltungen zu der jeweiligen Bildungseinrichtung ersichtlich zu machen. Gesetzliche Zuständigkeiten bleiben von dieser Bestimmung unberührt. *(BGBl I 2009/81)*

(9a) Wenn die beteiligten Bildungseinrichtungen beschließen, ein Studium nicht mehr gemeinsam durchzuführen, ist von den beteiligten Bildungseinrichtungen Vorsorge zu treffen, dass Studierenden des betroffenen Studiums der Abschluss des Studiums innerhalb einer angemessenen Frist, die jedenfalls die Studiendauer zuzüglich von zwei Semestern zu umfassen hat, möglich ist.
(BGBl I 2009/81)

(10) Die Universitäten sind auch berechtigt, gemeinsame Studienprogramme durchzuführen. Bei Vorliegen einer Vereinbarung gemäß § 51 Abs. 2 Z 27 hat der Senat im Sinne des § 25 Abs. 1 Z 10 binnen angemessener Frist ein entsprechendes Curriculum zu erlassen. *(BGBl I 2009/81)*

(11) Curricula von Bachelor- und Masterstudien sind so zu gestalten, dass Auslandsstudien möglich sind.
(BGBl I 2009/81)

(12) Die Verwendung von Fremdsprachen bei der Abhaltung von Lehrveranstaltungen und Prüfungen, bei der Abfassung von wissenschaftlichen Arbeiten, bei der Festlegung von Bezeichnungen für die Absolventinnen und Absolventen von Universitätslehrgängen sowie bei der Abfassung von Urkunden über die Verleihung akademischer Grade und bei der Ausstellung von Zeugnissen und Abgangsbescheinigungen kann im studienrechtlichen Teil der Satzung vorgesehen werden.
(BGBl I 2009/81)

Individuelles Studium

§ 55. (1) Fächer aus verschiedenen Diplom-, Bachelor- oder Masterstudien dürfen zu einem individuellen Diplom-, Bachelor- oder Masterstudium verbunden werden. Der Antrag auf Zulassung zu einem individuellen Studium ist an jener Universität einzubringen, an welcher der Schwerpunkt des geplanten Studiums liegen soll. *(BGBl I 2006/74)*

(2) Der Antrag hat jedenfalls zu enthalten:
1. die Bezeichnung des Studiums;
2. ein Curriculum einschließlich Qualifikationsprofil;
3. den Umfang in ECTS-Anrechnungspunkten;

4. wenn das Studium an mehreren Universitäten durchgeführt werden soll, die Zuordnung der Fächer zu den beteiligten Universitäten.

(3) Der Antrag ist vom für die Organisation der Studien zuständigen Organ bescheidmäßig zu genehmigen, wenn das beantragte Studium einem facheinschlägigen Studium gleichwertig ist. In der Genehmigung ist der Zeitpunkt der Zulassung zum individuellen Studium festzulegen.

(4) Absolventinnen und Absolventen individueller Bachelorstudien ist vom für die studienrechtlichen Angelegenheiten zuständigen Organ jener Universität, an welcher der Schwerpunkt des Studiums gelegen ist, der akademische Grad „Bachelor", abgekürzt „BA", Absolventinnen und Absolventen individueller Diplomstudien ist der akademische Grad „Magistra" bzw. „Magister", abgekürzt jeweils „Mag." zu verleihen, Absolventinnen und Absolventen individueller Masterstudien ist der akademische Grad „Master", abgekürzt „MA" zu verleihen. Überwiegen in einem individuellen Diplom- oder Masterstudium die Fächer aus ingenieurwissenschaftlichen Studien, ist den Absolventinnen und Absolventen der akademische Grad „Diplom-Ingenieurin" bzw. „Diplom-Ingenieur", abgekürzt jeweils „Dipl.-Ing." oder „DI" zu verleihen. *(BGBl I 2006/74)*

Universitätslehrgänge

§ 56. Die Universitäten sind berechtigt, Universitätslehrgänge einzurichten. Diese dürfen auch von mehreren Universitäten gemeinsam sowie gemeinsam mit Privatuniversitäten gemäß § 3 des Universitäts-Akkreditierungsgesetzes, Erhaltern von Fachhochschul-Studiengängen gemäß § 2 des Bundesgesetzes über Fachhochschul-Studiengänge und Pädagogischen Hochschulen gemäß § 1 des Hochschulgesetzes 2005 durchgeführt werden. Bei Beteiligung von anderen als den in § 6 genannten Bildungseinrichtungen haben die beteiligten Bildungseinrichtungen eine Vereinbarung über die Durchführung, insbesondere die Zuständigkeiten (Zulassung, Ausstellung von Zeugnissen, Anerkennung von Prüfungen etc.) zu schließen. In dem von den beteiligten Bildungseinrichtungen gleichlautend zu erlassenden Curriculum ist die Zuordnung der Fächer oder Lehrveranstaltungen zu der jeweiligen Bildungseinrichtung ersichtlich zu machen. Gesetzliche Zuständigkeiten bleiben von dieser Bestimmung unberührt. Die Universitätslehrgänge dürfen auch während der sonst lehrveranstaltungsfreien Zeit sowie zur wirtschaftlichen und organisatorischen Unterstützung in Zusammenarbeit mit außeruniversitären Rechtsträgern durchgeführt werden. *(BGBl I 2009/81)*

Vorbereitungslehrgänge

§ 57. Die Universitäten gemäß § 6 Z 16 bis 21 sind berechtigt, Vorbereitungslehrgänge zur Vorbereitung auf ein künstlerisches Bachelor- oder Diplomstudium einzurichten. *(BGBl I 2006/74)*

Akademischer Grad und Bezeichnung für die Absolventinnen und Absolventen von Universitätslehrgängen

§ 58. (1) Im Curriculum eines Universitätslehrgangs dürfen im jeweiligen Fach international gebräuchliche Mastergrade festgelegt werden, die den Absolventinnen und Absolventen jener Universitätslehrgänge zu verleihen sind, deren Zugangsbedingungen, Umfang und Anforderungen mit Zugangsbedingungen, Umfang und Anforderungen entsprechender ausländischer Masterstudien vergleichbar sind.

(2) Wenn Abs. 1 nicht zur Anwendung kommt, darf die Bezeichnung „Akademische …" bzw. „Akademischer …" mit einem die Inhalte des jeweiligen Universitätslehrganges charakterisierenden Zusatz festgelegt werden, die den Absolventinnen und Absolventen jener Universitätslehrgänge zu verleihen ist, die mindestens 60 ECTS-Anrechnungspunkte umfassen.

(3) Den Urkunden über die Verleihung der Bezeichnung dürfen fremdsprachige Übersetzungen angeschlossen werden, wobei die Benennung der Universität und des ausstellenden Organs sowie die Bezeichnung selbst nicht zu übersetzen sind.

3. Abschnitt
Studierende

Rechte und Pflichten der Studierenden

§ 59. (1) Den Studierenden steht nach Maßgabe der gesetzlichen Bestimmungen Lernfreiheit zu. Sie umfasst insbesondere das Recht,

1. sowohl an der Universität, an der sie zum Studium zugelassen wurden, als auch an anderen Universitäten die Zulassung für andere Studien zu erlangen;
2. nach Maßgabe des Lehrangebotes und nach Maßgabe der Curricula zwischen dem Lehrpersonal auszuwählen;
3. neben einem ordentlichen Studium an der Universität der Zulassung oder anderen Universitäten das Lehrangebot zu nutzen, für welches die Studierenden die

in den Curricula festgelegten Anmeldungsvoraussetzungen erfüllen;

4. die facheinschlägigen Lehr- und Forschungseinrichtungen und die Bibliothek an der Universität, an der sie zum Studium zugelassen wurden, nach Maßgabe der Benützungsordnungen zu benützen;
5. als ordentliche Studierende eines Diplom- oder Masterstudiums das Thema ihrer Diplom- oder Masterarbeit oder das Thema ihrer künstlerischen Diplom- oder Masterarbeit nach Maßgabe der universitären Vorschriften vorzuschlagen oder aus einer Anzahl von Vorschlägen auszuwählen; *(BGBl I 2006/74)*
6. als ordentliche Studierende eines Doktoratsstudiums das Thema ihrer Dissertation nach Maßgabe der universitären Vorschriften vorzuschlagen oder aus einer Anzahl von Vorschlägen auszuwählen;
7. wissenschaftliche Arbeiten in einer Fremdsprache abzufassen, wenn die Betreuerin oder der Betreuer zustimmt;
8. als ordentliche Studierende nach Maßgabe der universitären Vorschriften Prüfungen abzulegen;
9. nach Erbringung der in den Curricula vorgeschriebenen Leistungen akademische Grade verliehen zu erhalten;
10. als außerordentliche Studierende an den betreffenden Universitätslehrgängen teilzunehmen und die darin vorgeschriebenen Prüfungen abzulegen;
11. als außerordentliche Studierende, die nur zum Besuch von Lehrveranstaltungen zugelassen sind, Lehrveranstaltungen zu besuchen, für welche sie die in den Curricula festgelegten Anmeldungsvoraussetzungen erfüllen, sowie nach Maßgabe der universitären Vorschriften Prüfungen abzulegen;
12. auf eine abweichende Prüfungsmethode, wenn die oder der Studierende eine länger andauernde Behinderung nachweist, die ihr oder ihm die Ablegung der Prüfung in der vorgeschriebenen Methode unmöglich macht, und der Inhalt und die Anforderungen der Prüfung durch eine abweichende Methode nicht beeinträchtigt werden;
13. auf Anträge hinsichtlich der Person der Prüferinnen oder Prüfer. Diese Anträge sind nach Möglichkeit zu berücksichtigen. Bei der zweiten Wiederholung einer Prüfung, mit Ausnahme kommissioneller Prüfungen, ist dem Antrag auf eine bestimmte Prüferin oder einen bestimmten Prüfer der Universität der Zulassung zum Studium, in dem die Prüfung abzulegen ist, jedenfalls zu entsprechen; und
14. nach Maßgabe des § 78 auf Anerkennung erbrachter, den Universitätsstudien gleichwertiger Vorleistungen zur Verkürzung der Studienzeit.

(2) Die Studierenden haben

1. der Universität, an der eine Zulassung zum Studium besteht, Namens- und Adressenänderungen unverzüglich bekannt zu geben;
2. die Fortsetzung des Studiums der Universität, an der die Zulassung zu einem Studium besteht, jedes Semester während der allgemeinen Zulassungsfrist oder der Nachfrist zu melden;
3. sich bei vorhersehbarer Studieninaktivität zeitgerecht vom Studium abzumelden;
4. sich zu den Prüfungen fristgerecht an- und abzumelden und
5. anlässlich der Verleihung des akademischen Grades je ein Exemplar ihrer Diplom- oder Masterarbeit oder künstlerischen Diplom- oder Masterarbeit oder Dissertation oder eine Dokumentation ihrer künstlerischen Diplom- oder Masterarbeit an die Universitätsbibliothek und je ein Exemplar der Dissertation an die Österreichische Nationalbibliothek abzuliefern. *(BGBl I 2006/74)*

(3) Prüfungstermine sind jedenfalls für den Anfang, für die Mitte und für das Ende jeden Semesters anzusetzen.

(4) Die berufstätigen Studierenden und die Studierenden mit Kinderbetreuungspflichten oder anderen gleichartigen Betreuungspflichten, die somit nicht Vollzeit studieren, sondern nur einen Teil ihrer Zeit dem Studium widmen können, sind berechtigt zu melden, zu welchen Tageszeiten sie einen besonderen Bedarf nach Lehr- und Prüfungsangeboten haben. Die Universitäten haben diesen besonderen Bedarf auf Grund der Meldeergebnisse bei der Gestaltung ihres Lehr- und Prüfungsangebotes nach Möglichkeit zu berücksichtigen. Bereits anlässlich der Zulassung zu einem Studium hat die Antragstellerin oder der Antragsteller das Recht, diesen Bedarf zu melden.

(5) Als Information über den Titel, die Art, die Zeit und den Ort der Abhaltung der Lehrveranstaltungen jedes Semesters ist ein Verzeichnis der Lehrveranstaltungen mindestens einmal im Studienjahr zu veröffentlichen.

(6) Die Leiterinnen und Leiter der Lehrveranstaltungen haben vor Beginn jedes Semesters die Studierenden in geeigneter Weise über die Ziele, die Inhalte und die Methoden ihrer Lehrveranstaltungen sowie über die Inhalte, die Methoden, die Beurteilungskriterien und die Beurteilungsmaßstäbe der Lehrveranstaltungsprüfungen zu informieren.

(7) Den Studierenden sollen nach Maßgabe der budgetären Möglichkeiten ausreichend zusätzliche Studienangebote oder Lehrveranstaltungen im selben oder spätestens im nächstfolgenden Semester angeboten werden, wenn der oder dem Studierenden eine Verlängerung der Studienzeit zu erwachsen droht, deren Ursache alleine oder überwiegend der Universität zuzurechnen ist, insbesondere im Zusammenhang mit zu geringen Lehrveranstaltungsangeboten der Universität. Der Universität zurechenbar ist eine Verlängerung der Studienzeit insbesondere dann, wenn diese durch Rückstellung bei der Anmeldung zu einer Lehrveranstaltung erfolgt.

(BGBl I 2009/81)

Verfahren der Zulassung zum Studium

§ **60.** (1) Das Rektorat hat Personen, welche die Zulassungsvoraussetzungen erfüllen, auf Grund ihres Antrages mit Bescheid zum jeweiligen Studium an dieser Universität zuzulassen.

(1a) Für Studien, für die die künstlerische Eignung oder die körperlich-motorische Eignung gemäß § 63 Abs. 1 Z 4 und 5 nachzuweisen ist, können Bescheide über eine bedingte Zulassung erlassen werden.

(BGBl I 2009/81)

(1b) Voraussetzung für die Zulassung zu einem Bachelor-, Master- oder Diplomstudium, zu dessen Zulassung keine besonderen gesetzlichen Regelungen bestehen, ist die Anmeldung zum Studium an der jeweiligen Universität innerhalb einer vor dem jeweiligen Semester liegenden mindestens zweiwöchigen Anmeldefrist, die für das Wintersemester am 31. August und für das Sommersemester am 31. Jänner endet. Die Anmeldefrist und nähere Bestimmungen zum Verfahren sind durch Verordnung des Rektorats festzulegen. *(BGBl I 2011/13)*

(2) Soweit zur Beurteilung der Erfüllung der Zulassungsvoraussetzungen fremdsprachige Urkunden vorgelegt werden, hat die Antragstellerin oder der Antragsteller autorisierte Übersetzungen anfertigen zu lassen.

(3) Das Rektorat ist berechtigt, die Verpflichtung zur Vorlage einzelner Unterlagen nachzusehen, wenn glaubhaft gemacht wird, dass deren Beibringung innerhalb einer angemessenen Frist unmöglich oder mit übergroßen Schwierigkeiten verbunden ist, und die vorgelegten Unterlagen für eine Entscheidung ausreichen.

(4) Mit der Zulassung wird die Antragstellerin oder der Antragsteller als ordentliche oder außerordentliche Studierende oder ordentlicher oder außerordentlicher Studierender Angehörige oder Angehöriger dieser Universität. Dies ist durch die Ausstellung eines Ausweises zu beurkunden, der als Lichtbildausweis ausgestaltet sein kann. Der Ausweis hat zumindest Namen, Geburtsdatum und Matrikelnummer der oder des Studierenden und die Gültigkeitsdauer zu enthalten.

(5) Einer Antragstellerin oder einem Antragsteller, die oder der noch an keiner Universität zugelassen war, hat die Universität anlässlich der erstmaligen Zulassung eine Matrikelnummer zuzuordnen. Diese ist für alle weiteren Studienzulassungen der oder des betreffenden Studierenden beizubehalten. Die näheren Bestimmungen über Bildung und Vergabe von Matrikelnummern sind durch Verordnung der Bundesministerin oder des Bundesministers zu treffen.

(6) Universitäten gemäß § 6 Z 1 bis 15 stellen ausländischen Antragstellerinnen und Antragstellern, die zur sichtvermerksfreien Einreise berechtigt sind oder über einen gültigen Aufenthaltstitel verfügen, den Zulassungsbescheid direkt zu. Langen an österreichischen Berufsvertretungsbehörden Anträge anderer ausländischer Antragstellerinnen und Antragsteller auf Zulassung zum Studium zur Weiterleitung an die zuständige Universität ein, können die Berufsvertretungsbehörden auf die Vollständigkeit und Schlüssigkeit des Antrags sowie darauf hinwirken, dass die Zulassung zum Studium und der Erstaufenthaltstitel zeitgleich zugestellt werden können. Hiebei ist der Antragstellerin oder dem Antragsteller Gelegeheit zu geben, auf ihre oder seine Kosten Ergänzungen und Klarstellungen vorzunehmen.

Zulassungsfristen

§ **61.** (1) Das Rektorat hat nach Anhörung des Senates für jedes Semester die allgemeine Zulassungsfrist festzulegen. Dies ist der Zeitraum, in dem die in Abs. 3 bezeichneten Personen ihre Anträge auf Zulassung einzubringen und Studierende gemäß § 91 Abs. 2 weiters den Studienbeitrag zu entrichten haben. Die allgemeine Zulassungsfrist hat mindestens vier Wochen zu betragen und spätestens vier Wochen nach Beginn des Semesters zu enden. *(BGBl I 2008/134)*

(2) Mit Ablauf der allgemeinen Zulassungsfrist beginnt die Nachfrist, die im Wintersemester am 30. November, im Sommersemester am 30. April endet. Innerhalb der Nachfrist ist die Zulassung und die Meldung der Fortsetzung des Studiums zulässig, für Studierende gemäß § 91 Abs. 2 dann, wenn der erhöhte Studienbeitrag einbezahlt wird. *(BGBl I 2008/134)*

(3) Die allgemeine Zulassungsfrist gilt für:
1. österreichische Staatsangehörige;
2. Staatsangehörige einer anderen Vertragspartei des EU-Beitrittsvertrages, BGBl. Nr. 45/1995, oder einer anderen Vertragspartei des Abkommens über den Europäischen Wirtschaftsraum, BGBl. Nr. 909/1993;
3. andere ausländische Staatsangehörige und Staatenlose, die eine auf höchstens zwei Semester befristete Zulassung zum Studium in Österreich entweder auf Grund transnationaler EU-, staatlicher oder universitärer Mobilitätsprogramme, einschließlich gemeinsamer Studienprogramme, oder nach Absolvierung ausländischer Studien in einem der ersten Diplomprüfung des gewählten Diplomstudiums oder einem Bachelorstudium entsprechenden Umfang anstreben; *(BGBl I 2006/74, BGBl I 2009/81)*
4. Personengruppen, welche die Bundesministerin oder der Bundesminister auf Grund deren besonderer persönlicher Nahebeziehungen zu Österreich oder deren Tätigkeit im Auftrag der Republik Österreich durch Verordnung festlegt;
5. alle Antragstellerinnen und Antragsteller auf Zulassung zu einem Studium an den Universitäten gemäß § 6 Z 16 bis 21.

(4) Für alle anderen ausländischen Staatsangehörigen und Staatenlosen gilt die besondere Zulassungsfrist. Sie endet bei Antragstellung für das Wintersemester am 1. September, bei Antragstellung für das Sommersemester am 1. Februar jedes Kalenderjahres. Die Anträge müssen vor dem Ende dieser Frist vollständig in der gewählten Universität einlangen.

(5) Das Rektorat ist unter Berücksichtigung der Dauer und des Durchführungszeitraumes berechtigt, für die Zulassung zu Universitätslehrgängen und für die Zulassung zu ordentlichen Studien im Rahmen transnationaler EU-, staatlicher oder universitärer Mobilitätsprogramme, einschließlich gemeinsamer Studienprogramme, eine abweichende Regelung für die allgemeine Zulassungsfrist zu treffen. *(BGBl I 2009/81)*

Meldung der Fortsetzung des Studiums

§ 62. (1) Die Studierenden sind verpflichtet, innerhalb der allgemeinen Zulassungsfrist oder der Nachfrist jedes Semesters der Universität, an der eine Zulassung zum Studium besteht, die Fortsetzung des Studiums zu melden.

(2) Die Meldung der Fortsetzung des Studiums ist unwirksam,
1. solange die allfälligen Studienbeiträge nicht eingelangt sind;
2. solange eine Zusatzprüfung, die gemäß der Universitätsberechtigungsverordnung – UBVO 1998, BGBl. II Nr. 44, im Verlauf des Studiums abzulegen ist, nicht fristgerecht nachgewiesen wird.

(3) Die Wirkung der Meldung der Fortsetzung des Studiums für ein Semester erstreckt sich bis zum Ende der Nachfrist des unmittelbar darauf folgenden Semesters, sofern die Zulassung zum Studium noch nicht erloschen ist.

(4) Über die Meldung der Fortsetzung des Studiums hat die Universität den Studierenden Studienbestätigungen auszustellen. Diese müssen jedenfalls Namen, Geburtsdatum, Matrikelnummer und Sozialversicherungsnummer der oder des Studierenden sowie den Studierendenstatus, das Studium und das Semester enthalten.

Zulassung zu ordentlichen Studien

§ 63. (1) Die Zulassung zu einem ordentlichen Studium setzt voraus:
1. die allgemeine Universitätsreife;
2. die besondere Universitätsreife für das gewählte Studium;
3. die Kenntnis der deutschen Sprache;
4. die künstlerische Eignung für die Studien an den Universitäten gemäß § 6 Z 16 bis 21 und
5. die körperlich-motorische Eignung für das Lehramtsstudium im Unterrichtsfach Bewegung und Sport und das Studium der Sportwissenschaften; *(BGBl I 2005/77)*
6. für die erstmalige Zulassung zu einem Bachelor- oder Diplomstudium, nach Maßgabe des Vorliegens einer Verordnung der Bundesministerin oder des Bundesministers im Einvernehmen mit der Bundesministerin oder dem Bundesminister für Unterricht, Kunst und Kultur, den Nachweis, dass die Studienwerberin oder der Studienwerber vor dem Studium eine Studienberatung in Anspruch genommen hat. *(BGBl I 2011/13)*

(2) Personen, die zu dem Studium, für das die Zulassung beantragt wird, bereits an einer anderen inländischen Universität zugelassen waren, haben mit dem Antrag auf Zulassung die Abgangsbescheinigung dieser Universität vorzulegen.

(3) Bei Nachweis der allgemeinen und der besonderen Universitätsreife sind unbefristet zuzulassen:
1. österreichische Staatsangehörige;
2. Staatsangehörige einer anderen Vertragspartei des EU-Beitrittsvertrages oder einer anderen Vertragspartei des Abkommens über den Europäischen Wirtschaftsraum;

3. andere ausländische Staatsangehörige und Staatenlose, wenn im betreffenden Studium vertretbare Studienbedingungen (Abs. 4) bestehen;
4. Personengruppen, welche die Bundesministerin oder der Bundesminister auf Grund deren besonderer persönlicher Nahebeziehungen zu Österreich oder deren Tätigkeit im Auftrag der Republik Österreich durch Verordnung festlegt.

(4) Der Senat ist berechtigt, auf Grund der Verhältniszahl zwischen Lehrenden und Studierenden in einem Studium Studienbedingungen festzustellen, die durch die weitere Zulassung von ausländischen Staatsangehörigen und Staatenlosen gemäß Abs. 3 Z 3 unvertretbar würden. In diesem Fall hat der Senat festzulegen, wie viele dieser Personen jedes Semester zugelassen werden können, ohne dass unvertretbare Studienbedingungen entstehen, und nach welchen Kriterien die allenfalls zahlenmäßig beschränkte Zulassung erfolgt. Es ist dabei zulässig, eine bevorzugte Zulassung von Antragstellerinnen oder Antragstellern aus Entwicklungsländern zu beschließen. Diese Festlegungen sind im Mitteilungsblatt der Universität zu verlautbaren.

(5) Bei Nachweis der allgemeinen und der besonderen Universitätsreife sind ohne Berücksichtigung allfälliger Beschlüsse gemäß Abs. 4 befristet zuzulassen:
1. Personen, die an universitären Mobilitätsprogrammen, einschließlich gemeinsamer Studienprogramme, teilnehmen, für die Dauer der bewilligten Programmteilnahme; *(BGBl I 2009/81)*
2. Personen, die ausschließlich Fernstudienangebote auf der Grundlage von Kooperationsverträgen nützen wollen, für höchstens zwei Semester;
3. ausländische Staatsangehörige und Staatenlose gemäß Abs. 3 Z 3, die nach Absolvierung ausländischer Studien in einem der ersten Diplomprüfung des gewählten Diplomstudiums oder einem Bachelorstudium entsprechenden Umfang eine Zulassung zum Studium in Österreich anstreben, für höchstens zwei Semester. *(BGBl I 2006/74)*

Die Verlängerung der jeweiligen Befristung ist unzulässig.

(6) Die befristete Zulassung gemäß Abs. 5 Z 1 und 2 setzt voraus, dass ein Kooperationsvertrag zwischen den beteiligten Universitäten besteht, der die Bedingungen für die Zusammenarbeit, den Austausch der Studierenden und die Durchführung näher regelt. Mit der Nominierung durch die Partneruniversität gelten die allgemeine und die besondere Universitätsreife als nachgewiesen.

(7) Nach dem Erlöschen der Zulassung wegen der negativen Beurteilung bei der letzten zulässigen Wiederholung einer Prüfung ist die neuerliche Zulassung für dieses Studium an der Universität, an der die letzte zulässige Wiederholung der Prüfung nicht bestanden wurde, ausgeschlossen.

(8) Die gleichzeitige Zulassung für dasselbe Studium an mehr als einer Universität in Österreich ist unzulässig. Weitere Zulassungen für dasselbe Studium an anderen Universitäten leiden im Sinne des § 68 Abs. 4 Z 4 AVG an einem mit Nichtigkeit bedrohten Fehler und sind vom Rektorat von Amts wegen für nichtig zu erklären. *(BGBl I 2009/81)*

(9) Die Ablegung von Prüfungen für ein Studium an einer anderen als der Universität der Zulassung ist nur zulässig, wenn
1. das Curriculum eines gemeinsam mit einer anderen Universität eingerichteten Studiums dies vorsieht;
2. das für die studienrechtlichen Angelegenheiten zuständige Organ die Ablegung der Prüfung an der anderen Universität im Voraus genehmigt, weil die Ablegung der betreffenden Prüfung an der Universität, an der die oder der Studierende für dieses Studium zugelassen ist, nicht möglich ist, oder
3. es sich um Prüfungen auf der Grundlage neuer Medien, insbesondere von On-line-Studienangeboten handelt.

(10) Personen, deren Muttersprache nicht Deutsch ist, haben die Kenntnis der deutschen Sprache, sofern und soweit diese für einen erfolgreichen Studienfortgang erforderlich ist, nachzuweisen. Der Nachweis wird insbesondere durch ein Reifezeugnis auf Grund des Unterrichts in deutscher Sprache erbracht.

(11) Kann der Nachweis der deutschen Sprache nicht erbracht werden, so hat das Rektorat die Ablegung einer Ergänzungsprüfung vorzuschreiben, die vor der Zulassung abzulegen ist. In den künstlerischen Studien kann im Curriculum festgelegt werden, dass die Ablegung der Ergänzungsprüfung spätestens vor der Meldung der Fortsetzung des Studiums für das dritte Semester nachzuweisen ist.

Allgemeine Universitätsreife

§ 64. (1) Die allgemeine Universitätsreife ist durch eine der folgenden Urkunden nachzuweisen:
1. österreichisches Reifezeugnis einschließlich eines Zeugnisses über die Berufsreifeprüfung;
2. anderes österreichisches Zeugnis über die Zuerkennung der Studienberechtigung für ein bestimmtes Studium an einer Universität;

3. ausländisches Zeugnis, das einem dieser österreichischen Zeugnisse auf Grund einer völkerrechtlichen Vereinbarung oder auf Grund einer Nostrifikation oder auf Grund der Entscheidung des Rektorats im Einzelfall gleichwertig ist;
4. Urkunde über den Abschluss eines mindestens dreijährigen Studiums an einer anerkannten inländischen oder ausländischen postsekundären Bildungseinrichtung;
5. in den künstlerischen Studien die Bestätigung über die positiv beurteilte Zulassungsprüfung;
6. Urkunde über den Abschluss eines mindestens dreijährigen Lehrganges universitären Charakters.

(2) Ist die Gleichwertigkeit ausländischer Zeugnisse im Hinblick auf die Inhalte und die Anforderungen einer österreichischen Reifeprüfung nicht gegeben, so sind vom Rektorat die Ergänzungsprüfungen vorzuschreiben, die für die Herstellung der Gleichwertigkeit mit einer inländischen Reifeprüfung erforderlich und vor der Zulassung abzulegen sind.

(3) Für die in Österreich ausgestellten Reifezeugnisse ist die Ablegung jener Zusatzprüfungen zur Reifeprüfung vorzuschreiben, die gemäß UBVO 1998 im Verlaufe des Studiums nachzuweisen sind.

(4) Der Nachweis der allgemeinen Universitätsreife für die Zulassung zu Doktoratsstudien gilt jedenfalls durch den Nachweis des Abschlusses eines fachlich in Frage kommenden Diplomstudiums oder Masterstudiums, eines fachlich in Frage kommenden Fachhochschul-Diplomstudienganges oder Fachhochschul-Masterstudienganges gemäß § 5 Abs. 3 Fachhochschul-Studiengesetz, oder eines anderen gleichwertigen Studiums an einer anerkannten inländischen oder ausländischen postsekundären Bildungseinrichtung als erbracht. Wenn die Gleichwertigkeit grundsätzlich gegeben ist und nur einzelne Ergänzungen auf die volle Gleichwertigkeit fehlen, ist das Rektorat berechtigt, die Feststellung der Gleichwertigkeit mit der Auflage von Prüfungen zu verbinden, die während des jeweiligen Doktoratsstudiums abzulegen sind. Für eine Zulassung zu einem „PhD"-Doktoratsstudium können im Curriculum qualitative Bedingungen vorgeschrieben werden. *(BGBl I 2009/81)*

(4a) Der Nachweis der allgemeinen Universitätsreife für die Zulassung zu einem Doktoratsstudium kann auch durch den Abschluss eines Bachelorstudiums erbracht werden, wenn das Bachelorstudium innerhalb der vorgesehenen Studienzeit und mit besonderem Studienerfolg abgeschlossen wurde. Nähere Regelungen hat das Rektorat zu erlassen.

(BGBl I 2009/81)

(5) Die Zulassung zu einem Masterstudium setzt den Abschluss eines fachlich in Frage kommenden Bachelorstudiums oder eines fachlich in Frage kommenden Fachhochschul-Bachelorstudienganges oder eines anderen gleichwertigen Studiums an einer anerkannten inländischen oder ausländischen postsekundären Bildungseinrichtung voraus. Wenn die Gleichwertigkeit grundsätzlich gegeben ist und nur einzelne Ergänzungen auf die volle Gleichwertigkeit fehlen, ist das Rektorat berechtigt, die Feststellung der Gleichwertigkeit mit der Auflage von Prüfungen zu verbinden, die während des jeweiligen Masterstudiums abzulegen sind. Der Nachweis der allgemeinen Universitätsreife gilt durch den Nachweis dieser Zulassungsvoraussetzung jedenfalls als erbracht. Weiters können im Curriculum qualitative Zulassungsbedingungen vorgeschrieben werden, die im Zusammenhang mit der erforderlichen Kenntnis jener Fächer, auf denen das jeweilige Masterstudium aufbaut, stehen müssen. Es ist sicher zu stellen, dass die Absolvierung eines Bachelorstudiums an der jeweiligen Universität jedenfalls ohne weitere Voraussetzungen zur Zulassung zu mindestens einem facheinschlägigen Masterstudium an dieser Universität berechtigt. *(BGBl I 2009/81)*

(6) Für Master- und PhD-Studien, die ausschließlich in einer Fremdsprache angeboten werden, kann das Rektorat die Zahl der Studierenden festlegen und die Zulassung durch ein Aufnahmeverfahren regeln. Vor dieser Festlegung ist dem Senat Gelegenheit zur Stellungnahme binnen zwei Monaten zu geben *(BGBl I 2008/134)*

Studienberechtigungsprüfung
(BGBl I 2009/81)

§ 64a. (1) Personen ohne Reifeprüfung erlangen nach Maßgabe einer Verordnung des Rektorates durch Ablegung der Studienberechtigungsprüfung die allgemeine Universitätsreife für Bachelorstudien und Diplomstudien einer Studienrichtungsgruppe.

(2) Zur Studienberechtigungsprüfung sind Personen, die die Zulassung zu Studien einer Studienrichtungsgruppe an einer Universität anstreben, das 20. Lebensjahr vollendet haben und eine eindeutig über die Erfüllung der allgemeinen Schulpflicht hinausgehende erfolgreiche berufliche oder außerberufliche Vorbildung für das angestrebte Studium nachweisen, zuzulassen.

(3) Das Ansuchen um Zulassung zur Studienberechtigungsprüfung ist schriftlich beim Rektorat jener Universität einzubringen, bei der ein Studium der angestrebten Studienrichtungsgruppe eingerichtet ist. Das Ansuchen hat zu enthalten:

1. den Namen, das Geburtsdatum, die Adresse sowie – falls vorhanden – die Matrikelnummer;
2. den Nachweis der Staatsangehörigkeit eines Mitgliedstaates des Europäischen Wirtschaftsraumes;
3. das angestrebtes Studium;
4. den Nachweis der Vorbildung;
5. das Wahlfach und
6. eine schriftliche Erklärung über die Anzahl erfolgloser Versuche, die Studienberechtigungsprüfung abzulegen.

(4) Die Studienberechtigungsprüfung umfasst folgende fünf Prüfungen:
1. eine schriftliche Arbeit über ein allgemeines Thema (Aufsatz);
2. zwei oder drei Prüfungen, die im Hinblick auf Vorkenntnisse oder Fertigkeiten für das angestrebte Studium der betreffenden Studienrichtungsgruppe erforderlich sind (Pflichtfächer) und
3. eine oder zwei Prüfungen nach Wahl der Prüfungskandidatin oder des Prüfungskandidaten aus dem Bereich des angestrebten Studiums (Wahlfach).

(5) Mit der schriftlichen Arbeit über ein allgemeines Thema gemäß Abs. 4 Z 1 (Aufsatz) hat die Prüfungskandidatin oder der Prüfungskandidat nachzuweisen, dass sie oder er sich zu einem vorgegebenen Thema in einwandfreier und gewandter Sprache und mit klarem Gedankengang schriftlich zu äußern vermag.

(6) Die Prüfungsanforderungen und -methoden für Prüfungen gemäß Abs. 4 Z 1 und 2 (Aufsatz und Pflichtfächer) haben sich am Lehrstoff der 12. bzw. 13. Schulstufe zu orientieren und sind in der Verordnung des Rektorates festzulegen.

(7) Für die Prüfung gemäß Abs. 4 Z 3 (Wahlfach) sind die Prüfungsanforderungen und -methoden vom Rektorat zu bestimmen. Auf den Studien vorbereitenden Charakter der Studienberechtigungsprüfung ist Bedacht zu nehmen.

(8) Positiv beurteilte Prüfungen, die eine Studienberechtigungsprüfungskandidatin oder ein Studienberechtigungsprüfungskandidat an einer Bildungseinrichtung, die auf Grund der Rechtsvorschriften des Staates, in dem sie ihren Sitz hat, als Bildungseinrichtung anerkannt ist, abgelegt haben, sind auf Antrag vom Rektorat anzuerkennen, soweit sie den vorgeschriebenen Prüfungen inhaltlich und umfangmäßig gleichwertig sind. Das Rektorat darf höchstens vier Prüfungen anerkennen. Mindestens eine Prüfung ist an der Universität abzulegen.

(9) Studienberechtigungsprüfungskandidatinnen und Studienberechtigungsprüfungskandidaten, die eine Meisterprüfung oder eine Befähigungsprüfung gemäß der Gewerbeordnung, BGBl. Nr. 194/1994, oder dem Land- und forstwirtschaftlichen Berufsausbildungsgesetz, BGBl. Nr. 298/1990, erfolgreich abgelegt haben, sind von der Ablegung der Studienberechtigungsprüfung im Wahlfach gemäß Abs. 4 Z 3 auf Ansuchen zu befreien.

(10) Das Rektorat hat für Prüfungen, die an einer Universität abgelegt werden, mindestens eine Prüferin oder einen Prüfer zu bestellen.

(11) Die Prüfungskandidatinnen oder die Prüfungskandidaten sind berechtigt negativ beurteilte Prüfungen zweimal zu wiederholen. Die letzte zulässige Wiederholung ist in kommissioneller Form durchzuführen. Nach negativer Beurteilung der letzten zulässigen Wiederholung ist man von der Ablegung der Studienberechtigungsprüfung für diese Studienrichtung an der betreffenden Universität ausgeschlossen. § 59 Abs. 1 Z 12 gilt sinngemäß.

(12) Die Prüferin oder der Prüfer hat für Pflicht- und Wahlfächer ein Prüfungsprotokoll zu führen, das die gestellten Fragen, die erteilten Beurteilungen sowie die Gründe für die negative Beurteilung zu enthalten hat.

(13) Über die Ablegung jeder Prüfung ist ein Zeugnis auszustellen. Das Rektorat hat nach Vorliegen aller Prüfungszeugnisse ein Studienberechtigungszeugnis für die jeweilige Studienrichtungsgruppe auszustellen. Dieses Studienberechtigungszeugnis gilt für jede Universität an der ein Studium der jeweiligen Studienrichtungsgruppe eingerichtet ist.

(14) Der erfolgreiche Abschluss der Studienberechtigungsprüfung berechtigt zur Zulassung zu allen Studien jener Studienrichtungsgruppe, für welche die Studienberechtigung erworben wurde.

(15) Die Studienberechtigungsprüfung kann entsprechend einer Verordnung des Rektorates für folgende Studienrichtungsgruppen erworben werden:
1. Theologische Studien;
2. Rechtswissenschaftliche Studien;
3. Sozial- und Wirtschaftswissenschaftliche Studien (z. B. Betriebswirtschaft, Wirtschaftspädagogik, Statistik, Soziologie);
4. Medizinische Studien (z. B. Humanmedizin, Zahnmedizin, Veterinärmedizin, Pferdewissenschaften);
5. Historisch-Kulturwissenschaftliche Studien (z. B. Alte Geschichte und Altertumskunde, Klassische Archäologie, Kunstgeschichte, Wirtschafts- und Sozialgeschichte);
6. Philologisch-Kulturwissenschaftliche Studien (z. B. Germanistik, Verglei-

chende Literaturwissenschaft, Klassische Philologie, Romanistik, Slawistik);
7. Philosophische, Kunst- und Bildungswissenschaftliche Studien (z. B. Pädagogik, Philosophie, Publizistik- und Kommunikationswissenschaft, Politikwissenschaft);
8. Naturwissenschaftliche Studien 1 (z. B. Mathematik, Physik, Astronomie, Meteorologie und Geophysik);
9. Naturwissenschaftliche Studien 2 (z. B. Chemie, Pharmazie, Erdwissenschaften, Biologie, Ernährungswissenschaften);
10. Naturwissenschaftliche Studien 3 (z. B. Sportwissenschaften, Psychologie);
11. Bautechnische Studien (z. B. Architektur, Bauingenieurwesen, Raumplanung, Wirtschaftsingenieurwesen-Bauwesen);
12. Industrietechnische Studien (z. B. Maschinenbau, Elektrotechnik, Verfahrenstechnik, Mechatronik);
13. Technisch-Naturwissenschaftliche Studien (z. B. Technische Chemie, Technische Physik, Vermessungswesen, Informatik, Telematik);
14. Montanwissenschaftliche Studien;
15. Agrarwissenschaftliche Studien und
16. Künstlerische Studien.

(16) Die Festlegung der Anzahl der Prüfungen nach Abs. 4 Z 2 und 3 und die Festlegung der Pflichtfächer gemäß Abs. 4 Z 2 für die jeweilige Studienrichtungsgruppe erfolgen durch Verordnung des Rektorates.

(BGBl I 2009/81)

Besondere Universitätsreife

§ 65. (1) Zusätzlich zur allgemeinen Universitätsreife ist die Erfüllung der studienspezifischen Zulassungsvoraussetzungen einschließlich des Rechts zur unmittelbaren Zulassung zum Studium nachzuweisen, die im Ausstellungsstaat der Urkunde, mit der die allgemeine Universitätsreife nachgewiesen wird, bestehen. Der Nachweis eines Studienplatzes ist nicht zu fordern.*)

(2) Für die in Österreich ausgestellten Reifezeugnisse handelt es sich um jene Zusatzprüfungen zur Reifeprüfung, deren Ablegung auf Grund der UBVO 1998 vor der Zulassung zum Studium vorgeschrieben ist.

(3) Ist das in Österreich angestrebte Studium im Ausstellungsstaat der Urkunde nicht eingerichtet, sind die studienspezifischen Zulassungsvoraussetzungen in Bezug auf ein im Ausstellungsstaat der Urkunde eingerichtetes, mit dem in Österreich angestrebten Studium fachlich am nächsten verwandtes Studium zu erfüllen.*)

(4) Die Bundesministerin oder der Bundesminister ist berechtigt, durch Verordnung Personengruppen festzulegen, deren Reifezeugnis auf Grund deren besonderer persönlicher Nahebeziehungen zu Österreich oder deren Tätigkeit im Auftrag der Republik Österreich für die Ermittlung des Vorliegens der besonderen Universitätsreife als in Österreich ausgestellt gilt.

(5) Abs. 1 und 3 sind auf Bewerberinnen und Bewerber mit der Staatsangehörigkeit eines Mitgliedstaats der EU nicht anzuwenden. *(BGBl I 2009/81)*

Studieneingangs- und Orientierungsphase
(BGBl I 2009/81)

§ 66. (1) Die Studieneingangs- und Orientierungsphase ist als Teil der Diplom- und Bachelorstudien, zu deren Zulassung keine besonderen gesetzlichen Regelungen bestehen, so zu gestalten, dass sie der oder dem Studierenden einen Überblick über die wesentlichen Inhalte des jeweiligen Studiums und dessen weiteren Verlauf vermittelt und eine sachliche Entscheidungsgrundlage für die persönliche Beurteilung ihrer oder seiner Studienwahl schafft. Die Studieneingangs- und Orientierungsphase kann aus einer oder mehreren Lehrveranstaltungen bestehen, die sich über mindestens ein halbes Semester erstrecken. Die gesamte Studieneingangs- und Orientierungsphase hat ein Semester zu umfassen. Auf den Bedarf berufstätiger Studierender ist nach Möglichkeit Bedacht zu nehmen. *(BGBl I 2009/81, BGBl I 2011/13)*

(1a) § 59 sowie die §§ 72 bis 79 gelten nach Maßgabe dieses Absatzes auch für die Studieneingangs- und Orientierungsphase. Innerhalb der Studieneingangs- und Orientierungsphase müssen mindestens zwei Prüfungen vorgesehen werden, für die in jedem Semester mindestens zwei Prüfungstermine anzusetzen sind. Die Prüfungen der Studieneingangs- und Orientierungsphase dürfen einmal wiederholt werden. In der Satzung kann eine weitere Prüfungswiederholung vorgesehen werden. Der positive Erfolg bei allen Lehrveranstaltungen und Prüfungen der Studieneingangs- und Orientierungsphase berechtigt zur Absolvierung der weiteren Lehrveranstaltungen und Prüfungen sowie zum Verfassen der im Curriculum vorgesehenen Bachelor- oder Diplomarbeiten. *(BGBl I 2009/81, BGBl I 2011/13)*

(2) Zur studienvorbereitenden Beratung und für eine laufende Studienberatung ist für

*) Auf EU- oder EWR-Staatsangehörige nicht mehr anzuwenden (EuGH-Urteil C-147/03 v. 7. Juli 2005).

die Abhaltung von Orientierungslehrveranstaltungen zu sorgen. *(BGBl I 2009/81)*

(3) Anlässlich der Zulassung zum Diplom- oder Bachelorstudium sind die Studierenden in geeigneter Form über die wesentlichen Bestimmungen des Universitätsrechts und des Studienförderungsrechts, die studentische Mitbestimmung in den Organen der Universität, die Rechtsgrundlagen der Frauenförderung und den gesetzlichen Diskriminierungsschutz, das Curriculum, das Qualifikationsprofil der Absolventinnen und der Absolventen, die Studieneingangsphase, das empfohlene Lehrangebot in den ersten beiden Semestern sowie insbesondere über die Zahl der Studierenden im Studium, die durchschnittliche Studiendauer, die Studienerfolgsstatistik und die Beschäftigungsstatistik zu informieren. *(BGBl I 2006/74)*

(4) Zur studienbegleitenden Beratung sind Anfängerinnen- und Anfängertutorien einzurichten, welche die Studierenden bei der Bewältigung der leistungsmäßigen, organisatorischen und sozialen Anforderungen des ersten Studienjahres unterstützen sollen und von den Studierenden besucht werden können. Es ist zulässig, diese Anfängerinnen- und Anfängertutorien auch im Zusammenwirken mit anderen Rechtsträgern, insbesondere mit der Österreichischen Hochschülerschaft zu veranstalten.

(5) Die Studieneingangs- und Orientierungsphase dient der Orientierung über die wesentlichen Studieninhalte und nicht als quantitative Zugangsbeschränkung.

(BGBl I 2009/81)

Beurlaubung

§ **67.** (1) Die Universitäten haben festzulegen, dass Studierende auf Antrag für höchstens zwei Semester je Anlassfall, insbesondere wegen Ableistung eines Präsenz- oder Zivildienstes, wegen länger dauernder Erkrankung, wegen Schwangerschaft oder wegen Betreuung eigener Kinder, bescheidmäßig zu beurlauben sind. Näheres ist in der Satzung festzulegen. *(BGBl I 2009/81)*

(2) Während der Beurlaubung bleibt die Zulassung zum Studium aufrecht. Die Teilnahme an Lehrveranstaltungen, die Ablegung von Prüfungen sowie die Einreichung und Beurteilung wissenschaftlicher Arbeiten sowie künstlerischer Master- und Diplomarbeiten ist unzulässig. *(BGBl I 2006/74)*

Erlöschen der Zulassung zu ordentlichen Studien

§ **68.** (1) Die Zulassung zu einem Studium erlischt, wenn die oder der Studierende

1. sich vom Studium abmeldet;
2. die Meldung der Fortsetzung des Studiums unterlässt, ohne beurlaubt zu sein;
3. bei einer für ihr oder sein Studium vorgeschriebenen Prüfung auch bei der letzten zulässigen Wiederholung negativ beurteilt wurde, wobei sich die Zahl der zulässigen Wiederholungen nach den Prüfungsantritten an der jeweiligen Universität in den facheinschlägigen Studien bemisst;
4. das Recht auf unmittelbare Zulassung für dieses Studium oder auf Fortsetzung des Studiums im Ausstellungsstaat der Urkunde, mit der die allgemeine Universitätsreife nachgewiesen wurde, verloren hat, weil sie oder er eine hiefür erforderliche Prüfung nicht rechtzeitig abgelegt hat;
5. im Falle der befristeten Zulassung das Teilstudium im Befristungsausmaß absolviert hat oder
6. das Studium durch die positive Beurteilung bei der letzten vorgeschriebenen Prüfung abgeschlossen hat.

(2) An den Universitäten gemäß § 6 Z 16 bis 21 kann in der Satzung vorgesehen werden, dass die Zulassung zum Studium erlischt, wenn mehr als drei Semester während der gesamten Studiendauer das jeweilige Lehrangebot aus dem zentralen künstlerischen Fach nicht besucht wird.

(3) Das Erlöschen der Zulassung zu einem Studium ist zu beurkunden. Insbesondere im Fall des Abs. 1 Z 4 hat das Rektorat auf Antrag einen Feststellungsbescheid zu erlassen.

Abgangsbescheinigung

§ **69.** (1) Beendet die oder der Studierende ein Studium an einer Universität, so ist auf Antrag eine Abgangsbescheinigung auszustellen. Diese hat alle Prüfungen, zu denen die oder der Studierende in diesem Studium an dieser Universität angetreten ist, und deren Beurteilungen anzugeben. Hinsichtlich der positiv beurteilten Prüfungen ist nur die positive Beurteilung anzugeben. Zur Unterstützung der internationalen Mobilität der Studierenden ist der Anschluss einer fremdsprachigen Übersetzung zulässig, wobei die Benennung der Universität und des ausstellenden Organs nicht zu übersetzen sind.

(2) Zur Unterstützung der internationalen Mobilität der Studierenden sowie der Absolventinnen und Absolventen hat die Bundesministerin oder der Bundesminister durch Verordnung festzulegen, in welcher Form der Anhang zum Diplom („Diploma Supple-

ment“) gemäß Art. IX.3 des Übereinkommens über die Anerkennung von Qualifikationen im Hochschulbereich in der europäischen Region, BGBl. III Nr. 71/1999, auszustellen ist.

Zulassung zu außerordentlichen Studien

§ 70. (1) Die Zulassung zu den außerordentlichen Studien setzt den Nachweis der allfälligen im Curriculum eines Universitätslehrganges geforderten Voraussetzungen voraus.

(2) Die Zulassung zu den Vorbereitungslehrgängen ist längstens bis zur Vollendung des 20. Lebensjahres möglich. Darüber hinaus sind die Universitäten gemäß § 6 Z 16 bis 21 berechtigt, im Curriculum für einen Vorbereitungslehrgang ein Zulassungsalter bis zur Vollendung des 25. Lebensjahres vorzusehen, wenn dies auf Grund der Studieninhalte erforderlich ist.

(3) Nach dem Erlöschen der Zulassung wegen der negativen Beurteilung bei der letzten zulässigen Wiederholung einer Prüfung ist die neuerliche Zulassung für diesen Universitätslehrgang ausgeschlossen.

Erlöschen der Zulassung zu außerordentlichen Studien

§ 71. (1) Die Zulassung erlischt, wenn die oder der Studierende
1. sich vom Studium abmeldet,
2. die Meldung der Fortsetzung des Studiums unterlässt,
3. bei einer für ihr oder sein Studium vorgeschriebenen Prüfung bei der letzten zulässigen Wiederholung negativ beurteilt wurde oder
4. den Universitätslehrgang durch die positive Beurteilung bei der letzten vorgeschriebenen Prüfung abgeschlossen hat.

(2) Das Erlöschen der Zulassung ist zu beurkunden. Das Rektorat hat auf Antrag einen Feststellungsbescheid zu erlassen.

4. Abschnitt
Prüfungen

Feststellung des Studienerfolgs

§ 72. Der Studienerfolg ist durch die Prüfungen und die Beurteilung wissenschaftlicher Arbeiten (Diplomarbeiten, Masterarbeiten und Dissertationen) und künstlerischer Diplom- und Masterarbeiten festzustellen. *(BGBl I 2006/74)*

Beurteilung des Studienerfolgs

§ 73. (1) Der positive Erfolg von Prüfungen und wissenschaftlichen Arbeiten und künstlerischen Diplom- und Masterarbeiten ist mit „sehr gut“ (1), „gut“ (2), „befriedigend“ (3) oder „genügend“ (4), der negative Erfolg ist mit „nicht genügend“ (5) zu beurteilen. Zwischenbeurteilungen sind unzulässig. Wenn diese Form der Beurteilung unmöglich oder unzweckmäßig ist, hat die positive Beurteilung „mit Erfolg teilgenommen“, die negative Beurteilung „ohne Erfolg teilgenommen“ zu lauten. *(BGBl I 2006/74)*

(2) Prüfungen, die aus mehreren Fächern oder Teilen bestehen, sind nur dann positiv zu beurteilen, wenn jedes Fach oder jeder Teil positiv beurteilt wurde.

(3) Bei studienabschließenden Prüfungen, die mehr als ein Fach umfassen, ist zusätzlich zu den Beurteilungen für die einzelnen Fächer eine Gesamtbeurteilung zu vergeben. Diese hat „bestanden“ zu lauten, wenn jedes Fach positiv beurteilt wurde, anderenfalls hat sie „nicht bestanden“ zu lauten. Die Gesamtbeurteilung hat „mit Auszeichnung bestanden“ zu lauten, wenn in keinem Fach eine schlechtere Beurteilung als „gut“ und in mindestens der Hälfte der Fächer die Beurteilung „sehr gut“ erteilt wurde. In den künstlerischen Studien hat bei studienabschließenden Prüfungen, die nur ein zentrales künstlerisches Fach umfassen, an die Stelle der Beurteilung „sehr gut“ die Beurteilung „mit Auszeichnung bestanden“ zu treten.

Nichtigerklärung von Beurteilungen

§ 74. (1) Das für die studienrechtlichen Angelegenheiten zuständige Organ hat die Beurteilung einer Prüfung mit Bescheid für nichtig zu erklären, wenn die Anmeldung zu dieser Prüfung erschlichen wurde.

(2) Überdies ist die Beurteilung einer Prüfung, einer wissenschaftlichen Arbeit oder einer künstlerischen Master- oder Diplomarbeit mit Bescheid für nichtig zu erklären, wenn diese Beurteilung, insbesondere durch die Verwendung unerlaubter Hilfsmittel, erschlichen wurde. *(BGBl I 2006/74)*

(3) Die Prüfung, deren Beurteilung für nichtig erklärt wurde, ist auf die Gesamtzahl der Wiederholungen anzurechnen.

(4) Prüfungen, die außerhalb des Wirkungsbereiches einer Fortsetzungsmeldung abgelegt wurden, und Beurteilungen wissenschaftlicher Arbeiten sowie künstleri-

scher Master- und Diplomarbeiten, die außerhalb des Wirkungsbereiches einer Fortsetzungsmeldung erfolgten, sind absolut nichtig. Eine Anrechnung auf die Gesamtzahl der Wiederholungen erfolgt nicht. *(BGBl I 2006/74)*

Zeugnisse

§ 75. (1) Die Beurteilung der Prüfungen, wissenschaftlichen Arbeiten und künstlerischen Master- oder Diplomarbeiten ist jeweils durch ein Zeugnis zu beurkunden. Sammelzeugnisse sind zulässig. *(BGBl I 2006/74)*

(2) Die Zeugnisse sind vom Senat festzulegen und haben jedenfalls folgende Angaben zu enthalten:

1. die ausstellende Universität und die Bezeichnung des Zeugnisses;
2. die Matrikelnummer;
3. den Familiennamen und die Vornamen;
4. das Geburtsdatum;
5. die Bezeichnung des Studiums;
6. die Bezeichnung der Prüfung oder das Fach und die erfolgte Beurteilung sowie die ECTS-Anrechnungspunkte;
7. den Namen der Prüferin oder des Prüfers, das Prüfungsdatum und die Beurteilung;
8. den Namen der Ausstellerin oder des Ausstellers.

Bei Zeugnissen über die Beurteilung wissenschaftlicher Arbeiten sowie künstlerischer Master- und Diplomarbeiten ist das Thema anzugeben. *(BGBl I 2006/74)*

(3) Zeugnisse über Prüfungen vor Einzelprüferinnen oder Einzelprüfern hat die Prüferin oder der Prüfer, Zeugnisse über die Beurteilung wissenschaftlicher Arbeiten sowie künstlerischer Master- und Diplomarbeiten hat die Beurteilerin oder der Beurteiler, Zeugnisse über kommissionelle Prüfungen hat die oder der Vorsitzende des Prüfungssenates, Zeugnisse über Studienabschlüsse hat das für die studienrechtlichen Angelegenheiten zuständige Organ auszustellen. *(BGBl I 2006/74)*

(4) Die Zeugnisse sind unverzüglich, längstens jedoch innerhalb von vier Wochen nach Erbringung der zu beurteilenden Leistung auszustellen. Zur Unterstützung der internationalen Mobilität der Studierenden ist der Anschluss einer fremdsprachigen Übersetzung zulässig, wobei die Benennung der Universität und des ausstellenden Organs nicht zu übersetzen sind.

(5) Die Ausstellung von Zeugnissen mittels automationsunterstützter Datenverarbeitung ist zulässig. Wenn keine eigenhändige Fertigung erfolgt, ist eine Beglaubigung nur bei studienabschließenden Zeugnissen erforderlich.

(6) Die Universität hat einer oder einem ausländischen Studierenden ab dem zweiten Studienjahr auf Antrag der oder des Studierenden einen Studienerfolgsnachweis auszustellen, sofern sie oder er im vorausgegangenen Studienjahr positiv beurteilte Prüfungen im Umfang von mindestens 16 ECTS-Anrechnungspunkten (8 Semesterstunden) abgelegt hat.

Zulassungs- und Ergänzungsprüfungen

§ 76. (1) Das für die studienrechtlichen Angelegenheiten zuständige Organ hat fachlich geeignete Prüferinnen oder Prüfer für die Zulassungs- und Ergänzungsprüfungen heranzuziehen, die Prüfungsmethode zu bestimmen und festzulegen, ob die Prüfung als Einzelprüfung oder als kommissionelle Prüfung abzulegen ist.

(2) Im Curriculum für das Lehramtsstudium aus dem Unterrichtsfach Bewegung und Sport und für das Studium Sportwissenschaften ist festzulegen, in welcher Weise die Ergänzungsprüfung für den Nachweis der körperlich-motorischen Eignung abzulegen ist. *(BGBl I 2005/77)*

(3) Wird zur Vorbereitung auf eine Ergänzungsprüfung ein Universitätslehrgang eingerichtet, gilt dessen positiver Abschluss als Ergänzungsprüfung.

(4) In den Curricula für künstlerische Studien ist festzulegen, in welcher Weise die Zulassungsprüfung für den Nachweis der künstlerischen Eignung abzulegen ist.

Wiederholung von Prüfungen

§ 77. (1) Die Studierenden sind berechtigt, positiv beurteilte Prüfungen bis sechs Monate nach der Ablegung, jedoch längstens bis zum Abschluss des betreffenden Studienabschnittes oder bis zum Abschluss des betreffenden Studiums einmal zu wiederholen. Die positiv beurteilte Prüfung wird mit dem Antreten zur Wiederholungsprüfung nichtig. An den Universitäten gemäß § 6 Z 16 bis 21 dürfen zwei positiv beurteilte Lehrveranstaltungsprüfungen aus dem zentralen künstlerischen Fach während der gesamten Studiendauer je einmal wiederholt werden.

(2) Die Studierenden sind berechtigt, negativ beurteilte Prüfungen dreimal zu wiederholen. Auf die Zahl der zulässigen Prüfungsantritte sind alle Antritte für dasselbe Prüfungsfach in allen facheinschlägigen Studien an

derselben Universität anzurechnen. In der Satzung ist festzulegen, ob und wie viele weitere Prüfungswiederholungen zulässig sind.

(3) Die dritte Wiederholung einer Prüfung ist kommissionell abzuhalten, wenn die Prüfung in Form eines einzigen Prüfungsvorganges durchgeführt wird. Auf Antrag der oder des Studierenden gilt dies auch für die zweite Wiederholung.

(4) Die Festlegung von Fristen und die Verpflichtung zur Ablegung von Lehrveranstaltungsprüfungen als Voraussetzung für die Wiederholung von Prüfungen sind unzulässig.

(5) Die Zulassungsprüfung für den Nachweis der künstlerischen Eignung sowie die Ergänzungsprüfung für den Nachweis der körperlich-motorischen Eignung sind unbeschränkt wiederholbar.

Anerkennung von Prüfungen

§ 78. (1) Positiv beurteilte Prüfungen, die ordentliche Studierende an einer anerkannten inländischen oder ausländischen postsekundären Bildungseinrichtung, einer berufsbildenden höheren Schule, einer Höheren Anstalt für Lehrer- und Erzieherbildung, in Studien an anerkannten inländischen Bildungseinrichtungen, deren Zugang die allgemeine Universitätsreife erfordert, oder in einem Lehrgang universitären Charakters abgelegt haben sowie positiv beurteilte Prüfungen aus künstlerischen und künstlerisch-wissenschaftlichen Fächern, die von ordentlichen Studierenden an Musikgymnasien bzw. an Musischen Gymnasien abgelegt wurden, sind auf Antrag der oder des ordentlichen Studierenden vom für die studienrechtlichen Angelegenheiten zuständigen Organ bescheidmäßig anzuerkennen, soweit sie den im Curriculum vorgeschriebenen Prüfungen gleichwertig sind. Die an einer inländischen Universität oder an einer Universität der Europäischen Union oder des Europäischen Wirtschaftsraumes für ein Fach abgelegten Prüfungen sind für das gleiche Fach im weiteren Studium desselben Studiums an einer anderen inländischen Universität jedenfalls anzuerkennen, wenn die ECTS-Anrechnungspunkte gleich sind oder nur geringfügig abweichen. Solche Anerkennungen können im Curriculum generell festgelegt werden. Die Anerkennung von Prüfungen, die entgegen der Bestimmungen des § 63 Abs. 8 und 9 an einer anderen Universität abgelegt wurden, ist ausgeschlossen. *(BGBl I 2009/81)*

(2) Die an österreichischen Konservatorien mit Öffentlichkeitsrecht abgelegten Prüfungen sind auf Antrag der oder des ordentlichen Studierenden bescheidmäßig anzuerkennen, soweit sie den im Curriculum vorgeschriebenen Prüfungen gleichwertig sind. Solche Anerkennungen können im Curriculum generell festgelegt werden.

(3) Die wissenschaftliche Tätigkeit in Betrieben oder außeruniversitären Forschungseinrichtungen, die eine wissenschaftliche Berufsvorbildung vermitteln können, sind entsprechend der Art der Forschungstätigkeit und der Forschungsprojekte der betreffenden Einrichtung sowie nach Art und Umfang der Mitwirkung oder Tätigkeit der oder des Studierenden nach Maßgabe der Gleichwertigkeit auf Antrag der oder des ordentlichen Studierenden bescheidmäßig als Prüfung anzuerkennen.

(4) Die künstlerische Tätigkeit an Institutionen außerhalb der Universität, die eine künstlerische Berufsvorbildung vermitteln können, kann entsprechend der Art der künstlerischen Tätigkeit sowie nach Art und Umfang der Mitwirkung oder Tätigkeit der oder des Studierenden nach Maßgabe der Gleichwertigkeit auf Antrag der oder des ordentlichen Studierenden bescheidmäßig als Prüfung anerkannt werden.

(5) Auf Antrag ordentlicher Studierender, die Teile ihres Studiums im Ausland durchführen wollen, ist bescheidmäßig festzustellen, welche der geplanten Prüfungen den im Curriculum vorgeschriebenen Prüfungen gleichwertig sind. Die für die Beurteilung notwendigen Unterlagen sind von der Antragstellerin oder dem Antragsteller vorzulegen.

(6) Die Anerkennung einer Prüfung gilt als Prüfungsantritt und positive Beurteilung der entsprechenden im Curriculum vorgeschriebenen Prüfung in dem Studium, für welches die Prüfung anerkannt wird.

(7) Positiv beurteilte Prüfungen, die außerordentliche Studierende abgelegt haben, sind für ordentliche Studien nur insoweit anerkennbar, als sie im Rahmen von Universitätslehrgängen oder vor der vollständigen Ablegung der Reifeprüfung oder der Studienberechtigungsprüfung oder der Ergänzungsprüfung für den Nachweis der körperlich-motorischen Eignung oder der Zulassungsprüfung für den Nachweis der künstlerischen Eignung für das Studium, für welches die Prüfung anerkannt werden soll, abgelegt wurden.

(8) Über Anerkennungsanträge in erster Instanz ist abweichend von § 73 AVG spätestens zwei Monate nach Einlangen des Antrages bescheidmäßig zu entscheiden.

Rechtsschutz bei Prüfungen

§ 79. (1) Die Berufung gegen die Beurteilung einer Prüfung ist unzulässig. Wenn die Durchführung einer negativ beurteilten Prüfung einen schweren Mangel aufweist, hat das für die studienrechtlichen Angelegenheiten zuständige Organ diese Prüfung auf Antrag der oder des Studierenden mit Bescheid aufzuheben. Die oder der Studierende hat den Antrag innerhalb von zwei Wochen ab der Bekanntgabe der Beurteilung einzubringen und den schweren Mangel glaubhaft zu machen. Der Antritt zu der Prüfung, die aufgehoben wurde, ist nicht auf die zulässige Zahl der Prüfungsantritte anzurechnen.

(2) Mündliche Prüfungen sind öffentlich. Es ist zulässig, den Zutritt erforderlichenfalls auf eine den räumlichen Verhältnissen entsprechende Anzahl von Personen zu beschränken. Bei kommissionellen mündlichen Prüfungen hat jedes Mitglied des Prüfungssenates während der gesamten Prüfungszeit anwesend zu sein. Das Ergebnis einer mündlichen Prüfung ist unmittelbar nach der Prüfung der oder dem Studierenden bekannt zu geben. Wurde die Prüfung negativ beurteilt, sind die Gründe dafür der oder dem Studierenden zu erläutern.

(3) Wenn die Beurteilungsunterlagen (insbesondere Gutachten, Korrekturen schriftlicher Prüfungen und Prüfungsarbeiten) den Studierenden nicht ausgehändigt werden, ist sicherzustellen, dass diese mindestens sechs Monate ab der Bekanntgabe der Beurteilung aufbewahrt werden.

(4) Die Prüferin oder der Prüfer oder die oder der Vorsitzende des Prüfungssenats hat für den geordneten Ablauf der Prüfung zu sorgen und das Prüfungsprotokoll zu führen. In das Protokoll sind der Prüfungsgegenstand, der Ort und die Zeit der Prüfung, die Namen der Prüferin oder des Prüfers oder die Namen der Mitglieder des Prüfungssenats, die Namen der oder des Studierenden, die gestellten Fragen, die erteilten Beurteilungen, die Gründe für die negative Beurteilung sowie allfällige besondere Vorkommnisse aufzunehmen. Die Gründe für die negative Beurteilung sind der oder dem Studierenden auf Antrag schriftlich mitzuteilen. Das Prüfungsprotokoll ist mindestens ein Jahr ab der Bekanntgabe der Beurteilung aufzubewahren.

(5) Der oder dem Studierenden ist Einsicht in die Beurteilungsunterlagen und in die Prüfungsprotokolle zu gewähren, wenn sie oder er dies innerhalb von sechs Monaten ab Bekanntgabe der Beurteilung verlangt. Die Beurteilungsunterlagen umfassen auch die bei der betreffenden Prüfung gestellten Prüfungsfragen. Die oder der Studierende ist berechtigt, von diesen Unterlagen Fotokopien anzufertigen. Vom Recht auf das Anfertigen von Fotokopien ausgenommen sind Multiple Choice-Fragen inklusive der jeweiligen Antwort-Items. *(BGBl I 2009/81)*

5. Abschnitt
Bachelorarbeiten, Diplom- und Masterarbeiten sowie Dissertationen
(BGBl I 2006/74)

Bachelorarbeiten
(BGBl I 2006/74)

§ 80. (1) Im Bachelorstudium sind im Rahmen von Lehrveranstaltungen Bachelorarbeiten abzufassen. Nähere Bestimmungen über Bachelorarbeiten sind im jeweiligen Curriculum festzulegen. *(BGBl I 2006/74)*

(2) Bei der Bearbeitung des Themas und der Betreuung der Studierenden sind die Bestimmungen des Urheberrechtsgesetzes, BGBl. Nr. 111/1936, zu beachten.

Diplom- und Masterarbeiten
(BGBl I 2006/74)

§ 81. (1) Im Diplom- oder Masterstudium ist eine Diplom- oder Masterarbeit abzufassen. In besonders berufsorientierten Studien ist es zulässig, im Curriculum anstelle der Diplom- oder Masterarbeit einen anderen gleichwertigen Nachweis vorzusehen. Die Abfassung als Klausurarbeit ist unzulässig. Nähere Bestimmungen über Betreuung und Beurteilung von Diplom- oder Masterarbeiten sind in der Satzung, nähere Bestimmungen über das Thema der Diplom- oder Masterarbeit sind im jeweiligen Curriculum festzulegen. *(BGBl I 2006/74)*

(2) Die Aufgabenstellung der Diplom- oder Masterarbeit ist so zu wählen, dass für eine Studierende oder einen Studierenden die Bearbeitung innerhalb von sechs Monaten möglich und zumutbar ist. *(BGBl I 2006/74)*

(3) Die gemeinsame Bearbeitung eines Themas durch mehrere Studierende ist zulässig, wenn die Leistungen der einzelnen Studierenden gesondert beurteilbar bleiben. Erfordert die Bearbeitung eines Themas die Verwendung der Geld- oder Sachmittel von Einrichtungen der Universität, so ist die Vergabe nur zulässig, wenn die Leiterin oder der Leiter dieser Einrichtung über die beabsichtigte Vergabe informiert wurde und

diese nicht binnen eines Monats wegen einer wesentlichen Beeinträchtigung des Lehr- und Forschungsbetriebes untersagt hat.

(4) § 80 Abs. 2 gilt auch für Diplom- und Masterarbeiten. *(BGBl I 2006/74)*

Dissertationen

§ 82. (1) Im Doktoratsstudium ist eine Dissertation abzufassen. Nähere Bestimmungen über Betreuung und Beurteilung von Dissertationen sind in der Satzung, nähere Bestimmungen über das Thema der Dissertation sind im jeweiligen Curriculum festzulegen.

(2) § 80 Abs. 2 und § 81 Abs. 3 gelten auch für Dissertationen.

Künstlerische Diplom- und Masterarbeiten
(BGBl I 2006/74)

§ 83. (1) In künstlerischen Studien ist eine künstlerische Diplom- oder Masterarbeit zu schaffen. Die Studierenden sind berechtigt, anstelle der künstlerischen Diplom- oder Masterarbeit eine Diplom- oder Masterarbeit aus einem im Curriculum festgelegten wissenschaftlichen Prüfungsfach zu verfassen. *(BGBl I 2006/74)*

(2) Die künstlerische Diplom- oder Masterarbeit hat neben einem künstlerischen Teil, der den Schwerpunkt bildet, auch einen schriftlichen Teil zu umfassen. Dieser hat den künstlerischen Teil zu erläutern. Nähere Bestimmungen über Betreuung und Beurteilung von künstlerischen Diplom- und Masterarbeiten sind in der Satzung, nähere Bestimmungen über das Thema der künstlerischen Diplom- und Masterarbeit sind im jeweiligen Curriculum festzulegen. *(BGBl I 2006/74)*

(3) § 80 Abs. 2 und § 81 Abs. 3 gelten auch für künstlerische Diplom- und Masterarbeiten. *(BGBl I 2006/74)*

Einsicht in die Beurteilungsunterlagen

§ 84. (1) Wenn die Beurteilungsunterlagen (insbesondere Gutachten und Korrekturen von künstlerischen Arbeiten) den Studierenden nicht ausgehändigt werden, hat das für die studienrechtlichen Angelegenheiten zuständige Organ sicherzustellen, dass diese mindestens sechs Monate ab der Bekanntgabe der Beurteilung aufbewahrt werden.

(2) Der oder dem Studierenden ist Einsicht in die Beurteilungsunterlagen zu gewähren, wenn sie oder er dies innerhalb von sechs Monaten ab Bekanntgabe der Beurteilung beantragt. Die oder der Studierende ist berechtigt, von diesen Unterlagen Fotokopien anzufertigen.

§ 85. samt Überschrift entfällt durch BGBl I 2010/111.

Veröffentlichungspflicht

§ 86. (1) Die Absolventin oder der Absolvent hat die positiv beurteilte Diplom- oder Masterarbeit, Dissertation oder künstlerische Diplom- oder Masterarbeit oder die Dokumentation der künstlerischen Diplom- oder Masterarbeit durch Übergabe an die Bibliothek der Universität, an welcher der akademische Grad verliehen wird, zu veröffentlichen. Die Absolventin oder der Absolvent hat vor der Verleihung des akademischen Grades jeweils ein vollständiges Exemplar der positiv beurteilten Diplom- oder Masterarbeit, Dissertation oder künstlerischen Diplom- oder Masterarbeit oder die Dokumentation der künstlerischen Diplom- oder Masterarbeit abzuliefern. Von der Veröffentlichungspflicht ausgenommen sind die wissenschaftlichen Arbeiten oder deren Teile, die einer Massenvervielfältigung nicht zugänglich sind. Die positiv beurteilte Dissertation ist überdies durch Übergabe an die Österreichische Nationalbibliothek zu veröffentlichen. Sofern vorhanden, kann diese Übergabe auch in elektronischer Form erfolgen. *(BGBl I 2009/81, BGBl I 2010/111)*

(2) Anlässlich der Ablieferung einer wissenschaftlichen oder künstlerischen Arbeit ist die Verfasserin oder der Verfasser berechtigt, den Ausschluss der Benützung der abgelieferten Exemplare für längstens fünf Jahre nach der Ablieferung zu beantragen. Dem Antrag ist vom für die studienrechtlichen Angelegenheiten zuständigen Organ stattzugeben, wenn die oder der Studierende glaubhaft macht, dass wichtige rechtliche oder wirtschaftliche Interessen der oder des Studierenden gefährdet sind. *(BGBl I 2009/81, BGBl I 2010/111)*

6. Abschnitt
Akademische Grade

Verleihung akademischer Grade

§ 87. (1) Das für die studienrechtlichen Angelegenheiten zuständige Organ hat den Absolventinnen und Absolventen der ordentlichen Studien nach der positiven Beurteilung aller im jeweiligen Curriculum vorgeschriebenen Prüfungen und in den Diplom-, Master- und Doktoratsstudien nach der Ablieferung der positiv beurteilten wissenschaftlichen Arbeit oder künstlerischen Diplom- oder Masterarbeit oder der Dokumentation der künstlerischen Diplom- oder Masterarbeit den festgelegten akademischen Grad durch einen schriftlichen Bescheid unverzüglich, jedoch spätestens einen Monat nach der Erfüllung aller Voraussetzungen von Amts wegen zu verleihen. *(BGBl I 2006/74)*

(2) Das für die studienrechtlichen Angelegenheiten zuständige Organ hat den Absolventinnen und Absolventen der Universitätslehrgänge nach der positiven Beurteilung aller im jeweiligen Curriculum vorgeschriebenen Prüfungen den festgelegten akademischen Grad durch einen schriftlichen Bescheid unverzüglich, jedoch spätestens einen Monat nach der Erfüllung aller Voraussetzungen von Amts wegen zu verleihen.

(3) Zur Unterstützung der internationalen Mobilität der Studierenden ist dem Verleihungsbescheid eine englischsprachige Übersetzung anzuschließen, wobei die Benennung der Universität und des ausstellenden Organs sowie der akademische Grad nicht zu übersetzen sind. Der Verleihungsbescheid hat jedenfalls folgende Angaben zu enthalten:

1. den Familiennamen und die Vornamen, allenfalls den Geburtsnamen;
2. das Geburtsdatum und die Staatsangehörigkeit;
3. das abgeschlossene Studium;
4. den verliehenen akademischen Grad.

(4) Werden die Voraussetzungen für einen akademischen Grad mit demselben Wortlaut mehr als einmal erbracht, so ist derselbe akademische Grad auch mehrfach zu verleihen.

(5) Wird ein ordentliches Studium auf Grund eines gemeinsamen Studienprogrammes abgeschlossen, bei dessen Durchführung bei einem Studienumfang von bis zu 120 ECTS-Anrechnungspunkten jeweils mindestens 30 ECTS-Anrechnungspunkte, bei einer Studiendauer von mehr als 120 ECTS-Anrechnungspunkten jeweils mindestens 60 ECTS-Anrechnungspunkte unter der Verantwortung einer ausländischen Partnerinstitution erbracht wurden, ist es zulässig, die Verleihung des akademischen Grades durch eine gemeinsame Urkunde mit dieser Partnereinrichtung oder diesen Partnereinrichtungen vorzunehmen. *(BGBl I 2009/81)*

Führung akademischer Grade

§ 88. (1) Personen, denen von einer anerkannten inländischen oder ausländischen postsekundären Bildungseinrichtung ein akademischer Grad verliehen wurde, haben das Recht, diesen in der in der Verleihungsurkunde festgelegten, auch abgekürzten, Form zu führen, wobei der akademische Grad einschließlich eines geschlechtsspezifischen Zusatzes geführt werden darf. *(BGBl I 2009/81)*

(1a) Personen, denen von einer inländischen postsekundären Bildungseinrichtung oder einer anerkannten postsekundären Einrichtung einer anderen Vertragspartei des EU-Beitrittsvertrages oder einer anderen Vertragspartei des Abkommens über den Europäischen Wirtschaftsraum ein akademischer Grad verliehen wurde, haben das Recht, die Eintragung dieses akademischen Grades in abgekürzter Form ohne Zusatz gemäß Abs. 1 in öffentliche Urkunden zu verlangen. *(BGBl I 2009/81)*

(2) „Mag.", „Dr." und „Dipl.-Ing." („DI") sind im Falle der Führung dem Namen voranzustellen, die übrigen akademischen Grade sind dem Namen nachzustellen.

Widerruf inländischer akademischer Grade

§ 89. Der Verleihungsbescheid ist vom für die studienrechtlichen Angelegenheiten zuständigen Organ aufzuheben und einzuziehen, wenn sich nachträglich ergibt, dass der akademische Grad insbesondere durch gefälschte Zeugnisse erschlichen worden ist.

7. Abschnitt
Nostrifizierung

§ 90. (1) Die Antragstellung betreffend die Anerkennung eines ausländischen Studienabschlusses als Abschluss eines inländischen ordentlichen Studiums (Nostrifizierung) setzt den Nachweis voraus, dass die Nostrifizierung zwingend für die Berufsausübung oder die Fortsetzung der Ausbildung der Antragstellerin oder des Antragstellers in Österreich erforderlich ist. Nähere Bestimmungen sind in der Satzungfestzulegen.

(2) Der Antrag ist an einer Universität einzubringen, an der das entsprechende inländische Studium eingerichtet ist. Es ist unzulässig, denselben Nostrifizierungsantrag gleichzeitig oder nach der Zurückziehung an einer anderen Universität einzubringen.

(3) Die Nostrifizierung ist vom für die studienrechtlichen Angelegenheiten zuständigen Organ mit Bescheid auszusprechen. Im Bescheid ist festzulegen, welchem inländischen Studienabschluss der ausländische Studienabschluss entspricht und welchen inländischen

akademischen Grad die Antragstellerin oder der Antragsteller an Stelle des ausländischen akademischen Grades auf Grund der Nostrifizierung zu führen berechtigt ist. Die Ausfertigung des Bescheides ist auf der Urkunde, die als Nachweis des ausländischen Studienabschlusses vorgelegt wurde, zu vermerken.

(4) Die Nostrifizierung ist bescheidmäßig zu widerrufen, wenn sie insbesondere durch gefälschte Zeugnisse erschlichen worden ist.

(5) Die Taxe für die Nostrifizierung eines ausländischen Studienabschlusses beträgt 150 Euro. Die Taxe ist im Voraus zu entrichten. Sie verfällt, wenn der Antrag auf Nostrifizierung abgewiesen oder zurückgezogen wird.

8. Abschnitt
Studienbeitrag

§ 91. *(1) Studierende, welche die österreichische Staatsbürgerschaft besitzen, EU-Bürger sind oder denen Österreich auf Grund eines völkerrechtlichen Vertrages (wie zB der Konvention über die Rechtsstellung der Flüchtlinge, BGBl. Nr. 55/1955) dieselben Rechte für den Berufszugang zu gewähren hat wie Inländern, haben, wenn sie die vorgesehene Studienzeit pro Studienabschnitt um nicht mehr als zwei Semester überschreiten, keinen Studienbeitrag zu entrichten. Wird ein Studienabschnitt in der vorgesehenen Studienzeit absolviert, kann einem weiteren Studienabschnitt ein Semester zugerechnet werden. Zeiten des Präsenz- und Zivildienstes, der während der Studienzeit absolviert wird, werden auf die vorgesehene Studienzeit nicht angerechnet. (BGBl I 2008/134)*)*

(2) Studierende, die die Voraussetzungen gemäß Abs. 1 nicht erfüllen, haben jedes Semester einen Studienbeitrag in der Höhe von 363,36 Euro zu entrichten. Der Studienbeitrag erhöht sich bei Entrichtung innerhalb der Nachfrist um 10 vH. (BGBl I 2008/134))*

(3) Studierende, die zu mehreren Studien, auch an mehreren Universitäten, zugelassen sind, haben den Studienbeitrag nur einmal zu entrichten.)*

(4) Der Studienbeitrag ist für jedes Semester im Voraus zu entrichten. Zur Sicherstellung der Einhebung des Studienbeitrages hat die Bundesrechenzentrum GmbH einen Datenverbund der Universitäten zu betreiben, der folgende Daten der Studierenden zum Zweck der Sicherstellung der Einhebung des Studienbeitrags zu enthalten hat:

1. die Matrikelnummer;
2. die Namen einschließlich allfälliger akademischer Grade und das Geschlecht;
3. die Staatsangehörigkeit;
4. der Beitragsstatus;
5. die Anschrift am Studienort und am Heimatort.

(BGBl I 2009/81)

(5) Die Studienbeiträge verbleiben der jeweiligen Universität. Der Studienbeitrag von Studierenden, die ein von mehreren Universitäten gemeinsam eingerichtetes Studium betreiben oder die zu mehreren Studien verschiedener Universitäten zugelassen sind, ist unter den beteiligten Universitäten aufzuteilen. *(BGBl I 2009/81)*

(6) Nähere Bestimmungen zur Einhebung des Studienbeitrages sind durch Verordnung der Bundesministerin oder des Bundesministers festzulegen. *(BGBl I 2009/81)*

(7) Für den Besuch von Universitätslehrgängen haben die Teilnehmerinnen und Teilnehmer einen Lehrgangsbeitrag zu entrichten. Er ist unter Berücksichtigung der tatsächlichen Kosten des Universitätslehrgangs vom Rektorat festzusetzen. Ordentlichen Studierenden, die eine Studienbeihilfe beziehen, ist auf Antrag unter Bedachtnahme auf ihre Leistungsfähigkeit eine Ermäßigung des Lehrgangsbeitrags zu gewähren. Außerordentliche Studierende, die ausschließlich zum Studium eines Universitätslehrganges zugelassen sind, haben den Lehrgangsbeitrag und keinen Studienbeitrag zu entrichten. Für Vorbereitungslehrgänge ist kein Lehrgangsbeitrag und kein Studienbeitrag einzuheben. *(BGBl I 2009/81)*

(8) Anlässlich der Entrichtung des Studienbeitrages sind die Studierenden berechtigt, zwischen den vom Senat gemäß § 25 Abs. 1 Z 13 festgelegten Möglichkeiten der Zweckwidmung der Studienbeiträge zu wählen.)*

Erlass und Rückerstattung des Studienbeitrages

§ 92. (1) Der Studienbeitrag ist insbesondere zu erlassen

1. Studierenden für die Semester, in denen sie nachweislich Studien oder Praxiszeiten im Rahmen von transnationalen EU-,

*) Aufgehoben durch die Kundmachung des Bundeskanzlers BGBl I 2011/45. Die Aufhebung tritt mit 29. Februar 2012 in Kraft – siehe Anlage.

staatlichen oder universitären Mobilitätsprogrammen absolvieren werden;
2. Studierenden für die Semester, in denen sie auf Grund verpflichtender Bestimmungen im Curriculum Studien im Ausland absolvieren werden;
3. ordentlichen ausländischen Studierenden gemäß § 91 Abs. 2, deren dort zuletzt besuchte Universität mit der österreichischen Universität bzw. mit österreichischen Universitäten ein universitäres Partnerschaftsabkommen abgeschlossen hat, welches auch den gegenseitigen Erlass des Studienbeitrages vorsieht, sowie ordentlichen ausländischen Studierenden gemäß § 91 Abs. 2 aus den am wenigsten entwickelten Ländern, wobei diese Länder durch Verordnung der Bundesministerin oder des Bundesministers festzulegen sind; *(BGBl I 2004/96)*
4. Studierenden, die die Voraussetzungen gemäß § 91 Abs. 1 erfüllen, auch bei Überschreitung des in Abs. 1 festgelegten Zeitraumes für Semester, in denen sie nachweislich mehr als 2 Monate durch Krankheit oder Schwangerschaft am Studium gehindert waren oder sich überwiegend der Betreuung von Kindern bis zum 7. Geburtstag oder einem allfälligen späteren Schuleintritt gewidmet haben. *(BGBl I 2008/134)*
5. Studierenden, die die Voraussetzungen gemäß § 91 Abs. 1 erfüllen, auch bei Überschreitung des in Abs. 1 festgelegten Zeitraumes, wenn sie im Kalenderjahr vor dem jeweiligen Semesterbeginn durch eine Erwerbstätigkeit in Anspruch genommen waren, durch die sie ein Jahreseinkommen zumindest in der Höhe des 14-fachen Betrages gem. § 5 Abs. 2 ASVG in der jeweils geltenden Fassung erzielt haben. Die Träger der Sozialversicherung haben zu diesem Zweck den Universitäten auf Anfrage die für das Kalenderjahr vor dem jeweiligen Semesterbeginn vorliegenden Daten der betroffenen Studierenden über die Erwerbstätigkeit und die Beitragsgrundlagen im automationsunterstützten Datenverkehr über den Hauptverband (§ 31 ASVG) zu übermitteln. *(BGBl I 2008/134, BGBl I 2009/81)*
6. Studierenden, die die Voraussetzungen gemäß § 91 Abs. 1 erfüllen, auch bei Überschreitung des in Abs. 1 festgelegten Zeitraumes, wenn eine Behinderung nach bundesgesetzlichen Vorschriften mit mindestens 50 % festgestellt ist. *(BGBl I 2008/134)*
7. Studierenden, wenn sie im vergangenen Semester Studienbeihilfe gemäß dem Studienförderungsgesetz 1992, BGBl. Nr. 305/1992, bezogen haben oder im laufenden Semester beziehen. *(BGBl I 2009/81)*

(2) Über den Antrag auf Erlass des Studienbeitrages entscheidet das Rektorat.

(3) Dem Antrag sind die für den Erlass des Studienbeitrages erforderlichen Nachweise beizufügen.

(4) Die Entscheidung der Universität ist in geeigneter Form zu dokumentieren.

(5) Studierende, denen gemäß Abs. 1 Z 1 und 2 der Studienbeitrag erlassen wurde und die in diesem Semester keine Studien oder Praxiszeiten im Sinne dieser Bestimmungen im Ausland absolviert haben, müssen den Studienbeitrag nachträglich entrichten. Dies hat das Rektorat bescheidmäßig zu verfügen.

(6) Sofern Studierende den Erlass des Studienbeitrages durch unvollständige oder unwahre Angaben maßgebender Tatsachen schuldhaft veranlasst oder erschlichen haben, haben sie unbeschadet strafrechtlicher Verantwortlichkeit den doppelten Studienbeitrag zu entrichten. Dies hat das Rektorat bescheidmäßig zu verfügen.

(7) Studierende, die beurlaubt sind, haben keinen Studienbeitrag zu entrichten.

(8) Gegen Bescheide des Rektorats ist die Berufung an den Senat zulässig.

(9) Die Bundesministerin oder der Bundesminister ist berechtigt, entsprechend den Schwerpunktsetzungen Österreichs bei den Maßnahmen zur Unterstützung und Förderung der wirtschaftlichen und sozialen Entwicklung der Entwicklungsländer sowie der Unterstützung der Reformländer Zentral- und Osteuropas durch Verordnung Staaten festzulegen, deren Angehörigen der Studienbeitrag erstattet werden kann.

(10) Die Erstattung erfolgt im Rahmen der Privatwirtschaftsverwaltung auf Grund von Anträgen der Studierenden. Die Erstattung hat binnen vier Wochen ab Antragstellung auf Erstattung zu erfolgen. Auf die Erstattung besteht kein Rechtsanspruch.

9. Abschnitt
Sonderbestimmungen

Sonderbestimmungen für die Katholische Theologie

§ 93. (1) Bei einem Übertritt von Studierenden von einer kirchlichen theologischen Lehranstalt (Art. V § 1 des Konkordates zwischen dem Heiligen Stuhle und der Republik Österreich) an eine Organisationseinheit einer Universität, deren Wirkungsbereich sich auf die Katholische Theologie bezieht, gelten folgende besondere Bestimmungen:

1. Die Prüfungen, die an diesen Lehranstalten abgelegt wurden, sind als Ergänzungsprüfungen anzuerkennen, wenn die von der Lehranstalt namhaft gemachte Prüferin oder der von der Lehranstalt namhaft gemachte Prüfer
   a) die Lehrbefugnis (venia docendi) für das betreffende Fach besitzt oder
   b) von einer Organisationseinheit einer Universität, deren Wirkungsbereich sich auf die Katholische Theologie bezieht, zur Abnahme der Ergänzungsprüfungen für die Dauer von jeweils drei Jahren bevollmächtigt wurde.
2. Die Prüfungen, die an diesen Lehranstalten abgelegt wurden, sind anzuerkennen, wenn sie vor
   a) einer für ein Fach der Katholischen Theologie hiezu bestellten Universitätsprofessorin oder einem für ein Fach der Katholischen Theologie hiezu bestellten Universitätsprofessor oder
   b) einer oder einem sonst von einer Organisationseinheit einer Universität, deren Wirkungsbereich sich auf die Katholische Theologie bezieht, hiezu Bevollmächtigten abgelegt wurden. Zu der in angemessener Frist vorzunehmenden Bevollmächtigung ist der kirchlichen theologischen Lehranstalt Gelegenheit zur Stellungnahme zu geben.
3. Absolventinnen und Absolventen dieser kirchlichen theologischen Lehranstalten ist der jeweilige für das Studium vorgesehene akademische Grad zu verleihen, wenn die abgelegten Prüfungen gemäß den oben genannten Bestimmungen anerkannt wurden und die wissenschaftliche Arbeit von einer für ein Fach der Katholischen Theologie bestellten Universitätsprofessorin oder einem für ein Fach der Katholischen Theologie bestellten Universitätsprofessor positiv beurteilt oder von einer fachzuständigen Person mit Lehrbefugnis (venia docendi) an der betreffenden Lehranstalt betreut und positiv beurteilt wurde.

(2) Für die Verleihung des akademischen Grades ist diesfalls die Zulassung zum Studium an der Universität nicht erforderlich.

III. Teil
Angehörige der Universität

1. Abschnitt
Einteilung

§ 94. (1) Zu den Angehörigen der Universität zählen:
1. die Studierenden (§ 51 Abs. 3);
2. die Forschungsstipendiatinnen und Forschungsstipendiaten;
3. *entfällt (BGBl I 2004/96)*;
4. das wissenschaftliche und das künstlerische Universitätspersonal;
5. das allgemeine Universitätspersonal;
6. die Privatdozentinnen und Privatdozenten (§ 102);
7. die emeritierten Universitätsprofessorinnen und Universitätsprofessoren;
8. die Universitätsprofessorinnen und Universitätsprofessoren im Ruhestand.

(2) Zum wissenschaftlichen und künstlerischen Universitätspersonal gehören:
1. die Universitätsprofessorinnen und Universitätsprofessoren;
2. die Universitätsdozentinnen und Universitätsdozenten sowie die wissenschaftlichen und künstlerischen Mitarbeiterinnen und Mitarbeiter im Forschungs-, Kunst- und Lehrbetrieb.

(3) Zum allgemeinen Universitätspersonal gehören:
1. das administrative Personal;
2. das technische Personal;
3. das Bibliothekspersonal;
4. das Krankenpflegepersonal;
5. die Ärztinnen und Ärzte zur ausschließlichen Erfüllung von Aufgaben im Rahmen einer öffentlichen Krankenanstalt;
6. die Ärztinnen und Ärzte in Facharztausbildung. *(BGBl I 2004/96)*

2. Abschnitt
Forschungsstipendiatinnen und Forschungsstipendiaten sowie Ärztinnen und Ärzte in Facharztausbildung

Forschungsstipendiatinnen und Forschungsstipendiaten

§ 95. Forschungsstipendiatinnen und Forschungsstipendiaten sind Studierende oder Absolventinnen und Absolventen eines Doktoratsstudiums (post docs), die an der Universität im Rahmen eines Stipendiums an einem Forschungsprojekt arbeiten. Durch die Zuerkennung des Stipendiums wird kein Arbeitsverhältnis zur Universität begründet und ein bestehendes Arbeitsverhältnis nicht verändert.

Ärztinnen und Ärzte in Facharztausbildung

§ 96. Ärztinnen und Ärzte in Ausbildung zur Fachärztin oder zum Facharzt stehen für die Dauer ihrer Ausbildung in einem zeitlich befristeten Ausbildungsverhältnis zur Universität. Ihre Aufgaben ergeben sich aus den ärzterechtlichen Ausbildungsvorschriften.

3. Abschnitt
Wissenschaftliches und künstlerisches Universitätspersonal

Universitätsprofessorinnen und Universitätsprofessoren

§ 97. (1) Die Universitätsprofessorinnen und Universitätsprofessoren sind für die Forschung oder die Entwicklung und Erschließung der Künste sowie für die Lehre in ihrem Fachgebiet verantwortlich und stehen in einem befristeten oder unbefristeten Arbeitsverhältnis zur Universität. Sie sind Vollzeit- oder Teilzeitbeschäftigte.

(2) Zu Universitätsprofessorinnen und Universitätsprofessoren können in- oder ausländische Wissenschafterinnen und Wissenschafter oder Künstlerinnen und Künstler mit einer entsprechend hohen wissenschaftlichen oder künstlerischen und beruflichen Qualifikation für das Fach bestellt werden, das der zu besetzenden Stelle entspricht.

(3) Universitätsprofessorinnen und Universitätsprofessoren werden von der Rektorin oder vom Rektor nach Durchführung eines Berufungsverfahrens gemäß § 98 oder § 99 bestellt.

Berufungsverfahren für Universitätsprofessorinnen und Universitätsprofessoren

§ 98. (1) Die fachliche Widmung einer unbefristet oder länger als drei Jahre befristet zu besetzenden Stelle einer Universitätsprofessorin oder eines Universitätsprofessors ist im Entwicklungsplan festzulegen.

(2) Jede Stelle ist vom Rektorat im In- und Ausland öffentlich auszuschreiben. In das Berufungsverfahren können mit ihrer Zustimmung auch Wissenschafterinnen und Wissenschafter oder Künstlerinnen und Künstler, die sich nicht beworben haben, als Kandidatinnen und Kandidaten einbezogen werden.

(3) Die im Senat vertretenen Universitätsprofessorinnen und Universitätsprofessoren haben auf Vorschlag der Universitätsprofessorinnen und Universitätsprofessoren des Fachbereichs mindestens zwei – davon mindestens eine externe oder einen externen – Gutachterinnen oder Gutachter zu bestellen. Sie können diese Aufgabe aber auch an die Universitätsprofessorinnen und Universitätsprofessoren des Fachbereichs und des fachlich nahe stehenden Bereichs übertragen. Die Rektorin oder der Rektor hat das Recht, eine weitere Gutachterin oder einen weiteren Gutachter zu bestellen. *(BGBl I 2009/81)*

(4) Der Senat hat eine entscheidungsbevollmächtigte Berufungskommission einzusetzen. Die Universitätsprofessorinnen und Universitätsprofessoren stellen mehr als die Hälfte der Mitglieder und die Studierenden mindestens ein Mitglied. *(BGBl I 2009/81)*

(5) Die Berunfungskommission hat zu überprüfen, ob die vorliegenden Bewerbungen die Ausschreibungskriterien erfüllen und jene Bewerbungen, die die Ausschreibungskriterien offensichtlich nicht erfüllen, auszuscheiden. Die übrigen Bewerbungen sind den Gutachterinnen und Gutachtern zu übermitteln, welche die Eignung der Bewerberinnen und Bewerber für die ausgeschriebene Stelle einer Universitätsprofessorin oder eines Universitätsprofessors zu beurteilen haben. *(BGBl I 2009/81)*

(6) Die Rektorin oder der Rektor hat allen geeigneten Kandidatinnen und Kandidaten Gelegenheit zu geben, sich in angemessener Weise zumindest dem Fachbereich und dem fachlich nahe stehenden Bereich zu präsentieren.

(7) Die Berufungskommission erstellt auf Grund der Gutachten und Stellungnahmen einen begründeten Besetzungsvorschlag, der die drei für die Besetzung der ausgeschriebenen Stelle am besten geeigneten Kandidatinnen und Kandidaten zu enthalten hat. Ein Vorschlag mit weniger als drei Kandidatinnen und Kandidaten ist besonders zu begründen.

(8) Die Rektorin oder der Rektor hat die Auswahlentscheidung aus dem Besetzungsvorschlag zu treffen oder den Besetzungsvorschlag an die Berufungskommission zurückzuverweisen, wenn dieser nicht die am besten geeigneten Kandidatinnen und Kandidaten enthält.

(9) Die Rektorin oder der Rektor hat ihre oder seine Auswahlentscheidung dem Arbeitskreis für Gleichbehandlungsfragen vor Aufnahme der Berufungsverhandlungen bekannt zu geben. Der Arbeitskreis hat das Recht, innerhalb von zwei Wochen Beschwerde zu erheben. Über diese entscheidet die Schiedskommission mit Bescheid.

(10) Weist die Schiedskommission die Beschwerde ab, kann die Rektorin oder der Rektor die Berufungsverhandlungen aufnehmen. Gibt die Schiedskommission der Beschwerde statt, wird die Auswahlentscheidung unwirksam. Eine neue Auswahlentscheidung ist unter Beachtung der von der

Schiedskommission vertretenen Rechtsanschauung zu treffen.

(11) Die Rektorin oder der Rektor führt die Berufungsverhandlungen und schließt mit der ausgewählten Kandidatin oder dem ausgewählten Kandidaten den Arbeitsvertrag.

(12) Die Universitätsprofessorin oder der Universitätsprofessor erwirbt mit dem Abschluss des Arbeitsvertrages mit der Universität die Lehrbefugnis (venia docendi) für das Fach, für das sie oder er berufen ist. Eine allenfalls früher erworbene Lehrbefugnis wird hievon nicht berührt.

(13) Die Lehrbefugnis (venia docendi) einer Universitätsprofessorin oder eines Universitätsprofessors in einem zeitlich befristeten Arbeitsverhältnis erlischt mit dem Ende des Arbeitsverhältnisses.

Abgekürztes Berufungsverfahren für Universitätsprofessorinnen und Universitätsprofessoren

§ 99. (1) Soll eine Universitätsprofessorin oder ein Universitätsprofessor für einen Zeitraum bis zu fünf Jahren aufgenommen werden, ist § 98 Abs. 1 und 3 bis 8 nicht anzuwenden. Eine Verlängerung der Bestellung ist nur nach Durchführung eines Berufungsverfahrens gemäß § 98 zulässig. *(BGBl I 2009/81)*

(2) Die Rektorin oder der Rektor hat die Kandidatin oder den Kandidaten für die zu besetzende Stelle auf Vorschlag oder nach Anhörung der Universitätsprofessorinnen und Universitätsprofessoren des fachlichen Bereichs der Universität auszuwählen, dem die Stelle zugeordnet ist.

(3) Durch Verordnung des Rektorates, die der Genehmigung des Universitätsrats bedarf, kann einmalig eine Anzahl von Stellen für Universitätsprofessorinnen oder Universitätsprofessoren festgelegt werden, die für einen Zeitraum von bis zu sechs Jahren gewidmet sind und nur für Universitätsdozentinnen und Universitätsdozenten gemäß § 94 Abs. 2 Z 2 vorgesehen sind. Die Anzahl darf bis zu 20 vH der Stellen gemäß § 122 Abs. 2 Z 4 umfassen. § 98 Abs. 1 bis 8 sind nicht anzuwenden. Die Stellen sind im Mitteilungsblatt der Universität auszuschreiben. Die Rektorin oder der Rektor hat die Stellen nach Durchführung eines Auswahlverfahrens, das internationalen kompetitiven Standards entspricht, zu besetzen. Eine unbefristete Verlängerung der Bestellung durch die Rektorin oder den Rektor ist nur nach Durchführung einer Qualifikationsprüfung zulässig. Inhalt der Qualifikationsprüfung ist die Qualität der wissenschaftlichen Leistungen sowie der Leistungen in der Lehre der letzten fünf Jahre. Die Durchführung der Qualifikationsprüfung hat internationalen kompetitiven Standards zu entsprechen. Der Antrag auf unbefristete Verlängerung kann nach dem vollendeten fünften Jahr gestellt werden.

(BGBl I 2009/81)

Wissenschaftliche und künstlerische Mitarbeiterinnen und Mitarbeiter im Forschungs-, Kunst- und Lehrbetrieb

§ 100. (1) Die wissenschaftlichen und künstlerischen Mitarbeiterinnen und Mitarbeiter im Forschungs-, Kunst- und Lehrbetrieb müssen eine für die vorgesehene Verwendung in Betracht kommende angemessene Qualifikation aufweisen. Sie haben in ihrem Fach an der Erfüllung der Aufgaben der Universität in der Forschung oder bei der Entwicklung und Erschließung der Künste und in der Lehre mitzuarbeiten. Sie stehen in einem Arbeitsverhältnis zur Universität und sind Vollzeit- oder Teilzeitbeschäftigte.

(2) Die Universität hat die berufliche Weiterbildung der Mitarbeiterinnen und Mitarbeiter gemäß Abs. 1 zu fördern.

(3) Das wissenschaftliche und künstlerische Personal im Forschungs-, Kunst- und Lehrbetrieb besteht aus hauptberuflich und aus nebenberuflich tätigen Personen.

(BGBl I 2009/81)

(4) Nebenberuflich tätige Personen sind Personen, die

1. ausschließlich in der Lehre tätig sind und
2. nicht mehr als vier Semesterstunden lehren und
3. nachweislich einer anderen vollen Sozialversicherungspflicht auf Grund von Einkünften im Ausmaß von mindestens 60 vH der Höchstbeitragsgrundlage gemäß § 108 des Allgemeinen Sozialversicherungsgesetzes – ASVG, BGBl. Nr. 189/1955, unterliegen.

(BGBl I 2009/81)

(5) Nebenberufliches Lehrpersonal steht in einem freien Dienstverhältnis zur Universität; es kann sich ohne vorherige Zustimmung der Universität von anderen geeigneten Personen vertreten lassen.

(BGBl I 2009/81)

(6) § 98 ArbVG (personelles Informationsrecht) gilt auch für die Gruppe der nebenberuflich tätigen Personen, selbst wenn ein freies Dienstverhältnis oder eine selbständige Tätigkeit vorliegt.

(BGBl I 2009/81)

4. Abschnitt
Allgemeines Universitätspersonal

§ **101.** (1) Die Angehörigen des allgemeinen Universitätspersonals haben die zur Erfüllung ihrer Aufgaben erforderlichen fachlichen Qualifikationen aufzuweisen. Sie stehen in einem Arbeitsverhältnis zur Universität und sind Vollzeit- oder Teilzeitbeschäftigte.

(2) Die Universität hat die berufliche Weiterbildung der Mitarbeiterinnen und Mitarbeiter gemäß Abs. 1 zu fördern.

(3) Für das Bibliothekspersonal aller Universitäten ist eine einheitliche Ausbildung aus dem Bereich Bibliotheks-, Informations- und Dokumentationswesen vorzusehen.

5. Abschnitt
Privatdozentinnen und Privatdozenten, Habilitation, emeritierte Universitätsprofessorinnen und Universitätsprofessoren sowie Universitätsprofessorinnen und Universitätsprofessoren im Ruhestand

Privatdozentinnen und Privatdozenten

§ **102.** Privatdozentinnen und Privatdozenten sind Personen, denen auf Grund ihrer wissenschaftlichen oder künstlerischen Qualifikation von der Universität die Lehrbefugnis (venia docendi) für ein wissenschaftliches oder künstlerisches Fach verliehen wurde. Sie stehen in dieser Funktion in keinem Arbeitsverhältnis zur Universität.

Habilitation

§ **103.** (1) Das Rektorat hat das Recht, auf Antrag die Lehrbefugnis (venia docendi) für ein ganzes wissenschaftliches oder künstlerisches Fach zu erteilen. Die beantragte Lehrbefugnis muss in den Wirkungsbereich der Universität fallen. Mit der Erteilung der Lehrbefugnis ist das Recht verbunden, die wissenschaftliche oder künstlerische Lehre an dieser Universität mittels deren Einrichtungen frei auszuüben sowie wissenschaftliche oder künstlerische Arbeiten (§§ 81 bis 83, § 124) zu betreuen und zu beurteilen. *(BGBl I 2009/81)*

(2) Voraussetzung für die Erteilung der Lehrbefugnis ist der Nachweis einer hervorragenden wissenschaftlichen oder künstlerischen Qualifikation und der mehrmaligen Lehrtätigkeit an anerkannten postsekundären Bildungseinrichtungen zum Nachweis der didaktischen Fähigkeiten der Bewerberin oder des Bewerbers.

(3) Die vorgelegten schriftlichen Arbeiten müssen

1. methodisch einwandfrei durchgeführt sein,
2. neue wissenschaftliche Ergebnisse enthalten und
3. die wissenschaftliche Beherrschung des Habilitationsfaches und die Fähigkeit zu seiner Förderung beweisen.

Die vorgelegten künstlerischen Arbeiten müssen die Fähigkeit zur Vertretung des künstlerischen Faches im Umfang der beantragten Lehrbefugnis beweisen.

(4) Der Antrag auf Erteilung der Lehrbefugnis ist an das Rektorat zu richten. Dieses hat den Antrag, sofern er nicht mangels Zuständigkeit der Universität zurückzuweisen ist, an den Senat weiterzuleiten.

(5) Die Vertreterinnen und Vertreter der Universitätsprofessorinnen und Universitätsprofessoren im Senat haben auf Vorschlag der Universitätsprofessorinnen und Universitätsprofessoren des Fachbereichs mindestens zwei Vertreterinnen oder Vertreter des angestrebten Habilitationsfaches, darunter mindestens eine externe oder einen externen, als Gutachterinnen oder Gutachter über die vorgelegten wissenschaftlichen oder künstlerischen Arbeiten zu bestellen. Sie können diese Aufgabe aber auch an die Universitätsprofessorinnen und Universitätsprofessoren des Fachbereichs und des fachlich nahe stehenden Bereichs übertragen. *(BGBl I 2009/81)*

(6) Die Universitätsprofessorinnen und Universitätsprofessoren des Fachbereichs und des fachlich nahe stehenden Bereichs haben das Recht, Stellungnahmen zu den Gutachten abzugeben.

(7) Der Senat hat eine entscheidungsbevollmächtigte Habilitationskommission einzusetzen. Die Universitätsprofessorinnen und Universitätsprofessoren stellen mehr als die Hälfte der Mitglieder der Habilitationskommission, die Studierenden mindestens ein Mitglied.

(8) Die Habilitationskommission entscheidet auf Grund der Gutachten und Stellungnahmen.

(9) Das Rektorat erlässt auf Grund des Beschlusses der Habilitationskommission den Bescheid über den Antrag auf Erteilung der Lehrbefugnis. Gegen diesen Bescheid ist kein ordentliches Rechtsmittel zulässig.

(10) Das Rektorat hat einen Beschluss der Habilitationskommission zurückzuverweisen, wenn wesentliche Grundsätze des Verfahrens verletzt wurden.

(11) Durch die Erteilung der Lehrbefugnis (venia docendi) wird weder ein Arbeitsverhältnis begründet, noch ein bestehendes Arbeitsverhältnis zur Universität verändert (Privatdozentin oder Privatdozent).

Emeritierte Universitätsprofessorinnen und Universitätsprofessoren sowie Universitätsprofessorinnen und Universitätsprofessoren im Ruhestand

§ 104. (1) Emeritierte Universitätsprofessorinnen und Universitätsprofessoren sowie Universitätsprofessorinnen und Universitätsprofessoren im Ruhestand stehen in keinem aktiven Arbeitsverhältnis zum Bund oder zur Universität.

(2) Sie haben das Recht, ihre Lehrbefugnis (venia docendi) an der Universität, an der sie vor ihrer Emeritierung oder vor ihrem Übertritt oder ihrer Versetzung in den Ruhestand in einem aktiven Arbeitsverhältnis tätig waren, weiter auszuüben und im Rahmen ihrer Lehrbefugnis Lehrveranstaltungen und Prüfungen abzuhalten.

6. Abschnitt
Allgemeine Bestimmungen

Gewissensfreiheit und Forschungsfreiheit

§ 105. Keine Universitätsangehörige und kein Universitätsangehöriger darf gegen ihr oder sein Gewissen zur Mitwirkung bei einzelnen wissenschaftlichen oder künstlerischen Arbeiten verhalten werden. Aus einer Weigerung zur Mitwirkung darf ihr oder ihm kein Nachteil erwachsen. Die oder der betroffene Universitätsangehörige hat jedoch ihre oder seine Vorgesetzte oder ihren oder seinen Vorgesetzten von ihrer oder seiner Weigerung schriftlich zu informieren.

Verwertung von geistigem Eigentum

§ 106. (1) Jede oder jeder Universitätsangehörige hat das Recht, eigene wissenschaftliche oder künstlerische Arbeiten selbstständig zu veröffentlichen. Bei der Veröffentlichung der Ergebnisse der Forschung oder der Entwicklung und Erschließung der Künste sind Universitätsangehörige, die einen eigenen wissenschaftlichen oder künstlerischen Beitrag zu dieser Arbeit geleistet haben, als Mitautorinnen oder Mitautoren zu nennen.

(2) Auf Diensterfindungen gemäß § 7 Abs. 3 Patentgesetz, BGBl. Nr. 259/1970, die an einer Universität im Rahmen eines öffentlich-rechtlichen oder privatrechtlichen Dienst- oder Ausbildungsverhältnisses zum Bund oder im Rahmen eines Arbeits- oder Ausbildungsverhältnisses zur Universität gemacht werden, ist das Patentgesetz mit der Maßgabe anzuwenden, dass die Universität als Dienstgeber gemäß § 7 Abs. 2 Patentgesetz gilt.

(3) Jede Diensterfindung ist dem Rektorat unverzüglich zur Kenntnis zu bringen. Will die Universität die Diensterfindung zur Gänze oder ein Benützungsrecht daran für sich in Anspruch nehmen, hat das Rektorat dies der Erfinderin oder dem Erfinder innerhalb von drei Monaten mitzuteilen. Andernfalls steht dieses Recht der Erfinderin oder dem Erfinder zu.

IV. Teil
Personalrecht

Ausschreibung und Aufnahme

§ 107. (1) Alle zur Besetzung offen stehenden Stellen sind vom Rektorat öffentlich auszuschreiben. Stellen für das wissenschaftliche und künstlerische Personal gemäß § 94 Abs. 1 Z 4 sind international, zumindest EU-weit auszuschreiben. Die Ausschreibungsfrist hat zumindest drei Wochen zu betragen. *(BGBl I 2009/81)*

(2) In folgenden Fällen kann von einer Ausschreibung abgesehen werden:

1. bei der Besetzung von Stellen, die ausschließlich für Aufgaben in der Lehre und mit geringem Stundenausmaß (Lehrauftrag) vorgesehen sind, und
2. bei Stellen für zeitlich befristete Drittmittelprojekte, denen ein qualifiziertes Auswahlverfahren vorausgegangen ist, wenn die Bestimmungen des Geldgebers dem nicht entgegenstehen.

(3) Arbeitsverträge sind von der Rektorin oder vom Rektor auf Vorschlag oder nach Anhörung der Leiterin oder des Leiters der Organisationseinheit und der oder des unmittelbaren Vorgesetzten, der oder dem die zu besetzende Stelle zugeordnet ist, abzuschließen.

(4) Arbeitsverträge für Mitarbeiterinnen und Mitarbeiter an Vorhaben gemäß § 27 Abs. 1 Z 3 sowie für Mitarbeiterinnen und Mitarbeiter, die aus zweckgebundenen Mitteln der Forschungsförderung finanziert werden, sind von der Rektorin oder vom Rektor auf Vorschlag der oder des unmittelbaren Vorgesetzten, der oder dem die zu besetzende Stelle zugeordnet ist, abzuschließen.

(5) Arbeitsverträge von Universitätsprofessorinnen und Universitätsprofessoren sind von der Rektorin oder vom Rektor nach Durchführung des Berufungsverfahrens gemäß §§ 98 oder 99 abzuschließen.

Rechtsgrundlagen der Arbeitsverhältnisse

§ 108. (1) Auf Arbeitsverhältnisse zur Universität ist, soweit gesetzlich nicht anderes bestimmt ist, das Angestelltengesetz, BGBl. Nr. 292/1921, anzuwenden.

(2) Die Universitäten bilden gemeinsam den Dachverband der Universitäten, in den

das Rektorat jeder Universität eine Vertreterin oder einen Vertreter zu entsenden hat. Der Dachverband beschließt eine Geschäftsordnung und wählt mit Stimmenmehrheit eine Vorsitzende oder einen Vorsitzenden.

(3) Der Dachverband ist für die ihm angehörenden Universitäten auf Arbeitgeberseite kollektivvertragsfähig im Sinne des Arbeitsverfassungsgesetzes, BGBl. Nr. 22/1974. Ein vom Dachverband abgeschlossener Kollektivvertrag gilt für die Arbeitnehmerinnen und Arbeitnehmer der im Dachverband zusammengefassten Universitäten.

(4) Der Kollektivvertragsfähigkeit des Dachverbandes kommt im Verhältnis zur Kollektivvertragsfähigkeit anderer Interessenvertretungen oder Berufsvereinigungen der Arbeitgeberinnen und Arbeitgeber Vorrang zu.

(5) Zum Zweck der eindeutigen Identifikation in dienstlichen Belangen darf eine aus der ZMR-Zahl (§ 16 Abs. 4 des Meldegesetzes 1991, BGBl. Nr. 9/1992) durch bereichsspezifische Verschlüsselung abgeleitete Personenkennzeichnung des Universitätspersonals verwendet werden.

Gesetzliche Sonderregelung für Angehörige von Einrichtungen für Gerichtliche Medizin
(BGBl I 2009/81)

§ **108a.** Arbeitnehmerinnen und Arbeitnehmer, die einer Einrichtung für Gerichtliche Medizin zugeordnet sind, haben im Rahmen ihrer Aufgaben an der Erstellung von Gutachten und Befunden im gerichtlichen Verfahren mitzuwirken. Auftraggeberin für die Gutachten und Befunde ist die jeweils zuständige Ermittlungs- oder Justizbehörde. *(BGBl I 2009/81)*

Dauer der Arbeitsverhältnisse

§ **109.** (1) Arbeitsverhältnisse können auf unbestimmte oder bestimmte Zeit abgeschlossen werden. Arbeitsverhältnisse auf bestimmte Zeit sind bei sonstiger Rechtsunwirksamkeit des Arbeitsvertrags auf höchstens sechs Jahre zu befristen, sofern in diesem Bundesgesetz nicht anderes bestimmt ist.

(2) Eine mehrmalige unmittelbar aufeinanderfolgende Befristung ist nur bei Arbeitnehmerinnen und Arbeitnehmern, die im Rahmen von Drittmittelprojekten oder Forschungsprojekten beschäftigt werden, bei ausschließlich in der Lehre verwendetem Personal sowie bei Ersatzkräften zulässig. Die Gesamtdauer solcher unmittelbar aufeinanderfolgender Arbeitsverhältnisse einer Arbeitnehmerin oder eines Arbeitnehmers darf sechs Jahre, im Fall der Teilzeitbeschäftigung acht Jahre nicht überschreiten. Eine darüber hinausgehende einmalige Verlängerung bis zu insgesamt zehn Jahren, im Fall der Teilzeitbeschäftigung bis zu insgesamt zwölf Jahren, ist bei sachlicher Rechtfertigung, insbesondere für die Fortführung oder Fertigstellung von Forschungsprojekten und Publikationen zulässig. *(BGBl I 2009/81)*

Gesetzliche Sonderregelungen zur Arbeitszeit und Arbeitsruhe für das wissenschaftliche und künstlerische Universitätspersonal

§ **110.** (1) Anstelle der Bestimmungen des Arbeitszeitgesetzes, BGBl. Nr. 461/1969, und des Arbeitsruhegesetzes, BGBl. Nr. 144/1983, gelten für das wissenschaftliche und künstlerische Personal der Universitäten die nachfolgenden Bestimmungen. Ausgenommen sind das wissenschaftliche Personal, auf das das Krankenanstalten-Arbeitszeitgesetz anzuwenden ist, sowie leitende Angestellte der Universitäten, denen maßgebliche Führungsaufgaben selbstverantwortlich übertragen sind.

(2) Im Sinne dieser Bestimmung ist:

1. Arbeitszeit: die Zeit vom Beginn bis zum Ende der Arbeit ohne die Ruhepausen und die Ruhezeiten, sie umfasst die Normalarbeitszeit und die Überstundenarbeit;
2. Tagesarbeitszeit: die Arbeitszeit innerhalb eines ununterbrochenen Zeitraumes von 24 Stunden;
3. Wochenarbeitszeit: die Arbeitszeit innerhalb des Zeitraumes von Montag bis einschließlich Sonntag;
4. Nacht: der Zeitraum zwischen 22 Uhr und 6 Uhr;
5. Nachtarbeitnehmerin oder Nachtarbeitnehmer: eine Arbeitnehmerin oder ein Arbeitnehmer, die oder der regelmäßig oder, sofern der Kollektivvertrag nichts anderes vorsieht, in mindestens 48 Nächten im Kalenderjahr während der Nacht mindestens drei Stunden arbeitet.

(2a) Die wöchentliche Normalarbeitszeit beträgt 40 Stunden, soweit nicht durch Kollektivvertrag abweichende Regelungen getroffen werden.

(3) Die Tagesarbeitszeit darf 13 Stunden nicht überschreiten. Die Wochenarbeitszeit darf innerhalb eines Durchrechnungszeitraumes von bis zu 17 Wochen im Durchschnitt 48 Stunden und in den einzelnen Wochen des Durchrechnungszeitraumes 60 Stunden nicht überschreiten.

(4) Die Tagesarbeitszeit von Nachtarbeitnehmerinnen und Nachtarbeitnehmern darf innerhalb eines Durchrechnungszeitraumes von 17 Wochen im Durchschnitt acht Stunden nicht überschreiten.

(5) Beträgt die Gesamtdauer der Arbeitszeit mehr als sechs Stunden, ist die Arbeitszeit durch eine Ruhepause von mindestens 30 Minuten zu unterbrechen.

(6) Nach Beendigung der Tagesarbeitszeit ist den Arbeitnehmerinnen und Arbeitnehmern eine ununterbrochene Ruhezeit von mindestens elf Stunden zu gewähren.

(7) Innerhalb eines Zeitraumes von Montag bis einschließlich Sonntag ist den Arbeitnehmerinnen und Arbeitnehmern eine ununterbrochene Ruhezeit von 36 Stunden zu gewähren. Das Ausmaß der wöchentlichen Ruhezeit kann auf 24 Stunden gekürzt werden, wenn der Arbeitnehmerin oder dem Arbeitnehmer innerhalb von 14 Tagen eine durchschnittliche wöchentliche Ruhezeit von 36 Stunden gesichert ist.

(7a) Soweit betriebliche Erfordernisse nicht entgegenstehen, sind Sonntage und gesetzliche Feiertage (§ 7 Abs. 2 und 3 des Arbeitsruhegesetzes) arbeitsfrei zu halten.

(8) Nachtarbeitnehmerinnen und Nachtarbeitnehmer sind auf ihr Verlangen auf eine Arbeitsstelle mit Tagesarbeit zu versetzen, wenn sie durch die Nachtarbeit nachweislich in ihrer Gesundheit beeinträchtigt sind und eine Versetzung auf eine Arbeitsstelle mit Tagesarbeit aus betrieblichen Gründen möglich ist.

(9) Nachtarbeitnehmerinnen und Nachtarbeitnehmer haben Anspruch auf unentgeltliche Untersuchungen ihres Gesundheitszustands vor Aufnahme der Tätigkeit und danach in regelmäßigen Zeitabständen. Diese Untersuchungen sind besondere Untersuchungen gemäß § 51 des ArbeitnehmerInnenschutzgesetzes (ASchG), BGBl. Nr. 450/ 1994.

(10) Durch Kollektivvertrag kann die ununterbrochene Ruhezeit gemäß Abs. 6 bis auf acht Stunden verkürzt werden. Solche Verkürzungen der Ruhezeit sind innerhalb der nächsten zwei Wochen durch entsprechende Verlängerung einer anderen täglichen oder wöchentlichen Ruhezeit auszugleichen. Überdies kann durch Kollektivvertrag der Durchrechnungszeitraum für die wöchentliche Arbeitszeit gemäß Abs. 3 bis auf zwölf Monate und für die wöchentliche Ruhezeit gemäß Abs. 7 bis auf zwei Monate ausgedehnt werden. Abweichungen durch Kollektivvertrag sind nur dann zulässig, wenn den betroffenen Arbeitnehmerinnen und Arbeitnehmern gleichwertige Ausgleichsruhezeiten gewährt werden.

(11) Der Arbeitgeber ist, sofern die Tat nicht nach anderen Vorschriften einer strengeren Strafe unterliegt, von der Bezirksverwaltungsbehörde mit einer Geldstrafe von 36 Euro bis zu 1 500 Euro zu bestrafen, wenn

1. Arbeitnehmerinnen oder Arbeitnehmer vom Arbeitgeber über die Höchstgrenzen der täglichen oder wöchentlichen Arbeitszeit gemäß Abs. 3 oder 4 hinaus eingesetzt werden,
2. ihnen Ruhepausen gemäß Abs. 5 oder die tägliche oder wöchentliche Ruhezeit gemäß Abs. 6 oder 7 nicht gewährt wird,
3. der Gesundheitszustand von Nachtarbeitnehmerinnen oder Nachtarbeitnehmern nicht entsprechend den Bestimmungen des Abs. 9 untersucht wird.

Gesetzliche Sonderregelungen zur Arbeitsruhe für das allgemeine Universitätspersonal

§ 111. Das allgemeine Universitätspersonal, dessen Mitarbeit zur Unterstützung und Aufrechterhaltung des Lehrbetriebs oder des Forschungs- oder Kunstbetriebs unbedingt erforderlich ist, darf während der Wochenend- und Feiertagsruhe gemäß §§ 3 und 7 Arbeitsruhegesetz beschäftigt werden.

Arbeitsinspektion

§ 112. (1) Das Arbeitsinspektionsgesetz 1993 – ArbIG, BGBl. Nr. 27/1993, gilt mit der Maßgabe, dass das Arbeitsinspektorat bei der Festlegung einer Frist zur Herstellung des rechtmäßigen Zustandes gemäß § 9 Abs. 1 ArbIG bestehende Generalsanierungspläne zu berücksichtigen hat.

(2) Die Bundesministerin oder der Bundesminister hat im Einvernehmen mit den Universitäten bis Ende 2004 den erforderlichen Aufwand für den Generalsanierungsbedarf zu erheben.

Erweiterter Kündigungs- und Entlassungsschutz

§ 113. Eine Kündigung oder Entlassung einer oder eines Angehörigen des wissenschaftlichen oder künstlerischen Universitätspersonals ist unwirksam, wenn die Kündigung wegen einer von ihr oder ihm in Forschung (Entwicklung und Erschließung der Künste) oder Lehre vertretenen Auffassung oder Methode erfolgt.

Übernahme von öffentlichen Ämtern

§ 114. (1) Die Übernahme eines öffentlichen Amtes bedarf keiner Bewilligung durch die Universität, ist jedoch dem Rektorat unverzüglich zu melden.

(2) Ist eine Ausübung des öffentlichen Amtes neben der Erfüllung der Pflichten aus dem Arbeitsverhältnis zur Universität nicht möglich, ist die Arbeitnehmerin oder der Arbeitnehmer auf Antrag gänzlich oder teilweise bei entsprechender Kürzung oder Entfall des Entgelts freizustellen.

Pensionskassensystem

§ **115.** Durch Kollektivvertrag ist jedenfalls für das wissenschaftliche und künstlerische Universitätspersonal eine Pensionskassenzusage im Sinne des Betriebspensionsgesetzes, BGBl. Nr. 282/1990, zu erteilen.

V. Teil
Strafbestimmungen

§ **116.** (1) Wer vorsätzlich

1. eine dem inländischen oder ausländischen Hochschulwesen eigentümliche Bezeichnung oder
2. einen oder mehrere inländische akademische Grade oder
3. eine den inländischen oder ausländischen akademischen Graden oder Titeln gleiche oder ähnliche Bezeichnung unberechtigt verleiht, vermittelt oder führt,

begeht, wenn die Tat nicht den Tatbestand einer in die Zuständigkeit der Gerichte fallenden strafbaren Handlung bildet oder nach anderen Verwaltungsbestimmungen mit strengerer Strafe bedroht ist, eine Verwaltungsübertretung, die von der örtlich zuständigen Bezirksverwaltungsbehörde mit einer Geldstrafe bis zu 15 000 Euro zu bestrafen ist.

(2) Unberechtigt ist die Verleihung, Vermittlung oder Führung insbesondere dann, wenn der akademische Grad oder die gleiche oder ähnliche Bezeichnung

1. von einer Einrichtung stammt, die einer postsekundären Bildungseinrichtung nicht gleichrangig ist;
2. von einer Einrichtung stammt, die vom Sitzstaat nicht als postsekundäre Bildungseinrichtung anerkannt ist;
3. nicht auf Grund entsprechender Studien- und Prüfungsleistungen oder wissenschaftlicher oder künstlerischer Leistungen erworben wurde;
4. nicht auf Grund des wegen wissenschaftlicher oder künstlerischer Leistungen hohen Ansehens in Fachkreisen oder wegen hervorragender Verdienste für die wissenschaftlichen oder kulturellen Aufgaben der postsekundären Bildungseinrichtung ehrenhalber verliehen wurde.

VI. Teil
Liegenschaften, Bauwerke, Räumlichkeiten

Raumnutzung

§ **117.** Die Universitäten sind insbesondere im Rahmen ihrer Mietrechte verpflichtet, für eine optimale Raumnutzung zu universitären Zwecken zu sorgen.

Mietrechte an Objekten der BIG und anderer Eigentümer

§ **118.** Von der BIG oder von anderen Dritten angemietete Liegenschaften, Bauwerke und Räumlichkeiten, die kurzfristig nicht zu universitären Zwecken benötigt werden, dürfen an Dritte weitergegeben werden, soweit dies auf Grund des Mietvertrags und des Mietrechtsgesetzes zulässig ist.

VII. Teil
Wissenschaftsrat

§ **119.** (1) Der Wissenschaftsrat ist eine Einrichtung des Bundes. Er unterliegt der Aufsicht durch die Bundesministerin oder den Bundesminister gemäß § 45.

(2) Die Aufgaben des Wissenschaftsrats sind:

1. Beratung der Bundesministerin oder des Bundesministers, der gesetzgebenden Körperschaften und der Universitäten in den Angelegenheiten der Universitäten und in Fragen der Wissenschaftspolitik und der Kunst;
2. Beobachtung und Analyse des österreichischen Universitäts- und Wissenschaftssystems unter Bedachtnahme auf europäische und internationale Entwicklungen sowie Erarbeitung von Vorschlägen zu dessen Weiterentwicklung.

(3) Die Beschlüsse, Stellungnahmen und Empfehlungen des Wissenschaftsrats sind zu veröffentlichen.

(4) Der Wissenschaftsrat hat dem Nationalrat ab 2004 zumindest alle drei Jahre im Wege der Bundesminsterin oder des Bundesministers einen Tätigkeitsbericht vorzulegen. Dieser Bericht hat auch Empfehlungen über die Grundausrichtung der Leistungsvereinbarungen mit den Universitäten unter Bedachtnahme auf die Standortentwicklung zu enthalten.

(5) Der Wissenschaftsrat besteht aus zwölf Mitgliedern aus unterschiedlichen Bereichen der Gesellschaft, insbesondere der Wissenschaft und der Kunst, die von der

Bundesregierung auf Vorschlag der Bundesministerin oder des Bundesministers bestellt werden. Dabei sind Frauen in entsprechender Anzahl zu berücksichtigen. Der Wissenschaftsrat erstattet der Bundesministerin oder dem Bundesminister Vorschläge für die Nominierung der Mitglieder. *(BGBl I 2009/81)*

(6) Von der Mitgliedschaft im Wissenschaftsrat ausgeschlossen sind:

1. akademische Funktionärinnen und Funktionäre der Universitäten gemäß § 6 sowie der in Österreich gemäß Universitäts-Akkreditierungsgesetz, BGBl. I Nr. 168/1999, akkreditierten Privatuniversitäten;
2. Mitarbeiterinnen und Mitarbeiter des für die Universitäten zuständigen Bundesministeriums sowie
3. Mitglieder der Bundesregierung oder einer Landesregierung, Mitglieder des Nationalrats, des Bundesrats oder sonst eines allgemeinen Vertretungskörpers, Funktionäre einer politischen Partei sowie Personen, die eine dieser Funktionen in den letzten vier Jahren ausgeübt haben.

(7) *entfällt (BGBl I 2009/81)*

(8) Die Funktionsperiode der Mitglieder des Wissenschaftsrats ist von der Bundesregierung anlässlich der Bestellung mit drei oder sechs Jahren festzusetzen und beginnt mit der Bestellung. Eine einmalige Wiederbestellung ist zulässig. Bei vorzeitigem Ausscheiden eines Mitglieds des Wissenschaftsrats ist für den Rest der Funktionsperiode des ausgeschiedenen Mitglieds ein neues Mitglied zu bestellen. *(BGBl I 2009/81)*

(9) Die Mitgliedschaft im Wissenschaftsrat endet

1. durch Ablauf der Funktionsperiode,
2. durch Verzicht,
3. durch Abberufung,
4. durch Tod.

(10) Die Bundesministerin oder der Bundesminister beruft die konstituierende Sitzung des Wissenschaftsrats ein. Die oder der Vorsitzende wird aus dem Kreis der Mitglieder mit Stimmenmehrheit gewählt. Der Wissenschaftsrat gibt sich eine Geschäftsordnung.

(11) Die Bundesregierung kann ein Mitglied des Wissenschaftsrats auf Antrag der Bundesministerin oder des Bundesministers oder auf Antrag der Mehrheit der Mitglieder des Wissenschaftsrats wegen einer schweren Pflichtverletzung, einer strafgerichtlichen Verurteilung oder wegen mangelnder gesundheitlicher Eignung mit Bescheid von seiner Funktion abberufen. *(BGBl I 2009/81)*

(12) Der Wissenschaftsrat ist beschlussfähig, wenn wenigstens die Hälfte der Mitglieder persönlich anwesend ist. Stimmübertragungen sind unzulässig.

(13) Der Wissenschaftsrat ist berechtigt, in- und ausländische Expertinnen und Experten zu den Sitzungen einzuladen und Arbeitsgruppen einzurichten.

(14) Die Mitglieder des Wissenschaftsrats erhalten für ihre Tätigkeit eine Vergütung, die von der Bundesministerin oder vom Bundesminister festzusetzen ist.

(15) Die Bundesministerin oder der Bundesminister hat dem Wissenschaftsrat die zur Erfüllung seiner Aufgaben erforderliche räumliche, technische und personelle Ausstattung zur Verfügung zu stellen.

VIII. Teil
Übergangs- und Schlussbestimmungen

1. Abschnitt
Implementierung der neuen Organisation

Gründungskonvent

§ 120. (1) An jeder der in § 6 Z 1 bis 21 vorgesehenen Universitäten ist unverzüglich nach der Kundmachung dieses Bundesgesetzes ein Gründungskonvent einzurichten, der aus zwölf Mitgliedern besteht.

(2) Dem Gründungskonvent gehören Vertreterinnen und Vertreter der Universitätsprofessorinnen und Universitätsprofessoren, der im § 94 Abs. 2 Z 2 genannten Gruppe, des allgemeinen Universitätspersonals und der Studierenden der gleichnamigen Universität gemäß UOG 1993 oder KUOG an.

(3) Abweichend von Abs. 2 sind die Angehörigen einer Medizinischen Fakultät nur für den Gründungskonvent jener Medizinischen Universität aktiv und passiv wahlberechtigt oder entsendungsfähig, die gemäß § 136 Abs. 2 die Gesamtrechtsnachfolgerin der betreffenden Medizinischen Fakultät ist.

(4) Angehörige von Interuniversitären Einrichtungen sind für den Gründungskonvent jener Universität aktiv und passiv wahlberechtigt, welche gemäß § 136 Abs. 4 bis 11 die Nachfolgeeinrichtung der jeweiligen Interuniversitären Einrichtung ist.

(5) Die im Amt befindlichen Rektorinnen und Rektoren, Vizerektorinnen und Vizerektoren gemäß UOG 1993 und KUOG sind passiv nicht wahlberechtigt.

(6) Die Bundesministerin oder der Bundesminister hat durch Verordnung eine Wahlordnung für die Gründungskonvente aller Universitäten nach den Grundsätzen

desgleichen, unmittelbaren, geheimen und persönlichen Verhältniswahlrechts zu erlassen.

(7) Die Mitglieder und Ersatzmitglieder des Gründungskonvents sind folgendermaßen zu bestellen:

1. Sieben Vertreterinnen und Vertreter der Universitätsprofessorinnen und Universitätsprofessoren sind von allen Universitätsprofessorinnen und Universitätsprofessoren (§ 97) zu wählen.
2. Zwei Vertreterinnen und Vertreter der im § 94 Abs. 2 Z 2 genannten Gruppe sind von allen Universitätsdozentinnen und Universitätsdozenten (§ 122 Abs. 3) sowie den wissenschaftlichen und künstlerischen Mitarbeiterinnen und Mitarbeitern im Forschungs-, Kunst- und Lehrbetrieb zu wählen. Den Gewählten muss zumindest eine Person mit Lehrbefugnis (venia docendi) angehören.
3. Eine Vertreterin oder ein Vertreter des allgemeinen Universitätspersonals ist von allen Angehörigen des allgemeinen Universitätspersonals zu wählen.
4. Zwei Vertreterinnen und Vertreter der Studierenden sind durch die gesetzliche Vertretung der Studierenden zu entsenden.

(8) Die oder der Vorsitzende des Dienststellenausschusses der Universitätslehrer sowie die oder der Vorsitzende des Dienststellenausschusses für die Bediensteten mit Ausnahme der Universitätslehrer, die oder der Vorsitzende des Arbeitskreises für Gleichbehandlungsfragen, die Bibliotheksdirektorin oder der Bibliotheksdirektor, die Universitätsdirektorin oder der Universitätsdirektor, die Leiterin oder der Leiter des zentralen Informatikdienstes sowie die oder der Vorsitzende der Hochschülerschaft an der betreffenden Universität gehören dem Gründungskonvent mit beratender Stimme an.

(9) Der Gründungskonvent ist beschlussfähig, wenn wenigstens die Hälfte der stimmberechtigten Mitglieder persönlich anwesend oder durch ein Ersatzmitglied vertreten ist. Die Beschlüsse werden mit Stimmenmehrheit gefasst, sofern in diesem Bundesgesetz nicht anderes bestimmt ist.

(10) Die im Zeitpunkt des In-Kraft-Tretens dieses Bundesgesetzes im Amt befindliche Rektorin oder der im Amt befindliche Rektor hat die Wahlen in den Gründungskonvent auszuschreiben, die konstituierende Sitzung bis längstens 30. November 2002 einzuberufen und bis zur Wahl der oder des Vorsitzenden zu leiten. Für den Gründungskonvent einer Medizinischen Universität kommt diese Aufgabe der Dekanin oder dem Dekan der Medizinischen Fakultät zu, deren Nachfolgeeinrichtung die Medizinische Universität ist.

(11) Der Gründungskonvent hat die im § 121 vorgesehenen Maßnahmen zur Implementierung vorzubereiten und durchzuführen, soweit gesetzlich nicht ausdrücklich anderes bestimmt ist.

(12) Die Funktion des Gründungskonvents endet mit Ablauf des 31. Dezember 2003.

Implementierungsschritte

§ 121. (1) Die Bestimmungen des UOG 1993 und des KUOG sind an den Universitäten und an den Universitäten der Künste bis 31. Dezember 2003 anzuwenden.

(2) Die zum Zeitpunkt des In-Kraft-Tretens dieses Bundesgesetzes im Amt befindlichen Rektorinnen und Rektoren, Vizerektorinnen und Vizerektoren üben ihr Amt bis zur Funktionsübernahme des Rektorats nach diesem Bundesgesetz aus.

(3) Der Gründungskonvent hat die Größe des Senats gemäß § 25 Abs. 2 festzulegen, eine provisorische Satzung einschließlich einer Wahlordnung für den Senat zu beschließen und die erforderlichen weiteren Schritte der Überleitung zu veranlassen, soweit hiefür gesetzlich keine anderen Maßnahmen vorgesehen sind. Die Wahlordnung hat den Grundsätzen gemäß § 120 Abs. 6 zu entsprechen.

(4) Der Gründungskonvent hat die Größe des Universitätsrats mit fünf, sieben oder neun Mitgliedern festzulegen und unverzüglich zwei, drei oder vier Mitglieder des Universitätsrats zu wählen. Kommt der Gründungskonvent einer Universität bis 31. Jänner 2003 dieser Aufgabe nicht nach, bestellt die Bundesministerin oder der Bundesminister auch die Mitglieder, die vom Gründungskonvent zu wählen gewesen wären.

(5) Die Bundesregierung hat bis 28. Februar 2003 auf Antrag der Bundesministerin oder des Bundesministers nach Maßgabe des Abs. 4 zwei, drei oder vier Mitglieder für jeden Universitätsrat zu bestellen.

(6) Der Universitätsrat hat sich unverzüglich zu konstituieren und längstens bis 31. März 2003 das weitere Mitglied (§ 21 Abs. 6 Z 3) zu wählen.

(7) Der Gründungskonvent hat unverzüglich die Wahl der Rektorin oder des Rektors auszuschreiben und einen Vorschlag für die Wahl der Rektorin oder des Rektors zu er-

stellen. Die Wahl der Rektorin oder des Rektors durch den Universitätsrat hat bis spätestens 30. Juni 2003 zu erfolgen.

(8) Die gewählten Rektorinnen oder Rektoren haben nach Anhörung des Gründungskonvents unverzüglich die Zahl der Vizerektorinnen und Vizerektoren sowie deren Beschäftigungsausmaß festzulegen und einen Wahlvorschlag vorzulegen. Die Wahl der Vizerektorinnen und Vizerektoren hat spätestens acht Wochen nach der Rektorswahl stattzufinden.

(9) Die Mitglieder des Rektorats haben am 1. Oktober 2003 ihr Amt anzutreten.

(10) Das Rektorat hat unverzüglich einen provisorischen Organisationsplan zu erlassen und die provisorischen Leiterinnen und Leiter der einzelnen Organisationseinheiten zu bestellen. Dieser provisorische Organisationsplan ist mit dem Tag des vollen Wirksamwerdens dieses Bundesgesetzes an der Universität in Kraft zu setzen.

(11) Die Rektorin oder der Rektor hat unverzüglich die Wahlen für den Senat auszuschreiben und die Sitzung bis zur Wahl der oder des Vorsitzenden zu leiten. Die Wahlen zum Senat haben bis 31. Oktober 2003, die konstituierende Sitzung des Senats und die Wahl des Vorsitzenden bis 30. November 2003 stattzufinden.

(12) Die Geschäftsordnung des Rektorats ist bis 31. Oktober 2003 kundzumachen.

(13) Bis spätestens 31. Dezember 2003 ist dem Universitätsrat die endgültige Organisationsform der Universität (Organisationsplan) und dem Senat der Vorschlag für die Satzung zur Beschlussfassung vorzulegen.

(14) Unverzüglich nach der Genehmigung des Organisationsplans sind die Leiterinnen und Leiter der Organisationseinheiten zu bestellen.

(15) Die gemäß UOG 1993 errichteten Universitätskliniken und Klinischen Institute der Medizinischen Fakultäten bleiben bis zum Wirksamwerden eines neuen Organisationsplans der betreffenden Medizinischen Universität bestehen und die bestellten Leiterinnen und Leiter im Amt. Diese Einrichtungen gelten ab 1. Jänner 2004 als Organisationseinheiten des Klinischen Bereichs dieser Medizinischen Universität.

(16) Die Universität hat der Bundesministerin oder dem Bundesminister jeweils bis zum 30. April 2005, 2006 und 2007 zusätzlich zum Rechnungsabschluss einen Tätigkeitsbericht vorzulegen, der sich auf das gesamte Leistungsspektrum der Universität zu beziehen hat.

(17) Die Bundesministerin oder der Bundesminister hat im Einvernehmen mit der Bundesministerin oder dem Bundesminister für Finanzen bis spätestens Ende des Jahres 2005 den für die erste Leistungsvereinbarungsperiode zur Finanzierung der Universitäten zur Verfügung stehenden Gesamtbetrag festzusetzen und darüber das Einvernehmen gemäß § 45 des Bundeshaushaltsgesetzes herzustellen. Die Universität hat der Bundesministerin oder dem Bundesminister bis 30. April 2006 den Entwurf der ersten Leistungsvereinbarung für die Jahre 2007 bis 2009 vorzulegen.

(18) Jede Universität hat bis zum Zeitpunkt des vollen Wirksamwerdens dieses Bundesgesetzes ein Bestandsverzeichnis zu erstellen. Dieses Verzeichnis hat das bisher der Universität gewidmete bewegliche und unbewegliche Vermögen, Verbindlichkeiten der Universität gegenüber Dritten, insbesondere aus Kreditaufnahmen, sowie alle Bankkonten inklusive der Wertpapierbestände und die Drittmittel der Institute (Kliniken) anzuführen. Diesem Verzeichnis ist auch eine Aufstellung des am Tag vor dem vollen Wirksamwerden dieses Bundesgesetzes an der Universität beschäftigten Personals beizufügen.

(19) Die Bundesministerin oder der Bundesminister hat bis 30. September 2006 einen Bericht über die Nachwuchsförderung und die Entwicklung der Personalstruktur der Universitäten vorzulegen.

(20) Der Gründungskonvent jeder Universität hat bis spätestens 31. Dezember 2002 eine Vertreterin oder einen Vertreter in den Dachverband der Universitäten zu entsenden. Die Funktionsperiode dieser Vertreterin oder dieses Vertreters endet mit der Entsendung einer neuen Vertreterin oder eines neuen Vertreters durch das Rektorat der betreffenden Universität (§ 108 Abs. 2).

(21) Die Rektorin oder der Rektor der Universität Wien hat die konstituierende Sitzung des Dachverbandes der Universitäten (§ 108) einzuberufen und diese Sitzung bis zur Wahl der oder des Vorsitzenden zu leiten.

(22) Erfolgen die zur Implementierung erforderlichen Schritte nicht rechtzeitig, können die notwendigen Maßnahmen ohne Setzung einer Nachfrist durch die Bundesministerin oder den Bundesminister im Wege der Ersatzvornahme vorgenommen werden.

(23) Legt eine Universität den Entwurf einer ersten Leistungsvereinbarung der Bundesministerin oder dem Bundesminister nicht rechtzeitig vor, beträgt das Budget für

das betreffende Jahr 98 vH des Budgets des Vorjahres.

(24) Die Fakultätsvertretungen gemäß § 15 des Hochschülerschaftsgesetzes 1998 an den Medizinischen Fakultäten der Universitäten Wien, Graz und Innsbruck für die Studienrichtungen Medizin, Humanmedizin, Zahnmedizin und das Doktoratsstudium der medizinischen Wissenschaft üben bezüglich der Vollziehung der Bestimmungen des Universitätsgesetzes 2002 bis 31. Dezember 2003 auch die Funktion der Universitätsvertretungen der Studierenden gemäß § 13 des Hochschülerschaftsgesetzes 1998 an den Medizinischen Universitäten Wien, Graz und Innsbruck aus und gelten ab 1. Jänner 2004 als diese Universitätsvertretungen.

(25) Die Bestimmungen dieses Bundesgesetzes werden an den Universitäten mit 1. Jänner 2004 voll wirksam.

2. Abschnitt
Organisation

Überleitung der Universitätsangehörigen gemäß UOG 1993 und KUOG

§ 122. (1) Alle zum Zeitpunkt des In-Kraft-Tretens dieses Bundesgesetzes in einem Dienstverhältnis, Arbeitsverhältnis oder in einem sonstigen Rechtsverhältnis stehenden oder im Zeitraum zwischen dem In-Kraft-Treten und dem vollen Wirksamwerden dieses Bundesgesetzes neu in ein Dienst-, Arbeits- oder sonstiges Rechtsverhältnis aufgenommenen Universitätsangehörigen haben Rechte und Aufgaben nach Maßgabe dieses Bundesgesetzes.

(2) Im Übrigen gilt Folgendes:

1. Universitätsprofessorinnen und Universitätsprofessoren gemäß § 21 UOG 1993 oder § 22 KUOG gelten organisationsrechtlich als Universitätsprofessorinnen und Universitätsprofessoren gemäß § 97 dieses Bundesgesetzes;
2. emeritierte Universitätsprofessorinnen und Universitätsprofessoren und Universitätsprofessorinnen oder Universitätsprofessoren im Ruhestand gemäß § 24 UOG 1993 oder § 25 KUOG gelten organisationsrechtlich als emeritierte Universitätsprofessorinnen und Universitätsprofessoren oder Universitätsprofessorinnen und Universitätsprofessoren im Ruhestand gemäß § 104 dieses Bundesgesetzes;
3. Gastprofessorinnen und Gastprofessoren gemäß § 25 UOG 1993 oder § 26 KUOG gelten organisationsrechtlich als Universitätsprofessorinnen und Universitätsprofessoren gemäß § 97 dieses Bundesgesetzes;
4. Universitätsdozentinnen und Universitätsdozenten gemäß § 27 Abs. 3 UOG 1993 oder § 28 Abs. 3 KUOG (Amtstitel: Außerordentliche Universitätsprofessorin oder Außerordentlicher Universitätsprofessor) gelten organisationsrechtlich als Universitätsdozentinnen und Universitätsdozenten gemäß § 94 Abs. 2 Z 2 dieses Bundesgesetzes;
5. Universitätsassistentinnen und Universitätsassistenten gemäß § 29 UOG 1993 oder § 30 KUOG und Ärztinnen und Ärzte in Ausbildung zur Fachärztin oder zum Facharzt gemäß § 33 Abs. 1 Z 1 UOG 1993 in Verbindung mit § 19 Abs. 2 Z 1 lit. f UOG 1993 (Universitätsassistenten) gelten organisationsrechtlich als wissenschaftliche und künstlerische Mitarbeiterinnen und Mitarbeiter im Forschungs-, Kunst- und Lehrbetrieb gemäß § 100 dieses Bundesgesetzes; *(BGBl I 2004/96)*
6. Wissenschaftliche Mitarbeiterinnen und Mitarbeiter im Forschungs- und Lehrbetrieb gemäß § 32 UOG 1993 und Mitarbeiterinnen und Mitarbeiter im Kunst-, Forschungs- und Lehrbetrieb gemäß § 33 KUOG gelten organisationsrechtlich als wissenschaftliche und künstlerische Mitarbeiterinnen und Mitarbeiter im Forschungs-, Kunst- und Lehrbetrieb gemäß § 100 dieses Bundesgesetzes; *(BGBl I 2004/116)*
7. Studienassistentinnen und Studienassistenten gemäß § 34 UOG 1993 oder § 34 KUOG gelten organisationsrechtlich als wissenschaftliche und künstlerische Mitarbeiterinnen und Mitarbeiter im Forschungs-, Kunst- und Lehrbetrieb gemäß § 100 dieses Bundesgesetzes;
8. Lehrbeauftragte gemäß § 30 UOG 1993 oder § 31 KUOG gelten organisationsrechtlich als wissenschaftliche und künstlerische Mitarbeiterinnen und Mitarbeiter im Forschungs-, Kunst- und Lehrbetrieb gemäß § 100 dieses Bundesgesetzes;
9. die Wissenschaftlichen Mitarbeiterinnen und Mitarbeiter im Forschungs- und Lehrbetrieb gemäß § 19 Abs. 2 Z 2 UOG 1993 sind, soweit sie arbeitsrechtlich zur Gruppe der Wissenschaftlichen und Künstlerischen Mitarbeiterinnen und Mitarbeiter (in Ausbildung) gemäß § 6 des Bundesgesetzes über die Abgeltung von wissenschaftlichen und künstlerischen Tätigkeiten an Universitäten und Universitäten der Künste, BGBl. Nr. 463/1974, gehören, organisations-

rechtlich den wissenschaftlichen und künstlerischen Mitarbeiterinnen und Mitarbeitern im Forschungs-, Kunst- und Lehrbetrieb gemäß § 100 dieses Bundesgesetzes gleichgestellt; *(BGBl I 2004/96, BGBl I 2004/116)*

10. die Mitarbeiterinnen und Mitarbeiter im Kunst-, Forschungs- und Lehrbetrieb gemäß § 20 Abs. 2 Z 2 KUOG sind organisationsrechtlich den wissenschaftlichen und künstlerischen Mitarbeiterinnen und Mitarbeitern im Forschungs-, Kunst- und Lehrbetrieb gemäß § 100 dieses Bundesgesetzes gleichgestellt; *(BGBl I 2004/96, BGBl I 2004/116)*
11. Ärztinnen und Ärzte in Ausbildung zur Fachärztin oder zum Facharzt gelten, soweit sie nicht unter Z 5 oder Z 9 fallen, organisationsrechtlich als Ärztinnen und Ärzte in Facharztausbildung gemäß § 94 Abs. 3 Z 6 dieses Bundesgesetzes; *(BGBl I 2004/96)*
12. Ärztinnen und Ärzte gemäß § 33 Abs. 2 UOG 1993 gelten organisationsrechtlich als allgemeines Universitätspersonal gemäß § 101 dieses Bundesgesetzes;
13. Allgemeine Universitätsbedienstete gemäß § 35 UOG 1993 oder gemäß § 35 KUOG gelten organisationsrechtlich als allgemeines Universitätspersonal gemäß § 101 dieses Bundesgesetzes;
14. Universitätsdozentinnen und Universitätsdozenten gemäß § 27 UOG 1993 oder gemäß § 28 KUOG, die als solche in keinem Dienstverhältnis (§ 170 BDG 1979, § 55 Vertragsbedienstetengesetz 1948) stehen, gelten organisationsrechtlich als Privatdozentinnen und Privatdozenten gemäß § 102 dieses Bundesgesetzes;
15. Honorarprofessorinnen und Honorarprofessoren gemäß § 26 UOG 1993 oder § 27 KUOG gelten organisationsrechtlich als Privatdozentinnen und Privatdozenten gemäß § 102 dieses Bundesgesetzes. *(BGBl I 2004/96, BGBl I 2004/116)*

(3) Universitätsdozentinnen und Universitätsdozenten (Amtstitel: Ao. Universitätsprofessorinnen und Universitätsprofessoren) gemäß Abs. 2 Z 4 bleibt das Recht gewahrt, die wissenschaftliche oder künstlerische Lehre in ihrem Fach an der Universität, die ihnen die Lehrbefugnis (venia docendi) verliehen hat, mittels der Einrichtungen der Universität frei auszuüben, die Einrichtungen dieser Universität für wissenschaftliche oder künstlerische Arbeiten zu benützen und wissenschaftliche oder künstlerische Arbeiten (§§ 81 bis 83, § 124) zu betreuen und zu beurteilen. Darüber hinaus haben sie das Recht, auf dem Gebiet ihrer Lehrbefugnis Lehrveranstaltungen auch an anderen Universitäten, zu deren Wirkungsbereich das Fachgebiet ihrer Lehrbefugnis gehört, anzukündigen und nach Maßgabe der räumlichen Möglichkeiten abzuhalten.

(4) Die im Abs. 3 genannten Universitätsdozentinnen und Universitätsdozenten haben folgende Aufgaben verantwortlich wahrzunehmen:

1. Forschungstätigkeit (Entwicklung und Erschließung der Künste);
2. Durchführung von Lehrveranstaltungen, insbesondere der Pflichtlehrveranstaltungen, in Vertretung ihres Faches, nach Maßgabe des Bedarfs, unter Berücksichtigung der Studienvorschriften;
3. Durchführung von Prüfungen;
4. Betreuung von Studierenden;
5. Heranbildung und Förderung des wissenschaftlichen oder künstlerischen Nachwuchses;
6. Mitwirkung an Organisations-, Verwaltungs- und Managementaufgaben;
7. Mitwirkung bei Evaluierungsmaßnahmen.

(5) Auf Vorschlag der Mehrheit der Universitätsprofessorinnen und Universitätsprofessoren einer Organisationseinheit mit Forschungs- und Lehraufgaben oder Aufgaben der Entwicklung und Erschließung der Künste und der Lehre der Kunst können die im Abs. 3 genannten Universitätsdozentinnen und Universitätsdozenten vom Rektorat abweichend von § 20 Abs. 5 mit der Leitung dieser Organisationseinheit betraut werden.

(6) Hinsichtlich der Wahl in Kollegialorgane gehören die in Abs. 3 genannten Universitätsdozentinnen und Universitätsdozenten zu der im § 94 Abs. 2 Z 2 genannten Gruppe.

(7) Universitätsdozentinnen und Universitätsdozenten gemäß Abs. 2 Z 14 sowie Honorarprofessorinnen und Honorarprofessoren gemäß Abs. 2 Z 15 bleibt das Recht gewahrt, die wissenschaftliche oder künstlerische Lehre in ihrem Fach an der Universität, die ihnen die Lehrbefugnis verliehen hat, mittels der Einrichtungen der Universität frei auszuüben sowie wissenschaftliche oder künstlerische Arbeiten (§§ 81 bis 83, § 124) zu betreuen und zu beurteilen. Darüber hinaus haben sie das Recht, auf dem Gebiet ihrer Lehrbefugnis Lehrveranstaltungen auch an anderen Universitäten, zu deren Wirkungsbereich das Fachgebiet ihrer Lehrbefugnis gehört, anzukündigen und nach Maßgabe der räumlichen Möglichkeiten abzuhalten.

Übergangsbestimmungen für Berufungskommissionen, Habilitationskommissionen und besondere Habilitationskommissionen

§ 123. Berufungskommissionen, Habilitationskommissionen und besondere Habilitationskommissionen, die vor dem vollen Wirksamwerden dieses Bundesgesetzes an der betreffenden Universität oder Universität der Künste konstituiert wurden und ihre Tätigkeit bereits aufgenommen haben, haben das Verfahren in ihrer bisherigen Zusammensetzung und nach den bisherigen Bestimmungen durchzuführen.

3. Abschnitt
Studienrecht

§ 124. (1) Die an den Universitäten am 1. Oktober 2003 eingerichteten Diplom-, Bachelor-, Master- und Doktoratsstudien bleiben an diesen Universitäten, solange keine entgegenstehenden Entscheidungen gemäß § 54 dieses Bundesgesetzes getroffen werden, weiterhin eingerichtet. Auf diese Studien sind die jeweiligen Studienpläne in der am 1. Oktober 2003 geltenden Fassung weiterhin anzuwenden und diese Studienpläne dürfen gemäß § 25 Abs. 1 Z 10 auch abgeändert werden. An Absolventinnen und Absolventen dieser Diplomstudien sowie dieser Bachelor- oder Masterstudien sind jeweils jene akademischen Grade zu verleihen, die am 1. Oktober 2003 für die jeweiligen Studien vorgesehen sind. § 80 bis § 80b UniStG sind sinngemäß anzuwenden. Werden an Stelle bestehender Studien gemäß § 54 Abs. 1 Bachelor-, Master- oder Doktoratsstudien eingerichtet, so sind in den Curricula den § 80 Abs. 2 und § 80a Abs. 2 UniStG entsprechende Übergangsbestimmungen vorzusehen.

(1a) Für angebotene Diplomstudien sind die in Anlage 1 zum UniStG vorgesehenen akademischen Grade zu verleihen. Der Umfang dieser Diplomstudien richtet sich ebenfalls nach Anlage 1 zum UniStG. *(BGBl I 2009/81)*

(2) Die Studienkommissionen haben bis zum 1. Juli 2003 allen gemäß UniStG erlassenen Studienplänen ECTS-Anrechnungspunkte im Sinne des § 13 Abs. 4 Z 9 und § 19 Abs. 4 UniStG zuzuteilen.

(3) Die an den Universitäten am 31. Dezember 2003 gemäß UniStG eingerichteten Universitätslehrgänge und Vorbereitungslehrgänge bleiben an den Universitäten weiterhin eingerichtet. Auf diese Studien sind die jeweiligen Studienpläne in der am 31. Dezember 2003 geltenden Fassung weiterhin anzuwenden.

(4) § 77 ist ab dem 1. Oktober 2003 anzuwenden. Für die Wiederholung von Prüfungen, die vor dem 1. Oktober 2003 negativ beurteilt wurden, ist statt § 77 dieses Bundesgesetzes der § 58 Abs. 1 bis Abs. 6 UniStG, in der zuletzt geltenden Fassung, anzuwenden.

(5) Wird zu einem gemäß Abs. 1 eingerichteten Diplomstudium dieses Studium auch als Bachelor- und Masterstudien eingerichtet, so darf eine Zulassung zum Diplomstudium nicht mehr erfolgen. Die Übergangsbestimmungen dürfen für das Weiterstudium auf Grund der alten Vorschriften eine Übergangsfrist vorsehen, die höchstens der durchschnittlichen Studiendauer für dieses Diplomstudium entspricht.

(6) Auf Anträge gemäß den §§ 27 und 28 UniStG, die vor dem 1. Jänner 2004 anhängig gemacht wurden, sind die §§ 27 und 28 UniStG, in der zuletzt geltenden Fassung, anzuwenden.

(6a) Außeruniversitäre Bildungseinrichtungen, auf die zum Zeitpunkt des Inkrafttretens der Änderung des Universitätsgesetzes 2002 durch das Bundesgesetz BGBl. I Nr. 81/2009 eine Verordnung gemäß §§ 27 und 28 UniStG anzuwenden ist und die im Jahr 2009 diesen Lehrgang anbieten, haben bis zum 30. Juni 2010 das Recht auf Antragstellung um Verlängerung der Gültigkeitsdauer dieser Verordnung. Die Verordnungen sind bis längstens 31. Dezember 2012 zu befristen.

(BGBl I 2009/81)

(7) Auf jene Nostrifizierungsverfahren, die an den Universitäten gemäß § 6 Z 16 bis 21 vor dem 1. August 1998 anhängig gemacht wurden, ist statt § 90 dieses Bundesgesetzes § 49 KHStG anzuwenden. Auf jene Nostrifizierungsverfahren, die an den Universitäten gemäß § 6 Z 1 bis 15 vor dem 1. August 1997 anhängig gemacht wurden, ist statt § 90 dieses Bundesgesetzes § 40 AHStG anzuwenden. Auf jene Nostrifizierungsverfahren, die an den Universitäten bis zum 31. Dezember 2003 anhängig gemacht werden, sind statt § 90 dieses Bundesgesetzes die §§ 70 bis 73 UniStG anzuwenden.

(8) Auf ordentliche Studierende, die an den Universitäten vor dem 1. Jänner 2004 zu einem individuellen Diplomstudium zugelassen wurden, ist § 17 UniStG weiterhin anzuwenden.

(9) § 64 Abs. 1 Z 6 und § 78 Abs. 1 sind nur für jene Lehrgänge universitären Charakters anzuwenden, denen die Berechtigung zur Bezeichnung nach dem 1. September 2001 verliehen wurde.

(10) Bisherige Bakkalaureatsstudien und Magisterstudien gelten als Bachelorstudien und Masterstudien gemäß § 51 Abs. 2 Z 4 und 5, bisherige Bakkalaureatsarbeiten und Magisterarbeiten gelten als Bachelorarbeiten und Masterarbeiten gemäß § 51 Abs. 2 Z 7 bis 8. *(BGBl I 2006/74)*

(11) Bis zur Änderung der akademischen Grade aufgrund des § 51 Abs. 2 in der Fassung des Bundesgesetzes BGBl. I Nr. 74/2006 in den betreffenden Curricula sind die bisherigen akademischen Grade weiter zu verleihen. *(BGBl I 2006/74)*

(12) Absolventinnen und Absolventen, die vor In-Kraft-Treten des Bundesgesetzes BGBl. I Nr. 74/2006 das Studium begonnen haben, sind jene akademischen Grade zu verleihen, die zum Zeitpunkt des In-Kraft-Tretens des Bundesgesetzes BGBl. I Nr. 74/2006 für dieses Studium vorgesehen sind. Über Antrag sind anstelle dieser akademischen Grade die akademischen Grade „Bachelor …", oder „Master …", jeweils mit dem im Curriculum festgelegten Zusatz zu verleihen, wenn diese akademischen Grade in den Curricula festgelegt sind. *(BGBl I 2006/74)*

(13) Absolventinnen und Absolventen, die vor In-Kraft-Treten des Bundesgesetzes BGBl. I Nr. 74/2006 aufgrund eines abgeschlossenen Bakkalaureats- oder Magisterstudiums das Recht zur Führung eines akademischen Grades „Bakkalaurea/Bakkalaureus …", oder „Magistra/Magister …", jeweils mit einem Zusatz, sowie „Diplom-Ingenieurin/Diplom-Ingenieur", erworben haben, sind berechtigt, anstelle dieser akademischen Grade die akademischen Grade „Bachelor …" oder „Master …", jeweils mit dem im Curriculum festgelegten Zusatz zu führen, wenn diese akademischen Grade in den Curricula festgelegt sind. Auf Antrag hat die Universität, die den akademischen Grad verliehen hat, darüber eine Bestätigung auszustellen. *(BGBl I 2006/74)*

(14) Auf Anträge auf Anerkennung von Dissertationen gemäß § 85, die vor dem In-Kraft-Treten des § 85 in der Fassung des Bundesgesetzes BGBl. I Nr. 74/2006 anhängig gemacht wurden, ist § 85 in der bis dahin geltenden Fassung anzuwenden. *(BGBl I 2006/74)*

(15) Ordentliche Studierende, die Doktoratsstudien betreiben, welche mit einem Arbeitsaufwand von mindestens 120 ECTS-Anrechnungspunkten vor dem In-Kraft-Treten des § 54 Abs. 4 in der Fassung des Bundesgesetzes BGBl. I Nr. 74/2006 eingerichtet wurden, sind berechtigt, diese Studien bis längstens 30. September 2017 nach diesen Vorschriften abzuschließen. Ab dem Studienjahr 2009/10 darf eine Zulassung zu einem Doktoratsstudium, dessen Mindeststudiendauer weniger als drei Jahre beträgt, nicht mehr erfolgen. *(BGBl I 2006/74)*

Anwendung der UBVO 1998

§ 124a. Die Universitätsberechtigungsverordnung - UBVO 1998, BGBl. II Nr. 44, ist sinngemäß auch für Reifezeugnisse anzuwenden, die nicht in Österreich ausgestellt wurden. *(BGBl I 2005/77)*

Ergänzende Bestimmungen für die Zulassung zu den vom deutschen Numerus Clausus betroffenen Studien
(BGBl I 2009/81)

§ 124b. (1) Das Rektorat kann in den Bachelor-, Master-, Diplom- und Doktoratsstudien, die von den deutschen bundesweiten Numerus-Clausus-Studien Medizin, Psychologie, Tiermedizin und Zahnmedizin betroffen sind, den Zugang entweder durch ein Aufnahmeverfahren vor der Zulassung oder durch die Auswahl der Studierenden bis längstens zwei Semester nach der Zulassung beschränken. Vor dieser Festlegung ist dem Senat Gelegenheit zu einer Stellungnahme zu geben, die innerhalb einer Frist von zwei Wochen erstattet werden muss. Die Festlegung samt allfälliger Stellungnahme des Senats hat das Rektorat dem Universitätsrat zur Genehmigung vorzulegen. Entscheidet der Universitätsrat nicht innerhalb von vier Wochen ab Vorlage, gilt die Festlegung als genehmigt. *(BGBl I 2009/81)*

(2) *entfällt (BGBl I 2009/81)*

(3) Sofern in den Auswahlverfahren Prüfungen vorgesehen sind, gelten für die Wiederholungen die Bestimmungen dieses Bundesgesetzes. Auch die Wiederholung positiv beurteilter Prüfungen ist zulässig. Prüfungstermine sind grundsätzlich einmal im Semester anzubieten. § 54 Abs. 8 ist nicht anzuwenden. *(BGBl I 2009/81)*

(4) § 124b Abs. 1 gilt für alle Studierenden der Humanmedizin, Zahnmedizin, der Medizinischen Studien und Veterinärmedizinischen Studien und des Studiums Psychologie unabhängig von der Staatsangehörigkeit, die ab dem Beginn der Zulassungsfrist für das Wintersemester 2009/2010 zum Studium zugelassen werden. *(BGBl I 2009/81)*

(5) In den Studien Human- und Zahnmedizin ist das Recht auf Bildung und Zugang zur Hochschulbildung der Inhaberinnen und Inhaber in Österreich ausgestellter Reifezeugnisse durch erhöhten Zustrom von Inhaberinnen und Inhabern nicht in Österreich

ausgestellter Reifezeugnisse stark beschränkt und die öffentliche Gesundheit einschließlich der Wahrung einer ausgewogenen, allen zugänglichen und auf hohem Niveau stehenden ärztlichen Versorgung der Bevölkerung beeinträchtigt. Unbeschadet der Aufnahmeverfahren gemäß Abs. 1 sind zum Schutz der Homogenität des Bildungssystems in den genannten Studien 95 vH der jeweiligen Gesamtstudienplätze für Studienanfängerinnen und Studienanfänger den EU-Bürgerinnen und EU-Bürgern und ihnen im Hinblick auf den Studienzugang gleichgestellte Personen vorbehalten. 75 vH der jeweiligen Gesamtstudienplätze für Studienanfängerinnen und Studienanfänger stehen den Inhaberinnen und Inhabern in Österreich ausgestellter Reifezeugnisse zur Verfügung. *(BGBl I 2009/81)*

(6) Die Bundesregierung kann auf Vorschlag der Bundesministerin oder des Bundesministers in einem Studium, das von einem am 1. Oktober 2009 bestehenden deutschen Numerus-Clausus-Studium betroffen ist, auf Antrag aller Universitäten, an denen das betreffende Studium angeboten wird, durch Verordnung eine Zahl an Studienplätzen für Studienanfängerinnen und Studienanfänger festsetzen und die Rektorate ermächtigen, ein qualitatives Aufnahmeverfahren festzulegen, wenn durch die erhöhte Nachfrage ausländischer Staatsangehöriger die Studienbedingungen in diesen Studien unvertretbar sind. Vor dem Antrag des Rektorates der jeweiligen Universität ist dem Senat Gelegenheit zu einer Stellungnahme zu geben, die innerhalb einer Frist von zwei Wochen erstattet werden muss. Die Mindestzahl an Studienplätzen darf die durchschnittliche Anzahl der Studierenden dieses Studiums der drei Jahre vor der Festsetzung nicht unterschreiten. *(BGBl I 2009/81)*

4. Abschnitt
Überleitung des Personals

Beamtinnen und Beamte des Bundes

§ 125. (1) Für den Bereich jeder Universität wird ein „Amt der Universität ...“ eingerichtet, das in seiner Bezeichnung den Namen der betreffenden Universität zu führen hat. Das „Amt der Universität ...“ ist der Bundesministerin oder dem Bundesminister unmittelbar nachgeordnet und wird von der Rektorin oder dem Rektor dieser Universität geleitet. Diese oder dieser ist in dieser Funktion an die Weisungen der Bundesministerin oder des Bundesministers gebunden. Das „Amt der Universität ...“ ist Dienstbehörde erster Instanz. In Dienstrechtsverfahren hat die Rektorin oder der Rektor als Leiterin oder Leiter des „Amts der Universität ...“ das Dienstrechtsverfahrensgesetz 1984, BGBl. Nr. 29/1984, anzuwenden. Über Berufungen gegen Bescheide des „Amts der Universität ...“ entscheidet die Bundesministerin oder der Bundesminister.

(2) Beamtinnen oder Beamte, die am Tag vor dem vollen Wirksamwerden dieses Bundesgesetzes an der Universität im Planstellenbereich Universitäten oder Universitäten der Künste ernannt sind, gehören ab dem auf diesen Zeitpunkt folgenden Tag (Stichtag) für die Dauer ihres Dienststandes dem Amt jener Universität an, deren Aufgaben sie überwiegend besorgt haben, und sind dieser Universität zur dauernden Dienstleistung zugewiesen, solange sie nicht zu einer anderen Bundesdienststelle versetzt werden.

(3) Beamtinnen und Beamte, die in einem anderen Planstellenbereich ernannt und der Universität zur Dienstleistung zugewiesen sind, gelten bei entsprechendem Bedarf ab dem Stichtag weiterhin der Universität zur Dienstleistung zugewiesen.

(4) Beamtinnen oder Beamte, die am Tag vor dem vollen Wirksamwerden dieses Bundesgesetzes an der Universität im Planstellenbereich Universitäten ernannt und einer Einrichtung einer Medizinischen Fakultät zugeordnet sind, gehören ab dem auf diesen Zeitpunkt folgenden Tag (Stichtag) für die Dauer ihres Dienststandes dem Amt jener Medizinischen Universität an, welche die Nachfolgeeinrichtung der betreffenden Medizinischen Fakultät ist, und sind dieser Medizinischen Universität zur dauernden Dienstleistung zugewiesen, solange sie nicht zu einer anderen Bundesdienststelle versetzt werden.

(5) Beamtinnen oder Beamte, die zum Zeitpunkt des In-Kraft-Tretens dieses Bundesgesetzes einer Interuniversitären Einrichtung zugeordnet sind oder in der Zeit danach zugeordnet werden, gelten mit dem Tag des vollen Wirksamwerdens dieses Bundesgesetzes an der Universität, welche die Nachfolgeeinrichtung der betreffenden Interuniversitären Einrichtung ist, als dieser Universität zugeordnet, solange sie nicht zu einer anderen Bundesdienststelle versetzt werden.

(6) Die in den Abs. 2 bis 5 genannten und in einem definitiven Bundesdienstverhältnis stehenden Beamtinnen und Beamten sind den Arbeitnehmerinnen und Arbeitnehmern der Universität in einem unbefristeten Arbeitsverhältnis organisationsrechtlich gleichgestellt.

(7) Die Verwendung der Beamtinnen und Beamten gemäß Abs. 2 bis 5 in einer Gesellschaft, an der die Universität mehrheitlich beteiligt ist, ist unter Beachtung der Art. 17 und 17a StGG zulässig.

(8) Dem „Amt der Universität …“ zugewiesene Beamtinnen und Beamte gemäß Abs. 2, 4 und 5 in einem definitiven Dienstverhältnis haben, wenn sie innerhalb von drei Jahren ab dem Stichtag ihren Austritt aus dem Bundesdienst erklären, mit Wirksamkeit von dem auf den Austritt folgenden Monatsersten Anspruch auf Aufnahme in ein Arbeitsverhältnis zur betreffenden Universität zu den zu diesem Zeitpunkt für neu eintretende Arbeitnehmerinnen und Arbeitnehmer geltenden Bestimmungen.

(9) Dem „Amt der Universität …“ zugewiesene Beamtinnen und Beamte gemäß Abs. 2, 4 und 5, die sich zum Stichtag im provisorischen Dienstverhältnis (§§ 10 und 177 BDG 1979) befinden, haben, wenn sie innerhalb von drei Jahren ab ihrer Definitivstellung ihren Austritt aus dem Bundesdienst erklären, mit Wirksamkeit von dem auf den Austritt folgenden Monatsersten Anspruch auf Aufnahme in ein Arbeitsverhältnis zur betreffenden Universität zu den zu diesem Zeitpunkt für neu eintretende Arbeitnehmerinnen und Arbeitnehmer geltenden Bestimmungen.

(10) Die beim Bund zurückgelegte Dienstzeit ist in den Fällen der Abs. 8 und 9 für alle zeitabhängigen Ansprüche anzurechnen. Forderungen des Bundes gegenüber diesen Bediensteten aus ihrem öffentlich-rechtlichen Dienstverhältnis, die bis zum Austritt entstanden sind, gehen bei Begründung eines Arbeitsverhältnisses zur Universität auf die Universität über und sind von dieser dem Bund zu refundieren.

(11) Eine Beamtin oder ein Beamter, die oder der in ein Arbeitsverhältnis zur Universität übertritt, hat keinen Anspruch auf Abfertigung gemäß § 26 und § 54 des Gehaltsgesetzes 1956, BGBl. Nr. 54. Wird eine Beamtin oder ein Beamter, die oder der gemäß § 21 BDG 1979 in Verbindung mit § 26 Abs. 3 Gehaltsgesetz 1956 aus dem Dienstverhältnis ausgetreten ist, innerhalb von sechs Monaten nach Beendigung dieses Dienstverhältnisses in ein Arbeitsverhältnis zur Universität aufgenommen, hat sie oder er der Universität die anlässlich der Beendigung des bisherigen Dienstverhältnisses gemäß § 26 Abs. 3 Gehaltsgesetz 1956 erhaltene Abfertigung zu erstatten.

(12) Für dem „Amt der Universität …“ zugewiesene Beamtinnen und Beamten hat die Universität dem Bund den gesamten Aktivitätsaufwand samt Nebenkosten zu ersetzen und einen Beitrag zur Deckung des Pensionsaufwands zu leisten. Dieser Beitrag beträgt 31,8 vH des Aufwandes an Aktivbezügen. Als Aktivbezüge gelten alle Geldleistungen, von denen ein Pensionsbeitrag zu entrichten ist. Die von den Beamtinnen und Beamten einzubehaltenden Pensionsbeiträge sind anzurechnen. Im Falle einer künftigen Änderung der Höhe des Pensionsbeitrages der Bundesbeamtinnen und Bundesbeamten gemäß § 22 Gehaltsgesetz 1956 ändert sich der Prozentsatz des Deckungsbeitrages im gleichen Ausmaß. Ab 1. Jänner 2004 geleistete besondere Pensionsbeiträge und Überweisungsbeträge sind umgehend und in voller Höhe an den Bund zu überweisen. Die sonstigen Zahlungen an den Bund sind jeweils am 10. des betreffenden Monats fällig.

(13) Für Beamtinnen und Beamte an den Universitäten gilt das ArbeitnehmerInnenschutzgesetz, BGBl. Nr. 450/1994.

(14) Beamtinnen und Beamte, die einer Einrichtung für Gerichtliche Medizin zugeordnet sind, haben im Rahmen ihrer Dienstpflichten an der Erstellung von Gutachten und Befunden in gerichtlichen Verfahren mitzuwirken. Auftraggeberin ist die jeweils zuständige Ermittlungs- oder Justizbehörde. *(BGBl I 2009/81)*

Vertragsbedienstete des Bundes

§ 126. (1) Bedienstete des Bundes, die am Tag vor dem vollen Wirksamwerden dieses Bundesgesetzes an der Universität zu Lasten einer Planstelle der Planstellenbereiche Universitäten oder Universitäten der Künste in einem vertraglichen Dienstverhältnis stehen, werden mit dem folgenden Tag (Stichtag) Arbeitnehmerinnen oder Arbeitnehmer jener Universität, deren Aufgaben sie überwiegend besorgt haben.

(2) Vertragsbedienstete, die am Tag vor dem vollen Wirksamwerden dieses Bundesgesetzes an einer Universität zu Lasten einer Planstelle der Planstellenbereiche Universitäten in einem vertraglichen Dienstverhältnis stehen und einer Einrichtung einer Medizinischen Fakultät zugeordnet sind, werden mit dem folgenden Tag (Stichtag) Arbeitnehmerinnen oder Arbeitnehmer jener Medizinischen Universität, welche die Nachfolgeeinrichtung der Medizinischen Fakultät ist.

(3) Vertragsbedienstete, die zum Zeitpunkt des In-Kraft-Tretens dieses Bundesgesetzes einer Interuniversitären Einrichtung zugeordnet sind oder in der Zeit danach zugeordnet werden, werden mit dem Tag des vollen Wirksamwerdens dieses Bundesgesetzes an der Universität, welche die Nachfolgeeinrichtung der betreffenden Interuniversitären Einrichtung ist, Arbeitnehmerinnen oder Arbeitnehmer dieser Universität.

(4) Hinsichtlich einer allfälligen zeitlichen Befristung des Arbeitsverhältnisses tritt keine Änderung ein. Die Universität

setzt die Rechte und Pflichten des Bundes gegenüber diesen Arbeitnehmerinnen und Arbeitnehmern fort. Das Vertragsbedienstetengesetz 1948, BGBl. Nr. 86, in der jeweils geltenden Fassung, gilt hinsichtlich der ihm zum Stichtag unterliegenden Arbeitnehmerinnen und Arbeitnehmer als Inhalt des Arbeitsvertrags mit der Universität. Der Abschluss von Sonderverträgen gemäß § 36 Vertragsbedienstetengesetz 1948 ist nicht mehr zulässig. Innerhalb von zwei Jahren ab dem vollen Wirksamwerden dieses Bundesgesetzes an der Universität ist eine Kündigung aus einem der im § 32 Abs. 4 des Vertragsbedienstetengesetzes 1948 angeführten Gründe nicht zulässig.

(5) Die Arbeitnehmerinnen und Arbeitnehmer gemäß Abs. 1 bis 3 können innerhalb von drei Jahren nach dem Wirksamwerden des für neu eintretende Arbeitnehmerinnen und Arbeitnehmer abgeschlossenen Kollektivvertrags ihre Bereitschaft zum Übertritt in diesen Kollektivvertrag erklären. Ihre Arbeitsverträge sind mit Wirksamkeit des auf die Erklärung folgenden Monatsersten entsprechend anzupassen.

(6) Auf Vertragsassistentinnen und Vertragsassistenten in einem Dienstverhältnis gemäß § 52a des Vertragsbedienstetengesetzes 1948 ist § 52b des Vertragsbedienstetengesetzes 1948 mit der Maßgabe anzuwenden, dass an die Stelle der Bundesministerin oder des Bundesministers (§ 52b Abs. 1 Z 2) das Rektorat tritt.

(7) Arbeitnehmerinnen und Arbeitnehmer gemäß Abs. 6 können innerhalb von drei Jahren nach dem Wirksamwerden des für neu eintretende Arbeitnehmerinnen und Arbeitnehmer abgeschlossenen Kollektivvertrags, frühestens jedoch nach der Verlängerung des Arbeitsverhältnisses auf unbestimmte Zeit gemäß § 52b des Vertragsbedienstetengesetzes 1948, ihre Bereitschaft zum Übertritt in diesen Kollektivvertrag erklären. Ihre Arbeitsverträge sind mit Wirksamkeit des auf die Erklärung folgenden Monatsersten entsprechend anzupassen.

(8) Aus Anlass des Ausscheidens aus dem Bundesdienstverhältnis gemäß Abs. 1 bis 3 und des Übertritts gemäß Abs. 5 oder 7 gebührt keine Abfertigung gemäß § 35 des Vertragsbedienstetengesetzes 1948. Die im vorangegangenen Dienstverhältnis zurückgelegte Dienstzeit ist für alle zeitabhängigen Rechte zu berücksichtigen.

Lehrlinge des Bundes

§ 127. Hinsichtlich der Rechtsstellung der Lehrlinge des Bundes, die am Tag vor dem vollen Wirksamwerden dieses Bundesgesetzes an der Universität in einem Ausbildungsverhältnis gemäß Berufsausbildungsgesetz, BGBl. Nr. 142/1969, stehen, tritt nach dem Stichtag keine Änderung ein. Die Universität tritt in die Ausbildungsverpflichtung des Bundes ein.

Neuaufnahmen

§ 128. Für ab dem Zeitpunkt des vollen Wirksamwerdens dieses Bundesgesetzes an der Universität neu aufgenommene Arbeitnehmerinnen und Arbeitnehmer gilt bis zum In-Kraft-Treten eines Kollektivvertrags gemäß § 108 Abs. 3 das Vertragsbedienstetengesetz 1948 mit Ausnahme der §§ 4, 32 und 34 als Inhalt des Arbeitsvertrags mit der Universität. § 108a ist anzuwenden. *(BGBl I 2009/81)*

Haftungen des Bundes

§ 129. (1) Zur Sicherung der bezugsrechtlichen Ansprüche der Beamtinnen und Beamten, die nach dem Stichtag in ein Arbeitsverhältnis zur Universität überwechseln, und der Vertragsbediensteten sowie der Lehrlinge, die in ein Arbeits- oder Ausbildungsverhältnis zur Universität übergeführt werden, haftet der Bund wie ein Ausfallsbürge (§ 1356 des Allgemeinen Bürgerlichen Gesetzbuches). Die Höhe der Haftung ist mit jenem Betrag begrenzt, der sich am Tag vor dem Ausscheiden der Bediensteten aus dem Bundesdienst aus der für die genannten Bediensteten maßgeblich gewesenen besoldungsrechtlichen Stellung unter Berücksichtigung ihrer Verwendung zu diesem Zeitpunkt ergibt, zuzüglich der nach diesem Zeitpunkt zurückgelegten Dienstzeit, der vorgesehenen regelmäßigen Vorrückungen und der allgemeinen Gehaltserhöhungen.

(2) Anwartschaften auf Abfertigungen und Jubiläumszuwendungen von Arbeitnehmerinnen und Arbeitnehmern gemäß Abs. 1 werden von der Universität übernommen.

Forderungen des Bundes gegenüber den Bediensteten

§ 130. Die am Tag vor dem vollen Wirksamwerden dieses Bundesgesetzes an der Universität bestehenden Forderungen des Bundes aus dem Titel gewährter Vorschüsse sowie allfällige Rückersatzansprüche nach dem Amtshaftungsgesetz, BGBl. Nr. 20/1949, Organhaftpflichtgesetz, BGBl. Nr. 181/1967, oder Dienstnehmerhaftpflichtgesetz, BGBl. Nr. 80/1965, gegenüber Arbeitnehmerinnen und Arbeitnehmern der Universität, die aus einem Beamtendienstverhältnis in ein Arbeitsverhältnis zur Universität überwechseln oder aus einem Dienstverhältnis als Vertragsbedienstete oder Vertragsbediensteter in ein Arbeitsverhältnis zur Universität übergeführt werden, gehen mit dem Entstehen dieser Arbeitnehmerschaft auf die Universität über und sind von dieser dem Bund zu refundieren.

Übergang der Dienst- und Naturalwohnungen

§ 131. Beamtinnen oder Beamte, die in ein Arbeitsverhältnis zur Universität überwechseln, und Vertragsbedienstete, die in ein Arbeitsverhältnis zur Universität überführt werden, sind hinsichtlich der Nutzung von Dienst- oder Naturalwohnungen so zu behandeln, als ob sie Bundesbedienstete wären. Dadurch wird kein Bestandsverhältnis an der Wohnung begründet, die Bestimmungen des § 80 des Beamten-Dienstrechtsgesetzes 1979, BGBl. Nr. 333, und der §§ 24a bis 24c des Gehaltsgesetzes 1956, BGBl. Nr. 54, finden weiterhin sinngemäß Anwendung. Die Rechte des Dienstgebers im Sinne des § 80 des Beamten-Dienstrechtsgesetzes 1979 nimmt die Bundesministerin oder der Bundesminister wahr.

Wissenschaftliche (Künstlerische) Mitarbeiterinnen und Mitarbeiter (in Ausbildung)

§ 132. (1) Hinsichtlich der Rechtsstellung der Wissenschaftlichen (Künstlerischen) Mitarbeiterinnen und Mitarbeiter (in Ausbildung) (§ 6 des Bundesgesetzes über die Abgeltung von wissenschaftlichen und künstlerischen Tätigkeiten an Universitäten und Universitäten der Künste, BGBl. Nr. 463/1974), die am Tag vor dem vollen Wirksamwerden dieses Bundesgesetzes an der Universität in einem Ausbildungsverhältnis zum Bund stehen, tritt nach dem Stichtag keine Änderung ein. Sie gelten ab dem Stichtag als der Universität oder der Medizinischen Universität zugeordnet, welche die Nachfolgeeinrichtung der Universität oder der Medizinischen Fakultät ist, deren Aufgaben sie überwiegend besorgt haben. Die Universität tritt in die Ausbildungsverpflichtung des Bundes ein. Das Rechtsverhältnis endet aus den im § 6e des Bundesgesetzes über die Abgeltung von wissenschaftlichen und künstlerischen Tätigkeiten an Universitäten und Universitäten der Künste genannten Gründen oder durch Aufnahme in ein Arbeitsverhältnis zu einer Universität oder einer Medizinischen Universität.

(2) Die §§ 6 bis 6g und 7 des Bundesgesetzes über die Abgeltung von wissenschaftlichen und künstlerischen Tätigkeiten an Universitäten und Universitäten der Künste, BGBl. Nr. 463/1974, sind auf die im Abs. 1 genannten Mitarbeiterinnen und Mitarbeiter bis zum Ablauf ihres Ausbildungsverhältnisses weiter anzuwenden.

Personen in einem besonderen Rechtsverhältnis zum Bund

§ 133. (1) Hinsichtlich des Rechtsverhältnisses von Personen, die am Tag vor dem vollen Wirksamwerden dieses Bundesgesetzes an der Universität in einem besonderen Rechtsverhältnis zum Bund (Tutoren gemäß § 1a, Studienassistenten und Demonstratoren gemäß § 1b, Lehrbeauftragte gemäß § 1 Abs. 2 und § 2 sowie Gastprofessorinnen und Gastprofessoren gemäß § 3 des Bundesgesetzes über die Abgeltung von wissenschaftlichen und künstlerischen Tätigkeiten an Universitäten und Universitäten der Künste) stehen, tritt nach dem Stichtag keine Änderung ein. Sie gelten ab dem Stichtag als der Universität oder der Medizinischen Universität zugeordnet, welche die Nachfolgeeinrichtung der Universität oder Medizinischen Fakultät ist, deren Aufgaben sie überwiegend besorgt haben. Das Rechtsverhältnis endet mit Zeitablauf.

(2) Der Abschluss oder die Verlängerung eines solchen besonderen Rechtsverhältnisses zum Bund durch die Universität ist mit Wirksamkeit ab dem Stichtag unzulässig.

(3) Die §§ 1, 1a, 1b, 2, 2a, 3 und 7 des Bundesgesetzes über die Abgeltung von wissenschaftlichen und künstlerischen Tätigkeiten an Universitäten und Universitäten der Künste sind auf die im Abs. 1 genannten Personen bis zum Ablauf ihres besonderen Rechtsverhältnisses weiter anzuwenden.

Angestellte im Rahmen der Teilrechtsfähigkeit

§ 134. (1) Angestellte, die am Tag vor dem vollen Wirksamwerden dieses Bundesgesetzes an der Universität in einem Arbeitsverhältnis zu einer teilrechtsfähigen Einrichtung der Universität stehen, werden mit dem folgenden Tag (Stichtag) Arbeitnehmerinnen oder Arbeitnehmer dieser Universität. Ab diesem Zeitpunkt setzt die Universität als Arbeitgeberin die Rechte und Pflichten der teilrechtsfähigen Einrichtung der Universität fort. Ein im Rahmen der Teilrechtsfähigkeit befristet abgeschlossenes Arbeitsverhältnis endet mit Zeitablauf.

(2) Angestellte, die am Tag vor dem vollen Wirksamwerden dieses Bundesgesetzes an einer Medizinischen Fakultät in einem Arbeitsverhältnis zu einer teilrechts-

fähigen Einrichtung dieser Medizinischen Fakultät stehen, werden mit dem folgenden Tag (Stichtag) Arbeitnehmerinnen oder Arbeitnehmer der Medizinischen Universität, welche die Nachfolgeeinrichtung der Medizinischen Fakultät ist. Ab diesem Zeitpunkt setzt die Medizinische Universität als Arbeitgeberin die Rechte und Pflichten der teilrechtsfähigen Einrichtung der Medizinischen Fakultät fort. Ein im Rahmen der Teilrechtsfähigkeit befristet abgeschlossenes Arbeitsverhältnis endet mit Zeitablauf.

(3) Angestellte, die in einem Arbeitsverhältnis zu einer teilrechtsfähigen Interuniversitären Einrichtung stehen, werden mit dem Tag des vollen Wirksamwerdens dieses Bundesgesetzes an jener Universität, welche die Nachfolgeeinrichtung dieser Interuniversitären Einrichtung ist, zu deren Arbeitnehmerinnen oder Arbeitnehmern. Ab diesem Zeitpunkt setzt diese Universität als Arbeitgeberin die Rechte und Pflichten der teilrechtsfähigen Interuniversitären Einrichtung fort. Ein im Rahmen der Teilrechtsfähigkeit befristet abgeschlossenes Arbeitsverhältnis endet mit Zeitablauf.

Interessenvertretung der Arbeitnehmerinnen und Arbeitnehmer der Universität

§ **135.** (1) Für alle Arbeitnehmerinnen und Arbeitnehmer der Universität gilt das Arbeitsverfassungsgesetz, BGBl. Nr. 22/1974.

(2) Die Universität gilt als Betrieb im Sinne des § 34 ArbVG.

(3) An jeder der in § 6 Z 1 bis 21 genannten Universitäten ist je ein Betriebsrat für das wissenschaftliche und künstlerische sowie für das allgemeine Universitätspersonal nach den Bestimmungen der §§ 50 ff ArbVG zu wählen. Die Ärztinnen und Ärzte gemäß § 94 Abs. 3 Z 5 und Z 6 sind zum Betriebsrat für das wissenschaftliche und künstlerische Personal aktiv und passiv wahlberechtigt. Gemäß § 22a des Behinderteneinstellungsgesetzes (BEinstG), BGBl. Nr. 92/1970, sind Behindertenvertrauenspersonen zu wählen. *(BGBl I 2004/96)*

(4) Der am Tag vor dem vollen Wirksamwerden dieses Bundesgesetzes an den Universitäten gemäß § 6 Z 1 bis 3 und 7 bis 21 eingerichtete Dienststellenausschuss für die Universitätslehrer bleibt bis zum Ablauf der am Stichtag noch laufenden Funktionsperiode bestehen. Ab dem Stichtag obliegt dem bestehenden Dienststellenausschuss für die Universitätslehrer die Funktion des Betriebsrats für das wissenschaftliche und künstlerische Personal im Sinne des Arbeitsverfassungsgesetzes.

(5) Der am Tag vor dem vollen Wirksamwerden dieses Bundesgesetzes an den Universitäten gemäß § 6 Z 1 bis 3 und 7 bis 21 eingerichtete Dienststellenausschuss für die Bediensteten mit Ausnahme der Universitätslehrer bleibt bis zum Ablauf der am Stichtag noch laufenden Funktionsperiode bestehen. Ab dem Stichtag obliegt dem bestehenden Dienststellenausschuss für die Bediensteten mit Ausnahme der Universitätslehrer die Funktion des Betriebsrats für das allgemeine Universitätspersonal im Sinne des Arbeitsverfassungsgesetzes.

(6) Die Dienststellenausschüsse für die Universitätslehrer und die Dienststellenausschüsse für die Bediensteten mit Ausnahme der Universitätslehrer an den Universitäten gemäß § 6 Z 1 bis 3 haben ab dem Zeitpunkt des vollen Wirksamwerdens dieses Bundesgesetzes auch die Funktion des entsprechenden Dienststellenausschusses an der Medizinischen Universität desselben Standorts wahrzunehmen.

(7) Die bestehenden Personalvertretungsorgane haben vor Ablauf ihrer Funktionsperiode für die rechtzeitige Ausschreibung von Betriebsratswahlen zu sorgen.

(8) Im Übrigen gelten für die Universitäten die Bestimmungen des Arbeitsverfassungsgesetzes mit folgender Maßgabe:

1. Eine Unterteilung in Arbeiter- und Angestelltenbetriebsrat findet nicht statt.
2. Für die zur Dienstleistung zugewiesenen Beamtinnen und Beamten hat der Betriebsrat gleichzeitig die Funktion des Dienststellenausschusses im Sinne des § 9 des Bundes-Personalvertretungsgesetzes, BGBl. Nr. 133/1967, wahrzunehmen. Die der Universität zugewiesenen Beamtinnen und Beamten gehören darüber hinaus weiterhin dem Wirkungsbereich des zuständigen Zentralausschusses beim Bundesministerium für Bildung, Wissenschaft und Kultur an.

(9) Der beim Bundesministerium eingerichtete Zentralausschuss für die Universitätslehrer und der Zentralausschuss für die Bediensteten mit Ausnahme der Universitätslehrer bleiben bis zum Ende der am Tag vor dem vollen Wirksamwerden dieses Bundesgesetzes laufenden Funktionsperiode bestehen, § 23 Abs. 2 lit. a und c des Bundes-Personalvertretungsgesetzes sind nicht anzuwenden.

5. Abschnitt
Übertragung von Rechten und Vermögen

Nachfolgeeinrichtungen

§ 136. (1) Die im § 6 Z 1 bis 3 angeführten Universitäten werden mit dem Zeitpunkt des vollen Wirksamwerdens dieses Bundesgesetzes an der Universität Gesamtrechtsnachfolgerinnen der jeweiligen gleichnamigen Universität (einschließlich ihrer teilrechtsfähigen Organisationseinheiten) gemäß § 5 UOG 1993. Diese Universitäten werden einerseits in ihre gleichnamige Nachfolgeuniversität und andererseits in die Medizinische Universität aufgespalten.

(2) Die im § 6 Z 4 bis 6 angeführten Medizinischen Universitäten Wien, Graz und Innsbruck sind Gesamtrechtsnachfolgerinnen der Medizinischen Fakultät (einschließlich ihrer teilrechtsfähigen Organisationseinheiten) der Universität des jeweiligen Standorts.

(3) Die im § 6 Z 7 bis 21 angeführten Universitäten sind Gesamtrechtsnachfolgerinnen der jeweiligen gleichnamigen Universität (einschließlich ihrer teilrechtsfähigen Organisationseinheiten) gemäß § 5 UOG 1993 oder Universität der Künste (einschließlich ihrer teilrechtsfähigen Organisationseinheiten) gemäß § 6 Z 1 bis 6 KUOG.

(4) Die Universität Klagenfurt ist die Gesamtrechtsnachfolgerin des Instituts für Interdisziplinäre Forschung und Fortbildung der Universitäten Klagenfurt, Wien, Innsbruck und Graz – IFF.

(5) Die Universität für Bodenkultur Wien ist die Gesamtrechtsnachfolgerin des Interuniversitären Forschungsinstituts für Agrarbiotechnologie Tulln. Die an dieser Interuniversitären Einrichtung beteiligten Universitäten haben bis spätestens 31. Dezember 2003 basierend auf ihrer Zusammenarbeit und ihren daraus resultierenden Rechten und Pflichten mit Wirksamkeit vom 1. Jänner 2004 einen Vertrag über die weitere Zusammenarbeit auf diesem Fachgebiet abzuschließen. Kommt dieser Vertrag nicht zeitgerecht zustande, ist das Vermögen der Interuniversitären Einrichtung mit 1. Jänner 2004 entsprechend den von den beteiligten Universitäten bis zum 31. Dezember 2003 eingebrachten Ressourcen aufzuteilen.

(6) Die Universität Linz ist die Gesamtrechtsnachfolgerin des Interuniversitären Instituts für Informationssysteme zur Unterstützung sehgeschädigter Studierender.

(7) Die Technische Universität Wien ist die Gesamtrechtsnachfolgerin des Interuniversitären Instituts für Technologie Management (ITM).

(8) Die Universität Graz ist die Gesamtrechtsnachfolgerin der Interuniversitären Koordinationsstelle für Frauen- und Geschlechterforschung Graz.

(9) Die Universität Wien ist die Gesamtrechtsnachfolgerin der Österreichischen Zentralbibliothek für Physik.

(10) Die Medizinische Universität Wien ist die Gesamtrechtsnachfolgerin der Österreichischen Zentralbibliothek Medizin.

(11) Die Universität Graz ist die Gesamtrechtsnachfolgerin des Interuniversitären Universitäts-Sportinstituts in Graz.

Übergang von Mietrechten an Liegenschaften, Bauwerken und Räumlichkeiten

§ 137. (1) Die Mietrechte an den vom Bund, einer Universität oder einer teilrechtsfähigen Organisationseinheit einer Universität angemieteten Liegenschaften, Bauwerken und Räumlichkeiten gehen mit dem Tag des vollen Wirksamwerdens dieses Bundesgesetzes an der Universität (Stichtag) unter Ausschluss der Rechtsfolgen der §§ 12a und 46a des Mietrechtsgesetzes im Wege der Gesamtrechtsnachfolge auf die am Tag vor dem Stichtag nutzende Universität oder Medizinische Fakultät über.

(2) Zu dem im Abs. 1 genannten Stichtag tritt die Universität auch als Verpächterin oder Leihgeberin an Stelle des Bundes in die bestehenden Pacht- und Leihverträge ein.

Rechtsnachfolge bei gemeinsam genutzten Liegenschaften, Bauwerken und Räumlichkeiten

§ 138. Das Mietrecht geht auf jene Universität über, der die Liegenschaft, das Gebäude oder die einzelnen Räumlichkeiten am Tag vor dem Stichtag zur ausschließlichen und dauerhaften Nutzung zugeordnet war oder waren. Ist eine Liegenschaft, ein Bauwerk oder sind einzelne Räumlichkeiten mehreren Universitäten zur gemeinsamen dauerhaften Nutzung überlassen, geht das Mietrecht auf jene Universität über, die das Objekt im Beobachtungszeitraum zwischen 1. Jänner 2001 und 30. September 2003 überwiegend genutzt hat. Für die Medizinischen Universitäten gelten für diesen Beobachtungszeitraum die Nutzungen der jeweiligen Medizinischen Fakultät. Ist eine Liegenschaft, ein Bauwerk oder sind einzelne Räumlichkeiten mehreren Universitäten zur gemeinsamen dauerhaften Nutzung überlassen, wird jener Universität das Hauptmietrecht eingeräumt, die das Objekt im Beobachtungszeitraum zwischen dem 1. Jänner 2001 und dem 30. September 2003 überwiegend genutzt hat. Die anderen Universitäten erhalten ein Untermietrecht und bezahlen einen Untermietzins in der Höhe des Hauptmietzinses.

Übertragung der im Eigentum des Bundes stehenden Mobilien auf die Universitäten

§ 139. (1) Das Eigentumsrecht an dem beweglichen Vermögen des Bundes, das am Tag vor dem vollen Wirksamwerden dieses Bundesgesetzes den Universitäten und Universitäten der Künste zur Nutzung überlassen ist, geht einschließlich aller zugehörenden Rechte und Rechtsverhältnisse, Forderungen und Schulden mit dem folgenden Tag (Stichtag) im Wege der Gesamtrechtsnachfolge auf die nutzende Universität über. Die Gesamtrechtsnachfolge ist im Mitteilungsblatt der Universität kundzumachen (§ 20 Abs. 6).

(2) Das Eigentumsrecht an dem beweglichen Vermögen des Bundes, das am Tag vor dem vollen Wirksamwerden dieses Bundesgesetzes einer Medizinischen Fakultät oder einer ihrer Organisationseinheiten zur Nutzung überlassen ist, geht einschließlich aller zugehörenden Rechte und Rechtsverhältnisse, Forderungen und Schulden mit demfolgenden Tag (Stichtag) im Wege der Gesamtrechtsnachfolge auf jene Medizinische Universität über, welche die Gesamtrechtsnachfolgerin der Medizinischen Fakultät ist. Die Gesamtrechtsnachfolge ist im Mitteilungsblatt der Universität kundzumachen.

(3) Das Eigentumsrecht an dem beweglichen Vermögen des Bundes, das am Tag vor dem vollen Wirksamwerden dieses Bundesgesetzes einer Interuniversitären Einrichtung gemäß § 136 Abs. 4 bis 11 zur Nutzung überlassen ist, geht einschließlich aller zugehörenden Rechte und Rechtsverhältnisse, Forderungen und Schulden mit demfolgenden Tag (Stichtag) im Wege der Gesamtrechtsnachfolge auf die in diesen Gesetzesstellen jeweils genannte Universität über. Die Gesamtrechtsnachfolge ist im Mitteilungsblatt der Universität kundzumachen. Diese Vermögenswerte sind von den als Nachfolgeeinrichtungen bestimmten Universitäten zur Weiterführung der Aufgaben der bisherigen Interuniversitären Einrichtungen zu verwenden.

(4) Abweichend von Abs. 1 bis 3 verbleiben die Bestände der Universitätsbibliotheken, die aus geschichtlichem, künstlerischem und sonstigem kulturellen oder wissenschaftlichen Zusammenhang ein Ganzes bilden, im Eigentum des Bundes. Weiters verbleiben die Mobilien im Eigentum des Bundes, die einzelnen Universitäten insbesondere zu Zwecken zur Repräsentation oder zur künstlerischen Ausgestaltung leihweise vorübergehend zur Nutzung überlassen worden sind. Jede Universität hat bis 30. September 2003 ein Verzeichnis dieser Bestände anzulegen.

(5) Hinsichtlich des Eigentums an den Sammlungen der Gemäldegalerie und des Kupferstichkabinetts der Akademie der bildenden Künste Wien tritt abweichend von Abs. 1 bis 3 keine Änderung ein.

Übertragung der im Eigentum teilrechtsfähiger Einrichtungen der Universitäten und Universitäten der Künste stehenden Immobilien, Mobilien und Rechte auf die Universitäten

§ 140. (1) Das Eigentumsrecht am beweglichen und unbeweglichen Vermögen der teilrechtsfähigen Einrichtungen der Universitäten und Universitäten der Künste geht einschließlich aller zugehörigen Rechte und Rechtsverhältnisse, Forderungen und Schulden mit dem Tag des vollen Wirksamwerdens dieses Bundesgesetzes an der betreffenden Universität im Wege der Gesamtrechtsnachfolge auf die jeweilige Universität über.

(2) Das Eigentumsrecht am beweglichen und unbeweglichen Vermögen einer teilrechtsfähigen Medizinischen Fakultät oder einer ihrer teilrechtsfähigen Einrichtungen geht einschließlich aller zugehörigen Rechte und Rechtsverhältnisse, Forderungen und Schulden mit dem Tag des vollen Wirksamwerdens dieses Bundesgesetzes an der Medizinischen Universität im Wege der Gesamtrechtsnachfolge auf die Medizinische Universität über, welche die Nachfolgeeinrichtung der betreffenden Medizinischen Fakultät ist.

(3) Das Eigentumsrecht am beweglichen und unbeweglichen Vermögen der teilrechtsfähigen Interuniversitären Einrichtungen gemäß § 136 Abs. 4 bis 11 geht einschließlich aller zugehörigen Rechte und Rechtsverhältnisse, Forderungen und Schulden mit dem Tag des vollen Wirksamwerdens dieses Bundesgesetzes im Wege der Gesamtrechtsnachfolge auf die in diesen Gesetzesstellen jeweils genannte Universität über.

(4) Die Universitäten haben dafür zu sorgen, dass bestehenden Auflagen, Bedingungen und Widmungen bestmöglich entsprochen wird. Eine interne personenbezogene

Drittmittel-Zuweisung des damit verbundenen Vermögenswertes ist dadurch nicht ausgeschlossen.

6. Abschnitt
Budget

§ 141. (1) Der Bund leistet den Universitäten für die Aufwendungen, die ihnen in Erfüllung ihrer Aufgaben gemäß § 3 entstehen, ab dem 1. Jänner 2004 für die Jahre 2004 bis 2006 einen jährlichen Globalbetrag in der Höhe von 1 660 866 000 Euro. Für die folgenden Jahre bemisst sich das Budget der Universität gemäß der jeweiligen Leistungsvereinbarung.

(2) Der Betrag gemäß Abs. 1 erhöht sich jeweils um die im betreffenden Jahr anfallenden Aufwendungen der Universitäten aus

1. Bezugserhöhungen der Beamten, Vertragsbediensteten und der Personen, die von ihrem Optionsrecht (§ 125 Abs. 8 oder 9, § 126 Abs. 5 oder 7) Gebrauch machen;
2. Mietaufwendungen aus bis 28. Februar 2002 abgeschlossenen Verträgen mit der BIG, die ab 2003 finanziell wirksam werden, für das Jahr 2004 um 5 204 000 Euro und für die Jahre 2005 und 2006 um jeweils 6 213 000 Euro;
3. den finanziellen Verpflichtungen aus bestehenden Vereinbarungen im Rahmen der Hochschulraumbeschaffung für folgende Objekte:
   a) Universität Wien – Altes AKH, Mietzinszahlungen bis einschließlich 2013;
   b) Universität Wien, Fakultät für Wirtschaftswissenschaften und Informatik, Brünner Straße 72, bis einschließlich 2005;
   c) Universität Graz, Institutsgebäude Merangasse, bis einschließlich 2004;
   d) Universität für Bodenkultur Wien, Institutsgebäude Muthgasse II, bis einschließlich 2006;
   e) Universität für Bodenkultur Wien, Peter-Jordan-Straße 65, bis einschließlich 2011;
   f) Universitätszentrum Althanstraße: Verpflichtungen aus dem bestehenden Mietvertrag mit der Universitätszentrum Althanstraße Erweiterungsgesellschaft mbH bis einschließlich 2013 bzw. im Fall des Erwerbs der Liegenschaft durch die BIG die Mietaufwendungen ab 2004; *(BGBl I 2009/81)*
4. den Kostenersätzen des Bundes gemäß § 55 Z 2 und 3 des Krankenanstaltengesetzes, die den Universitäten gemäß § 6 Z 4 bis 6 zusätzlich zum jährlichen Globalbetrag für die Jahre 2004 bis 2006 zur Verfügung zu stellen sind.

(3) Für die erste Leistungsvereinbarungsperiode (§ 121 Abs. 17) gilt § 12 Abs. 7 mit der Maßgabe, dass der auf die Universität entfallende Anteil des Globalbetrags gemäß § 141 Abs. 1 und 2 an die Stelle eines Drittels des Globalbudgets tritt. *(BGBl I 2004/ 96)*

(4) Zusätzlich zu den Leistungen des Bundes gemäß Abs. 1 und 2 wird den Universitäten für das Jahr 2004 einmalig ein Betrag von 11 000 000 Euro und ab diesem Jahr ein jährlicher Betrag von 4 000 000 Euro zur Finanzierung der durch die Implementierung dieses Bundesgesetzes verursachten Aufwendungen zur Verfügung gestellt.

(5) Zur Finanzierung von Anreizen für die erfolgreiche Umstrukturierung der Organisation und des Studienbereichs der Universitäten im Sinne der Profilentwicklung werden von der Bundesministerin oder vom Bundesminister vom Globalbudget jeder Universität für das Jahr 2005 0,4 vH und für das Jahr 2006 0,8 vH einbehalten.

(6) Den Universitäten sind mit dem Zeitpunkt des vollen Wirksamwerdens dieses Bundesgesetzes die jeweils bestehenden Rücklagen gemäß § 53 Abs. 2 des Bundeshaushaltsgesetzes zur Verfügung zu stellen. Dies gilt auch für veranlagte Mittel.

(7) Für die erste Leistungsperiode (§ 121 Abs. 17) ist § 13 Abs. 8 mit der Maßgabe anzuwenden, dass der auf die Universität entfallende Anteil des Globalbetrages gemäß § 141 Abs. 1 und 2 abzüglich des Teilbetrags für das formelgebundene Budget bis zur Rechtskraft des Bescheides als provisorisches Grundbudget der Universität gilt. *(BGBl I 2004/96)*

(8) Die Universitäten erhalten von 2009 bis einschließlich 2013 jährlich einen Gesamtbetrag von 157 Mio. € als Ersatz für den Entfall von Studienbeiträgen. Die Aufteilung dieses Betrages erfolgt nach folgenden Regeln:

1. als Sockelbetrag erhält jede Universität jährlich den zweifachen Betrag der tatsächlichen Einnahmen aus den Studienbeiträgen im Wintersemester 2008/09 abzüglich des zweifachen Betrages der tatsächlichen Einnahmen aus den Studienbeiträgen im Sommersemester 2009;
2. die Differenz zwischen 157 Mio. € und dem Betrag gemäß Z 1 wird entsprechend dem Anteil der jeweiligen Universität an der Gesamtzahl jener ordentlichen Studierenden des dem Kalenderjahr vorangegangenen Studienjahres aufgeteilt, die im betreffenden Studienjahr im Rahmen eines

Diplom-, Bachelor- oder Masterstudiums mindestens 8 ECTS-Punkte erworben bzw. Prüfungen über mindestens 4 Semesterstunden erfolgreich abgelegt haben oder im betreffenden Studienjahr im Rahmen eines Doktorratsstudiums zumindest in einem Semester zugelassen waren und die vorgesehene Studiendauer um nicht mehr als zwei Semester überschritten haben.

(BGBl I 2009/81)

(9) Die Universitäten haben gegenüber dem Bund Anspruch auf die durch die Änderung der Rechtslage durch BGBl. I Nr. 134/2008 entstehenden nachgewiesenen Mehrkosten bezüglich der Studienbeiträge sowie auf die nachgewiesenen Mehrkosten für die gemäß § 13 zu vereinbarenden zusätzlichen Studienplätze.

(BGBl I 2009/81)

(10) Ab Beginn des Jahres 2014 hat die Bundesministerin oder der Bundesminister den als Ersatz für den Entfall der Studienbeiträge jährlich zur Verfügung stehenden Betrag einvernehmlich mit der Bundesministerin oder dem Bundesminister für Finanzen bis spätestens Ende des zweiten Jahres jeder Leistungsvereinbarungsperiode gemäß § 13 festzusetzen. Die Festsetzung dieses Betrages erfolgt unter Berücksichtigung der in der jeweils vorangegangenen Leistungsvereinbarungperiode eingetretenen Veränderung der Studierendenzahlen. Die Aufteilung dieses Betrages erfolgt unter sinngemäßer Anwendung des Abs. 8. Für das zweite und dritte Jahr der Leistungsvereinbarungsperiode 2013 bis 2015 erfolgt die Festlegung bis zum 31. Dezember 2011.

(BGBl I 2009/81, BGBl I 2010/111)

7. Abschnitt
In-Kraft-Treten und Vollziehung

Verweisungen

§ 142. (1) Die Bezeichnungen „Bundesministerin" oder „Bundesminister" in diesem Bundesgesetz beziehen sich, soweit nicht ausdrücklich anderes angeführt ist, auf die Bundesministerin oder den Bundesminister, die oder der für die Angelegenheiten der Universitäten zuständig ist.

(2) Soweit in diesem Bundesgesetz auf andere Bundesgesetze verwiesen wird, sind diese Bundesgesetze in der jeweils geltenden Fassung anzuwenden.

(3) Wird in anderen Bundesgesetzen auf Bestimmungen verwiesen, an deren Stelle mit dem In-Kraft-Treten dieses Bundesgesetzes neue Bestimmungen wirksam werden, sind diese Verweisungen auf die entsprechenden neuen Bestimmungen zu beziehen.

In-Kraft-Treten und Außer-Kraft-Treten von Rechtsvorschriften

§ 143. (1) Die Bestimmungen dieses Bundesgesetzes treten mit 1. Oktober 2002 in Kraft, soweit im Folgenden nicht anderes bestimmt ist.

(2) Der II. Teil dieses Bundesgesetzes tritt mit 1. Jänner 2004 in Kraft.

(3) Die §§ 120 bis 122 treten mit dem auf die Kundmachung folgenden Tag in Kraft.

(4) Die Bestimmungen des UOG 1993 mit Ausnahme der Verfassungsbestimmungen treten mit Ablauf des 31. Dezember 2003 außer Kraft.

(5) Die Bestimmungen des KUOG mit Ausnahme der Verfassungsbestimmungen treten mit Ablauf des 31. Dezember 2003 außer Kraft.

(6) Das Bundesgesetz über die Abgeltung von wissenschaftlichen und künstlerischen Tätigkeiten an Universitäten und Universitäten der Künste, BGBl. Nr. 463/1974, tritt, soweit nicht die §§ 132 Abs. 2 und 133 Abs. 3 anderes bestimmen, mit Ablauf des 31. Dezember 2003 außer Kraft.

(7) Das Hochschul-Taxengesetz 1972, BGBl. Nr. 76/1972, tritt mit Ablauf des 31. Dezember 2003 außer Kraft.

(8) § 112 tritt mit 1. Oktober 2016 außer Kraft. *(BGBl I 2010/111)*

(9) Die Bestimmungen des Universitäts-Studiengesetzes (UniStG) mit Ausnahme der Verfassungsbestimmungen treten mit Ablauf des 31. Dezember 2003 außer Kraft.

(10) Das Inhaltsverzeichnis, § 13 Abs. 1 bis 3 und Abs. 8 bis 10, § 13a, § 31 Abs. 4, § 32 Abs. 1 erster Satz und Abs. 2, § 94 Abs. 1 und 3, § 122 Abs. 2 Z 5, 9, 10 und 11, § 135 Abs. 3 sowie § 141 Abs. 3 und 7 in der Fassung des Bundesgesetzes BGBl. I Nr. 96/2004 treten mit 1. Oktober 2004 in Kraft. *(BGBl I 2004/96)*

(11) § 124b in der Fassung BGBl. I Nr. 87/2007 tritt mit Ablauf des 30. Juni 2009 außer Kraft. *(BGBl I 2007/87, BGBl I 2008/134)*

(12) § 61 Abs. 1 und Abs. 2, § 91 Abs. 1 und Abs. 2 sowie § 92 Abs. 1 Ziffer 4 bis 6, sowie § 141 Abs. 8 und 9 sowie § 143 Abs. 11 des Bundesgesetzes in der Fassung BGBl. I Nr. 134/2008 treten mit 1. Jänner 2009 in Kraft, § 124b des Bundesgesetzes in der Fassung BGBl. I Nr. 134/2008 tritt mit 1. Juli 2009 in Kraft. *(BGBl I 2008/134)*

(12) Die Überschrift, das Inhaltsverzeichnis, die §§ 5, 9, 10, 11, 12, 13, 15, 16, 19, 20, 21, 22, 23, 23a, 23b, 24, 25, 29, 32, 42,

43, 45, 46, 49, 51, 54 Abs. 3, Abs. 3a, Abs. 5, Abs. 9, Abs. 9a, Abs. 10, Abs. 11 und Abs. 12, 56, 59, 60, 61, 63, 64, 65, 66, 67, 78, 79, 85, 86, 87, 91, 92, 98, 99, 100, 103, 107, 108a, 109, 119, 124, 124b, 125, 128, und 141 in der Fassung des Bundesgesetzes BGBl. I Nr. 81/2009 treten mit 1. Oktober 2009 in Kraft. *(BGBl I 2009/81)**)

(13) § 64a in der Fassung des Bundesgesetzes BGBl. I Nr. 81/2009 tritt mit 1. Oktober 2010 in Kraft. Verordnungen aufgrund des § 64a dürfen bereits vor dem 1. Oktober 2010 erlassen werden, sie dürfen aber frühestens mit 1. Oktober 2010 in Kraft treten. *(BGBl I 2009/81)*

(14) Das Bundesgesetz über die Erlangung studienrichtungsbezogener Studienberechtigungen an Universitäten und Hochschulen künstlerischer Richtung (Studienberechtigungsgesetz – StudBerG), BGBl. Nr. 292/1985, tritt mit Ablauf des 30. September 2010 außer Kraft. Es ist jedoch auf Bewerberinnen und Bewerber, die vor dem 1. Oktober 2010 bereits zur Studienberechtigungsprüfung zugelassen waren, bis zum Ablauf des 30. September 2012 weiterhin anzuwenden. *(BGBl I 2009/81)*

(15) § 54 Abs. 2 in der Fassung des Bundesgesetzes BGBl. I Nr. 81/2009 tritt mit 1. Oktober 2012 in Kraft. *(BGBl I 2009/81)*

(16) Die Funktionsperiode der am 1. Oktober 2009 bestehenden Universitätsräte endet mit Ablauf des 28. Februar 2013. *(BGBl I 2009/81)*

(17) Die Funktionsperiode der am 1. Jänner 2010 bestehenden Senate endet mit Ablauf des 30. September 2010. Diese Senate haben die Größe der neuen Senate gemäß § 25 Abs. 2 in der Fassung des Bundesgesetzes BGBl. I Nr. 81/2009 rechtzeitig vor Ablauf der Funktionsperiode festzulegen; kommt ein Beschluss nicht zustande, besteht der Senat aus 18 Mitgliedern. Für die Wahlen zum Senat, die im Jahr 2009 stattfinden, sind die am 1. Jänner 2009 gültigen Bestimmungen weiterhin anzuwenden. Für die Konstituierung von Senaten ab dem 1. Jänner 2010, ist § 25 in der Fassung des Bundesgesetzes BGBl. I Nr. 81/2009 anzuwenden. *(BGBl I 2009/81)*

(18) Organe und Gremien, die am 1. Oktober 2009 konstituiert sind, gelten in Hinblick auf die sinngemäße Anwendung des Bundes-Gleichbehandlungsgesetzes als gesetzeskonform zusammengesetzt. *(BGBl I 2009/81)*

(19) Auf Anträge auf Anerkennung von Diplom- und Masterarbeiten bzw. künstlerische Diplom- und Masterarbeiten, die vor dem 1. Jänner 2011 gestellt wurden, ist § 85 in der Fassung des Tages vor dem In-Kraft-Treten des Bundesgesetzes BGBl. I Nr. 81/2009 weiterhin anzuwenden. *(BGBl I 2009/81)*

(20) Verfahren für die Wahl der Funktion der Rektorin oder des Rektors, die zum Zeitpunkt des In-Kraft-Tretens des Bundesgesetzes BGBl. I Nr. 81/2009 bereits durch Übermittlung der Ausschreibung an den Universitätsrat zur Stellungnahme eingeleitet wurden, sind nach den Bestimmungen für die Wahl der Rektorin oder des Rektors in der Fassung des Tages vor dem In-Kraft-Treten des Bundesgesetzes BGBl. I Nr. 81/2009 fortzuführen. *(BGBl I 2009/81)*

(21) Bis zum 1. Oktober 2013 ist für jedes an der Universität eingerichtete Bachelorstudium im Curriculum ein Qualifikationsprofil zu erstellen und im Mitteilungsblatt zu verlautbaren. Ist der Senat bei der Erlassung des Qualifikationsprofils säumig, hat der Universitätsrat von Amts wegen ein Qualifikationsprofil zu erstellen. Ist der Universitätsrat säumig, hat die Bundesministerin oder der Bundesminister die Ersatzvornahme vorzunehmen. *(BGBl I 2009/81)*

(22) Bis zum 1. Oktober 2011 ist für jedes an der Universität eingerichtete Diplom- und Bachelorstudium, zu dessen Zulassung keine besonderen gesetzlichen Regelungen bestehen, im Curriculum eine Studieneingangs- und Orientierungsphase gemäß § 66 zu definieren und im Mitteilungsblatt zu verlautbaren. § 66 in der Fassung des Bundesgesetzes BGBl. I Nr. 81/2009 tritt mit Ablauf des 31. Dezember 2016 außer Kraft. Die Bundesministerin oder der Bundesminister hat die Auswirkungen der Studieneingangs- und Orientierungsphase in Zusammenarbeit mit den Universitäten zu evaluieren und dem Nationalrat spätestens im Dezember 2015 einen Bericht über das Ergebnis der Evaluierung vorzulegen. *(BGBl I 2009/81)*

(23) Die Regelungen über die Zulassungsvoraussetzungen zu Masterstudien und „PhD"-Doktoratsstudien gemäß § 64 in der Fassung des Bundesgesetzes BGBl. I Nr. 81/2009 treten mit Ablauf des 31. Dezember 2016 außer Kraft. Die Bundesministerin oder der Bundesminister hat die Auswirkungen der Zulassungsvoraussetzungen gemäß § 64 in Zusammenarbeit mit den Universitäten zu evaluieren und dem Nationalrat spätestens im Dezember 2015 einen Bericht über das Ergebnis der Evaluierung vorzulegen. *(BGBl I 2009/81)*

(24) § 124b in der Fassung des Bundesgesetzes BGBl. I Nr. 81/2009 tritt mit 1. Juli 2009 in Kraft und mit Ablauf des 31. Dezem-

*) Auf Grund eines legistischen Irrtums enthält § 143 zwei „Abs. 12".

ber 2016 außer Kraft. Die Bundesministerin oder der Bundesminister hat die Auswirkungen des § 124b auf die Anzahl der Studierenden zu evaluieren und dem Nationalrat spätestens im Dezember 2015 einen Bericht über das Ergebnis der Evaluierung vorzulegen. *(BGBl I 2009/81)*

(25) § 29 Abs. 5 letzter Satz in der Fassung des Bundesgesetzes BGBl. I Nr. 81/2009 ist nur auf jene Vereinbarungen über die Zusammenarbeit anzuwenden, die nach dem In-Kraft-Treten dieser Bestimmung abgeschlossen werden. *(BGBl I 2009/81)*

(26) Personen, die am 30. September 2009 als Universitätsprofessorin oder Universitätsprofessor gemäß § 99 aufgenommen sind, haben das Recht, Anträge auf Verlängerung ihrer Bestellung zu stellen, wobei insgesamt eine Bestellungsdauer von bis zu fünf Jahren zulässig ist. *(BGBl I 2009/81)*

(27) § 60 Abs. 1b sowie § 66 Abs. 1 und 1a in der Fassung des Bundesgesetzes BGBl. I Nr. 13/2011 sind auf Studierende, die das Studium ab dem Wintersemester 2011/2012 beginnen, anzuwenden. *(BGBl I 2011/13)*

(28) § 66 Abs. 1 und 1a in der Fassung des Bundesgesetzes BGBl. I Nr. 13/2011 treten mit Ablauf des 30. September 2014 außer Kraft. *(BGBl I 2011/13)*

Vollziehung

§ **144.** Mit der Vollziehung dieses Bundesgesetzes sind betraut:

1. hinsichtlich des § 17 die Bundesministerin oder der Bundesminister für Finanzen;
2. hinsichtlich der §§ 137 und 139 die Bundesministerin oder der Bundesminister für Finanzen im Einvernehmen mit der Bundesministerin oder dem Bundesminister für Bildung, Wissenschaft und Kultur;
3. hinsichtlich der §§ 12 Abs. 2 und 9, 16 Abs. 2, 121 Abs. 17 und § 141 die Bundesministerin oder der Bundesminister für Bildung, Wissenschaft und Kultur im Einvernehmen mit der Bundesministerin oder mit dem Bundesminister für Finanzen;
4. hinsichtlich des § 18 Abs. 2 die Bundesministerin oder der Bundesminister für Justiz, soweit Gerichts- und Justizverwaltungsgebühren betroffen sind, im übrigen die Bundesministerin oder der Bundesminister für Finanzen;
5. hinsichtlich des § 29 Abs. 6 die Bundesministerin oder der Bundesminister für soziale Sicherheit und Generationen im Einvernehmen mit der Bundesministerin oder dem Bundesminister für Bildung, Wissenschaft und Kultur;
6. hinsichtlich des § 44 die Bundesministerin oder der Bundesminister für soziale Sicherheit und Generationen;
7. hinsichtlich der §§ 106 Abs. 2 und 3, 108 Abs. 1, 3 und 4, 109 bis 113, 115 sowie 135 die Bundesministerin oder der Bundesminister für Wirtschaft und Arbeit im Einvernehmen mit der Bundesministerin oder dem Bundesminister für Bildung, Wissenschaft und Kultur;
8. hinsichtlich der §§ 8 und 21 Abs. 6 Z 2 die Bundesregierung;
9. im Übrigen die Bundesministerin oder der Bundesminister für Bildung, Wissenschaft und Kultur.

Verordnung der Bundesministerin für Bildung, Wissenschaft und Kultur über den Rechnungsabschluss der Universitäten (Univ. RechnungsabschlussVO)

BGBl II 2003/292 idF
BGBl II 2010/349

Auf Grund des § 16 Abs. 2 des Bundesgesetzes über die Organisation der Universitäten und ihre Studien (Universitätsgesetz 2002), BGBl. I Nr. 120/2002, wird im Einvernehmen mit dem Bundesminister für Finanzen verordnet:

Gliederung der Bilanz

§ 1. In der Bilanz sind, unbeschadet einer weiteren Gliederung, die nachstehend angeführten Posten gesondert und in der folgenden Reihenfolge auszuweisen:

1. Aktiva

A. ANLAGEVERMÖGEN
- I. Immaterielle Vermögensgegenstände
  1. Konzessionen und ähnliche Rechte und Vorteile sowie daraus abgeleitete Lizenzen
     a) davon entgeltlich erworben
     b) davon selbst erstellt
  2. Nutzungsrechte Klinischer Mehraufwand *(BGBl II 2010/349)*
  3. Geleistete Anzahlungen *(BGBl II 2010/349)*
- II. Sachanlagen
  1. Grundstücke, grundstücksgleiche Rechte und Bauten, einschließlich der Bauten auf fremdem Grund
     a) davon Grundwert
     b) davon Gebäudewert
     (BGBl II 2010/349)
  2. Technische Anlagen und Maschinen
  3. Wissenschaftliche Literatur und andere wissenschaftliche Datenträger
  4. Sammlungen
  5. Andere Anlagen, Betriebs- und Geschäftsausstattung
  6. Geleistete Anzahlungen und Anlagen in Bau
- III. Finanzanlagen
  1. Beteiligungen
  2. Ausleihungen an Rechtsträger, mit denen ein Beteiligungsverhältnis besteht
  3. Wertpapiere (Wertrechte) des Anlagevermögens
  4. Sonstige Ausleihungen

B. UMLAUFVERMÖGEN
- I. Vorräte
  1. Betriebsmittel
  2. Noch nicht abrechenbare Leistungen im Auftrag Dritter *(BGBl II 2010/349)*
  3. Geleistete Anzahlungen
- II. Forderungen und sonstige Vermögensgegenstände
  1. Forderungen aus Leistungen
  2. Forderungen gegenüber Rechtsträgern, mit denen ein Beteiligungsverhältnis besteht
  3. Sonstige Forderungen und Vermögensgegenstände
- III. Wertpapiere und Anteile
- IV. Kassenbestand, Schecks, Guthaben bei Kreditinstituten

C. RECHNUNGSABGRENZUNGSPOSTEN

2. Passiva

A. EIGENKAPITAL
1. Universitätskapital
2. Rücklagen
3. Bilanzgewinn/-verlust
   – davon Gewinnvortrag/Verlustvortrag

B. UNVERSTEUERTE RÜCKLAGEN

C. INVESTITIONSZUSCHÜSSE

D. RÜCKSTELLUNGEN
1. Rückstellungen für Abfertigungen
2. Rückstellungen für Pensionen
3. Sonstige Rückstellungen

E. VERBINDLICHKEITEN
1. Anleihen
2. Verbindlichkeiten gegenüber Kreditinstituten
3. Erhaltene Anzahlungen
   – davon von den Vorräten absetzbar
4. Verbindlichkeiten aus Lieferungen und Leistungen
5. Verbindlichkeiten gegenüber Rechtsträgern, mit denen ein Beteiligungsverhältnis besteht
6. Sonstige Verbindlichkeiten

F. RECHNUNGSABGRENZUNGSPOSTEN

(BGBl II 2010/349)

Gliederung der Gewinn- und Verlustrechnung

§ 2. In der Gewinn- und Verlustrechnung sind, unbeschadet einer weiteren Gliederung, die nachstehend angeführten Posten gesondert und in der folgenden Reihenfolge auszuweisen:

1. Umsatzerlöse
   a) Erlöse auf Grund von Globalbudgetzuweisungen des Bundes
   b) Erlöse aus Studienbeiträgen
   c) Erlöse aus Studienbeitragsersätzen
   d) Erlöse aus universitären Weiterbildungsleistungen
   e) Erlöse gemäß § 27 UG
   f) Kostenersätze gemäß § 26 UG
   g) Sonstige Erlöse und andere Kostenersätze
2. Veränderung des Bestands an noch nicht abrechenbaren Leistungen im Auftrag Dritter
3. Aktivierte Eigenleistungen
4. Sonstige betriebliche Erträge
   a) Erträge aus dem Abgang vom und der Zuschreibung zum Anlagevermögen mit Ausnahme der Finanzanlagen
   b) Erträge aus der Auflösung von Rückstellungen
   c) Übrige
      – davon aus der Auflösung von Investitionszuschüssen
5. Aufwendungen für Sachmittel und sonstige bezogene Herstellungsleistungen
   a) Aufwendungen für Sachmittel
   b) Aufwendungen für bezogene Leistungen
6. Personalaufwand
   a) Löhne und Gehälter
      – davon Refundierungen an den Bund für der Universität zugewiesene Beamtinnen und Beamte
   b) Aufwendungen für externe Lehre
   c) Aufwendungen für Abfertigungen und Leistungen an betriebliche Vorsorgekassen
      – davon Refundierungen an den Bund für der Universität zugewiesene Beamtinnen und Beamte
   d) Aufwendungen für Altersversorgung
      – davon Refundierungen an den Bund für der Universität zugewiesene Beamtinnen und Beamte
   e) Aufwendungen für gesetzlich vorgeschriebene Sozialabgaben sowie vom Entgelt abhängige Abgaben und Pflichtbeiträge
      – davon Refundierungen an den Bund für der Universität zugewiesene Beamtinnen und Beamte
   f) Sonstige Sozialaufwendungen
7. Abschreibungen
8. Sonstige betriebliche Aufwendungen
   a) Steuern, soweit sie nicht unter Z 17 fallen
   b) Kostenersätze an den Krankenanstaltenträger gemäß § 33 UG
   c) Übrige
9. Zwischensumme aus Z 1 bis 8
10. Erträge aus Finanzmitteln und Beteiligungen
    a) davon aus Zuschreibungen
    b) davon von Rechtsträgern, mit denen ein Beteiligungsverhältnis besteht
11. Aufwendungen aus Finanzmitteln und aus Beteiligungen
    a) davon Abschreibungen
    b) davon Aufwendungen von Rechtsträgern, mit denen ein Beteiligungsverhältnis besteht
12. Zwischensumme aus Z 10 bis 11
13. Ergebnis der gewöhnlichen Universitätstätigkeit
14. Außerordentliche Erträge
15. Außerordentliche Aufwendungen
16. Außerordentliches Ergebnis
17. Steuern vom Einkommen und vom Ertrag
18. Jahresüberschuss/Jahresfehlbetrag
19. Auflösung unversteuerter Rücklagen
20. Auflösung von Rücklagen
21. Zuweisung zu unversteuerten Rücklagen
22. Zuweisung zu Rücklagen
23. Gewinn- bzw. Verlustvortrag
24. Bilanzgewinn bzw. -verlust.

(BGBl II 2010/349)

Allgemeine Grundsätze für die Gliederung

§ 3. (1) Im Rechnungsabschluss ist zu jedem Posten der entsprechende Betrag des vorangegangenen Rechnungsjahrs zumindest in vollen 1 000 Euro anzugeben; dies gilt auch für die gesondert anzumerkenden Posten. Sind die Beträge nicht vergleichbar, so ist dies in den „Angaben und Erläuterungen“ anzugeben und zu erläutern. Wird der Vorjahresbetrag angepasst, so ist auch dies in den „Angaben und Erläuterungen“ anzugeben und zu erläutern.

(2) Ein Posten der Bilanz oder der Gewinn- und Verlustrechnung, der keinen Betrag ausweist, ist nicht anzuführen, es sei denn, dass im vorangegangenen Rechnungsjahr unter diesem Posten ein Betrag ausgewiesen wurde.

Beteiligungen

§ 4. (1) Beteiligungen sind Anteile an anderen Rechtsträgern, die bestimmt sind, dem eigenen Geschäftsbetrieb durch eine dauernde Verbindung zu diesen zu dienen. Dabei ist es unerheblich, ob die Anteile in Wertpapieren verbrieft sind oder nicht. Als Beteiligungen gelten im Zweifel Anteile an Rechtsträgern, die insgesamt den fünften Teil des Nennkapitals dieses Rechtsträgers erreichen.

(2) Die Beteiligung als unbeschränkt haftender Gesellschafter an einer unternehmerisch tätigen, eingetragenen Personengesellschaft gilt stets als Beteiligung; für andere Beteiligungen an unternehmerisch tätigen, eingetragenen Personengesellschaften gilt Abs. 1 sinngemäß. *(BGBl II 2010/349)*

Vorschriften zu einzelnen Posten der Bilanz

§ 5. (1) Die Aktivierung von selbst erstellten Rechten und Lizenzen ist zulässig. Für deren Ansatz und Bewertung ist der International Accounting Standard 38 Immaterielle Vermögensgegenstände, IAS 38, in der jeweils geltenden Fassung wie er nach Art. 3 der Verordnung (EG) Nr. 1606/2002 übernommen wurde, sinngemäß anzuwenden. *(BGBl II 2010/349)*

(2) Der Betrag der Forderungen mit einer Restlaufzeit von mehr als einem Jahr ist bei jedem gesondert ausgewiesenen Posten in der Bilanz anzumerken oder in den „Angaben und Erläuterungen" anzugeben. Sind unter dem Posten „sonstige Forderungen und Vermögensgegenstände" Erträge enthalten, die erst nach dem Abschlussstichtag zahlungswirksam werden, so müssen diese Beträge, soweit sie wesentlich sind, in den „Angaben und Erläuterungen" erläutert werden.

(3) Das Universitätskapital kann nach Maßgabe der folgenden Bestimmung durch Beschluss des Rektorats erhöht werden: Die im Rechnungsabschluss ausgewiesenen Rücklagen einschließlich eines Gewinnvortrags können in Universitätskapital umgewandelt werden, soweit ihnen nicht ein Verlust einschließlich eines Verlustvortrags gegenübersteht. Für bestimmte Zwecke gebildete Rücklagen können nur umgewandelt werden, soweit dies mit ihrer Zweckbestimmung vereinbar ist. *(BGBl II 2010/349)*

(4) Das Universitätskapital kann nach Maßgabe der folgenden Bestimmung durch Beschluss des Rektorats herabgesetzt werden: Die Herabsetzung des Universitätskapitals darf nur zur Abdeckung eines nach Auflösung der Rücklagen verbleibenden und sonst auszuweisenden Bilanzverlustes erfolgen. Das Universitätskapital darf den Betrag zum Zeitpunkt der Ausgliederung zum 1.1.2004 nicht unterschreiten. *(BGBl II 2010/349)*

(5) Als Rücklagen dürfen nur Beträge ausgewiesen werden, die im Geschäftsjahr oder in einem früheren Geschäftsjahr aus dem Jahresüberschuss nach Berücksichtigung der Veränderung unversteuerter Rücklagen gebildet worden sind. *(BGBl II 2010/349)*

(6) Der Betrag der Verbindlichkeiten mit einer Restlaufzeit bis zu einem Jahr ist bei jedem gesondert ausgewiesenen Posten in der Bilanz anzumerken oder in den „Angaben und Erläuterungen" anzugeben. Erhaltene Anzahlungen auf Bestellungen sind unter den Verbindlichkeiten gesondert auszuweisen. Eine offene Absetzung von den Vorräten ist nicht zulässig. Sind unter dem Posten „sonstige Verbindlichkeiten" Aufwendungen enthalten, die erst nach dem Abschlussstichtag zahlungswirksam werden, so sind sie, wenn sie wesentlich sind, in den „Angaben und Erläuterungen" zu erläutern. *(BGBl II 2010/349)*

Entwicklung des Anlagevermögens, Pauschalwertberichtigung

§ 6. (1) In der Bilanz oder in den „Angaben und Erläuterungen" ist die Entwicklung der einzelnen Posten des Anlagevermögens darzustellen. Dabei sind, ausgehend von den gesamten Anschaffungs- und Herstellungskosten, die Zugänge, Abgänge, Umbuchungen und Zuschreibungen des Rechnungsjahrs sowie die Abschreibungen in ihrer gesamten Höhe gesondert aufzuführen. Die Abschreibungen des Rechnungsjahrs sind entweder in der Bilanz beim betreffenden Posten zu vermerken oder in den „Angaben und Erläuterungen" in einer der Gliederung des Anlagevermögens entsprechenden Aufgliederung anzugeben. *(BGBl II 2010/349)*

(2) Werden Vermögensgegenstände des Anlagevermögens im Hinblick auf ihre Geringwertigkeit im Jahre ihrer Anschaffung oder Herstellung vollständig abgeschrieben und ist gemäß § 205 Abs. 1 des Bundesgesetzes über besondere zivilrechtliche Vorschriften für Unternehmen (Unternehmensgesetzbuch – UGB), dRGBl. S 219/1897, in der Fassung des Insolvenzrechtsänderungs-Begleitgesetzes – IRÄ-BG, BGBl. I Nr. 58/2010 diesbezüglich kein Ausweis einer unversteuerten Rücklage notwendig, können diese Vermögensgegenstände als Abgang behandelt werden. *(BGBl II 2010/349)*

(3) Einzelwertberichtigungen zum Umlaufvermögen sind vom entsprechenden Aktivposten abzusetzen. Eine Pauschalwertberichtigung ist nicht zulässig.

Bewertung

§ **7.** (1) Die Bewertung hat nach den Bestimmungen des ersten Abschnitts des dritten Buches UGB mit Ausnahme des § 208 Abs. 3 zu erfolgen. § 209 Abs. 2 UGB kann auf verbrauchbare Forschungsmaterialien entsprechend angewandt werden. *(BGBl II 2010/349)*

(2) Abweichend von § 203 Abs. 1 UGB gelten als Bewertungsmaßstab für die unter der Posten „Wissenschaftliche Literatur und andere wissenschaftliche Datenträger" gemäß § 1 **Aktiva** A II Z 3 ausgewiesenen Gegenstände nicht die Anschaffungskosten, sondern lediglich die Anschaffungspreise. Diese sind im Anschaffungsjahr zur Gänze, in den Folgejahren vermindert um jährliche Abschreibungen in Höhe von 20 vH anzusetzen. Alternativ dazu kann § 209 Abs. 1 UGB sinngemäß angewendet werden. *(BGBl II 2010/349)*

(3) Die Universitäten haben für die Abschreibung des abnutzbaren Anlagevermögens einheitliche Grundsätze, insbesondere im Hinblick auf die Abschreibungsdauer gleichartiger Vermögensgegenstände anzuwenden.

Bilanzierung von Zuschüssen und Ausweis von unversteuerten Rücklagen
(BGBl II 2010/349)

§ **8.** (1) Die Bewertungsreserven auf Grund steuerlicher Sonderabschreibungen und sonstiger unversteuerter Rücklagen sind entsprechend den Posten des Anlagevermögens aufzugliedern.

(2) Nicht rückzahlbare Investitionszuschüsse sind erfolgsneutral im Posten „Investitionszuschüsse" gemäß § 1 **Passiva** C auszuweisen und nach Maßgabe der Abschreibung bzw. des Abgangs des Vermögensgegenstandes, für den der Zuschuss gewährt worden ist, ertragswirksam im Posten „Übrige sowie davon aus der Auflösung von Investitionszuschüssen" gemäß § 2 Z 4 lit. c der Gewinn- und Verlustrechnung aufzulösen. Eine offene Absetzung von den Abschreibungen ist nicht zulässig.

(3) In den „Angaben und Erläuterungen" sind die Zuweisung und die Auflösung von Investitionszuschüssen und unversteuerten Rücklagen entsprechend den Posten des Anlagevermögens gesondert anzuführen.

(BGBl II 2010/349)

Klinischer Mehraufwand

§ **9.** (1) Das aus § 29 Abs. 4 UG abgeleitete Nutzungsrecht der Medizinischen Universitäten am Anlagevermögen der Krankenanstalten ist als immaterieller Vermögensgegenstand (§ 1 Aktiva A I Z 2) zu aktivieren. Als Anschaffungskosten des Nutzungsrechts gelten die von den Universitäten geleisteten Kostenersätze gemäß § 55 Z 1 des Bundesgesetzes über Krankenanstalten und Kuranstalten (KAKuG), BGBl. Nr. 1/1957, in der Fassung des Bundesgesetzes BGBl. I Nr. 61/2010, mit der Maßgabe, dass das zugrunde liegende Anlagevermögen der Krankenanstalt nachweislich zugegangen ist und der Lehre und Forschung dient. Das Nutzungsrecht ist insoweit um planmäßige Abschreibungen zu vermindern, als das dem Nutzungsrecht zugrundeliegende Anlagevermögen der Krankenanstalten abnutzbar und in Betrieb genommen ist. Die Entwicklung des Nutzungsrechts ist gemäß § 6 darzustellen. Ferner sind die Gründe für die gewählte Abschreibungsdauer und Abschreibungsmethode in den „Angaben und Erläuterungen" anzugeben.

(2) Die für aktivierbare Kostenersätze gemäß Abs. 1 verwendeten Investitionszuschüsse sind im Posten gemäß § 1 **Passiva** C auszuweisen und entsprechend der Abschreibung des Nutzungsrechts aufzulösen.

(3) Nicht gemäß Abs. 1 aktivierbare Kostenersätze gemäß § 55 KAKuG sind im Posten „Kostenersätze an den Krankenanstaltenträger gemäß § 33 Universitätsgesetz 2002" gemäß § 2 Z 8 lit. b der Gewinn- und Verlustrechnung zu erfassen.

(4) Für die Kostenersätze für Mehrkosten gemäß § 55 Z 2 KAKuG (Aufwendungen) und für die von den Universitäten für die Universitätskliniken erbrachten Leistungen (Erträge) gilt das Aufrechnungsverbot gemäß § 196 Abs. 2 UGB nicht."

(BGBl II 2010/349)

Vorschriften zu einzelnen Posten der Gewinn- und Verlustrechnung

§ **10.** (1) In der Gewinn- und Verlustrechnung oder in den „Angaben und Erläuterungen" sind die Zuführungen zu unversteuerten Rücklagen sowie die Erträge aus deren Auflösung unter Hinweis auf die maßgebliche steuerliche Rechtsgrundlage gesondert anzuführen. Umgliederungen innerhalb der unversteuerten Rücklagen können verrechnet werden.

(2) Außerplanmäßige Abschreibungen sind gesondert auszuweisen.

Angaben und Erläuterungen zu Bilanz und Gewinn- und Verlustrechnung

§ 11. Bilanz und Gewinn- und Verlustrechnung sind um folgende Angaben und Erläuterungen zu ergänzen:

1. zu den Positionen des § 1 Z 1 lit. A („ANLAGEVERMÖGEN") sind jeweils die Buchwerte der Wirtschaftsgüter, für die Verfügungsbeschränkungen oder Zweckwidmungen gegenüber Dritten bestehen, anzumerken; *(BGBl II 2010/349)*

2. die bei der Erstellung des Rechnungsabschlusses angewandten Bilanzierungs- und Bewertungsmethoden sowie wesentliche Abweichungen dieser Methoden gegenüber dem Vorjahr und deren Einfluss auf die Vermögens- und Finanzlage;

3. zu den in der Bilanz ausgewiesenen Forderungen und Verbindlichkeiten sind die Gesamtbeträge der Forderungen und Verbindlichkeiten mit einer Restlaufzeit von bis zu einem Jahr, von einem bis zu fünf Jahren und von mehr als fünf Jahren anzugeben. Ferner ist der Gesamtbetrag der Verbindlichkeiten anzugeben, für die dingliche Sicherheiten bestellt sind;

4. die in der Bilanz nicht gesondert ausgewiesenen Rückstellungen sowie der Gesamtbetrag der sonstigen finanziellen Verpflichtungen, der nicht in oder unter der Bilanz angegeben ist, sofern diese Angabe für die Beurteilung der Finanzlage von Bedeutung ist;

5. bei Beteiligungen Name, Sitz und Rechtsform, die Höhe des Anteils am Kapital, das Eigenkapital und das Ergebnis des letzten Geschäftsjahres. Die Angaben sind sinngemäß auch für Stiftungen zu machen, denen die Universität als Stifter Vermögen zugewendet hat;

6. Aufgliederung des Postens gemäß § 2 Z 8 b) Kostenersätze an den Krankenanstaltenträger gemäß § 33 Universitätsgesetz in:

a) Restbetrag für nicht aktivierungsfähige Mehrkosten gemäß § 55 Z 1 KAKuG; *(BGBl II 2010/349)*

b) Restbetrag für Mehrkosten gemäß § 55 Z 2 KAKuG; dessen Ermittlung und Entwicklung untergliedert in Mehrkosten der Universitätskliniken und in die Leistungsverrechnung der Universitäten;

c) Mehrkosten gemäß § 55 Z 3 KAKuG;

7. die Bezüge der Mitglieder des Rektorats und des Universitätsrates gesondert für jedes Organ, und zwar:

a) die für die Tätigkeit im Rechnungsjahr gewährten Gesamtbezüge (Gehälter, Aufwandsentschädigungen, Versicherungsentgelte, Provisionen und Nebenleistungen jeder Art). In die Gesamtbezüge sind auch Bezüge einzurechnen, die nicht ausgezahlt, sondern in Ansprüche anderer Art umgewandelt oder zur Erhöhung anderer Ansprüche verwendet werden;

b) die Gesamtbezüge (Abfindungen, Ruhegehälter, Hinterbliebenenbezüge und Leistungen verwandter Art) der früheren Mitglieder der bezeichneten Organe und ihrer Hinterbliebenen;

8. die durchschnittliche Zahl der universitären Mitarbeiterinnen und Mitarbeiter während des Rechnungsjahres, getrennt nach wissenschaftlichem und künstlerischem Universitätspersonal (Verwendungskategorien 11, 12, 14, 16, 17, 18, 21, 23, 26, 27, 30, 81, 82, 83, 84 gemäß der Bildungsdokumentationsverordnung Universitäten – BidokVUni, BGBl. II Nr. 30/2004, in der Fassung der Verordnung BGBl. II Nr. 71/2010), Mitarbeiterinnen und Mitarbeiter an Vorhaben gemäß §§ 26 und 27 UG (Verwendungskategorien 24, 25, 64 gemäß der BidokVUni) und allgemeinem Universitätspersonal (Verwendungskategorien 40, 50, 60, 61, 62, 70 gemäß der BidokVUni). Der Personalstand ist als Jahresmittelwert entsprechend der BidokVUni in Vollzeitäquivalenten anzugeben, *(BGBl II 2010/349)*

9. die gemäß § 199 UGB ausgewiesenen Haftungsverhältnisse unter Angabe der Pfandrechte und sonstigen dinglichen Sicherheiten; diese Haftungsverhältnisse sind aufzugliedern und zu erläutern; Haftungsverhältnisse gegenüber Beteiligungen gemäß § 4 sind jeweils gesondert anzugeben; *(BGBl II 2010/349)*

10. sämtliche Verpflichtungen zur Verlustabdeckung bei Gesellschaften, Stiftungen und Vereinen gemäß § 10 UG sind anzugeben; *(BGBl II 2010/349)*

11. die im Geschäftsjahr geleisteten Gesellschafterzuschüsse und sonstigen Zuwendungen an Gesellschaften, Stiftungen und Vereinen gemäß § 10 UG, die einen Betrag von jeweils 10.000,00 EUR übersteigen, sind anzugeben; *(BGBl II 2010/349)*

12. zu den in der Gewinn- und Verlustrechnung ausgewiesenen übrigen sonstigen betrieblichen Aufwendungen sind folgende Aufwendungen wie folgt aufzugliedern:

- Verbrauch von Energie (Strom, Heizung, Wasser)
- Instandhaltung Gebäude
- Betriebskosten Gebäude
- sonstige Instandhaltungen und Reinigungen durch Dritte
- Reiseaufwendungen und -spesen
- Nachrichtenaufwand (Porto, Telefon, Internet, Telefax)

- Mieten Gebäude
- sonstige Miet-, Leasing- u. Lizenzgebühren
- Leihpersonal und Werkverträge
- Provisionen an Dritte
- Stipendien, Aus- u. Fortbildung sowie ähnliche Förderungen
- übrige (Restbetrag für oben nicht zuordenbare Aufwendungen).

(BGBl II 2010/349)

Erlöse gemäß § 26 und § 27 UG
(BGBl II 2010/349)

§ **12.** (1) Der an die Universität zu leistende volle Kostenersatz gemäß § 26 UG für die Inanspruchnahme von Personal und Sachmitteln ist in der Gewinn- und Verlustrechnung gesondert im Posten „Kostenersätze gemäß § 26 UG" gemäß § 2 Z 1 lit. f auszuweisen.

(2) Globalbudgetzuweisungen sind ungeachtet ihrer Zweckwidmung, somit einschließlich der darin enthaltenen Abgeltungen für Forschungsleistungen, in der Gewinn- und Verlustrechnung im Posten „Erlöse auf Grund von Globalbudgetzuweisungen des Bundes" gemäß § 2 Z 1 lit. a periodengerecht auszuweisen.

(3) Sämtliche Erlöse, welche die Universität gemäß § 27 UG erzielt, sind in der Gewinn- und Verlustrechnung im Posten „Erlöse gemäß § 27 UG" gemäß § 2 Z 1 lit. e auszuweisen. Der Ausweis von unabgerechneten Leistungen erfolgt zum Bilanzstichtag in der Bilanz im Posten „Noch nicht abrechenbare Leistungen im Auftrag Dritter" gemäß § 1 **Aktiva** B Z 2. Beständedifferenzen zum vorangegangenen Bilanzstichtag sind in der Gewinn- und Verlustrechnung im Posten „Veränderung des Bestands an noch nicht abrechenbaren Leistungen im Auftrag Dritter" gemäß § 2 Z 2 auszuweisen.

(4) In den „Angaben und Erläuterungen" ist das Ergebnis aus den Tätigkeiten gemäß §§ 26 UG und 27 UG getrennt anzugeben. Negative Ergebnisse sind zu erläutern und hinsichtlich einer Kostendeckung zu begründen. Das Ergebnis aus § 27 UG wird ermittelt, indem die Erlöse gemäß § 27 UG gemäß § 2 Z 1 lit. e und die Veränderung des Bestands an noch nicht abrechenbaren Leistungen im Auftrag Dritter gemäß § 2 Z 2, um die auf § 27 UG direkt zuordenbaren Personalaufwendungen, Abschreibungen und übrigen Aufwendungen vermindert werden. Das Ergebnis aus § 26 UG wird ermittelt, indem die Kostenersätze gemäß § 26 UG gemäß § 2 Z 1 lit. f um die direkt zuordenbaren Aufwendungen vermindert werden.

(5) In den „Angaben und Erläuterungen" sind weiters die direkt zuordenbaren Erträge und Aufwendungen aus Lehrgängen und ähnlichen Veranstaltungen gesondert darzustellen.

(6) In den „Angaben und Erläuterungen" ist ebenfalls zu berichten, ob aus den Tätigkeiten gemäß §§ 26 und 27 UG besondere Risken für die Universität bestehen und in welchem Ausmaß dafür Vorsorge getroffen worden ist.

(BGBl II 2010/349)

§ **13.** Es ist darzustellen, in welchen Punkten der Rechnungsabschluss von jenem des Vorjahres abweicht und welche wesentlichen Ursachen dafür bestehen.

Prüfung des Rechnungsabschlusses

§ **14.** (1) Die Abschlussprüferin oder der Abschlussprüfer hat den Rechnungsabschluss der Universität unter Einschluss der „Angaben und Erläuterungen" sowie unter Einbeziehung der Buchführung der Universität im Hinblick auf seine Rechtmäßigkeit unter Einschluss der Bestimmungen der Satzung der Universität zu prüfen und in sinngemäßer Anwendung des § 273 UGB darüber zu berichten und mit einem Bestätigungsvermerk in sinngemäßer Anwendung des § 274 UGB zu versehen. Die §§ 270 bis 276 UGB sind sinngemäß anzuwenden, soweit nicht Abs. 2 oder das UG eigene Bestimmungen vorsehen. Hinsichtlich § 275 Abs. 2 UGB gelten Universitäten als große Gesellschaften. *(BGBl II 2010/349)*

(2) Abschlussprüferin oder Abschlussprüfer darf nicht sein, wer die Universität schon in den dem zu prüfenden Rechnungsjahr vorhergehenden sechs Rechnungsjahren geprüft hat; dies gilt in den Fällen, in denen die Abschlussprüfung nicht von einer natürlichen Person als Abschlussprüfer durchgeführt wurde, auch für die Person, die den Bestätigungsvermerk unterfertigt hat.

Veröffentlichung
(BGBl II 2010/349)

§ **15.** Der im Mitteilungsblatt gemäß § 20 Abs. 6 Z 3 UG kundzumachende Rechnungsabschluss hat die Bilanz, die Gewinn- und Verlustrechnung sowie die „Angaben und Erläuterungen" zu umfassen.

(BGBl II 2010/349)

Frühwarnbericht
(BGBl II 2010/349)

§ **16.** (1) Aus der Bilanz gemäß § 1 und der Gewinn- und Verlustrechnung gemäß § 2 sind die Kennzahlen „Eigenmittelquote" und „Mobilitätsgrad" zu ermitteln.

(2) Eigenmittelquote ist der Prozentsatz, der sich aus dem Verhältnis zwischen dem Eigenkapital (§ 1 **Passiva** A), den unversteuerten Rücklagen (§ 1 **Passiva** B) und den Investitionszuschüssen (§ 1 **Passiva** C) einerseits sowie der Bilanzsumme, vermindert um die nach § 225 UGB von den Vorräten absetzbaren Anzahlungen andererseits, ergibt.

(3) Mobilitätsgrad ist der Prozentsatz, der sich aus dem Verhältnis zwischen dem kurzfristigen Vermögen (Umlaufvermögen, aktive Rechnungsabgrenzung und kurzfristig veräußerbares Finanzanlagevermögen) einerseits sowie dem kurzfristigen Fremdkapital (Rückstellungen, Verbindlichkeiten und passive Rechnungsabgrenzung) andererseits ergibt. Kurzfristig sind Beträge mit einer Restlaufzeit von bis zu einem Jahr.

(4) Weist die Universität in der nach § 2 aufgestellten Gewinn- und Verlustrechnung einen Jahresfehlbetrag aus und beträgt entweder die Eigenmittelquote weniger als 8 vH oder der Mobilitätsgrad weniger als 100 vH, so hat das Rektorat dem Universitätsrat bis 30. April gemeinsam mit dem Rechnungsabschluss über das abgelaufene Rechnungsjahr und dem Bericht der Abschlussprüferin oder des Abschlussprüfers einen Frühwarnbericht zur Kenntnis zu bringen. Der Frühwarnbericht ist vom Universitätsrat gemeinsam mit dem Rechnungsabschluss der Bundesministerin oder dem Bundesminister für Wissenschaft und Forschung weiterzuleiten. Sofern bereits vor Ablauf des Geschäftsjahres absehbar ist, dass ein Frühwarnbericht zu erstellen sein wird, so hat das Rektorat diesen unverzüglich zu erstellen und dem Universitätsrat zur Kenntnis zu bringen. Der Frühwarnbericht ist dann binnen vier Wochen nach Vorlage durch das Rektorat vom Universitätsrat der Bundesministerin oder dem Bundesminister für Wissenschaft und Forschung weiterzuleiten.

(5) Der Frühwarnbericht umfasst zumindest:

1. Angabe der Ursachen für den Jahresfehlbetrag,

2. Plan-Gewinn- und Verlustrechnung, Plan-Bilanz und Liquiditätsplanung samt wesentlicher Planungsprämissen für die Dauer der laufenden Leistungsvereinbarung,

3. Darstellung von Einsparungs- und Sanierungsmaßnahmen,

4. Angabe, ob gravierende Veränderungen der zugrunde liegenden Rahmenbedingungen seit Abschluss der Leistungsvereinbarung (§ 13 Abs. 3 UG) eingetreten sind,

5. Angabe, ob Zahlungsunfähigkeit droht (§ 12 Abs. 13 UG).

(BGBl II 2010/349)

Übergangsbestimmungen
(BGBl II 2010/349)

§ 17. (1) Die Univ. Rechnungsabschluss-VO in der Fassung der Verordnung BGBl. II Nr. 349/2010 ist erstmals für den Rechnungsabschluss zum 31. Dezember 2010 anzuwenden.

(2) Das zum 31. Dezember 2009 gemäß § 1 **Passiva** A ausgewiesene Eigenkapital ist auf die Posten Universitätskapital, Rücklagen und Bilanzgewinn/-verlust aufzuteilen, wobei als Universitätskapital zumindest der Betrag zum Zeitpunkt der Ausgliederung zum 1. Jänner 2004 anzusetzen ist. Weitere Anpassungen der Vorjahreszahlen auf die geänderten Bestimmungen müssen nicht vorgenommen werden.

(BGBl II 2010/349)

Verordnung der Bundesministerin für Bildung, Wissenschaft und Kultur über die Evidenz der Studierenden (Universitäts-Studienevidenzverordnung 2004 – UniStEV 2004)

BGBl II 2004/288 idF
BGBl II 2006/200 BGBl II/2008/328 BGBl II 2009/2
BGBl II 2010/78 BGBl II 2011/161

Auf Grund
1. der §§ 5 Abs. 3 sowie 7 Abs. 2 und 4 des Bildungsdokumentationsgesetzes, BGBl. I Nr. 12/2002, zuletzt geändert durch das Bundesgesetz BGBl. I Nr. 24/2008,
2. der §§ 16 Abs. 6, 60 Abs. 5, 69 Abs. 2 und 91 Abs. 4 des Universitätsgesetzes 2002, BGBl. I Nr. 120, zuletzt geändert durch das Bundesgesetz BGBl. I Nr. 134/2008,
3. der §§ 4 und 5 Abs. 1 des Bundesgesetzes über die Universität für Weiterbildung Krems (DUK-Gesetz 2004), BGBl. I Nr. 22, in der Fassung der Bundesministeriengesetz-Novelle 2007, BGBl. I Nr. 6 und
4. des § 18 Abs. 2 des Studienberechtigungsgesetzes, BGBl. Nr. 292/1985, zuletzt geändert durch das Bundesgesetz BGBl. I Nr. 136/2001 und die Bundesministeriengesetz-Novelle 2007, BGBl. I Nr. 6,

wird verordnet:
(BGBl II 2008/328, BGBl II 2009/2)

Geltungsbereich

§ 1. Diese Verordnung gilt für Studien an den Universitäten gemäß § 6 des Universitätsgesetzes 2002 sowie an der Universität für Weiterbildung Krems gemäß § 1 des DUK-Gesetzes 2004.

Matrikelnummer und Sozialversicherungsnummer

§ 2. (1) Anlässlich der erstmaligen Zulassung zum Studium hat die Universität eine siebenstellige Matrikelnummer nach Maßgabe der **Anlage 1** zu vergeben, sofern die oder der Studierende nicht bereits eine weiter zu verwendende Matrikelnummer besitzt.

(2) Alle die oder den Studierenden betreffenden Anträge, Zeugnisse, Bestätigungen sowie sonstigen Erledigungen sind mit der Matrikelnummer zu versehen.

(3) Anlässlich der erstmaligen Zulassung zum Studium hat die Bewerberin oder der Bewerber der Universität ihre oder seine Sozialversicherungsnummer bekannt zu geben. Die Universität hat die Sozialversicherungsnummer vor der Speicherung in der Evidenz der Studierenden nach der vom österreichischen Hauptverband der Sozialversicherungsträger bekannt gegebenen Methode auf Gültigkeit zu überprüfen.

(4) Sofern eine Bewerberin oder ein Bewerber, an die oder den gemäß Abs. 1 anlässlich der Zulassung eine neue Matrikelnummer zu vergeben ist, glaubhaft macht, dass ihr oder ihm noch keine Sozialversicherungsnummer zugewiesen wurde, hat die Universität der Bundesanstalt Statistik Österreich auf dem vorgesehenen Weg Namen, Geschlecht, Geburtsdatum und Anschrift der oder des Studierenden am Heimatort bekannt zu geben; liegt der Heimatort im Ausland, ist die Zustelladresse zu verwenden. Die Ersatzkennzeichnung ist sodann entsprechend dem Ergebnis der Abfrage der Ersatzkennzeichen-Datenbank der Bundesanstalt Statistik Österreich vorzunehmen. *(BGBl II 2008/328)*

(5) Die Ersatzkennzeichnung ist bis zur Bekanntgabe der Sozialversicherungsnummer durch die oder den Studierenden beizubehalten. Diese gilt auch für weitere von der oder dem betreffenden Studierenden besuchte Bildungseinrichtungen.

Gemeinsam eingerichtete Studien, universitätsübergreifende Lehramtsstudien

§ 3. (1) Bei gemeinsam eingerichteten Studien (§ 54 Abs. 9 und § 56 des Universitätsgesetzes 2002) hat die Zulassung nur an einer Universität nach Wahl der oder des Studierenden zu erfolgen; die beteiligten Universitäten können jedoch durch Vereinbarung jene Universität bestimmen, welche die Zulassung durchzuführen hat. Bei einem an einer Universität der Künste (§ 6 Z 16 bis 21 des Universitätsgesetzes 2002) gemeinsam mit einer anderen Universität eingerichteten Doktoratsstudium hat die Zulassung an der Universität der Künste zu erfolgen. *(BGBl II 2008/328, BGBl II 2011/161)*

(2) Die zulassende Universität hat
1. das Zulassungsverfahren und die Fortsetzungsmeldungen durchzuführen,

2. die das Studium betreffenden Bestätigungen, Bescheinigungen und Nachweise sowie die abschließenden Zeugnisse auszustellen und
3. den vorgesehenen akademischen Grad zu verleihen sowie den Anhang zum Diplom auszustellen.

Die andere an der Durchführung des Studiums beteiligte Universität hat im erforderlichen Ausmaß mitzuwirken.

(3) Mit der Zulassung wird die oder der Studierende auch Angehörige oder Angehöriger der weiteren an der Durchführung des Studiums beteiligten Universität.

(4) Bei einem Lehramtsstudium, dessen beide Unterrichtsfächer an verschiedenen Universitäten absolviert werden, hat jede der beteiligten Universitäten zu dem von ihr angebotenen Unterrichtsfach zuzulassen und darüber hinaus mit der anderen Universität so zusammenzuwirken, dass ein hinsichtlich der Zulassung ordnungsgemäßes Lehramtsstudium gewährleistet ist.

(5) Der akademische Grad ist nach Absolvierung beider Unterrichtsfächer und der pädagogischen und fachdidaktischen Ausbildung (§ 54 Abs. 6 des Universitätsgesetzes 2002) von der Universität jenes Unterrichtsfaches zu verleihen, aus dem die Diplomarbeit verfasst wurde.

Fortsetzungsmeldung und Studienbeitrag

§ **4.** (1) Die ordnungsgemäße Einzahlung des Studienbeitrages und des Studierendenbeitrages einschließlich allfälliger Sonderbeiträge bewirkt an jener Universität, auf deren Studienbeitragskonto eingezahlt wurde, die Meldung der Fortsetzung für jedes Studium der oder des betreffenden Studierenden, sofern nicht die Fortsetzungsmeldung studienrechtlich unzulässig ist. Ausgenommen sind Universitätslehrgänge und Vorbereitungslehrgänge.

(2) Die Fortsetzungsmeldung an einer anderen Universität hat die oder der Studierende gesondert vorzunehmen, sofern sie sich nicht auf ein Studium gemäß § 3 Abs. 1 bis 3 bezieht.

(3) Eine Fortsetzungsmeldung auf der Grundlage von § 59 Abs. 1 Z 3 oder § 63 Abs. 9 des Universitätsgesetzes 2002 oder zwecks Absolvierung von im Curriculum vorgesehenen „freien Wahlfächern“

(Mitbelegung) setzt den Nachweis der bereits erfolgten Meldung der Fortsetzung des Studiums im betreffenden Semester an der Universität der Zulassung voraus. Sie ist bereits im Semester der Zulassung zulässig.

(4) Die Fortsetzungsmeldung für einen Universitätslehrgang oder einen Vorbereitungslehrgang ist jedenfalls gesondert vorzunehmen. Bei Fortsetzungsmeldung für einen Universitätslehrgang ist die Einzahlung des Lehrgangsbeitrages nachzuweisen.

Codierung für Zwecke der automationsunterstützten Datenverarbeitung

§ **5.** (1) Die Universitäten haben für Zwecke der automationsunterstützten Datenverarbeitung jedenfalls zu codieren:

1. die Universitäten einstellig alphabetisch;
2. die Staaten ein- bis dreistellig alphabetisch;
3. die Studien und, soweit vorgesehen, die Art der Studien, dreistellig nummerisch;
4. die Schulform der allgemeinen Universitätsreife zweistellig nummerisch;
5. den Beitragsstatus gemäß den §§ 91 und 92 des Universitätsgesetzes 2002 einstellig alphabetisch;
6. die internationalen Mobilitätsprogramme dreistellig nummerisch, wobei die Nummern 001 bis 199 den EU- und den staatlichen Programmen vorbehalten sind.

(2) Für die Codierung gemäß Abs. 1 sind die von der Bundesministerin oder vom Bundesminister auf elektronischem Weg bekannt gegebenen Codes zu verwenden.

(3) Codierte Informationen sind an die Studierenden nur in Verbindung mit den zugehörigen Texten, allenfalls in abgekürzter Form, auszugeben.

(4) Die Studien sind mittels des Universitätsbuchstabens der zulassenden Universität und der Studienkennzahlen wie folgt zu kennzeichnen:

1. Diplomstudien sind durch Angabe der vorgesehenen Kennzahl zu bezeichnen, welche bei Vorliegen von Studienzweigen nach Maßgabe der Wahl der oder des Studierenden durch die Kennzahl des Studienzweiges zu ersetzen ist; mittels der zweiten und erforderlichenfalls dritten Kennzahl
   a) sind beim Lehramtsstudium die beiden Unterrichtsfächer zu bezeichnen; wird das zweite Unterrichtsfach an einer anderen Universität absolviert, ist deren Buchstabe anzufügen;
   b) sind bei den Studien Romanistik, Slawistik und Übersetzen und Dolmetschen die gewählten Fremdsprachen zu bezeichnen;
   c) ist beim Instrumentalstudium das gewählte Instrument zu bezeichnen;

d) ist bei den Studien Instrumental(Gesangs)pädagogik und Jazz erforderlichenfalls das gewählte Instrument (der Gesang) zu bezeichnen.

2. Doktoratsstudien und „Doctor of Philosophy"-Doktoratsstudien sind durch Angabe der vorgesehenen Kennzahl zu bezeichnen. Mittels der zweiten Kennzahl ist das Doktoratscurriculum und mittels der dritten Kennzahl ist das Dissertationsgebiet anzugeben. *(BGBl II 2006/200, BGBl II 2008/328, BGBl II 2011/161)*
3. Bachelor- und Masterstudien, individuelle Studien sowie Universitätslehrgänge sind durch Angabe der vorgesehenen Kennzahl zu bezeichnen. Mittels der zweiten und erforderlichenfalls der dritten Kennzahl ist deren fachliche Ausrichtung (Bezeichnung) anzugeben. *(BGBl II 2011/161)*

Abgangsbescheinigung
(BGBl II 2006/200)

§ 6. (1) Anlässlich der Verleihung eines akademischen Grades ist der Absolventin oder dem Absolventen zusätzlich zum Verleihungsbescheid ein Anhang zum Diplom („Diploma Supplement") nach Maßgabe der **Anlage 2** in deutscher und englischer Sprache auszustellen. Die zusätzliche Ausstellung in einer weiteren Sprache ist zulässig.

(2) Nach Maßgabe einschlägiger gesetzlicher Regelungen für den internationalen Vergleich ist auf Antrag der Absolventin oder des Absolventen eines ordentlichen Studiums eine Bestätigung über die Gesamtnote auszustellen. Die Gesamtnote gemäß Z 13 des Notenwechsels zwischen der Regierung der Republik Österreich und der Italienischen Republik über die gegenseitige Anerkennung akademischer Grade und Titel samt Anlage, BGBl. III Nr. 45/2001, sowie gemäß Z 12 des Abkommens zwischen der Regierung der Republik Österreich und der Regierung der Italienischen Republik über die gegenseitige Anerkennung akademischer Grade und Titel, BGBl. III Nr. 177/2008, ist zu ermitteln, indem

1. die Noten aller für das betreffende Studium vorgeschriebenen Prüfungsfächer und gegebenenfalls Bachelorarbeiten sowie die Note der Diplomarbeit bzw. der Masterarbeit addiert werden und
2. der gemäß Z 1 errechnete Wert durch die Anzahl der Prüfungsfächer, im Fall eines Diplom- oder Masterstudiums vermehrt um die Zahl 1, dividiert wird und
3. das Ergebnis der Division auf zwei Kommastellen gerundet wird, wobei aufzurunden ist, wenn die Tausendstelstelle mindestens den Wert 5 hat.

(BGBl II 2010/78)

(3) Beendet die oder der Studierende ein Studium an einer Universität, so ist auf Antrag eine Abgangsbescheinigung gemäß § 69 Abs. 1 Universitätsgesetz 2002 auszustellen, die alle von der oder dem Studierenden während des Studiums an der Universität abgelegten und positiv beurteilten Prüfungen, einschließlich der zugeteilten ECTS-Anrechnungspunkte, samt deren Beurteilung zu enthalten hat. *(BGBl II 2006/200)*

Datenverbund der Universitäten

§ 7. (1) Die Universitäten und die von den Universitäten mit der Führung der Studienbeitragskonten beauftragten Banken haben das Informationsverbundsystem Datenverbund der Universitäten ausschließlich für die in § 7a Abs. 3 des Bildungsdokumentationsgesetzes genannten Aufgaben zu verwenden. *(BGBl II 2008/328, BGBl II 2011/161)*

(2) Jede Universität hat dem Datenverbund gemäß **Anlage 3** zu überlassen

1. innerhalb eines Monats ab Ende der Nachfrist eines Semesters die Daten der Studierenden für das nächstfolgende Beitragssemester (Basislieferung) und
2. täglich ab der Basislieferung die Daten Studierender, die neu zugelassen oder deren Personen- oder Studiendaten geändert wurden (Nachlieferung), sofern die Überlassung nicht über eine integrierte Schnittstelle im Online-Betrieb erfolgt, oder
3. nicht öfter als einmal pro Woche eine Volllieferung nach dem aktuellen Stand. Eine Volllieferung hat jedenfalls zu dem in Abs. 6 genannten Termin und zu Ende des Semesters zu erfolgen. *(BGBl II 2008/328)*

(3) Jede Universität hat dem Datenverbund ferner gemäß **Anlage 4** wöchentlich Prüfungsdaten nach Semestern an zu überlassen, wobei Prüfungen in den Monaten Oktober bis Februar dem Wintersemester und Prüfungen in den Monaten März bis September dem Sommersemester zuzuordnen sind.

(BGBl II 2006/200, BGBl II 2008/328)

(4) Jede Universität hat dem Datenverbund am 30. April und am 30. November jeden Jahres die vollständig positiv abgelegten Studienberechtigungsprüfungen (§ 64a des Universitätsgesetzes 2002) nach Maß gabe der **Anlage 6** zu überlassen. *(BGBl II 2008/328, BGBl II 2011/161)*

(5) Rückfragen und Fehlerhinweise des Verbundbetreibers sind von der oder den be-

troffenen Universitäten unverzüglich, längstens jedoch innerhalb von drei Arbeitstagen, zu bearbeiten. *(BGBl II 2008/328)*

(6) Jede Universität hat dafür zu sorgen, dass, abgesehen von den Fällen des § 61 Abs. 5 des Universitätsgesetzes 2002, spätestens drei Wochen nach Ende der Nachfrist eines Semesters die Daten gemäß Abs. 2 im Verbund vollständig sind und dem aktuellen Semester entsprechen. Insbesondere ist das Erlöschen von Zulassungen durch Unterlassung der Fortsetzungsmeldung zu vermerken. *(BGBl II 2008/328)*

(7) Im Datenverkehr zwischen Universität und Bundesrechenzentrum GmbH sind die von der Bundesrechenzentrum GmbH mit den Universitäten vereinbarten Datenübergabeformate zu verwenden. *(BGBl II 2008/328)*

(8) Die Überlassung von Daten gemäß Abs. 2 Z 2 und 3 an den Datenverbund ist jeweils für das aktuelle Semester und das unmittelbar vorausgehende Semester zulässig; Daten gemäß Abs. 3 dürfen für das aktuelle Semester und die fünf unmittelbar vorausgehenden Semester übermittelt werden. *(BGBl II 2008/328, BGBl II 2011/161)*

§ 7a. samt Überschrift entfällt durch BGBl II 2011/161.

Gesamtevidenz der Studierenden

§ 8. (1) Die Bundesrechenzentrum GmbH hat laufend aus dem Datenverbund der Universitäten folgende Daten Studierender an die Gesamtevidenz der Studierenden der Bundesministerin oder des Bundesministers zu übermitteln:

1. Matrikelnummer;
2. Geburtsdatum;
3. Geschlecht;
4. Staatsangehörigkeit;
5. Staat, Postleitzahl und Ort der Anschrift am Heimatort;
6. Form, Datum und Ausstellungsstaat der allgemeinen Universitätsreife; *(BGBl II 2011/161)*
7. Kennzeichnung, Beginndatum und Beendigungsdatum des Studiums;
8. Fortsetzungsmeldungen und Zulassungsstatus;
9. Beitragsstatus (§§ 91 und 92 des Universitätsgesetzes 2002) und Beteiligung an internationalen Mobilitätsprogrammen; *(BGBl II 2010/78)*
10. Kennzeichnung für die Personen- und Studienzählung;
11. Art und Datum jeder Prüfung, die ein ordentliches Studium, einen Studienabschnitt eines ordentlichen Studiums, einen Universitätslehrgang oder einen Vorbereitungslehrgang abschließt.

(2) Die Bundesrechenzentrum GmbH hat ferner aus dem Datenverbund der Universitäten an die Bundesministerin oder den Bundesminister zu übermitteln:

1. die Daten über Prüfungsaktivität gemäß Anlage 4 Z 2.1, jedoch mit nicht rückführbar verschlüsselten Matrikelnummern, wobei eine und dieselbe Matrikelnummer bei der Verschlüsselung jeweils dieselbe verschlüsselte Matrikelnummer ergibt, und
2. die Daten über Studienberechtigungsprüfungen gemäß Anlage 6, jedoch ohne Sozialversicherungsnummer und Ersatzkennzeichnung.

(BGBl II 2006/200, BGBl II 2008/328)

Statistische Auswertungen

§ 9. (1) Bei statistischen Auswertungen für die Bundesministerin oder den Bundesminister, insbesondere im Rahmen der Wissensbilanz und des Leistungsberichtes, haben die Universitäten gemäß den folgenden Absätzen vorzugehen. Soweit die Bundesministerin oder der Bundesminister entsprechende auf Basis des § 8 gewonnene und erforderlichenfalls von den Universitäten nachgebesserte Rohdaten auf der vorgesehenen elektronischen Plattform zur Verfügung stellt, haben die Universitäten diese den statistischen Auswertungen zu Grunde zu legen. *(BGBl II 2006/200)*

(2) Studierende, Studien und Studienabschlüsse sind anhand der in **Anlage 5** definierten Kriterien zu zählen.

(3) Die Studiendauer eines Studiums ist unter Verwendung der zusammen mit den Studienkennzahlen von der Bundesministerin oder vom Bundesminister auf elektronischem Weg bekannt gegebenen Merkmale „Konto-Nummer“ und „Verweis-Konto“ nach folgenden Regeln zu ermitteln:

1. Die Studiendauer umfasst alle zur Fortsetzung gemeldeten (inskribierten) Semester zuzüglich der Tage vom Ende des letzten vollständigen Semesters bis zum Termin der für den Studienabschluss maßgeblichen Prüfung (Studienleistung).
2. Alle studienzugehörigen Semester von der erstmaligen Zulassung zum betreffenden Studium bis zum Studienabschluss sind einzubeziehen, und zwar unabhängig vom allfälligen Wechsel der anzuwendenden Studienplanversion oder einem Übertritt vom Diplomstudium in ein fach-

gleiches Bachelorstudium und ohne Rücksicht auf die Konfiguration, in welcher sich das Studium oder seine Zweige finden. *(BGBl II 2008/328)*

3. Die Ermittlung bei Studien, die gemäß § 5 Abs. 4 mit mehr als einer Kennzahl bezeichnet sind, ist durchzuführen
   a) in den Studien der Romanistik oder Slawistik für die gewählte Sprache,
   b) im Instrumentalstudium, in der Instrumental(Gesangs)pädagogik und im Jazz für das gewählte Instrument oder den Gesang,
   c) im Lehramtsstudium für das Unterrichtsfach,
   d) in Bachelor- und Masterstudien sowie Universitätslehrgängen mit Bezug auf die fachliche Ausrichtung (§ 5 Abs. 4 Z 2 lit. a), *(BGBl II 2008/328)*
   e) im Doktoratsstudium und im individuellen Studium (studium irregulare) ohne Rücksicht auf die fachliche Spezifikation.
4. Jedes fortgesetzt gemeldete (inskribierte) Semester ist für die Ermittlung der Studiendauer nur einmal zu zählen, auch wenn es in mehreren gleichzeitig vorhandenen Studienkonfigurationen vorkommt.
5. Die Studiendauer ist in Tagen zu messen. Jedes vollständige Semester ist mit 182,5 Tagen anzusetzen. Als Ende des Wintersemesters ist der 28. Februar, als Ende des Sommersemesters der 30. September anzunehmen.
6. Soll die Dauer von Studienabschnitten ermittelt werden, sind über Z 1 hinaus auch die Tage zwischen der den vorausgehenden Studienabschnitt abschließenden Prüfung und dem Beginn des nächstfolgenden Semesters (1. März oder 1. Oktober) zu berücksichtigen.

(BGBl II 2006/200)

(4) Durchschnittliche Studiendauern sind nach folgenden Regeln zu ermitteln:

1. Es sind die Abschlüsse eines oder mehrerer Studienjahre heranzuziehen.
2. Vor Berechnung des Durchschnitts sind Abschlüsse, die mehr als 25% unter der gesetzlichen Studiendauer liegen, auszuscheiden. *(BGBl II 2008/328)*
3. Stehen für die Durchschnittsberechnung weniger als 10 Fälle zur Verfügung, sind weitere Abschlussjahrgänge einzubeziehen; auf Anforderung sind auch bei größeren Fallzahlen gleitende Durchschnitte über mehrere Jahre zu bilden.
4. Die Durchschnittsdauer aller einbezogenen Abschlüsse ist im Regelfall als Median in Tagen zu ermitteln und sodann auf eine Dezimalstelle genau in Semester umzurechnen. Werden andere Perzentilwerte oder das arithmetische Mittel verwendet, ist dies auszuweisen. *(BGBl II 2008/328)*

Abs. 5 und 6 entfallen durch BGBl II 2010/78.

Abs. 7 entfällt durch BGBl II 2008/328.

Daten für die Bundesstatistik
(BGBl II 2008/328)

§ **9a.** (1) Die Bundesrechenzentrum GmbH hat den vom Bundesminister oder von der Bundesministerin aus der Gesamtevidenz der Studierenden für die Bundesstatistik überlassenen Datensätzen jeweils die Sozialversicherungsnummer (das Ersatzkennzeichen) beizufügen und sodann die Datensätze an die Bundesanstalt „Statistik Österreich" zu übermitteln.

(2) Die Bundesrechenzentrum GmbH hat ferner die Datensätze über abgelegte Studienberechtigungsprüfungen (Anlage 6) an die Bundesanstalt „Statistik Österreich" zu übermitteln.

(BGBl II 2008/328)

In-Kraft-Treten

§ **10.** (1) § 6 Abs. 1 tritt mit 1. Juli 2005, die übrigen Bestimmungen treten mit dem In-Kraft-Treten dieser Verordnung in Kraft.

(2) § 2 Abs. 4, § 3 Abs. 1, § 5 Abs. 4 Z 2, § 7 Abs. 1 Z 3 bis 5, § 7 Abs. 2 bis 8, § 7a, § 8, § 9 Abs 3 und 4 und § 9a sowie das Verzeichnis der Anlagen und die Anlagen 3 bis 6 in der Fassung der Verordnung BGBl. II Nr. 328/2008 treten mit 1. Oktober 2008 in Kraft. *(BGBl II 2008/328)*

(3) § 3 Abs. 1, § 5 Abs. 4 Z 2 und 3, § 7 Abs. 1, 4 und 8, § 8 Abs. 1 Z 6, § 12 Abs. 3 und die Anlagen 3 bis 5 in der Fassung der Verordnung BGBl. II Nr. 161/2011 treten mit 1. Juli 2011 in Kraft. *(BGBl II 2011/161)*

Außer-Kraft-Treten

§ **11.** (1) Die Universitäts-Studienevidenzverordnung 1997, BGBl. II Nr. 245/1997, zuletzt geändert durch die Verordnung BGBl. II Nr. 315/2002, tritt mit dem In-Kraft-Treten dieser Verordnung außer Kraft.

(2) § 7a tritt mit Ablauf des 30. Juni 2011 außer Kraft. *(BGBl II 2011/161)*

Übergangsbestimmung
(BGBl II 2006/200)

§ **12.** (1) Auf kombinationspflichtige Studien, die gemäß § 80 Abs. 2 des Universitäts-Studiengesetzes, BGBl. I Nr. 48/1997, zuletzt geändert durch das Bundesgesetz BGBl. I Nr. 121/2002, in Verbindung mit § 124 Abs. 1 des Universitätsgesetzes 2002 auslaufend betrieben werden, ist § 5 Abs. 4 Z 1 lit. a und § 8 Abs. 2 Z 2 sinngemäß anzuwenden. *(BGBl II 2006/200)*

(2) § 8 Abs. 2 in der am 30. September 2008 geltenden Fassung ist für die Daten des Studienjahres 2007/08 weiterhin anzuwenden. *(BGBl II 2008/328)*

(3) Doktoratsstudien, die nur ein einziges Curriculum umfassen, dürfen weiterhin gemäß § 5 Abs. 4 Z 2 lit. b in der am 30. Juni 2011 geltenden Fassung codiert werden. *(BGBl II 2011/161)*

Anlage 1: Bildung und Vergabe von Matrikelnummern

Anlage 2: Anhang zum Diplom (Diploma Supplement)

Anlage 3: Studierendendaten für den Datenverbund der Universitäten

Anlage 4: Prüfungsdaten für den Datenverbund der Universitäten

Anlage 5: Statistik der Studierenden

Anlage 6: Daten über Studienberechtigungsprüfungen
(BGBl II 2008/328)

Anlage 1
zu § 2 Abs. 1

Bildung und Vergabe von Matrikelnummern

1. Bildung der Matrikelnummer

Die Matrikelnummer ist eine siebenstellige Ziffernfolge.

1.1 Die beiden ersten Ziffern haben das Studienjahr der Zulassung mit den beiden letzten Ziffern der Jahreszahl des Kalenderjahres zu bezeichnen, in das der Beginn des betreffenden Studienjahres fällt.

1.2 Die folgenden fünf Ziffern sind für jedes Studienjahr gesondert dem von der Bundesministerin oder vom Bundesminister der Universität zugewiesenen Nummernkontingent der zulassenden Universität zu entnehmen.

2. Vergabe der Matrikelnummer

2.1 Einer zum Studium zuzulassenden Antragstellerin oder einem zuzulassenden Antragsteller ist nur dann eine Matrikelnummer aus dem Nummernkontingent des aktuellen Studienjahres zuzuweisen, wenn sie oder er noch nie an einer Universität gemäß § 6 des Universitätsgesetzes 2002, an der Universität für Weiterbildung Krems oder an der Katholisch-Theologischen Privatuniversität Linz zum Studium zugelassen (aufgenommen) war.

2.2 War die Antragstellerin oder der Antragsteller bereits an einer Universität gemäß Z 2.1 zum Studium zugelassen (aufgenommen) und entspricht ihre oder seine Matrikelnummer der Bildungsvorschrift der Z 1, so ist diese Matrikelnummer weiter zu verwenden. Nicht weiter zu verwenden sind Matrikelnummern anderer postsekundärer Bildungseinrichtungen.

2.3 War die Antragstellerin oder der Antragsteller bereits an einer Universität gemäß Z 2.1 zum Studium zugelassen (aufgenommen), entspricht jedoch die damals vergebene Matrikelnummer nicht der Bildungsvorschrift der Z 1, so ist die Matrikelnummer im Sinn der Z 1 neu zu bilden wie folgt:

2.3.1 Die ersten beiden Ziffern haben das Studienjahr der ersten Aufnahme mit den beiden letzten Ziffern der Jahreszahl des Kalenderjahres zu bezeichnen, in das der Beginn des betreffenden Studienjahres fiel.

2.3.2 Die folgenden fünf Ziffern sind nach Maßgabe des von der Bundesministerin oder vom Bundesminister bekannt gegebenen Kontingentierungsplanes für rückwirkende Matrikelnummernvergabe zu vergeben. Hiebei ist bei der fortlaufenden Vergabe der Einzelnummern eines bestimmten Kontingentes von dem bereits im vorhergehenden Semester erreichten Stand auszugehen.

2.3.3 Den Medizinischen Universitäten sind die Einzelnummern gemäß Z 2.3.2 von jener Universität zur Verfügung zu stellen, deren Medizinischer Fakultät sie gemäß § 136 Abs. 2 des Universitätsgesetzes 2002 nachgefolgt sind.

3. Sperrung einer Matrikelnummer

Eine Matrikelnummer, die den Bildungs- oder Vergabebestimmungen von Z 1 und 2 nicht entspricht, ist von der Universität, die sie vergeben hat, zu sperren. Die gesamte gespeicherte Information über die oder den Studierenden ist auf die richtige Matrikelnummer zu übertragen. Die Sperrung ist der Bundesministerin oder dem Bundesminister und der Bundesrechenzentrum GmbH mitzuteilen, sofern sie nicht von dieser veranlasst wurde.

(BGBl II 2006/200)

Anlage 2

zu § 6 Abs. 1

Anhang zum Diplom (Diploma Supplement)

1. Rahmenformular für die deutschsprachige Version

(Universität)

Anhang zum Diplom (Diploma Supplement)

Anhang zum Diplom

Dieser Anhang zum Diplom wurde nach dem von der Europäischen Kommission, dem Europarat und UNESCO/CEPES entwickelten Modell erstellt. Mit dem Anhang wird das Ziel verfolgt, ausreichend unabhängige Daten zu erfassen, um die internationale „Transparenz" und die angemessene akademische und berufliche Anerkennung von Qualifikationen (Diplomen, Abschlüssen, Zeugnissen usw.) zu verbessern. Der Anhang soll eine Beschreibung über Art, Niveau, Kontext, Inhalt und Status eines Studiums bieten, den die im Original-Befähigungsnachweis, dem der Anhang beigefügt ist, genannte Person absolviert und erfolgreich abgeschlossen hat. Der Anhang sollte keinerlei Werturteile, Aussagen über die Gleichwertigkeit mit anderen Qualifikationen oder Vorschläge bezüglich der Anerkennung enthalten. Zu allen acht Punkten sollten Angaben gemacht werden. Werden zu einem Punkt keine Angaben gemacht, sollte der Grund dafür angeführt werden.

1	**Angaben zur Person des Qualifikationsinhabers**	
1.1	Familienname(n)	
1.2	Vorname(n)	
1.3	Geburtsdatum (TTMMJJJJ)	
1.4	Matrikelnummer oder Code	
2	**Angaben zur Qualifikation**	
2.1	Name der Qualifikation und verliehener Titel *)	
2.2	Hauptstudienfach oder -fächer für die Qualifikation	
2.3	Name und Status der Organisation, die die Qualifikation verliehen hat *)	
2.4	Name und Status der Einrichtung, die das Studium durchgeführt hat *)	
2.5	Im Unterricht / in den Prüfungen verwendete Sprache(n)	
3	**Angaben zum Niveau der Qualifikation**	
3.1	Niveau der Qualifikation	
3.2	Regelstudienzeit (gesetzliche Studiendauer)	
3.3	Zulassungsvoraussetzungen	
4	**Angaben über den Inhalt und die erzielten Ergebnisse**	
4.1	Studienart	
4.2	Anforderungen des Studiums	
4.3	Angaben zum Studium (z.B. absolvierte Module und Einheiten) und erzielte Beurteilungen/ Bewertungen / ECTS Anrechnungspunkte	

4.4	Beurteilungsskala und, wenn verfügbar, Anmerkungen zur Vergabe der Beurteilungen	„sehr gut“, „mit Auszeichnung bestanden“ (1) „gut“ (2) „befriedigend“ (3) „genügend“ (4) „nicht genügend“ (5)
4.5	Gesamtbeurteilung der Qualifikation *)	„mit Auszeichnung bestanden“ „bestanden“ „nicht bestanden“
5	**Angaben zur Funktion der Qualifikation**	
5.1	Zugangsberechtigung zu weiterführenden Studien	
5.2	Beruflicher Status	Zugang zu akademischen Berufen nach Maßgabe der berufsrechtlichen Vorschriften; Diplom im Sinne der Richtlinie 89/48/EWG
6	**Sonstige Angaben**	
6.1	Weitere Angaben	
6.2	Informationsquellen für ergänzende Angaben	
7	**Beurkundung des Anhanges**	7.4 Rundsiegel
7.1	Ausstellungsdatum	
7.2	Unterschrift / Name	
7.3	Amtliche Funktion der Urkundsperson	
8	**Angaben zum österreichischen Hochschulsystem**	

* in Originalsprache (Deutsch)

2. Rahmenformular für die englischsprachige Version

(University)

Diploma Supplement

This Diploma Supplement follows the model developed by the European Commission, Council of Europe and UNESCO/CEPES. The purpose of the supplement is to provide sufficient independent data to improve the international „transparency“ and fair academic and professional recognition of qualifications (diplomas, degrees, certificates etc.). It is designed to provide a description of the nature, level, context, content and status of the studies that were pursued and successfully completed by the individual named on the original qualification to which this supplement is appended. It should be free from any value judgements, equivalence statements or suggestions about recognition.

Information in all eight sections should be provided. Where information is not provided, an explanation should give the reason why.

1	**Information identifying the holder of the qualification**	
1.1	Family name(s)	
1.2	Given name(s)	
1.3	Date of birth (DDMMYYYY)	
1.4	Student identification number	
2	**Information identifying the qualification**	
2.1	Name of qualification, title conferred *)	

2.2	Main field(s) of study for the qualification	
2.3	Name and status of awarding institution *)	
2.4	Name and status of institution administering studies *)	
2.5	Language(s) of instruction / examination	
3	**Information on the level of the qualification**	
3.1	Level of qualification	
3.2	Official length of programme	
3.3	Access requirement(s)	
4	**Information on the contents and results gained**	
4.1	Mode of study	
4.2	Programme requirements	
4.3	Programme details (courses, modules or units studied, individual grades obtained)	
4.4	Grading scheme, grade translation and grade distribution guidance	„excellent", "pass with distinction" (1) „good" (2) „satisfactory" (3) „sufficient" (4) „unsatisfactory"
4.5	Overall classification of the qualification *)	„mit Auszeichnung bestanden" „bestanden" „nicht bestanden"
5	**Information on the function of the qualification**	
5.1	Access to further study	
5.2	Professional status conferred	Access to academic professions according to the professional regulations; diploma in the sense of directive RL 89/48/EEC.
6	**Additional information**	
6.1	Additional information	
6.2	Further information sources	
7	**Certification of the supplement**	7.4 Official stamp
7.1	Date	
7.2	Signature / name	
7.3	Capacity	
8	**Information on the Austrian higher education system**	

* in original language (German)

3. Hinweise zur Erstellung des Anhanges zum Diplom (Diploma Supplement)

3.1 Anleitungen zur Erstellung des Anhanges zum Diplom/Diploma Supplement einschließlich der für die Felder 4.4, 4.5 und 8 verbindlichen Texte und weitere Einzelheiten sind dem ECTS-Handbuch für Benutzer, herausgegeben von der Europäischen Union zu entnehmen.

3.2 Zu Punkt 4.3 ist zumindest eine Abgangsbescheinigung (§ 69 Abs. 1 des Universitätsgesetzes 2002) beizulegen. Nach der Einführung und Umsetzung von ECTS ist der deutschen Fassung eine „Abschrift der Studiendaten" und der englischen Fassung ein „Transcript of records" nach dem Muster des ECTS-Handbuches für Benutzer beizufügen. Die Anlage ist im Feld 4.3 zu vermerken.

Die dem Studium zugewiesene Zahl der ECTS-Anrechnungspunkte ist anzugeben.

3.3 Auf Antrag und nach Maßgabe internationaler Rechtsvorschriften (das ist derzeit der Notenwechsel BGBl. III Nr. 45/2001) ist im Feld 4.5 eine Gesamtnote über das Studium auszustellen, die alle nach den Studienvorschriften abgelegten Prüfungen und die Diplom- bzw. Masterarbeit umfasst. *(BGBl II 2011/161)*

3.4 Text zu Punkt 8 und weitere Anleitungen zum Ausfüllen siehe www.bmwf.gv.at/wissenschaft/international/enic_naric_austria/diploma_supplement.

3.5 Für weitere Informationen siehe http://www.europass.at/article/articleview/17/1/6 und http://ec.europa.eu/education/index_en.htm.

(BGBl II 2009/2)

Anlage 3
zu § 7 Abs. 2

Studierendendaten für den Datenverbund der Universitäten

1. Auswahl aus der Evidenz der Studierenden der Universität

1.1 Für eine Volllieferung an den Datenverbund der Universitäten sind alle Studien, deren Zulassungsdatum sich auf das betreffende Semester bezieht oder deren Beginndatum oder Beendigungsdatum im betreffenden Semester liegt, oder zu denen für das betreffende Semester eine Meldung der Fortsetzung des Studiums oder eine Beurlaubung vorliegt, sowie die Personen- und Studienbeitragsdatensätze der Studierenden dieser Studien auszuwählen.

1.2 Nachlieferungen von Neuzulassungen haben Personen-, Studien- und Studienbeitragsdatensätze, andere Nachlieferungen jedenfalls Personen- und Studiendatensätze zu enthalten.

1.3 Die Basislieferung hat die unter dem Blickwinkel des nächstfolgenden Semesters aufbereiteten Personen-, Studien- und Studienbeitragsdatensätze aller Studierenden zu enthalten, die zum Zeitpunkt der Basislieferung ein Studium mit aufrechter Zulassung an der überlassenden Universität aufweisen.

(BGBl II 2006/200, BGBl II 2008/328)

2. Aufbau der Datensätze

Die Daten einer oder eines Studierenden bestehen aus dem Personendatensatz, dem Studienbeitragsdatensatz und zugeordneten Studiendatensätzen. *(BGBl II 2008/328)*

2.1 Aufbau der Personendatensätze

Lfd. Nr.	Feldinhalt	Anmerkungen
1	Matrikelnummer	
2	meldende Universität	codiert (§ 5)
3	Familienname	
4	Vorname/n	
5	Geburtsdatum (JJJJMMTT)	
6	Staatsangehörigkeit	codiert (§ 5)
7	Geschlecht	M, W
8	akademische/r Grad/e vor dem Namen	
9	akademische/r Grad/e nach dem Namen	
10	Staat der Anschrift am Heimatort	codiert (§ 5)
11	Postleitzahl der Anschrift am Heimatort	
12	Heimatort	
13	Straße, Hausnummer/Stiege/Stock/Tür-Nr.	
14	Staat der Zustelladresse	codiert (§ 5)
15	Postleitzahl der Zustelladresse	
16	Ort der Zustelladresse	
17	Straße, Hausnummer/Stiege/Stock/Tür-Nr.	
18	C/O-Name	
19	Sozialversicherungsnummer/Ersatzkennzeichen	
20	Bezugssemester	
21	Kennzeichnung für die Personenzählung PE/PN	3.2
22	Kennzeichnung für die Personenzählung PO	3.3
23	Studienbeitragsstatus	codiert (§ 5)
24	E-Mail-Adresse	

(BGBl II 2008/328, BGBl II 2010/78, BGBl II 2011/161)

2.2 Aufbau der Studienbeitragsdatensätze

Lfd. Nr.	Feldinhalt	Anmerkungen
1	Matrikelnummer	
2	meldende Universität	codiert (§ 5)
3	Beitragssemester	
4	Bezahlungsstatus	3.5
5	Vorschreibung Studienbeitrag	
6	Vorschreibung Studierendenbeitrag	
7	Vorschreibung Sonderbeitrag	
8	Valutadatum der Vorschreibung	entspricht Zahlungsfrist auf Erlagscheinen
9	Nachforderung Studienbeitrag	
10	Nachforderung Studierendenbeitrag	
11	Nachforderung Sonderbeitrag	
12	Valutadatum der Nachforderung	entspricht Zahlungsfrist auf Erlagscheinen
13	Druckauftrag für Erlagschein	
14	Datum des Druckauftrages (JJJJMMTT)	
15	Ist-Betrag	
16	letztes Buchungsdatum (JJJJMMTT)	
17	Studienbeitragskonto der Universität	Bankleitzahl und Kontonummer

2.3 Aufbau der Studiendatensätze

Lfd. Nr.	Feldinhalt	Anmerkungen
1	Matrikelnummer	
2	meldende Universität	codiert (§ 5)
3	Bezugssemester	
4	Kennzeichnung Studiengesetz	3.6
5	Universität der Zulassung	codiert (§ 5)
6	Kennzahl-1 des Studiums	codiert (§ 5)
7	Kennzahl-2 des Studiums	codiert (§ 5)
8	Kennzahl-3 des Studiums	codiert (§ 5)
9	zweite Universität	codiert (§ 5)
10	Antrags-, Zulassungs- oder Beginndatum (JJJJMMTT)	3.7
11	Form der allgemeinen Universitätsreife	codiert (§ 5)
12	Datum der allgemeinen Universitätsreife	3.1
13	Ausstellungsstaat der allgemeinen Universitätsreife	codiert (§ 5)
14	Zulassungsstatus	3.8
15	Anfängerkennzeichen SN für Fach-1	3.9
16	Anfängerkennzeichen SN für Fach-2	3.9
17	Meldung der Fortsetzung des Studiums	3.10
18	Mobilitätsprogramm	codiert (§ 5); 3.4
19	Gastland des Auslandsaufenthaltes	codiert (§ 5)
20	Beendigungsdatum (JJJJMMTT)	3.11

(BGBl II 2011/161)

3 Feldinhalt

Die Felder 1 bis 7, 10, 12, 14 bis 17, 19, 20 und 23 des Personendatensatzes dürfen nicht leer übergeben werden; bei einem Heimatort in Österreich darf auch Feld 11 nicht leer übergeben werden. Die Felder 1 bis 13 des Studienbeitragsdatensatzes und die Felder 1 bis 6 und 10 bis 14 des Studiendatensatzes dürfen nicht leer übergeben werden. *(BGBl II 2008/328, BGBl II 2011/161)*

3.1 Das Feld ist nach dem Muster „JJJJMM" zu besetzen, z.B. „200206". Bei den Schulformen-Codes „35" und „98" ist dieses Feld mit „000000", beim Schulformen-Code „99" mit „999999" zu besetzen.

3.2 Wenn die Person erstmals an dieser Universität zu einem Studium zugelassen wurde („PN" gemäß Anlage 5), so ist das Feld mit „N" zu besetzen. Wenn die Person an dieser Universität jedoch erstmals in Österreich zu einem Studium zugelassen wurde („PE" gemäß Anlage 5), so ist „E" einzusetzen. In den übrigen Fällen bleibt das Feld leer.

3.3 Wenn die Person erstmals an dieser Universität zu einem ordentlichen Studium zugelassen wurde („PO" gemäß Anlage 5), so ist das Feld mit „O" zu besetzen. In den übrigen Fällen bleibt das Feld leer.

3.4 Bei Vorliegen des Beitragsstatus M, S oder C ist das für den Erlass des Studienbeitrages maßgebliche Mobilitätsprogramm samt Gastland des Auslandsaufenthaltes anzugeben. Bei Vorliegen eines anderen Beitragsstatus ist die der Universität bekannte Teilnahme der oder des Studierenden an einem internationalen Mobilitätsprogramm samt Gastland ab einer Mindestdauer von zwei Wochen anzugeben. Beginnt die Teilnahme in den Semester- oder Sommerferien, ist sie dem nachfolgenden Semester zuzuordnen. Die Meldung der Teilnahme an einem internationalen Mobilitätsprogramm, die keinen Erlass des Studienbeitrages zur Folge hat, für mehr als ein Semester ist ab einer Mindestdauer von fünf Monaten zulässig. *(BGBl II 2009/2, BGBl II 2010/78)*

3.5 Zu verwenden sind die Codes

0 vorgeschrieben
1 Betrag nicht ordnungsgemäß
2 zu spät bezahlt
7 bezahlt „so gut wie"
8 bezahlt an andere Universität
9 ordnungsgemäß bezahlt

(BGBl II 2010/78)

3.6 Außerordentliche Studien und ordentliche Studien aufgrund von Studienplänen gemäß UniStG und Curricula gemäß Universitätsgesetz 2002 sind mit „U", ordentliche Studien nach Studienvorschriften aus der Zeit vor In-Kraft-Treten des UniStG sind mit „A" zu kennzeichnen.

3.7 In Verbindung mit Zulassungsstatus V ist das Datum des Zulassungsantrages, in Verbindung mit Zulassungsstatus B das Zulassungsdatum anzugeben. In Verbindung mit dem Zulassungsstatus F ist im Regelfall das Zulassungsdatum anzugeben, sofern jedoch die Information über verschiedene Phasen eines Studiums getrennt gespeichert wird und zu Beginn der Studienphase keine Zulassung (§§ 63 und 70 des Universitätsgesetzes 2002) vorliegt, ist das Beginndatum der jeweiligen Studienphase anzugeben.

3.8 Zu verwenden sind die Codes

V Antrag auf Zulassung
B Zulassung zum Studium (neu oder nach Erlöschen der Zulassung)
F Zulassung zum Studium ist aufrecht (nicht erloschen)
X Studienzulassung ist erloschen

Eine Studienänderung ohne Zulassungscharakter (z.B. Wechsel des Studienzweiges, Unterstellung unter die neu geltenden Studienvorschriften) an derselben Universität ist mit „F" zu kennzeichnen. Bei Mitbelegungen ist der Zulassungsstatus immer mit „F" anzugeben.

3.9 „Anfängerkennzeichen SN für Fach-1" entspricht allen Einfachstudien, dem ersten Unterrichtsfach des Lehramtsstudiums oder der gewählten Sprache bei Romanistik oder Slawistik; „Anfängerkennzeichen SN für Fach-2" entspricht dem zweiten (Unterrichts-)Fach.

Das Anfängerkennzeichen „A" ist im Semester der Zulassung entsprechend der Anordnung der Studienkennzahlen bei jedem Fach zu setzen, zu dem es an dieser Universität kein Vorstudium gibt. In den folgenden Semestern des Studiums bleiben diese Felder leer.

Ein Vorstudium liegt vor, wenn an dieser Universität bereits in einem früheren Semester eine Zulassung zu einem Studium erfolgte, in dem dieses Fach enthalten war. Bei einem Lehramtsstudium oder einem kombinationspflichtigen Studium (§ 80 Abs. 2 UniStG) sind die Voraussetzungen für ein allfälliges Anfängerkennzeichen für jedes (Unterrichts-)Fach gesondert zu prüfen. In den Studienrichtungen Romanistik und Slawistik ist kein Anfängerkennzeichen zu setzen, wenn schon früher eine Zulassung zu einer Studienrichtung oder zu einem Studienzweig gleicher Sprache erfolgte. In der Studienrichtung Instrumentalstudium unterbleibt das Anfängerkennzeichen bei neuerlicher Wahl desselben Instrumentes im Rahmen der aktuellen Studienzulassung. Die Zulassung zu einem Bachelorstudium ist bei Vorliegen einer früheren Zulassung zum Diplomstudium derselben Studienrichtung ebenfalls ohne Anfängerkennzeichen darzustellen. Bei Zulassung zu einem dreijährigen Doktoratsstudium unterbleibt das Anfängerkennzeichen im Fall früherer Zulassung zu einem fachgleichen Doktoratsstudium mit kürzerer gesetzlicher Studiendauer. *(BGBl II 2008/328, BGBl II 2011/161)*

3.10 Das Feld ist mit dem Buchstaben „I" zu besetzen, wenn die oder der Studierende im aktuellen Semester zu diesem Studium zugelassen wurde oder die Fortsetzung des Studiums gemeldet hat. Das Feld ist mit "A" zu besetzen, solange die oder der Studierende die Fortsetzung des Studiums bei gleichzeitigem Auslandsaufenthalt unter Anwendung von § 92 Abs. 1 Z 1 oder 2 des Universitätsgesetzes 2002 gemeldet hat. In Semestern einer Beurlaubung ist das Feld mit „U" zu besetzen.

3.11 Das Feld ist mit dem Datum des Erlöschens der Zulassung (§§ 68 und 71 des Universitätsgesetzes 2002), jedoch bei Studienänderungen ohne Zulassungscharakter mit dem Datum der Beendigung dieser Studienphase zu besetzen.

Bei Zulassung zu einem dreijährigen Doktoratsstudium unterbleibt das Anfängerkennzeichen im Fall früherer Zulassung zu einem fachgleichen Doktoratsstudium mit kürzerer gesetzlicher Studiendauer. *(BGBl II 2006/200, BGBl II 2011/161)*

Anlage 4
zu § 7 Abs. 3

Prüfungsdaten für den Datenverbund der Universitäten

1. Auswahl aus der Evidenz der Studierenden und der Prüfungen

Die Prüfungsdaten für den Datenverbund der Universitäten umfassen

1.1 Datensätze über die Prüfungsaktivität, welche Stundenmengen abgelegter Prüfungen, Stundenmengen abgelegter Prüfungen mit positiver Beurteilung und Mengen von ECTS-Anrechnungspunkten enthalten, die den ordentlichen Studierenden auf Grund positiver Beurteilung von Prüfungen und von wissenschaftlichen oder künstlerischen Arbeiten zuerkannt wurden, und

1.2 Datensätze über vollständig erfolgreich abgelegte Prüfungen, die ein ordentliches Studium, einen Studienabschnitt eines Diplomstudiums, einen Universitätslehrgang oder Vorbereitungslehrgang abschließen.

2. Aufbau der Datensätze

2.1 Aufbau des Datensatzes zur Prüfungsaktivität:

Lfd. Nr.	Feldinhalt	Anmerkungen
1	Matrikelnummer	
2	meldende Universität	Codiert (§ 5)
3	Berichtssemester	
4	Kennzeichnung Studiengesetz	3.1
5	Kennzeichnung des Studiums	Kennzeichnung gemäß § 5 Abs. 4
6	Semesterzahl Fach-1 (§ 9 Abs. 3)	3.2
7	Semesterzahl Fach-2 (§ 9 Abs. 3)	3.2
8	Semesterstundenzahl Fach-1	3.3.1, 3.3.3
9	Semesterstundenzahl Fach-2	3.3.2
10	Semesterstundenzahl mit positiver Beurteilung Fach-1	3.3.1, 3.3.3
11	Semesterstundenzahl mit positiver Beurteilung Fach-2	3.3.2
12	ECTS-Punkte Fach-1	3.3.1, 3.3.3
13	ECTS-Punkte Fach-2	3.3.2

2.2 Aufbau des Datensatzes zu abschließenden Prüfungen

Lfd. Nr.	Feldinhalt	Anmerkungen
1	Matrikelnummer	
2	meldende Universität	codiert (§ 5)
3	Berichtssemester	
4	Kennzeichnung Studiengesetz	3.1
5	Universität der Zulassung	codiert (§ 5)
6	Kennzahl-1 des Studiums	codiert (§ 5)
7	Kennzahl-2 des Studiums	codiert (§ 5)
8	Kennzahl-3 des Studiums	codiert (§ 5)
9	zweite Universität	codiert (§ 5)
10	Studienabschnitt (Fach-1)	3.4 bis 3.8
11	Studienabschnitt (Fach-2)	3.4 bis 3.8
12	Abschlussdatum (JJJJMMTT) 1. Abschnitt (Fach-1)	3.4 bis 3.7
13	Abschlussdatum (JJJJMMTT) 1. Abschnitt (Fach-2) oder 2. Abschnitt (Fach-1)	3.4 bis 3.7
14	Abschlussdatum (JJJJMMTT) letzter Abschnitt (Fach-1)	3.4 bis 3.7
15	Abschlussdatum (JJJJMMTT) letzter Abschnitt (Fach-2)	3.4 bis 3.7
16	Abschlussdatum (JJJJMMTT) Doktorat oder sonstiger Abschluss	3.4 bis 3.7

3. Feldinhalt

Die Felder 1 bis 5 des Datensatzes zur Prüfungsaktivität dürfen nicht leer übergeben werden. Ferner darf Feld 6 bei Studien mit Zulassung an dieser Universität und Feld 12 bei Studien mit der Kennzeichnung Studiengesetz „U" nicht leer übergeben werden.

Die Felder 1 bis 6, 10 oder 11 und zumindest eines der Felder 12 bis 16 des Datensatzes zu abschließenden Prüfungen dürfen nicht leer übergeben werden.

3.1 Ordentliche Studien aufgrund von Studienplänen gemäß UniStG und Curricula gemäß Universitätsgesetz 2002 sind mit „U“, ordentliche Studien nach Studienvorschriften aus der Zeit vor In-Kraft-Treten des UniStG sind mit „A“ zu kennzeichnen.

3.2 Semesterzahl
Die erreichte Zahl fortgesetzt gemeldeter Semester einschließlich des Berichtssemesters ist im Regelfall in das erste zweistellige Feld einzutragen (Semesterzahl Fach-1).
Bei kombinationspflichtigen Studien, die gemäß § 80 Abs. 2 UniStG in Verbindung mit § 124 Abs. 1 des Universitätsgesetzes 2002 auslaufend absolviert werden, ist die Semesterzahl für die erste Studienrichtung in das erste zweistellige Feld (Semesterzahl Fach-1) und jene für die zweite Studienrichtung in das zweite zweistellige Feld (Semesterzahl Fach-2) zu setzen. Beim Lehramtsstudium nach einem Studienplan gemäß UniStG entspricht Semesterzahl Fach-1 dem ersten und Semesterzahl Fach-2 dem zweiten Unterrichtsfach.

3.3.1 Die Semesterstundenzahl und die ECTS-Punkte sind im Regelfall in die Felder 8, 10 und 12 einzutragen.

3.3.2 Bei kombinationspflichtigen Diplomstudien, die gemäß § 80 Abs. 2 UniStG in Verbindung mit § 124 Abs. 1 des Universitätsgesetzes 2002 auslaufend absolviert werden, sowie für Lehramtsstudien nach einem Studienplan gemäß UniStG sind die Semesterstundenzahl und die ECTS-Punkte für die erste Studienrichtung (das erste Unterrichtsfach) in die Felder 8, 10 und 12 und jene für die zweite Studienrichtung (das zweite Unterrichtsfach) in die Felder 9, 11 und 13 einzutragen.

3.3.3 Diplom- und Masterarbeiten sind mit 6, Dissertationen mit 8 Semesterstunden anzusetzen. Der im Studienplan nicht mit einer Stundenzahl verbundene abschließende kommissionelle Teil der zweiten Diplomprüfung von auslaufend gemäß § 80 Abs. 2 UniStG in Verbindung mit § 124 Abs. 1 des Universitätsgesetzes 2002 studierbaren Diplomstudien ist mit 2 Semesterstunden anzusetzen.

3.4 Die Besetzung der Felder 10 bis 16 steht in direktem Zusammenhang. Der Zusammenhang wird im so genannten Prüfungsvektor, einem Feld mit fünf Positionen, abgebildet. Der Prüfungsvektor für ein bestimmtes Studium wird aus der Datei der Studienkennzahlen (§ 5 Abs. 2) gebildet. Dabei ist die Reihenfolge der Bildungsregeln einzuhalten:

3.4.1 Bildungsregel-1: Ist die erste Kennzahl ein Kopfcode oder bezeichnet sie ein nicht kombinationspflichtiges Studium, so ist der Prüfungsvektor identisch mit dem Feld „Abschluss-Codes“; das gilt für die folgenden „Gruppenkennzeichen“: A, B, C, G, H, J, N, O, P, Q, R, U, V, Y, Z oder blank.

3.4.2 Bildungsregel-2: In den übrigen Fällen wird der Prüfungsvektor positionsgetreu aus den Werten an den Positionen 1, 3 und 5 der „Abschluss-Codes“ der ersten Kennzahl und den Werten an den Positionen 2 und 4 der „Abschluss-Codes“ der zweiten Kennzahl zusammengesetzt.

3.5 Für die Besetzung der Felder 10 und 11 sind nur jene Werte aus Z 3.8 zulässig, die im Prüfungsvektor ermittelt wurden. Wurde dieser nach Bildungsregel-2 ermittelt, so besteht ein strikter Zusammenhang zwischen den Werten in den Positionen 1, 3 und 5 mit Feld 10 und den Werten in den Positionen 2 und 4 mit Feld 11. Bei Ermittlung nach Bildungsregel-1 darf nur das Feld 10 besetzt sein.

3.6 Für kombinationspflichtige Studien, die an zwei Universitäten betrieben werden, gilt für Z 3.4 und 3.5 die Einschränkung, dass für die Bildung des Prüfungsvektors und für die Besetzung der Felder 10 und 11 von jeder der beteiligten Universitäten nur jenes Fach (und damit jene Position) heranzuziehen ist, die dem eigenen Studienangebot entspricht. Die Felder, die der anderen Universität zuzuordnen sind, bleiben grundsätzlich leer.

3.7 Unter Berücksichtigung der Beziehung zwischen den Studienkennzahlen und den korrespondierenden Positionen im Prüfungsvektor (Bildungsregel-2) ergibt sich für jeden Abschnittscode eindeutig die Position jenes Feldes, in welchem das Datum einer konkreten das Studium oder einen Studienabschnitt abschließenden Prüfung (Studienleistung) zu setzen ist. Die Datumsfelder der das Studium oder einen Studienabschnitt abschließenden Prüfungen (Studienleistungen) werden entsprechend dem Studienfortschritt besetzt, bis die Zulassung zu diesem Studium erloschen ist; Prüfungsdaten, die bereits in früheren Semestern überlassen wurden, sind auch bei weiteren Meldungen in den Daten anzuführen. Ist die Position 5 im Prüfungsvektor besetzt, so ist das Datum in Feld 16 das Abschlussdatum des Studiums; ansonsten wird das Studium mit der Angabe des Datums in Feld 14 abgeschlossen. *(BGBl II 2011/161)*

3.8 Für die Felder 10 und 11 sind folgende Werte mit den angegeben Bedeutungen vorgesehen:
leer: noch keine das Studium oder einen Studienabschnitt abschließende Prüfung (Studienleistung) oder (bei Feld 11) für dieses Studium keine Angabe erlaubt
R den 1. Studienabschnitt abschließende Prüfung eines ordentlichen Studiums mit mehreren Abschnitten (z. B. 1. Diplomprüfung, 1. Rigorosum)
W den 2. Studienabschnitt abschließende Prüfung eines ordentlichen Studiums mit drei Abschnitten (z.B. 2. Diplomprüfung, 2. Rigorosum)
S abschließende Prüfung (Studienleistung) eines ordentlichen Studiums, unabhängig von der Zahl der Abschnitte (letzte Diplomprüfung, letztes Rigorosum, Bachelor- oder Masterprüfung, Approbation der wissenschaftlichen/künstlerischen Abschlussarbeit)
P (abschließendes) Rigorosum eines Doktoratsstudiums
U Abschlussprüfung eines Universitäts- oder Vorbereitungslehrganges, Abschluss eines Studiums für die Gleichwertigkeit

Bei den Codes R, W und S überschreibt der im Studienverlauf jeweils höherwertige den niedrigerwertigen. *(BGBl II 2008/328, BGBl II 2011/161)*

Anlage 5

zu § 9 Abs. 2

Statistik der Studierenden

1. Allgemeine Zählbedingung

Für die Zählung der Studierenden eines Semesters sind nur jene zu berücksichtigen, deren Studienzulassung über das Ende der Nachfrist hinaus gegeben war. Studien sind darüber hinaus nur zu berücksichtigen, sofern sie zur Fortsetzung gemeldet waren.

2. Definition von Personenmengen (P)

2.1 **PU – Studierende**

- sind alle Personen, die im betreffenden Semester an dieser Universität für mindestens ein Studium zugelassen sind.

Kriterien:

- Matrikelnummer als Identifikator der Person,
- mindestens ein Studium mit dem Kennbuchstaben dieser Universität an der ersten oder zweiten Position.

2.2 **PN – Neuzugelassene Studierende**

- sind alle Personen, die im betreffenden Semester an dieser Universität erstmals zu einem Studium zugelassen wurden.

Kriterien:

- Matrikelnummer als Identifikator der Person,
- mindestens ein Studium mit dem Kennbuchstaben dieser Universität an der ersten oder zweiten Position,
- das Zulassungsdatum ist dem betreffenden Semester zuzuordnen,
- die Zulassung ist die erste dieser Person an dieser Universität, und die Person war in keinem früheren Semester an dieser Universität zum Studium zugelassen.

2.3 **PO – Neuzugelassene ordentliche Studierende**

- sind alle Personen, die im betreffenden Semester an dieser Universität erstmals zu einem ordentlichen Studium zugelassen wurden.

Kriterien:

- Matrikelnummer als Identifikator der Person,
- mindestens ein ordentliches Studium mit dem Kennbuchstaben dieser Universität an der ersten oder zweiten Position,
- das Zulassungsdatum ist dem betreffenden Semester zuzuordnen,
- die Zulassung ist die erste dieser Person an dieser Universität als ordentliche/r Studierende/r, und die Person war in keinem früheren Semester an dieser Universität zu einem ordentlichen Studium zugelassen.

2.4 **PI – Studierende im ersten Semester**

- sind alle Personen, die sich im betreffenden Semester an dieser Universität in einem oder mehreren Studien im ersten Semester befinden.

Kriterien:

- Matrikelnummer als Identifikator der Person,
- mindestens ein Studium ist der Studienmenge SN – belegte Studien im ersten Semester (Z 3.2) zuzuordnen.

2.5 **PE – Erstzugelassene**

- sind alle Personen, die im betreffenden Semester an dieser Universität erstmals zu einem Studium zugelassen wurden und vorher nie einer in Z 2.1 der Anlage 1 genannten Universität angehört haben.

Kriterien:

- Matrikelnummer als Identifikator der Person,
- die Matrikelnummer stammt aus dem für dieses Semester aktuellen Jahreskontingent dieser Universität,

– mindestens ein offenes Studium mit dem Kennbuchstaben dieser Universität an der ersten Position,
– das Zulassungsdatum ist dem betreffenden Semester zuzuordnen,
– die Zulassung ist die erste dieser Person an dieser Universität.

2.6 **PM – Mitbeleger/innen**

– sind alle Personen, die im betreffenden Semester an dieser Universität die Fortsetzung zu einem Studium gemeldet haben, zu dem sie ausschließlich an einer anderen Universität zugelassen sind.

Kriterien:

– Matrikelnummer als Identifikator der Person,
– ein Studium, dessen Kennzeichnung den Kennbuchstaben dieser Universität nicht enthält.

2.7 **PA Absolvent/inn/en**

– sind alle Personen, die im betreffenden Studienjahr an dieser Universität ein ordentliches Studium oder einen Universitätslehrgang abgeschlossen haben.

Kriterien:

– Matrikelnummer als Identifikator der Person,
– ein ordentliches Studium oder ein Universitätslehrgang mit dem Kennbuchstaben dieser Universität an erster Stelle wurde in diesem Studienjahr durch erfolgreiche Ablegung aller im Curriculum (Studienplan) vorgesehenen Prüfungen und positive Beurteilung vorgesehener wissenschaftlicher oder künstlerischer Arbeiten abgeschlossen.

3 **Definition von Studienmengen (S)**

3.1 **SB – belegte Studien**

– sind Studien, zu denen im betreffenden Semester eine Fortsetzungsmeldung erfolgte

Kriterien:

– Studium mit dem Kennbuchstaben dieser Universität an der ersten oder zweiten Position,

3.2 **SN – belegte Studien im ersten Semester**

– sind Studien, zu denen im betreffenden Semester die erstmalige Zulassung an dieser Universität erfolgte

Kriterien:

– Studium mit dem Kennbuchstaben dieser Universität an der ersten oder zweiten Position,
– das Zulassungsdatum ist dem betreffenden Semester zuzuordnen,
– das Studium ist gemäß Anlage 3 Z 3.9 mit dem Anfängerkennzeichen „SN" versehen.

3.3 **SE – belegte Studien der Erstzugelassenen**

– sind Studien von jenen Studierenden, die im betreffenden Semester von der betreffenden Universität erstmals in Österreich zu einem Studium zugelassen wurden (PE)

Kriterien:

– Matrikelnummer als Identifikator der Person,
– die Matrikelnummer stammt aus dem für dieses Semester aktuellen Jahreskontingent dieser Universität,
– Studium mit dem Kennbuchstaben dieser Universität an der ersten Position,
– das Zulassungsdatum ist dem betreffenden Semester zuzuordnen,
– die Zulassung ist die erste dieser Person an dieser Universität.

3.4 **SM – mitbelegte Studien**

– sind Studien, zu denen im betreffenden Semester an dieser Universität eine Fortsetzungsmeldung erfolgte, obwohl die Zulassung ausschließlich an einer anderen Universität besteht.

Kriterien:

– ein Studium, dessen Kennzeichnung den Kennbuchstaben dieser Universität nicht enthält.

3.5 **SA abgeschlossene Studien**

– sind alle ordentlichen Studien oder Universitätslehrgänge, die im betreffenden Studienjahr an dieser Universität abgeschlossen wurden.

Kriterien:

– ein ordentliches Studium oder ein Universitätslehrgang mit dem Kennbuchstaben dieser Universität an erster oder zweiter Stelle wurde durch erfolgreiche Ablegung aller im Curriculum (Studienplan) vorgesehenen Prüfungen und positive Beurteilung vorgesehener wissenschaftlicher oder künstlerischer Arbeiten abgeschlossen.

4. Ergänzende Statistikregeln

4.1 Bei Untergliederung der Studierenden in ordentliche und außerordentliche sind als außerordentliche Studierende nur jene zu zählen, die nicht gleichzeitig auch als ordentliche Studierende zugelassen sind.

4.2 Die Personenmenge PU kann auch unter Verzicht auf die Bedingung „zur Fortsetzung gemeldet“ gebildet werden.

4.3 Bei der Zählung von Lehramtsstudien sind die Unterrichtsfächer entsprechend der Abfolge der Kennzahlen als Erstfach (Fach-1) oder Zweitfach (Fach-2) auszuweisen. Wird ein Unterrichtsfach eines Lehramtsstudiums an einer anderen Universität absolviert, so wird dieses nicht gezählt.

4.4 Bei den abgeschlossenen ordentlichen Studien ist zwischen Erstabschlüssen und weiteren Abschlüssen zu unterscheiden. Erstabschlüsse sind Bachelor- und Diplomabschlüsse. Weitere Abschlüsse sind Master- und Doktoratsabschlüsse.

4.5 Personen- und Studienmengen können auch unter Einbeziehung aller Universitäten angewendet werden (Gesamtsicht). Es handelt sich dabei, abgesehen von der Personenmenge PE, insbesondere um

4.5.1 die universitätsübergreifend bereinigte Summe Studierender (PUG),

4.5.2 die belegten Studien im ersten Semester unter Berücksichtigung von Vorstudien an anderen Universitäten (SNG) und

4.5.3 die belegten Studien der Erstzugelassenen unter Einbeziehung von derartigen Studien an einer anderen als der Universität der Erstzulassung (SEG).

(BGBl II 2006/200, BGBl II 2008/328, BGBl II 2011/161)

Anlage 6
zu § 7 Abs. 4

Daten über Studienberechtigungsprüfungen

1. Aufbau der Datensätze

Lfd. Nr.	Feldinhalt	Anmerkungen
1	laufende Nummer des Studienberechtigungsfalles an der Universität	
2	Matrikelnummer	2.1
3	meldende Universität	codiert (§ 5)
4	Sozialversicherungsnummer/Ersatzkennzeichnung	
5	Geburtsdatum (JJJJMMTT)	
6	Geschlecht	M, W
7	Staatsangehörigkeit	codiert (§ 5)
8	Kennzahl-1 des beantragten Studiums	codiert (§ 5)
9	Kennzahl-2 des beantragten Studiums	codiert (§ 5)
10	Kennzahl 3 des beantragten Studiums	codiert (§ 5)
11	Datum des Antrages auf Zulassung zur Studienberechtigungsprüfung (JJJJMMTT)	
12	Datum der Studienberechtigungsprüfung (JJJJMMTT)	

2. Feldinhalt

Die Felder 1 bis 8 und 11 dürfen nicht leer übergeben werden.

2.1 Besitzt die Bewerberin (Kandidatin) oder der Bewerber (Kandidat) keine Matrikelnummer, ist „0000000“ anzugeben.“

(BGBl II/2006/200, BGBl II 2008/328)

Verordnung der Bundesministerin für Bildung, Wissenschaft und Kultur über Studienbeiträge (Studienbeitragsverordnung 2004 – StubeiV 2004)

BGBl II 2004/55 idF

BGBl II 2004/366 BGBl II 2009/3 BGBl II 2010/211
BGBl II 2011/230*)

Auf Grund der §§ 91 Abs. 4 und 92 Abs. 9 des Bundesgesetzes über die Organisation der Universitäten und ihre Studien (Universitätsgesetz 2002), BGBl. I Nr. 120/2002, zuletzt geändert durch das Bundesgesetz BGBl. I Nr. 134/2008 wird verordnet:

Allgemeine Bestimmungen

§ 1. Unter Studierenden sind im Folgenden auch Bewerberinnen und Bewerber um Zulassung zu einem Studium zu verstehen.

Studierendenbeitrag einschließlich allfälliger Sonderbeiträge

§ 2. (1) Die Einhebung des Studierendenbeitrages und eines allfälligen Sonderbeitrages gemäß § 29 des Bundesgesetzes über die Vertretung der Studierenden an den Universitäten (Hochschülerinnen- und Hochschülerschaftsgesetz 1998 – HSG 1998), BGBl. I Nr. 22/1999, hat gemeinsam mit der Einhebung eines allfälligen Studienbeitrages zu erfolgen. *(BGBl II 2009/3)*

(2) Das Rektorat hat die eingelangten Studierendenbeiträge einschließlich der eingelangten Sonderbeiträge wöchentlich auf ein von der Österreichischen Hochschülerschaft bekannt gegebenes Konto zu überweisen.

*(3) § 91 Abs. 1 des Universitätsgesetzes 2002 ist nur auf ordentliche Studierende anzuwenden. (BGBl II 2009/3, BGBl II 2011/230)**)*

Ermittlung der beitragsfreien Zeit gemäß § 91 Abs. 1 des Universitätsgesetzes 2002
(BGBl II 2009/3)

§ 2a. (1) Die Universitäten haben von Amts wegen für die an ihrer Universität belegten Studien zu ermitteln, ob die Studienzeit gemäß § 91 Abs. 1 des Universitätsgesetzes 2002 (vorgesehene Studienzeit pro Studienabschnitt zuzüglich zwei Semester) überschritten wurde. Jenen Studierenden, die die Studienzeit gemäß § 91 Abs. 1 des Universitätsgesetzes 2002 nicht überschritten haben, ist anlässlich der Meldung der Fortsetzung des Studiums kein Studienbeitrag vorzuschreiben.

(2) Die Zahl der bisher zurückgelegten Semester eines Studiums ist folgendermaßen zu ermitteln, wobei bei einem Wechsel des Studienstandortes die bereits absolvierten Semester zu berücksichtigen sind:

1. für Diplomstudien unter sinngemäßer Anwendung von § 9 Abs. 3 Z 1 bis 4 UniStEV 2004; bei unterschiedlicher Semesterzahl der Unterrichtsfächer eines Lehramtsstudiums ist die höhere Semesterzahl maßgeblich;
2. für Bachelor- und Masterstudien unter Bezugnahme auf die erste und zweite Kennzahl;
3. für Doktoratsstudien unter Bezugnahme auf die erste Kennzahl; zurückgelegte Semester eines viersemestrigen Doktoratsstudiums sind jedoch bei Übertritt in das entsprechende sechssemestrige Doktoratsstudium einzurechnen.

(3) Jenen Studierenden, die die Studienzeit gemäß § 91 Abs. 1 des Universitätsgesetzes 2002 (vorgesehene Studienzeit pro Studienabschnitt zuzüglich zwei Semester) überschritten haben, ist anlässlich der Meldung der Fortsetzung des Studiums der Studienbeitrag vorzuschreiben.

(4) Die Bestimmung des § 91 Abs. 1 des Universitätsgesetzes 2002 über die Studienzeit pro Studienabschnitt ist auf Diplomstudien anzuwenden. Bei Bachelor-, Master- und Doktoratsstudien bezieht sich die vorgesehene Studiendauer gemäß § 91 Abs. 1 des Universitätsgesetzes 2002 auf die gesamte Studiendauer des betreffenden Bachelor-, Master- oder Doktoratsstudiums.

(5) Die Zurechnung eines Semesters zu einem weiteren Studienabschnitt, wenn der

**) Kundmachung des Bundesministers für Wissenschaft und Forschung nach dem Erkenntnis des VfGH vom 30. Juni 2011, G 10/11, V6 11-10 – siehe Anlage.*

***) Abs. 3 wird durch BGBl II 2011/230 aufgehoben. Die Aufhebung tritt mit Ablauf des 29. Februar 2012 in Kraft – siehe Anlage.*

vorhergehende Studienabschnitt in der vorgesehenen Studienzeit absolviert wurde, ist auf Bachelor-, Master- und Doktoratsstudien nicht anzuwenden.

(6) Ein Semester ist dem nächstfolgenden Studienabschnitt zuzuordnen, wenn die den bisherigen Studienabschnitt abschließende Prüfung vor dem Ende der jeweiligen Nachfrist gemäß § 61 Abs. 2 des Universitätsgesetzes 2002 abgelegt wurde.

(BGBl II 2009/3)

Erlass des Studienbeitrages gemäß § 92 des Universitätsgesetzes 2002
(BGBl II 2009/3)

§ 2b. (1) Liegt ein Grund für einen Erlass des Studienbeitrages gemäß § 92 Abs. 1 des Universitätsgesetzes 2002 vor, so kann die oder der Studierende einen Antrag auf Erlass des Studienbeitrages stellen. *(BGBl II 2010/211)*

(2) Zeiten des Präsenz- oder Zivildienstes, ohne dafür beurlaubt gewesen zu sein, verlängern die Studienzeit gemäß § 91 Abs. 1 des Universitätsgesetzes 2002 (vorgesehene Studienzeit pro Studienabschnitt zuzüglich zwei Semester), sofern mehr als zwei Monate des betreffenden Semesters einschließlich der lehrveranstaltungsfreien Zeit dafür verwendet werden. Zeiten des Präsenz- oder Zivildienstes sind durch eine Bestätigung des zuständigen Militärkommandos bzw. der Zivildienstserviceagentur nachzuweisen. *(BGBl II 2010/211)*

(3) Der Antrag auf Erlass des Studienbeitrages ist bis längstens 31. Oktober bzw. 31. März des betreffenden Semesters zu stellen, soferne von der jeweiligen Universität keine abweichende Regelung getroffen wird. Können die Nachweise für den Erlass des Studienbeitrages nicht fristgerecht nachgewiesen werden, so ist der Studienbeitrag zu entrichten. Ein Antrag auf Rückzahlung des Studienbeitrages für das Wintersemester ist bis zum nächstfolgenden 31. März, ein Antrag auf Rückzahlung des Studienbeitrages für das Sommersemester ist bis zum nächstfolgenden 30. September zulässig; die Dauer eines allfälligen Verbesserungsauftrages darf eine zur Behebung des Mangels erforderliche angemessene Frist nicht überschreiten. *(BGBl II 2010/211)*

(4) Für den Nachweis der Gründe gemäß § 92 Abs. 1 Z 4, 5 und 6 Universitätsgesetz 2002 gilt Folgendes:

1. Die Hinderung am Studium durch mehr als zwei Monate durch Krankheit oder Schwangerschaft (§ 92 Abs. 1 Z 4 des Universitätsgesetzes 2002) ist durch eine entsprechende fachärztliche Bestätigung nachzuweisen.
2. Die überwiegende Betreuung von Kindern bis zum 7. Geburtstag oder einem allfälligen späteren Schuleintritt (§ 92 Abs. 1 Z 4 des Universitätsgesetzes 2002) ist durch folgende Dokumente nachzuweisen:
   - Geburtsurkunde des Kindes,
   - Meldezettel der oder des Studierenden,
   - Meldezettel des Kindes, wobei die angegebene Adresse mit der Adresse der oder des Studierenden übereinstimmen muss, und
   - eidesstattliche Erklärung der oder des Studierenden, dass das Kind überwiegend von ihr oder von ihm betreut wird.
3. Die Inanspruchnahme durch Erwerbstätigkeit (§ 92 Abs. 1 Z 5 des Universitätsgesetz 2002) ist durch die Vorlage des Einkommensteuerbescheides über jenes Kalenderjahr, das dem jeweiligen Semesterbeginn vorangeht, nachzuweisen. Hinzurechnungen gemäß § 9 des Studienförderungsgesetzes 1992 und der Pauschalierungsausgleich gemäß § 10 des Studienförderungsgesetzes 1992 sind bei der Ermittlung des Einkommens im Sinne des § 8 des Studienförderungsgesetzes 1992 nur zu berücksichtigen, wenn diese aufgrund einer Erwerbstätigkeit angefallen sind.
4. Die Behinderung gemäß § 92 Abs. 1 Z 6 des Universitätsgesetzes 2002 ist durch den Behindertenpass des Bundessozialamtes nachzuweisen.

(5) Die Erlasstatbestände gemäß § 92 Abs. 1 Z 1, 2, 3, 4 und 6 des Universitätsgesetzes 2002 sind für jene Semester nachzuweisen, für die der Erlass des Studienbeitrages beantragt wird.

(6) Der Erlass des Studienbeitrages kann, bei Vorliegen der entsprechenden Nachweise, für folgende Dauer gewährt werden:

1. in den Fällen des § 92 Abs. 1 Z 4 und 7 des Universitätsgesetzes 2002 für längstens zwei aufeinander folgende Semester; *(BGBl II 2010/211)*
2. in den Fällen des § 92 Abs. 1 Z 5 des Universitätsgesetzes 2002 für das betreffende Sommer- und das darauf folgende Wintersemester;
3. in den Fällen des § 92 Abs. 1 Z 6 des Universitätsgesetzes 2002 für die gesamte Studiendauer;
4. in allen anderen Fällen für das jeweilige Semester.

(7) Die Nachweise für den Erlass des Studienbeitrages gemäß § 92 Abs. 1 Z 4 bis 6 des Universitätsgesetzes 2002 sind von der Universität mindestens drei Jahre aufzubewahren.

(BGBl II 2009/3)

Studien an mehreren Universitäten
(BGBl II 2009/3)

§ 2c. Besteht eine Zulassung zu mehreren ordentlichen Studien an einer oder an mehreren Universitäten, so ist der Studienbeitrag zu entrichten, sobald in einem Studium eine Beitragspflicht entsteht.

(BGBl II 2009/3)

Rückerstattung von Studienbeiträgen

§ 3. (1) Ordentlichen Studierenden an Universitäten, die Angehörige eines der in **Anlage 1** angeführten Staates oder Gebietes sind, kann von der jeweiligen Universität für die Semester, in denen der Studienbeitrag entrichtet wurde, der Betrag von 363,36 € auf Antrag der oder des Studierenden rückerstattet werden. *(BGBl II 2009/3)*

Abs. 2 entfällt durch BGBl II 2009/3.

(3) Ordentlichen Studierenden an Universitäten, die Angehörige eines der in **Anlage 2** angeführten Staates oder Gebietes sind, kann von der jeweiligen Universität für die Semester, in denen der Studienbeitrag entrichtet wurde, der Betrag von 363,36 € auf Antrag der oder des Studierenden rückerstattet werden, sofern die Zulassung zum Studium auf Grund eines in Österreich erworbenen österreichischen Reifezeugnisses erfolgte.

(4) Anträge auf Rückerstattung von Studienbeiträgen sind innerhalb von sechs Monaten ab Bezahlung zulässig.

(5) Die Anweisung zur Rückerstattung hat binnen vier Wochen ab Antragstellung zu erfolgen, wobei für das Wintersemester eine Antragstellung frühestens ab 15. Dezember und für das Sommersemester eine Antragstellung frühestens ab 15. Mai zulässig ist. Die Rückerstattung darf den einbezahlten Studienbeitrag nicht übersteigen. Studierenden, denen insbesondere durch die Gewährung eines Studienzuschusses gemäß § 52c des Bundesgesetzes über die Gewährung von Studienbeihilfen und anderen Studienförderungsmaßnahmen (Studienförderungsgesetz 1992 StudFG), BGBl. Nr. 305/1992, in der jeweils geltenden Fassung, der Studienbeitrag bereits rückerstattet wurde, sind von der Rückerstattung des Studienbeitrages ausgeschlossen. *(BGBl II 2004/366)*

Erlass von Studienbeiträgen

§ 3a. (1) Ordentlichen ausländischen Studierenden gemäß § 91 Abs. 2 des Universitätsgesetzes 2002, deren dort zuletzt besuchte Universität mit der österreichischen Universität bzw. mit österreichischen Universitäten ein universitäres Partnerschaftsabkommen abgeschlossen hat, welches auch den gegenseitigen Erlass des Studienbeitrages vorsieht, ist der Studienbeitrag zu erlassen.

(2) Ordentlichen ausländischen Studierenden gemäß § 91 Abs. 2 des Universitätsgesetzes 2002, die Angehörige eines der in **Anlage 3** angeführten Staates oder Gebietes sind, ist der Studienbeitrag zu erlassen.

(BGBl II 2004/366)

Beitragsevidenz

§ 4. (1) Zur Sicherstellung der Einhebung des Studienbeitrages, des Studierendenbeitrages und eines allfälligen Sonderbeitrages hat sich das Rektorat des Datenverbundes der Universitäten gemäß Universitäts-Studienevidenzverordnung 2004 (UniStEV 2004) zu bedienen.

(2) Die Bundesrechenzentrum GmbH hat anhand der Buchungsdaten des Empfängerkreditinstitutes die eingezahlten Beiträge, die automationsunterstützt oder durch einen von der jeweiligen Universität damit beauftragten Dritten einer oder einem Studierenden zugeordnet werden konnten, den von der Universität an den Datenverbund übermittelten Daten hinzuzufügen und der Universität, auf deren Studienbeitragskonto eingezahlt wurde, sowie allfälligen weiteren von dieser oder diesem Studierenden besuchten Universitäten täglich bekannt zu geben.

(3) Das Rektorat hat nach Maßgabe der an der Universität gegebenen technischen Voraussetzungen festzulegen, in welcher Form die Studienbeiträge zu entrichten sind. Es ist sicherzustellen dass die jeweils eingezahlten Beträge den einzelnen Studierenden eindeutig zuordenbar sind und die Daten gemäß § 91 Abs. 4 Universitätsgesetz 2002 täglich der Bundesrechenzentrum GmbH übermittelt werden.

(4) Die Bundesrechenzentrum GmbH hat dem Bundesministerium für Bildung, Wissenschaft und Kultur sowie der Studienbeihilfenbehörde den Lesezugriff auf die Beitragsevidenz einzuräumen.

(5) Die Bundesrechenzentrum GmbH hat den Universitäten und den allenfalls von den Universitäten mit der Nachbearbeitung der Erlagscheine beauftragten Einrichtungen den Bearbeitungs- und Lesezugriff auf die Beitragsevidenz einzuräumen.

(6) Die Bundesrechenzentrum GmbH hat der Bundesvertretung der Studierenden und den Universitätsvertretungen der Studierenden insoweit einen Lesezugriff auf die Beitragsevidenz einzuräumen, als dadurch der Nachvollzug der Eingänge an Studierendenbeiträgen und allfälligen Sonderbeiträgen im Hinblick auf allfällige Rückerstattungen ermöglicht wird. Der Lesezugriff gilt ebenfalls für das Mitgliederverzeichnis der Österreichischen Hochschülerinnen- und Hochschülerschaft. *(BGBl II 2009/3)*

In-Kraft-Treten

§ **5.** § 4 dieser Verordnung tritt mit 1. Juni 2004 in Kraft.

Außer-Kraft-Treten, Übergangsbestimmungen

§ **6.** (1) Die Verordnung der Bundesministerin für Bildung, Wissenschaft und Kultur über Studienbeiträge (Studienbeitragsverordnung – StubeiVO), BGBl. II Nr. 205/2001, tritt mit Ausnahme des § 8 mit In-Kraft-Treten dieser Verordnung außer Kraft. § 8 der Studienbeitragsverordnung – StubeiVO, BGBl. II Nr. 205/2001, tritt mit Ablauf des 31. Mai 2004 außer Kraft.

(2) Die Verordnung der Bundesministerin für Bildung, Wissenschaft und Kultur über die Festlegung von Staaten und Gebieten, deren Angehörigen der an Universitäten entrichtete Studienbeitrag rückerstattet werden kann, BGBl. II Nr. 281/2001, tritt mit In-Kraft-Treten dieser Verordnung außer Kraft.

(3) Ordentliche und außerordentliche Studierende an Universitäten, welche die Staatsangehörigkeit Estlands, Lettlands, Litauens, Maltas, Polens, der Slowakei, Sloweniens, der Tschechischen Republik, Ungarns oder Zyperns besitzen, haben den Studienbeitrag in der Höhe von 363,36 € erstmals ab dem Wintersemester 2004/05 zu entrichten. *(BGBl II 2004/366)*

(4) Die Wortfolge „wobei bei einem Wechsel des Studienstandortes die bereits absolvierten Semester zu berücksichtigen sind“ in § 2a Abs. 2, in der Fassung der Verordnung BGBl. II Nr. 3/2009, ist nach Maßgabe der Schaffung der technischen Voraussetzungen erstmals für das Wintersemester 2009/2010 anzuwenden. *(BGBl II 2009/3)*

Anlage 1
zu § 3

Ägypten
Albanien
Algerien
Armenien
Aserbaidschan
Belize
Bolivien
Bosnien und Herzegowina
Bulgarien
China
Costa Rica
Côte dëIvoire
Dominikanische Republik
Ecuador
El Salvador
Fidschi
Georgien
Ghana
Guatemala
Guyana
Honduras
Indien
Indonesien
Irak
Iran – Islamische Republik
Jamaika
Jordanien
Kamerun
Kasachstan
Kenia
Kirgisistan
Kolumbien
Kongo
Korea – Demokratische Volksrepublik
Kroatien
Kuba
Marokko
Marshallinseln
Mazedonien
Mikronesien – Föderierte Staaten von
Moldau
Mongolei
Namibia
Nicaragua
Nigeria

Niue[1])
Pakistan
Palästinensische Gebiete[1])
Papua-Neuguinea
Paraguay
Peru
Philippinen
Rumänien
Serbien und Montenegro
Simbabwe
Sri Lanka
St. Vincent und die Grenadinen
Südafrika
Surinam
Swasiland
Syrien – Arabische Republik
Tadschikistan
Taiwan[1])
Thailand
Tokelau[1])
Tonga
Tunesien
Turkmenistan
Ukraine
Usbekistan
Vietnam
Wallis und Futuna[1])
Weißrussland

---
[1]) Gebiete

(BGBl II 2004/366)

Anlage 2
zu § 3

Anguilla[1])
Antigua und Barbuda
Argentinien
Bahrain
Barbados
Botsuana
Brasilien
Chile
Cookinseln[1])
Dominica
Gabun
Grenada
Libanon
Malaysia
Mauritius
Mayotte[1])
Mexiko
Montserrat[1])
Nauru
Oman
Palau
Panama
Saudi-Arabien
Seychellen
St. Helena[1])
St. Kitts und Nevis
St. Lucia
Trinidad und Tobago
Türkei
Turks- und Caicosinseln[1])
Uruguay
Venezuela

---
[1]) Gebiete

(BGBl II 2004/366)

Anlage 3
zu § 3a

Afghanistan
Angola
Äquatorialguinea
Äthiopien
Bangladesch
Benin
Bhutan
Burkina Faso
Burundi
Dschibuti
Eritrea
Gambia
Guinea
Guinea-Bissau
Haiti
Jemen
Kambodscha
Kap Verde
Kiribati
Komoren
Kongo – Demokratische Republik
Laos – Demokratische Volksrepublik
Lesotho
Liberia
Madagaskar
Malawi
Malediven
Mali
Mauretanien
Mosambik
Myanmar
Nepal
Niger
Ruanda
Salomonen
Sambia
Samoa
São Tomé und Principe
Senegal
Sierra Leone

Somalia
Sudan
Tansania – Vereinigte Republik
Timor-Leste
Togo
Tschad
Tuvalu
Uganda
Vanuatu
Zentralafrikanische Republik

(BGBl II 2004/366)

Wissensbilanz-Verordnung 2010 – WBV 2010*

BGBl II 2010/216

Verordnung der Bundesministerin für Bildung, Wissenschaft und Kultur über die Wissensbilanz (Wissensbilanz-Verordnung 2010 – WBV 2010)

Aufgrund des § 13 Abs. 6 und des § 16 Abs. 6 des Universitätsgesetzes 2002 – UG, BGBl. I Nr. 120, zuletzt geändert durch das Bundesgesetz BGBl. I Nr. 81/2009, wird verordnet:

Geltungsbereich

§ **1.** Diese Verordnung gilt für die Wissensbilanz der Universitäten gemäß § 6 UG und der Universität für Weiterbildung Krems gemäß dem Bundesgesetz über die Universität für Weiterbildung Krems (DUK-Gesetz 2004), BGBl. I Nr. 22/2004.

Ziele der Wissensbilanz

§ **2.** Die Wissensbilanz dient der ganzheitlichen Darstellung, Bewertung und Kommunikation von immateriellen Vermögenswerten und Leistungsprozessen der Universität und deren Wirkungen. Sie ist als qualitative und quantitative Grundlage für die Erstellung der Leistungsvereinbarung sowie für den Nachvollzug der Umsetzung der Ziele und Vorhaben der Leistungsvereinbarung heranzuziehen.

Aufbau der Wissensbilanz

§ **3.** Die Wissensbilanz gliedert sich in folgende Abschnitte:

I. 1. Wissensbilanz – Narrativer Teil
   2. Wissensbilanz – Kennzahlen

II. Wissensbilanz – Bericht über die Umsetzung der Ziele und Vorhaben der Leistungsvereinbarung

Inhalt der Wissensbilanz

§ **4.** (1) Im Abschnitt „**I.1 Wissensbilanz – Narrativer Teil**“ sind die Bereiche a) bis n) narrativ darzustellen und dabei jedenfalls auch die zu den Bereichen c) bis i) angeführten Themen abzudecken.

a) **Wirkungsbereich, strategische Ziele, Profilbildung**

b) **Organisation**

c) **Qualitätssicherung und Qualitätsmanagement**

insbesondere Ausgestaltung und Entwicklungsstand des Qualitätsmanagementsystems im Hinblick auf dessen Auditierung; Akkreditierungen; interne und externe Evaluierungen; universitätsübergreifende Aktivitäten; Follow – Up Maßnahmen.

d) **Personalentwicklung und Nachwuchsförderung**

insbesondere Berufungsmanagement; Nachwuchsfördermaßnahmen; Umsetzung des Laufbahnmodells; Vereinbarkeit von Beruf und Familie (Beschreibung des Kinderbetreuungsangebots und Nutzung durch Universitätsbedienstete, durch Studierende und andere Personen; personelle und räumliche Ausstattung der Einrichtungen; Kinderbetreuungsbeauftragte oder Kinderbetreuungsbeauftragter bzw. Anlaufstelle für Kinderbetreuungsfragen; Bedarfserhebungen zur Kinderbetreuung); Angebot zur Arbeitszeitflexibilität für Angehörige der Universität mit Betreuungspflichten; Maßnahmen zur spezifischen Karriereförderung von Berufsrückkehrerinnen und -rückkehrern nach der Elternkarenz.

e) **Forschung und Entwicklung/Entwicklung und Erschließung der Künste**

insbesondere Forschungsschwerpunkte, Forschungscluster und –netzwerke; wissenschaftliche/künstlerische Publikationen bzw. Leistungen, wissenschaftliche/künstlerische Veranstaltungen; Gestaltung der Doktoratsausbildung (auch hinsichtlich der sozialen Absicherung der Doktorandinnen und Doktoranden).

f) **Studien und Weiterbildung**

insbesondere Stand der Bologna-Umsetzung; Studieneingangs- und Orientierungsphase; Studien mit Zulassungsverfahren; Maßnahmen zur Verringerung der Zahl der Studienabbrecherinnen und -abbrecher; Maßnahmen betreffend Studienberatung und Studienwahl; Maßnahmen zur Verbesserung der Betreuungsrelationen; Maßnahmen und Angebote für berufstätige Studierende und Studierende mit Betreuungspflichten; Maßnahmen für Studierende mit gesundheitlicher Beeinträchtigung.

*) *Die Wissensbilanz-Verordnung, BGBl II 2006/63, wurde mit der Wissensbilanz-Verordnung 2010, BGBl II 2010/216, zur Gänze aufgehoben.*

g) **Gesellschaftliche Zielsetzungen**
insbesondere Frauenförderung und Gleichstellung (Umsetzung des universitären Frauenförderungsplans, Entwicklung der Implementierung und Umsetzung von Gender Studies-Lehre sowie Entwicklung der genderrelevanten Forschung); Maßnahmen zur Verbesserung der sozialen Durchlässigkeit; Maßnahmen für Absolventinnen und Absolventen; Wissenschaftskommunikation und Wissens- und Technologietransfer.

h) **Internationalität und Mobilität**
insbesondere Maßnahmen zur Erhöhung der Mobilität der Studierenden und des wissenschaftlichen/künstlerischen Nachwuchses; Teilnahme an Projekten im Rahmen von EU-Bildungsprogrammen.

i) **Kooperationen**
insbesondere interuniversitäre Kooperationen, internationale Kooperationen; in der Regel 3 bis 5 Top-(Forschungs-)Kooperationen als Beispiele.

j) **Bibliotheken und besondere Universitätseinrichtungen**

k) **Bauten**

l) **Klinischer Bereich und Aufgaben im Bereich öffentliches Gesundheitswesen (Medizinische Universitäten gemäß § 6 Z 4 bis 6 UG und Veterinärmedizinische Universität Wien)**

m) **Preise und Auszeichnungen**

n) **Resümee und Ausblick**

(2) Der Abschnitt „**I.2 Wissensbilanz – Kennzahlen**“ ist in folgende Unterabschnitte gegliedert:

1. Intellektuelles Vermögen
   1.A Humankapital
   1.B Beziehungskapital
   1.C Strukturkapital
2. Kernprozesse
   2.A Lehre und Weiterbildung
   2.B Forschung und Entwicklung/Entwicklung und Erschließung der Künste
3. Output und Wirkungen der Kernprozesse
   3.A Lehre und Weiterbildung
   3.B Forschung und Entwicklung/Entwicklung und Erschließung der Künste
4. Spezifisches Kennzahlen-Set für Medizinische Universitäten (Universitäten gemäß § 6 Z 4 bis 6 UG)

(3) Dem Unterabschnitt „**1.A Intellektuelles Vermögen – Humankapital**“ sind folgende Kennzahlen zuzuordnen:

1.A.1 Personal
1.A.2 Anzahl der erteilten Lehrbefugnisse (Habilitationen)
1.A.3 Anzahl der Berufungen an die Universität
1.A.4 Frauenquoten
1.A.5 Lohngefälle zwischen Frauen und Männern

(4) Dem Unterabschnitt „**1.B Intellektuelles Vermögen – Beziehungskapital**“ sind folgende Kennzahlen zuzuordnen:

1.B.1 Anzahl der Personen im Bereich des wissenschaftlichen/künstlerischen Personals mit einem mindestens 5-tägigen Auslandsaufenthalt (outgoing)
1.B.2 Anzahl der Personen im Bereich des wissenschaftlichen/künstlerischen Personals mit einem mindestens 5-tägigen Aufenthalt (incoming)

(5) Dem Unterabschnitt „**1.C Intellektuelles Vermögen – Strukturkapital**“ sind folgende Kennzahlen zuzuordnen:

1.C.1 Anzahl der in aktive Kooperationsverträge eingebundenen Partnerinstitutionen/Unternehmen
1.C.2 Erlöse aus F&E-Projekten/Projekten der Entwicklung und Erschließung der Künste in Euro

(6) Dem Unterabschnitt „**2.A Kernprozesse – Lehre und Weiterbildung**“ sind folgende Kennzahlen zuzuordnen:

2.A.1 Zeitvolumen des wissenschaftlichen/künstlerischen Personals im Bereich Lehre in Vollzeitäquivalenten
2.A.2 Anzahl der eingerichteten Studien
2.A.3 Durchschnittliche Studiendauer in Semestern
2.A.4 Bewerberinnen und Bewerber für Studien mit besonderen Zulassungsbedingungen
2.A.5 Anzahl der Studierenden
2.A.6 Prüfungsaktive ordentliche Studierende in Bachelor-, Master- und Diplomstudien
2.A.7 Anzahl der belegten ordentlichen Studien
2.A.8 Anzahl der ordentlichen Studierenden mit Teilnahme an internationalen Mobilitätsprogrammen (outgoing)
2.A.9 Anzahl der ordentlichen Studierenden mit Teilnahme an internationalen Mobilitätsprogrammen (incoming)
2.A.10 Erfolgsquote ordentlicher Studierender

(7) Dem Unterabschnitt „**2.B Kernprozesse – Forschung und Entwicklung/Entwicklung und Erschließung der Künste**“ sind folgende Kennzahlen zuzuordnen:

2.B.1 Personal nach Wissenschafts-/Kunstzweigen in Vollzeitäquivalenten
2.B.2 Doktoratsstudierende mit Beschäftigungsverhältnis zur Universität

(8) Dem Unterabschnitt „**3.A Output und Wirkungen der Kernprozesse – Lehre und Weiterbildung**“ sind folgende Kennzahlen zuzuordnen:

3.A.1 Anzahl der Studienabschlüsse

3.A.2 Anzahl der Studienabschlüsse in der Toleranzstudiendauer

3.A.3 Anzahl der Studienabschlüsse mit Auslandsaufenthalt während des Studiums

(9) Dem Unterabschnitt „**3.B Output und Wirkungen der Kernprozesse – Forschung und Entwicklung/Entwicklung und Erschließung der Künste**“ sind folgende Kennzahlen zuzuordnen:

3.B.1 Anzahl der wissenschaftlichen/künstlerischen Veröffentlichungen des Personals

3.B.2 Anzahl der gehaltenen Vorträge und Präsentationen des Personals bei wissenschaftlichen/künstlerischen Veranstaltungen

(10) Das Spezifische Kennzahlen-Set für Medizinische Universitäten (Abs. 2 Z 4) umfasst folgende Kennzahlen:

4.1 Anzahl der neu begonnenen klinischen Prüfungen

4.2 Anzahl der Teilnehmerinnen und Teilnehmer zum Zeitpunkt der Beendigung von klinischen Prüfungen

4.3 Anzahl der Ausbildungsverträge zur Fachärztin oder zum Facharzt

4.4 Anzahl der im Berichtsjahr von Universitätsangehörigen geleisteten verlängerten Dienste

4.5 Anzahl der Begutachtungen der Ethikkommission

(11) Definition, Erhebungsebene, Schichtungsmerkmale, Merkmalsausprägungen sowie Erhebungszeitraum bzw. -zeitpunkt der einzelnen Kennzahlen sind der **Anlage 1** zu entnehmen.

(12) Die Darstellung der Kennzahlen hat den Vorgaben des Bundesministeriums für Wissenschaft und Forschung einschließlich der Vorgaben für die Zusammenfassung von Curricula oder Wissenschafts-/Kunstzweigen sowie für die reduzierte Darstellung der Schichtungsmerkmale und Merkmalsausprägungen gemäß **Anlage 1** zu entsprechen (Berichtsstruktur).

(13) Die Kennzahlen sind im Hinblick auf Wirkungsbereich, strategische Ziele und Profilbildung (Abs. 1 lit. a) zu interpretieren.

(14) Sofern verfügbar, ist ein zeitlicher Verlauf von mindestens drei Berichtsjahren darzustellen. In der Verlaufsdarstellung ist eine Reduktion von Kennzahlen auf Summenzeilen zulässig.

Integration der Wissensbilanz-Kennzahlen in Abschnitt I.1 (Wissensbilanz – Narrativer Teil)

§ 5. (1) Die Universitäten sind berechtigt, die Wissensbilanz-Kennzahlen einschließlich ihrer Interpretation (**Abschnitt I.2**) wie folgt vollständig in die einzelnen Bereiche des narrativen Teils der Wissensbilanz (**Abschnitt I.1**) zu integrieren.

a) **Wirkungsbereich, strategische Ziele, Profilbildung**

b) **Organisation**

c) **Qualitätssicherung und Qualitätsmanagement**

d) **Personalentwicklung und Nachwuchsförderung**

1.A.1 Personal

1.A.2 Anzahl der erteilten Lehrbefugnisse (Habilitationen)

1.A.3 Anzahl der Berufungen an die Universität

e) **Forschung und Entwicklung/Entwicklung und Erschließung der Künste**

1.C.2 Erlöse aus F&E-Projekten/Projekten der Entwicklung und Erschließung der Künste in Euro

2.B.1 Personal nach Wissenschafts-/Kunstzweigen in Vollzeitäquivalenten

2.B.2 Doktoratsstudierende mit Beschäftigungsverhältnis zur Universität

3.B.1 Anzahl der wissenschaftlichen/künstlerischen Veröffentlichungen des Personals

3.B.2 Anzahl der gehaltenen Vorträge und Präsentationen des Personals bei wissenschaftlichen/künstlerischen Veranstaltungen

f) **Studien und Weiterbildung**

2.A.1 Zeitvolumen des wissenschaftlichen/künstlerischen Personals im Bereich Lehre in Vollzeitäquivalenten

2.A.2 Anzahl der eingerichteten Studien

2.A.3 Durchschnittliche Studiendauer in Semestern

2.A.4 Bewerberinnen und Bewerber für Studien mit besonderen Zulassungsbedingungen

2.A.5 Anzahl der Studierenden

2.A.6 Prüfungsaktive ordentliche Studierende in Bachelor-, Master- und Diplomstudien

2.A.7 Anzahl der belegten ordentlichen Studien

2.A.10 Erfolgsquote ordentlicher Studierender

3.A.1 Anzahl der Studienabschlüsse
3.A.2 Anzahl der Studienabschlüsse in der Toleranzstudiendauer

g) **Gesellschaftliche Zielsetzungen**
1.A.4 Frauenquoten
1.A.5 Lohngefälle zwischen Frauen und Männern

h) **Internationalität und Mobilität**
1.B.1 Anzahl der Personen im Bereich des wissenschaftlichen/künstlerischen Personals mit einem mindestens 5-tägigen Auslandsaufenthalt (outgoing)
1.B.2 Anzahl der Personen im Bereich des wissenschaftlichen/künstlerischen Personals mit einem mindestens 5-tägigen Aufenthalt (incoming)
2.A.8 Anzahl der ordentlichen Studierenden mit Teilnahme an internationalen Mobilitätsprogrammen (outgoing)
2.A.9 Anzahl der ordentlichen Studierenden mit Teilnahme an internationalen Mobilitätsprogrammen (incoming)
3.A.3 Anzahl der Studienabschlüsse mit Auslandsaufenthalt während des Studiums

i) **Kooperationen**
1.C.1 Anzahl der in aktive Kooperationsverträge eingebundenen Partnerinstitutionen/Unternehmen

j) **Bibliotheken und besondere Universitätseinrichtungen**

k) **Bauten**

l) **Klinischer Bereich und Aufgaben im Bereich öffentliches Gesundheitswesen (Medizinische Universitäten gemäß § 6 Z 4 bis 6 UG)**
4.1 Anzahl der neu begonnenen klinischen Prüfungen
4.2 Anzahl der Teilnehmerinnen und Teilnehmer zum Zeitpunkt der Beendigung von klinischen Prüfungen
4.3 Anzahl der Ausbildungsverträge zur Fachärztin oder zum Facharzt
4.4 Anzahl der im Berichtsjahr von Universitätsangehörigen geleisteten verlängerten Dienste
4.5 Anzahl der Begutachtungen der Ethikkommission

m) **Preise und Auszeichnungen**

n) **Resümee und Ausblick**

(2) Erfolgt die Integration der Wissensbilanz-Kennzahlen in die einzelnen Bereiche des narrativen Teils der Wissensbilanz, so ist der **Abschnitt I.2** der Wissensbilanz als ein nach § 4 Abs. 3 bis 10 gegliedertes Verzeichnis der Fundstellen der einzelnen Kennzahlen im Abschnitt I.1 zu gestalten.

(3) Die Universitäten können zur individuellen Leistungsdarstellung, insbesondere im Zusammenhang mit der Leistungsvereinbarung, den jeweiligen Bereichen weitere Kennzahlen hinzufügen (Optionale Kennzahlen).

Übermittlung der Kennzahlen an das Bundesministerium für Wissenschaft und Forschung, Datenclearing durch das Bundesministerium für Wissenschaft und Forschung

§ 6. (1) Die Universitäten haben bei der Übermittlung der Kennzahlen sowie bei der Übermittlung der Interpretationen der Kennzahlen die system- und datentechnischen Vorgaben des Bundesministeriums für Wissenschaft und Forschung einzuhalten (Schnittstelle). Die Darstellung der Kennzahlen hat den Vorgaben des Bundesministeriums für Wissenschaft und Forschung zu entsprechen (Datenstruktur).

(2) Soweit das Bundesministerium für Wissenschaft und Forschung entsprechende auf Basis der Universitäts-Studienevidenzverordnung 2004 – UniStEV 2004, BGBl. II Nr. 288/2004, in der geltenden Fassung, und der Bildungsdokumentationsverordnung Universitäten – BidokVUni, BGBl. II Nr. 30/2004, in der geltenden Fassung, gewonnene Rohdaten auf der vorgesehenen elektronischen Plattform zur Verfügung stellt, haben die Universitäten diese den statistischen Auswertungen für die Wissensbilanz zugrunde zu legen.

(3) Die Kennzahl „1.C.2 Erlöse aus F&E-Projekten/Projekten der Entwicklung und Erschließung der Künste in Euro“ ist gemeinsam mit der dazugehörigen vorläufigen Interpretation bis spätestens 15. April des jeweiligen Jahres an das Bundesministerium für Wissenschaft und Forschung zu liefern; die übrigen Kennzahlen sind gemeinsam mit den dazugehörigen Interpretationen bis spätestens 15. März des jeweiligen Jahres zu liefern. Die Übermittlung hat über die Schnittstelle gemäß Abs. 1 zu erfolgen.

(4) Besteht bei einer Kennzahl und/oder ihrer Interpretation aufgrund der Vorgaben für die Wissensbilanz Adaptionsbedarf, so ist sie über die Schnittstelle gemäß Abs. 1 an die Universität zur Korrektur zurückzustellen. Die korrigierten Kennzahlen und/oder ihre Interpretationen sind von der Universität über die Schnittstelle gemäß Abs. 1 jeweils so rechtzeitig zu übermitteln, dass das Datenclearing fristgerecht abgeschlossen werden kann.

(5) Das Datenclearing durch das Bundesministerium für Wissenschaft und Forschung ist bis spätestens 28. April des jeweiligen Jahres abzuschließen.

(6) Kennzahlen und die dazugehörigen Interpretationen sind unverzüglich nach Behandlung der Wissensbilanz durch den Universitätsrat dem Bundesministerium für Wissenschaft und Forschung über die Schnittstelle gemäß Abs. 1 neuerlich zu übermitteln, insoweit sie gegenüber der im Rahmen des Datenclearings (Abs. 3 und 4) vorgelegten Version geändert wurden.

Zuordnung von Ergebnissen zentraler Erhebungen

§ 7. Sofern das Bundesministerium für Wissenschaft und Forschung periodisch wiederkehrende zentrale Erhebungen zur Lage der Studierenden und von Absolventinnen und Absolventen durchführt, sind die vom Bundesministerium für Wissenschaft und Forschung zur Verfügung gestellten Teilergebnisse von den Universitäten in die Wissensbilanz aufzunehmen.

Klassifikation von Forschung und Entwicklung/Entwicklung und Erschließung der Künste und Lehre

§ 8. (1) Für jene Kennzahlen, die nach Wissenschaftszweigen zu erheben sind, ist die Klassifikation der Wissenschaftszweige gemäß der Österreichischen Systematik der Wissenschaftszweige 2000 (Statistik Austria) gemäß **Anlage 2** heranzuziehen. Die Klassifikation der Kunstzweige erfolgt ebenfalls gemäß **Anlage 2**.

(2) Für jene Kennzahlen, die nach Curricula zu erheben sind, ist der vom Bundesministerium für Wissenschaft und Forschung auf elektronischem Weg bekannt gegebene Code für Ausbildungsfelder nach ISCED heranzuziehen.

(3) Die Zuordnung der Leistungen hat anteilig zu erfolgen:

a) im F&E-Bereich anteilig zu den Wissenschaftszweigen;
b) im Bereich Entwicklung und Erschließung der Künste anteilig zu den Kunstzweigen;
c) im Bereich Lehre anteilig zu den Curricula.

Wissensbilanz der Universität für Weiterbildung Krems

§ 9. (1) Die Wissensbilanz der Universität für Weiterbildung Krems enthält sämtliche in den § 4 Abs. 3 bis 9 und § 12 Abs. 1 enthaltenen Kennzahlen mit Ausnahme der folgenden Kennzahlen:

1.A.2 Anzahl der erteilten Lehrbefugnisse (Habilitationen)
2.A.3 Durchschnittliche Studiendauer in Semestern
2.A.4 Bewerberinnen und Bewerber für Studien mit besonderen Zulassungsbedingungen
2.A.6 Prüfungsaktive ordentliche Studierende in Bachelor-, Master- und Diplomstudien
2.A.8 Anzahl der ordentlichen Studierenden mit Teilnahme an internationalen Mobilitätsprogrammen (outgoing)
2.A.9 Anzahl der ordentlichen Studierenden mit Teilnahme an internationalen Mobilitätsprogrammen (incoming)
2.A.10 Erfolgsquote ordentlicher Studierender
2.B.2 Doktoratsstudierende mit Beschäftigungsverhältnis zur Universität
3.A.2 Anzahl der Studienabschlüsse in der Toleranzstudiendauer
3.A.3 Anzahl der Studienabschlüsse mit Auslandsaufenthalt während des Studiums
1.1 Aufwendungen für das Bundespersonal in Euro

(2) Folgende Kennzahlen sind in adaptierter Form zu liefern:

a) 2.A.7 Anzahl der belegten ordentlichen Studien: Die Kennzahl lautet „Anzahl der belegten Universitätslehrgänge"; die Merkmalsausprägung „Studienart" umfasst Universitätslehrgänge.
b) 3.A.1 Anzahl der Studienabschlüsse: die Merkmalsausprägung „Studienart" umfasst ausschließlich Universitätslehrgänge.
c) 1.2 Wissenschaftsprofil bzw. Kunstprofil der angebotenen Curricula in Prozent: die Kennzahl bezieht sich aussschließlich auf Universitätslehrgänge.

Wissensbilanz – Bericht über die Umsetzung der Ziele und Vorhaben der Leistungsvereinbarung

§ 10. Der Abschnitt „**II. Wissensbilanz – Bericht über die Umsetzung der Ziele und Vorhaben der Leistungsvereinbarung**" ist gemäß der in der **Anlage 3** definierten Gliederung darzustellen. Die Darstellung der Vorhaben hat den Ampelstatus für das jeweilige Berichtsjahr zu umfassen. Nach dem zweiten Budgetjahr einer Leistungsvereinbarungsperiode hat der Abschnitt II. auch eine Prognose über die zu erwartenden Leistungsergebnisse bei den einzelnen Vorhaben und Zielen zu enthalten.

Veröffentlichung im Mitteilungsblatt

§ 11. Die Wissensbilanz ist unverzüglich nach ihrer Weiterleitung an das Bundesministerium für Wissenschaft und Forschung im Mitteilungsblatt kundzumachen.

Datenbedarf

§ 12. (1) Aufgrund des § 16 Abs. 6 UG haben die Universitäten gemäß § 6 UG und die Universität für Weiterbildung Krems dem Bundesministerium für Wissenschaft und Forschung folgende Kennzahlen zu übermitteln:

1.1 Aufwendungen für das Bundespersonal in Euro
1.2 Wissenschaftsprofil bzw. Kunstprofil der angebotenen Curricula in Prozent
1.3 Geschlechterrepräsentanz im Zuge der Berufungsverfahren
1.4 Aufwendungen für Maßnahmen zur Vereinbarkeit von Beruf/Studium und Familie/Privatleben für Frauen und Männer in Euro
1.5 Gesamtaufwendungen für Großgeräte im F&E-Bereich/Bereich Entwicklung und Erschließung der Künste in Euro
1.6 Anzahl der auf den Namen der Universität erteilten Patente

(2) Bei der Universität für Weiterbildung Krems bezieht sich das „Wissenschaftsprofil bzw. Kunstprofil der angebotenen Curricula in Prozent" (Abs. 1 Z 1.2) auf Universitätslehrgänge.

(3) Aufgrund des § 16 Abs. 6 des Universitätsgesetzes 2002 haben die Universitäten gemäß § 6 Z 4 bis 6 UG dem Bundesministerium für Wissenschaft und Forschung folgende Kennzahlen zu übermitteln:

2.1 Nutzfläche, der Universität von Dritten für Lehr- und Forschungszwecke zur Verfügung gestellt, in m^2
2.2 Zeitvolumen des wissenschaftlichen Personals im Klinischen Bereich in Lehre und Forschung [in Vollzeitäquivalenten und in Prozent der gesamten Normalarbeitszeit (40 Stunden) dieses Personals]
2.3 Personal im Klinischen Bereich in Vollzeitäquivalenten
2.4 Klinischer Mehraufwand (paktierte Investitionen) in Euro
2.5 Ausgleichszahlungen des Laufenden Klinischen Mehraufwands in Euro
2.6 Wissenschaftliches Personal mit einem nicht-medizinischen Studienabschluss

(3) Definition, Erhebungsebene, Schichtungsmerkmale, Merkmalsausprägungen sowie Erhebungszeitraum bzw. -zeitpunkt der einzelnen Kennzahlen sind der **Anlage 1** zu entnehmen.

(4) Die Universitäten haben bei der Übermittlung dieser Daten die system- und datentechnischen Vorgaben des Bundesministeriums für Wissenschaft und Forschung gemäß § 6 Abs. 1 (Schnittstelle) einzuhalten.

Sicherung der Datenqualität

§ 13. (1) Das Bundesministerium für Wissenschaft und Forschung kann die in der Wissensbilanz enthaltenen Daten stichprobenartig auf ihre Richtigkeit überprüfen.

(2) Die in der Kennzahl „3.B.1 Anzahl der wissenschaftlichen/künstlerischen Veröffentlichungen des Personals" berücksichtigten Publikationen sind derart zu dokumentieren, dass die bibliografischen Nachweise der Publikationen nach Berichtsjahr der Wissensbilanz, Typus der Publikationen und Wissenschafts/Kunstzweig zumindest für die drei jüngsten Wissensbilanzen öffentlich abgerufen werden können. Der Link zu den bibliografischen Nachweisen ist in der Interpretation dieser Kennzahl anzugeben.

Außerkrafttreten

§ 14. Die Wissensbilanz-Verordnung – WBV, BGBl. II Nr. 63/2006, tritt mit Inkrafttreten der Wissensbilanz-Verordnung 2010 – WBV 2010, BGBl. II Nr. 216/2010, außer Kraft.

Übergangsbestimmungen

§ 15. (1) Die Wissensbilanz über das Berichtsjahr 2009 ist gemäß der Wissensbilanz-Verordnung BGBl. II Nr. 63/2006 vorzulegen. Der Leistungsbericht über das Berichtsjahr 2009 ist gesondert an das Bundesministerium für Wissenschaft und Forschung zu übermitteln.

(2) Die Wissensbilanz über das Berichtsjahr 2010 ist vollständig gemäß der Wissensbilanz-Verordnung 2010 – WBV 2010, BGBl. II Nr. 216/2010 zu legen, jedoch ist die Kennzahl „1.C.2 Erlöse aus F&E-Projekten/Projekten der Entwicklung und Erschließung in Euro" in der Wissensbilanz über das Berichtsjahr 2010 in der bisherigen Form der Kennzahl IV.2.5 darzustellen.

(3) § 13 Abs. 2 tritt mit 1. Jänner 2012 in Kraft.

(4) Die Datenbedarf-Kennzahl „1.3 Geschlechterrepräsentanz im Zuge der Berufungsverfahren" entfällt ab der Wissensbilanz über das Berichtsjahr 2015.

Anlage 1: Definitionen der Kennzahlen gemäß § 4 Abs. 3 bis 10 und § 12 (siehe unter Anlagen).

Anlage 2: Wissenschafts-/Kunstzweige (siehe unter Anlagen).

Anlage 3: Gliederung für Abschnitt „II. Wissensbilanz – Bericht über die Umsetzung der Ziele und Vorhaben der Leistungsvereinbarung" (siehe unter Anlagen).

Anlage 1
zu den §§ 4 und 12

Definitionen der Kennzahlen gemäß den §§ 4 und 12

1.A.1 Personal [pro Universität] (nach Geschlecht, Personalkategorie, Zählkategorie)

[Anzahl]	Gesamtanzahl zum BidokVUni-Stichtag 31. Dezember
Personal	alle Dienst- oder Beschäftigungsverhältnisse gemäß Z 2.6 der Anlage 1 BidokVUni
Geschlecht	– Frauen – Männer
Personal-kategorie	– Wissenschaftliches/künstlerisches Personal – Professorinnen und Professoren – wissenschaftliche/künstlerische Mitarbeiterinnen und Mitarbeiter – darunter Dozentinnen und Dozenten – darunter Assoziierte Professorinnen und Professoren (KV) – darunter Assistenzprofessorinnen und Assistenzprofessoren (KV) – darunter über F&E-Projekte drittfinanzierte Mitarbeiterinnen und Mitarbeiter – Allgemeines Personal – darunter über F&E-Projekte drittfinanziertes allgemeines Personal – darunter Ärztinnen und Ärzte in Facharztausbildung – darunter Ärztinnen und Ärzte mit ausschließlichen Aufgaben in öffentlichen Krankenanstalten – darunterKrankenpflege im Rahmen einer öffentlichen Krankenanstalt
Zählkategorie	– Köpfe – Vollzeitäquivalente

1.A.2 Anzahl der erteilten Lehrbefugnisse (Habilitationen) [pro Universität, pro Wissenschafts-/Kunstzweig] (nach Geschlecht)

Anzahl	Gesamtanzahl innerhalb des Kalenderjahres (1. Jänner – 31. Dezember)
Erteilung	bescheidmäßiger Ausspruch durch das Rektorat gemäß § 103 UG
Lehrbefugnis (Habilitation)	Lehrbefugnis (venia docendi) für ein wissenschaftliches/ künstlerisches Fach, das in den Wirkungsbereich der Universität fällt
Geschlecht	– Frauen – Männer

1.A.3 Anzahl der Berufungen an die Universität [pro Universität, pro Wissenschafts-/Kunstzweig] (nach Geschlecht, Herkunftsuniversität/vorherige Dienstgeberin oder vorheriger Dienstgeber, Berufungsart)

Anzahl	Gesamtanzahl innerhalb des Kalenderjahres (1. Jänner – 31. Dezember)
Berufung an die Universität	Besetzung (Dienstantritt) von Professuren gemäß §§ 98 und 99 UG
Geschlecht	– Frauen – Männer
Herkunftsuniversität/vorherige Dienstgeberin oder vorheriger Dienstgeber	– eigene Universität – andere national – Deutschland – übrige EU – Drittstaaten
Berufungsart	– Berufung gemäß § 98 UG – Berufung gemäß § 99 Abs. 1 UG – Berufung gemäß § 99 Abs. 3 UG

1.A.4 Frauenquoten [pro Universität] (nach Geschlecht, Monitoring-Kategorie, Zählkategorie)

[Stichtag, Zeitraum]	Stichtag 31. Dezember bzw. bei Kollegialorganen, die ihre Tätigkeit vor dem 31. Dezember beendet haben, die Zusammensetzung zum letzten Zeitpunkt des Tätigwerdens innerhalb des Kalenderjahres
Frauenquoten	Geschlechterrepräsentanz in ausgewählten Universitätsorganen mit besonderer Berücksichtigung der mindestens 40%-Frauenquote in Kollegialorganen
Geschlecht	– Frauen – Männer

Monitoring-Kategorie	– Universitätsrat
	  – Vorsitzende oder Vorsitzender
	  – Mitglieder
	– Rektorat
	  – Rektorin oder Rektor
	  – Vizerektorinnen und Vizerektoren
	– Senat
	  – Vorsitzende oder Vorsitzender
	  – Mitglieder
	– Habilitationskommissionen
	– Berufungskommissionen
	– Curricularkommissionen
	– sonstige Kollegialorgane

1.A.5 Lohngefälle zwischen Frauen und Männern (Gender pay gap in ausgewählten Verwendungen) [pro Universität] (nach Geschlecht, Personalkategorie, Zählkategorie)

[Zeitraum]	Kalenderjahr (1. Jänner – 31. Dezember)
Lohngefälle zwischen Frauen und Männern/ Gender pay gap	Unterschiede in den Gehältern zwischen Frauen und Männern auf Basis aller im Kalenderjahr von der Universität geleisteten Lohn-/Gehaltszahlungen an sämtliche Personen der ausgewählten Verwendungen; die Normierung der Gehaltszahlungen erfolgt auf Grundlage der Bildung von Jahresvollzeitäquivalenten, die Darstellung der Unterschiede erfolgt in der Form „Frauenlöhne entsprechen ...% der Männerlöhne“
ausgewählte Verwendungen	sämtliche Personen in den Verwendungen 11, 12, 14 und 81 bis 83 gemäß Z 2.6 der Anlage 1 BidokVUni; falls im Kalenderjahr einer dieser Verwendungskategorien bei einem der beiden Geschlechter weniger als 3 Personen (Kopfzahl) zuordenbar sind, ist aus Gründen des Datenschutzes für die jeweilige Verwendungskategorie anstatt des Gender pay gap die Ausprägung „n.a.“ anzuführen
Geschlecht	– Frauen – Männer
Personalkategorie	– Universitätsprofessorin oder Universitätsprofessor (§ 98 UG) – Universitätsprofessorin oder Universitätsprofessor, bis fünf Jahre befristet (§ 99 Abs. 1 UG) – Universitätsprofessorin oder Universitätsprofessor, bis sechs Jahre befristet (§ 99 Abs. 3 UG) – Universitätsdozentin oder Universitätsdozent – Assoziierte Professorin oder Assoziierter Professor (KV) – Assistenzprofessorin oder Assistenzprofessor (KV)
Zählkategorie	– Kopfzahlen – Gender pay gap

1.B.1 Anzahl der Personen im Bereich des wissenschaftlichen/künstlerischen Personals mit einem mindestens 5-tägigen Auslandsaufenthalt (outgoing) [pro Universität] (nach Geschlecht, Aufenthaltsdauer, Gastlandkategorie)

Anzahl	Gesamtanzahl innerhalb des Studienjahres (1. Oktober – 30. September)
wissenschaftliches/ künstlerisches Personal	Angehörige der Universität gemäß § 94 Abs. 1 Z 4 UG
Auslands-aufenthalt	ein mindestens 5-tägiger Auslandsaufenthalt zum Zweck der Erfüllung von Lehr- und/oder Forschungsleistungen/Leistungen im Bereich der Entwicklung und Erschließung der Künste im Aufgabenbereich der betreffenden Person (mit Ausnahme der Teilnahme an Tagungen und Konferenzen)
Geschlecht	– Frauen – Männer
Aufenthaltsdauer	– 5 Tage bis zu 3 Monate – länger als 3 Monate
Gastlandkategorie	– EU – Drittstaaten

1.B.2 Anzahl der Personen im Bereich des wissenschaftlichen/künstlerischen Personals mit einem mindestens 5-tägigen Aufenthalt (incoming)
[pro Universität]
(nach Geschlecht, Aufenthaltsdauer, Herkunftsland der Einrichtung)

Anzahl	Gesamtanzahl innerhalb des Studienjahres (1. Oktober – 30. September)
Personen mit Aufenthalt (incoming)	sämtliche Personen, die in einem Dienst- oder Beschäftigungsverhältnis zu einer ausländischen Einrichtung stehen und zum Zweck der Erfüllung von Lehr- und/oder Forschungsleistungen/Leistungen im Bereich der Entwicklung und Erschließung der Künste einen mindestens 5-tägigen Aufenthalt an der Universität absolvieren (mit Ausnahme der Teilnahme an Tagungen und Konferenzen)
Geschlecht	– Frauen – Männer
Aufenthaltsdauer	– 5 Tage bis zu 3 Monate – länger als 3 Monate
Herkunftsland der Einrichtung	– EU – Drittstaaten

1.C.1 Anzahl der in aktive Kooperationsverträge eingebundenen Partnerinstitutionen/ Unternehmen
[pro Universität]
(nach Herkunftsland der Kooperationspartner, Partnerinstitutionen/Unternehmen)

Anzahl	Gesamtanzahl zum Stichtag 31. Dezember
Kooperations-verträge	schriftliche Vereinbarung für einen bestimmten Zeitraum oder unbefristet abgeschlossen, die die geregelte Zusammenarbeit im Bereich Lehre, F&E/Entwicklung und Erschließung der Künste der Universität mit anderen Institutionen zum Inhalt hat, ausgenommen vertragliche Kooperationen im Drittmittelbereich
Herkunftsland der Kooperations-partner	– national – EU – Drittstaaten
Partner-institutionen/ Unternehmen	– Universitäten und Hochschulen – Kunsteinrichtungen – außeruniversitäre F&E-Einrichtungen – Unternehmen – Schulen – nichtwissenschaftliche Medien (Zeitungen, Zeitschriften) – sonstige

1.C.2 Erlöse aus F&E-Projekten/Projekten der Entwicklung und Erschließung der Künste in Euro [pro Universität, pro Wissenschafts-/Kunstzweig] (nach Auftrag-/Fördergeber-Organisation, Sitz der Auftrag-/ Fördergeber-Organisation)

[Zeitraum]	Rechnungsjahr (1. Jänner – 31. Dezember)
Erlöse	geldmäßiger Gegenwert für erbrachte Leistungen der Universität
F&E-Projekte	Forschungsarbeiten gemäß § 26 Abs. 1 und § 27 Abs. 1 Z 2 und 3 UG, an denen einzelne bzw. mehrere Personen mitarbeiten und bei denen auf die Ausstattung der Universität zurückgegriffen wird
Projekte der Entwicklung und Erschließung der Künste	Arbeiten gemäß § 26 Abs. 1 und § 27 Abs. 1 Z 2 und 3 UG im Bereich Entwicklung und Erschließung der Künste, an denen einzelne bzw. mehrere Personen mitarbeiten und bei denen auf die Ausstattung der Universität zurückgegriffen wird
Auftrag-/ Fördergeber-Organisation	– EU – andere internationale Organisationen – Bund (Ministerien) – Länder (inkl. deren Stiftungen und Einrichtungen) – Gemeinden und Gemeindeverbände (ohne Wien) – FWF – FFG – ÖAW – Jubiläumsfonds der ÖNB – sonstige öffentlich-rechtliche Einrichtungen (Körperschaften, Stiftungen, Fonds etc.) – Unternehmen – Private (Stiftungen, Vereine etc.) – sonstige
Sitz der Auftrag-/ Fördergeber-Organisation	– national – EU Drittstaaten

2.A.1 Zeitvolumen des wissenschaftlichen/künstlerischen Personals im Bereich Lehre in Vollzeitäquivalenten [pro Universität, pro Curriculum] (nach Geschlecht)

[Zeitraum]	Studienjahr (1. Oktober – 30. September)
Zeitvolumen	Zeitaufwand für abgehaltene Lehrveranstaltungen, gewichtet nach Lehr-Typologie auf Basis Semesterstunden, dargestellt in Vollzeitäquivalenten
wissenschaftliches/ künstlerisches Personal	sämtliche Personen in den Verwendungen 11 bis 21, 26, 27 und 81 bis 84 gemäß Z 2.6 der Anlage 1 BidokVUni
Bereich Lehre	Der Zeitaufwand für Lehre ist anhand folgender Typologie zu ermitteln: Forschungsgeleiteter wissenschaftlicher Unterricht (venia Lehre): 1 Semesterstunde = 37,5 Stunden Erschließungsgeleiteter künstlerischer Unterricht (ZKF, venia Lehre): 1 Semesterstunde = 28,75 Stunden Sonstige wissenschaftliche und künstlerische Lehre (auch Praktika): 1 Semesterstunde = 22,5 Stunden
Vollzeitäquivalent	Beschäftigungsausmaß von 40 Stunden pro Woche (Umrechnungsfaktor)
Geschlecht	– Frauen – Männer

2.A.2 Anzahl der eingerichteten Studien [pro Universität] (nach Studienart, Studienform, Programmbeteiligung)

Anzahl	Gesamtanzahl zum Stichtag 31. Dezember
eingerichtete Studien	Bachelor-, Master-, Diplom-, Doktoratsstudien, Universitätslehrgänge (inklusive mit anderen Universitäten oder Hochschulen gemeinsam eingerichtete Studien)
Studienart	– Diplomstudien – Bachelorstudien – Masterstudien – PhD-Doktoratsstudien – andere Doktoratsstudien (ohne Human- und Zahnmedizin) – angebotene Unterrichtsfächer im Lehramtsstudium – angebotene Instrumente im Instrumentalstudium und im Studium der Instrumental(Gesangs-)pädagogik – Universitätslehrgänge für Graduierte – andere Universitätslehrgänge
Studienform	– Präsenz-Studien – blended-learning-Studien – Fernstudien – fremdsprachige Studien
Programm-beteiligung	– internationale Joint Degree/Double Degree/Multiple Degree-Programme – nationale Studienkooperationen (gemeinsame Einrichtung)

2.A.3 Durchschnittliche Studiendauer in Semestern [pro Universität, pro Curriculum] (nach Geschlecht, Studienart, Studienabschnitt)

[Zeitraum]	3 Studienjahre (jeweils 1. Oktober – 30. September)
Durchschnittliche Studiendauer in Semestern	Wert, der gemäß § 9 Abs. 3 und 4 UniStEV 2004 ermittelt wurde; zu berücksichtigen sind ausschließlich Abschlüsse von Bachelor-, Master- und Diplomstudien
Geschlecht	– Frauen – Männer
Studienart	– Diplomstudien mit Abschnittsgliederung – Bachelorstudien – Masterstudien – Diplomstudien ohne Abschnittsgliederung
Studienabschnitt	– 1. Studienabschnitt/gesamtes Studium – weitere Studienabschnitte (restliches Studium)

2.A.4 Bewerberinnen und Bewerber für Studien mit besonderen Zulassungsbedingungen [pro Universität, pro Curriculum] (nach Geschlecht, Prüfungsergebnis)

Anzahl	Gesamtanzahl in Bezug auf das beabsichtigte Beginn-Studienjahr (1. Oktober – 30. September)
Bewerberin, Bewerber	jede Person, die zur Feststellung des Vorliegens der besonderen Zulassungsbedingungen für ein ordentliches Studium antritt
Besondere Zulassungs-bedingung	– Zulassungsprüfungen für künstlerische Studien (§ 64 Abs. 1 Z 5 UG); – Überprüfung der körperlich-motorischen Eignung für Sportwissenschaften und das Unterrichtsfach Bewegung und Sport (§ 63 Abs. 1 Z 5 UG); – qualitative Zulassungsbedingungen für Master- und PhD-Studien (§ 64 Abs. 4, 5 und 6 UG); – Aufnahmeverfahren gemäß § 124b Abs. 1 und 6 UG
Geschlecht	– Frauen – Männer
Prüfungsergebnis	– bestanden/erfüllt – nicht bestanden/nicht erfüllt

2.A.5 Anzahl der Studierenden [pro Universität] (nach Geschlecht, Staatsangehörigkeit, Studierendenkategorie, Personenmenge)

Anzahl	Gesamtanzahl zum Wintersemester-Termin gemäß § 7 Abs. 6 UniStEV 2004
Studierende	sämtliche Studierende dieser Universität (Personenmenge PU gemäß Anlage 5 zur UniStEV 2004)
Geschlecht	– Frauen – Männer
Staatsange-hörigkeit	– Österreich – EU – Drittstaaten
Studierenden-kategorie	– ordentliche Studierende – außerordentliche Studierende
Personenmenge	– im betreffenden Wintersemester neu zugelassene Studierende dieser Universität (Personenmenge PN gemäß Anlage 5 zur UniStEV 2004) – bereits in früheren Semestern zugelassene Studierende dieser Universität (Personenmenge PU gemäß Anlage 5 zur UniStEV 2004 vermindert um Personenmenge PN)

2.A.6 Prüfungsaktive ordentliche Studierende in Bachelor-, Master- und Diplomstudien
[pro Universität]
(nach Geschlecht, Staatsangehörigkeit)

[Zeitraum]	Studienjahr (1. Oktober – 30. September)
Prüfungsaktive Studierende	Prüfungsaktiv ist eine Studierende oder ein Studierender, wenn sie oder er Studienerfolge im Umfang von insgesamt mindestens 16 ECTS-Punkten (8 Semesterstunden) erzielt oder einen Studienabschnitt, ausgenommen den letzten, vollendet hat
Geschlecht	– Frauen – Männer
Staatsange-hörigkeit	– Österreich – EU – Drittstaaten

2.A.7 Anzahl der belegten ordentlichen Studien
[pro Universität, pro Curriculum]
(nach Geschlecht, Studienart, Staatsangehörigkeit)

Anzahl	Gesamtanzahl zum Wintersemester-Termin gemäß § 7 Abs. 6 UniStEV 2004
belegte ordentliche Studien	Belegte Studien (Studienmenge SB gemäß Anlage 5 zur UniStEV 2004), eingeschränkt auf ordentliche Studien
Geschlecht	– Frauen – Männer
Studienart	– Diplomstudium – Bachelorstudium – Masterstudium – Doktoratsstudium
Staatsange-hörigkeit	– Österreich – EU – Drittstaaten

2.A.8 Anzahl der ordentlichen Studierenden mit Teilnahme an internationalen Mobilitätsprogrammen (outgoing)
[pro Universität]
(nach Geschlecht, Gastland, Art der Mobilitätsprogramme)

Anzahl	Gesamtanzahl innerhalb des Studienjahres (1. Oktober – 30. September)
ordentliche Studierende mit Teilnahme an internationalen Mobilitätsprogrammen (outgoing)	ordentliche Studierende (Personenmenge PU gemäß Anlage 5 zur UniStEV 2004), die im Rahmen eines internationalen Mobilitätsprogramms einen Auslandsaufenthalt absolvieren (Gastland ungleich Österreich)
Geschlecht	– Frauen – Männer
Gastland	– EU – Drittstaaten
Art der Mobilitätsprogramme	– CEEPUS – ERASMUS – LEONARDO da VINCI – sonstige

2.A.9 Anzahl der ordentlichen Studierenden mit Teilnahme an internationalen Mobilitätsprogrammen (incoming) [pro Universität] (nach Geschlecht, Staatsangehörigkeit, Art der Mobilitätsprogramme)

Anzahl	Gesamtanzahl innerhalb des Studienjahres (1. Oktober – 30. September)
ordentliche Studierende mit Teilnahme an internationalen Mobilitätsprogrammen (incoming)	ordentliche Studierende (Personenmenge PU gemäß Anlage 5 zur UniStEV 2004), die im Rahmen eines internationalen Mobilitätsprogramms einen Auslandsaufenthalt in Österreich absolvieren
Geschlecht	– Frauen – Männer
Staatsangehörigkeit	– EU – Drittstaaten
Art der Mobilitätsprogramme	– CEEPUS – ERASMUS – LEONARDO da VINCI – sonstige

2.A.10 Erfolgsquote ordentlicher Studierender [pro Universität] (nach Geschlecht)

[Zeitraum]	Studienjahr (1. Oktober – 30. September)
Erfolgsquote	Anzahl der Abschlüsse eines Bachelor-, Master- oder Diplomstudiums, gemessen an den Studierenden a) von Bachelor- und Diplomstudien im dritten Semester und b) von Masterstudien im ersten Semester jenes Studienjahres, das sich anhand der Studiendauer im Einzelfall (§ 9 Abs. 3 UniStEV 2004) als Vergleichsstudienjahr ergibt. Der Vergleich hat sich auf 12 dem Abschlussjahr vorausgehende Studienjahre zu erstrecken.
Geschlecht	– Frauen – Männer

2.B.1 Personal nach Wissenschafts-/Kunstzweigen in Vollzeitäquivalenten [pro Universität, pro Wissenschafts-/Kunstzweig] (nach Geschlecht, Personalkategorie)

[Stichtag]	Stichtag 31. Dezember
Personal	Sämtliche Personen in den Verwendungen 11, 12, 14, 16, 21, 24 bis 27 und 81 bis 84 gemäß Z 2.6 der Anlage 1 BidokVUni
[Zuordnung des Personals nach] Wissenschafts-/Kunstzweigen in Vollzeitäquivalenten	Zuordnung der Ergebnisse der Kennzahl 1.A.1 (Vollzeitäquivalente) auf die Wissenschafts-/Kunstzweige gemäß Anlage 2 – unabhängig davon, wie viel Zeit innerhalb der einzelnen Personalkategorien tatsächlich für Forschung und Entwicklung bzw. Entwicklung und Erschließung der Künste aufgewendet wird
Personalkategorie	– Professorinnen und Professoren – drittfinanzierte wissenschaftliche/künstlerische Mitarbeiterinnen und Mitarbeiter – sonstige wissenschaftliche/künstlerische Mitarbeiterinnen und Mitarbeiter
Geschlecht	– Frauen – Männer

2.B.2 Doktoratsstudierende mit Beschäftigungsverhältnis zur Universität [pro Universität] (nach Geschlecht, Personalkategorie, Staatsangehörigkeit)

[Anzahl, Stichtag]	Gesamtanzahl zum jeweiligen Wintersemester-Termin gemäß § 7 Abs. 6 UniStEV 2004 mit einem Dienst- bzw. Beschäftigungsverhältnis zum Stichtag 31. Dezember
Doktoratsstudierende mit Beschäftigungsverhältnis zur Universität	Studierende mit belegtem Studium (Studienmenge SB gemäß Anlage 5 zur UniStEV 2004), eingeschränkt auf Doktoratsstudien (ohne Diplomstudien Human- und Zahnmedizin), und mit einem Dienst- bzw. Beschäftigungsverhältnis zur Universität zum 31. Dezember
Geschlecht	– Frauen – Männer
Staatsangehörigkeit	– Österreich – EU – Drittstaaten
Personalkategorie (Verwendung)	– drittfinanzierte wissenschaftliche/künstlerische Mitarbeiterinnen und Mitarbeiter – sonstige wissenschaftliche/künstlerische Mitarbeiterinnen und Mitarbeiter – sonstige Verwendung

3.A.1 Anzahl der Studienabschlüsse [pro Universität, pro Curriculum] (nach Geschlecht, Staatsangehörigkeit, Art des Abschlusses, Studienart)

Anzahl	Gesamtanzahl innerhalb des Studienjahres (1. Oktober – 30. September)
Studienabschlüsse	abgeschlossene Studien (Studienmenge SA gemäß Anlage 5 zur UniStEV 2004), eingeschränkt auf ordentliche Studien
Geschlecht	– Frauen – Männer
Staatsangehörigkeit	– Österreich – EU – Drittstaaten
Art des Abschlusses	– Erstabschluss – Weiterer Abschluss
Studienart	– Diplomstudium – Bachelorstudium – Masterstudium – Doktoratsstudium

3.A.2 Anzahl der Studienabschlüsse in der Toleranzstudiendauer [pro Universität, pro Curriculum] (nach Geschlecht, Staatsangehörigkeit, Art des Abschlusses, Studienart)

Anzahl	Gesamtanzahl innerhalb des Studienjahres (1. Oktober – 30. September)
Studienabschlüsse	abgeschlossene Studien (Studienmenge SA gemäß Anlage 5 zur UniStEV 2004), eingeschränkt auf ordentliche Studien
Abschlüsse in der Toleranz-studiendauer	Studienabschlüsse, welche innerhalb der Studiendauer laut Curriculum zuzüglich eines Semesters, im Fall eines Diplomstudiums zuzüglich eines Semesters je Studienabschnitt, erreicht wurden; die Studiendauer ist gemäß § 9 Abs. 3 UniStEV 2004 zu ermitteln.
Geschlecht	– Frauen – Männer
Staatsange-hörigkeit	– Österreich – EU – Drittstaaten
Art des Abschlusses	– Erstabschluss – Weiterer Abschluss
Studienart	– Diplomstudium – Bachelorstudium – Masterstudium – Doktoratsstudium

3.A.3 Anzahl der Studienabschlüsse mit Auslandsaufenthalt während des Studiums [pro Universität] (nach Geschlecht, Gastland des Auslandsaufenthalts)

Anzahl	Gesamtanzahl innerhalb des Studienjahres (1. Oktober – 30. September)
Studienabschlüsse mit Auslandsauf-enthalt während des Studiums	abgeschlossene Studien (Studienmenge SA gemäß Anlage 5 zur UniStEV 2004), eingeschränkt auf Abschlüsse ordentlicher Studien von Personen mit Teilnahme an internationalen Mobilitätsprogrammen (Gastland ungleich Österreich)
Geschlecht	– Frauen – Männer
Gastland des Aus-landsaufenthaltes	– EU – Drittstaaten

3.B.1 Anzahl der wissenschaftlichen/künstlerischen Veröffentlichungen des Personals [pro Universität, pro Wissenschafts-/Kunstzweig] (nach Typus von Publikationen)

Anzahl	Gesamtanzahl innerhalb des Kalenderjahres (1. Jänner – 31. Dezember), Zuordnung anhand des Datums der Veröffentlichung
Wissenschaftliche/ künstlerische Veröffentlichungen	unter Nennung der Universität publizierte Erstauflagen von Fach- oder Lehrbüchern (ausgenommen Eigenverlag), nicht im Eigenverlag publizierte Fachzeitschriften oder Sammelwerke (ausgenommen Konferenz-Publikationen) und sonstige wissenschaftliche/künstlerische Veröffentlichungen (darunter auch nicht-textliche wie z. B. Filme)
Personal	sämtliche Personen in den Verwendungen 11 bis 21, 24 bis 27 und 81 bis 84 gemäß Z 2.6 der Anlage 1 BidokVUni
Typus von Publikationen	– Erstauflagen von wissenschaftlichen Fach- oder Lehrbüchern – erstveröffentlichte Beiträge in SCI, SSCI und A&HCI-Fachzeitschriften – erstveröffentlichte Beiträge in sonstigen wissenschaftlichen Fachzeitschriften – erstveröffentlichte Beiträge in Sammelwerken – sonstige wissenschaftliche Veröffentlichungen – künstlerische Ton-, Bild-, Datenträger – Beiträge zu künstlerischen Ton-, Bild-, Datenträgern – Kunstkataloge und andere künstlerische Druckwerke – Beiträge zu Kunstkatalogen und anderen künstlerischen Druckwerken

3.B.2 Anzahl der gehaltenen Vorträge und Präsentationen des Personals bei wissenschaftlichen/künstlerischen Veranstaltungen [pro Universität, pro Wissenschafts-/Kunstzweig] (nach Geschlecht, Veranstaltungs-Typus, Vortrags-/Präsentations-Typus)

Anzahl	Gesamtanzahl innerhalb des Kalenderjahres (1. Jänner – 31. Dezember)
Vortrag oder Präsentation	Vortrag auf Grundlage einer direkten Einladung durch die Veranstalterin oder den Veranstalter oder Vortrag/Präsentation auf Grundlage einer Bewerbung und nachfolgenden Auswahl durch die Veranstalterin oder den Veranstalter
wissenschaftliche/ künstlerische Veranstaltung	Kongresse, Konferenzen, Tagungen etc.
Personal	sämtliche Personen in den Verwendungen 11 bis 21, 24 bis 27 und 81 bis 84 gemäß Z 2.6 der Anlage 1 BidokVUni
Geschlecht	– Frauen – Männer
Veranstaltungs-Typus	– Veranstaltungen für überwiegend inländischen Teilnehmerinnen- und Teilnehmerkreis – Veranstaltungen für überwiegend internationalen Teilnehmerinnen- und Teilnehmerkreis
Vortrags-/Präsentations-Typus	– Vorträge auf Einladung – sonstige Vorträge – Poster-Präsentationen – sonstige Präsentationen

Spezifisches Kennzahlen-Set für Medizinische Universitäten:

4.1 Anzahl der neu begonnenen klinischen Prüfungen [pro Universität, pro Wissenschaftszweig]

Anzahl	Gesamtanzahl innerhalb des Kalenderjahres (1. Jänner- 31. Dezember)
neu begonnen Klinische Prüfung	im Kalenderjahr dem Rektorat gemeldete klinische Prüfungen systematische Untersuchung eines Arzneimittels an Prüfungsteilnehmerinnen und -teilnehmern gemäß § 2a Arzneimittelgesetz, BGBl. Nr. 185/1983, i.d.g.F. bzw. eines Medizinprodukts gemäß § 3 Medizinproduktegesetz, BGBl. Nr. 657/1996, i.d.g.F.

4.2 Anzahl der Teilnehmerinnen und Teilnehmer zum Zeitpunkt der Beendigung von klinischen Prüfungen [pro Universität]

Anzahl	Gesamtanzahl innerhalb des Kalenderjahres (1. Jänner – 31. Dezember)
Teilnehmerinnen und Teilnehmer	Prüfungsteilnehmerinnen und -teilnehmer gemäß § 2a Abs. 15 Arzneimittelgesetz bzw. gemäß § 3 Abs. 8 Medizinproduktegesetz, aufgrund von Meldungen im Rahmen des universitätsinternen Berichtswesens
Klinische Prüfung	systematische Untersuchung eines Arzneimittels an Prüfungsteilnehmerinnen und -teilnehmern gemäß § 2a Arzneimittelgesetz bzw. eines Medizinprodukts gemäß § 3 Medizinproduktegesetz
Beendigung	Beendigung der Klinischen Prüfung im Sinne des § 2a Abs. 4 Arzneimittelgesetz bzw. gemäß § 3 Abs. 10 Medizinproduktegesetz

4.3 Anzahl der Ausbildungsverträge zur Fachärztin oder zum Facharzt [pro Universität] (nach Geschlecht, Dienstgeberin oder Dienstgeber)

Anzahl	Gesamtanzahl innerhalb des Kalenderjahres (1. Jänner – 31. Dezember)
Ausbildungs-vertrag	Vertrag zur Absolvierung der praktischen Ausbildung in einem Sonderfach gemäß § 8 Ärztegesetz 1998, BGBl. I Nr. 169/1998 i.d.g.F.
Dienstgeberin oder Dienstgeber	– Universität – Krankenanstaltenträger
Geschlecht	– Frauen – Männer

4.4 Anzahl der im Berichtsjahr von Universitätsangehörigen geleisteten verlängerten Dienste [pro Universität]

[Zeitraum]	Kalenderjahr (1. Jänner – 31. Dezember)
verlängerter Dienst	verlängerter Dienst gemäß § 4 Krankenanstalten-Arbeitszeitgesetz BGBl. I Nr. 8/1997 i.d.g.F.

4.5 Anzahl der Begutachtungen der Ethikkommission [pro Universität] (nach Begutachtungstyp)

Anzahl	Gesamtanzahl innerhalb des Kalenderjahres (1. Jänner – 31. Dezember)
Begutachtung	Durchführung von Beurteilungen klinischer Prüfungen und der Anwendung neuer medizinischer Methoden und angewandter medizinischer Forschung am Menschen unter Beachtung der einschlägigen ärzterechtlichen Bestimmungen und der relevanten internationalen Regelwerke (Deklaration von Helsinki, GCP-Guidelines)
Ethikkommission	vom Senat eingerichtete Kommission gemäß § 30 UG zur Beurteilung klinischer Prüfungen von Arzneimitteln und Medizinprodukten, der Anwendung neuer medizinischer Methoden und angewandter medizinischer Forschung
Begutachtungstyp	– Begutachtung im eigenen Bereich der Universität – sonstige Begutachtung

Datenbedarfskennzahlen gemäß § 12 für sämtliche Universitäten:

1.1 Aufwendungen für das Bundespersonal in Euro [pro Universität]

[Zeitraum]	Rechnungsjahr (1. Jänner – 31. Dezember)
Aufwendungen in Euro	Personalaufwand gemäß § 2 Z 6 lit. a, c, d, e und f der Univ. RechnungsabschlussVO, BGBl. II Nr. 292/2003, [a) Löhne & Gehälter, c) Aufwendungen für Abfertigungen, d) Aufwendungen für Altersversorgung, e) Aufwendungen für gesetzlich vorgeschriebene Sozialabgaben sowie vom Entgelt abhängige Abgaben und Pflichtbeiträge, f) Sonstige Sozialaufwendungen] ohne Berücksichtigung der Rückstellungen, gegliedert wie folgt: – Personalaufwand für Beamtinnen und Beamte in Euro – Personalaufwand für das übrige Bundespersonal gemäß § 12 Abs. 3 UG in Euro
Bundespersonal gemäß § 12 Abs. 3 UG	Bundespersonal, das am 31.12.2003 an der Universität vorhanden war, soweit es in diesem Zeitraum in einem Arbeitsverhältnis zur Universität oder in einem Bundesdienstverhältnis, in einem besonderen öffentlich-rechtlichen Rechtsverhältnis als wissenschaftliche/künstlerische Mitarbeiterin oder als wissenschaftlicher/künstlerischer Mitarbeiter (in Ausbildung) (§ 132 UG) steht und unverändert weiterhin an der Universität tätig ist.

1.2 Wissenschaftsprofil bzw. Kunstprofil der angebotenen Curricula in Prozent [pro Curriculum]

[Zeitraum]	zum Stichtag 31. Dezember
Wissenschafts-profil bzw. Kunst-profil in Prozent	vollständige anteilsmäßige Zuordnung jedes Curriculums eines ordentlichen Studiums zu Wissenschaftszweigen bzw. Kunstzweigen; die Summe der Einzelzuordnungen pro Curriculum hat 100% zu ergeben.
angebotenes Curriculum	Alle ordentlichen Studien, die begonnen werden können.

1.3 Geschlechterrepräsentanz im Zuge der Berufungsverfahren [pro Universität] (nach Geschlecht, Prozessschritt, Berufungsart, Zählkategorie)

[Zeitraum]	Kalenderjahr (1. Jänner – 31. Dezember)
Geschlechter-repräsentanz	Anzahl von Frauen und Männern im jeweiligen Prozessschritt des Berufungsverfahrens
Berufungs-verfahren	Verfahren gemäß § 98 UG, das zur Besetzung (Dienstantritt) von Professuren führt
Geschlecht	– Frauen – Männer
Prozessschritt	– Zusammensetzung der Kommissionen – Zusammensetzung der Gutachterinnen und Gutachter – Zusammensetzung der Bewerberinnen und Bewerber – Zusammensetzung der kompletten Kandidatinnen- und Kandidatenlisten – Zusammensetzung der an die Gutachterinnen und Gutachter übermittelten Bewerbungen – Zusammensetzung der durchgeführten Hearings – Zusammensetzung der Dreiervorschläge – Zusammensetzung der Berufenen an die Universität
Zählkategorie	– Kopfzahlen – Anteile in %

1.4 Aufwendungen für Maßnahmen zur Vereinbarkeit von Beruf/Studium und Familie/Privatleben für Frauen und Männer in Euro [pro Universität]

[Zeitraum]	Rechnungsjahr (1. Jänner – 31. Dezember)
Aufwendungen	Mittel aus dem Globalbudget, Drittmittel oder Sponsoring
Maßnahmen zur Vereinbarkeit von Beruf/Studium und Familie/Privatleben	z. B.: flexible Arbeitszeitmodelle besonders zur Unterstützung eines Wiedereinstieges bzw. Personalentwicklungsprogramme für Beschäftigte in Karenz, Kinderbüro, flexible Kinderbetreuung, Kinderbetreuungs-beauftragte, Universitätskindergärten

1.5 Gesamtaufwendungen für Großgeräte im F&E-Bereich/Bereich Entwicklung und Erschließung der Künste in Euro [pro Universität, pro Wissenschafts-/Kunstzweig]

[Zeitraum]	Rechnungsjahr (1. Jänner – 31. Dezember)
Gesamtauf-wendungen	verausgabte Mittel außerhalb des Globalbudgets
Großgeräte im F&E-Bereich/Bereich Entwicklung und Erschließung der Künste	Geräte im F&E-Bereich/Bereich Entwicklung und Erschließung der Künste ab einem Anschaffungspreis von Euro 70.000,– inkl. MwSt.

1.6 Anzahl der auf den Namen der Universität erteilten Patente [pro Universität, pro Wissenschaftszweig] (nach Patenterteilung)

Anzahl	Gesamtanzahl innerhalb des Kalenderjahres (1. Jänner – 31. Dezember)
erteilte Patente	zu zählen sind Patente, die gemäß Patentgesetz 1970, gemäß dem Europäischen Patentübereinkommen und in Staaten, die nicht Vertragsstaaten des Europäischen Patentübereinkommens sind, im Berichtszeitraum erteilt wurden, wobei jedes erteilte Patent einzeln gezählt wird.
Patenterteilung	– national – EU/EPU – Drittstaaten

Datenbedarfskennzahlen gemäß § 12 für Medizinische Universitäten:

**2.1 Nutzfläche, der Universität von Dritten für Lehr- und Forschungszwecke zur Verfügung gestellt, in m²
[pro Universität]**

[Zeitraum]	Gesamtnutzfläche zum Stichtag 31. Dezember
Nutzfläche	Nutzfläche im Sinne der ÖNORM 1800, Ausgabe 1. Jänner 2002, dient der Nutzung des Bauwerkes aufgrund seiner Zweckbestimmung
Dritte	Krankenanstaltenträger oder andere Dritte wie sonstige öffentliche Stellen oder Private (auch universitätsnahe Vereine), nicht aber BIG
Lehr- und Forschungszwecke	Erfüllung der universitären Aufgaben der Lehre und Forschung sowie mittelbar damit verbundene Aufgaben (wie anteilige Verwaltung, erforderliche zusätzliche Dienstzimmer)
zur Verfügung stellen	ausdrückliche vertragliche Widmung oder faktische Überlassung

**2.2 Zeitvolumen des wissenschaftlichen Personals im Klinischen Bereich in Lehre und Forschung [in Vollzeitäquivalenten und in Prozent der gesamten Normalarbeitszeit (40 Stunden) dieses Personals]
[pro Universität]
(nach Geschlecht)**

[Zeitraum]	Kalenderjahr (1. Jänner – 31. Dezember)
Zeitvolumen	tatsächlich erhobene oder berechnete Lehr- und Forschungskapazität
wissenschaftliches Personal	sämtliche Personen in den Verwendungen 11 bis 21, 26, 27 und 81 bis 84 gemäß Z 2.6 der Anlage 1 BidokVUni
Lehre und Forschung	Lehre und Forschung im Sinne des UG einschließlich der dafür erforderlichen universitären Verwaltungstätigkeit
Klinischer Bereich	Klinischer Bereich ist der Bereich gemäß § 31 UG
Vollzeitäquivalent	tatsächliche Personalkapazität auf Basis des faktischen Beschäftigungsausmaßes aller Personen (z. B. 2 zu 50% Teilzeitbeschäftigte ergeben 1 Vollzeitäquivalent)
Prozent	Anteil der gesamten Normalarbeitszeit (40 Stunden)
Geschlecht	– Frauen – Männer

2.3 Personal im Klinischen Bereich in Vollzeitäquivalenten [pro Universität] (nach Geschlecht)

Anzahl	Gesamtanzahl innerhalb des Kalenderjahres (1. Jänner – 31. Dezember)
Klinischer Bereich	Einrichtungen der Medizinischen Universität gemäß § 31 UG

Personal	– Ärztinnen und Ärzte gemäß § 1 Ärztegesetz 1998
	– Zahnärztinnen und Zahnärzte gemäß § 5 Zahnärztegesetz BGBl. Nr. 126/2005
	– anderes wissenschaftliches Personal
	– allgemeines Personal, davon
	  – Ärztinnen und Ärzte in Facharztausbildung
	  – Krankenpflege im Rahmen einer öffentlichen Kranken-Anstalt

Geschlecht	– Frauen – Männer

2.4 Klinischer Mehraufwand (paktierte Investitionen) in Euro [pro Universität]

[Zeitraum]	Rechnungsjahr (1. Jänner – 31. Dezember)
Klinischer Mehraufwand	Teilbetrag der Gesamtinvestitionen in der Patientenbehandlung/-betreuung und im Gesundheitswesen, der gemäß § 55 Z 1 KAKuG, i.d.g.F. als Kostenersatz für Geräte an den Krankenanstaltenträger zu leisten ist
Paktierte Investitionen	Maschinen und maschinelle Anlagen sowie unmittelbar zugehörige Raumausstattungen sowie übertragene Klinikneu- und Klinikumbauten einschließlich der Ersteinrichtung und gebäudetechnische Sanierungen und Erweiterungen. – tatsächliche Ausgaben € – diesbezügliche Rückstellungen € – bestehende Forderungen gegenüber dem Krankenanstaltenträger € – bestehende Verpflichtungen gegenüber dem Krankenanstaltenträger €

2.5 Ausgleichszahlungen des Laufenden Klinischen Mehraufwands in Euro [pro Universität]

[Zeitraum]	Rechnungsjahr (1. Jänner – 31. Dezember)
Klinischer Mehraufwand	Kostenersatz für die Leistungen des Krankenanstaltenträgers gemäß § 55 Z 2 KAKuG, i.d.g.F, für den Klinischen Bereich der Medizinischen Universität nach Abzug der wechselseitigen Leistungen der Medizinischen Universität für den Krankenanstaltenträger
laufend	Mehrkosten, die sich beim Betrieb der Krankenanstalt aus den Bedürfnissen der Lehre und Forschung ergeben – tatsächliche Ausgaben € – diesbezügliche Rückstellungen € – bestehende Forderungen gegenüber dem Krankenanstaltenträger € – bestehende Verpflichtungen gegenüber dem Krankenanstaltenträger €

2.6 Wissenschaftliches Personal mit einem nicht-medizinischen Studienabschluss [pro Universität] (nach Geschlecht)

[Zeitraum]	Kalenderjahr (1. Jänner – 31. Dezember)
Personal	wissenschaftliches Personal mit Dienst- oder Beschäftigungsverhältnis (einschließlich Bundesbeamte)
nicht medizinischer Studienabschluss	Abschluss eines Hochschulstudiums außer Human- und Zahnmedizin
Geschlecht	– Frauen – Männer

Anlage 2
zu § 8

Wissenschafts-/Kunstzweige

1 NATURWISSENSCHAFTEN
- 11 Mathematik, Informatik
- 12 Physik, Mechanik, Astronomie
- 13 Chemie
- 14 Biologie, Botanik, Zoologie
- 15 Geologie, Mineralogie
- 16 Meteorologie, Klimatologie
- 17 Hydrologie, Hydrographie
- 18 Geographie
- 19 Sonstige und interdisziplinäre Naturwissenschaften

2 TECHNISCHE WISSENSCHAFTEN
- 21 Bergbau, Metallurgie
- 22 Maschinenbau, Instrumentenbau
- 23 Bautechnik
- 24 Architektur
- 25 Elektrotechnik, Elektronik
- 26 Technische Chemie, Brennstoff- und Mineralöltechnologie
- 27 Geodäsie, Vermessungswesen
- 28 Verkehrswesen, Verkehrsplanung
- 29 Sonstige und interdisziplinäre Technische Wissenschaften

3 HUMANMEDIZIN
- 31 Anatomie, Pathologie
- 32 Medizinische Chemie, Medizinische Physik, Physiologie
- 33 Pharmazie, Pharmakologie, Toxikologie
- 34 Hygiene, medizinische Mikrobiologie
- 35 Klinische Medizin (ausgenommen Chirurgie und Psychiatrie)
- 36 Chirurgie und Anästhesiologie
- 37 Psychiatrie und Neurologie
- 38 Gerichtsmedizin
- 39 Sonstige und interdisziplinäre Humanmedizin

4 LAND- UND FORSTWIRTSCHAFT
- 41 Ackerbau, Pflanzenzucht, Pflanzenschutz
- 42 Gartenbau, Obstbau
- 43 Forst- und Holzwirtschaft
- 44 Viehzucht, Tierproduktion
- 45 Veterinärmedizin
- 49 Sonstige und interdisziplinäre Land- und Forstwirtschaft

5 SOZIALWISSENSCHAFTEN
- 51 Politikwissenschaft
- 52 Rechtswissenschaften
- 53 Wirtschaftswissenschaften
- 54 Soziologie
- 55 Psychologie

56 Raumplanung
57 Angewandte Statistik, Sozialstatistik
58 Pädagogik, Erziehungswissenschaften
59 Sonstige und interdisziplinäre Sozialwissenschaften

6 GEISTESWISSENSCHAFTEN
61 Philosophie
64 Theologie
65 Historische Wissenschaften
66 Sprach- und Literaturwissenschaften
67 Sonstige philologisch-kulturkundliche Richtungen
68 Kunstwissenschaften
69 Sonstige und interdisziplinäre Geisteswissenschaften

7 MUSIK
71 Musikleitung (Dirigieren)
72 Interpretation – vokal
73 Interpretation – instrumental
74 Jazz / Improvisation
75 Computermusik
76 Komposition
77 Tonmeister
78 Musiktherapie
79 Pädagogik / Vermittlung

8 BILDENDE/GESTALTENDE KUNST
81 Bildende Kunst
82 Bühnengestaltung
83 Design
84 Architektur
85 Konservierung und Restaurierung
86 Mediengestaltung
87 Sprachkunst
88 Transdisziplinäre Kunst
89 Pädagogik / Vermittlung

9 DARSTELLENDE KUNST
91 Schauspiel
92 Theaterregie / Musiktheaterregie
93 Film und Fernsehen
94 Tanz
95 Pädagogik / Vermittlung

Anlage 3
zu § 10

Abschnitt II Wissensbilanz – Bericht über die Umsetzung der Ziele und Vorhaben der Leistungsvereinbarung

Vorlage für die Berichtslegung

Gliederung für die ZIELE (laut Leistungsvereinbarung der Universität), gegliedert nach Leistungsbereichen:

Nr.	Ziel (Kurzbezeichnung)	Messgröße	Ist-Wert **Basisjahr**	Zielwert **Jahr 1** der LV-Periode	Ist-Wert **Jahr 1** der LV-Periode	Zielwert **Jahr 2** der LV-Periode	Ist-Wert **Jahr 2** der LV-Periode	Zielwert **Jahr 3** der LV-Periode	Ist-Wert **Jahr 3** der LV-Periode	**Abweichung** Ist-Wert zu Zielwert des Berichtsjahrs absolut in %
Ziel 1										
1) Erläuterung der Abweichung im Berichtsjahr 2) bei Berichtslegung über das 2. Jahr der LV-Periode: Prognose bezüglich Erreichung der geplanten Leistungsergebnisse zum Ende der LV-Periode										
Ziel 2										
1) Erläuterung der Abweichung im Berichtsjahr 2) bei Berichtslegung über das 2. Jahr der LV-Periode: Prognose bezüglich Erreichung der geplanten Leistungsergebnisse zum Ende der LV-Periode										

Gliederung für die VORHABEN (laut Leistungsvereinbarung der Universität), gegliedert nach Leistungsbereichen:

<table>
<tr><th>Nr.</th><th>Vorhaben
(Kurzbezeichnung)</th><th>Kurzbeschreibung des Vorhabens</th><th>Geplante Umsetzung bis …….
Meilensteine</th><th>Ampelstatus für das Berichtsjahr</th></tr>
<tr><td>Vorhaben 1</td><td></td><td>laut Leistungsvereinbarung</td><td>laut Leistungsvereinbarung</td><td></td></tr>
<tr><td colspan="5">Erläuterung zum Ampelstatus:</td></tr>
<tr><td colspan="5">1) Was wurde (bereits) durchgeführt? Inwieweit ist (bei Berichtslegung über das 3. Jahr der LV-Periode: wurde) das Vorhaben inhaltlich und zeitlich plangemäß umgesetzt?
2) bei Berichtslegung über das 2. Jahr der LV-Periode: Prognose bezüglich Erreichung der geplanten Leistungsergebnisse zum Ende der LV-Periode
3) Bei roter Ampel: Grund für Nichtumsetzung innerhalb der Leistungsvereinbarungsperiode; ist das Vorhaben für die nächste Leistungsvereinbarungsperiode von Relevanz?</td></tr>
<tr><td>Vorhaben 2</td><td></td><td>laut Leistungsvereinbarung</td><td>laut Leistungsvereinbarung</td><td></td></tr>
<tr><td colspan="5">Erläuterung zum Ampelstatus:</td></tr>
<tr><td colspan="5">1) Was wurde (bereits) durchgeführt? Inwieweit ist (bei Berichtslegung über das 3. Jahr der LV-Periode: wurde) das Vorhaben inhaltlich und zeitlich plangemäß umgesetzt?
2) bei Berichtslegung über das 2. Jahr der LV-Periode: Prognose bezüglich Erreichung der geplanten Leistungsergebnisse zum Ende der LV-Periode
3) Bei roter Ampel: Grund für Nichtumsetzung innerhalb der Leistungsvereinbarungsperiode; ist das Vorhaben für die nächste Leistungsvereinbarungsperiode von Relevanz?</td></tr>
</table>

LV-Periode: Leistungsvereinbarungsperiode

Erläuterung des Ampelstatus:

Ampelstatus	Erläuterung
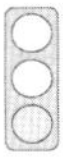	**Grün**: Das Vorhaben wird (bei Berichtslegung über das 3. Jahr der LV-Periode: wurde in der Leistungsvereinbarungsperiode) inhaltlich und zeitlich in der geplanten Form umgesetzt.
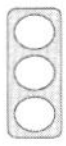	**Gelb**: Das Vorhaben wird (bei Berichtslegung über das 3. Jahr der LV-Periode: wurde) innerhalb der Leistungsvereinbarungsperiode, aber mit inhaltlichen Abstrichen und/oder zeitlicher Verzögerung, umgesetzt.
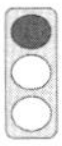	**Rot**: Das Vorhaben wird (bei Berichtslegung über das 3. Jahr der LV-Periode: wurde) NICHT innerhalb der Geltungsdauer der Leistungsvereinbarung umgesetzt.

Formelbudget-Verordnung – FBV

BGBl II 2006/120

Verordnung der Bundesministerin für Bildung, Wissenschaft und Kultur über das formelgebundene Budget der Universitäten (Formelbudget-Verordnung – FBV)

Auf Grund des § 12 Abs. 9 des Universitätsgesetzes 2002, BGBl. I Nr. 120, zuletzt geändert durch das Bundesgesetz BGBl. I Nr. 77/2005, wird im Einvernehmen mit dem Bundesminister für Finanzen verordnet:

Geltungsbereich

§ 1. Diese Verordnung gilt für die Berechnung des formelgebundenen Budgets gemäß § 12 Abs. 8 des Universitätsgesetzes 2002 an den Universitäten gemäß § 6 des Universitätsgesetzes 2002.

Berechnung

§ 2. Die Berechnung der Indikatoren und der Formel für das formelgebundene Budget nimmt die Bundesministerin oder der Bundesminister für Bildung, Wissenschaft und Kultur auf Grund der dem Bundesministerium für Bildung, Wissenschaft und Kultur gemäß der Universitäts-Studienevidenzverordnung 2004 – UniStEV 2004, BGBl. II Nr. 288/2004, der Bildungsdokumentationsverordnung Universitäten – BidokVUni, BGBl. II Nr. 30/2004, und der Wissensbilanz-Verordnung, BGBl. II Nr. 63/2006, in der jeweils geltenden Fassung, vorliegenden Daten zu den einzelnen Indikatoren vor.

Berechnungsgrundlage

§ 3. (1) Berechnungsgrundlage für das formelgebundene Budget ist der zur Finanzierung der Universitäten zur Verfügung stehende Gesamtbetrag für eine Leistungsvereinbarungsperiode gemäß § 12 Abs. 2 des Universitätsgesetzes 2002 ohne den Klinischen Mehraufwand, jedoch einschließlich des Betrages, um den sich der Gesamtbetrag gemäß § 12 Abs. 3 des Universitätsgesetzes 2002 erhöht.

(2) Der Betrag für das formelgebundene Budget beträgt 20 vH des gemäß Abs. 1 ermittelten Betrages.

Indikatoren

§ 4. Für die Berechnung des formelgebundenen Budgets werden gemäß § 12 Abs. 8 des Universitätsgesetzes 2002 folgende Indikatoren festgelegt:

(1) Bereich Lehre:

Indikator 1: Anzahl der prüfungsaktiven ordentlichen Studierenden innerhalb der vorgesehenen Studiendauer laut Curriculum zuzüglich Toleranzsemester in Bakkalaureats-, Magister- und Diplomstudien mit Gewichtung nach Gruppen von Studien.

Indikator 2: Anzahl der Studienabschlüsse von Bakkalaureats-, Magister- und Diplomstudien mit Gewichtung nach Art der abgeschlossenen Studien.

Indikator 3: Anteil der Abschlüsse von Bakkalaureats-, Magister- und Diplomstudien innerhalb der vorgesehenen Studiendauer laut Curriculum zuzüglich Toleranzsemester an allen gleichartigen Studienabschlüssen.

Indikator 4: Erfolgsquote ordentlicher Studierender in Bakkalaureats-, Magister- und Diplomstudien.

(2) Bereich Forschung und Entwicklung und Erschließung der Künste:

Indikator 5: Anzahl der Abschlüsse von Doktoratsstudien mit Gewichtung nach Art des Doktoratsstudiums.

Indikator 6: Einnahmen aus Projekten der Forschung und Entwicklung sowie der Entwicklung und Erschließung der Künste gemäß § 26 Abs. 1 und § 27 Abs. 1 Z 2 und 3 des Universitätsgesetzes 2002, die vom Fonds zur Förderung der wissenschaftlichen Forschung (FWF) oder von der Europäischen Union finanziert werden, in Euro.

Indikator 7: Andere Einnahmen aus Projekten der Forschung und Entwicklung sowie der Entwicklung und Erschließung der Künste gemäß § 26 Abs. 1 und § 27 Abs. 1 Z 2 und 3 des Universitätsgesetzes 2002 in Euro.

(3) Gesellschaftliche Zielsetzungen:

a) Frauenförderung:

Indikator 8: Frauenanteil in der Personalkategorie der Universitätsprofessorinnen und Universitätsprofessoren.

Indikator 9: Anzahl der Studienabschlüsse von Frauen in Doktoratsstudien mit Gewichtung nach Art des Doktoratsstudiums.

b) Studierendenmobilität:

Indikator 10: Anzahl der ordentlichen Studierenden mit Teilnahme an internationalen Mobilitätsprogrammen (outgoing).

Indikator 11: Anzahl der zu einem Magister- oder Doktoratsstudium zugelassenen Studierenden ohne österreichischen Bakkalaureats-, Magister- oder Diplomabschluss.

(4) Jeder Indikator ist gesondert pro Universität zu berechnen. Die Reihenfolge der Universitäten in den Berechnungsformeln hat der Reihung in § 6 des Universitätsgesetzes 2002 zu entsprechen. Für Datenquellen, Definition und Berechnung der Indikatoren gilt **Anlage 1**.

Art der Berechnung

§ 5. (1) Für die Art der Berechnung des formelgebundenen Budgets wird gemäß § 12 Abs. 9 des Universitätsgesetzes 2002 folgendes Berechnungsverfahren festgesetzt:

a) Inputdaten:

Ist-Werte: Durchschnittswerte einer mindestens zwei Jahre dauernden Beobachtungsperiode für die einzelnen Indikatoren der Universitäten.

Referenzwerte: Durchschnittswerte einer mindestens zwei Jahre dauernden unmittelbar davor liegenden Beobachtungsperiode für die einzelnen Indikatoren der Universitäten.

Größenfaktor: Globalbudget der Vorperiode der Universitäten ohne Klinischen Mehraufwand bzw. Summe der Anteile am Globalbetrag der Jahre 2004 bis 2006 für die erstmalige Berechnung vermindert um den Klinischen Mehraufwand sowie um die Mittel der Hochschulraumbeschaffung gemäß § 141 Abs. 2 Z 3 des Universitätsgesetzes 2002.

b) Berechnungsschritte:

Berechnung auf die Größe der Universität skalierter Indikatorwerte: Sowohl die Ist-Werte als auch die Referenzwerte der Indikatoren 1, 2, 5, 6, 7, 9, 10 und 11 der einzelnen Universitäten werden durch den Größenfaktor der jeweiligen Universität dividiert.

Errechnung von Funktionswerten für jeden Indikator jeder einzelnen Universität: Für jeden Ist-Wert und für jeden Referenzwert der Indikatoren 3, 4 und 8 wird ein Funktionswert gemäß **Anlage 2** berechnet. Für die Indikatoren 1, 2, 5, 6, 7, 9, 10 und 11 werden die Funktionswerte für die skalierten Indikatorwerte berechnet.

Ermittlung von Punktezahlen für jeden Indikator jeder Universität: Der Funktionswert des Ist-Wertes eines Indikators jeder Universität wird durch den Funktionswert des Referenzwertes dieses Indikators dividiert.

Gewichtung der Punktezahlen: Die Punktezahl jedes Indikators jeder einzelnen Universität wird mit dem indikatorspezifischen Gewicht gemäß **Anlage 2** multipliziert.

Ermittlung der Gesamtpunktezahl jeder Universität: Die gewichteten Punktezahlen jedes Indikators einer Universität werden zu ihrer Gesamtpunktezahl addiert.

Größenskalierung: Die Gesamtpunktezahl der Universität wird mit dem Größenfaktor dieser Universität multipliziert.

Errechnung des Anteils einer Universität am formelgebundenen Budget: Die größenskalierte Gesamtpunktezahl einer Universität wird durch die Summe aller größenskalierten Gesamtpunktezahlen aller Universitäten dividiert.

(2) Für die Berechnungsschritte im Detail gilt **Anlage 2**.

Qualitätskontrolle der Daten

§ 6. (1) Alle in die Berechnung des formelgebundenen Budgets einbezogenen Daten sind einer formalen und inhaltlichen Qualitätskontrolle durch die Bundesministerin oder den Bundesminister für Bildung, Wissenschaft und Kultur in Zusammenarbeit mit den Universitäten zu unterziehen.

(2) Fehlende Daten sind in Absprache mit der jeweiligen Universität von der Bundesministerin oder dem Bundesminister für Bildung, Wissenschaft und Kultur mit geeigneten statistischen Methoden zu schätzen.

Evaluierung

§ 7. (1) Die Auswirkungen der formelgebundenen Budgetierung werden ab dem Jahr 2007 einer begleitenden Evaluierung von Seiten der Bundesministerin oder des Bundesministers für Bildung, Wissenschaft und Kultur in Zusammenarbeit mit der Bundesministerin oder dem Bundesminister für Finanzen und unter Einbeziehung der Universitäten unterzogen.

(2) Die Ergebnisse der Evaluierung sind bei der Festlegung der Indikatoren und bei der Art der Berechnung des formelgebundenen Budgets für die dritte Leistungsvereinbarungsperiode zu berücksichtigen.

Außer-Kraft-Treten

§ 8. Diese Verordnung tritt mit 31. Dezember 2012 außer Kraft.

Anlage 1: Datenquellen, Definition und Berechnung der Indikatoren

Anlage 2: Berechnung des formelgebundenen Budgets

Anlage 1
zu § 4

Datenquellen, Definition und Berechnung der Indikatoren

Indikator 1:

Anzahl der prüfungsaktiven ordentlichen Studierenden innerhalb der vorgesehenen Studiendauer laut Curriculum zuzüglich Toleranzsemester in Bakkalaureats-, Magister- und Diplomstudien mit Gewichtung nach Gruppen von Studien.

1.1 Datenquelle:

Von den Universitäten gemäß § 9 Abs. 7 der Universitäts-Studienevidenzverordnung 2004 – UniStEV 2004, BGBl. II Nr. 288/2004, in der jeweils geltenden Fassung, übermittelte Daten

1.2 Definition:

Prüfungsaktiv unter Berücksichtigung der Studiendauer ist eine Studierende oder ein Studierender, wenn sie oder er

1.2.1 in zumindest einem Studium die Studiendauer laut Curriculum in einem Bakkalaureats- oder Magisterstudium um nicht mehr als ein Semester oder in einem Diplomstudium um nicht mehr als zwei Semester überschreitet (Toleranzstudiendauer) und

1.2.2 in den innerhalb der Toleranzstudiendauer im Sinn von Z 1.2.1 befindlichen Studien insgesamt mindestens 8 Semesterstunden Prüfungen abgelegt oder seit dem vorherigen Berichtsstudienjahr in einem solchen Studium einen Studienabschnitt vollendet hat.

1.3 Berechnung:

1.3.1 Wurden Prüfungen im Sinn von Z 1.2 an mehreren Universitäten abgelegt, steht jeder betroffenen Universität ein der Verteilung der Semesterstunden auf diese Universitäten entsprechender Anteil zu.

1.3.2 Die Zahl der abgelegten Semesterstunden an Prüfungen ist anhand der Zugehörigkeit des Studiums zu einer Gruppe von Studien, beginnend mit den Stunden mit dem höchsten Faktor, wie folgt zu gewichten:

1.3.3 Gewichtungsfaktoren:

Jedes Curriculum wird anhand des zu vergebenden akademischen Grades einer Gruppe von Studien analog zu § 54 Abs. 1 des Universitätsgesetzes 2002 zugeordnet. Studien der Humanmedizin, der Zahnmedizin und der Veterinärmedizin werden zur Gruppe der medizinischen Studien zusammengefasst. Es werden folgende Faktoren festgelegt:

Faktor 5: künstlerische Studien, medizinische Studien;

Faktor 3: ingenieurwissenschaftliche Studien, naturwissenschaftliche Studien;

Faktor 1: geistes- und kulturwissenschaftliche Studien, rechtswissenschaftliche Studien, sozial- und wirtschaftswissenschaftliche Studien, theologische Studien.

Der Gewichtungsfaktor für ein Lehramtsstudium ist anhand der Zugehörigkeit der Unterrichtsfächer zu Gruppen von Studien zu bestimmen, jener für individuelle Studien anhand ihrer fachlichen Ausrichtung.

1.3.4 Die Vollendung eines Studienabschnittes ist mit der auf acht Stunden fehlenden Zahl von Semesterstunden anzusetzen.

1.3.5 Bei Erreichung von acht Semesterstunden oder des gemäß Z 1.3.1 zustehenden Stundenmaßes ist die Berechnung zu beenden und die Summe der gewichteten Werte zu bilden.

Indikator 2:

Anzahl der Studienabschlüsse von Bakkalaureats-, Magister- und Diplomstudien mit Gewichtung nach Art der abgeschlossenen Studien.

2.1 Datenquelle:

Gesamtevidenz der Studierenden (§ 8 UniStEV 2004, in der jeweils geltenden Fassung).

2.2 Definition:

abgeschlossene Bakkalaureats-, Magister- und Diplomstudien (Menge SA gemäß Z 2.1.5 der Anlage 5 zur UniStEV 2004, in der jeweils geltenden Fassung) eines Studienjahres.

2.3 Berechnung:

2.3.1 Abschlüsse von Bakkalaureatsstudien sind mit 0,7, jene von Magisterstudien mit 0,5 und solche von Diplomstudien mit 1 zu gewichten.

2.3.2 Je nach Gruppe von Studien des abgeschlossenen Studiums ist der Abschluss ein zweites Mal gemäß Z 1.3.3 zu gewichten.

2.3.3 Die ermittelten Werte sind zu addieren.

Indikator 3:

Anteil der Abschlüsse von Bakkalaureats-, Magister- und Diplomstudien innerhalb der vorgesehenen Studiendauer laut Curriculum zuzüglich Toleranzsemester an allen Bakkalaureats-, Magister- und Diplomstudien.

3.1 Datenquelle:

Gesamtevidenz der Studierenden (§ 8 UniStEV 2004, in der jeweils geltenden Fassung)

3.2 Definition:

Gesamtmenge: abgeschlossene Bakkalaureats-, Magister- und Diplomstudien (Menge SA gemäß Z 2.1.5 der Anlage 5 zur UniStEV 2004, in der jeweils geltenden Fassung) eines Studienjahres;

Teilmenge: abgeschlossene Bakkalaureats-, Magister- und Diplomstudien, deren gemäß § 9 Abs. 3 UniStEV 2004, in der jeweils geltenden Fassung, ermittelte Studiendauer jene laut Curriculum in einem Bakkalaureats- oder Magisterstudium um nicht mehr als ein Semester und in einem Diplomstudium um nicht mehr als zwei Semester überschreitet

3.3 Berechnung:

3.3.1 Bereinigung: Abschlüsse von Studien, deren Dauer jene laut Curriculum um mehr als 25 % unterschreitet, sind sowohl aus der Gesamtmenge als auch aus der Teilmenge auszuscheiden.

Bei einem Lehramtsstudium oder einem gemäß § 80 Abs. 2 des Universitäts-Studiengesetzes, BGBl. I Nr. 48/1997, zuletzt geändert durch das Bundesgesetz BGBl. I Nr. 121/2002, in Verbindung mit § 124 Abs. 1 des Universitätsgesetzes 2002 auslaufend betriebenen kombinationspflichtigen Studium ist die Studiendauer des länger studierten Faches maßgeblich.

3.3.2 Die Zahlen der bereinigten Teilmenge sind durch die Zahlen der bereinigten Gesamtmenge zu dividieren.

Indikator 4:

Erfolgsquote ordentlicher Studierender in Bakkalaureats-, Magister- und Diplomstudien.

4.1 Datenquelle:

Gesamtevidenz der Studierenden (§ 8 UniStEV 2004, in der jeweils geltenden Fassung)

4.2 Definition:

Ausgangsmenge: abgeschlossene Bakkalaureats-, Magister- und Diplomstudien (Menge SA gemäß Z 2.1.5 der Anlage 5 zur UniStEV 2004, in der jeweils geltenden Fassung) eines Studienjahres, deren Dauer jene laut Curriculum um nicht mehr als 25 % unterschreitet.

Vergleichsmenge: Studierende im ersten Semester (Menge PI gemäß Z 1.1.4 der Anlage 5 zur UniStEV 2004, in der jeweils geltenden Fassung) des Beginnstudienjahres, geschichtet anhand der tatsächlichen Studiendauern.

4.3 Berechnung:

4.3.1 Für jeden Studienabschluss ist unter Beachtung von § 9 Abs. 3 UniStEV 2004, in der jeweils geltenden Fassung, das Beginnsemester zu ermitteln und der Studienabschluss dem Beginnstudienjahr zuzuordnen. Studienabschlüsse mit einer Studiendauer von mehr als acht Jahren sind einheitlich dem 8. Studienjahr vor dem Studienjahr des Abschlusses zuzuordnen. Bei einem Lehramtsstudium oder einem gemäß § 80 Abs. 2 des Universitäts-Studiengesetzes, BGBl. I Nr. 48/1997, zuletzt geändert durch das Bundesgesetz BGBl. I Nr. 121/2002, in Verbindung mit § 124 Abs. 1 des Universitätsgesetzes 2002 auslaufend betriebenen kombinationspflichtigen Studium ist die Studiendauer des länger studierten Faches maßgeblich.

4.3.2 Alle Studienabschlüsse sind nach Beginnstudienjahren zu gruppieren; sodann ist der Anteil jeder Beginnstudienjahresgruppe an der Gesamtmenge der Studienabschlüsse zu berechnen.

4.3.3 Für jedes Beginnstudienjahr ist die Menge der Studierenden im ersten Semester (Menge PI gemäß Anlage 5 Z 1.1.4 zur UniStEV 2004, in der jeweils geltenden Fassung) heranzuziehen und um jene Studierenden aus der Menge PI, die nicht länger als zwei Semester an der betreffenden Universität verblieben sind, zu bereinigen. Von der verbleibenden Menge ist jene Teilmenge zu ermitteln, die dem Anteil dieses Beginnstudienjahres am Abschlussjahrgang entspricht. Die für die einzelnen Beginnstudienjahre ermittelten Teilmengen sind zu addieren; das Ergebnis bildet die Vergleichsmenge.

4.3.4 Universitätsübergreifende auslaufend studierte kombinationspflichtige Studien (Z 4.3.1 zweiter Satz) sind hinsichtlich Z 4.3.1 bis Z 4.3.3 als zwei getrennte Studien zu behandeln.

4.3.5 Die Zahlen der Ausgangsmenge sind durch jene der Vergleichsmenge zu dividieren.

Indikator 5:

Anzahl der Abschlüsse von Doktoratsstudien mit Gewichtung nach Art des Doktoratsstudiums.

5.1 Datenquelle:

Gesamtevidenz der Studierenden (§ 8 UniStEV 2004, in der jeweils geltenden Fassung)

5.2 Definition:

abgeschlossene Doktoratsstudien (Menge SA gemäß Z 2.1.5 der Anlage 5 zur UniStEV 2004, in der jeweils geltenden Fassung) eines Studienjahres

5.3 Berechnung:

5.3.1 Abschlüsse von PhD-Studien sind mit dem Faktor 1,5 zu gewichten, Abschlüsse von anderen Doktoratsstudien mit dem Faktor 1.

5.3.2 Die sich ergebenden Werte sind zu addieren.

Indikator 6:

Einnahmen aus Projekten der Forschung und Entwicklung sowie der Entwicklung und Erschließung der Künste gemäß § 26 Abs. 1 und § 27 Abs. 1 Z 2 und 3 des Universitätsgesetzes 2002, die vom Fonds zur Förderung der wissenschaftlichen Forschung (FWF) oder von der Europäischen Union finanziert werden, in Euro.

6.1 Datenquelle:

Von den Universitäten gemäß § 4 Abs. 9 als Indikator IV.2.5 der Wissensbilanz-Verordnung – WBV, BGBl. II Nr. 63/2006, in der jeweils geltenden Fassung, übermittelte Daten.

6.2 Definition:

Addierte Jahresbeträge der Auftrag- oder Förderungsgeber EU und FWF im Indikator IV.2.5 der Wissensbilanz-Verordnung – WBV, BGBl. II Nr. 63/2006, in der jeweils geltenden Fassung

6.3 Übergangsbestimmung:

Für die Kalenderjahre 2000 bis 2003 sind die Angaben aus den Rechnungsabschlüssen der teilrechtsfähigen Universitätseinrichtungen gemäß § 3 Abs. 3 des Bundesgesetzes über die Organisation der Universitäten, BGBl. Nr. 805/1993, und gemäß § 3 Abs. 6 des Bundesgesetzes über die Organisation der Universitäten der Künste, BGBl. I Nr. 130/1998 bzw. Daten des Fonds zur Förderung der wissenschaftlichen Forschung, heranzuziehen.

Indikator 7:

Andere Einnahmen aus Projekten der Forschung und Entwicklung sowie der Entwicklung und Erschließung der Künste gemäß § 26 Abs. 1 und § 27 Abs. 1 Z 2 und 3 des Universitätsgesetzes 2002 in Euro.

7.1 Datenquelle:

Von den Universitäten gemäß § 4 Abs. 9 als Indikator IV.2.5 der Wissensbilanz-Verordnung – WBV, BGBl. II Nr. 63/2006, in der jeweils geltenden Fassung, übermittelte Daten.

7.2 Definition:

Jahresbetrag der Einnahmen, vermindert um den Betrag gemäß Z 6.2

7.3 Übergangsbestimmung:

Z 6.3 ist anzuwenden.

Indikator 8:

Frauenanteil in der Personalkategorie der Universitätsprofessorinnen und Universitätsprofessoren.

8.1 Datenquelle:

Von den Universitäten gemäß § 2 der Bildungsdokumentationsverordnung Universitäten – BidokVUni, BGBl. II Nr. 30/2004, in der jeweils geltenden Fassung, übermittelte Daten.

8.2 Definition:

Summe der Vollzeitäquivalente aller Personen sowie der weiblichen Personen mit Verwendung 11 gemäß Anlage 1 Z 2.6 zur BidokVUni, in der jeweils geltenden Fassung, zum letzten Datenstichtag des Kalenderjahres.

8.3 Berechnung:

Die Summe der Vollzeitäquivalente der weiblichen Personen ist durch jene aller Personen mit Verwendung 11 zu dividieren.

8.4 Übergangsbestimmung:

Für die Kalenderjahre 2000 bis 2003 sind die Daten des Personalinformationssystems des Bundes (§ 280 des Beamten-Dienstrechtsgesetzes 1979, BGBl. Nr. 333, und § 96 des Vertragsbedienstetengesetzes 1948, BGBl. Nr. 86) heranzuziehen.

Indikator 9:

Anzahl der Studienabschlüsse von Frauen in Doktoratsstudien mit Gewichtung nach Art des Doktoratsstudiums.

9.1 Datenquelle:

Gesamtevidenz der Studierenden (§ 8 UniStEV 2004, in der jeweils geltenden Fassung)

9.2 Definition:

abgeschlossene Doktoratsstudien weiblicher Studierender (Menge SA gemäß Z 2.1.5 der Anlage 5 zur UniStEV 2004, in der jeweils geltenden Fassung) eines Studienjahres

9.3 Berechnung:

9.3.1 Abschlüsse von PhD-Studien sind mit dem Faktor 1,5 zu gewichten, Abschlüsse von anderen Doktoratsstudien mit dem Faktor 1.

9.3.2 Die sich ergebenden Werte sind zu addieren.

Indikator 10:

Anzahl der ordentlichen Studierenden mit Teilnahme an internationalen Mobilitätsprogrammen (outgoing).

10.1 Datenquelle:

Gesamtevidenz der Studierenden (§ 8 UniStEV 2004, in der jeweils geltenden Fassung)

10.2 Definition:

Ordentliche Studierende mit Beitragsstatus M (Erlass des Studienbeitrages infolge Teilnahme an einem Mobilitätsprogramm) und Gastland ungleich Österreich gemäß Anlage 3 Z 2.1 UniStEV 2004, in der jeweils geltenden Fassung, im Berichtssemester.

Indikator 11:

Anzahl der zu einem Magister- oder Doktoratsstudium zugelassenen Studierenden ohne österreichischen Bakkalaureats-, Magister- oder Diplomabschluss.

11.1 Datenquelle:

Gesamtevidenz der Studierenden (§ 8 UniStEV 2004, in der jeweils geltenden Fassung)

11.2 Definition:

Personen, die erstmals in Österreich zum Studium an einer Universität zugelassen wurden (Menge PE gemäß Anlage 5 Z 1.1.5 zur UniStEV 2004, in der jeweils geltenden Fassung) sowie jene Personen, die an der einzelnen Universität erstmals zu einem ordentlichen Studium zugelassen wurden (Menge PO gemäß Anlage 5 Z 1.1.3 zur UniStEV 2004, in der jeweils geltenden Fassung) eines Studienjahres, welche keinen österreichischen Bakkalaureats-, Magister- oder Diplomabschluss an einer Universität oder in einem Fachhochschul-Studiengang aufweisen

12. Sonderfälle der Zurechnung:

12.1 Der Wert des Abschlusses eines gemeinsam eingerichteten Studiums ist bei den Indikatoren 2-5 und 9 jeder der beiden beteiligten Universitäten zur Hälfte zuzuordnen, sofern nicht die beiden Universitäten der Bundesministerin oder dem Bundesminister für Bildung, Wissenschaft und Kultur bis zum 31. März des der Leistungsvereinbarungsperiode vorangehenden Jahres übereinstimmend eine andere Aufteilung mitgeteilt haben.

12.2 Auf den Abschluss eines Lehramtsstudiums, dessen beide Unterrichtsfächer an verschiedenen Universitäten absolviert wurden, und den Abschluss eines universitätsübergreifend kombinierten Studiums, das gemäß § 80 Abs. 2 des Universitäts-Studiengesetzes, BGBl. I Nr. 48/1997, zuletzt geändert durch das Bundesgesetz BGBl. I Nr. 121/2002, in Verbindung mit § 124 Abs. 1 des Universitätsgesetzes 2002 auslaufend betrieben wurde, ist Z 12.1 hinsichtlich der Indikatoren 2, 3 und 4 anzuwenden.

12.3 Der Wert eines nicht von Z 12.1 oder Z 12.2 erfassten Studienabschlusses ist auf zwei an diesem Abschluss beteiligte Universitäten aufzuteilen, sofern diese die Studienbeiträge für dieses Studium teilen. Die Aufteilung des Wertes eines derartigen Studienabschlusses auf die beteiligten Universitäten hat jener der Studienbeiträge zu entsprechen.

Anlage 2
zu § 5

Berechnung des formelgebundenen Budgets gemäß § 4:

1. Inputdaten jeder einzelnen Universität für die Berechnung: Indikatoren gemäß **Anlage 1**

1.1 Für die Berechnung des formelgebundenen Budgets der ersten Leistungsvereinbarungsperiode sind heranzuziehen:

1.1.1 als Ist-Werte (ISTWERT(u,i)) die Durchschnittswerte der gemäß Anlage 1 ermittelten Indikatoren

a) 1 bis 5, 9 und 11 der Studienjahre 2002/03 bis 2004/05;

b) 6 bis 8 der Kalenderjahre 2003 bis 2005;

c) 10 der Studienjahre 2004/05 und 2005/06.

u (Universität)=1,...,21

i (Indikator)=1,...,11

1.1.2 als Referenzwerte (REFWERT(u,i)) die Durchschnittswerte der Indikatoren

a) 1 bis 5, 9 und 11 der Studienjahre 1999/2000 bis 2001/02;

b) 6 bis 8 der Kalenderjahre 2000 bis 2002;

c) 10 der Studienjahre 2002/03 und 2003/04.

u (Universität)=1,...,21

i (Indikator)=1,...,11

1.1.3 als Größenfaktoren (GRÖSSE(u)) das Globalbudget der Vorperiode der Universitäten ohne Klinischen Mehraufwand bzw. die Summe der Anteile am Globalbetrag der Jahre 2004 bis 2006 für die erstmalige Berechnung vermindert um den Klinischen Mehraufwand sowie um die Mittel der Hochschulraumbeschaffung gemäß § 141 Abs. 2 Z 3 des Universitätsgesetzes 2002.

u (Universität)=1,…,21

1.2 Für die Berechnung des formelgebundenen Budgets der zweiten Leistungsvereinbarungsperiode sind heranzuziehen:

1.2.1 als Ist-Werte die Durchschnittswerte der Indikatoren

a) 1 bis 5, 9 und 11 der Studienjahre 2005/06 bis 2007/08;

b) 6 bis 8 der Kalenderjahre 2006 bis 2008;

c) 10 der Studienjahre 2006/07 bis 2008/09.

1.2.2 als Referenzwerte die in Z 1.1.1 genannten Werte.

1.2.3 als Größenfaktoren die Globalbudgets der Universitäten in der Vorperiode

2. Berechnungsschritte:

2.1 Berechnung auf die Größe der Universität skalierter Indikatorwerte:

Die Indikatoren 3, 4 und 8 sind Anteile und damit bereits dimensionslos, die anderen Indikatoren werden durch Division durch den Größenfaktor vergleichbar gemacht:

istwert(u,i) = ISTWERT(u,i) für i=3,4,8

istwert(u,i) = ISTWERT(u,i)/GRÖSSE(u) für i=1,2,5,6,7,9,10,11

refwert(u,i) = REFWERT(u,i) für i=3,4,8

refwert(u,i) = REFWERT(u,i)/GRÖSSE(u) für i=1,2,5,6,7,9,10,11

2.2 Errechnung von Funktionswerten für jeden Indikator jeder einzelnen Universität:

2.2.1 Bestimmung der Parameter $\mu(i)$, $\sigma1(i)$, $\sigma2(i)$ laut Tabelle:

Indikator Nummer i	$\mu(i)$	$\sigma_1(i)$	$\sigma_2(i)$
1	Maximum (refwert(u,1))*1,1	$\mu(1)/1,3$	$\mu(1)/1,3$
2	Maximum (refwert(u,2))*1,1	$\mu(2)/1,3$	$\mu(2)/1,3$
3	80 %	30 %	3 %
4	90 %	30 %	3 %
5	Maximum (refwert(u,5))*2,1	$\mu(5)/1,3$	$\mu(5)/1,3$
6	Maximum (refwert(u,6))*1,1	$\mu(6)/1,3$	$\mu(6)/1,3$
7	Maximum (refwert(u,7))*1,5	$\mu(7)/1,3$	$\mu(7)/1,3$
8	50 %	20 %	3 %
9	Maximum (refwert(u,9))*1,1	$\mu(9)/1,3$	$\mu(9)/1,3$
10	Maximum (refwert(u,10))*1,1	$\mu(10)/1,3$	$\mu(10)/1,3$
11	Maximum (refwert(u,11))*1,1	$\mu(11)/1,3$	$\mu(11)/1,3$

2.2.2 Berechnung einer Sigmoidfunktion für jeden Indikator:

sigmoid_i(z)=$\sigma_1(i)$*arctan((z-$\mu(i)$)/$\sigma_1(i)$)+$\mu(i)$ für z<=$\mu(i)$

bzw.

$\sigma_2(i)$*arctan((z-$\mu(i)$)/$\sigma_2(i)$)+$\mu(i)$ für z>$\mu(i)$

2.3 Ermittlung von Punktezahlen für jeden Indikator jeder Universität:

p(u,i)=sigmoid_i(istwert(u,i))/sigmoid_i(refwert(u,i))

2.4 Gewichtung der Punktezahlen:

Indikator Nummer i	Gewicht $\alpha(i)$
1	15 %
2	10 %
3	10 %
4	10 %
5	15 %
6	15 %
7	15 %
8	6 %
9	1 %
10	2,5 %
11	0,5 %

2.5 Ermittlung der Gesamtpunktezahl jeder Universität:

P(u)=Σ_i $\alpha(i)$*p(u,i)

2.6 Größenskalierung:

Q(u)=P(u)*GROESSE(u)

2.7 Aufteilung:

Der Anteil der Universität mit Index u am globalen formelgebundenen Budget ist dann

Anteil(u)=Q(u)/(Σ_v Q(v))

u(Universität)=1,...,21

v(Universität)=1,...,21

Verordnung der Bundesministerin für Bildung, Wissenschaft und Kultur zur Festlegung von Studien, in denen die Homogenität des Bildungssystems schwerwiegend gestört ist

BGBl II 2006/238 | BGBl II 2006/238 idF BGBl II 2006/345 | BGBl II 2007/387

Auf Grund des § 124b Abs. 5 des Bundesgesetzes über die Organisation der Universitäten und ihre Studien (Universitätsgesetz 2002), BGBl. I Nr. 120/2002, in der Fassung des Bundesgesetzes BGBl. I Nr. 74/2006, wird verordnet:

Festlegung der Studien

§ **1.** (1) In folgenden Studien liegt eine schwerwiegende Störung der Homogenität des Bildungssystems vor:

Studium	**Universität**
Diplomstudium Humanmedizin	Medizinische Universität Wien
Diplomstudium Humanmedizin	Medizinische Universität Graz
Diplomstudium Humanmedizin	Medizinische Universität Innsbruck
Diplomstudium Zahnmedizin	Medizinische Universität Wien
Diplomstudium Zahnmedizin	Medizinische Universität Graz
Diplomstudium Zahnmedizin	Medizinische Universität Innsbruck

(BGBl II 2006/345)

(2) Um Härtefälle zu vermeiden, kann in jenen Fällen, in denen Medizinische Universitäten ein gemeinsames Aufnahmeverfahren gemäß § 124b Abs. 1 Universitätsgesetz 2002 durchführen, an diesen Universitäten von den in § 124b Abs. 5 Universitätsgesetz 2002 genannten Quoten abgewichen werden, wenn insgesamt die Quoten gewahrt bleiben. *(BGBl II 2006/345)*

Außer-Kraft-Treten

§ **2.** Diese Verordnung tritt mit Ablauf des 31. Jänner 2010 außer Kraft. *(BGBl II 2007/387)*

Verordnung des Bundesministers für Unterricht und kulturelle Angelegenheiten über die mit den Reifeprüfungen der höheren Schulen verbundenen Berechtigungen zum Besuch der Universitäten (Universitätsberechtigungsverordnung – UBVO 1998)

BGBl II 1998/44

BGBl II 1999/63 BGBl II 2002/365 BGBl II 2004/98
BGBl II 2004/429 BGBl II 2008/26 BGBl II 2010/142

Novellen seit 1. 3. 2009 im Text ausgewiesen.

Auf Grund des § 41 Abs. 2, des § 69 Abs. 2, des § 83 Abs. 2, des § 98 Abs. 3, des § 106 Abs. 4, des § 114 Abs. 3, des § 122 Abs. 2 und des § 131d Abs. 4 des Schulorganisationsgesetzes, BGBl. Nr. 242/1962, zuletzt geändert durch das Bundesgesetz BGBl. I Nr. 20/1998, auf Grund des Art. II der 12. Schulorganisationsgesetz-Novelle, BGBl. Nr. 467/1990, in der Fassung des Bundesgesetzes BGBl. Nr. 323/1993, sowie auf Grund des § 13 Abs. 2 des Land- und forstwirtschaftlichen Bundesschulgesetzes, BGBl. Nr. 175/1966, zuletzt geändert durch das Bundesgesetz BGBl. I Nr. 23/1998, sowie auf Grund des § 1 des Bundesgesetzes über die Berufsreifeprüfung, BGBl. I Nr. 68/1997 in der Fassung des Bundesgesetzes BGBl. I Nr. 21/1998, wird im Einvernehmen mit dem Bundesminister für Wissenschaft und Verkehr verordnet:

§ **1.** Die erfolgreiche Ablegung einer Reifeprüfung einer höheren Schule oder einer Berufsreifeprüfung berechtigt zum Besuch von Universitäten, für welche die Reifeprüfung Voraussetzung für die Zulassung zum Studium ist, wobei jedoch gemäß den §§ 2 bis 5 die erfolgreiche Ablegung von Zusatzprüfungen zur Reifeprüfung oder zur Berufsreifeprüfung erforderlich ist.

§ **2.** (1) Vor der Zulassung zum Studium sind für folgende Studienrichtungen Zusatzprüfungen jedenfalls zur Berufsreifeprüfung oder zur Reifeprüfung der folgenden höheren Schulen abzulegen:

a) aus Latein:

Höhere Schule	Studienrichtung
Höhere Schulen ohne Pflichtgegenstand Latein	Alte Geschichte und Altertumskunde Klassische Archäologie Klassische Philologie-Latein Ägyptologie Lehramtsstudium im Unterrichtsfach Latein

b) aus Griechisch:

Höhere Schule	Studienrichtung
Höhere Schulen ohne Pflichtgegenstand Griechisch	Klassische Philologie-Griechisch Lehramtsstudium im Unterrichtsfach Griechisch

c) aus Darstellender Geometrie:

Höhere Schule	Studienrichtung
Höhere Schulen ohne Pflichtgegenstand Darstellende Geometrie	Lehramtsstudium im Unterrichtsfach Darstellende Geometrie

d) aus Biologie und Umweltkunde:

Höhere Schule	Studienrichtung
Höhere technische und gewerbliche Lehranstalten ohne Pflichtgegenstand Biologie bzw. Biologie in Verbindung mit anderen Unterrichtsbereichen	Erdwissenschaften Biologie Lehramtsstudium in den Unterrichtsfächern Biologie und Umweltkunde sowie Biologie und Warenlehre Pharmazie Humanmedizin Zahnmedizin Veterinärmedizin Biomedizin und Biotechnologie

(2) Die Zusatzprüfung aus Latein nach Abs. 1 lit. a entfällt, wenn der Schüler Latein an einer höheren Schule im Ausmaß von mindestens zehn Wochenstunden erfolgreich abgeschlossen hat.

(3) Die Zusatzprüfung aus Griechisch nach Abs. 1 lit. b entfällt, wenn der Schüler Griechisch nach der 8. Schulstufe an einer höheren Schule im Ausmaß von mindestens zehn Wochenstunden erfolgreich besucht hat.

(4) Die Zusatzprüfung aus Darstellender Geometrie nach Abs. 1 lit. c entfällt, wenn der Schüler Darstellende Geometrie nach der 8. Schulstufe an einer höheren Schule im Ausmaß von mindestens vier Wochenstunden erfolgreich besucht hat.

§ 3. (1) In der Studienrichtung Rechtswissenschaften ist vor Anmeldung zur Teilprüfung aus Römischem Privatrecht, spätestens aber vor vollständiger Ablegung der ersten Diplomprüfung oder der Bachelorprüfung, zur Reifeprüfung einer höheren Schule ohne Pflichtgegenstand Latein oder zur Berufsreifeprüfung eine Zusatzprüfung aus Latein abzulegen. *(BGBl II 2010/142)*

(2) Die Zusatzprüfung aus Latein nach Abs. 1 entfällt, wenn der Schüler Latein an einer höheren Schule im Ausmaß von mindestens zehn Wochenstunden erfolgreich abgeschlossen hat.

§ 3a. (1) In der Studienrichtung Industrial Design ist vor Anmeldung zur Teilprüfung aus Angewandter Geometrie zur Reifeprüfung einer höheren Schule ohne Pflichtgegenstand Darstellende Geometrie oder zur Berufsreifeprüfung eine Zusatzprügung aus Darstellender Geometrie abzulegen.

(2) Die Zusatzprüfung aus Darstellender Geometrie nach Abs. 1 entfällt, wenn der Schüler Darstellende Geometrie an einer höheren Schule im Ausmaß von mindestens vier Wochenstunden erfolgreich besucht hat.

(BGBl II 2010/142)

§ 4. (1) Vor vollständiger Ablegung der ersten Diplomprüfung oder der Bachelorprüfung sind für folgende Studienrichtungen Zusatzprüfungen, jedenfalls zur Berufsreifeprüfung oder zur Reifeprüfung der folgenden höheren Schulen, abzulegen:

a) aus Latein:

Höhere Schule	Studienrichtung
Höhere Schulen ohne Pflichtgegenstand Latein	Theologische Studienrichtungen (mit Ausnahme des Bachelorstudiums Katholische Religionspädagogik) Philosophie Geschichte Kunstgeschichte Ur- und Frühgeschichte Musikwissenschaft Sprachwissenschaft Deutsche Philologie Klassische Philologie-Griechisch Anglistik und Amerikanistik Romanistik Slawistik Finno-Ugristik Byzantinistik und Neogräzistik Altsemitische Philologie und orientalische Archäologie Arabistik Turkologie Judaistik Sprachen und Kulturen des Alten Orients Pharmazie

	Vergleichende Literaturwissenschaft Skandinavistik Humanmedizin Zahnmedizin Veterinärmedizin Classica et Orientalia Archäologien Lehramtsstudium in den Unterrichtsfächern: Katholische Religion, Evangelische Religion, Bosnisch/Kroatisch/Serbisch, Deutsch, Englisch, Französisch, Geschichte und Sozialkunde, Griechisch, Italienisch, Russisch, Slowenisch, Spanisch, Tschechisch, Ungarisch;

(BGBl II 2010/142)

b) aus Griechisch:

Höhere Schule	Studienrichtung
Höhere Schulen ohne Pflichtgegenstand Griechisch	Klassische Philologie-Latein Byzantinistik und Neogräzistik Evangelische Fachtheologie Katholische Fachtheologie Katholische Religionspädagogik (mit Ausnahme des Bachelorstudiums Katholische Religionspädagogik) Alte Geschichte und Altertumskunde Ägyptologie Klassische Archäologie Sprachwissenschaft – Studienzweig Indogermanistik

(BGBl II 2010/142)

c) aus Darstellender Geometrie:

Höhere Schule	Studienrichtung
Allgemeinbildende höhere Schulen ohne Pflichtgegenstand Darstellende Geometrie Höhere Lehranstalt textilkaufmännischer Richtung Höhere Lehranstalt für Reproduktions- und Drucktechnik Höhere Lehranstalt für Tourismus (Höhere Lehranstalt für Fremdenverkehrsberufe) Handelsakademie Höhere Lehranstalt für wirtschaftliche Berufe Höhere land- und forstwirtschaftliche Lehranstalten (ausgenommen für Landtechnik und Forstwirtschaft) Bildungsanstalt für Sozialpädagogik Bildungsanstalt für Kindergartenpädagogik	Bauingenieurwesen Wirtschaftsingenieurwesen-Bauwesen Architektur Maschinenbau Wirtschaftsingenieurwesen-Maschinenbau Verfahrenstechnik Vermessung und Geoinformation Angewandte Geowissenschaften Bergwesen Gesteinshüttenwesen Metallurgie Industrieller Umweltschutz, Entsorgungstechnik und Recycling Kunststofftechnik Markscheidewesen Montanmaschinenwesen Petroleum Engineering Werkstoffwissenschaften Mechatronik

(2) Die Zusatzprüfung aus Latein nach Abs. 1 lit. a entfällt, wenn der Schüler Latein an einer höheren Schule im Ausmaß von mindestens zehn Wochenstunden erfolgreich abgeschossen hat.

(3) Die Zusatzprüfung aus Griechisch nach Abs. 1 lit. b entfällt, wenn der Schüler Griechisch nach der 8. Schulstufe an einer höheren Schule im Ausmaß von mindestens zehn Wochenstunden erfolgreich besucht hat.

(4) Die Zusatzprüfung aus Darstellender Geometrie nach Abs. 1 lit. c entfällt, wenn der Schüler Darstellende Geometrie nach der 8. Schulstufe an einer höheren Schule im Ausmaß von mindestens vier Wochenstunden erfolgreich besucht hat.

§ 6. (1) Zusatzprüfungen nach den §§ 2 bis 5 sind gemäß § 41 oder § 42 des Schulunterrichtsgesetzes, BGBl. Nr. 472/1986, in der jeweils geltenden Fassung, abzulegen.

(2) Diese Zusatzprüfungen können auch in Form von Ergänzungsprüfungen an der Universität abgelegt werden, die nach Inhalt und Anforderungen den Zusatzprüfungen gemäß Abs. 1 entsprechen.

(3) Sofern gemäß § 3 Abs. 1 und § 4 Abs. 1 die Zusatzprüfung vor vollständiger Ablegung der ersten Diplomprüfung oder der Bachelorprüfung abzulegen ist, ist der Nachweis über die erfolgreiche Ablegung der Zusatzprüfung (bzw. einer Ergänzungsprüfung) vor Antritt zur letzten Teilprüfung der ersten Diplomprüfung oder der Bakkalaureatsprüfung zu erbringen. *(BGBl II 2010/142)*

§ 7. Unter höheren Schulen im Sinne dieser Verordnung sind die öffentlichen und die mit dem Öffentlichkeitsrecht ausgestatteten höheren Schulen im Sinne des Schulorganisationsgesetzes sowie die höheren land- und forstwirtschaftlichen Lehranstalten im Sinne des Land- und forstwirtschaftlichen Bundesschulgesetzes zu verstehen.

§ 8. (1) Für Abgänger der Mittelschulen sowie der mittleren Schulen mit Reifeprüfung im Sinne der vor dem Inkrafttreten des Schulorganisationsgesetzes in Geltung gestandenen Vorschriften sowie für die Abgänger der land- und forstwirtschaftlichen Lehranstalten mit Reifeprüfung im Sinne der vor dem Inkrafttreten des Land- und forstwirtschaftlichen Bundesschulgesetzes geltenden Vorschriften ist diese Verordnung sinngemäß anzuwenden, sofern mit der Ablegung der Reifeprüfung mindestens eine Hochschulberechtigung verbunden war.

(2) Sofern in dieser Verordnung die Höhere Lehranstalt für wirtschaftliche Berufe genannt wird, ist darunter auch die seinerzeitige Höhere Lehranstalt für wirtschaftliche Frauenberufe zu verstehen.

(3) Sofern in dieser Verordnung die Höhere Lehranstalt für Land- und Ernährungswirtschaft genannt wird, ist darunter auch die Höhere Lehranstalt für Land- und Hauswirtschaft und die Höhere Lehranstalt für landwirtschaftliche Frauenberufe zu verstehen.

Übergangsregelung

§ 9. (1) Solange die besonderen Studiengesetze, Studienordnungen und Studienpläne auf Grund des § 80 Abs. 2 UniStG, BGBl. I Nr. 48/1997, anzuwenden sind, sind anstelle der in dieser Verordnung genannten Studienrichtungsbezeichnungen die bis dahin geltenden Studienrichtungsbezeichnungen zu verwenden.

(2) Werden Studienrichtungen kombiniert, so sind für jede der gewählten Studienrichtungen die allfälligen Voraussetzungen nach den §§ 2 bis 4 zu erfüllen.

(3) (Anm.: aufgehoben durch BGBl. II Nr. 63/1999)

Inkrafttreten, Außerkrafttreten

§ 10. (1) Diese Verordnung tritt mit dem auf die Kundmachung folgenden Tag in Kraft.

(2) § 3 Abs. 1, § 4 Abs. 1, § 6 Abs. 2 und 3 sowie § 9 Abs. 2 dieser Verordnung in der Fassung der Verordnung BGBl. II Nr. 63/1999 treten mit 1. Februar 1999 in Kraft; § 5 sowie § 9 Abs. 3 dieser Verordnung treten mit Ablauf des 31. Jänner 1999 außer Kraft.

(3) § 3 Abs. 1, § 4 Abs. 1, § 4 Abs. 1 lit. c sowie § 6 Abs. 3 dieser Verordnung in der Fassung der Verordnung BGBl. II Nr. 365/2002 treten mit 1. Oktober 2002 in Kraft.

(4) § 1, § 2 Abs. 2 und 3, § 3 Abs. 2 und § 4 Abs. 1 lit. c sowie Abs. 2 und 3 dieser Verordnung in der Fassung der Verordnung BGBl. II Nr. 98/2004 treten mit Ablauf des Tages der Freigabe zur Abfrage in Kraft.

(5) § 2 Abs. 1 lit. d, § 4 Abs. 1 lit. a und § 4 Abs. 1 lit. b dieser Verordnung in der Fassung der Verordnung BGBl. II Nr. 429/2004 treten mit 1. Oktober 2004 in Kraft.

(6) § 2 Abs. 2, § 3 Abs. 2 und § 4 Abs. 2 dieser Verordnung in der Fassung der Verordnung BGBl. II Nr. 26/2008 treten mit Ablauf des Tages der Kundmachung im Bundesgesetzblatt in Kraft.

(7) § 3 Abs. 1, § 3a, § 4 Abs. 1 und § 6 Abs. 3 dieser Verordnung in der Fassung der Verordnung BGBl. II Nr. 142/2010 treten mit Ablauf des Tages der Kundmachung im Bundesgesetzblatt in Kraft. *(BGBl II 2010/142)*

Außerkrafttreten

§ 11. Mit dem Inkrafttreten dieser Verordnung tritt die Verordnung BGBl. Nr. 510/1988 außer Kraft.

Verordnung des Bundesministers für Wissenschaft und Verkehr über die Festlegung von Personengruppen bei der Zulassung zu ordentlichen Studien (Personengruppenverordnung)

BGBl II 1997/211

BGBl II 1998/15

Auf Grund der §§ 31 Abs. 2, 34 Abs. 3 und 36 Abs. 4 des Bundesgesetzes über die Studien an den Universitäten (Universitäts-Studiengesetz – UniStG), BGBl. I Nr. 48/1997, wird verordnet:

§ 1. Gemäß § 31 Abs. 2 Z 4 UniStG gilt für folgende Personengruppen die allgemeine Zulassungsfrist gemäß § 31 Abs. 1 UniStG:

1. Personen, die in Österreich auf Grund staatsvertraglicher oder gesetzlicher Bestimmungen Privilegien und Immunitäten genießen, sowie Personen, die sich zum Zeitpunkt des Erwerbes des Reifezeugnisses im Auftrag der Republik Österreich im Ausland aufhalten und dort auf Grund staatsvertraglicher oder gesetzlicher Bestimmungen Privilegien und Immunitäten genießen, sowie deren Ehegattinnen und Ehegatten und deren Kinder;
2. in Österreich akkreditierte und hier hauptberuflich tätige Auslandsjournalistinnen und Auslandsjournalisten sowie ihre Ehegattinnen und Ehegatten und ihre Kinder;
3. Personen, die entweder selbst wenigstens fünf zusammenhängende Jahre unmittelbar vor der Antragstellung auf Zulassung den Mittelpunkt ihrer Lebensinteressen in Österreich hatten oder die mindestens eine gesetzliche Unterhaltspflichtige oder einen gesetzlichen Unterhaltspflichtigen haben, bei der oder bei dem dies der Fall ist;
4. Personen, die ein Stipendium für das angestrebte Studium entweder auf Grund staatsvertraglicher Bestimmungen oder in gleicher Höhe aus jenen Mitteln einer österreichischen Gebietskörperschaft erhalten, die gemäß den Finanzvorschriften dieser Gebietskörperschaft ausdrücklich für Stipendien zu verwenden sind;
5. Inhaberinnen und Inhaber von Reifezeugnissen österreichischer Auslandsschulen;
6. Personen, die auf Grund des § 7 Abs. 1 des Bundesgesetzes vom 7. März 1968, BGBl. Nr. 126, über die Aufenthaltsberechtigung von Flüchtlingen im Sinne der Konvention über die Rechtsstellung der Flüchtlinge, BGBl. Nr. 55/1955, in der jeweils geltenden Fassung, zum Aufenthalt im Bundesgebiet berechtigt sind;
7. Personen, die auf Grund der § 7, 9, 15 und 19 des Bundesgesetzes über die Gewährung von Asyl (Asylgesetz 1997 – AsylG), BGBl. I Nr. 76/1997, in der jeweils geltenden Fassung, Aufenthaltsberechtigung im Bundesgebiet haben. *(BGBl II 1998/15)*

§ 2. Die in § 1 genannten Personengruppen sind gemäß § 34 Abs. 3 Z 4 UniStG bei Vorliegen der Voraussetzungen unbefristet zu ordentlichen Studien zuzulassen.

§ 3. Gemäß § 36 Abs. 4 UniStG gelten für die Zulassung zum ordentlichen Studium die Reifezeugnisse der in § 1 genannten Personengruppen sowie der Inhaberinnen und Inhaber von Reifezeugnissen deutsch- oder ladinischsprachiger Südtiroler Sekundarschulen zweiten Grades, wenn nicht in Italien damit ohnehin der unmittelbare Hochschulzugang verbunden ist, im Sinne des § 36 Abs. 1 UniStG als in Österreich ausgestellt.

§ 4. Die Feststellung der Voraussetzungen erfolgt im Rahmen des Zulassungsverfahrens an den Universitäten und Hochschulen. Ein gesonderter Bescheid ist nicht erforderlich.

§ 5. Reifezeugnisse von Personen, die vor dem Inkrafttreten dieser Verordnung eine Gleichstellung ihrer Reifezeugnisse auf Grund der bis dahin geltenden Bestimmungen erhalten haben, gelten im Sinne des § 3 dieser Verordnung als in Österreich ausgestellt.

§ 6. § 1 Z 7 in der Fassung der Verordnung BGBl. II Nr. 15/1998 tritt mit 1. Februar 1998 in Kraft. *(BGBl II 1998/15)*

Verordnung der Bundesregierung über die Festsetzung einer Zahl an Studienplätzen für Studienanfängerinnen und Studienanfänger und über die Ermächtigung an Rektorate zur Festlegung eines qualitativen Aufnahmeverfahrens

BGBl II 2010/133

Auf Grund des § 124b Abs. 6 des Universitätsgesetzes 2002 – UG, BGBl. I Nr. 120, zuletzt geändert durch das Bundesgesetz BGBl. I Nr. 81/2009, wird verordnet:

Bachelorstudien „Publizistik und Kommunikationswissenschaft", „Kommunikationswissenschaft" sowie „Medien- und Kommunikationswissenschaften"

§ **1.** (1) An der Universität Wien wird für das Bachelorstudium „Publizistik und Kommunikationswissenschaft" die Zahl an Studienplätzen für Studienanfängerinnen und Studienanfänger pro Studienjahr mit 1 123 festgelegt.

(2) An der Universität Salzburg wird für das Bachelorstudium „Kommunikationswissenschaft" die Zahl an Studienplätzen für Studienanfängerinnen und Studienanfänger pro Studienjahr mit 226 festgelegt.

(3) An der Universität Klagenfurt wird für das Bachelorstudium „Medien- und Kommunikationswissenschaften" die Zahl an Studienplätzen für Studienanfängerinnen und Studienanfänger pro Studienjahr mit 180 festgelegt.

Ermächtigung an die Rektorate, ein qualitatives Aufnahmeverfahren festzulegen

§ **2.** Die Rektorate der in § 1 genannten Universitäten werden ermächtigt, für die jeweiligen dort genannten Studien ein qualitatives Aufnahmeverfahren vor Zulassung festzulegen.

Inkrafttreten

§ **3.** Diese Verordnung ist für die Zulassung zu den in § 1 genannten Studien an den jeweiligen Universitäten ab dem Beginn der Zulassungsfrist für das Studienjahr 2010/2011 anzuwenden.

Bundesgesetz über die externe Qualitätssicherung im Hochschulwesen und die Agentur für Qualitätssicherung und Akkreditierung Austria (Hochschul-Qualitätssicherungsgesetz – HS-QSG)

BGBl I 2011/74

Inhaltsverzeichnis

1. Abschnitt

Allgemeiner Teil

Regelungsgegenstand

§ 1. (1) Dieses Bundesgesetz regelt die externe Qualitätssicherung an folgenden hochschulischen postsekundären Bildungseinrichtungen:

1. Universitäten nach Universitätsgesetz 2002 (UG), BGBl. I Nr. 120/2002,
2. Universität für Weiterbildung Krems nach DUK-Gesetz 2004, BGBl. I Nr. 22/2004,
3. Erhalter von Fachhochschul-Studiengängen nach Fachhochschul-Studiengesetz (FHStG), BGBl. Nr. 340/1993,
4. Privatuniversitäten nach Universitäts-Akkreditierungsgesetz (UniAkkG), BGBl. I Nr. 168/1999, und nach Privatuniversitätengesetz (PUG), BGBl. I Nr. 74/2011.

(2) Die externe Qualitätssicherung der Bildungseinrichtungen gemäß Abs. 1 erfolgt durch:

1. Zertifizierung des Qualitätsmanagementsystems von Bildungseinrichtungen;
2. Akkreditierung von Studien;
3. Akkreditierung von Bildungseinrichtungen;
4. Aufsicht über die nach diesem Bundesgesetz akkreditierten Bildungseinrichtungen und die nach diesem Bundesgesetz akkreditierten Studien.

(3) Die externe Qualitätssicherung soll im Zusammenspiel mit den internen Qualitätsmanagementsystemen der in Abs. 1 genannten Bildungseinrichtungen gewährleisten, dass diese hohen Anforderungen entsprechen und ihre Qualität laufend weiterentwickeln.

Begriffsbestimmungen

§ 2. Im Geltungsbereich dieses Bundesgesetzes gelten folgende Begriffsbestimmungen:

1. Externe Qualitätssicherung umfasst verschiedene periodische Maßnahmen der Begutachtung der Entwicklung der Qualität der Leistungen von Hochschulen in Lehre, Forschung und Administration.
2. Qualitätssicherungsverfahren sind formelle, durch unabhängige und externe Gutachterinnen und Gutachter durchgeführte Verfahren, die die Übereinstimmung von Bildungseinrichtungen und Studien oder des Qualitätsmanagementsystems der Bildungseinrichtungen mit definierten Kriterien und Standards feststellen.
3. Akkreditierung ist die formelle staatliche Anerkennung einer Bildungseinrichtung (institutionelle Akkreditierung) oder von Studien (Programmakkreditierung) anhand von definierten Kriterien und Standards.
4. Zertifizierung ist die formelle Bescheinigung der Konformität des Qualitätsmanagementsystems einer Bildungseinrichtung mit definierten Kriterien und Standards.

2. Abschnitt

Einrichtung der Agentur und Organe

Agentur für Qualitätssicherung und Akkreditierung Austria (Agency for Quality Assurance and Accreditation Austria)

§ 3. (1) Zur externen Qualitätssicherung der in § 1 Abs. 1 genannten Bildungseinrichtungen wird die Agentur für Qualitätssicherung und Akkreditierung Austria (Agency for Quality Assurance and Accreditation Austria) eingerichtet.

(2) Die Agentur für Qualitätssicherung und Akkreditierung Austria ist eine juristische Person des öffentlichen Rechts.

(3) Die Agentur für Qualitätssicherung und Akkreditierung Austria hat insbesondere folgende Aufgaben im Bereich der externen Qualitätssicherung zu erfüllen:

1. Entwicklung und Durchführung externer Qualitätssicherungsverfahren, jedenfalls Audit- und Akkreditierungsverfahren, nach nationalen und internationalen Standards;
2. Akkreditierung von hochschulischen Bildungseinrichtungen und Studien;
3. Berichte an den Nationalrat im Wege der zuständigen Bundesministerin oder des zuständigen Bundesministers;
4. Veröffentlichung der Ergebnisberichte der Qualitätssicherungsverfahren;
5. kontinuierliche begleitende Aufsicht akkreditierter hochschulischer Bildungseinrichtungen und Studien hinsichtlich der Akkreditierungsvoraussetzungen;
6. Aufgaben gemäß den Bestimmungen des FHStG und des PUG;
7. Zertifizierung von Bildungseinrichtungen nach Audit;
8. Durchführung von Studien und Systemanalysen, Evaluierungen und Projekten;
9. Information und Beratung zu Fragen der Qualitätssicherung und Qualitätsentwicklung;

10. Internationale Zusammenarbeit im Bereich der Qualitätssicherung.

(4) Die Agentur für Qualitätssicherung und Akkreditierung Austria hat sich regelmäßig einer externen Evaluierung nach internationalen Standards zu unterziehen.

Organe der Agentur für Qualitätssicherung und Akkreditierung Austria

§ 4. (1) Organe der Agentur für Qualitätssicherung und Akkreditierung Austria sind das Kuratorium, das Board, die Beschwerdekommission und die Generalversammlung.

(2) Mindestens 45 vH der Mitglieder aller Organe müssen Frauen sein. Dies ist bereits bei der Nominierung der Kandidatinnen und Kandidaten für die Organe entsprechend zu berücksichtigen.

(3) Ist der Frauenanteil von mindestens 45 vH in der Generalversammlung und im Board nicht ausreichend gewahrt, so hat die zuständige Bundesministerin oder der zuständige Bundesminister die Nominierung zurückzuweisen, wenn keine hinreichenden Gründe für eine Nichterfüllung vorliegen. In diesem Fall hat eine neue Nominierung einer Kandidatin oder eines Kandidaten oder der Kandidatinnen und Kandidaten zu erfolgen.

Kuratorium

§ 5. (1) Das Kuratorium besteht aus fünf Mitgliedern, die gemäß § 12 aus der Generalversammlung zu wählen sind. Die Funktionsdauer der Mitglieder beträgt fünf Jahre, Wiederbestellungen sind zulässig.

(2) Dem Kuratorium obliegen:

1. Stellungnahmen
   a) zu den Richtlinien, Standards und Abläufen der Qualitätssicherungsverfahren;
   b) zum Finanzplan und zum Rechnungsabschluss;
   c) zum Tätigkeitsbericht;
   d) zur Geschäftsordnung der Generalversammlung;
   e) zur Ausschreibung und Aufnahme von Mitarbeiterinnen und Mitarbeitern und der Geschäftsführerin oder des Geschäftsführers und deren oder dessen Stellvertretung;
2. Vorschlag zur Bestellung einer Abschlussprüferin oder eines Abschlussprüfers gemäß § 16 an die zuständige Bundesministerin oder den zuständigen Bundesminister;
3. Vorbereitung und Einberufung der Sitzungen der Generalversammlung und die Berichterstattung an die Generalversammlung.

(3) Das Kuratorium hat aus seinem Kreis eine Vorsitzende oder einen Vorsitzenden und eine Stellvertretung zu wählen.

(4) Das Kuratorium trifft seine Entscheidungen mit einfacher Stimmenmehrheit.

Board

§ 6. (1) Das Board besteht aus vierzehn Mitgliedern, für die Folgendes gilt:

1. Acht Mitglieder müssen Expertinnen und Experten aus dem Bereich des Hochschulwesens sein und über wissenschaftliche Qualifikation und Erfahrung im Bereich der Qualitätssicherung verfügen und unterschiedliche Hochschulsektoren repräsentieren.
2. Zwei Mitglieder sind aus dem Kreis der Vertreterinnen und Vertreter der Studierenden zu bestellen.
3. Vier Mitglieder sind aus dem Bereich der Berufspraxis zu bestellen. Sie müssen Kenntnisse des nationalen oder internationalen Hochschulwesens und Erfahrung in für Hochschulen relevanten Berufsfeldern haben, Urteilsfähigkeit über Angelegenheiten der Qualitätssicherung besitzen und aufgrund ihrer hervorragenden Kenntnisse und Erfahrungen einen Beitrag zur Erfüllung der Aufgaben der Agentur für Qualitätssicherung und Akkreditierung Austria leisten können.
4. Mindestens die Hälfte der Mitglieder gemäß Z 1 und 2 sind jeweils ausländische Vertreterinnen und Vertreter.

(2) Dem Board dürfen Mitglieder der Bundesregierung oder einer Landesregierung, Mitglieder des Nationalrats, des Bundesrats oder eines sonstigen allgemeinen Vertretungskörpers und Funktionärinnen und Funktionäre einer politischen Partei, der in der Generalversammlung vertretenen Einrichtungen sowie Personen nicht angehören, die eine derartige Funktion in den letzten vier Jahren ausgeübt haben. Ebenso ausgeschlossen sind Mitarbeiterinnen und Mitarbeiter der für hochschulische Bildungseinrichtungen zuständigen Bundesministerien im aktiven Dienststand.

Bestellung des Boards

§ 7. (1) Die Mitglieder des Boards werden durch die zuständige Bundesministerin oder den zuständigen Bundesminister bestellt.

(2) Je zwei ausländische und zwei inländische der in § 6 Abs. 1 Z 1 genannten Mit-

glieder sind durch die zuständige Bundesministerin oder den zuständigen Bundesminister vorzuschlagen, die weiteren durch die Generalversammlung. Die Mitglieder gemäß § 6 Abs. 1 Z 2 und 3 sind durch die Generalversammlung mit Zweidrittelmehrheit vorzuschlagen.

(3) Die Amtsperiode der Mitglieder des Boards beträgt fünf Jahre, einmalige Wiederbestellungen sind zulässig. Abweichend davon beträgt die erste Funktionsperiode nach dem Inkrafttreten dieses Bundesgesetzes je der Hälfte der Mitglieder nach § 6 Abs. 1 Z 1 bis 3 jeweils drei Jahre.

(4) Die Mitglieder des Boards wählen aus ihrem Kreis eine Präsidentin oder einen Präsidenten sowie eine Vizepräsidentin oder einen Vizepräsidenten.

(5) Die Funktionsperiode der Präsidentin oder des Präsidenten sowie der Vizepräsidentin oder des Vizepräsidenten beträgt fünf Jahre mit der Möglichkeit einer einmaligen Wiederbestellung in unmittelbarer Folge für eine weitere Funktionsperiode.

(6) Die Mitglieder des Boards üben ihre Funktion nebenberuflich aus. Die Mitglieder des Boards haben Anspruch auf Vergütung der Tätigkeit, über deren Höhe die zuständige Bundesministerin oder der zuständige Bundesminister entscheidet, und auf Ersatz der Reisegebühren.

(7) Die zuständige Bundesministerin oder der zuständige Bundesminister hat ein Mitglied des Boards vor Ablauf der Funktionsperiode auf Antrag oder nach Anhörung des Boards abzuberufen, wenn es seine Pflichten gröblich verletzt oder vernachlässigt hat oder wenn es nicht mehr in der Lage ist, seine Aufgaben zu erfüllen.

Sitzungen des Boards

§ 8. (1) Das Board übt seine Tätigkeit in Vollversammlungen aus. Diese sind von der Präsidentin oder dem Präsidenten schriftlich einzuberufen und haben mindestens zweimal pro Jahr stattzufinden. Die Sitzungen sind nicht öffentlich und die darin besprochenen Themen vertraulich zu behandeln.

(2) Das Board ist beschlussfähig, wenn mindestens zehn Mitglieder persönlich anwesend sind. Eine Entscheidung kommt nur zu Stande, wenn mindestens acht Mitglieder für einen Antrag gestimmt haben.

Aufgaben des Boards und Geschäftsordnung

§ 9. (1) Dem Board obliegen insbesondere folgende Aufgaben:

1. Entscheidung über Akkreditierung von Bildungseinrichtungen und Studien oder über die Zertifizierung des Qualitätsmanagementsystems;
2. Beschlüsse über Richtlinien, Standards und Abläufe der Qualitätssicherungsverfahren;
3. Beschluss über Berichte;
4. Übermittlung der Verfahrensentscheidung der Akkreditierungsverfahren an die zuständige Bundesministerin oder den zuständigen Bundesminister;
5. Veröffentlichung der Ergebnisse der Qualitätssicherungsverfahren;
6. Informationen für die Beschwerdekommission, das Kuratorium und die Generalversammlung;
7. Beschluss einer Geschäftsordnung, die die Erfüllung der Aufgaben sicherstellt;
8. Beschluss eines jährlichen Finanzplans und Rechnungsabschlusses;
9. Aufsicht über die Geschäftsstelle;
10. Ausschreibung und Aufnahme der Mitarbeiterinnen und Mitarbeiter der Geschäftsstelle;
11. Ausschreibung und Aufnahme der Geschäftsführerin oder des Geschäftsführers und der stellvertretenden Geschäftsführerin oder des stellvertretenden Geschäftsführers, über die das Board einstimmig zu entscheiden hat. § 14 Abs. 1 und 3 kommen in diesem Fall nicht zur Anwendung;
12. Aufsicht über die akkreditierten Bildungseinrichtungen und Studien hinsichtlich der Akkreditierungsvoraussetzungen;
13. Aufgaben gemäß FHStG und PUG;
14. Internationale Zusammenarbeit im Bereich der Qualitätssicherung.

(2) Das Board ist bei der Erfüllung seiner Aufgaben an keine Weisungen gebunden.

(3) Das Board hat eine Geschäftsordnung zu beschließen, die die Erfüllung der ihm übertragenen Aufgaben, der Aufgaben der Beschwerdekommission und der Geschäftsstelle sowie die Erfüllung der übrigen Aufgaben der Agentur für Qualitätssicherung und Akkreditierung Austria sicherstellt. In der Geschäftsordnung ist auch Näheres über die Organisation der Geschäftsstelle zu regeln.

Leitung der Agentur und Geschäftsstelle

§ 10. (1) Die Präsidentin oder der Präsident des Boards leitet das Board und die Geschäftsstelle und vertritt die Agentur nach außen. Zu ihren oder seinen Aufgaben zählt insbesondere der Abschluss von Verträgen.

(2) Die Geschäftsordnung kann für bestimmte Angelegenheiten eine Vertretungsbefugnis für die Geschäftsführerin oder den Geschäftsführer oder die Stellvertretung vorsehen.

(3) Für die Unterstützung bei der Besorgung der Aufgaben der Agentur für Qualitätssicherung und Akkreditierung Austria ist eine Geschäftsstelle einzurichten.

(4) Die Geschäftsstelle wird durch die Geschäftsführerin oder den Geschäftsführer und deren oder dessen Stellvertretung geleitet. Die Ausschreibung und Aufnahme der Geschäftsführung und der Stellvertretung erfolgt gemäß Stellenbesetzungsgesetz, BGBl. I Nr. 26/1998. Die Arbeitnehmerinnen und Arbeitnehmer der Geschäftsstelle dürfen keinem Organ der Agentur für Qualitätssicherung und Akkreditierung Austria angehören.

(5) Organisation und Aufgaben der Geschäftsstelle sowie die Aufgaben der Geschäftsführung und der Stellvertretung sind durch die Geschäftsordnung des Boards zu regeln, wobei der Stellvertretung ein eigener Geschäftsbereich zuzuordnen ist. Die Aufgaben umfassen jedenfalls die Erstellung von Berichten und des Finanzplanes.

Generalversammlung

§ 11. (1) Die Generalversammlung besteht aus 23 Mitgliedern und zwar:

1. sechs Vertreterinnen oder Vertretern, die durch den Beirat für Wirtschafts- und Sozialfragen nominiert werden;
2. zwei Vertreterinnen oder Vertretern der Österreichischen Hochschülerinnen- und Hochschülerschaft;
3. einer Vertreterin oder einem Vertreter des Vereins zum Aufbau und zur Förderung einer bundesweiten Studierendenvertretung der Privatuniversitäten;
4. sechs Vertreterinnen oder Vertretern der Universitätenkonferenz;
5. vier Vertreterinnen oder Vertretern der Fachhochschulkonferenz;
6. zwei Vertreterinnen oder Vertretern der Österreichischen Privatuniversitätenkonferenz;
7. zwei Vertreterinnen oder Vertretern des Bundesministeriums für Wissenschaft und Forschung.

(2) Die Mitglieder der Generalversammlung müssen über Kenntnisse des Hochschulwesens und in Angelegenheiten der Qualitätssicherung des Hochschulwesens verfügen.

(3) Die Nominierung der Mitglieder gemäß Abs. 1 Z 2 bis 7 erfolgt durch die jeweiligen Einrichtungen. Die Nominierung hat bis längstens einen Monat vor Ablauf der Funktionsperiode des betreffenden Mitglieds zu erfolgen, bei vorzeitiger Abberufung eines Mitglieds spätestens einen Monat nach Bekanntgabe der Abberufung. Die Mitglieder sind durch die zuständige Bundesministerin oder den zuständigen Bundesminister zu bestellen.

(4) Die Funktionsperiode der Mitglieder der Generalversammlung beträgt fünf Jahre, Wiederbestellungen sind zulässig.

(5) Die zuständige Bundesministerin oder der zuständige Bundesminister hat ein Mitglied der Generalversammlung vor Ablauf der Funktionsperiode auf Antrag oder nach Anhörung der Generalversammlung abzuberufen, wenn es seine Pflichten gröblich verletzt oder vernachlässigt hat oder wenn es nicht mehr in der Lage ist, seine Aufgaben zu erfüllen.

Aufgaben der Generalversammlung

§ 12. (1) Die Aufgaben der Generalversammlung umfassen:

1. die Wahl gemäß § 5 Abs. 1;
2. die Nominierungen gemäß § 7 Abs. 2 und § 13 Abs. 3;
3. die Kenntnisnahme des Finanzplanes, des Rechnungsabschlusses und des Tätigkeitsberichts sowie die Stellungnahme zur Geschäftsordnung des Boards.

(2) Bei den Nominierungen gemäß § 5 Abs. 1 sind je ein Mitglied aus den Vertreterinnen und den Vertretern der Universitätenkonferenz, der Fachhochschulkonferenz und der Österreichischen Privatuniversitätenkonferenz zu berücksichtigen.

(3) Die Generalversammlung hat aus ihrem Kreis eine Vorsitzende oder einen Vorsitzenden zu wählen.

(4) Der Generalversammlung übt ihre Tätigkeit in Vollversammlungen aus.

(5) Die Generalversammlung ist beschlussfähig, wenn mindestens fünfzehn ihrer Mitglieder persönlich anwesend sind. Sie fasst die Beschlüsse mit einfacher Stimmenmehrheit. Bei Stimmengleichheit gibt die Stimme der Vorsitzenden oder des Vorsitzenden den Ausschlag.

(6) Die Generalversammlung hat eine Geschäftsordnung zu beschließen, die die Erfüllung der ihr übertragenen Aufgaben und der Aufgaben des Kuratoriums gemäß § 5 sicherstellt.

(7) Die Mitglieder üben ihre Funktion ehrenamtlich aus.

Beschwerdekommission

§ 13. (1) Die Beschwerdekommission behandelt und entscheidet Einsprüche von Bildungseinrichtungen gegen den Verfahrensablauf und gegen Zertifizierungsentscheidungen.

(2) Die Beschwerdekommission besteht aus zwei inländischen Mitgliedern und einem ausländischen Mitglied mit Expertise im Bereich der Qualitätssicherung des Hochschulwesens und rechtlichen Qualifikationen, sowie zwei Ersatzmitgliedern. Die Ersatzmitglieder sind zu gleichen Teilen aus inländischen und ausländischen Vertreterinnen und Vertretern zu bestellen.

(3) Die Mitglieder der Beschwerdekommission werden durch die Generalversammlung nominiert und bestellt.

(4) Mitglieder der Beschwerdekommission dürfen keinem anderen Organ der Agentur für Qualitätssicherung und Akkreditierung Austria angehören. Sie sind bei der Ausübung ihrer Funktion an keine Weisungen gebunden.

(5) Die Funktionsperiode der Mitglieder der Beschwerdekommission beträgt drei Jahre. Wiederbestellungen sind zulässig. Abweichend davon beträgt die erste Funktionsperiode eines inländischen Mitgliedes nach dem Inkrafttreten dieses Bundesgesetzes zwei Jahre.

(6) Die Beschwerdekommission hat aus ihrem Kreis eine Vorsitzende oder einen Vorsitzenden zu wählen.

(7) Die Beschwerdekommission fasst ihre Beschlüsse mit einfacher Stimmenmehrheit.

(8) Die Generalversammlung hat ein Mitglied der Beschwerdekommission vor Ablauf der Funktionsperiode auf Antrag der Beschwerdekommission oder nach deren Anhörung abzuberufen, wenn es seine Pflichten gröblich verletzt oder vernachlässigt hat oder wenn es nicht mehr in der Lage ist, seine Aufgaben zu erfüllen.

(9) Die Mitglieder der Beschwerdekommission haben Anspruch auf Vergütung der Tätigkeit, über deren Höhe das Board entscheidet, und auf den Ersatz der Reisegebühren.

(10) Eine Beschwerde ist von dem für die beschwerdeführende Bildungseinrichtung zur Vertretung nach außen ermächtigten Organ schriftlich bei der Geschäftsstelle einzubringen. Die Geschäftsstelle hat die Beschwerde unverzüglich zur Prüfung an die Beschwerdekommission weiterzuleiten und das Board darüber zu informieren. Die Beschwerdekommission kann die Beschwerde im Schriftweg behandeln oder die beschwerdeführende Bildungseinrichtung zu einem Gespräch einladen. Die Kommission kann im Einvernehmen mit der beschwerdeführenden Bildungseinrichtung auch eine Anhörung Dritter durchführen. Die Beschwerdekommission hat dem Board und der beschwerdeführenden Bildungseinrichtung über die Ergebnisse ihrer Ermittlungen zu berichten und gegebenenfalls geeignete Maßnahmen zur Problemlösung vorzuschlagen.

(11) Der genaue Ablauf des Verfahrens ist in der Geschäftsordnung gemäß § 9 Abs. 1 Z 7 festzulegen.

Säumnis von Organen

§ 14. (1) Kommt ein Organ der Agentur für Qualitätssicherung und Akkreditierung Austria gemäß §§ 5, 11 und 13 einer ihm nach diesem Bundesgesetz obliegenden Aufgabe nicht innerhalb einer angemessenen Zeit nach, hat das Board von Amts wegen eine Frist von vier Wochen zu setzen, innerhalb der das säumige Organ die zu erfüllende Aufgabe nachzuholen hat. Lässt dieses die Frist verstreichen, ist die zu erfüllende Aufgabe

1. in Angelegenheiten gemäß § 5 Abs. 2 durch die Generalversammlung,
2. in Angelegenheiten gemäß § 7 Abs. 2 letzter Satz, § 11 Abs. 1 Z 1 und 11 und Abs. 3 und § 12 Abs. 1 Z 1 und 2 durch die zuständige Bundesministerin oder den zuständigen Bundesminister,
3. und in Angelegenheiten gemäß § 9 Abs. 1, § 12 Abs. 1 Z 3 und § 13 Abs. 3 durch das Kuratorium durchzuführen (Ersatzvornahme).

(2) Abs. 1 gilt nicht im Anwendungsbereich des Allgemeinen Verwaltungsverfahrensgesetzes 1991 (AVG), BGBl. Nr. 51/1991.

(3) Ist das Board im Sinne des Abs. 1 säumig, hat das Kuratorium auf Antrag eines davon betroffenen Organs der Agentur oder der antragstellenden Bildungseinrichtung oder von Amts wegen die Maßnahmen gemäß Abs. 1 zu setzen.

(4) Ist das Kuratorium im Sinne des Abs. 2 säumig, hat die Generalversammlung die Ersatzvornahme vorzunehmen.

3. Abschnitt

Gebarung und Rechnungswesen

Finanzen und Gebarung

§ 15. (1) Die Finanzierung der Agentur für Qualitätssicherung und Akkreditierung Austria erfolgt mit Bundesmitteln und durch eigene Einnahmen, die im Zusammenhang mit der Erfüllung der Aufgaben der Agentur für Qualitätssicherung und Akkreditierung Austria nach diesem Bundesgesetz erzielt werden. Die Bereitstellung der Bundesmittel erfolgt jährlich, nach Vorlage eines Finanzplanes, durch das Bundesministerium für Wissenschaft und Forschung. Die Höhe der Bundesmittel ist nach den Grundsätzen des Bundeshaushaltsgesetzes, BGBl. Nr. 213/1986, und unter Berücksichtigung der finanziellen Leistungsmöglichkeiten des Bundes und der eigenen Einnahmen der Agentur für Qualitätssicherung und Akkreditierung Austria in der Art festzulegen, dass die Organe der Agentur ihre in diesem Bundesgesetz festgelegten Aufgaben erfüllen können.

(2) Die Präsidentin oder der Präsident des Boards hat der zuständigen Bundesministerin oder dem zuständigen Bundesminister bis 30. Juni jeden Jahres den Finanzplan für das folgende Jahr und die Vorschau über die zwei darauf folgenden Jahre zur Genehmigung vorzulegen. Für das erste Geschäftsjahr ist durch das Bundesministerium für Wissenschaft und Forschung ein provisorischer Finanzplan zu erstellen, der bis zur Genehmigung eines Finanzplanes durch das Board Anwendung findet.

(3) Die Zuteilungen der Mittel erfolgen monatlich aliquot.

(4) Die Agentur für Qualitätssicherung und Akkreditierung Austria kann über ihre Einnahmen frei verfügen, sofern gesetzlich nichts anderes bestimmt ist. Allfällige Zweckwidmungen sind zu berücksichtigen.

(5) Die Gebarung der Agentur für Qualitätssicherung und Akkreditierung Austria erfolgt im eigenen Namen und auf eigene Rechnung.

(6) Für Verbindlichkeiten der Agentur für Qualitätssicherung und Akkreditierung Austria übernimmt der Bund keine Haftung.

(7) Die Gebarung der Agentur für Qualitätssicherung und Akkreditierung Austria unterliegt der Prüfung durch den Rechnungshof.

Rechnungswesen

§ 16. (1) Die Agentur für Qualitätssicherung und Akkreditierung Austria hat unter der Verantwortung der Präsidentin oder des Präsidenten des Boards unter sinngemäßer Anwendung des Unternehmensgesetzbuches, dRGBl. S 219/1897, ein Rechnungswesen, einschließlich einer Kosten- und Leistungsrechnung, einzurichten, das

1. den Aufgaben der Agentur entspricht,
2. die Erfüllung der Berichterstattungspflichten nach den Richtlinien der Bundesministerin oder des Bundesministers für Finanzen für die einheitliche Einrichtung eines Planungs-, Informations- und Berichterstattungssystems des Bundes für das Beteiligungs- und Finanzcontrolling, BGBl. II Nr. 319/2002, sichert und
3. eine Trennung in Rechnungskreise vorsieht, wobei jedenfalls eine Trennung zwischen den Aufgaben gemäß § 3 Abs. 3 Z 1 bis 6 und Z 7 bis 10 vorzunehmen ist.

(2) Die zuständige Bundesministerin oder der zuständige Bundesminister kann durch Verordnung festlegen, dass die Agentur für Qualitätssicherung und Akkreditierung Austria ihr oder ihm laufend automationsunterstützt und in technisch geeigneter Form den Zugang zu den für die Planung, Steuerung und die Statistik benötigten standardisierten Daten ermöglicht.

HS-QSG

(3) Das Rechnungsjahr der Agentur für Qualitätssicherung und Akkreditierung Austria entspricht dem Kalenderjahr.

(4) Die Präsidentin oder der Präsident hat der zuständigen Bundesministerin oder dem zuständigen Bundesminister bis 30. Juni jeden Jahres einen Rechnungsabschluss über das abgelaufene Rechnungsjahr zusammen mit einem Bericht einer Abschlussprüferin oder eines Abschlussprüfers vorzulegen. Der Rechnungsabschluss besteht aus Bilanz, Gewinn- und Verlustrechnung sowie Erläuterungen. Die Abschlussprüferin oder der Abschlussprüfer muss eine von der Agentur für Qualitätssicherung und Akkreditierung Austria unabhängige beeidete Wirtschaftsprüferin und Steuerberaterin oder ein unabhängiger beeideter Wirtschaftsprüfer und Steuerberater oder eine Wirtschaftsprüfungs- und Steuerberatungsgesellschaft sein. Für die Auswahl und die Verantwortung der Abschlussprüferin oder des Abschlussprüfers sowie für die Durchführung der Prüfung gelten die Bestimmungen des Unternehmensgesetzbuches sinngemäß.

(5) Die Bestellung der Abschlussprüferin oder des Abschlussprüfers hat durch die zuständige Bundesministerin oder den zuständigen Bundesminister auf Vorschlag des Kuratoriums vor Ablauf des Rechnungsjahres zu erfolgen.

Abgaben- und Gebührenbefreiung

§ 17. (1) Bei der Erfüllung ihrer Aufgaben unterliegt die Agentur für Qualitätssicherung und Akkreditierung Austria nicht den Bestimmungen der Gewerbeordnung 1994, BGBl. Nr. 194/1994.

(2) Alle dem Bund auf Grund bundesgesetzlicher Bestimmungen eingeräumten ab-

gaben- und gebührenrechtlichen Begünstigungen finden auch auf die Agentur für Qualitätssicherung und Akkreditierung Austria Anwendung, soweit diese in Erfüllung ihrer gesetzlichen Aufgaben tätig wird.

(3) Sämtliche mit der Errichtung der Agentur für Qualitätssicherung und Akkreditierung Austria und der Vermögensübertragung nach § 36 Abs. 4 und 5 und der Übertragung von Rechten, Forderungen und Verbindlichkeiten vom Bund an die Agentur verbundenen Vorgänge sind von allen bundesgesetzlich geregelten Abgaben befreit.

4. Abschnitt

Grundsätze und Verfahren der Qualitätssicherung

Qualitätssicherungsverfahren

§ 18. (1) Das Qualitätsmanagementsystem von Universitäten nach UG und der Universität für Weiterbildung Krems nach DUK-Gesetz 2004 sowie von Erhaltern von Fachhochschul-Studiengängen, die bis zum 29. Februar 2012 akkreditiert und einer institutionellen Evaluierung gemäß FHStG unterzogen werden, ist in periodischen Abständen einem Audit zu unterziehen.

(2) Die staatliche Anerkennung von Bildungseinrichtungen als Erhalter von Fachhochschul-Studiengängen oder als Privatuniversität erfolgt durch Akkreditierung der Bildungseinrichtungen (institutionelle Akkreditierung) und Akkreditierung der Studien (Programmakkreditierung).

(3) Neu einzurichtende Fachhochschul-Studiengänge und Studien an Privatuniversitäten, die mit einem akademischen Grad enden, sind zu akkreditieren.

Durchführung der Qualitätssicherungsverfahren

§ 19. (1) Audits nach den in § 22 genannten Prüfbereichen können durch die Agentur für Qualitätssicherung und Akkreditierung Austria, durch eine im European Quality Assurance Register for Higher Education (EQAR) registrierte oder eine andere international anerkannte und unabhängige Qualitätssicherungsagentur durchgeführt werden. In diesen Fällen hat das Ergebnis dieselben Wirkungen wie ein Audit, das von der Agentur für Qualitätssicherung und Akkreditierung Austria durchgeführt wurde. Bildungseinrichtungen, die ihr internes Qualitätsmanagement unter Zuhilfenahme der Beratung der Agentur für Qualitätssicherung und Akkreditierung Austria aufgebaut haben, dürfen beim nächsten durchzuführenden Qualitätssicherungsverfahren nicht die Agentur für Qualitätssicherung und Akkreditierung Austria wählen.

(2) Die zuständige Bundesministerin oder der zuständige Bundesminister hat die Qualitätssicherungsagenturen gemäß Abs. 1 mittels Verordnung kundzumachen.

(3) Akkreditierungsverfahren sind von der Agentur für Qualitätssicherung und Akkreditierung Austria durchzuführen.

Verfahrenskosten

§ 20. (1) Die Agentur für Qualitätssicherung und Akkreditierung Austria ist berechtigt, für die von ihr durchgeführten Qualitätssicherungsverfahren ein Entgelt in Rechnung zu stellen und individuell vorzuschreiben. Das Entgelt umfasst die tatsächlich anfallenden Kosten für die Begutachtung sowie eine Verfahrenspauschale für die Agentur für Qualitätssicherung und Akkreditierung Austria.

(2) Die Agentur für Qualitätssicherung und Akkreditierung Austria hat die Höhe der Verfahrenspauschale für Qualitätssicherungsverfahren an Bildungseinrichtungen gemäß § 1 Abs. 1 festzulegen und entsprechend zu veröffentlichen. Die Festlegung bedarf der Genehmigung durch die zuständige Bundesministerin oder den zuständigen Bundesminister.

Veröffentlichung der Verfahrensergebnisse

§ 21. Die Ergebnisse der Audits und Akkreditierungsverfahren sind sowohl von der Agentur als auch von der antragstellenden Bildungseinrichtung zu veröffentlichen. Dies umfasst den Ergebnisbericht des Qualitätssicherungsverfahrens und die Entscheidung der Qualitätssicherungsagentur einschließlich der Begründung der Entscheidung. Ausgenommen von der Veröffentlichung sind jedenfalls personenbezogene Daten und jene Berichtsteile, die sich auf Finanzierungsquellen sowie Geschäfts- und Betriebsgeheimnisse beziehen.

Audit und Zertifizierung

§ 22. (1) Die Zertifizierung des Qualitätsmanagementsystems einer Bildungseinrichtung hat durch ein Audit gemäß den in Abs. 2 genannten Prüfbereichen zu erfolgen.

(2) Für Universitäten nach UG und DUK-Gesetz 2004 sowie Erhalter von Fachhochschul-Studiengängen nach FHStG bestehen jedenfalls folgende Prüfbereiche:

1. Qualitätsstrategie und deren Integration in die Steuerungsinstrumente der Hochschule;
2. Strukturen und Verfahren der Qualitätssicherung in den Bereichen Studien und Lehre, Forschung oder Entwicklung und Erschließung der Künste oder Angewandte Forschung und Entwicklung, Organisation und Administration und Personal;
3. Einbindung von Internationalisierung und gesellschaftlichen Zielsetzungen in das Qualitätsmanagementsystem;
4. Informationssysteme und Beteiligung von Interessensgruppen;
5. Strukturen und Verfahren der Qualitätssicherung von Lehrgängen zur Weiterbildung bei Erhaltern von Fachhochschul-Studiengängen gemäß § 9 FHStG sowie von Lehrgängen zur Weiterbildung, die in Kooperationsform im Sinne des § 3 Abs. 2 Z 11 FHStG betrieben werden.

(3) Die Konkretisierung der Prüfbereiche für Verfahren der Agentur für Qualitätssicherung und Akkreditierung Austria erfolgt durch Richtlinien des Boards.

(4) Die Zertifizierung ist auf sieben Jahre befristet. Die Zertifizierung ist bis zum Abschluss eines laufenden Audit Verfahrens zu verlängern.

(5) Die Zertifizierung kann mit Auflagen erteilt werden, wenn im Zuge des Audits Mängel im Qualitätsmanagement festgestellt werden, die als innerhalb eines bestimmten Zeitraums behebbar eingestuft werden. Im Falle einer Zertifizierung mit Auflagen muss die Behebung der Mängel bis spätestens zwei Jahre nach Zertifizierung durch ein entsprechendes Follow-Up-Verfahren durch die Agentur für Qualitätssicherung und Akkreditierung Austria oder die betreffende Agentur überprüft werden.

(6) Wird das Qualitätsmanagementsystem der Bildungseinrichtung nicht zertifiziert, ist verpflichtend nach zwei Jahren ein Re-Audit ausschließlich durch die Agentur für Qualitätssicherung und Akkreditierung Austria durchzuführen.

(7) Wird keine Zertifizierung oder eine Zertifizierung mit Auflagen erteilt oder ein nach Auffassung der Bildungseinrichtung unrichtiger Ergebnisbericht abgegeben, besteht die Möglichkeit, den Ergebnisbericht oder die Zertifizierung von der Beschwerdekommission überprüfen zu lassen.

Akkreditierung von Fachhochschul-Einrichtungen und Fachhochschul-Studiengängen

§ 23. (1) Die Akkreditierung als Fachhochschul-Einrichtung oder von Fachhochschul-Studiengängen hat nach den Akkreditierungsvoraussetzungen gemäß FHStG und den in Abs. 3 oder 4 genannten Prüfbereichen zu erfolgen.

(2) Jene Erhalter, die erstmalig einen Antrag auf Akkreditierung von Fachhochschul-Studiengängen stellen, sind einer institutionellen Akkreditierung und Programmakkreditierungen zu unterziehen.

(3) Die Prüfbereiche der institutionellen Akkreditierung umfassen jedenfalls:

1. Zielsetzung und Profilbildung;
2. Entwicklungsplanung;
3. Studien und Lehre;
4. Angewandte Forschung und Entwicklung;
5. Organisation der Hochschule und ihrer Leistungen;
6. Finanzierung und Ressourcen;
7. nationale und internationale Kooperationen;
8. Qualitätsmanagementsystem.

(4) Die Prüfbereiche der Programmakkreditierung für den beantragten Fachhochschul-Studiengang umfassen jedenfalls:

1. Studiengang und Studiengangsmanagement;
2. Personal;
3. Qualitätssicherung;
4. Finanzierung und Infrastruktur;
5. Angewandte Forschung und Entwicklung;
6. nationale und internationale Kooperationen.

(5) Das Board hat nach Durchführung eines öffentlichen Begutachtungsverfahrens eine Verordnung zu erlassen, in der Festlegungen hinsichtlich der Prüfbereiche und methodischen Verfahrensgrundsätze der institutionellen Akkreditierung und Programmakkreditierung zu treffen sind.

(6) Erfüllt die Antragstellerin oder der Antragsteller die Voraussetzungen, ist die Akkreditierung gemäß Abs. 1 und Abs. 3 befristet für sechs Jahre oder gemäß Abs. 1 und Abs. 4 unbefristet auszusprechen. Der Akkreditierungsbescheid hat jedenfalls folgende Angaben zu enthalten:

1. Zeitraum der Akkreditierung;
2. Bezeichnung des Rechtsträgers der Bildungseinrichtung;

HS-QSG

3. Bezeichnung, Art, Arbeitsaufwand der Studien, Dauer der Studien und Anzahl der Studienplätze;
4. Wortlaut der zu verleihenden akademischen Grade;
5. allfällige Auflagen.

(7) Eine einmalige Verlängerung der institutionellen Akkreditierung für sechs Jahre ist auf Antrag zulässig, wenn die Voraussetzungen gemäß Abs. 1 und 3 weiterhin vorliegen. Die Verlängerung der Akkreditierung umfasst auch die bis zu diesem Zeitpunkt akkreditierten Studien. Die Verlängerung ist spätestens neun Monate vor Ablauf des Genehmigungszeitraumes zu beantragen. Wird die institutionelle Akkreditierung nicht verlängert, sind alle Programmakkreditierungen der Bildungseinrichtung zu widerrufen.

(8) Die erstmalige Akkreditierung einer Bildungseinrichtung oder von Studien kann nicht unter Auflagen erfolgen. Eine Verlängerung der Akkreditierung kann unter Auflagen erfolgen, wenn im Zuge des Akkreditierungsverfahrens Mängel festgestellt werden, die als innerhalb eines bestimmten Zeitraums behebbar eingestuft werden. Wird die Akkreditierung mit Auflagen erteilt, hat die Bildungseinrichtung der Agentur für Qualitätssicherung und Akkreditierung Austria ein Entwicklungskonzept vorzulegen und innerhalb eines Zeitraums von zwei Jahren nachzuweisen, dass die Auflagen erfüllt wurden. Erfolgt dies nicht, ist die Akkreditierung mit Bescheid zu widerrufen.

(9) Nach ununterbrochener Akkreditierungsdauer von zwölf Jahren ist die Bildungseinrichtung einem Audit gemäß § 22 zu unterziehen. In weiterer Folge hat ein Audit alle sieben Jahre stattzufinden. Bei positiver Zertifizierung bleibt die Akkreditierung weiterhin bestehen. Wird die Zertifizierung mit Auflagen erteilt, hat der Erhalter der Agentur für Qualitätssicherung und Akkreditierung Austria ein Entwicklungskonzept vorzulegen und innerhalb eines Zeitraums von zwei Jahren nachzuweisen, dass die Auflagen erfüllt wurden. Wird die Zertifizierung auch nach einem Re-Audit gemäß § 22 Abs. 6 verweigert, erlischt die institutionelle Akkreditierung zwei Jahre nach der Mitteilung der Verweigerung, sofern nicht eine neuerliche institutionelle Akkreditierung in diesem Zeitraum erteilt wird. Das Erlöschen der Akkreditierung ist durch das Board mit Bescheid festzustellen.

(10) Die Regelung des Abs. 4 gilt sinngemäß für die Antragstellung zur Akkreditierung von weiteren Studien.

Akkreditierung von Privatuniversitäten und Studien an Privatuniversitäten

§ 24. (1) Die Akkreditierung als Privatuniversität und von Studien an Privatuniversitäten hat nach den Akkreditierungsvoraussetzungen gemäß PUG und den in Abs. 3, 4 oder 5 genannten Prüfbereichen zu erfolgen.

(2) Jene juristischen Personen, die erstmalig einen Antrag auf Akkreditierung als Privatuniversität stellen, sind einer institutionellen Akkreditierung und Programmakkreditierungen zu unterziehen.

(3) Die Prüfbereiche der institutionellen Akkreditierung umfassen jedenfalls:
1. Zielsetzung und Profilbildung;
2. Entwicklungsplanung;
3. Studien und Lehre;
4. Forschung und Entwicklung/Erschließung und Entwicklung der Künste;
5. Organisation der Hochschule und ihrer Leistungen;
6. Finanzierung und Ressourcen;
7. nationale und internationale Kooperationen;
8. Qualitätsmanagementsystem.

(4) Die Prüfbereiche der Programmakkreditierung für den beantragten Studiengang umfassen jedenfalls:
1. Studiengang und Studiengangsmanagement;
2. Personal;
3. Qualitätssicherung;
4. Finanzierung und Infrastruktur;
5. Forschung und Entwicklung;
6. nationale und internationale Kooperationen.

(5) Die Prüfbereiche der Programmakkreditierung für Universitätslehrgänge umfassen jedenfalls:
1. Lehrgang und Lehrgangsmanagement;
2. Personal;
3. Qualitätssicherung;
4. Finanzierung und Infrastruktur;
5. Einbindung des Lehrganges in Forschung und Entwicklung oder Entwicklung und Erschließung der Künste.

(6) Das Board hat nach Durchführung eines öffentlichen Begutachtungsverfahrens eine Verordnung zu erlassen, in der Festlegungen hinsichtlich der Prüfbereiche und methodischen Verfahrensgrundsätze der institutionellen Akkreditierung und Programmakkreditierung zu treffen sind.

(7) Erfüllt die Antragstellerin oder der Antragsteller die Voraussetzungen, ist die Akkreditierung befristet für sechs Jahre aus-

zusprechen. Der Akkreditierungsbescheid hat jedenfalls folgende Angaben zu enthalten:

1. Zeitraum der Akkreditierung;
2. Bezeichnung des Rechtsträgers der Bildungseinrichtung;
3. Bezeichnung, Art, Arbeitsaufwand der Studien und Dauer der Studien;
4. Wortlaut der zu verleihenden akademischen Grade;
5. allfällige Auflagen.

(8) Eine Verlängerung der institutionellen Akkreditierung für sechs Jahre ist auf Antrag zulässig, wenn die Voraussetzungen gemäß Abs. 1 und 3 weiterhin vorliegen. Die Verlängerung der Akkreditierung umfasst auch die bis zu diesem Zeitpunkt akkreditierten Studien. Die Verlängerung ist spätestens neun Monate vor Ablauf des Genehmigungszeitraumes zu beantragen. Wird die institutionelle Akkreditierung nicht verlängert, sind alle Programmakkreditierungen der Bildungseinrichtung zu widerrufen.

(9) Die erstmalige Akkreditierung einer Bildungseinrichtung oder von Studien kann nicht unter Auflagen erfolgen. Eine Verlängerung der Akkreditierung kann auch unter Auflagen erfolgen, wenn im Zuge des Akkreditierungsverfahrens Mängel festgestellt werden, die als innerhalb eines bestimmten Zeitraums behebbar eingestuft werden. Wird die Akkreditierung mit Auflagen erteilt, hat die Bildungseinrichtung der Agentur für Qualitätssicherung und Akkreditierung Austria ein Entwicklungskonzept vorzulegen und innerhalb eines Zeitraums von zwei Jahren nachzuweisen, dass die Auflagen erfüllt wurden. Erfolgt dies nicht, ist die Akkreditierung mit Bescheid zu widerrufen.

(10) Nach einer ununterbrochenen Akkreditierungsdauer von zwölf Jahren kann die Akkreditierung jeweils für zwölf Jahre erfolgen.

(11) Die Regelungen der Abs. 4 und 5 gelten sinngemäß für die Antragstellung zur Akkreditierung von weiteren Studien.

(12) Eine Verlängerung der Programmakkreditierung ist nicht möglich. Die Verlängerung der Akkreditierung der Studien erfolgt im Rahmen der Verlängerung der institutionellen Akkreditierung gemäß Abs. 8.

Zuständigkeit und Verfahren zur Akkreditierung

§ 25. (1) Über einen Antrag auf Akkreditierung und auf Verlängerung der Akkreditierung hat das Board als die für die Akkreditierung zuständige Behörde zu entscheiden.

(2) Dem Antrag sind beizulegen:

1. Name der antragstellenden juristischen Person; ist die antragstellende Einrichtung eine juristische Person des privaten Rechts, so ist ein Auszug aus dem Firmenbuch oder Vereinsregister beizubringen;
2. Alle Unterlagen, die dem Nachweis der Erfüllung der gesetzlich festgelegten Akkreditierungsvoraussetzungen dienen.

(3) Die Akkreditierung, ihre Verlängerung, ihr Widerruf und ihr Erlöschen haben durch Bescheid zu erfolgen. Die Mitglieder des Boards sind in Ausübung ihres Amtes unabhängig und an keine Weisungen gebunden. Die Entscheidung des Boards bedarf vor Bescheiderlassung der Genehmigung der zuständigen Bundesministerin oder des zuständigen Bundesministers. Die Genehmigung ist zu versagen, wenn die Entscheidung gegen Bestimmungen dieses Bundesgesetzes verstößt oder im Widerspruch zu nationalen bildungspolitischen Interessen steht.

(4) Der Akkreditierungsbescheid ist bei Änderung der im Bescheid enthaltenen Inhalte auf Antrag oder von Amts wegen zu ergänzen oder abzuändern.

(5) Gegen die Bescheide ist ein ordentliches Rechtsmittel nicht zulässig.

(6) Auf das Verfahren zur Akkreditierung, ihrer Verlängerung, ihrem Widerruf und zur Feststellung ihres Erlöschens sind das AVG und das Zustellgesetz, BGBl. Nr. 200/1982 mit folgender Maßgabe anzuwenden:

1. der verfahrenseinleitende Antrag kann nur bis zum Vorliegen der Berichte der Gutachterinnen oder Gutachter abgeändert werden;
2. die Entscheidungsfrist beträgt neun Monate.
3. die Bundesministerin oder der Bundesminister ist nicht sachlich in Betracht kommende Oberbehörde nach § 73 Abs. 2 AVG.

Erlöschen und Widerruf der Akkreditierung

§ 26. (1) Die Akkreditierung erlischt:

1. im Falle einer befristeten Akkreditierung durch Zeitablauf, wenn nicht spätestens neun Monate vor Ablauf der Akkreditierung ein Antrag auf Verlängerung gestellt wurde. Ist das Verfahren zur Verlängerung der Akkreditierung nicht binnen neun Monaten abgeschlossen, so verlängert sich die Akkreditierung bis zum

HS-QSG

Abschluss des Verfahrens. Das Erlöschen ist mit Bescheid festzustellen;
2. im Falle der Auflösung der juristischen Person, die als Rechtsträger der Bildungseinrichtung fungierte, mit dem Zeitpunkt ihrer Auflösung;
3. durch Widerruf aller Programmakkreditierungen oder der institutionellen Akkreditierung der Bildungseinrichtung.

(2) Die Akkreditierung ist durch das Board mit Bescheid zu widerrufen:
1. bei Wegfall der gesetzlichen Voraussetzungen gemäß FHStG oder PUG für die ununterbrochene Dauer von mindestens sechs Monaten;
2. bei Verweigerung der Berichts- und Informationspflichten und der Mitwirkung an statistischen Erhebungen gemäß Bildungsdokumentationsgesetz, BGBl. I Nr. 12/2002 und FHStG;
3. bei Anbieten nicht-akkreditierter Studien, die zu akademischen Graden führen sollen;
4. bei schweren Verstößen gegen gesetzliche Regelungen, wenn dadurch der ordnungsgemäße Betrieb des Studienganges gefährdet ist;
5. in den in §§ 23 und 24 genannten Fällen.

(3) Im Falle des Erlöschens oder des Widerrufes der Akkreditierung von Fachhochschul-Studiengängen oder von Studien an Privatuniversitäten hat der Erhalter oder der Träger der Privatuniversität der Agentur für Qualitätssicherung und Akkreditierung Austria einen Vorschlag zu erstatten, der den Studierenden der betroffenen Studien einen Studienabschluss innerhalb eines die vorgeschriebene Studiendauer um ein Jahr nicht übersteigenden Zeitraumes ermöglicht. Zur Finanzierung auslaufender Studien ist vom Erhalter oder vom Träger der Privatuniversität finanzielle Vorsorge zu treffen. Diese muss im Zuge des Akkreditierungsverfahrens nachgewiesen werden.

(4) Um Studierenden einen Studienabschluss gemäß Abs. 3 zu ermöglichen, kann das Board eine einmalig befristete Programmakkreditierung für die betroffenen Studien erteilen.

5. Abschnitt
Registrierung grenzüberschreitender Studien

§ 27. (1) Bildungseinrichtungen, die in ihrem jeweiligen Herkunfts- bzw. Sitzstaat als postsekundär im Sinne des § 51 Abs. 2 Z 1 UG anerkannt sind, dürfen in Österreich ihre Studien durchführen, soweit diese in ihrem Herkunfts- bzw. Sitzstaat anerkannte Ausbildungen im Sinne des § 51 Abs. 2 Z 1 UG darstellen und diese Studien und akademischen Grade mit österreichischen Studien und akademischen Graden vergleichbar sind. Die Studien an Universitäten nach UG und der Universität für Weiterbildung Krems nach DUK-Gesetz 2004, am Institute of Science and Technology – Austria gemäß dem Bundesgesetz über das Institute of Science and Technology – Austria, BGBl. I Nr. 69/2006, und die Studien an öffentlichen und privaten Pädagogischen Hochschulen oder private Studienangebote nach Hochschulgesetz 2005, BGBl. I Nr. 30/2006 sowie Lehrgänge zur Weiterbildung nach FHStG, gelten auf Grund der genannten Bundesgesetze, die Studien an Privatuniversitäten und die Fachhochschul-Studiengänge aufgrund der Akkreditierung nach §§ 23 und 24 als registriert.

(2) Eine Antrag stellende Bildungseinrichtung hat der Registrierungsstelle Folgendes vorzulegen:
1. Urkunde über die Anerkennung als postsekundäre Bildungseinrichtung gemäß den Bestimmungen des Herkunfts- bzw. Sitzstaates;
2. Nachweis über das Recht auf Durchführung von Studien im Ausmaß von mindestens sechs Semestern, bei denen die Zulassung die allgemeine Universitätsreife oder den Nachweis der künstlerischen Eignung voraussetzt, bzw. darauf aufbauende Studien sowie auf Verleihung akademischer Grade gemäß den Bestimmungen des Herkunfts- bzw. Sitzstaates;
3. Anführung der in Österreich oder in Zusammenarbeit mit österreichischen Einrichtungen geplanten Studien samt den Studienplänen und den akademischen Graden;
4. Bestätigung der für Hochschulwesen zuständigen Behörde des Herkunfts- bzw. Sitzstaates, dass die in Österreich angebotenen Studien und die entsprechenden akademischen Grade gemäß Z 3 im Herkunfts- bzw. Sitzstaat volle rechtliche Wirkung entfalten.

(3) Registrierungsstelle ist die zuständige Bundesministerin oder der zuständige Bundesminister. Auf das Verfahren sind das AVG und das Zustellgesetz anzuwenden. § 25 Abs. 6 gilt sinngemäß.

(4) Die Registrierungsstelle hat die vorgelegten Unterlagen zu überprüfen. Sind die Nachweise vollständig, echt und richtig, ist die ausländische postsekundäre Bildungseinrichtung zu registrieren. Registrierte Bil-

dungseinrichtungen dürfen den Studienbetrieb in Österreich aufnehmen und durchführen.

(5) Soferne die im Abs. 1 und 2 angeführten Nachweise nicht vorgelegt werden oder die dort genannten Voraussetzungen nicht erfüllt sind, ist die Aufnahme des Studienbetriebs zu untersagen. Das Anbieten der betreffenden Studien in Österreich ist in diesem Fall nicht zulässig.

(6) Die Registrierungsstelle hat ein Verzeichnis der registrierten Bildungseinrichtungen und Studien zu führen und auf dem neuesten Stand zu halten. Dieses Verzeichnis ist von der Registrierungsstelle in geeigneter Weise zu veröffentlichen.

(7) Mit der Registrierung der Studien durch die Registrierungsstelle ist keine Feststellung der Gleichwertigkeit mit österreichischen Studien und entsprechenden österreichischen akademischen Graden verbunden. Die Studien und akademischen Grade gelten als solche des Herkunfts- bzw. Sitzstaates der Bildungseinrichtung.

6. Abschnitt

Berichtswesen

§ 28. (1) Das Board hat jährlich einen Tätigkeitsbericht zu erstellen und diesen der zuständigen Bundesministerin oder dem zuständigen Bundesminister zu übermitteln. In diesem Bericht sind insbesondere die durchgeführten Qualitätssicherungsverfahren, die Personalentwicklung und die aufgewendeten Finanzmittel darzustellen. Der Bericht ist von der zuständigen Bundesministerin oder dem zuständigen Bundesminister dem Nationalrat vorzulegen und darüber hinaus durch das Board in geeigneter Weise zu veröffentlichen.

(2) Auf Basis der jährlichen Berichte der Erhalter von Fachhochschul-Studiengängen und von Privatuniversitäten an die Agentur für Qualitätssicherung und Akkreditierung Austria sowie des Berichtswesens der Universitäten gemäß UG und der Universität für Weiterbildung Krems gemäß DUK-Gesetz 2004 hat die Agentur für Qualitätssicherung und Akkreditierung Austria mindestens alle drei Jahre einen Bericht zur Entwicklung der Qualitätssicherung an hochschulischen Bildungseinrichtungen zu erstellen und zu veröffentlichen.

(3) Die Agentur für Qualitätssicherung und Akkreditierung Austria hat die ihr zur Verfügung stehenden statistischen Informationen aus dem Fachhochschulbereich der zuständigen Bundesministerin oder dem zuständigen Bundesminister zu übermitteln.

7. Abschnitt

Aufsicht

Aufsicht über die Erhalter von Fachhochschul-Studiengängen und Privatuniversitäten

§ 29. (1) Das Board ist berechtigt oder auf Verlangen der zuständigen Bundesministerin oder des zuständigen Bundesministers verpflichtet, sich an den akkreditierten Bildungseinrichtungen jederzeit über sämtliche Angelegenheiten zu informieren, welche die Überprüfung des Vorliegens der Voraussetzungen für die Akkreditierung ermöglichen. Soweit dies der Ausübung dieses Aufsichtsrechtes dient, sind die zuständigen Organe der Erhalter von Fachhochschul-Studiengängen und die Privatuniversitäten verpflichtet, Auskünfte über alle Angelegenheiten der Studien oder der Bildungseinrichtung zu erteilen, Geschäftsstücke und Unterlagen über die bezeichneten Gegenstände vorzulegen sowie zu übermitteln und Überprüfungen an Ort und Stelle zuzulassen.

(2) Das Board ist weiters verpflichtet, auf Verlangen der oder des für Angelegenheiten des Gesundheitswesens zuständigen Bundesministerin oder Bundesministers sich an den akkreditierten Bildungseinrichtungen jederzeit über sämtliche Angelegenheiten zu informieren, welche die Überprüfung des Vorliegens der Voraussetzungen für die Akkreditierung aus gesundheitsrechtlicher Sicht ermöglichen. Abs. 1 2. Satz ist mit der Maßgabe anzuwenden, dass zwei von der oder von dem für Angelegenheiten des Gesundheitswesens zuständigen Bundesministerin oder Bundesministers nominierte Sachverständige beizuziehen sind. Entsprechend dem Ergebnis der Information ist gegebenenfalls ein Verfahren gemäß § 26 Abs. 2 durchzuführen.

Aufsicht über die Agentur für Qualitätssicherung und Akkreditierung Austria

§ 30. (1) Die Agentur für Qualitätssicherung und Akkreditierung Austria unterliegt der Aufsicht durch die zuständige Bundesministerin oder den zuständigen Bundesminister und der Kontrolle durch den Rechnungshof und die Volksanwaltschaft. Die Aufsicht der zuständigen Bundesministerin oder des zuständigen Bundesministers erstreckt sich auf die Einhaltung der Gesetze und Verordnungen sowie auf die Erfüllung der der Agentur für Qualitätssicherung und Akkreditierung Austria obliegenden Aufgaben.

(2) Die zuständige Bundesministerin oder der zuständige Bundesminister ist berechtigt, sich über alle Angelegenheiten der Agentur für Qualitätssicherung und Akkreditierung Austria zu informieren. Die Agentur für Qualitätssicherung und Akkreditierung Austria ist verpflichtet, Auskünfte über ihre Angelegenheiten zu erteilen, Akten und Unterlagen über die von der zuständigen Bundesministerin oder dem zuständigen Bundesminister bezeichneten Gegenstände vorzulegen und Überprüfungen an Ort und Stelle vornehmen zu lassen.

(3) Die zuständige Bundesministerin oder der zuständige Bundesminister hat Beschlüsse und Bescheide des Boards aufzuheben oder deren Durchführung zu untersagen, wenn der Beschluss oder Bescheid im Widerspruch zu geltenden Gesetzen oder Verordnungen steht. In diesem Fall ist das Board verpflichtet, den der Rechtsauffassung der zuständigen Bundesministerin oder des zuständigen Bundesministers entsprechenden Rechtszustand unverzüglich herzustellen.

(4) Im aufsichtsbehördlichen Verfahren hat das Board Parteistellung sowie das Recht, gegen den das Verfahren abschließenden Bescheid vor dem Verwaltungsgerichtshof Beschwerde zu führen.

(5) Personenbezogene Daten sind von den Veröffentlichungen gemäß § 28 oder den Informationspflichten gemäß §§ 29 und 30 ausgenommen.

8. Abschnitt
Ombudsstelle für Studierende

§ 31. (1) Für Studierende an hochschulischen Bildungseinrichtungen ist im Bundesministerium für Wissenschaft und Forschung eine weisungsfreie Ombuds-, Informations- und Servicestelle einzurichten. Unter Studierenden sind im Folgenden auch Studieninteressentinnen und -interessenten und ehemalige Studierende zu verstehen.

(2) Die Ombudsstelle hat die Aufgabe, Informations- und Servicearbeit im Hochschulbereich zu den von ihr behandelten Themen und Fällen zu leisten. Sie hat in diesem Zusammenhang mit den Studierendenvertretungen zu kooperieren und regelmäßig durch Veranstaltungen in Informationsaustausch mit Einrichtungen, die mit Studierendenthemen befasst sind, zu treten.

(3) Jede und jeder Studierende kann sich zur Information und Beratung im Studien-, Lehr-, Prüfungs-, Service- und Verwaltungsbetrieb an hochschulischen Bildungseinrichtungen an die Ombudsstelle wenden. Jedes solche Anliegen ist von der Ombudsstelle zu behandeln. Der Studierenden oder dem Studierenden und der Bildungseinrichtung sind das Ergebnis sowie die allenfalls getroffenen Veranlassungen mitzuteilen.

(4) Die Ombudsstelle ist berechtigt, Informationen in den von den Studierenden vorgebrachten Angelegenheiten von den jeweiligen Organen und Angehörigen der Bildungseinrichtungen einzuholen. Die Organe und Angehörigen der Bildungseinrichtungen sind verpflichtet, der Ombudsstelle Auskünfte in den von ihr bezeichneten Angelegenheiten zu erteilen.

(5) Die Ombudsstelle kann den Organen der Bildungseinrichtung beratend zur Verfügung stehen.

(6) Die Ombudsstelle ist zur Verschwiegenheit über alle ausschließlich aus ihrer Tätigkeit bekanntgewordenen Tatsachen verpflichtet.

(7) Die Ombudsstelle hat jährlich einen Bericht über ihre Tätigkeit zu erstellen. Der Bericht für das jeweils vorangegangene Studienjahr ist bis spätestens 15. Dezember eines jeden Jahres der zuständigen Bundesministerin oder dem zuständigen Bundesminister und dem Nationalrat vorzulegen. Dieser Bericht ist zu veröffentlichen.

9. Abschnitt
Strafbestimmung

§ 32. Wer vorsätzlich oder grob fahrlässig einen Studiengang oder eine Bildungseinrichtung, die nach den Bestimmungen dieses Bundesgesetzes zu akkreditieren oder zu registrieren ist, ohne Vorliegen einer entsprechenden Akkreditierung oder Registrierung betreibt oder dem Hochschulwesen eigentümliche Bezeichnungen oder akademische Grade, ohne nach den Bestimmungen dieses Bundesgesetzes dazu berechtigt zu sein, verleiht, vermittelt oder führt, begeht, wenn die Tat nicht den Tatbestand einer in die Zuständigkeit der Gerichte fallenden strafbaren Handlung bildet oder nach anderen Verwaltungsstrafbestimmungen mit strengerer Strafe bedroht ist, eine Verwaltungsübertretung, die von der örtlich zuständigen Bezirksverwaltungsbehörde mit einer Geldstrafe von bis zu 25.000 Euro zu bestrafen ist.

10. Abschnitt
Personal
Beamtinnen und Beamte des Bundes, Vertragsbedienstete des Bundes

§ 33. (1) Bedienstete, die in einem öffentlichrechtlichen oder privatrechtlichen Dienstverhältnis zum Bund stehen und am Tag vor Inkrafttreten dieses Bundesgesetzes den Geschäftsstellen des Fachhochschulrates gemäß FHStG oder des Akkreditierungsrates gemäß UniAkkG sind, werden mit Inkrafttreten dieses Bundesgesetzes der Geschäftsstelle der Agentur für Qualitätssicherung und Akkreditierung Austria zugewiesen.

(2) Bis zum Ablauf des 31. August 2012 haben die Bediensteten gemäß Abs. 1 auch Dienstleistungen bei den abzuschließenden Verfahren des Fachhochschulrates und des Akkreditierungsrates im entsprechend notwendigen Ausmaß zu erbringen.

(3) Die Zuweisung gemäß Abs. 1 gilt als Dienstzuteilung, die Bediensteten verbleiben im Planstellenverzeichnis des Bundes und werden vom Bundesministerium für Wissenschaft und Forschung weiterhin besoldet und verwaltet. Die Dienst- und Fachaufsicht für diese Bediensteten obliegt der Präsidentin oder dem Präsidenten des Boards der Agentur für Qualitätssicherung und Akkreditierung Austria.

Neuaufnahmen und Rechtsgrundlagen der Arbeitsverhältnisse

§ 34. (1) Auf Personen, die nach Inkrafttreten dieses Bundesgesetzes von der Agentur für Qualitätssicherung und Akkreditierung Austria in ein Dienstverhältnis aufgenommen werden, sind das Angestelltengesetz, BGBl. Nr. 292/1921, sowie die sonstigen einschlägigen privatrechtlichen Normen anzuwenden.

(2) Für sämtliche Bedienstete der Agentur für Qualitätssicherung und Akkreditierung Austria ist das Bundes-Gleichbehandlungsgesetz, BGBl. Nr. 100/1993, anzuwenden.

11. Abschnitt

Inkrafttreten und Vollziehung

Verweisungen

§ 35. In diesem Bundesgesetz enthaltene Verweisungen auf andere Bundesgesetze sind Verweisungen auf die jeweils geltende Fassung.

Übergangsbestimmungen

§ 36. (1) Die erstmalige Nominierung der Mitglieder der Generalversammlung nach § 11 hat bis 1. Oktober 2011 zu erfolgen. Bei Säumigkeit geht die Zuständigkeit zur Nominierung auf die zuständige Bundesministerin oder den zuständigen Bundesminister über.

(2) Bildungseinrichtungen, die zum Zeitpunkt des Inkrafttretens dieses Bundesgesetzes Studien im Sinne des § 27 anbieten, haben sich bis längstens 31. Dezember 2012 einer Registrierung gemäß § 27 zu unterziehen.

(3) Audits an Universitäten nach UG und an der Universität für Weiterbildung Krems, die bis zum Inkrafttreten dieses Bundesgesetzes durchgeführt wurden, sind anzuerkennen, wenn das Audit durch eine im EQAR registrierte oder eine andere unabhängige und international anerkannte Qualitätssicherungsagentur gemäß § 19 durchgeführt wurde.

(4) Das Eigentumsrecht des Bundes an beweglichen Vermögen, das am Tag vor dem Inkrafttreten diese Bundesgesetzes dem Fachhochschulrat gemäß FHStG und dem Akkreditierungsrat gemäß UniAkkG zur Nutzung überlassen ist, geht einschließlich aller zugehörenden Rechte und Rechtsverhältnisse, Forderungen und Schulden mit dem Tag des vollen Wirksamwerdens dieses Bundesgesetzes im Wege der Gesamtrechtsfolge auf die Agentur für Qualitätssicherung und Akkreditierung Austria über und ist von dieser in einem Inventarverzeichnis zu erfassen und zu bewerten. Das im Eigentum des Bundes stehende und bisher vom Fachhochschulrat und Akkreditierungsrat verwaltete und genutzte bewegliche Vermögen, einschließlich der Einrichtungen, Rechte und Rechtsverhältnisse, Forderungen und Schulden geht mit Inkrafttreten dieses Bundesgesetzes im Wege der Gesamtrechtsnachfolge in das Eigentum der Agentur für Qualitätssicherung und Akkreditierung Austria über.

(5) Die Wertansätze für das übergegangene Vermögen sind anlässlich der Eröffnungsbilanz festzulegen, die binnen neun Monaten ab Inkrafttreten dieses Bundesgesetzes zu erstellen ist. Für die Bestimmung der Wertansätze in der Eröffnungsbilanz besteht keine Bindung an die Anschaffungs- und Herstellungskosten. Die Wertansätze der technischen Einrichtungen und Anlagen sind entsprechend ihrer Nutzungsmöglichkeit unter Berücksichtigung des gegenwärtigen Standes der Technik festzulegen. Die Eröffnungsbilanz hat als Anlage eine zusammenfassende Darstellung der Aktiven und Passiven des Fachhochschulrates und des Akkreditierungsrates zu enthalten, die nachvollziehbar und betriebsnotwendig diesem Bereich zuzuordnen sind, und aus der die übergehenden Gläubiger- und Schuldnerpositionen erkennbar sind. Die Anlage hat darüber hinaus alle nicht aus der Bilanz ersichtlichen Vermögenswerte und Haftungen zu

enthalten, die zu den übergegangenen Betrieben gehören. Die Wertansätze der Eröffnungsbilanz sind durch eine Wirtschaftsprüferin oder einen Wirtschaftsprüfer zu prüfen und zu bestätigen. Die Bestellung der Abschlussprüferin oder des Abschlussprüfers hat durch die zuständige Bundesministerin oder den zuständigen Bundesminister zu erfolgen.

Inkrafttreten

§ **37.** (1) Die §§ 4 bis 13 und § 36 Abs. 1 dieses Bundesgesetzes treten mit Ablauf des Tages der Freigabe zur Abfrage im Rechtsinformationssystem des Bundes in Kraft.

(2) Alle anderen Bestimmungen dieses Bundesgesetzes treten mit 1. März 2012 in Kraft.

Vollziehung

§ **38.** Mit der Vollziehung dieses Bundesgesetzes sind betraut:

1. hinsichtlich der in § 29 Abs. 2 vorgesehenen Aufsicht über das Vorliegen der Voraussetzungen für die Akkreditierung aus gesundheitsrechtlicher Sicht die Bundesministerin oder der Bundesminister für Gesundheit;
2. im Übrigen die Bundesministerin oder der Bundesminister für Wissenschaft und Forschung.

Bundesgesetz über Privatuniversitäten (Privatuniversitätengesetz – PUG)*)

BGBl I 2011/74

1. Abschnitt
Regelungsgegenstand

§ 1. (1) Dieses Bundesgesetz regelt die Organisation von Privatuniversitäten.

(2) Das Verfahren zur Akkreditierung als Privatuniversität und von Studien an Privatuniversitäten erfolgt gemäß den Bestimmungen des Hochschul-Qualitätssicherungsgesetzes (HS-QSG), BGBl. I Nr. 74/2011.

2. Abschnitt
Privatuniversitäten
Akkreditierungsvoraussetzungen

§ 2. (1) Für die Antragstellung zur Erlangung der Akkreditierung als Privatuniversität, für die Dauer der Akkreditierung sowie für die Verlängerung der Akkreditierung muss die Bildungseinrichtung folgende Voraussetzungen erfüllen:

1. Sie muss eine juristische Person mit Sitz in Österreich sein;
2. Sie muss einen Entwicklungsplan vorlegen, der unter Berücksichtigung der Zielsetzungen der Bildungseinrichtung, die Schwerpunkte und Maßnahmen in Lehre und Forschung sowie die strukturelle und inhaltliche Entwicklungsplanung, die Gleichstellung von Frauen und Männern, Frauenförderung und den Aufbau eines Qualitätsmanagementsystems umfasst;
3. Sie muss einen Satzungsentwurf gemäß § 4 Abs. 2 vorlegen;
4. Sie muss jedenfalls zwei Studien in einer oder mehreren wissenschaftlichen oder künstlerischen Disziplinen, die zu einem akademischen Grad führen, welcher im internationalen Standard für mindestens dreijährige Vollzeitstudien verliehen wird, sowie mindestens einen darauf aufbauenden Studiengang anbieten. Bei der erstmaligen Antragstellung sind die Studienpläne für die geplanten Studien vorzulegen. Die Studienpläne müssen materiellen, fachlichen und formalen Anforderungen nach internationalen Standards entsprechen;
5. Sie muss für Forschung und Lehre in den für die durchzuführenden Studien wesentlichen Fächern ein dem internationalen Standard entsprechendes, wissenschaftliches oder künstlerisch ausgewiesenes Lehr- und Forschungspersonal verpflichten. Bei der erstmaligen Antragstellung müssen zumindest rechtsverbindliche Vorverträge in dem für die geplanten Studien ausreichenden Ausmaß vorliegen;
6. Die für Forschung und die Studien erforderliche Personal-, Raum- und Sachausstattung muss ab Beginn des geplanten Betriebes vorhanden sein. Entsprechende Nachweise sind bei der erstmaligen Antragstellung vorzuweisen;
7. Sie muss die Bedingungen der Prüfbereiche gemäß § 24 des HS-QSG erfüllen.

(2) Die Privatuniversität muss ihre Tätigkeiten an folgenden Grundsätzen orientieren:

1. Freiheit der Wissenschaft und ihrer Lehre (Art. 17 des Staatsgrundgesetzes über die allgemeinen Rechte der Staatsbürger, RGBl. Nr. 142/1867);
2. Freiheit des künstlerischen Schaffens, der Vermittlung von Kunst und ihrer Lehre (Art. 17a des Staatsgrundgesetzes über die allgemeinen Rechte der Staatsbürger);
3. Verbindung von Forschung und Lehre;
4. Vielfalt wissenschaftlicher und künstlerischer Theorien, Methoden und Lehrmeinungen.

(3) Anträge auf Akkreditierung als Privatuniversität sowie auf Akkreditierung von Studien einer Privatuniversität sind an die Agentur für Qualitätssicherung und Akkreditierung Austria zu richten.

(4) Juristische Personen mit Sitz in Österreich, die nach den Bestimmungen des HS-QSG akkreditiert sind, haben die Bezeichnung Privatuniversität im Namenszug der Bildungseinrichtung anzuführen. Die Bezeichnung kann auch in englischer Sprache geführt werden („private university").

Studien

§ 3. (1) Privatuniversitäten sind berechtigt, an die Absolventinnen und Absolventen der an ihr durchgeführten Studien akademische Grade, auch in gleichlautender Bezeichnung

**) Das Universitäts-Akkreditierungsgesetz – UniAkkG, BGBl I 1999/168, wird mit BGBl I 2011/74 aufgehoben.*

mit den im Universitätsgesetz 2002 (UG) , BGBl. I Nr. 120/2002, geregelten akademischen Graden, zu verleihen. Die den akademischen Graden des UG gleich lautenden akademischen Grade haben die rechtliche Wirkung der akademischen Grade gemäß UG. Bietet die Privatuniversität gleichlautende akademische Grade wie an Universitäten gemäß UG an, so müssen diese Studien mit den entsprechenden Studien an öffentlichen Universitäten in Bezug auf das Ergebnis der Gesamtausbildung gleichwertig sein.

(2) Sofern Privatuniversitäten Doktoratsstudien anbieten, können sie den akademischen Ehrengrad „Doktorin oder Doktor honoris causa" („Dr. h.c.") aufgrund besonderer wissenschaftlicher Leistungen verleihen. Weiters können von einer Privatuniversität als akademische Ehrungen die Bezeichnung „Ehrensenatorin" oder „Ehrensenator" und „Ehrenbürgerin" oder „Ehrenbürger" verliehen sowie die Erneuerung verliehener akademischer Graden vorgenommen werden. Nähere Bestimmungen sind in der Satzung festzulegen.

(3) Studien von Privatuniversitäten können auch als gemeinsame Studienprogramme durchgeführt werden. Dies sind ordentliche Studien, die auf Grund von Vereinbarungen zwischen einer oder mehreren österreichischen Universitäten, Erhaltern von Fachhochschul-Studiengängen, anderen Privatuniversitäten oder Pädagogischen Hochschulen sowie ausländischen anerkannten postsekundären Bildungseinrichtungen in der Form eines joint-, double- oder multiple-degree programs durchgeführt werden, wobei in diesen Vereinbarungen festgelegt sein muss, welche Leistungen die betreffenden Studierenden an den beteiligten Bildungseinrichtungen zu erbringen haben.

(4) Privatuniversitäten sind berechtigt, Universitätslehrgänge einzurichten. Diese dürfen auch von mehreren Privatuniversitäten gemeinsam sowie gemeinsam mit anderen anerkannten postsekundären Bildungseinrichtungen durchgeführt werden. Die beteiligten Bildungseinrichtungen haben eine Vereinbarung über die Durchführung, insbesondere die Zuständigkeiten (Zulassung, Ausstellung von Zeugnissen, Anerkennung von Prüfungen etc.) zu schließen. In dem von den beteiligten Bildungseinrichtungen gleichlautend zu erlassenden Studienplan ist die Zuordnung der Fächer oder Lehrveranstaltungen zu der jeweiligen Bildungseinrichtung ersichtlich zu machen. Gesetzliche Zuständigkeiten bleiben von dieser Bestimmung unberührt. Die Universitätslehrgänge dürfen zur wirtschaftlichen und organisatorischen Unterstützung in Zusammenarbeit mit außerhochschulischen Rechtsträgern durchgeführt werden.

(5) Die Rechtsverhältnisse zwischen Studierenden und der Privatuniversität sind privatrechtlicher Natur.

(6) Die Studierenden der Privatuniversität sind hinsichtlich der Bestimmungen des Niederlassungs- und Aufenthaltsgesetzes, BGBl. I Nr. 100/2005, und des Ausländerbeschäftigungsgesetzes, BGBl. Nr. 218/1975, sowie der auf der Grundlage dieser Bundesgesetze erlassenen Verordnungen den Studierenden an öffentlichen österreichischen Universitäten gleichgestellt.

(7) Das Studienförderungsgesetz 1992, BGBl. Nr. 305/1992, und die auf seiner Grundlage erlassenen Verordnungen, das Studentenheimgesetz, BGBl. Nr. 291/1986, das Familienlastenausgleichsgesetz 1967, BGBl. Nr. 376/1967, hinsichtlich des Anspruches auf Familienbeihilfe, die sozialversicherungsrechtlichen Bestimmungen hinsichtlich der Mitversicherung von Kindern sowie die steuerrechtlichen Bestimmungen sind auf die Studierenden an Privatuniversitäten anzuwenden.

Organisation und Personal

§ 4. (1) Jede Privatuniversität hat durch Erlassung einer Satzung die zur Erfüllung ihrer Aufgaben erforderlichen Ordnungsvorschriften festzulegen. Die Satzung hat die Prinzipien der Hochschulautonomie zu achten und den internationalen universitären Standards zu entsprechen. Die Satzung ist zu veröffentlichen.

(2) In der Satzung sind insbesondere folgende Angelegenheiten zu regeln:

1. Leitende Grundsätze und Aufgaben der Privatuniversität;
2. Organe der Privatuniversität;
3. Gleichstellung von Frauen und Männern und Frauenförderung;
4. Gewährleistung der Mitsprache der Studierenden in akademischen Angelegenheiten;
5. Bestimmungen über die Studien, insbesondere Aufnahme- und Prüfungsordnung sowie Leitung der Studien;
6. Richtlinien für akademische Ehrungen;
7. Richtlinien über Berufungs- und Habilitationsverfahren.

(3) Die Privatuniversität und die dort tätigen Personen sind berechtigt, sonstige Bezeichnungen und Titel des Universitätswesens zu verwenden und zwar jeweils mit dem Zusatz „der Privatuniversität ...". Die

Verwendung der Bezeichnungen und Titel gemäß UG ist nur zulässig, sofern den diesen Bestimmungen zugrundeliegenden Voraussetzungen und Verfahren sinngemäß entsprochen wird.

(4) Die Lehrenden der Privatuniversität sind hinsichtlich der Bestimmungen des Niederlassungs- und Aufenthaltsgesetzes und des Ausländerbeschäftigungsgesetzes sowie der auf der Grundlage dieser Bundesgesetze erlassenen Verordnungen den Lehrenden an öffentlichen österreichischen Universitäten gleichgestellt.

(5) Die Privatuniversitäten haben die Gleichstellung von Frauen und Männern sowie die Frauenförderung zu beachten. Bei der Zusammensetzung der Organe und Gremien ist ein ausgewogenes Verhältnis von Frauen und Männern anzustreben. Privatuniversitäten in der Form juristischer Personen des privaten Rechts haben das Gleichbehandlungsgesetz (GlBG), BGBl. I Nr. 66/2004, zu beachten.

Finanzierungsverbot des Bundes

§ 5. (1) Einer Privatuniversität dürfen keine geldwerten Leistungen des Bundes zuerkannt werden. Ausgenommen sind Gegenleistungen aus Verträgen über die Erbringung bestimmter Lehr- und Forschungsleistungen einer Privatuniversität, die der Bund zur Ergänzung des Studienangebotes der öffentlichen Universitäten bei Bedarf mit einer Privatuniversität abschließt, sowie geldwerte Leistungen des Bundes im Rahmen von öffentlich ausgeschriebenen Forschungs-, Technologie-, Entwicklungs- und Innovationsprogrammen.

(2) Privatuniversitäten gelten hinsichtlich der steuerlichen Behandlung von Zuwendungen an sie als Universitäten im Sinne des § 4a Z 1 lit. a des Einkommensteuergesetzes 1988, BGBl. Nr. 400/1988.

Berichtswesen

§ 6. (1) Jede Privatuniversität hat der Agentur für Qualitätssicherung und Akkreditierung Austria bis Ende Mai jeden Jahres einen Bericht über die Entwicklung im abgelaufenen Berichtsjahr vorzulegen. Dieser Bericht hat folgende Inhalte zu umfassen:

1. Informationen zu Entwicklungen in den Prüfbereichen gemäß den Bestimmungen des HS-QSG;
2. Statistische Daten zur Entwicklung der Anzahl der Studierenden, der Absolventinnen und Absolventen sowie des Personals der Privatuniversität;
3. Darstellung von Änderungen gegenüber dem letzten Bericht oder gegenüber dem letzten Akkreditierungsantrag.

(2) Die Agentur für Qualitätssicherung und Akkreditierung Austria ist ermächtigt, Vorgaben zur Struktur des Berichtes mittels Verordnung festzulegen. Die Berichte sind von den Privatuniversitäten mit Ausnahme der Angabe von Finanzierungsquellen sowie von Betriebs- und Geschäftsgeheimnissen entsprechend zu veröffentlichen.

(3) Privatuniversitäten haben an statistischen Erhebungen zur Bereitstellung von Informationen über den Studienbetrieb gemäß den entsprechenden gesetzlichen Bestimmungen mitzuwirken und diese Informationen auch der Agentur für Qualitätssicherung und Akkreditierung Austria zur Verfügung zu stellen.

3. Abschnitt
Inkrafttreten, Außerkrafttreten, Übergangsbestimmungen und Vollziehung

§ 7. Die in diesem Bundesgesetz enthaltenen Verweisungen auf andere Bundesgesetze gelten als Verweisungen auf die jeweils geltende Fassung.

§ 8. (1) § 8 Abs. 3 und 4 dieses Bundesgesetzes treten mit Ablauf des Tages der Freigabe zur Abfrage im Rechtsinformationssystem des Bundes in Kraft. Alle anderen Bestimmungen dieses Bundesgesetzes treten mit 1. März 2012 in Kraft.

(2) Das Bundesgesetz über die Akkreditierung von Bildungseinrichtungen als Privatuniversitäten, (Universitäts-Akkreditierungsgesetz – UniAkkG), BGBl. I Nr. 168/1999, zuletzt geändert durch das Bundesgesetz BGBl. I Nr. 2/2008, tritt mit Ablauf des 29. Februar 2012 außer Kraft.

(3) Die am 30. September 2011 als Präsidentin oder Präsident und als Vizepräsidentin oder Vizepräsident ernannten Mitglieder des Akkreditierungsrates gemäß § 4 Abs. 7 UniAkkG sind bis zum Ablauf des 31. August 2012 bestellt.

(4) Mitglieder des Akkreditierungsrates, die zum Stichtag 30. September 2011 bestellt sind, bleiben bis zum Ablauf des 31. August 2012 bestellt. Die Funktionsperiode der Mitglieder des Akkreditierungsrates gemäß § 4 Abs. 5 UniAkkG endet jedenfalls mit Ablauf des 31. August 2012.

(5) Zum Zeitpunkt des Inkrafttretens dieses Bundesgesetzes anhängige Verfahren nach dem UniAkkG sind nach dessen Rege-

lungen spätestens aber bis 31. August 2012 abzuschließen. Sollten diese Verfahren nicht bis 31. August 2012 abgeschlossen sein, so geht die Kompetenz auf die Agentur für Qualitätssicherung Akkreditierung Austria über.

(6) Die zum Zeitpunkt des Inkrafttretens dieses Bundesgesetzes nach dem UniAkkG verliehenen Berechtigungen werden für die Dauer ihrer Anerkennung von den Regelungen dieses Bundesgesetzes nicht berührt. Für Privatuniversitäten, deren Akkreditierungszeitraum im Jahr 2012 endet, wird der Akkreditierungszeitraum bis zum 31. Dezember 2014 verlängert.

(7) Die zum Zeitpunkt des Inkrafttretens dieses Bundesgesetzes nach dem UniAkkG anerkannten Studien dürfen in der anerkannten Form für die Dauer ihrer Anerkennung weitergeführt werden.

(8) Mit der Vollziehung dieses Bundesgesetzes sind betraut:

1. hinsichtlich der §§ 3 Abs. 6 und 4 Abs. 4 vorgesehenen Anwendung des Niederlassungs- und Aufenthaltsgesetzes die Bundesministerin oder der Bundesminister für Inneres;
2. hinsichtlich der in den §§ 3 Abs. 6 und 4 Abs. 4 vorgesehenen Anwendung des Ausländerbeschäftigungsgesetzes und der in § 3 Abs. 7 vorgesehenen Anwendung der sozialversicherungsrechtlichen Bestimmungen betreffend die Mitversicherung von Kindern sowie der in § 3 Abs. 7 vorgesehenen Anwendung des Familienlastenausgleichsgesetzes 1967 die Bundesministerin oder der Bundesminister für Wirtschaft, Familie und Jugend;
3. hinsichtlich der in § 3 Abs. 7 vorgesehenen Anwendung steuerrechtlicher Bestimmungen betreffend die Berücksichtigung von Kindern und betreffend Zuwendungen an Privatuniversitäten die Bundesministerin oder der Bundesminister für Finanzen;
4. im Übrigen die Bundesministerin oder der Bundesminister für Wissenschaft und Forschung.

Bundesgesetz über die Universität für Weiterbildung Krems (DUK-Gesetz 2004)

BGBl I 2004/22

Inhaltsverzeichnis

I. Teil

Organisations-, Studien- und Personalrecht

1. Abschnitt

Allgemeine Bestimmungen

Geltungsbereich

§ 1. Dieses Bundesgesetz gilt für das mit Bundesgesetz BGBl. Nr. 269/1994 (DUK-Gesetz) errichtete Universitätszentrum für Weiterbildung mit der Bezeichnung Donau-Universität Krems.

Bezeichnung

§ 2. Mit In-Kraft-Treten dieses Bundesgesetzes führt das Universitätszentrum für Weiterbildung (Donau-Universität Krems) die Bezeichnung „Universität für Weiterbildung Krems".

Anwendung des Universitätsgesetzes 2002

§ 3. Auf die Universität für Weiterbildung Krems sind die Teile I bis V des Universitätsgesetzes 2002, BGBl. I Nr. 120/2002, nach Maßgabe der in diesem Bundesgesetz getroffenen Sonderbestimmungen anzuwenden.

DUK-Gesetz 2004

2. Abschnitt

Besondere Bestimmungen

Wirkungsbereich und Aufgaben

§ 4. (1) Die Universität für Weiterbildung Krems ist berufen, der im Zusammenhang mit Weiterbildung stehenden wissenschaftlichen Lehre und Forschung zu dienen. Der Wirkungsbereich der Universität für Weiterbildung Krems ergibt sich aus den am Tag vor dem In-Kraft-Treten dieses Bundesgesetzes am Universitätszentrum für Weiterbildung (Donau-Universität Krems) eingerichteten Universitätslehrgängen und Fachrichtungen.

(2) Die Universität für Weiterbildung Krems erfüllt im Rahmen dieses Wirkungsbereiches insbesondere folgende Aufgaben:

1. Entwicklung und Durchführung von Universitätslehrgängen;
2. Wissenschaftliche Forschung zur Unterstützung der Lehre in den Universitätslehrgängen;
3. Entwicklung zu einem mitteleuropäischen Kompetenzzentrum für Weiterbildung mit besonderer Berücksichtigung von Aspekten der Erweiterung der Europäischen Union;
4. Berücksichtigung neuer Lehr- und Lernformen, insbesondere auch der Fernlehre;
5. Aufbau eines Qualitätsmanagementsystems zur Qualitäts- und Leistungssicherung.

(3) Die Universität für Weiterbildung Krems arbeitet in ihrem Aufgabenbereich mit den in § 6 Universitätsgesetz 2002 angeführten Universitäten zusammen.

(4) Die Universität für Weiterbildung Krems ist berechtigt, mit Genehmigung des Univer-

sitätsrates Studien zur Gänze oder zum Teil und Prüfungen im Ausland abzuhalten, sofern der Lehr- und Forschungsbetrieb am Standort Krems hierdurch nicht beeinträchtigt ist.

(5) Änderungen des Wirkungsbereichs der Universität für Weiterbildung Krems haben unter Berücksichtigung der Vereinbarung gemäß Art. 15a B-VG zwischen dem Bund und dem Land Niederösterreich über die Errichtung und den Betrieb des Universitätszentrums für Weiterbildung (Donau-Universität Krems), BGBl. Nr. 501/1994, Abschnitt V, zu erfolgen.

Organisation und Studien

§ 5. (1) Die studienrechtlichen Bestimmungen des Universitätsgesetzes 2002 gelten mit der Maßgabe, dass an der Universität für Weiterbildung Krems nur Universitätslehrgänge für Weiterbildung angeboten werden.

(2) Die Bestimmungen des Universitätsgesetzes 2002 über Habilitationen sind nicht anzuwenden.

(3) Die Bestimmungen des Universitätsgesetzes 2002 über die Bestellung der Mitglieder des Universitätsrates durch die Bundesregierung gelten mit der Maßgabe, dass die Bundesministerin oder der Bundesminister ein Mitglied auf Vorschlag der Niederösterreichischen Landesregierung der Bundesregierung zur Bestellung vorschlägt.

Zusammensetzung des Kollegialorgans zur Erlassung der Curricula

§ 6. Ist an der Universität für Weiterbildung Krems für die Einrichtung eines Kollegialorgans zur Erlassung der Curricula für Universitätslehrgänge keine ausreichende Zahl an Universitätsprofessorinnen und Universitätsprofessoren vorhanden, können zu Mitgliedern dieses Kollegialorgans auch Universitätsprofessorinnen oder Universitätsprofessoren anderer Universitäten, die in einem Arbeitsverhältnis zur Universität für Weiterbildung Krems stehen, bestellt werden.

Gutachterinnen und Gutachter in Berufungsverfahren

§ 7. Stehen in einem Berufungsverfahren für die Erstellung eines Vorschlages zur Bestellung der Gutachterinnen oder Gutachter nicht mindestens drei Universitätsprofessorinnen oder Universitätsprofessoren des Fachbereichs oder eines fachlich nahe stehenden Bereichs zur Verfügung, ist die Anzahl der Universitätsprofessorinnen und Universitätsprofessoren durch das Rektorat aus einem Vorschlag der Österreichischen Akademie der Wissenschaften im erforderlichen Ausmaß zu ergänzen.

Vertreterinnen und Vertreter der Studierenden in Kollegialorganen

§ 8. Die Vertreterinnen und Vertreter der Studierenden in den Kollegialorganen der Universität für Weiterbildung Krems werden aus dem Kreis der Studierenden gewählt.

Interessensvertretung der Arbeitnehmerinnen und Arbeitnehmer

§ 9. (1) Die Universität für Weiterbildung Krems ist auf Arbeitgeberseite kollektivvertragsfähig im Sinne des Arbeitsverfassungsgesetzes, BGBl. Nr. 22/1974. Der Kollektivvertragsfähigkeit der Universität für Weiterbildung Krems kommt im Verhältnis zur Kollektivvertragsfähigkeit anderer Interessenvertretungen oder Berufsvereinigungen der Arbeitgeberinnen und Arbeitgeber Vorrang zu.

(2) Die Universität für Weiterbildung Krems gilt als Betrieb im Sinne des § 34 ArbVG.

(3) An der Universität für Weiterbildung Krems ist ein gemeinsamer Betriebsrat für das wissenschaftliche und künstlerische sowie für das allgemeine Universitätspersonal nach den Bestimmungen der §§ 50 ff ArbVG zu wählen. Gemäß § 22a des Behinderteneinstellungsgesetzes (BEinstG), BGBl. Nr. 92/1970 sind Behindertenvertrauenspersonen zu wählen. Die Bestimmungen des Arbeitsverfassungsgesetzes gelten mit der Maßgabe, dass eine Unterteilung in einen Arbeiter- und Angestelltenbetriebsrat nicht stattfindet.

Finanzierung

§ 10. (1) Nach der Vereinbarung zwischen dem Bund und dem Land Niederösterreich über die Errichtung und den Betrieb des Universitätszentrums für Weiterbildung (Donau-Universität Krems) samt Anlage, BGBl. Nr. 501/1994, ist der Bund gemeinsam mit dem Land Niederösterreich Erhalter der Universität für Weiterbildung Krems.

(2) Die der Universität für Weiterbildung Krems zufließenden Drittmittel sind, sofern keine besondere Zweckwidmung vorliegt, für Zwecke der Universität für Weiterbildung Krems zu verwenden.

(3) Der Lehrgangsbeitrag für die angebotenen Studien ist kostendeckend festzulegen, wobei die Kostendeckung in der Gesamtheit des Studienangebots an der Universität für Weiterbildung Krems zu erreichen ist. Als Kosten in diesem Sinn gelten die angebotsabhängigen variablen Lehrgangskosten.

II. Teil

Übergangs- und Schlussbestimmungen

1. Abschnitt

Implementierung der neuen Organisation

Gründungskonvent

§ 11. (1) Unverzüglich nach In-Kraft-Treten dieses Bundesgesetzes ist ein Gründungskonvent einzurichten, der aus zwölf Mitgliedern besteht.

(2) Dem Gründungskonvent gehören folgende Mitglieder an:

1. Die Abteilungsleiterinnen und Abteilungsleiter der Donau-Universität Krems sowie Universitätsprofessorinnen und Universitätsprofessoren, die von den Abteilungsleiterinnen und Abteilungsleitern aus einem Vorschlag der Österreichischen Akademie der Wissenschaften gewählt werden. Insgesamt müssen dieser Gruppe sieben Personen angehören. Der Vorschlag der Österreichischen Akademie der Wissenschaften muss mindestens die dreifache Zahl der zu Wählenden umfassen.
2. Zwei Vertreterinnen und Vertreter der wissenschaftlichen Mitarbeiterinnen und Mitarbeiter im Forschungs- und Lehrbetrieb, die von allen Angehörigen dieser Gruppe gewählt werden. Den Gewählten muss zumindest eine Person mit Lehrbefugnis (venia docendi) angehören.
3. Eine Vertreterin oder ein Vertreter des allgemeinen Universitätspersonals, die oder der von allen Angehörigen des allgemeinen Universitätspersonals gewählt wird.
4. Zwei Vertreterinnen und Vertreter der Studierenden, die von allen Studierenden an der Universität für Weiterbildung Krems gewählt werden.

(3) Die im Amt befindliche Präsidentin oder der im Amt befindliche Präsident ist nicht passiv wahlberechtigt.

(4) Die Wahl der Mitglieder und Ersatzmitglieder des Gründungskonvents erfolgt entsprechend den Bestimmungen des DUK-Gesetzes und der hierauf beruhenden Wahlordnung über die Wahl in Kollegialorgane, soweit in diesem Bundesgesetz nicht anderes bestimmt ist. Die Gültigkeit der Wahl ist unabhängig von der Wahlbeteiligung.

(5) Ersatzmitglieder der in Abs. 2 Z 1 genannten Personen sind die Universitätsprofessorinnen und Universitätsprofessoren, die bei In-Kraft-Treten dieses Bundesgesetzes in einem Dienstverhältnis zur Universität für Weiterbildung Krems stehen oder die im Rahmen eines freien Dienstvertrages zumindest im halben Ausmaß einer Vollbeschäftigung an der Universität für Weiterbildung Krems tätig sind, in einer von den Abteilungsleiterinnen und Abteilungsleitern durch Wahl ermittelten Reihenfolge.

(6) Die oder der Vorsitzende des Betriebsrates und die Universitätsdirektorin oder der Universitätsdirektor gehören dem Gründungskonvent mit beratender Stimme an.

(7) Der Gründungskonvent ist beschlussfähig, wenn wenigstens die Hälfte der stimmberechtigten Mitglieder persönlich anwesend oder durch ein Ersatzmitglied vertreten ist. Die Beschlüsse werden mit Stimmenmehrheit gefasst, soweit in diesem Bundesgesetz nicht anderes bestimmt ist.

(8) Die im Zeitpunkt des In-Kraft-Tretens dieses Bundesgesetzes im Amt befindliche Präsidentin oder der im Amt befindliche Präsident hat die Wahlen in den Gründungskonvent auszuschreiben, die konstituierende Sitzung bis längstens 30. April 2004 einzuberufen und bis zur Wahl der oder des Vorsitzenden zu leiten.

(9) Der Gründungskonvent hat die in § 12 vorgesehenen Maßnahmen zur Implementierung vorzubereiten und durchzuführen, soweit in diesem Bundesgesetz nicht ausdrücklich anderes bestimmt ist. Die Funktion des Gründungskonvents endet mit Ablauf des 30. Juni 2005.

Implementierungsschritte

§ 12. (1) Der erste Senat besteht aus zwölf Mitgliedern. Der Gründungskonvent hat eine provisorische Satzung einschließlich einer Wahlordnung für den Senat zu beschließen und die erforderlichen weiteren Schritte der Überleitung zu veranlassen, soweit in diesem Bundesgesetz keine anderen Maßnahmen vorgesehen sind. Die Wahlordnung ist nach den Grundsätzen des gleichen, unmittelbaren, geheimen und persönlichen Verhältniswahlrechts zu erlassen.

(2) Der erste Universitätsrat besteht aus fünf Mitgliedern. Der Gründungskonvent hat unverzüglich zwei Mitglieder des Universitätsrats zu wählen. Kommt der Gründungskonvent dieser Aufgabe nicht bis 30. Juni 2004 nach, bestellt die Bundesministerin oder der Bundesminister auch die Mitglieder, die vom Gründungskonvent zu wählen gewesen wären.

(3) Die Bundesregierung hat bis 31. Juli 2004 auf Antrag der Bundesministerin oder des Bundesministers zwei Mitglieder für den Universitätsrat zu bestellen, eines davon auf Vorschlag der Niederösterreichischen Landesregierung.

(4) Der Universitätsrat hat sich unverzüglich zu konstituieren und längstens bis 15. September 2004 einvernehmlich das weitere Mitglied zu wählen.

(5) Der Gründungskonvent hat unverzüglich die Wahl der Rektorin oder des Rektors auszuschreiben und einen Vorschlag für die Wahl der Rektorin oder des Rektors zu erstellen. Die Wahl der Rektorin oder des Rektors durch den Universitätsrat hat bis spätestens 30. November 2004 zu erfolgen.

(6) Die gewählte Rektorin oder der gewählte Rektor hat nach Anhörung des Gründungskonvents unverzüglich die Zahl der Vizerektorinnen und Vizerektoren sowie deren Beschäftigungsausmaß festzulegen und einen Wahlvorschlag vorzulegen. Die Wahl der Vizerektorinnen und Vizerektoren durch den Universitätsrat hat spätestens acht Wochen nach der Rektorswahl stattzufinden.

(7) Die Mitglieder des Rektorates haben am 1. Februar 2005 ihr Amt anzutreten. Die im

DUK-Gesetz 2004

Zeitpunkt des In-Kraft-Tretens dieses Bundesgesetzes im Amt befindliche Präsidentin oder der im Zeitpunkt des InKraft-Tretens dieses Bundesgesetzes im Amt befindliche Präsident der Donau-Universität Krems übt ihr oder sein Amt bis zur Funktionsübernahme des Rektorates aus. Die bei In-Kraft-Treten dieses Bundesgesetzes laufende Funktionsperiode der anderen im § 7 Abs. 1 des DUK-Gesetzes genannten Organe endet mit 30. Juni 2005.

(8) Das Rektorat hat unverzüglich einen provisorischen Organisationsplan zu erlassen und die provisorischen Leiterinnen und Leiter der einzelnen Organisationseinheiten zu bestellen. Der provisorische Organisationsplan tritt mit 1. Juli 2005 in Kraft.

(9) Die Rektorin oder der Rektor hat unverzüglich die Wahlen für den Senat auszuschreiben und die Sitzung bis zur Wahl der oder des Vorsitzenden zu leiten. Die Wahlen zum Senat haben bis 30. April 2005, die konstituierende Sitzung des Senats und die Wahl des Vorsitzenden bis 31. Mai 2005 stattzufinden.

(10) Die Geschäftsordnung des Rektorates ist bis 28. Februar 2005 kundzumachen.

(11) Bis spätestens 30. Juni 2005 sind dem Universitätsrat die endgültige Organisationsform der Universität (Organisationsplan) und dem Senat der Vorschlag für die Satzung zur Beschlussfassung vorzulegen. Unverzüglich nach Genehmigung des Organisationsplanes sind die Leiterinnen und Leiter der Organisationseinheiten zu bestellen.

(12) Sind in den nach Abs. 8 und 11 zu erstellenden Organisationsplänen Organisationseinheiten vorgesehen, für deren Leitung keine Universitätsprofessorin oder kein Universitätprofessor an der Universität für Weiterbildung Krems zur Verfügung steht, kann die Leitung dieser Organisationseinheit bis zur Berufung einer Universitätsprofessorin oder eines Universitätsprofessors, längstens jedoch bis 31. Dezember 2007 durch eine Universitätsdozentin oder einen Universitätsdozenten im Angestelltenverhältnis zur Universität für Weiterbildung Krems ausgeübt werden.

(13) Auf Vorschlag der Mehrheit der Universitätsprofessorinnen und Universitätsprofessoren einer Organisationseinheit mit Forschungs- und Lehraufgaben kann eine Universitätsdozentin oder ein Universitätsdozent im Angestelltenverhältnis zur Universität für Weiterbildung Krems vom Rektorat mit der Leitung dieser Organisationseinheit betraut werden.

(14) Die Universität für Weiterbildung Krems hat der Bundesministerin oder dem Bundesminister jeweils bis zum 30. April 2006, 2007 und 2008 zusätzlich zum Rechnungsabschluss einen Tätigkeitsbericht vorzulegen, der sich auf das gesamte Leistungsspektrum der Universität zu beziehen hat.

(15) Die Bundesministerin oder der Bundesminister hat dem Nationalrat bis 30. September 2007 einen Bericht über die Nachwuchsförderung und die Entwicklung der Personalstruktur der Universität für Weiterbildung Krems vorzulegen.

(16) Erfolgen die zur Implementierung erforderlichen Schritte nicht rechtzeitig, können die notwendigen Maßnahmen ohne Setzung einer Nachfrist durch die Bundesministerin oder den Bundesminister im Wege der Ersatzvornahme vorgenommen werden.

Überleitung der Universitätsangehörigen

§ 13. (1) Alle zum Zeitpunkt des In-Kraft-Tretens dieses Bundesgesetzes in einem Dienst- oder Werkvertragsverhältnis oder in einem sonstigen Rechtsverhältnis zum Universitätszentrum für Weiterbildung (Donau-Universität Krems) stehenden oder im Zeitraum zwischen dem In-Kraft-Treten und dem 1. Juli 2005 neu in ein Arbeitsverhältnis oder sonstiges Rechtsverhältnis zur Universität für Weiterbildung (Donau-Universität Krems) aufgenommenen Universitätsangehörigen haben Rechte und Aufgaben nach Maßgabe dieses Bundesgesetzes.

(2) Für die Überleitung des Personals, das am Tag vor In-Kraft-Treten dieses Bundesgesetzes in einem Dienst- oder Werkvertragsverhältnis zum Universitätszentrum für Weiterbildung (Donau-Universität Krems) steht und dessen Vertragsverhältnis am Tag des In-Kraft-Tretens dieses Bundesgesetzes noch andauert, gilt Folgendes:

1. Angehörige des wissenschaftlichen Personals im Angestelltenverhältnis mit venia docendi oder einer gleichzuhaltenden Qualifikation, die Universitätsprofessorinnen und Universitätsprofessoren gemäß § 21 UOG 1993 oder § 22 KUOG oder ausländische Universitätsprofessorinnen und Universitätsprofessoren gleichzuhaltenden Ranges sind, gelten ab In-Kraft-Treten dieses Bundesgesetzes organisationsrechtlich als Universitätsprofessorinnen und Universitätsprofessoren.
2. Die nicht in Z 1 genannten Personen, die zum wissenschaftlichen Personal gehören, gelten ab InKraft-Treten dieses Bundesgesetzes organisationsrechtlich als wissenschaftliche Mitarbeiterinnen und Mitarbeiter im Forschungs- und Lehrbetrieb.
3. Das administrative und technische Personal gilt ab In-Kraft-Treten dieses Bundesgesetzes organisationsrechtlich als allgemeines Universitätspersonal.

(3) Im Zeitraum zwischen dem In-Kraft-Treten dieses Bundesgesetzes und dem 1. Juli 2005 dürfen Arbeitsverträge für das wissenschaftliche Personal, ausgenommen Berufungen von Universitätsprofessorinnen und Uni-

versitätsprofessoren, nur befristet auf längstens 3 Jahre abgeschlossen werden.

(4) Für ab 1. Juli 2005 neu aufgenommene Arbeitnehmerinnen und Arbeitnehmer gilt bis zum InKraft-Treten eines Kollektivvertrages die Dienst- und Besoldungsordnung des Universitätszentrums für Weiterbildung (Donau-Universität Krems) als Inhalt des Arbeitsvertrags mit der Universität für Weiterbildung Krems.

Berufungskommission in der Implementierungsphase

§ 14. (1) Ab dem In-Kraft-Treten dieses Bundesgesetzes können Berufungsverfahren für Universitätsprofessorinnen und Universitätsprofessoren durch eine entscheidungsbefugte Berufungskommission durchgeführt werden.

(2) Zur Vorsitzenden oder zum Vorsitzenden dieser Berufungskommission wird von der Bundesministerin oder dem Bundesminister auf Vorschlag der Präsidentin oder des Präsidenten eine Universitätsprofessorin oder ein Universitätsprofessor bestellt. Die oder der Vorsitzende der Berufungskommission hat im Einvernehmen mit der Präsidentin oder dem Präsidenten vier weitere Universitätsprofessorinnen oder Universitätsprofessoren zu Mitgliedern der Berufungskommission zu bestellen. Die Auswahl hat vorrangig aus einem Vorschlag der Österreichischen Akademie der Wissenschaften zu erfolgen.

(3) Die Präsidentin oder der Präsident hat die zu besetzenden Universitätsprofessorenstellen auf Vorschlag der Berufungskommission auszuschreiben. Die Berufungskommission hat jeweils zwei externe Gutachterinnen oder Gutachter bei zu ziehen. Diese Gutachterinnen und Gutachter sind im selben Verfahren von der Mitgliedschaft in der Berufungskommission ausgeschlossen. Die Berufung von Universitätsprofessorinnen und Universitätsprofessoren hat aufgrund des Vorschlages der Berufungskommission durch die Präsidentin oder den Präsidenten oder die Rektorin oder den Rektor zu erfolgen.

(4) Ist ein Berufungsverfahren am 1. Juli 2005 bereits anhängig, aber noch nicht abgeschlossen, ist es entsprechend dieser Bestimmung zu Ende zu führen. Anhängig ist ein Berufungsverfahren, sobald die Ausschreibung erfolgt ist.

(5) Die Funktion der Berufungskommission endet mit Ablauf des 30. Juni 2005, spätestens jedoch mit dem Abschluss der Verfahren gemäß Abs. 4.

Universitätslehrgänge

§ 15. Die an der Universität für Weiterbildung Krems mit Ablauf des 30. Juni 2005 eingerichteten Universitätslehrgänge bleiben weiterhin eingerichtet. Auf diese Studien sind die jeweiligen Studienpläne in der am 30. Juni 2005 geltenden Fassung als Curricula weiterhin anzuwenden.

2. Abschnitt

Schlussbestimmungen

In-Kraft-Treten und Außer-Kraft-Treten

§ 16. (1) Dieses Bundesgesetz tritt mit 1. April 2004 in Kraft, sofern im Folgenden nicht anderes bestimmt ist.

(2) § 3 hinsichtlich des II. Teils des Universitätsgesetzes 2002 und § 5 treten mit 1. Juli 2005 in Kraft.

(3) Das Bundesgesetz über die Errichtung des Universitätszentrums für Weiterbildung mit der Bezeichnung Donau-Universität Krems (DUK-Gesetz), BGBl. Nr. 269/1994, in der Fassung BGBl. I Nr. 128/1998, tritt mit Ablauf des 30. Juni 2005 außer Kraft.

Verweisungen

§ 17. (1) Die Bezeichnungen „Bundesministerin" oder „Bundesminister" in diesem Bundesgesetz beziehen sich, soweit nicht ausdrücklich anderes angeführt ist, auf die Bundesministerin oder den Bundesminister, die oder der für die Angelegenheiten der Universitäten zuständig ist.

(2) Soweit in diesem Bundesgesetz auf andere Bundesgesetze verwiesen wird, sind diese in der jeweils geltenden Fassung anzuwenden.

(3) Wird in anderen Bundesgesetzen auf Bestimmungen verwiesen, an deren Stelle mit InKraftTreten dieses Bundesgesetzes neue Bestimmungen wirksam werden, sind diese Verweisungen auf die entsprechenden neuen Bestimmungen zu beziehen.

Vollziehung

§ 18. Mit der Vollziehung dieses Bundesgesetzes ist die Bundesministerin oder der Bundesminister für Bildung, Wissenschaft und Kultur betraut.

Bundesgesetz über Fachhochschul-Studiengänge

BGBl 1993/340 idF

BGBl I 1998/72	BGBl I 2001/136	BGBl I 2002/12
BGBl I 2002/58	BGBl I 2003/110	BGBl I 2006/6
BGBl I 2006/43	BGBl I 2007/89	BGBl I 2008/2
BGBl I 2011/74		

Fachhochschul-Studiengesetz – FHStG

Inhaltsverzeichnis

(BGBl I 2011/74)

1. ABSCHNITT

Anwendungsbereich

§ 1. Dieses Bundesgesetz regelt die Durchführung von Fachhochschul-Studiengängen und Lehrgängen zur Weiterbildung sowie die Verleihung der Bezeichnung „Fachhochschule“. *(BGBl I 2003/110, BGBl I 2011/74)*

Erhalter

§ 2. (1) Erhalter von Fachhochschul-Studiengängen können der Bund und andere juristische Personen des öffentlichen Rechts sein. Juristische Personen des privaten Rechts können Erhalter von Fachhochschul-Studiengängen sein, soweit deren Unternehmensgegenstand überwiegend die Errichtung, Erhaltung und der Betrieb von Fachhochschul-Studiengängen ist. *(BGBl I 2002/58)*

(2) Die Erhalter sind berechtigt, von ordentlichen Studierenden einen Studienbeitrag in Höhe von höchstens 363,36 Euro je Semester einzuheben. Von Studierenden aus Drittstaaten, die nicht unter die Personengruppe gemäß § 1 der Verordnung des Bundesministers für Wissenschaft und Verkehr über die Festlegung von Personengruppen bei der Zulassung zu ordentlichen Studien (Personengruppenverordnung), BGBl. II Nr. 211/1997, in der Fassung der Verordnung BGBl. II Nr. 15/1998, fallen und die über eine Aufenthaltsberechtigung für Studierende gemäß § 64 Niederlassungs- und Aufenthaltsgesetz (NAG), BGBl. I Nr. 100/2005, verfügen, dürfen höchstens kostendeckende Beiträge eingehoben werden. Die betragliche Einschränkung des ersten Satzes gilt nicht für Bildungsaktivitäten von Erhaltern, die ausschließlich in Drittstaaten angeboten und durchgeführt werden. *(BGBl I 2003/110, BGBl I 2011/74)*

(3) Die Erhalter haben zur Leistungs- und Qualitätssicherung ein eigenes Qualitätsmanagementsystem aufzubauen. *(BGBl I 2003/110)*

(4) Die Einhebung von pauschalierten Kostenbeiträgen für Materialien, Sachmittel und sonstige Serviceleistungen, die den laufenden, regulären Betrieb eines Studienganges betreffen, ist unzulässig. Darüber hinaus gehende, tatsächlich anfallende Kosten sind

FHStG

individuell zwischen Erhalter und Studierenden zu verrechnen. *(BGBl I 2011/74)*

(5) Die Erhalter haben die Gleichstellung von Frauen und Männern sowie die Frauenförderung zu beachten. Bei der Zusammensetzung der Gremien ist ein ausgewogenes Verhältnis von Frauen und Männern anzustreben. Erhalter in der Form juristischer Personen des privaten Rechts haben das Bundesgesetz über die Gleichbehandlung (Gleichbehandlungsgesetz – GlBG), BGBl. I Nr. 66/2004, zu beachten. *(BGBl I 2011/74)*

Ziele und leitende Grundsätze von Fachhochschul-Studiengängen

§ 3. (1) Fachhochschulen und Einrichtungen zur Durchführung von Fachhochschul-Studiengängen haben die Aufgabe, Studiengänge auf Hochschulniveau anzubieten, die einer wissenschaftlich fundierten Berufsausbildung dienen. Die wesentlichen Ziele sind:

1. die Gewährleistung einer praxisbezogenen Ausbildung auf Hochschulniveau;
2. die Vermittlung der Fähigkeit, die Aufgaben des jeweiligen Berufsfeldes dem Stand der Wissenschaft und den aktuellen und zukünftigen Anforderungen der Praxis zu lösen;
3. die Förderung der Durchlässigkeit des Bildungssystems und der beruflichen Flexibilität der Absolventinnen und Absolventen. *(BGBl I 2011/74)*

(2) Grundsätze für die Gestaltung von Fachhochschul-Studiengängen sind:

1. Fachhochschul-Studiengänge haben die Vielfalt wissenschaftlicher Lehrmeinungen und wissenschaftlicher Methoden zu beachten; das Prinzip der Freiheit der Lehre bezieht sich auf die Durchführung von Lehrveranstaltungen im Rahmen der zu erfüllenden Lehraufgaben und deren inhaltliche und methodische Gestaltung unter Berücksichtigung der Absätze 1 und 2.
2. Der Arbeitsaufwand für Fachhochschul-Bachelorstudiengänge hat 180 ECTS-Anrechnungspunkte und für Fachhochschul-Masterstudiengänge 60, 90 oder 120 ECTS-Anrechnungspunkte zu betragen. Für die Berechnung der ECTS-Anrechnungspunkte gilt § 51 Abs. 2 Z 26 Universitätsgesetz 2002 (UG), BGBl. I Nr. 120/2002, sinngemäß. Für berufsbegleitende Fachhochschul-Bachelorstudiengänge kann die Zuteilung der ECTS-Anrechnungspunkte auf das Studienjahr auch unterschritten werden. Wird der Zugang zu einem Fachhochschul-Studiengang gemäß § 4 Abs. 4 vierter Satz beschränkt, so kann die Anzahl der Anrechnungspunkte um bis zu 60 ECTS-Anrechnungspunkte reduziert werden. *(BGBl I 2002/58, BGBl I 2003/110, BGBl I 2006/43, BGBl I 2011/74)*

2a. Fachhochschul-Bachelorstudiengänge dürfen nur in Verbindung mit Fachhochschul-Masterstudiengängen oder Fachhochschul-Diplomstudiengängen desselben Erhalters eingerichtet werden. *(BGBl I 2006/43)*

3. Im Rahmen von Fachhochschul-Bachelorstudiengängen und Fachhochschul-Diplomstudiengängen ist den Studierenden ein Berufspraktikum vorzuschreiben, das einen ausbildungsrelevanten Teil des Studiums darstellt. Die Studienzeit wird um die Dauer des Berufspraktikums nicht verlängert. *(BGBl I 2002/58, BGBl I 2006/43)*
4. Ein Fachhochschulstudium ist so zu gestalten, dass es in der festgelegten Studienzeit abgeschlossen werden kann. Dabei ist zu berücksichtigen, dass die Jahresarbeitsleistung einer oder eines Studierenden 1 500 Stunden nicht überschreiten darf. *(BGBl I 2002/58, BGBl I 2011/74)*
5. Die Art und der Umfang der einzelnen Lehrveranstaltungen und Prüfungen sind im Studienplan und in der Prüfungsordnung festzulegen. *(BGBl I 2002/58)*
6. Die einen Fachhochschul-Masterstudiengang oder einen Fachhochschul-Diplomstudiengang abschließende Prüfung ist eine Gesamtprüfung, die sich aus der Abfassung einer Master- oder Diplomarbeit und einer kommissionellen Prüfung zusammensetzt. In Fachhochschul-Bachelorstudiengängen besteht die Verpflichtung zur Anfertigung von eigenständigen schriftlichen Arbeiten, die im Rahmen von Lehrveranstaltungen abzufassen sind (Bachelorarbeiten); die abschließende Bachelorprüfung besteht aus einer kommissionellen Prüfung. *(BGBl I 2006/43, BGBl I 2011/74)*
7. Die besuchten Lehrveranstaltungen und abgelegten Prüfungen sind dem Studierenden jährlich, jedenfalls bei seinem Ausscheiden aus dem Fachhochschul-Studiengang, schriftlich zu bestätigen.
8. Die Lehrveranstaltungen sind ihrer Aufgabenstellung und dem Ausbildungsstand der Studierenden entsprechend didaktisch zu gestalten.
9. Die Lehrveranstaltungen sind einer Bewertung durch die Studierenden zu unterziehen; die Bewertungsergebnisse dienen der Qualitätssicherung und sind für die

pädagogisch-didaktische Weiterbildung der Lehrenden heranzuziehen.

10. Fachhochschul-Studiengänge können auch als gemeinsame Studienprogramme durchgeführt werden. Dies sind ordentliche Studien, die auf Grund von Vereinbarungen zwischen einer oder mehreren österreichischen Universitäten, Erhaltern von Fachhochschul-Studiengängen, Privatuniversitäten oder Pädagogischen Hochschulen sowie ausländischen anerkannten postsekundären Bildungseinrichtungen in der Form eines joint-, double- oder multiple-degree programs durchgeführt werden, wobei in diesen Vereinbarungen festgelegt sein muss, welche Leistungen die betreffenden Studierenden an den beteiligten Bildungseinrichtungen zu erbringen haben. *(BGBl I 2003/110, BGBl I 2011/74)*
11. Erhalter von Fachhochschul-Studiengängen sind berechtigt, Lehrgänge zur Weiterbildung einzurichten. Diese dürfen auch von mehreren Erhaltern von Fachhochschul-Studiengängen gemeinsam sowie gemeinsam mit anderen anerkannten postsekundären Bildungseinrichtungen durchgeführt werden. Die beteiligten Bildungseinrichtungen haben eine Vereinbarung über die Durchführung, insbesondere die Zuständigkeiten (Zulassung, Ausstellung von Zeugnissen, Anerkennung von Prüfungen etc.) zu schließen. In dem von den beteiligten Bildungseinrichtungen gleichlautend zu erlassenden Studienplan ist die Zuordnung der Fächer oder Lehrveranstaltungen zu der jeweiligen Bildungseinrichtung ersichtlich zu machen. Gesetzliche Zuständigkeiten bleiben von dieser Bestimmung unberührt. Die Lehrgänge zur Weiterbildung dürfen zur wirtschaftlichen und organisatorischen Unterstützung in Zusammenarbeit mit außerhochschulischen Rechtsträgern durchgeführt werden. *(BGBl I 2011/74)*

Studierende

§ 4. (1) Fachhochschul-Studiengänge sind bei Erfüllung der fachlichen Voraussetzungen, ohne Unterschied der Geburt, des Geschlechts, der Rasse, des Standes, der Klasse und des Bekenntnisses allgemein zugänglich.

(2) Ordentliche Studierende sind die Studierenden, die zu den ordentlichen Studien zugelassen sind. Außerordentliche Studierende sind die Studierenden, die zu den außerordentlichen Studien zugelassen sind. *(BGBl I 2011/74)*

(3) Ordentliche Studien sind Fachhochschul-Bachelorstudiengänge, Fachhochschul-Masterstudiengänge und Fachhochschul-Diplomstudiengänge. Außerordentliche Studien sind Lehrgänge zur Weiterbildung gemäß § 9 sowie der Besuch einzelner Lehrveranstaltungen. *(BGBl I 2011/74)*

(4) Fachliche Zugangsvoraussetzung zu einem Fachhochschul-Bachelorstudiengang ist die allgemeine Universitätsreife oder eine einschlägige berufliche Qualifikation; fachliche Zugangsvoraussetzung zu einem Fachhochschul-Masterstudiengang ist ein abgeschlossener facheinschlägiger Fachhochschul-Bachelorstudiengang oder der Abschluss eines gleichwertigen Studiums an einer anerkannten inländischen oder ausländischen postsekundären Bildungseinrichtung. Dies ist eine Bildungseinrichtung, die Studien im Ausmaß von mindestens sechs Semestern durchführt, bei denen die Zulassung die allgemeine Universitätsreife im Sinne dieses Bundesgesetzes voraussetzt, und die auf Grund der Rechtsvorschriften des Staates, in dem sie ihren Sitz hat, als postsekundäre Bildungseinrichtung anerkannt ist. Wenn die Gleichwertigkeit grundsätzlich gegeben ist und nur einzelne Ergänzungen auf die volle Gleichwertigkeit fehlen, ist die Studiengangsleitung berechtigt, die Feststellung der Gleichwertigkeit mit der Auflage von Prüfungen zu verbinden, die während des jeweiligen Masterstudiums abzulegen sind. Baut das wissenschaftliche und didaktische Konzept eines Fachhochschul-Studienganges auf Berufserfahrung auf, darf der Zugang zu diesem Fachhochschul-Studiengang auf eine entsprechende Zielgruppe beschränkt werden. Wird für einen Studiengang die Beherrschung einer bestimmten Sprache gefordert, so haben die Studierenden die Kenntnis dieser Sprache nachzuweisen. *(BGBl I 2011/74)*

(5) Die allgemeine Universitätsreife ist durch eine der folgenden Urkunden nachzuweisen:

1. österreichisches Reifezeugnis einschließlich eines Zeugnisses über die Berufsreifeprüfung,
2. für den jeweiligen Fachhochschul-Studiengang in Frage kommendes Studienberechtigungszeugnis gemäß § 64a UG,
3. ausländisches Zeugnis, das einem dieser österreichischen Zeugnisse auf Grund einer völkerrechtlichen Vereinbarung oder auf Grund einer Nostrifizierung oder auf Grund der Entscheidung der Studiengangsleitung des inländischen Fachhochschul-Studienganges im Einzelfall gleichwertig ist,

(BGBl I 1998/72, BGBl I 2011/74)

(6) Ist die Gleichwertigkeit ausländischer Zeugnisse im Hinblick auf die Inhalte und die Anforderungen einer österreichischen Reifeprüfung nicht gegeben, so hat die Studiengangsleitung die Ergänzungsprüfungen vorzuschreiben, die für die Herstellung der Gleichwertigkeit mit einer inländischen Reifeprüfung erforderlich und vor der Zulassung abzulegen sind. *(BGBl I 2003/110, BGBl I 2011/74)*

(7) Wenn es das Ausbildungsziel des betreffenden Studienganges erfordert, haben Studienanfängerinnen und Studienanfänger mit einer einschlägigen beruflichen Qualifikation Zusatzprüfungen nachzuweisen. Die Benennung der einschlägigen beruflichen Qualifikationen und die Zusatzprüfungen werden im Rahmen der Akkreditierung auf Antrag des Erhalters für den beantragten Studiengang oder im Einzelfall, für nicht im Akkreditierungsbescheid geregelte Qualifikationen, von der Studiengangsleitung festgelegt. *(BGBl I 2011/74)*

(8) Studienanfängerinnen und Studienanfänger mit einschlägiger beruflicher Qualifikation haben die vorgeschriebenen Zusatzprüfungen entweder vor Aufnahme des Studiums abzulegen oder bis zu einem bestimmten Zeitpunkt des Studiums, jedenfalls vor Eintritt in das zweite Studienjahr, nachzuweisen. Im Falle eines Teilzeitstudiums kann eine angemessene Verlängerung dieser Frist vorgesehen werden. Die Zusatzprüfungen und die dafür erforderlichen Qualifikationen können an Einrichtungen der Erwachsenenbildung, die vom Bund als Förderungsempfänger anerkannt sind, an staatlich organisierten Lehrgängen, an privaten Werkmeisterschulen mit Öffentlichkeitsrecht, oder an Einrichtungen, die Fachhochschul-Studiengänge durchführen, abgelegt bzw. erworben werden. *(BGBl I 1998/ 72, BGBl I 2011/74)*

(9) Zur Unterstützung der internationalen Mobilität der Studierenden sowie der Absolventinnen und Absolventen hat die zuständige Bundesministerin oder der zuständige Bundesminister durch Verordnung festzulegen, in welcher Form der Anhang zum Diplom („Diploma Supplement") gemäß Art. IX.3 des Übereinkommens über die Anerkennung von Qualifikationen im Hochschulbereich in der europäischen Region, BGBl. III Nr. 71/1999, auszustellen ist. *(BGBl I 2003/110, BGBl I 2011/74)*

(10) Ordentliche Studierende an Fachhochschul-Studiengängen und außerordentliche Studierende an Lehrgängen zur Weiterbildung gehören der Österreichischen Hochschülerinnen- und Hochschülerschaft gemäß Hochschülerinnen- und Hochschülerschaftsgesetz 1998, BGBl. I Nr. 22/1999, an. *(BGBl I 2011/74)*

Studierendenvertretung an den Einrichtungen zur Durchführung von Fachhochschul-Studiengängen
(BGBl I 2007/89)

§ 5. (1) Erhalter von Fachhochschul-Studiengängen sind Bildungseinrichtungen im Sinne des § 1 Abs. 1 HSG 1998, die §§ 4, 4a Abs. 1 und 11 Abs. 1 HSG 1998 sind sinngemäß auf diese Erhalter anzuwenden. § 20b Abs. 2 und Abs. 3 HSG 1998 sind sinngemäß anzuwenden. Es ist eine Vorsitzendenkonferenz der Fachhochschul-Studienvertretungen einzurichten, dabei ist § 7a HSG 1998 sinngemäß anzuwenden.

(2) Bei den Erhaltern sind folgende Vertretungseinrichtungen einzurichten:

1. die Fachhochschul-Studienvertretung,
2. die Studiengangsvertretungen und
3. die Jahrgangsvertretungen.

(3) Die Fachhochschul-Studienvertretung hat eine Satzung zu erlassen. In dieser können weitere Vertretungseinrichtungen (zB Referate, Standortvertretung, Gruppenvertretung) eingerichtet werden. Mitglieder der Fachhochschul-Studienvertretung sind alle Vorsitzenden der Studiengangsvertretungen. Bei weniger als fünf Studiengängen sind zusätzlich alle Vorsitzenden der Jahrgangsvertretungen Mitglieder der Fachhochschul-Studienvertretung.

Die §§ 7 Abs. 1 Z 4, 13 Abs. 2 und 3, 14 Z 1, Z 5 und Z 8, 26 und 30 Abs. 3 HSG 1998 gelten für die Fachhochschul-Studienvertretung.

§ 17 Abs. 1 HSG 1998 ist auf Studiengangsvertretungen sinngemäß anzuwenden.

§§ 21 und 22 HSG 1998 sind sinngemäß anzuwenden. Die lehrveranstaltungsbezogene Anwesenheitsvorgabe gilt für Studierendenvertreterinnen und Studierendenvertreter nicht.

(4) Es gelten die Wahlgrundsätze gemäß § 34 Abs. 1 HSG 1998. Bei Jahrgangs- oder Studiengangsvertretungen sind alle Studierenden des Wirkungsbereichs aktiv und passiv wahlberechtigt. §§ 20a Abs. 4 und 7 und 45a HSG 1998 gelten sinngemäß. Für die Durchführung der Wahlen ist der Erhalter beziehungsweise eine von ihm bestimmte Person zuständig. Die Wahlen der Jahrgangs- und Studiengangsvertretungen finden jährlich in den letzten beiden Monaten des Studienjahres

statt. Studierende des ersten Studienjahres wählen innerhalb des ersten Monats ihre Jahrgangsvertretung. Die Anzahl der Jahrgangs- und Studiengangsvertreterinnen und Studiengangsvertreter sind in der Satzung festzulegen. Die Jahrgangs- und Studiengangsvertretung wählt aus ihrer Mitte die Vorsitzende oder den Vorsitzenden. Die Fachhochschul-Studienvertretung wählt innerhalb eines Monats nach der Wahl der Studiengangsvertretungen eine Vorsitzende oder einen Vorsitzenden mit vier Stellvertreterinnen oder Stellvertretern. Passiv wahlberechtigt sind alle Studierenden des jeweiligen Erhalters.

(5) Die Fachhochschul-Studienvertretungen von Erhaltern mit weniger als 1000 Studierenden gehören der Wahlgemeinschaft gemäß § 35a Abs. 4 HSG 1998 an. Die Fachhochschul-Studienvertretungen von Erhaltern mit mindestens 1000 Studierenden haben eine Studierendenvertreterin oder einen Studierendenvertreter sowie eine Ersatzperson in die Bundesvertretung der Studierenden gemäß § 7 Abs. 1 HSG 1998 zu wählen. § 35a Abs. 3 HSG 1998 gilt sinngemäß.

(BGBl I 2007/89, BGBl I 2011/74)

Akademische Grade

§ 6. (1) Nach Abschluss der für den Fachhochschul-Studiengang vorgeschriebenen Studien und Prüfungen wird durch das Kollegium ein akademischer Grad verliehen. *(BGBl I 2011/74)*

(2) Die akademischen Grade haben für Fachhochschul-Bachelorstudiengänge „Bachelor …“, für Fachhochschul-Masterstudiengänge „Master …“ oder „Diplom-Ingenieurin/Diplom-Ingenieur …“, jeweils mit einem die Fächergruppen kennzeichnenden Zusatz zu lauten. Für Fachhochschul-Diplomstudiengänge haben die akademischen Grade „Magistra/Magister …“ oder „Diplom-Ingenieurin/Diplom-Ingenieur …“, jeweils mit einem die Fächergruppen kennzeichnenden Zusatz und der Beisetzung „(FH)“ zu lauten. Hat ein akademischer Grad die Beisetzung „(FH)“, ist die Führung dieses akademischen Grades ohne den Zusatz „(FH)“ unzulässig. Die zulässigen akademischen Grade, die Zusatzbezeichnungen sowie die Abkürzung der akademischen Grade werden von der Agentur für Qualitätssicherung und Akkreditierung Austria festgesetzt; dieser Beschluss bedarf der Genehmigung der zuständigen Bundesministerin oder des zuständigen Bundesministers. Für den einzelnen Fachhochschul-Studiengang ist der jeweilige akademische Grad samt Zusatzbezeichnung von der Agentur für Qualitätssicherung und Akkreditierung Austria im Akkreditierungsbescheid festzusetzen. *(BGBl I 2006/43, BGBl I 2011/74)*

(3) Zur Unterstützung der internationalen Mobilität der Studierenden ist der Verleihungsurkunde eine englischsprachige Übersetzung anzuschließen, wobei die Benennung des Erhalters und des ausstellenden Organs sowie der akademische Grad selbst samt Zusatzbezeichnung nicht zu übersetzen sind. *(BGBl I 2003/110, BGBl I 2011/74)*

(4) Der erfolgreiche Abschluss eines Fachhochschul-Masterstudienganges oder eines Fachhochschul-Diplomstudienganges berechtigt zu einem facheinschlägigen Doktoratsstudium an einer Universität, das im Falle einer im Vergleich mit den facheinschlägigen Master- oder Diplomstudien an den Universitäten kürzeren Regelstudiendauer des Fachhochschul-Masterstudienganges oder des Fachhochschul-Diplomstudienganges um den Differenzzeitraum verlängert wird. *(BGBl I 2006/43, BGBl I 2011/74)*

(5) Für die jeweils in Betracht kommenden Doktoratsstudien hat die zuständige Bundesministerin oder der zuständige Bundesminister eine entsprechende Verordnung zu erlassen. Der im Falle einer Verlängerung gemäß Abs. 4 festzulegende Gesamtumfang der Grundlagenfächer, der fachspezifischen Ergänzungsfächer und der Vertiefungsfächer hat sich an den fachspezifischen Anforderungen der Dissertation zu orientieren. *(BGBl I 1998/72, BGBl I 2002/58, BGBl I 2011/74)*

(6) Über einen Antrag auf Nostrifizierung eines an einer ausländischen Fachhochschule erworbenen Grades entscheidet das Kollegium der Einrichtung, an die der Antrag gestellt wird und die den entsprechenden Studiengang durchführt. Das Kollegium hat zu prüfen, ob das ausländische Studium der Antragstellerin oder des Antragstellers hinsichtlich der Anforderungen, des Gesamtumfanges sowie der Studieninhalte so aufgebaut ist, dass es mit dem im Antrag genannten inländischen Fachhochschul-Studiengang als gleichwertig anzusehen ist. Sofern die Gleichwertigkeit grundsätzlich gegeben ist und nur einzelne Ergänzungen auf die volle Gleichwertigkeit fehlen, haben die antragstellenden Personen das Recht, diese vom Kollegium bekanntgegebenen Lehrveranstaltungen und Prüfungen als außerordentliche Studierende zu absolvieren. *(BGBl I 2011/74)*

(7) Die Antragstellung auf Nostrifizierung eines an einer ausländischen Fachhoch-

schule erworbenen akademischen Grades setzt den Nachweis voraus, dass die Nostrifizierung zwingend für die Berufsausübung oder für die Fortsetzung der Ausbildung der Antragstellerin oder des Antragstellers in Österreich erforderlich ist. Es ist unzulässig, denselben Nostrifizierungsantrag gleichzeitig oder nach der Zurückziehung bei anderen Kollegien einzubringen. *(BGBl I 2011/74)*

Lehr- und Forschungspersonal
(BGBl I 2007/89)

§ 7. (1) Das Lehr- und Forschungspersonal an Fachhochschulen und an Fachhochschul-Studiengängen besteht aus hauptberuflich und aus nebenberuflich tätigen Personen.

(2) Nebenberuflich tätige Personen sind Personen, die

1. ausschließlich in der Lehre tätig sind und
2. nicht mehr als sechs Semesterwochenstunden lehren und
3. nachweislich einer anderen voll sozialversicherungspflichtigen Erwerbstätigkeit nachgehen.

(3) Nebenberufliches Lehrpersonal gemäß Abs. 2 kann sich von anderen geeigneten Personen vertreten lassen.

(4) § 98 ArbVG (personelles Informationsrecht) gilt auch für die Gruppe der nebenberuflich tätigen Personen, selbst wenn ein freies Dienstverhältnis oder eine selbständige Tätigkeit vorliegt.

(BGBl I 2007/89, BGBl I 2011/74)

2. ABSCHNITT
(BGBl I 2011/74)

Akkreditierungsvoraussetzungen
(BGBl I 2011/74)

§ 8. (1) Ein Antrag auf Akkreditierung als Fachhochschuleinrichtung und eines Studienganges als Fachhochschul-Studiengang ist an die Agentur für Qualitätssicherung und Akkreditierung Austria zu richten. *(BGBl I 2011/74)*

(2) Zur Erlangung der Akkreditierung als Fachhochschuleinrichtung sowie für die Dauer der Akkreditierung muss der Erhalter folgende Voraussetzungen erfüllen:

1. Vorlage eines Entwicklungsplans, der jedenfalls das Entwicklungskonzept für den Aufbau der betreffenden Bildungseinrichtung zu einer Fachhochschuleinrichtung unter Berücksichtigung der Zielsetzungen der Einrichtung, der Schwerpunkte und Maßnahmen in Lehre und Forschung sowie die strukturelle und inhaltliche Entwicklungsplanung, die Gleichstellung von Frauen und Männern und Frauenförderung und den Aufbau eines Leistungs- und Qualitätsmanagementsystems umfasst;
2. Vorlage eines Satzungsentwurfes gemäß § 10 Abs. 3 Z 10;
3. Erfüllung der Prüfbereiche gemäß § 23 Hochschul-Qualitätssicherungsgesetz (HS-QSG), BGBl. I Nr. 74/2011. *(BGBl I 2011/74)*

(3) Eine Akkreditierung als Fachhochschul-Studiengang setzt voraus, daß

1. den Zielen und den leitenden Grundsätzen für die Gestaltung von Fachhochschul-Studiengängen (§ 3) entsprochen wird;
2. der Studienplan und die Prüfungsordnung fachlichen und beruflichen Erfordernissen entsprechen; im Sinne des Europäischen Systems zur Anrechnung von Studienleistungen (European Credit Transfer System – ECTS, 253/2000/EG, Amtsblatt Nr. L 28 vom 3. 2. 2000) sind den einzelnen Studienleistungen ECTS-Anrechnungspunkte zuzuteilen. Mit diesen Anrechnungspunkten ist der Anteil des mit den einzelnen Studienleistungen verbundenen Arbeitspensums („work load") der Studierenden bezogen auf den gesamten Studiengang zu bestimmen, wobei dem Arbeitspensum eines Studienjahres 60 Anrechnungspunkte und dem Arbeitspensum eines Semesters 30 Anrechnungspunkte zugeteilt werden; *(BGBl I 2002/58)*
3. der Unterricht durch ein wissenschaftlich, berufspraktisch und pädagogisch-didaktisch qualifiziertes Lehr- und Forschungspersonal abgehalten wird; *(BGBl I 2003/110)*
4. die zur Erreichung der Ziele und zur Sicherung der Grundsätze erforderlichen anwendungsbezogenen Forschungs- und Entwicklungsarbeiten durch Mitglieder des Lehr- und Forschungspersonals durchgeführt werden; *(BGBl I 2003/110)*
5. der mit der Entwicklung des beantragten Studienganges betraute Personenkreis und das den Studiengang durchführende Lehr- und Forschungspersonal eine den Hochschulen entsprechende Autonomie besitzen sowie eine entsprechende Mitbestimmung der Studierenden gewährleistet ist; *(BGBl I 2003/110)*
6. eine Akkreditierung nachgewiesener Kenntnisse im Sinne der berufsorientierten Ausbildung des jeweiligen Studienganges vorgesehen ist und dadurch eine Verkürzung der Studienzeit erreicht werden kann; *(BGBl I 2003/110)*

7. jene in Frage kommenden Studienberechtigungsprüfungen gemäß § 64a UG sowie jene facheinschlägigen beruflichen Qualifikationen samt allfälligen Zusatzprüfungen, die als Zugangsvoraussetzung für den beantragten Studiengang geeignet sind, angegeben sind. Dabei ist auf jene Kenntnisse abzustellen, die für die Erreichung des Ausbildungszieles des beantragten Studienganges, auch bei Berücksichtigung der Förderung der Durchlässigkeit des Bildungssystems, unabdingbar sind; *(BGBl I 2011/74)*
8. eine wissenschaftliche Evaluierung des Fachhochschul-Studienganges gewährleistet ist;
9. eine Bedarf- und Akzeptanzerhebung für den Fachhochschul-Studiengang beigebracht wird;
10. die erforderliche Personal-, Raum- und Sachausstattung für die Dauer der Genehmigung des Fachhochschul-Studienganges vorhanden ist;
11. eine Kalkulation mit Ausweis der Kosten pro Studienplatz und ein Finanzierungsplan für die Dauer der Genehmigung des Fachhochschul-Studienganges vorgelegt werden; *(BGBl I 2003/110, BGBl I 2011/74)*
12. die Bedingungen der Prüfbereiche gemäß § 23 HS-QSG erfüllt werden. *(BGBl I 2011/74)*

(4) Der mit der Entwicklung des beantragten Studienganges vom Erhalter betraute Personenkreis muß mindestens vier Personen umfassen. Von diesen müssen zwei wissenschaftlich durch Habilitation oder durch eine dieser gleichwertige Qualifikation ausgewiesen sein, und zwei über den Nachweis einer Tätigkeit in einem für den beantragten Fachhochschul-Studiengang relevanten Berufsfeld verfügen. Die für die Entwicklung des beantragten Fachhochschul-Studienganges verantwortlichen Personen sind im Antrag zu nennen; eine Person ist vom Erhalter zu beauftragen, der Agentur für Qualitätssicherung und Akkreditierung Austria für die erforderlichen Auskünfte zur Verfügung zu stehen. Im Falle der Akkreditierung haben mindestens vier Personen des mit der Entwicklung betrauten Personenkreises im Studiengang haupt- oder nebenberuflich zu lehren. Von diesen müssen zwei wissenschaftlich durch Habilitation oder durch eine dieser gleichwertige Qualifikation ausgewiesen sein und zwei über den Nachweis einer Tätigkeit in einem für den Studiengang relevanten Berufsfeld verfügen. Scheidet eine dieser Personen während des Akkreditierungszeitraumes aus dem Lehr- und Forschungspersonal aus, ist diese durch eine gleichqualifizierte Person zu ersetzen. *(BGBl I 2003/110, BGBl I 2011/74)*

(5) Ein Antrag auf Akkreditierung eines Fachhochschul-Studienganges hat neben dem Nachweis der in Abs. 2 bis 4 genannten Voraussetzungen zu enthalten:

1. Name des Erhalters; ist der Erhalter eine juristische Person des privaten Rechts, so ist ein Auszug aus dem Firmenbuch bzw. Vereinsregister beizubringen;
2. Benennung der Studiengangsleitung, der im Einzelfall über Anliegen von Studienwerberinnen und Studienwerbern und Studierenden entscheidet; *(BGBl I 2003/110, BGBl I 2011/74)*
3. Vorlage eines Studienplanes und einer Prüfungsordnung einschließlich eines Vorschlages für die zeitliche Gliederung des Studienganges unter Berücksichtigung des Studienförderungsgesetzes 1992, BGBl. Nr. 305;
4. Vorlage einer Aufnahmeordnung, in der die Zahl der Studienplätze und die Kriterien für die Auswahl von Studienwerberinnen und Studienwerbern für den Fall angegeben ist, daß die Zahl der Bewerbungen die Zahl der Studienplätze übersteigt. *(BGBl I 2011/74)*

(BGBl I 2003/110, BGBl I 2011/74)

Lehrgänge zur Weiterbildung

§ 9. (1) Die Erhalter sind berechtigt, in den Fachrichtungen der bei ihnen akkreditierten Fachhochschul-Studiengänge auch Lehrgänge zur Weiterbildung anzubieten. Diese Lehrgänge zur Weiterbildung sind in einer angemessenen Form in die hochschulinterne Qualitätssicherung und -entwicklung einzubinden. *(BGBl I 2011/74)*

(2) Im Studienplan eines Lehrganges zur Weiterbildung dürfen im jeweiligen Fach international gebräuchliche Mastergrade festgelegt werden, die den Absolventinnen und Absolventen jener Lehrgänge zur Weiterbildung zu verleihen sind, deren Zugangsbedingungen, Umfang und Anforderungen mit Zugangsbedingungen, Umfang und Anforderungen entsprechender ausländischer Masterstudien vergleichbar sind. Die Qualität der Lehre ist durch ein wissenschaftlich und didaktisch entsprechend qualifiziertes Lehrpersonal sicher zu stellen.

(3) Wenn Abs. 2 nicht zur Anwendung kommt, darf die Bezeichnung „Akademische …“ bzw. „Akademischer …“ mit einem die Inhalte des jeweiligen Lehrganges zur Weiterbildung charakterisierenden Zusatz festgelegt

werden, die den Absolventinnen und Absolventen jener Lehrgänge zur Weiterbildung zu verleihen ist, die mindestens 60 ECTS-Anrechnungspunkte umfassen.

(4) Für den Besuch von Lehrgängen zur Weiterbildung haben die außerordentlichen Studierenden einen Lehrgangsbeitrag zu entrichten. Er ist unter der Berücksichtigung der tatsächlichen Kosten des Lehrganges zur Weiterbildung festzusetzen. *(BGBl I 2011/74)*

(5) Den Urkunden über die Verleihung der Bezeichnung dürfen fremdsprachige Übersetzungen angeschlossen werden, wobei die Benennung des Erhalters und des ausstellenden Organs sowie die Bezeichnung selbst nicht zu übersetzen sind *(BGBl I 2011/74).*

(BGBl I 2003/110)

Kollegium, Studiengangsleitung
(BGBl I 2011/74)

§ 10. (1) Zur Durchführung und Organisation des Lehr- und Prüfungsbetriebes ist bei jedem Erhalter von Fachhochschul-Studiengängen ein Kollegium einzurichten. Dieses hat mindestens zweimal jährlich zusammenzutreten.

(2) Dem Kollegium gehören neben der Leiterin oder dem Leiter des Kollegiums und ihrer oder seiner Stellvertretung sechs Leiterinnen oder Leiter der jeweils eingerichteten Fachhochschul-Studiengänge, sechs Vertreterinnen oder Vertreter des Lehr- und Forschungspersonals sowie vier Vertreterinnen oder Vertreter der Studierenden der Fachhochschul-Studiengänge an. Diese Vertretungen im Kollegium werden von den jeweiligen Personengruppen gewählt. Sollten weniger als sechs Leiterinnen oder Leiter von Fachhochschul-Studiengängen zur Verfügung stehen, ist deren Anzahl aus dem Kreis der Vertreterinnen oder Vertreter des Lehr- und Forschungspersonals zu ergänzen. Bei der Erstellung der Wahlvorschläge für die zu wählenden Vertreterinnen oder Vertreter sind pro Gruppe nach Möglichkeit mindestens 45 vH Frauen aufzunehmen.

(3) Die Aufgaben des Kollegiums sind:

1. Wahl der Leitung sowie der Stellvertretung auf Grund eines Dreiervorschlages des Erhalters. Mit Zustimmung des Kollegiums kann dieser Vorschlag auf zwei Personen reduziert werden;
2. Antrag an den Erhalter auf Abberufung der Leitung oder der Stellvertretung oder Stellungnahme zu einer diesbezüglichen Absicht des Erhalters für den Fall, dass diese Organe ihre Aufgaben gröblich verletzt oder vernachlässigt haben oder nicht mehr in der Lage sind, ihre Aufgaben zu erfüllen;
3. Änderungen betreffend akkreditierte Studiengänge im Einvernehmen mit dem Erhalter;
4. Einrichtung und Auflassung von Studiengängen und Lehrgängen zur Weiterbildung im Einvernehmen mit dem Erhalter;
5. Antragstellung zum Budget (Investitions-, Sach- und Personalaufwand) an den Erhalter;
6. Vorschläge für die Einstellung und Abberufung von Lehr- und Forschungspersonal an den Erhalter;
7. Inhaltliche Koordination des gesamten Lehrbetriebes;
8. Evaluierung des gesamten Lehrbetriebes samt Prüfungsordnung und Studienpläne;
9. Verleihung akademischer Grade und deren Widerruf, Nostrifizierung ausländischer akademischer Grade sowie im Einvernehmen mit dem Erhalter Verleihung von im Universitätswesen üblichen akademischen Ehrungen;
10. Erlassung einer Geschäftsordnung und einer Satzung im Einvernehmen mit dem Erhalter. In der Satzung sind jedenfalls die Studien- und Prüfungsordnungen, die Wahlordnung für das Kollegium, die Einrichtung allfälliger Arbeitsausschüsse und deren Statuten, Maßnahmen zur Gleichstellung von Frauen und Männern, Bestimmungen über Frauenförderung sowie Richtlinien für die sinngemäße Verwendung von Bezeichnungen des Universitätswesens und über Verleihung von akademischen Ehrungen aufzunehmen. Die Satzung ist in geeigneter Form zu veröffentlichen;
11. Entscheidung über Beschwerden gegenüber Entscheidungen der Studiengangsleitung.

(4) Der Leitung des Kollegiums obliegt:

1. sofern es hauptberuflich tätige Personen sind, die Erteilung von Anweisungen an Mitglieder des Lehr- und Forschungspersonals zu Art und Umfang der Ausübung ihrer Lehrverpflichtung, soweit dies zur ordnungsgemäßen Aufrechterhaltung des Studienbetriebes nach Maßgabe der Studienpläne erforderlich ist;
2. die Erteilung von Lehraufträgen auf Grund von Vorschlägen oder nach Anhörung des Kollegiums;
3. die Vertretung des Kollegiums nach außen sowie die Vollziehung der Beschlüsse des Kollegiums.

(5) Der Studiengangsleitung obliegt:

1. die Zulassung zu Prüfungen, Zuteilung von Prüferinnen und Prüfern, Festsetzung von Prüfungsterminen;
2. die Anerkennung von Studien und Prüfungen im Einzelfall;
3. die Aberkennung von Prüfungen;
4. die Entscheidungen in studienrechtlichen Angelegenheiten gemäß §§ 11 bis 21;
5. die Entscheidungen gemäß § 4 Abs. 4, 5 Z 3, Abs. 6 und 7.

(6) Gegen Entscheidungen des Kollegiums gemäß Abs. 3 Z 9 ist eine Beschwerde an den Verwaltungsgerichtshof zulässig. Gegen Entscheidungen der Studiengangsleitung haben Studierende sowie Aufnahmewerberinnen und Aufnahmewerber die Möglichkeit einer Beschwerde an das Kollegium.

(7) Der Erhalter hat dafür zu sorgen, dass das Lehr- und Forschungspersonal an anwendungsbezogenen Forschungs- und Entwicklungsarbeiten teilnimmt. Dies kann an der eigenen Einrichtung oder durch Kooperation mit anderen Forschungs- und Entwicklungseinrichtungen geschehen.

(8) Der Erhalter kann gemäß den Richtlinien des Kollegiums den bei ihm tätigen Personen die sinngemäße Verwendung von Bezeichnungen des Universitätswesens gestatten, die im UG festgelegt sind. Die Verwendung dieser Bezeichnungen ist jeweils nur mit dem Zusatz „FH", „(FH)" oder „Fachhochschul-..." zulässig.

(9) Fachhochschul-Studiengänge und Fachhochschulen haben das Recht zur Führung des Bundeswappens.

(10) Die zuständige Bundesministerin oder der zuständige Bundesminister ist berechtigt, sich über alle Angelegenheiten von Fachhochschul-Studiengängen zu informieren. Der Erhalter und das Kollegium sind verpflichtet, der zuständigen Bundesministerin oder dem zuständigen Bundesminister Auskünfte zu erteilen, Unterlagen über bezeichnete Gegenstände vorzulegen, angeordnete Erhebungen anzustellen sowie Überprüfungen an Ort und Stelle vornehmen zu lassen.

(BGBl I 2011/74)

3. Abschnitt
(BGBl I 2011/74)

Studienrechtliche Bestimmungen
(BGBl I 2011/74)

Aufnahmeverfahren
(BGBl I 2011/74)

§ 11. (1) Ein Aufnahmeverfahren ist jedenfalls durchzuführen, wenn die Zahl der Bewerberinnen und Bewerber für einen Studiengang die Zahl der vorhandenen Plätze übersteigt. Für das Aufnahmeverfahren sind den Ausbildungserfordernissen des jeweiligen Studienganges entsprechende leistungsbezogene Kriterien festzulegen. Nach Maßgabe organisatorischer Möglichkeiten sind mit allen Bewerberinnen und Bewerbern Aufnahmegespräche vorzusehen und bei der Reihung zu berücksichtigen. Bei Bachelor- und Diplomstudiengängen hat eine Einteilung der Bewerbungsgruppen mit unterschiedlicher Vorbildung zu erfolgen, wobei zumindest eine Gruppe von Bewerberinnen und Bewerbern mit einschlägiger beruflicher Qualifikation zu bilden ist. Es ist vorzusehen, dass die Bewerbungsgruppen aliquot auf die Zahl der Aufnahmeplätze aufgeteilt werden. Die zur Reihungsliste führenden Bewertungen der Bewerberinnen und Bewerber sind überprüfbar und nachvollziehbar zu dokumentieren.

(2) Für die Durchführung des Aufnahmeverfahrens sind von den Bewerberinnen und Bewerbern keine Gebühren zu entrichten.

(BGBl I 2011/74)

Anerkennung nachgewiesener Kenntnisse
(BGBl I 2011/74)

§ 12. (1) Bezüglich der Anerkennung nachgewiesener Kenntnisse gilt das Prinzip der lehrveranstaltungsbezogenen Anerkennung. Die Gleichwertigkeit der erworbenen Kenntnisse mit dem Anforderungsprofil hinsichtlich Inhalt und Umfang der zu erlassenden Lehrveranstaltungen ist auf Antrag der oder des Studierenden festzustellen. Bei Feststellung der Gleichwertigkeit sind positiv absolvierte Prüfungen anzuerkennen. Eine Wissensüberprüfung ist in diesen Fällen nicht vorzusehen.

(2) Besondere Kenntnisse oder Erfahrungen aus der beruflichen Praxis sind in Bezug auf die Anerkennung von Lehrveranstaltungen oder des Berufspraktikums zu berücksichtigen; das gilt insbesondere für berufsbegleitend organisierte Studiengänge und Studiengangsteile.

(BGBl I 2011/74)

Allgemeine Prüfungsmodalitäten
(BGBl I 2011/74)

§ 13. (1) Die Prüfungen haben zeitnah zu den Lehrveranstaltungen stattzufinden, in denen die prüfungsrelevanten Inhalte vermittelt werden.

(2) Studierende haben das Recht auf eine abweichende Prüfungsmethode, wenn eine

Behinderung nachgewiesen wird, die die Ablegung der Prüfung in der vorgeschriebenen Methode unmöglich macht und der Inhalt und die Anforderungen der Prüfung durch eine abweichende Methode nicht beeinträchtigt werden.

(3) Es ist eine ausreichende Zahl von Terminen für Prüfungen und Wiederholungen von Prüfungen je Semester und Studienjahr vorzusehen, so dass die Fortsetzung des Studiums ohne Semesterverlust möglich ist. Der konkrete Zeitrahmen für Wiederholungen von Prüfungen hat sich an Umfang und Schwierigkeit der Prüfung zu orientieren. Die Prüfungstermine sind rechtzeitig kundzumachen. Prüfungstermine sind jedenfalls für das Ende und für den Anfang jeden Semesters anzusetzen.

(4) Die konkreten Prüfungsmodalitäten (Inhalte, Methoden, Beurteilungskriterien und Beurteilungsmaßstäbe) und Wiederholungsmöglichkeiten je Lehrveranstaltung sind den Studierenden in geeigneter Weise zu Beginn jeder Lehrveranstaltung bekannt zu geben. Prüfungen können auch modulbezogen stattfinden.

(5) Das nicht ausreichend begründete Nicht-Antreten zu einem Prüfungstermin bei Lehrveranstaltungen mit abschließendem Charakter führt zum Verlust einer Prüfungsantrittsmöglichkeit.

(6) Den Studierenden ist Einsicht in die Beurteilungsunterlagen und in die Prüfungsprotokolle zu gewähren, wenn die Studierenden dies binnen sechs Monaten ab Bekanntgabe der Beurteilung verlangen. Die Studierenden sind berechtigt, von diesen Unterlagen Fotokopien anzufertigen.

(7) Wenn die Beurteilungsunterlagen (insbesondere Gutachten, Korrekturen schriftlicher Prüfungen und Prüfungsarbeiten) den Studierenden nicht ausgehändigt werden, ist sicherzustellen, dass diese mindestens sechs Monate ab der Bekanntgabe der Beurteilung aufbewahrt werden.

(BGBl I 2011/74)

Unterbrechung des Studiums
(BGBl I 2011/74)

§ 14. Eine Unterbrechung des Studiums ist bei der Studiengangsleitung zu beantragen. Die Gründe der Unterbrechung und die beabsichtigte Fortsetzung des Studiums sind nachzuweisen oder glaubhaft zu machen. In der Entscheidung über den Antrag sind zwingende persönliche, gesundheitliche oder berufliche Gründe zu berücksichtigen. Während der Unterbrechung können keine Prüfungen abgelegt werden.

(BGBl I 2011/74)

Mündliche Prüfungen
(BGBl I 2011/74)

§ 15. (1) Mündliche Prüfungen sind öffentlich zugänglich, wobei der Zutritt auf eine den räumlichen Verhältnissen entsprechende Anzahl von Personen beschränkt werden kann.

(2) Der Prüfungsvorgang bei mündlichen Prüfungen ist zu protokollieren. In das Protokoll sind der Prüfungsgegenstand, der Ort und die Zeit der Prüfung, die Namen der Prüferin oder des Prüfers oder die Namen der Mitglieder des Prüfungssenates, die Namen der oder des Studierenden, die gestellten Fragen, die erteilten Beurteilungen, die Gründe für die negative Beurteilung sowie allfällige besondere Vorkommnisse aufzunehmen. Das Ergebnis einer mündlichen Prüfung ist unmittelbar nach der Prüfung der oder dem Studierenden bekannt zu geben. Das Prüfungsprotokoll ist mindestens ein Jahr ab der Bekanntgabe der Beurteilung aufzubewahren.

(3) Bei mündlichen kommissionellen Prüfungen haben dem Prüfungssenat wenigstens drei Personen anzugehören. Bei einer geraden Anzahl der Senatsmitglieder ist der oder dem Vorsitzenden des Prüfungssenates ein Dirimierungsrecht einzuräumen. Jedes Mitglied des Prüfungssenates hat während der gesamten Prüfungszeit anwesend zu sein; dieser Verpflichtung kann allenfalls auch durch den Einsatz von elektronischen Medien nachgekommen werden.

(BGBl I 2011/74)

Abschließende Prüfungen in Fachhochschul-Bachelor-, Fachhochschul -Master- und Fachhochschul-Diplomstudiengängen
(BGBl I 2011/74)

§ 16. (1) Die einen Fachhochschul-Bachelorstudiengang abschließende kommissionelle Prüfung gemäß § 3 Abs. 2 Z 6 ist vor einem facheinschlägigen Prüfungssenat abzulegen. Diese kommissionelle Prüfung setzt sich aus den Prüfungsteilen

1. Prüfungsgespräch über die durchgeführten Bachelorarbeiten sowie
2. deren Querverbindungen zu relevanten Fächern des Studienplans

zusammen.

(2) Die einen Fachhochschul-Master- oder einen Fachhochschul-Diplomstudiengang abschließende kommissionelle Prüfung gemäß § 3 Abs. 2 Z 6 ist vor einem facheinschlägigen Prüfungssenat abzulegen. Diese kommissionelle Prüfung setzt sich aus den Prüfungsteilen

1. Präsentation der Diplom- oder Masterarbeit,
2. einem Prüfungsgespräch, das auf die Querverbindungen des Themas der Diplom- oder Masterarbeit zu den relevanten Fächern des Studienplans eingeht, sowie
3. einem Prüfungsgespräch über sonstige studienplanrelevante Inhalte

zusammen.

(3) Die Studierenden sind in geeigneter Weise über die Zulassung zu den kommissionellen Prüfungen zu verständigen.

(4) Die Beurteilungskriterien und Ergebnisse der Leistungsbeurteilung der kommissionellen Prüfungen sind den Studierenden mitzuteilen.

(5) Die Prüfungskommission besteht aus dem Kreis aller für die kommissionellen Prüfungen in Frage kommenden Personen. Der Prüfungssenat setzt sich aus den Prüferinnen und Prüfern je Kandidatin oder Kandidat zusammen.

(BGBl I 2011/74)

Beurteilung von Leistungen
(BGBl I 2011/74)

§ 17. (1) Die Beurteilung der Prüfungen und eigenständigen schriftlichen Arbeiten hat nach dem österreichischen Notensystem 1 bis 5 zu erfolgen. Wenn diese Form der Beurteilung unmöglich oder unzweckmäßig ist, hat die positive Beurteilung „mit Erfolg teilgenommen" oder „anerkannt" zu lauten. Im negativen Fall gelten die Regelungen für die Wiederholung von Leistungsnachweisen für Lehrveranstaltungen mit immanentem Prüfungscharakter.

(2) Die Beurteilung der den Fachhochschul-Bachelorstudiengang abschließenden kommissionellen Prüfung sowie der den Fachhochschul-Diplom- und Fachhochschul-Masterstudiengang abschließenden kommissionellen Gesamtprüfung hat nach der folgenden Leistungsbeurteilung zu erfolgen:

Bestanden: für die positiv bestandene Prüfung;

Mit gutem Erfolg bestanden: für eine deutlich über dem Durchschnitt liegende Prüfungsleistung;

Mit ausgezeichnetem Erfolg bestanden: für eine herausragende Prüfungsleistung.

(3) Die Beurteilung der Prüfungen und eigenständigen schriftlichen Arbeiten ist jeweils durch ein Zeugnis zu beurkunden. Sammelzeugnisse über abgelegte Prüfungen im Semester sind zulässig.

(4) Die Zeugnisse sind unverzüglich, längstens jedoch innerhalb von vier Wochen nach Erbringung der zu beurteilenden Leistung, Sammelzeugnisse sind binnen vier Wochen nach Ablauf des Semesters auszustellen.

(BGBl I 2011/74)

Wiederholung von Prüfungen
(BGBl I 2011/74)

§ 18. (1) Eine nicht bestandene abschließende Prüfung einer Lehrveranstaltung kann zweimal wiederholt werden, wobei die zweite Wiederholung als kommissionelle Prüfung durchzuführen ist, die mündlich oder schriftlich durchgeführt werden kann. In der Satzung können zusätzliche Wiederholungsmöglichkeiten vorgesehen werden.

(2) Ergibt die Summe der Leistungsbeurteilungen im Rahmen von Lehrveranstaltungen mit immanentem Prüfungscharakter eine negative Beurteilung, so ist den Studierenden eine angemessene Nachfrist zur Erbringung der geforderten Leistungsnachweise (1. Wiederholung) einzuräumen. Eine erneute negative Beurteilung dieser Leistungen bewirkt automatisch eine kommissionelle Prüfung (2. Wiederholung).

(3) Nicht bestandene kommissionelle Bachelorprüfungen sowie nicht bestandene kommissionelle Gesamtprüfungen in Fachhochschul-Master- oder Diplomstudiengängen können zweimal wiederholt werden. In der Satzung können zusätzliche Wiederholungsmöglichkeiten vorgesehen werden.

(4) Die einmalige Wiederholung eines Studienjahres in Folge einer negativ beurteilten kommissionellen Prüfung ist möglich. Eine Wiederholung ist bei der Studiengangsleitung zu beantragen. Nicht bestandene Prüfungen und die entsprechenden Lehrveranstaltungen sind im Zuge der Wiederholung des Studienjahres jedenfalls, bestandene Prüfungen und die entsprechenden Lehrveranstaltungen nur, sofern es der Zweck des Studiums erforderlich macht, zu wiederholen oder erneut zu besuchen.

(5) Für Studierende, die wegen der negativen Beurteilung bei der letzten zulässigen Wiederholung einer Prüfung vom Studiengang ausgeschlossen wurden, ist eine neuerliche Aufnahme in den selben Studiengang nicht möglich.

(BGBl I 2011/74)

Bachelorarbeiten, Diplom- und Masterarbeiten
(BGBl I 2011/74)

§ 19. (1) Die gemeinsame Bearbeitung eines Themas durch mehrere Studierende ist zulässig, wenn die Leistungen der einzelnen Studierenden gesondert beurteilbar bleiben.

(2) Die Approbation der Diplom- oder Masterarbeit ist Voraussetzung für die Zulassung zur kommissionellen Prüfung. Eine nicht approbierte Diplom- oder Masterarbeit ist zur Korrektur und Wiedervorlage innerhalb einer festzusetzenden Frist zurückzuweisen.

(3) Die positiv beurteilte Master- oder Diplomarbeit ist durch Übergabe an die Bibliothek des Erhalters von Fachhochschul-Studiengängen zu veröffentlichen. Anlässlich der Ablieferung der Master- oder Diplomarbeit ist die Verfasserin oder der Verfasser berechtigt, den Ausschluss der Benützung der abgelieferten Exemplare für längstens fünf Jahre nach Ablieferung zu beantragen. Dem Antrag ist stattzugeben, wenn die oder der Studierende glaubhaft macht, dass wichtige rechtliche oder wirtschaftliche Interessen der oder des Studierenden gefährdet sind.

(BGBl I 2011/74)

Ungültigerklärung von Prüfungen und wissenschaftlichen Arbeiten
(BGBl I 2011/74)

§ **20.** Die Beurteilung einer Prüfung sowie einer wissenschaftlichen Arbeit ist für ungültig zu erklären, wenn diese Beurteilung, insbesondere durch die Verwendung unerlaubter Hilfsmittel, erschlichen wurde. Die Prüfung, deren Beurteilung für ungültig erklärt wurde, ist auf die Gesamtzahl der Wiederholungen anzurechnen.

(BGBl I 2011/74)

Rechtsschutz
(BGBl I 2011/74)

§ **21.** Gegen die Beurteilung einer Prüfung kann nicht berufen werden. Wenn die Durchführung einer negativ beurteilten Prüfung einen Mangel aufweist, kann von der oder dem Studierenden innerhalb von zwei Wochen eine Beschwerde bei der Studiengangsleitung eingebracht werden, welche die Prüfung aufheben kann. Wurde diese Prüfung von der Studiengangsleitung durchgeführt, so ist die Beschwerde beim Kollegium einzubringen. Bis zur Entscheidung über die Beschwerde können von den Studierenden Lehrveranstaltungen weiterhin besucht werden. Der Antritt zu der Prüfung, die aufgehoben wurde, ist auf die zulässige Zahl der Prüfungsantritte nicht anzurechnen.

(BGBl I 2011/74)

Bezeichnung „Fachhochschule"
(BGBl I 2011/74)

§ **22.** (1) Einrichtungen zur Durchführung von Fachhochschul-Studiengängen hat die Agentur für Qualitätssicherung und Akkreditierung Austria auf Antrag des Erhalters bei Erfüllung der Voraussetzungen des Abs. 2 mit Bescheid die Bezeichnung „Fachhochschule" zu verleihen.

(2) Die Verleihung der Bezeichnung „Fachhochschule" setzt voraus, dass

1. mindestens zwei Studiengänge der beantragten Einrichtung als Fachhochschul-Bachelorstudiengang mit darauf aufbauendem Fachhochschul-Masterstudiengang oder als Fachhochschul-Diplomstudiengang akkreditiert sind;
2. ein Plan für den Ausbau der betreffenden Einrichtung vorliegt, aus dem die Erreichung einer Mindestzahl von 1.000 Studierenden innerhalb von sechs Jahren glaubhaft gemacht wird.

(3) Aus einer Verleihung gemäß Abs. 1 entstehen keine finanziellen Rechtsansprüche an den Bund.

(4) Eine Verleihung gemäß Abs. 1 ist zu widerrufen, wenn eine der im Abs. 2 genannten Voraussetzungen nicht mehr vorliegt.

(5) An Fachhochschulen eingerichtete Kollegien führen die Bezeichnung „Fachhochschulkollegium".

(BGBl I 2011/74)

4. Abschnitt
(BGBl I 2011/74)

Berichtswesen
(BGBl I 2011/74)

§ **23.** (1) Zur Erfüllung ihrer Aufgaben ist die Agentur für Qualitätssicherung und Akkreditierung Austria ermächtigt, den Erhaltern von Fachhochschul-Studiengängen Vorgaben zur Bereitstellung von Informationen über die laufende Entwicklung zu machen.

(2) Die Erhalter haben der Agentur für Qualitätssicherung und Akkreditierung Austria jährlich bis Ende Mai einen Bericht über die Entwicklung im abgelaufenen Berichtsjahr vorzulegen, der jedenfalls folgende Inhalte umfasst:

1. Informationen zu Entwicklungen in den im HS-QSG definierten Prüfbereichen;
2. Darstellung von Änderungen gegenüber dem letzten Bericht oder dem letzten Akkreditierungsantrag.

(3) Die Agentur für Qualitätssicherung und Akkreditierung Austria ist ermächtigt, Vorgaben zur Struktur des Berichtes mittels Verordnung festzulegen. Die Berichte sind von den Erhaltern mit Ausnahme der Angabe von Finanzierungsquellen sowie von Betriebs- und Geschäftsgeheimnissen entsprechend zu veröffentlichen.

(4) Die Erhalter haben an statistischen Erhebungen zur Bereitstellung von Informationen über den Studienbetrieb gemäß den entsprechenden gesetzlichen Bestimmungen mitzuwirken und diese Informationen auch der Agentur für Qualitätssicherung und Akkreditierung Austria zu Verfügung zu stellen. Zur Gewährleistung der Berechnung der Fördersummen hat die Agentur für Qualitätssicherung und Akkreditierung Austria darüber hinaus mittels Verordnung in folgenden Bereichen Richtlinien für die Datenbereitstellung festzulegen:

1. Meldeverpflichtungen betreffend Bewerberinnen und Bewerber für Fachhochschul-Studienplätze;
2. Personenkennzeichnungssystem und Meldeverpflichtungen über Studierende;
3. Meldeverpflichtung betreffend Studien;
4. Meldeverpflichtungen betreffend Prüfungen;
5. Meldeverpflichtungen betreffend Lehr- und Forschungspersonal;
6. Meldeverpflichtungen betreffend Forschungs- und Entwicklungsprojekte;
7. Meldeverpflichtungen über die finanz- und vermögensrechtliche Gebarung der Erhalter von Fachhochschul-Studiengängen.

(BGBl I 2011/74)

Strafbestimmung

§ 24. Wer vorsätzlich

1. die dem Fachhochschulwesen eigentümlichen Bezeichnungen oder
2. die Abkürzung „FH" oder
3. die in § 6 genannten akademischen Grade

unberechtigt verleiht, vermittelt oder führt, begeht, wenn die Tat nicht den Tatbestand einer in die Zuständigkeit der Gerichte fallenden strafbaren Handlung bildet oder nach anderen Verwaltungsstrafbestimmungen mit strengerer Strafe bedroht ist, eine Verwaltungsübertretung, die von der örtlich zuständigen Bezirksverwaltungsbehörde mit einer Geldstrafe von bis zu 15 000 € zu bestrafen ist.

(BGBl I 2001/136, BGBl I 2003/110, BGBl I 2011/74)

Vollziehung

§ 25. (1) Mit der Vollziehung dieses Bundesgesetzes ist die Bundesministerin oder der Bundesminister für Wissenschaft und Forschung betraut. *(BGBl I 2011/74)*

(2) Die in diesem Bundesgesetz enthaltenen Verweisungen auf andere Bundesgesetze sind Verweisungen auf die jeweils geltende Fassung. *(BGBl I 2011/74)*

Inkrafttreten

§ 26. (1) Dieses Bundesgesetz tritt, soweit in Abs. 2 nichts anderes bestimmt ist, mit 1. Oktober 1993 in Kraft.

(2) Die §§ 6, 7, 8, 9, 10 und 11 treten mit dem der Kundmachung folgenden Tag in Kraft.

(3) § 18 in der Fassung des Bundesgesetzes BGBl I 2001/136 tritt mit 1. Jänner 2002 in Kraft. *(BGBl I 2001/136)*

(4) § 2, § 3 Abs. 2, § 4 Abs. 2, § 5 Abs. 2, 3 und 5, § 6 Abs. 2, 3 und 5, § 7 Abs. 2, 5 und 6, § 8 Abs. 1 bis 3, § 9 Abs. 3, § 11 Abs. 1, 2 und 3, § 12 Abs. 2, § 14 Abs. 3, § 15 Abs. 1, 2 und 4, § 17 Abs. 4, § 19, § 20 Abs. 4 und § 21 samt Überschrift in der Fassung des Bundesgesetzes BGBl. I Nr. 58/2002 treten mit 1. Mai 2002 in Kraft. *(BGBl I 2002/58)*

(5) § 1, § 2, § 3 Abs. 2 Z 2 und 10, § 4 Abs. 3a, 5, 7 und 8, § 5 Abs. 2 und 3a, § 6 Abs. 1, Abs. 2 Z 1, 5 und 6 sowie Abs. 5, § 12 Abs. 1, Abs. 2 erster Satz und Z 3 bis 5, Abs. 3, Abs. 4 erster Satz und Z 2, § 13 Abs. 2, 2a und 4, § 14 Abs. 1 erster Satz, Z 1 und Z 2 sowie Abs. 2 erster Satz, § 15 Abs. 1 und Abs. 2 Z 1, § 16 Abs. 2, Abs. 3 Z 3, Abs. 4 Z 4 und Abs. 6, § 17 Abs. 1, § 18, § 20 Abs. 5 sowie § 21 Abs. 4 und 5 in der Fassung des Bundesgesetzes BGBl. I Nr. 110/2003 treten mit 1. Februar 2004 in Kraft. *(BGBl I 2003/110)*

(BGBl I 2011/74)

(6) § 27 Abs. 9 und 10 in der Fassung des Bundesgesetzes BGBl. I Nr. 74/2011 treten mit Ablauf des Tages der Freigabe zur Abfrage im Rechtsinformationssystem des Bundes in Kraft. Alle anderen Bestimmungen der §§ 1 bis 27 in der Fassung des Bundesgesetzes BGBl. I Nr. 74/2011 treten mit 1. März 2012 in Kraft. *(BGBl I 2011/74)*

Übergangsbestimmungen

§ 27. (1) Die vor dem 1. Mai 2002 gemäß § 13 anerkannten Fachhochschul-Studiengänge sind Fachhochschul-Diplomstudiengänge gemäß § 3 Abs. 2 Z 2 in der Fassung des Bundesgesetzes BGBl. I Nr. 58/2002.

(2) Die vor dem 1. Mai 2002 gemäß § 13 zugestellten Anerkennungsbescheide werden von den Änderungen des Bundesgesetzes BGBl. I Nr. 58/2002 nicht berührt.

(3) Auf die vor dem 1. Mai 2002 eingebrachten und noch nicht entschiedenen Anträge auf Anerkennung als Fachhochschul-Studiengang ist dieses Bundesgesetz in der Fassung vor dem Bundesgesetz BGBl. I Nr. 58/2002 anzuwenden.

(BGBl I 2002/58)

(4) Das Recht zur Führung bereits verliehener akademischer Grade bleibt unberührt. Wurde der akademische Grad mit der Beisetzung „(FH)“ verliehen, ist die Führung dieses akademischen Grades ohne den Zusatz „(FH)“ unzulässig. Die Absolventinnen und Absolventen sind jedoch berechtigt, anstelle des verliehenen akademischen Grades den auf Grund des § 6 Abs. 2 festgelegten akademischen Grad zu führen. Auf Antrag hat der Erhalter darüber eine Bestätigung auszustellen. *(BGBl I 2006/43, BGBl I 2011/74)*

(5) Das bereits durch Verordnung der zuständigen Bundesministerin oder des zuständigen Bundesministers oder durch Bescheid des Fachhochschulrates verliehene Recht zur Führung der Bezeichnung „Fachhochschule“ bleibt unberührt. Für den Widerruf der Verleihung gemäß § 22 Abs. 4 ist die Agentur für Qualitätssicherung und Akkreditierung Austria zuständig. *(BGBl I 2011/74)*

(6) Bisherige Fachhochschul-Bakkalaureatsstudiengänge und Fachhochschul-Magisterstudiengänge gelten als Fachhochschul-Bachelorstudiengänge und Fachhochschul-Masterstudiengänge gemäß § 3 Abs. 2 Z 2, gemäß § 3 Abs. 2 Z 6 gelten bisherige Bakkalaureatsarbeiten als Bachelorarbeiten sowie an Fachhochschul-Masterstudiengängen verfasste Diplomarbeiten als Masterarbeiten. *(BGBl I 2011/74)*

(7) Kollegien sind bis zum 1. September 2012 einzurichten. Bis zur Einrichtung der Kollegien bleibt der Fachhochschulrat, an Fachhochschulen das Fachhochschulkollegium für die Verleihung der akademischen Grade sowie für Nostrifizierungen zuständig. Den Bestimmungen des § 10 entsprechende Kollegien sind bis 1. September 2012 neu einzurichten. *(BGBl I 2011/74)*

(8) Die zum 1. März 2012 beim Fachhochschulrat anhängigen Verfahren sind nach den Bestimmungen dieses Bundesgesetzes in der Fassung des Bundesgesetzes BGBl. I Nr. 2/2008, längstens jedoch bis zum Ablauf des 31. August 2012, weiterzuführen. Für bis zum 31. August 2012 durch den Fachhochschulrat nicht abgeschlossene Verfahren geht die Kompetenz an die Agentur für Qualitätssicherung und Akkreditierung Austria über. *(BGBl I 2011/74)*

(9) Bis zum Ablauf des 29. Februar 2012 sind Studienpläne gemäß § 14a Abs. 2 und 3 vor der Einrichtung von Lehrgängen zur Weiterbildung von den Erhaltern dem Fachhochschulrat zu übermitteln. Der Fachhochschulrat hat die Einrichtung innerhalb von drei Monaten ab Einlangen in der Geschäftsstelle des Fachhochschulrates bescheidmäßig zu untersagen, wenn die Voraussetzungen gemäß § 14a Abs. 1 bis 3 dieses Bundesgesetzes, in der Fassung des Bundesgesetzes BGBl. I Nr. 2/2008, nicht vorliegen. *(BGBl I 2011/74)*

(10) Mitglieder des Fachhochschulrates, die zum Stichtag 30. September 2011 bestellt sind, bleiben bis zum Ablauf des 31. August 2012 bestellt. Die Funktionsperiode der Mitglieder des Fachhochschulrates endet jedenfalls mit Ablauf des 31. August 2012. Die Präsidentin oder der Präsident des Fachhochschulrates und deren Stellvertreterin oder dessen Stellvertreter, die zum Stichtag 30. September 2011 diese Funktion ausüben, sind bis zum Ablauf des 31. August 2012 weiterbestellt. *(BGBl I 2011/74)*

(11) Für die am 1. März 2012 bestehenden Erhalter mit akkreditierten Fachhochschul-Studiengängen, die bereits eine institutionelle Evaluierung positiv durchlaufen haben, ist kein Verfahren gemäß § 23 HS-QSG erforderlich. Die Agentur für Qualitätssicherung und Akkreditierung Austria hat eine unbefristete Akkreditierung gemäß § 23 HS-QSG mit Bescheid auszusprechen. Diese Erhalter haben binnen sechs Jahren, gerechnet ab dem Datum der letztmaligen institutionellen Evaluierung gemäß FHStG, das erste Audit gemäß § 22 HS-QSG durchzuführen. Für die am 1. März 2012 bestehenden Erhalter mit akkreditierten Fachhochschul-Studiengängen, die noch keine institutionelle Evaluierung durchlaufen haben, ist bis 31. Dezember 2014 eine institutionelle Akkreditierung gemäß § 23 HS-QSG erforderlich. *(BGBl I 2011/74)*

(12) § 2 Abs. 2 in der Fassung des Bundesgesetzes BGBl. I Nr. 74/2011 ist auf jene Studierenden anwendbar, die nach dem 1. März 2012 ein Studium beginnen. *(BGBl I 2011/74)*

Bundesgesetz über die Organisation der Pädagogischen Hochschulen und ihre Studien (Hochschulgesetz 2005 – HG)

BGBl I 2006/30 idF

BGBl I 2008/71 BGBl I 2008/134 BGBl I 2010/47
BGBl I 2011/73

Inhaltsverzeichnis

1. Hauptstück
Organisationsrecht

1. Abschnitt
Allgemeine Bestimmungen

Geltungsbereich

§ 1. (1) Dieses Bundesgesetz regelt die Organisation der nachstehend genannten öffentlichen Pädagogischen Hochschulen sowie das Studium an diesen:

1. Pädagogische Hochschule Kärnten,
2. Pädagogische Hochschule Niederösterreich,
3. Pädagogische Hochschule Oberösterreich,
4. Pädagogische Hochschule Salzburg,
5. Pädagogische Hochschule Steiermark,
6. Pädagogische Hochschule Tirol,
7. Pädagogische Hochschule Vorarlberg,
8. Pädagogische Hochschule Wien,
9. Hochschule für Agrar- und Umweltpädagogik Wien.

(2) Dieses Bundesgesetz regelt weiters die staatliche Anerkennung von

1. Bildungseinrichtungen als private Pädagogische Hochschulen und
2. Studienangeboten als private Studiengänge, private Hochschullehrgänge oder private Lehrgänge.

Die Bestimmungen des Bundesgesetzes über die Akkreditierung von Privatuniversitäten (Universitäts-Akkreditierungsgesetz – Uni-AkkG, BGBl. I Nr. 168/1999) bleiben unberührt.

Rechtsstellung

§ 2. (1) Die in § 1 Abs. 1 genannten öffentlichen Pädagogischen Hochschulen sind Einrichtungen des Bundes. Ihnen kommt Rechtspersönlichkeit nach Maßgabe der Bestimmungen des § 3 zu.

(2) Die öffentlichen Pädagogischen Hochschulen sind anerkannte postsekundäre Bildungseinrichtungen im Sinne des § 51 Abs. 2 Z 1 des Universitätsgesetzes 2002, BGBl. I Nr. 120.

Rechtspersönlichkeit

§ 3. (1) Der öffentlichen Pädagogischen Hochschule kommt insofern Rechtspersönlichkeit zu, als sie berechtigt ist, im eigenen Namen und für eigene Rechnung rechtsgeschäftlich an der Erfüllung der Aufgaben der Pädagogischen Hochschule insbesondere im Bereich der über den öffentlich-rechtlichen Bildungsauftrag hinausgehenden Lehr- und Forschungstätigkeit sowie der Erwachsenenbildung mitzuwirken, und zwar durch:

1. den Erwerb von Vermögen und Rechten durch unentgeltliche Rechtsgeschäfte,
2. die Annahme von Förderungen,
3. den Abschluss von Verträgen über die Durchführung wissenschaftlich-berufsfeldbezogener Arbeiten sowie Untersuchungen und Befundungen zum Zwecke der wissenschaftlichen Forschung,
4. die Organisation und Durchführung von (Hochschul-)Lehrgängen in pädagogischen Berufsfeldern sowie zur wissenschaftlich-berufsfeldbezogenen und/oder berufsbegleitenden Fort- und Weiterbildung in pädagogischen Berufen,
5. die Mitgliedschaft zu juristischen Personen und zwischenstaatlichen Organisationen in Bildungsangelegenheiten,
6. den Abschluss von Vereinbarungen mit anderen Rechtsträgern über die Zusammenarbeit auf dem Gebiet der wissenschaftlich-berufsfeldbezogenen Forschung und der Lehre,
7. den Abschluss von Rechtsgeschäften zur Erfüllung der unter Z 1 bis 6 genannten Aufgaben.

(2) Die §§ 4 bis 7 finden auf (Hochschul-) Lehrgänge gemäß Abs. 1 Z 4 Anwendung.

(3) Im Rahmen der eigenen Rechtspersönlichkeit wird die Pädagogische Hochschule durch den Rektor bzw. die Rektorin, oder im jeweiligen Zuständigkeitsbereich durch den Vizerektor bzw. die Vizerektorin, nach außen vertreten. Der Abschluss von Rechtsgeschäften bedarf der vorherigen Genehmigung durch den Hochschulrat, wenn die zu vereinbarende Tätigkeit voraussichtlich länger als drei Jahre dauern wird oder wenn das zu vereinbarende Gesamtentgelt eines derartigen Vertrages 360 000 Euro übersteigt.

(4) Tätigkeiten im Rahmen der eigenen Rechtspersönlichkeit sind nur insofern zulässig, als dadurch der Lehr- und Forschungsbetrieb in Vollziehung hoheitlicher Aufgaben nicht beeinträchtigt wird.

(5) Auf Dienst- und Werkverträge, die im Rahmen des Abs. 1 abgeschlossen werden, findet das auf die Art der Tätigkeit jeweils zutreffende Gesetz Anwendung. Ein Dienstverhältnis zum Bund wird nicht begründet.

(6) Für Verbindlichkeiten, die im Rahmen der eigenen Rechtspersönlichkeit entstehen, trifft den Bund keine Haftung.

(7) Soweit die Pädagogische Hochschule gemäß Abs. 1 im Rahmen ihrer Rechtspersönlichkeit tätig wird, hat sie die Grundsätze der Sparsamkeit, Wirtschaftlichkeit und Zweckmäßigkeit sowie weiters die Grundsätze eines ordentlichen Kaufmannes zu beachten. Dem zuständigen Mitglied der Bundesregierung (Regierungsmitglied) ist in der von ihm festzusetzenden Form im Wege über den Rektor bis 30. März eines jeden Jahres ein Jahresabschluss über das vorangegangene Kalenderjahr vorzulegen. Dem zuständigen Regierungsmitglied und dem Hochschulrat ist jederzeit Einsicht in die Gebarungsunterlagen zu gewähren und Auskünfte zu erteilen sowie auf Verlangen ein Gebarungsvorschlag für das Folgejahr vorzulegen.

(8) Das zuständige Regierungsmitglied kann zum Zweck der Überprüfung der Tätigkeiten im Rahmen der eigenen Rechtspersönlichkeit, insbesondere im Hinblick auf die Beachtung der Grundsätze der Sparsamkeit, Wirtschaftlichkeit und Zweckmäßigkeit und auf die Erfüllung der Verpflichtungen eines ordentlichen Kaufmannes, einen Wirtschaftstreuhänder mit der Überprüfung beauftragen. Die Kosten dafür sind aus den im Rahmen der eigenen Rechtspersönlichkeit erworbenen Mitteln der Pädagogischen Hochschule zu ersetzen.

(9) Erbringt der Bund im Rahmen der Tätigkeiten gemäß Abs. 1 Leistungen, so ist hiefür ein Entgelt zu leisten, welches zweckgebunden für die Bedeckung der durch die Leistung des Bundes entstandenen Mehrausgaben zu verwenden ist. § 17 Abs. 5 und § 49a des Bundeshaushaltsgesetzes, BGBl. Nr. 213/1986, sind anzuwenden.

(10) Im Falle der Schließung einer Pädagogischen Hochschule geht das im Rahmen der eigenen Rechtspersönlichkeit erworbene Vermögen auf den Bund über. Der Bund hat als Träger von Privatrechten die Verpflichtungen aus noch offenen Verbindlichkeiten bis zur Höhe des übernommenen Vermögens zu erfüllen.

(11) Die Pädagogische Hochschule unterliegt hinsichtlich ihrer Tätigkeiten im Rahmen der eigenen Rechtspersönlichkeit der Aufsicht des zuständigen Regierungsmitglieds und der Kontrolle durch den Rechnungshof.

(12) In der Satzung können nähere Vorschriften über die Planung und Durchführung von Tätigkeiten gemäß Abs. 1, den Abschluss von Rechtsgeschäften und über Maßnahmen des Controllings festgelegt werden.

(13) Bei der Erfüllung ihrer Aufgaben im Rahmen der eigenen Rechtspersönlichkeit unterliegen die Pädagogischen Hochschulen nicht den Bestimmungen der Gewerbeordnung 1994 (GewO 1994), BGBl. Nr. 194.

(14) Alle dem Bund auf Grund bundesgesetzlicher Bestimmungen eingeräumten abgaben- und gebührenrechtlichen Begünstigungen finden auch auf die Pädagogischen Hochschulen Anwendung, soweit diese in Erfüllung ihrer gesetzlichen Aufgaben im Rahmen der eigenen Rechtspersönlichkeit tätig werden.

2. Abschnitt
Private Pädagogische Hochschulen bzw. private Studienangebote

Anerkennung als private Pädagogische Hochschule bzw. als privater Studiengang, privater Hochschullehrgang oder privater Lehrgang

§ 4. (1) Auf Antrag einer vom Bund verschiedenen Rechtsperson ist

1. eine Bildungseinrichtung als private Pädagogische Hochschule bzw.
2. ein Studienangebot als privater Studiengang, privater Hochschullehrgang oder privater Lehrgang

anzuerkennen. Z 2 ist auch auf Studienangebote im Rahmen der eigenen Rechtspersönlichkeit (§ 3 Abs. 1 Z 4) anzuwenden. Z 2 ist jedoch nicht auf Studienangebote (Lehrgänge) in der Dauer von weniger als einem Semester anzuwenden. *(BGBl I 2006/47)*

(2) Die Anerkennung einer Bildungseinrichtung (Abs. 1 Z 1) ist in der beantragten Dauer auszusprechen. Die Anerkennung eines Studienangebotes (Abs. 1 Z 2) ist in der beantragten Dauer, längstens jedoch auf die zweifache Dauer des Studienganges, Hochschullehrganges oder Lehrganges auszusprechen; eine darüber hinausgehende Anerkennung hat auf neuerlichen Antrag für längstens denselben Zeitraum zu erfolgen.

(3) Sofern nach erfolgter Anerkennung die für diese maßgeblichen Umstände nicht mehr vorliegen, ist das Erlöschen der Anerkennung mit Bescheid auszusprechen.

Voraussetzungen für die Anerkennung

§ 5. (1) Die Anerkennung als private Pädagogische Hochschule bzw. als privates Studienangebot (Studiengang, Hochschullehrgang oder Lehrgang) darf nur bei Vorliegen folgender Voraussetzungen erfolgen:

1. die Ausbildung hat in ihren Grundsätzen und in ihrer Qualität jener an öffentlichen Pädagogischen Hochschulen zu entsprechen,
2. an einer privaten Pädagogischen Hochschule sind Studiengänge für das Lehramt für Volksschulen oder für das Lehramt für Hauptschulen und zumindest für ein weiteres Lehramt auf Dauer einzurichten und zu führen,
3. das Lehrpersonal hat wissenschaftlich-berufsfeldbezogen und pädagogisch-didaktisch qualifiziert zu sein,
4. zur Erreichung der Ziele und zur Sicherung der Grundsätze sind die erforderlichen berufsfeldbezogenen Forschungs- und Entwicklungsarbeiten durch die Lehrenden durchzuführen,
5. die Autonomie hat wenigstens der an öffentlichen Pädagogischen Hochschulen zu entsprechen,
6. die Mitbestimmung der Studierenden muss gewährleistet sein,
7. die Anrechenbarkeit von bereits absolvierten Studien (Teilen von Studien) muss gewährleistet sein,
8. die erforderliche Personal-, Raum- und Sachausstattung muss für die Dauer der Anerkennung vorhanden sein.

(2) Bei der Errichtung einer Pädagogischen Hochschule im Burgenland ist abweichend von Abs. 1 Z 2 zumindest eines der genannten Lehrämter auf Dauer einzurichten und zu führen. Darüber hinaus ist zur Heranbildung von Lehrern und Lehrerinnen für Volksschulen und für Hauptschulen gemäß § 3 und § 8 des Minderheiten-Schulgesetzes für das Burgenland, BGBl. Nr. 641/1994, je ein ergänzendes Studium in kroatischer und ungarischer Sprache und ein entsprechendes zusätzliches Angebot im Bereich der Unterrichtspraxis anzubieten und zu führen.

Anerkennungsverfahren

§ 6. (1) Über einen Antrag auf Anerkennung bzw. über das Erlöschen der Anerkennung hat das zuständige Regierungsmitglied durch Bescheid zu erkennen. Der Anerkennungsbescheid hat jedenfalls zu beinhalten:

1. Bezeichnung der Rechtsperson, bei natürlichen Personen deren Personalien,
2. Bezeichnung und Standort der Bildungseinrichtung,
3. Bezeichnung der Studiengänge, Hochschullehrgänge oder Lehrgänge,
4. Bezeichnung des akademischen Grades bzw. der akademischen Bezeichnung, der bzw. die nach Abschluss des Studiums verliehen werden soll,
5. Dauer der Anerkennung.

(2) Das zuständige Regierungsmitglied hat im Rahmen des Verfahrens zur Anerkennung einer privaten Pädagogischen Hochschule jedenfalls den örtlich zuständigen Landesschulrat und die Landesregierung anzuhören.

(3) Änderungen von für die Anerkennung maßgeblichen Umständen oder Sachverhalten sind dem zuständigen Regierungsmitglied ohne Aufschub mitzuteilen.

(4) Im Übrigen sind auf das Anerkennungsverfahren die Bestimmungen des Allgemeinen Verwaltungsverfahrensgesetzes 1991, BGBl. Nr. 51, anzuwenden.

Rechtswirkungen der Anerkennung

§ 7. (1) Anerkannte Bildungseinrichtungen sind zur Führung der Bezeichnung „Private Pädagogische Hochschule" berechtigt. Anerkannte Studienangebote sind als „Private Studiengänge", „Private Hochschullehrgänge" bzw. „Private Lehrgänge" zu bezeichnen.

(2) Der Rechtsträger einer privaten Pädagogischen Hochschule, eines privaten Studienganges oder eines privaten Hochschullehrganges ist berechtigt, akademische Grade und akademische Bezeichnungen gleichlautend mit den in diesem Bundesgesetz geregelten akademischen Graden und akademischen Bezeichnungen zu verleihen. *(BGBl I 2010/47)*

(3) Private Pädagogische Hochschulen sowie private Studienangebote (Studiengänge, Hochschullehrgänge oder Lehrgänge) unterliegen der Aufsicht des zuständigen Regierungsmitglieds.

(4) Konfessionellen privaten Pädagogischen Hochschulen sind die zur Erfüllung der Aufgaben nach diesem Bundesgesetz erforderlichen Subventionen zum Personalaufwand des Lehrpersonals (einschließlich der Aus-, Fort- und Weiterbildung der Religionslehrer) wie sie dem Aufwand öffentlicher Pädagogischer Hochschulen vergleichbarer Art und Größe entsprechen, zu gewähren. *(BGBl I 2008/71)*

(5) Die Subventionierung kann dabei durch die Zuweisung von Planstellen sowie durch die Bereitstellung von Mitteln für Leistungen Dritter, wie sie öffentlichen Pädagogischen Hochschulen für personalkapazitätswirksame Leistungen zur Verfügung stehen, erfolgen. *(BGBl I 2008/71)*

(6) Im Bereich der Fort- und Weiterbildung sind die zur Erfüllung dieser Aufgaben erforderlichen Subventionen zum Personalaufwand des Lehrpersonals unter sinngemäßer Anwendung der §§ 30 und 31 nach Maßgabe einer jährlich im Einvernehmen mit dem zuständigen Regierungsmitglied festzulegenden Planung zu gewähren. Dies gilt nicht für die religionspädagogische Fort- und Weiterbildung. *(BGBl I 2008/71)*

3. Abschnitt
Aufgaben und leitende Grundsätze

Aufgaben der Pädagogischen Hochschule

§ 8. (1) Die Pädagogische Hochschule hat die Aufgabe, wissenschaftlich fundierte berufsfeldbezogene Bildungsangebote in den Bereichen der Aus-, Fort- und Weiterbildung in pädagogischen Berufsfeldern, insbesondere in Lehrberufen, zu erstellen, anzubieten und durchzuführen. Den Anforderungen des Lehrberufes ist durch Angebote der humanwissenschaftlichen, fachwissenschaftlichen, fachdidaktischen, pädagogischen und schulpraktischen Ausbildung (Praxisschulen) Rechnung zu tragen.

(2) An der Pädagogischen Hochschule sind jedenfalls Studiengänge für die Lehrämter an Volksschulen und an Hauptschulen zu führen. Darüber hinaus sind Studiengänge für die Lehrämter an Sonderschulen und an Polytechnischen Schulen anzubieten und bei Bedarf zu führen. An der Pädagogischen Hochschule Kärnten ist zur Heranbildung von Lehrern und Lehrerinnen für Volksschulen und für Hauptschulen gemäß § 12 des Minderheiten-Schulgesetzes für Kärnten, BGBl. Nr. 101/1959, ein ergänzendes Studium in slowenischer Sprache und ein entsprechendes zusätzliches Angebot im Bereich der Unterrichtspraxis anzubieten und zu führen.

(3) An der Pädagogischen Hochschule sind weiters Studiengänge für Lehrämter im Bereich der Berufsbildung bei Bedarf anzubieten und zu führen.

(3a) An der Pädagogischen Hochschule sind weiters Hochschullehrgänge für Freizeitpädagogik (für Erzieherinnen und Erzieher für die Freizeit an ganztägigen Schulformen – Freizeitpädagoginnen und -pädagogen) im

Umfang von 60 ECTS-Credits bei Bedarf anzubieten und zu führen. *(BGBl I 2011/73)*

(4) In allen pädagogischen Berufsfeldern sind

1. jedenfalls Fortbildungsangebote für Lehrer und Lehrerinnen nach den inhaltlichen Vorgaben des zuständigen Regierungsmitglieds oder in dessen bzw. deren Ermächtigung zur Wahrung der regionalen Erfordernisse der Landesschulräte sowie darüber hinaus
2. weitere Fort- und Weiterbildungsangebote zu erstellen.

(5) An der Pädagogischen Hochschule sind insbesondere Fort- und Weiterbildungsangebote auch in allgemein pädagogischen Angelegenheiten der Betreuung von Kindern und Jugendlichen anzubieten und durchzuführen.

(6) Die Pädagogische Hochschule hat weiters durch die Schul- bzw. Berufspraxis sowie durch wissenschaftlich-berufsfeldbezogene Forschung und Lehre die Befähigung zur verantwortungsbewussten Ausübung von Berufen im Bereich pädagogischer Berufsfelder, einschließlich jener der Berufspädagogik, zu vermitteln.

(7) Im Rahmen jeder Pädagogischen Hochschule kann eine Praxisschule für die Volks- und Hauptschule geführt werden; bei Bedarf sind mit Zustimmung des Schulerhalters auch andere Schulen als Praxisschulen heranzuziehen, sofern an diesen entsprechend ausgebildete Lehrerinnen und Lehrer (Praxislehrerinnen und –lehrer) zur Verfügung stehen.

(8) Abweichend von den Abs. 2 bis 4 hat die Hochschule für Agrar- und Umweltpädagogik Wien gemäß § 1 Abs. 1 Z 9 die Aufgabe, Studiengänge in land- und forstwirtschaftlichen sowie umweltpädagogischen Berufsfeldern, einschließlich des Beratungs- und Förderungsdienstes, anzubieten und durchzuführen. Die Fort- und Weiterbildung sowie die berufsfeldbezogene Forschung sind neben der Ausbildung ein integraler Teil des Aufgabenbereiches dieser Pädagogischen Hochschule.

(9) Im Rahmen der eigenen Rechtspersönlichkeit (§ 3) ist die Pädagogische Hochschule berechtigt, weitere Bildungsangebote in pädagogischen Berufsfeldern anzubieten und durchzuführen.

Leitende Grundsätze

§ 9. (1) Die Pädagogischen Hochschulen und sämtliche im Rahmen dieses Bundesgesetzes angebotenen Studiengänge und Studienangebote haben durch die Vermittlung von fundiertem, auf den neuesten wissenschaftlichen Erkenntnissen basierendem Fachwissen und umfassenden Lehrkompetenzen sicher zu stellen, dass die österreichische Lehrerinnen- und Lehrerbildung die Unterrichtsqualität an den österreichischen Schulen gewährleistet.

(2) Dieser Grundsatz ist verbunden mit dem Ziel, die Lehrerinnen und Lehrer zu professionalisieren, damit sie den gesellschaftlichen Herausforderungen gewachsen sind und ihre Unterrichts- und erzieherischen Pflichten und Aufgaben bestens erfüllen können.

(3) Die Studienangebote sind auf Hochschulniveau durchzuführen und haben einer auf aktuellen wissenschaftlichen Standards basierenden Aus-, Fort- und Weiterbildung zu dienen. Die Praxisbezogenheit in der Ausbildung sowie in der Fort- und Weiterbildung ist zu gewährleisten.

(4) Die Studienangebote haben sich an sich verändernden Professionalisierungserfordernissen und am Transfer neuer wissenschaftlich-berufsfeldbezogener Erkenntnisse in die pädagogische Arbeitswelt zu orientieren.

(5) Durch die Unterstützung der internationalen Zusammenarbeit im Bereich der Forschung und Lehre sowie durch den Ausbau der nationalen und internationalen Mobilität im Bereich der pädagogischen Berufsbildung ist der Stellenwert der europäischen Dimension in der österreichischen Gesellschaft zu festigen.

(6) Im Besonderen sind über Abs. 1 bis 5 hinaus folgende leitende Grundsätze zu beachten:

1. die Vielfalt wissenschaftlicher Theorien, Methoden und Lehrmeinungen,
2. die Verbindung von Forschung und Lehre,
3. die Lernfreiheit,
4. die Berücksichtigung der Erfordernisse der Berufszugänge,
5. die Berücksichtigung der besonderen Bedürfnisse der Berufsbildung,
6. die Mitsprache der Studierenden, insbesondere bei Studienangelegenheiten und bei der Qualitätssicherung der Lehre,
7. die Wahrnehmung der Verantwortung gegenüber der Entwicklung der Gesellschaft durch eine zeitgemäße Professionalisierung der Absolventinnen und Absolventen (dies schließt eine Wert- und Sinnorientierung mit ein),
8. die Stärkung sozialer Kompetenz (einschließlich der Befähigung zur Vermittlung von sozialen, moralisch-ethischen und religiösen Werten sowie der Gender- und Diversity-Kompetenz), *(BGBl I 2010/47)*
9. die Anwendbarkeit der Studien in der beruflichen pädagogischen Praxis,
10. das Zusammenwirken von Studierenden, Lehrenden sowie des Verwaltungspersonals der Pädagogischen Hochschule im

Sinne einer hochschulischen Lehr- und Lernkultur,
11. die Mitwirkung an der Schulentwicklung durch wissenschaftlich-berufsfeldbezogene Forschung, durch praktische Arbeiten sowie in sozial- und bildungspolitischen Anliegen,
12. die Gleichbehandlung und Gleichstellung von Frauen und Männern,
13. die soziale Chancengleichheit,
14. die besondere Berücksichtigung der Erfordernisse von Menschen mit Behinderungen im Sinne des Bundes-Behindertengleichstellungsgesetzes, BGBl. I Nr. 82/2005,
15. die besondere Berücksichtigung der Erfordernisse von besonders begabten und interessierten Studierenden,
16. die Wirtschaftlichkeit, Sparsamkeit und Zweckmäßigkeit der Gebarung.

(7) Die Lehre an den Pädagogischen Hochschulen ist mit berufsfeldbezogener Forschung und Entwicklung zu verbinden (forschungsgeleitete Lehre).

(8) Die Pädagogischen Hochschulen haben bei der Erfüllung ihrer Aufgaben die Strategie des Gender Mainstreaming anzuwenden und die Ergebnisse im Bereich der Gender Studies und der gendersensiblen Didaktik zu berücksichtigen. *(BGBl I 2010/47)*

Wissenschaftliche und organisatorische Kooperation mit anderen Bildungseinrichtungen

§ 10. Die Pädagogischen Hochschulen haben hinsichtlich der Erfüllung ihrer Aufgaben untereinander und mit anderen Bildungs- und Forschungseinrichtungen, insbesondere mit in- und ausländischen Universitäten und Fachhochschulen zu kooperieren. Die Kooperation erstreckt sich neben der berufsfeldbezogenen Forschung und Entwicklung auch auf die Evaluation und insbesondere auf die Erstellung der Curricula und auf die Studienangebote sowie deren Durchführung und soll die Durchlässigkeit von Bildungsangeboten im Sinne einer gegenseitigen Anrechenbarkeit von Studien und Studienteilen im Rahmen der bestehenden Möglichkeiten sicherstellen.

4. Abschnitt
Organe

Organe der Pädagogischen Hochschule

§ 11. (1) Die Organe der Pädagogischen Hochschule sind der Hochschulrat, das Rektorat, der Rektor bzw. die Rektorin und die Studienkommission.

(2) Eine Person darf in höchstens einem dieser Organe Mitglied sein; dies gilt nicht für die Mitgliedschaft des Rektors bzw. der Rektorin im Rektorat.

Hochschulrat

§ 12. (1) Der Hochschulrat besteht aus fünf Mitgliedern, die in verantwortungsvollen Positionen in der Gesellschaft, insbesondere der Pädagogik, der (Berufs-)bildung und der Wissenschaft tätig sind oder waren und auf Grund ihrer hervorragenden Kenntnisse und Erfahrungen einen Beitrag zur Erreichung der Ziele und Aufgaben der Pädagogischen Hochschule leisten können. Mitglieder des Hochschulrates sind
1. drei von der Bundesministerin bzw. vom Bundesminister für Unterricht, Kunst und Kultur zu bestellende Mitglieder, *(BGBl I 2010/47)*
2. der Amtsführende Präsident bzw. die Amtsführende Präsidentin des Landesschulrates, in dessen bzw. in deren örtlichen Wirkungsbereich die Pädagogische Hochschule ihren Sitz hat,
3. ein von der Landesregierung zu bestellendes Mitglied.

(2) Abweichend von Abs. 1 Z 1 bis 3 sind Mitglieder des Hochschulrates der Hochschule für Agrar- und Umweltpädagogik Wien:
1. drei von der Bundesministerin bzw. vom Bundesminister für Land- und Forstwirtschaft, Umwelt und Wasserwirtschaft zu bestellende Mitglieder, von denen jedenfalls eines dem land- und forstwirtschaftlichen Schulwesen anzugehören hat,
2. ein von der Bundesministerin bzw. vom Bundesminister für Unterricht, Kunst und Kultur zu bestellendes Mitglied, *(BGBl I 2010/47)*
3. ein von der Landwirtschaftskammer Österreich zu bestellendes Mitglied.

(3) Die Mitgliedschaft im Hochschulrat endet
1. durch Ablauf der Funktionsperiode,
2. durch Verzicht,
3. durch Abberufung,
4. durch Tod.

(4) Die Funktionsperiode der Mitglieder gemäß Abs. 1 Z 1 und 3 sowie Abs. 2 beträgt fünf Jahre. Eine Wiederbestellung für die unmittelbar folgende Funktionsperiode ist nur ein Mal zulässig. Bei vorzeitigem Ausscheiden eines Mitglieds des Hochschulrates ist für den Rest der Funktionsperiode ein neues Mitglied auf dieselbe Art wie das ausgeschiedene Mitglied zu bestellen.

(5) Das zuständige Regierungsmitglied kann ein Mitglied des Hochschulrates wegen einer schweren Pflichtverletzung, einer strafgerichtlichen Verurteilung oder wegen mangelnder körperlicher oder geistiger Eignung mit Bescheid von seiner Funktion abberufen. Eine Abberufung setzt übereinstimmende Beschlüsse der Studienkommission und des Rektorats voraus, die beide einer Zweidrittelmehrheit bedürfen.

(6) Der bzw. die Vorsitzende im Hochschulrat wird durch Wahl mit einfacher Mehrheit aus dem Kreis der Mitglieder festgelegt. Bis zur Wahl des bzw. der Vorsitzenden führt das an Lebensjahren älteste Mitglied des Hochschulrates den Vorsitz.

(7) Der Hochschulrat ist beschlussfähig, wenn mindestens die Hälfte der Mitglieder anwesend ist. Für einen Beschluss ist die unbedingte Mehrheit der abgegebenen gültigen Stimmen erforderlich. Bei Stimmengleichheit entscheidet der oder die Vorsitzende. Die Vertretung eines an einer Beratung oder Beschlussfassung verhinderten Mitgliedes sowie die Übertragung des Stimmrechtes an eine andere Person sind unzulässig. Erforderlichenfalls können andere Personen als Fachleute mit beratender Stimme beigezogen und Ausschüsse eingerichtet werden.

(8) Das Rektorat, der oder die Vorsitzende der Studienkommission, der oder die Vorsitzende des Arbeitskreises für Gleichbehandlungsfragen und der oder die Vorsitzende der Vertretung der Studierenden an der betreffenden Pädagogischen Hochschule haben das Recht, in den Sitzungen des Hochschulrates zu Tagesordnungspunkten angehört zu werden, die ihren Aufgabenbereich betreffen.

(9) Der Hochschulrat hat folgende Aufgaben:

1. Ausschreibung der Funktion des Rektors bzw. der Rektorin sowie Durchführung des Auswahlverfahrens und Erstellung eines Dreiervorschlages für die Bestellung durch das zuständige Regierungsmitglied,
2. auf Vorschlag des Rektors bzw. der Rektorin Zuordnung von Aufgabengebieten zu den Funktionen der Vizerektoren bzw. der Vizerektorinnen,
3. Festlegung von Ausbildungsinhalten für die Curricula,
4. Beschlussfassung über den Organisationsplan,
5. Genehmigung der Satzung und der Geschäftsordnung,
6. Stellungnahme zur beabsichtigten Betrauung mit der Leitung eines Institutes der Pädagogischen Hochschule gemäß § 16, *(BGBl I 2010/47)*
7. Beschlussfassung über den Ziel- und Leistungsplan der Pädagogischen Hochschule und Weiterleitung an das zuständige Regierungsmitglied zur Genehmigung,
8. Beschlussfassung über den jährlichen Ressourcenplan der Pädagogischen Hochschule und Weiterleitung an das zuständige Regierungsmitglied zur Genehmigung,
9. Berichtspflicht an das zuständige Regierungsmitglied bei schwerwiegenden Rechtsverstößen von Hochschulorganen sowie bei Gefahr eines schweren wirtschaftlichen Schadens.

(10) Der Hochschulrat ist berechtigt, sich über alle Angelegenheiten der Pädagogischen Hochschule zu informieren. Die Hochschulorgane sind verpflichtet, dem Hochschulrat alle zweckdienlichen Auskünfte zu erteilen, Geschäftsstücke und Unterlagen über die vom Hochschulrat bezeichneten Gegenstände vorzulegen, von ihm angeordnete Erhebungen anzustellen und Überprüfungen an Ort und Stelle vornehmen zu lassen.

(11) Die Mitglieder des Hochschulrats sind bei ihrer Tätigkeit zu entsprechender Sorgfalt verpflichtet. Sie haben Anspruch auf Ersatz der Aufwendungen, die ihnen aus Anlass der Ausübung ihrer Funktion erwachsen. Die näheren Bestimmungen über den Ersatz sind durch Verordnung des zuständigen Regierungsmitglieds zu treffen, in der auch ein pauschalierter Aufwandsersatz festgelegt werden kann.

(12) Der Hochschulrat hat eine Geschäftsordnung zu beschließen, die die näheren Bestimmungen über die Geschäftsführung festzulegen hat.

Rektor, Rektorin

§ 13. (1) Der Rektor bzw. die Rektorin leitet die Pädagogische Hochschule, ist der oder die Vorgesetzte des an der Pädagogischen Hochschule tätigen Lehr- und Verwaltungspersonals, vertritt die Pädagogische Hochschule nach außen und koordiniert die Tätigkeit der Organe der Pädagogischen Hochschule. Er bzw. sie hat darüber hinaus alle Aufgaben nach diesem Bundesgesetz wahrzunehmen, die nicht einem anderen Hochschulorgan zugewiesen sind.

(2) Zum Rektor bzw. zur Rektorin darf nur eine Lehrerin oder ein Lehrer einer Pädagogischen Hochschule mit

1. einem abgeschlossenen Universitätsstudium,
2. der Fähigkeit zur organisatorischen und wirtschaftlichen Leitung einer Pädagogischen Hochschule,

3. mehrjähriger Erfahrung in der Lehre und
4. mit Erfahrung in der internationalen Bildungskooperation

oder eine außerhalb einer Pädagogischen Hochschule tätige Person mit gleichzuhaltender Qualifikation bestellt werden.

(3) Die Ausschreibung der Funktion des Rektors bzw. der Rektorin und die Durchführung des Auswahlverfahrens obliegen dem Hochschulrat. Die einlangenden Bewerbungen sind dem Dienststellenausschuss zu übermitteln; dieser hat das Recht, binnen drei Wochen eine begründete schriftliche Stellungnahme abzugeben. Der Hochschulrat hat dem zuständigen Regierungsmitglied einen Dreiervorschlag für die Bestellung zum Rektor bzw. zur Rektorin vorzulegen. Die Bestellung erfolgt durch das zuständige Regierungsmitglied für eine Funktionsperiode von vier Studienjahren gerechnet ab dem der Bestellung folgenden 1. Oktober. *(BGBl I 2010/47)*

(4) Zwölf Monate vor Ablauf der Funktionsperiode hat der Hochschulrat die Funktion auszuschreiben.

(5) Kommt bis zum Ablauf der Funktionsperiode die Bestellung eines neuen Organs nicht zustande, hat das bis dahin im Amt gewesene Organ seine Funktion bis zur Bestellung eines neuen Organs vorübergehend weiter auszuüben.

(6) Der Rektor bzw. die Rektorin steht in einem auf die Dauer der Ausübung der Funktion zeitlich befristeten, besonderen vertraglichen Dienstverhältnis zum Bund. Die Aufnahme in dieses Dienstverhältnis erfolgt durch das zuständige Regierungsmitglied. Wird eine Person zum Rektor bzw. zur Rektorin bestellt, die bereits in einem Dienstverhältnis zum Bund steht, so ist sie für die Dauer der Ausübung der Funktion im bereits bestehenden Dienstverhältnis unter Entfall der Bezüge beurlaubt.

Vizerektoren, Vizerektorinnen

§ 14. (1) An der Pädagogischen Hochschule ist ein Vizerektor bzw. eine Vizerektorin oder sind unter Bedachtnahme auf die innere Struktur der Pädagogischen Hochschule auch zwei Vizerektoren bzw. Vizerektorinnen zu bestellen. Der oder die Vizerektor(en) bzw. Vizerektorin(nen) sind Mitglieder des Rektorats und haben den Rektor bzw. die Rektorin im Verhinderungsfall zu vertreten, auf den ihnen vom Hochschulrat zugeordneten Aufgabengebieten zu unterstützen und im Falle eines vorzeitigen Ausscheidens des Rektors bzw. der Rektorin dessen bzw. deren Aufgaben bis zur Bestellung eines neuen Rektors bzw. einer neuen Rektorin wahrzunehmen. *(BGBl I 2010/47)*

(2) Die Ausschreibung der Funktion des Vizerektors bzw. der Vizerektorin und die Durchführung des Auswahlverfahrens obliegen dem Hochschulrat. Die einlangenden Bewerbungen sind dem Dienststellenausschuss zu übermitteln; dieser hat das Recht, binnen drei Wochen eine begründete schriftliche Stellungnahme abzugeben. Der Hochschulrat hat dem zuständigen Regierungsmitglied einen Dreiervorschlag für die Bestellung zum Vizerektor bzw. zur Vizerektorin sowie eine diesbezügliche Stellungnahme des Rektors bzw. der Rektorin vorzulegen. Die Bestellung erfolgt durch das zuständige Regierungsmitglied für eine Funktionsperiode von vier Studienjahren gerechnet ab dem der Bestellung folgenden 1. Oktober. *(BGBl I 2010/47)*

(3) § 13 Abs. 4 und 5 finden Anwendung.

(4) Die Vizerektoren bzw. die Vizerektorinnen stehen in einem auf die Dauer der Ausübung der Funktion zeitlich befristeten, besonderen vertraglichen Dienstverhältnis zum Bund. Die Aufnahme in dieses Dienstverhältnis erfolgt durch das zuständige Regierungsmitglied. Wird eine Person zum Vizerektor bzw. zur Vizerektorin bestellt, die bereits in einem Dienstverhältnis zum Bund steht, so ist sie für die Dauer der Ausübung der Funktion im bereits bestehenden Dienstverhältnis unter Entfall der Bezüge beurlaubt.

Rektorat

§ 15. (1) Das Rektorat besteht aus dem Rektor bzw. der Rektorin und den ein oder zwei als Vizerektor bzw. Vizerektorin bestellten Personen.

(2) Der Rektor bzw. die Rektorin hat die Vorsitzführung im Rektorat inne und vertritt dieses nach außen.

(3) Das Rektorat hat folgende Aufgaben:

1. Festlegung der allgemeinen Zulassungsfrist,
2. Erstellung der Satzung,
3. Erstellung des Entwurfes eines Organisationsplanes der Pädagogischen Hochschule zur Vorlage an den Hochschulrat zur Beschlussfassung,
4. Ausschreibung von Planstellen für Lehrpersonal gemäß § 18 Abs. 1 Z 1, Durchführung des Auswahlverfahrens, Bewertung der Ergebnisse und Vorlage eines begründeten Besetzungsantrages an das zuständige Regierungsmitglied,

5. Antragstellung betreffend Zuweisung und Mitverwendung von Lehrenden gemäß § 18 Abs. 1 Z 2 und 3 an die zuständige Dienstbehörde oder Personalstelle,
6. Bestellung von Lehrenden gemäß § 18 Abs. 1 Z 4,
7. Ausschreibung von Planstellen für das Verwaltungspersonal (§ 20 Abs. 3),
8. Zulassung der Studierenden,
9. Einhebung der Studienbeiträge in der gesetzlich festgelegten Höhe,
10. Veranlassung von Evaluierungen und Veröffentlichung von Evaluierungsergebnissen,
11. Stellungnahme zu den Entwürfen von Curricula und Genehmigung der Curricula,
12. Erstellung eines Ziel- und Leistungsplanes für die Pädagogische Hochschule und Vorlage an den Hochschulrat zur Beschlussfassung,
13. Erstellung eines jährlichen Ressourcenplanes für die Pädagogische Hochschule und Vorlage an den Hochschulrat zur Beschlussfassung,
14. interne Budgetzuteilung gemäß dem genehmigten Ressourcenplan,
15. Betrauung mit der Leitung eines im Organisationsplan vorgesehenen Institutes. *(BGBl I 2010/47)*

(4) Das Rektorat kann Entscheidungen anderer Organe mit Ausnahme der Beschlüsse des Hochschulrates zurückverweisen, wenn diese Entscheidungen nach Auffassung des Rektorats im Widerspruch zu Gesetzen und Verordnungen einschließlich der Satzung stehen. Der Hochschulrat ist in schwerwiegenden Fällen zu informieren.

(5) Das Rektorat entscheidet mit Stimmenmehrheit, soweit in der Geschäftsordnung nicht anderes bestimmt ist. Bei Stimmengleichheit gibt die Stimme des Rektors bzw. der Rektorin den Ausschlag.

(6) Das Rektorat hat eine Geschäftsordnung zu erlassen, die der Genehmigung des Hochschulrates bedarf und im Mitteilungsblatt zu verlautbaren ist. In der Geschäftsordnung ist jedenfalls festzulegen, welche Agenden gemäß Abs. 3 den einzelnen Mitgliedern des Rektorats allein zukommen und welche Agenden von mehreren oder von allen Mitgliedern des Rektorats gemeinsam wahrzunehmen sind. Entscheidungen in wirtschaftlichen Angelegenheiten sind jedenfalls von mindestens zwei Mitgliedern des Rektorats zu treffen. In der Geschäftsordnung ist auch die Vertretungsbefugnis festzulegen.

Institutsleitung

§ 16. (1) Das Rektorat hat auf Vorschlag des Rektors bzw. der Rektorin geeignete Lehrerinnen oder Lehrer gemäß § 18 Abs. 1 Z 1 mit der Leitung der im Organisationsplan vorgesehenen Institute der Pädagogischen Hochschule zu betrauen.

(1a) Sofern geeignete Lehrende gemäß § 18 Abs. 1 Z 1 nicht zur Verfügung stehen, können auch Lehrende gemäß § 18 Abs. 1 Z 2, die über die entsprechende Qualifikation verfügen, mit der Leitung eines Institutes betraut werden. *(BGBl I 2010/47)*

(2) Betrauungen gemäß Abs. 1 erfolgen für einen Zeitraum von fünf Studienjahren. Neuerliche Betrauungen sind zulässig.

Studienkommission

§ 17. (1) Die Studienkommission besteht aus 12 Mitgliedern, und zwar

1. neun von den Lehrenden aus deren Kreis zu wählende Mitglieder und
2. drei von der Studierendenvertretung zu entsendende Mitglieder.

(2) An der Hochschule für Agrar- und Umweltpädagogik Wien gehört der Studienkommission neben den in Abs. 1 genannten Mitgliedern ein von der Bundesministerin oder vom Bundesminister für Land- und Forstwirtschaft, Umwelt und Wasserwirtschaft zu entsendendes Mitglied an.

(3) Neben den auf Grund anderer gesetzlicher Bestimmungen übertragenen Entscheidungsbefugnissen obliegt der Studienkommission insbesondere die Beratung über pädagogische Fragen der Pädagogischen Hochschule sowie über Maßnahmen der Qualitätssicherung. Die Studienkommission hat folgende Aufgaben:

1. Erlassung des Curriculums sowie der Prüfungsordnung,
2. Entscheidung in zweiter und letzter Instanz in Studienangelegenheiten,
3. Erstellung von Maßnahmen der Evaluation und der Qualitätssicherung der Studienangebote,
4. Einrichtung eines Arbeitskreises für Gleichbehandlungsfragen.

(4) Die Funktionsperiode der Studienkommission beträgt drei Studienjahre.

(5) Die Vertreter des Lehrpersonals sind innerhalb der ersten drei Monate des ersten Studienjahres der Funktionsperiode in glei-

cher, unmittelbarer, geheimer und persönlicher Verhältniswahl zu wählen; gleichzeitig ist eine entsprechende Anzahl von Stellvertreterinnen oder Stellvertretern zu wählen. Das Wahlergebnis ist unverzüglich und auf geeignete Weise in der Pädagogischen Hochschule kundzumachen.

(6) Jedem Mitglied der Studienkommission kommt eine beschließende Stimme zu. Stimmenthaltung ist unzulässig. Der Rektor bzw. die Rektorin und die Vizerektoren bzw. die Vizerektorinnen bzw. der Vizerektor und die Vizerektorin haben das Recht, an den Sitzungen der Studienkommission mit beratender Stimme teilzunehmen. Erforderlichenfalls können andere Personen als Fachleute mit beratender Stimme beigezogen und Ausschüsse (insbesondere für die vorgesehenen Studienangebote) eingerichtet werden.

(7) Die Studienkommission ist beschlussfähig, wenn mehr als die Hälfte der Mitglieder sowie mindestens ein Mitglied aus dem Bereich der Studierenden und zwei Mitglieder aus dem Bereich der Lehrenden anwesend sind. Für einen Beschluss ist die unbedingte Mehrheit der abgegebenen gültigen Stimmen erforderlich. Bei Stimmengleichheit entscheidet der oder die Vorsitzende. Die Sitzungen der Studienkommission sind nicht öffentlich.

(8) Die Studienkommission hat eine Geschäftsordnung zu beschließen, die die näheren Bestimmungen über die Geschäftsführung festzulegen hat.

Lehrpersonal

§ 18. (1) Die Lehre an Pädagogischen Hochschulen erfolgt durch

1. Bundeslehr- und Bundesvertragslehrpersonal (Stammlehrpersonal),
2. vorübergehend zur Dienstleistung zugewiesenes Bundeslehrpersonal, Bundesvertragslehrpersonal, Landeslehrpersonal oder Landesvertragslehrpersonal, land- und forstwirtschaftliches Landeslehr- oder land- und forstwirtschaftliches Landesvertragslehrpersonal (§ 39 BDG 1979, § 6a VBG, § 22 LDG 1984, § 22 LLDG 1985),
3. mitverwendetes Bundeslehr- und Bundesvertragslehrpersonal (§ 210 BDG 1979), mitverwendetes Landeslehr- und Landesvertragslehrpersonal (§ 22 LDG 1984, § 2 Abs. 2 lit. h Landesvertragslehrergesetz 1966), land- und forstwirtschaftliches Landeslehr- oder land- und forstwirtschaftliches Landesvertragslehrpersonal (§ 22 LLDG 1985),
4. Lehrbeauftragte.

(2) Planstellen für Bundeslehrer bzw. Bundeslehrerinnen und Bundesvertragslehrer bzw. Bundesvertragslehrerinnen sind durch das Rektorat auszuschreiben. Das Rektorat hat ein Auswahlverfahren durchzuführen, die Ergebnisse zu bewerten und dem zuständigen Regierungsmitglied einen begründeten Besetzungsantrag vorzulegen. Die Besetzung erfolgt durch das zuständige Regierungsmitglied gemäß den dienstrechtlichen Bestimmungen.

(3) Die Zuweisung zur vorübergehenden Dienstleistung oder zur Mitverwendung erfolgt durch die zuständige Dienstbehörde oder Personalstelle auf Antrag des Rektorats.

(4) Die Bestellung von Lehrbeauftragten erfolgt durch das Rektorat. Durch die Erteilung eines Lehrauftrages wird kein Dienstverhältnis begründet. Das Lehrbeauftragtengesetz, BGBl. Nr. 656/1987, findet Anwendung. *(BGBl I 2010/47)*

(5) Dem Lehrpersonal gemäß Abs. 1 Z 1 bis 3 obliegt neben den unmittelbar mit der Lehre in der Aus-, Fort- und Weiterbildung verbundenen Pflichten die Mitwirkung an den weiteren Aufgaben der Pädagogischen Hochschule. Es hat überdies seine Lehre mit berufsfeldbezogener Forschung und Entwicklung zu verbinden. *(BGBl I 2010/47)*

Verwaltungsdirektor bzw. -direktorin und sonstiges Verwaltungspersonal

§ 19. (1) Der Verwaltungsdirektor bzw. die Verwaltungsdirektorin und das sonstige Verwaltungspersonal haben die Organe der Pädagogischen Hochschule bei der Erfüllung ihrer Aufgaben zu unterstützen. Der Rektor bzw. die Rektorin kann nach Maßgabe der Größe und Aufgabenfülle der Pädagogischen Hochschule den Verwaltungsdirektor bzw. die Verwaltungsdirektorin mit der selbstständigen Erledigung bestimmter Angelegenheiten betrauen; dieser unterliegt auch dabei allfälligen Weisungen des Rektors bzw. der Rektorin.

(2) Die Besetzung der Arbeitsplätze für den Verwaltungsdirektor bzw. für die Verwaltungsdirektorin und das sonstige Verwaltungspersonal erfolgt durch das zuständige Regierungsmitglied gemäß den dienstrechtlichen Bestimmungen.

Ausschreibung

§ 20. (1) Die Funktionen des Rektors bzw. der Rektorin (§ 13) und der Vizerektoren bzw. der Vizerektorinnen (§ 14) sowie die Planstellen für Bundeslehrer bzw. Bundeslehrerinnen und Bundesvertragslehrer bzw. Bundesvertragslehrerinnen (§ 18) sind im Amtsblatt zur Wiener Zeitung auszuschreiben. Die Ausschreibung kann zusätzlich auf andere geeignete Weise erfolgen.

(2) Die Ausschreibung hat jedenfalls zu enthalten:

1. die dienstrechtlichen Erfordernisse,
2. die besonderen Kenntnisse und Fähigkeiten, die für die Erfüllung der mit der Funktion, der Planstelle oder des Arbeitsplatzes verbundenen Anforderungen erwartet werden,
3. – im Fall des Rektors bzw. der Rektorin – die Voraussetzungen des § 13 Abs. 2,
4. – im Fall des Vizerektors bzw. der Vizerektorin – das vom Hochschulrat der Funktion zugewiesene Aufgabengebiet,
5. die Art des Auswahlverfahrens,
6. die Einreichungsstelle für die Bewerbungen und
7. die Bewerbungsfrist, die nicht weniger als einen Monat betragen darf.

(3) Auf die Ausschreibung der Planstellen des Verwaltungspersonals ist das Ausschreibungsgesetz 1989, BGBl. Nr. 85, anzuwenden.

Frauenfördergebot, Arbeitskreis für Gleichbehandlungsfragen

§ 21. (1) Alle Organe der Pädagogischen Hochschule haben darauf hinzuwirken, dass in allen Arbeitsbereichen ein ausgewogenes Zahlenverhältnis zwischen den an der Pädagogischen Hochschule tätigen Frauen und Männern erreicht wird.

(2) An jeder Pädagogischen Hochschule ist von der Studienkommission ein Arbeitskreis für Gleichbehandlungsfragen einzurichten, dessen Aufgabe es ist, Diskriminierungen durch Organe der Pädagogischen Hochschule auf Grund des Geschlechts entgegenzuwirken und die Angehörigen und Organe der Pädagogischen Hochschule in Fragen der Gleichstellung von Frauen und Männern sowie der Frauenförderung zu beraten und zu unterstützen.

(3) Die Anzahl der Mitglieder des Arbeitskreises für Gleichbehandlungsfragen sowie deren Funktionsdauer ist in der Satzung festzulegen. Aus dem Kreis der Mitglieder des Arbeitskreises ist ein Vorsitzender oder eine Vorsitzende zu wählen.

(4) Die Mitglieder des Arbeitskreises für Gleichbehandlungsfragen dürfen bei der Ausübung ihrer Befugnisse nicht behindert und wegen dieser Tätigkeit in ihrem beruflichen Fortkommen nicht benachteiligt werden.

(5) Den Mitgliedern des Arbeitskreises ist vom Rektorat in allen inneren Angelegenheiten der Pädagogischen Hochschule Auskunft zu erteilen sowie Einsicht in die Geschäftsstücke, Unterlagen und in die automationsunterstützt aufgezeichneten Daten über das Personal der Pädagogischen Hochschule zu geben, deren Kenntnis zur Erfüllung der Aufgaben des Arbeitskreises erforderlich ist. Auf Verlangen ist die Herstellung von Fotokopien dieser Unterlagen zu gestatten. Einsicht in Personalakten ist nur mit Genehmigung des bzw. der Betroffenen zulässig.

(6) Werden vom Arbeitskreis für Gleichbehandlungsfragen zur Vorbereitung seiner Beschlüsse Gutachten und Stellungnahmen facheinschlägiger Experten bzw. Expertinnen sowie Auskünfte eingeholt, dürfen diesen Experten bzw. Expertinnen die dafür erforderlichen Unterlagen zur Verfügung gestellt werden. Diese Experten bzw. Expertinnen sind zur Verschwiegenheit verpflichtet.

(7) Dem Arbeitskreis für Gleichbehandlungsfragen sind insbesondere unverzüglich zur Kenntnis zu bringen:

1. alle Ausschreibungstexte für die Besetzung von Stellen und Funktionen,
2. die Liste der eingelangten Bewerbungen,
3. die Liste der in das Auswahlverfahren einbezogenen Bewerberinnen oder Bewerber.

(8) Das Rektorat hat gleichzeitig mit der Information des zuständigen Organs der Personalvertretung den Arbeitskreis für Gleichbehandlungsfragen darüber in Kenntnis zu setzen, mit welcher Bewerberin bzw. mit welchem Bewerber ein Dienstverhältnis eingegangen werden soll.

(9) Hat der Arbeitskreis für Gleichbehandlungsfragen Grund zur Annahme, dass die Entscheidung eines Hochschulorgans eine Diskriminierung von Personen auf Grund ihres Geschlechts darstellt, ist er berechtigt, innerhalb von zwei Wochen den Hochschulrat oder das zuständige Regierungsmitglied anzurufen.

(10) Dem Hochschulrat und dem Rektorat ist jährlich ein Tätigkeitsbericht des Arbeitskreises für Gleichbehandlungsfragen zu übermitteln.

5. Abschnitt

Praxisschulen

Organisatorische Stellung von Praxisschulen

§ 22. (1) In Pädagogische Hochschulen eingegliederte Praxisschulen sind Schulen im Sinne des Art. 14 Abs. 5 lit. a des Bundes-Verfassungsgesetzes, BGBl. Nr. 1/1930.

(2) Sofern mit Zustimmung des Schulerhalters andere als in Abs. 1 genannte Schulen als Praxisschulen herangezogen werden, bleibt deren organisatorische Stellung unberührt.

Aufgaben der Praxisschulen

§ 23. Die Praxisschule hat zusätzlich zu den im Schulorganisationsgesetz, BGBl. Nr. 242/1962, genannten Aufgaben die Aufgabe, an der Einführung der Studierenden in die Erziehungs- und Unterrichtspraxis im Sinne einer berufsnahen schulpraktischen Ausbildung mitzuwirken sowie neue Wege der Unterrichtsgestaltung zu erproben. Sie hat weiters die Aufgabe, die erziehungs- und unterrichtspraktische Ausbildung im Hinblick auf die Schulwirklichkeit zu ergänzen und zu festigen.

6. Abschnitt
Verfahren

Aufsicht

§ 24. (1) Die Organe der Pädagogischen Hochschule unterliegen bei der Besorgung ihrer Angelegenheiten der Aufsicht des zuständigen Regierungsmitglieds. Die Aufsicht erstreckt sich auf die Einhaltung der geltenden Rechtsvorschriften (einschließlich der von den Organen der Pädagogischen Hochschule erlassenen Rechtsvorschriften) sowie auf die Erfüllung der der Pädagogischen Hochschule obliegenden Aufgaben.

(2) Das zuständige Regierungsmitglied ist berechtigt, sich über alle Angelegenheiten der Pädagogischen Hochschule zu informieren. Die Organe der Pädagogischen Hochschule sind verpflichtet, dem zuständigen Regierungsmitglied im Wege über den Rektor bzw. der Rektorin Auskünfte über alle Angelegenheiten der Pädagogischen Hochschule zu erteilen, Geschäftsstücke und Unterlagen vorzulegen, angeordnete Erhebungen anzustellen und Überprüfungen an Ort und Stelle vornehmen zu lassen.

(3) Das zuständige Regierungsmitglied hat Entscheidungen (einschließlich der Durchführung von Wahlen) von Organen der Pädagogischen Hochschule aufzuheben und deren Durchführung zu untersagen, wenn die betreffende Entscheidung bzw. Wahl

1. von einem unzuständigen Organ herrührt,
2. unter Außerachtlassung von Verfahrensvorschriften zustande gekommen ist,
3. im Widerspruch zu geltendem Recht steht,
4. wegen der finanziellen Auswirkungen nicht durchführbar ist oder
5. wegen der organisatorischen Auswirkungen die Pädagogische Hochschule oder einzelne ihrer Organisationseinheiten an der Erfüllung der ihr übertragenen Aufgaben hindern könnte oder hindert.

(4) Die Organe der Pädagogischen Hochschule sind verpflichtet, den der Rechtsanschauung des zuständigen Regierungsmitglieds entsprechenden Rechtszustand mit den ihnen rechtlich zu Gebote stehenden Mitteln unverzüglich herzustellen, widrigenfalls die zu erfüllende Aufgabe vom zuständigen Regierungsmitglied wahrzunehmen ist. Allenfalls zwischenzeitig ergangene Entscheidungen, Bescheide bzw. durchgeführte Wahlen leiden im Sinn des § 68 Abs. 4 Z 4 des Allgemeinen Verwaltungsverfahrensgesetzes 1991, BGBl. Nr. 51, an einem mit Nichtigkeit bedrohten Fehler.

Verfahrensvorschriften

§ 25. Für Verfahren der Organe der Pädagogischen Hochschule auf Grund dieses Bundesgesetzes ist das Allgemeine Verwaltungsverfahrensgesetz 1991, BGBl. Nr. 51, anzuwenden.

Berufung

§ 26. (1) Gegen Entscheidungen von Organen der Pädagogischen Hochschule (ausgenommen Entscheidungen der Studienkommission) auf Grund dieses Bundesgesetzes ist das Rechtsmittel der Berufung an die Studienkommission zulässig.

(2) Gegen eine Entscheidung der Studienkommission ist ein ordentliches Rechtsmittel nicht zulässig.

Säumnis von Organen

§ 27. (1) Kommt ein anderes als in Abs. 2 genanntes Organ einer Pädagogischen Hochschule einer ihm nach diesem Bundesgesetz oder nach aufgrund dieses Bundesgesetzes erlassenen Rechtsvorschriften obliegenden Aufgabe nicht innerhalb angemessener Zeit nach, hat das Rektorat auf Antrag von davon betroffenen Studierenden der Pädagogischen Hochschule oder von Amts wegen eine Frist von vier Wochen zu setzen, innerhalb der das säumige Organ die zu erfüllende Aufgabe nachzuholen hat. Lässt dieses die Frist verstreichen, ist die zu erfüllende Aufgabe vom Rektorat wahrzunehmen (Ersatzvornahme). Dies gilt nicht im Anwendungsbereich des § 73 des Allgemeinen Verwaltungsverfahrensgesetzes 1991, BGBl. Nr. 51. *(BGBl I 2010/47)*

(2) Ist die Studienkommission, das Rektorat oder der Rektor bzw. die Rektorin im Sinne des Abs. 1 säumig, hat der Hochschulrat auf Antrag von davon betroffenen Studierenden der Pädagogischen Hochschule oder von Amts wegen die Maßnahmen gemäß Abs. 1 zu setzen.

(3) Ist der Hochschulrat im Sinne des Abs. 2 oder in einer Angelegenheit des § 12 säumig, hat das zuständige Regierungsmitglied die Ersatzvornahme vorzunehmen.

7. Abschnitt

Innerer Aufbau der Pädagogischen Hochschule

Satzung

§ 28. (1) Jede Pädagogische Hochschule hat durch Verordnung die zur Erfüllung ihrer Aufgaben erforderlichen Ordnungsvorschriften auf Grund der bestehenden Gesetze und Verordnungen zu erlassen (Satzung).

(2) In der Satzung sind zu regeln:

1. Wahlordnungen für die Mitglieder des Lehrpersonals in der Studienkommission,
2. Einrichtung von für die Vollziehung studienrechtlicher Bestimmungen in erster Instanz zuständigen monokratischen Organen,
3. Zusammensetzung des Arbeitskreises für Gleichbehandlungsfragen,
4. Erlassung eines Frauenförderungsplanes,
5. Betriebs- und Benutzungsordnungen für die Dienstleistungseinrichtungen,
6. Regelungen für die Benützung von Räumen und Einrichtungen der Pädagogischen Hochschule durch Hochschulangehörige und im Rahmen der eigenen Rechtspersönlichkeit,
7. Richtlinien für akademische Ehrungen,
8. nähere Bestimmungen zur Nostrifizierung, *(BGBl I 2010/47)*
9. nähere Bestimmungen zur Beurlaubung. *(BGBl I 2010/47)*

(3) Die Satzung ist vom Rektorat zu erlassen bzw. abzuändern; die Erlassung sowie jede Änderung der Satzung bedarf zu ihrer Wirksamkeit der Genehmigung durch den Hochschulrat. Die Satzung ist für die Dauer eines Monats ab der Erlassung bzw. einer Änderung auf geeignete Weise in der Pädagogischen Hochschule kundzumachen und sodann beim Rektor bzw. bei der Rektorin aufzulegen; auf Verlangen ist sie Studierenden, Lehrenden sowie sonstigen Bediensteten der Pädagogischen Hochschule zugänglich zu machen.

Organisationsplan

§ 29. Das Rektorat hat einen Organisationsplan zu erstellen, der nach Anhörung der Studienkommission vom Hochschulrat zu beschließen ist. Der Organisationsplan bedarf zu seiner Wirksamkeit der Genehmigung des zuständigen Regierungsmitglieds. Die Gliederung der Pädagogischen Hochschule in Organisationseinheiten hat unter Berücksichtigung organisatorischer und wirtschaftlicher Gesichtspunkte der bestmöglichen Erfüllung der ihr übertragenen Aufgaben zu dienen. Dabei können Institute vorgesehen werden.

Ziel- und Leistungsplan

§ 30. (1) Das Rektorat hat unter den Gesichtspunkten der Sparsamkeit, Wirtschaftlichkeit und Zweckmäßigkeit sowie im Rahmen der vom zuständigen Regierungsmitglied zu verordnenden Rahmenbedingungen einen Ziel- und Leistungsplan für jeweils drei Jahre zu erstellen und diesen dem Hochschulrat zur Beschlussfassung vorzulegen.

(2) Inhalt des Ziel- und Leistungsplans sind insbesondere:

1. strategische Ziele, Schwerpunkte, Profilbildung,
2. die zur Erreichung der Ziele bzw. Schwerpunkte notwendigen Maßnahmen sowie zu erbringenden Leistungen in qualitativer und quantitativer Hinsicht.

(3) Der Hochschulrat hat den vorgelegten Ziel- und Leistungsplan innerhalb von vier Wochen zu beschließen und an das zuständige Regierungsmitglied zur Genehmigung weiterzuleiten.

Ressourcenplan

§ 31. (1) Das Rektorat hat dem Hochschulrat einmal jährlich einen Ressourcenplan für das kommende Jahr zur Beschlussfassung vorzulegen.

(2) Der Ressourcenplan hat unter Beachtung der Vorgaben des zuständigen Regierungsmitglieds den zur Erreichung der Ziele und Erbringung der Leistungen notwendigen Personal-, Raum-, Anlagen- und Aufwandsbedarf zu enthalten. Zusätzlich sind im Hinblick auf den Ziel- und Leistungsplan Angaben

1. zum Grad der Zielerreichung,
2. zum Erfolg der Maßnahmen bzw. zu notwendigen Anpassungen und
3. zum Leistungsangebot

aufzunehmen. Ebenso hat der Ressourcenplan eine Ressourcenbilanz, einschließlich eines Rechnungsabschlusses zur Tätigkeit der Pädagogischen Hochschule im Rahmen der eigenen Rechtspersönlichkeit, zum abgelaufenen Jahr sowie eine Darstellung der erwarteten Entwicklung des Leistungsangebots und der dafür einzusetzenden Ressourcen für die kommenden drei Jahre zu enthalten. In den Ressourcenplan sind darüber hinaus betriebs- und finanztechnische sowie outputorientierte Kennzahlen aufzunehmen.

(3) Der Hochschulrat hat den Ressourcenplan nach der Beschlussfassung an das zuständige Regierungsmitglied zur Genehmigung weiterzuleiten.

(4) Sämtliche Organe der Pädagogischen Hochschule sind verpflichtet, dem zuständigen Regierungsmitglied alle zweckdienlichen Auskünfte zu erteilen, Unterlagen vorzulegen und von ihm angeordnete Erhebungen durchzuführen.

Mitteilungsblatt

§ 32. (1) Jede Pädagogische Hochschule hat ein Mitteilungsblatt herauszugeben und im Internet auf einer einzurichtenden Homepage der Pädagogischen Hochschule öffentlich zugänglich zu machen.

(2) Im Mitteilungsblatt sind kundzumachen:

1. die Satzung, der Organisationsplan und andere Verordnungen (generelle Richtlinien) von Organen der Pädagogischen Hochschule,
2. ein Verzeichnis der Lehrveranstaltungen als Information über den Titel, die Art, die Zeit und den Ort der Abhaltung der Lehrveranstaltungen,
3. Verordnungen und Geschäftsordnungen von Organen,
4. die Curricula und Prüfungsordnungen,
5. von der Pädagogischen Hochschule zu verleihende akademische Grade sowie akademische Bezeichnungen bei Abschluss von Hochschullehrgängen,
6. Mitteilungen an die Studierenden sowie sonstige Verlautbarungen von allgemeinem Interesse,
7. die Ausschreibung und Ergebnisse von Wahlen,
8. die Mitglieder der Organe der Pädagogischen Hochschule,
9. die Art der Verwendung der Studienbeiträge sowie des Studienbeitragsersatzes. *(BGBl I 2008/134)*.

Evaluierung und Qualitätsentwicklung

§ 33. (1) Die Pädagogischen Hochschulen haben zur Qualitäts- und Leistungssicherung ein eigenes Qualitätsmanagementsystem aufzubauen und regelmäßig interne Evaluierungen vorzunehmen.

(2) Gegenstand der Evaluierung sind die Aufgaben und Tätigkeiten sowie das gesamte Leistungsspektrum der Pädagogischen Hochschule.

(3) Bei externen Evaluierungen haben die betreffenden Pädagogischen Hochschulen und ihre Organe die für die Evaluierungen erforderlichen Daten und Informationen zur Verfügung zu stellen und sind zur Mitwirkung verpflichtet.

Internes Rechnungswesen

§ 34. (1) An jeder Pädagogischen Hochschule ist unter der Verantwortung und Leitung des Rektorats eine Kosten- und Leistungsrechnung einzurichten.

(2) Das zuständige Regierungsmitglied hat durch Verordnung nähere Bestimmungen zu den §§ 30 bis 34 festzulegen.

(3) Die Pädagogischen Hochschulen unterliegen der Kontrolle durch den Rechnungshof.

2. Hauptstück
Studienrecht

1. Abschnitt
Allgemeine studienrechtliche Bestimmungen

Begriffsbestimmungen

§ 35. Im Anwendungsbereich dieses Bundesgesetzes gelten folgende Begriffsbestimmungen:

1. Studiengänge sind sechssemestrige Studien, deren Arbeitsaufwand 180 ECTS-Credits beträgt und die der Erlangung eines Lehramtes dienen.
2. Hochschullehrgänge sind Bildungsangebote, deren Arbeitsaufwand mindestens 60 ECTS-Credits beträgt.
3. Lehrgänge sind Bildungsangebote, die nicht Hochschullehrgänge sind.
4. Gemeinsame Studienprogramme sind Studien, die auf Grund von Vereinbarungen zwischen einer oder mehreren Pädagogischen Hochschulen, österreichischen Universitäten, Erhaltern von Fachhochschul-Studiengängen oder Privatuniversitäten sowie ausländischen anerkannten postsekundären Bildungseinrichtungen in der Form eines joint, double oder multiple degree programs durchgeführt werden, wobei in diesen Vereinbarungen festgelegt sein muss, welche Leistungen die betreffenden Studierenden an den be-

teiligten Institutionen zu erbringen haben. *(BGBl I 2010/47)*

5. Soweit von Studierenden die Rede ist, sind die betreffenden Bestimmungen auf Studierende der Erstausbildung für ein Lehramt für allgemein bildenden Pflichtschulen, auf Studierende der Erstausbildung für ein Lehramt für berufsbildende Schulen, auf Studierende im Rahmen der Fort- und Weiterbildung (unabhängig von einem allenfalls bestehenden Dienstverhältnis) oder auf sonstige Studierende von Studienangeboten in der (wissenschaftlich-berufsfeldbezogenen) Aus-, Fort- und Weiterbildung und in allgemein pädagogischen Angelegenheiten der Betreuung von Kindern und Jugendlichen jeweils sinngemäß anzuwenden. *(BGBl I 2011/73)*

Studienjahr

§ 36. (1) Das Studienjahr beginnt am 1. Oktober und endet am 30. September des Folgejahres. Es besteht aus dem Wintersemester, dem Sommersemester und der lehrveranstaltungsfreien Zeit.

(2) Die näheren Bestimmungen über das Studienjahr, die lehrveranstaltungsfreie Zeit sowie die zeitliche Gestaltung der Studien sind durch Verordnung des zuständigen Regierungsmitglieds und im Rahmen einer allfälligen Ermächtigung durch die Studienkommission festzulegen.

Fernstudien

§ 37. Die Curricula können vorsehen, dass einzelne Studien bzw. Studienteile unter Einbeziehung von Formen des Fernstudiums sowie unter Berücksichtigung und Einbeziehung von elektronischen Lernumgebungen geführt werden können. Diesfalls haben sie die Aufgliederung der vorgesehenen Unterrichtseinheiten auf unterrichtliche Betreuung und Selbststudium zu enthalten. Dabei ist die Erreichung des Lehrzieles durch die planmäßige Abfolge von Präsenzstudium und Selbststudium der Studierenden mittels geeigneter Lernmaterialien sicher zu stellen.

2. Abschnitt
Studien

Studiengänge

§ 38. (1) An den Pädagogischen Hochschulen sind Studiengänge (§ 35 Z 1) einzurichten.

(2) Studiengänge schließen mit dem akademischen Grad „Bachelor of Education" („BEd") ab.

(3) Studiengänge können auch als gemeinsame Studienprogramme angeboten und geführt werden. *(BGBl I 2010/47)*

(4) An Hochschulen für Agrar- und Umweltpädagogik Wien umfasst der akademische Grad des „Bachelor of Education" auch die „Befähigung für den land- und forstwirtschaftlichen Beratungs- und Förderungsdienst".

Lehrgänge, Hochschullehrgänge

§ 39. (1) An den Pädagogischen Hochschulen sind Lehrgänge (§ 35 Z 3) und Hochschullehrgänge (§ 35 Z 2), deren Arbeitsaufwand mindestens 60 und höchstens 90 ECTS-Credits beträgt, zur Fort- und Weiterbildung und in allgemein pädagogischen Angelegenheiten der Betreuung von Kindern und Jugendlichen einzurichten. Es sind weiters Hochschullehrgänge (§ 35 Z 2) zur Ausbildung für Erzieherinnen und Erzieher für die Freizeit an ganztägigen Schulformen (Hochschullehrgänge für Freizeitpädagogik) einzurichten, deren Arbeitsaufwand 60 ECTS-Credits beträgt. Die Hochschullehrgänge schließen mit der Bezeichnung „Akademischer bzw. Akademische …" mit einem die Inhalte des jeweiligen Hochschullehrganges charakterisierenden Zusatz ab. *(BGBl I 2011/73)*

(2) Im Rahmen der eigenen Rechtspersönlichkeit der Pädagogischen Hochschule können in sämtlichen pädagogischen Berufsfeldern Lehrgänge und Hochschullehrgänge (insbesondere zur wissenschaftlichen berufsfeldbezogenen Fort- und Weiterbildung) eingerichtet werden, die auf andere pädagogische Berufsfelder als jene der Studiengänge ausgerichtet sind. Für die Hochschullehrgänge sind international gebräuchliche Mastergrade festzulegen, wenn deren Arbeitsaufwand mindestens 120 ECTS-Credits beträgt. *(BGBl I 2010/47)*

(3) Hochschullehrgänge und Lehrgänge können auch als gemeinsame Studienprogramme und während der sonst lehrveranstaltungsfreien Zeit angeboten und durchgeführt werden. *(BGBl I 2010/47)*

3. Abschnitt
Gestaltung der Studien

Grundlagen für die Gestaltung der Studien

§ 40. (1) Die Studien an den Pädagogischen Hochschulen haben die Vielfalt und die Freiheit wissenschaftlich-pädagogischer Theorien, Methoden und Lehrmeinungen zu beachten. Dies bezieht sich auf die Durchführung von Lehrveranstaltungen im Rahmen der zu erfüllenden Aufgaben und deren inhaltliche und methodische Gestaltung.

(2) Bei der Gestaltung des Studienangebotes sind auch die besondere Situation berufstätiger Studierender und deren Berufserfahrungen zu berücksichtigen.

(3) Die sechssemestrigen Studiengänge umfassen einen zweisemestrigen und einen viersemestrigen Studienabschnitt.

Studieneingangsphase und Eignungsberatung

§ 41. (1) In den Curricula der sechssemestrigen Studiengänge ist am Beginn des ersten Semesters eine vierwöchige Studieneingangsphase zur Orientierung für die Studierenden zu gestalten, wobei Lehrveranstaltungen aus den einführenden und das Studium besonders kennzeichnenden Fächern einzubeziehen sind und auf die besonderen Rahmenbedingungen der Berufsbildung Bedacht zu nehmen ist.

(2) Zur studienbegleitenden Beratung sind im Rahmen der Studiengänge Anfängertutorien einzurichten, welche die Studierenden bei der Bewältigung der leistungsmäßigen, organisatorischen und sozialen Anforderungen des ersten Studienjahres unterstützen sollen. Den Studierenden ist Gelegenheit zu geben, diese Anfängertutorien zu besuchen. Es ist zulässig, diese Anfängertutorien auch im Zusammenwirken mit anderen Rechtsträgern, insbesondere mit der Österreichischen Hochschülerinnen- und Hochschülerschaft zu veranstalten.

Curriculum

§ 42. (1) An den Pädagogischen Hochschulen sind für die einzelnen Studien (ausgenommen Fortbildungslehrgänge mit weniger als 30 ECTS-Credits) Curricula durch die Studienkommission zu verordnen.

(2) Das zuständige Regierungsmitglied hat durch Verordnung nach den Aufgaben der Pädagogischen Hochschule sowie nach der Dauer der Ausbildung Grundsätze für die nähere Gestaltung der Curricula (einschließlich der Prüfungsordnungen) festzulegen, wenn dies im Hinblick auf eine einheitliche Ausbildung erforderlich ist. Die Verordnung hat insbesondere vorzusehen:

1. die Bildungsziele,
2. eine Gliederung in Studienabschnitte, wenn dies im Hinblick auf die Dauer und die Inhalte des Studiums zweckmäßig ist,
3. den Umfang der jedenfalls verpflichtend vorzusehenden Studienfachbereiche,
4. nähere Bestimmungen über die Bachelorprüfungen.

(3) Die Curricula haben unter Bedachtnahme auf die Verordnung gemäß Abs. 2 sowie weiters unter Bedachtnahme auf die Bestimmungen dieses Bundesgesetzes jedenfalls zu enthalten:

1. die verpflichtend vorgesehenen Studienveranstaltungen, deren Art und Ausmaß,
2. die Bildungsziele und -inhalte sowie die zu erwerbenden Kompetenzen,
3. die Art der Studienveranstaltungen (zB Vorlesung, Seminar, Übung, Praktika),
4. Art und Umfang sowie die näheren Bestimmungen über die Durchführung von Prüfungen (Prüfungsordnung),
5. die Anzahl der durch die Studien zu erwerbenden ECTS-Credits.

(4) Curricula sind vor deren Erlassung sowie vor wesentlichen Änderungen durch die Studienkommission einem Begutachtungsverfahren zu unterziehen. Im Rahmen dieses Begutachtungsverfahrens ist dem zu begutachtenden Curriculum ein Qualifikationsprofil anzuschließen, welches eine Beschreibung der Umsetzung der Aufgaben und der leitenden Grundsätze beinhaltet und die Vergleichbarkeit mit Curricula gleichartiger Studien darlegt. Die Curricula bedürfen der Genehmigung des Rektorats.

(5) In den Curricula kann für die Anmeldung zu einzelnen Studien der Nachweis besonderer Vorkenntnisse vorgesehen werden, wenn diese zur Erfüllung des Curriculums erforderlich sind und der allgemeine Zugang dadurch nicht beeinträchtigt wird.

(6) Im Sinne des Beschlusses 87/327/EWG über ein gemeinschaftliches Aktionsprogramm zur Förderung der Mobilität von Hochschulstudenten (ERASMUS), ABl. Nr. L 166 vom 25.06.1987 S. 20, hat die Studienkommission den Studien ECTS-Credits zuzuteilen. Mit diesen Credits ist der relative Anteil des mit den einzelnen Studienleistungen verbundenen Arbeitspensums zu bestimmen, wobei das Arbeitspensum eines Jahres 1 500 Echtstunden zu betragen hat und diesem Arbeitspensum 60 Credits zugeteilt werden.

(7) Die Curricula haben auf die zur Verfügung stehenden personellen und finanziellen Ressourcen Bedacht zu nehmen. Die Curricula sind samt den Qualifikationsprofilen dem Hochschulrat und dem zuständigen Regierungsmitglied unter gleichzeitiger Darlegung der personellen und finanziellen Ressourcen zur Kenntnis zu bringen. Das zuständige Regierungsmitglied hat die Curricula aufzuheben, wenn sie gesetzlichen Bestimmungen nicht entsprechen oder wegen ihrer finanziellen Auswirkungen nicht bedeckbar sind.

(8) Die Curricula sind an der betreffenden Pädagogischen Hochschule rechtzeitig vor deren Wirksamwerden im Mitteilungsblatt kund zu machen. Den Studierenden ist auf Verlangen Einsicht zu gewähren.

Prüfungsordnung

§ **43.** (1) Die Prüfungsordnung ist Teil des durch die Studienkommission zu verordnenden Curriculums.

(2) Die Prüfungsordnung hat unter Bedachtnahme auf die Verordnung gemäß § 42 Abs. 2 sowie weiters unter Bedachtnahme auf bestehende Vorschriften und die nachstehenden Absätze die näheren Bestimmungen über die Durchführung allenfalls im Rahmen eines Studiums abzuhaltender Prüfungen zu regeln; sie hat jedenfalls zu enthalten:

1. die Art und den Umfang der Prüfungen und wissenschaftlich-berufsfeldbezogenen Arbeiten,
2. die Bestellungsweise der mit der Durchführung von Prüfungen betrauten Personen, wobei für Bachelorprüfungen nach den organisatorischen Gegebenheiten Wahlmöglichkeiten für die Studierenden vorzusehen sind,
3. die Anmeldeerfordernisse sowie Anmeldeverfahren,
4. generelle Beurteilungskriterien.

(3) Der positive Erfolg von Prüfungen und wissenschaftlich-berufsfeldbezogenen Arbeiten ist mit „sehr gut" (1), „gut" (2), „befriedigend" (3) oder „genügend" (4), der negative Erfolg ist mit „nicht genügend" (5) zu beurteilen. Zwischenbeurteilungen sind unzulässig. Wenn diese Form der Beurteilung unmöglich oder unzweckmäßig ist, hat die positive Beurteilung „mit Erfolg teilgenommen", die negative Beurteilung „ohne Erfolg teilgenommen" zu lauten.

(4) Bei studienabschließenden Prüfungen, die mehr als ein Fach umfassen, ist zusätzlich zu den Beurteilungen für die einzelnen Fächer eine Gesamtbeurteilung zu vergeben. Diese hat „bestanden" zu lauten, wenn jedes Fach positiv beurteilt wurde, anderenfalls hat sie „nicht bestanden" zu lauten. Die Gesamtbeurteilung hat „mit Auszeichnung bestanden" zu lauten, wenn in keinem Fach eine schlechtere Beurteilung als „gut" und in mindestens der Hälfte der Fächer die Beurteilung „sehr gut" erteilt wurde.

(5) Bei negativer Beurteilung einer Prüfung stehen insgesamt drei Wiederholungen zu, wobei die letzte Wiederholung als kommissionelle Prüfung abzulegen ist.

Rechtsschutz bei Prüfungen

§ **44.** (1) Gegen die Beurteilung einer Prüfung ist keine Berufung zulässig. Wenn die Durchführung einer negativ beurteilten Prüfung einen schweren Mangel aufweist, hat das für die studienrechtlichen Angelegenheiten zuständige Organ diese Prüfung auf Antrag aufzuheben. Dieser Antrag ist innerhalb von zwei Wochen ab der Bekanntgabe der Beurteilung einzubringen und hat den schweren Mangel glaubhaft darzulegen. Wurde die Prüfung aufgehoben, so ist das Antreten zu dieser aufgehobenen Prüfung nicht auf die zulässige Zahl der Prüfungsantritte anzurechnen.

(2) Mündliche Prüfungen sind öffentlich. Die Prüferin bzw. der Prüfer oder die bzw. der Vorsitzende einer Prüfungskommission ist berechtigt, den Zutritt erforderlichenfalls auf eine den räumlichen Verhältnissen entsprechende Anzahl von Personen zu beschränken. Bei kommissionellen mündlichen Prüfungen hat jedes Mitglied der Prüfungskommission während der gesamten Prüfungszeit anwesend zu sein. Das Ergebnis einer mündlichen Prüfung ist unmittelbar nach der Prüfung bekannt zu geben. Wurde die Prüfung negativ beurteilt, sind auch die Gründe dafür zu erläutern. *(BGBl I 2010/47)*

(3) Wenn die Beurteilungsunterlagen (insbesondere Gutachten, Korrekturen schriftlicher Prüfungen und Prüfungsarbeiten) den Studierenden nicht ausgehändigt werden, ist sicherzustellen, dass diese mindestens sechs Jahre ab der Bekanntgabe der Beurteilung aufbewahrt werden. Beurteilungsunterlagen und Prüfungsprotokolle über abschließende Prüfungen sind mindestens 30 Jahre aufzubewahren.

(4) Die bzw. der Vorsitzende einer Prüfungskommission hat für den geordneten Ablauf der Prüfung zu sorgen und das Prüfungsprotokoll zu führen. In das Protokoll sind der Prüfungsgegenstand, der Ort und die Zeit der Prüfung, die Namen der Prüferinnen bzw. Prüfer oder Mitglieder der Prüfungskommission, die Namen der Studierenden bzw. des Studierenden, die gestellten Fragen, die erteilten Beurteilungen, die Gründe für eine negative Beurteilung sowie allfällige besondere Vorkommnisse aufzunehmen. Die Gründe für die negative Beurteilung sind auf Antrag schriftlich mitzuteilen. Das Prüfungsprotokoll ist mindestens sechs Jahre ab der Bekanntgabe der Beurteilung aufzubewahren.

(5) Den Studierenden ist auf Verlangen Einsicht in die Beurteilungsunterlagen und in die Prüfungsprotokolle zu gewähren. Die Studierenden sind berechtigt, von diesen Unterlagen Fotokopien anzufertigen.

Nichtigerklärung von Beurteilungen

§ 45. (1) Das für die studienrechtlichen Angelegenheiten zuständige Organ hat die Beurteilung einer Prüfung für nichtig zu erklären, wenn die Anmeldung zu dieser Prüfung erschlichen wurde.

(2) Überdies ist die Beurteilung einer Prüfung oder einer wissenschaftlich-berufsfeldbezogenen Arbeit für nichtig zu erklären, wenn diese Beurteilung, insbesondere durch die Verwendung unerlaubter Hilfsmittel, erschlichen wurde.

(3) Die Prüfung, deren Beurteilung für nichtig erklärt wurde, ist auf die Gesamtzahl der Wiederholungen anzurechnen.

Zeugnis

§ 46. (1) Jede Beurteilung/Teilnahme an einer Lehrveranstaltung ist auf Verlangen durch Ausstellung eines Zeugnisses/einer Teilnahmebestätigung zu bescheinigen und jedenfalls in der Studierendenevidenz (§ 53) zu vermerken.

(2) Die Ausstellung von Zeugnissen mittels automationsunterstützter Datenverarbeitung ist zulässig. Wenn keine eigenhändige Fertigung erfolgt, ist eine Beglaubigung nur bei studienabschließenden Zeugnissen erforderlich.

(3) Die näheren Bestimmungen über die Gestaltung der (studienabschließenden) Zeugnisse sind durch Verordnung des zuständigen Regierungsmitgliedes festzulegen.

Qualitätssicherung

§ 47. Die Studienkommission hat zur Sicherung der Qualität der Studien Maßnahmen zur regelmäßigen Überprüfung von Studienveranstaltungen einschließlich der Durchführung von Prüfungen zu treffen und diese dem Rektorat, dem Hochschulrat sowie dem zuständigen Regierungsmitglied zur Kenntnis zu bringen. Die Ergebnisse sind zur Qualitätsentwicklung der Pädagogischen Hochschule sowie für die Fortbildung des Lehrpersonals heranzuziehen.

Bachelorarbeit

§ 48. (1) Im Bachelorstudium ist eine Bachelorarbeit abzufassen. Nähere Bestimmungen über Bachelorarbeiten sind im jeweiligen Curriculum festzulegen.

(2) Bei der Bearbeitung des Themas und der Betreuung der Studierenden sind die Bestimmungen des Urheberrechtsgesetzes, BGBl. Nr. 111/1936, zu beachten.

Veröffentlichungspflicht

§ 49. Positiv beurteilte Bachelorarbeiten sind vor der Verleihung des akademischen Grades der Bibliothek der Pädagogischen Hochschule, an welcher der akademische Grad verliehen wird, zur Verfügung zu stellen und von dieser zu veröffentlichen. Von der Veröffentlichungspflicht ausgenommen sind die wissenschaftlich-berufsfeldbezogenen Arbeiten oder deren Teile, die einer Massenvervielfältigung nicht zugänglich sind.

Zulassung zum Studium

§ 50. (1) Das Rektorat hat Personen, die die Zulassungsvoraussetzungen gemäß Abs. 2 und § 51 erfüllen, auf Grund ihres Antrages zum jeweiligen Studium zuzulassen.

(1a) Eine nochmalige Zulassung zu einem gemäß § 59 beendeten Studium ist mit Ausnahme der Fälle der § 59 Abs. 2 Z 1 und Z 2 nicht möglich. *(BGBl I 2010/47)*

(2) Das Rektorat hat für den Fall, dass aus Platzgründen nicht alle Antragsteller bzw. Antragstellerinnen zugelassen werden können, für alle in gleicher Weise geltende Zulassungskriterien durch Verordnung festzulegen.

(3) Antragsteller bzw. Antragstellerinnen, die zu dem Studium, für das die Zulassung beantragt wird, bereits an einer anderen inländischen Pädagogischen Hochschule zugelassen waren, haben mit dem Antrag auf Zulassung die Abgangsbescheinigung dieser Pädagogischen Hochschule vorzulegen.

(4) Soweit zur Beurteilung der Erfüllung von Zulassungsvoraussetzungen fremdsprachige Urkunden vorgelegt werden, sind dem Antrag autorisierte Übersetzungen anzuschließen.

(5) Das Rektorat ist berechtigt, die Verpflichtung zur Vorlage einzelner Unterlagen nachzusehen, wenn glaubhaft gemacht wird, dass deren Beibringung innerhalb einer angemessenen Frist unmöglich oder mit unverhältnismäßig großen Schwierigkeiten verbunden ist und die vorgelegten Unterlagen für eine Entscheidung ausreichen.

(6) Mit der Zulassung zum Studium werden die Antragstellerinnen bzw. Antragsteller ordentliche oder außerordentliche Studierende der Pädagogischen Hochschule.

(7) Pädagogische Hochschulen stellen auf Antrag Personen, die zur sichtvermerksfreien Einreise berechtigt sind oder über einen gültigen Aufenthaltstitel verfügen, den Zulassungsbescheid direkt zu. Langen an österreichischen Berufsvertretungsbehörden Anträge anderer ausländischer Personen auf Zulassung zum Studium zur Weiterleitung an

die zuständige Pädagogische Hochschule ein, können die Berufsvertretungsbehörden auf die Vollständigkeit und Schlüssigkeit des Antrags sowie darauf hinwirken, dass die Zulassung zum Studium und der Erstaufenthaltstitel zeitgleich zugestellt werden können. Hiebei ist der ausländischen Antragstellerin bzw. dem ausländischen Antragsteller Gelegenheit zu geben, auf ihre oder seine Kosten Ergänzungen und Klarstellungen vorzunehmen.

Zulassungsvoraussetzungen

§ 51. (1) Voraussetzung zur Zulassung zu einem ordentlichen Bachelorstudium für ein Lehramt ist die allgemeine Universitätsreife sowie die Eignung zum Studium. Die allgemeine Universitätsreife ist für ordentliche Studierende für Lehrämter im Bereich der Berufsbildung bis zum Erlangen von 120 ECTS-Credits nachzuweisen. Zusätzliche Voraussetzungen für die Zulassung zu Studiengängen für Lehrämter im Bereich der Berufsbildung sind durch Verordnung der Studienkommission festzulegen.

(2) Die allgemeine Universitätsreife ist durch eine der folgenden Urkunden nachzuweisen:

1. österreichisches Reifezeugnis einschließlich eines Zeugnisses über die Berufsreifeprüfung und nach schulrechtlichen Vorschriften nostrifizierte Reifeprüfungszeugnisse,
2. Studienberechtigungsprüfung gemäß Hochschul-Studienberechtigungsgesetz, BGBl. Nr. 71/2008, *(BGBl I 2008/71)*
3. ausländisches Zeugnis, das einem österreichischen Zeugnis gemäß Z 1 auf Grund einer völkerrechtlichen Vereinbarung gleichwertig ist,
4. Urkunde über den Abschluss eines mindestens dreijährigen Studiums an einer anerkannten inländischen oder ausländischen postsekundären Bildungseinrichtung, *(BGBl I 2010/47)*
5. Erwerb des Diplomgrades gemäß § 35 AHStG bzw. eines akademischen Grades gemäß Universitätsstudiengesetz, Universitätsgesetz 2002, Fachhochschul-Studiengesetz oder Universitäts-Akkreditierungsgesetz auf Grund eines Studiums von mindestens drei Jahren. *(BGBl I 2010/47)*

(3) Die näheren Bestimmungen über das Verfahren zur Feststellung der Eignung zum Bachelorstudium, über die Voraussetzungen zum Studium von (Hochschul)Lehrgängen sowie über das Aufnahmeverfahren sind durch Verordnung des zuständigen Regierungsmitgliedes sowie weiters nach den Anforderungen der Curricula durch Verordnung der Studienkommission festzulegen.

Zulassungsfristen

§ 52. Das Rektorat hat nach Anhörung der Studienkommission für die Zulassung zu Studiengängen für jedes Semester die allgemeine Zulassungsfrist sowie für (Hochschul)Lehrgänge besondere Zulassungsfristen festzulegen. Die Studierenden haben innerhalb der Zulassungsfristen ihre Anträge auf Zulassung einzubringen, Studierende gemäß § 69 Abs. 2 weiters den Studienbeitrag zu entrichten. *(BGBl I 2008/134)*

Matrikelnummer, Studierendenevidenz

§ 53. (1) Einem Studierenden bzw. einer Studierenden, der bzw. die noch an keiner Pädagogischen Hochschule zum Studium zugelassen war, ist anlässlich der erstmaligen Zulassung zum Studium eine Matrikelnummer zuzuordnen. Diese ist für allfällige weitere Studienzulassungen beizubehalten. Die näheren Bestimmungen über die Bildung und die Vergabe von Matrikelnummern sind durch Verordnung des zuständigen Regierungsmitglieds zu treffen.

(2) Der Rektor bzw. die Rektorin hat hinsichtlich der zum Studium an der Pädagogischen Hochschule zugelassenen Studierenden eine Evidenz zu führen, die neben der Matrikelnummer als bildungseinrichtungsspezifisches Personenkennzeichen die gemäß dem Bildungsdokumentationsgesetz, BGBl. I Nr. 12/2002, zu erfassenden Daten zu enthalten hat.

Studienbuch, Studienausweis

§ 54. (1) Den ordentlichen und außerordentlichen Studierenden von Studiengängen ist deren Angehörigkeit zur Pädagogischen Hochschule (§ 73) durch die Aushändigung eines Studienbuches für das (die) gewählte(n) Studium (Studien) sowie durch die Ausstellung eines Studienausweises zu bestätigen.

(2) Im Studienbuch sind alle für das Studium maßgeblichen Umstände zu vermerken.

(3) Der Studienausweis ist als Lichtbildausweis auszugestalten und hat Namen, Geburtsdatum, Matrikelnummer des oder der Studierenden, die Gültigkeitsdauer und die Bezeichnung der Pädagogischen Hochschule zu enthalten. Der Studienausweis kann über ein Speichermedium mit weiteren Funktionalitäten ausgestattet sein, deren Einsatz jedoch der Zustimmung jedes bzw. jeder Studierenden bedarf. Die Zustimmung ist bei erstmaliger Ausstellung des Studienausweises schriftlich zu erteilen und kann jederzeit widerrufen werden. *(BGBl I 2010/47)*

Inskription

§ 55. (1) Die Studierenden von Studiengängen haben sich zu Beginn eines jeden Semesters innerhalb der Zulassungsfrist anzumelden (Inskription).

(2) Die Inskription ist in der Studierendenevidenz (§ 53) sowie im Studienbuch und im Studienausweis (§ 54) zu vermerken.

(3) Bei Vorliegen einer Studienbeitragspflicht (§ 69) ist die Inskription erst mit Einlangen des Studienbeitrages rechtswirksam. *(BGBl I 2010/47)*

Anrechnungen

§ 56. (1) An Pädagogischen Hochschulen oder sonstigen anerkannten postsekundären Bildungseinrichtungen sowie an berufsbildenden höheren Schulen und höheren Anstalten der Lehrer- und Erzieherbildung erfolgreich absolvierte Studien (Teile von Studien) sind auf Antrag auf die vorgesehene Ausbildungsdauer von Studiengängen, Hochschullehrgängen und Lehrgängen (einschließlich solcher zur hochschulischen Nachqualifizierung gemäß § 65a) unter Anerkennung der entsprechenden Prüfungen anzurechnen, wenn die absolvierten Studien (Studienteile) mit dem Studium an der Pädagogischen Hochschule gleichwertig sind. Weiters sind Ausbildungen bzw. Ausbildungsteile, die an allgemein bildenden höheren Schulen unter besonderer Berücksichtigung der musischen oder der sportlichen Ausbildung, an kunstgewerblichen Fachschulen sowie an Schulen zur Ausbildung von Leibeserziehern und Sportlehrern erfolgreich abgelegt wurden, auf Antrag auf die vorgesehene Ausbildungsdauer von Hochschullehrgängen für Freizeitpädagogik unter Anerkennung der entsprechenden Prüfungen anzurechnen, wenn die absolvierten Ausbildungen bzw. Ausbildungsteile mit dem Studium des Hochschullehrgangs für Freizeitpädagogik gleichwertig sind. Im Bereich der Berufspädagogik und bei Studiengängen für das Lehramt an Polytechnischen Schulen sind einschlägige berufliche Vorkenntnisse auf entsprechende praxisorientierte Studienteile anzurechnen. Bei Anrechnung von im Ausland absolvierten Studien (Teilen von Studien) bzw. bei im Ausland erworbenen beruflichen Vorkenntnissen ist zumindest das letzte Semester an der Pädagogischen Hochschule zu inskribieren. Über den Antrag auf Anrechnung hat das für die studienrechtlichen Angelegenheiten zuständige Organ zu erkennen. *(BGBl I 2010/47, BGBl I 2011/73)*

(2) Die Anrechnung von Studien (Teilen von Studien) ist in der Studierendenevidenz (§ 53) sowie im Studienbuch und im Studienausweis (§ 54) zu vermerken.

Anerkennung von Bachelorarbeiten

§ 57. Bachelorarbeiten, Diplom-, Magister- und Masterarbeiten sowie Dissertationen, die an einer anerkannten inländischen oder ausländischen postsekundären Bildungseinrichtung positiv beurteilt wurden, sind vom für die studienrechtlichen Angelegenheiten zuständigen Organ auf Antrag anzuerkennen, wenn sie den Anforderungen einer Bachelorarbeit an der Pädagogischen Hochschule inhaltlich entsprechen. *(BGBl I 2010/47)*

Beurlaubung

§ 58. (1) Auf Antrag von Studierenden von Studiengängen sind diese aus besonderen Gründen von der Inskriptionspflicht für ein oder für mehrere Semester zu befreien (Beurlaubung).

(2) Während der Beurlaubung bleibt die Zulassung zum Studium aufrecht. Die Teilnahme an Lehrveranstaltungen, die Ablegung von Prüfungen sowie die Einreichung und Beurteilung wissenschaftlich-berufsfeldbezogener Arbeiten ist unzulässig. Die näheren Bestimmungen über die Beurlaubung sind in der Satzung festzulegen.

(3) Die Beurlaubung ist in der Studierendenevidenz (§ 53) sowie im Studienbuch und im Studienausweis (§ 54) zu vermerken.

Beendigung des Studiums

§ 59. (1) Das Studium an einer Pädagogischen Hochschule ist erfolgreich beendet, wenn alle Pflichtveranstaltungen inskribiert und alle im Curriculum vorgesehenen Prüfungen erfolgreich abgelegt worden sind.

(2) Das Studium an einer Pädagogischen Hochschule gilt als vorzeitig beendet, wenn Studierende

1. sich vom weiteren Studium an der Pädagogischen Hochschule schriftlich beim Rektor bzw. bei der Rektorin abmelden,
2. nicht inskribieren, ohne beurlaubt worden zu sein, *(BGBl I 2010/47)*
3. über einen Zeitraum von zwei aufeinander folgenden Semestern zu keiner für den jeweiligen Studienabschnitt vorgesehenen Prüfung antreten (allenfalls auch im Rahmen eines anderen Studiums bzw. des Studiums an einer anderen Pädagogischen Hochschule), *(BGBl I 2010/47)*
4. eine im Curriculum vorgesehene Prüfung über eine Pflichtveranstaltung oder eine im Curriculum vorgesehene abschließende Prüfung bzw. Arbeit auch bei der letzten zulässigen Wiederholung (allenfalls auch im Rahmen eines anderen Studiums bzw. des Studiums an einer anderen Pädagogischen Hochschule) nicht erfolgreich ablegen,

5. die doppelte Mindeststudiendauer überschreiten würden (allenfalls auch im Rahmen eines anderen Studiums bzw. des Studiums an einer anderen Pädagogischen Hochschule), wobei Zeiten des Präsenz- und Zivildienstes oder einer Beurlaubung nicht einzurechnen sind, *(BGBl I 2010/47)*
6. in der verpflichtend vorzusehenden schulpraktischen Ausbildung nach einmaliger Wiederholung (allenfalls auch im Rahmen eines anderen Studiums bzw. des Studiums an einer anderen Pädagogischen Hochschule) negativ beurteilt wurden.

Die vorzeitige Beendigung des Studiums ist bei der vorzeitigen Beendigung von Studiengängen in der Studierendenevidenz (§ 53) zu vermerken und (bei allen Studien) den betroffenen Studierenden schriftlich unter Angabe der Gründe bekannt zu geben. Eine neuerliche Zulassung für das vorzeitig beendete Studium ist durch das Rektorat nur in besonders berücksichtigungswürdigen Fällen zulässig.

Abgangsbescheinigung

§ **60.** (1) Nach vorzeitiger Beendigung eines Studiums an einer Pädagogischen Hochschule ist dem bzw. der Studierenden auf Antrag eine Abgangsbescheinigung auszustellen. Diese hat alle Prüfungen, zu denen im Rahmen des Studiums an dieser Pädagogischen Hochschule angetreten wurde sowie deren Beurteilungen anzugeben. Hinsichtlich der positiv beurteilten Prüfungen ist nur die positive Beurteilung anzugeben. Zur Unterstützung der internationalen Mobilität ist der Anschluss einer fremdsprachigen Übersetzung zulässig, wobei die Benennung der Pädagogischen Hochschule und des ausstellenden Organs nicht zu übersetzen sind.

(2) Zur Unterstützung der internationalen Mobilität ist bei Zeugnissen über Bachelorstudien gemäß Art. IX.3 des Übereinkommens über die Anerkennung von Qualifikationen im Hochschulbereich in der europäischen Region, BGBl. III Nr. 71/1999, ein Anhang zum Diplom (Diploma Supplement) anzuschließen. Das zuständige Regierungsmitglied hat durch Verordnung die näheren Bestimmungen über die Form des Anhanges zum Diplom festzulegen.

4. Abschnitt
Studierende
(in der Aus-, Fort- und Weiterbildung)

Ordentliche Studierende, außerordentliche Studierende

§ **61.** (1) An einer Pädagogischen Hochschule sind als ordentliche Studierende zuzulassen, wer die gesetzlichen Aufnahmsvoraussetzungen erfüllt und den Nachweis allenfalls geforderter besonderer Vorkenntnisse (§ 42 Abs. 5) erbringt.

(2) Zum Studium an einer Pädagogischen Hochschule sind Studierende, die die gesetzlichen Aufnahmsvoraussetzungen nicht erfüllen, nach Maßgabe freier Studienplätze (ohne Teilung der Lehrveranstaltung) eingeschränkt als außerordentliche Studierende zuzulassen. Außerordentliche Studierende sind im Rahmen der eingeschränkten Zulassung hinsichtlich des Studiums an der Pädagogischen Hochschule ordentlichen Studierenden gleichgestellt. Spätestens mit dem Ansuchen um Zulassung zu dem über die eingeschränkte Zulassung hinausgehenden Studium sind die gesetzlichen Aufnahmsvoraussetzungen nachzuweisen.

Pflichten der Studierenden

§ **62.** (1) Die Studierenden sind verpflichtet, an der Erfüllung der Aufgaben der Pädagogischen Hochschule mitzuwirken und ihre Verpflichtungen im Rahmen der jeweiligen hochschulischen Gremien zu erfüllen. Sie haben sich den Studienzielen mit Gewissenhaftigkeit zu widmen. Weiters haben sie die inskribierten Lehrveranstaltungen regelmäßig und pünktlich zu besuchen und Benützungsordnungen für Lehr- und Studieneinrichtungen einzuhalten.

(2) Die Studierenden haben insbesondere

1. der Pädagogischen Hochschule, an der eine Zulassung zum Studium besteht, Namens- und Adressänderungen sowie sämtliche Umstände, die für das Studium von Bedeutung sein könnten, unverzüglich bekannt zu geben,
2. die Fortsetzung des Studiums an der Pädagogischen Hochschule, an der die Zulassung zu einem Studium besteht, jedes Semester während der allgemeinen Zulassungsfrist oder der Nachfrist zu melden,
3. sich bei vorhersehbarer Studieninaktivität zeitgerecht vom Studium zu beurlauben,
4. sich zu den Prüfungen fristgerecht an- und abzumelden und
5. anlässlich der Verleihung des akademischen Grades ein Exemplar ihrer Bachelorarbeit der Bibliothek der Pädagogischen Hochschule abzuliefern.

Rechte der Studierenden

§ **63.** (1) Den Studierenden steht nach Maßgabe der gesetzlichen Bestimmungen Lernfreiheit zu. Sie umfasst insbesondere das Recht,

1. nach Maßgabe des Lehrangebotes und der Curricula unter dem Lehrpersonal auszuwählen,

2. die facheinschlägigen Lehr- und Forschungseinrichtungen und die Bibliothek an jeder Pädagogischen Hochschule in Österreich nach Maßgabe der Benützungsordnungen zu benützen,
3. wissenschaftlich-berufsfeldbezogene Arbeiten in einer Fremdsprache abzufassen, wenn die betreuende Lehrperson zustimmt,
4. nach Erbringung der in den Curricula vorgeschriebenen Leistungen akademische Grade verliehen zu erhalten,
5. als außerordentliche Studierende an den betreffenden Lehrgängen teilzunehmen und die darin vorgeschriebenen Prüfungen abzulegen,
6. als außerordentliche Studierende, die nur zum Besuch von Lehrveranstaltungen zugelassen sind, Lehrveranstaltungen zu besuchen sowie nach Maßgabe der hochschulrechtlichen Vorschriften Prüfungen abzulegen,
7. eine abweichende Prüfungsmethode zu beantragen, wenn eine länger andauernde Behinderung vorliegt, die die Ablegung der Prüfung in der vorgeschriebenen Methode unmöglich macht, und der Inhalt und die Anforderungen der Prüfung durch eine abweichende Methode nicht beeinträchtigt werden.

(2) Die Studierenden haben das Recht auf Information über den Titel, die Art, die Zeit und den Ort der Abhaltung der Lehrveranstaltungen, deren Ziele und die Inhalte sowie die Methoden der Lehrenden und die Beurteilungskriterien und -maßstäbe der Lehrveranstaltungsprüfungen.

5. Abschnitt
Akademische Grade, Nostrifizierung

Akademischer Grad und akademische Bezeichnung bei Abschluss von Hochschullehrgängen

§ 64. (1) In den Curricula von Hochschullehrgängen gemäß § 39 Abs. 2 darf der im jeweiligen Fach international gebräuchliche Mastergrad festgelegt werden, der nach Absolvieren solcher Hochschullehrgänge zu verleihen ist, deren Zugangsbedingungen, Umfang und Anforderungen mit Zugangsbedingungen, Umfang und Anforderungen entsprechender ausländischer Masterstudien vergleichbar sind.

(2) Wenn Abs. 1 nicht zur Anwendung kommt, darf die akademische Bezeichnung „Akademischer bzw. Akademische …" mit einem die Inhalte des jeweiligen Hochschullehrganges charakterisierenden Zusatz festgelegt werden, die bei Abschluss jener Hochschullehrgänge zu verleihen ist, die mindestens 60 ECTS-Credits umfassen.

Verleihung des akademischen Grades bzw. der akademischen Bezeichnung nach Abschluss von Studiengängen und Hochschullehrgängen

§ 65. (1) Der Rektor bzw. die Rektorin der Pädagogischen Hochschule hat Studierenden von Lehramtsstudien nach der positiven Beurteilung aller im jeweiligen Curriculum vorgeschriebenen Prüfungen und nach Ablieferung der positiv beurteilten wissenschaftlich-berufsfeldbezogenen Bachelorarbeit den akademischen Grad „Bachelor of Education (BEd)" durch einen schriftlichen Bescheid unverzüglich, jedoch spätestens einen Monat nach Erfüllung aller Voraussetzungen von Amts wegen zu verleihen. Davon unberührt bleibt die Bestimmung des § 65a. *(BGBl I 2010/47)*

(2) Der Rektor bzw. die Rektorin der Pädagogischen Hochschule hat Studierenden von Hochschullehrgängen nach der positiven Beurteilung aller im jeweiligen Curriculum vorgeschriebenen Prüfungen den festgelegten akademischen Mastergrad bzw. die festgelegte akademische Bezeichnung durch einen schriftlichen Bescheid unverzüglich, jedoch spätestens einen Monat nach Erfüllung aller Voraussetzungen von Amts wegen zu verleihen. *(BGBl I 2010/47)*

(3) Zur Unterstützung der internationalen Mobilität ist der Urkunde über die Verleihung eine englischsprachige Übersetzung anzuschließen, wobei die Benennung der Pädagogischen Hochschule und des ausstellenden Organs sowie der akademische Grad nicht zu übersetzen sind.

(4) Die Urkunde über die Verleihung hat jedenfalls folgende Angaben zu enthalten:
1. den Familiennamen und die Vornamen, allenfalls den Geburtsnamen,
2. das Geburtsdatum und die Staatsangehörigkeit,
3. das abgeschlossene Studium,
4. den verliehenen akademischen Grad.

(5) Wird ein ordentliches Studium aufgrund eines gemeinsamen Studienprogramms abgeschlossen, bei dessen Durchführung bei einem Studienumfang von bis zu 120 ECTS-Credits jeweils mindestens 30 ECTS-Credits, bei einem Studienumfang von mindestens 120 ECTS-Credits jeweils mindestens 60 ECTS-Credits unter der Verantwortung einer ausländischen Partnerinstitution erbracht wurden, ist es zulässig, die Verleihung des akademischen Grades durch

eine gemeinsame Urkunde mit dieser Partnereinrichtung oder diesen Partnereinrichtungen vorzunehmen. *(BGBl I 2010/47)*

(6) Werden die Voraussetzungen für einen akademischen Grad mit demselben Wortlaut mehr als einmal erbracht, so ist derselbe akademische Grad auch mehrfach zu verleihen. *(BGBl I 2010/47)*

Verleihung des akademischen Grades „Bachelor of Education" aufgrund hochschulischer Nachqualifizierung
(BGBl I 2010/47)

§ 65a. (1) Auf Antrag ist Personen, die

1. eine insgesamt sechssemestrige Lehramtsausbildung oder
2. eine Lehramtsausbildung unter sechs Semestern sowie ein zusätzliches Lehramt

nach den vor dem Inkrafttreten dieses Bundesgesetzes geltenden Studienrechtsvorschriften erfolgreich abgeschlossen bzw. erlangt haben, nach Absolvierung von berufsbegleitenden Ergänzungsstudien sowie einer Bachelorarbeit im Gesamtausmaß von 39 ECTS (davon 9 ECTS für die Bachelorarbeit) der akademische Grad „Bachelor of Education, BEd" zu verleihen. Der Antrag ist an einer Pädagogischen Hochschule oder an einer anerkannten privaten Pädagogischen Hochschule bzw. an einem anerkannten privaten Studiengang zu stellen, an der das entsprechende Bachelorstudium geführt wird. Das zuständige Regierungsmitglied hat durch Verordnung die näheren Regelungen über die Gestaltung des berufsbegleitenden Ergänzungsstudiums zu erlassen. Dabei können Qualifikationen, die erlangt wurden, zur Gänze oder zum Teil nach den Anforderungen des Rahmencurriculums anerkannt werden. Diesbezüglich kommen beispielsweise einschlägige Ausbildungen wie ein erfolgreich abgeschlossenes Universitäts- oder Fachhochschulstudium, ein weiteres Lehramtsstudium (sofern dieses nicht Zugangsvoraussetzung gemäß § 65a Abs. 1 Z 2 ist), berufsbegleitende Fort- und Weiterbildungen wie Universitäts- oder Hochschullehrgänge, auf Lehramtsstudien aufbauende Studien zur Erlangung zusätzlicher Lehrbefähigungen, Zusatzausbildungen für Sonderschullehrerinnen und -lehrer oder weitere inhaltlich und anforderungsmäßig entsprechende Zusatzqualifikationen, Projektbetreuungen, Führungstätigkeiten im Schulbereich, einschlägige Veröffentlichungen sowie sonstige für den Lehrberuf relevante Qualifikationen in Betracht. Diese sind in einem Kompetenzportfolio zu dokumentieren.

(2) § 65 Abs. 3 und 4 finden Anwendung. *(BGBl I 2010/47)*

Führung von akademischen Graden

§ 66. Das Recht der Führung von akademischen Graden erfolgt nach Maßgabe des § 88 des Universitätsgesetzes 2002, BGBl. I Nr. 120. Der akademische Grad ist dem Namen nachzustellen.

Widerruf inländischer akademischer Grade bzw. einer akademischen Bezeichnung

§ 67. Der akademische Grad bzw. die Bezeichnung nach Abschluss von Hochschullehrgängen sowie die Verleihungsurkunden gemäß § 65 Abs. 1 und 2 sowie § 65a Abs. 1 ist vom Rektor bzw. von der Rektorin aufzuheben und einzuziehen, wenn sich nachträglich ergibt, dass der akademische Grad bzw. die akademische Bezeichnung insbesondere durch gefälschte Zeugnisse erschlichen worden ist. *(BGBl I 2010/47)*

Nostrifizierung

§ 68. (1) Die Antragstellung betreffend die Anerkennung eines ausländischen Studienabschlusses als Abschluss eines inländischen Studienganges oder Lehramtsstudiums (Nostrifizierung) setzt den Nachweis voraus, dass die Nostrifizierung zwingend für die Berufsausübung oder die Fortsetzung der Ausbildung der antragstellenden Person in Österreich erforderlich ist. Nähere Bestimmungen sind in der Satzung festzulegen.

(2) Der Antrag ist an einer Pädagogischen Hochschule einzubringen, an der das entsprechende inländische Hochschulstudium eingerichtet ist. Es ist unzulässig, denselben Nostrifizierungsantrag gleichzeitig an einer anderen Pädagogischen Hochschule einzubringen. *(BGBl I 2010/47)*

(3) Die Nostrifizierung ist vom Rektor bzw. von der Rektorin auszusprechen. Dabei ist festzulegen, welchem inländischen Hochschulstudienabschluss der ausländische Studienabschluss entspricht und welchen inländischen akademischen Grad bzw. welche inländische akademische Bezeichnung die Antragstellerin bzw. der Antragsteller an Stelle des ausländischen akademischen Grades auf Grund der Nostrifizierung zu führen berechtigt ist. Die Ausfertigung der Nostrifizierung ist auf der Urkunde, die als Nachweis des ausländischen Studienabschlusses vorgelegt wurde, zu vermerken.

(3a) Soweit den Anforderungen nach Abs. 3 nur zum Teil entsprochen wird, ist die Nostrifizierung von der erfolgreichen Absolvierung von Prüfungen abhängig zu machen. *(BGBl I 2010/47)*

(4) Die Nostrifizierung ist zu widerrufen, wenn sie insbesondere durch gefälschte Zeugnisse erschlichen worden ist.

(5) Die Taxe für die Nostrifizierung eines ausländischen Studienabschlusses beträgt 150 Euro. Die Taxe ist im Voraus zu entrichten. Sie verfällt, wenn der Antrag auf Nostrifizierung abgewiesen oder zurückgezogen wird.

6. Abschnitt

Studienbeiträge

Studienbeitrag

§ 69. (1) Studierende von Studiengängen an Pädagogischen Hochschulen, welche die österreichische Staatsbürgerschaft besitzen, EU-Bürger sind oder denen Österreich auf Grund eines völkerrechtlichen Vertrages dieselben Rechte für den Berufszugang zu gewähren hat wie inländischen Studierenden, haben, wenn sie die vorgesehene Studienzeit pro Studienabschnitt um nicht mehr als ein Semester überschreiten, keinen Studienbeitrag zu entrichten. Wird ein Studienabschnitt in der vorgesehenen Studienzeit absolviert, kann einem weiteren Studienabschnitt ein Semester zugerechnet werden. Zeiten des Präsenz- und Zivildienstes, der während der Studienzeit absolviert wird, und einer Beurlaubung werden auf die vorgesehene Studienzeit nicht angerechnet. *(BGBl I 2008/134, BGBl I 2010/47)*

(2) Studierende von Studiengangen, die die Voraussetzungen gemäß Abs 1 nicht erfüllen, haben für jedes Semester eines Erststudiums an einer Pädagogischen Hochschule im Voraus einen Studienbeitrag in der Höhe von 363,36 Euro zu entrichten. Der Studienbeitrag erhöht sich bei Entrichtung innerhalb der Nachfrist um 10 vH. *(BGBl I 2008/134)*

(3) Bei mehreren Studien, auch an mehreren Pädagogischen Hochschulen, ist der Studienbeitrag nur ein Mal zu entrichten.

(4) Die näheren Bestimmungen über die Einhebung des Studienbeitrages sind durch das zuständige Regierungsmitglied durch Verordnung festzulegen.

(5) Die Studienbeiträge verbleiben der jeweiligen Pädagogischen Hochschule in der zweckgebundenen Gebarung im Sinne des § 17 des Bundeshaushaltsgesetzes, BGBl. Nr. 213/1986.

(6) Das den Pädagogischen Hochschulen zur Verfügung stehende Budget darf durch das Außerkrafttreten des Abs. 1 und Abs. 2 in der Fassung BGBl. I Nr. 30/2006 nicht verringert werden. Der Betrag, welcher den Pädagogischen Hochschulen bei Geltung der Abs. 1 und Abs. 2 in der Fassung BGBl. I Nr. 30/2006 in der zweckgebundenen Gebarung im Sinne des § 17 des Bundeshaushaltsgesetzes, BGBl. Nr. 213/1986, verbleiben würde, ist im jährlichen Bundesfinanzgesetz getrennt auszuweisen. *(BGBl I 2008/134)*

Beitragsfreiheit in der Fort- und Weiterbildung
(BGBl I 2010/47)

§ 70. Die Teilnahme an (Hochschul)Lehrgängen der Fort- und Weiterbildung, die im öffentlich-rechtlichen Bildungsauftrag der Pädagogischen Hochschule gemäß § 8 durchgeführt werden, ist für die Teilnehmer und Teilnehmerinnen frei von Beiträgen. *(BGBl I 2010/47)*

Erlass und Rückerstattung von Studienbeiträgen

§ 71. (1) Der Studienbeitrag ist insbesondere zu erlassen

1. Studierenden für die Semester, in denen sie nachweislich Studien oder Praxiszeiten im Rahmen von transnationalen EU-, staatlichen oder universitären Mobilitätsprogrammen absolvieren werden;
2. Studierenden, die die Voraussetzungen gemäß § 69 Abs. 1 erfüllen, auch bei Überschreitung des in Abs. 1 festgelegten Zeitraumes für Semester, in denen sie nachweislich mehr als 2 Monate durch Krankheit oder Schwangerschaft am Studium gehindert waren oder sich überwiegend der Betreuung von Kindern bis zum 7. Geburtstag oder einem allfälligen späteren Schuleintritt gewidmet haben. *(BGBl I 2008/134)*
3. Studierenden, die die Voraussetzungen gemäß § 69 Abs. 1 erfüllen, auch bei Überschreitung des in Abs. 1 festgelegten Zeitraumes, wenn sie im Kalenderjahr vor dem jeweiligen Semesterbeginn durch eine Erwerbstätigkeit in Anspruch genommen waren, durch die sie ein Jahreseinkommen zumindest in der Höhe des 14-fachen Betrages gem. § 5 Abs. 2 ASVG in der jeweils geltenden Fassung erzielt haben. Die §§ 8 bis 11 Studienförderungsgesetz sind bei der Einkommensberechnung anzuwenden. *(BGBl I 2008/134)*
4. Studierenden, die die Voraussetzungen gemäß § 69 Abs. 1 erfüllen, auch bei Überschreitung des in Abs. 1 festgelegten Zeitraumes, wenn eine Behinderung nach bundesgesetzlichen Vorschriften mit mindestens 50 % festgestellt ist. *(BGBl I 2008/134)*

5. Studierenden, wenn sie im vergangenen Semester Studienbeihilfe gemäß dem Studienförderungsgesetz 1992, BGBl. Nr. 305/1992, bezogen haben oder im laufenden Semester beziehen; *(BGBl I 2010/47)*
6. Antragstellern und Antragstellerinnen gemäß § 68 Abs. 3a; *(BGBl I 2010/47)*
7. Studierenden gemäß § 63 Abs. 1 Z 6. *(BGBl I 2010/47)*

(2) Über den Antrag auf Erlass des Studienbeitrages entscheidet das Rektorat. Dem Antrag sind die für die Entscheidung erforderlichen Nachweise beizufügen.

(3) Studierende, denen gemäß Abs. 1 Z 1 der Studienbeitrag erlassen wurde und die in diesem Semester keine Studien oder Praxiszeiten im Sinne dieser Bestimmungen im Ausland absolviert haben, haben den Studienbeitrag nachträglich zu entrichten.

(4) Sofern Studierende den Erlass des Studienbeitrages durch unvollständige oder unwahre Angaben maßgebender Tatsachen schuldhaft veranlasst oder erschlichen haben, haben sie unbeschadet strafrechtlicher Verantwortlichkeit den doppelten Studienbeitrag zu entrichten. Dies hat das Rektorat zu verfügen.

(5) Studierende, die beurlaubt sind, haben keinen Studienbeitrag zu entrichten.

(6) Gegen Entscheidungen des Rektorats ist die Berufung an die Studienkommission zulässig.

(7) Das zuständige Regierungsmitglied ist berechtigt, entsprechend den Schwerpunktsetzungen Österreichs bei den Maßnahmen zur Unterstützung und Förderung der wirtschaftlichen und sozialen Entwicklung der Entwicklungsländer sowie der Unterstützung der Reformländer Zentral- und Osteuropas durch Verordnung Staaten festzulegen, deren Angehörigen der Studienbeitrag rückerstattet werden kann.

(8) Die Rückerstattung erfolgt im Rahmen der Privatwirtschaftsverwaltung auf Grund von Anträgen der Studierenden. Die Rückerstattung hat binnen vier Wochen ab Antragstellung auf Erstattung zu erfolgen. Auf die Erstattung besteht kein Rechtsanspruch.

3. Hauptstück

Angehörige der Pädagogischen Hochschule

Personenkreis

§ 72. Zu den Angehörigen der Pädagogischen Hochschule zählen:

1. alle Studierenden im Sinne des § 35 Z 5,
2. das Lehrpersonal,
3. das Verwaltungspersonal,
4. die Mitglieder von Organen der Pädagogischen Hochschule, die nicht auch dem Lehr- oder Verwaltungspersonal angehören.

Gewissensfreiheit und Forschungsfreiheit

§ 73. Hochschulangehörige dürfen nicht gegen ihr Gewissen zur Mitwirkung bei einzelnen wissenschaftlich-berufsfeldbezogenen Arbeiten verhalten werden. Aus einer Weigerung zur Mitwirkung darf ihnen kein Nachteil erwachsen. Vorgesetzten gegenüber ist die Verweigerung der Mitwirkung jedoch schriftlich bekannt zu geben.

Veröffentlichungen

§ 74. Hochschulangehörige haben das Recht, eigene wissenschaftlich-berufsfeldbezogene Arbeiten selbstständig zu veröffentlichen. Bei der Veröffentlichung der Ergebnisse der Forschung sind Hochschulangehörige, die einen eigenen wissenschaftlichen Beitrag zu dieser Arbeit geleistet haben, dem geleisteten Beitrag entsprechend zu nennen.

4. Hauptstück

Liegenschaften, Bauwerke, Räumlichkeiten samt Inventar, Drittmittel

Raumnutzung

§ 75. (1) Zur Sicherstellung einer optimalen Raumnutzung ist das Rektorat ermächtigt, Teile der Liegenschaft, des Bauwerks oder von Räumlichkeiten samt Inventar an Dritte zu überlassen, sofern dadurch die Erfüllung der Aufgaben der Pädagogischen Hochschule (§ 8) nicht beeinträchtigt wird. Dabei sind Überlassungen für sportliche und künstlerische Zwecke sowie für Zwecke der Erwachsenenbildung und des Volksbüchereiwesens im Sinne des Bundes-Sportförderungsgesetzes 2005, BGBl. I Nr. 143/2005, des Kunstförderungsgesetzes, BGBl. Nr. 146/1988, und des Bundesgesetzes über die Förderung der Erwachsenenbildung und des Volksbüchereiwesens aus Bundesmitteln, BGBl. Nr. 171/1973, sowie Überlassungen für Zwecke im Rahmen der eigenen Rechtspersönlichkeit gemäß § 3 vorrangig zu behandeln.

(2) Über Überlassungen gemäß Abs. 1 sowie die Höhe des zu entrichtenden Entgelts (insbesondere Mietzins, Beiträge für den Betriebsaufwand, Umsatzsteuer) hat das Rektorat zu entscheiden.

(3) Eingehobene Entgelte bzw. Beiträge sind im Sinne des § 17 Abs. 5 des Bundeshaushaltsgesetzes, BGBl. Nr. 213/1986, zweckgebunden vorrangig für die Bedeckung der durch die Überlassung entstandenen Mehrausgaben sowie weiters für andere Zwecke der Pädagogischen Hochschule zu verwenden.

(4) Sofern durch die Überlassung gemäß Abs. 1 Mietverhältnisse begründet werden, unterliegen diese nicht den Bestimmungen des Mietrechtsgesetzes, BGBl. Nr. 520/1981.

Mietrechte an Objekten der BIG und anderer Eigentümer

§ 76. Die Bestimmungen des § 75 finden auf von der Bundesimmobiliengesellschaft mit beschränkter Haftung gemäß BIG-Gesetz, BGBl. Nr. 419/1992, oder von anderen Dritten angemietete Liegenschaften, Bauwerke und Räumlichkeiten samt Inventar, die kurzfristig nicht zu hochschulischen Zwecken benötigt werden, Anwendung, soweit dies auf Grund des Mietvertrages und des Mietrechtsgesetzes, BGBl. Nr. 520/1981, zulässig ist.

Drittmittel

§ 77. Andere als durch Überlassungen vereinnahmte Drittmittel sind durch den Rektor bzw. die Rektorin im Sinne des § 17 Abs. 5 des Bundeshaushaltsgesetzes, BGBl. Nr. 213/1986, zweckgebunden im Sinne einer allfälligen speziellen Widmung, ansonsten für andere Zwecke der Pädagogischen Hochschule zu verausgaben.

5. Hauptstück
Schlussbestimmungen

Verweisungen

§ 78. Soweit in diesem Bundesgesetz auf andere Bundesgesetze verwiesen wird, sind diese in ihrer jeweils geltenden Fassung anzuwenden.

Vollziehung

§ 79. Mit der Vollziehung dieses Bundesgesetzes ist betraut:

1. hinsichtlich der Hochschule für Agrar- und Umweltpädagogik Wien gemäß § 1 Abs. 1 Z 9 der Bundesminister bzw. die Bundesministerin für Land- und Forstwirtschaft, Umwelt und Wasserwirtschaft in den Angelegenheiten der Errichtung, Erhaltung und Auflassung einschließlich der Bestellung von Funktionären und der mit der Finanzgebarung an der Hochschule für Agrar- und Umweltpädagogik Wien im Zusammenhang stehenden Bestimmungen,
2. im Übrigen die Bundesministerin bzw. der Bundesminister für Unterricht, Kunst und Kultur. *(BGBl I 2010/47)*

In-Kraft-Treten

§ 80. (1) Dieses Bundesgesetz tritt wie folgt in Kraft:

1. § 4, § 5, § 6, § 12, § 13 Abs. 3, § 14 Abs. 2, § 20 und § 83 treten mit 1. April 2006 in Kraft,
2. § 13 Abs. 1, 2 und 6 tritt mit 1. September 2006 in Kraft,
3. § 14 Abs. 1 und 4, § 15 und § 17 treten mit 1. Oktober 2006 in Kraft,
4. § 29, § 75 und § 76 treten mit 1. Jänner 2007 in Kraft,
5. § 30, § 31 und § 42 treten mit 1. April 2007 in Kraft,
6. im Übrigen tritt dieses Bundesgesetz mit 1. Oktober 2007 in Kraft.

(2) Verordnungen auf Grund dieses Bundesgesetzes können bereits von dem der Kundmachung im Bundesgesetzblatt folgenden Tag an erlassen werden; sie dürfen frühestens mit 1. Oktober 2007 in Kraft gesetzt werden.

(3) § 7 Abs. 4, 5 und 6 sowie § 51 Abs. 2 Z 2 dieses Bundesgesetzes in der Fassung des Bundesgesetzes BGBl. I Nr. 71/2008 treten mit Ablauf des Tages der Kundmachung im Bundesgesetzblatt in Kraft. *(BGBl I 2008/71)*

(4) § 32 Abs. 2 Z 9 sowie § 52 sowie § 69 Abs. 1, Abs. 2 und Abs. 6 dieses Bundesgesetzes in der Fassung BGBl. I Nr. 134/2008 treten mit 1. März 2009 in Kraft. *(BGBl I 2008/134)*

(5) Die folgenden Bestimmungen dieses Bundesgesetzes in der Fassung des Bundesgesetzes BGBl. I Nr. 47/2010 treten wie folgt in Kraft:

1. § 4 Abs. 1, § 7 Abs. 2, § 9 Abs. 6 Z 8 und Abs. 8, § 12 Abs. 1 Z 1 und Abs. 2 Z 2, § 12 Abs. 9 Z 6, § 13 Abs. 3, § 14 Abs. 1 und 2, § 15 Abs. 3 Z 14 und 15, § 16 Abs. 1a, § 18 Abs. 4 und 5, § 27 Abs. 1, § 28 Abs. 2 Z 7 bis 9, § 35 Z 4, § 38 Abs. 3, § 39 Abs. 2 und 3, § 44 Abs. 2, § 50 Abs. 1a, § 51 Abs. 2 Z 4 und 5, § 54 Abs. 3, § 55 Abs. 3, § 56 Abs. 1, § 57, § 59 Abs. 2 Z 2, Z 3 und Z 5, § 65 Abs. 1 und 5, § 67, § 68 Abs. 2 und 3a, § 69 Abs. 1, § 70 samt Überschrift, § 71 Abs. 1 Z 2 bis 7 sowie § 79 Z 2 mit 1. Oktober 2010,
2. § 65 Abs. 6 mit 1. Februar 2008.
3. § 65a samt Überschrift am 1. Jänner 2011. *(BGBl I 2010/47)*

(6) Der Titel, § 8 Abs. 3a, § 35 Z 5, § 39 Abs. 1 sowie § 56 Abs. 1 dieses Bundesgesetzes in der Fassung BGBl. I Nr. 73/2011 treten mit Ablauf des Tages der Kundmachung im Bundesgesetzblatt in Kraft. *(BGBl I 2011/73)*

Übergangsrecht für den Studienbeginn im Studienjahr 2006/07

§ 81. Studierende, die ein Lehramtsstudium im Studienjahr 2006/07 an einer Akademie im Sinne des Akademien-Studiengesetzes 1999, BGBl. I Nr. 94, begonnen haben, haben bei Fortsetzung des Studiums dieses ab dem Studienjahr 2007/08 als Bachelorstudium nach den Bestimmungen dieses Bundesgesetzes sowie der auf Grund dieses Bundesgesetzes erlassenen Verordnungen fortzuführen.

Übergangsrecht für den Studienbeginn vor dem Studienjahr 2006/07

§ 82. (1) Studierende, die ein Lehramtsstudium vor dem Studienjahr 2006/07 an einer Akademie im Sinne des Akademien-Studiengesetzes 1999, BGBl. I Nr. 94, begonnen haben, sind berechtigt, dieses Studium

1. nach den zu Beginn des Studiums geltenden Rechtsvorschriften unter den gemäß Abs. 2 vorgesehenen Adaptierungen fortzusetzen, oder
2. ab dem Studienjahr 2007/08 als Bachelorstudium nach den Bestimmungen dieses Bundesgesetzes sowie der auf Grund dieses Bundesgesetzes erlassenen Verordnungen fortzuführen.

(2) Für Studierende, die ihr Studium gemäß Abs. 1 Z 1 fortsetzen, hat die Studienkommission die betreffenden Curricula dahingehend neu zu erlassen, dass das Studium durch den Besuch von Lehrveranstaltungen (Teilen von Lehrveranstaltungen) des Bachelorstudiums (mit oder ohne Auflagen oder Abweichungen) absolviert werden kann. Für einzelne Studierende können individuelle Curricula erlassen werden. Für die Studierenden darf sich aus dieser Umstellung des Curriculums keine Zeitverzögerung im Studium ergeben.

(3) Im Falle des Abs. 1 Z 2 haben die Studierenden zusätzliche Lehrveranstaltungen im Mindestausmaß von 30 ECTS-Credits erfolgreich zu absolvieren; die Inhalte und Anforderungen dieser Lehrveranstaltungen haben die Differenz der Curricula des Diplomstudiums zum Bachelorstudium abzudecken. Die gemäß § 16 Abs. 2 Z 5 des Akademien-Studiengesetzes 1999, BGBl. I Nr. 94, vorgesehene Höchstdauer des Studiums bleibt auch bei einem Wechsel zum Bachelorstudium aufrecht.

Gründung der Pädagogischen Hochschulen

§ 83. (1) Insofern § 80 ein früheres In-Kraft-Treten als den 1. Oktober 2007 vorsieht, haben die in diesen Bestimmungen genannten Organe abweichend von den sonstigen Befugnissen auf Grund dieses Bundesgesetzes alle für die Vorbereitung des Studienbetriebes ab 1. Oktober 2007 erforderlichen Maßnahmen, die für eine unverzügliche Aufnahme der Tätigkeiten der Pädagogischen Hochschule erforderlich sind, zu setzen.

(2) Die mit 1. September 2006 zu bestellenden Rektoren bzw. Rektorinnen tragen bis zum Ablauf des 30. September 2007 die Funktionsbezeichnung „Gründungsrektor" bzw. „Gründungsrektorin" und gelten ab 1. Oktober 2007 für ihre erste Funktionsperiode als zum Rektor bzw. zur Rektorin bestellt.

(3) Abs. 2 findet hinsichtlich der mit 1. Oktober 2006 zu bestellenden Vizerektoren bzw. Vizerektorinnen sowie für das Rektorat sinngemäß Anwendung.

(4) Die mit 1. Oktober 2006 einzurichtende Studienkommission ist bis zum Ablauf des 30. September 2007 als „Gründungs-Studienkommission" einzurichten, wobei die Vertreter bzw. die Vertreterinnen des Lehrpersonals aus dem Lehrpersonal derjenigen Akademien zu wählen sind, die mit Wirksamkeit des 1. Oktober 2007 der betreffenden Pädagogischen Hochschule zuzurechnen sein werden.

(5) Anträge auf Anerkennung gemäß § 4 Abs. 1 Z 1 und 2 dürfen bereits von dem der Kundmachung dieses Bundesgesetzes im Bundesgesetzblatt folgenden Tag an eingereicht werden. Anerkennungsbescheide gemäß § 6 können vor dem In-Kraft-Treten dieses Bundesgesetzes erlassen werden, sie dürfen jedoch frühestens mit 1. Oktober 2007 rechtswirksam werden.

Übergangsrecht für das Personal an Bundeseinrichtungen

§ 84. (1) Die Pädagogischen und Berufspädagogischen Akademien des Bundes, die Pädagogischen Institute des Bundes und die Agrarpädagogische Akademie werden mit Ablauf des 30. September 2007 aufgelöst.

(2) Die am 30. September 2007 einer Pädagogischen oder Berufspädagogischen Akademie des Bundes oder einem Pädagogischen Institut des Bundes zur dauernden Dienstleistung zugewiesenen Bundesbediensteten werden mit Wirksamkeit vom 1. Oktober 2007 den Pädagogischen Hochschulen gemäß § 1 Abs. 1 Z 1 bis 8 zur dauernden Dienstleistung wie folgt zugewiesen:

bisherige Dienststelle	neue Dienststelle
Pädagogische Akademie des Bundes in Kärnten Pädagogisches Institut des Bundes für Kärnten	Pädagogische Hochschule Kärnten
Pädagogische Akademie des Bundes in Niederösterreich Pädagogisches Institut des Bundes für Niederösterreich	Pädagogische Hochschule Niederösterreich
Pädagogische Akademie des Bundes in Oberösterreich Berufspädagogische Akademie Linz Pädagogisches Institut des Bundes für Oberösterreich	Pädagogische Hochschule Oberösterreich
Pädagogische Akademie des Bundes in Salzburg Pädagogisches Institut des Bundes für Salzburg	Pädagogische Hochschule Salzburg
Pädagogische Akademie des Bundes in der Steiermark Berufspädagogische Akademie Graz Pädagogisches Institut des Bundes für Steiermark	Pädagogische Hochschule Steiermark
Pädagogische Akademie des Bundes in Tirol Berufspädagogische Akademie Innsbruck	Pädagogische Hochschule Tirol
Pädagogische Akademie des Bundes in Vorarlberg Pädagogisches Institut des Bundes für Vorarlberg	Pädagogische Hochschule Vorarlberg
Pädagogische Akademie des Bundes in Wien Berufspädagogische Akademie Wien Pädagogisches Institut des Bundes in Wien	Pädagogische Hochschule Wien

(3) Bei den am 30. September 2007 einer Pädagogischen Akademie des Bundes als Übungsschullehrer zur dauernden Dienstleistung zugewiesenen Bundeslehrern und Bundesvertragslehrern erfolgt die Zuweisung gemäß Abs. 2 zur dauernden Dienstleistung an der der jeweiligen Pädagogischen Hochschule eingegliederten Praxisschule (§ 22 Abs. 1).

(4) Die am 30. September 2007 der Agrarpädagogischen Akademie zur dauernden Dienstleistung zugewiesenen Bundesbediensteten werden mit Wirksamkeit vom 1. Oktober 2007 der Hochschule für Agrar- und Umweltpädagogik (§ 1 Abs. 1 Z 9) zur dauernden Dienstleistung zugewiesen.

(5) Durch Ernennung oder Betrauung übertragene Leitungsfunktionen gemäß § 115 Abs. 1 erster Satz, § 123 Abs. 1 und § 127 Abs. 1 und 2 des Schulorganisationsgesetzes, BGBl. Nr. 242/1962, und gemäß § 26 Abs. 1 des Land- und forstwirtschaftlichen Bundesschulgesetzes, BGBl. Nr. 175/1966, enden mit Ablauf des 30. September 2007.

Übergangsrecht für das Personal an privaten Einrichtungen

§ 85. (1) Die am 30. September 2007 einer Pädagogischen Akademie, einer Religionspädagogischen Akademie, einem Pädagogischen Institut oder einem Religionspädagogischen Institut als lebende Subventionen zugewiesenen Bundeslehrer und Bundesvertragslehrer werden, soweit sie nicht einer privaten Pädagogischen Hochschule (§ 4 Abs. 1 Z 1) oder einem privaten Studiengang oder einem privaten Hochschullehrgang oder einem privaten Lehrgang (§ 4 Abs. 1 Z 2) als lebende Subvention zugewiesen werden, mit Wirksamkeit vom 1. Oktober 2007 den Pädagogischen Hochschulen gemäß § 1 Abs. 1 Z 1 bis 8 zur dauernden Dienstleistung wie folgt zugewiesen:

bisherige Dienststelle	neue Dienststelle
Religionspädagogische Akademie der Diözese Gurk-Klagenfurt	Pädagogische Hochschule Kärnten
Pädagogische Akademie Burgenland Pädagogische Akademie der Diözese St. Pölten	Pädagogische Hochschule Niederösterreich
Pädagogische Akademie der Diözese Graz-Seckau Religionspädagogische Akademie der Diözese Graz-Seckau	Pädagogische Hochschule Steiermark
Religionspädagogische Akademie der Erzdiözese Salzburg	Pädagogische Hochschule Salzburg
Pädagogische Akademie der Diözese Innsbruck Religionspädagogische Akademie der Diözese Innsbruck Pädagogisches Institut des Landes Tirol	Pädagogische Hochschule Tirol
Pädagogisches Institut des Landes Vorarlberg	Pädagogische Hochschule Vorarlberg
Pädagogische Akademie der Erzdiözese Wien Religionspädagogische Akademie der Erzdiözese Wien Evangelische Religionspädagogische Akademie Islamische Religionspädagogische Akademie Jüdische Religionspädagogische Akademie Pädagogisches Institut der Stadt Wien Pädagogisches Institut der Erzdiözese Wien	Pädagogische Hochschule Wien

(2) Bei den am 30. September 2007 einer Pädagogischen Akademie als lebende Subventionen als Übungsschullehrer zugewiesenen Bundeslehrern und Bundesvertragslehrern erfolgt die Zuweisung gemäß Abs. 1 zur dauernden Dienstleistung an der der jeweiligen privaten Pädagogischen Hochschule eingegliederten Praxisschule (§ 22 Abs. 1).

(3) Durch Ernennung oder Betrauung übertragene Leitungsfunktionen an mit Öffentlichkeitsrecht ausgestatteten Religionspädagogischen Akademien und Religionspädagogischen Instituten im Sinne des § 14 Abs. 2 des Privatschulgesetzes, BGBl. Nr. 244/1962, sowie an privaten Pädagogischen Instituten im Sinne des § 14 Abs. 1 des Privatschulgesetzes enden mit Ablauf des 30. September 2007.

Bundesgesetz über die Vertretung der Studierenden (Hochschülerinnen- und Hochschülerschaftsgesetz 1998 – HSG 1998)*)

BGBl I 1999/22 idF

BGBl I 1999/95 BGBl I 2001/18 BGBl I 2005/1
BGBl I 2005/19 BGBl I 2006/160 BGBl I 2007/12
BGBl I 2007/47 BGBl I 2008/2

Inhaltsverzeichnis

HSG 1998

*) *Durch das Bundesgesetz BGBl I 2005/1 wurde im gesamten HSG 1998 der Begriff „Hochschülerschaft" durch den Begriff „Hochschülerinnen- und Hochschülerschaft" ersetzt.*

1. Hauptstück
Allgemeine Bestimmungen

Geltungsbereich

§ 1. (1) Dieses Bundesgesetz regelt die Errichtung und die Organisation der Vertretung der Studierenden an folgenden Bildungseinrichtungen:

1. den Universitäten gemäß § 6 des Universitätsgesetzes 2002, BGBl. I Nr. 120,
2. den Pädagogischen Hochschulen gemäß § 1 Abs. 1 und 2 des Hochschulgesetzes 2005, BGBl. I Nr. 30/2006, *(BGBl I 2007/47)*
3. der Universität für Weiterbildung Krems gemäß §§ 1 und 2 des DUK-Gesetzes 2004, BGBl. I Nr. 22, *(BGBl I 2007/47)*
4. *(Anm.: aufgehoben durch BGBl. I Nr. 47/2007)*
5. *(Anm.: aufgehoben durch BGBl. I Nr. 47/2007)*
6. *(Anm.: aufgehoben durch BGBl. I Nr. 47/2007)*
7. *(Anm.: aufgehoben durch BGBl. I Nr. 47/2007)*
8. *(Anm.: tritt nach Maßgabe eines besonderen Bundesgesetzes in Kraft)*
9. *(Anm.: aufgehoben durch BGBl. I Nr. 47/2007)*

(2) Die Einrichtungen gemäß Abs. 1 Z 1 werden im folgenden als Universitäten bezeichnet. *(BGBl I 2005/1)*

(3) Die Einrichtungen gemäß Abs. 1 Z 2 werden im Folgenden als Pädagogische Hochschulen bezeichnet. *(BGBl I 2007/47)*

(4) Die Einrichtungen gemäß Abs. 1 werden im Folgenden als Bildungseinrichtungen bezeichnet. *(BGBl I 2007/47)*

(5) Soweit in diesem Bundesgesetz auf Bestimmungen anderer Bundesgesetze verwiesen wird, sind diese in ihrer jeweils geltenden Fassung anzuwenden.

(6) Soweit dieses Bundesgesetz auf die Bundesministerin oder den Bundesminister oder das Bundesministerium Bezug nimmt, wird die Zuständigkeit der Bundesministerin oder des Bundesministers oder des Bundesministeriums für Bildung, Wissenschaft und Kultur begründet. *(BGBl I 2001/18)*

(BGBl I 1999/95)

Errichtung der Österreichischen Hochschülerinnen- und Hochschülerschaft und der Hochschülerinnen- und Hochschülerschaften an den Universitäten

§ 2. (1) Die Österreichische Hochschülerinnen- und Hochschülerschaft und die Hochschülerinnen- und Hochschülerschaften an den Universitäten sind Körperschaften öffentlichen Rechts und verwalten ihre Angelegenheiten im Rahmen dieses Bundesgesetzes selbst.

(2) Sie sind errichtet, um die Interessen ihrer Mitglieder zu vertreten und ihre Mitglieder zu fördern.

2. Hauptstück
Arten der Vertretungseinrichtungen

1. Abschnitt
Österreichische Hochschülerinnen- und Hochschülerschaft

Mitglieder und Aufgaben der Österreichischen Hochschülerinnen- und Hochschülerschaft

§ 3. (1) Der Österreichischen Hochschülerinnen- und Hochschülerschaft gehören die ordentlichen und die außerordentlichen Studierenden an allen Bildungseinrichtungen an. Die Studierenden an den Pädagogischen Hochschulen gehören der Österreichischen Hochschülerinnen- und Hochschülerschaft nur dann an, wenn sie zu Studien zugelassen sind, deren Curricula mindestens 30 ECTS-Anrechnungspunkte umfassen. *(BGBl I 1999/95, BGBl I 2007/47)*

(2) Der Österreichischen Hochschülerinnen- und Hochschülerschaft obliegt die Vertretung der allgemeinen und studienbezogenen Interessen ihrer Mitglieder insbesondere gegenüber staatlichen Behörden und Einrichtungen sowie universitären Organen und Organen der Bildungseinrichtungen, soweit diese Interessen nicht ausschließlich eine Universität betreffen. *(BGBl I 1999/95)*

(3) Der Österreichischen Hochschülerinnen- und Hochschülerschaft obliegt es innerhalb ihrer Zuständigkeit, insbesondere den staatlichen Behörden, den jeweils zuständigen Bundesministerinnen und Bundesministern, den universitären Organen, den Organen der Bildungseinrichtungen und den gesetzgebenden Körperschaften Gutachten und Vorschläge über Angelegenheiten der Studierenden, des Universitätswesens und des Bildungswesens im Bereich der Bildungseinrichtungen zu erstatten. *(BGBl I 1999/95)*

(4) Die jeweils zuständigen Bundesministerinnen und Bundesminister haben Gesetzesentwürfe, die Angelegenheiten von Studierenden betreffen, vor ihrer Vorlage an die Bundesregierung und Verordnungen dieser Art vor ihrer Erlassung der Österreichischen Hochschülerinnen- und Hochschülerschaft unter Gewährung einer angemessenen Frist zur Begutachtung zu übermitteln.

Rechte und Pflichten der Österreichischen Hochschülerinnen- und Hochschülerschaft

§ 4. (1) Die Österreichische Hochschülerinnen- und Hochschülerschaft und die in den Universitätsvertretungen vertretenen wahlwerbenden Gruppen, die berechtigt sind, Studierendenvertreterinnen und Studierendenvertreter in die Bundesvertretung zu entsenden, haben das Recht, Veranstaltungen an allen Bildungseinrichtungen durchzuführen. Solche Veranstaltungen sind, sofern sie an einer Universität abgehalten werden, der Rektorin oder dem Rektor, sofern sie an einer Pädagogischen Hochschule abgehalten werden, der Rektorin oder dem Rektor, sofern sie an einem Fachhochschul-Studiengang abgehalten werden, der Studiengangsleiterin oder dem Studiengangsleiter, in allen anderen Fällen der Leiterin oder dem Leiter der jeweiligen Bildungseinrichtung mindestens 72 Stunden vor Beginn der Veranstaltung anzuzeigen. Bei Unterlassung der fristgerechten Anzeige geht das Recht auf Durchführung dieser Veranstaltung verloren. Das jeweils zuständige Organ bestimmt, welche Räume für welchen Zeitraum für Veranstaltungen zur Verfügung gestellt werden. Diese Veranstaltungen sind grundsätzlich öffentlich, jedoch kann der Zutritt erforderlichenfalls auf Angehörige der jeweiligen Bildungseinrichtung eingeschränkt und mit einer den räumlichen Verhältnissen entsprechenden Zahl begrenzt werden. Das jeweils zuständige Organ kann eine Veranstaltung innerhalb von 48 Stunden nach der Anzeige untersagen, wenn ihre Durchführung insbesondere im Hinblick auf das Fehlen geeigneter Räume nur unter Beeinträchtigung des Lehr- und Forschungsbetriebes sichergestellt werden könnte. *(BGBl I 2005/1, BGBl I 2007/47)*

(2) Die Begrenzung des Zutritts zu Veranstaltungen und die Untersagung von Veranstaltungen hat durch Bescheid des jeweiligen in Abs. 1 genannten Organs zu erfolgen. Gegen diesen Bescheid ist an Universitäten die Berufung an den Senat der betreffenden Universität zulässig. *(BGBl I 2005/1)*

(3) Die Österreichische Hochschülerinnen- und Hochschülerschaft und die in den Universitätsvertretungen vertretenen wahlwerbenden Gruppen, die berechtigt sind, Studierendenvertreterinnen und Studierendenvertreter in die Bundesvertretung

zu entsenden, haben das Recht, an den von den in Abs. 1 genannten Organen zur Verfügung gestellten Plakatflächen Informationen anzubringen und an den Bildungseinrichtungen Informationsmaterial zu verteilen. Bei der Verteilung von Informationsmaterial in Hörsälen ist darauf zu achten, daß dadurch der Lehr- und Prüfungsbetrieb nicht beeinträchtigt wird. *(BGBl I 2005/1)*

(4) Die Österreichische Hochschülerinnen- und Hochschülerschaft ist zur Führung des Bundeswappens im Sinne des Wappengesetzes, BGBl. Nr. 159/1984, berechtigt.

(BGBl I 1999/95)

Evidenz der Mitglieder der Österreichischen Hochschülerinnen- und Hochschülerschaft
(BGBl I 1999/95)

§ 4a. (1) Auf der Grundlage der Evidenz der Studierenden hat die Rektorin oder der Rektor der Österreichischen Hochschülerinnen- und Hochschülerschaft in jedem Semester ein Verzeichnis der Studierenden, über Antrag auch auf elektronischen Datenträgern, ehestmöglich zur Verfügung zu stellen. Dieses Verzeichnis hat Angaben über Namen, Matrikelnummer, Geschlecht, Staatsangehörigkeit, Geburtsdatum, Anschrift am Studienort und Heimatort, und, wenn vorhanden, die E-Mail-Adresse, sowie über die Zulassung zum Studium zu enthalten. *(BGBl I 1999/95, BGBl I 2001/18, BGBl I 2005/1)*

(2) Die Rektorin oder der Rektor hat der Österreichischen Hochschülerinnen- und Hochschülerschaft in jedem Semester ein Verzeichnis der Studierenden an den Pädagogischen Hochschulen, über Antrag auch auf elektronischen Datenträgern, ehestmöglich zur Verfügung zu stellen. Dieses Verzeichnis hat Angaben über Namen, Matrikelnummer, Geschlecht, Staatsangehörigkeit, Geburtsdatum, Anschrift am Studienort und Heimatort sowie über die Angehörigkeit zur jeweiligen Pädagogischen Hochschule zu enthalten. *(BGBl I 2007/47)*

(3) Die Bundesministerin oder der Bundesminister hat der Österreichischen Hochschülerinnen- und Hochschülerschaft in jedem Semester ein Verzeichnis der Studierenden an den Fachhochschul-Studiengängen, über Antrag auch auf elektronischen Datenträgern, ehestmöglich zur Verfügung zu stellen. Dieses Verzeichnis hat Angaben über Namen, Matrikelnummer, Geschlecht, Staatsangehörigkeit, Geburtsdatum, Anschrift am Studienort und Heimatort sowie über die Angehörigkeit zum jeweiligen Fachhochschul-Studiengang zu enthalten. *(BGBl I 1999/95, BGBl I 2001/18)*

(4) Die Rektorin oder der Rektor hat der Österreichischen Hochschülerinnen- und Hochschülerschaft in jedem Semester ein Verzeichnis der Studierenden an der Universität für Weiterbildung Krems über Antrag auch auf elektronischen Datenträgern, ehestmöglich zur Verfügung zu stellen. Dieses Verzeichnis hat Angaben über Namen, Matrikelnummer, Geschlecht, Staatsangehörigkeit, Geburtsdatum, Anschrift am Studienort und Heimatort, und, wenn vorhanden, die E-Mail-Adresse, sowie über die Angehörigkeit zur jeweiligen Bildungseinrichtung zu enthalten. *(BGBl I 1999/95, BGBl I 2001/18, BGBl I 2005/1)*

(5) Die Erhalter der Bildungseinrichtungen gemäß § 1 Abs. 1 Z 3 haben der Bundesministerin oder dem Bundesminister die Daten gemäß Abs. 3 und 4 ab dem Ende der für die Durchführung der Aufnahmen bzw. Meldung der Fortsetzung der Studien an diesen Bildungseinrichtungen festgelegten Fristen (zB Inskriptionsfrist oder Zulassungsfrist) ehestmöglich zur Verfügung zu stellen. *(BGBl I 2001/18, BGBl I 2005/1, BGBl I 2007/47)*

(6) Die entgeltliche oder unentgeltliche Weitergabe von Daten und Datenträgern an Dritte ist eine Verwaltungsübertretung, die mit Geldstrafe von 218 € bis zu 2 180 €, im Falle der Uneinbringlichkeit mit Ersatzfreiheitsstrafe bis zu zwei Wochen zu bestrafen ist, wenn die Tat nicht den Tatbestand einer in die Zuständigkeit der Gerichte fallenden strafbaren Handlung bildet oder nach anderen Verwaltungsstrafbestimmungen mit strengerer Strafe bedroht ist. *(BGBl I 2001/18, BGBl I 2005/1)*

Infrastruktur der Österreichischen Hochschülerinnen- und Hochschülerschaft

§ 5. (1) Die Bundesministerin oder der Bundesminister hat der Österreichischen Hochschülerinnen- und Hochschülerschaft die für die Erfüllung ihrer Aufgaben erforderlichen Räume zur Verfügung zu stellen.

(2) Nach Maßgabe des jeweiligen Bundesfinanzgesetzes hat die Bundesministerin oder der Bundesminister überdies in der Höhe von 5 bis 10 vH der Gesamtsumme der Studierendenbeiträge des jeweiligen Studienjahres (§ 29 Abs. 2 und 3) Beiträge zum Verwaltungsaufwand der Österreichischen Hochschülerinnen- und Hochschülerschaft, zur Schulung von Studierendenvertreterinnen und Studierendenvertretern sowie zur fachlichen Information der Studierenden zu leisten.

Organe der Österreichischen Hochschülerinnen- und Hochschülerschaft

§ 6. (1) Die Organe der Österreichischen Hochschülerinnen- und Hochschülerschaft sind:
1. die Bundesvertretung der Studierenden,
2. die Wahlkommission der Österreichischen Hochschülerinnen- und Hochschülerschaft.

(2) Die Funktionsperiode der Bundesvertretung beginnt jeweils mit dem der Wahl folgenden 1. Juli und endet mit 30. Juni des zweiten darauffolgenden Jahres. Die Wahlkommission ist auf Dauer eingerichtet.

(3) Soweit in diesem Bundesgesetz nichts anderes bestimmt ist, ist für einen Beschluß eines Organs die Anwesenheit von mindestens der Hälfte der stimmberechtigten Mitglieder erforderlich. Diesfalls gilt ein Antrag als angenommen, wenn er die einfache Mehrheit der abgegebenen gültigen Stimmen erlangt hat. Eine Stimmenthaltung gilt als nicht abgegebene Stimme.

Bundesvertretung der Studierenden

§ 7. (1) Der Bundesvertretung der Studierenden mit Sitz in Wien gehören an:

1. Mandatarinnen und Mandatare gemäß § 35a mit Stimmrecht;
2. die Referentinnen und Referenten der Bundesvertretung mit beratender Stimme und Antragsrecht für die Angelegenheiten ihres Referates;
3. die Vorsitzenden der Universitätsvertretungen der Studierenden mit beratender Stimme und Antragsrecht;
4. die Vorsitzenden der Pädagogischen Hochschulvertretungen von Pädagogischen Hochschulen mit mindestens 200 Studierenden mit beratender Stimme und Antragsrecht, *(BGBl I 2007/47)*
5. die Vorsitzenden der Fachhochschul-Studiengangsvertretungen von Fachhochschul-Studiengängen mit mindestens 200 Studierenden mit beratender Stimme und Antragsrecht. *(BGBl I 1999/95, BGBl I 2005/1)*

(2) Die Bundesvertretung hat mit Zweidrittelmehrheit eine Satzung zu beschließen, die insbesondere folgende Festlegungen zu enthalten hat:

1. Einladung zu Sitzungen,
2. Erstellung der Tagesordnung,
3. Ablauf von Sitzungen,
4. Redezeitregelungen,
5. Abstimmungsgrundsätze,
6. fakultativ die Einrichtung von Ausschüssen, allenfalls mit Entscheidungsvollmacht, *(BGBl I 2001/18)*
7. Organisation der Verwaltung,
8. Einrichtung von Referaten und
9. Kontrollrechte von Mandatarinnen und Mandataren.

(BGBl I 1999/95)

(3) In der Satzung ist festzulegen, daß jedenfalls zwei Sitzungen der Bundesvertretung pro Semester stattzufinden haben und die Anberaumung einer außerordentlichen Sitzung jedenfalls zu erfolgen hat, wenn mindestens 20 vH der Mandatarinnen und Mandatare dies verlangen. *(BGBl I 1999/95)*

Vorsitzendenkonferenzen

§ 7a. (1) Die Vorsitzenden der Universitätsvertretungen und die oder der Vorsitzende der Bundesvertretung bilden einen Ausschuß, welcher der Beratung der Bundesvertretung und der Koordinierung der Aufgaben und Tätigkeiten der Universitätsvertretungen, soweit diese über den Wirkungsbereich einer Hochschülerinnen- und Hochschülerschaft hinausgehen, dient (Vorsitzendenkonferenz der Universitätsvertretungen).

(2) Die Vorsitzenden der Pädagogischen Hochschulvertretungen und die oder der Vorsitzende der Bundesvertretung bilden einen Ausschuss, welcher der Beratung der Bundesvertretung und der Koordinierung der Aufgaben und Tätigkeiten der Pädagogischen Hochschulvertretungen dient (Vorsitzendenkonferenz der Pädagogischen Hochschulvertretungen). *(BGBl I 2007/47)*

(3) Die Vorsitzenden der Fachhochschul-Studiengangsvertretungen und die oder der Vorsitzende der Bundesvertretung bilden einen Ausschuß, welcher der Beratung der Bundesvertretung und der Koordinierung der Aufgaben und Tätigkeiten der Fachhochschul-Studiengangsvertretungen dient (Vorsitzendenkonferenz der Fachhochschul-Studiengangsvertretungen).

(4) Den Vorsitz in den Vorsitzendenkonferenzen gemäß Abs. 1 bis 3 führt die oder der Vorsitzende der Bundesvertretung, die oder der die Vorsitzendenkonferenzen mindestens einmal pro Semester einzuberufen hat.

(5) Die in der Satzung getroffenen Festlegungen gemäß § 7 Abs. 2 Z 1 bis 5 sind auch für die Vorsitzendenkonferenzen gemäß Abs. 1 bis 3 anzuwenden.

(BGBl I 1999/95)

Aufgaben der Bundesvertretung der Studierenden

§ 8. (1) Die Aufgaben der Bundesvertretung der Studierenden sind:

1. Vertretung der Interessen und Förderung ihrer Mitglieder, soweit sie über den Wirkungsbereich einer Hochschülerinnen- und Hochschülerschaft hinausgehen und diese nicht von den Hochschülerinnen- und Hochschülerschaften an den Universitäten gemäß § 9 Abs. 2 wahrgenommen wird;
2. Einhebung der Studierendenbeiträge;
3. Beschlußfassung über den Jahresvoranschlag der Österreichischen Hochschülerinnen- und Hochschülerschaft;
4. Verfügung über das Budget der Österreichischen Hochschülerinnen- und Hochschülerschaft;
5. Beschlußfassung über den Jahresabschluß der Österreichischen Hochschülerinnen- und Hochschülerschaft;
6. Führung der für die Erledigung der Aufgaben notwendigen Verwaltungseinrichtungen;
7. Beschlußfassung über die Durchführung oder Koordinierung von Projekten, soweit diese nicht zum Wirkungsbereich der einzelnen Hochschülerinnen- und Hochschülerschaften gehören;
8. Durchführung von Schulungen für Studierendenvertreterinnen und Studierendenvertreter nach Maßgabe der finanziellen Möglichkeiten, soweit eine einheitliche, bundesweite Durchführung der Schulung zweckmäßig ist;
9. Abgabe von Stellungnahmen zu Gesetzes- und Verordnungsentwürfen.

(BGBl I 1999/95, BGBl I 2005/1)

(2) Der Bundesvertretung der Studierenden können von einzelnen Universitätsvertretungen im Einvernehmen Aufgaben gemäß § 14 Z 1

übertragen werden. *(BGBl I 1999/95, BGBl I 2001/18)*

(3) Mandatarinnen und Mandatare der Bundesvertretung haben sich zu Klubs zusammenzuschließen, wobei jede Mandatarin und jeder Mandatar nur einem Klub angehören darf. *(BGBl I 2005/1)*

2. Abschnitt
Hochschülerinnen- und Hochschülerschaften an den Universitäten

Mitglieder und Aufgaben der Hochschülerinnen- und Hochschülerschaften an den Universitäten

§ 9. (1) Den Hochschülerinnen- und Hochschülerschaften an den Universitäten gehören die ordentlichen und außerordentlichen Studierenden (§ 51 Abs. 2 Z 15 und 22 Universitätsgesetz 2002) an der jeweiligen Universität an. *(BGBl I 2005/1)*

(2) Den Hochschülerinnen- und Hochschülerschaften an den Universitäten obliegt die Vertretung der allgemeinen und studienbezogenen Interessen ihrer Mitglieder gegenüber staatlichen Behörden und universitären Organen. Überdies obliegt ihnen die Mitwirkung in staatlichen Behörden und Einrichtungen, in den universitären Kollegialorganen sowie deren Kommissionen und Unterkommissionen. *(BGBl I 2005/1)*

(3) Den Hochschülerinnen- und Hochschülerschaften an den Universitäten obliegt innerhalb ihrer Zuständigkeit, den staatlichen Behörden, insbesondere den jeweils zuständigen Bundesministerinnen und Bundesministern, den universitären Organen und den gesetzgebenden Körperschaften Gutachten und Vorschläge über Angelegenheiten der Studierenden und des Universitätswesens zu erstatten.

(4) Die jeweils zuständigen Bundesministerinnen und Bundesminister haben Gesetzesentwürfe, die Angelegenheiten von Studierenden betreffen, vor ihrer Vorlage an die Bundesregierung und Verordnungen dieser Art vor ihrer Erlassung den Hochschülerinnen- und Hochschülerschaften unter Gewährung einer angemessenen Frist zur Begutachtung zu übermitteln.

Rechte und Pflichten der Hochschülerinnen- und Hochschülerschaften an den Universitäten

§ 10. (1) Die Hochschülerinnen- und Hochschülerschaften und die in ihren Organen vertretenen wahlwerbenden Gruppen sind berechtigt, Veranstaltungen an der jeweiligen Universität durchzuführen. Solche Veranstaltungen sind der Rektorin oder dem Rektor mindestens 72 Stunden vor Beginn der Veranstaltung anzuzeigen. Bei Unterlassung der fristgerechten Anzeige geht das Recht auf Durchführung dieser Veranstaltung verloren. Die Rektorin oder der Rektor bestimmt, welche Räume für welchen Zeitraum für Veranstaltungen zur Verfügung gestellt werden. Diese Veranstaltungen sind grundsätzlich öffentlich, jedoch kann der Zutritt erforderlichenfalls auf Angehörige der jeweiligen Universität eingeschränkt und mit einer den räumlichen Verhältnissen entsprechenden Zahl begrenzt werden. Die Rektorin oder der Rektor kann eine Veranstaltung innerhalb von 48 Stunden nach der Anzeige untersagen, wenn ihre Durchführung insbesondere im Hinblick auf das Fehlen geeigneter Räume nur unter Beeinträchtigung des Lehr- und Forschungsbetriebes sichergestellt werden könnte.

(2) Die Begrenzung des Zutritts zu Veranstaltungen und die Untersagung von Veranstaltungen hat durch Bescheid der Rektorin oder des Rektors zu erfolgen. Gegen diesen Bescheid ist die Berufung an den Senat der betreffenden Universität als zweite und letzte Instanz zulässig. *(BGBl I 2005/1)*

(3) Die Hochschülerinnen- und Hochschülerschaften, die für ihre Organe wahlwerbenden Gruppen sowie die zugelassenen Kandidatinnen und Kandidaten für die Studienvertretungen sind berechtigt, an den von der Rektorin oder dem Rektor zur Verfügung gestellten Plakatflächen Informationen anzubringen und an der jeweiligen Universität Informationsmaterial zu verteilen. Bei der Verteilung von Informationsmaterial in Hörsälen ist darauf zu achten, daß dadurch der Lehr- und Prüfungsbetrieb nicht beeinträchtigt wird. *(BGBl I 2005/1)*

(4) Auf der Grundlage der Evidenz der Studierenden hat die Rektorin oder der Rektor der jeweiligen Hochschülerinnen- und Hochschülerschaft in jedem Semester ein Verzeichnis der Studierenden, über Antrag auch auf elektronischen Datenträgen, zur Verfügung zu stellen. Dieses Verzeichnis hat Angaben über Namen, Matrikelnummer, Geschlecht, Staatsangehörigkeit, Geburtsdatum, Anschrift am Studienort und Heimatort, und, wenn vorhanden, die E-Mail-Adresse, sowie über die Angehörigkeit zur Studienrichtung zu enthalten. *(BGBl I 2005/1)*

(5) Die jeweilige Hochschülerinnen- und Hochschülerschaft hat den für ihre Organe wahlwerbenden Gruppen und den zugelassenen Kandidatinnen und Kandidaten auf deren Verlangen Abschriften dieses Verzeichnisses der Studierenden, über Antrag auch auf elektronischen Datenträgern, zur Verfügung zu stellen. Der Antrag ist von der oder dem Zustellungsbevollmächtigten der jeweiligen wahlwerbenden Gruppe oder der zugelassenen Kandidatin oder dem zugelassenen Kandidaten zu unterfertigen, die oder der für die gesetzeskonforme Verwendung der Daten verantwortlich ist.

(6) Die entgeltliche oder unentgeltliche Weitergabe von Daten und Datenträgern an Dritte ist eine Verwaltungsübertretung, die mit Geldstrafe von 218 € bis zu 2 180 €, im Falle der Uneinbringlichkeit mit Ersatzfreiheitsstrafe bis zu zwei Wochen zu bestrafen ist, wenn die Tat nicht den Tatbestand einer in die Zuständigkeit der Gerichte fallenden strafbaren Hand-

lung bildet oder nach anderen Verwaltungsstrafbestimmungen mit strengerer Strafe bedroht ist. *(BGBl I 2001/18)*

(7) Die oder der Vorsitzende jeder Universitätsvertretung hat das Recht, Informationen über die Verwendung der Studienbeiträge beim Rektorat der jeweiligen Universität einzuholen. Das Rektorat ist verpflichtet, die entsprechenden Informationen schriftlich zu erteilen. Die oder der Vorsitzende jeder Universitätsvertretung ist verpflichtet, die Studierenden der jeweiligen Universität darüber zu informieren. *(BGBl I 2005/1)*

(8) Die oder der Vorsitzende jeder Universitätsvertretung hat gemäß § 21 Abs. 15 Universitätsgesetz 2002 das Recht, in den Sitzungen des Universitätsrates zu Tagesordnungspunkten, die ihren Aufgabenbereich betreffen, insbesondere zu

1. Genehmigung des Entwicklungsplans,
2. Genehmigung des Organisationsplans,
3. Genehmigung des Entwurfs der Leistungsvereinbarung und
4. Stellungnahme zu Curricula und Studienangeboten außerhalb der Leistungsvereinbarung

angehört zu werden. *(BGBl I 2005/1)*

(9) Die Hochschülerinnen- und Hochschülerschaften sind zur Führung des Bundeswappens im Sinne des Wappengesetzes, BGBl. Nr. 159/1984, berechtigt. *(BGBl I 2005/1)*

Infrastruktur der Hochschülerinnen- und Hochschülerschaften an den Universitäten

§ 11. (1) Die Rektorin oder der Rektor hat der jeweiligen Hochschülerinnen- und Hochschülerschaft die für die Erfüllung ihrer Aufgaben erforderlichen Räume insbesondere innerhalb der Universitätsgebäude und eine dem Standard der Zentralen Verwaltung der Universität entsprechende Büroausstattung zur Verfügung zu stellen.

(2) Die zur Verfügung gestellten Gegenstände sind in einem Verzeichnis festzuhalten. Die jeweilige Hochschülerinnen- und Hochschülerschaft haftet für den Verlust und die Beschädigung der übernommenen Gegenstände, die nicht auf gewöhnliche Abnützung zurückzuführen ist.

(3) Die Rektorin oder der Rektor hat für notwendige Aufwendungen, die zur fachlichen Betreuung von Studierenden erforderlich sind und in den Aufgabenbereich der Universität gehören, nach Maßgabe der budgetären Möglichkeiten einen angemessenen Ersatz zu leisten.

(4) Die Rektorin oder der Rektor hat nach Maßgabe der budgetären Möglichkeiten Beiträge zum Verwaltungsaufwand der jeweiligen Hochschülerinnen- und Hochschülerschaft, zur Schulung von Studierendenvertreterinnen und Studierendenvertretern sowie zur fachlichen Information der Studierenden zu leisten.

(5) Die Rektorin oder der Rektor hat der jeweiligen Hochschülerinnen- und Hochschülerschaft den ihr zukommenden Ausgabenrahmen bis spätestens 1. Mai jedes Jahres bekanntzugeben und zeitgerecht zur Verfügung zu stellen. Die Kontrollkommission hat im Einvernehmen mit den Hochschülerinnen- und Hochschülerschaften und den Rektorinnen oder Rektoren durch die Erlassung von Richtlinien für eine möglichst einheitliche Vorgangsweise der Universitäten bei der Zuweisung der Räume und der Vergabe von Beiträgen zum Verwaltungsaufwand zu sorgen. Dabei ist jeder Hochschülerinnen- und Hochschülerschaft ein von der Kontrollkommission festzusetzender Mindestbeitrag zuzuweisen.

Organe der Hochschülerinnen- und Hochschülerschaften an den Universitäten

§ 12. (1) Die Organe der Hochschülerinnen- und Hochschülerschaften an den Universitäten sind:

1. die Universitätsvertretung der Studierenden,
2. die Studienvertretungen,
3. die Wahlkommission. *(BGBl I 2005/1)*

(2) Die Universitätsvertretung der Studierenden ist berechtigt, im Rahmen ihrer Satzung weitere Organe entsprechend dem Organisationsplan der Universität (zB Fakultätsvertretung, Fachbereichsvertretung, Departementvertretung, etc.) einzurichten. Sie hat in der Satzung festzulegen, von welcher Studienvertretung Studierende in diese Organe zu entsenden sind. Bei der Festlegung der Zahl der von den einzelnen Studienvertretungen zu entsendenden Vertreterinnen und Vertretern ist die Anzahl der Studierenden des jeweiligen Studiums zu berücksichtigen. *(BGBl I 2005/1)*

(3) Die Funktionsperiode der Organe gemäß Abs. 1 Z 1 und 2 und des Organs gemäß Abs. 2 beginnt jeweils mit dem der Wahl folgenden 1. Juli und endet mit 30. Juni des zweiten darauf folgenden Jahres. Die Wahlkommissionen sind auf Dauer eingerichtet. *(BGBl I 2005/1)*

(4) Soweit in diesem Bundesgesetz nichts anderes bestimmt ist, ist für einen Beschluß eines Organs die Anwesenheit von mindestens der Hälfte der stimmberechtigten Mitglieder erforderlich. Diesfalls gilt ein Antrag als angenommen, wenn er die einfache Mehrheit der abgegebenen gültigen Stimmen erlangt hat. Eine Stimmenthaltung gilt als nicht abgegebene Stimme. *(BGBl I 2005/1)*

Universitätsvertretung der Studierenden

§ 13. (1) Der Universitätsvertretung der Studierenden gehören an:

1. bis zu 7 000 Wahlberechtigten neun Mandatarinnen und Mandatare;
2. bis zu 10 000 Wahlberechtigten 11, bis zu 14 000 Wahlberechtigten 13, bis zu 18 000 Wahlberechtigten 15, bis zu 23 000 Wahlberechtigten 17, bis zu 29 000 Wahlberechtigten 19, bis zu 35 000 Wahlberechtigten 21, bis zu 45 000 Wahlberechtigten 23, bis

zu 60 000 Wahlberechtigten 25, über 60 000 Wahlberechtigten 27 Mandatarinnen und Mandatare;
3. die Referentinnen und Referenten der Universitätsvertretung mit beratender Stimme und Antragsrecht für die Angelegenheiten ihres Referates;
4. die Vorsitzenden der Organe gemäß § 12 Abs. 2 mit beratender Stimme und Antragsrecht;
5. an Universitäten, an deren Hochschülerinnen- und Hochschülerschaften keine Organe gemäß § 12 Abs. 2 eingerichtet sind, die Vorsitzenden der Studienvertretungen mit beratender Stimme und Antragsrecht.

(BGBl I 2005/1)

(2) Die Universitätsvertretung hat nach Anhörung der betroffenen Organe mit Zweidrittelmehrheit eine Satzung für alle Organe der Hochschülerinnen- und Hochschülerschaft mit Ausnahme der Wahlkommission zu beschließen, die insbesondere folgende Festlegungen zu enthalten hat:
1. alle eingerichteten Organe der Hochschülerinnen- und Hochschülerschaft,
2. Einladung zu Sitzungen,
3. Erstellung der Tagesordnung,
4. Ablauf von Sitzungen,
5. Redezeitregelungen,
6. Abstimmungsgrundsätze,
7. fakultativ die Einrichtung von Ausschüssen, allenfalls mit Entscheidungsvollmacht,
8. Organisation der Verwaltung,
9. Einrichtung von Referaten und
10. Kontrollrechte von Mandatarinnen und Mandataren,
11. Regelung betreffend Vorgangsweise bei der Entsendung von Studierendenvertreterinnen und Studierendenvertretern in die Kollegialorgane gemäß § 25 Abs. 8 Z 1 bis 3 des Universitätsgesetzes 2002. *(BGBl I 2005/1)*

(3) In der Satzung ist festzulegen, daß jedenfalls zwei Sitzungen pro Semester stattzufinden haben und die Anberaumung einer außerordentlichen Sitzung jedenfalls zu erfolgen hat, wenn mindestens 20 vH der Mandatarinnen und Mandatare dies verlangen.

Aufgaben der Universitätsvertretung der Studierenden

§ 14. Die Aufgaben der Universitätsvertretung der Studierenden sind:
1. Vertretung der Interessen ihrer Mitglieder für den Bereich der jeweiligen Universität sowie deren Förderung, soweit sie nicht in den Wirkungsbereich anderer Organe der Hochschülerinnen- und Hochschülerschaft fallen;
2. Beschlussfassung über den Jahresvoranschlag der Hochschülerinnen- und Hochschülerschaft und über die Verteilung der aus den Studierendenbeiträgen zur Verfügung stehenden Geldmittel. An Universitäten mit Organen gemäß § 12 Abs. 2 sind den Studienvertretungen insgesamt mindestens 30 vH und den Organen gemäß § 12 Abs. 2 mindestens 10 vH zur Verfügung zu stellen. An Universitäten ohne Organe gemäß § 12 Abs. 2 sind den Studienvertretungen insgesamt mindestens 30 vH zur Verfügung zu stellen. Bei der Verteilung ist darauf zu achten, dass jedem dieser Organe ein zur Erfüllung seiner Aufgaben erforderlicher Mindestbetrag zur Verfügung steht; *(BGBl I 2005/1)*
3. Verfügung über das Budget der Universitätsvertretung;
4. Beschlußfassung über den Jahresabschluß der Hochschülerinnen- und Hochschülerschaft;
5. Entsendung und Abberufung von Studierendenvertreterinnen und Studierendenvertretern in Kommissionen und Unterkommissionen des Senates der Universität, insbesondere in die Kollegialorgane gemäß § 25 Abs. 8 Z 1 bis 3 Universitätsgesetz 2002, und in staatliche Behörden; *(BGBl I 2005/1)*

5a. Wahl der Vertreterinnen und Vertreter der Studierenden in den Senat der Universität aus den Reihen der ordentlichen Studierenden der Universität nach dem Wahlverfahren gemäß § 40 entsprechend dem Stimmenverhältnis der in der Universitätsvertretung vertretenen wahlwerbenden Gruppen; *(BGBl I 2005/1)*

6. Führung der für die Erledigung der Aufgaben aller Organe der Hochschülerinnen- und Hochschülerschaft notwendigen Verwaltungseinrichtungen; *(BGBl I 2005/1)*
7. Koordination der Tätigkeiten der Organe gemäß § 12 Abs. 2; *(BGBl I 2005/1)*
8. Abgabe von Stellungnahmen zu Gesetzes- und Verordnungsentwürfen.

Organ gemäß § 12 Abs. 2

§ 15. Dem Organ gemäß § 12 Abs. 2 gehören an:
1. bis zu 2.000 Wahlberechtigten fünf Studierendenvertreterinnen und Studierendenvertreter, bis zu 3.000 Wahlberechtigten sieben, bis zu 4.000 Wahlberechtigten neun, und über 4.000 Wahlberechtigten elf Studierendenvertreterinnen und Studierendenvertreter;
2. die Vorsitzenden der Studienvertretungen, die entsprechend dem Organisationsplan der Universität (zB Fakultätsvertretung, Fachbereichsvertretung, Departementvertretung, etc.) Studierende in dieses Organ entsenden, mit beratender Stimme und Antragsrecht.

(BGBl I 2005/1)

Aufgaben des Organs gemäß § 12 Abs. 2

§ 16. Die Aufgaben des Organs gemäß § 12 Abs. 2 sind:
1. Vertretung der Interessen der Studierenden sowie deren Förderung in ihrem Wirkungsbereich;
2. Verfügung über das zugewiesene Budget;

3. Koordination der Tätigkeiten der Studienvertretungen;
4. Abgabe von Stellungnahmen zu Gesetzes- und Verordnungsentwürfen.

(BGBl I 2005/1)

Studienvertretung

§ 17. (1) Für jedes ordentliche Studium, insbesondere auch für Lehramts- und Doktoratsstudien, ist eine Studienvertretung einzurichten. Die Universitätsvertretung kann beschließen, dass Studien zu einer Studienvertretung zusammengefasst werden. Derartige Beschlüsse bedürfen der Zweidrittelmehrheit.

(2) Der Studienvertretung gehören bis zu 400 Wahlberechtigten drei Mandatarinnen und Mandatare, über 400 Wahlberechtigten fünf Mandatarinnen und Mandatare an.

(3) Die Funktionsperiode der Studienvertretung endet vorzeitig, wenn die Zahl der Mandatarinnen oder Mandatare unter die Hälfte der für die Studienvertretung zu vergebenden Mandate gesunken ist. In diesem Fall hat das Organ gemäß § 12 Abs. 2, an Universitäten ohne Organ gemäß § 12 Abs. 2 die Universitätsvertretung, deren Aufgaben und das Budget zu übernehmen.

(BGBl I 2005/1)

Aufgaben der Studienvertretung

§ 18. Die Aufgaben der Studienvertretung sind:

1. Vertretung der Interessen der Studierenden sowie deren Förderung in ihrem Wirkungsbereich;
2. Nominierung der von der Universitätsvertretung in die Kollegialorgane gemäß § 25 Abs. 8 Z 1 bis 3 Universitätsgesetz 2002 zu entsendenden Studierendenvertreterinnen und Studierendenvertreter nach Maßgabe der Satzung;
3. Verfügung über das der Studienvertretung zugewiesene Budget;
4. Abgabe von Stellungnahmen zu Gesetzes- und Verordnungsentwürfen.

(BGBl I 2005/1)

Studierendenversammlung

§ 19. (1) Die Organe gemäß § 12 Abs. 2 und Studienvertretungen können zur Information und zur Behandlung von studienbezogenen Angelegenheiten der Studierenden eine Studierendenversammlung einberufen. *(BGBl I 2005/1)*

(2) Eine Studierendenversammlung ist jedenfalls einzuberufen, wenn dies mindestens 5 vH der für das jeweilige Organ Wahlberechtigten schriftlich verlangen.

(3) Die Einberufung einer Studierendenversammlung hat die oder der Vorsitzende des jeweiligen Organs vorzunehmen.

(4) Für Abstimmungen sind die entsprechenden Bestimmungen anzuwenden, die für das jeweilige Organ gelten. Beschlüsse einer Studierendenversammlung hat das jeweilige Organ der Hochschülerinnen- und Hochschülerschaft in der nächsten Sitzung zu behandeln.

Tätigkeitsbericht

§ 19a. (1) Die Bundesvertretung, die Universitätsvertretungen, die Studienvertretungen und die Organe gemäß § 12 Abs. 2 haben innerhalb von drei Monaten nach Abschluss jedes Budgetjahres einen Tätigkeitsbericht zu veröffentlichen, der in geeigneter Weise die Verteilung der Studierendenbeiträge darzustellen und die Tätigkeitsfelder, insbesondere der Beratungstätigkeiten und die erbrachten Dienstleistungen darzulegen hat.

(2) Die Bundesvertretung hat auf der Grundlage der Tätigkeitsberichte gemäß Abs. 1 der Bundesministerin oder dem Bundesminister mindestens alle zwei Jahre einen Bericht zwecks Vorlage an den Nationalrat zu übermitteln.

(BGBl I 2005/1)

Sonderfälle

§ 20. (1) An Universitäten, an deren Hochschülerinnen- und Hochschülerschaften keine Organe gemäß § 12 Abs. 2 eingerichtet sind, übernimmt die Universitätsvertretung der Studierenden an der jeweiligen Universität die Aufgaben des Organs gemäß § 12 Abs. 2.

(2) Sind mehrere Universitäten mit der Durchführung eines Studiums betraut, so kann durch übereinstimmende Beschlüsse der betroffenen Universitätsvertretungen eine gemeinsame Studienvertretung eingerichtet werden. In den Beschlüssen ist festzustellen, welcher Hochschülerinnen- und Hochschülerschaft die gemeinsame Studienvertretung organisatorisch angehört.

(3) Beschlüsse gemäß Abs. 2 bedürfen der Zweidrittelmehrheit. Diese Beschlüsse treten außer Kraft, wenn 10 vH der für die gemeinsame Studienvertretung aktiv Wahlberechtigten anlässlich der Durchführung von Hochschülerinnen- und Hochschülerschaftswahlen bei der zuständigen Wahlkommission die Wahl eigenständiger Studienvertretungen schriftlich beantragen.

(BGBl I 2005/1)

3. Abschnitt
Vertretung der Studierenden an den Pädagogischen Hochschulen
(BGBl I 2007/47)

Studierendenvertretung an den Pädagogischen Hochschulen
(BGBl I 2007/47)

§ 20a. (1) An den Pädagogischen Hochschulen sind einzurichten:

1. eine Studiengangsvertretung für jeden Studiengang,
2. eine Pädagogische Hochschulvertretung. *(BGBl I 2007/47)*

(2) Die Studiengangsvertretung besteht an Studiengängen mit bis zu 250 Studierenden aus

drei Vertreterinnen oder Vertretern, an Studiengängen mit mehr als 250 Studierenden aus fünf Vertreterinnen oder Vertretern. Die Studiengangsvertretung wählt unter sinngemäßer Anwendung des § 24 aus ihrer Mitte eine Vorsitzende oder einen Vorsitzenden (Vorsitzende oder Vorsitzender der Studiengangsvertretung) und eine Stellvertreterin oder einen Stellvertreter. Den Studiengangsvertretungen obliegt die Vertretung der Interessen der Studierenden des jeweiligen Studienganges. *(BGBl I 2007/47)*

(3) Die Wahl der Studiengangsvertretung ist jedes Jahr innerhalb der ersten beiden Monate des Studienjahres von der Rektorin oder dem Rektor der Pädagogischen Hochschule in geheimer Abstimmung durchzuführen. Die Vertreterinnen und Vertreter sind als Personen zu wählen. Das Wahlergebnis ist der oder dem Vorsitzenden der Österreichischen Hochschülerinnen- und Hochschülerschaft umgehend bekanntzugeben. *(BGBl I 2007/47)*

(4) Aktiv und passiv wahlberechtigt sind alle Studierenden des jeweiligen Studienganges, wenn sie zu Studien zugelassen sind, deren Curricula mindestens 30 ECTS-Anrechnungspunkte umfassen. *(BGBl I 2007/47)*

(5) Der Pädagogischen Hochschulvertretung gehören alle Mitglieder der Studiengangsvertretungen der jeweiligen Pädagogischen Hochschule an. Die Pädagogische Hochschulvertretung wählt unter sinngemäßer Anwendung des § 24 aus ihrer Mitte eine Vorsitzende oder einen Vorsitzenden (Vorsitzende oder Vorsitzender der Pädagogischen Hochschulvertretung) und eine Stellvertreterin oder einen Stellvertreter. Der Pädagogischen Hochschulvertretung obliegt die Vertretung der Interessen der Studierenden an der jeweiligen Pädagogischen Hochschule gegenüber den Organen der Pädagogischen Hochschule (insbesondere Rektorin oder Rektor und Lehrpersonal). *(BGBl I 2007/47)*

(6) An Pädagogischen Hochschulen mit weniger als 250 Studierenden kann die Pädagogische Hochschulvertretung beschließen, dass eine Pädagogische Hochschulvertretung direkt von allen Studierenden an der Pädagogischen Hochschule zu wählen ist. In diesem Fall besteht die Pädagogische Hochschulvertretung aus fünf Vertreterinnen oder Vertretern. *(BGBl I 2007/47)*

(7) Die Funktionsperiode der Studiengangsvertretung und der Pädagogischen Hochschulvertretung beginnt mit dem auf die Wahl folgenden Tag und endet mit Beginn der nächsten Funktionsperiode. *(BGBl I 2007/47)*

(8) Sind Studiengänge zusammengelegt, so ist – vorbehaltlich der Bestimmung des Abs. 6 – dennoch für jeden einzelnen Studiengang eine Studiengangsvertretung zu wählen. Aktiv und passiv wahlberechtigt sind in diesem Fall alle Studierenden des zusammengelegten Studienganges, die diesfalls zwei oder mehr Studiengangsvertretungen wählen. Studierende können allerdings nur in eine der Studiengangsvertretungen gewählt werden. Werden zusammengelegte Studiengänge geteilt, so sind die Studierenden für die jeweiligen Studiengangsvertretungen aktiv und passiv wahlberechtigt.

(BGBl I 1999/95, BGBl I 2001/18)

Infrastruktur der Pädagogischen Hochschulvertretungen an den Pädagogischen Hochschulen
(BGBl I 2007/47)

§ 20b. (1) Der Hochschulerhalter hat der Pädagogischen Hochschulvertretung die für die Erfüllung ihrer Aufgaben erforderlichen Räume insbesondere innerhalb der Pädagogischen Hochschulgebäude und eine dem Standard der Verwaltung der Pädagogischen Hochschule entsprechende Büroausstattung zur Verfügung zu stellen. *(BGBl I 2007/47)*

(2) Die Bundesministerin oder der Bundesminister hat nach Maßgabe der budgetären Möglichkeiten Beiträge zum Verwaltungsaufwand der Pädagogischen Hochschulvertretung, zur Schulung von Studierendenvertreterinnen und Studierendenvertretern sowie zur fachlichen Information der Studierenden zu leisten. *(BGBl I 2007/47)*

(3) Die Bundesministerin oder der Bundesminister hat der Österreichischen Hochschülerinnen- und Hochschülerschaft den ihr für die Pädagogischen Hochschulvertretung zukommenden Ausgabenrahmen bis spätestens 1. Mai jedes Jahres bekanntzugeben und zeitgerecht zur Verfügung zu stellen. Die Kontrollkommission hat im Einvernehmen mit der Österreichischen Hochschülerinnen- und Hochschülerschaft und der Bundesministerin oder dem Bundesminister durch die Erlassung von Richtlinien für eine möglichst einheitliche Vorgangsweise der Pädagogischen Hochschulen bei der Zuweisung der Räume und der Vergabe von Beiträgen zum Verwaltungsaufwand zu sorgen.

(BGBl I 1999/95, BGBl I 2001/18, BGBl I 2007/47)

4. Abschnitt
Vertretung der Studierenden an den Fachhochschul-Studiengängen

§ 20c. (1) An den Fachhochschul-Studiengängen sind einzurichten:

1. für jeden Jahrgang eines Fachhochschul-Studienganges ist jährlich eine Jahrgangssprecherin oder ein Jahrgangssprecher zu wählen,
2. für jeden Fachhochschul-Studiengang ist eine Fachhochschul-Studiengangsvertretung einzurichten.

(2) Mitglieder einer Fachhochschul-Studiengangsvertretung sind alle Jahrgangssprecherinnen und Jahrgangssprecher des jeweiligen Fachhochschul-Studienganges. Die Fachhochschul-Studiengangsvertretung wählt aus ihrer Mitte eine Vorsitzende oder einen Vorsitzenden (Vorsitzende oder Vorsitzender der Fachhochschul-Studiengangsvertretung).

(3) Die Wahl der Jahrgangssprecherin oder des Jahrgangssprechers ist jedes Jahr innerhalb

des ersten Monats des Studienjahres von der Studiengangsleiterin oder dem Studiengangsleiter des jeweiligen Fachhochschul-Studienganges in geheimer Abstimmung durchzuführen. Das Wahlergebnis ist der Vorsitzenden oder dem Vorsitzenden der Österreichischen Hochschülerinnen- und Hochschülerschaft umgehend bekanntzugeben.

(4) Aktiv und passiv wahlberechtigt sind alle Studierenden des jeweiligen Fachhochschul-Studienganges des jeweiligen Jahrganges.

(5) Die Funktionsperiode der Jahrgangssprecherin oder des Jahrgangssprechers sowie der Fachhochschul-Studiengangsvertretung beginnt mit dem auf die Wahl folgenden Tag und endet mit Beginn der nächsten Funktionsperiode.

(6) Der Fachhochschul-Studiengangsvertretung obliegt die Vertretung der Interessen der Studierenden an dem jeweiligen Fachhochschul-Studiengang, insbesondere gegenüber der Studiengangsleiterin oder dem Studiengangsleiter sowie dem Träger des Fachhochschul-Studienganges.

(7) Den Jahrgangssprecherinnen und Jahrgangssprechern obliegt die Vertretung der Interessen der Studierenden des jeweiligen Jahrganges.

(BGBl I 1999/95)

Infrastruktur der Studierendenvertretungen an Fachhochschul-Studiengängen

§ 20d. (1) Der Erhalter eines Fachhochschul-Studienganges hat der jeweiligen Studierendenvertretung die für die Erfüllung ihrer Aufgaben erforderlichen Räume und eine dem Standard der Verwaltung entsprechende Büroausstattung zur Verfügung zu stellen.

(2) Die Bundesministerin oder der Bundesminister für Wissenschaft und Verkehr hat für notwendige Aufwendungen, die zur fachlichen Betreuung von Studierenden erforderlich sind und in den Aufgabenbereich der Fachhochschul-Studiengänge gehören, nach Maßgabe der budgetären Möglichkeiten einen angemessenen Ersatz zu leisten. *(BGBl I 2001/18)*

(BGBl I 1999/95)

3. Hauptstück
Organisation der Vertretungseinrichtungen

1. Abschnitt
Allgemeine Bestimmungen über Studierendenvertreterinnen und Studierendenvertreter

Studierendenvertreterinnen und Studierendenvertreter

§ 21. (1) Studierendenvertreterinnen und Studierendenvertreter sind:

1. die Mandatarinnen und Mandatare,
2. die von den Organen der Österreichischen Hochschülerinnen- und Hochschülerschaft und der Hochschülerinnen- und Hochschülerschaften an den Universitäten entsandten Vertreterinnen und Vertreter in staatliche Behörden und universitäre Kollegialorgane sowie deren Kommissionen und Unterkommissionen und in internationale Studierendenorganisationen,
3. die Referentinnen und Referenten,
4. die Sachbearbeiterinnen und Sachbearbeiter,
5. die entsandten Vertreterinnen und Vertreter in die Organe der Wirtschaftsbetriebe, wenn sie Studierende sind,
6. die Tutorinnen und Tutoren gemäß § 66 Abs. 4 Universitätsgesetz 2002, wenn sie Studierende sind und von Organen der jeweiligen Hochschülerinnen- und Hochschülerschaft namhaft gemacht wurden, *(BGBl I 2005/1)*
7. die Mitglieder der Pädagogischen Hochschulvertretungen, *(BGBl I 1999/95, BGBl I 2001/18, BGBl I 2007/47)*
8. die Jahrgangssprecherinnen und Jahrgangssprecher an den Fachhochschul-Studiengängen, *(BGBl I 1999/95)*
9. die von den Pädagogischen Hochschulvertretungen entsandten Vertreterinnen und Vertreter in staatliche Behörden, Kollegialorgane der Bildungseinrichtungen sowie deren Kommissionen und Unterkommissionen und in internationale Studierendenorganisationen. *(BGBl I 2001/ 18, BGBl I 2005/1, BGBl I 2007/47)*

(2) Die Studierendenvertreterinnen und Studierendenvertreter haben ihre Aufgaben gewissenhaft und uneigennützig zu erfüllen.

(3) Der oder dem Vorsitzenden und der Wirtschaftsreferentin oder dem Wirtschaftsreferenten der Bundesvertretung und der Universitätsvertretungen sind von der oder dem Vorsitzenden der zuständigen Wahlkommission einheitliche, auf die jeweilige Funktionsperiode befristete und mit einem Lichtbild versehene Ausweise auszustellen. Anderen Studierendenvertreterinnen und Studierendenvertretern gemäß Abs. 1 Z 1 bis 6 sind auf Antrag der oder des Vorsitzenden Ausweise auszustellen. Scheidet eine Studierendenvertreterin oder ein Studierendenvertreter vor Ablauf der Funktionsperiode aus ihrer oder seiner Funktion aus, hat sie oder er ihren oder seinen Ausweis unverzüglich der oder dem Vorsitzenden der Bundesvertretung oder der jeweiligen Universitätsvertretung auszufolgen. *(BGBl I 2001/18)*

(4) Die oder der Vorsitzende der Bundesvertretung und die Vorsitzenden jeder Universitätsvertretung haben ein aktuelles Verzeichnis der Studierendenvertreterinnen und Studierendenvertreter, die den jeweiligen Organen angehören, zu führen. Dieses Verzeichnis hat den Namen, die Anschrift, den Tätigkeitsbereich, die Dauer der Funktionsperiode und die Unterschrift der Studierendenvertreterin oder des Studierendenvertreters zu enthalten. Das vorzeitige Ausscheiden einer Studierendenvertreterin oder

eines Studierendenvertreters ist von der oder dem zuständigen Vorsitzenden mit Angabe des Datums des Ausscheidens zu vermerken und der oder dem Vorsitzenden der zuständigen Wahlkommission bekanntzugeben. Alle Mitglieder der Österreichischen Hochschülerinnen- und Hochschülerschaft sind berechtigt, in dieses Verzeichnis Einsicht zu nehmen.

(5) Der oder dem Vorsitzenden der Pädagogischen Hochschulvertretung ist von der Rektorin oder dem Rektor ein auf die jeweilige Funktionsperiode befristeter und mit einem Lichtbild versehener Ausweis auszustellen. Anderen Studierendenvertreterinnen oder Studierendenvertretern gemäß Abs. 1 Z 7 bis 9 sind auf Antrag der oder des Vorsitzenden Ausweise auszustellen. Scheidet eine Studierendenvertreterin oder ein Studierendenvertreter vor Ablauf der Funktionsperiode aus ihrer oder seiner Funktion aus, hat sie oder er ihren oder seinen Ausweis unverzüglich der Ausstellerin oder dem Aussteller auszufolgen. *(BGBl I 2001/18, BGBl I 2007/47)*

Rechtsfolgen der Tätigkeit als Studierendenvertreterin oder Studierendenvertreter

§ 22. (1) Die Studierendenvertreterinnen und Studierendenvertreter üben ihre Tätigkeit ehrenamtlich aus. Sie haben Anspruch auf Ersatz des ihnen aus ihrer Tätigkeit erwachsenden Aufwandes. Ihnen kann im Hinblick auf die Bedeutung der Funktion und auf den damit üblicherweise verbundenen Aufwand durch Beschluß der Bundesvertretung oder der Universitätsvertretung eine laufende pauschalierte Entschädigung gewährt werden. Diese Beschlüsse sind der Kontrollkommission unverzüglich zur Kenntnis zu bringen.

(2) Zeiten als Studierendenvertreterin oder Studierendenvertreter sind unter Berücksichtigung der Funktion und der zeitlichen Inanspruchnahme bis zum Höchstausmaß von vier Semestern zur Erlangung von Studienbeihilfen nach dem Studienförderungsgesetz 1992, BGBl. Nr. 305, nicht in die darin vorgesehene höchstzulässige Studienzeit einzurechnen. Die Bundesministerin oder der Bundesminister hat durch Verordnung die näheren Voraussetzungen für diese Nichteinrechnung festzulegen.

(3) Zeiten als Studierendenvertreterin oder Studierendenvertreter verringern das Stundenausmaß der freien Wahlfächer bzw. an Pädagogischen Hochschulen der ergänzenden Studien für jedes Semester, in welchem eine derartige Tätigkeit ununterbrochen ausgeübt wird, in folgendem Ausmaß: *(BGBl I 2007/47)*

1. für die Vorsitzenden der Bundesvertretung und der Universitätsvertretungen und die Referentinnen und Referenten um je vier Semesterstunden,
2. für die stellvertretenden Vorsitzenden der Bundesvertretung und der Universitätsvertretungen, die Vorsitzenden der Organe gemäß § 12 Abs. 2 und der Studienvertretungen sowie die Sachbearbeiterinnen und Sachbearbeiter der Bundesvertretung um je drei Semesterstunden, *(BGBl I 2005/1)*
3. für die Mandatarinnen und Mandatare in der Bundesvertretung, den Universitätsvertretungen, den Organen gemäß § 12 Abs. 2 und den Studienvertretungen sowie die Sachbearbeiterinnen und Sachbearbeiter der Universitätsvertretungen um je zwei Semesterstunden, *(BGBl I 2005/1)*
4. für alle anderen Studierendenvertreterinnen und Studierendenvertreter um je eine Semesterstunde.

Die tatsächliche Verringerung des Stundenausmaßes für die freien Wahlfächer hat das für die studienrechtlichen Angelegenheiten zuständige Organ festzustellen. *(BGBl I 2005/1)*

(4) Studierendenvertreterinnen und Studierendenvertreter sind berechtigt, anstelle von Einzelprüfungen kommissionelle Prüfungen abzulegen. *(BGBl I 2005/1)*

Entsendung von Studierendenvertreterinnen und Studierendenvertretern

§ 23. (1) Die Entsendung von Studierendenvertreterinnen und Studierendenvertretern insbesondere in staatliche Behörden und universitäre Kollegialorgane sowie Kommissionen und Unterkommissionen und von Delegierten in internationale Studierendenorganisationen erfolgt nach dem Wahlverfahren gemäß § 40 entsprechend dem Stimmenverhältnis der im jeweils entsendenden Organ vertretenen wahlwerbenden Gruppen auf Grund eines Beschlusses dieses Organs. Die zu entsendenden Studierendenvertreterinnen und Studierendenvertreter sind von den jeweiligen wahlwerbenden Gruppen zu bestimmen. Bei der Entsendung ist über einen Gesamtvorschlag abzustimmen.

(2) Die Entsendung von Studierendenvertreterinnen und Studierendenvertretern insbesondere in Kommissionen und Unterkommissionen der Bildungseinrichtungen erfolgt

1. an Pädagogischen Hochschulen durch einen Beschluss der jeweiligen Pädagogischen Hochschulvertretung, *(BGBl I 2007/47)*
2. an Fachhochschul-Studiengängen durch einen Beschluß der jeweiligen Fachhochschul-Studiengangsvertretung.

(BGBl I 1999/95)

(3) Die Entsendung von Studierendenvertreterinnen und Studierendenvertretern insbesondere in staatliche Behörden und von Delegierten in internationale Studierendenorganisationen durch die Bundesvertretung erfolgt nach dem Wahlverfahren gemäß § 40 entsprechend der Mandatsstärke der jeweiligen Klubs auf Grund eines Beschlusses der Bundesvertretung. Die zu entsendenden Studierendenvertreterinnen und Studierendenvertreter sind von den jeweiligen Klubs zu bestimmen. Bei der Entsendung ist über einen Gesamtvorschlag abzustimmen. *(BGBl I 2005/1)*

(4) Eine Abberufung vor Ablauf der Funktionsperiode ist mit Zweidrittelmehrheit möglich. *(BGBl I 1999/95, BGBl I 2005/1)*

2. Abschnitt
Vorsitzende und ihre Stellvertreterinnen und Stellvertreter

Wahl und Abwahl der oder des Vorsitzenden und der Stellvertreterinnen und Stellvertreter

§ 24. (1) Die Bundesvertretung, die Universitätsvertretungen, die Organe gemäß § 12 Abs. 2 und die Studienvertretungen haben bei Anwesenheit von mindestens einem Drittel der Stimmberechtigten aus ihrer Mitte eine Vorsitzende oder einen Vorsitzenden und zwei Stellvertreterinnen oder Stellvertreter zu wählen. Die Wahl hat in der konstituierenden Sitzung die oder der Vorsitzende der zuständigen Wahlkommission zu leiten. *(BGBl I 2005/1)*

(2) Die Wahl der oder des Vorsitzenden und der Stellvertreterinnen und Stellvertreter erfolgt jeweils in bis zu vier Wahlgängen, wobei nach folgendem Verfahren vorzugehen ist:

1. Wählbar sind nur jene Mandatarinnen und Mandatare, die für den ersten und zweiten Wahlgang vor dem ersten Wahlgang oder für den dritten und vierten Wahlgang vor dem dritten Wahlgang vorgeschlagen wurden.
2. Gewählt ist jene Mandatarin oder jener Mandatar, auf die oder den in einem der ersten drei Wahlgänge die absolute Mehrheit der abgegebenen gültigen Stimmen oder im vierten und letzten Wahlgang die relative Mehrheit der abgegebenen gültigen Stimmen entfallen.

(3) Erreicht in der konstituierenden Sitzung keine Kandidatin oder kein Kandidat die relative Mehrheit der abgegebenen gültigen Stimmen, so entscheidet zwischen den zwei Kandidatinnen oder Kandidaten, welche die höchste Stimmenanzahl erhalten haben, das Los. Diese oder dieser ist mit der geschäftsführenden Vorsitzführung betraut. Sie oder er hat unverzüglich eine Sitzung des Organs zur Wahl einer oder eines Vorsitzenden einzuberufen.

(4) Die Abwahl der oder des Vorsitzenden und der Stellvertreterinnen oder Stellvertreter erfolgt bei Anwesenheit von mindestens der Hälfte der Stimmberechtigten mit Zweidrittelmehrheit der abgegebenen gültigen Stimmen.

(5) Die Abwahl erfolgt bei Anwesenheit von mindestens der Hälfte der Stimmberechtigten durch die Neuwahl mit absoluter Mehrheit der abgegebenen gültigen Stimmen, wenn der Antrag auf Neuwahl als eigener Tagesordnungspunkt in der Einladung, die in diesem Fall mindestens zwei Wochen vor dem Sitzungstermin ausgesandt werden muß, aufscheint. Gleichzeitig mit dem Antrag auf Neuwahl, der von mindestens 10 vH der für das entsprechende Organ wahlberechtigten Mandatarinnen und Mandatare unterschrieben sein muss, ist der Name der Kandidatin oder des Kandidaten für jede neu zu besetzende Funktion (Vorsitzende bzw. Vorsitzender oder Stellvertreterin bzw. Stellvertreter), die oder der gewählt werden soll, bekanntzugeben. In diesem Fall stehen nur die so namhaft gemachten Kandidatinnen und Kandidaten zur Wahl. *(BGBl I 2001/18)*

(6) Von der Wahl und Abwahl der oder des Vorsitzenden der Bundesvertretung und der Universitätsvertretungen ist die Bundesministerin oder der Bundesminister unverzüglich in Kenntnis zu setzen.

Bezeichnung der Vorsitzenden und ihrer Stellvertreterinnen und Stellvertreter

§ 25. (1) Die oder der Vorsitzende der Bundesvertretung führt die Bezeichnung Vorsitzende oder Vorsitzender der Österreichischen Hochschülerinnen- und Hochschülerschaft und vertritt diese nach außen.

(2) Die oder der Vorsitzende der Wahlkommission der Österreichischen Hochschülerinnen- und Hochschülerschaft führt die Bezeichnung Vorsitzende oder Vorsitzender der Wahlkommission der Österreichischen Hochschülerinnen- und Hochschülerschaft.

(3) Die Vorsitzenden der Universitätsvertretungen führen die Bezeichnung Vorsitzende oder Vorsitzender der Hochschülerinnen- und Hochschülerschaft mit einem die Universität kennzeichnenden Zusatz und vertreten diese nach außen.

(4) Die Vorsitzenden von Organen der Hochschülerinnen- und Hochschülerschaften führen die Bezeichnung Vorsitzende oder Vorsitzender des jeweiligen Organs der Hochschülerinnen- und Hochschülerschaft mit einem die Hochschülerinnen- und Hochschülerschaft kennzeichnenden Zusatz.

(5) Die Vorsitzenden der Pädagogischen Hochschulvertretungen führen die Bezeichnung Vorsitzende oder Vorsitzender der Pädagogischen Hochschulvertretung mit einem die Pädagogische Hochschule kennzeichnenden Zusatz. *(BGBl I 2007/47)*

(6) Die Vorsitzenden der Fachhochschul-Studiengangsvertretungen führen die Bezeichnung Vorsitzende oder Vorsitzender der Fachhochschul-Studiengangsvertretung mit einem den Studiengang kennzeichnenden Zusatz. *(BGBl I 1999/95)*

Aufgaben der Vorsitzenden und ihrer Stellvertreterinnen und Stellvertreter

§ 26. (1) Die oder der Vorsitzende hat für die Durchführung der Beschlüsse des jeweiligen Organs und für die Erledigung der laufenden Geschäfte zu sorgen. In dringlichen Angelegenheiten ist sie oder er allein entscheidungsbefugt.

(2) Die oder der Vorsitzende der Bundesvertretung oder einer Universitätsvertretung kann genau bestimmte Teile ihrer oder seiner Aufgaben auf die Stellvertreterin oder den Stellvertreter übertragen. Im diesem Fall handelt die Stellvertreterin oder der Stellvertreter im Auftrag und unter Verantwortung der oder des Vorsitzenden.

(3) Auf Vorschlag der oder des jeweiligen Vorsitzenden kann die Bundesvertretung oder eine Universitätsvertretung genau bestimmte Teile ihrer oder seiner Aufgaben auf die Stellvertreterin oder den Stellvertreter übertragen. In diesem Beschluß ist für die Vertretung der bevollmächtigten Stellvertreterin oder des bevollmächtigten Stellvertreters Vorsorge zu treffen. In diesem Fall handelt die Stellvertreterin oder der Stellvertreter im eigenen Namen und unter eigener Verantwortung.

(4) Die oder der Vorsitzende wird im Falle der Verhinderung durch die erste Stellvertreterin oder den ersten Stellvertreter vertreten. Im Falle der Verhinderung der ersten Stellvertreterin oder des ersten Stellvertreters wird die oder der Vorsitzende durch die zweite Stellvertreterin oder den zweiten Stellvertreter vertreten.

(5) Sind die oder der Vorsitzende und die Stellvertreterinnen oder Stellvertreter dauernd verhindert, so hat das an Studienjahren älteste Mitglied, bei gleichem Studienalter das an Lebensjahren ältere Mitglied des jeweiligen Organs die Funktion der oder des geschäftsführenden Vorsitzenden zu übernehmen. Sie oder er hat unverzüglich eine Sitzung des Organs zur Wahl einer oder eines Vorsitzenden einzuberufen. Der oder dem geschäftsführenden Vorsitzenden obliegt die Auszahlung der Gehälter, die Durchführung der Verteilung der Studierendenbeiträge, die Durchführung der erforderlichen Ausgaben für die Erhaltung der Infrastruktur sowie die Einsetzung einer vorläufigen Wirtschaftsreferentin oder eines vorläufigen Wirtschaftsreferenten für die Dauer ihrer oder seiner Geschäftsführung.

(6) Die Vorsitzenden und ihre Stellvertreterinnen oder Stellvertreter haben die Gesetze, Verordnungen, Satzungen und Beschlüsse zu beachten und sind den Organen für ihre Tätigkeit verantwortlich.

3. Abschnitt
Organisatorische, wirtschaftliche und finanzielle Angelegenheiten

Organisation der Verwaltung

§ 27. (1) Die Verwaltung hat nach den Grundsätzen der Zweckmäßigkeit, der Sparsamkeit, der Wirtschaftlichkeit sowie unter Heranziehung moderner technischer Hilfsmittel zu erfolgen.

(2) Die Verwaltung und die übrigen Aufgabenbereiche sind durch Referate zu führen. Die Referate sind durch die Bundesvertretung und die Universitätsvertretungen durch die jeweiligen Satzungen einzurichten. Folgende Referate sind jedenfalls einzurichten:
1. Referat für Bildungspolitik,
2. Referat für Sozialpolitik,
3. Referat für wirtschaftliche Angelegenheiten (Wirtschaftsreferat).

(3) Die Referate stehen unter der Leitung von Referentinnen und Referenten. Diese müssen mit Ausnahme des Abs. 4 Mitglieder der Österreichischen Hochschülerinnen- und Hochschülerschaft sein und die erforderliche Befähigung besitzen. Den Referentinnen und Referenten können im Hinblick auf den Umfang ihrer Aufgaben von der oder dem Vorsitzenden Sachbearbeiterinnen und Sachbearbeiter sowie Angestellte zur Unterstützung zur Verfügung gestellt werden. Im Referat für Bildungspolitik bei der Bundesvertretung der Studierenden sind jedenfalls Sachbearbeiterinnen oder Sachbearbeiter für die Bereiche der anderen Bildungseinrichtungen vorzusehen. *(BGBl I 1999/95)*

(4) Das zuständige Organ kann auf Vorschlag der oder des Vorsitzenden qualifizierte Angestellte mit der Leitung eines Referates betrauen. Diese Angestellten haben die Interessen der Studierenden gewissenhaft und uneigennützig wahrzunehmen.

(5) Die Referentinnen und Referenten sowie die Delegierten in internationalen Studierendenorganisationen sind an die Weisungen der oder des Vorsitzenden und an die Beschlüsse der zuständigen Organe gebunden. Die Referentinnen und Referenten sind verpflichtet, der oder dem Vorsitzenden und den Mandatarinnen und Mandataren sämtliche Auskünfte über ihre Tätigkeiten im Bereich ihres Referates zu erteilen.

(6) Die Referentinnen und Referenten werden von der oder dem Vorsitzenden auf Grund einer öffentlichen Ausschreibung zur Bestellung vorgeschlagen. Die Bestellung erfolgt durch das zuständige Organ. Eine Abberufung vor Ablauf der Funktionsperiode ist mit Zweidrittelmehrheit der abgegebenen gültigen Stimmen möglich. Die Satzung kann vorsehen, daß bis zur Bestellung entsprechend qualifizierte Personen von der oder dem Vorsitzenden mit der Leitung eines Referates vorläufig betraut werden.

(7) Die Referentinnen und Referenten sind den jeweiligen Organen für ihre oder seine Tätigkeiten verantwortlich. Die Sachbearbeiterinnen und Sachbearbeiter sind den Referentinnen und Referenten für ihre Tätigkeit verantwortlich.

Wirtschaftsbetriebe

§ 28. (1) Die Österreichische Hochschülerinnen- und Hochschülerschaft und die Hochschülerinnen- und Hochschülerschaften an den Universitäten sind berechtigt, im Interesse der Studierenden Wirtschaftsbetriebe in Form von Kapitalgesellschaften zu führen oder sich an Kapitalgesellschaften zu beteiligen. Die Berechtigung zur Führung von Wirtschaftsbetrieben und zur Beteiligung an Kapitalgesellschaften bedarf der Genehmigung der Bundesministerin oder des Bundesministers.

(2) In den Satzungen der Kapitalgesellschaften ist die Einrichtung eines Aufsichtsrates vorzusehen.

(3) Die Geschäftsführerin oder der Geschäftsführer des jeweiligen Wirtschaftsbetriebes hat jährlich sowohl den Jahresabschluß und den Lagebericht gemäß §§ 222 ff. des Handelsgesetzbuches, dRGBl. S 219/1897, als auch den Prüfbericht und den Bestätigungsvermerk gemäß § 273 und § 274 des Handelsgesetzbuches der Kontrollkommission vorzulegen. Überdies sind der Kontrollkommission jährlich im vorhinein die Jahresbudgets vorzulegen.

(4) Die Geschäftsführerin oder der Geschäftsführer des jeweiligen Wirtschaftsbetriebes hat die dem Aufsichtsrat zu erstattenden Jahres-, Quartals- und Sonderberichte (§ 81 Aktiengesetz 1965, BGBl. Nr. 98, § 28a GmbH-Gesetz, RGBl. Nr. 58/1906) auch der Kontrollkommission vorzulegen.

Finanzierung

§ 29. (1) Die finanziellen Mittel zur Bedeckung des Aufwandes, welcher der Österreichischen Hochschülerinnen- und Hochschülerschaft und den Hochschülerinnen- und Hochschülerschaften an den Universitäten aus ihrer Tätigkeit erwächst, sind insbesondere:

1. Studierendenbeiträge einschließlich allfälliger Sonderbeiträge (Abs. 6), *(BGBl I 1999/95)*
2. Erträge aus Vermögen,
3. Erträge aus Stiftungen, die zugunsten der Österreichischen Hochschülerinnen- und Hochschülerschaft oder der Hochschülerinnen- und Hochschülerschaften an den Universitäten errichtet werden,
4. Schenkungen und sonstigen Zuwendungen aus privaten oder öffentlichen Mitteln,
5. Erträge aus Veranstaltungen,
6. Erträge aus Wirtschaftsbetrieben.

(2) Die Österreichische Hochschülerinnen- und Hochschülerschaft ist verpflichtet, von jedem ihrer Mitglieder einen Studierendenbeitrag einzuheben. Der Studierendenbeitrag beträgt pro Semester 13,10 €. *(BGBl I 2001/18)*

(3) Der Studierendenbeitrag erhöht sich je Studienjahr um die gültige Steigerungsrate des Verbraucherpreisindex 1996. Als gültige Steigerungsrate ist jener verlautbarte Wert von Hundert zu betrachten, um den sich der Wert des Verbraucherpreisindex 1996 für Juni des vorangegangenen Kalenderjahres verändert hat. Der sich daraus ergebende Betrag ist auf halbe oder ganze Euro aufzurunden. Den Ausgangswert bildet der Wert des Verbraucherpreisindex 1996 für Juni 1999. Die oder der Vorsitzende der Bundesvertretung hat die Höhe des Studierendenbeitrages für das folgende Studienjahr bis längstens 1. Mai jedes Jahres in geeigneter Form bekanntzugeben. *(BGBl I 2001/18)*

(4) Die Zulassung zum Studium und die Meldung der Fortsetzung des Studiums setzt die Entrichtung des Studierendenbeitrages einschließlich allfälliger Sonderbeiträge (Abs. 6) für das betreffende Semester voraus. Die Einhebung bzw. Einzahlung des Studierendenbeitrages einschließlich allfälliger Sonderbeiträge (Abs. 6) für Studierende an Pädagogischen Hochschulen ist von der Rektorin oder dem Rektor in geeigneter Weise zu überprüfen. Die Einhebung bzw. Einzahlung des Studierendenbeitrages einschließlich allfälliger Sonderbeiträge (Abs. 6) für Studierende an Fachhochschul-Studiengängen ist vom Erhalter in geeigneter Weise zu überprüfen. *(BGBl I 1999/95, BGBl I 2001/18, BGBl I 2007/47)*

(5) Ermäßigungen oder Befreiungen von der Bezahlung des Studierendenbeitrages können im Hinblick auf die soziale Lage der Studierenden von den Universitätsvertretungen auf Grund allgemeiner Richtlinien, die die Bundesvertretung zu beschließen hat, bewilligt werden.

(6) Die Einhebung eines Sonderbeitrages zur Erfüllung besonderer Aufgaben durch die Österreichische Hochschülerinnen- und Hochschülerschaft ist nach Maßgabe des Mehraufwandes unter Beachtung der Grundsätze der Sparsamkeit, Wirtschaftlichkeit und Zweckmäßigkeit auf Grund eines mit Zweidrittelmehrheit gefaßten Beschlusses der Bundesvertretung zulässig. Vor der Festsetzung der Höhe des Sonderbeitrages sind die Vertretungen der betroffenen Bildungseinrichtungen anzuhören. Die Einhebung eines Sonderbeitrages kann auf bestimmte Mitglieder, bestimmte Standorte oder bestimmte Bildungseinrichtungen beschränkt werden. *(BGBl I 1999/95)*

Verteilung der Studierendenbeiträge

§ 30. (1) Die oder der Vorsitzende der Bundesvertretung hat die Gesamtsumme der Studierendenbeiträge einschließlich der Sonderbeiträge festzustellen. Die Sonderbeiträge und die Aufwendungen gemäß Abs. 3 sind von der Summe der zu verteilenden Studierendenbeiträge abzuziehen.

(2) Die oder der Vorsitzende der Bundesvertretung hat 85 vH der festgestellten Gesamtsumme den Universitätsvertretungen anzuweisen. 30 vH des den Universitätsvertretungen zustehenden Betrages ist den Universitätsvertretungen als Sockelbetrag zuzuweisen. Die Anweisung des Restbetrages hat nach Maßgabe der Zahl der Studierenden zu erfolgen.

(3) Die oder der Vorsitzende der Bundesvertretung hat für Pädagogische Hochschulvertretungen 85 vH der Studierendenbeiträge der Studierenden an den Pädagogischen Hochschulen abzüglich allfälliger Sonderbeiträge zur Verfügung zu stellen. Die Verteilung auf die Pädagogischen Hochschulvertretungen hat nach Maß-

gabe der Zahl der Studierenden zu erfolgen, wobei Pädagogische Hochschulvertretungen mit einer Studierendenanzahl von

1. bis zu 400 einen Grundbetrag in der Höhe von 2 500 Euro,
2. bis zu 800 einen Grundbetrag in der Höhe von 5 000 Euro,
3. bis zu 1.200 einen Grundbetrag in der Höhe von 7 500 Euro und
4. über 1.200 einen Grundbetrag in der Höhe von 10 000 Euro

erhalten. *(BGBl I 2007/47)*

(4) Die oder der Vorsitzende der Bundesvertretung hat mindestens 90 vH der den Universitätsvertretungen zustehenden Beträge im Wintersemester bis spätestens 30. November und im Sommersemester bis spätestens 30. April anzuweisen. Den restlichen Betrag auf Grund der tatsächlichen Zahlen der Studierenden hat die oder der Vorsitzende der Bundesvertretung den Universitätsvertretungen bis zum 30. Juni jeden Jahres anzuweisen.

(5) Die oder der Vorsitzende jeder Universitätsvertretung hat die gemäß § 14 Z 2 zur Verfügung stehende Gesamtsumme den Studienvertretungen und, sofern eingerichtet, den Organen gemäß § 12 Abs. 2 zur Verfügung zu stellen. *(BGBl I 2005/1)*

Budgetierung und Bilanzierung

§ **31.** (1) Bis spätestens 1. Juni jedes Jahres hat die Wirtschaftsreferentin oder der Wirtschaftsreferent einen Jahresvoranschlag für die Zeit vom 1. Juli des Jahres bis zum 30. Juni des folgenden Jahres zu erstellen und diesen der oder dem Vorsitzenden zur Gegenzeichnung vorzulegen. Diese oder dieser hat den Jahresvoranschlag unverzüglich gegenzuzeichnen und den jeweiligen Mandatarinnen und Mandataren zuzustellen. Der Jahresvoranschlag hat alle Einnahmen und Ausgaben aller Organe zu umfassen. Er ist zweckmäßig und so weit zu gliedern, daß er eine ausreichende Aussage über die Finanzierung der Aufgaben der Organe enthält. Er hat jedenfalls der folgenden Mindestgliederung zu entsprechen:

1. Personalaufwand der einzelnen Organe und Referate,
2. Steuern und Abgaben,
3. Sachaufwand der einzelnen Organe und Referate,
4. Einnahmen auf die ein Rechtsanspruch besteht,
5. sonstige Einnahmen.

(BGBl I 1999/95)

(2) Die Bundesvertretung und jede Universitätsvertretung hat den Jahresvoranschlag mit einfacher Mehrheit zu beschließen. Kommt ein Beschluß über den Jahresvoranschlag nicht rechtzeitig zustande, so ist bis zur Einigung über den neuen Voranschlag der letzte vom jeweiligen Organ beschlossene Jahresvoranschlag mit der Maßgabe anzuwenden, daß in jedem Monat nicht mehr als ein Zwölftel der Ansätze dieses Voranschlages verbraucht werden darf. Zahlungen auf Grund bereits bestehender rechtlicher Verpflichtungen bleiben davon unberührt.

(3) Die Wirtschaftsreferentin oder der Wirtschaftsreferent hat einen schriftlichen Jahresabschluß zu verfassen und nach der Gegenzeichnung durch die oder den Vorsitzenden spätestens Ende Dezember jedes Jahres den jeweiligen Mandatarinnen und Mandataren und der Kontrollkommission schriftlich zuzustellen. Dem Jahresabschluss ist ein schriftlicher Prüfbericht einer Wirtschaftsprüferin oder eines Wirtschaftsprüfers beizulegen. Diese Prüfung kann entfallen, wenn die Kontrollkommission bereits eine Wirtschaftsprüferin oder einen Wirtschaftsprüfer mit einer entsprechenden Prüfung beauftragt hat. Dies gilt auch für die Prüfung der Jahresabschlüsse der Wirtschaftsbetriebe. Bezüglich der Gliederung und der Genehmigung des Jahresabschlusses sind die Bestimmungen über den Jahresvoranschlag sinngemäß anzuwenden. *(BGBl I 2005/1)*

(4) Jahresvoranschlag und Jahresabschluß samt Prüfbericht sind mindestens zwei Wochen vor der ihre Genehmigung betreffenden Sitzung zur öffentlichen Einsicht in den Räumen der Österreichischen Hochschülerinnen- und Hochschülerschaft oder der jeweiligen Hochschülerinnen- und Hochschülerschaft aufzulegen. Der Zeitraum, in welchem der Jahresvoranschlag und der Jahresabschluss zur öffentlichen Einsicht aufliegt, der Prüfvermerk und eine Bilanzübersicht sind im Medium der Österreichischen Hochschülerinnen- und Hochschülerschaft oder der jeweiligen Hochschülerinnen- und Hochschülerschaft zu veröffentlichen. *(BGBl I 2001/18)*

(5) Die Richtlinien der Kontrollkommission zur Budgetierung und Bilanzierung und für die Prüfung von Jahresabschlüssen sind zu beachten.

Haushaltsführung

§ **32.** (1) Der Gebarung ist der genehmigte Jahresvoranschlag zugrundezulegen. Die Gebarung ist nach den Grundsätzen der Richtigkeit, Zweckmäßigkeit, Sparsamkeit und der leichten Kontrollierbarkeit zu gestalten. Überschreitungen und Umgliederungen des Jahresvoranschlages bedürfen der vorherigen Genehmigung durch das jeweilige Organ.

(2) Organe gemäß § 12 Abs. 2 und Studienvertretungen können mit einfacher Mehrheit die Gliederung der ihnen zugewiesenen Mittel ändern. *(BGBl I 2005/1)*

(3) Der Zahlungsverkehr ist grundsätzlich bargeldlos über ein Konto einer Kreditunternehmung abzuwickeln. Richtlinien für die Abwicklung von Geschäften mit Bargeld sind von der Kontrollkommission zu erlassen.

(4) Über die Gebarung sind Bücher nach den Grundsätzen ordnungsmäßiger Buchführung zu führen. Jede Studierendenvertreterin oder jeder

Studierendenvertreter, die oder der Bareinnahmen aufbringt oder Barausgaben bestreitet, hat darüber ein Kassabuch zu führen. Bei Hochschülerinnen- und Hochschülerschaften mit mehr als 2 500 Mitgliedern, hat die Buchführung auch eine Vermögensrechnung zu enthalten. Bei kleineren Hochschülerinnen- und Hochschülerschaften hat die Buchführung zumindest eine Überschußrechnung im Sinne des § 4 Abs. 3 des Einkommensteuergesetzes 1988, BGBl. Nr. 400, zu umfassen.

(5) Das gesamte bewegliche und unbewegliche Vermögen ist für den Bereich der Österreichischen Hochschülerinnen- und Hochschülerschaft und den Bereich jeder Hochschülerinnen- und Hochschülerschaft in gesonderten Verzeichnissen festzuhalten, wobei Güter des Anlagevermögens erst ab einem Anschaffungswert von über 363 € in ein Anlagenverzeichnis aufzunehmen sind. *(BGBl I 1999/95, BGBl I 2001/18)*

(6) Jede Verrechnungsunterlage und jede Verrechnungsaufschreibung ist sieben Jahre aufzubewahren. Die Aufbewahrungsfrist beginnt mit dem Ende des Rechnungsjahres, auf das sich die Unterlage oder Aufschreibung bezieht, jedoch nicht vor Erstellung des diesbezüglichen Jahresabschlusses.

(7) Die Richtlinien der Kontrollkommission für die Haushaltsführung und die Abwicklung von Rechtsgeschäften mit Bargeld sind zu beachten.

Rechtsgeschäfte

§ 33. (1) Der Abschluß von Rechtsgeschäften, mit denen Einnahmen oder Ausgaben verbunden sind, bedarf des Einvernehmens zwischen der oder dem Vorsitzenden der Österreichischen Hochschülerinnen- und Hochschülerschaft oder einer Hochschülerinnen- und Hochschülerschaft oder einer Stellvertreterin oder einem Stellvertreter mit der Wirtschaftsreferentin oder dem Wirtschaftsreferenten.

(2) Der Abschluss von Rechtsgeschäften, mit denen je Rechtsgeschäft Einnahmen oder Ausgaben von über 5 087 € verbunden sind, erfordert einen Beschluss des fachlich zuständigen Ausschusses der jeweiligen Universitätsvertretung. Ist kein fachlich zuständiger Ausschuss eingerichtet, ist ein Beschluss der jeweiligen Universitätsvertretung erforderlich. Ab einem Betrag von 10 174 € ist jedenfalls ein Beschluss der jeweiligen Universitätsvertretung erforderlich. Für die Bundesvertretung und jene Universitätsvertretungen, in denen mindestens 15 Mandatarinnen und Mandatare zu wählen sind, gilt eine für die erforderliche Beschlussfassung im Ausschuss maßgebliche Betragsgrenze von 7 267 € und eine für die Beschlussfassung der Bundesvertretung bzw. der jeweiligen Universitätsvertretung maßgebliche Betragsgrenze von 14 535 €. *(BGBl I 2001/18)*

(3) Zum Abschluss von Rechtsgeschäften, mit denen je Rechtsgeschäft Einnahmen oder Ausgaben bis zu einem Betrag von höchstens 727 € verbunden sind, kann die oder der Vorsitzende der Österreichischen Hochschülerinnen- und Hochschülerschaft oder einer Hochschülerinnen- und Hochschülerschaft die Wirtschaftsreferentin oder den Wirtschaftsreferenten gemeinsam mit der sachlich zuständigen Referentin oder dem sachlich zuständigen Referenten ermächtigen. *(BGBl I 2001/18)*

(4) Zum Abschluss von Rechtsgeschäften, mit denen je Rechtsgeschäft Einnahmen oder Ausgaben bis zu einem Betrag von höchstens 1 453 € verbunden sind, ist die Wirtschaftsreferentin oder der Wirtschaftsreferent gemeinsam mit der oder dem Vorsitzenden des jeweiligen Organs gemäß § 12 Abs. 2 berechtigt. *(BGBl I 2001/18, BGBl I 2005/1)*

(5) Zum Abschluss von Rechtsgeschäften, mit denen je Rechtsgeschäft Einnahmen oder Ausgaben bis zu einem Betrag von höchstens 727 € verbunden sind, ist die Wirtschaftsreferentin oder der Wirtschaftsreferent gemeinsam mit der oder dem Vorsitzenden der zuständigen Studienvertretung berechtigt. *(BGBl I 2001/18, BGBl I 2005/1)*

(6) Zum Abschluss von Rechtsgeschäften für Aufgaben einer Pädagogischen Hochschulvertretung, mit denen je Rechtsgeschäft Einnahmen oder Ausgaben bis zu einem Betrag von höchstens 5 087 € verbunden sind, ist die Wirtschaftsreferentin oder der Wirtschaftsreferent der Österreichischen Hochschülerinnen- und Hochschülerschaft gemeinsam mit der oder dem Vorsitzenden der Pädagogischen Hochschulvertretung berechtigt. *(BGBl I 1999/95, BGBl I 2001/18, BGBl I 2007/47)*

(7) Zum Abschluß von Rechtsgeschäften einer Fachhochschul-Studiengangsvertretung, mit denen je Rechtsgeschäft Einnahmen oder Ausgaben bis zu einem Betrag von höchstens 727 € verbunden sind, ist die Wirtschaftsreferentin oder der Wirtschaftsreferent der Österreichischen Hochschülerinnen- und Hochschülerschaft gemeinsam mit der oder dem Vorsitzenden einer Fachhochschul-Studiengangsvertretung ermächtigt. *(BGBl I 1999/95, BGBl I 2001/18)*

(8) Dienstverträge dürfen erst nach Genehmigung durch die Kontrollkommission abgeschlossen werden. Die Entscheidung über die Genehmigung hat ehestmöglich, längstens jedoch innerhalb von drei Wochen nach Vorlage zu erfolgen. *(BGBl I 1999/95)*

4. Hauptstück
Willensbildung der Mitglieder

1. Abschnitt
Wahlen in die Organe

Durchführung der Wahlen in die Organe

§ 34. (1) Die Wahlen in die Bundesvertretung und die Organe gemäß § 12 Abs. 2 sind alle zwei Jahre durchzuführen, die Wahlen in die Studienvertretungen und die Universitätsvertretungen sind alle zwei Jahre für ganz Österreich gleichzeitig auf Grund des allgemeinen, gleichen und geheimen Verhältniswahlrechtes gesondert für jedes dieser Organe durchzuführen. Das Wahlrecht ist persönlich auszuüben. *(BGBl I 2005/1)*

(2) Die Wahlen in die Studienvertretungen und die Universitätsvertretungen sind von Dienstag bis Donnerstag einer Woche in der Zeit von Mitte April bis Mitte Juni durchzuführen. Die Bundesministerin oder der Bundesminister hat nach Anhörung der Österreichischen Hochschülerinnen- und Hochschülerschaft, der Pädagogischen Hochschulvertretungen und der Hochschülerinnen- und Hochschülerschaften an den Universitäten die Wahltage und die sich daraus ergebenden Fristen durch Verordnung festzulegen. *(BGBl I 2001/18, BGBl I 2005/1, BGBl I 2007/47)*

(3) Bei Hochschülerinnen- und Hochschülerschaftswahlen sind amtliche Stimmzettel zu verwenden. Für die Beurteilung der Gültigkeit von Stimmen und die Form der Stimmabgabe sind die Bestimmungen der Nationalrats-Wahlordnung 1992, BGBl. Nr. 471, anzuwenden.

(4) Abweichend von Abs. 3 ist bei der Durchführung der Wahlen auf elektronischem Weg die Abgabe der Stimme den Wahlberechtigten auf elektronischem Weg zu ermöglichen. Das zum Einsatz kommende System muss den Sicherheitsanforderungen elektronischer Signaturen gemäß dem Signaturgesetz entsprechen und unter Berücksichtigung der Anforderungen des Datenschutzgesetzes 2000 an die Datensicherheit so ausgestaltet sein, dass die Einhaltung aller in Abs. 1 aufgezählten Grundlagen und die Erfüllung der in § 39 Abs. 1 festgelegten Aufgaben der Wahlkommission auch bei der elektronischen Wahl gewährleistet ist. *(BGBl I 2001/18)*

(5) Insbesondere ist folgendes durch geeignete Ausgestaltung des eingesetzen Verfahrens zu garantieren:

1. Wahrung des Wahlgeheimnisses durch Methoden, die gewährleisten, dass die ausgefüllten Wahlformulare anonymisiert und nicht rückverfolgbar bei den Wahlkommissionen zur Auszählung gelangen; es darf zu keinem Zeitpunkt durch die Wahlkommission oder durch Dritte eine Zusammenführung der Identität der Wählerin oder des Wählers mit ihrem oder seinem Wahlverhalten möglich sein;
2. Verifikation der Identiät der oder des Stimmberechtigten gegenüber der Wahlkommission im Rahmen des Wahlvorganges vor der Übermittlung des Wahlformulars, damit die Stimmabgabe durch Nichtberechtigte und die Abgabe mehrerer Stimmen durch eine Person ausgeschlossen ist. Es dürfen nur jene personenbezogenen Daten verwendet werden, die zur Durchführung der Wahl notwendig sind;
3. Unverfälschtheit des ausgefüllten Stimmzettels durch den Einsatz elektronischer Signaturen und die Geheimhaltung der Wahldaten während der Übertragung zur Wahlkommission durch Verschlüsselung dieser Daten zur Sicherstellung des Wahlgeheimnisses;
4. Möglichkeit der Wahlkommission, alle ihr in diesem Gesetz übertragenen Aufgaben auch hinsichtlich der elektronischen Stimmabgabe durchführen zu können;
5. Berücksichtigung des Übereilungsschutzes für die Wählerin oder den Wähler wie bei der herkömmlichen Stimmabgabe;
6. Erfüllung aller an Wahlzellen gestellten Anforderungen auch durch die in universitären Räumlichkeiten aufgestellten technischen Komponenten zur Abgabe der Stimme und die Verpflichtung der Wahlberechtigten durch die Wahlordnung zum unbeobachteten, unbeeinflussten und persönlichen Ausfüllen der Wahlformulare.

(BGBl I 2001/18)

(6) Die bei der Wahlkommission eingesetzten technischen Komponenten und die Komponenten, die unmittelbar zur Stimmabgabe und zur Verifikation der Identität verwendet werden, müssen nach dem Stand der Technik hinreichend und laufen geprüft sein. Die Erfüllung der Sicherheitsanforderungen muss von einer Bestätigungsstelle gemäß § 19 Signaturgesetz bescheinigt sein. Diese Bestätigungsstelle spricht auch Empfehlungen für die anderen technischen Komponenten aus, die bei der Abgabe der Stimme eingesetzt werden. *(BGBl I 2001/18)*

(7) Nähere Bestimmungen über die Durchführung der Wahlen auf elektronischem Weg sind in der Verordnung gemäß § 48 (Wahlordnung) festzulegen. *(BGBl I 2001/18)*

Wahlberechtigte

§ 35. (1) Die ordentlichen Studierenden sind unabhängig von der österreichischen Staatsbürgerschaft für die Wahl von Organen der Hochschülerinnen- und Hochschülerschaften an den Universitäten aktiv wahlberechtigt. *(BGBl I 2005/1)*

(2) Das passive Wahlrecht für Organe der Österreichischen Hochschülerinnen- und Hochschülerschaft und der Hochschülerinnen- und Hochschülerschaften an den Universitäten sowie die Funktionsausübung der in die universitären Kollegialorgane sowie deren Kommissionen und Unterkommissionen entsendeten Studierendenvertreterinnen und Studierendenvertreter erstreckt sich auf die Staatsangehörigen der Vertragsparteien des Abkommens über den Europäischen Wirtschaftsraum, BGBl. Nr. 909/1993. *(BGBl I 2008/2)*

(3) *entfällt (BGBl I 2005/1)*

(4) Für die Universitätsvertretungen sind alle ordentlichen Studierenden an der jeweiligen Universität wahlberechtigt, die für das Semester, in dem die Wahl abgehalten wird, die Fort-

setzung des Studiums gemeldet haben (§ 62 Universitätsgesetz 2002). *(BGBl I 2005/1)*

(5) Die Studienvertretungen haben nach Maßgabe der Satzung Studierende in die Organe gemäß § 12 Abs. 2 zu entsenden. Bei der Entsendung ist die Anzahl der Studierenden des jeweiligen Studiums zu berücksichtigen. *(BGBl I 2005/1)*

(6) Für die Studienvertretungen sind die ordentlichen Studierenden an der jeweiligen Universität wahlberechtigt, die für die jeweiligen Studien zugelassen sind und für das Semester, in dem die Wahl abgehalten wird, die Fortsetzung des Studiums gemeldet haben. *(BGBl I 2005/1)*

(7) Die Wahlkommission hat auf Antrag ordentliche Studierende, die zu einem individuellen Bakkalaureats-, Magister- oder Diplomstudium zugelassen sind, zur Wahl der Studienvertretung jenes Studiums zuzulassen, bei welchem der Schwerpunkt des individuellen Studiums liegt. *(BGBl I 2005/1)*

(8) Das Wahlrecht und die Wählbarkeit sind nach einem Stichtag, der sieben Wochen vor dem ersten Wahltag liegt, zu beurteilen.

Wahl von Studierendenvertreterinnen und Studierendenvertretern in die Bundesvertretung

§ 35a. (1) Die neu gewählten Universitätsvertretungen haben Studierendenvertreterinnen und Studierendenvertreter nach dem Grundsatz des Verhältniswahlrechts in die Bundesvertretung der Studierenden zu wählen. Bei der Wahl ist das d'Hondtsche Verfahren auf Grund der gültig abgegebenen Stimmen für die Universitätsvertretung anzuwenden. Die Wahl entsprechend dem Stimmenverhältnis der in der Universitätsvertretung vertretenen wahlwerbenden Gruppen ist auf Grund eines Beschlusses dieses Organs durchzuführen. Die zu wählenden Studierendenvertreterinnen und Studierendenvertreter sind von den jeweiligen wahlwerbenden Gruppen zu bestimmen und haben Studierendenvertreterinnen oder Studierendenvertreter gemäß § 21 dieser Universität zu sein. Bei der Wahl ist über einen Gesamtvorschlag abzustimmen.

(2) Die zum Zeitpunkt der Hochschülerinnen- und Hochschülerschaftswahlen bestehenden Pädagogischen Hochschulvertretungen haben die Studierendenvertreterinnen und Studierendenvertreter in der Bundesvertretung der Studierenden aus dem Kreis der Studierendenvertreterinnen und Studierendenvertreter gemäß § 21 dieser Pädagogischen Hochschule zu wählen. *(BGBl I 2007/47)*

(3) Für je 5 000 Studierende ist je eine Studierendenvertreterin oder ein Studierendenvertreter in die Bundesvertretung zu wählen. Verbleibt bei der Berechnung der zu wählenden Studierendenvertreterinnen und Studierendenvertreter ein Rest von mehr als 2 500 Studierenden, so erhöht sich die Zahl der Studierendenvertreterinnen und Studierendenvertreter um eins. Universitätsvertretungen von Universitäten und Akademievertretungen von Akademien mit mindestens 1 000 Studierenden haben jedenfalls eine Studierendenvertreterin oder einen Studierendenvertreter zu wählen.

(4) Mitglieder der Universitätsvertretungen und Pädagogischen Hochschulvertretungen an Universitäten bzw. Pädagogischen Hochschulen mit jeweils weniger als 1 000 Studierenden bilden eine Wahlgemeinschaft. Diese Wahlgemeinschaft wählt jene Anzahl von Studierendenvertreterinnen und Studierendenvertretern in die Bundesvertretung, die den Bestimmungen des Abs. 3 entspricht. Diese Wahl hat ehestmöglich nach der Hochschülerinnen- und Hochschülerschaftswahl stattzufinden. Jedes Mitglied der Wahlgemeinschaft ist berechtigt, einen Wahlvorschlag zu erstellen. In den Vorschlag können nur Personen aufgenommen werden, die Mitglied der Wahlgemeinschaft sind. Gewählt sind jene Personen, welche die meisten Stimmen erhalten. Bei Stimmengleichheit entscheidet das Los. Für jede gewählte Mandatarin oder jeden gewählten Mandatar ist eine Ersatzperson zu wählen. Für die Wahl der Ersatzpersonen gilt dasselbe Wahlverfahren. Die Wahl wird von der oder dem Vorsitzenden der Wahlkommission der Österreichischen Hochschülerinnen- und Hochschülerschaft durchgeführt. Die Wahlgemeinschaft ist auch dann wahlfähig, wenn einzelne Mitglieder an der Wahl nicht teilnehmen. *(BGBl I 2007/12, BGBl I 2007/47)*

(5) Wahlwerbende Gruppen für die Wahl zur Universitätsvertretung können sich universitätsübergreifend vor der Wahl zur Universitätsvertretung zu Listenverbänden für die Wahl zur Bundesvertretung zusammenschließen, sofern der Zusammenschluss wahlwerbende Gruppen an mindestens sechs Universitäten umfasst. Wählen an einem Listenverband teilnehmende wahlwerbende Gruppen keine Studierendenvertreterin oder keinen Studierendenvertreter in die Bundesvertretung, so sind die bei der Wahl der Universitätsvertretung abgegebenen gültigen Stimmen aller dieser im jeweiligen Listenverband teilnehmenden wahlwerbenden Gruppen zu addieren. Werden mindestens 1 000 Stimmen erreicht, ist von diesem Listenverband eine Studierendenvertreterin oder ein Studierendenvertreter in die Bundesvertretung zu wählen.

(6) Die Universitätsvertretungen, die Pädagogischen Hochschulvertretungen, die Wahlgemeinschaft und die Listenverbände haben gleichzeitig mit der Wahl der Studierendenvertreterinnen und Studierendenvertreter in die Bundesvertretung die jeweils gleiche Zahl von Ersatzpersonen zu wählen. Die Ersatzpersonen müssen für die Wählbarkeit die Voraussetzungen erfüllen, die für die Wahl von Studierendenvertreterinnen und Studierendenvertretern in die Bundesvertretung zu erfüllen sind. Die

Mandatarinnen und Mandatare der Bundesvertretung können sich bei Sitzungen von den Ersatzpersonen vertreten lassen. *(BGBl I 2007/47)*

(7) Die Festlegung der Zahl der von den Universitätsvertretungen und Pädagogischen Hochschulvertretungen zu wählenden Vertreterinnen und Vertreter, der Universitätsvertretungen und Pädagogischen Hochschulvertretungen, deren Mitglieder die Wahlgemeinschaft gemäß Abs. 4 bilden, und des Wahlverfahrens gemäß den Grundsätzen des Verhältniswahlrechts ist durch Verordnung der Bundesministerin oder des Bundesministers vorzunehmen. *(BGBl I 2007/47)*

(BGBl I 2005/1)

Wahlausschließungsgründe

§ 36. Die Wahlausschließungsgründe und die Wählbarkeit richten sich nach den Bestimmungen der Nationalrats-Wahlordnung 1992, wenn in diesem Bundesgesetz nicht anderes bestimmt ist. Eine rechtskräftige Verurteilung nach dem Verbotsgesetz, StGBl. Nr. 13/1945, stellt einen Wahlausschließungsgrund dar.

Wahlwerbende Gruppen und Zustellungsbevollmächtigte

§ 37. (1) Gruppen, die sich an der Wahl beteiligen wollen und deren Wahlvorschläge von der Wahlkommission zugelassen wurden, sind wahlwerbende Gruppen. Für die wahlwerbende Gruppe vertretungsbefugt ist die von ihr benannte zustellungsbevollmächtigte Vertreterin oder der von ihr benannte zustellungsbevollmächtigte Vertreter.

(2) Nach Abschluß des Wahlverfahrens einschließlich allfälliger Rechtsmittel endet die Rechtsstellung als wahlwerbende Gruppe, wenn sie kein Mandat erlangt hat.

(3) Hat eine wahlwerbende Gruppe ein Mandat erlangt, endet die Rechtsstellung als wahlwerbende Gruppe mit Ablauf der Funktionsperiode des Organs.

(4) Der Wahlvorschlag einer wahlwerbenden Gruppe darf höchstens doppelt so viele Personen enthalten, wie Mandate für das jeweilige Organ zu vergeben sind.

Zusammensetzung der Wahlkommissionen

§ 38. (1) Bei der Österreichischen Hochschülerinnen- und Hochschülerschaft und den Hochschülerinnen- und Hochschülerschaften an den Universitäten sind ständige Wahlkommissionen einzurichten.

(2) Die bei der Österreichischen Hochschülerinnen- und Hochschülerschaft eingerichtete Wahlkommission besteht aus:

1. je einer oder einem von den drei mandatsstärksten Klubs in der Bundesvertretung der Studierenden zu bestimmenden Vertreterin oder Vertreter,
2. einer oder einem von der Bundesministerin oder vom Bundesminister zu entsendenden rechtskundigen Bediensteten als Vorsitzende oder Vorsitzenden.

(BGBl I 2005/1)

(3) Die bei den Hochschülerinnen- und Hochschülerschaften an den Universitäten eingerichteten Wahlkommissionen bestehen aus:

1. je einer oder einem von den drei an Stimmen stärksten in der jeweiligen letzten Universitätsvertretung vertretenen wahlwerbenden Gruppen zu bestimmenden Vertreterin oder Vertreter,
2. einer oder einem von der Bundesministerin oder vom Bundesminister zu entsendenden rechtskundigen Bediensteten als Vorsitzende oder Vorsitzenden.

(4) Die Bundesministerin oder der Bundesminister kann für den Fall der Verhinderung der oder des Vorsitzenden eine rechtskundige Bedienstete oder einen rechtskundigen Bediensteten als Stellvertreterin oder Stellvertreter bestimmen.

(5) Die Vertreterinnen und Vertreter der wahlwerbenden Gruppen in den Wahlkommissionen dürfen nicht in einem für das betreffende Organ eingebrachten Wahlvorschlag enthalten sein. Die übrigen wahlwerbenden Gruppen sind berechtigt, eine Beobachterin oder einen Beobachter in die Wahlkommissionen zu entsenden. Die Umbildung der Wahlkommissionen hat längstens zwei Monate nach der Bekanntgabe des Wahlergebnisses zu erfolgen; Verzögerungen machen aber Beschlüsse der Wahlkommissionen nicht ungültig.

(6) Die Vorsitzenden der Wahlkommissionen bei den Hochschülerinnen- und Hochschülerschaften an den Universitäten (deren Stellvertreterin oder Stellvertreter) werden durch die Rektorin oder den Rektor der jeweiligen Universität, die oder der Vorsitzende der Wahlkommission bei der Österreichischen Hochschülerinnen- und Hochschülerschaft (deren Stellvertreterin oder Stellvertreter) durch die Bundesministerin oder den Bundesminister oder eine Vertreterin oder einen Vertreter angelobt. Die Angelobung der übrigen Mitglieder der Wahlkommissionen erfolgt durch die jeweilige Vorsitzende oder den jeweiligen Vorsitzenden.

Aufgaben der Wahlkommissionen

§ 39. (1) Den Wahlkommissionen bei den Hochschülerinnen- und Hochschülerschaften an den Universitäten obliegen:

1. Feststellung der Zahl der für jedes Organ zu vergebenden Mandate,
2. Prüfung der Wahlvorschläge,
3. Leitung der Wahlhandlung,
4. Prüfung der Identität und der Wahlberechtigung der Wählerinnen und Wähler,
5. Entgegennahme der Stimmzettel und Entscheidung über die Gültigkeit der abgegebenen Stimmzettel,

6. Feststellung des Wahlergebnisses,
7. Zuweisung der Mandate an die wahlwerbenden Gruppen und die Kandidatinnen oder Kandidaten für die Studienvertretungen, *(BGBl I 2005/1)*
8. Verständigung der gewählten Mandatarinnen und Mandatare,
9. Verlautbarung des Wahlergebnisses,
10. bescheidmäßige Feststellung des Erlöschens von Mandaten gemäß § 43 und nachträgliche Zuweisung von Mandaten an Personen gemäß §§ 41 und 42,
11. Durchführung von Urabstimmungen gemäß § 50, wenn sie gemeinsam mit Hochschülerinnen- und Hochschülerschaftswahlen stattfinden. *(BGBl I 2005/1)*

(2) Der Wahlkommission bei der Österreichischen Hochschülerinnen- und Hochschülerschaft obliegt:
1. Organisation und Durchführung der Wahl von Studierendenvertreterinnen und Studierendenvertretern in die Bundesvertretung (§ 35a),
2. Zuweisung der Mandate für die Bundesvertretung, Entscheidungen über Einsprüche gemäß § 45. *(BGBl I 2005/1)*

(3) Die Wahlkommissionen haben spätestens am achten Tag vor der Wahl die zugelassenen gültigen Wahlvorschläge in der Reihenfolge ihres Einlangens zu verlautbaren. Die Verlautbarung erfolgt durch öffentliche Bekanntmachung in den Räumen der Österreichischen Hochschülerinnen- und Hochschülerschaft und der Hochschülerinnen- und Hochschülerschaften an den Universitäten sowie an den in den Bildungseinrichtungen gemäß § 1 Abs. 1 zur Verfügung zu stellenden Plakatflächen. Bei der Durchführung der Wahlen auf elektronischem Weg erfolgt die Verlautbarung zusätzlich im Internet durch die Österreichische Hochschülerinnen- und Hochschülerschaft. Im Gegensatz zur gedruckten Verlautbarung ist die im Internet bereitgestellte Version nicht authentisch. *(BGBl I 2001/18, BGBl I 2005/1)*

(4) Die Wahlergebnisse sind innerhalb einer Woche ab dem letzten Wahltag zu verlautbaren. Gleichzeitig mit der Verlautbarung des Wahlergebnisses haben die Zuweisung der Mandate und die Verständigung der gewählten Mandatarinnen und Mandatare zu erfolgen. *(BGBl I 2005/1)*

(5) Die Wahlkommissionen sind bei Anwesenheit der oder des Vorsitzenden und mindestens der Hälfte der übrigen Mitglieder beschlußfähig. Sie treffen ihre Entscheidungen mit einfacher Stimmenmehrheit. Kommt kein Beschluß der Wahlkommission zustande, entscheidet die oder der Vorsitzende alleine. *(BGBl I 2005/1)*

(6) Die Wahlkommissionen bei den Hochschülerinnen- und Hochschülerschaften an den Universitäten sind für die Durchführung der Wahlen in alle Organe der jeweiligen Universitätsvertretung zuständig. Sie haben überdies die organisatorische Durchführung der Wahlen in die Bundesvertretung an der jeweiligen Universität zu besorgen. Die Bildung von Unterkommissionen ist zulässig. *(BGBl I 2005/1)*

(7) Die oder der Vorsitzende der Wahlkommission hat die elektronische Wahl abzubrechen, wenn die Sicherheit oder Funktionsfähigkeit der bei der Wahlkommission eingesetzten elektronischen Komponenten während der Wahl beeinträchtigt ist. In diesem Fall hat die Wahlkommission unter Beiziehung einer Bestätigungsstelle gemäß § 19 Signaturgesetz über die Gültigkeit der vor dem Abbruch abgegebenen elektronischen Stimmen zu entscheiden. *(BGBl I 2001/18)*

(8) Den Vorsitzenden der Wahlkommissionen und ihren Stellvertreterinnen und Stellvertretern gebührt eine Nebentätigkeitsvergütung gemäß § 25 des Gehaltsgesetzes 1956, BGBl. Nr. 54. *(BGBl I 1999/95, BGBl I 2001/18)*

Wahlverfahren für die Wahlen in die Organe

§ 40. (1) Die Wahlen in die Universitätsvertretungen erfolgen nach einem Listenwahlrecht. Die Anzahl der auf die einzelnen wahlwerbenden Gruppen entfallenden Mandate ist mittels der Wahlzahl zu ermitteln. Hiebei ist nach dem d'Hondtschen Verfahren wie folgt vorzugehen:
1. Die Zahlen der für jede wahlwerbende Gruppe abgegebenen gültigen Stimmen werden, nach ihrer Größe geordnet, nebeneinandergeschrieben; unter jede dieser Zahlen wird die Hälfte, unter diese ihr Drittel, Viertel und nach Bedarf auch ihr Fünftel, Sechstel usw. geschrieben. Als Wahlzahl gilt, wenn drei Mandate des Organs zu wählen sind, die drittgrößte, bei vier Mandaten die viertgrößte usw. der angeschriebenen Zahlen.
2. Auf jede wahlwerbende Gruppe entfallen so viele Mandate, als die Wahlzahl in der Summe der für die wahlwerbenden Gruppen abgegebenen gültigen Stimmen enthalten ist.
3. Haben nach dieser Berechnung mehrere wahlwerbende Gruppen den gleichen Anspruch auf das letzte zu vergebende Mandat, so entscheidet über die Verteilung dieses Mandates das Los. *(BGBl I 2005/1)*

(2) Bei Wahlen der Studienvertretungen sind die Kandidatinnen und Kandidaten als Personen zu wählen. Bei Personenwahlen darf keine Wählerin oder kein Wähler mehr Kandidatinnen und Kandidaten wählen, als Mandate für das jeweilige Organ zu vergeben sind. Mehrfachnennungen einer Kandidatin oder eines Kandidaten sind nur einmal zu zählen. *(BGBl I 2005/1)*

(3) Gibt es weniger Kandidatinnen und Kandidaten als die Hälfte der für eine Studienvertretung zu vergebenden Mandate, so hat die Wahl zu unterbleiben. In diesem Fall hat an Univer-

sitäten, an deren Hochschülerinnen- und Hochschülerschaften Organe gemäß § 12 Abs. 2 eingerichtet sind, das jeweilige Organ gemäß § 12 Abs. 2, an Universitäten, an deren Hochschülerinnen- und Hochschülerschaften keine Organe gemäß § 12 Abs. 2 eingerichtet sind, die Universitätsvertretung deren Aufgaben und das Budget zu übernehmen. *(BGBl I 2005/1)*

Zuweisung der Mandate für die Universitätsvertretungen
(BGBl I 2005/1)

§ **41.** (1) Die auf Grund der Wahlen auf eine wahlwerbende Gruppe entfallenden Mandate sind den Bewerberinnen und Bewerbern in der Reihenfolge des Wahlvorschlages zuzuweisen. Die auf diesem Wahlvorschlag enthaltenen nicht gewählten Personen sind Ersatzpersonen.

(2) Ist ein Wahlvorschlag erschöpft, kann die betreffende wahlwerbende Gruppe jene Anzahl von Personen nachnominieren, die erforderlich ist, um den Wahlvorschlag auf die doppelte Anzahl der für das jeweilige Organ zu vergebenden Mandate zu ergänzen.

(3) Ist auf Grund vollständiger Erschöpfung eines Wahlvorschlages eine weitere Zuweisung von Mandaten unmöglich, sind die freien Mandate auf die verbleibenden wahlwerbenden Gruppen nach dem Verfahren gemäß § 40 aufzuteilen.

Zuweisung der Mandate für die Studienvertretungen
(BGBl I 2005/1)

§ **42.** (1) Die Mandate für die Studienvertretungen werden an die Kandidatinnen und Kandidaten nach der Zahl der erhaltenen Stimmen derart vergeben, daß das erste Mandat der Kandidatin oder dem Kandidaten mit der höchsten Stimmenzahl, das zweite Mandat der Kandidatin oder dem Kandidaten mit der zweithöchsten Stimmenzahl usw. zufällt. Haben nach dieser Berechnung auf das letzte zuzuweisende Mandat mehrere Kandidatinnen und Kandidaten den gleichen Anspruch, weil sie die gleiche Stimmenzahl erhalten haben, so entscheidet das Los. *(BGBl I 2005/1)*

(2) Die Zuweisung von Mandaten hat nur an jene Kandidatinnen und Kandidaten zu erfolgen, die mindestens 25 vH der Stimmen der Kandidatin oder des Kandidaten mit der höchsten Stimmenzahl erhalten haben. Können auf diese Weise nicht mindestens die Hälfte der zu vergebenden Mandate zugewiesen werden, so hat die Zuweisung aller Mandate zu unterbleiben. In diesem Fall hat an Universitäten, an deren Hochschülerinnen- und Hochschülerschaften Organe gemäß § 12 Abs. 2 eingerichtet sind, das jeweilige Organ gemäß § 12 Abs. 2, an Universitäten, an deren Hochschülerinnen- und Hochschülerschaften keine Organe gemäß § 12 Abs. 2 eingerichtet sind, die Universitätsvertretung die Aufgaben der Studienvertretung wahrzunehmen. *(BGBl I 2005/1)*

(3) Erlischt ein Mandat, ist es der Kandidatin oder dem Kandidaten mit der nächsthöchsten Stimmenzahl zuzuweisen, wenn sie oder er bei der Wahl mindestens 25 vH der Stimmen der Kandidatin oder des Kandidaten mit der höchsten Stimmenzahl erhalten hat.

Erlöschen von Mandaten

§ **43.** (1) Ein Mandat für die Bundesvertretung erlischt, wenn die Mandatarin oder der Mandatar auf das Mandat verzichtet oder die Zulassung zu einem ordentlichen Studium erlischt.

(2) Ein Mandat für die Universitätsvertretung erlischt, wenn die Mandatarin oder der Mandatar auf das Mandat verzichtet oder die Zulassung zu einem ordentlichen Studium an der jeweiligen Universität erlischt.

(3) Ein Mandat für das Organ gemäß § 12 Abs. 2 erlischt, wenn die Mandatarin oder der Mandatar auf das Mandat verzichtet oder sie oder er zu keinem Studium an der Universität zugelassen ist. *(BGBl I 2005/1)*

(4) Ein Mandat für die Studienvertretung erlischt, wenn die Mandatarin oder der Mandatar auf das Mandat verzichtet oder sie oder er zu keinem Studium an der Universität zugelassen ist. *(BGBl I 2005/1)*

(5) Ein befristeter Verzicht auf ein zugewiesenes Mandat ist zulässig.

Einsprüche gegen die Wahl der Bundesvertretung

§ **44.** (1) Die Bundesministerin oder der Bundesminister hat über Einsprüche wegen Verletzung der Bestimmungen über das Wahlverfahren für die Wahl der Bundesvertretung mit Bescheid zu entscheiden.

(2) Jede für die Wahl der Universitätsvertretungen zugelassene wahlwerbende Gruppe und die Vorsitzenden der Akademievertretungen sind berechtigt, Einsprüche gegen die Wahl in der Bundesvertretung binnen zwei Wochen ab Verlautbarung des Wahlergebnisses durch die oder den Vorsitzenden der Wahlkommission bei dieser oder diesem einzubringen. *(BGBl I 2005/1)*

(3) Die Wahlkommission hat zu dem Einspruch Stellung zu nehmen und den Einspruch und die Stellungnahme der Bundesministerin oder dem Bundesminister zu übermitteln.

(4) Einem Einspruch ist stattzugeben und die Wahl für ungültig zu erklären, wenn wesentliche Bestimmungen des Wahlverfahrens verletzt wurden und hiedurch die Mandatsverteilung beeinflußt werden konnte. Eine ungültig erklärte Wahl ist nach Maßgabe des § 46 zu wiederholen.

(5) Wird einem Einspruch gegen die ziffernmäßige Ermittlung einer Wahlkommission oder

gegen falsche rechnerische Ermittlungen bei der Mandatszuweisung stattgegeben, so ist die Ermittlung richtigzustellen, die erfolgte Verlautbarung der Wahlkommission zu widerrufen und das richtige Wahlergebnis zu verlautbaren. In diesem Fall hat allenfalls eine Neuzuweisung von Mandaten zu erfolgen. Die unrichtig zugewiesenen Mandate erlöschen mit Rechtskraft der Entscheidung über den Einspruch.

(6) Gegen die Entscheidungen der Bundesministerin oder des Bundesministers ist kein ordentliches Rechtsmittel zulässig.

(7) Im Verfahren zur Entscheidung über einen Einspruch haben alle wahlwerbenden Gruppen für die Bundesvertretung Parteistellung.

(8) Bei Einsprüchen gegen die elektronische Wahl kann sich die Bundesministerin oder der Bundesminister zur technischen Beratung einer Bestätigungsstelle gemäß § 19 Signaturgesetz bedienen. *(BGBl I 2001/18)*

Einsprüche gegen die Wahlen der Universitätsvertretungen und der Studienvertretungen
(BGBl I 2005/1)

§ 45. (1) Die Wahlkommission der Österreichischen Hochschülerinnen- und Hochschülerschaft hat über Einsprüche wegen Verletzung der Bestimmungen über das Wahlverfahren für die Wahlen in alle Organe der Hochschülerinnen- und Hochschülerschaften mit Bescheid zu entscheiden.

(2) Jede Wahl werbende Gruppe für eine Universitätsvertretung und jede Kandidatin oder jeder Kandidat für die Studienvertretungen ist berechtigt, binnen zwei Wochen ab der Verlautbarung des jeweiligen Wahlergebnisses Einsprüche gegen die jeweilige Wahl bei der oder dem Vorsitzenden der betreffenden Wahlkommission einzubringen. *(BGBl I 2005/1)*

(3) Die Wahlkommission hat zu dem Einspruch Stellung zu nehmen und den Einspruch und die Stellungnahme der Wahlkommission der Österreichischen Hochschülerinnen- und Hochschülerschaft zu übermitteln.

(4) Einem Einspruch ist stattzugeben und die Wahl für ungültig zu erklären, wenn wesentliche Bestimmungen des Wahlverfahrens verletzt wurden und hiedurch die Mandatsverteilung beeinflußt werden konnte. Eine ungültig erklärte Wahl ist nach Maßgabe des § 46 zu wiederholen.

(5) Wird einem Einspruch gegen die ziffernmäßige Ermittlung einer Wahlkommission oder gegen falsche rechnerische Ermittlungen bei der Mandatszuweisung stattgegeben, so ist die Ermittlung richtigzustellen, die erfolgte Verlautbarung der Wahlkommission zu widerrufen und das richtige Wahlergebnis zu verlautbaren. In diesem Fall hat allenfalls eine Neuzuweisung von Mandaten zu erfolgen. Die unrichtig zugewiesenen Mandate erlöschen mit Rechtskraft der Entscheidung über den Einspruch.

(6) Gegen Entscheidungen der Wahlkommission der Österreichischen Hochschülerinnen- und Hochschülerschaft kann binnen zwei Wochen Berufung an die Bundesministerin oder den Bundesminister als zweite und letzte Instanz erhoben werden. Die Berufung ist bei der Wahlkommission der Österreichischen Hochschülerinnen- und Hochschülerschaft einzubringen und von dieser gemeinsam mit einer Stellungnahme der Bundesministerin oder dem Bundesminister zu übermitteln.

(7) Im Verfahren zur Entscheidung über einen Einspruch oder über eine Berufung haben alle wahlwerbenden Gruppen und die zur Wahl zugelassenen Kandidatinnen und Kandidaten für das jeweilige Organ Parteistellung.

(8) Bei Einsprüchen gegen die elektronische Wahl kann sich die Wahlkommission der Österreichischen Hochschülerinnen- und Hochschülerschaft zur technischen Beratung einer Bestätigungsstelle gemäß § 19 Signaturgesetz bedienen. *(BGBl I 2001/ 18)*

Einsprüche gegen die Wahlen der Studiengangsvertretung an Pädagogischen Hochschulen und Fachhochschul-Studiengängen
(BGBl I 2001/18, BGBl I 2007/47)

§ 45a. Die Bundesministerin oder der Bundesminister hat nähere Bestimmungen hinsichtlich der Einsprüche gegen die Wahlen der Studiengangsvertretungen oder Pädagogischen Hochschulvertretungen durch Verordnung festzulegen. Diese Verordnung hat insbesondere zu enthalten:

1. Frist und Berechtigung zur Erhebung des Einspruchs,
2. Zuständigkeit zur Entscheidung über den Einspruch,
3. Parteistellung im Verfahren zur Entscheidung über den Einspruch,
4. Auswirkungen, wenn dem Einspruch stattgegeben wird.

(BGBl I 1999/95, BGBl I 2001/18, BGBl I 2007/47)

Wahlwiederholung

§ 46. (1) Ist auf Grund eines Einspruchs wegen Verletzung der Bestimmungen über das Wahlverfahren oder wegen Abbruch der elektronischen Wahl auf Grund eines Systemfehlers die Wiederholung einer Wahl notwendig, so ist diese Wahl innerhalb von 60 Tagen ab der Rechtskraft der Entscheidung durchzuführen. Lehrveranstaltungsfreie Zeiten und die Zulassungsfristen sind in diesen Zeitraum nicht einzurechnen. *(BGBl I 2001/18)*

(2) Die Wahlwiederholung ist jeweils in einer Woche von Dienstag bis Donnerstag durchzuführen. Die Abhaltung der Wahlwiederholung während der lehrveranstaltungsfreien Zeit und innerhalb der Zulassungsfristen

ist unzulässig. Die Wahltage sind nach Anhörung der Österreichischen Hochschülerinnen- und Hochschülerschaft und der Hochschülerinnen- und Hochschülerschaften an den Universitäten von der Bundesministerin oder dem Bundesminister durch Verordnung festzulegen.

(3) Der Wahlwiederholung liegen die zur aufgehobenen Wahl zugelassenen Wahlvorschläge zugrunde, soweit diese nicht spätestens am achten Tag vor der Wahl zurückgezogen werden. Die Einbringung und Zulassung von neuen Wahlvorschlägen auch neuer wahlwerbender Gruppen ist zulässig. Der von der jeweiligen wahlwerbenden Gruppe bei den aufgehobenen Wahlen eingebrachte Wahlvorschlag gilt als zurückgezogen, wenn der neue Wahlvorschlag von der Wahlkommission zugelassen wird.

(4) Wird die Entscheidung über die Aufhebung der Wahl erst im letzten Viertel der Funktionsperiode rechtskräftig, entfällt die Wahlwiederholung und die Organe haben ihre Funktion bis zum Ablauf der Funktionsperiode weiter auszuüben.

(5) Diese Bestimmungen gelten auch für die Kandidaturen für Wahlen der Studienrichtungsvertretungen.

Konstituierung der Organe

§ **47.** (1) Die oder der Vorsitzende der Wahlkommission hat ehestmöglich nach der Verlautbarung des Wahlergebnisses zur konstituierenden Sitzung des jeweiligen Organs einzuladen.

(2) Die Mandatarinnen und Mandatare mit Ausnahme jener der Studienvertretungen können sich bei Sitzungen nur durch Ersatzpersonen (§ 41 Abs. 1) vertreten lassen. Die Mandatarinnen und Mandatare haben die Ersatzpersonen in der konstituierenden Sitzung oder in der ersten Sitzung nach einer späteren Mandatszuweisung bekanntzugeben. Die spätere Bekanntgabe einer anderen Ersatzperson ist zulässig. *(BGBl I 2005/1)*

(3) Ist die bekanntgegebene Ersatzperson verhindert oder hat die Mandatarin oder der Mandatar keine Ersatzperson bekanntgegeben, so kann sie oder er sich durch eine andere Ersatzperson, die dem jeweiligen Wahlvorschlag zu entnehmen ist, vertreten lassen. Die Vertretungsbefugnis ist durch eine gerichtlich, notariell oder durch die Vorsitzende oder den Vorsitzenden einer Wahlkommission beglaubigte Vollmacht nachzuweisen.

Wahlordnung

§ **48.** (1) Die Bundesministerin oder der Bundesminister hat nähere Bestimmungen hinsichtlich der Durchführung der Wahlen durch Verordnung zu erlassen. Diese Verordnung hat insbesondere Bestimmungen über die Entscheidungsfindung in den Wahlkommissionen, die Bekanntmachung der Wahltage, die Erfassung der Wahlberechtigten, die Einbringung und Zulassung von Wahlvorschlägen sowie die für die Zulassung von Wahlvorschlägen notwendigen Unterstützungserklärungen, die Durchführung der Wahl und die Ausübung des Wahlrechts sowie die Beurkundung und Feststellung des Wahlergebnisses zu enthalten. *(BGBl I 1999/95, BGBl I 2001/18)*

(2) Die Bundesministerin oder der Bundesminister kann nach Anhörung des Datenschutzrates durch Verordnung festlegen, dass bei den Wahlen die Stimmabgabe auch auf elektronischem Weg möglich ist. Dabei muss sichergestellt werden, dass insbesondere die Anforderungen des § 34 erfüllt werden, damit die Funktionalität des elektronischen Wahlsystems alle Anforderungen an herkömmliche Wahlen in die Organe der Österreichischen Hochschülerinnen- und Hochschülerschaft in zumindest gleicher Weise sicherstellt. Weiters bleibt die Teilnahme an der Wahl mittels elektronischer Stimmabgabe freiwillig, die Stimmabgabe im Rahmen konventioneller Wahl muss weiterhin möglich sein. *(BGBl I 2001/18)*

(3) Die Verordnung gemäß Abs. 2 hat außerdem festzulegen, wie die Aufgaben der Wahlkommission gemäß § 39 Abs. 1 diesfalls zu erfüllen sind. *(BGBl I 2001/18)*

(4) Die Bundesministerin oder der Bundesminister hat die jeweiligen Pflichten der Erhalter von sonstigen Bildungseinrichtungen (§ 1 Abs. 1 Z 3 bis 9) zur Mitwirkung an der Durchführung der Wahl durch Verordnung festzulegen. *(BGBl I 2001/18)*

2. Abschnitt
Direkte Mitbestimmung der Mitglieder

Antragsrecht

§ **49.** (1) Ein Antrag kann von mindestens 5 vH oder von mindestens 200 Wahlberechtigten eines Organs eingebracht werden. Der Antrag muß in den Aufgabenbereich des Organs fallen.

(2) Diese Anträge sind spätestens eine Woche vor der Sitzung des jeweiligen Organs der oder dem Vorsitzenden dieses Organs zu übermitteln. Nach dieser Frist eingelangte Anträge sind bis zur nächsten Sitzung des betreffenden Organs zurückzustellen.

(3) Vertreterin oder Vertreter eines Antrages ist dessen Erstunterzeichnerin oder Erstunterzeichner. Diese oder dieser ist berechtigt, den Antrag in der Sitzung des jeweiligen Organs mündlich zu vertreten.

Urabstimmung

§ **50.** (1) Die Bundesvertretung und die Universitätsvertretungen können für ihren jeweiligen Aufgabenbereich mit Zweidrittelmehrheit beschließen, daß Urabstimmungen abzuhalten sind.

(2) Das Ergebnis einer Urabstimmung ist für das Organ bindend, wenn das Ausmaß der Be-

teiligung an der Urabstimmung mindestens zwei Drittel des Ausmaßes der Beteiligung bei der letzten Wahl des betreffenden Organs erreicht.

(3) Ergebnisse von Urabstimmungen gelten grundsätzlich bis zu ihrer Aufhebung oder Abänderung durch eine weitere Urabstimmung. Das betreffende Organ kann Ergebnisse von Urabstimmungen nur mit Zweidrittelmehrheit aufheben oder abändern.

(4) Die Form der Durchführung von Urabstimmungen ist in den Satzungen zu regeln.

(5) Die organisatorische Durchführung einer Urabstimmung hat von der zuständigen Wahlkommission zu erfolgen, wenn sie gemeinsam mit einer Hochschülerinnen- und Hochschülerschaftswahl stattfindet.

5. Hauptstück
Aufsicht und Kontrolle

Aufsicht

§ 51. (1) Die Österreichische Hochschülerinnen- und Hochschülerschaft und die Hochschülerinnen- und Hochschülerschaften an den Universitäten unterstehen der Aufsicht der Bundesministerin oder des Bundesministers. Die Bundesvertretung, die Universitätsvertretungen und die Wahlkommissionen haben die Protokolle über die von ihnen gefaßten Beschlüsse binnen zwei Wochen nach Beschlußfassung der Bundesministerin oder dem Bundesminister, alle anderen Organe der Rektorin oder dem Rektor unaufgefordert vorzulegen.

(2) Zur Überprüfung der Rechtmäßigkeit der Beschlüsse sind allenfalls notwendige Auskünfte zu erteilen und Überprüfungen an Ort und Stelle zuzulassen. Stellt die Rektorin oder der Rektor dabei die Rechtswidrigkeit von Beschlüssen im Sinne des Abs. 3 fest, hat sie oder er die Bundesministerin oder den Bundesminister zu informieren.

(3) Die Bundesministerin oder der Bundesminister hat in Ausübung ihres oder seines Aufsichtsrechts durch Bescheid den Beschluss eines Organs und die Wahl oder Abwahl der oder des Vorsitzenden und der Stellvertreterinnen und Stellvertreter aufzuheben, wenn der Beschluss oder die Wahl

1. von einem unzuständigen Organ stammt oder
2. unter erheblicher Verletzung von Verfahrensvorschriften zustande gekommen ist oder
3. im Widerspruch zu geltenden Gesetzen oder Verordnungen steht oder
4. der Beschluss wegen seiner finanziellen Auswirkungen nicht durchführbar ist.

Im Bescheid ist den Organen aufzutragen, den der Rechtsanschauung der Bundesministerin oder des Bundesministers entsprechenden Rechtszustand mit den rechtlich zu Gebote stehenden Mitteln unverzüglich herzustellen. *(BGBl I 2005/1)*

(4) Die Bundesministerin oder der Bundesminister hat in Ausübung ihres oder seines Aufsichtsrechtes durch Bescheid die Rechtswidrigkeit der Handlung einer oder eines Vorsitzenden oder einer Stellvertreterin oder eines Stellvertreters festzustellen, wenn die oder der Vorsitzende oder die Stellvertreterin oder der Stellvertreter in Ausübung ihrer oder seiner Funktion eine Handlung vorgenommen oder unterlassen hat, die im Widerspruch zu geltenden Gesetzen oder Verordnungen steht. *(BGBl I 2001/18)*

(5) Die oder der Vorsitzende oder die Stellvertreterin oder der Stellvertreter sind im Fall des Abs. 4 verpflichtet, den der Rechtsanschauung der Bundesministerin oder des Bundesministers entsprechenden Rechtszustand unverzüglich herzustellen. *(BGBl I 2001/18)*

(6) Das rechtswidrige Handeln einer oder eines Vorsitzenden oder einer Stellvertreterin oder eines Stellvertreters gemäß Abs. 4 ist eine Verwaltungsübertretung, die mit Geldstrafe von 218 € bis 2 180 €, im Falle der Uneinbringlichkeit mit Ersatzfreiheitsstrafe bis zu zwei Wochen zu bestrafen ist, wenn die Tat nicht den Tatbestand einer in die Zuständigkeit der Gerichte fallenden strafbaren Handlung bildet oder nach anderen Verwaltungsstrafbestimmungen mit strengerer Strafe bedroht ist. *(BGBl I 2001/18)*

Einrichtung der Kontrollkommission

§ 52. (1) Zur Überprüfung der Gebarung der Österreichischen Hochschülerinnen- und Hochschülerschaft und der Hochschülerinnen- und Hochschülerschaften an den Universitäten und ihrer Wirtschaftsbetriebe wird eine Kontrollkommission für eine Funktionsperiode von jeweils vier Jahren eingerichtet, die aus neun Mitgliedern besteht. *(BGBl I 1999/95)*

(2) Die Mitglieder der Kontrollkommission sind jeweils für die Dauer einer Funktionsperiode zu bestellen. Die Wiederbestellung ist unbeschränkt zulässig.

(3) Die Kontrollkommission ist zusammenzusetzen aus:

1. drei von der Bundesministerin oder dem Bundesminister für Wissenschaft und Forschung zu entsendenden Vertreterinnen oder Vertretern,
2. einer oder einem von der Bundesministerin oder dem Bundesminister für Unterricht, Kunst und Kultur zu entsendenden Vertreterin oder Vertreter,
3. zwei von der Bundesministerin oder dem Bundesminister für Finanzen zu entsendenden Vertreterinnen oder Vertretern der Finanzprokuratur,
4. zwei von der Bundesvertretung der Studierenden durch Beschluss zu entsendenden Vertreterinnen oder Vertretern,
5. einer oder einem von der Vorsitzendenkonferenz der Universitätsvertretungen durch Beschluss zu entsendenden Vertreterin oder Vertreter. *(BGBl I 2007/47)*

(4) Die oder der amtierende Vorsitzende der Österreichischen Hochschülerinnen- und

Hochschülerschaft und deren amtierende Stellvertreterin oder dessen amtierender Stellvertreter, die amtierenden Vorsitzenden der Hochschülerinnen- und Hochschülerschaften an den Universitäten und deren amtierende Stellvertreterinnen und Stellvertreter sowie die amtierenden Referentinnen und Referenten dürfen der Kontrollkommission nicht angehören. Dies gilt auch, wenn sie eine dieser Funktionen in den zwei dem Beginn der jeweiligen Funktionsperiode unmittelbar vorangehenden Jahren ausgeübt haben.

(5) Die Bundesministerin oder der Bundesminister hat aus dem Kreise der von ihr oder ihm entsendeten Vertreterinnen und Vertreter für die Dauer einer Funktionsperiode die Vorsitzende oder den Vorsitzenden und die Stellvertreterin oder den Stellvertreter zu bestellen. Die Wiederbestellung ist zulässig.

Aufgaben der Kontrollkommission

§ 53. (1) Die Aufgaben der Kontrollkommission umfassen:

1. laufende Überprüfung der Einhaltung der Haushaltsvorschriften,
2. Beratung und Überprüfung bei dienst- und besoldungsrechtlichen Angelegenheiten sowie bei Angelegenheiten der finanziellen Gebarung,
3. Mitwirkung an der Schulung der Studierendenvertreterinnen und Studierendenvertreter,
4. Erlassung von Richtlinien für eine einheitliche Haushaltsführung und die Abwicklung von Rechtsgeschäften mit Bargeld,
5. Erlassung von Richtlinien für Budgetierung und Bilanzierung,
6. Erlassung von Richtlinien für die Prüfung von Jahresabschlüssen,
7. Erlassung von Richtlinien für eine einheitliche Vorgangsweise bei der Zuweisung von Räumen und der Zahlung von Beiträgen zum Verwaltungsaufwand,
8. Genehmigung von Dienstverträgen unter besonderer Beachtung der finanziellen Auswirkungen,
9. Genehmigung von Betriebsvereinbarungen. *(BGBl I 2005/1)*

(2) Die Kontrollkommission hat das Recht, die in Erfüllung ihrer Aufgaben notwendigen Erhebungen anzustellen und Überprüfungen an Ort und Stelle vorzunehmen. Sie kann zur Erfüllung ihrer Aufgaben Wirtschaftstreuhänderinnen und Wirtschaftstreuhänder sowie andere Experten, insbesondere sachverständige Bedienstete des Bundes heranziehen.

(3) Bei Feststellung grober Mängel in der Erfüllung der gesetzlichen Pflichten betreffend die Haushaltsführung durch Studierendenvertreterinnen und Studierendenvertreter hat die Kontrollkommission unverzüglich die Bundesvertretung oder die betreffende Universitätsvertretung und die Bundesministerin oder den Bundesminister zu informieren. *(BGBl I 1999/95, BGBl I 2001/18)*

(4) Die Kontrollkommission hat der Bundesministerin oder dem Bundesminister, der Österreichischen Hochschülerinnen- und Hochschülerschaft und den Hochschülerinnen- und Hochschülerschaften an den Universitäten jährlich einen schriftlichen Bericht über ihre Tätigkeit zu übermitteln. *(BGBl I 1999/95, BGBl I 2001/18)*

(5) Die Beschlüsse der Kontrollkommission bedürfen der einfachen Mehrheit bei Anwesenheit von mindestens der Hälfte der Mitglieder. Bei Stimmengleichheit entscheidet die Stimme der oder des Vorsitzenden.

(6) Die Kontrollkommission hat eine Geschäftsordnung zu beschließen. Diese bedarf der Genehmigung der Bundesministerin oder des Bundesministers.

(7) Den Verwaltungsaufwand der Kontrollkommission einschließlich der Kosten für die Erfüllung zusätzlicher Prüfungsaufträge hat die Bundesministerin oder der Bundesminister zu tragen. Hat die Österreichische Hochschülerinnen- und Hochschülerschaft oder eine Hochschülerinnen- und Hochschülerschaft an einer Universität einen oder mehrere zusätzliche Prüfungsaufträge verschuldet, so hat sie selbst die dadurch entstehenden Kosten zu tragen, wenn dabei erhebliche Mängel festgestellt wurden.

Rechnungshofkontrolle

§ 54. Die Gebarung der Österreichischen Hochschülerinnen- und Hochschülerschaft und der Hochschülerinnen- und Hochschülerschaften an den Universitäten sowie ihrer Wirtschaftsbetriebe unterliegt der Prüfung durch den Rechnungshof.

6. Hauptstück
Verfahrens-, Übergangs- und Schlußbestimmungen

Verfahrensbestimmungen

§ 55. (1) Jedes Mitglied ist berechtigt, gegen Beschlüsse der Bundesvertretung, der Universitätsvertretungen, der Organe gemäß § 12 Abs. 2 und der Studienvertretungen wegen behaupteter Rechtswidrigkeit Aufsichtsbeschwerde an die Bundesministerin oder den Bundesminister zu erheben. Die Bundesministerin oder der Bundesminister hat über eine Aufsichtsbeschwerde unverzüglich, längstens jedoch innerhalb von drei Monaten zu entscheiden. *(BGBl I 2005/1)*

(2) Zur Erlassung von Bescheiden über die Rechte und Pflichten der Mitglieder, insbesondere über die Feststellung der Verpflichtung zur Leistung des Studierendenbeitrages einschließlich eines allfälligen Sonderbeitrages (§ 29 Abs. 1 Z 1), sind für Studierende an Universitäten die Universitätsvertretungen zuständig. Gegen derartige Bescheide ist eine Berufung an die Bundesvertretung als zweite und letzte Instanz

zulässig. Zur Erlassung von Bescheiden über die Rechte und Pflichten der übrigen Mitglieder, insbesondere über die Feststellung der Verpflichtung zur Leistung des Studierendenbeitrages einschließlich eines allfälligen Sonderbeitrages (§ 29 Abs. 1 Z 1), ist für Studierende an den anderen Bildungseinrichtungen die Bundesvertretung zuständig. *(BGBl I 1999/95)*

(3) Gegen Bescheide der Wahlkommissionen über die Feststellung des Erlöschens von Mandaten ist die Berufung an die Bundesministerin oder den Bundesminister zulässig.

(4) Auf die Verfahren gemäß Abs. 2 und 3 sowie gemäß § 4 Abs. 2 und § 10 Abs. 2 ist das Allgemeine Verwaltungsverfahrensgesetz 1991, BGBl. Nr. 51, anzuwenden.

Inkrafttreten

§ 56. (1) Dieses Bundesgesetz tritt mit 1. Februar 1999 in Kraft.

(2) *Gem. § 2 Abs. 2 Z 67 BGBl I 2008/2 als nicht mehr geltend festgestellt (BGBl I 2008/2)*

(3) Die Verordnungen auf Grund dieses Bundesgesetzes dürfen bereits mit dem auf die Kundmachung dieses Bundesgesetzes folgenden Tag erlassen werden. Die Inkraftsetzung ist jedoch frühestens mit 1. Februar 1999 zulässig.

(4) Das Inhaltsverzeichnis, § 1 Abs. 1 Z 1 bis 7 und 9 und Abs. 2 bis 6, § 3 Abs. 1 bis 3, § 4, § 4a Abs. 1, 2 und 4 bis 6, § 7 Abs. 1 Z 4 und Abs. 2 bis 4, § 7a Abs. 1, 2, 4 und 5, § 8, § 20 Abs. 4 und 5, § 20a, § 20b, § 21 Abs. 1 Z 7, § 23 Abs. 2 Z 1 und Abs. 3, § 25 Abs. 5, § 27 Abs. 3, § 29 Abs. 1 Z 1, Abs. 4 erster und zweiter Satz und Abs. 6, § 30 Abs. 1, 2 und 6 bis 8, § 31 Abs. 1, § 32 Abs. 5, § 33 Abs. 6 und 8, § 35 Abs. 3 mit Ausnahme der Wortfolge „einem Fachhochschul-Studiengang“, § 39 Abs. 6 und 7, § 45a mit Ausnahme der Wortfolge „und Fachhochschul-Studiengängen“, § 48, § 52 Abs. 1 und 3, § 53 Abs. 3 und 4, § 55 Abs. 2, § 56 Abs. 4 und 5 und § 59 in der Fassung des Bundesgesetzes BGBl. I Nr. 95/ 1999 treten mit 1. Juli 1999 in Kraft. *(BGBl I 1999/95)*

(5) § 1 Abs. 1 Z 8, § 4a Abs. 3, § 7 Abs. 1 Z 5, § 7a Abs. 3, § 20c, § 20d, § 21 Abs. 1 Z 8, § 23 Abs. 2 Z 2, § 25 Abs. 6, § 29 Abs. 4 letzter Satz, § 30 Abs. 9, § 33 Abs. 7, in § 35 Abs. 3 die Wortfolge „einem Fachhochschul-Studiengang“ und in § 45a die Wortfolge „und Fachhochschul-Studiengängen“ treten nach Maßgabe eines besonderen Bundesgesetzes in Kraft. *(BGBl I 1999/95)*

(6) Der Titel, das Inhaltsverzeichnis, § 1 Abs. 1 Z 4 bis 6 und Abs. 6, § 4a, § 7 Abs. 2 Z 6, § 8 Abs. 2, § 10 Abs. 6, § 15 Abs. 2 Z 2, § 17 Abs. 2 Z 2, § 20 Abs. 5, § 20a, § 20b, § 20d Abs. 2, § 21 Abs. 1 Z 7 bis 9, Abs. 3 und 5, § 24 Abs. 5, § 29 Abs. 2 bis 4, § 30 Abs. 8 bis 10, § 31 Abs. 4, § 32 Abs. 5, § 33 Abs. 2 bis 7, § 34 Abs. 2 und 4 bis 7, § 39 Abs. 2 und 6 bis 8, § 40 Abs. 3, § 44 Abs. 8, § 45a samt Überschrift, § 46 Abs. 1, § 48, § 51 Abs. 4 bis 6, § 52 Abs. 3 Z 1, 3 und 4, § 53 Abs. 3 und 4, § 56 Abs. 6 und § 59 in der Fassung des Bundesgesetzes BGBl. I Nr. 18/2001 treten mit 1. Februar 2001 in Kraft. *(BGBl I 2001/18)*

(7) Das Inhaltsverzeichnis und § 1 Abs. 1, Abs. 2 und Abs. 4, § 4 Abs. 1 bis Abs. 3, § 4a Abs. 1, Abs. 4 bis Abs. 6, § 7 Abs. 1 und Abs. 4, § 8 Abs. 1 und Abs. 3, § 9 Abs. 1 und Abs. 2, § 10 Abs. 2 bis Abs. 4, Abs. 7 bis Abs. 9, § 12, § 13 Abs. 1, Abs. 2 und Abs. 4, § 14, § 15, § 16, § 17, § 18, § 19 Abs. 1, § 19a, § 20, § 21 Abs. 1, § 22 Abs. 3 und Abs. 4, § 23 Abs. 3 und Abs. 4, § 24 Abs. 1, § 30, § 31 Abs. 3, § 32 Abs. 2, § 33 Abs. 4, § 34 Abs. 2, Abs. 4 und Abs. 5, § 35 Abs. 1, Abs. 4 bis Abs. 7, § 35a samt Überschrift, § 38 Abs. 2, § 39 Abs. 1 bis Abs. 6, § 40, die Überschrift zu § 41, die Überschrift zu § 42 und § 42 Abs. 1 und Abs. 2, § 43 Abs. 3 und Abs. 4, § 44 Abs. 2, die Überschrift zu § 45 und § 45 Abs. 2, § 47 Abs. 2, § 51 Abs. 3, § 53 Abs. 1, § 55 Abs. 1, § 58 Abs. 9 bis 12, § 58a, in der Fassung des Bundesgesetzes BGBl. I Nr. 1/ 2005 treten mit 1. Februar 2005 in Kraft. *(BGBl I 2005/1)*

(8) Das Inhaltsverzeichnis, die Überschrift zum 3. Abschnitt des 2. Hauptstückes, §§ 1, 3, 4, 4a, 7, 7a, 20a samt Überschrift, § 20b samt Überschrift, §§ 21, 22, 23, 25, 29, 30, 33, 34, 35a, 45a samt Überschrift, §§ 52 und 59 dieses Bundesgesetzes in der Fassung des Bundesgesetzes BGBl. I Nr. 47/2007 treten mit 1. Oktober 2007 in Kraft. *(BGBl I 2007/47)*

Außerkrafttreten

§ 57. (1) Das Hochschülerinnen- und Hochschülerschaftsgesetz 1973 – HSG, BGBl. Nr. 309, tritt mit Ablauf des 31. Jänner 1999 außer Kraft.

(2) Die Hochschülerinnen- und Hochschülerschaftswahlordnung 1983, BGBl. Nr. 609/1982, und die Verordnung des Bundesministers für Wissenschaft und Forschung über die Verlängerung der Anspruchsdauer für Studenten, BGBl. Nr. 37/ 1987, treten mit Ablauf des 31. Jänner 1999 außer Kraft.

(3) Wird in anderen Bundesgesetzen auf Bestimmungen verwiesen, an deren Stelle mit dem Inkrafttreten dieses Bundesgesetzes neue Bestimmungen wirksam werden, so sind diese Verweisungen auf die entsprechenden neuen Bestimmungen zu beziehen.

Übergangsbestimmungen

§ 58. (1) Die Funktionsperiode der sich zum Zeitpunkt des Inkrafttretens dieses Bundesgesetzes im Amt befindlichen Organe wird bis 30. Juni 1999 verlängert. Die Wahlkommissionen gemäß § 16 HSG üben ihre Funktion als Wahlkommissionen gemäß den §§ 34 bis 48 HSG 1998 aus. Die Kontrollkommission gemäß § 24 HSG übt ihre Funktion als Kontrollkommission gemäß den §§ 52 und 53 HSG 1998 aus.

(2) In der gemäß Abs. 1 verlängerten Funktionsperiode sind die Bestimmungen des Hochschülerinnen- und Hochschülerschaftsgesetzes 1973, mit Ausnahme der Bestimmungen über die Wahlen (§§ 15 und 16) anstelle der Bestimmungen dieses Bundesgesetzes weiterhin anzuwenden.

(3) Die erstmalige Bildung der Wahlkommissionen gemäß § 38 HSG 1998 hat bis längstens 1. März 1999 zu erfolgen; Verzögerungen machen aber Beschlüsse der Wahlkommissionen nicht ungültig.

(4) An den Kunsthochschulen gemäß Kunsthochschul-Organisationsgesetz, BGBl. Nr. 54/1970, sind bis zum Wirksamwerden des KUOG weiterhin Abteilungsvertretungen zu wählen. Für sie gelten die Bestimmungen über die Fakultätsvertretungen. Die Funktionsperiode der Abteilungsvertretungen endet jedenfalls mit dem Wirksamwerden des KUOG an der jeweiligen Kunsthochschule.

(5) Die Geschäftsordnungen der Bundesvertretung und der Universitätsvertretungen, die auf Grund des Hochschülerinnen- und Hochschülerschaftsgesetzes 1973 beschlossen und genehmigt wurden, gelten bis zur Genehmigung der Satzungen auf Grund dieses Bundesgesetzes weiter, jedoch längstens bis 30. Juni 2000. Hat eine Universitätsvertretung bis dahin keine Satzung zur Genehmigung vorgelegt, ist bis zur Genehmigung einer eigenen Satzung jene der Bundesvertretung anzuwenden.

(6) Die Kontrollkommission hat sich bis längstens 1. Jänner 2000 gemäß § 52 zu konstituieren. Die vierjährige Funktionsperiode beginnt mit dem Datum der Konstituierung.

(7) Die Richtlinien der Kontrollkommission gemäß § 24 Abs. 4 lit. e, f und g des Hochschülerinnen- und Hochschülerschaftsgesetzes 1973 gelten als Richtlinien gemäß § 53 Abs. 1 Z 4, 6 und 7 HSG 1998.

(8) Die Geschäftsordnung der Kontrollkommission gemäß § 24 Abs. 9 des Hochschülerinnen- und Hochschülerschaftsgesetzes 1973 gilt als Geschäftsordnung gemäß § 53 Abs. 6 HSG 1998.

(9) Bis zur Konstituierung der Wahlkommission bei der Österreichischen Hochschülerinnen- und Hochschülerschaft auf Grund des § 38 Abs. 2 in der Fassung des Bundesgesetzes BGBl. I Nr. 1/2005 übernimmt die bisherige bei der Österreichischen Hochschülerinnen- und Hochschülerschaft eingerichtete Wahlkommission deren Aufgaben. *(BGBl I 2005/1)*

(10) § 30 Abs. 2 und 3 ist mit der Maßgabe anzuwenden, dass 77 vH der jeweiligen Gesamtsumme für das Budgetjahr 2005/06 und 81 vH der jeweiligen Gesamtsumme für das Budgetjahr 2006/07 den Universitätsvertretungen bzw. den Akademievertretungen zur Verfügung zu stellen sind. *(BGBl I 2005/1)*

(11) Die am 31. Jänner 2004 bestehende Kontrollkommission übt diese Funktion bis zum Ende ihrer Funktionsperiode aus. *(BGBl I 2005/1)*

(12) § 58a ist von jenen Hochschülerinnen- und Hochschülerschaften nicht anzuwenden, die vor dem 31. Dezember 2004 bereits eine zivilrechtliche Vermögensaufteilung in schriftlicher Form durchgeführt haben und diese Vermögensaufteilung von der Kontrollkommission nicht untersagt wurde. Die Vermögensaufteilung ist bis längstens 15. Februar 2005 der Kontrollkommission vorzulegen und diese hat sie bis längstens 30. April 2005 zu untersagen, wenn sie den Grundsätzen der Zweckmäßigkeit, der Sparsamkeit oder der Rechtmäßigkeit widerspricht. *(BGBl I 2005/1)*

Vermögensübergang auf die Hochschülerinnen- und Hochschülerschaften der Medizinischen Universität Wien, Graz, Innsbruck

§ 58a. (1) Die Vermögen der Hochschülerinnen- und Hochschülerschaften der Universitäten Wien, Graz und Innsbruck sind entsprechend dem Anteil des Durchschnittswertes der Anzahl der Studierenden der Medizin in den Studienjahren 1999 bis 2004 an die Hochschülerinnen- und Hochschülerschaften der Medizinischen Universitäten Wien, Graz und Innsbruck zu übertragen. Der Stichtag für die Festlegung des Vermögens ist der 30. Juni 2004. Die Bestimmungen des Bundesgesetzes über die Spaltung von Kapitalgesellschaften (SpaltG), BGBl. Nr. 680/1996 in der derzeit geltenden Fassung, insbesondere die Bestimmungen der §§ 15 und 16 SpaltG sind sinngemäß anzuwenden.

(2) Zur Erstellung eines Übertragungsplanes sind sowohl von den Universitätsvertretungen der Universitäten Wien, Graz und Innsbruck als auch von den Universitätsvertretungen der Medizinischen Universitäten Wien, Graz und Innsbruck Unterkommissionen einzurichten, die aus jeweils zehn Mitgliedern bestehen. Von den Universitätsvertretungen Wien, Graz und Innsbruck sind jeweils sechs Mandatarinnen und Mandatare und von den Universitätsvertretungen der Medizinischen Universitäten Wien, Graz und Innsbruck sind jeweils vier Mandatarinnen und Mandatare zu entsenden. Zur Erstellung des Übertragungsplanes können Sitzungen auch in der vorlesungsfreien Zeit einberufen und durchgeführt werden. Die Satzungen der jeweiligen Universitätsvertretungen sind mit Ausnahme der Ladungsfrist, die auf drei Tage verkürzt werden kann, sinngemäß anzuwenden.

(3) Aufgabe der Unterkommission ist es, Vorschläge für Übertragungspläne der bestehenden Hochschülerinnen- und Hochschülerschaften zu erstellen.

(4) Die Vorschläge für die Übertragungspläne der Unterkommissionen bedürfen sowohl der Beschlussfassung durch die von der Universitätsvertretung entsandten sechs Mandatarinnen und Mandatare mit Zweidrittelmehrheit als auch durch die von der Universitätsvertre-

tung Medizin entsandten vier Mandatarinnen und Mandatare mit Zweidrittelmehrheit.

(5) Der von der Unterkommission vorgelegte Übertragungsplan ist in der vorgelegten Form oder in zwischen der Universitätsvertretung und der jeweiligen Universitätsvertretung Medizin gemeinsam abgeänderten Form sowohl von der Universitätsvertretung als auch von der Universitätsvertretung Medizin jeweils mit Zweidrittelmehrheit zu beschließen.

(6) Der zu erstellende Übertragungsplan hat jedenfalls folgende Punkte zu enthalten:
Personal,
Anteile an den Wirtschaftsbetrieben,
Vermögen (Aktiva und Passiva),
Vereinbarungen über die gemeinsame Nutzung von Einrichtungen.

Der Übertragungsplan hat vorzusehen, dass für die Teilung der Anteile an den Wirtschaftsbetrieben sowohl jener Hochschülerinnen- und Hochschülerschaft, aus welcher diese Anteile des Wirtschaftsbetriebes stammen, als auch der Universitätsvertretung Medizin ein Vorkaufsrecht einzuräumen ist. Der Vermögensübergang erfolgt im Wege der Gesamtrechtsnachfolge. Der Übertragungsplan kann auch vorsehen, dass hinsichtlich der Übertragung der Anteile an den Wirtschaftsbetrieben sowohl jener Hochschülerinnen- und Hochschülerschaft, aus welcher diese Anteile stammten, als auch der Hochschülerinnen- und Hochschülerschaft an der jeweiligen Medizinischen Universität eine Behaltefrist von höchstens einem Jahr aufzuerlegen ist. Der Übertragungsplan ist bis zum 31. Mai 2005 der Bundesministerin oder dem Bundesminister vorzulegen und von dieser oder diesem zu prüfen. Bei Vorliegen von Zweckmäßigkeit, Sparsamkeit und Rechtmäßigkeit ist der Übertragungsplan bescheidmäßig zu genehmigen. Mit Zustellung des Bescheides wird die Teilung rechtswirksam. Der Bescheid ist im amtlichen Teil der Wiener Zeitung zu verlautbaren.

(7) Sollte bis zum 31. Mai 2005 der Bundesministerin oder dem Bundesminister kein Übertragungsplan vorgelegt werden, ist von der Kontrollkommission der Österreichischen Hochschülerinnen- und Hochschülerschaft eine Sachverständige oder ein Sachverständiger zu bestellen, die oder der einen Vorschlag für einen Übertragungsplan auf Grundlage der Bewertung sämtlicher Aktiva und Passiva bis längstens 30. September 2005 zu erstellen hat. Der oder dem Sachverständigen sind sämtliche Unterlagen, die seitens der Unterkommissionen bzw. der beteiligten Universitätsvertretungen erstellt wurden, zu übergeben. Die beteiligten Hochschülerinnen- und Hochschülerschaften und die Mandatarinnen und Mandatare haben der oder dem Sachverständigen als Auskunftspersonen zur Verfügung zu stehen. Die Kosten für die Erstellung des Sachverständigengutachtens sind von den betreffenden Hochschülerinnen- und Hochschülerschaften zu gleichen Teilen zu tragen.

(8) Der von der oder dem Sachverständigen erstellte Vorschlag eines Übertragungsplanes ist durch die Bundesministerin oder den Bundesminister zu prüfen und bei Vorliegen von Zweckmäßigkeit, Sparsamkeit und Rechtmäßigkeit bescheidmäßig zu genehmigen. Mit Zustellung des Bescheides wird die Teilung rechtswirksam. Der Bescheid ist im amtlichen Teil der Wiener Zeitung zu verlautbaren.

(9) Die Hochschülerinnen- und Hochschülerschaften an den Universitäten Wien, Graz und Innsbruck und die Hochschülerinnen- und Hochschülerschaften an den Medizinischen Universitäten Wien, Graz und Innsbruck sind hinsichtlich der Teilung von allen dadurch entstehen Gebühren und Abgaben befreit.

(BGBl I 2005/1)

Vollziehung

§ 59. Mit der Vollziehung dieses Bundesgesetzes ist

1. hinsichtlich des § 52 Abs. 3 Z 2 die Bundesministerin oder der Bundesminister für Wissenschaft und Forschung im Einvernehmen mit der Bundesministerin oder dem Bundesminister für Unterricht, Kunst und Kultur,
2. hinsichtlich des § 52 Abs. 3 Z 3 die Bundesministerin oder der Bundesminister für Wissenschaft und Forschung im Einvernehmen mit der Bundesministerin oder dem Bundesminister für Finanzen,
3. im Übrigen die Bundesministerin oder der Bundesminister für Wissenschaft und Forschung

betraut.

(BGBl I 2007/47)

Erlassung der Hochschülerinnen- und Hochschülerschaftswahlordnung 2005 – HSWO 2005

(ohne Anlagen)

BGBl II 2005/91 idF

BGBl II 2008/164 BGBl II 2008/351 BGBl II 2011/20

Auf Grund des § 48 des Hochschülerinnen- und Hochschülerschaftsgesetzes 1998 – HSG 1998, BGBl. I Nr. 22/1999, zuletzt geändert durch das Bundesgesetz BGBl. I Nr. 2/2008, wird verordnet:

Inhaltsverzeichnis

1. Abschnitt
Begriffsbestimmungen sowie Einrichtung und Aufgaben der Wahlkommissionen
(BGBl II 2008/351)

Begriffsbestimmungen
(BGBl II 2008/351)

§ 1. Im Sinne dieser Verordnung gilt als

1. E-Voting: Stimmabgabe im elektronischen Weg gemäß § 34 Abs. 4 HSG 1998 als Distanzwahl unter Nutzung des Internets;
2. Internet-Portal: Präsenz im Internet, die als zentraler Einstiegspunkt für die Benutzerinnen und Benutzer dient, die sich über E-Voting informieren oder ihre Stimme mittels E-Voting abgeben wollen;
3. Elektronisches Wahlsystem: Hardware- und Softwaresystem zur Durchführung von E-Voting;
4. Wahlserversoftware: Programm, das im Rahmen von E-Voting von der Wahlkommission zur Wahrnehmung ihrer Aufgaben herangezogen wird;
5. Client: Lokales Softwaresystem bei der Wählerin oder dem Wähler zur Stimmabgabe mittels E-Voting;
6. Wahladministrationssystem: Hardware- und Softwaresystem zur Unterstützung der Wahlkommission bei der Wahrnehmung ihrer Aufgaben während der durchzuführenden Wahl.

(BGBl II 2008/351)

Wahlkommissionen

§ 2. (1) Bei der Österreichischen Hochschülerinnen- und Hochschülerschaft und den Hochschülerinnen- und Hochschülerschaften an den Universitäten sind ständige Wahlkommissionen eingerichtet.

(2) Die Wahlkommission bei der Österreichischen Hochschülerinnen- und Hochschülerschaft ist unter Mitwirkung der Wahlkommissionen bei den Hochschülerinnen- und Hochschülerschaften an den Universitäten für

HSWO 2005

die Durchführung der Wahlen in die Bundesvertretung der Studierenden zuständig.

(3) Die Wahlkommissionen bei den Hochschülerinnen- und Hochschülerschaften an den Universitäten sind für die Durchführung der Wahlen in die Universitätsvertretungen, die Studienvertretungen und für die Mitwirkung an den Wahlen für die Bundesvertretung zuständig.

(4) Für die Durchführung der Wahl von Mandatarinnen und Mandataren in die Bundesvertretung durch die Wahlgemeinschaft und für die Feststellung der von den Listenverbänden zu wählenden Mandatarinnen und Mandataren ist die Wahlkommission bei der Österreichischen Hochschülerinnen- und Hochschülerschaft zuständig.

(5) Der oder die Vorsitzende der Wahlkommissionen bei den Hochschülerinnen- und Hochschülerschaften an den Universitäten bzw. der oder die Vorsitzende der Wahlkommission bei der Österreichischen Hochschülerinnen- und Hochschülerschaft haben zu den konstituierenden Sitzungen der Universitätsvertretungen bzw. der Bundesvertretung einzuladen und diese bis zur Wahl einer oder eines Vorsitzenden und deren oder dessen Stellvertreterinnen und Stellvertreter zu leiten.

Zusammensetzung der Wahlkommission bei der Österreichischen Hochschülerinnen- und Hochschülerschaft

§ 3. Die bei der Österreichischen Hochschülerinnen- und Hochschülerschaft eingerichtete Wahlkommission besteht aus:

1. je einer oder einem von den drei mandatsstärksten Klubs in der Bundesvertretung der Studierenden zu bestimmenden Vertreterin oder Vertreter,
2. einer oder einem von der Bundesministerin oder vom Bundesminister zu entsendenden rechtskundigen Bediensteten als Vorsitzende oder Vorsitzender bzw. deren oder dessen Stellvertreterin oder Stellvertreter.

Mitglieder der Wahlkommission bei der Österreichischen Hochschülerinnen- und Hochschülerschaft

§ 3a. (1) Die Mitglieder der Wahlkommission bei der Österreichischen Hochschülerinnen- und Hochschülerschaft sind von den drei mandatsstärksten Klubs in der Bundesvertretung zu nominieren.

(2) Die Mitglieder der Wahlkommission mit Ausnahme der oder des Vorsitzenden sind durch die Klubvorsitzende oder den Klubvorsitzenden der jeweiligen Klubs der oder dem Vorsitzenden der Wahlkommission bekannt zu geben. Niemand darf mehr als einer Wahlkommission angehören. Die Entsendung dieser Mitglieder der Wahlkommission wird durch die Angelobung wirksam.

(3) Vor Antritt ihres Amtes haben alle Mitglieder der Wahlkommissionen das Gelöbnis strenger Unparteilichkeit und gewissenhafter Erfüllung ihrer Aufgaben abzulegen.

Bundesvertretung

§ 4. (1) Der Bundesvertretung gehören die von den Universitätsvertretungen, den Pädagogischen Hochschulvertretungen, den Fachhochschul-Studienvertretungen, der Wahlgemeinschaft und den Listenverbänden gewählten Mandatarinnen und Mandatare an. *(BGBl II 2008/164)*

(2) Die neu gewählten Universitätsvertretungen haben Studierendenvertreterinnen und Studierendenvertreter nach dem Grundsatz des Verhältniswahlrechts in die Bundesvertretung der Studierenden zu wählen. Bei der Wahl ist das d`Hondtsche Verfahren auf Grund der gültig abgegebenen Stimmen für die Universitätsvertretung anzuwenden. Die Wahl entsprechend dem Stimmenverhältnis der in der Universitätsvertretung vertretenen wahlwerbenden Gruppen ist auf Grund eines Beschlusses dieses Organs durchzuführen. Die zu wählenden Studierendenvertreterinnen und Studierendenvertreter sind von den jeweiligen wahlwerbenden Gruppen zu bestimmen und haben Studierendenvertreterinnen oder Studierendenvertreter gemäß § 21 HSG 1998 dieser Universität zu sein. Bei der Wahl ist über einen Gesamtvorschlag abzustimmen. Die oder der Vorsitzende der Wahlkommission hat der oder dem Vorsitzenden der Wahlkommission der Österreichischen Hochschülerinnen- und Hochschülerschaft die Mandatarinnen oder Mandatare für die Bundesvertretung bis längstens zwei Wochen nach dem letzten Wahltag bekannt zu geben. Nachnominierungen sind zulässig.

(3) Die zum Zeitpunkt der Hochschülerinnen- und Hochschülerschaftswahlen bestehenden Pädagogischen Hochschulvertretungen haben die Studierendenvertreterinnen und Studierendenvertreter für die Bundesvertretung der Studierenden aus dem Kreis der Studierendenvertreterinnen oder Studierendenvertreter gemäß § 21 HSG 1998 dieser Pädagogischen Hochschule zu wählen. Die Wahl hat in dem Semester, in dem die Hochschülerinnen- und Hochschülerschaftswahl gemäß § 34 Abs. 1 HSG 1998 durchgeführt wird, stattzufinden. In der Folge hat die Pädagogische Hochschulvertretung der oder dem Vorsitzenden der Wahlkommission der Österreichischen Hochschülerinnen- und Hochschülerschaft die Mandatarinnen oder Mandatare für die Bundesvertretung bis längstens zwei Wochen nach dem letzten Wahltag bekannt zu geben. Nachnominierungen sind zulässig. *(BGBl II 2008/164)*

(4) Die Fachhochschul-Studienvertretungen haben die Studierendenvertreterinnen und Studierendenvertreter für die Bundesvertretung der Studierenden aus dem Kreis der Studierenden gemäß § 4a FHStG dieses Erhalters von Fachhochschul-Studiengängen oder dieser Fachhochschule zu wählen. Die Wahl hat in dem Semester, in dem die Hochschülerinnen- und Hochschülerschaftswahl gemäß § 34 Abs. 1 HSG 1998 durchgeführt wird, stattzufinden. In der Folge hat die Fachhochschul-Studienvertretung der oder dem Vor-

sitzenden der Wahlkommission der Österreichischen Hochschülerinnen- und Hochschülerschaft die Mandatarinnen oder Mandatare für die Bundesvertretung bis längstens zwei Wochen nach dem letzten Wahltag bekannt zu geben. Nachnominierungen sind zulässig. Die Wahl kann bei der Konstituierung der Fachhochschul-Studienvertretung erfolgen. *(BGBl II 2008/164)*

(5) Mitglieder der Universitätsvertretungen, Pädagogischen Hochschulvertretungen und Fachhochschul-Studienvertretungen, die die Wahlgemeinschaft bilden, wählen die Studierendenvertreterinnen und Studierendenvertreter in die Bundesvertretung. Die Wahl ist von der Wahlkommission bei der Österreichischen Hochschülerinnen- und Hochschülerschaft durchzuführen. *(BGBl II 2008/164)*

(6) Wahlwerbende Gruppen, die sich zu einem Listenverband zusammengeschlossen haben und ein Mandat erhalten haben, haben durch die gemeinsame oder den gemeinsamen Zustellungsbevollmächtigte der oder dem Vorsitzenden der Wahlkommission der Österreichischen Hochschülerinnen- und Hochschülerschaft die Mandatarin oder den Mandatar sowie eine Ersatzperson für die Bundesvertretung bis spätestens zwei Wochen nach dem letzten Wahltag der Hochschülerinnen- und Hochschülerschaftswahl bekannt zu geben. Die Mandatarin oder der Mandatar sowie eine Ersatzperson sind von den Zustellungsbevollmächtigten der wahlwerbenden Gruppen des Listenverbandes zu wählen. *(BGBl II 2008/164)*

(7) Mandatarinnen und Mandatare der Bundesvertretung haben sich zu Klubs zusammenzuschließen. Der Zusammenschluss ist der oder dem Vorsitzenden der Wahlkommission der Österreichischen Hochschülerinnen- und Hochschülerschaft innerhalb einer Woche nach der konstituierenden Sitzung bekannt zu geben. Jeder Klub wird von einer oder einem Klubvorsitzenden vertreten, die oder der ebenfalls der oder dem Vorsitzenden der Wahlkommission der Österreichischen Hochschülerinnen- und Hochschülerschaft innerhalb einer Woche nach der konstituierenden Sitzung bekannt zu geben ist. Nähere Bestimmungen über die Klubbildung sind in der Satzung zu regeln. *(BGBl II 2008/164)*

Zusammensetzung der Wahlkommissionen bei den Hochschülerinnen- und Hochschülerschaften an den Universitäten

§ 5. Die bei den Hochschülerinnen- und Hochschülerschaften an den Universitäten eingerichteten Wahlkommissionen bestehen aus:

1. je einer oder einem von den drei an Stimmen stärksten in der jeweiligen letzten Universitätsvertretung der Studierenden vertretenen wahlwerbenden Gruppen zu bestimmenden Vertreterin oder Vertreter,
2. einer oder einem von der Bundesministerin oder vom Bundesminister zu entsendenden rechtskundigen Bediensteten als Vorsitzende oder Vorsitzender bzw. deren oder dessen Stellvertreterin oder Stellvertreter.

Mitglieder der Wahlkommissionen bei den Hochschülerinnen- und Hochschülerschaften an den Universitäten

§ 6. (1) Die Mitglieder der Wahlkommissionen mit Ausnahme der oder des Vorsitzenden und die Mitglieder allfälliger Unterkommissionen sind durch die Zustellungsbevollmächtigte oder den Zustellungsbevollmächtigten der jeweiligen wahlwerbenden Gruppe der oder dem Vorsitzenden der Wahlkommission bekannt zu geben. Niemand darf mehr als einer Wahlkommission oder Unterkommission angehören. Die Entsendung dieser Mitglieder der Wahlkommission und der Mitglieder allfälliger Unterkommissionen wird durch die Angelobung wirksam.

(2) Vor Antritt ihres Amtes haben alle Mitglieder der Wahlkommissionen das Gelöbnis strenger Unparteilichkeit und gewissenhafter Erfüllung ihrer Aufgaben abzulegen.

Aufgaben der Vorsitzenden der Wahlkommissionen und der Stellvertreterinnen und Stellvertreter

§ 7. (1) Die oder der Vorsitzende der Wahlkommission hat für die Einberufung und Leitung der Sitzungen, die Anfertigung der Niederschrift über jede Sitzung und die Umbildung der Wahlkommission (§ 9) zu sorgen. Sie oder er führt die Angelobung der Mitglieder der Wahlkommission und der Unterkommissionen durch, leitet die Abstimmungen und vollzieht die Beschlüsse der Wahlkommission.

(2) Bei Verhinderung der oder des Vorsitzenden hat deren oder dessen Aufgaben die von der Bundesministerin oder dem Bundesminister bestellte rechtskundige Stellvertreterin oder der von der Bundesministerin oder dem Bundesminister bestellte rechtskundige Stellvertreter zu übernehmen.

HSWO 2005

Beobachterinnen und Beobachter in den Wahlkommissionen

§ 8. (1) Jene wahlwerbenden Gruppen, die in der Wahlkommission der Hochschülerinnen- und Hochschülerschaften an den Universitäten nicht bereits durch ein Mitglied vertreten sind, sind berechtigt, je eine Beobachterin oder einen Beobachter in die Wahlkommission zu entsenden.

(2) Jene Klubs, die in der Wahlkommission der Österreichischen Hochschülerinnen- und Hochschülerschaft nicht bereits durch ein von einem entsendungsberechtigten Klub nominiertes Mitglied vertreten sind, sind berechtigt, je eine Beobachterin oder einen Beobachter in die Wahlkommission zu entsenden.

Umbildung der Wahlkommissionen

§ 9. (1) Nach Feststellung des Wahlergebnisses hat die oder der Vorsitzende jeder Wahlkommission bei den Hochschülerinnen- und Hochschülerschaften an den Universitäten die zustellungsbevollmächtigte Vertreterin oder den zustellungsbevollmächtigten Vertreter der wahlwerbenden Gruppen, denen auf Grund des Wahlergebnisses nunmehr das Recht auf Entsendung eines Mitgliedes in die Wahlkommission zusteht, zur Bekanntgabe dieses Mitgliedes aufzufordern.

(2) Nach der Klubbildung hat die oder der Vorsitzende der Wahlkommission bei der Österreichischen Hochschülerinnen- und Hochschülerschaft die Klubvorsitzenden, denen auf Grund der Klubgröße das Recht auf Entsendung eines Mitgliedes in die Wahlkommission zusteht, zur Bekanntgabe dieses Mitgliedes aufzufordern.

(3) Mit der Angelobung der neuen Mitglieder scheiden die von den nicht mehr entsendungsberechtigten wahlwerbenden Gruppen bzw. von den nicht mehr entsendungsberechtigten Klubs bekannt gegebenen Mitglieder aus der Wahlkommission aus (Umbildung). Die Reihenfolge des Ausscheidens richtet sich derart nach der Stimmenzahl der wahlwerbenden Gruppe, dass das von nicht mehr entsendungsberechtigten wahlwerbenden Gruppen mit geringster Stimmenanzahl entsendete Mitglied zuerst ausscheidet. Die Reihenfolge des Ausscheidens bei der Wahlkommission der Österreichischen Hochschülerinnen- und Hochschülerschaft richtet sich nach der Mandatsstärke der Klubs.

(4) Haben entsendungsberechtigte wahlwerbende Gruppen bzw. entsendungsberechtigte Klubs keine Mitglieder bekannt gegeben, so bleiben die verbleibenden bisherigen Mitglieder der Wahlkommission, die von nicht mehr entsendungsberechtigten wahlwerbenden Gruppen bzw. nicht mehr entsendungsberechtigten Klubs bekannt gegeben wurden, längstens bis sieben Wochen vor dem nächsten Wahltag im Amt. Danach scheiden sie aus der Wahlkommission aus. Wird dadurch die Wahlkommission nicht mehr beschlussfähig, entscheidet die oder der Vorsitzende alleine.

Beschlusserfordernisse in den Wahlkommissionen

§ 10. (1) Die Wahlkommission ist bei Anwesenheit der oder des Vorsitzenden und mindestens zweier weiterer Mitglieder beschlussfähig. Sie trifft ihre Entscheidungen mit einfacher Stimmenmehrheit. Kommt kein Beschluss der Wahlkommission zustande, entscheidet die oder der Vorsitzende alleine.

(2) Ist die Wahlkommission nicht beschlussfähig, so entscheidet die oder der Vorsitzende alleine über die für diese Sitzung ausgesendeten Tagesordnungspunkte.

(3) Tritt bei einer Abstimmung Stimmengleichheit ein, so entscheidet die Stimme der oder des Vorsitzenden.

Einberufung der Wahlkommissionen

§ 11. (1) Die oder der Vorsitzende hat die Wahlkommission nach Kenntnis jedes Sachverhaltes, der eine Entscheidung der Wahlkommission erfordert, unverzüglich, längstens aber innerhalb einer Woche nach Kenntnis zu einer Sitzung einzuberufen. Die Einladung hiezu hat rechtzeitig, mindestens aber drei Werktage vor der Sitzung nachweislich, gegebenenfalls auch durch geeignete Telekommunikationsmittel zu erfolgen. Sie hat eine Tagesordnung zu enthalten.

(2) Jedes Mitglied der Wahlkommission und jede Beobachterin und jeder Beobachter in der Wahlkommission kann unter Beifügung einer Tagesordnung von der oder dem Vorsitzenden die Abhaltung einer Sitzung der Wahlkommission verlangen. Zu derartigen Sitzungen ist unverzüglich, längstens aber innerhalb von drei Werktagen nach Verlangen einzuladen. Die Sitzung ist ehestmöglich, spätestens jedoch innerhalb von zwei Wochen nach erfolgter Ladung abzuhalten.

(3) Die Wahlkommission kann die Einberufung einer Sitzung bereits auf einer vorhergehenden Sitzung durch Beschluss durchführen. Dabei nicht anwesende Mitglieder und Beobachterinnen und Beobachter sind von einem derartigen Beschluss unverzüglich in Kenntnis zu setzen.

Niederschrift

§ 12. Über jede Sitzung einer Wahlkommission und Unterkommission ist eine Niederschrift anzufertigen. Hiefür ist das Formular im Wahladministrationssystem zu verwenden und auszudrucken. Steht das Wahladministrationssystem nicht zur Verfügung, ist ein Formular nach dem Muster der **Anlage 1** zu verwenden. Die Gründe sind in der Niederschrift zu nennen. Die Niederschrift hat eine kurze Schilderung des Verlaufes der Sitzung und die gefassten Beschlüsse zu enthalten. Die Niederschrift ist von den anwesenden Mitgliedern der Wahlkommission (Unterkommission) zu unterschreiben. Wird die Unterschrift nicht von allen anwesenden Mitgliedern geleistet, so ist der Grund hiefür anzugeben. *(BGBl II 2008/351)*

Unterkommissionen

§ 13. (1) Die Wahlkommissionen bei den Hochschülerinnen- und Hochschülerschaften an den Universitäten können Unterkommissionen bestellen, wenn dadurch die Durchführung der Wahlen zweckmäßiger zu organisieren ist. Jeder Unterkommission ist ein genau umschriebener Kreis von Wahlberechtigten zuzuteilen.

(2) Die Beschlussfassung über die Einrichtung von Unterkommissionen und deren Wirkungsbereiche hat spätestens drei Wochen vor dem letzten Wahltag zu erfolgen. Die Unterkommissionen sind vor Beginn der Wahlhandlung des ersten Wahltages zu konstituieren.

(3) Jeder Unterkommission der Wahlkommission bei der Hochschülerinnen- und Hochschülerschaft einer Universität haben zumindest drei Vertreterinnen oder Vertreter der in der Universitätsvertretung der Studierenden vertretenen wahlwerbenden Gruppen anzugehören. Die nähere Zusammensetzung nach wahlwerbenden Gruppen und die Funktionsdauer der Unterkommission ist durch Beschluss der Wahlkommission festzusetzen. Die anderen, nicht

vertretenen Gruppen und die wahlwerbenden Gruppen sind berechtigt, je eine Beobachterin oder einen Beobachter in diejenigen Unterkommissionen zu entsenden, für die diese wahlwerbenden Gruppen zur Wahl zugelassen wurden.

(4) Für die Entsendung, den Amtsantritt und die Angelobung der Mitglieder der Unterkommissionen gelten die entsprechenden Bestimmungen für die Wahlkommission (§§ 2 bis 5). Eine allfällige Umbildung der Unterkommissionen ist durch die Wahlkommission durchzuführen.

(5) Ein Mitglied der Unterkommission ist von der Wahlkommission zu der oder dem Vorsitzenden zu bestimmen. Auf sie oder ihn sind für den Aufgabenbereich der Unterkommission die Bestimmungen über die Befugnisse und Aufgaben einer oder eines Vorsitzenden der Wahlkommission (§ 4) anzuwenden.

Aufgaben der Wahlkommissionen bei den Hochschülerinnen- und Hochschülerschaften an den Universitäten

§ 14. (1) Den Wahlkommissionen obliegen insbesondere:
1. die Verlautbarung der Wahltage sowie die sich daraus ergebenden Termine und Fristen,
2. Auflage des Wählerinnen- und Wählerverzeichnisses,
3. Entscheidungen über Einsprüche gegen die Verzeichnisse der Wahlberechtigten (§ 20 Abs. 3),
4. die Feststellung der Zahl der für jedes Organ zu vergebenden Mandate,
5. die Prüfung der Wahlvorschläge,
6. die Leitung der Wahlhandlung,
7. die Prüfung der Identität und der Wahlberechtigung der Wählerinnen und Wähler,
8. die Entgegennahme der Stimmzettel und die Entscheidung über die Gültigkeit der abgegebenen Stimmzettel,
9. die Feststellung des Wahlergebnisses,
10. die Zuweisung der Mandate an die wahlwerbenden Gruppen und die Kandidatinnen und Kandidaten für die Studienvertretungen,
11. die Verständigung der gewählten Mandatarinnen und Mandatare,
12. die Verlautbarung des Wahlergebnisses,
13. die bescheidmäßige Feststellung des Erlöschens von Mandaten gemäß § 43 HSG 1998 und die nachträgliche Zuweisung von Mandaten an Personen (§ 57 Abs. 3 bis 6),
14. die Durchführung von Urabstimmungen gemäß § 50 HSG 1998, wenn sie gemeinsam mit Hochschülerinnen- und Hochschülerschaftswahlen stattfinden,
15. die Durchführung der konstituierenden Sitzung der Universitätsvertretung mit Wahl der oder des Vorsitzenden und ihrer oder seiner Stellvertreterinnen oder Stellvertreter,
16. Festlegung eines Termins, bis zu dem von der Universitätsvertretung bekannt zu geben ist, welche zusammengefassten Studienvertretungen zu wählen sind,
17. das Starten, Unterbrechen, Wiederaufnehmen und Beenden des E-Voting. *(BGBl II 2008/351)*

(2) Die Wahlkommissionen haben spätestens am achten Tag vor dem ersten Wahltag die zugelassenen gültigen Wahlvorschläge in der Reihenfolge gemäß § 43 Abs. 2 zu verlautbaren. Die Verlautbarung erfolgt durch öffentlichen Aushang in den Räumen der Österreichischen Hochschülerinnen- und Hochschülerschaft und der Hochschülerinnen- und Hochschülerschaften an den Universitäten sowie an den von der Rektorin oder dem Rektor zugewiesenen Plakatflächen.

(3) Die Wahlergebnisse sind innerhalb einer Woche ab dem letzten Wahltag zu verlautbaren. Gleichzeitig mit der Verlautbarung des Wahlergebnisses haben die Zuweisung der Mandate und die Verständigung der gewählten Mandatarinnen und Mandatare zu erfolgen. Für die Form der Verlautbarung sind die Bestimmungen des Abs. 2 sinngemäß anzuwenden.

(4) Die oder der Vorsitzende der Wahlkommission hat der oder dem Vorsitzenden der Wahlkommission der Österreichischen Hochschülerinnen- und Hochschülerschaft die Mandatarinnen oder Mandatare für die Bundesvertretung bis längstens zwei Wochen nach dem letzten Wahltag bekannt zu geben.

Aufgaben der Wahlkommission bei der Österreichischen Hochschülerinnen- und Hochschülerschaft

§ 15. Der Wahlkommission obliegt insbesondere:
1. die Organisation und Durchführung der Wahl von Studierendenvertreterinnen und Studierendenvertreter in die Bundesvertretung (§ 35a HSG 1998),
2. die Durchführung der Wahl von Wahlgemeinschaften gemäß § 35a Abs. 4 HSG 1998,
3. Feststellung der von den Listenverbänden zu entsendenden Mandatarinnen und Mandataren gemäß § 35a Abs. 5 HSG 1998,
4. die Durchführung der konstituierenden Sitzung mit Wahl der oder des Vorsitzenden und ihrer oder seiner Stellvertreterinnen oder Stellvertreter,
5. die Zuweisung der Mandate für die Bundesvertretung,
6. die Entscheidungen über Einsprüche,
7. die Herstellung, Verwaltung und Beigabe von zwei elektronischen Schlüsseln für das elektronische Wahlsystem. *(BGBl II 2008/351)*

Verlautbarung der Wahltage

§ 16. (1) Die Wahlkommission bei der Österreichischen Hochschülerinnen- und Hochschülerschaft hat innerhalb von zwei Wochen nach In-Kraft-Treten der Verordnung der Bundesministerin oder des Bundesministers über die Bestimmung der Wahltage und der sich daraus ergebenden Termine und Fristen für das Wahlverfahren diese zu verlautbaren.

(2) Die Verlautbarung hat durch öffentlichen Aushang in den Räumen der Österreichischen Hochschülerinnen- und Hochschülerschaft und der Hochschülerinnen- und Hochschülerschaften an den Universitäten sowie an den von der Rektorin oder dem Rektor zugewiesenen Plakatflächen sowie der zugewiesenen Amtstafel der Wahlkommission und auf dem Internet-Portal zu erfolgen. *(BGBl II 2008/351)*

2. Abschnitt
Wählerinnen- und Wählerverzeichnisse

Erfassung der Wahlberechtigten

§ 17. Für die Wahlen der Universitätsvertretungen und der Studienvertretungen sind alle ordentlichen Studierenden, die für das Semester, in dem die Wahl abgehalten wird, die Fortsetzung des Studiums gemäß § 35 Abs. 4 und 6 HSG 1998 gemeldet haben, wahlberechtigt.

Wählerinnen- und Wählerverzeichnisse

§ 18. (1) Die Rektorin oder der Rektor jeder Universität hat der Wahlkommission an der jeweiligen Universität längstens fünf Wochen vor dem letzten Wahltag unentgeltlich die Verzeichnisse der Wahlberechtigten in ausreichender Zahl zur Verfügung zu stellen. *(BGBl II 2011/20)*

(2) Diese Verzeichnisse haben die Wahlberechtigten getrennt für die Universitätsvertretung und für jede Studienvertretung in Reihenfolge ihrer Matrikelnummer oder in alphabetischer Reihenfolge zu enthalten. Die Wahlkommissionen können auch beschließen, dass an Stelle eines eigenen Verzeichnisses für die Universitätsvertretung und jede Studienvertretung ein Gesamtverzeichnis der im Wirkungsbereich der jeweiligen Wahlkommission Wahlberechtigten mit Bezeichnung der Organe, für die jede oder jeder Wahlberechtigte aktiv wahlberechtigt ist, hergestellt wird. Darüber hinaus können auch Verzeichnisse der Wahlberechtigten für die jeweiligen Wirkungsbereiche der Unterkommissionen angefertigt werden. *(BGBl II 2011/20)*

(3) Die Vorsitzenden der Wahlkommissionen bei den jeweiligen Hochschülerinnen- und Hochschülerschaften haben zum Ende des der Wahl vorangehenden Jahres ein vorläufiges Verzeichnis ihrer jeweiligen Wahlberechtigten zu erstellen. *(BGBl II 2011/20)*

(4) Die Vorsitzenden der Wahlkommissionen bei den jeweiligen Hochschülerinnen- und Hochschülerschaften haben zum Ende des der Wahl vorangehenden Jahres bereichsspezifische Personenkennzeichen für ihre jeweiligen Wahlberechtigten gemäß §§ 9ff des Bundesgesetzes über Regelungen zur Erleichterung des elektronischen Verkehrs mit öffentlichen Stellen (E-Government-Gesetz – E-GovG), BGBl. I Nr. 10/2004, zuletzt geändert durch das Bundesgesetz BGBl. I Nr. 7/2008, erstellen zu lassen, sofern diese nicht bereits nach Abs. 6 vorliegen. *(BGBl II 2011/20)*

(5) Die Vorsitzenden der Wahlkommissionen bei den jeweiligen Hochschülerinnen- und Hochschülerschaften haben längstens fünf Wochen vor dem letzten Wahltag einen Abgleich des Verzeichnisses der Wahlberechtigten auf Basis des Stichtages von § 19 durchzuführen, neu wahlberechtigte Studierende hinzuzufügen und nicht mehr wahlberechtigte Personen zu entfernen. *(BGBl II 2011/20)*

(6) Die Vorsitzenden der Wahlkommissionen bei den jeweiligen Hochschülerinnen- und Hochschülerschaften haben längstens fünf Wochen vor dem letzten Wahltag sicherzustellen, dass für alle wahlberechtigten Studierenden ein bereichsspezifisches Personenkennzeichen vorliegt. Fehlende bereichsspezifische Personenkennzeichen sind gemäß §§ 9ff E-GovG erstellen zu lassen und zu ergänzen. *(BGBl II 2011/20)*

(7) Die notwendigen Daten für die Erstellung des Wählerinnen- und Wählerverzeichnisses hat die oder der Vorsitzende der Wahlkommission gemäß § 7 Abs. 1 Z 5 der Verordnung über die Evidenz der Studierenden (Universitäts-Studienevidenzverordnung 2004 – UniStEV 2004), BGBl. II Nr. 288, in der Fassung der Verordnung BGBl. II Nr. 200/2006, zu beziehen. *(BGBl II 2011/20)*

(8) Die oder der Vorsitzende der Wahlkommission hat sich zur Erstellung, Verwaltung und Aufbewahrung der Verzeichnisse der wahlberechtigten Studierenden und deren bereichsspezifischen Personenkennzeichen des Wahladministrationssystems zu bedienen. *(BGBl II 2011/20)*

(9) Die oder der Vorsitzende der Wahlkommission hat längstens am Tag vor dem ersten Wahltag unter Verwendung des Wahladministrationssystems papierbasierte Verzeichnisse, die die Wahlberechtigten getrennt für die Universitätsvertretung und für jede Studienvertretung in Reihenfolge ihrer Matrikelnummer oder in alphabetischer Reihenfolge zu enthalten haben, in ausreichender Stückzahl herzustellen. Die Wahlkommissionen können auch beschließen, dass an Stelle eines eigenen Verzeichnisses für die Universitätsvertretung und jede Studienvertretung ein Gesamtverzeichnis der im Wirkungsbereich der jeweiligen Wahlkommission Wahlberechtigten mit Bezeichnung der Organe, für die jede oder jeder Wahlberechtigte aktiv wahlberechtigt ist, hergestellt wird. Darüber hinaus können auch Verzeichnisse der Wahlberechtigten für die jeweiligen Wirkungsbereiche der Unterkommissionen angefertigt werden. *(BGBl II 2011/20)*

(BGBl II 2008/351)

Stichtag

§ 19. Das Wahlrecht und die Wählbarkeit sind nach einem Stichtag, der sieben Wochen vor dem ersten Wahltag liegt, zu beurteilen.

Einsprüche gegen die Wählerinnen- und Wählerverzeichnisse

§ 20. (1) Die Verzeichnisse der Wahlberechtigten sind innerhalb eines Zeitraumes von fünf Wochen vor dem letzten Wahltag bis vier Wochen vor dem letzten Wahltag in den Räumen der Hochschülerinnen- und Hochschülerschaften an den Universitäten aufzulegen. Von der Wahlkommission der betreffenden Hochschülerinnen- und Hochschülerschaft sind die Studierenden an den von der Rektorin oder dem Rektor den Hochschülerinnen- und Hochschülerschaften zugewiesenen Plakatflächen sowie der zugewiesenen Amtstafel der Wahlkommission fristgerecht darauf hinzuweisen, wo und innerhalb welches Zeitraumes die genannten Verzeichnisse zur Einsicht aufliegen. *(BGBl II 2008/351)*

(2) Während dieses Zeitraumes kann jedes Mitglied der Österreichischen Hochschülerinnen- und Hochschülerschaft bei der oder dem Vorsitzenden der jeweiligen Wahlkommission schriftlich Einspruch gegen die aufgelegten Verzeichnisse der Wahlberechtigten erheben.

(3) Die Wahlkommission der Hochschülerinnen- und Hochschülerschaft an der jeweiligen Universität hat über Einsprüche gegen die Verzeichnisse der Wahlberechtigten für alle zu wählenden Organe bis längstens drei Wochen vor dem letzten Wahltag zu entscheiden. Die Wahlkommission hat eine Verbesserung der Verzeichnisse durchzuführen, wenn durch Vorlage geeigneter Urkunden oder Belege deren Unrichtigkeit bewiesen wird. Gegen die Entscheidung der Wahlkommission ist kein gesondertes Rechtsmittel zulässig. *(BGBl II 2008/351)*

(4) Während dieses Zeitraumes kann jedes Mitglied der Österreichischen Hochschülerinnen- und Hochschülerschaft seine oder ihre Wahlberechtigung für die jeweiligen Organe der Hochschülerinnen- und Hochschülerschaften an den Universitäten unter Verwendung der Bürgerkarte gemäß § 2 Z 10 E-GovG im Internet überprüfen. *(BGBl II 2008/351)*

3. Abschnitt
Wahlvorschläge und Kandidaturen

Wahlvorschläge

§ 21. (1) Gruppen, die sich an der Wahl beteiligen wollen, haben frühestens sieben Wochen vor dem ersten Wahltag und spätestens vier Wochen vor dem letzten Wahltag bei der zuständigen Wahlkommission mit eingeschriebenem Brief einen Wahlvorschlag einzubringen. Hiefür sind Formulare nach dem Muster der **Anlage 2** zu verwenden.

(2) Die Formvorschrift des eingeschriebenen Briefes entfällt, wenn der Wahlvorschlag innerhalb der Frist des Abs. 1 der oder dem Vorsitzenden der zuständigen Wahlkommission persönlich übergeben wird. Die Übergabe ist sowohl durch die Vorsitzende oder den Vorsitzenden der Wahlkommission als auch durch eine weitere bei der Übergabe anwesende Person schriftlich zu bestätigen. Das Datum, die Uhrzeit und der Ort der Übergabe sind auf dem Wahlvorschlag zu vermerken.

(3) Jeder Wahlvorschlag hat zu enthalten:
1. die Bezeichnung der wahlwerbenden Gruppe, gegebenenfalls auch eine der Bezeichnung entsprechende Kurzbezeichnung,
2. eine Liste der Kandidatinnen und Kandidaten,
3. die Zustimmungserklärungen der Kandidatinnen und Kandidaten,
4. die Bezeichnung einer zustellungsbevollmächtigten Vertreterin oder eines zustellungsbevollmächtigten Vertreters,
5. eine ausreichende Zahl von Unterstützungserklärungen (§ 26).

Bezeichnung der wahlwerbenden Gruppen

§ 22. (1) Weisen mehrere Wahlvorschläge für ein Organ dieselben oder schwer unterscheidbare Bezeichnungen auf, so hat die zuständige Wahlkommission die zustellungsbevollmächtigten Vertreterinnen und Vertreter der betreffenden wahlwerbenden Gruppen aufzufordern, binnen drei Tagen, längstens aber drei Wochen vor dem letzten Wahltag, das Einvernehmen über die unterscheidenden Bezeichnungen herzustellen. Kommt ein Einvernehmen nicht zustande, so hat die zuständige Wahlkommission unterscheidende Bezeichnungen der Wahlvorschläge festzusetzen. *(BGBl II 2008/351)*

(2) Wahlwerbende Gruppen, die bisher im betreffenden Organ vertreten waren, sind jedenfalls berechtigt, ihre bisherige Bezeichnung beizubehalten.

(3) Die Verwendung von Bezeichnungen von Organen nach dem HSG 1973 und nach dem HSG 1998 als Bezeichnung einer wahlwerbenden Gruppe ist nicht zulässig.

Kandidatinnen- und Kandidatenliste

§ 23. (1) Die Kandidatinnen- und Kandidatenliste darf höchstens doppelt so viele Personen enthalten, als für das jeweilige Organ Mandate zu vergeben sind.

(2) Für jede Kandidatin und jeden Kandidaten ist anzugeben:
1. Vor- und Zuname,
2. Staatsangehörigkeit,
3. Geburtsjahr,
4. Anschrift,
5. die Bezeichnung des Studiums,
6. die Matrikelnummer.

(3) Für jede Kandidatin und jeden Kandidaten ist eine Bestätigung über die Fortsetzung des Studiums im Wahlsemester anzuschließen oder nachzuweisen.

(4) Kandidatinnen und Kandidaten, die nicht passiv wahlberechtigt sind, sind von der Kandidatinnen- und Kandidatenliste zu streichen.

(5) Enthält eine Kandidatinnen- und Kandidatenliste mehr Kandidatinnen und Kandidaten als zulässig, so sind die überzähligen Kandidatinnen und Kandidaten zu streichen.

Zustimmungserklärungen

§ 24. (1) In den Wahlvorschlag darf eine Person nur dann aufgenommen werden, wenn sie oder er hiezu ihre oder seine Zustimmung schriftlich erklärt hat. Die Erklärung ist dem Wahlvorschlag anzuschließen.

(2) Kandidatinnen und Kandidaten, die keine Zustimmungserklärung abgegeben haben, sind zu streichen.

Zustellungsbevollmächtigte Vertreterinnen und Vertreter

§ **25.** (1) Jeder Wahlvorschlag und jeder Listenverband gemäß § 51 hat den Zu- und Vornamen und die Anschrift einer zustellungsbevollmächtigten Vertreterin oder eines zustellungsbevollmächtigten Vertreters zu enthalten.

(2) Wenn ein Wahlvorschlag keine zustellungsbevollmächtigte Vertreterin oder keinen zustellungsbevollmächtigten Vertreter anführt, so gilt die jeweils an erster Stelle des Wahlvorschlages stehende Person als zustellungsbevollmächtigte Vertreterin oder als zustellungsbevollmächtigter Vertreter der wahlwerbenden Gruppe.

(3) Die wahlwerbende Gruppe oder der Listenverband kann die zustellungsbevollmächtigte Vertreterin oder den zustellungsbevollmächtigten Vertreter jederzeit durch eine andere Vertreterin oder einen anderen Vertreter ersetzen. Solche an die Wahlkommission zu richtende Erklärungen bedürfen der Unterschrift der letzten zustellungsbevollmächtigten Vertreterin oder des letzten zustellungsbevollmächtigten Vertreters. Stimmt diese oder dieser nicht zu und ist sie oder er nach Ansicht der wahlwerbenden Gruppe nicht mehr in der Lage, die wahlwerbende Gruppe zu vertreten, so muss die Erklärung von mehr als der Hälfte der Kandidatinnen und Kandidaten, die zum Zeitpunkt der Einbringung des Wahlvorschlages auf diesem angeführt waren, unterschrieben sein. Im Falle eines Listenverbandes muss die Erklärung von mehr als der Hälfte der Zustellungsbevollmächtigten jener wahlwerbenden Gruppen, die sich zu einem Listenverband zusammengeschlossen haben, unterschrieben sein.

Unterstützungserklärungen

§ **26.** (1) Jeder Wahlvorschlag muss mindestens folgende Anzahl von Unterstützungserklärungen von für das betreffende Organ Wahlberechtigten aufweisen:
1. Organe bis zu 1 000 Wahlberechtigten müssen von 10,
2. Organe mit mehr als 1 000 Wahlberechtigten von 30,
3. Organe mit mehr als 5 000 Wahlberechtigten von 50,
4. Organe mit mehr als 15 000 Wahlberechtigten von 100,
5. Organe mit mehr als 30 000 Wahlberechtigten von 150,
6. Organe mit mehr als 100 000 Wahlberechtigten von 200 Wahlberechtigten unterstützt werden.

(2) Bei jeder dem Wahlvorschlag angeschlossenen Unterstützungserklärung ist der Name, die Matrikelnummer, die Anschrift und das Studium der oder des Unterstützenden anzugeben. Überdies ist eine Bestätigung der Fortsetzung des Studiums der oder des Unterstützenden im Wahlsemester anzuschließen oder nachzuweisen. Für die Unterstützungserklärungen sind Formulare nach dem Muster der **Anlage 3** zu verwenden.

(3) Die Meldung der Fortsetzung des Studiums ist durch die Rektorin oder den Rektor zu bestätigen.

(4) Wahlberechtigte dürfen eine Unterstützungserklärung für ein Organ nur dann unterfertigen, wenn sie oder er für das betreffende Organ wahlberechtigt sind.

(5) Abs. 4 widersprechende Unterstützungserklärungen sind von der Wahlkommission als ungültig zu streichen, wenn
1. die Person, die eine Unterstützungserklärung abgegeben hat, überhaupt nicht wahlberechtigt ist;
2. die Person für das Organ, auf das sich der Wahlvorschlag bezieht, nicht aktiv wahlberechtigt ist; die Gültigkeit der Unterstützungserklärung derselben Person auf Wahlvorschlägen für Organe, für welche sie wahlberechtigt ist, wird hierdurch nicht berührt.

(6) Eine Zurückziehung einzelner Unterstützungserklärungen nach Einlangen des Wahlvorschlages ist von der Wahlkommission nicht zur Kenntnis zu nehmen, es sei denn, dass die Unterstützerin oder der Unterstützer der Wahlkommission glaubhaft macht, dass sie oder er durch einen wesentlichen Irrtum oder durch arglistige Täuschung oder Drohung zur Unterstützung des Wahlvorschlages bestimmt worden ist und die Zurückziehung der Unterstützungserklärung spätestens drei Wochen vor dem letzten Wahltag erfolgt ist. *(BGBl II 2008/351)*

Kandidatur für Studienvertretungen

§ **27.** (1) Für Wahlen in Studienvertretungen hat jede Kandidatin und jeder Kandidat ihre oder seine Kandidatur bei der zuständigen Wahlkommission frühestens sieben Wochen vor dem ersten Wahltag und spätestens vier Wochen vor dem letzten Wahltag mit eingeschriebenem Brief bekannt zu geben. Hiefür sind Formulare nach dem Muster der **Anlage 4** zu verwenden.

(2) Die Formvorschrift des eingeschriebenen Briefes entfällt, wenn die Kandidatur innerhalb der Frist des Abs. 1 der oder dem Vorsitzenden der zuständigen Wahlkommission persönlich übergeben wird. Die Übergabe ist sowohl durch die Vorsitzende oder den Vorsitzenden der Wahlkommission als auch durch eine weitere bei der Einbringung anwesende Person schriftlich zu bestätigen. Das Datum, die Uhrzeit und der Ort der Übergabe sind auf der Kandidatur zu vermerken.

(3) Eine Bestätigung über die Fortsetzung des Studiums im Wahlsemester ist der Kandidatur anzuschließen oder nachzuweisen.

(4) Für jede Kandidatin und jeden Kandidaten ist anzugeben:
1. Vor- und Zuname,
2. Staatsangehörigkeit,
3. Matrikelnummer,

4. Geburtsjahr,
5. Anschrift,
6. die Bezeichnung des Studiums.

Prüfung und Verbesserung von Wahlvorschlägen und Kandidaturen

§ 28. (1) Die Wahlkommissionen haben die einlangenden Wahlvorschläge und Kandidaturen für Studienvertretungen unverzüglich hinsichtlich der Einhaltung der Vorschriften der §§ 21 bis 27 und hinsichtlich der passiven Wahlberechtigung der Kandidatinnen und Kandidaten zu überprüfen. Die zuständigen Organe der Universitäten haben die hiezu erforderlichen Auskünfte zu erteilen.

(2) Entspricht ein Wahlvorschlag den Bestimmungen des § 21 Abs. 1 und Abs. 3 Z 1 bis 3 und 5 und eine Kandidatur den Bestimmungen des § 27 Abs. 1 bis 3, weist jedoch Mängel hinsichtlich der gemäß § 23 Abs. 1 bis 3 oder § 26 Abs. 2 oder § 27 Abs. 4 erforderlichen Angaben und Nachweise auf, so hat die Wahlkommission den Wahlvorschlag der betreffenden wahlwerbenden Gruppe bzw. die Bekanntgabe der Kandidatur der jeweiligen Kandidatin oder dem jeweiligen Kandidaten mit Rückscheinbrief oder auf sonst geeignete Weise nachweislich zur Verbesserung zurückzustellen.

(3) Der verbesserte Wahlvorschlag oder die verbesserte Bekanntgabe der Kandidatur ist innerhalb einer Frist von drei Tagen nach Einlangen bei der zustellungsbevollmächtigten Vertreterin oder bei dem zustellungsbevollmächtigten Vertreter bzw. bei der Kandidatin oder dem Kandidaten, längstens aber drei Wochen vor dem ersten Wahltag der zuständigen Wahlkommission mit eingeschriebenem Brief wieder vorzulegen. *(BGBl II 2008/351)*

(4) Die Formvorschrift des eingeschriebenen Briefes entfällt, wenn der verbesserte Wahlvorschlag oder die verbesserte Bekanntgabe der Kandidatur innerhalb der Frist des Abs. 3 der oder dem Vorsitzenden der zuständigen Wahlkommission persönlich übergeben wird. Die Übergabe ist sowohl durch die Vorsitzende oder den Vorsitzenden der Wahlkommission als auch durch eine gleichzeitig bei der Übergabe anwesende Person schriftlich zu bestätigen. Das Datum, die Uhrzeit und der Ort der Übergabe sind auf dem verbesserten Wahlvorschlag oder der verbesserten Bekanntgabe der Kandidatur zu vermerken.

(5) Werden zur Verbesserung zurückgestellte Wahlvorschläge und Kandidaturen nicht fristgerecht wieder vorgelegt, gelten diese Wahlvorschläge und diese Kandidaturen als zurückgezogen.

(6) Bei Vorliegen eines elektronisch geführten Verzeichnisses der Wahlberechtigten kann die Wahlkommission beschließen, dass
1. bei der Kandidatinnen- und Kandidatenliste die Angabe der Staatsangehörigkeit, des Geburtsjahrs, der Anschrift und des Studiums gemäß § 23 Abs. 2 Z 2 bis 5,
2. bei den Unterstützungserklärungen die Angabe des Studiums und der Anschrift gemäß § 26 Abs. 2,
3. bei den Kandidaturen die Angabe der Staatsangehörigkeit, des Geburtsjahrs, der Anschrift und des Studiums gemäß § 27 Abs. 4 Z 2 und 4 bis 6

entfallen kann.

(7) Bei Vorliegen eines elektronisch geführten Verzeichnisses der Wahlberechtigten kann die Wahlkommission beschließen, dass die Vorlage einer Bestätigung oder der Nachweis über die Fortsetzung des Studiums im Wahlsemester
1. gemäß § 23 Abs. 3 bei der Kandidatinnen- und Kandidatenliste,
2. gemäß § 26 Abs. 2 bei den Unterstützungserklärungen,
3. gemäß § 27 Abs. 3 bei den Kandidaturen

entfallen kann.

(8) Beschlüsse gemäß Abs. 6 und 7 sind vor Beginn der Einbringungsfrist für Wahlvorschläge und Kandidaturen zu fassen und in der Form gemäß § 16 zu verlautbaren.

Zurückziehung von Wahlvorschlägen und Kandidaturen

§ 29. (1) Eine wahlwerbende Gruppe oder eine Kandidatin oder ein Kandidat kann den Wahlvorschlag oder die Kandidatur durch eine schriftliche Erklärung zurückziehen. Diese Erklärung muss jedoch spätestens drei Wochen vor dem ersten Wahltag bei der zuständigen Wahlkommission einlangen und von der zustellungsbevollmächtigten Vertreterin oder vom zustellungsbevollmächtigten Vertreter der wahlwerbenden Gruppe und zumindest von der Hälfte der Wahlberechtigten, die seinerzeit den Wahlvorschlag unterstützt haben, bzw. von der Kandidatin oder vom Kandidaten unterschrieben sein. *(BGBl II 2008/351)*

(2) Ein Wahlvorschlag gilt weiters als zurückgezogen, wenn sämtliche Kandidatinnen und Kandidaten längstens drei Wochen vor dem ersten Wahltag gegenüber der Wahlkommission schriftlich auf ihre Kandidatur verzichtet haben. *(BGBl II 2008/351)*

(3) Eine Kandidatur gilt als zurückgezogen, wenn die Kandidatin oder der Kandidat längstens drei Wochen vor dem ersten Wahltag gegenüber der Wahlkommission schriftlich auf ihre oder seine Kandidatur verzichtet. *(BGBl II 2008/351)*

Ungültige Wahlvorschläge und Kandidaturen

§ 30. (1) Verfrüht oder verspätet eingebrachte Wahlvorschläge und Kandidaturen sowie Wahlvorschläge, die den Bestimmungen des § 21 Abs. 1 und Abs. 3 Z 1 bis 3 und 5 sowie Kandidaturen, die den Bestimmungen des § 27 Abs. 1 bis 4 nicht entsprechen, und zurückgezogene Wahlvorschläge (§ 29) sind ungültig.

(2) Bei der Beurteilung der Einhaltung von Fristen ist das Datum und die Uhrzeit des Poststempels des Aufgabepostamtes bzw. bei per-

sönlicher Übergabe das Datum und die Uhrzeit der Übergabe maßgeblich. Bei Unleserlichkeit des Poststempels kann von der Wahlkommission der Aufgabeschein angefordert werden. Bei Poststempeln ohne Angabe der Uhrzeit gilt die Sendung als um 12 Uhr aufgegeben.

Zulassung und Veröffentlichung der Wahlvorschläge

§ **31.** (1) Ein Wahlvorschlag ist gültig und von der Wahlkommission zuzulassen, wenn er den Vorschriften der §§ 21 bis 26 entspricht. Eine Kandidatur ist gültig und von der Wahlkommission zuzulassen, wenn sie den Vorschriften des § 27 entspricht.

(2) Die zugelassenen gültigen Wahlvorschläge und Kandidaturen sowie die Listenverbände sind in der gemäß § 22, § 23 Abs. 5 und § 24 Abs. 2 geänderten bzw. in der gemäß § 28 Abs. 3 verbesserten Form spätestens zwei Wochen vor dem letzten Wahltag nach Organen geordnet in der Reihenfolge gemäß § 43 Abs. 2 in das Wahladministrationssystem einzutragen und zu verlautbaren. *(BGBl II 2008/351)*

(3) Die Verlautbarung hat durch öffentliche Kundmachung in den Räumen der Hochschülerinnen- und Hochschülerschaften an den Universitäten, an den von der Rektorin oder dem Rektor zugewiesenen Plakatflächen, den Amtstafeln der Wahlkommissionen und auf dem Internet-Portal zu erfolgen. *(BGBl II 2008/351)*

(4) Nach der Veröffentlichung an Wahlvorschlägen und Kandidaturen festgestellte Mängel berühren die Gültigkeit dieser Wahlvorschläge und Kandidaturen nicht.

(5) Gleichzeitig mit der Veröffentlichung der Wahlvorschläge hat die Feststellung der Zahl der für jedes Organ zu vergebenden Mandate zu erfolgen.

4. Abschnitt
Durchführung der Wahlen

Bekanntmachung der Wahlen

§ **32.** (1) Die Wahlkommissionen haben spätestens zwei Wochen vor dem ersten Wahltag die Wahlzeiten und die Wahllokale zu verlautbaren. Für die Form der Verlautbarung gilt § 31 Abs. 3.

(2) Bei der Festlegung der Wahlzeiten ist derart vorzugehen, dass die Ausübung des Wahlrechts für alle Wählerinnen und Wähler möglich ist. An jedem Wahltag müssen mindestens sechs Stunden, insgesamt mindestens 24 Stunden für die Stimmabgabe zur Verfügung stehen. Am letzten Wahltag müssen die Wahlhandlungen um spätestens 17:00 Uhr beendet werden. *(BGBl II 2008/351)*

Wahllokale

§ **33.** (1) Die Rektorin oder der Rektor hat geeignete Wahllokale sowie je einen Personalcomputer mit Internetzugang und Drucker gemäß § 11 Abs. 1 HSG 1998 pro Wahlkommission (Unterkommission) für die Durchführung der Wahlhandlung an den Universitäten zur Verfügung zu stellen. Der Personalcomputer und der Internetzugang haben mit geeigneten Hardware- und Softwaresystemen zur Sicherstellung der Funktionsfähigkeit (zB Anti-Virus-Programm, Firewall) ausgestattet zu sein. Die erforderlichen Einrichtungsgegenstände, wie die Wahlurne und die erforderlichen Wahlzellen mit entsprechender Einrichtung, sind von der Wahlkommission bei der Hochschülerinnen- und Hochschülerschaft an der jeweiligen Universität bereitzustellen. Weiters hat die Rektorin oder der Rektor in ausreichender Anzahl Personalcomputer mit Internetzugang und den technischen Komponenten für die Verwendung der Bürgerkarte gemäß § 4 E-GovG und Sichtschutz gemäß § 34 Abs. 5 Z 6 HSG 1998 während des Zeitraums gemäß § 62 öffentlich zugänglich für die Stimmabgabe mittels E-Voting durch die Studierenden zur Verfügung zu stellen. Die Wahl ist barrierefrei zu ermöglichen. *(BGBl II 2008/351, BGBl II 2011/20)*

(2) In das Wahllokal dürfen außer den Mitgliedern der Wahlkommission (Unterkommission) nur deren Hilfsorgane, die Beobachterinnen und Beobachter, die Wählerinnen und Wähler zur Abgabe der Stimmen und die allenfalls zur Aufrechterhaltung der Ruhe und Ordnung erforderlichen Amtspersonen zugelassen werden. Nach Abgabe der Stimme haben die Wählerinnen und Wähler das Wahllokal unverzüglich zu verlassen.

(3) Sofern es zur ungestörten Durchführung der Wahl erforderlich erscheint, kann die oder der Vorsitzende der Wahlkommission (Unterkommission) verfügen, dass die Wählerinnen und Wähler nur einzeln in das Wahllokal eingelassen werden.

Wahlzelle

§ **34.** (1) In jedem Wahllokal muss mindestens eine Wahlzelle vorhanden sein. Um eine raschere Durchführung der Wahlhandlung zu ermöglichen, können für eine Wahlkommission (Unterkommission) auch mehrere Wahlzellen aufgestellt werden, soweit die Überwachung der Wahlhandlung nicht gefährdet wird.

(2) Die Wahlzelle ist derart herzustellen, dass die Wählerinnen und Wähler in der Zelle unbeobachtet von allen anderen im Wahllokal anwesenden Personen die Stimmzettel ausfüllen und in das Wahlkuvert geben können. Wenn zu diesem Zweck eigens konstruierte, feste Zellen nicht zur Verfügung stehen, genügt jede Absonderungsvorrichtung im Wahllokal, die ein Beobachten der Wählerin oder des Wählers in der Wahlzelle verhindert.

(3) Die Wahlzelle ist mit einem Tisch und einem Sessel oder mit einem Stehpult sowie mit einer Schreibunterlage zu versehen, mit dem erforderlichen Schreibmaterial für das Ausfüllen der Stimmzettel auszustatten und ausreichend zu beleuchten.

Leitung der Wahl und Beginn der Wahlhandlung

§ 35. (1) Der Wahlkommission (Unterkommission) obliegt die Leitung der Wahlhandlung und die Obsorge für die Einhaltung der Wahlvorschriften.

(2) Die oder der Vorsitzende hat für die Aufrechterhaltung der Ruhe und Ordnung bei der Wahlhandlung zu sorgen.

(3) Die oder der Vorsitzende der Wahlkommission hat am ersten Wahltag vor der festgesetzten Wahlzeit die Verzeichnisse der Wahlberechtigten nebst den vorbereiteten Abstimmungsverzeichnissen, die Wahlkuverts und die abgezählten amtlichen Stimmzettel der Wahlkommission bzw. den Unterkommissionen gemäß § 13 zu übergeben. Unmittelbar vor Beginn der Wahl haben sich die Mitglieder der Wahlkommission (Unterkommission) zu überzeugen, dass die Wahlurne leer ist und die zur Verfügung gestellte Ausstattung gemäß § 33 Abs. 1 funktionsfähig ist. *(BGBl II 2008/351)*

(4) Nach dem ersten und zweiten Wahltag sind die Wahlakten und die Wahlurnen mit den darin enthaltenen Wahlkuverts und Stimmzetteln von den Mitgliedern der Wahlkommission (Unterkommission) bis zur Fortsetzung der Wahlhandlung unter Verschluss zu halten und sicher zu verwahren.

(5) Die oder der Vorsitzende der Wahlkommission bei der Österreichischen Hochschülerinnen- und Hochschülerschaft hat zwei elektronische Schlüssel gemäß § 66 herzustellen. Davon ist einer der oder dem Vorsitzenden, der andere der gesamten Kommission zu überlassen. *(BGBl II 2008/351)*

(6) Die Beigabe der elektronischen Schlüssel gemäß Abs. 5 in das elektronische Wahlsystem hat durch die oder den Vorsitzenden der Wahlkommission bei der Österreichischen Hochschülerinnen- und Hochschülerschaft sowie ein durch die Wahlkommission bestimmtes Mitglied zu erfolgen. Nach Beigabe der Schlüssel sind diese bis zum Beginn der Auszählung versiegelt zu verwahren. *(BGBl II 2008/351)*

(7) Nach erfolgter Beigabe hat die oder der Vorsitzende der Wahlkommission bei der Österreichischen Hochschülerinnen- und Hochschülerschaft die Vorsitzenden der Wahlkommissionen bei den Hochschülerinnen- und Hochschülerschaften an den Universitäten darüber zu informieren. *(BGBl II 2008/351)*

(8) Die Vorsitzenden der Wahlkommissionen bei den Hochschülerinnen- und Hochschülerschaften an den Universitäten haben das E-Voting so freizugeben, dass die vorgezogene Stimmabgabe mittels E-Voting mit dem Beginn des Zeitraums gemäß § 62 startet.

(BGBl II 2008/351)

Wahlkuverts

§ 36. (1) Für die Wahl sind undurchsichtige Wahlkuverts zu verwenden.

(2) Die Anbringung von Worten und Bemerkungen oder Zeichen auf den Wahlkuverts ist unzulässig.

Ausübung des Wahlrechts

§ 37. (1) Das Wahlrecht ist persönlich bei der Wahlkommission bei der Hochschülerinnen- und Hochschülerschaft an der Universität oder bei deren Unterkommission auszuüben, bei der die oder der Studierende wahlberechtigt ist. Alternativ kann die Stimmabgabe für jedes Organ auch mittels E-Voting gemäß § 62 erfolgen. *(BGBl II 2008/351)*

(2) Für Wahlberechtigte, die für mehrere Studien zugelassen sind oder die für Studien zugelassen sind, die von mehreren Universitäten gemeinsam durchgeführt werden, und die auf Grund der Organisation der Wahlkommission (Unterkommission) ihr Wahlrecht für die verschiedenen Organe bei mehreren Wahlkommissionen (Unterkommissionen) auszuüben haben, deren Wirkungsbereiche sich überschneiden, gilt, dass das Wahlrecht für die Universitätsvertretung der Studierenden anlässlich der ersten Wahlhandlung bei einer Wahlkommission (Unterkommission) an der betreffenden Universität auszuüben ist.

(3) Das Wahlrecht von Studierenden, die zu einem individuellen Studium zugelassen sind, ist bei jener Wahlkommission auszuüben, welche auf Grund der Feststellung gemäß § 35 Abs. 7 HSG 1998 zuständig ist.

(4) Das Wahlrecht ist persönlich auszuüben. Blinde, schwer sehbehinderte und körper- oder sinnesbehinderte Wählerinnen und Wähler dürfen sich von einer Begleitperson, die sie selbst auswählen können, führen und sich von dieser bei der Wahlhandlung helfen lassen. Blinden und schwer sehbehinderten Wählerinnen und Wählern ist als Hilfsmittel zur Ermöglichung der selbständigen Wahlausübung jeweils eine eigene Stimmzettel-Schablone zur Verfügung zu stellen. Diese Stimmzettel-Schablone ist von blinden und schwer sehbehinderten Wählerinnen und Wählern nach dem Wahlvorgang mitzunehmen. Bei Wahlvorgängen, bei denen keine Begleitperson erforderlich ist, darf die Wahlzelle jeweils nur von einer Person betreten werden. *(BGBl II 2011/20)*

(5) Als körper- oder sinnesbehindert gelten Personen, denen die Ausfüllung des Stimmzettels ohne fremde Hilfe nicht zugemutet werden kann.

(6) Über die Zulässigkeit der Inanspruchnahme einer Begleitperson entscheidet im Zweifelsfall die Wahlkommission (Unterkommission). Jede Stimmabgabe mit Hilfe einer Begleitperson ist in der Niederschrift über den Wahlvorgang festzuhalten.

Feststellung der Identität und der Wahlberechtigung

§ 38. (1) Jede Wählerin und jeder Wähler an einer Universität hat ihre oder seine Identität vor der Wahlkommission (Unterkommission) mittels des Ausweises für Studierende der entsprechenden Universität nachzuweisen. Erfolgt die Stimmabgabe mittels E-Voting, so hat die Feststellung der Identität gemäß § 63 zu erfolgen. *(BGBl II 2008/351)*

(2) Die Feststellung der Wahlberechtigung hat ausschließlich auf Grund des Verzeichnisses der Wahlberechtigten gemäß § 18 zu erfolgen. *(BGBl II 2008/351)*

(3) Nimmt eine Wählerin oder ein Wähler ihre oder seine Wahlberechtigung für ein Organ mittels E-Voting wahr, so wird diese oder dieser im Verzeichnis der Wahlberechtigten gemäß § 18 Abs. 2 an entsprechender Stelle mit „E-Voting" gekennzeichnet. *(BGBl II 2008/351)*

Stimmabgabe

§ **39.** (1) Jede und jeder Studierende hat sich zunächst durch den Ausweis für Studierende auszuweisen. Ist sie oder er im Verzeichnis der Wahlberechtigten eingetragen und hat keinen Vermerk „E-Voting", so hat die oder der Vorsitzende der Wahlkommission (Unterkommission) ihr oder ihm das leere Wahlkuvert und die ihr oder ihm zustehenden amtlichen Stimmzettel zu übergeben. *(BGBl II 2008/351)*

(2) Die oder der Vorsitzende der Wahlkommission (Unterkommission) hat die Wählerin oder den Wähler anzuweisen, sich in die Wahlzelle zu begeben. Dort füllt die Wählerin oder der Wähler die amtlichen Stimmzettel aus, legt sie in das Kuvert, tritt aus der Wahlzelle und übergibt das Kuvert der oder dem Vorsitzenden der Wahlkommission (Unterkommission). Diese oder dieser legt das Wahlkuvert ungeöffnet in die Wahlurne.

(3) Ist der Wählerin oder dem Wähler beim Ausfüllen eines amtlichen Stimmzettels ein Fehler unterlaufen, so ist ihr oder ihm auf ihr oder sein Verlangen ein weiterer Stimmzettel auszufolgen. Die Wählerin oder der Wähler hat den ihr oder ihm zuerst ausgehändigten Stimmzettel vor der Wahlkommission (Unterkommission) durch Zerreißen unbrauchbar zu machen und zwecks Wahrung des Wahlgeheimnisses mit sich zu nehmen.

(4) Die Aushändigung eines weiteren amtlichen Stimmzettels ist in jedem Fall in der Niederschrift über den Wahlvorgang festzuhalten.

(5) Bei der Stimmabgabe mittels E-Voting ist ein Schutz vor Übereilung vorzusehen. Dieser ist so auszugestalten, dass vor der rechtsgültigen Abgabe der Stimme die gewählten Optionen mit einem Gültigkeitsvermerk nochmals angezeigt werden. *(BGBl II 2008/351)*

(6) Wird das E-Voting durch die oder den Vorsitzenden der Wahlkommission oder durch Zeitablauf beendet, so ist innerhalb von 20 Minuten nach dem Beendigungszeitpunkt die ordnungsgemäße Abgabe der Stimme durch eine Wählerin oder einen Wähler im Rahmen der bereits begonnenen Wahlhandlung durch das elektronische Wahlsystem zu gewährleisten. *(BGBl II 2008/351)*

Abstimmungsverzeichnis

§ **40.** (1) Der Name der Wählerin oder des Wählers, die oder der ihre oder seine Stimme abgegeben hat, ist von einem Mitglied der Wahlkommission (Unterkommission) in das Abstimmungsverzeichnis unter fortlaufender Nummer und unter Beisetzung der laufenden Nummer des Wählerinnen- und Wählerverzeichnisses einzutragen. Gleichzeitig ist ihr oder sein Name von einem anderen Mitglied der Wahlkommission (Unterkommission) im Wählerinnen- und Wählerverzeichnis zu streichen.

(2) Abstimmungsverzeichnisse sind nach dem Muster der **Anlage 5** zu verwenden. Zugleich hat durch ein Mitglied der Wahlkommission auch ein unverbindliches Abstimmungsverzeichnis im Wahladministrationssystem geführt zu werden. *(BGBl II 2008/351)*

Vermerk im Ausweis für Studierende

§ **41.** (1) Die Stimmabgabe an einer Universität ist grundsätzlich auf dem im Wahlsemester gültigen Semesteretikett im Ausweis für Studierende der entsprechenden Universität unter Bezeichnung der Wahlkommission (Unterkommission), bei der die Stimmabgabe erfolgt ist, zu vermerken. Beinhaltet der Ausweis für Studierende kein im Wahlsemester gültiges Semesteretikett, so ist die Stimmabgabe an geeigneter Stelle im Ausweis für Studierende zu vermerken. Der Vermerk darf nicht auf einem nicht im Wahlsemester gültigen Semesteretikett angebracht werden. Bei einer automationsunterstützten Durchführung ist die Stimmabgabe in der Datenbank zu vermerken.

(2) Verwendet eine Universität andere Ausweise (Chipkarten etc.), so hat die Universität auf geeignete Weise sicherzustellen, dass die Wahlberechtigten für jedes Organ nur einmal ihre Stimme abgeben können.

Zweifelsfälle

§ **42.** (1) Die Wahlkommission (Unterkommission) hat nur Studierende, die im Verzeichnis der Wahlberechtigten enthalten sind und ihre Identität nachgewiesen haben (§ 38), zur Stimmabgabe zuzulassen.

(2) Treten begründete Zweifel an der Identität einer oder eines Wahlberechtigten auf, so ist sie oder er von der Wahlkommission (Unterkommission) zur Stimmabgabe nur zuzulassen, wenn diese Person durch Vorlage eines zusätzlichen amtlichen Lichtbildausweises ihre oder seine Identität eindeutig nachweisen kann.

(3) Zweifel im Sinn des Abs. 2 können von den Mitgliedern der Wahlkommission und von den Beobachterinnen und den Beobachtern nur solange erhoben werden, solange die Person, über deren Identität Zweifel bestehen, nicht gewählt hat.

(4) Die Entscheidung der Wahlkommission (Unterkommission), eine Person nicht zur Wahl zuzulassen, muss vor Übergabe der Wahlunter-

lagen erfolgen. Gegen die Entscheidung ist kein ordentliches Rechtsmittel zulässig.

(5) Entscheidungen gemäß Abs. 4 sind in der Niederschrift der Wahlkommission (Unterkommission) zu vermerken.

Amtlicher Stimmzettel

§ **43.** (1) Zur Stimmabgabe sind die nach dem Muster der **Anlagen 6 und 7** aufzulegenden amtlichen Stimmzettel zu verwenden. Je nach Art der zu wählenden Organe sind die Stimmzettel in verschiedenen Farben herzustellen. Bei der Stimmabgabe mittels E-Voting sind die Wahlmöglichkeiten in größtmöglicher Anlehnung zu Anlagen 6 und 7 darzustellen, wobei durch geeignete technische Maßnahmen gewährleistet werden muss, dass die Wählerin oder der Wähler vor der endgültigen Stimmabgabe alle Optionen zur Kenntnis genommen hat. Beim E-Voting ist die Abgabe ungültiger Stimmen zu ermöglichen. *(BGBl II 2008/351)*

(2) Auf dem amtlichen Stimmzettel sind die wahlwerbenden Gruppen (§ 21) bzw. die Kandidatinnen und Kandidaten für Studienvertretungen (§ 27) in der Reihenfolge ersichtlich zu machen, die sich aus ihrer bisherigen Stimmenzahl in dem zu wählenden Organ ergibt. Bisher nicht in den betreffenden Organen vertretene wahlwerbende Gruppen oder Kandidatinnen und Kandidaten sind in alphabetischer Reihenfolge anzuschließen. *(BGBl II 2008/351)*

(3) Die Wahlkommission kann bei Vorliegen der technischen Voraussetzungen beschließen, dass die Feststellung des Wahlergebnisses automationsunterstützt unter Verwendung von Strichcodes erfolgt. Liegt ein derartiger Beschluss vor, so hat die Wahlkommission die Aufnahme von Strichcodes auf dem amtlichen Stimmzettel in der Weise zu veranlassen, dass jeder wahlwerbenden Gruppe bzw. jeder Kandidatin und jedem Kandidaten ein eindeutig zuordenbarer Strichcode zugewiesen wird.

(4) Das Drucken der Stimmzettel ist spätestens gleichzeitig mit der Verlautbarung der Wahlvorschläge durch die oder den Vorsitzenden jeder Wahlkommission für alle an der jeweiligen Universität zu wählenden Organe zu veranlassen.

(5) Die Vorsitzenden der Wahlkommissionen der Hochschülerinnen- und Hochschülerschaften haben für sehbehinderte und blinde Studierende Stimmzettel-Schablonen bei der Vorsitzenden oder dem Vorsitzenden der Wahlkommissionen der Österreichischen Hochschülerinnen- und Hochschülerschaft in der erforderlichen Anzahl fristgerecht anzufordern. Die oder der Vorsitzende der Wahlkommission der Österreichischen Hochschülerinnen- und Hochschülerschaft hat diese in der angeforderten Anzahl zur Verfügung zu stellen. Die Kosten sind von der jeweiligen Hochschülerinnen- und Hochschülerschaft zu tragen. *(BGBl II 2011/20)*

Gültiger Stimmzettel

§ **44.** (1) Der amtliche Stimmzettel ist gültig ausgefüllt, wenn aus ihm eindeutig zu erkennen ist, welche wahlwerbende Gruppe oder welche Kandidatin oder welchen Kandidaten die Wählerin oder der Wähler wählen wollte. Dies ist der Fall, wenn die Wählerin oder der Wähler in einem links von der Bezeichnung der wahlwerbenden Gruppe (der Kandidatin oder des Kandidaten) vorgedruckten Kreis ein liegendes Kreuz oder ein anderes Zeichen anbringt, aus dem eindeutig hervorgeht, dass sie oder er die in derselben Zeile angeführte wahlwerbende Gruppe oder die Kandidatin oder den Kandidaten wählen will.

(2) Der Stimmzettel ist aber auch dann gültig ausgefüllt, wenn der Wille der Wählerin oder des Wählers auf andere Weise, z.B. durch Anhaken, Unterstreichen, sonstige entsprechende Kennzeichnung einer wahlwerbenden Gruppe oder einer Kandidatin oder eines Kandidaten oder durch Durchstreichen der übrigen wahlwerbenden Gruppen oder Kandidatinnen und Kandidaten eindeutig zu erkennen ist.

(3) Wird eine Kandidatin oder ein Kandidat für Studienvertretungen mehr als einmal auf einem Stimmzettel genannt, so ist die Nennung nur einfach zu zählen.

Ungültiger Stimmzettel

§ **45.** (1) Ein Stimmzettel ist ungültig, wenn ein anderer als der amtliche Stimmzettel zur Stimmabgabe verwendet wurde oder der Stimmzettel durch Abreißen eines Teiles derart beeinträchtigt wurde, dass nicht mehr eindeutig hervorgeht, welche wahlwerbende Gruppe (welche Kandidatin oder welchen Kandidaten) die Wählerin oder der Wähler wählen wollte oder keine wahlwerbende Gruppe (keine Kandidatin oder kein Kandidat) bezeichnet wurde oder zwei oder mehrere wahlwerbende Gruppen bezeichnet wurden oder bei Wahlen in Studienvertretungen mehr Kandidatinnen und Kandidaten genannt wurden, als Mandate für das betreffende Organ zu vergeben sind oder aus den von der Wählerin oder dem Wähler angebrachten Zeichen oder den sonstigen Kennzeichen nicht eindeutig hervorgeht, welche wahlwerbende Gruppe (welche Kandidatin oder welchen Kandidaten) sie oder er wählen wollte.

(2) Wenn ein Wahlkuvert mehrere amtliche Stimmzettel für dasselbe zu wählende Organ enthält, so sind diese Stimmzettel ungültig.

(3) Leere Wahlkuverts zählen als ungültige Stimme für alle bei der Wahlkommission (Unterkommission) wählbaren Organe.

(4) Worte, Bemerkungen oder Zeichen, die auf den amtlichen Stimmzettel außer zur Kennzeichnung der wahlwerbenden Gruppe (der Kandidatin oder des Kandidaten) angebracht wurden, beeinträchtigen die Gültigkeit eines Stimmzettels nicht, wenn sich hierdurch nicht einer der angeführten Ungültigkeitsgründe er-

gibt. Im Wahlkuvert befindliche Beilagen aller Art beeinträchtigen die Gültigkeit der amtlichen Stimmzettel nicht.

Prüfung der Stimmzettel und Stimmenzählung

§ 46. (1) Wenn die für die Wahlhandlung festgesetzte Zeit abgelaufen ist und alle bis dahin im Wahllokal erschienenen Wählerinnen und Wähler gewählt haben, hat die oder der Vorsitzende der Wahlkommission (Unterkommission) die Stimmabgabe für geschlossen zu erklären. Nach Abschluss der Stimmabgabe ist das Wahllokal, in welchem nur die Mitglieder der Wahlkommission (Unterkommission), deren Hilfsorgane und Beobachterinnen und Beobachter bleiben dürfen, zu schließen.

(2) Die Wahlkommission (Unterkommission) hat die in der Wahlurne befindlichen Wahlkuverts gründlich zu mischen, die Wahlurne zu entleeren und festzustellen:

1. die Zahl der von den Wählerinnen und Wählern abgegebenen Wahlkuverts,
2. die Zahl der im Abstimmungsverzeichnis eingetragenen Wählerinnen und Wähler,
3. im Falle der Differenz zwischen den Zahlen gemäß Z 1und Z 2 den mutmaßlichen Grund, warum die Zahl der abgegebenen Wahlkuverts mit der Zahl der im Abstimmungsverzeichnis eingetragenen Wählerinnen und Wähler nicht übereinstimmt.

(3) Die Wahlkommission (Unterkommission) hat hierauf die von den Wählerinnen und Wählern abgegebenen Wahlkuverts zu öffnen, die Stimmzettel zu übernehmen, die Gültigkeit zu überprüfen, die ungültigen Stimmzettel mit fortlaufenden Nummern zu versehen und getrennt für jedes Organ festzustellen:

1. die Gesamtsumme der abgegebenen Stimmen,
2. die Summe der abgegebenen ungültigen Stimmen,
3. die Summe der abgegebenen gültigen Stimmen,
4. die Summe der auf die einzelnen wahlwerbenden Gruppen oder auf die einzelnen Kandidatinnen und Kandidaten entfallenen abgegebenen gültigen Stimmen.

(4) Die nach Abs. 3 getroffenen Feststellungen sind auf die schnellste Art, wenn möglich telefonisch, der Wahlkommission bei der Hochschülerinnen- und Hochschülerschaft an der jeweiligen Universität bekannt zu geben.

(5) Die Mitglieder der Unterkommissionen und der Wahlkommission und die Beobachterinnen und Beobachter sind von der oder dem Vorsitzenden der Wahlkommission auf ihre Pflicht zur Geheimhaltung des Wahlergebnisses hinzuweisen.

(6) Das E-Voting gilt mit Ablauf des Zeitraums gemäß § 62 als durch die Wahlkommission beendet. Die ordnungsgemäße Stimmabgabe gemäß § 39 Abs. 6 ist zu gewährleisten. *(BGBl II 2008/351)*

(7) Das elektronische Wahlsystem hat durch geeignete Maßnahmen sicherzustellen, dass die mit E-Voting abgegebenen Stimmen ab dem Zeitpunkt der Stimmabgabe bis zur Auszählung gemäß § 66 gesichert aufbewahrt werden. Insbesondere hat sichergestellt zu werden, dass in diesem Zeitraum kein Zugriff auf die abgegebenen Stimmen möglich ist und somit keine Stimmen unrechtmäßig gelöscht, hinzugefügt oder geändert werden können. *(BGBl II 2008/351)*

(8) Die Auszählung der mittels E-Voting abgegebenen Stimmen wird durch die Beigabe der elektronischen Schlüssel gemäß § 35 Abs. 6 durch die Wahlkommission bei der österreichischen Hochschülerinnen- und Hochschülerschaft gestartet. Dies hat am letzten Wahltag nach der letzten Wahlhandlung zu erfolgen. *(BGBl II 2008/351)*

(9) Die Ergebnisse des E-Voting sind unter Verwendung des Formulars im Wahladministrationssystem zu dokumentieren und den Wahlkommissionen bei den Hochschülerinnen- und Hochschülerschaften an den Universitäten zur Verfügung zu stellen. Steht das Wahladministrationssystem nicht zur Verfügung, ist ein Formular nach dem Muster der **Anlage 8** zu verwenden. Die Gründe sind in der Niederschrift zu nennen. *(BGBl II 2008/351)*

Beurkundung des Wahlvorganges

§ 47. (1) Die Wahlkommission (Unterkommission) hat hierauf den Wahlvorgang und das Wahlergebnis in einer Niederschrift zu beurkunden. Hiefür ist das Formular im Wahladministrationssystem zu verwenden. Steht das Wahladministrationssystem nicht zur Verfügung, ist die Niederschrift nach dem Muster der **Anlage 8** in dreifacher Ausfertigung zu erstellen. Die Gründe sind in der Niederschrift zu nennen. *(BGBl II 2008/351)*

(2) Die Niederschrift hat jedenfalls zu enthalten:

1. die Bezeichnung des Wahlortes, des Wahllokales und die Wahltage,
2. die Namen der an- und abwesenden Mitglieder der Wahlkommission (Unterkommission) sowie der anwesenden Beobachterinnen und Beobachter,
3. die genaue Anzahl der für jedes Organ übernommenen amtlichen Stimmzettel,
4. die Zeit des Beginnes und Schlusses der Wahlhandlung,
5. die allfälligen Beschlüsse der Wahlkommission (Unterkommission) über die Zulassung oder Nichtzulassung von Wählerinnen und Wählern zur Stimmabgabe (§ 42),
6. sonstige Beschlüsse der Wahlkommission (Unterkommission), die während der Wahlhandlung gefasst wurden (z.B. Unterbrechung der Wahlhandlung, Stimmabgabe mit Hilfe einer Begleitperson, Aushändigung eines weiteren amtlichen Stimmzettels),

7. die Feststellungen der Wahlkommission (Unterkommission) nach § 46 Abs. 2 und 3; wenn ungültige Stimmen festgestellt wurden, ist auch der Grund für die Ungültigkeit für jeden Stimmzettel anzuführen, sofern die Wahlkommission (Unterkommission) einen Stimmzettel nicht einstimmig als ungültig beurteilt.

(3) Der Niederschrift ist anzuschließen:
1. das Verzeichnis der Wahlberechtigten,
2. das Abstimmungsverzeichnis,
3. die ungültigen Stimmzettel, die in abgesonderten Umschlägen für jedes Organ getrennt mit entsprechenden Aufschriften zu verpacken sind,
4. die gültigen Stimmzettel, die nach den wahlwerbenden Gruppen bzw. nach den Kandidatinnen und Kandidaten getrennt für jedes Organ mit entsprechenden Aufschriften zu verpacken sind,
5. die nicht zur Abgabe gelangten amtlichen Stimmzettel, die ebenfalls in abgesonderten Umschlägen mit entsprechenden Aufschriften zu verpacken sind.

(4) Die Niederschrift ist von den anwesenden Mitgliedern und Beobachterinnen und Beobachtern der Wahlkommission (Unterkommission) zu unterschreiben. Wird die Unterschrift nicht von allen anwesenden Mitgliedern geleistet, so ist der Grund hiefür anzugeben.

(5) Die Niederschrift samt ihren Beilagen bildet den Wahlakt.

Besondere Umstände

§ 48. (1) Treten Umstände ein, die die Stimmabgabe verhindern, so kann jede Wahlkommission (Unterkommission) die Wahlhandlung unterbrechen oder sie über die festgelegte Wahlzeit hinaus innerhalb der bestimmten Wahltage verschieben. Bei E-Voting sind dies insbesondere die Nichtverfügbarkeit des elektronischen Wahlsystems durch technische Gebrechen sowie Angriffe auf das Wahlsystem, die den ordnungsgemäßen Ablauf der Wahl behindern. Bei Gefahr im Verzug kann eine solche Unterbrechung und Verschiebung auch durch die oder den Vorsitzenden der Wahlkommission an der Österreichischen Hochschülerinnen- und Hochschülerschaft erfolgen. Hierbei sind die Zeiten gemäß § 62 zu beachten. Der oder dem Vorsitzenden der Wahlkommission bei der Österreichischen Hochschülerinnen- und Hochschülerschaft obliegt auch die Wiederaufnahme des E-Voting nach Wegfall der besonderen Umstände. *(BGBl II 2008/351)*

(2) Jede Verschiebung ist unverzüglich in geeigneter Weise kundzumachen.

(3) Hat die Stimmabgabe bereits begonnen, so sind die Wahlakten und die Wahlurne mit den darin enthaltenen Wahlkuverts und Stimmzetteln von der Wahlkommission (Unterkommission) bis zur Fortsetzung der Wahlhandlung unter Verschluss zu nehmen und sicher zu verwahren.

(4) Wird das E-Voting gemäß § 39 Abs. 7 HSG 1998 für ungültig erklärt, so sind Wählerinnen und Wähler, die ihre Stimme mittels E-Voting abgegeben haben, zur erneuten Stimmabgabe im Wahllokal zuzulassen. *(BGBl II 2008/351)*

(5) Im Fall einer für ungültig erklärten Stimmabgabe mittels E-Voting sind die Kennzeichnungen der Wählerinnen und Wähler gemäß § 38 Abs. 3 entsprechend zu entfernen. *(BGBl II 2008/351)*

5. Abschnitt
Wahlen an Pädagogischen Hochschulen
(BGBl II 2008/164)

Wahl der Studiengangsvertretung

§ 49. (1) Die Wahl der Studiengangsvertretung ist innerhalb der ersten beiden Monate des Studienjahres von der Rektorin oder dem Rektor der Pädagogischen Hochschule in geheimer Abstimmung durchzuführen. Aktiv und passiv wahlberechtigt sind alle Studierenden des jeweiligen Studienganges (unabhängig von ihrer Staatsbürgerschaft). *(BGBl II 2008/164)*

(2) Zeit und Ort der Wahl sind den Studierenden rechtzeitig durch Aushang in der Pädagogischen Hochschule bekannt zu geben. Dabei ist darauf Bedacht zu nehmen, dass der Zeitpunkt der Wahl so festgelegt wird, dass möglichst viele Studierende des entsprechenden Studienganges in der Pädagogischen Hochschule anwesend sind. *(BGBl II 2008/164)*

(3) Kandidatinnen und Kandidaten für die Wahl sollen ihre Kandidatur bis längstens einen Tag vor der Wahl der Rektorin oder dem Rektor der Pädagogischen Hochschule persönlich, möglichst in schriftlicher Form, bekannt geben. Wenn sich für einen Studiengang keine ausreichende Anzahl von Kandidatinnen oder Kandidaten zur Wahl bewirbt, ist zum angesetzten Zeitpunkt der Wahl zu ermitteln, ob es nunmehr eine ausreichende Anzahl von Kandidatinnen oder Kandidaten gibt. Sollte dies nicht der Fall sein, ist der Wahltermin einmalig um etwa eine Woche zu verschieben. *(BGBl II 2008/164)*

(4) Die Rektorin oder der Rektor hat die Wahlberechtigung in geeigneter Weise, gegebenenfalls durch die Vorlage des Ausweises für Studierende an Pädagogischen Hochschulen zu überprüfen. *(BGBl II 2008/164)*

(5) Die Wahl ist in geheimer Abstimmung durchzuführen. Die Rektorin oder der Rektor der Pädagogischen Hochschule hat Stimmzettel mit den Namen aller Kandidatinnen und Kandidaten des jeweiligen Studienganges in ausreichender Anzahl vorzubereiten. Jede und jeder Wahlberechtigte erhält einen Stimmzettel. *(BGBl II 2008/164)*

(6) Die Rektorin oder der Rektor hat in geeigneter Weise dafür zu sorgen, dass das Wahlgeheimnis gewahrt bleibt. Gegebenenfalls ist

die Wahrung des Wahlgeheimnisses durch das Aufstellen von Wahlzellen zu gewährleisten. *(BGBl II 2008/164)*

(7) Die Mandate für die Studiengangsvertretung werden an die Kandidatinnen oder Kandidaten nach der Zahl der erhaltenen Stimmen derart vergeben, dass das erste Mandat der Kandidatin oder dem Kandidaten mit der höchsten Stimmenanzahl, das zweite Mandat der Kandidatin oder dem Kandidaten mit der zweithöchsten Stimmenanzahl usw. zufällt. Haben nach dieser Berechnung auf das zuletzt zu vergebende Mandat mehrere Kandidatinnen oder Kandidaten den gleichen Anspruch, weil sie die gleiche Stimmenzahl erhalten haben, so entscheidet zwischen ihnen das Los.

Pädagogische Hochschulvertretung
(BGBl II 2008/164)

§ 50. (1) Alle Studiengangsvertreterinnen und Studiengangsvertreter einer Pädagogischen Hochschule bilden die Pädagogische Hochschulvertretung. Die Rektorin oder der Rektor hat alle gewählten Studiengangsvertreterinnen und Studiengangsvertreter zu einer konstituierenden Sitzung der Pädagogischen Hochschulvertretung einzuladen. In dieser konstituierenden Sitzung hat die Rektorin oder der Rektor die Wahl der oder des Vorsitzenden der Pädagogischen Hochschulvertretung und der Stellvertreterin oder des Stellvertreters zu leiten. *(BGBl II 2008/164)*

(2) Die Wahl der oder des Vorsitzenden der Pädagogischen Hochschulvertretung und der Stellvertreterin oder des Stellvertreters kann auch in offener Abstimmung durchgeführt werden. Die Wahl der oder des Vorsitzenden und der Stellvertreterin oder des Stellvertreters ist in getrennten Wahlgängen durchzuführen, wobei die Wahl der oder des Vorsitzenden zuerst durchzuführen ist. Nach Möglichkeit sind auch diese Wahlen innerhalb der ersten beiden Monate des Studienjahres durchzuführen. *(BGBl II 2008/164)*

(3) Das Wahlergebnis ist umgehend den Studierenden der Pädagogischen Hochschule durch öffentlichen Aushang bekannt zu geben. Gleichzeitig sind die oder der Vorsitzende der Österreichischen Hochschülerinnen- und Hochschülerschaft, die Bundesministerin oder der Bundesminister sowie die oder der Vorsitzende der Wahlkommission bei der Österreichischen Hochschülerinnen- und Hochschülerschaft vom Wahlergebnis unverzüglich in Kenntnis zu setzen. Die einzelnen Schritte der Wahlen sind schriftlich zu protokollieren. Die Stimmzettel sind mindestens vier Monate ab der Wahl aufzubewahren. *(BGBl II 2008/164)*

(4) Werden durch Pädagogische Hochschulvertretungen Mandatarinnen oder Mandatare unmittelbar in die Bundesvertretung gewählt, so hat dies die Rektorin oder der Rektor der Pädagogischen Hochschule der oder dem Vorsitzenden der Wahlkommission bei der Österreichischen Hochschülerinnen- und Hochschülerschaft bis zum letzten Wahltag der Hochschülerinnen- und Hochschülerschaftswahl bekannt zu geben. *(BGBl II 2008/164)*

(5) Die Rektorin oder der Rektor der jeweiligen Pädagogischen Hochschule kann eine Stellvertreterin oder einen Stellvertreter mit der Durchführung der Wahlen beauftragen. *(BGBl II 2008/164)*

5a. Abschnitt
Wahlen an Fachhochschulen und Erhalterinstitutionen von Fachhochschul-Studiengängen
(BGBl II 2008/164)

Wahl der Jahrgangsvertretung
(BGBl II 2008/164)

§ 50a. (1) Die Wahl der Jahrgangsvertretung für jeden Studiengang ist innerhalb der letzten beiden Monate des Studienjahres (Mai und Juni) vom Erhalter bzw. von einer vom Erhalter bestimmten Person, die nicht dem Kreis der Wahlberechtigten angehören darf, in geheimer Abstimmung durchzuführen. Studierende des ersten Studienjahres wählen jedenfalls innerhalb der ersten beiden Monate ihre jeweiligen Jahrgangsvertretungen. Aktiv und passiv wahlberechtigt sind alle Studierenden des jeweiligen Jahrganges unabhängig von ihrer Staatsbürgerschaft. In die jeweilige Jahrgangsvertretung sind bei bis zu 150 Studierenden pro Jahrgang drei, ab 151 Studierenden pro Jahrgang fünf Jahrgangsvertreterinnen bzw. Jahrgangsvertreter zu wählen. *(BGBl II 2008/351)*

(2) Zeit, Ort und Dauer der Wahl sind den Studierenden nach Absprache mit der Fachhochschul-Studienvertretung rechtzeitig durch Aushang sowie gegebenenfalls auch durch Verlautbarung bekannt zu geben. Dabei ist darauf Bedacht zu nehmen, dass der Zeitpunkt der Wahl so festgelegt wird, dass möglichst viele Studierende des entsprechenden Jahrgangs in der Fachhochschule bzw. an den Fachhochschul-Studiengängen anwesend sind.

(3) Kandidatinnen und Kandidaten für die Wahl sollen ihre Kandidatur bis längstens drei Wochen vor der Wahl dem Erhalter bzw. der vom Erhalter bestimmten Person in schriftlicher Form unter sinngemäßer Verwendung der **Anlage 4** bekannt geben. Die Jahrgangsvertretung, für die kandidiert werden soll, muss eindeutig erkenntlich sein. Studierende des ersten Studienjahres sollen ihre Kandidatur bis längstens eine Woche vor der Wahl bekannt geben. Wenn sich für einen Jahrgang weniger Kandidatinnen und Kandidaten zur Wahl bewerben, als Mandate zu vergeben sind, ist der Wahltermin einmalig auf einen späteren geeigneten Zeitpunkt zu verschieben.

(4) Der Erhalter bzw. die vom Erhalter bestimmte Person hat die Wahlberechtigung in geeigneter Weise, gegebenenfalls durch die Vorlage des Ausweises für Studierende, zu überprüfen.

(5) Die Wahl ist in geheimer Abstimmung durchzuführen. Der Erhalter bzw. die vom Erhalter bestimmte Person hat Stimmzettel mit den Namen aller Kandidatinnen und Kandidaten des jeweiligen Jahrgangs in ausreichender Anzahl vorzubereiten. Jede und jeder Wahlberechtigte erhält einen Stimmzettel. Auf dem Stimmzettel dürfen maximal so viele Kandidatinnen und Kandidaten gewählt werden, wie Mandate vergeben werden. Das Wahlergebnis ist umgehend den Studierenden des Erhalters durch öffentlichen Aushang bekannt zu geben.

(6) Der Erhalter bzw. die vom Erhalter bestimmte Person hat in geeigneter Weise dafür zu sorgen, dass das Wahlgeheimnis gewahrt bleibt. Gegebenenfalls ist die Wahrung des Wahlgeheimnisses durch das Aufstellen von Wahlzellen zu gewährleisten.

(7) Die Mandate für die Jahrgangsvertretung werden an die Kandidatinnen oder Kandidaten nach der Zahl der erhaltenen Stimmen derart vergeben, dass das erste Mandat der Kandidatin oder dem Kandidaten mit der höchsten Stimmenanzahl, das zweite Mandat der Kandidatin oder dem Kandidaten mit der zweithöchsten Stimmenanzahl usw. zufällt. Erlischt ein Mandat, ist es der Kandidatin oder dem Kandidaten mit der nächsthöchsten Stimmenzahl zuzuweisen. Haben nach dieser Berechnung auf das zuletzt zu vergebende Mandat mehrere Kandidatinnen oder Kandidaten den gleichen Anspruch, weil sie die gleiche Stimmenzahl erhalten haben, so entscheidet zwischen ihnen das Los. Die Mandatarinnen oder Mandatare der Jahrgangsvertretung wählen unter sinngemäßer Anwendung des § 24 HSG bei der konstituierenden Sitzung aus ihrer Mitte eine Vorsitzende oder einen Vorsitzenden der Jahrgangsvertretung.

(BGBl II 2008/164)

Wahl der Studiengangsvertretung
(BGBl II 2008/164)

§ 50b. (1) Die Wahl der Studiengangsvertretung ist innerhalb der letzten beiden Monate des Studienjahres (Mai und Juni) vom Erhalter bzw. von einer vom Erhalter bestimmten Person, die nicht dem Kreis der Wahlberechtigten angehören darf, in geheimer Abstimmung durchzuführen. Aktiv und passiv wahlberechtigt sind alle Studierenden des jeweiligen Studiengangs unabhängig von ihrer Staatsbürgerschaft. In die jeweilige Studiengangsvertretung sind drei Studiengangsvertreterinnen bzw. Studiengangsvertreter zu wählen. *(BGBl II 2008/351)*

(2) Zeit, Ort und Dauer der Wahl sind den Studierenden nach Absprache mit der Fachhochschul-Studienvertretung rechtzeitig durch Aushang sowie gegebenenfalls auch durch Verlautbarung bekannt zu geben. Dabei ist darauf Bedacht zu nehmen, dass der Zeitpunkt der Wahl so festgelegt wird, dass möglichst viele Studierende des entsprechenden Studiengangs in der Fachhochschule bzw. an den Fachhochschul-Studiengängen anwesend sind.

(3) Kandidatinnen und Kandidaten für die Wahl haben ihre Kandidatur bis längstens drei Wochen vor der Wahl dem Erhalter bzw. der vom Erhalter bestimmten Person in schriftlicher Form unter sinngemäßer Verwendung der **Anlage 4** bekannt zu geben. Wenn sich für einen Studiengang weniger Kandidatinnen und Kandidaten zur Wahl bewerben, als Mandate zu vergeben sind, reduziert sich die Kandidaturfrist auf eine Woche vor der Wahl. Die Wahlen haben zu einem Termin stattzufinden, der es ermöglicht die Fachhochschul-Studienvertretung fristgerecht zu konstituieren.

(4) Der Erhalter bzw. die vom Erhalter bestimmte Person hat die Wahlberechtigung in geeigneter Weise, gegebenenfalls durch die Vorlage des Ausweises für Studierende zu überprüfen.

(5) Die Wahl ist in geheimer Abstimmung durchzuführen. Der Erhalter bzw. die vom Erhalter bestimmte Person hat Stimmzettel mit den Namen aller Kandidatinnen und Kandidaten des jeweiligen Studiengangs in ausreichender Anzahl vorzubereiten. Jede und jeder Wahlberechtigte erhält einen Stimmzettel. Auf dem Stimmzettel dürfen maximal so viele Kandidatinnen und Kandidaten gewählt werden, wie Mandate vergeben werden. Das Wahlergebnis ist umgehend den Studierenden des Erhalters durch öffentlichen Aushang bekannt zu geben.

(6) Der Erhalter bzw. die vom Erhalter bestimmte Person hat in geeigneter Weise dafür zu sorgen, dass das Wahlgeheimnis gewahrt bleibt. Gegebenenfalls ist die Wahrung des Wahlgeheimnisses durch das Aufstellen von Wahlzellen zu gewährleisten.

(7) Die Mandate für die Studiengangsvertretung werden an die Kandidatinnen oder Kandidaten nach der Zahl der erhaltenen Stimmen derart vergeben, dass das erste Mandat der Kandidatin oder dem Kandidaten mit der höchsten Stimmenanzahl, das zweite Mandat der Kandidatin oder dem Kandidaten mit der zweithöchsten Stimmenanzahl usw. zufällt. Erlischt ein Mandat, ist es der Kandidatin oder dem Kandidaten mit der nächsthöchsten Stimmenzahl zuzuweisen. Haben nach dieser Berechnung auf das zuletzt zu vergebende Mandat mehrere Kandidatinnen oder Kandidaten den gleichen Anspruch, weil sie die gleiche Stimmenzahl erhalten haben, so entscheidet zwischen ihnen das Los. Die Mandatarinnen oder Mandatare der Studiengangsvertretung wählen unter sinngemäßer Anwendung des § 24 HSG bei der konstituierenden Sitzung aus ihrer Mitte eine Vorsitzende oder einen Vorsitzenden der Studiengangsvertretung.

(BGBl II 2008/164)

Wahl der Fachhochschul-Studienvertretung
(BGBl II 2008/164)

§ 50c. (1) Alle Vorsitzenden der Studiengangsvertretungen eines Erhalters von Fachhochschul-Studiengängen oder einer Fachhochschule bilden die Fachhochschul-Studienvertretung. Bei Erhaltern mit weniger als fünf Studiengängen sind zusätzlich die Vorsitzenden der Jahrgangsvertretungen Mitglieder der Fachhochschul-Studienvertretung. Ist die oder der Vorsitzende einer Studiengangsvertretung auch die oder der Vorsitzende einer Jahrgangsvertretung, so ist statt der oder dem Vorsitzenden der Jahrgangsvertretung die oder der stellvertretende Vorsitzende der Jahrgangsvertretung Mitglied der Fachhochschul-Studienvertretung. Der Erhalter bzw. die vom Erhalter bestimmte Person hat alle gewählten Mitglieder der Fachhochschul-Studienvertretung zu einer konstituierenden Sitzung der Fachhochschul-Studienvertretung einzuladen. In dieser konstituierenden Sitzung hat der Erhalter bzw. die vom Erhalter bestimmte Person die Wahl der oder des Vorsitzenden der Fachhochschul-Studienvertretung und der Stellvertreterinnen oder Stellvertreter zu leiten. Die konstituierende Sitzung der Fachhochschul-Studienvertretung hat, wenn im selben Jahr Hochschülerinnen- und Hochschülerschaftswahlen durchgeführt werden, bis längstens zwei Wochen nach dem letzten Wahltag gemäß § 34 Abs. 2 HSG 1998 zu erfolgen.

(2) Kandidatinnen und Kandidaten für die Wahl zur Vorsitzenden oder zum Vorsitzenden und der Stellvertreterinnen oder Stellvertreter der Fachhochschul-Studienvertretung sollen ihre Kandidatur bis längstens eine Woche vor der Wahl der Fachhochschul-Studienvertretung dem Erhalter bzw. der vom Erhalter bestimmten Person persönlich und in schriftlicher Form bekannt geben. Passiv wahlberechtigt sind alle Studierenden des jeweiligen Erhalters. Durch die Wahl zur oder zum Vorsitzenden oder zur Stellvertreterin oder zum Stellvertreter wird die gewählte Person jedenfalls Mitglied der Fachhochschul-Studienvertretung. Die Stellvertreterinnen und Stellvertreter sind, sofern sie nicht bereits Mitglied der Fachhochschul-Studienvertretung gemäß Abs. 1 sind, nicht stimmberechtigt.

(3) Die Wahl der oder des Vorsitzenden der Fachhochschul-Studienvertretung und der Stellvertreterinnen oder der Stellvertreter ist in geheimer Abstimmung durchzuführen und erfolgt unter sinngemäßer Anwendung des § 24 HSG. Die Wahl der oder des Vorsitzenden und der Stellvertreterinnen oder Stellvertreter ist in getrennten Wahlgängen durchzuführen, wobei die Wahl der oder des Vorsitzenden zuerst durchzuführen ist. Auch diese Wahlen sind innerhalb der letzten beiden Monate des Studienjahres (Mai und Juni) durchzuführen. *(BGBl II 2008/351)*

(4) Das Wahlergebnis ist umgehend den Studierenden des Erhalters durch öffentlichen Aushang bekannt zu geben. Gleichzeitig sind die oder der Vorsitzende der Österreichischen Hochschülerinnen- und Hochschülerschaft, die Bundesministerin oder der Bundesminister sowie die Vorsitzende oder der Vorsitzende der Wahlkommission bei der Österreichischen Hochschülerinnen- und Hochschülerschaft vom Wahlergebnis unverzüglich in Kenntnis zu setzen. Die einzelnen Schritte der Wahlen sind schriftlich zu protokollieren. Die Stimmzettel sind mindestens sechs Monate ab der Wahl aufzubewahren.

(5) Der Erhalter bzw. eine von ihm zur Durchführung der Wahlen bestimmte Person, ist von der Vorsitzenden oder dem Vorsitzenden der Wahlkommission bei der Österreichischen Hochschülerinnen- und Hochschülerschaft anzugeloben.

(6) Der Erhalter kann zusätzlich zur vom Erhalter für die Durchführung der Wahlen bestimmten Person weitere Personen zur Unterstützung für die Durchführung der Wahlen heranziehen. Studierenden der jeweiligen Erhalter von Fachhochschul-Studiengängen oder Fachhochschulen ist die Beobachtung der Wahlen nach §§ 50a und 50b zu ermöglichen, sofern dies den Wahlvorgang nicht beeinträchtigt. Die Höchstzahl der Wahlbeobachter ist von dem Erhalter bzw. einer von dem Erhalter für die Durchführung der Wahlen bestimmten Person festzulegen.

(7) Werden durch Fachhochschul-Studienvertretungen Mandatarinnen oder Mandatare unmittelbar in die Bundesvertretung gewählt, so hat die oder der Vorsitzende der Fachhochschul-Studienvertretung der oder dem Vorsitzenden der Wahlkommission bei der Österreichischen Hochschülerinnen- und Hochschülerschaft die Mandatarinnen oder Mandatare bis längstens zwei Wochen nach dem letzten Wahltag gemäß § 34 Abs. 2 HSG 1998 (bei der Hochschülerinnen- und Hochschülerschaftswahl) bekannt zu geben.

(8) Für die Vertretungseinrichtungen (zB Referate, Gruppenvertretung), die nach § 4a FHStG durch die Satzung der Fachhochschul-Studienvertretung eingerichtet werden, sind bis zu sieben Mandatarinnen und Mandatare zu wählen. In Standortvertretungen können so viele Mandatarinnen und Mandatare gewählt werden, wie an dem jeweiligen Standort des Erhalters Studiengänge eingerichtet sind.

(BGBl II 2008/164)

6. Abschnitt
Listenverbände und Wahlgemeinschaft

Listenverbände

§ 51. (1) Der Zusammenschluss von wahlwerbenden Gruppen zu einem Listenverband gemäß § 35a Abs. 5 HSG 1998 ist durch die jeweilige zustellungsbevollmächtigte Vertreterin oder den jeweiligen zustellungsbevollmächtigten Vertreter dieser wahlwerbenden Gruppen der Vorsitzenden oder dem Vorsitzenden der Wahlkommission bei der Österreichischen Hochschülerinnen- und Hochschülerschaft schriftlich bekannt zu geben. Jede wahlwerbende Gruppe darf nur einem Listenverband angehören. Die Meldung über den Zusammenschluss muss spätestens vier Wochen vor dem letzten Wahltag bei der oder dem Vorsitzenden dieser Wahlkommission einlangen. Gleichzeitig ist eine gemeinsame zustellungsbevollmächtigte Vertreterin oder ein gemeinsamer zustellungsbevollmächtigter Vertreter für den jeweiligen Listenverband namhaft zu machen. Entspricht ein Listenverband nicht den einschlägigen

Bestimmungen, so ist der Vorschlag zur Verbesserung zurückzustellen. Der verbesserte Vorschlag ist innerhalb einer Frist von drei Tagen nach Einlangen bei der zustellungsbevollmächtigten Vertreterin oder dem zustellungsbevollmächtigten Vertreter, längstens aber drei Wochen vor dem ersten Wahltag, mit eingeschriebenem Brief der Vorsitzenden oder dem Vorsitzenden der Wahlkommission bei der Österreichischen Hochschülerinnen- und Hochschülerschaft wieder vorzulegen. *(BGBl II 2008/351)*

(2) Die oder der Vorsitzende dieser Wahlkommission hat den Zusammenschluss der wahlwerbenden Gruppen zu einem Listenverband spätestens zwei Wochen vor dem letzten Wahltag an allen betroffenen Universitäten durch die Vorsitzende oder den Vorsitzenden der Wahlkommission an der betreffenden Universität zu veröffentlichen. *(BGBl II 2008/351)*

(3) Nach Vorliegen der Wahlergebnisse hat die Wahlkommission der Österreichischen Hochschülerinnen- und Hochschülerschaft festzustellen, ob ein Listenverband ein Mandat erhalten hat.

(4) Hat ein Listenverband ein Mandat erhalten, so hat die oder der gemeinsame Zustellungsbevollmächtigte der oder dem Vorsitzenden der Wahlkommission der Österreichischen Hochschülerinnen- und Hochschülerschaft die Mandatarin oder den Mandatar sowie eine Ersatzperson für die Bundesvertretung bis spätestens zwei Wochen nach dem letzten Wahltag der Hochschülerinnen- und Hochschülerschaftswahl bekannt zu geben. Die Mandatarin oder der Mandatar sowie eine Ersatzperson sind von den Zustellungsbevollmächtigten der wahlwerbenden Gruppen des Listenverbandes zu wählen. Wahlberechtigt sind jene Zustellungsbevollmächtigten wahlwerbender Gruppen des Listenverbandes, die keine Studierendenvertreterin oder keinen Studierendenvertreter in die Bundesvertretung wählen dürfen. Nachnominierungen sind zulässig.

Wahlgemeinschaft

§ 52. (1) Die oder der Vorsitzende der Wahlkommission bei der Österreichischen Hochschülerinnen- und Hochschülerschaft hat die Mitglieder der Universitätsvertretungen von Universitäten, der Pädagogischen Hochschulvertretungen von Pädagogischen Hochschulen und Fachhochschul-Studienvertretungen von Erhaltern von Fachhochschul-Studiengängen oder Fachhochschulen mit jeweils weniger als 1.000 Studierenden zur Wahl der Mandatarinnen und Mandatare für die Bundesvertretung zu laden. Diese Wahl hat ehestmöglich nach der Hochschülerinnen- und Hochschülerschaftswahl stattzufinden. *(BGBl II 2008/164)*

(2) Für jede gewählte Mandatarin oder jeden gewählten Mandatar ist gleichzeitig eine Ersatzperson zu wählen. Nachnominierungen sind zulässig.

(3) Gewählt sind jene Personen, welche die meisten Stimmen erhalten. Bei Stimmengleichheit entscheidet das Los.

7. Abschnitt
Wahlergebnis

Feststellung des Wahlergebnisses

§ 53. (1) Die Wahlakten der Unterkommissionen sind unverzüglich der zuständigen Wahlkommission versiegelt zu übermitteln, die Stimmzettel und sonstigen Unterlagen sind an einer geeigneten Stelle an der Bildungseinrichtung versiegelt aufzubewahren.

(2) Die Wahlkommission bei der Hochschülerinnen- und Hochschülerschaft an der Universität hat die für die einzelnen Organe bei den Unterkommissionen abgegebenen Stimmen zusammenzurechnen und das Wahlergebnis für alle Organe der Hochschülerinnen- und Hochschülerschaft an der Universität zu ermitteln. Hiefür ist eine Niederschrift, der je eine Abschrift der Niederschrift der Unterkommissionen beizufügen ist, unter Anwendung der Bestimmungen des § 47 Abs. 2 bis 4 zu erstellen.

(3) Die Wahlakten der Unterkommissionen und die Niederschriften gemäß Abs. 2 und § 54 Abs. 2 und § 55 Abs. 2 bilden den Wahlakt der Wahlkommission.

(4) Die Wahlkommission bei der Österreichischen Hochschülerinnen- und Hochschülerschaft und die Wahlkommissionen bei den Hochschülerinnen- und Hochschülerschaften an den Universitäten haben die Wahlakten in geordneter und übersichtlicher Form für die Dauer von fünf Jahren, die Stimmzettel für die Dauer von zwei Jahren aufzubewahren. Der Wahlakt bei der Wahlkommission bei der Österreichischen Hochschülerinnen- und Hochschülerschaft umfasst die Wahlakten betreffend die Wahlgemeinschaft und der Listenverbände.

Zuweisung der Mandate für die Bundesvertretung

§ 54. (1) Die Zuweisung der Mandate für die Bundesvertretung erfolgt nach Prüfung durch die Wahlkommission bei der Österreichischen Hochschülerinnen- und Hochschülerschaft auf Grund der diesbezüglichen Wahlen an den Universitäten, den Pädagogischen Hochschulen, den Fachhochschulen und Erhalterinstitutionen von Fachhochschul-Studiengängen, der Wahlgemeinschaft sowie der Listenverbände. *(BGBl II 2008/164)*

(2) Die Zuweisung der Mandate hat gleichzeitig mit der Ladung zur konstituierenden Sitzung der Bundesvertretung zu erfolgen.

(3) Werden von den Wahlkommissionen bei den Hochschülerinnen- und Hochschülerschaften an den Universitäten (§ 14) oder von den Pädagogischen Hochschulvertretungen (§ 50) oder von den Fachhochschul-Studienvertretungen (§ 50c) oder von den Listenverbänden (§ 51) nicht innerhalb der vorgesehenen Fristen Mandatarinnen oder Mandatare für die Bundesvertretung bekannt gegeben oder durch die Wahlgemeinschaft keine Mandatarinnen oder Mandatare für die Bundesvertretung gewählt, so ist die Konstituierung der Bundesvertretung und die Wahl der oder des Vor-

sitzenden und ihrer oder seiner Stellvertreterinnen oder Stellvertreter dennoch durchzuführen. Dies gilt auch, wenn die Zahl der bekannt gegebenen Mandatarinnen und Mandatare nicht der auf Grund des § 35a Abs. 7 Hochschülerinnen- und Hochschülerschaftsgesetz 1998 erlassenen Verordnung entspricht. *(BGBl II 2008/164)*

(4) Über die Zuweisung der Mandate ist eine Niederschrift nach dem Muster der **Anlage 9** anzufertigen.

Zuweisung der Mandate für die Universitätsvertretungen und die Studienvertretungen

§ **55.** (1) Die Zuweisung der Mandate für die Universitätsvertretungen und die Studienvertretungen hat unmittelbar nach der Feststellung des Wahlergebnisses zu erfolgen. Hierbei ist nach den Bestimmungen der §§ 40 bis 42 HSG 1998 vorzugehen.

(2) Über die Zuweisung der Mandate an die wahlwerbenden Gruppen bzw. die Kandidatinnen und Kandidaten bei Studienvertretungen ist für jedes gewählte Organ eine eigene Niederschrift nach dem Muster der **Anlagen 10 und 11** anzufertigen.

Verlautbarung des Wahlergebnisses

§ **56.** (1) Die Vorsitzenden der Wahlkommissionen bei den Hochschülerinnen- und Hochschülerschaften an den Universitäten haben das Wahlergebnis für die Universitätsvertretungen und die Studienvertretungen unverzüglich, längstens aber eine Woche nach dem letzten Wahltag in der in § 31 Abs. 3 vorgeschriebenen Form zu verlautbaren.

(2) Hierbei ist anzugeben:
1. das ziffernmäßige Wahlergebnis, geordnet nach wahlwerbenden Gruppen bzw. nach Kandidatinnen und Kandidaten,
2. die Zahl der auf die wahlwerbenden Gruppen entfallenden Mandate,
3. die gewählten Kandidatinnen und Kandidaten bei Studienvertretungen.

(3) Die oder der Vorsitzende der Wahlkommission bei der Österreichischen Hochschülerinnen- und Hochschülerschaft hat das Wahlergebnis für die Bundesvertretung vor der konstituierenden Sitzung kundzumachen.

Verständigung der Gewählten

§ **57.** (1) Die gewählten Mandatarinnen und Mandatare der Bundesvertretung sind durch die oder den Vorsitzenden der Wahlkommission von ihrer Wahl innerhalb eines Tages nach Kundmachung des Wahlergebnisses nachweislich zu verständigen. Hierbei ist das Formular im Wahladministrationssystem zu verwenden. Steht dieses nicht zur Verfügung, sind Formulare nach dem Muster der **Anlage 13** zu verwenden. Die Wahl gilt als angenommen, wenn die oder der Gewählte ihre oder seine Wahl nicht innerhalb eines Tages nach Zustellung der Verständigung mit eingeschriebenem Brief an die Wahlkommission ablehnt. Die gewählten Mandatarinnen und Mandatare der Universitätsvertretungen und der Studienvertretungen sind durch die oder den Vorsitzenden der Wahlkommission von ihrer Wahl innerhalb eines Tages nach Kundmachung des Wahlergebnisses durch Aushang an der Amtstafel in Kenntnis zu setzen. Auf Beschluss der Wahlkommission kann auch eine zusätzliche nachweisliche Benachrichtigung erfolgen. Hierbei ist das Formular im Wahladministrationssystem zu verwenden. Steht dieses nicht zur Verfügung, sind Formulare nach dem Muster der **Anlage 12** zu verwenden. Die Wahl gilt als angenommen, wenn die oder der Gewählte ihre oder seine Wahl nicht innerhalb von drei Tagen nach Aushang an der Amtstafel der Wahlkommission bei der Hochschülerinnen- und Hochschülerschaft an der betreffenden Universität mit eingeschriebenem Brief an die Wahlkommission ablehnt. *(BGBl II 2008/351)*

(2) Lehnt die oder der Gewählte für die Universitätsvertretung ihre oder seine Wahl ab, so wird das Mandat der oder dem im Wahlvorschlag der betreffenden wahlwerbenden Gruppe nächstfolgenden Kandidatin oder Kandidaten gemäß Abs. 1 zugeteilt.

(3) Lehnt eine Gewählte oder ein Gewählter für die Studienvertretung die Wahl ab, so ist das Mandat der Kandidatin oder dem Kandidaten mit der nächst höchsten Stimmenanzahl gemäß Abs. 1 zuzuweisen, sofern die Bestimmungen des § 42 Abs. 2 HSG 1998 dem nicht entgegenstehen.

(4) Lehnt eine Ersatzperson oder eine Kandidatin oder ein Kandidat das Mandat ab, so ist sie oder er aus der Liste der Kandidatinnen und Kandidaten zu streichen.

(5) Lehnt die oder der Gewählte ihre oder seine Wahl für die Bundesvertretung ab, so hat die jeweilige wahlberechtigte Einrichtung eine neuerliche Wahl durchzuführen.

Einsprüche gegen die Wahl der Bundesvertretung

§ **58.** (1) Die Bundesministerin oder der Bundesminister hat über Einsprüche wegen Verletzung der Bestimmungen über das Wahlverfahren für die Wahl der Bundesvertretung der Studierenden mit Bescheid zu entscheiden.

(2) Jede wahlwerbende Gruppe für eine Universitätsvertretung sowie die Pädagogischen Hochschulvertretungen und die Fachhochschul-Studienvertretungen sind berechtigt, Einsprüche binnen zwei Wochen ab der Verlautbarung des Wahlergebnisses bei der oder dem Vorsitzenden der Wahlkommission bei der Österreichischen Hochschülerinnen- und Hochschülerschaft einzubringen. *(BGBl II 2008/164)*

(3) Die Wahlkommission hat zu dem Einspruch Stellung zu nehmen und den Einspruch und die Stellungnahme der Bundesministerin oder dem Bundesminister zu übermitteln.

(4) Einem Einspruch ist stattzugeben und die jeweilige Wahl an der Universität für ungültig zu erklären, wenn wesentliche Bestimmungen des Wahlverfahrens verletzt wurden und hierdurch die Mandatsverteilung beeinflusst werden konnte. Eine ungültig erklärte Wahl ist an dieser Universität zu wiederholen.

(5) Wird einem Einspruch gegen die ziffernmäßige Ermittlung der Wahlkommission oder gegen falsche rechnerische Ermittlungen bei der Mandatszuweisung stattgegeben, so ist die Ermittlung richtig zu stellen, die erfolgte Verlautbarung der Wahlkommission zu widerrufen und das richtige Wahlergebnis zu verlautbaren. In diesem Fall hat allenfalls eine Neuzuweisung von Mandaten zu erfolgen. Die unrichtig zugewiesenen Mandate erlöschen mit Rechtskraft der Entscheidung über den Einspruch.

(6) Gegen die Entscheidungen der Bundesministerin oder des Bundesministers ist kein ordentliches Rechtsmittel zulässig.

Einsprüche gegen die Wahlen der Universitätsvertretungen und Studienvertretungen

§ 59. (1) Die Wahlkommission bei der Österreichischen Hochschülerinnen- und Hochschülerschaft hat über Einsprüche wegen Verletzung der Bestimmungen über das Wahlverfahren für die Wahlen in die Universitätsvertretungen und die Studienvertretungen der Hochschülerinnen- und Hochschülerschaften mit Bescheid zu entscheiden.

(2) Jede wahlwerbende Gruppe für eine Universitätsvertretung und jede Kandidatin oder jeder Kandidat für die Studienvertretungen ist berechtigt, binnen zwei Wochen ab der Verlautbarung des Wahlergebnisses Einsprüche gegen die jeweilige Wahl bei der oder dem Vorsitzenden der betreffenden Wahlkommission einzubringen.

(3) Die Wahlkommission hat zu dem Einspruch Stellung zu nehmen und den Einspruch und die Stellungnahme der Wahlkommission bei der Österreichischen Hochschülerinnen- und Hochschülerschaft zu übermitteln.

(4) Einem Einspruch ist stattzugeben und die Wahl für ungültig zu erklären, wenn wesentliche Bestimmungen des Wahlverfahrens verletzt wurden und hierdurch die Mandatsverteilung beeinflusst werden konnte. Eine ungültig erklärte Wahl ist nach Maßgabe des § 46 HSG 1998 zu wiederholen.

(5) Wird einem Einspruch gegen die ziffernmäßige Ermittlung einer Wahlkommission oder gegen falsche rechnerische Ermittlungen bei der Mandatszuweisung stattgegeben, so ist die Ermittlung richtig zu stellen, die erfolgte Verlautbarung der Wahlkommission zu widerrufen und das richtige Wahlergebnis zu verlautbaren. In diesem Fall hat allenfalls eine Neuzuweisung von Mandaten zu erfolgen. Die unrichtig zugewiesenen Mandate erlöschen mit Rechtskraft der Entscheidung über den Einspruch.

(6) Gegen Entscheidungen der Wahlkommission bei der Österreichischen Hochschülerinnen- und Hochschülerschaft kann binnen zwei Wochen Berufung an die Bundesministerin oder den Bundesminister als zweite und letzte Instanz erhoben werden. Die Berufung ist bei der Wahlkommission bei der Österreichischen Hochschülerinnen- und Hochschülerschaft einzubringen und von dieser gemeinsam mit einer Stellungnahme der Bundesministerin oder dem Bundesminister zu übermitteln.

(7) Im Verfahren zur Entscheidung über einen Einspruch oder über eine Berufung haben alle wahlwerbenden Gruppen und die zur Wahl zugelassenen Kandidatinnen und Kandidaten für das jeweilige Organ Parteistellung.

Einsprüche gegen die Wahlen an Pädagogischen Hochschulen
(BGBl II 2008/164)

§ 59a. (1) Die Wahlkommission bei der Österreichischen Hochschülerinnen- und Hochschülerschaft hat über Einsprüche wegen Verletzung der Bestimmungen über das Wahlverfahren für die Wahlen an Pädagogischen Hochschulen in die Hochschülerinnen- und Hochschülerschaft mit Bescheid zu entscheiden.

(2) Jede Kandidatin und jeder Kandidat für eine Studiengangsvertretung an einer Pädagogischen Hochschule ist berechtigt, binnen zwei Wochen ab der Verlautbarung des Wahlergebnisses Einsprüche gegen die jeweilige Wahl bei der Rektorin oder dem Rektor bzw. bei der mit der Durchführung der Wahl beauftragten Person einzubringen.

(3) Die Rektorin oder der Rektor bzw. die mit der Durchführung der Wahl beauftragte Person hat zu dem Einspruch Stellung zu nehmen und den Einspruch und ihre oder seine Stellungnahme der Wahlkommission bei der Österreichischen Hochschülerinnen- und Hochschülerschaft zu übermitteln.

(4) Einem Einspruch ist stattzugeben und die Wahl für ungültig zu erklären, wenn wesentliche Bestimmungen des Wahlverfahrens verletzt wurden und hierdurch die Mandatsverteilung beeinflusst werden konnte. Eine für ungültig erklärte Wahl ist zu wiederholen.

(5) Wird einem Einspruch gegen die ziffernmäßige Ermittlung oder gegen falsche rechnerische Ermittlungen bei der Mandatszuweisung stattgegeben, so ist die Ermittlung richtig zu stellen, die erfolgte Verlautbarung von der Rektorin oder dem Rektor bzw. bei der mit der Durchführung der Wahl beauftragten Person ist zu wi-

derrufen und das richtige Wahlergebnis zu verlautbaren. In diesem Fall hat allenfalls eine Neuzuweisung von Mandaten zu erfolgen. Die unrichtig zugewiesenen Mandate erlöschen mit Rechtskraft der Entscheidung über den Einspruch.

(6) Gegen Entscheidungen der Wahlkommission bei der Österreichischen Hochschülerinnen- und Hochschülerschaft kann binnen zwei Wochen Berufung an die Bundesministerin oder den Bundesminister als zweite und letzte Instanz erhoben werden. Die Berufung ist bei der Wahlkommission bei der Österreichischen Hochschülerinnen- und Hochschülerschaft einzubringen und von dieser gemeinsam mit einer Stellungnahme der Bundesministerin oder dem Bundesminister zu übermitteln.

(7) Im Verfahren zur Entscheidung über einen Einspruch oder über eine Berufung haben alle zur Wahl zugelassenen Kandidatinnen und Kandidaten für die jeweilige Studiengangsvertretung Parteistellung.

(BGBl II 2008/164)

Einsprüche gegen Wahlen an Fachhochschulen und Erhalterinstitutionen von Fachhochschul-Studiengängen

(BGBl II 2008/164)

§ **59b.** (1) Die Wahlkommission bei der Österreichischen Hochschülerinnen- und Hochschülerschaft hat über Einsprüche wegen Verletzung der Bestimmungen über das Wahlverfahren an Fachhochschulen bzw. Erhalterinstitutionen von Fachhochschul-Studiengängen in die Hochschülerinnen- und Hochschülerschaften mit Bescheid zu entscheiden.

(2) Jede Kandidatin und jeder Kandidat für gesetzlich oder satzungsmäßig vorgesehene Vertretungseinrichtungen ist berechtigt, binnen zwei Wochen ab der Verlautbarung des Wahlergebnisses Einsprüche gegen die jeweilige Wahl beim Erhalter bzw. die vom Erhalter bestimmte Person einzubringen.

(3) Der Erhalter bzw. die vom Erhalter bestimmte Person hat zu dem Einspruch Stellung zu nehmen und den Einspruch und ihre oder seine Stellungnahme der Wahlkommission bei der Österreichischen Hochschülerinnen- und Hochschülerschaft zu übermitteln.

(4) Einem Einspruch ist stattzugeben und die Wahl für ungültig zu erklären, wenn wesentliche Bestimmungen des Wahlverfahrens verletzt wurden und hierdurch die Mandatsverteilung beeinflusst werden konnte. Eine für ungültig erklärte Wahl ist zu wiederholen.

(5) Wird einem Einspruch gegen die ziffernmäßige Ermittlung oder gegen falsche rechnerische Ermittlungen bei der Mandatszuweisung stattgegeben, so ist die Ermittlung richtig zu stellen, die erfolgte Verlautbarung des Erhalters bzw. der vom Erhalter bestimmten Person zu widerrufen und das richtige Wahlergebnis zu verlautbaren. In diesem Fall hat allenfalls eine Neuzuweisung von Mandaten zu erfolgen. Die unrichtig zugewiesenen Mandate erlöschen mit Rechtskraft der Entscheidung über den Einspruch.

(6) Gegen Entscheidungen der Wahlkommission bei der Österreichischen Hochschülerinnen- und Hochschülerschaft kann binnen zwei Wochen Berufung an die Bundesministerin oder den Bundesminister als zweite und letzte Instanz erhoben werden. Die Berufung ist bei der Wahlkommission bei der Österreichischen Hochschülerinnen- und Hochschülerschaft einzubringen und von dieser gemeinsam mit einer Stellungnahme der Bundesministerin oder dem Bundesminister zu übermitteln.

(7) Im Verfahren zur Entscheidung über einen Einspruch oder über eine Berufung haben alle zur Wahl zugelassenen Kandidatinnen und Kandidaten für die jeweilige Vertretungseinrichtung Parteistellung.

(BGBl II 2008/164)

Wahlwiederholung

§ **60.** (1) Ist auf Grund eines Einspruches wegen Verletzung der Bestimmungen über das Wahlverfahren die Wiederholung einer Wahl notwendig, so ist diese Wahl innerhalb von 60 Tagen ab der Rechtskraft der Entscheidung durchzuführen. Lehrveranstaltungsfreie Zeiten und die Zulassungsfristen sind in diesen Zeitraum nicht einzurechnen.

(2) Die Wahlwiederholung für Wahlen von Universitätsvertretungen und Studienvertretungen ist jeweils in einer Woche von Dienstag bis Donnerstag durchzuführen. Die Abhaltung der Wahlwiederholung während der lehrveranstaltungsfreien Zeit und innerhalb der Zulassungsfristen ist unzulässig. Die Wahltage sind nach Anhörung der Hochschülerinnen- und Hochschülerschaften an den Universitäten von der Bundesministerin oder dem Bundesminister durch Verordnung festzulegen.

(3) Der Wahlwiederholung liegen die zur aufgehobenen Wahl zugelassenen Wahlvorschläge zugrunde, soweit diese nicht spätestens am achten Tag vor der Wahl zurückgezogen werden. Die Einbringung und Zulassung von neuen Wahlvorschlägen auch neuer wahlwerbender Gruppen ist zulässig. Der von der jeweiligen wahlwerbenden Gruppe bei den aufgehobenen Wahlen eingebrachte Wahlvorschlag gilt als zurückgezogen, wenn der neue Wahlvorschlag von der Wahlkommission zugelassen wird.

(4) Wird die Entscheidung über die Aufhebung der Wahl erst im letzten Viertel der Funktionsperiode rechtskräftig, entfällt die Wahlwiederholung und die Organe haben ihre Funktion bis zum Ablauf der Funktionsperiode weiter auszuüben.

(5) Diese Bestimmungen gelten auch für die Kandidaturen für Wahlen der Studienvertretungen.

(6) Wird die Wahl zur Bundesvertretung an einer Universität für ungültig erklärt, so ist diese Wahl umgehend zu wiederholen.

8. Abschnitt
(BGBl II 2008/351)

E-Voting
(BGBl II 2008/351)

Zurverfügungstellung des elektronischen Wahlsystems und Wahladministrationssystems
(BGBl II 2008/351)

§ 61. (1) Die Bundesministerin oder der Bundesminister kann ein elektronisches Wahlsystem und ein Wahladministrationssystem, gegebenenfalls auch nur ein Wahladministrationssystem zur Verfügung stellen. Im Falle der Zurverfügungstellung haben sie den Vorgaben von § 34 und § 39 HSG 1998 zu entsprechen und sind zu verwenden. Die in dieser Verordnung getroffenen Regelungen betreffend das elektronische Wahlsystem und das Wahladministrationssystem sind nur im Falle der Zurverfügungstellung dieses Systems bzw. dieser Systeme anzuwenden. *(BGBl II 2011/20)*

(2) Die Zurverfügungstellung des elektronischen Wahlsystems bzw. des Wahladministrationssystems ist den Hochschülerinnen- und Hochschülerschaften spätestens anlässlich der Bekanntgabe der Wahltage (§ 34 Abs. 2 HSG 1998) bekannt zu geben. *(BGBl II 2011/20)*

(BGBl II 2008/351)

Vorgezogene Stimmabgabe
(BGBl II 2008/351)

§ 62. Den Wahlberechtigten an Universitäten ist die Stimmabgabe mittels E-Voting in Form einer vorgezogenen Stimmabgabe zu ermöglichen. Das elektronische Wahlsystem ist durchgehend von 08:00 Uhr am achten Tag bis 18:00 Uhr am vierten Tag vor dem ersten Wahltag für die Stimmabgabe mittels E-Voting für die Wahlberechtigten verfügbar. Dieser Zeitraum kann durch eine Unterbrechung gemäß § 48 längstens bis 24:00 Uhr am vierten Tag vor dem ersten Wahltag verlängert werden.

(BGBl II 2008/351)

Identitätsnachweis
(BGBl II 2008/351)

§ 63. Die Identität der Studierenden ist mit der Bürgerkarte gemäß § 2 Z 10 E-GovG nachzuweisen.

(BGBl II 2008/351)

Elektronisches Wahlsystem
(BGBl II 2008/351)

§ 64. (1) Das elektronische Wahlsystem besteht aus einem Client, Wahlserversoftware sowie einem Internet-Portal.

(2) Das elektronische Wahlsystem hat durch geeignete Methoden (zB blinde Signaturen, homomorphe Verschlüsselung, Mixer) auf dem Stand der Technik sicherzustellen, dass die von der Wählerin oder dem Wähler abgegebene Stimme bei der durchzuführenden Wahl ihr oder ihm nicht zugeordnet werden kann.

(3) Der Client und die Wahlserversoftware haben bis 60 Tage vor dem ersten Wahltag von einer Bestätigungsstelle gemäß § 34 Abs. 6 HSG 1998 bescheinigt zu werden. Im Rahmen der Bescheinigung hat die Erfüllung der Sicherheitsanforderungen durch das elektronische Wahlsystem unter Heranziehung der Empfehlung des Ministerkomitees des Europarates an die Mitgliedsstaaten Nr. Rec2004(11) vom 30. September 2004 zu den rechtlichen, operationalen und technischen Standards von E-Voting („Legal, Operational and Technical Standards for E-Voting"), erlassen gemäß Art. 15 Abs. b Satzung des Europarates, BGBl. Nr. 121/1956, idgF, überprüft zu werden. Weiters sollen bei der Überprüfung existierende anwendbare Schutzprofile beachtet werden.

(4) Das elektronische Wahlsystem hat das Starten, Unterbrechen, Wiederaufnehmen und Beenden der Stimmabgabe mittels E-Voting durch die jeweiligen Vorsitzenden der Wahlkommissionen bei den Hochschülerinnen- und Hochschülerschaften an den Universitäten gemäß § 48 Abs. 1 zu ermöglichen.

(5) Der Client hat auf marktüblichen Betriebssystemen und Internetbrowsern lauffähig zu sein. Der Client und die Wahlhandlung sind durchgängig in deutscher Sprache sowie nach Bedarf und Möglichkeit auch in anderen Sprachen anzubieten.

(6) Das Internet-Portal hat den Bestimmungen von § 1 Abs. 3 E-GovG und Art. 1 § 6 Abs. 5 des Bundesgesetzes über die Gleichstellung von Menschen mit Behinderungen (Bundes-Behindertengleichstellungsgesetz – BGStG), BGBl. I Nr. 82/2005, zuletzt geändert mit Bundesgesetz BGBl. I Nr. 67/2008, zu genügen.

(7) Die Bundesministerin oder der Bundesminister hat den Mitgliedern, den Beobachterinnen und Beobachtern bei den Wahlkommissionen Einsicht in den Quellcode des Clients und der Wahlserversoftware zu gewähren. Weiters ist auch Einsicht in die Prüfberichte gemäß Abs. 3 zu gewähren.

(BGBl II 2008/351)

Betrieb und Zutritt
(BGBl II 2008/351)

§ 65. (1) Die Wahlserversoftware ist in einem ausfallssicheren Rechenzentrum zu betreiben sowie gegen physische und virtuelle unerlaubte Zugriffe in ausreichendem Maße zu schützen.

(2) Der Betrieb des elektronischen Wahlsystems ist unter größtmöglicher Transparenz bei Wahrung des Stimmgeheimnisses im Sinne der Vorgaben der Empfehlung des Ministerkomitees des Europarates an die Mitgliedsstaaten Nr. Rec2004(11) vom 30. September 2004 zu den rechtlichen, operationalen und technischen Standards von E-Voting („Legal, Operational and Technical Standards for E-Voting"), erlas-

sen gemäß Art. 15 Abs. b Satzung des Europarates, BGBl. Nr. 121/1956, idgF, zu gestalten.

(3) Der Zutritt zu den Serverräumlichkeiten ist nur nach vorangegangener Akkreditierung durch die Vorsitzende oder den Vorsitzenden der Wahlkommission bei der Österreichischen Hochschülerinnen- und Hochschülerschaft zu ermöglichen. Die Kriterien für die Akkreditierung sind in einer Sitzung der Wahlkommission bei der Österreichischen Hochschülerinnen- und Hochschülerschaft zu beschließen.

(BGBl II 2008/351)

Auszählung
(BGBl II 2008/351)

§ 66. Die Stimmen sind ab dem Zeitpunkt der Stimmabgabe mittels E-Voting bis zur Auszählung im Rahmen des elektronischen Wahlsystems besonders gesichert aufzubewahren. Der Zugriff auf die und die Entschlüsselung der so gesicherten Stimmen dürfen nur nach Beigabe der Schlüssel gemäß § 35 Abs. 6 durch die Wahlkommission bei der Österreichischen Hochschülerinnen- und Hochschülerschaft möglich sein.

(BGBl II 2008/351)

Ungültigkeitserklärung
(BGBl II 2008/351)

§ 67. Werden für ein Organ bei der Stimmabgabe mittels E-Voting weniger als drei Stimmen abgegeben, so hat die Wahlkommission bei der Hochschülerinnen- und Hochschülerschaft an der Universität diese Stimmen für ungültig zu erklären und zu löschen. Die betroffenen Wählerinnen und Wähler sind unverzüglich gemäß § 68 in Kenntnis zu setzen und zur erneuten Stimmabgabe einzuladen. Die Kennzeichnungen der Wählerinnen und Wähler gemäß § 38 Abs. 3 bei den entsprechenden Organen sind zu entfernen.

(BGBl II 2008/351)

Verständigung
(BGBl II 2008/351)

§ 68. Werden mittels E-Voting abgegebene Stimmen für ungültig erklärt, so sind die betroffenen Wählerinnen und Wähler schriftlich darüber zu verständigen. Die Verständigung hat unter Angabe von Ort und Öffnungszeiten der Wahllokale zu erfolgen. Zusätzlich hat eine Verständigung per E-Mail, Telefon oder Fax zu erfolgen, sofern entsprechende Kontaktdaten vorliegen. Weiters ist von der jeweiligen Wahlkommission gemäß § 31 Abs. 3 zu verlautbaren, für welche Organe eine erneute Stimmabgabe nach § 67 erfolgen kann.

(BGBl II 2008/351)

Einspruch
(BGBl II 2008/351)

§ 69. Die Daten, sowie der Client und die Wahlserversoftware des E-Voting sind drei Wochen nach dem letzten Wahltag zu archivieren und dem oder der Vorsitzenden der Wahlkommission bei der Österreichischen Hochschülerinnen- und Hochschülerschaft zu übergeben. Diese oder dieser hat die Daten gemäß § 53 Abs. 4 für fünf Jahre, im Falle eines Einspruchs gemäß §§ 58 oder 59 zumindest bis zum Ende des letztinstanzlichen Verfahrens, in geeigneter Form aufzubewahren. Insbesondere ist sicherzustellen, dass das Wahlgeheimnis fortlaufend gewahrt bleibt.

(BGBl II 2008/351)

9. Abschnitt
(BGBl II 2008/351)
Schlussbestimmungen

In-Kraft-Treten

§ 70. (1) Diese Verordnung tritt mit 10. April 2005 in Kraft. *(BGBl II 2008/351)*

Außer-Kraft-Treten

§ 71. Die Verordnung des Bundesministers für Bildung, Wissenschaft und Kultur über die Wahl der Organe der Vertretung der Studierenden an den Universitäten (Hochschülerinnen- und Hochschülerschaftswahlordnung 2001 – HSWO 2001), BGBl. II Nr. 122/2001, tritt mit Ablauf des 9. April 2005 außer Kraft. *(BGBl II 2008/351)*

Übergangsbestimmung

§ 72. (1) Bis zur Konstituierung der Wahlkommission bei der Österreichischen Hochschülerinnen- und Hochschülerschaft auf Grund des § 38 Abs. 2 HSG 1998, in der Fassung des Bundesgesetzes BGBl. I Nr. 1/2005, übernimmt die bisherige bei der Österreichischen Hochschülerschaft eingerichtete Wahlkommission deren Aufgaben.

(2) Abweichend von § 4 Abs. 6 hat der erstmalige Zusammenschluss zu Klubs nach der Hochschülerinnen- und Hochschülerschaftswahl 2005 ehestmöglich nach der Konstituierung der Bundesvertretung der Studierenden zu erfolgen.

(3) Im Rahmen der Hochschülerinnen- und Hochschülerschaftswahlen 2005 dürfen auch die Formulare gemäß den Anlagen zur Hochschülerschaftswahlordnung 2001 (HSWO 2001), BGBl. II Nr. 122/2001, weiterhin verwendet werden.

(4) Bis zur Erlassung einer Satzung an Fachhochschulen und Erhalterinstitutionen von Fachhochschul-Studiengängen durch die Fachhochschul-Studienvertretung wird für die konsekutiven, facheinschlägigen Bachelor-, Master- und Diplomstudiengänge eine gemeinsame Studiengangsvertretung gewählt. *(BGBl II 2008/164)*

(BGBl II 2008/351)

Anlagen 1 bis 13 nicht abgedruckt.

Studienförderungsgesetz 1992 – StudFG

BGBl 1992/305 idF

BGBl 1993/343	BGBl 1994/29	BGBl 1994/619
BGBl 1995/513	BGBl 1996/201	BGBl 1996/377
BGBl 1997/98	BGBl 1998/30	BGBl I 1998/39
BGBl I 1998/71	BGBl I 1998/77	BGBl I 1999/23
BGBl I 2000/76	BGBl I 2000/142	BGBl I 2003/75
BGBl I 2005/11	BGBl I 2006/20	BGBl I 2007/6
BGBl I 2007/46	BGBl I 2008/2	BGBl I 2008/47
BGBl I 2008/134	BGBl I 2009/135	

Inhaltsverzeichnis

Bundesgesetz über die Gewährung von Studienbeihilfen und anderen Studienförderungsmaßnahmen

I. Hauptstück
Geltungsbereich

Studienförderungsmaßnahmen

§ 1. (1) Dieses Bundesgesetz regelt die Ansprüche von Studierenden, die ein Vollzeitstudium betreiben, auf
1. Studienbeihilfen,
2. Versicherungskostenbeiträge,
3. Studienzuschüsse und
4. Beihilfen für Auslandsstudien.

(BGBl I 1999/23, BGBl I 2000/76, BGBl I 2000/142)

(2) Weiters können auf Grund dieses Bundesgesetzes
1. Fahrtkostenzuschüsse,
2. Studienabschluss-Stipendien,
3. Reisekostenzuschüsse,
4. Sprachstipendien,
5. Leistungsstipendien,
6. Förderungsstipendien und
7. Studienunterstützungen

zuerkannt werden.
(BGBl I 1999/23, BGBl I 2000/76)

(3) Die Gewährung einer Studienförderung berührt einen Anspruch auf Unterhalt weder dem Grunde noch der Höhe nach.

(4) Zur Beurteilung von Ansprüchen ist der Zeitpunkt der Antragstellung maßgeblich, soweit im folgenden nichts anderes festgelegt ist.

(BGBl 1996/201)

Begünstigter Personenkreis

§ 2. Förderungen können folgende Personen erhalten:
1. österreichische Staatsbürger (§ 3) und
2. gleichgestellte Ausländer und Staatenlose (§ 4).

Österreichische Staatsbürger

§ 3. (1) Folgende österreichische Staatsbürger können Förderungen erhalten:
1. ordentliche Studierende an österreichischen Universitäten, *(BGBl I 1999/23)*
2. ordentliche Studierende an österreichischen Universitäten der Künste, *(BGBl I 1999/23)*
3. Studierende an einer in Österreich gelegenen Theologischen Lehranstalt (Art. V § 1 Abs. 1 des Konkordates, BGBl. II Nr. 2/1934) nach Ablegung einer Reifeprüfung,
4. ordentliche Studierende an österreichischen Fachhochschul-Studiengängen, *(BGBl I 2007/46)*
5. ordentliche Studierende an österreichischen öffentlichen Pädagogischen Hochschulen, *(BGBl I 2007/46)*
6. ordentliche Studierende an österreichischen anerkannten privaten Pädagogischen Hochschulen, *(BGBl I 2007/46)*
7. ordentliche Studierende an mit dem Öffentlichkeitsrecht ausgestatteten Konservatorien, wenn sie die durch Verordnung des Bundesministers für Bildung, Wissenschaft und Kultur bezeichneten Hauptstudiengänge besuchen (§ 5 Abs. 2), *(BGBl I 2000/76)*
8. Studierende an medizinisch-technischen Akademien und an Hebammenakademien. *(BGBl 1994/29, BGBl 1994/619)*

(2) Den im Abs. 1 genannten österreichischen Bildungseinrichtungen sind gleichgestellt:

1. in Österreich gelegene Bildungseinrichtungen, die nach den Bestimmungen des Universitäts-Akkreditierungsgesetzes – Uni-AkkG, BGBl. I Nr. 168/1999, als Privatuniversitäten akkreditiert sind,
2. in Südtirol gelegene öffentliche Fachhochschulen und Universitäten.

(BGBl I 2000/76, BGBl I 2008/2)

(3) Der Bundesminister für Bildung, Wissenschaft und Kultur hat durch Verordnung zu bestimmen, für welche Studiengänge an Privatuniversitäten und an Fachhochschulen und Universitäten in Südtirol Förderungen nach diesem Bundesgesetz gewährt werden können. Voraussetzung hiefür ist jedenfalls, dass diese Studiengänge zu einem akademischen Grad führen, welcher nach internationalem Standard für mindestens dreijährige Vollzeitstudien verliehen wird. Die Verordnung hat insbesondere die Anspruchsdauer auf Studienbeihilfe unter Berücksichtigung der vorgesehenen Studiendauer, den Nachweis des günstigen Studienerfolges unter Berücksichtigung der Lehrveranstaltungen und Prüfungen aus Pflicht- und Wahlfächern und die Voraussetzungen für das Erlöschen des Anspruches festzulegen. *(BGBl I 2000/76)*

(4) Den im Abs. 1 genannten, mit Öffentlichkeitsrecht ausgestatteten Schulen sind Privatschulen gleichgestellt,

1. die erstmals um das Öffentlichkeitsrecht angesucht haben oder
2. denen im vorangegangenen Schuljahr das Öffentlichkeitsrecht verliehen (und nicht entzogen) worden ist, wenn sie für das laufende Schuljahr um die neuerliche Verleihung angesucht haben.

(BGBl I 2000/76)

(5) Studierende an privaten Studiengängen im Sinne des Hochschulgesetzes 2005, BGBl. I Nr. 30/2006, sind im Hinblick auf Förderungsmaßnahmen nach diesem Bundesgesetz Studierenden an Pädagogischen Hochschulen gleichgestellt. *(BGBl I 2007/46)*

(6) Voraussetzung für den Anspruch auf Studienbeihilfe für die in Abs. 1 genannten Studierenden ist die Inskription, soweit eine solche in den Studien- und Ausbildungsvorschriften vorgesehen ist. Semester, für die eine Inskription oder grundsätzlich im vollen Umfang die Zulassung zum Studien- und Prüfungsbetrieb besteht, sind für die Anspruchsdauer (§ 18) des Studiums zu berücksichtigen. *(BGBl 1993/343, BGBl I 1997/98, BGBl I 1998/39, BGBl I 1999/23, BGBl I 2000/76)*

Gleichgestellte Ausländer und Staatenlose

§ 4. (1) Staatsbürger von Vertragsparteien des Übereinkommens zur Schaffung des Europäischen Wirtschaftsraumes (EWR) und von Vertragsparteien des Vertrages zur Gründung der Europäischen Gemeinschaft sowie Drittstaatsangehörige sind österreichischen Staatsbürgern gleichgestellt, soweit es sich aus diesen Übereinkommen ergibt. *(BGBl I 2006/20)*

(2) Staatenlose sind österreichischen Staatsbürgern gleichgestellt, wenn sie vor der Aufnahme an einer im § 3 genannten Einrichtung

1. gemeinsam mit wenigstens einem Elternteil zumindest durch fünf Jahre in Österreich unbeschränkt einkommensteuerpflichtig waren und
2. in Österreich während dieses Zeitraumes den Mittelpunkt ihrer Lebensinteressen hatten.

(BGBl I 1999/23, BGBl I 2006/20)

(3) Flüchtlinge im Sinne des Artikels 1 des Abkommens über die Rechtsstellung der Flüchtlinge, BGBl. Nr. 55/1955, sind österreichischen Staatsbürgern gleichgestellt.

Sonstige Gleichstellungen

§ 5. (1) Der Bundesminister für Bildung, Wissenschaft und Kultur hat durch Verordnung zu bestimmen, inwieweit Personen, die sich auf die Studienberechtigungsprüfung vorbereiten, unter Berücksichtigung von Art und Dauer des Studiums ordentlichen Hörern im Hinblick auf den Anspruch auf Studienbeihilfe gleichzustellen sind. Die Verordnung hat die Anspruchsdauer, den Nachweis des günstigen Studienerfolges und die Voraussetzungen für das Erlöschen des Anspruchs festzulegen. *(BGBl 1994/619, BGBl I 2000/76)*

(2) Der Bundesminister für Bildung, Wissenschaft und Kultur hat durch Verordnung zu bestimmen, inwieweit Personen, die sich auf die Prüfungen zwecks Zulassung zu einem Fachhochschul-Studiengang vorbereiten, unter Berücksichtigung von Art und Dauer des Studiums mit Studierenden von Fachhochschul-Studiengängen gleichzusetzen sind. Die Verordnung hat die Anspruchsdauer, den Nachweis des günstigen Studienerfolges und die Voraussetzungen für das Erlöschen des Anspruchs festzulegen. *(BGBl 1993/343, BGBl I 2000/76)*

(3) Der Bundesminister für Bildung, Wissenschaft und Kultur hat mit Verordnung jene Hauptstudiengänge an Konservatorien zu bestimmen, deren ordentliche Studierende Rechtsansprüche auf Grund dieses Bundesgesetzes haben. Diese Studiengänge müssen

1. in praktisch-künstlerischen Fertigkeiten bis zur höchsten Stufe führen und eine entsprechende theoretische Ausbildung bieten oder zu einer Lehrbefähigung führen,
2. mindestens acht Semester dauern und
3. in den Pflichtgegenständen ein durchschnittliches Ausmaß von mindestens zehn Wochenstunden je Semester aufweisen.

In der Verordnung ist auch der Umfang der gemäß § 24 Z 3 vorzulegenden Studiennachweise unter Berücksichtigung des Organisationsstatuts festzusetzen. *(BGBl 1994/343, BGBl I 2000/76)*

II. Hauptstück
Studienbeihilfen

1. Abschnitt
Voraussetzungen

§ 6. Voraussetzung für die Gewährung einer Studienbeihilfe ist, daß der Studierende
1. sozial bedürftig ist (§§ 7 bis 12),
2. noch kein Studium (§ 13) oder keine andere gleichwertige Ausbildung absolviert hat,
3. einen günstigen Studienerfolg nachweist (§§ 16 bis 25),
4. das Studium, für das Studienbeihilfe beantragt wird, vor Vollendung des 30. Lebensjahres begonnen hat. Diese Altersgrenze erhöht sich
   a) für Selbsterhalter gemäß § 27 um ein weiteres Jahr für jedes volle Jahr, in dem sie sich länger als vier Jahre zur Gänze selbst erhalten haben, höchstens jedoch um insgesamt fünf Jahre,
   b) für Studierende gemäß § 28, die zur Pflege und Erziehung mindestens eines Kindes gesetzlich verpflichtet sind, um maximal zwei Jahre je Kind, höchstens jedoch um insgesamt fünf Jahre,
   c) für behinderte Studierende gemäß § 29 um fünf Jahre,
   d) für Studierende, die ein Masterstudium aufnehmen, um fünf Jahre, sofern sie das Bachelorstudium vor Überschreitung der Altersgrenze unter Berücksichtigung der lit. a bis c begonnen haben.

(BGBl 1994/619, BGBl 1996/201, BGBl I 1998/71, BGBl I 2008/47)

2. Abschnitt
Soziale Bedürftigkeit

Kriterien der sozialen Bedürftigkeit

§ 7. (1) Maßgebend für die soziale Bedürftigkeit im Sinne dieses Bundesgesetzes sind
1. Einkommen,
2. Familienstand und
3. Familiengröße

des Studierenden, seiner Eltern und seines Ehegatten oder eingetragenen Partners. *(BGBl 1994/619, BGBl I 2009/135)*

(2) Für die Beurteilung von Einkommen, Familienstand und Familiengröße ist der Zeitpunkt der Antragstellung entscheidend. *(BGBl 1994/619)*

(3) Unter Eltern im Sinne dieses Bundesgesetzes sind die leiblichen Eltern und die Wahleltern zu verstehen.

Einkommen

§ 8. (1) Einkommen im Sinne dieses Bundesgesetzes ist
1. das Einkommen gemäß § 2 Abs. 2 des Einkommensteuergesetzes 1988 (EStG 1988), BGBl. Nr. 400, in der jeweils geltenden Fassung zuzüglich
2. der Hinzurechnungen gemäß § 9 und
3. des Pauschalierungsausgleichs gemäß § 10.

(BGBl 1994/619)

(2) Sind im Einkommen lohnsteuerpflichtige Einkünfte enthalten, so sind bei der Ermittlung des Einkommens nach Abs. 1 die lohnsteuerpflichtigen Einkünfte gemäß § 11 Abs. 1 anzusetzen. Eine Hinzurechnung derartiger Einkünfte hat auch dann zu erfolgen, wenn zwar nicht im zuletzt veranlagten, jedoch in dem gemäß § 11 Abs. 1 maßgeblichen Kalenderjahr lohnsteuerpflichtige Einkünfte zugeflossen sind. Dies gilt sinngemäß auch für steuerfreie Bezüge gemäß § 9 Z 1 und Z 3. *(BGBl 1994/619, BGBl 1996/201)*

(3) Haben Personen, deren Einkommen für die Beurteilung der sozialen Bedürftigkeit maßgeblich ist, im Inland weder ihren Wohnsitz noch ihren gewöhnlichen Aufenthalt oder genießen sie in Österreich auf Grund eines völkerrechtlichen Vertrages oder auf Grund des Bundesgesetzes über die Einräumung von Privilegien und Immunitäten an internationale Organisationen, BGBl. Nr. 677/1977, Befreiung von der Einkommensteuer, so ist das Einkommen unter Anwendung des § 184 der Bundesabgabenordnung (BAO), BGBl. Nr. 194/1961, zu schätzen.

(Abs. 4 entfällt durch BGBl I 2000/142)

Hinzurechnungen

§ 9. Dem Einkommen nach § 2 Abs. 2 EStG 1988 sind folgende Beträge hinzuzurechnen:
1. steuerfreie Bezüge gemäß § 3 Abs. 1 Z 1, Z 2, Z 3 lit. a – jedoch mit Ausnahme des Pflegegeldes oder einer vergleichbaren Leistung –, Z 4 lit. a, c und e, Z 5 lit. a bis d, Z 8 bis 12, Z 15, Z 22 bis 24 sowie Z 25, Z 27 und Z 28 EStG, wenn es sich dabei um wiederkehrende Leistungen handelt;
2. die Beträge nach § 4 Abs. 4 Z 4, 4a, 8 und 10, § 10, § 18 Abs. 6 und 7, § 24 Abs. 4, § 27 Abs. 3, § 41 Abs. 3 und § 124b Z 31 EStG sowie nach dem Bundesgesetz über steuerliche Sondermaßnahmen zur Förderung des Wohnbaus, BGBl. Nr. 253/1993, soweit sie bei der Ermittlung des Einkommens abgezogen wurden;
3. Prämien nach den §§ 108c, 108e und 108f EStG, Sonderunterstützungen nach dem Sonderunterstützungsgesetz, BGBl. Nr. 642/1973, und die besondere Schulbeihilfe nach dem Schülerbeihilfengesetz 1983, BGBl. Nr. 455.

(BGBl I 2003/75)

Pauschalierungsausgleich

§ 10. Gewinne, die nach Durchschnittssätzen (§ 17 EStG 1988) ermittelt werden, sind zu erhöhen. Die Erhöhung beträgt
1. bei Einkünften aus Land- und Forstwirtschaft 10 % des Einheitswertes des land- und forstwirtschaftlichen Vermögens,

2. bei Einkünften aus Land- und Forstwirtschaft, für die keine Veranlagung erfolgt, weitere 10 % des Einheitswertes des land- und forstwirtschaftlichen Vermögens,
3. bei Einkünften aus selbständiger Arbeit oder aus Gewerbebetrieb 10 % dieser Einkünfte.

(BGBl 1994/619)

Einkommensnachweise

§ 11. (1) Das Einkommen im Sinne dieses Bundesgesetzes ist wie folgt nachzuweisen:

1. grundsätzlich durch die Vorlage des Einkommensteuerbescheides über das zuletzt veranlagte, spätestens jedoch über jenes Kalenderjahr, das dem Beginn des laufenden Studienjahres vorangegangen ist; der Einkommensteuerbescheid einer Arbeitnehmerveranlagung ist nicht heranzuziehen, wenn das zuletzt veranlagte Jahr mehr als drei Jahre zurückliegt und im gemäß Z 2 maßgeblichen Kalenderjahr ausschließlich lohnsteuerpflichtige Einkommen bezogen wurden, *(BGBl I 2000/76)*
2. bei lohnsteuerpflichtigen Einkünften außerdem durch die Vorlage sämtlicher Lohnzettel über jenes Kalenderjahr, das dem Beginn des laufenden Studienjahres vorangegangen ist,
3. bei Einkünften aus Land- und Forstwirtschaft, die nach Durchschnittssätzen (§ 17 EStG 1988) ermittelt werden, durch die Vorlage des zuletzt ergangenen Einheitswertbescheides,
4. bei steuerfreien Bezügen gemäß § 9 Z 1 und Z 3 durch eine Bestätigung der bezugsliquidierenden Stelle über die Bezüge jenes Kalenderjahres, das dem Beginn des laufenden Studienjahres vorangegangen ist.

(BGBl 1994/619, BGBl 1996/201)

(2) Über Sonderausgaben, allfällige steuerfreie Bezüge, Beträge gemäß § 9 Z 2 sowie ausländische Einkünfte ist eine Erklärung abzugeben. Es können, insbesondere bei ausländischen Einkünften, auch andere Nachweise über das Einkommen oder Teile desselben gefordert werden. *(BGBl 1994/619)*

Sonderfälle der Einkommensbewertung

§ 12. (1) Das im Kalenderjahr der Antragstellung zu erwartende Jahreseinkommen ist für die Beurteilung der sozialen Bedürftigkeit zu schätzen, wenn es voraussichtlich eine mindestens ein Jahr dauernde Verminderung um mindestens 10 Prozent gegenüber dem gemäß § 11 zu berücksichtigenden Einkommen erfährt. Eine Schätzung ist nicht zulässig bei Einkommensschwankungen infolge von Zahlungen gemäß den §§ 67 und 68 EStG 1988 oder bei saisonal bedingten Einkommensschwankungen.

(2) Bei Ableben eines Elternteils, dessen Einkommen zur Beurteilung der sozialen Bedürftigkeit heranzuziehen gewesen wäre, ist das zu erwartende Einkommen aller für die Beurteilung maßgeblichen Personen zu schätzen. Diese Schätzung hat die infolge des Todesfalles anfallenden, regelmäßig wiederkehrenden Einkünfte zum Zeitpunkt der Antragstellung, umgerechnet auf ein Kalenderjahr, heranzuziehen.

(3) Das Einkommen des Studierenden ist nur insoweit für die Beurteilung der sozialen Bedürftigkeit heranzuziehen, als es in Zeiträumen bezogen wird, für die auch Studienbeihilfe zuerkannt wird. Der Studierende hat anlässlich der Antragstellung eine Erklärung über sein Einkommen in den Zeiträumen abzugeben, für die er Studienbeihilfe beantragt. *(BGBl I 2000/ 142)*

(4) Das Jahreseinkommen des letztvergangenen Kalenderjahres ist auf Antrag des Studierenden heranzuziehen, wenn er dieses Einkommen vollständig durch Einkommensnachweise im Sinne des § 11 Abs. 1 nachweisen kann. *(BGBl 1996/201)*

(BGBl 1994/619)

3. Abschnitt
Studium

Begriff

§ 13. (1) Unter Studium ist eine auf Grund der einschlägigen Studienvorschriften durchgeführte Ausbildung an dem im § 3 genannten Einrichtungen oder auch eine in den Studienvorschriften vorgeschriebene Kombination von Studienrichtungen oder Fächern, ein Studium irregulare (§ 13 Abs. 3 des Allgemeinen Hochschul-Studiengesetzes – AHStG, BGBl. Nr. 177/1966, § 16 Abs. 3 des Kunsthochschul-Studiengesetzes – KHStG, BGBl. Nr. 187/ 1983) oder ein individuelles Diplomstudium (§ 17 UniStG) zu verstehen. *(BGBl I 1997/98)*

StudFG

(2) Unter der vorgesehenen Studienzeit ist jene in Semestern oder Studienjahren definierte Zeitspanne zu verstehen, die in den jeweiligen Studienvorschriften für die Absolvierung eines Studienabschnittes oder eines Studiums festgelegt ist.

Mehrfachstudien

§ 14. (1) Bei gleichzeitiger Absolvierung mehrerer Studien besteht Anspruch auf Studienbeihilfe nur für ein Studium. Die Wahl des Studiums, für das Studienbeihilfe beantragt wird, steht dem Studierenden frei. Jede Änderung dieser Entscheidung gilt als Studienwechsel. *(BGBl 1994/619)*

(2) Bei kombinationspflichtigen Studienrichtungen ist für den Bezug von Studienbeihilfe der günstige Studienerfolg aus jeder der beiden kombinierten Studienrichtungen nachzuweisen. *(BGBl 1994/619)*

Vorstudien

§ 15. (1) Vorstudien sind für die Anspruchsdauer des Studiums insoweit zu berücksichtigen, als dem Studierenden Studienzeiten angerechnet oder Prüfungen anerkannt wurden. Bescheide über die Anrechnung von Vorstudienzeiten und Prüfungen sind für die Studienbeihilfenbehörde bindend. Wurden ausschließlich Prüfungen oder Lehrveranstaltungen anerkannt, so hat die Studienbeihilfenbehörde über die Berücksichtigung der Vorstudienzeiten für die Anspruchsdauer des nunmehr betriebenen Studiums zu entscheiden. Dazu ist die Zahl der Semesterstunden der anerkannten Lehrveranstaltungen und Prüfungen den insgesamt im Studienplan vorgesehenen Lehrveranstaltungen und Prüfungen gegenüberzustellen.

(2) Anspruch auf Studienbeihilfe besteht trotz Absolvierung eines Kurzstudiums an einer Universität oder Kunsthochschule oder eines Hauptstudienganges eines Konservatoriums, wenn diese Vorstudienzeit zur Gänze für die Anspruchsdauer eines Diplomstudiums berücksichtigt wird.

(3) Anspruch auf Studienbeihilfe für ein Masterstudium besteht trotz Absolvierung eines Bachelorstudiums, wenn die Studierenden

1. das Masterstudium spätestens 24 Monate nach Abschluss des Bachelorstudiums aufgenommen haben und
2. die vorgesehene Studienzeit zur Absolvierung des Bachelorstudiums um nicht mehr als drei Semester überschritten haben.

(BGBl I 1999/23, BGBl I 2000/76, BGBl I 2005/11, BGBl I 2008/47)

(4) Anspruch auf Studienbeihilfe für ein Doktoratsstudium besteht trotz Absolvierung eines Diplomstudiums oder eines Bakkalaureatsstudiums und eines an ein Bakkalaureatsstudium anschließendes Magisterstudium oder eines Fachhochschul-Studienganges, wenn der Studierende

1. das Doktoratsstudium spätestens zwölf Monate nach Abschluss des vorangegangenen Studiums aufgenommen hat,
2. die vorgesehene Studienzeit zur Absolvierung des zweiten und dritten Studienabschnittes des Diplomstudiums oder des Bakkalaureatsstudiums oder des daran anschließenden Magisterstudiums oder des Fachhochschul-Studienganges um nicht mehr als zwei Semester überschritten hat.

(BGBl I 2000/76, BGBl I 2005/11)

(5) Wenn für den zweiten oder dritten Studienabschnitt eines Vorstudiums Studienbeihilfe bezogen wurde, besteht außer in den Fällen des § 17 Abs. 2 und 3 kein Anspruch auf Studienbeihilfe. *(BGBl I 1997/98, BGBl I 1999/23, BGBl I 2000/76)*

(6) In die Fristen gemäß Abs. 3 Z 1 und 2 und Abs. 4 Z 1 und 2 sind die Zeiten des Präsenz- oder Zivildienstes und Zeiten in der Dauer des Mutterschutzes gemäß den §§ 3 und 5 des Mutterschutzgesetzes, BGBl. Nr. 221/1979, sowie Zeiten, für die wichtige Gründe im Sinne des § 19 Abs. 2 nachgewiesen wurden, nicht einzurechnen. *(BGBl I 2003/75, BGBl I 2008/47)*

4. Abschnitt
Günstiger Studienerfolg

Allgemeine Voraussetzungen

§ 16. (1) Ein günstiger Studienerfolg als Voraussetzung für den Anspruch auf Studienbeihilfe liegt vor, wenn der Studierende

1. sein Studium zielstrebig betreibt (§ 17),
2. die vorgesehene Studienzeit nicht wesentlich überschreitet (§§ 18 und 19) und
3. Nachweise über die erfolgreiche Absolvierung von Lehrveranstaltungen und Prüfungen vorlegt (§§ 20 bis 25).

(BGBl 1996/201)

(2) Der Nachweis des günstigen Studienerfolges muß spätestens bis zum Ende der Antragsfrist erworben werden, um einen Anspruch auf Studienbeihilfe für das jeweilige Semester zu begründen. *(BGBl 1996/201)*

Studienwechsel

§ 17. (1) Ein günstiger Studienerfolg liegt nicht vor, wenn der Studierende

1. das Studium öfter als zweimal gewechselt hat oder
2. das Studium nach dem jeweils dritten inskribierten Semester (nach dem zweiten Ausbildungsjahr) gewechselt hat oder
3. nach einem Studienwechsel aus dem vorhergehenden Studium keinen günstigen Studienerfolg nachgewiesen hat, bis zum Nachweis eines günstigen Studienerfolges aus dem neuen Studium.

(BGBl 1996/201)

(2) Nicht als Studienwechsel im Sinne des Abs. 1 gelten:

1. Studienwechsel, bei welchen die gesamten Vorstudienzeiten für die Anspruchsdauer des nunmehr betriebenen Studiums berücksichtigt werden, weil sie dem nunmehr betriebenen Studium auf Grund der besuchten Lehrveranstaltungen und absolvierten Prüfungen nach Inhalt und Umfang der Anforderungen gleichwertig sind,
2. Studienwechsel, die durch ein unabwendbares Ereignis ohne Verschulden des Studierenden zwingend herbeigeführt wurden,
3. Studienwechsel, die unmittelbar nach Absolvierung der Reifeprüfung einer höheren Schule erfolgen, wenn für das während des Besuchs der höheren Schule betriebene Studium keine Studienbeihilfe bezogen wurde,
4. die Aufnahme eines Doktoratsstudiums gemäß § 15 Abs. 3.

(BGBl I 1997/98)

(3) Nicht als Studienwechsel im Sinne des § 17 Abs. 1 Z 1 und 2 gilt der Wechsel von der Studienrichtung Medizin zur Studienrichtung Zahnmedizin für Studierende, die die Studienrichtung Medizin vor dem Studienjahr 1998/99 aufgenommen haben und den Studienwechsel spätestens im Sommersemester 2001 vornehmen. *(BGBl I 1999/23)*

(4) Ein Studienwechsel im Sinne des Abs. 1 Z 2 ist nicht mehr zu beachten, wenn die Studierenden in dem nunmehr gewählten Studium so viele Semester wie in den vor dem Studienwechsel betriebenen Studien zurückgelegt haben. Anerkannte Prüfungen aus dem Vorstudium verkürzen diese Wartezeiten; dabei ist auf ganze Semester aufzurunden. *(BGBl I 1999/23, BGBl I 2000/76, BGBl I 2008/47)*

Anspruchsdauer

§ 18. (1) Die Anspruchsdauer umfasst grundsätzlich die zur Absolvierung von Diplomprüfungen, Bakkalaureatsprüfungen, Magisterprüfungen, Rigorosen, Lehramtsprüfungen oder anderen das Studium oder den Studienabschnitt abschließenden Prüfungen vorgesehene Studienzeit zuzüglich eines weiteren Semesters. Sofern das Studien- oder Ausbildungsjahr nicht in Semester gegliedert ist, umfasst die Anspruchsdauer die vorgesehene Studienzeit zuzüglich eines halben Studien- oder Ausbildungsjahres. Sie richtet sich nach den Auszahlungsterminen des Semesters oder des Studien- oder Ausbildungsjahres (§ 47 Abs. 1). Wenn wichtige Gründe für die Überschreitung dieser Zeitspanne vorliegen, kann die Anspruchsdauer entsprechend verlängert werden (§ 19). *(BGBl 1993/343, BGBl I 2000/76)*

(2) Nach Überschreitung der Anspruchsdauer liegt ein günstiger Studienerfolg so lange nicht vor, bis die abschließende Prüfung abgelegt wird.

(3) Die Anspruchsdauer eines weiteren Studienabschnitts beginnt nicht vor jenem Semester, in dem die den vorangehenden Studienabschnitt abschließende Prüfung abgelegt wurde. *(BGBl I 1997/98)*

(4) Für Studierende an Universitäten und Kunsthochschulen, die die erste Diplomprüfung (das erste Rigorosum) in der vorgesehenen Studienzeit abgelegt haben, verlängert sich in dieser Studienrichtung die Anspruchsdauer im zweiten Studienabschnitt um ein Semester. Entsprechendes gilt bei Studienrichtungen, die in drei Studienabschnitte gegliedert sind,für die zweite Diplomprüfung (das zweite Rigorosum).

(5) Der Bundesminister für Bildung, Wissenschaft und Kultur kann durch Verordnung für einzelne Studienrichtungen und Studienzweige an jenen Universitäten die Anspruchsdauer um ein Semester je Studienabschnitt verlängern, an denen

1. infolge Platzmangels generelle Zugangsbeschränkungen zu Lehrveranstaltungen (§ 10 Abs. 4 AHStG) bestehen,
2. die Frist über die Begutachtung von Diplomarbeiten oder Dissertationen (§ 26 Abs. 9 AHStG) generell nicht eingehalten wird oder
3. mehr als die Hälfte der Studienbeihilfenbezieher die Anspruchsdauer gemäß Abs. 1 überschreiten, wobei die Gründe für diese Überschreitung im Bereich der Universitäten gelegen sein müssen.

(BGBl I 2000/76)

(6) Bei der Berechnung der Studienzeit ist davon auszugehen, dass 30 ECTS-Punkte einer Studienzeit von einem Semester entsprechen. *(BGBl I 2008/47)*

(7) Die Regelungen hinsichtlich der Studienabschnitte gelten nur für Diplomstudien. *(BGBl I 2008/47)*

Verlängerung der Anspruchsdauer aus wichtigen Gründen

§ 19. (1) Die Anspruchsdauer ist zu verlängern, wenn der Studierende nachweist, daß die Studienzeitüberschreitung durch einen wichtigen Grund verursacht wurde.

(2) Wichtige Gründe im Sinne des Abs. 1 sind:

1. Krankheit des Studierenden, wenn sie durch fachärztliche Bestätigung nachgewiesen wird,
2. Schwangerschaft der Studierenden und
3. jedes unvorhergesehene oder unabwendbare Ereignis, wenn den Studierenden daran kein Verschulden oder nur ein minderer Grad des Versehens trifft.

(3) Die Anspruchsdauer ist ohne weiteren Nachweis über die Verursachung der Studienverzögerung in folgendem Ausmaß zu verlängern:

1. bei Schwangerschaft um ein Semester,
2. bei der Pflege und Erziehung eines Kindes vor Vollendung des sechsten Lebensjahres, zu der Studierende während ihres Studiums gesetzlich verpflichtet sind, um insgesamt höchstens zwei Semester je Kind,
3. bei Studierenden, deren Grad der Behinderung nach bundesgesetzlichen Vorschriften mit mindestens 50 % festgestellt ist, um zwei Semester,
4. bei Ableistung des Präsenz- oder Zivildienstes während der Anspruchdauer um ein Semester für jeweils sechs Monate der Ableistung.

(BGBl I 1999/23, BGBl I 2008/47)

(4) Der Bundesminister für Bildung, Wissenschaft und Kultur kann für Studierende im Sinne des Abs. 3 Z 3 durch Verordnung die Anspruchsdauer unter Berücksichtigung von spezifisch den Studienfortgang betreffenden Behinderungen um bis zu 50% der vorgesehenen Studienzeit verlängern. *(BGBl I 1999/23, BGBl I 2000/96, BGBl I 2003/75)*

(5) Das Vorliegen eines wichtigen Grundes bewirkt nur die Verlängerung der Anspruchsdauer, ohne von der Verpflichtung zum Nachweis eines günstigen Studienerfolges im Sinne der §§ 20 bis 25 zu entheben.

(6) Auf Antrag der Studierenden ist

1. bei Studien im Ausland, überdurchschnittlich umfangreichen und zeitaufwendigen wissenschaftlichen Arbeiten oder ähnlichen außergewöhnlichen Studienbelastungen die Anspruchsdauer um ein weiteres Semester zu verlängern oder *(BGBl I 2008/47)*

2. bei Vorliegen wichtiger Gründe im Sinne der Z 1 oder der Abs. 2, 3 und 4 die Überschreitung der zweifachen Studienzeit des ersten Studienabschnittes zuzüglich eines Semesters (§ 20 Abs. 2), die Überschreitung der Studienzeit des zweiten und dritten Studienabschnittes des Diplomstudiums, die Überschreitung der Studienzeit des Bakkalaureatsstudiums oder des Magisterstudiums oder des Fachhochschul-Studienganges um mehr als zwei Semester (§ 15 Abs. 3 und 4) nachzusehen,

wenn das überwiegende Ausmaß der Studienzeitüberschreitung auf die genannten Gründe zurückzuführen und auf Grund der bisherigen Studienleistungen zu erwarten ist, dass der Studierende die Diplomprüfung, die Bakkalaureatsprüfung, die Magisterprüfung oder das Rigorosum innerhalb der Anspruchsdauer ablegen wird. Vor Erlassung des Bescheides ist innerhalb von sechs Wochen an Universitäten und Universitäten der Künste dem Studiendekan, sonst dem Leiter der Ausbildungseinrichtung Gelegenheit zu geben, zu Vorbringen von Studierenden über im Bereich der Ausbildungseinrichtung verursachte Studienverzögerungen Stellung zu nehmen.

(BGBl 1994/619, BGBl I 1997/98, BGBl I 1999/23, BGBl I 2000/76)

(7) Bei gleichzeitiger Einbringung eines Antrages gemäß Abs. 6 mit einer Vorstellung oder Berufung ist zuerst über den Antrag gemäß Abs. 6 zu entscheiden.

(8) Ein mit rechtskräftigem Bescheid abgeschlossenes Verfahren über die Gewährung von Studienbeihilfe ist nach einer stattgebenden Entscheidung über einen Antrag gemäß Abs. 6 wiederaufzunehmen.

(9) Anträge gemäß Abs. 6 Z 1 sind in der Antragsfrist auf Studienbeihilfe in dem auf die Anspruchsdauer unmittelbar folgenden Semester zu stellen. Verspätet eingebrachte Anträge sind zurückzuweisen. *(BGBl 1996/201)*

(BGBl I 2008/47)

Abs. 10 entfällt durch BGBl I 2008/47.

Studienerfolg an Universitäten, Theologischen Lehranstalten und Fachhochschulen
(BGBl I 2008/47)

§ 20. (1) Studierende an Universitäten, Theologischen Lehranstalten und Fachhochschulen erbringen den Nachweis eines günstigen Studienerfolges

1. in den ersten beiden Semestern durch die Zulassung als ordentliche Studierende;
2. nach den ersten beiden Semestern insgesamt und nach den ersten beiden Semestern jeder Studienrichtung durch Zeugnisse über erfolgreich absolvierte Lehrveranstaltungen und Prüfungen aus Pflicht- und Wahlfächern im Ausmaß von 30 ECTS-Punkten oder 14 Semesterstunden; der Nachweis des günstigen Studienerfolges ist auch schon nach Abschluss des ersten Semesters einer Studienrichtung möglich; bei einem Studienwechsel nach dem ersten Semester kann der Studienerfolg auch je zur Hälfte aus den beiden Studienrichtungen nachgewiesen werden;
3. nach jedem Studienabschnitt durch die Ablegung der Diplomprüfung oder des Rigorosums;
4. nach dem sechsten Semester jeder Studienrichtung, die nicht in Studienabschnitte gegliedert ist oder deren vorgesehene Studienzeit im ersten Studienabschnitt mindestens sechs Semester umfasst, durch Zeugnisse über erfolgreich absolvierte Lehrveranstaltungen und Prüfungen aus Pflicht- und Wahlfächern im Ausmaß von 90 ECTS-Punkten oder 42 Semesterstunden;
5. abweichend von Z 2 nach dem zweiten Semester eines Masterstudiums im Ausmaß von 20 ECTS-Punkten oder zehn Semesterstunden, nach dem zweiten Semester eines Doktoratsstudiums im Ausmaß von zwölf ECTS-Punkten oder sechs Semesterstunden.“

(BGBl 1994/619, BGBl I 1997/98, BGBl I 1998/39, BGBl I 1999/23, BGBl I 2000/76, BGBl I 2008/47)

(2) Ein günstiger Studienerfolg liegt nicht vor, wenn ein Studierender die erste Diplomprüfung (das erste Rigorosum) des Studiums, für das Studienbeihilfe beantragt wird, oder eines Vorstudiums nicht innerhalb der zweifachen vorgesehenen Studienzeit zuzüglich eines weiteren Semesters absolviert hat.

Abs. 3–7 entfallen durch BGBl I 2008/47.

§§ 21, 22 und 22a entfallen durch BGBl I 2008/47.

Studienerfolg an Pädagogischen Hochschulen
(BGBl I 2007/46)

§ 23. An Pädagogischen Hochschulen ist der Nachweis des günstigen Studienerfolges zu erbringen:

1. im ersten Studienjahr durch die Aufnahme als ordentliche Studierende;
2. ab dem zweiten Studienjahr durch Studien- und Prüfungsleistungen im Ausmaß von mindestens 30 ECTS-Punkten aus den beiden vorangegangenen Semestern.

(BGBl I 2007/46)

Studienerfolg an Konservatorien

§ 24. An Konservatorien ist der Nachweis eines günstigen Studienerfolges zu erbringen:

1. in den ersten beiden Semestern durch den Nachweis der Aufnahme als ordentlicher Studierender im Hauptstudiengang,
2. nach dem zweiten Semester und danach nach jedem vierten Semester durch Zeugnisse über die erfolgreiche Ablegung der im Organisationsstatut vorgesehenen Prüfungen in den Ergänzungsfächern der jeweiligen Studienrichtung in einem der zurückgelegten Studienzeit entsprechenden Ausmaß,
3. bei jeder Antragstellung nach dem zweiten oder einem höheren Semester durch den Nachweis der positiven Beurteilung aus al-

len Hauptfächern der jeweiligen Studienrichtung im vorangegangenen Semester.“
(BGBl I 2000/76)

Studienerfolg an medizinisch-technischen Akademien
(BGBl 1994/29)

§ 25. (1) An medizinisch-technischen Akademien ist der Nachweis des günstigen Studienerfolges zu erbringen:
1. im ersten Ausbildungsjahr durch den Nachweis der Aufnahme als Studierender gemäß den §§ 16 und 17 des Bundesgesetzes über die Regelung der medizinisch-technischen Dienste (MTD-Gesetz), BGBl. Nr. 460/1992;
2. im zweiten und dritten Ausbildungsjahr durch die Vorlage einer Bestätigung der Direktion über die Ablegung der Einzelprüfungen, deren Notendurchschnitt nicht schlechter als 2,5 sein darf;
3. nach dem dritten Ausbildungsjahr durch die Vorlage einer Bestätigung der Direktion, aus der hervorgeht, daß die Leistungen des Studierenden nicht unter dem Durchschnitt liegen.

(2) Ein günstiger Studienerfolg liegt auch nicht vor, wenn ein Studierender ein Ausbildungsjahr wiederholt oder wegen Nichterreichens des Ausbildungszieles gemäß § 17 Abs. 3 MTD-Gesetz vom weiteren Besuch der Einrichtung ausgeschlossen wurde.
(BGBl 1994/29)

Studienerfolg an Hebammenakademien
(BGBl 1994/619)

§ 25a. (1) An Hebammenakademien ist der Nachweis des günstigen Studienerfolges zu erbringen:
1. im ersten Ausbildungsjahr durch den Nachweis der Aufnahme als Studierender gemäß § 29 des Bundesgesetzes über den Hebammenberuf (Hebammengesetz – HebG), BGBl. Nr. 310/1994;
2. im zweiten und dritten Ausbildungsjahr durch die Vorlage einer Bestätigung der Direktion über die Ablegung der Einzelprüfungen, deren Notendurchschnitt nicht schlechter als 2,5 sein darf;
3. nach dem dritten Ausbildungsjahr durch die Vorlage einer Bestätigung der Direktion, aus der hervorgeht, daß die Leistungen des Studierenden nicht unter dem Durchschnitt liegen.

(2) Ein günstiger Studienerfolg liegt auch nicht vor, wenn ein Studierender ein Ausbildungsjahr wiederholt oder wegen Nichterreichung des Ausbildungszieles gemäß § 31 Abs. 1 HebG vom weiteren Besuch der Einrichtung ausgeschlossen wurde.
(BGBl 1994/619)

5. Abschnitt
Höchststudienbeihilfen

Allgemeine Höchststudienbeihilfe

§ 26. (1) Die Höchststudienbeihilfe beträgt – unbeschadet eines Erhöhungszuschlages gemäß § 30 Abs. 5 – monatlich 424 Euro (jährlich 5 088 Euro), soweit im Folgenden nichts Anderes festgelegt ist.

(2) Die Höchststudienbeihilfe beträgt – unbeschadet eines Erhöhungszuschlages gemäß § 30 Abs. 5 – monatlich 606 Euro (jährlich 7 272 Euro) für
1. Vollwaisen,
2. verheiratete Studierende und Studierende in eingetragener Partnerschaft, *(BGBl I 2009/135)*
3. Studierende, die zur Pflege und Erziehung mindestens eines Kindes gesetzlich verpflichtet sind, und
4. für Studierende, die aus Studiengründen einen Wohnsitz im Gemeindegebiet des Studienortes haben, weil der Wohnsitz der Eltern vom Studienort so weit entfernt ist, dass die tägliche Hin- und Rückfahrt zeitlich nicht zumutbar ist; leben die Eltern nicht im gemeinsamen Haushalt, so ist der Wohnsitz jenes Elternteiles maßgebend, mit dem der Studierende zuletzt im gemeinsamen Haushalt gelebt hat. Dies gilt nicht für Studierende von Fernstudien.

(BGBl 1994/619, BGBl I 1999/23, BGBl I 2000/76, BGBl I 2003/75, BGBl I 2007/46)

(3) Von welchen Gemeinden diese tägliche Hin- und Rückfahrt zeitlich noch zumutbar ist, hat der Bundesminister für Bildung, Wissenschaft und Kultur durch Verordnung festzulegen. Eine Fahrzeit von mehr als je einer Stunde zum und vom Studienort unter Benützung der günstigsten öffentlichen Verkehrsmittel ist keinesfalls mehr zumutbar. *(BGBl I 2000/76)*

(4) Der Bundesminister für Bildung, Wissenschaft und Kultur hat im Einvernehmen mit dem Bundesminister für soziale Sicherheit und Generationen durch Verordnung jene Gemeinden zu bezeichnen, die wegen ihrer verkehrsgünstigen Lage zum Studienort diesem gleichgesetzt werden können. *(BGBl I 2000/76)*

StudFG

Höchststudienbeihilfe für Selbsterhalter

§ 27. (1) Die Höchststudienbeihilfe beträgt – unbeschadet eines Erhöhungszuschlages gemäß § 30 Abs. 5 – monatlich 606 Euro (jährlich 7 272 Euro) für Studierende, die sich vor der ersten Zuerkennung von Studienbeihilfe durch Einkünfte im Sinne dieses Bundesgesetzes mindestens vier Jahre zur Gänze selbst erhalten haben. *(BGBl 1994/619, BGBl 1995/513, BGBl I 1999/23, BGBl I 2000/76, BGBl I 2007/46)*

(2) Ein Selbsterhalt liegt nur dann vor, wenn das jährliche Einkommen im Sinne dieses Bundesgesetzes während dieser Zeit wenigstens die Höhe der jährlichen Höchststudienbeihilfe gemäß Abs. 1 erreicht hat.

(3) Zeiten des Präsenz- oder Ausbildungs- oder Zivildienstes sind für die Dauer des Selbsterhaltes jedenfalls zu berücksichtigen. *(BGBl I 1998/30)*

Höchststudienbehilfe für Studierende mit Kindern
(BGBl I 2008/47)

§ 28. Die Höchststudienbeihilfe für Studierende, die zur Pflege und Erziehung mindestens eines Kindes gesetzlich verpflichtet sind, erhöht sich um monatlich 60 Euro für jedes Kind.

(BGBl 1994/619, BGBl 1995/513, BGBl I 1999/23, BGBl I 2000/76, BGBl I 2003/75, BGBl I 2007/46, BGBl I 2008/47)

Höchststudienbeihilfe für behinderte Studierende
(BGBl I 2008/47)

§ 29. Die Höchststudienbeihilfe für behinderte Studierende im Sinne des § 19 Abs. 3 Z 3 erhöht sich um einen Betrag, der durch Verordnung des Bundesministers für Wissenschaft und Forschung festzulegen ist. Dabei ist vom erforderlichen Ausgleich der Beeinträchtigung des Studiums nach Art und Ausmaß der jeweiligen Behinderung auszugehen.

(BGBl I 2008/47)

6. Abschnitt
Berechnung der Studienbeihilfe

Höhe der Studienbeihilfe

§ 30. (1) Für die Höhe der Studienbeihilfe ist das Ausmaß der sozialen Bedürftigkeit maßgebend.

(2) Die Studienbeihilfe ist zu berechnen, indem die jährlich jeweils mögliche Höchststudienbeihilfe vermindert wird um

1. die zumutbare Unterhaltsleistung der Eltern (§ 31 Abs. 1) oder den geringeren Unterhaltsbetrag (§ 31 Abs. 2),
2. die zumutbare Unterhaltsleistung des Ehegatten oder des eingetragenen Partners (§ 31 Abs. 3), *(BGBl I 2009/135)*
3. die zumutbare Eigenleistung des Studierenden (§ 31 Abs. 4) und
4. den Jahresbetrag der Familienbeihilfe gemäß § 8 Abs. 2 und 3 des Familienlastenausgleichsgesetzes 1967 abzüglich der im September ausbezahlten Verdoppelung der Familienbeihilfe, der für den Studierenden unter Berücksichtigung seines Alters als erstes Kind zustünde; der Jahresbetrag der Familienbeihilfe ist nicht abzuziehen, wenn der Studierende nachweist, dass für ihn trotz eines entsprechenden Antrages gemäß § 5 Abs. 2 des Familienlastenausgleichsgesetzes 1967 keine Familienbeihilfe zusteht, *(BGBl I 2003/75, BGBl I 2008/134)*
5. den Jahresbetrag des Kinderabsetzbetrages gemäß § 33 Abs. 4 Z 3 EStG 1988, der für den Studierenden zusteht. *(BGBl I 2003/75)*

(BGBl I 1999/23)

(3) Für Selbsterhalter ist die Höchststudienbeihilfe nicht um die zumutbare Unterhaltsleistung der Eltern zu vermindern. *(BGBl 1994/ 619)*

(4) Auf die Studienbeihilfe sind Beihilfen auf Grund des Schülerbeihilfengesetzes 1983, BGBl. Nr. 455, und Unterhaltsleistungen des geschiedenen Ehegatten des Studierenden oder des früheren eingetragenen Partners des Studierenden nach Auflösung der eingetragenen Partnerschaft anzurechnen. Gebühren diese Leistungen nicht für denselben Zeitraum, so ist nur der auf diesen Zeitraum entfallende Teil anzurechnen; von einer Schul- und Heimbeihilfe ist für jeden Monat der zehnte Teil der zuerkannten Beihilfe anzurechnen. *(BGBl I 2009/135)*

(5) Der so errechnete Jahresbetrag ist um 12 % zu erhöhen, durch zwölf zu teilen und dann auf ganze Euro zu runden. *(BGBl I 1999/23, BGBl I 2000/76, BGBl I 2007/46)*

(6) Wenn die so errechnete monatliche Studienbeihilfe fünf Euro unterschreitet, besteht kein Anspruch auf Studienbeihilfe. *(BGBl I 2000/76, BGBl I 2008/47)*

Zumutbare Unterhalts- und Eigenleistungen

§ 31. (1) Die zumutbare Unterhaltsleistung der Eltern beträgt

bis zu 4 725 €	0%
für die nächsten 4 725 Euro (bis 9 450 Euro)	10%
für die nächsten 6 195 Euro (bis 15 645 Euro)	15%
für die nächsten 15 315 Euro (bis 30 960 Euro)	20%
über 30 960 Euro	25%

der Bemessungsgrundlage. Ein negatives Einkommen gemäß § 2 Abs. 2 EStG 1988 des einen Elternteiles vermindert das Einkommen des anderen Elternteiles nicht. Leben die Eltern nicht im gemeinsamen Haushalt, so beträgt die zumutbare Unterhaltsleistung die Summe der zunächst von jedem Elternteil getrennt zu berechnenden Unterhaltsleistungen.

(BGBl 1994/619, BGBl I 1999/23, BGBl I 2000/76, BGBl I 2008/47)

(2) Von einer geringeren zumutbaren Unterhaltsleistung ist auszugehen, wenn der Studierende nachweist, daß der ihm von einem Elternteil geleistete Unterhalt nicht die sich aus Abs. 1 ergebende Höhe erreicht, obwohl auf Grund der Eignung des Studierenden für das gewählte Studium grundsätzlich ein Unterhaltsanspruch besteht. Der Nachweis ist nur erbracht, wenn das zuständige Gericht dem Studierenden trotz ausdrücklichem Antrag einen niedrigeren Unterhalt als nach den obigen Sätzen zugesprochen hat oder der Studierende den Unterhalt trotz einer zur Hereinbringung der laufenden Unterhaltsbeträge geführten Exekution auf wiederkehrende Leistungen, die künftig fällig werden (§ 291c der Exekutionsordnung, RGBl. Nr. 79/1896), gegebenenfalls einer Exekution zur Sicherstellung (§ 372 der Exekutionsordnung), nicht erhalten hat. *(BGBl I 1997/98)*

(3) Die zumutbare Unterhaltsleistung des Ehegatten oder des eingetragenen Partners beträgt 30 % des 3 707 Euro übersteigenden Betrages seiner Bemessungsgrundlage. *(BGBl 1994/619, BGBl I 2000/76, BGBl I 2009/135)*

(4) Die zumutbare Eigenleistung für Studierende umfasst den 8 000 Euro übersteigenden Betrag ihrer Bemessungsgrundlage. Bei Berechnung der Studienbeihilfe ist hinsichtlich der zu-

mutbaren Eigenleistung vorerst von den Angaben des Studierenden gemäß § 12 Abs. 3 auszugehen. Nach Vorliegen sämtlicher Nachweise über das Jahreseinkommen ist eine abschließende Berechnung durchzuführen. Die Differenz der ausbezahlten Studienbeihilfe zu einer sich dabei ergebenden höheren Studienbeihilfe ist von der Studienbeihilfenbehörde an den Studierenden auszubezahlen. *(BGBl I 2000/76, BGBl I 2000/142, BGBl I 2008/47)*

Bemessungsgrundlage

§ 32. (1) Die Bemessungsgrundlage des Studierenden, seiner Eltern sowie seines Ehegatten oder seines eingetragenen Partners umfasst das Einkommen gemäß den §§ 8 bis 10 abzüglich der Freibeträge gemäß Abs. 4 und der nachstehenden Absetzbeträge für die Personen, für die entweder der Studierende, einer seiner Elternteile oder sein Ehegatte oder eingetragener Partner kraft Gesetzes Unterhalt leistet:

1. für jede Person bis zur Vollendung des 6. Lebensjahres 2 762 Euro;
2. für jede Person nach Vollendung des 6. Lebensjahres bis zur Vollendung des 14. Lebensjahres 3 707 Euro;
3. für jede Person nach Vollendung des 14. Lebensjahres bis zur Vollendung des 18. Lebensjahres 4 216 Euro;
4. für jede Person nach Vollendung des 18. Lebensjahres, die gemäß § 123 Abs. 4 ASVG als Angehörige gilt oder begünstigt in der Krankenversicherung selbst versichert ist oder die Studienbeihilfe bezieht, ein Betrag in der Höhe der Höchststudienbeihilfe gemäß § 26 Abs. 1; sofern es sich jedoch um auswärtige Studierende im Sinne des § 26 Abs. 2 handelt, ein Betrag in der Höhe der Höchststudienbeihilfe gemäß § 26 Abs. 2;
5. für jedes erheblich behinderte Kind im Sinne des Familienlastenausgleichsgesetzes 1967 weitere 1 890 Euro.

(BGBl I 1999/23, BGBl I 2000/76, BGBl I 2000/142, BGBl I 2009/135)

(2) Für den Studierenden selbst steht kein Absetzbetrag zu. Für den zweiten Elternteil und den Ehegatten oder den eingetragenen Partner eines Elternteiles, soweit es sich dabei um einen Angehörigen im Sinne des § 123 ASVG handelt, ist jedenfalls ein Absetzbetrag in der Höhe gemäß Abs. 1 Z 4 erster Fall zu berücksichtigen. *(BGBl 1994/619, BGBl I 2000/96, BGBl I 2003/75, BGBl I 2008/47, BGBl I 2009/135)*

(3) Leben die Eltern nicht im gemeinsamen Haushalt und leisten beide für eine Person kraft Gesetzes Unterhalt, so ist das Einkommen jedes Elternteiles um die Hälfte des für diese Person zu berücksichtigenden Absetzbetrages zu vermindern. Ist jedoch das Einkommen eines Elternteiles geringer als der demnach abzuziehende Betrag, so ist der sein Einkommen übersteigende Teilbetrag vom Einkommen des anderen Elternteiles abzuziehen. *(BGBl I 2000/76)*

(4) Als Freibeträge sind zu berücksichtigen:

1. bei den Eltern sowie dem Ehegatten oder dem eingetragenen Partner des Studierenden,
   a) wenn Einkünfte aus nichtselbständiger Arbeit im Sinne des § 25 Abs. 1 EStG 1988 zur Berechnung herangezogen werden, jeweils 1 454 Euro;
   b) wenn nur bei einem Elternteil Einkünfte im Sinne der lit. a herangezogen werden, bei diesem 2 035 Euro;
2. bei den Eltern und dem Ehegatten oder dem eingetragenen Partner des Studierenden jeweils weitere 1 381 Euro, sofern ausschließlich Einkünfte aus nichtselbständiger Arbeit im Sinne des § 25 Abs. 1 EStG 1988 und steuerfreie Bezüge gemäß § 9 Z 1 und Z 3 zur Berechnung herangezogen werden.

(BGBl 1994/619, BGBl I 2000/76, BGBl I 2008/47, BGBl I 2009/135)

(5) Die Freibeträge dürfen jedoch die Summe der Einkünfte der jeweiligen Personen aus nichtselbständiger Arbeit im Sinne des § 25 Abs. 1 EStG 1988 nicht überschreiten. *(BGBl I 2000/76)*

7. Abschnitt
Studienbeihilfenbehörde

Einrichtung

§ 33. (1) Die Studienbeihilfenbehörde hat ihren Sitz in Wien.

(2) Die Studienbeihilfenbehörde untersteht in allen ihre Organisation betreffenden Angelegenheiten unmittelbar dem Bundesminister für Bildung, Wissenschaft und Kultur. Sie ist anweisende Stelle. Ihre Buchhaltungsaufgaben sind von der für das Bundesministerium für Bildung, Wissenschaft und Kultur zuständigen Buchhaltung wahrzunehmen. Die Befugnisse der übrigen mit der Vollziehung der Studienförderungsangelegenheiten betrauten Bundesminister werden dadurch nicht berührt. *(BGBl I 2000/96, BGBl I 2003/75)*

(3) Der Leiter der Studienbeihilfenbehörde hat dem Bundesminister für Bildung, Wissenschaft und Kultur jährlich über die Tätigkeit im zuletzt abgelaufenen Kalenderjahr zu berichten. Der Bericht hat auch Informationen über die in der Studienbeihilfenbehörde angefallenen Kosten, gegliedert nach Kostenarten, Kostenstellen und Kostenträger zu enthalten und die zur kostengünstigen Erreichung der Förderungsziele getroffenen Maßnahmen und deren Auswirkung auf die Gestaltung und Zuerkennung von Leistungen nach diesem Bundesgesetz darzustellen. *(BGBl I 1999/23, BGBl I 2000/76)*

Stipendienstellen

§ 34. (1) Stipendienstellen der Studienbeihilfenbehörde bestehen in Wien, Graz, Innsbruck, Linz, Salzburg und Klagenfurt.

(2) Bei entsprechendem Bedarf kann der Bundesminister für Bildung, Wissenschaft und Kultur aus Gründen der Verwaltungsvereinfachung

durch Verordnung auch weitere Stipendienstellen unter gleichzeitiger Festlegung ihres Zuständigkeitsbereiches errichten. *(BGBl I 2000/76)*

Zuständigkeit der Studienbeihilfenbehörde

§ **35.** (1) Die Studienbeihilfenbehörde ist in erster Instanz zuständig für die Erledigung von Anträgen auf
1. Studienbeihilfen,
2. Studienzuschüsse und
3. Beihilfen für Auslandsstudien.

(BGBl 1996/201, BGBl I 1999/23, BGBl I 2000/76, BGBl I 2000/142)

(2) Die Studienbeihilfenbehörde ist zuständig für die Zuerkennung des Versicherungskostenbeitrages sowie nach Richtlinien des zuständigen Bundesministers
1. für die Gewährung von Studienabschluss-Stipendien,
2. für die Ermittlung und Anweisung des Fahrtkostenzuschusses,
3. für die Ermittlung und Anweisung des Reisekostenzuschusses,
4. für die Ermittlung und Anweisung der Sprachstipendien und
5. für die Ermittlung und Anweisung von Studienunterstützungen.

(BGBl 1996/201, BGBl I 1999/23, BGBl I 2000/76)

(3) Die Studienbeihilfenbehörde ist weiters zur Beratung und Information der Studierenden in Fragen der Studienfinanzierung zuständig.

Örtliche Zuständigkeit der Stipendienstellen

§ **36.** Vorbehaltlich der Erlassung einer Verordnung gemäß § 34 Abs. 2 sind zuständig
1. die Stipendienstelle in Wien für Studierende an Einrichtungen in Burgenland, Niederösterreich und Wien,
2. die Stipendienstelle in Graz für Studierende an Einrichtungen in der Steiermark,
3. die Stipendienstelle in Innsbruck für Studierende an Einrichtungen in Tirol und Vorarlberg,
4. die Stipendienstelle in Linz für Studierende an Einrichtungen in Oberösterreich,
5. die Stipendienstelle in Salzburg für Studierende an Einrichtungen in Salzburg und
6. die Stipendienstelle in Klagenfurt für Studierende an Einrichtungen in Kärnten.

Senate der Studienbeihilfenbehörde

§ **37.** (1) Senate der Studienbeihilfenbehörde entscheiden über Vorstellungen. *(BGBl 1994/619, BGBl I 2000/76)*

(2) Bei jeder Stipendienstelle ist mindestens ein Senat einzurichten, der für Studierende aller zum örtlichen Wirkungsbereich der Stipendienstelle gehörenden Ausbildungseinrichtungen zuständig ist. *(BGBl 1994/619, BGBl I 2000/76, BGBl I 2008/47)*

(3) Die Senate haben eine Funktionsperiode von zwei Jahren. *(BGBl 1993/343, BGBl I 2000/76)*

Zusammensetzung der Senate
(BGBl 1994/619)

§ **38.** (1) Die Senate bestehen jeweils aus einer rechtskundigen Lehrperson der in § 3 Abs. 1 genannten Ausbildungseinrichtungen, zwei Studierenden der in § 3 Abs. 1 genannten Ausbildungseinrichtungen und einem Bediensteten der Studienbeihilfenbehörde. *(BGBl 1994/619, BGBl I 2000/76)*

(2) Die Mitglieder und Ersatzmitglieder der Senate bestellt der Bundesminister für Bildung, Wissenschaft und Kultur, nach Anhörung der Rektoren (Leiter) der in § 3 Abs. 1 genannten Ausbildungseinrichtungen, der Vorsitzenden der Universitätsvertretungen der Hochschülerschaften, des Vorsitzenden der Österreichischen Hochschülerschaft und des Leiters der Studienbeihilfenbehörde. Steht keine ausreichende Zahl rechtskundiger Lehrpersonen zur Verfügung, so sind andere rechtskundige Bedienstete der jeweiligen Ausbildungseinrichtungen zu bestellen. *(BGBl 1994/619, BGBl I 2000/76)*

(3) Ersatzmitglieder aus dem Kreis der rechtskundigen Lehrpersonen und Studierenden der in § 3 Abs. 1 Z 8 genannten Ausbildungseinrichtungen bestellt der Bundesminister für soziale Sicherheit und Generationen. *(BGBl 1993/343, BGBl 1994/619, BGBl I 2000/76)*

(4) Vorsitzender des Senates ist das rechtskundige Mitglied. Diesem gebührt ein Sitzungsgeld, das durch Verordnung des Bundesministers für Bildung, Wissenschaft und Kultur unter Berücksichtigung der zeitlichen Belastung festzulegen ist, und der Ersatz des durch die Sitzungen verursachten Baraufwandes. *(BGBl 1993/343, BGBl 1994/619, BGBl I 2000/76)*

8. Abschnitt
Verfahren

Anträge

§ **39.** (1) Studienbeihilfen werden auf Antrag zuerkannt. Der Antrag gilt für die wiederholte Zuerkennung von Studienbeihilfe während des gesamten weiteren Studiums, sofern seit dem Antrag ununterbrochen Anspruch auf Studienbeihilfe besteht. *(BGBl I 2003/75)*

(2) Anträge sind im Wintersemester in der Zeit vom 20. September bis 15. Dezember und im Sommersemester in der Zeit vom 20. Februar bis 15. Mai zu stellen. An medizinisch-technischen Akademien und Hebammenakademien, deren Ausbildungsjahr bis spätestens 30. April beginnt, sind Anträge in der Zeit vom 20. Februar bis 15. Mai, ansonsten in der Zeit vom 20. September bis 15. Dezember zu stellen. Innerhalb der Antragsfrist eingebrachte Anträge bewirken eine Zuerkennung der Studi-

enbeihilfe ab Beginn des Auszahlungszeitraumes des jeweiligen Semesters (des Ausbildungsjahres), außer wenn der Antragsteller die Zuerkennung ab einem späteren Monat beantragt. Nach Ende der Antragsfrist eingebrachte Anträge bewirken die Zuerkennung der Studienbeihilfe erst ab dem der Antragstellung folgenden Monat. Vor Beginn der Antragsfrist eingebrachte Anträge gelten ab dem ersten Tag der Frist eingebracht. Anträge sind auch dann rechtzeitig eingebracht, wenn sie nachweislich spätestens am letzten Tag der Frist zur Post gegeben wurden.*(BGBl 1993/343, BGBl 1994/29, BGBl 1994/619, BGBl 1996/201, BGBl I 1997/98, BGBl I 2000/76)*

(3) Die Anträge sind bei der zuständigen Stipendienstelle einzubringen. Studierende an medizinisch-technischen Akademien und Hebammenakademien können Anträge auch bei der Direktion der besuchten Lehranstalt einbringen. *(BGBl 1994/29, BGBl 1994/619, BGBl I 2007/46)*

(4) Für die Anträge sind Formblätter zu verwenden, die von der Studienbeihilfenbehörde auch elektronisch zur Verfügung zu stellen sind. Die Formblätter haben Hinweise auf die gemäß § 40 vorzunehmende Datenübermittlung zu enthalten. *(BGBl 1995/513, BGBl I 2000/76, BGBl I 2008/47)*

(5) Studierende haben für die Erledigung ihres Antrages die maßgeblichen Familien- und Einkommensverhältnisse und die sonst für die Vollziehung dieses Bundesgesetzes erforderlichen Informationen wahrheitsgemäß und vollständig anzugeben, sofern diese nicht von der Studienbeihilfenbehörde automationsunterstützt ermittelt werden. Anträge auf Studienbeihilfe können auch im elektronischen Verfahren eingebracht werden. Der für die Studienbeihilfenbehörde zuständige Bundesminister hat den Beginn und die Durchführung dieser Form der Antragstellung nach Maßgabe der technischen und organisatorischen Möglichkeiten unter Verwendung sicherer elektronischer Signaturen nach dem Signaturgesetz, BGBl. I Nr. 190/1999, durch Verordnung zu bestimmen. *(BGBl I 2000/76, BGBl I 2003/75)*

(6) Die für die Beurteilung des Anspruches erforderlichen Nachweise sind anzuschließen. Wenn dafür Formblätter bestehen, sind diese zu verwenden.

(7) Die für Anträge auf Studienbeihilfe geltenden Bestimmungen sind auch auf Anträge auf Abänderung einer zuerkannten Studienbeihilfe anzuwenden. Die Abänderung wird mit dem Beginn des Zuerkennungszeitraumes wirksam, sofern der Antrag innerhalb der Antragsfrist gestellt wird, sonst mit dem auf den Antrag folgenden Monatsersten. *(BGBl I 2003/75)*

(8) Gegen die Versäumung der Antragsfrist ist ein Antrag auf Wiedereinsetzung in den vorigen Stand gemäß § 71 AVG zulässig. *(BGBl I 2008/47)*

Nachweispflichten

§ **40.** (1) Personen, deren Einkommen zur Ermittlung der sozialen Bedürftigkeit nachzuweisen ist, haben dem Beihilfenwerber die erforderlichen Nachweise zur Verfügung zu stellen oder auf Verlangen den im Studienbeihilfenverfahren tätigen Behörden die für den Anspruch auf Studienbeihilfe bedeutsamen Umstände bekanntzugeben. Ist dem Studierenden die Beibringung der notwendigen Unterlagen nicht möglich oder nicht zumutbar, sind sie auf seinen Antrag von der Studienbeihilfenbehörde beizuschaffen. Die Sozialversicherungsträger haben über Ersuchen den im Studienbeihilfenverfahren tätigen Behörden im Einzelfall die Versicherungsverhältnisse und deren Dauer sowie die Sozialversicherungsnummer von Personen, deren Einkommen zur Ermittlung der sozialen Bedürftigkeit nachzuweisen sind, bekanntzugeben, längstens jedoch aus den letzten beiden vollen Kalenderjahren vor Antragstellung. Den Trägern der Sozialversicherung ist auf Anfrage in Angelegenheiten der freiwilligen Selbstversicherung von Studierenden die Tatsache der gewährten Studienbeihilfe von den Studienbeihilfenbehörden mitzuteilen.

(BGBl 1995/513, BGBl 1996/201, BGBl I 1999/23)

(2) Arbeitgeber, bezugsliquidierende und sonstige Stellen, die Beträge im Sinne der §§ 8 und 9 anweisen, haben alle Angaben, die zur Feststellung der sozialen Bedürftigkeit notwendig sind, binnen vier Wochen mitzuteilen. Diese und die gemäß Abs. 1 bescheidmäßig festgestellten Verpflichtungen können von den Vollstreckungsbehörden nach dem Verwaltungsvollstreckungsgesetz 1991 – VVG, BGBl. Nr. 53, erzwungen werden.

(3) Die Abgabenbehörden haben für Personen, deren Einkommen und Vermögen zur Beurteilung der sozialen Bedürftigkeit heranzuziehen sind, im Rahmen ihres Wirkungsbereiches im Ermittlungsverfahren festgestellte und für die Abgabenfestsetzung bedeutsame Daten über Anfrage den im Studienbeihilfenverfahren tätigen Behörden bekanntzugeben, wenn der Beihilfenwerber seiner Mitwirkungsverpflichtung im Verfahren vor der Studienbeihilfenbehörde nicht oder nicht ausreichend nachgekommen ist. Die abgabenrechtliche Geheimhaltungspflicht des § 48a BAO gilt sinngemäß. Die Auskunftspflicht der Abgabenbehörden erstreckt sich nicht auf Daten, die aus Abgabenbescheiden ersichtlich sind, wenn diese Bescheide der Studienbeihilfenbehörde vorliegen.

(4) Offenlegungen, Meldungen und Nachweise nach diesem Bundesgesetz müssen vollständig und wahrheitsgetreu erfolgen.

(5) Im Verfahren zur Gewährung von Förderungsmaßnahmen nach dem Studienförderungsgesetz ist Studienbeihilfenbehörde berechtigt, die hiefür notwendigen personenbezogenen Daten der Personen, deren Einkommen zur Ermitt-

lung der sozialen Bedürftigkeit nachzuweisen ist, automationsunterstützt zu ermitteln und zu verarbeiten. Das sind folgende Daten:

1. Name, Titel, Anschrift und Telefonnummer,
2. Geburtsdatum und Versicherungsnummer gemäß § 31 des Allgemeinen Sozialversicherungsgesetzes,
3. Staatsbürgerschaft,
4. Familienstand und Geschlecht,
5. Beruf bzw. Tätigkeit,
6. Name und Anschrift des Dienstgebers,
7. die für die Ermittlung der Studienbeihilfe erforderlichen Daten des Einkommens im Sinne des § 8 Abs. 1,
8. Studiennachweise und Zeitpunkt des Studienabschlusses des Beihilfenwerbers,
9. Bank und Kontonummer des Beihilfenwerbers,
10. Gewährung von Familienbeihilfe und Kinderabsetzbetrag,
11. das Bestehen einer Selbstversicherung in der Krankenversicherung,
12. das Bestehen einer Angehörigeneigenschaft gemäß § 123 ASVG.

(BGBl 1995/513, BGBl I 1999/23, BGBl I 2003/75)

(6) Die folgenden Einrichtungen haben der Studienbeihilfenbehörde auf Anfrage die zur Überprüfung der Anspruchsvoraussetzungen notwendigen und in ihrem Bereich verfügbaren Daten über Einkommen nach diesem Bundesgesetz (§§ 8 bis 10), über den Bezug von Familienbeihilfe und über die Entrichtung des Studienbeitrages, wenn möglich im automationsunterstützten Datenverkehr zu übermitteln:

1. die Abgabenbehörden des Bundes,
2. die Träger der Sozialversicherung,
3. das Arbeitsmarktservice,
4. die Bundessozialämter,
5. das Bundesrechenzentrum.

(BGBl 1995/513, BGBl I 2000/76, BGBl I 2000/142)

(7) Die im § 3 Abs. 1 genannten Einrichtungen haben der Studienbeihilfenbehörde auf Anfrage die zur Überprüfung der Anspruchsvoraussetzungen notwendigen und in ihrem Bereich verfügbaren Daten über Studiennachweise (§§ 20 bis 25a), über Fortsetzungsmeldungen bzw. Inskriptionen und über Studienabschlüsse, wenn möglich im automationsunterstützten Datenverkehr, zu übermitteln. *(BGBl 1995/513, BGBl I 1999/23, BGBl I 2000/142)*

(8) Die Beschreibung der Daten, der Beginn und die Durchführung des automationsunterstützten Datenverkehrs gemäß Abs. 6 und 7 sind vom Bundesminister für Bildung, Wissenschaft und Kultur im Einvernehmen mit dem für die jeweilige Einrichtung zuständigen Bundesminister nach Maßgabe der technischen und organisatorischen Möglichkeiten durch Verordnung zu bestimmen. *(BGBl 1995/513, BGBl I 2000/76)*

(9) Der Studienbeihilfenbehörde sind Verknüpfungen der nach Abs. 5 bis 7 ermittelten Daten gestattet. *(BGBl 1995/513)*

Erledigung des Antrages

§ 41. (1) Die Studienbeihilfe wird unbeschadet der Bestimmungen der §§ 49 und 50 für zwei Semester (ein Ausbildungsjahr) zuerkannt. *(BGBl 1996/201)*

(2) Über Anträge ist von der Studienbeihilfenbehörde ohne unnötigen Aufschub, spätestens aber binnen drei Monaten zu entscheiden. Der Fristenlauf beginnt mit dem Tag, an dem der Antrag bei der zuständigen Stipendienstelle vollständig eingelangt ist.

(3) Auf Grund des vorgelegten Formularantrages ist ohne weiteres Ermittlungsverfahren unter zweckmäßiger Verwendung moderner technischer Hilfsmittel, insbesondere der automationsunterstützten Datenverarbeitung, mit Bescheid zu entscheiden. *(BGBl I 2000/76)*

(4) Unrichtigkeiten in Bescheiden, die durch die unrichtige oder unvollständige Übermittlung von Daten gemäß § 40 Abs. 5 bewirkt wurden, kann die Studienbeihilfenbehörde jederzeit von Amts wegen berichtigen. *(BGBl I 1997/98, BGBl I 2000/76)*

(5) Nach Ablauf des Zuerkennungszeitraumes gemäß Abs. 1 ist auf Grund des letzten Antrages (§ 39 Abs. 1 zweiter Satz) der Anspruch neu zu beurteilen, wenn seit dem letzten Antrag ununterbrochen Anspruch auf Studienbeihilfe oder Studienzuschuss bestand; andernfalls ist ein neuer Antrag einzubringen. Der Bescheid ist binnen sechs Wochen ab Vollständigkeit der für die Erledigung erforderlichen Daten zu erlassen. Als maßgeblicher Zeitpunkt im Sinne der §§ 1 Abs. 4, 7 Abs. 2 und 41 Abs. 2 gilt im Wintersemester der 1. Oktober, im Sommersemester der 1. März. Wenn sämtliche für die Erlassung eines neuerlichen Bescheides erforderlichen Daten vorliegen, kann der Bescheid bereits vor dem 1. Oktober erlassen werden. *(BGBl I 2003/75, BGBl I 2008/47)*

(6) Die Studienbeihilfenbehörde hat sich beim schriftlichen Verkehr mit den Studierenden nach Möglichkeit moderner Kommunikationstechnologien, insbesondere der automationsunterstützten Datenübertragung zu bedienen. *(BGBl I 2003/75)*

Vorstellung

§ 42. Gegen Bescheide der Studienbeihilfenbehörde kann die Partei binnen zwei Wochen wegen behaupteter Rechtswidrigkeit Vorstellung erheben.

Vorentscheidung über die Vorstellung

§ 43. Die Studienbeihilfenbehörde kann ohne Befassung des zuständigen Senates auf Grund einer Vorstellung und allfälliger weiterer Ermittlungen binnen zwei Monaten den von ihr erlassenen Bescheid nach jeder Richtung abändern, ergänzen oder aufheben. *(BGBl I 1999/23)*

Vorlageantrag gegen die Vorentscheidung

§ 44. Gegen eine Vorentscheidung über die Vorstellung kann die Partei binnen zwei Wochen den Antrag stellen, daß die Vorstellung dem Senat zur Entscheidung vorgelegt wird. In der Vorentscheidung ist auf die Möglichkeit eines solchen Vorlageantrages hinzuweisen.

Entscheidung des Senates

§ 45. (1) Der Senat der Studienbeihilfenbehörde hat zu entscheiden

1. über Vorstellungen, über die keine Vorentscheidung erfolgt ist, sowie
2. über Vorlageanträge gegen eine Vorentscheidung.

(2) Der Senat ist beschlußfähig, wenn außer dem rechtskundigen Mitglied (Ersatzmitglied) ein weiteres Mitglied oder Ersatzmitglied anwesend ist und alle Mitglieder mindestens eine Woche vor der Sitzung eingeladen wurden. Der Senat faßt seine Beschlüsse mit einfacher Stimmenmehrheit. Bei Stimmengleichheit gibt die Stimme des Vorsitzenden den Ausschlag. Auf Beschluß des Senates sind auch Abstimmungen im Umlaufweg zulässig. *(BGBl 1993/343)*

(3) Über die Beratung und Abstimmung des Senates ist eine Niederschrift aufzunehmen, die vom Vorsitzenden und vom Schriftführer zu unterfertigen ist. Kein Mitglied darf die Abgabe der Stimme über eine zur Beschlußfassung gestellte Frage verweigern. Das Beratungs- und Abstimmungsprotokoll ist, wenn eine mündliche Verhandlung stattgefunden hat, von der hierüber aufgenommenen Niederschrift zu trennen.

Berufung gegen die Senatsentscheidung

§ 46. (1) Für Berufungen gegen Bescheide des Senates der Studienbeihilfenbehörde sind zuständig:

1. der Bundesminister für Wissenschaft und Forschung für Studierende an Universitäten, Universitäten der Künste, Privatuniversitäten, Theologischen Lehranstalten, von Fachhochschul-Studiengängen sowie für die in § 5 Abs. 1 und 2 genannten Studierenden;
2. die Bundesministerin für Unterricht, Kunst und Kultur für Studierende an Pädagogischen Hochschulen;
3. der Landesschulrat für Studierende an Konservatorien;
4. der Landeshauptmann für Studierende an medizinisch-technischen Akademien und an Hebammenakademien. *(BGBl I 2007/46)*

(2) Der § 64a AVG (Berufungsvorentscheidung) ist nicht anzuwenden.

(3) Gegen Berufungsbescheide ist kein weiteres ordentliches Rechtsmittel zulässig.

9. Abschnitt
Bezug der Studienbeihilfe

Auszahlungstermine

§ 47. (1) Die Studienbeihilfe ist unbeschadet der Bestimmung des § 39 Abs. 2 jeweils durch zwölf Monate auszuzahlen, und zwar im Wintersemester von September bis Februar und im Sommersemester von März bis August, sofern der Anspruch nicht vorher erloschen ist oder ruht. Studierenden an Fachhochschul-Studiengängen ist die Studienbeihilfe für das Studienjahr von September bis August auszubezahlen, Studierenden an medizinisch-technischen Akademien und an Hebammenakademien ab dem Monat, in dem das Ausbildungsjahr beginnt. *(BGBl 1993/343, BGBl 1994/29, BGBl 1994/619, BGBl 1996/201)*

(2) Für jeden Monat gebührt höchstens ein Studienbeihilfenbetrag. *(BGBl 1996/201)*

(3) Die Anweisung von Studienbeihilfen hat im bargeldlosen Zahlungsverkehr zu erfolgen.

Nachweise

§ 48. (1) Studierende, die in den ersten beiden insgesamt inskribierten Semestern (im ersten Ausbildungsjahr), in den ersten beiden Semestern eines Magisterstudiums oder in den ersten beiden Semestern eines Doktoratsstudiums Studienbeihilfe bezogen haben, sind verpflichtet, spätestens in der auf das zweite Semester folgenden Antragsfrist (§ 39 Abs. 2) Nachweise über ihren Studienerfolg vorzulegen. Dies gilt auch für Studierende, die erstmals im zweiten inskribierten Semester Studienbeihilfe bezogen haben. *(BGBl 1994/29, BGBl 1994/619, BGBl 1996/201, BGBl I 2005/11)*

(2) Die Nachweise gemäß Abs. 1 müssen zum Ausschluß der Rückzahlungsverpflichtung wenigstens das halbe Stundenausmaß jener Nachweise umfassen, die für den weiteren Bezug von Studienbeihilfe gefordert werden. Studierende an medizinisch-technischen Akademien und an Hebammenakademien haben stattdessen eine Bestätigung der Direktion über die erfolgreiche Ablegung wenigstens der Hälfte der vorgeschriebenen Einzelprüfungen vorzulegen. *(BGBl 1994/619)*

(3) Studierende, die im ersten Semester Studienbeihilfe bezogen haben und danach nicht weiter inskribieren oder das Studium nicht unmittelbar fortsetzen, haben zum Ausschluss der Rückzahlungsverpflichtung in der auf das erste Semester folgenden Antragsfrist (§ 39 Abs. 2) Studiennachweise über Prüfungen und Lehrveranstaltungen aus Pflicht- und Wahlfächern ihres Studiums im Umfang von sieben ECTS-Punkten oder vier Semesterstunden vorzulegen. *(BGBl 1994/619, BGBl I 2008/47)*

(4) Bezieher von Studienbeihilfe haben der Studienbeihilfenbehörde binnen zwei Wochen nach Kenntnis jeden Sachverhalt zu melden, der ein Ruhen, eine Verminderung oder ein Er-

löschen ihres Anspruches auf Studienbeihilfe zur Folge hat. *(BGBl 1994/619)*

Ruhen des Anspruches

§ **49.** (1) Der Anspruch auf Studienbeihilfe ruht während der Semester, in denen Studierende nicht grundsätzlich im vollen Umfang zum Studien- und Prüfungsbetrieb zugelassen sind (§ 3 Abs. 6), und während der vollen Monate, in denen sie am Studium überwiegend behindert sind oder durch mehr als zwei Wochen den Präsenz- oder Zivildienst leisten. Abweichend davon tritt trotz Nichtvorliegens einer Fortsetzungsmeldung kein Ruhen des Anspruches ein, wenn Studierende innerhalb der allgemeinen Zulassungsfrist oder der Nachfrist für die Fortsetzungsmeldung ihr Studium abschließen. *(BGBl 1994/619, BGBl I 1997/98, BGBl I 1998/30, BGBl I 1998/39, BGBl I 1999/23, BGBl I 2000/76, BGBl I 2003/75)*

(2) Der Anspruch ruht nicht während eines Studiums an einer Universität oder Hochschule künstlerischer Richtung im Ausland in der Dauer von höchstens vier Semestern sowie während eines Studiums an einer Fachhochschule oder an einer der Akademie gleichwertigen Einrichtung im Ausland in der Dauer von höchstens zwei Semestern. *(BGBl 1994/619)*

(3) Der Anspruch auf Studienbeihilfe ruht während eines Kalenderjahres in dem Ausmaß, in dem die Bemessungsgrundlage des Studierenden 8 000 Euro übersteigt. Einkünfte des Studierenden in Monaten, für die keine Studienbeihilfe ausbezahlt wird, bleiben dabei außer Betracht. *(BGBl 1994/619, BGBl I 1999/23, BGBl I 2000/142, BGBl I 2008/47)*

Erlöschen des Anspruches

§ **50.** (1) Der Anspruch auf Studienbeihilfe erlischt mit Ende des Monats, in dem der Studierende

1. verstorben ist oder
2. die österreichische Staatsbürgerschaft verloren hat oder
3. das Studium abbricht oder
4. die letzte in den Studienvorschriften vorgesehene Prüfung seines Studiums, für das er Studienbeihilfe bezieht, abgelegt hat.

(2) Der Anspruch auf Studienbeihilfe erlischt mit dem Ende des letzten Monats jenes Semesters (halben Ausbildungsjahres),

1. mit dem die Anspruchsdauer für den Studienabschnitt endet, sofern nicht innerhalb der Antragsfrist des folgenden Semesters der Studienabschnitt abgeschlossen wird;
2. für das der Studierende keinen Studiennachweis gemäß § 20 Abs. 1 Z 2 vorgelegt hat oder
3. nach dem der Studierende ein anderes Studium aufnimmt; dies gilt auch für den Wechsel der in § 3 Abs. 1 genannten Einrichtungen; das Erlöschen tritt nicht ein, wenn die Voraussetzungen für den Anspruch auf Studienbeihilfe zum Zeitpunkt des Studienwechsels vorliegen.

(BGBl 1993/343, BGBl 1994/619, BGBl I 1997/98, BGBl I 2000/76, BGBl I 2008/47)

(3) Bei Studierenden an medizinisch-technischen Akademien erlischt der Anspruch auf Studierenbeihilfe mit Ende des Monats, in dem der Studierende gemäß § 17a Abs. 3 MTD-Gesetz vom weiteren Besuch der medizinisch-technischen Akademie ausgeschlossen wurde. *(BGBl 1994/29, BGBl I 1997/98, BGBl I 2003/75)*

(4) Bei Studierenden an Hebammenakademien erlischt der Anspruch auf Studienbeihilfe mit Ende des Monats, in dem der Studierende gemäß § 31 Abs. 1 HebG vom weiteren Besuch der Hebammenakademie ausgeschlossen wurde. *(BGBl 1994/619, BGBl I 2003/75)*

(5) Bei Studierenden an Fachhochschul-Studiengängen erlischt der Anspruch auf Studienbeihilfe mit Ende des Monats, in dem ein vorgeschriebenes Berufspraktikum negativ beurteilt wurde oder in dem der Studierende vom weiteren Besuch des Fachhochschul-Studienganges ausgeschlossen wurde. *(BGBl 1996/377, BGBl I 1997/98, BGBl I 2003/75)*

(6) Bei Studierenden eines Bakkalaureatsstudiums erlischt der Anspruch gemäß Abs. 1 Z 4 nicht, wenn

1. für ein unmittelbar anschließendes Magisterstudium Studienbeihilfe bezogen wird und
2. aus den ersten beiden Semestern des Magisterstudiums der gemäß § 48 Abs. 2 erforderliche Studienerfolg nachgewiesen wird.

(BGBl I 2006/20)

Rückzahlung

§ **51.** (1) Studierende haben zurückzuzahlen:

1. Studienbeihilfenbeträge, deren Zuerkennung erschlichen wurde;
2. Studienbeihilfenbeträge, deren Zuerkennung durch unvollständige oder unwahre Angaben bewirkt wurde;
3. Studienbeihilfenbeträge, die nach dem Eintritt eines gesetzlichen Erlöschensgrundes oder während des Ruhens des Anspruches ausbezahlt wurden;
4. Studienbeihilfenbeträge, für deren Auszahlung die Voraussetzungen durch eine nachträgliche Abänderung des Bewilligungsbescheides weggefallen ist;
5. den gesamten Betrag der erhaltenen Studienbeihilfe, der in den ersten beiden Semestern insgesamt, in den ersten beiden Semestern eines Magisterstudiums oder in den ersten beiden Semestern eines Doktoratsstudiums bezogen wurde, wenn nicht wenigstens Studiennachweise in dem in § 48 Abs. 2 festgelegten Ausmaß vorgelegt werden; *(BGBl 1996/201, BGBl I 2005/11)*
6. den gesamten Betrag der im ersten Semester bezogenen Studienbeihilfe, wenn nach einem Studienabbruch oder einer Studien-

unterbrechung nicht wenigstens Studiennachweise in dem in § 48 Abs. 3 festgelegten Ausmaß vorgelegt werden. *(BGBl 1994/619)*

(2) Im Falle eines neuen Studienbeihilfenanspruches ist die Rückzahlungsforderung gegen diesen aufzurechnen. Der monatlich durch Aufrechnung einbehaltene Betrag darf 50% der monatlich zustehenden Studienbeihilfe nicht übersteigen. Eine Aufrechnung ist auch vor Rechtskraft des Bescheides über die Rückzahlungsverpflichtung zulässig. Ist eine Aufrechnung nicht möglich, so kann die Schuld bis zu zwei Jahren gestundet und auch die Rückzahlung in Teilbeträgen von nicht mehr als 36 Monatsraten mindestens in der Höhe von 70 € monatlich gestattet werden. *(BGBl I 1997/98, BGBl I 2000/76)*

(3) Im Fall des Abs. 1 Z 5 und 6 ist die Rückforderung auf 180 € zu verringern, wenn der Studierende

1. sein Studium weiter betreibt und längstens in der Antragsfrist des fünften Semesters ab Studienbeginn wieder einen günstigen Studienerfolg nachweist oder
2. die zum Ausschluss der Rückzahlungsverpflichtung notwendigen Studiennachweise zwar innerhalb der für die Vorlage vorgesehenen Frist erworben, diese jedoch erst nach Ablauf der Frist vorgelegt hat.

(BGBl 1994/619, BGBl I 2000/76)

(4) Die Begünstigungen der Abs. 2 und 3 gelten nicht für den Fall der Erschleichung. In diesem Fall sind die empfangenen Beträge ab deren Erhalt mit 8 % zu verzinsen und zwei Wochen nach Rechtskraft des Bescheides zur Rückzahlung fällig. Personen, die durch vorsätzliche Verletzung der Offenlegungs- und Wahrheitspflicht gemäß § 40 Abs. 4 an der Erschleichung teilgenommen haben, haften mit dem zur Rückzahlung verpflichteten Studierenden als Gesamtschuldner. *(BGBl I 2000/76)*

(5) Rückzahlungsansprüche verjähren in drei Jahren, wenn nicht vor Ablauf dieser Frist ein Rückzahlungsbescheid ergeht. Die Verjährung beginnt mit Ablauf des Jahres, in dem die letzte gesetzlich nicht gebührende Studienbeihilfenrate ausgezahlt wurde. Der Lauf der Verjährungsfrist ist gehemmt, solange sich der Rückzahlungsverpflichtete im Ausland aufhält.

(6) Zahlungsverpflichtungen, die nicht innerhalb von fünf Jahren ab Rechtskraft des Bescheides über die Rückzahlung geleistet wurden, sind ab Rechtskraft des Rückzahlungsbescheides mit 4% zu verzinsen. Mit der Bestätigung der Vollstreckbarkeit versehene Rückzahlungsbescheide sind Exekutionstitel. Im Exekutionsverfahren wegen der im vorigen Satz genannten Titel wird der Bund von der Finanzprokuratur vertreten, die die Eintreibung unmittelbar beim zuständigen Gericht beantragen kann. Die Kosten des Einschreitens der Finanzprokuratur sind vom rückzahlungspflichtigen Studierenden zu ersetzen. *(BGBl I 2000/76)*

III. Hauptstück
Sonstige Studienförderungsmaßnahmen

1. Abschnitt
Ergänzende Förderungen
(BGBl I 1999/23)

§ 52. (1) Fahrtkostenzuschüsse dienen zur Unterstützung von Studienbeihilfenbeziehern bei der Finanzierung von Fahrtkosten, die zur Absolvierung des Studiums notwendig sind.

(2) Fahrtkostenzuschüsse werden vom zuständigen Bundesminister im Rahmen der Privatwirtschaftsverwaltung in pauschalierter Form zuerkannt.

(3) Für Fahrtkostenzuschüsse ist im Bereich jedes Bundesministeriums jährlich ein Betrag von 4,5 % der im letzten Kalenderjahr jeweils für die Studienförderung aufgewendeten Mittel zur Verfügung zu stellen.

(BGBl 1993/343, BGBl 1995/513, BGBl 1996/201)

Versicherungskostenbeitrag

§ 52a. (1) Studienbeihilfenbezieher haben für jeden Monat, für den eine begünstigte Selbstversicherung in der Krankenversicherung gemäß § 76 Abs. 1 ASVG besteht, ab dem auf die Vollendung des 27. Lebensjahres folgenden Monat Anspruch auf einen Versicherungskostenbeitrag in der Höhe von monatlich 19 € (jährlich 228 €). *(BGBl I 2000/76)*

(2) Der Versicherungskostenbeitrag wird von der Studienbeihilfenbehörde nach Ablauf des Zuerkennungszeitraumes ausbezahlt, ohne dass es eines eigenen Antrages bedarf. *(BGBl I 2000/76)*

(3) Für das Erlöschen und für die Rückzahlung des Versicherungskostenbeitrages sind die §§ 50 und 51 anzuwenden. *(BGBl I 1999/23)*

StudFG

Studienabschluss-Stipendien

§ 52b. (1) Studienabschluss-Stipendien dienen der Förderung von Studierenden, die sich in der Abschlussphase ihres Studiums befinden. Die Höhe der Studienabschluss-Stipendien beträgt zwischen 500 und 1 090 € monatlich. Die Auszahlung des Studienabschluss-Stipendiums erfolgt durch höchstens achtzehn Monate. *(BGBl I 2003/75)*

(2) Studienabschluss-Stipendien werden von der Studienbeihilfenbehörde nach Richtlinien der zuständigen Bundesminister im Wege der Privatwirtschaftsverwaltung zuerkannt. Auf die Zuerkennung besteht kein Rechtsanspruch. *(BGBl I 2003/75)*

(3) Voraussetzung für die Gewährung ist, dass der Studierende jedenfalls

1. voraussichtlich das Studium längstens innerhalb von achtzehn Monaten ab Zuerkennung des Studienabschluss-Stipendiums abschließen wird, *(BGBl I 2000/142)*

2. noch kein Studium und auch keine andere gleichwertige Ausbildung mit Ausnahme eines Bachelorstudiums abgeschlossen hat, *(BGBl I 2008/47)*
3. zum Zeitpunkt der Zuerkennung des Studienabschluss-Stipendiums das 41. Lebensjahr noch nicht überschritten hat, *(BGBl I 2003/75)*
4. in den letzten vier Jahren vor Gewährung des Studienabschluss-Stipendiums mindestens drei volle Jahre zumindest halbbeschäftigt war oder ein diesem Beschäftigungsausmaß entsprechendes Einkommen erzielt hat, wobei Schutzfristen gemäß den §§ 3 und 5 des Mutterschutzgesetzes 1979 (MSchG), BGBl. Nr. 221/1979, oder gleichartigen österreichischen Rechtsvorschriften sowie Kindererziehungszeiten während eines Karenzurlaubes gemäß den §§ 15 ff. MSchG, §§ 2 ff. des Eltern-Karenzurlaubsgesetzes (EKUG), BGBl. Nr. 651/1989, oder gleichartigen österreichischen Rechtsvorschriften im vollen Ausmaß zu berücksichtigen sind,
5. in den letzten vier Jahren vor Gewährung des Studienabschluss-Stipendiums keine Studienbeihilfe bezogen hat,
6. ab Gewährung des Studienabschluss-Stipendiums jede Berufstätigkeit aufgibt,
7. bisher noch kein Studienabschluss-Stipendium erhalten hat.

(BGBl I 2000/76)

(4) Weist der Studierende nicht innerhalb von sechs Monaten nach der letzten Auszahlung eines Studienabschluss-Stipendiums den Abschluss des geförderten Studiums nach, hat die Studienbeihilfenbehörde den ausbezahlten Betrag mit Bescheid zurückzufordern. Die Nachweisfrist verlängert sich bei Vorliegen eines wichtigen Grundes im Sinne des § 19 Abs. 2. § 51 Abs. 3 Z 2 ist sinngemäß anzuwenden. Erzielt ein Studierender neben dem Bezug eines Studienabschluss-Stipendiums Einkommen aus Berufstätigkeit, hat die Studienbeihilfenbehörde für den jeweiligen Monat das Studienabschluss-Stipendium mit Bescheid zurückzufordern. *(BGBl I 2000/76, BGBl I 2000/142, BGBl I 2005/11)*

(5) Gegen einen Bescheid, mit dem die Rückforderung ausgesprochen wurde, ist eine Vorstellung gemäß § 42 zulässig. Über Berufungen gegen Bescheide des Senates entscheiden die unabhängigen Verwaltungssenate in den Ländern. *(BGBl I 2000/76)*

(6) Für Studienabschluss-Stipendien ist im Bereich des Bundesministeriums für Bildung, Wissenschaft und Kultur jährlich ein Betrag von 2% der im letzten Kalenderjahr jeweils für die Studienförderung aufgewendeten Mittel zur Verfügung zu stellen. *(BGBl I 2000/76, BGBl I 2003/75)*

Studienzuschuss
(BGBl I 2000/142)

§ **52c.** (1) Der Studienzuschuss ist eine Förderung zur Tragung des allgemeinen Studienbeitrages oder einer vergleichbaren Studiengebühr an Bildungseinrichtungen gemäß § 3 Abs. 1 oder gleichgestellten Bildungseinrichtungen.

(2) Für Studienbeihilfenbezieher, die einen Studienbeitrag entrichtet haben, besteht Anspruch auf einen Studienzuschuss. Die Höhe des Studienzuschusses entspricht dem jeweils entrichteten Studienbeitrag für zwei Semester, höchstens jedoch dem Studienbeitrag gemäß § 91 Abs. 2 des Universitätsgesetzes 2002 für zwei Semester. *(BGBl I 2008/47, BGBl I 2008/134)*

(3) Für ordentliche Studierende an Bildungseinrichtungen gemäß § 3 Abs. 1 oder gleichgestellten Bildungseinrichtungen, die einen Studienbeitrag entrichten müssen und keinen Anspruch auf Studienbeihilfe haben, besteht Anspruch auf einen Studienzuschuss, wenn sie die allgemeinen Voraussetzungen für die Studienbeihilfe gemäß § 6 Z 2 bis 4 StudFG erfüllen und die Entrichtung des Studienbeitrages im jeweiligen Semester nachgewiesen haben.

(4) Der Höchstbetrag des Studienzuschusses für Studierende, die keinen Anspruch auf Studienbeihilfe haben, richtet sich nach Abs. 2. Er vermindert sich jedoch um jenen Betrag, der gemäß § 30 Abs. 2 Z 1 bis 5 die jährlich jeweils mögliche Höchststudienbeihilfe um mehr als 600 Euro übersteigt. Der sich so ergebende Betrag ist auf ganze Euro zu runden. Wenn der so errechnete jährliche Studienzuschuss 60 Euro unterschreitet, besteht kein Anspruch auf einen Studienzuschuss. *(BGBl I 2008/47)*

(5) Der Studienzuschuss ist gemeinsam mit der Studienbeihilfe zu beantragen.

(6) Der Studienzuschuss ist jährlich zweimal jeweils zur Hälfte im Wintersemester und im Sommersemester auszuzahlen.

(7) Für das Ruhen, das Erlöschen und für die Rückzahlung des Studienzuschusses sind die §§ 49, 50 und 51 anzuwenden.

(BGBl I 2000/142, BGBl I 2008/47)

Refundierung der Studienbeiträge
(BGBl I 2008/47)

§ **52d.** (1) Der zuständige Bundesminister kann im Rahmen der Privatwirtschaftsverwaltung die Refundierung von Studienbeiträgen anhand von Richtlinien an Studierende vorsehen, die gemeinnützige Tätigkeiten zur pädagogischen Unterstützung im Bildungsbereich (Mentoring) im Ausmaß von 60 Stunden pro Semester geleistet haben. Die Richtlinien sind vom Bundesminister oder der Bundesministerin für Wissenschaft und Forschung, hinsichtlich Studierender an Pädagogischen Hochschulen jedoch vom Bundesminister oder der Bundesministerin für Unterricht, Kunst und Kultur zu erlassen. Die Refundierung erfolgt nur unter der Voraussetzung, dass die Studierenden nicht in anderer Form von der Tragung der Studienbeiträge entlastet werden.

(2) Die Refundierung der Studienbeiträge ist nicht als Entgelt im Sinne des Arbeitsvertragsrechts und des Sozialversicherungsrechts und nicht als Einnahme im Sinne des Einkommensteuergesetzes 1998 zu qualifizieren. Die auf Grund dieses Vertrages ausgeübte Tätigkeit (Mentoring) unterliegt nicht dem Ausländerbe-

schäftigungsgesetz, BGBl. Nr. 218/1975 (AuslBG) und dem Arbeitsverfassungsgesetz, BGBl. Nr. 422/1974 (ArbVG). Die Tätigkeit zur Vermittlung von Studierenden an Einrichtungen, an denen die soziale Aktivität geleistet wird, gilt nicht als Arbeitsvermittlung im Sinne des Arbeitsmarktförderungsgesetzes, BGBl. Nr. 31/1963 (AMFG). In der Unfallversicherung gemäß § 175 Abs. 4 und 5 des Allgemeinen Sozialversicherungsgesetzes (ASVG), BGBl. Nr. 189/1955, zuletzt geändert durch das Bundesgesetz BGBl. I Nr. 76/2007, gelten als Arbeitsunfälle auch Unfälle, die sich bei der ausgeübten Tätigkeit (Mentoring) sowie bei den Wegen von und zur Einrichtung, bei der diese Tätigkeit verrichtet wird, ereignen.

(BGBl I 2008/47)

2. Abschnitt
Förderung von Auslandsstudien

Studienbeihilfe während Auslandsstudien

§ 53. (1) Studierende an Universitäten, Universitäten der Künste, Fachhochschul-Studiengängen (Fachhochschulen) und Theologischen Lehranstalten haben während eines Auslandsstudiums in der Dauer von höchstens vier Semestern weiterhin Anspruch auf Studienbeihilfe.

(2) Studierende an Pädagogischen Hochschulen, an medizinisch-technischen Akademien und an Hebammenakademien haben während eines Auslandsstudiums in der Dauer von höchstens zwei Semestern weiterhin Anspruch auf Studienbeihilfe.

(BGBl 1994/619, BGBl 1996/201, BGBl I 1999/23, BGBl I 2003/75, BGBl I 2007/46)

Beihilfe für ein Auslandsstudium an Universitäten, Universitäten der Künste, Fachhochschul-Studiengängen (Fachhochschulen) und Theologischen Lehranstalten

§ 54. (1) Zur Unterstützung von Studien an ausländischen Universitäten, Universitäten der Künste, Fachhochschulen und Forschungseinrichtungen haben Studierende, die an Universitäten, Universitäten der Künste, Fachhochschul-Studiengängen (Fachhochschulen) studieren, Anspruch auf Beihilfe für ein Auslandsstudium.

(2) Voraussetzung ist

1. die Ablegung einer Diplomprüfung oder eines Rigorosums oder, wenn das Studium nur aus einem Studienabschnitt besteht, die Inskription des mindestens dritten Semesters der jeweiligen Studienrichtung und
2. eine Dauer des Auslandsstudiums von mindestens drei Monaten.“

(BGBl I 2003/75, BGBl I 2005/11)

Anträge

§ 55. Ein Antrag auf Gewährung einer Beihilfe für ein Auslandsstudium ist längstens drei Monate nach Beginn des Auslandsstudiums einzubringen. Studierende haben *(BGBl I 1999/23)*

1. die voraussichtliche Dauer des Auslandsstudiums anzugeben,
2. das beabsichtigte Studienprogramm vorzulegen,
3. eine Bestätigung der zuständigen akademischen Behörde vorzulegen, daß auf Grund des Studienprogrammes die Gleichwertigkeit als Voraussetzung für die Anerkennung der Prüfungen gegeben ist (§ 59 UniStG) oder das Auslandsstudium zur Anfertigung einer Diplomarbeit oder Dissertation dient, und *(BGBl I 1997/98, BGBl I 2000/76)*
4. dem Antrag die erforderlichen Nachweise beizuschließen.

(BGBl 1994/619)

Zuerkennung

§ 56. (1) Die Höhe der Beihilfe für ein Auslandsstudium beträgt bis zu 582 € monatlich. Die Höhe der Beihilfe ist für die einzelnen Staaten vom Bundesminister für Bildung, Wissenschaft und Kultur durch Verordnung festzusetzen. Dabei ist auf die durchschnittlichen Mehrkosten Bedacht zu nehmen, die sich aus der Lebensführung und dem Studium im Ausland ergeben. *(BGBl 1994/619, BGBl I 1999/23, BGBl I 2000/76)*

(2) Beihilfe für ein Auslandsstudium ist für höchstens insgesamt 20 Monate zu gewähren. *(BGBl 1994/619, BGBl I 1999/23)*

(3) Die Beihilfe für ein Auslandsstudium wird monatlich ausbezahlt. *(BGBl 1994/619, BGBl I 1997/98, BGBl I 2005/11)*

(4) Innerhalb der nächsten nach Abschluss des Auslandsstudiums beginnenden Antragsfrist ist der Studienbeihilfenbehörde ein Studienerfolgsnachweis über die im Ausland betriebenen Studien vorzulegen. Dieser Nachweis wird erbracht durch Bestätigungen der zuständigen akademischen Behörde über erfolgreich absolvierte Prüfungen und Lehrveranstaltungen oder über erfolgreich durchgeführte Arbeiten im Zusammenhang mit der Anfertigung einer Diplomarbeit oder Dissertation. Das Ausmaß der über Lehrveranstaltungen abgelegten Prüfungen hat bei Auslandsstudien von höchstens fünf Monaten mindestens sechs Semesterstunden zu betragen, für Auslandsstudien von mehr als fünf, aber nicht mehr als zehn Monaten mindestens zwölf Semesterstunden, für Auslandsstudien von mehr als zehn, aber nicht mehr als fünfzehn Monaten 18 Semesterstunden, ansonsten 24 Semesterstunden. Wird dieser Studiennachweis nicht erbracht, ist die Beihilfe für ein Auslandsstudium zurückzuzahlen. Sofern im Sinne des Europäischen Systems zur Anrechnung von Studienleistungen (European Credit Transfer System – ECTS, 87/327/EWG, Amtsblatt Nr. L 166 vom 5. Juni 1987, CELEX-Nr. 387D0327) den im Ausland absolvierten Studien ECTS-Anrechnungspunkte zugeteilt sind, kann der Studienerfolgsnachweis auch dadurch erbracht werden, dass für jeden Monat des Auslandsstudiums mindestens drei

ECTS-Anrechnungspunkte nachgewiesen werden. Die Frist für die Vorlage des Studienerfolgsnachweises über die im Ausland betriebenen Studien kann bei Vorliegen wichtiger Gründe im Sinne des § 19 Abs. 2 und 3 erstreckt werden. *(BGBl 1994/619, BGBl I 1999/23, BGBl I 2000/76, BGBl I 2008/47)*

(5) Der Anspruch auf Beihilfe für ein Auslandsstudium erlischt mit Ende des Monats, mit dem das Auslandsstudium abgebrochen wurde. Im übrigen sind die Bestimmungen der §§ 50 und 51 anzuwenden. *(BGBl 1994/619)*

(6) Semester eines Auslandsstudiums, für die Studienbeihilfe oder eine Beihilfe für ein Auslandsstudium gewährt wurde, sind in die Anspruchsdauer auf Studienbeihilfe einzurechnen. *(BGBl 1994/619)*

Beihilfe für ein Auslandsstudium an Pädagogischen Hochschulen und Akademien
(BGBl I 2007/46)

§ 56a. (1) Zur Unterstützung der Auslandsstudien von Studierenden an Pädagogischen Hochschulen, an medizinisch-technischen Akademien und an Hebammenakademien, die Studienbeihilfe beziehen, besteht Anspruch auf Beihilfe für ein Auslandsstudium in der Dauer von höchstens insgesamt zwölf Monaten.

(2) Voraussetzung ist

1. die Absolvierung von mindestens zwei Semestern (einem Ausbildungsjahr) an der Ausbildungseinrichtung,
2. eine Dauer des Auslandsstudiums von mindestens einem Monat und
3. die Durchführung des Auslandsstudiums an einer der Ausbildungseinrichtung gleichwertigen Einrichtung.

(3) Der Antrag auf Gewährung der Beihilfe für ein Auslandsstudium hat eine Bestätigung der Leitung der Ausbildungseinrichtung über die Gleichwertigkeit des geplanten Auslandsstudiums zu enthalten.

(4) Sofern keine Bestätigung der Leitung über die erfolgreiche Absolvierung des Auslandsstudiums vorgelegt wird, ist die bezogene Beihilfe für das Auslandsstudium zurückzuzahlen.

(5) Im Übrigen sind die Bestimmungen der §§ 55 und 56 anzuwenden.

(BGBl I 2007/46)

Reisekostenzuschüsse
(BGBl I 1999/23)

§ 56b. (1) Reisekostenzuschüsse dienen zur Unterstützung der notwendigen Reisekosten von Studienbeihilfenbeziehern, die ein Auslandsstudium betreiben. *(BGBl I 2000/76)*

(2) Reisekostenzuschüsse werden vom zuständigen Bundesminister im Rahmen der Privatwirtschaftsverwaltung in pauschalierter Form zuerkannt. *(BGBl I 1999/23)*

Sprachstipendien
(BGBl I 1999/23)

§ 56c. (1) Sprachstipendien dienen zur Unterstützung von Studienbeihilfenbeziehern, die ein Auslandsstudium betreiben und zur Vorbereitung auf das Auslandsstudium einen Sprachkurs absolvieren. *(BGBl I 2000/76)*

(2) Sprachstipendien werden vom zuständigen Bundesminister im Rahmen der Privatwirtschaftsverwaltung in pauschalierter Form zuerkannt. *(BGBl I 1999/23)*

Mobilitätsstipendien
(BGBl I 2008/47)

§ 56d. (1) Mobilitätsstipendien dienen der Unterstützung von Studien, die zur Gänze an anerkannten Universitäten, Fachhochschulen und Pädagogischen Hochschulen außerhalb Österreichs in Ländern des Europäischen Wirtschaftsraumes oder in der Schweiz betrieben werden.

(2) Mobilitätsstipendien werden von der Studienbeihilfenbehörde nach Richtlinien des Bundesministers für Wissenschaft und Forschung zuerkannt.

(3) Voraussetzung für die Gewährung ist, dass die Studierenden, die ein Mobilitätsstipendium beantragen,

1. die Hochschulreife in Österreich erworben haben,
2. den Wohnsitz und den Mittelpunkt der Lebensinteressen mindestens fünf Jahre vor Aufnahme des Studiums, für das ein Mobilitätsstipendium beantragt wird, in Österreich hatten und
3. noch keine andere Förderung nach diesem Bundesgesetz beantragt haben.

(4) Die sonstigen Voraussetzungen entsprechen jenen für die Studienbeihilfe (§§ 6 bis 25).

(5) Die Berechnung und die Zuerkennung der Mobilitätsstipendien erfolgt nach den Bestimmungen der §§ 26 bis 51 mit der Maßgabe, dass generell von einem Höchststipendium gemäß § 26 Abs. 2 Z 4 (Studienbeihilfe für auswärtige Studierende) auszugehen ist und andere Ausbildungsförderungen anzurechnen sind. Die Zuerkennung erfolgt im Wege der Privatwirtschaftsverwaltung.

(BGBl I 2008/47)

3. Abschnitt

Leistungsstipendien an Universitäten, Universitäten der Künste, Theologischen Lehranstalten und Fachhochschul-Studiengängen
(BGBl I 1999/23)

Förderungsziel

§ 57. Leistungsstipendien an Universitäten, Privatuniversitäten, Fachhochschul-Studiengängen und Theologischen Lehranstalten dienen zur Anerkennung hervorragender Studienleistungen.

(BGBl I 1999/23, BGBl I 2000/142, BGBl I 2003/75, BGBl I 2008/47)

Zuweisung der Förderungsmittel

§ 58. (1) Pro Studienjahr ist für Leistungsstipendien und Förderungsstipendien (§§ 63 ff.) an Universitäten, Privatuniversitäten, Theologischen Lehranstalten und Fachhochschul-Studiengängen insgesamt ein Betrag von 5 % der im Bereich des Bundesministeriums für Wissenschaft und Forschung im letzten Kalenderjahr für die Studienförderung aufgewendeten Mittel zur Verfügung zu stellen. *(BGBl I 2008/47)*

(2) Der Bundesminister für Wissenschaft und Forschung hat durch Verordnung diese Budgetmittel auf die einzelnen Universitäten, Privatuniversitäten, Theologischen Lehranstalten und Fachhochschul-Studiengänge nach der Zahl der im abgelaufenen Studienjahr erfolgten Studienabschlüsse österreichischer Studierender aufzuteilen. Bei im Aufbau befindlichen Ausbildungen ist die voraussichtliche Zahl von Absolventinnen und Absolventen zu berücksichtigen. Der Betrag darf je Zuweisung 700 Euro nicht unterschreiten. *(BGBl I 1999/23, BGBl I 2000/76, BGBl I 2005/11, BGBl I 2008/47)*

Ausschreibung

§ 59. (1) Leistungsstipendien sind für jedes Studienjahr durch das für studienrechtliche Angelegenheiten zuständige Organ der Universität, sonst durch den Leiter der Bildungseinrichtung auszuschreiben. *(BGBl I 2000/76, BGBl I 2003/75)*

(2) In der Ausschreibung sind die Bewerbungsfristen, die zu erbringenden Studiennachweise und die Kriterien für die Auswahl der Stipendiaten genau anzuführen.

(3) An Universitäten und Universitäten der Künste erfolgt die Ausschreibung im selbständigen Wirkungsbereich.

(4) Die Ausschreibung ist dem Bundesministerium für Bildung, Wissenschaft und Kultur zu übermitteln. *(BGBl I 1999/23, BGBl I 2000/76)*

Voraussetzungen

§ 60. (1) Voraussetzungen für die Zuerkennung eines Leistungsstipendiums sind:

1. die Einhaltung der Anspruchsdauer (§ 18) des jeweiligen Studienabschnittes unter Berücksichtigung allfälliger wichtiger Gründe (§ 19),
2. ein Notendurchschnitt der zur Beurteilung herangezogenen Prüfungen, Lehrveranstaltungen und wissenschaftlichen Arbeiten von nicht schlechter als 2,0 und
3. die Erfüllung der Ausschreibungsbedingungen.

(BGBl I 2000/142)

(2) Das Vorliegen der Voraussetzungen ist vom zuerkennenden Organ zu beurteilen.

(BGBl I 1999/23)

Zuerkennung

§ 61. (1) Ein Leistungsstipendium darf die Höhe des Studienbeitrages gemäß § 91 Abs. 1 des Universitätsgesetzes 2002 für zwei Semester nicht unterschreiten und 1 500 Euro nicht überschreiten. *(BGBl I 2000/76, BGBl I 2000/142, BGBl I 2007/46)*

(2) Die Zuerkennung der Leistungsstipendien erfolgt im Rahmen der Privatwirtschaftsverwaltung auf Grund von Bewerbungen der Studierenden. Auf die Zuerkennung besteht kein Rechtsanspruch.

(3) Die Zuerkennung der Leistungsstipendien erfolgt durch das für studienrechtliche Angelegenheiten zuständige Organ der Universität, sonst durch den Leiter der Bildungseinrichtung nach Anhörung der an der Einrichtung bestehenden Vertretung der Studierenden. Bei Förderung wissenschaftlicher Arbeiten ist § 66 sinngemäß anzuwenden. *(BGBl I 1997/98, BGBl I 2003/75)*

(4) Die Bildungseinrichtungen haben eine Reihung der Bewerbungen zu veröffentlichen. Den Bewerberinnen und Bewerbern ist eine begründete Entscheidung über den Erfolg ihrer Bewerbung zu übermitteln. *(BGBl I 1999/23, BGBl I 2008/47)*

(5) Die Bildungseinrichtungen haben dem Bundesministerium für Bildung, Wissenschaft und Kultur jährlich einen Bericht über ihre Strategie bei der Leistungsförderung, die Auswahlkriterien sowie über die Zahl und Höhe der vergebenen Leistungsstipendien zu übermitteln. *(BGBl I 2003/75)*

4. Abschnitt
Leistungsstipendien an Pädagogischen Hochschulen
(BGBl I 2007/46)

§ 62. (1) Den Pädagogischen Hochschulen ist pro Studienjahr insgesamt ein Betrag von 2 % der im Bereich des Bundesministeriums für Unterricht, Kunst und Kultur (Budgetkapitel 12) im letzten Kalenderjahr für die Studienförderung aufgewendeten Mittel für Leistungsstipendien zur Verfügung zu stellen. Dieser Betrag dient

1. zur Anerkennung von hervorragenden Leistungen, die von Studierenden innerhalb der letzten zwei Semester des Studiums erbracht wurden, und
2. zur Unterstützung von Studierenden ordentlicher Studien bei der Anfertigung wissenschaftlicher oder künstlerischer Arbeiten.

(BGBl 2007/46)

(2) Die Budgetmittel sind durch Verordnung auf die einzelnen Hochschulen nach der Zahl der im abgelaufenen Studienjahr erfolgten Studienabschlüsse österreichischer Studierender aufzuteilen. *(BGBl I 2007/46)*

(3) Die Zuerkennung der Leistungsstipendien erfolgt durch den Leiter der jeweiligen Anstalt nach Anhörung der an der Anstalt bestehenden Vertretung der Studierenden.

(4) Ein Leistungsstipendium darf 700 € nicht unterschreiten und 1 500 € nicht überschreiten. *(BGBl I 1999/23, BGBl I 2000/76)*

(5) Im übrigen sind die §§ 59 bis 61 sinngemäß anzuwenden.

5. Abschnitt
Förderungsstipendien

Förderungsziel

§ **63.** Förderungsstipendien dienen zur Förderung wissenschaftlicher oder künstlerischer Arbeiten von Studierenden ordentlicher Studien an Universitäten, Privatuniversitäten, Fachhochschul-Studiengängen und Theologischen Lehranstalten.

(BGBl 1994/619, BGBl 1996/201, BGBl I 2008/47)

Zuweisung der Förderungsmittel

§ **64.** Die Zuweisung der Förderungsmittel erfolgt gemeinsam mit den Mitteln für Leistungsstipendien (§ 58) durch Verordnung des Bundesministers für Wissenschaft und Forschung. *(BGBl I 2008/47)*

Ausschreibung

§ **65.** (1) Förderungsstipendien sind für jedes Studienjahr durch das für studienrechtliche Angelegenheiten zuständige Organ der Universität, sonst durch den Leiter der Bildungseinrichtung auszuschreiben. *(BGBl I 2000/76, BGBl I 2003/75)*

(2) In der Ausschreibung sind die Studienleistungen, die mindestens erbracht werden müssen, und zumindest ein Termin pro Semester, bis zu dem Bewerbungen um ein Förderungsstipendium abgegeben werden können, anzuführen.

Voraussetzungen

§ **66.** Voraussetzungen für die Zuerkennung eines Förderungsstipendiums sind:

1. eine Bewerbung des Studierenden um ein Förderungsstipendium zur Durchführung einer nicht abgeschlossenen Arbeit samt einer Beschreibung der Arbeit, einer Kostenaufstellung und einem Finanzierungsplan;
2. die Vorlage mindestens eines Gutachtens eines im § 23 Abs. 1 lit. a UOG oder in § 19 Abs. 2 Z 1 UOG 1993 genannten Universitätslehrers oder eines Hochschulprofessors zur Kostenaufstellung und darüber, ob der Studierende auf Grund der bisherigen Studienleistungen und seiner Vorschläge für die Durchführung der Arbeit voraussichtlich in der Lage sein wird, die Arbeit mit überdurchschnittlichem Erfolg durchzuführen;
3. die Einhaltung der Anspruchsdauer (§ 18) unter Berücksichtigung allfälliger wichtiger Gründe (§ 19); *(BGBl 1994/619)*
4. die Erfüllung der Ausschreibungsbedingungen.

(BGBl I 1999/23)

Zuerkennung

§ **67.** (1) Ein Förderungsstipendium darf für ein Studienjahr 700 € nicht unterschreiten und 3 600 € nicht überschreiten. Die Zuerkennung der Förderungsstipendien erfolgt im Rahmen der Privatwirtschaftsverwaltung. Auf die Zuerkennung besteht kein Rechtsanspruch. *(BGBl I 2000/76)*

(2) Die Zuerkennung der Förderungsstipendien erfolgt durch das für studienrechtliche Angelegenheiten zuständige Organ der Universität, sonst durch den Leiter der Bildungseinrichtung nach Anhörung der an der Einrichtung bestehenden Vertretung der Studierenden. *(BGBl I 1997/98, BGBl I 2000/76, BGBl I 2003/75)*

(3) Den Studierenden ist bei Zuerkennung des Förderungsstipendiums aufzutragen, nach Abschluß der geförderten Arbeit dem zuerkennenden Kollegialorgan einen Bericht über die widmungsgemäße Verwendung des Förderungsstipendiums vorzulegen. In der Ausschreibung (§ 65) kann vorgesehen werden, daß bis zu 25 % des Förderungsstipendiums erst nach Vorlage des Berichts ausbezahlt werden. *(BGBl 1994/619)*

(4) Die Bewerber sind von der Entscheidung über ihre Bewerbung unverzüglich zu verständigen.

(5) Die Bildungseinrichtungen haben dem Bundesministerium für Bildung, Wissenschaft und Kultur die Ausschreibung der Förderungsstipendien sowie jährlich einen Bericht über ihre Förderungsstrategie, die Auswahlkriterien sowie über die Zahl und Höhe der vergebenen Förderungsstipendien zu übermitteln. *(BGBl I 2003/75)*

6. Abschnitt
Studienunterstützungen

§ **68.** (1) Der zuständige Bundesminister kann im Rahmen der Privatwirtschaftsverwaltung an Studierende sowie Absolventinnen und Absolventen ordentlicher Studien

1. zum Ausgleich sozialer Härten oder besonders schwieriger Studienbedingungen,
2. zur Unterstützung von Wohnkosten,
3. zur Förderung von Studien an grenznahen nichtösterreichischen Universitäten und an nichtösterreichischen Fernuniversitäten,
4. zur Förderung nach Maßgabe der Studienvorschriften besonderer Studienleistungen,
5. zur Förderung von Auslandsaufenthalten,
6. zur Förderung wissenschaftlicher oder künstlerischer Arbeiten,
7. zur Förderung des Erwerbs von Berufspraxis,
8. zur Unterstützung bei der Finanzierung von Studienbeiträgen,
9. zur Förderung behinderter Studierender im Sinne des § 19 Abs. 3 Z 3

Studienunterstützungen (Kostenzuschüsse, Sachzuwendungen) gewähren. Für zwei Semester darf eine Studienunterstützung 180 Euro nicht unterschreiten und den Betrag der höchstmöglichen Studienbeihilfe für diesen Zeitraum nicht überschreiten. *(BGBl I 2000/76, BGBl I 2008/47)*

(2) Für Studienunterstützungen ist im Bereich jedes Bundesministeriums jährlich ein

Betrag von mindestens 1% der jeweiligen Aufwendungen des letzten Kalenderjahres für die Studienförderung zur Verfügung zu stellen. *(BGBl I 2000/76)*

7. Abschnitt
Psychologische Studentenberatung
(BGBl 1994/619)

§ 68a. (1) Zur Unterstützung der Studienwahl und der Studientätigkeit können vom Bundesminister für Bildung, Wissenschaft und Kultur an jedem Hochschulstandort Psychologische Beratungsstellen für Studierende an Universitäten, Kunsthochschulen, Theologischen Lehranstalten und Fachhochschul-Studiengängen geschaffen werden. *(BGBl I 2000/76)*

(2) Der Bundesminister für Bildung, Wissenschaft und Kultur kann durch Verordnung im Einvernehmen mit dem Bundesminister für soziale Sicherheit und Generationen die Zuständigkeit dieser Stellen auch auf Studierende an medizinisch-technischen Akademien und Hebammenakademien ausdehnen. *(BGBl 1994/619, BGBl I 2000/76)*

IV. Hauptstück
Gemeinsame Bestimmungen

Veröffentlichung im Hochschulbericht

§ 69. Der Bundesminister für Bildung, Wissenschaft und Kultur hat im Rahmen des Hochschulberichtes (§ 18 Abs. 9 UOG) einen Bericht über die den Studierenden an Universitäten und Universitäten der Künste zuerkannten Förderungen nach diesem Bundesgesetz zu veröffentlichen.

(BGBl I 2000/76)

Verfahren

§ 70. Auf Verfahren über die Zuerkennung von Studienbeihilfe, Versicherungskostenbeitrag, Studienzuschuss und Beihilfe für Auslandsstudien ist das AVG anzuwenden, soweit die §§ 39 bis 46 nichts anderes bestimmen.

(BGBl I 1997/98, BGBl I 1999/23, BGBl I 2000/142)

Handlungsfähigkeit

§ 71. In Studienförderungsangelegenheiten sind auch minderjährige Studierende handlungsfähig.

Befreiung von Stempelgebühren und Bundesverwaltungsabgaben

§ 72. Die durch dieses Bundesgesetz unmittelbar veranlaßten Schriften und die zum Nachweis der Anspruchsvoraussetzungen erforderlichen Bestätigungen sind von Stempelgebühren und Bundesverwaltungsabgaben befreit.

Strafbestimmungen

§ 73. (1) Wer wissentlich durch unwahre oder unvollständige Angaben eine Studienbeihilfe oder eine andere Förderungsmaßnahme nach diesem Bundesgesetz erlangt oder zu erlangen sucht, ist mit Geldstrafe bis zu 2 000 € zu bestrafen, sofern die Tat nicht den Tatbestand einer in die Zuständigkeit der Gerichte fallenden strafbaren Handlung bildet oder nach anderen Verwaltungsstrafbestimmungen mit strengerer Strafe bedroht ist. *(BGBl I 2000/76)*

(2) Die durch die Verwaltungsübertretung oder eine gerichtlich strafbare Handlung erlangten Studienbeihilfen oder sonstigen Förderungsmaßnahmen nach diesem Bundesgesetz sind zur Gänze zurückzuzahlen. Allfällige weitere Ansprüche auf Leistungen nach diesem Bundesgesetz gehen für immer verloren. *(BGBl I 2000/76)*

V. Hauptstück
Übergangsbestimmungen und Vollziehung

Sonderbestimmungen für frühere Studienvorschriften

§ 74. (1) An den Universitäten gelten für Studienrichtungen, für welche Studienpläne nach den Bestimmungen des AHStG noch nicht erlassen wurden, abweichend von § 20 Abs. 1 Z 2, Abs. 2 und 3 dieses Bundesgesetzes folgende Bestimmungen:

1. Nach den ersten beiden Semestern ab Studienbeginn und nach den ersten beiden Semestern jeder Studienrichtung ist der Studienerfolg durch Zeugnisse über erfolgreich absolvierte Lehrveranstaltungen und Prüfungen aus den in der jeweiligen Studienordnung vorgeschriebenen Pflicht- und Wahlfächern nachzuweisen. Der Umfang des Nachweises beträgt 30 % des in der Studienordnung vorgesehenen mittleren Stundenrahmens an Pflicht- und Wahlfächern des ersten Studienabschnittes. Die sich dabei ergebende Stundenzahl ist entsprechend auf- bzw. abzurunden.
2. Eine Verordnung des Fakultätskollegiums (Universitätskollegiums) gemäß § 20 ist für die genannte Studienrichtungen nicht zu erlassen.

(2) An der Akademie der bildenden Künste gilt für Studienrichtungen, für welche Studienpläne nach den Bestimmungen des KHStG noch nicht erlassen worden sind, sowie für jene Studierenden, die sich nicht gemäß § 56 Abs. 1 KHStG den neuen Studienvorschriften unterwerfen, abweichend von § 21 dieses Bundesgesetzes folgender Nachweis eines günstigen Studienerfolges:

1. in den ersten beiden Studiensemestern die Erbringung des Nachweises über die ordnungsgemäße Aufnahme an der Akademie;
2. in den folgenden Studienjahren eine von der zuständigen akademischen Behörde ausgestellte Bescheinigung über einen günstigen Studienerfolg.

(3) An den Kunsthochschulen gilt für Studienrichtungen, für welche Studienpläne nach den Bestimmungen des KHStG noch nicht erlassen worden sind, sowie für jene Studierenden, die sich nicht gemäß § 56 Abs. 1 KHStG den neuen Studienvorschriften unterwerfen, abweichend von § 21 dieses Bundesgesetzes folgender Nachweis eines günstigen Studienerfolges:

StudFG

1. in den ersten beiden Studiensemestern die Erbringung des Nachweises über die ordnungsgemäße Aufnahme an der Kunsthochschule;
2. in den folgenden Studienjahren die Vorlage des letzten Studienzeugnisses, das unter Zugrundelegung einer fünfstufigen Notenskala im Hauptfach (in den Hauptfächern) keine schlechteren als die in Abs. 4 genannten Noten (Notendurchschnitt) und in den Nebenfächern keinen schlechteren als den in Abs. 5 genannten Notendurchschnitt aufweist.

(4) Bei Studienrichtungen mit einem Hauptfach darf die Note im Hauptfach nicht schlechter als 2 sein. Bei Studienrichtungen mit zwei bis vier Hauptfächern darf der Notendurchschnitt in den Hauptfächern nicht schlechter als 2,5, bei Studienrichtungen mit mehr als vier Hauptfächern darf er nicht schlechter als 2,8 sein.

(5) Ist die Zahl der Semesterwochenstunden aus allen vorgeschriebenen Nebenfächern nicht größer als acht, so darf der Notendurchschnitt aus diesen Nebenfächern nicht schlechter als 2,5 sein; ist die Zahl neun bis sechzehn, so darf der Notendurchschnitt nicht schlechter als 2,7 sein; ist diese Zahl größer als sechzehn, so darf der Notendurchschnitt nicht schlechter als 2,9 sein. Ist aber bei Studienrichtungen mit einem Hauptfach die Note im Hauptfach 1, so erhöhen sich die Obergrenzen für die genannten Notendurchschnitte aus allen vorgeschriebenen Nebenfächern von 2,5 auf 2,8 von 2,7 auf 2,9 und von 2,9 auf 3.

(6) Der Studiennachweis gemäß Abs. 3 Z 2 ist nach dem zweiten, dem vierten, dem achten, dem zwölften und dem sechzehnten Semester zu erbringen.

(7) Für Schüler, die Ausbildungen in den gehobenen medizinisch-technischen Diensten nach dem Krankenpflegegesetz, BGBl. Nr. 102/1961, absolvieren, gelten hinsichtlich der Zuerkennung von Studienförderungsmaßnahmen die Bestimmungen für Studierende an medizinisch-technischen Akademien. *(BGBl 1994/29)*

Übergangsbestimmungen

§ 75. (1) Für die Beurteilung der sozialen Bedürftigkeit auf Grund von Einkommen in den Kalenderjahren vor 1994 gelten die §§ 9, 10 und 11 Abs. 1 in der bis zum 31. August 1994 geltenden Fassung weiterhin. *(BGBl 1994/619)*

(2) An Studienbeihilfenbezieher, die am 1. März 1999 auf Grund eines rechtskräftigen Bescheides Anspruch auf Studienbeihilfe haben, ist die Studienbeihilfe ab diesem Zeitpunkt unter Berücksichtigung der geänderten Höchststudienbeihilfenbeträge (§§ 26 bis 28), der geänderten Absetzbeträge (§ 32 Abs. 1 Z 4) und Freibeträge (§ 32 Abs. 4 Z 2) neu zu berechnen und unter Berücksichtigung der zwölfmonatigen Auszahlung auszubezahlen, ohne dass es hiezu eines Erhöhungsantrages bedarf. Dies gilt auch für Studienbeihilfenbezieher, die am 1. Jänner 2000 auf Grund eines rechtskräftigen Bescheides Anspruch auf Studienbeihilfe haben. *(BGBl 1995/513, BGBl I 1999/23)*

(3) Auf Studierende, die vor Inkrafttreten dieses Bundesgesetzes ihr Studium nach Ablegung der ersten Diplomprüfung gewechselt haben, ist anstelle des § 17 dieses Bundesgesetzes der § 2 Abs. 3 lit. a des Studienförderungsgesetzes 1983 in der bis zum Inkrafttreten dieses Bundesgesetzes geltenden Fassung anzuwenden.

(4) Studierende, die nach den Vorschriften des Studienförderungsgesetzes 1983 die erforderlichen Zeiten des Selbsterhaltes bereits nachgewiesen haben, sind als Selbsterhalter im Sinne dieses Bundesgesetzes anzusehen.

(5) Ansprüche auf Studienförderungsmaßnahmen, die vor Inkrafttreten dieses Bundesgesetzes geltend gemacht wurden, sind nach den Bestimmungen des Studienförderungsgesetzes 1983 zu beurteilen.

(6) Das Studienförderungsgesetz 1983 ist mit der Abkürzung StudFG 1983 zu zitieren.

(7) Für die Beurteilung von Anträgen auf Beihilfen für ein Auslandsstudium ist abweichend von § 1 Abs. 4 die Rechtslage zum Zeitpunkt des Beginns des geförderten Auslandsstudiums maßgeblich. *(BGBl 1994/619, BGBl I 2000/76)*

(8) Auf Studierende, welche das Studium, für das sie Studienbeihilfe beantragen, vor dem Studienjahr 1996/97 aufgenommen haben, oder zur darauf vorbereitenden Studienberechtigungsprüfung vor Beginn des Studienjahres 1996/97 zugelassen worden sind, ist § 6 Z 4 in der bis 31. August 1996 geltenden Fassung weiterhin anzuwenden. Auf Studierende, welche die Voraussetzungen für die Zulassung zum Studium vor Beginn des Studienjahres 1996/97 erlangt haben, ist § 6 Z 4 in der bis 31. August 1996 geltenden Fassung weiterhin hinsichtlich eines Studiums anzuwenden, das im Wintersemester 1996/97 aufgenommen wurde. Weiters gilt abweichend von § 6 Z 4 für die Studienjahre 1996/97 und 1997/98 als Voraussetzung für die Gewährung einer Studienbeihilfe, daß der Studierende das Studium, für das Studienbeihilfe beantragt wird, vor Vollendung des 35. Lebensjahres begonnen hat. *(BGBl 1996/201, BGBl 1996/377)*

(9) Studienwechsel vor dem Studienjahr 1996/97, die gemäß § 17 in der bis 31. August 1996 geltenden Fassung nicht den Verlust des Anspruches auf Studienbeihilfe bewirkt haben, bewirken auch nach Inkrafttreten dieses Bundesgesetzes keinen Verlust des Anspruches auf Studienbeihilfe. *(BGBl 1996/201)*

(10) Für Studierende, die ein Doktoratsstudium nach Abschluß eines Diplomstudiums vor dem Studienjahr 1996/97 aufgenommen haben, ist § 48 Abs. 1 nicht anzuwenden. *(BGBl 1996/201)*

(11) Studierende an Fachhochschul-Studiengängen können im Studienjahr 1996/97 den Studienerfolg auch nach den Bestimmungen des § 22a in der bis zum 31. August 1996 geltenden Fassung nachweisen. *(BGBl 1996/377)*

(12) Für Studierende, die ein Doktoratsstudium spätestens im Wintersemester 1997/98 aufgenommen haben, ist § 15 Abs. 2 in der vor dem 1. August 1997 geltenden Fassung anzuwenden. *(BGBl I 1997/98)*

(13) Für bis Ende September 1997 durchgeführte Ferialtätigkeiten ist § 8 Abs. 4 Z 4 in der bisher geltenden Fassung anzuwenden. *(BGBl I 1997/98)*

(14) § 49 Abs. 4 ist auf Berufstätigkeiten anzuwenden, die ab dem 1. Oktober 1997 erfolgen. *(BGBl I 1997/98)*

(15) Die gesamte Anspruchsdauer gemäß § 18 Abs. 1 verlängert sich durch den Übertritt auf neue Studienpläne gemäß § 80 Abs. 3 UniStG nur insoweit, als sich dies aus der längeren Studiendauer oder der höheren Zahl von Studienabschnitten ergibt. *(BGBl I 1999/23)*

(16) Anstelle der in den §§ 26 bis 28 festgelegten Höchststudienbeihilfen gelten von März 1999 bis einschließlich Dezember 1999 folgende Höchststudienbeihilfen:

1. 5 580 S (jährlich 66 960 S) gemäß § 26 Abs. 1,
2. 8 080 S (jährlich 96 960 S) gemäß § 26 Abs. 2 und 27 Abs. 1.

(BGBl I 1999/23)

(17) Behinderte Studierende, die im Studienjahr 1998/99 eine Studienbeihilfe gemäß § 29 bezogen, haben für das in diesem Studienjahr betriebene Studium bei Vorliegen der sonstigen Voraussetzungen weiterhin Anspruch auf Erhöhungsbeträge mindestens in der Höhe gemäß § 29 in der bis zum 31. August 1999 geltenden Fassung. *(BGBl I 1999/23)*

(18) Im Studienjahr 1999/2000 dürfen Leistungsstipendien auch Studienabsolventen zuerkannt werden, die ihr Studium vom 1. März 1999 bis zum 30. September 1999 abgeschlossen haben. *(BGBl I 1999/23)*

(19) Für Studierende, die nach einem Diplomstudium ein Doktoratsstudium spätestens im Sommersemester 1999 aufgenommen haben, ist § 15 Abs. 3 in der bis 28. Februar 1998 geltenden Fassung anzuwenden. *(BGBl I 1999/23)*

(20) § 49 Abs. 1 in der ab 1. September 2003 geltenden Fassung ist auch auf Ansprüche auf Studienbeihilfe in den Studienjahren 2001/02 und 2002/03 anzuwenden. *(BGBl I 2003/75)*

(21) Die Funktionsperiode der für das Studienjahr 2000/01 bestellten Senate der Studienbeihilfenbehörde endet mit 31. August 2001. *(BGBl I 2000/76)*

(22) Der Nachweis des günstigen Studienerfolges gemäß § 48 Abs. 1 und 2 ist von Studierenden eines Magisterstudiums zu erbringen, die ihr Magisterstudium ab dem Studienjahr 2005/06 aufgenommen haben. *(BGBl I 2005/11)*

(23) Durch § 4 Abs. 1 werden die Richtlinie 2004/38/EG über das Recht der Unionsbürger und ihrer Familienangehörigen, sich im Hoheitsgebiet der Mitgliedstaaten frei zu bewegen und aufzuhalten, zur Änderung der Verordnung (EWG) Nr. 1612/68 und zur Aufhebung der Richtlinien 64/221/EWG, 68/360/EWG, 72/194/EWG, 73/148/EWG, 75/34/EWG, 75/35/EWG, 90/364/EWG, 90/365/EWG und 93/96/EWG, ABl. Nr. L 158 vom 30.04.2004, S 77, in der Fassung der Berichtigung ABl. Nr. L 229 vom 29.06.2004, S. 35, und die Richtlinie 2003/109/EG betreffend die Rechtsstellung der langfristig aufenthaltsberechtigten Drittstaatsangehörigen, ABl. Nr. L 16 vom 23.01.2004, S. 44, umgesetzt. *(BGBl I 2006/20)*

(24) § 50 Abs. 6 ist erstmals für Studierende anzuwenden, die ein Magisterstudium im Studienjahr 2005/06 aufnehmen. *(BGBl I 2006/20)*

(25) § 15 Abs. 3 Z 2 ist nicht anzuwenden, wenn unter Beibehaltung der Studienrichtung vom Diplomstudium auf das Bakkalaureatsstudium gewechselt wurde. *(BGBl I 2006/20)*

(26) Für Studierende an Akademien für Sozialarbeit sind die §§ 3 Abs. 1 Z 4, 23 Abs. 2 und 3, 46 Abs. 1 Z 2, 53 Abs. 2, 56a und 62 in der bis 31. August 2007 geltenden Fassung weiterhin anzuwenden. *(BGBl I 2007/46)*

(27) Studierende, die ein Studium an einer Pädagogischen Akademie vor dem Studienjahr 2007/08 aufgenommen haben, können den günstigen Studienerfolg auch gemäß § 23 in der bis 31. August 2007 geltenden Fassung nachweisen. *(BGBl I 2007/46)*

(28) Für Studierende an Pädagogischen Hochschulen, die ein Lehramtsstudium vor dem Studienjahr 2006/07 an einer Akademie im Sinne des Akademien-Studiengesetzes 1999, BGBl. I Nr. 94, begonnen haben und dieses ab dem Studienjahr 2007/08 als Bachelorstudium fortführen, verlängert sich die Anspruchsdauer um weitere zwei Semester. *(BGBl I 2007/46)*

(29) Bei Studierenden, denen eine Studienbeihilfe für das Sommersemester 2007 und das Wintersemester 2007/08 bewilligt wurde, ist die Studienbeihilfe für das Wintersemester 2007/08 unter Berücksichtigung der ab 1. September 2007 geltenden Bestimmungen um 12 % zu erhöhen. Die Studierenden sind über diese Erhöhung zu informieren. *(BGBl I 2007/46)*

(30) Bei Studierenden, denen eine Studienbeihilfe oder ein Studienzuschuss für das Sommersemester 2008 und das Wintersemester 2008/09 bewilligt wurde, sind die Studienbeihilfe und der Studienzuschuss mit Stichtag zum Zeitpunkt der Antragstellung unter Berücksichtigung der ab 1. September 2008 geltenden Bestimmungen neu zu berechnen. *(BGBl I 2008/47)*

(31) § 18 Abs. 7 ist auf Studierende, die ihr Studium vor dem Studienjahr 2008/09 aufgenommen haben, nicht anzuwenden. *(BGBl I 2008/47)*

(32) Die Höhe des Studienzuschusses für Studierende an österreichischen Universitäten, österreichischen Universitäten der Künste gemäß § 91 Abs. 1 Universitätsgesetz 2002 oder an österreichischen öffentlichen Pädagogischen Hochschulen gemäß § 69 Abs. 1 Hochschulgesetz 2005 für den Zeitraum 1. September 2008 bis 28. Februar 2009 entspricht abweichend von § 52c Abs. 2 dem jeweils entrichteten Studienbeitrag für ein Semester. Dieser Studienzuschuss ist abweichend von § 52c Abs. 6 zur Gänze im Wintersemester auszuzahlen. *(BGBl I 2008/134)*

Vollziehung

§ 76. (1) Mit der Vollziehung dieses Bundesgesetzes sind betraut:

1. hinsichtlich der Universitäten, der Universitäten der Künste, der Privatuniversitäten, der Theologischen Lehranstalten und der Fachhochschul-Studiengänge der Bundesminister für Wissenschaft und Forschung,
2. hinsichtlich der Pädagogischen Hochschulen, der Akademien für Sozialarbeit und der Konservatorien die Bundesministerin für Unterricht, Kunst und Kultur und
3. hinsichtlich der medizinisch-technischen Akademien und der Hebammenakademien die Bundesministerin für Gesundheit, Familie und Jugend.

(BGBl I 2007/46)

(2) Bei der Erlassung von Verordnungen ist mit Ausnahme der §§ 20 und 21 im Einvernehmen mit dem Bundesminister für Finanzen vorzugehen.

Außerkrafttreten

§ **77.** (1) Das Studienförderungsgesetz 1983 tritt mit Ablauf des 31. August 1992 außer Kraft.

(2) Die Verordnungen des Bundesministers für Bildung, Wissenschaft und Kultur, BGBl. Nr. 686/1995, und der Bundesministerin für Unterricht und kulturelle Angelegenheiten, BGBl. Nr. 810/1995, treten mit Ablauf des 31. August 1996 außer Kraft.

(BGBl 1996/201)

Inkrafttreten

§ **78.** (1) Dieses Bundesgesetz tritt mit 1. September 1992 in Kraft.

(2) Verordnungen auf Grund einer Novelle dieses Bundesgesetzes können bereits von dem auf die Kundmachung der Novelle folgenden Tag an erlassen werden. Sie können frühestens mit dem Inkrafttreten der Novelle in Kraft gesetzt werden. *(BGBl 1994/619)*

(3) Der § 3 Abs. 1 Z 9 und Abs. 5, der § 5 Abs. 2 und 3, der § 18 Abs. 1, der § 22a, der § 37 Abs. 3 bis 7, der § 38 Abs. 2 bis 7, der § 39 Abs. 2, der § 45 Abs. 2, der § 46 Abs. 1 Z 1, der § 47 Abs. 1 Z 4, der § 50 Abs. 2 und 3, der § 52, der § 76 Abs. 1 Z 1 und der § 78 Abs. 3 in der Fassung des Bundesgesetzes BGBl. Nr. 343/1993 tritt mit 1. Oktober 1993 in Kraft. *(BGBl 1993/343)*

(4) Der § 3 Abs. 1 Z 8, der § 25, der § 37 Abs. 3 und Abs. 5, der § 38 Abs. 2, 4 und 7, der § 39 Abs. 2 und 3, der § 46 Abs. 1 Z 4, der § 47 Abs. 1 Z 3, der § 48 Abs. 1, der § 50 Abs. 4, der § 74 Abs. 7 und der § 76 Abs. 1 Z 3 in der Fassung des Bundesgesetzes BGBl. Nr. 29/1994 treten mit 1. Oktober 1993 in Kraft. *(BGBl 1994/29)*

(5) Der § 3 Abs. 1, der § 5 Abs. 1, der § 6, der § 7 Abs. 1 und 2, der § 8 Abs. 1, 2 und 4, der § 9, der § 10, der § 11, der § 12, der § 14, der § 19 Abs. 6, der § 20 Abs. 1, der § 25a, der § 26 Abs. 1 und 2, der § 27 Abs. 1, der § 28, der § 30 Abs. 3, der § 31 Abs. 1 und 3, der § 32 Abs. 1, 2 und 4, der § 37 Abs. 1 und 3, der § 38, der § 39 Abs. 2 und 8, der § 46 Abs. 1, der § 47 Abs. 1, der § 48, der § 49, der § 50 Abs. 2 und 5, der § 51 Abs. 1 und 3, der § 53 Abs. 1, der § 53a, der § 54, der § 55, der § 56, der § 56a, der § 63, der § 66, der § 67 Abs. 3, der § 68a, der § 75 Abs. 1 und 7, der § 76 Abs. 1 und der § 78 Abs. 2 und 5 in der Fassung des Bundesgesetzes BGBl. Nr. 619/ 1994 treten mit 1. September 1994 mit der Maßgabe in Kraft, daß die höheren Beträge für die Höchststudienbeihilfen (§ 26 Abs. 1 und 2, § 27 Abs. 1, § 28) erst ab 1. September 1995 zur Berechnung der Studienbeihilfe heranzuziehen sind. Für Studienbeihilfenbezieher, die auf Grund eines Antrages im Sommersemester 1994 auch im Wintersemester 1994/95 Anspruch auf Studienbeihilfe haben, ist die Studienbeihilfe ohne weiteres Ermittlungsverfahren unter Berücksichtigung der erhöhten Bemessungsgrundlagen (§ 31 Abs. 1 und 3) und Absetzbeträge (§ 32 Abs. 1 und 2) für das Wintersemester 1994/95 neu zu berechnen. *(BGBl 1994/619)*

(6) Der § 27 Abs. 1, der § 28, der § 39 Abs. 4, der § 40 Abs. 1, 5, 6 und 7, der § 52 und der § 78 Abs. 6 in der Fassung des Bundesgesetzes BGBl. Nr. 513/1995 treten mit 1. September 1995 in Kraft. *(BGBl 1995/513)*

(7) § 1, § 6, § 8 Abs. 2, § 11 Abs. 1, § 12 Abs. 4, § 16 Abs. 1 und Abs. 2, § 17, § 19 Abs. 9, § 35 Abs. 1 und 2, § 39 Abs. 2 und Abs. 7, § 40 Abs. 1, § 41 Abs. 1, § 47 Abs. 1 und 2, § 48 Abs. 1, § 51 Abs. 1 Z 5, § 52, § 53, § 58 Abs. 1, § 62 Abs. 1, § 63, § 75 Abs. 8 bis 10 und § 77 Abs. 1 und 2 in der Fassung des Bundesgesetzes BGBl. Nr. 201/1996 treten mit 1. September 1996 in Kraft. *(BGBl 1996/201)*

(8) Der § 22a, der § 50 Abs. 5, der § 75 Abs. 8 und 11 und der § 78 Abs. 8 in der Fassung des Bundesgesetzes BGBl. Nr. 377/ 1996 treten mit 1. September 1996 in Kraft. *(BGBl 1996/377)*

(9) Der § 3 Abs. 5, der § 8 Abs. 4, der § 12 Abs. 3, der § 13 Abs. 1, der § 15, der § 17 Abs. 2, der § 18 Abs. 3, der § 19 Abs. 6, der § 19 Abs. 10, der § 20 Abs. 1 und 3 bis 6, der § 21 Abs. 7, der § 31 Abs. 2, der § 38 Abs. 4, der § 39, der § 41 Abs. 5, der § 49, der § 50 Abs. 2, 4, 5 und 6, der § 51 Abs. 2, der § 54 Abs. 1, der § 55 Z 3, der § 56 Abs. 3, der § 61 Abs. 3, der § 67 Abs. 2, der § 70, der § 75 Abs. 12 und 13 und der § 78 Abs. 9 in der Fassung des Bundesgesetzes BGBl. I Nr. 98/1997 treten mit 1. August 1997 in Kraft. *(BGBl I 1997/98)*

(10) Die §§ 27 Abs. 3 und 49 Abs. 1 in der Fassung des Bundesgesetzes BGBl. I Nr. 30/ 1998 treten mit 1. Jänner 1998 in Kraft. *(BGBl I 1998/30, BGBl I 1999/23)*

(11) Der § 3 Abs. 5, der § 20 Abs. 1, der § 49 Abs. 1 und der § 78 Abs. 10 in der Fassung des Bundesgesetzes BGBl. I Nr. 39/ 1998 treten mit 1. März 1998 in Kraft. *(BGBl I 1998/39, BGBl I 1999/23)*

(12) Der § 6 Z 4 in der Fassung des Bundesgesetzes BGBl. I Nr. 71/1998 tritt mit 1. September 1998 in Kraft. *(BGBl I 1998/71)*

(13) Der § 30 Abs. 2 Z 4 in der Fassung des Bundesgesetzes BGBl. I Nr. 77/1998 tritt mit 1. Jänner 1999 in Kraft. *(BGBl I 1998/77, BGBl I 1999/23)*

(14) Der § 17 Abs. 3, § 75 Abs. 15 und der § 78 Abs. 14 in der Fassung des Bundesgesetzes BGBl. I Nr. 23/1999 treten mit 1. Oktober 1998 in Kraft. *(BGBl I 1999/23)*

(15) Der § 1 Abs. 1 und 2, der § 3 Abs. 1 Z 1 und 2, Abs. 3 und 4, der § 15 Abs. 3 und 4, der § 20 Abs. 1, der § 21, der § 23 Abs. 6, der § 26 Abs. 1 und 2, der § 27 Abs. 1, der § 28, der § 30 Abs. 2 und 5, der § 31 Abs. 1, der § 32 Abs. 1 Z 4, der § 32 Abs. 4 Z 2, der § 33 Abs. 3, der § 35 Abs. 1 und 2, der § 40 Abs. 1, 5 und 7, der § 43, der § 47 Abs. 1, der § 49 Abs. 1, 3 und 4, der § 52a, der § 52b, der § 54, der § 55 erster Satz, der § 68 Abs. 1, der § 70, der § 75 Abs. 2, 16 und 19 sowie der § 78 Abs. 15 in der Fassung des Bundesgesetzes BGBl. I Nr. 23/1999 treten mit 1. März 1999 in Kraft. *(BGBl I 1999/23)*

(16) Der § 4 Abs. 2, der § 15 Abs. 4, der § 17 Abs. 4, der § 19 Abs. 3, 4 und 6 Z 2, der § 29, der § 53, der § 56 Abs. 1, 2 und 4, der § 56a Abs. 1, der § 56b, der § 56c, der § 57, der § 58, der § 59, der § 60, der § 61, der § 62 Abs. 1 und 4, der § 66, der § 75 Abs. 17 und 18 sowie der § 78 Abs. 16 in der Fassung des Bundesgesetzes BGBl. I Nr. 23/1999 treten mit 1. September 1999 in Kraft. *(BGBl I 1999/23)*

(17) Der § 3 Abs. 2 Z 1, Abs. 3, 4, 5 und 6, der § 15 Abs. 3, 4 und 5, der § 56 Abs. 4, der § 56a Abs. 1, der § 56b Abs. 1, der § 56c Abs. 1, der § 59, der § 65, der § 67 Abs. 2, der § 75 Abs. 7 und 21 sowie der § 78 Abs. 17 in der Fassung des Bundesgesetzes BGBl. I Nr. 76/2000 treten mit 1. September 2000 in Kraft. *(BGBl I 2000/76)*

(18) Der § 1 Abs. 1 und 2, der § 3 Abs. 1, der § 5 Abs. 1, 2 und 3, der § 11 Abs. 1, der § 17 Abs. 4, der § 18 Abs. 1 und 5, der § 19 Abs. 4 und 6, der § 20 Abs. 1, 3 bis 7, der § 21 Abs. 1, 3 und 4, der § 22a Abs. 1, der § 23 Abs. 5, der § 24, der § 26, der § 27 Abs. 1, der § 28, der § 29, der § 30 Abs. 2, 5 und 6, der § 31 Abs. 1, 3 und 4, der § 32, der § 33 Abs. 2 und 3, der § 34 Abs. 2, der § 35 Abs. 1 und 2, der § 37, der § 38, der § 39 Abs. 2, 4 und 5, der § 40 Abs. 6 und 8, der § 41 Abs. 3, der § 46 Abs. 1, der § 49 Abs. 1, der § 50 Abs. 2, der § 51 Abs. 2, 3, 4 und 6, der § 52a Abs. 1 und 2, der § 52b, der § 55, der § 56 Abs. 1, der § 58 Abs. 1 und 2, der § 61 Abs. 1, der § 62 Abs. 1, 2 und 4, der § 64 Abs. 1 und 2, der § 67 Abs. 1, der § 68, der § 68a Abs. 1 und 2, der § 69, der § 73 sowie der § 76 Abs. 1 in der Fassung des Bundesgesetzes BGBl. I Nr. 76/2000 treten mit 1. September 2001 in Kraft. *(BGBl I 2000/76)*

(19) Gem. § 2 Abs. 2 Z 42 BGBl I 2008/2 als nicht mehr geltend festgestellt. *(BGBl I 2008/2)*

(20) § 1 Abs. 1, § 12 Abs. 3, § 31 Abs. 4, § 32 Abs. 1 Z 4, § 35 Abs. 1, § 40 Abs. 6 und 7, § 49 Abs. 3, § 52b Abs. 1 und 3, § 52c, § 57, § 58 Abs. 1, § 60 Abs. 1, § 61 Abs. 1, § 70 und § 78 Abs. 20 in der Fassung des Bundesgesetzes BGBl. I Nr. 142/2000 treten mit 1. September 2001 in Kraft. § 8 Abs. 4 tritt mit 31. August 2001 außer Kraft. *(BGBl I 2000/142)*

(21) § 19 Abs. 4, § 30 Abs. 2 Z 4 und 5, § 32 Abs. 1 Z 4, § 33 Abs. 2, § 40 Abs. 5 Z 12, § 49 Abs. 1, § 50 Abs. 3, 4 und 5, § 52b Abs. 1, 2, 3 und 6, § 53, § 54, § 56a, § 64 Abs. 2, § 75 Abs. 20, § 76 Abs. 1 Z 1 und § 78 Abs. 21 in der Fassung des Bundesgesetzes BGBl. I Nr. 75/2003 treten mit 1. September 2003 in Kraft. § 75 Abs. 20 in der Fassung des Bundesgesetzes BGBl. I Nr. 23/1999 tritt mit 13. Jänner 1999 außer Kraft. *(BGBl I 2003/75)*

(22) § 57, § 59 Abs. 1, § 61 Abs. 3 und 5, § 65 Abs. 1, § 67 Abs. 2 und 5 sowie § 78 Abs. 22 in der Fassung des Bundesgesetzes BGBl. I Nr. 75/2003 treten mit 1. Jänner 2004 in Kraft. *(BGBl I 2003/75)*

(23) § 9, § 15 Abs. 6, § 26 Abs. 1 und Abs. 2 Z 4, § 28, § 32 Abs. 2, § 39 Abs. 1, 5 und 7, § 41 Abs. 5 und 6 sowie § 78 Abs. 23 in der Fassung des Bundesgesetzes BGBl. I Nr. 75/2003 treten mit 1. September 2004 in Kraft. *(BGBl I 2003/75)*

(24) § 48 Abs. 1, § 51 Abs. 1 Z 5, § 54 Abs. 2, § 56 Abs. 3, § 75 Abs. 22 und § 78 Abs. 24 in der Fassung des Bundesgesetzes BGBl. I Nr. 11/2005, treten am 1. September 2005 in Kraft. *(BGBl I 2005/11)*

(25) § 50 Abs. 6 sowie § 75 Abs. 24 und 25 dieses Bundesgesetzes in der Fassung des Bundesgesetzes BGBl. I Nr. 20/2006 treten mit Beginn des Studienjahres 2005/06 in Kraft. § 4 Abs. 1 und 2 dieses Bundesgesetzes in der Fassung des Bundesgesetzes BGBl. I Nr. 20/2006 tritt mit 1. Jänner 2006 in Kraft. *(BGBl I 2006/20)*

(26) § 3 Abs. 1 und 5, § 23, § 26 Abs. 1 und 2, § 27 Abs. 1, § 28, § 30 Abs. 5, § 39 Abs. 3, § 46 Abs. 1, § 53 Abs. 2, § 56a, § 61 Abs. 1, § 62 Abs. 1 und 2, § 75 Abs. 26 bis 29 sowie § 76 Abs. 1 dieses Bundesgesetzes in der Fassung des Bundesgesetzes BGBl. I Nr. 46/2007 treten mit 1. September 2007 in Kraft. *(BGBl I 2007/46)*

(27) § 6 Z 4, § 15 Abs. 3 und Abs. 6, § 17 Abs. 4, § 18 Abs. 6 und 7, § 19 Abs. 3 Z 2 und 3 und Abs. 6, § 20 Abs. 1, § 28, § 29, § 30 Abs. 6, § 31 Abs. 1 und Abs. 4, § 32 Abs. 2 und Abs. 4 Z 2, § 37 Abs. 2, § 39 Abs. 4 und Abs. 8, § 41 Abs. 5, § 48 Abs. 3, § 49 Abs. 3, § 50 Abs. 2, § 52b Abs. 3 Z 2, § 52c Abs. 2 und 4, § 52d, § 56 Abs. 4, § 56d, § 57, § 58, § 61 Abs. 4, § 63, § 64, § 68 Abs. 1 sowie § 75 Abs. 30 und 31 dieses Bundesgesetzes in der Fassung des Bundesgesetzes BGBl. I Nr. 47/2008 treten mit 1. September 2008 in Kraft. § 19 Abs. 10, § 20 Abs. 3 bis Abs. 7, § 21, § 22 und § 22a treten mit Ablauf des 31. August 2008 außer Kraft. *(BGBl I 2008/47)*

(28) § 75 Abs. 32 in der Fassung des Bundesgesetzes BGBl. I Nr. 134/2008 tritt rückwirkend mit 1. September 2008 in Kraft. § 52c Abs. 2 dieses Bundesgesetzes in der Fassung BGBl. I Nr. 134/2008 tritt mit 1. Jänner 2009 in Kraft. *(BGBl I 2008/134)*

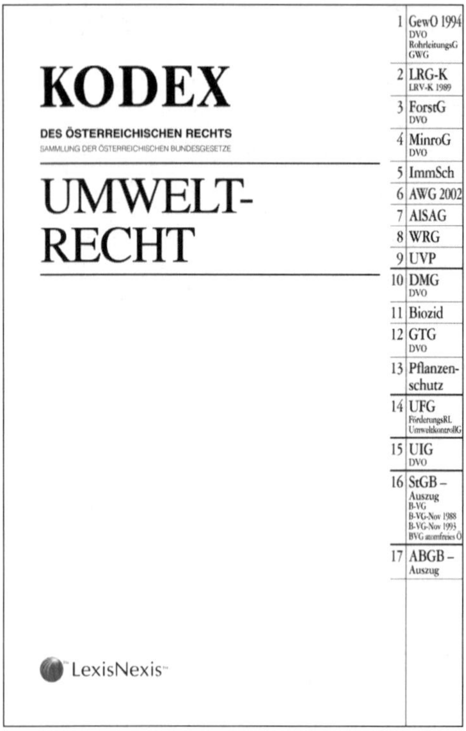
KODEX
DES ÖSTERREICHISCHEN RECHTS
SAMMLUNG DER ÖSTERREICHISCHEN BUNDESGESETZE
UMWELT-RECHT
1 GewO 1994 DVO RohrleitungsG GWG
2 LRG-K LRV-K 1989
3 ForstG DVO
4 MinroG DVO
5 ImmSch
6 AWG 2002
7 AlSAG
8 WRG
9 UVP
10 DMG DVO
11 Biozid
12 GTG DVO
13 Pflanzenschutz
14 UFG FörderungsRL UmweltkontrollG
15 UIG DVO
16 StGB – Auszug B-VG B-VG-Nov 1988 B-VG-Nov 1993 BVG atomfreies Ö
17 ABGB – Auszug
LexisNexis

KODEX
DES ÖSTERREICHISCHEN RECHTS
SAMMLUNG DER ÖSTERREICHISCHEN BUNDESGESETZE
CHEMIKALIEN-RECHT
1 ChemG
2 VO
2/1 ChemV
2/2 AnmV
2/3 FCKW-VO
2/4 Selbstbedienungs V
2/5 Gift-MeldeV
2/6 mindgift Zub
2/7 GiftV 2000
2/8 FormaldehydV
2/9 vollhalFCKW
2/10 AsbestV
2/11 HalonenV
2/12 Antifoulings
2/13 Pentachlorphenol
2/14 LösungsmittelV
2/15 HFCKW-V
2/16 TrichlorethanV
2/17 HalogenV
2/18 GiftlisteV
2/19 GiftinfoV
2/20 PICV
2/21 PflanzenschutzV
2/22 CadmiumV
2/23 EU-V
2/24 PhosphatbestimmungsVO
2/25 KreosotV
2/26 HalonbankV
2/27 GLP-V
3 EU
3/1 Stoff-RL
3/1/1 ZusatzRL
3/2 Einstufungs-RL
3/3 Verbots-RL
3/4 Altstoff-V und DVO
3/5 PIC-V
3/6 Ozon-V
LexisNexis

KODEX
DES ÖSTERREICHISCHEN RECHTS
SAMMLUNG DER ÖSTERREICHISCHEN BUNDESGESETZE
WASSER-RECHT
1 WRG
2 VO
3/1 Best im AWG für Deponien
3/2 DeponieV
4 EU-RL
LexisNexis

KODEX
DES ÖSTERREICHISCHEN RECHTS
SAMMLUNG DER ÖSTERREICHISCHEN BUNDESGESETZE
ABFALL-RECHT UND ÖKO-AUDIT
1/1. AWG 2002
1/2/1. AltölVO
1/2/2. LampenVO
1/2/3. Kunststoff GetränkeVO
1/2/4. BatterieVO
1/2/5/1. FestsetzungsVO
1/2/5/2. K Ausstufung
1/2/6. SchmiermittelVO
1/2/9. AbfallnachweisVO
1/2/10. BauschuttVO
1/2/11. BiogeneVO
1/2/12. KunststoffkennVO
1/2/13. KühlgeräteVO
1/2/14/1. VO Außerkrafttreten und Inkrafttreten VerpackungsVO
1/2/14/2. VerpackungsVO
1/2/14/3. ZielVO Verpackabfälle
1/2/16. DeponieVO
1/2/17. V Verbrennung gef Abfälle
1/2/18. AbfallWP 2001
1/2/19. KompostV
1/3. Basler Übereinkommen
1/4/1. GewO 1994 (Auszug)
1/4/2. V Verbrennung gef A in gewerbl BA
1/5. MinroG (Auszug)
2. Landesabfallvorschriften (Auszug)
2/1. Burgenland
2/2. Kärnten
2/3. Niederösterreich
2/4. Oberösterreich
2/5. Salzburg
2/6. Steiermark
2/7. Tirol
2/8. Vorarlberg
2/9. Wien
3. AlSAG
4. EU-Richtlinien und Verordnungen
5. Öko-Audit
LexisNexis

Bundesgesetz über die Dokumentation im Bildungswesen (Bildungsdokumentationsgesetz)

BGBl I 2002/12 idF

BGBl I 2002/169 BGBl I 2006/20 BGBl I 2006/33
BGBl I 2006/113 BGBl I 2008/24 BGBl I 2010/48
BGBl I 2011/74

Inhaltsverzeichnis

1. Teil

Allgemeine Bestimmungen

Geltungsbereich, Regelungszweck

§ 1. Dieses Bundesgesetz regelt:

1. die Verwendung von Daten der Schüler und Studierenden im Sinne des Datenschutzgesetzes 2000, BGBl. I Nr. 165/1999, durch die von diesem Gesetz erfassten Bildungseinrichtungen, zwecks Wahrnehmung der diesen Einrichtungen gesetzlich übertragenen Aufgaben der Schul- und Hochschulverwaltung gemäß § 3, der Studienförderung und der Vertretungsangelegenheiten der Studierenden;
2. die Führung der Gesamtevidenzen der Schüler bzw. der Studierenden für ausschließlich statistisch-planerische und steuernde Zwecke;
3. die Verwendung von Daten aus den Evidenzen der Bildungseinrichtungen für Zwecke der Bundesstatistik zum Bildungswesen und des Bildungsstandsregisters, die von der Bundesanstalt „Statistik Österreich" besorgt werden.

(BGBl I 2008/24)

Begriffsbestimmungen

§ 2. (1) Im Sinne dieses Bundesgesetzes sind zu verstehen:

1. unter Bildungseinrichtungen des Schul- und Erziehungswesens sowie des Gesundheitswesens:
   a) Schulen einschließlich der Praxisschulen, Übungskindergärten, -horte und -schülerheime gemäß Schulorganisationsgesetz, BGBl. Nr. 242/1962, *(BGBl I 2008/24)*
   b) Schulen gemäß Land- und forstwirtschaftlichem Bundesschulgesetz, BGBl. Nr. 175/1966,
   c) Schulen gemäß Bundesgesetz über Schulen zur Ausbildung von Leibeserziehern und Sportlehrern, BGBl. Nr. 140/1974,
   d) Schulen gemäß Bundesgesetz betreffend die Grundsätze für land- und forstwirtschaftliche Berufsschulen, BGBl. Nr. 319/1975,
   e) Schulen gemäß Bundesgesetz betreffend die Grundsätze für land- und forstwirtschaftliche Fachschulen, BGBl. Nr. 320/1975,
   f) Schulen gemäß Forstgesetz 1975, BGBl. Nr. 440 (Forstfachschulen),
   g) Schulen gemäß Privatschulgesetz, BGBl. Nr. 244/1962, *(BGBl I 2008/24)*
   h) Schulen gemäß Land- und forstwirtschaftlichem Privatschulgesetz, BGBl. Nr. 318/1975,
   i) Schulen, Lehrgänge, Sonderausbildungen und Weiterbildungen gemäß Gesundheits- und Krankenpflegegesetz – GuKG, BGBl. I Nr. 108/1997,
   j) medizinisch-technische Akademien und Sonderausbildungskurse gemäß Bundesgesetz über die Regelung der gehobenen medizinisch-technischen Dienste – MTD-Gesetz, BGBl. Nr. 460/1992,

BDokG

k) Hebammenakademien und Sonderausbildungskurse gemäß Hebammengesetz – HebG, BGBl. Nr. 310/1994; *(BGBl I 2002/169)*
l) Schulen und Kurse gemäß Bundesgesetz über die Regelung des medizinisch-technischen Fachdienstes und der Sanitätshilfsdienste – MTF-SHD-G, BGBl. Nr. 102/1961; *(BGBl I 2002/169)*
m) Ausbildungsmodule gemäß Sanitätergesetz – SanG, BGBl. I Nr. 30/2002, sowie *(BGBl I 2002/169)*
n) Ausbildungen, Aufschulungsmodule, Spezialqualifikationsausbildungen und Ausbildungen für Lehraufgaben gemäß Medizinischer Masseur- und Heilmasseurgesetz – MMHmG, BGBl. I Nr. 169/2002; *(BGBl I 2002/169)*

2. unter Bildungseinrichtungen des Schul- und Erziehungswesens ferner:
   a. Universitäten gemäß Universitätsgesetz 2002, BGBl. I Nr. 120, *(BGBl I 2006/33)*
   b) Pädagogische Hochschulen (einschließlich anerkannte Pädagogische Hochschulen, Studiengänge, Hochschullehrgänge und Lehrgänge) gemäß Bundesgesetz über die Organisation der Pädagogischen Hochschulen und ihre Studien – Hochschulgesetz 2005, BGBl. I Nr. 30/2006, *(BGBl I 2006/113, BGBl I 2008/24)*
   c. die Universität für Weiterbildung Krems gemäß DUK-Gesetz 2004, BGBl. I Nr. 22, *(BGBl I 2006/33)*
   d) Privatuniversitäten gemäß Privatuniversitätengesetz, BGBl. I Nr. 74/2011, *(BGBl I 2011/74)*,
   e) theologische Lehranstalten gemäß Artikel V § 1 Abs. 1 des Konkordates zwischen dem Heiligen Stuhle und der Republik Österreich, BGBl. II Nr. 2/1934,
   f) Fachhochschul-Studiengänge und Fachhochschulen gemäß Fachhochschul-Studiengesetz, BGBl. Nr. 340/1993 und
   g) außeruniversitäre Bildungseinrichtungen, die Lehrgänge universitären Charakters gemäß § 27 Universitäts-Studiengesetz, BGBl. I Nr. 48/1997, anbieten im Rahmen ihrer Tätigkeit für solche Lehrgänge;
3. unter Schülern: Schüler gemäß Schulunterrichtsgesetz, BGBl. Nr. 472/1986, Schüler gemäß Bundesgesetz über Schulen zur Ausbildung von Leibeserziehern und Sportlehrern, BGBl. Nr. 140/1974, Studierende gemäß Schulunterrichtsgesetz für Berufstätige, BGBl. I Nr. 33/1997, Studierende an Akademien für Sozialarbeit (jeweils einschließlich in der Eigenschaft als Prüfungskandidaten im Rahmen abschließender Prüfungen) sowie Bildungsteilnehmer an Bildungseinrichtungen gemäß Z 1 lit. c, d, e, g und h bis n; *(BGBl I 2002/169, BGBl I 2008/24)*
4. unter Studierenden: Studierende und sonstige Bildungsteilnehmer an den Bildungseinrichtungen gemäß Z 2; *(BGBl I 2006/33, BGBl I 2006/113, BGBl I 2008/24)*
5. unter Leitern einer Bildungseinrichtung: Leiter einer Einrichtung gemäß Z 1 und das für die Zulassung von Studierenden an den in Z 2 genannten Bildungseinrichtungen zuständige Organ, an Pädagogischen Hochschulen der Rektor. *(BGBl I 2006/113)*

(2) Personenbezogene Bezeichnungen in diesem Bundesgesetz gelten jeweils auch in ihrer weiblichen Form.

(3) Auftraggeber im Sinne des § 4 Z 4 des Datenschutzgesetzes 2000 für die Evidenzen der Schüler und Studierenden an den Bildungseinrichtungen sind deren Leiter im Sinne des Abs. 1 Z 5, bezüglich der Einrichtungen gemäß § 2 Abs. 1 Z 2 lit. f jedoch deren Erhalter. *(BGBl I 2008/24)*

2. Teil
Evidenzen der Bildungseinrichtungen und Gesamtevidenzen
(BGBl I 2008/24)

Evidenzen der Schüler und Studierenden

§ 3. (1) Der Leiter einer Bildungseinrichtung gemäß § 2 Abs. 1 Z 1 lit. a, b, c, f, g und h sowie Z 2 hat für die Vollziehung des Schulunterrichtsgesetzes, BGBl. Nr. 472/1986, des Schulunterrichtsgesetzes für Berufstätige, BGBl. I Nr. 33/1997, des Hochschulgesetzes 2005, BGBl. I Nr. 30/2006, des Universitätsgesetzes 2002, BGBl. I Nr. 120, sowie der sonstigen schul- und hochschulrechtlichen Vorschriften folgende schülerbezogene und studierendenbezogene Daten nach Maßgabe der technischen Möglichkeiten automationsunterstützt zu verarbeiten (§ 4 Z 9 Datenschutzgesetz 2000, BGBl. I Nr. 165/1999):
1. die Namen (Vor- und Familien- bzw. Nachnamen, einschließlich allfälliger akademischer Grade) *(BGBl I 2010/48)*,
2. das Geburtsdatum,
3. die Sozialversicherungsnummer,
4. das Geschlecht,
5. die Staatsangehörigkeit,
6. die Anschrift am Heimatort und, sofern zusätzlich vorhanden, des der Bildungseinrichtung nächst gelegenen Wohnsitzes (Zustelladresse) entsprechend den Angaben der Erziehungsberechtigten bzw. des Schülers bzw. des Studierenden,
7. das Beginndatum der jeweiligen Ausbildung unter Angabe deren Bezeichnung,
8. das Beendigungsdatum und die Beendigungsform der jeweiligen Ausbildung unter Angabe der Bezeichnung der beendeten Ausbildung und
9. das allfällige bildungseinrichtungsspezifische Personenkennzeichen (zB Matrikelnummer). *(BGBl I 2006/33, BGBl I 2006/113, BGBl I 2008/24)*

(2) Der Leiter einer Bildungseinrichtung gemäß § 2 Abs. 1 Z 1 lit. a, b, c, f, g und h hat über Abs. 1 hinaus folgende Daten schülerbezogen zu verarbeiten:

1. das von den Erziehungsberechtigten bzw. vom Schüler angegebene Religionsbekenntnis,
2. das erste Jahr der allgemeinen Schulpflicht,
3. einen festgestellten sonderpädagogischen Förderbedarf,
4. die Eigenschaft als ordentlicher oder außerordentlicher Schüler,
5. die Schulkennzahl,
6. die Schulformkennzahl,
7. andere mit dem Schulbesuch zusammenhängende Daten über die Teilnahme an Unterrichts- und Betreuungsangeboten, den Schulerfolg, die Schul- bzw. Unterrichtsorganisation, den Bildungsverlauf sowie die Inanspruchnahme von Transferleistungen aus dem Familienlastenausgleich nach Maßgabe der **Anlage 1**. *(BGBl I 2008/24)*

(3) Das Rektorat einer Universität oder der Rektor einer Pädagogischen Hochschule hat über Abs. 1 hinaus folgende studierendenbezogene Daten zu verarbeiten:

1. die Matrikelnummer,
2. die von dieser Bildungseinrichtung verliehenen und allfällige weitere akademische Grade,
3. den Beitragsstatus gemäß §§ 91 und 92 des Universitätsgesetzes 2002, BGBl. I Nr. 120, und §§ 69 und 71 des Hochschulgesetzes 2005, BGBl. I Nr. 30/2006, *(BGBl I 2008/24)*
4. die Schulform, das Datum und den Ausstellungsstaat der allgemeinen Universitätsreife, *(BGBl I 2010/48)*
5. die abzulegenden Zusatzprüfungen,
6. die allfällige Befristung der Zulassung,
7. die Meldungen der Fortsetzung des Studiums und den Zulassungsstatus,
8. die Beteiligung an internationaler Mobilität und *(BGBl I 2011/74)*
9. die Prüfungsdaten im Umfang der Prüfungsprotokolle einschließlich jener der Studienberechtigungsprüfung. *(BGBl I 2006/33, BGBl I 2006/113, BGBl I 2010/48)*

(4) Im Fall der Ablegung einer Externistenprüfung gemäß § 42 des Schulunterrichtsgesetzes, BGBl. Nr. 472/1986 (einschließlich § 8c des Schulorganisationsgesetzes, BGBl. Nr. 242/1962), bzw. § 42 des Schulunterrichtsgesetzes für Berufstätige, BGBl. I Nr. 33/1997, sowie im Fall der Ablegung einer Prüfung gemäß §§ 11 Abs. 4, 13 Abs. 3 und § 22 Abs. 4 des Schulpflichtgesetzes 1985, BGBl. Nr. 76, hat der Leiter der Bildungseinrichtung, an der die Externistenprüfung durchgeführt wird, die Prüfungskandidaten evident zu halten. Der Leiter dieser Bildungseinrichtung hat nach Maßgabe der technischen Möglichkeiten automationsunterstützt prüfungskandidatenbezogene Daten gemäß Abs. 1, Abs. 2 Z 2, 5 und 6 sowie gemäß **Anlage 2** zu verarbeiten. *(BGBl I 2008/24)*

(5) Sofern von einer Prüfung gemäß § 13 Abs. 3 des Schulpflichtgesetzes 1985, BGBl. Nr. 76, abgesehen wird sowie bei Befreiung vom Besuch der Berufsschule gemäß § 23 des Schulpflichtgesetzes 1985, BGBl. Nr. 76, und bei Befreiung vom Schulbesuch gemäß § 15 des Schulpflichtgesetzes 1985, BGBl. Nr. 76, kann der jeweils zuständige Landesschulrat bzw. Bezirksschul-rat mit der Evidenthaltung dieser Personen den Leiter der Bildungseinrichtung betrauen, welcher nach Maßgabe des dauernden Aufenthaltes der betreffenden Person und unter Bedachtnahme auf die jeweilige vom Landes- bzw. Bezirksschulrat entschiedene Angelegenheit geeignet ist. Der jeweils zuständige Landesschulrat oder Bezirksschulrat bzw. der betraute Leiter der Bildungseinrichtung hat nach Maßgabe der technischen Möglichkeiten automationsunterstützt personenbezogene Daten gemäß Abs. 1 und Abs. 2 Z 2 und 7 zu verarbeiten. *(BGBl I 2008/24)*

(6) Der Schüler bzw. Studierende hat die Sozialversicherungsnummer dem Leiter der Bildungseinrichtung bekannt zu geben. Sofern eine österreichische Sozialversicherungsnummer nicht besteht, hat die Bildungseinrichtung der Bundesanstalt „Statistik Österreich" Familien- bzw. Nachnamen und Vornamen, Geschlecht, Geburtsdatum und Anschrift am Heimatort zwecks Zuweisung eines Ersatzkennzeichens im automationsunterstützten Datenverkehr bekannt zu geben; liegt der Heimatort im Ausland und besteht ein Wohnsitz im Inland, so ist letzterer zu verwenden. Geben solche Schüler oder Studierende später der Bildungseinrichtung eine Sozialversicherungsnummer bekannt, so ist bei deren erstmaliger Übermittlung an die Bundesanstalt „Statistik Österreich" die Ersatzkennzeichnung zusätzlich anzugeben. Der Empfänger hat alle Datensätze dieser Person auf die Sozialversicherungsnummer zusammenzuführen und entsprechend zu speichern. *(BGBl I 2008/24, BGBl I 2010/48)*

BDokG

(7) Die Bundesanstalt „Statistik Österreich" ist berechtigt, mittels der für das Ersatzkennzeichen vorhandenen Daten eine Abfrage im Zentralen Melderegister durchzuführen und für das Ersatzkennzeichen das verschlüsselte bereichsspezifische Personenkennzeichen „Sozialversicherung" und das verschlüsselte bereichsspezifische Personenkennzeichen „Amtliche Statistik" gemäß § 9 des E-Government-Gesetzes (E-GovG), BGBl. I Nr. 10/2004, zu ermitteln. Auf Verlangen der Bundesanstalt hat der Hauptverband der österreichischen Sozialversicherungsträger die Sozialversicherungsnummern zu den verschlüsselten bereichsspezifischen Personenkennzeichen „Sozialversicherung" zu ermitteln und die Sozialversicherungsnummern mit den verschlüsselten bereichsspezifischen Personenkennzeichen „Amtliche Statistik" an die Bundesanstalt Statistik Österreich zu übermitteln. *(BGBl I 2008/24, BGBl I 2010/48)*

Evidenz über den Aufwand für Bildungseinrichtungen

§ 4. (1) Der zuständige Bundesminister hat für die Zwecke der Planung, der Steuerung, der Wahrung der gesetzlichen Aufsichtspflichten, der Bundesstatistik und der Verwaltungsstatistik Evidenz über den Personal-, Betriebs- und Erhaltungsaufwand jener Bildungseinrichtungen gemäß § 3 Abs. 1 zu führen, bei denen dieser Aufwand zur Gänze oder zum Teil aus Bundesmitteln getragen wird. Zu diesem Zweck sind zu mit Verordnung festgelegten Stichtagen dem zuständigen Bundesminister insbesondere folgende Daten zu übermitteln: *(BGBl I 2008/24)*

1. vom Rechtsträger, der die Dienstgeberfunktion an der Bildungseinrichtung wahrnimmt, deren Personalaufwand aus Bundesmitteln getragen wird:
   a) die Bezeichnung, Anschrift und Rechtsnatur des Erhalters der Bildungseinrichtung,
   b) die Anzahl der beschäftigten Personen, gegliedert nach Ausbildung, Verwendung, Funktion, Geschlecht, Geburtsjahr, Beschäftigungsart und -ausmaß und Bildungseinrichtung,
   c) deren Personalaufwand gegliedert nach Art der Bildungseinrichtung,
   d) die Anzahl an ausgeschriebenen Stellen sowie der Pensionierungen;
2. von der Bundesdienststelle, aus deren Bundesbudget der Betriebs- und Erhaltungsaufwand der Bildungseinrichtung getragen wird:
   a) die Bezeichnung, Anschrift und Rechtsnatur des Erhalters der Bildungseinrichtung,
   b) die Einnahmen und Ausgaben in der Bildungseinrichtungserhaltung, gegliedert nach Einnahmen- und Ausgabenarten sowie Arten der Bildungseinrichtungen sowie
   c) die räumliche und technische Ausstattung der Bildungseinrichtungen.

(2) Die Übermittlung der Daten gemäß Abs. 1 an die Evidenz über den Aufwand hat im automationsunterstützten Datenverkehr zu erfolgen, sofern die Daten in elektronisch lesbarer Form vorhanden sind. Die näheren Bestimmungen sind durch Verordnung des zuständigen Bundesministers festzulegen. *(BGBl I 2008/24)*

(3) Berichtszeitraum ist jeweils der der Datenübermittlung vorangegangene Zeitraum ab Stichtag.

Gesamtevidenzen der Schüler und der Studierenden

§ 5. (1) Der zuständige Bundesminister hat als Auftraggeber gemäß § 4 Z 4 des Datenschutzgesetzes 2000, BGBl. I Nr. 165/1999, für die Zwecke der Planung, der Steuerung, der Wahrung der gesetzlichen Aufsichtspflichten, der Bundesstatistik und der Verwaltungsstatistik sowie für die in § 8 genannten Zwecke automationsunterstützt folgende Gesamtevidenzen einzurichten: *(BGBl I 2008/24)*

1. die Gesamtevidenz der Schüler und
2. Gesamtevidenzen der Studierenden. *(BGBl I 2008/24)*

(2) In den Gesamtevidenzen sind die Daten der Schüler bzw. Studierenden nur indirekt personenbezogen zu speichern. Zu diesem Zweck ist vorzusorgen, dass die Datensätze gemäß § 6 Abs. 3 und § 7 Abs. 2 und 3, unbeschadet der Übermittlung gemäß § 9 Abs. 2 an die Bundesanstalt „Statistik Österreich", übermittelt werden. Vor Eingang eines derartigen Datensatzes beim zuständigen Bundesminister sind jedenfalls hinsichtlich der Bildungseinrichtungen gemäß § 2 Abs. 1 Z 1 lit. a, b, c, f, g und h sowie § 2 Abs. 1 Z 2 lit. b und hinsichtlich der Meldepflichtigen gemäß § 3 Abs. 5 durch die Bundesanstalt „Statistik Österreich", hinsichtlich der Bildungseinrichtungen gemäß § 2 Abs. 1 Z 2 lit. a, c und f auch durch eine andere geeignete Einrichtung, die den Anforderungen an die Datensicherheitsmaßnahmen gemäß § 14 des Datenschutzgesetzes 2000 entspricht, die Datensätze auf Vollständigkeit und Schlüssigkeit zu überprüfen bzw. richtig zu stellen und es ist die Sozialversicherungsnummer bzw. das Ersatzkennzeichen im jeweiligen Datensatz nicht-rückführbar so zu verschlüsseln, dass eine Bildungsevidenz-Kennzahl (BEKZ) gewonnen wird und ein- und dieselbe Sozialversicherungsnummer bzw. ein und dasselbe Ersatzkennzeichen bei der Verschlüsselung jeweils dieselbe BEKZ ergibt. Eine Speicherung der Datensätze durch den zuständigen Bundesminister unter der Sozialversicherungsnummer und/oder dem Namen des Betroffenen ist für Zwecke der Gesamtevidenzen unzulässig. *(BGBl I 2008/24)*

(3) Die näheren Bestimmungen über die bei Einbringung der Daten in die Gesamtevidenzen einzuhaltenden Vorgangsweisen, insbesondere hinsichtlich der Erzeugung der BEKZ, der Kennzeichnung der Bildungseinrichtungen, Schulformen, Fachrichtungen, Gegenstände und Prüfungen und der Verwendung dieser Kennzeichnungen auf den den Schüler bzw. den Studierenden betreffenden Anträgen, Zeugnissen, Bestätigungen sowie sonstigen Erledigungen, sind durch Verordnung des zuständigen Bundesministers festzulegen. *(BGBl I 2008/24)*

Gesamtevidenz der Schüler

§ 6. (1) In der Gesamtevidenz der Schüler werden Daten aus den Evidenzen der Schüler der Bildungseinrichtungen gemäß § 2 Abs. 1 Z 1 lit. a, b, c, f, g und h sowie Daten gemäß § 3 Abs. 5 zusammengeführt. *(BGBl I 2008/24)*

(2) Der Leiter einer in Abs. 1 genannten Bildungseinrichtung (im Fall des § 3 Abs. 5 der jeweils zuständige Landes- bzw. Bezirksschulrat) hat zu bestimmten, mit Verordnung festgelegten Stichtagen folgende Daten unter Angabe

der Bildungseinrichtung im automationsunterstützten Datenverkehr der Bundesanstalt „Statistik Österreich“ als die gemäß § 5 Abs. 2 die BEKZ bildende Stelle zu übermitteln:
1. die Daten gemäß § 3 Abs. 1 Z 2 bis 5, 7 bis 9, weiters Postleitzahl und Ort der Anschrift am Heimatort und die Information, ob am Bildungseinrichtungsort eine zusätzliche Anschrift besteht, sowie
2. die Daten gemäß § 3 Abs. 2 Z 2 bis 7, Abs. 4 und 5.

(BGBl I 2008/24)

(3) Von der Bundesanstalt „Statistik Österreich“ sind folgende Daten dem zuständigen Bundesminister für Zwecke der Gesamtevidenz der Schüler zu übermitteln:
1. Monat und Jahr der Geburt,
2. die Daten gemäß § 3 Abs. 1 Z 4 und 5, 7 und 8, weiters Postleitzahl und Ort der Anschrift am Heimatort und die Information, ob am Bildungseinrichtungsort eine zusätzliche Anschrift besteht,
3. die Bildungsevidenzkennzahl (BEKZ) gemäß § 5 Abs. 2 sowie
4. die Daten gemäß § 3 Abs. 2 Z 2 bis 7, Abs. 4 und 5.

(BGBl I 2008/24)

(4) Der zuständige Bundesminister hat der Bundesanstalt „Statistik Österreich“ den mit dem Vollzug des Abs. 2 und 3 verbundenen Aufwand abzugelten. Die näheren Bestimmungen sind durch Verordnung festzulegen.

(BGBl I 2008/24)

Gesamtevidenzen der Studierenden
(BGBl I 2008/24)

§ 7. (1) In den Gesamtevidenzen der Studierenden werden Daten aus den Evidenzen der Studierenden
1. der Universitäten und der Universität für Weiterbildung Krems (§ 2 Abs. 1 Z 2 lit. a und c),
2. der Pädagogischen Hochschulen (§ 2 Abs. 1 Z 2 lit. b) und
3. der Fachhochschul-Studiengänge und Fachhochschulen (§ 2 Abs. 1 Z 2 lit. f) zusammengeführt.

(BGBl I 2008/24)

(2) Der Leiter einer in Abs. 1 genannten Bildungseinrichtung hat im Wege der verschlüsselnden Einrichtung zu bestimmten, mit Verordnung des zuständigen Bundesministers festgelegten Stichtagen die Daten gemäß § 3 Abs. 1 Z 2 bis 5, Z 7 bis 9, Abs. 3 Z 4 und 7 sowie Postleitzahl und Ort der Anschrift am Heimatort im automationsunterstützten Datenverkehr unter Angabe der Bildungseinrichtung dem zuständigen Bundesminister für Zwecke der Gesamtevidenzen der Studierenden zu übermitteln. Die Daten sind in Form von Datensätzen zu übermitteln, die zur Identifikation des betroffenen Studierenden keine Namen sondern nur seine Sozialversicherungsnummer enthalten. Fachhochschulen und Fachhochschul-Studiengänge haben die Daten im Wege der Agentur für Qualitätssicherung und Akkreditierung Austria zu übermitteln. *(BGBl I 2008/24, BGBl I 2010/48, BGBl I 2011/74)*

(3) Das Rektorat einer Universität oder der Rektor einer Pädagogischen Hochschule hat überdies zu den festgelegten Stichtagen die Daten gemäß § 3 Abs. 3 Z 1 bis 3 und 8 sowie jede vollständige Ablegung einer Studienberechtigungsprüfung oder einer Prüfung, die zwar einen Studienabschnitt, nicht aber das gesamte Studium abschließt, samt Datum zu übermitteln. *(BGBl I 2006/33, BGBl I 2006/113)*

Abs. 4 entfällt durch BGBl I 2011/74.

Datenverbund der Universitäten und der Pädagogischen Hochschulen
(BGBl I 2010/48)

§ 7a. (1) Für den Bereich der Universitäten und der Universität für Weiterbildung Krems sowie für den Bereich der öffentlichen Pädagogischen Hochschulen und der anerkannten privaten Pädagogischen Hochschulen und Studiengänge wird jeweils ein Datenverbund der Universitäten („Datenverbund Uni“) und ein Datenverbund der Pädagogischen Hochschulen und Studiengänge („Datenverbund PH“) zur Vollziehung universitäts- bzw. hochschulübergreifend wahrzunehmender studienrechtlicher, studienförderungsrechtlicher oder hochschülerinnen- und hochschülerschaftsrechtlicher Vorschriften eingerichtet. Es handelt sich dabei um zwei voneinander getrennte Informationsverbundsysteme gemäß § 50 des Datenschutzgesetzes 2000 (DSG 2000), BGBl. I Nr. 165/1999.

(2) Auftraggeber des Datenverbundes gemäß § 4 Z 4 DSG 2000 sind die Universitäten, Auftraggeber des Datenverbundes PH die Pädagogischen Hochschulen. Die Bundesrechenzentrum GmbH (BRZ) hat die Datenverbundsysteme als Dienstleister zu betreiben.

(3) Der Datenverbund Uni und der Datenverbund PH dienen folgenden Zwecken:
1. Gewährleistung der ordentlichen Vergabe von Matrikelnummern,
2. Bereitstellung von Studien- und Studienerfolgsdaten für die Gesamtevidenzen der Studierenden gemäß § 7 und für den Vollzug studienförderungsrechtlicher Vorschriften,
3. Übermittlung der Zulassungsinformationen und der Fortsetzungsmeldungen bzw. Inskriptionen von Studierenden gemeinsamer Studienprogramme seitens der zulassenden Universität an die jeweiligen anderen Universitäten bzw. seitens der zulassenden Pädagogischen Hochschule an die jeweiligen anderen Pädagogischen Hochschulen,
4. Bereitstellung der Mitgliederverzeichnisse der Österreichischen Hochschülerinnen- und Hochschülerschaft (§ 4a Abs. 1, 2 und 4 sowie § 10 Abs. 4 des Hochschülerinnen- und

Hochschülerschaftsgesetzes 1998, BGBl. I Nr. 22/1999) und
5. Sicherung der Einhebung eines etwaigen Studienbeitrages.

(4) Jede Universität, die Universität für Weiterbildung Krems sowie die öffentlichen und anerkannten privaten Pädagogischen Hochschulen und Studiengänge haben den jeweiligen Datenverbundsystemen studierenden-, studien- und studienbeitragsbezogene Daten gemäß **Anlage 3** zu überlassen.

(5) Folgende Einrichtungen sind nach Maßgabe entsprechender gesetzlicher Vorschriften abfrageberechtigt:
1. die Studienbeihilfebehörde,
2. die Finanzämter und
3. die Vorsitzenden der Organe der Österreichischen Hochschülerinnen- und Hochschülerschaft gemäß § 6 Abs. 1, § 12 Abs. 1 Z 1 und 3 sowie § 20a Abs. 1 Z 2 HSG 1998.

(6) Der Datenverbund hat die jüngsten vier Studienjahre zu enthalten. Ältere Semesterbestände sind zu löschen, doch sind die Anschrift am Heimatort und die Zustelladresse zehn Jahre und folgende Merkmale der Studierenden im Hinblick auf die Gewährleistung der ordnungsgemäßen Vergabe von Matrikelnummern 99 Jahre zu speichern:
1. Matrikelnummer;
2. Familien- bzw. Nachname und Vorname(n);
3. Geburtsdatum;
4. Geschlecht;
5. Staatsangehörigkeit;
6. Datum der allgemeinen Universitätsreife;
7. Kennzeichnung als ungültige Matrikelnummer;
8. Bereichsspezifisches Personenkennzeichen BF.

§ 8 Abs. 5 erster Satz ist anzuwenden.

(7) Die BRZ hat als Betreiber des Datenverbundes den Anforderungen an die Datensicherheit gemäß § 14 des Datenschutzgesetzes 2000 zu entsprechen und hat Abfrageberechtigungen gemäß Abs. 5 nur dann zu erteilen, wenn die Datensicherheitsmaßnahmen gemäß § 8 Abs. 2 nachgewiesen werden. § 8 Abs. 3 ist sinngemäß anzuwenden. Die Abfrage ist seitens des BRZ so einzurichten, dass nur unter Verwendung von Antragsdaten nach den jeweiligen gesetzlichen Bestimmungen auf die Daten von Studierenden zugegriffen werden kann.

(8) Die näheren Bestimmungen zu den Stichtagen, Verfahren und Formaten der Datenüberlassung, zum Verfahren der Übermittlung von Daten an die abfrageberechtigten Einrichtungen sowie zu den Datensicherheitsmaßnahmen sind durch Verordnung des Bundesministers für Wissenschaft und Forschung sowie durch Verordnung des Bundesministers für Unterricht, Kunst und Kultur zu regeln.

(BGBl I 2010/48)

Zugang zu Daten, Datensicherheitsmaßnahmen, Löschung
(BGBl I 2008/24)

§ 8. (1) Der Bundesminister für Unterricht, Kunst und Kultur kann den Schulbehörden des Bundes, wenn es zum Zweck der Wahrnehmung der ihnen gesetzlich übertragenen Aufgaben (Planung, Steuerung und Wahrung der gesetzlichen Aufsichtspflichten) erforderlich ist, eine Abfrageberechtigung im Wege des Datenfernverkehrs auf die in den Gesamtevidenzen gemäß § 5 verarbeiteten Daten in der Weise eröffnen, dass statistische Auswertungen unter Wahrung des Statistikgeheimnisses gemäß § 17 des Bundesstatistikgesetzes 2000, BGBl. I Nr. 163/1999, möglich und eine Ermittlung und Abspeicherung von Daten über einen bestimmten Bildungsteilnehmer bzw. ein Rückschluss auf Angaben über bestimmte Bildungsteilnehmer nicht möglich sind. Abfrageberechtigungen dürfen nur erteilt werden, wenn die Einhaltung der Datensicherheitsmaßnahmen des § 14 des Datenschutzgesetzes 2000 vom Abfragewerber nachgewiesen werden.

(2) Näheres über die Vorgangsweise bei der Verwendung von Daten, die Voraussetzungen, insbesondere im Hinblick auf Datensicherheitsmaßnahmen, unter denen eine Abfrageberechtigung gemäß Abs. 1 eröffnet wird, sind vom Bundesminister für Unterricht, Kunst und Kultur durch Verordnung festzulegen, wobei insbesondere vorzusehen ist, dass seitens des Antragstellers sichergestellt wird, dass
1. in seinem Bereich ausdrücklich festgelegt wird, wer (Identität des Abfragenden) unter welchen Voraussetzungen (Bekanntgabe des Abfragezwecks) eine Abfrage durchführen darf,
2. abfrageberechtigte Mitarbeiter über ihre nach Datenschutzvorschriften bestehenden Pflichten belehrt werden,
3. entsprechende Regelungen über die Abfrageberechtigungen und den Schutz vor Einsicht und Verwendung der Daten durch Unbefugte getroffen werden,
4. durch technische oder programmgesteuerte Vorkehrungen Maßnahmen gegen unbefugte Abfragen ergriffen werden,
5. Aufzeichnungen geführt werden, damit tatsächlich durchgeführte Verwendungsvorgänge im Hinblick auf ihre Zulässigkeit im notwendigen Ausmaß nachvollzogen werden können (Protokollierung),
6. Maßnahmen zum Schutz vor unberechtigtem Zutritt zu Räumlichkeiten, von denen aus Abfragen durchgeführt werden können, ergriffen werden,
7. eine Dokumentation über die nach Z 1 bis 6 getroffenen Maßnahmen geführt wird.

(3) Die Abfrageberechtigung aus den Gesamtevidenzen gemäß § 5 ist zu entziehen, wenn
1. die Voraussetzungen, unter denen die Abfrageberechtigung erteilt wurde, nicht mehr vorliegen,

2. schutzwürdige Geheimhaltungsinteressen Betroffener durch die Erteilung von Auskünften verletzt wurden,
3. gegen Datensicherheitsmaßnahmen gemäß Abs. 2 Z 1 bis 7 verstoßen wurde oder
4. ausdrücklich auf sie verzichtet wird.

(4) Sofern der Betroffene (§ 4 Z 3 Datenschutzgesetz 2000, BGBl. I Nr. 165/1999) Auskunft über die in den Evidenzen gemäß § 3 zu seiner Person in direkt personenbezogener Form verarbeiteten Daten erlangen möchte, kann er ein Auskunftsbegehren an die von ihm besuchte Bildungseinrichtung stellen.

(5) Die in den Evidenzen gemäß § 3 enthaltenen Sozialversicherungsnummern (§ 3 Abs. 1 Z 3) oder Ersatzkennzeichen gemäß § 3 Abs. 6 der Schüler und Studierenden sind spätestens zwei Jahre nach dem Abgang von der Bildungseinrichtung zu löschen. Die Leiter von Bildungseinrichtungen gemäß § 2 Abs. 1 Z 1 lit. a, b, c, f, g und h haben darüber hinaus spätestens zwei Jahre nach dem Abgang des Schülers von der Bildungseinrichtung die Daten gemäß § 3 Abs. 1 Z 5 und 9, § 3 Abs. 2 Z 2 und 3 sowie gemäß Anlage 1 Z 5 lit. c, d und e sowie Z 8, 9, 11, 12 und 13 aus den Evidenzen gemäß § 3 zu löschen. Alle übrigen Daten sind nach Maßgabe schul- und hochschulrechtlicher Bestimmungen zu einem jeweils späteren Zeitpunkt zu löschen. Die Bestimmungen des Bundesarchivgesetzes, BGBl. I Nr. 162/1999, bleiben davon unberührt.

(6) Die Bundesanstalt „Statistik Österreich" hat hinsichtlich der gemäß § 9 Abs. 2 für Zwecke der Bundesstatistik zum Bildungswesen übermittelten Daten in jedem Datensatz

1. spätestens sechs Monate nach der Veröffentlichung der Bundesstatistik des jeweiligen Berichtsjahres die Daten gemäß § 9 Abs. 2 Z 2 lit. b zu löschen und durch die Information, ob der besuchten Klasse Kinder mit sonderpädagogischem Förderbedarf angehört haben und zutreffendenfalls durch die Anzahl dieser Kinder, zu ersetzen und
2. spätestens 20 Jahre nach der letzten Datenmeldung zu diesem Schüler bzw. Studierenden den Personenbezug zu löschen.
(BGBl I 2008/24)

3. Teil
Bundesstatistik zum Bildungswesen und Bildungsstandregister

Bundesstatistik zum Bildungswesen

§ 9. (1) Die Bundesanstalt „Statistik Österreich" hat jährlich eine Bundesstatistik zum Bildungswesen in regionaler Gliederung zu erstellen. Aus der Statistik hat sich insbesondere Folgendes zu ergeben:

1. die Bildungsbeteiligung,
2. die Anzahl der beschäftigten Personen und deren Personalaufwand, gegliedert nach Ausbildung, Verwendung, Funktion, Geschlecht, Geburtsjahr, Beschäftigungsart und -ausmaß und Art der Bildungseinrichtung,
3. die Finanzierung der Bildung, gegliedert nach Bildungsstufen, insbesondere der Betriebs- und Erhaltungsaufwand für Bildungseinrichtungen, gegliedert nach der Art der Bildungseinrichtung,
4. die Anzahl der Abschlüsse, gegliedert nach Ausbildungsarten, -formen und -fachrichtungen,
5. die Schülerströme zwischen den einzelnen Ausbildungsangeboten und innerhalb derselben (Verlaufsstatistik) und
6. die Verweildauer im Bildungssystem.

Die Bundesanstalt „Statistik Österreich" hat die Ergebnisse der Statistik entsprechend §§ 19 und 30 des Bundesstatistikgesetzes 2000 zu veröffentlichen, wobei die Veröffentlichung unter Angabe von Name oder Bezeichnung und Adresse der Bildungseinrichtung für Zwecke der Raumordnung und Bildungsplanung zulässig ist, ausgenommen Daten gemäß § 9 Abs. 1 Z 3 für Bildungseinrichtungen gemäß § 2 Abs. 1 Z 1. *(BGBl I 2008/24)*

(2) Zum Zweck der Erstellung der Statistik gemäß Abs. 1 haben die Leiter der Bildungseinrichtungen folgende Daten, soweit sie anfallen, zu den gemäß Abs. 3 festgesetzten Stichtagen und Berichtsterminen der Bundesanstalt „Statistik Österreich" zu übermitteln; die Leiter der Bildungseinrichtungen gemäß § 6 Abs. 1 bzw. § 7 Abs. 1 sowie die Meldepflichtigen gemäß § 3 Abs. 5 haben im Wege der gemäß § 5 Abs. 2 die BEKZ bildenden Stelle zu übermitteln: *(BGBl I 2008/24)*

1. im Bezug auf Schüler und Studierende:
   a) das Geburtsdatum,
   b) die Sozialversicherungsnummer,
   c) das Geschlecht,
   d) die Staatsangehörigkeit,
   e) die Postleitzahl und Ort der Anschrift am Heimatort und bei Bildungseinrichtungen gemäß § 2 Abs. 1 Z 1 die Information, ob am Bildungseinrichtungsort eine zusätzliche Anschrift besteht,
   f) das Beginndatum der jeweiligen Ausbildung unter Angabe deren Bezeichnung und
   g) das Beendigungsdatum und die Beendigungsform der jeweiligen Ausbildung unter Angabe der Bezeichnung der beendeten Ausbildung;
2. nur im Bezug auf Schüler:
   a) das erste Jahr der allgemeinen Schulpflicht,
   b) einen festgestellten sonderpädagogischen Förderbedarf,
   c) die Eigenschaft als ordentlicher oder außerordentlicher Schüler,
   d) die Schulkennzahl,
   e) die Schulformkennzahl, *(BGBl I 2010/48)*
   f) Daten auf Grund § 3 Abs. 2 Z 7 in Verbindung mit Anlage 1, Abs. 4 in Verbindung mit Anlage 2 sowie Abs. 5, soweit für Zwecke der Bundesstatistik zum Bildungswesen erforderlich und *(BGBl I 2008/24, BGBl I 2010/48)*

g) Daten aufgrund der Verordnung BGBl. II Nr. 58/2004 des Bundesministers für Land- und Forstwirtschaft, Umwelt und Wasserwirtschaft, soweit für Zwecke der Bundesstatistik zum Bildungswesen erforderlich; *(BGBl I 2010/48)*

3. nur im Bezug auf Studierende an Bildungseinrichtungen gemäß § 2 Abs. 1 Z 2 lit. a bis c und f:
   a) die Matrikelnummer sowie das bildungseinrichtungsspezifische Personenkennzeichen,
   b) die Schulform, das Datum und den Ausstellungsstaat der allgemeinen Universitätsreife, *(BGBl I 2010/48, BGBl I 2011/74)*
   c) die Meldungen der Fortsetzung des Studiums und den Zulassungsstatus und *(BGBl I 2011/74)*
   d) die Beteiligung an internationaler Mobilität. *(BGBl I 2011/74)*

(3) Für Bildungseinrichtungen gemäß § 2 Abs. 1 Z 1 lit. a, b, c, f, g und h bzw. für die Meldepflichtigen gemäß § 3 Abs. 5 gelten für die Übermittlung von Daten gemäß Abs. 2 Z 1 und 2 die in der Verordnung gemäß § 6 Abs. 2 festgesetzten Stichtage und Berichtstermine. Für Bildungseinrichtungen gemäß § 2 Abs. 1 Z 2 gelten für die Übermittlung von Daten gemäß Abs. 2 Z 1 und 3 die in der Verordnung gemäß § 7 Abs. 2 und 3 festgesetzten Stichtage und Berichtstermine. Für die übrigen Bildungseinrichtungen sind die Stichtage und Berichtstermine für die Übermittlung der Daten durch Verordnung des zuständigen Bundesministers im Einvernehmen mit dem Bundeskanzler festzusetzen.

(4) Der Bundesanstalt „Statistik Österreich" sind folgende Daten zu übermitteln:

1. vom Leiter einer Bildungseinrichtung oder vom Rechtsträger, der die Dienstgeberfunktion an dieser Bildungseinrichtung wahrnimmt, unter Angabe der Bezeichnung, der Anschrift und der Rechtsnatur des Erhalters der jeweiligen Bildungseinrichtung, gegliedert nach Arten der Bildungseinrichtungen:
   a) bis zum 1. Dezember jeden Kalenderjahres zum Stand Oktober die Anzahl der beschäftigten Personen gegliedert nach Ausbildung, Verwendung, Funktion, Geschlecht, Geburtsjahr, Beschäftigungsart und -ausmaß und
   b) bis zum 31. Mai jeden Kalenderjahres der Personalaufwand für das jeweils vorangegangene Kalenderjahr;
2. bis zum 31. Mai jeden Kalenderjahres vom Leiter einer Bildungseinrichtung oder vom Rechts-träger, der den Betriebs- und Erhaltungsaufwand trägt, unter Angabe der Bezeichnung, der Anschrift und der Rechtsnatur des Erhalters der Bildungseinrichtung, gegliedert nach den Arten der Bildungseinrichtungen, die Einnahmen und Ausgaben in der Bildungseinrichtungserhaltung für das jeweils vorangegangene Kalenderjahr, gegliedert nach Einnahmen- und Ausgabenarten. Bedürfen die Daten zu deren Verbindlichkeit einer Genehmigung von Organen und liegt diese bis zum 31. Mai eines Kalenderjahres nicht vor, so haben die Meldepflichtigen vorläufige Daten zu übermitteln. Die endgültigen Daten sind unverzüglich nach Vorliegen der Genehmigungen nachzuliefern.

(5) Die Übermittlung gemäß Abs. 2 und 4 hat gemäß § 10 Abs. 2 Bundesstatistikgesetz 2000, BGBl. I Nr. 163/1999, zu erfolgen. Soweit gemäß § 4 eine Verpflichtung zur Übermittlung von Daten an die Evidenz über den Aufwand von Bildungseinrichtungen besteht, trifft die Verpflichtung zur Übermittlung der betreffenden Daten den zuständigen Bundesminister.

(6) Über die in den Gesamtevidenzen der Studierenden (§ 7) zur Verfügung stehenden Daten hinaus sind anlässlich der Aufnahme der Studierenden an und des Abganges der Studierenden von einer Bildungseinrichtung gemäß § 2 Abs. 1 Z 2 statistische Erhebungen durch Befragung der Auskunftspflichtigen unter Angabe der Bildungseinrichtung zulässig über:

1. Sozialversicherungsnummer,
2. Geschlecht,
3. Geburtsdatum,
4. studienbezogene Auslandsaufenthalte,
5. Erwerbstätigkeit und
6. die Bildungslaufbahn der Eltern sowie deren Beruf und deren Stellung im Beruf. *(BGBl I 2008/24)*

Errichtung und Führung des Bildungsstandregisters

§ 10. (1) Die Bundesanstalt „Statistik Österreich" hat ein Register über den Bildungsstand der österreichischen Wohnbevölkerung (Bildungsstandregister) – regional gegliedert – zu führen. Dieses Register dient zur Erstellung von Verlaufsstatistiken über die Änderungen im Bildungsstand. Diese Statistik ist jährlich zu erstellen.

(2) Für Zwecke gemäß Abs. 1 hat die Bundesanstalt „Statistik Österreich" die im Rahmen der Bundesstatistik über das Bildungswesen gemäß § 9 Abs. 2 Z 1 lit. b, c und g erhobenen Daten heranzuziehen. Diese Daten haben weiters für Zwecke gemäß Abs. 1

1. die Prüfungsstellen der Landeskammern der Wirtschaftskammer Österreich und die Prüfungsstellen der Landwirtschaftskammern betreffend Personen, die im Zeitraum vom 1. Oktober des Vorjahres bis 30. September des Übermittlungsjahres eine Lehrabschlussprüfung, Facharbeiterprüfung, Meisterprüfung oder Befähigungsprüfung und Module dieser Prüfungen erfolgreich absolviert haben, und *(BGBl I 2006/33)*

2. der Bundesminister für Gesundheit, Familie und Jugend betreffend Personen, die im Zeitraum vom 1. Oktober des Vorjahres bis 30. September des Übermittlungsjahres eine Diplomprüfung im kardiotechnischen Dienst erfolgreich absolviert haben, bis zum 1. Dezember jeden Kalenderjahres der Bundesanstalt „Statistik Österreich" gemäß § 10 Abs. 2 Bundesstatistikgesetz 2000, BGBl. I Nr. 163/1999, zu übermitteln. *(BGBl I 2008/24)*

(3) Zur Ergänzung des Bildungsstandregisters mit Ausbildungen, die nicht bei einer Bildungseinrichtung gemäß § 2 Abs. 1 Z 1 und 2 absolviert worden sind, sind der Bundesanstalt „Statistik Österreich" bis zum 1. Dezember jeden Kalenderjahres gemäß § 10 Abs. 2 Bundesstatistikgesetz 2000, BGBl. I Nr. 163/1999, zu übermitteln:

1. vom Arbeitsmarktservice: die Sozialversicherungsnummer, das Geschlecht und die Ausbildung jener Personen, für die das Arbeitsmarktservice vom 1. Oktober des Vorjahres bis 30. September des Übermittlungsjahres Leistungen erbracht hat;

2. von den für die Nostrifizierung zuständigen Stellen: die Sozialversicherungsnummer, das Geschlecht und die Ausbildung jener Personen, deren ausländische Ausbildung im Zeitraum vom 1. Oktober des Vorjahres bis 30. September des Übermittlungsjahres nostrifiziert wurde; § 3 Abs. 6 und 7 und findet sinngemäß Anwendung. *(BGBl I 2006/33, BGBl I 2008/24)*

(4) Zur Erstellung der regionalen Gliederung des Bildungsstandes der österreichischen Wohnbevölkerung hat der Bundesminister für Inneres aus dem Zentralen Melderegister für den 30. September eines Kalenderjahres aus der Gleichsetzungstabelle gemäß § 16b Meldegesetz 1991, BGBl. Nr. 9/1992, oder auf andere geeignete Art auf Gemeindeebene des Hauptwohnsitzes gegliedert und unter Angabe des Geschlechts, des Geburtsdatums, eines allfälligen akademischen Grades und der Staatsbürgerschaft sowie für den Zeitraum seit dem 1. Oktober des Vorjahres bei Zuwanderern nach Österreich des Staates des bisherigen Wohnsitzes und bei Abwanderern aus Österreich des Staates des künftigen Wohnsitzes, die Sozialversicherungsnummern der Gemeldeten gemäß § 10 Abs. 2 Bundesstatistikgesetz 2000 zu übermitteln. *(BGBl I 2006/33, BGBl I 2008/24)*

(4a) Falls eine Sozialversicherungsnummer nicht zugeordnet ist, ist das verschlüsselte bereichsspezifische Personenkennzeichen „Amtliche Statistik" (bPK-AS) gemäß § 9 des E-Government-Gesetzes zu übermitteln. Liegt für eine Person, für welche bei einer früheren Übermittlung das bPK-AS herangezogen wurde, nun erstmals eine Sozialversicherungsnummer vor, so ist zusätzlich zu letzterer das verschlüsselte bPK-AS anzugeben. *(BGBl I 2008/24)*

(5) Nach Erstellung der Bildungsstandstatistik sind die Sozialversicherungsnummern von der Bundesanstalt „Statistik Österreich" gemäß § 15 Bundesstatistikgesetz 2000, BGBl. I Nr. 163/1999, zu verschlüsseln. Die Verschlüsselung darf außer aus den im § 15 Bundesstatistikgesetz 2000, BGBl. I Nr. 163/1999, vorgesehenen Gründen nur dann aufgehoben werden, wenn die Daten des Bildungsstandregisters für die Zusammenführung für die Erstellung einer gemäß § 4 Bundesstatistikgesetz 2000, BGBl. I Nr. 163/1999, angeordneten Statistik benötigt werden.

4. Teil
Übergangs- und Schlussbestimmungen

Schlussbestimmungen

§ 11. (1) Soweit in diesem Bundesgesetz auf andere Rechtsvorschriften des Bundes verwiesen wird, sind diese in ihrer jeweils geltenden Fassung anzuwenden.

(2) Wer die Auskunft verweigert oder wissentlich unvollständige oder wahrheitswidrige Angaben macht, begeht eine Verwaltungsübertretung, die gemäß § 66 des Bundesstatistikgesetzes 2000, BGBl. I Nr. 163/1999, zu verfolgen ist.

(3) Verordnungen auf Grund dieses Bundesgesetzes können bereits ab dem auf seine Kundmachung folgenden Tag erlassen werden; sie dürfen jedoch frühestens mit dem In-Kraft-Treten dieses Bundesgesetzes in Kraft gesetzt werden. Abweichend davon können Verordnungen gemäß § 8 Abs. 5 bereits ab dem 1. Jänner 2008 in Kraft gesetzt werden. *(BGBl I 2008/24)*

(4) Die in anderen Bundesgesetzen geregelten Datenübermittlungspflichten bleiben unberührt.

BDokG

In-Kraft-Treten

§ 12. (1) Dieses Bundesgesetz tritt wie folgt in Kraft:

1. § 1, § 2, § 10 Abs. 1, 2 zweiter Satz, Abs. 3 und 5 sowie § 14 treten mit Ablauf des Tages der Kundmachung im Bundesgesetzblatt in Kraft,
2. § 10 Abs. 4 tritt mit dem Zeitpunkt des In-Kraft-Tretens des Artikels II des Bundesgesetzes BGBl. I Nr. 28/2001 in Kraft,
3. § 3, § 5 und § 7 treten hinsichtlich der Bildungseinrichtungen gemäß § 2 Abs. 1 Z 2 mit 1. September 2002 in Kraft,
4. im Übrigen tritt dieses Bundesgesetz mit 1. Jänner 2003 in Kraft.

(2) § 2 Abs. 1 Z 1 lit. k bis n und Z 3 sowie § 15 Z 3 in der Fassung des Bundesgesetzes BGBl. I Nr. 169/2002 treten mit 1. März 2003, jedoch nicht vor dem vierten der Kundmachung des Bundesgesetzes BGBl. I Nr. 169/2002 folgenden Monatsersten, in Kraft. *(BGBl I 2002/169)*

(3) § 8 Abs. 1, 1a, 1b, 2 und 4 dieses Bundesgesetzes in der Fassung des Bundesgesetzes

BGBl. I Nr. 20/2006 tritt mit 1. September 2006 in Kraft. *(BGBl I 2006/20)*

(4) § 2 Abs. 1 Z 2 und Z 4, § 3 Abs. 1, § 3 Abs. 3, § 7 Abs. 3 und 4, § 10 Abs. 2 Z 1, Abs. 3 und 4 in der Fassung des Bundesgesetzes, BGBl. I Nr. 33/2006, treten mit Ablauf des Tages der Kundmachung im Bundesgesetzblatt in Kraft. *(BGBl I 2006/33)*

(5) § 2 Abs. 1 Z 2 lit. b, Z 4 und 5, § 3 Abs. 1 und 3, § 7 Abs. 3 sowie § 15 Z 1 und 2 dieses Bundesgesetzes in der Fassung des Bundesgesetzes BGBl. I Nr. 113/2006 treten mit 1. Oktober 2007 in Kraft. *(BGBl I 2006/113)*

(6) Die nachstehend genannten Bestimmungen dieses Bundesgesetzes in der Fassung des Bundesgesetzes BGBl. I Nr. 24/2008 treten wie folgt in Kraft bzw. außer Kraft:

1. Die Überschrift des 2. Teils, § 4 Abs. 1 und 2, § 5 Abs. 1 und 3, § 6 Abs. 2, § 7 Abs. 2 erster Satz und Abs. 4, § 10 Abs. 2 Z 2 sowie § 15 Z 1, 1a und 3 treten hinsichtlich der Umbenennung des Ressorts gemäß der Bundesministeriengesetz-Novelle 2007, BGBl. I Nr. 6, mit 1. März 2007 in Kraft,
2. § 2 Abs. 1 Z 1 lit. a, § 2 Abs. 1 Z 2 lit. b, Z 3 und 4, § 3 Abs. 1 (hinsichtlich der Zitierung des Akademien-Studiengesetzes 1999) und Abs. 3 Z 3, § 5 Abs. 1 Z 2 sowie § 7 Abs. 1 und 2 erster Satz samt Überschrift treten hinsichtlich der nicht von Z 1 umfassten Änderungen mit 1. Oktober 2007 in Kraft,
3. das Inhaltsverzeichnis, § 1 samt Überschrift, § 2 Abs. 1 Z 1 lit. g und Abs. 3, § 3 Abs. 1, 2, 4, 5, 6 und 7, § 5 Abs. 2, § 6 Abs. 1, 2, 3 und 4, § 7 Abs. 4, § 8 samt Überschrift, § 9 Abs. 1, 2 und 6, § 10 Abs. 3 Z 2, Abs. 4 und 4a, § 11 Abs. 3 sowie § 14 Abs. 4 und 5 treten hinsichtlich der nicht von Z 1 und 2 umfassten Änderungen mit 1. Jänner 2008 in Kraft,
4. § 15 Z 5 tritt mit Ablauf des 31. Dezember 2007 außer Kraft.

(BGBl I 2008/24)

(7) Die nachstehend genannten Bestimmungen dieses Bundesgesetzes in der Fassung des Bundesgesetzes BGBl. I Nr. 48/2010 treten wie folgt in Kraft:

1. das Inhaltsverzeichnis hinsichtlich der den § 7a betreffenden Zeile, § 3 Abs. 1 Z 1, § 3 Abs. 3 Z 4 und 9, § 3 Abs. 6 und 7, § 7 Abs. 2 und 4, § 7a samt Überschrift, § 9 Abs. 2 Z 2 lit. e bis g und Z 3 lit. b sowie die Anlage 3 treten mit Ablauf des Tages der Kundmachung im Bundesgesetzblatt in Kraft.
2. Anlage 1 Z 2, Z 3, Z 4, Z 5 lit. a, d, e und f sowie Z 7 treten mit 1. September 2010 in Kraft und finden an den einzelnen in den Anwendungsbereich des Schulunterrichtsgesetzes für Berufstätige (SchUG-B), BGBl. I Nr. 33/1997, fallenden Schulen nach Maßgabe einer Verordnung der Bundesministerin für Unterricht, Kunst und Kultur ab dem Schuljahr 2010/11 oder ab dem Schuljahr 2011/12 Anwendung.

(BGBl I 2010/48)

(8) § 2 Abs. 1 Z 2, § 3 Abs. 3 Z 8, § 7 Abs. 2, § 9 Abs. 2 Z 3 und Anlage 3 Z 4 in der Fassung des Bundesgesetzes BGBl. I Nr. 74/2011 treten mit 1. März 2012 in Kraft. *(BGBl I 2011/74)*

(9) § 7 Abs. 4 tritt mit Ablauf des Tages der Freigabe zur Abfrage im Rechtsinformationssystem des Bundes außer Kraft. *(BGBl I 2011/74)*

Außer-Kraft-Treten anderer Rechtsvorschriften

§ 13. § 33 des Universitäts-Studiengesetzes, BGBl. I Nr. 48/1997, und § 4 Abs. 8 des Fachhochschul-Studiengesetzes, BGBl. Nr. 340/1993, treten mit Ablauf des 31. Dezember 2002 außer Kraft.

Übergangsbestimmungen

§ 14. (1) Zwecks Erstbefüllung des Bildungsstandregisters (§ 10) hat die Bundesanstalt „Statistik Österreich" die bei der Volkszählung mit Stichtag vom 15. Mai 2001 erhobene höchste abgeschlossene Bildung einschließlich der Fachrichtung und der Hilfsmerkmale „Adresscode", „Geburtsdatum" und „Geschlecht" ehestmöglich mit den erstmals gemäß § 10 Abs. 2 und 3 erhobenen Daten zusammenzuführen. Weiters haben die Bildungseinrichtungen sowie die Einrichtungen gemäß § 10 Abs. 2 und 3 die ab dem 16. Mai 2001 bis zum 31. Dezember 2002 anfallenden Bildungsabschlüsse der Bundesanstalt „Statistik Österreich" gemäß § 10 Abs. 2 Bundesstatistikgesetz 2000, BGBl. I Nr. 163/1999, unter Verwendung der Hilfsmerkmale „Postleitzahl und Ort der Anschrift am Heimatort", „Geburtsdatum" und „Geschlecht" zu übermitteln. Unverzüglich nach der Zusammenführung sind diese Hilfsmerkmale zu löschen.

(2) Die in § 2 Abs. 1 Z 2 genannten Bildungseinrichtungen haben, beginnend mit Studienanfängern und Absolventen, die Sozialversicherungsnummer der Studierenden bis spätestens 31. Dezember 2002 zu ermitteln und in der Evidenz der Studierenden der Bildungseinrichtung zu führen. Fachhochschul-Studiengänge und Fachhochschulen haben die Ermittlung der Sozialversicherungsnummer bis 31. Oktober 2003, Universitäten und Universitäten der Künste bis 30. November 2004 abzuschließen.

(3) Die Gesamtevidenz der Studierenden gemäß § 7 darf hinsichtlich Studierender der Universitäten und Universitäten der Künste sowie der Donau-Universität Krems längstens bis 30. September 2005 abweichend von § 5 Abs. 2 in direkt personenbezogener Form unter Einschluss des Namens der Studierenden geführt werden. Die Sozialversicherungsnummer ist in den entsprechenden Datensätzen der Gesamtevidenz der Studierenden unverschlüsselt zu spei-

chern. Mit 1. November 2005 sind die Namen aus den Datensätzen zu löschen und die Sozialversicherungsnummern in der in § 5 Abs. 2 vorgegebenen Weise verschlüsselt abzuspeichern.

(4) Mit Stichtag 1. Jänner 2008 sind die in der Gesamtevidenz der Schüler sowie in der Gesamtevidenz der Studierenden bezüglich der Bildungseinrichtungen gemäß § 2 Abs. 1 Z 2 lit. b enthaltenen Datensätze zu löschen. In den genannten Gesamtevidenzen sind die seit dem Inkrafttreten dieses Bundesgesetzes bei der Bundesanstalt „Statistik Österreich" angefallenen und gemäß § 5 Abs. 2 dieses Bundesgesetzes in der Fassung des Bundesgesetzes BGBl. I Nr. 24/2008 durch die Bundesanstalt „Statistik Österreich" nicht-rückführbar verschlüsselten korrespondierenden Datensätze mit dem Ersatz des „Geburtsdatums" durch „Monat und Jahr der Geburt" zu speichern. *(BGBl I 2008/24)*

(5) Bis Ende 2009 ist dem Nationalrat ein Bericht vorzulegen, der Alternativen zur Verwendung der Sozialversicherungsnummer als bildungsspezifisches Personenkennzeichen aufzeigt. *(BGBl I 2008/24)*

(6) § 2 Abs. 1 Z 2 lit. d ist auch auf Privatuniversitäten gemäß Universitäts-Akkreditierungsgesetz, BGBl. I Nr. 168/1999, anzuwenden. *(BGBl I 2011/48)*

Vollziehung

§ 15. Mit der Vollziehung dieses Bundesgesetzes ist

1. hinsichtlich der in § 2 Abs. 1 Z 1 lit. a, c, g und h sowie Z 2 lit. b (mit Ausnahme der Hochschule für Agrar- und Umweltpädagogik Wien) genannten Bildungseinrichtungen der Bundesminister für Unterricht, Kunst und Kultur, *(BGBl I 2008/24)*

1a. hinsichtlich der in § 2 Abs. 1 Z 2 lit. a und c bis g genannten Bildungseinrichtungen der Bundesminister für Wissenschaft und Forschung, *(BGBl I 2006/113, BGBl I 2008/24)*

2. hinsichtlich der in § 2 Abs. 1 Z 1 lit. b, d, e und f genannten Bildungseinrichtungen sowie hinsichtlich der Hochschule für Agrar- und Umweltpädagogik Wien der Bundesminister für Land- und Forstwirtschaft, Umwelt und Wasserwirtschaft, *(BGBl I 2006/113)*

3. hinsichtlich der in § 2 Abs. 1 Z 1 lit. i bis n genannten Bildungseinrichtungen der Bundesminister für Gesundheit, Familie und Jugend, *(BGBl I 2002/169, BGBl I 2008/24)*

4. hinsichtlich der Prüfungsstellen der Landeskammern der Wirtschaftskammer Österreich und die Prüfungsstellen der Landwirtschaftskammern der Bundesminister für Wirtschaft und Arbeit,

Z 5 entfällt. (BGBl I 2008/24)

6. im Übrigen der Bundeskanzler oder der jeweils zuständige Bundesminister

betraut.

Anlage 1

zu § 3 Abs. 2 Z 7

Verarbeitung von Daten im Zusammenhang mit dem Schulbesuch:

Der Leiter einer Bildungseinrichtung hat für Zwecke des Bildungseinrichtungsstandortes (§ 3 Abs. 1) sowie für Zwecke der Gesamtevidenz folgende Daten gemäß § 3 Abs. 2 Z 7 schülerbezogen zu verarbeiten:

1. das Schuljahr bzw. Semester;
2. die Schulstufe ausgenommen an Schulen nach dem Schulunterrichtsgesetz für Berufstätige, BGBl. I Nr. 33/1997; *(BGBl I 2010/48)*
3. die Klasse bzw. den Jahrgang ausgenommen an Schulen nach dem Schulunterrichtsgesetz für Berufstätige, BGBl. I Nr. 33/1997; *(BGBl I 2010/48)*
4. die Unterrichtsorganisation (ganzjährig, semesterweise, lehrgangsmäßig, saisonmäßig, modular); *(BGBl I 2010/48)*
5. den Schulerfolg in folgender Differenzierung:
   a) Berechtigung bzw. Nichtberechtigung zum Aufsteigen (§ 25 des Schulunterrichtsgesetzes, BGBl. Nr. 472/1986, *(BGBl I 2010/48)*
   b) Abschluss einer Schulstufe mit ausgezeichnetem bzw. gutem Erfolg (§ 22 Abs. 2 lit. g und h des Schulunterrichtsgesetzes, BGBl. Nr. 472/1986),
   c) Anzahl der angetretenen und bestandenen Nachtrags-, Wiederholungs- und Jahresprüfungen (§ 20 Abs. 3, § 23 und § 36a Abs. 1 des Schulunterrichtsgesetzes, BGBl. Nr. 472/1986),

   lit. d entfällt durch BGBl I 2010/48

   e) Anzahl der „Nicht genügend" in Pflichtgegenständen (nach allfälligen Nachtrags-, Wiederholungs- und Jahresprüfungen), *(BGBl I 2010/48)*
   f) Wiederholen von Schulstufen bzw. von Semestern und Pflichtgegenständen unter Angabe der Wiederholungsberechtigung (§ 27 des Schulunterrichtsgesetzes, BGBl. Nr. 472/1986), *(BGBl I 2010/48)*
   g) Voraussetzung für die Aufnahme in die erste Stufe einer mittleren oder höheren Schule (§ 28 Abs. 3 Z 1 des Schulunterrichtsgesetzes, BGBl. Nr. 472/1986);
6. den Schulerfolg im Rahmen abschließender Prüfungen in folgender Differenzierung,
   a) Art der Zulassung zu einem Prüfungstermin (§ 36a Abs. 3 des Schulunterrichtsgesetzes, BGBl. Nr. 472/1986, § 36 Abs. 3 des Schulunterrichtsgesetzes für Berufstätige, BGBl. I Nr. 33/1997),
   b) Terminverlust (§ 36a Abs. 3 letzter Satz des Schulunterrichtsgesetzes, BGBl. Nr. 472/1986, § 36 Abs. 3 des Schulunterrichtsgesetzes für Berufstätige, BGBl. I Nr. 33/1997),
   c) Nichtbeurteilung von Prüfungsgebieten wegen Verhinderung,

BDokG

d) Gesamtbeurteilung (§ 38 Abs. 3 des Schulunterrichtsgesetzes, BGBl. Nr. 472/1986, bzw. des Schulunterrichtsgesetzes für Berufstätige, BGBl. I Nr. 33/1997),
e) Datum des Prüfungszeugnisses (§ 39 Abs. 2 Z 8 des Schulunterrichtsgesetzes, BGBl. Nr. 472/1986, bzw. des Schulunterrichtsgesetzes für Berufstätige, BGBl. I Nr. 33/1997),
f) Anzahl der Wiederholungen von Teilprüfungen (§ 40 des Schulunterrichtsgesetzes, BGBl. Nr. 472/1986, bzw. des Schulunterrichtsgesetzes für Berufstätige, BGBl. I Nr. 33/1997);

7. die Verwendung einer Fremdsprache gemäß § 16 Abs. 3 des Schulunterrichtsgesetzes, BGBl. Nr. 472/1986, bzw. gemäß § 17 Abs. 3 des Schulunterrichtsgesetzes für Berufstätige, BGBl. I Nr. 33/1997, als Unterrichtssprache (mit Bezeichnung der Fremdsprache); *(BGBl I 2010/48)*
8. die im Alltag gebrauchte(n) Sprache(n);
9. die Teilnahme an den Pflichtgegenständen „Textiles Werken" und „Technisches Werken" in der Sekundarstufe I (an Hauptschulen, Sonderschulen und allgemein bildenden höheren Schulen);
10. die Teilnahme am Unterricht in Latein, in Altgriechisch, in den Amtssprachen der Europäischen Union, in den Landessprachen der EU-Beitrittskandidatenländer, in Arabisch, Chinesisch, Japanisch, Russisch und in sonstigen lebenden Fremdsprachen im abgelaufenen Schuljahr unter Angabe, ob es sich um eine pflichtige bzw. nicht pflichtige Teilnahme handelt;
11. die Teilnahme an mehrtägigen bewegungs-, fremdsprachen- und bzw. oder projektorientierten Schulveranstaltungen; hinsichtlich der bewegungsorientierten Schulveranstaltungen unter Angabe der Saison (Winter bzw. Sommer);
12. die Inanspruchnahme der Schulbuchaktion sowie der Schülerfreifahrt;
13. den Besuch des Betreuungsteiles ganztägiger Schulformen unter Angabe der Anzahl der angemeldeten Schultage (alle Schultage oder einzelne Tage einer Woche).

(BGBl I 2008/24)

Anlage 2

zu § 3 Abs. 4

Verarbeitung von Daten im Fall der Ablegung einer Externistenprüfung

Der Leiter einer Bildungseinrichtung, an der eine Externistenprüfung durchgeführt wird, hat für Zwecke der Prüfungskommission sowie für Zwecke der Gesamtevidenz folgende Daten gemäß § 3 Abs. 4 in Verbindung mit § 3 Abs. 2 Z 7 prüfungskandidatenbezogen zu verarbeiten:

1. die Schulstufe;
2. die Art der Externistenprüfung (Externistenprüfung gemäß § 42 des Schulunterrichtsgesetzes, BGBl. Nr. 472/1986, bzw. des Schulunterrichtsgesetzes für Berufstätige, BGBl. I Nr. 33/1997; Studienberechtigungsprüfung gemäß § 8c des Schulorganisationsgesetzes, BGBl. Nr. 242/1962; Berufsreifeprüfung gemäß Bundesgesetz über die Berufsreifeprüfung, BGBl. I Nr. 68/1997; Prüfungen gemäß § 11 Abs. 4, § 13 Abs. 3 und § 22 Abs. 4 des Schulpflichtgesetzes 1985, BGBl. Nr. 76);
3. das Datum des Prüfungszeugnisses sowie das Ergebnis der Externistenprüfung (§ 42 Abs. 10 des Schulunterrichtsgesetzes, BGBl. Nr. 472/1986; § 42 Abs. 12 des Schulunterrichtsgesetzes für Berufstätige, BGBl. I Nr. 33/1997), sofern nicht Z 4 oder 5 anzuwenden ist;
4. im Fall der Ablegung einer Externistenprüfung, die einer Reifeprüfung, einer Reife- und Diplomprüfung, einer Diplomprüfung oder einer Abschlussprüfung entspricht:
   a) die Art der Zulassung zu einem Prüfungstermin (§ 42 Abs. 6 des Schulunterrichtsgesetzes, BGBl. Nr. 472/1986; § 42 Abs. 12 in Verbindung mit § 36 des Schulunterrichtsgesetzes für Berufstätige, BGBl. I Nr. 33/1997),
   b) die Nichtbeurteilung von Prüfungsgebieten wegen Verhinderung,
   c) die Gesamtbeurteilung (§ 42 Abs. 9 in Verbindung mit § 38 Abs. 3 des Schulunterrichtsgesetzes, BGBl. Nr. 472/1986; § 42 Abs. 12 in Verbindung mit § 38 Abs. 3 des Schulunterrichtsgesetzes für Berufstätige, BGBl. I Nr. 33/1997),
   d) das Datum des Prüfungszeugnisses (§ 42 Abs. 10 in Verbindung mit § 39 Abs. 2 Z 8 des Schulunterrichtsgesetzes, BGBl. Nr. 472/1986; § 42 Abs. 12 in Verbindung mit § 39 Abs. 2 Z 8 des Schulunterrichtsgesetzes für Berufstätige, BGBl. I Nr. 33/1997),
   e) die Anzahl der Wiederholungen von Teilprüfungen (§ 42 Abs. 12 in Verbindung mit § 40 des Schulunterrichtsgesetzes, BGBl. Nr. 472/1986, bzw. des Schulunterrichtsgesetzes für Berufstätige, BGBl. I Nr. 33/1997);
5. im Fall der Ablegung einer Berufsreifeprüfung:
   a) die Art der Zulassung zu einem Prüfungstermin (§ 4 des Bundesgesetzes über die Berufsreifeprüfung, BGBl. I Nr. 68/1997),
   b) Nichtbeurteilung von Prüfungsgebieten wegen Verhinderung,
   c) die Gesamtbeurteilung (§ 9 des Bundesgesetzes über die Berufsreifeprüfung, BGBl. I Nr. 68/1997),
   d) das Datum des Prüfungszeugnisses (§ 9a des Bundesgesetzes über die Berufsreifeprüfung, BGBl. I Nr. 68/1997),
   e) die Anzahl der Wiederholungen von Teilprüfungen (§ 7 des Bundesgesetzes über die Berufsreifeprüfung, BGBl. I Nr. 68/1997).

(BGBl I 2008/24)

Anlage 3

(zu § 7a Abs. 4)

Im Datenverbund Uni und im Datenverbund PH sind je Semester folgende Daten zu verarbeiten:

1. Einordnungsdaten
   a) meldende Universität bzw. Pädagogische Hochschule;
   b) Bezugssemester;
   c) Statistikmarken für die Personen- und Studienzählung.
2. Personendaten
   a) Vor- und Nachnamen;
   b) Geburtsdatum;
   c) Geschlecht;
   d) Staatsangehörigkeit;
   e) akademische Grade;
   f) Anschrift am Heimatort und Zustelladresse;
   g) E-Mail-Adresse;
   h) Matrikelnummer;
   i) Sozialversicherungsnummer oder Ersatzkennzeichen;
   j) bereichsspezifisches Personenkennzeichen BF.
3. Studienbeitragsdaten
   a) Studienbeitragsstatus;
   b) Beträge und Valutadatum der Beitragsvorschreibung;
   c) Beträge und Valutadatum der allfälligen Nachforderung;
   d) Auftrag für den Erlagscheindruck samt Datum;
   e) Bezahlungsstatus und Ist-Betrag;
   f) letztes Buchungsdatum;
   g) Studienbeitragskonto der Universität.
4. Studiendaten
   a) Kennzeichnung des Studiums;
   b) Antrags-, Zulassungs- oder Beginndatum des Studiums;
   c) Schulform, Datum und Ausstellungsstaat der allgemeinen Universitätsreife;
   d) Zulassungsstatus;
   e) Meldung der Fortsetzung des Studiums bzw. der Inskription;
   f) Art der internationalen Mobilität und Gastland des Auslandsaufenthaltes. *(BGBl I 2011/74)*
5. Studienerfolgsdaten
   a) Kennzeichnung des Studiums;
   b) Semesterstunden abgelegter Prüfungen;
   c) Semesterstunden positiv beurteilter Prüfungen;
   d) erlangte ECTS-Anrechnungspunkte;
   e) Art und Datum von erfolgreich abgelegten Prüfungen, die ein Studium oder einen Studienabschnitt eines Diplomstudiums oder eines Studienganges gemäß § 35 Z 1 des Hochschulgesetzes 2005 abschließen.
6. Daten zu Studienberechtigungsprüfungen
   a) laufende Nummer des Studienberechtigungsfalles an der Universität bzw. an der Pädagogischen Hochschule;
   b) Kennzeichnung des Studiums bzw. der Studienrichtungsgruppe, für welches bzw. für welche die Zulassung zur Studienberechtigungsprüfung beantragt wurde;
   c) Datum des Antrages auf Zulassung zur Studienberechtigungsprüfung;
   d) Datum der erfolgreichen Ablegung der Studienberechtigungsprüfung.

(BGBl I 2010/48)

Verordnung der Bundesministerin für Bildung, Wissenschaft und Kultur über die Durchführung des Bildungsdokumentationsgesetzes an Privatuniversitäten, theologischen Lehranstalten und außeruniversitären Bildungseinrichtungen, die Lehrgänge universitären Charakters anbieten

BGBl II 2004/28

Auf Grund des § 3 Abs. 6 und § 9 des Bildungsdokumentationsgesetzes, BGBl. I Nr. 12/2002, in der Fassung des Bundesgesetzes BGBl. I Nr. 169/2002, sowie der §§ 4 Abs. 4 und 8 des Bundesstatistikgesetzes 2000, BGBl. I Nr. 163/1999, zuletzt geändert mit Bundesgesetz BGBl. I Nr. 71/2003, wird im Einvernehmen mit dem Bundeskanzler verordnet:

Allgemeine Bestimmungen

§ 1. (1) Diese Verordnung gilt für folgende Bildungseinrichtungen:

1. Privatuniversitäten gemäß dem Universitäts-Akkreditierungsgesetz, BGBl. I Nr. 168/1999,
2. theologische Lehranstalten gemäß Artikel V § 1 Abs. 1 des Konkordates zwischen dem Heiligen Stuhle und der Republik Österreich, BGBl. II Nr. 2/1934, und
3. außeruniversitäre Bildungseinrichtungen, die Lehrgänge universitären Charakters gemäß § 27 des Universitäts-Studiengesetzes, BGBl. I Nr. 48/1997, anbieten, und zwar im Rahmen ihrer Tätigkeit für solche Lehrgänge.

(2) Jeder Datenübermittlung nach dieser Verordnung sind Bezeichnung, Anschrift, Rechtsnatur und Datenverarbeitungsregisternummer des Erhalters der Bildungseinrichtung, die Angabe der Art der Bildungseinrichtung sowie die Information über den Inhalt der nachfolgenden Datensätze und das Meldedatum voranzustellen.

(3) Zur Codierung der Staaten Anlage 1 Z 2, Merkmale Nr. 5 und 6, sind die von der Bundesministerin oder vom Bundesminister für Bildung, Wissenschaft und Kultur bekannt gegebenen Codes zu verwenden.

(4) Die Erhalter und Leiterinnen oder Leiter der Bildungseinrichtungen haben bei der Übermittlung der Daten die system- und datentechnischen Vorgaben der Bundesanstalt „Statistik Österreich" einzuhalten.

Studierende, Studien und Studienabschlüsse

§ 2. (1) Die Leiterin oder der Leiter einer Bildungseinrichtung hat zum Stichtag 15. November jeden Jahres binnen zwei Wochen der Bundesanstalt „Statistik Österreich" die Daten Studierender gemäß **Anlage 1** zu übermitteln. Erweist sich der Stichtag 15. November im Hinblick auf die zeitliche Verteilung des Lehrbetriebes einer Bildungseinrichtung über das Studienjahr als nicht geeignet, kann mit der Bundesanstalt „Statistik Österreich" ein anderer Stichtag in den Monaten Oktober und November vereinbart werden.

(2) Die von dem oder der Studierenden bekannt gegebene Sozialversicherungsnummer ist vor der Weitergabe nach der vom Hauptverband der Sozialversicherungsträger bekannt gegebenen Methode auf Gültigkeit zu überprüfen.

(3) Sofern eine Bewerberin oder ein Bewerber um Aufnahme für ein Studium an der Bildungseinrichtung anlässlich der Zulassung glaubhaft macht, dass ihr oder ihm noch keine Sozialversicherungsnummer zugewiesen wurde, hat die Leiterin oder der Leiter der Bildungseinrichtung zum Zweck der Bildung eines Ersatzkennzeichens die Hilfsmerkmale (§ 3 Abs. 6 des Bildungsdokumentationsgesetzes) zu verarbeiten und der bei der Bundesanstalt „Statistik Österreich" eingerichteten ErsatzkennzeichenDatenbank zu überlassen. Die anhand der Ersatzkennzeichen-Datenbank gebildete Ersatzkennzeichnung ist der betreffenden Bewerberin oder dem betreffenden Bewerber zuzuweisen.

(4) Die Ersatzkennzeichnung ist bis zur Bekanntgabe der Sozialversicherungsnummer durch die oder den Studierenden beizubehalten. Diese gilt auch für weitere von der oder dem betreffenden Studierenden besuchte Bildungseinrichtungen.

Personal

§ 3. Die Leiterin oder der Leiter der Bildungseinrichtung oder der Rechtsträger, der die Dienstgeberfunktion an der Bildungseinrichtung wahrnimmt, hat spätestens am 15. November jeden Jahres der Bundesanstalt „Statistik Österreich" Daten über das von ihm für die Durchführung von Studiengängen oder Lehrgängen universitären Charakters im abgelaufenen Studienjahr verwendete Personal gemäß **Anlage 2** zu übermitteln.

Einnahmen und Ausgaben in der Bildungseinrichtungserhaltung

§ 4. (1) Die Leiterin oder der Leiter der Bildungseinrichtung oder der Rechtsträger, der den Betriebs- und Erhaltungsaufwand der Bildungseinrichtung trägt, hat der Bundesanstalt „Statistik Österreich" bis zum 31. Mai jeden Jahres die Einnahmen und Ausgaben in der Bildungseinrichtungserhaltung im vorangegangenen Kalenderjahr zu übermitteln, soweit sich diese auf Einrichtungen gemäß § 1 Abs. 1 Z 1 und 2 und Lehrgänge gemäß § 1 Abs. 1 Z 3 bezogen haben. Weicht das Geschäftsjahr des Erhalters vom Kalenderjahr ab, ist das im vorangegangenen Kalenderjahr zu Ende gegangene Geschäftsjahr heranzuziehen.

(2) Die Einnahmen und Ausgaben sind wie folgt zu gliedern:

1. Einnahmen
   1.1 Beiträge der Studierenden
   1.2 Subventionen (Zuschüsse)
      1.2.1 des Bundes
      1.2.2 von Ländern
      1.2.3 von Gemeinden
      1.2.4 von anderen
   1.3 andere Einnahmen
2. Ausgaben
   2.1 Personalausgaben
   2.2 Investitionen
   2.3 laufende Betriebsausgaben

(3) Führt die Bildungseinrichtung oder der Rechtsträger, der den Betriebs- und Erhaltungsaufwand der Bildungseinrichtung trägt, keine Einnahmen- und Ausgabenrechnung, so kann die Bundesanstalt „Statistik Österreich" auf die Übermittlung der Einnahmen und Ausgaben gemäß Abs. 2 verzichten, wenn die betreffende Bildungseinrichtung oder der Rechtsträger, der den Betriebs- und Erhaltungsaufwand der Bildungseinrichtung trägt, eine geeignete Darstellung der Aufwendungen und Erträge vorlegt.

Übergangsbestimmung

§ 5. Die Daten über Studierende, Studien und Studienabschlüsse (§ 2) für das Studienjahr 2003/04 sind mit Stichtag 10. Mai 2004 binnen drei Wochen zu übermitteln.

Anlage 1
zu § 2

Studierende, Studien und Studienabschlüsse

1. Auswahl der Datensätze
   Zu übergeben sind
   1.1 Datensätze aller Studierenden zum Stichtag (Inhaltsangabe „Studierende aktiv") sowie
   1.2 Datensätze aller Studierenden, die seit dem vorangegangenen Stichtag das Studium beendet haben (Inhaltsangabe „Studierende beendet").
2. Merkmale

Lfd. Nr.	Feldinhalt
1	Sozialversicherungsnummer (§ 2 Abs. 2)
2	Ersatzkennzeichnung (§ 2 Abs. 3)
3	Geburtsdatum (JJJJMMTT)
4	Geschlecht (M, W)
5	Staatsangehörigkeit (§ 1 Abs. 3)
6	Staat der Heimatanschrift (§ 1 Abs. 3)
7	Postleitzahl der Heimatanschrift
8	Ort der Heimatanschrift
9	Art des Studienganges gemäß 3.1
10	Bezeichnung des Studienganges
11	Aufnahmedatum der/des Studierenden in den Studiengang (JJJJMMTT)
12	Aufnahme als Studienanfänger/in (1) oder Studienfortsetzer/in (2)
13	Beendigungsdatum (JJJJMMTT)
14	Beendigungsform gemäß 3.2

3. Feldinhalt

Die Felder 1 bis 12 dürfen nicht leer übergeben werden; bei den Datensätzen gemäß Z 1.2 dürfen auch die Datenfelder 13 und 14 nicht leer übergeben werden.

3.1 Art des Studienganges oder Lehrganges

1 Bachelor- oder Bakkalaureats-Studiengang

2 Diplomstudiengang

3 Master-, Magister- oder Lizentiatsstudiengang

4 Doktoratsstudiengang

5 anderer postgradualer Studiengang

6 anderer postsekundärer Studiengang oder Lehrgang mit einer Mindestdauer von 4 Semestern

7 sonstiger Studiengang oder Lehrgang

3.2 Beendigungsform

1 erfolgreicher Abschluss

2 Beendigung ohne Abschluss

3 Studienunterbrechung

Anlage 2

zu § 3

Personal

Bei gleichzeitigem Bestehen mehrerer Dienst- oder Beschäftigungsverhältnisse ist ein gesonderter Datensatz je Beschäftigungsverhältnis zu übermitteln.

Von karenzierten Personen ist ein Datensatz mit Beschäftigungsausmaß „00,0%“ zu übermitteln.

1. Merkmale

Lfd. Nr.	Feldinhalt
1	in Bezug auf die Person konstante Datensatzkennung
2	Geschlecht (M, W)
3	Geburtsjahr
4	höchste abgeschlossene Ausbildung gemäß Z 2.1
5	Beschäftigungsart 1 gemäß Z 2.2
6	Beschäftigungsart 2 gemäß Z 2.2
7	Beschäftigungsausmaß in % einer Vollzeit-Beschäftigung
8	Verwendung gemäß Z 2.3
9	Funktion gemäß Z 2.4

2. Feldinhalt

2.1 Höchste abgeschlossene Ausbildung

1 Universitätsabschluss mit Doktorat (als Zweit- oder Drittabschluss)

2 Universitäts- oder Hochschulabschluss auf Diplom- oder Magisterebene, Doktorat der Medizin (Human- und Zahnmedizin), Doktorat auf Grund von Studienvorschriften aus der Zeit vor dem InKraft-Treten des Allgemeinen Hochschul-Studiengesetzes, BGBl. Nr. 177/1966, Abschluss eines Universitätslehrganges oder eines Lehrganges universitären Charakters mit Mastergrad (§ 51 Abs. 2 Z 23 Universitätsgesetz 2002 oder §§ 26 Abs. 1 und 28 Abs. 1 UniStG)

3 Universitäts- oder Hochschulabschluss auf Bakkalaureatsebene (einschließlich Kurzstudien)

4 Diplom einer lehrerbildenden Akademie, Akademie für Sozialarbeit, medizinisch-technischen Akademie oder Hebammenakademie

5 anderer tertiärer Bildungsabschluss (Kolleg, Meisterprüfung, Lehrgang, mit dem kein akademischer Grad verbunden war)

6 Reifeprüfung einer allgemein bildenden höheren Schule

7 Reife- und Diplomprüfung einer berufsbildenden oder lehrer- und erzieherbildenden höheren Schule

8 Lehrabschlussprüfung, berufsbildende mittlere Schule oder vergleichbare Berufsausbildung

9 Pflichtschule

Ausländische Abschlüsse sind sinngemäß zuzuordnen.

2.2 Beschäftigungsart

Beschäftigungsart 1:

1 Dienstverhältnis zum Bund

2 Dienstverhältnis zu einer anderen Gebietskörperschaft

3 Dienstverhältnis zur Bildungseinrichtung oder deren Träger

4 Lehr- oder Ausbildungsverhältnis

5 sonstiges Beschäftigungsverhältnis

Beschäftigungsart 2:

1 unbefristetes Beschäftigungsverhältnis

2 befristetes Beschäftigungsverhältnis

2.3 Verwendung

1 Lehre

2 wissenschaftliche Mitarbeit in Lehre und Forschung

3 professionelle Unterstützung der Studierenden beim Lernen und Forschen

4 professionelle Unterstützung der Studierenden in Gesundheits- und Sozialbelangen

5 Management

6 Verwaltung

7 Wartung und Betrieb

2.4 Funktion

1 Leiter/in der Bildungseinrichtung

2 Stellvertretende/r Leiter/in der Bildungseinrichtung

3 Leiter/in des Studienganges oder Lehrganges

4 Stellvertretende/r Leiter/in des Studienganges oder Lehrganges

5 Vorsitzende/r des obersten Kollegialorgans

6 Stellvertretende/r Vorsitzende/r des obersten Kollegialorgans

7 Leiter/in einer (Glied-)Organisationseinheit der Bildungseinrichtung

Verordnung der Bundesministerin für Bildung, Wissenschaft und Kultur über die Durchführung des Bildungsdokumentationsgesetzes an Fachhochschul-Studiengängen und Fachhochschulen (Bildungsdokumentationsverordnung Fachhochschulen – BiDokVFH)

BGBl II 2004/29 idF

BGBl II 2006/232 BGBl II 2011/160

Auf Grund von § 3 Abs. 6, § 4, § 5 Abs. 3, § 7 und § 9 des Bundesgesetzes über die Dokumentation im Bildungswesen (Bildungsdokumentationsgesetz), BGBl. I Nr. 12/2002, in der Fassung des Bundesgesetzes BGBl. I Nr. 169/2002, wird im Einvernehmen mit dem Bundeskanzler verordnet:

Allgemeine Bestimmungen

§ 1. (1) Das Informationsrecht des Fachhochschulrates gegenüber den Erhaltern von FachhochschulStudiengängen und Fachhochschulen gemäß § 6 Abs. 3 Fachhochschul-Studiengesetz, BGBl. Nr. 340/1993, wird durch diese Verordnung nicht berührt.

(2) Jeder Datenbereitstellung sind Bezeichnung, Anschrift, Rechtsnatur und Datenverarbeitungsregisternummer des Erhalters des Fachhochschul-Studienganges oder der Fachhochschule sowie die Information über den Inhalt der nachfolgenden Datensätze voranzustellen.

(3) Zur Codierung der Staaten (Merkmale 6, 7 und 12 der Anlage 1) sind die von der Bundesministerin oder dem Bundesminister für Wissenschaft und Forschung im Wege des Fachhochschulrates bekannt gegebenen Codes zu verwenden. *(BGBl II 2011/160)*

(4) Die Erhalter haben bei der Übermittlung der Daten die system- und datentechnischen Vorgaben des Fachhochschulrates einzuhalten.

Studierende, Studien und Studienabschlüsse

§ 2. (1) Der Erhalter eines Fachhochschul-Studienganges hat zu den Stichtagen 15. April und 15. November jedes Jahres binnen zwei Wochen der Bundesministerin oder dem Bundesminister für Wissenschaft und Forschung im Wege des Fachhochschulrates unter Angabe des Meldedatums die Daten Studierender gemäß Anlage 1 bekannt zu geben. *(BGBl II 2011/160)*

(2) Die von dem oder der Studierenden bekannt gegebene Sozialversicherungsnummer ist vor der Weitergabe nach der vom Hauptverband der Sozialversicherungsträger bekannt gegebenen Methode auf Gültigkeit zu prüfen.

(3) Sofern eine Bewerberin oder ein Bewerber anlässlich der Aufnahme glaubhaft macht, dass ihr oder ihm noch keine Sozialversicherungsnummer zugewiesen wurde, hat der Erhalter des Studienganges der Bundesanstalt „Statistik Österreich" auf dem vorgesehenen Weg Namen, Geburtsdatum und Anschrift am Heimatort der Bewerberin oder des Bewerbers bekannt zu geben. Die Ersatzkennzeichnung ist sodann entsprechend dem Ergebnis der Abfrage der Ersatzkennzeichen-Datenbank der Bundesanstalt Statistik Österreich vorzunehmen und gegenüber der oder dem Studierenden in geeigneter Form zu dokumentieren.

(4) Die Ersatzkennzeichnung ist bis zur Bekanntgabe der Sozialversicherungsnummer durch die oder den Studierenden beizubehalten. Diese gilt auch für weitere von der oder dem betreffenden Studierenden besuchte Bildungseinrichtungen.

Personal

§ 3. Der Erhalter eines Fachhochschul-Studienganges oder einer Fachhochschule hat zwischen 15. und 30. November jedes Jahres der Bundesministerin oder dem Bundesminister für Wissenschaft und Forschung im Wege des Fachhochschulrates Daten über das von ihm im abgelaufenen Studienjahr für die Durchführung von Fachhochschul-Studiengängen und Lehrgängen zur Weiterbildung verwendete Personal gemäß Anlage 2 bekannt zu geben. *(BGBl II 2011/160)*

Daten für Zwecke der Bundesstatistik

§ 4. (1) Der Fachhochschulrat hat der Bundesanstalt „Statistik Österreich" zu übermitteln:

1. zu den in § 2 Abs. 1 genannten Stichtagen und Berichtsterminen die Daten gemäß Anlage 1;
2. zu dem in § 3 genannten Berichtstermin die Daten gemäß Anlage 2.

(2) Jede Datenübermittlung an die Bundesanstalt „Statistik Österreich" hat die Angaben gemäß § 1 Abs. 2 zu enthalten. Das Datenformat ist zwischen der Bundesanstalt und dem jeweiligen Datenlieferanten abzustimmen.

Inkrafttreten
(BGBl II 2011/160)

§ 5. Anlage 1 in der Fassung der Verordnung BGBl. II Nr. 160/2011 tritt mit 1. Juli 2011 in Kraft. *(BGBl II 2011/160)*

Anlage 1

zu § 2 und § 4 Abs. 1 Z 1

Studierende, Studien und Studienabschlüsse

1. Merkmale

Lfd. Nr.	Feldinhalt
1	Personenkennzeichen
2	Geburtsdatum (TTMMJJJJ)
3	Geschlecht (M, W)
4	Sozialversicherungsnummer (§ 2 Abs. 2)
5	Ersatzkennzeichnung (§ 2 Abs. 3)
6	Staatsangehörigkeit (§ 1 Abs. 3)
7	Staat der Heimatanschrift (§ 1 Abs. 3)
8	Postleitzahl der Heimatanschrift gemäß Codextabelle PLZ des Fachhochschulrates
9	Ort der Heimatanschrift
10	Zugangsvoraussetzung gemäß Z 2.1
11	Datum der Erlangung der Zugangsvoraussetzung (TTMMJJJJ)
12	Ausstellungsstaat der Urkunde, mit welcher das Vorliegen der Zugangsvoraussetzung nachgewiesen wurde (§ 1 Abs. 3)
13	Aufnahmedatum der/des Studierenden in den Studiengang (TTMMJJJJ)
14	Beendigungsdatum (TTMMJJJJ)
15	Ausbildungssemester gemäß Codiervorgabe des Fachhochschulrates
16	Status gemäß Z 2.2

(BGBl II 2011/160)

2. Feldinhalt

2.1 Zugangsvoraussetzung

2.1.1 FH-Bachelorstudiengang, FH-Diplomstudiengang oder Lehrgang zur Weiterbildung ohne Masterabschluss *(BGBl II 2011/160)*

9 Allgemein bildende höhere Schule (Langform)
10 Oberstufenrealgymnasium
11 Allgemein bildende höhere Schule (Sonderform)
12 Höhere technische und gewerbliche Lehranstalt
13 Handelsakademie
14 Höhere Lehranstalt für wirtschaftliche Berufe
15 Höhere land- und forstwirtschaftliche Lehranstalt
16 Höhere Schule der Lehrer- und Erzieherbildung
17 Externistenreifeprüfung
4 Anerkannte Studienberechtigungsprüfung
18 Berufsreifeprüfung
19 Inländische postsekundäre Bildungseinrichtung
5 Ausländische Universitätsreife
6 Abschlussprüfungszeugnis einer facheinschlägigen berufsbildenden mittleren Schule
7 Lehrabschlusszeugnis mit allfälligen Zusatzqualifikationen
8 Werkmeisterschule
99 Sonstige

2.1.2 FH-Masterstudiengang oder Lehrgang zur Weiterbildung mit Masterabschluss
1 FH-Bachelorabschluss (Inland)
2 FH- Bachelorabschluss (Ausland)
3 Abschluss postsekundäres Studium (Inland)
4 Abschluss postsekundäres Studium (Ausland)
5 Universitätsabschluss Bachelor (Inland)
6 Universitätsabschluss Bachelor (Ausland)
7 FH-Abschluss Dipl.-Ing./Mag. (Inland)
8 FH-Abschluss Dipl.-Ing./Mag./Master (Ausland)
9 Universitätsabschluss Dipl.-Ing./Mag./Master/Dr./PhD (Inland)
10 Universitätsabschluss Dipl.-Ing./Mag./Master/Dr./PhD (Ausland)
11 Sonstige
(BGBl II 2011/160)

2.2 Status
1 Aktive/r Studierende/r
2 Unterbrecher/in
3 Absolvent/in
4 ausgeschieden ohne Abschluss
5 Übertritt in einen Bakkalaureatsstudiengang

Anlage 2
zu § 3 und § 4 Abs. 1 Z 2

Personal

1. Merkmale

Lfd. Nr.	Feldinhalt
1	in Bezug auf die Person konstante Datensatzkennung
2	Geschlecht (M, W)
3	Geburtsjahr
4	höchste abgeschlossene Ausbildung gemäß Z 2.1
5	Beschäftigungsart 1 gemäß Z 2.2
6	Beschäftigungsart 2 gemäß Z 2.2
7	Beschäftigungsausmaß beim Erhalter für den Fachhochschulbetrieb in % einer Vollzeit-Beschäftigung
8	Verwendung gemäß Z 2.3
9	Funktion gemäß Z 2.4
10	Fachhochschul-Studiengang (nur bei Verwendungen 1, 2 und 5 sowie Funktionen 1 und 2

2. Feldinhalt
2.1 Höchste abgeschlossene Ausbildung
1 Universitätsabschluss mit Doktorat (als Zweit- oder Drittabschluss)
2 Universitäts- oder Hochschulabschluss auf Diplom- oder Magisterebene, Doktorat der Medizin (Human- und Zahnmedizin), Doktorat auf Grund von Studienvorschriften aus der Zeit vor dem InKraft-Treten des Allgemeinen Hochschul-Studiengesetzes, BGBl. Nr. 177/1966, oder Abschluss eines Universitätslehrganges oder Lehrganges universitären Charakters mit Mastergrad (§ 51 Abs. 2 Z 23 Universitätsgesetz 2002 oder §§ 26 Abs. 1 und 28 Abs. 1UniStG)
3 Universitäts- oder Hochschulabschluss auf Bakkalaureatsebene (einschließlich Kurzstudien)
4 Diplom einer lehrerbildenden Akademie, Akademie für Sozialarbeit, medizinisch-technischen Akademie oder Hebammenakademie

5 anderer tertiärer Bildungsabschluss (Kolleg, Meisterprüfung, Lehrgang, mit dem kein akademischer Grad verbunden war)

6 Reifeprüfung einer allgemeinbildenden höheren Schule

7 Reife- und Diplomprüfung einer berufsbildenden oder lehrer- und erzieherbildenden höheren Schule

8 Lehrabschlussprüfung, berufsbildende mittlere Schule oder vergleichbare Berufsausbildung

9 Pflichtschule

Ausländische Abschlüsse sind sinngemäß zuzuordnen.

2.2 Beschäftigungsart

Beschäftigungsart 1:

1 Dienstverhältnis zum Bund

2 Dienstverhältnis zu einer anderen Gebietskörperschaft

3 Dienstverhältnis zur Bildungseinrichtung oder deren Träger

4 Lehr- oder Ausbildungsverhältnis

5 sonstiges Beschäftigungsverhältnis

Beschäftigungsart 2:

B befristetes Beschäftigungsverhältnis

U unbefristetes Beschäftigungsverhältnis

2.3 Verwendung

1 Lehre und Forschung

2 wissenschaftliche Mitarbeit in Forschung und Lehre

3 professionelle Unterstützung der Studierenden beim Lernen und Forschen

4 professionelle Unterstützung der Studierenden in Gesundheits- und Sozialbelangen

5 Management

6 Verwaltung

7 Wartung und Betrieb

(BGBl II 2006/232)

2.4 Funktion

1 Mitglied des Entwicklungsteams (§ 12 Abs. 3 FHStG) mit zusätzlicher Angabe des Studienganges

2 Leiter/in des Studienganges (Lehrkörpers) mit zusätzlicher Angabe des Studienganges

3 Leiter/in des Fachhochschulkollegiums

Verordnung der Bundesministerin für Bildung, Wissenschaft und Kultur über die Durchführung des Bildungsdokumentationsgesetzes an den Universitäten und der Universität für Weiterbildung Krems (Bildungsdokumentationsverordnung Universitäten – BidokVUni)

BGBl II 2004/30 idF

BGBl II 2006/231 BGBl II 2010/71

Auf Grund des § 4 und § 9 des Bildungsdokumentationsgesetzes, BGBl. I Nr. 12/2002, in der Fassung des Bundesgesetzes BGBl. I Nr. 169/2002, des § 16 Abs. 6 des Universitätsgesetzes 2002, BGBl. I Nr. 120, des § 25 des Bundesgesetzes über die Errichtung des Universitätszentrums für Weiterbildung mit der Bezeichnung Donau-Universität Krems (DUK-Gesetz), BGBl. Nr. 269/1994, in der Fassung des Bundesgesetzes BGBl. I Nr. 128/1998, und des § 4 Abs. 4 und des § 8 des Bundesstatistikgesetzes 2000, BGBl. I Nr. 163/1999, zuletzt geändert mit Bundesgesetz BGBl. Nr. 71/2003, wird im Einvernehmen mit dem Bundeskanzler verordnet:

Allgemeine Bestimmungen

§ 1. (1) Diese Verordnung gilt für alle Universitäten gemäß § 6 des Universitätsgesetzes 2002 und für die Universität für Weiterbildung Krems gemäß dem Bundesgesetz über die Universität für Weiterbildung Krems. Sowohl die Universitäten gemäß § 6 des Universitätsgesetzes 2002 als auch die Universität für Weiterbildung Krems werden im Folgenden als „Universitäten" bezeichnet. *(BGBl II 2006/231)*

(2) Jeder Datenübermittlung an die Evidenz gemäß § 4 des Bildungsdokumentationsgesetzes sind Bezeichnung, Anschrift und Datenverarbeitungsregisternummer der Universität sowie die Information über den Inhalt der nachfolgenden Datensätze voranzustellen. *(BGBl II 2006/231)*

(3) Die Universitäten haben bei der Übermittlung der Daten die system- und datentechnischen Vorgaben der Bundesministerin oder des Bundesministers für Bildung, Wissenschaft und Kultur einzuhalten. *(BGBl II 2006/231)*

Personal

§ 2. Jede Universität hat zu den Stichtagen 30. Juni und 31. Dezember jeden Jahres binnen zwei Wochen der Bundesministerin oder dem Bundesminister für Bildung, Wissenschaft und Kultur Daten über ihr Personal gemäß **Anlage 1** für die Evidenz gemäß § 4 des Bildungsdokumentationsgesetzes zu übermitteln. *(BGBl II 2006/231)*

Raumdaten

§ 3. Jede Universität hat zum Stichtag 31. Dezember jeden Jahres binnen zwei Wochen der Bundesministerin oder dem Bundesminister für Bildung, Wissenschaft und Kultur Daten über ihre räumliche Ausstattung gemäß **Anlage 2** für die Evidenz gemäß § 4 des Bildungsdokumentationsgesetzes zu übermitteln. *(BGBl II 2006/231)*

Daten für Zwecke der Bundesstatistik

§ 4. (1) Die Daten über den Personalstand an den Universitäten (Anlage 1) werden im Wege der Evidenz gemäß § 4 des Bildungsdokumentationsgesetzes der Bundesanstalt „Statistik Österreich" für Zwecke der Bildungsstatistik übermittelt. *(BGBl II 2006/231)*

(2) Für Zwecke der Ermittlung des Personalaufwandes sowie der Einnahmen und Ausgaben gemäß § 9 Abs. 1 Z 3 des Bildungsdokumentationsgesetzes hat jede Universität den Rechnungsabschluss im Wege der Bundesministerin oder des Bundesministers für Bildung, Wissenschaft und Kultur der Bundesanstalt „Statistik Österreich" zu übermitteln. *(BGBl II 2006/231)*

Daten für das universitäre Berichtswesen

§ 5. Soweit die Bundesministerin oder der Bundesminister für Bildung, Wissenschaft und Kultur entsprechende auf Basis der §§ 2 und 3 gewonnene und erforderlichenfalls von den Universitäten nachgebesserte Rohdaten auf der vorgesehenen elektronischen Plattform zur Verfügung stellt, haben die Universitäten diese den statistischen Auswertungen im Rahmen ihrer der Bundesministerin oder dem Bundesminister für Bildung, Wissenschaft und Kultur vorzulegenden Berichte, insbesondere Wissensbilanz und Leistungsbericht, zu Grunde zu legen.

(BGBl II 2006/231)

Inkrafttreten
(BGBl II 2010/71)

§ 6. Anlage 1 Z 1, 2.5 und 2.6 in der Fassung der Verordnung BGBl. II Nr. 71/2010 treten mit 1. März 2010 in Kraft. *(BGBl II 2010/71)*

Anlage 1

zu § 2 Abs. 1

Personal der Universitäten

Bei gleichzeitigem Bestehen mehrerer Dienst- oder Beschäftigungsverhältnisse oder Verwendungen einer Person ist ein gesonderter Datensatz je Beschäftigungsverhältnis und Verwendung zu übermitteln. *(BGBl II 2006/231)*

1. Merkmale

Lfd. Nr.	Feldinhalt
1	Datensatzkennung gemäß 2.1
2	Datensatzkennung gemäß 2.2
3	Geschlecht (M, W)
4	Geburtsjahr
5	Staatsangehörigkeit gemäß 2.3
6	höchste abgeschlossene Ausbildung gemäß 2.4
7	Beginn des ersten dieser Universität zugeordneten Dienst- oder Arbeitsverhältnisses (MMJJJJ)
8	Beschäftigungsart 1 gemäß 2.5
9	Beschäftigungsart 2 gemäß 2.5
10	Beschäftigungsausmaß in % einer Vollzeit-Beschäftigung
11	Verwendung gemäß 2.6
12	Funktion gemäß 2.7
13	Beginn der aktuellen Verwendung gemäß 2.6 (MMJJJJ) *(BGBl II 2010/71)*

2. Feldinhalt

2.1 Die Universität hat die Datensatzkennung durch bundesweit einheitliche nicht rückführbare Verschlüsselung der Sozialversicherungsnummer mittels des „Public-Key"-Verfahrens zu gewinnen.

2.2 Bei Personen, die keine Sozialversicherungsnummer besitzen, ist als Datensatzkennung der Universitätsbuchstabe, gefolgt von einer universitätseigenen Personalnummer zu verwenden, welche erforderlichenfalls durch vorangestellte Nullen auf neun Stellen aufzufüllen ist. Die universitätseigene Personalnummer ist in Bezug auf die betreffende Person konstant zu halten. Bei späterer Zuweisung einer Sozialversicherungsnummer an die betreffende Person ist gemäß 2.1 vorzugehen, jedoch die bisherige Datensatzkennung zusätzlich bekannt zu geben. *(BGBl II 2006/231)*

2.3 Staatsangehörigkeit

Die Staatsangehörigkeit ist mittels der von der Bundesministerin oder vom Bundesminister bekannt gegebenen Codes zu verschlüsseln.

2.4 Höchste abgeschlossene Ausbildung

1 Universitätsabschluss mit Doktorat (als Zweit- oder Drittabschluss)

2 Universitäts- oder Hochschulabschluss auf Diplom- oder Magisterebene, Doktorat der Medizin (Human- und Zahnmedizin) sowie Doktorat auf Grund von Studienvorschriften aus der Zeit vor dem In-Kraft-Treten des Allgemeinen Hochschul-Studiengesetzes, BGBl. Nr. 177/1966, oder Abschluss eines Universitätslehrganges oder Lehrganges universitären Charakters mit Mastergrad (§ 51 Abs. 2 Z 23 Universitätsgesetz 2002 oder §§ 26 Abs. 1 und 28 Abs. 1 UniStG)

3 Universitäts- oder Hochschulabschluss auf Bakkalaureatsebene (einschließlich Kurzstudien)

4 Diplom einer lehrerbildenden Akademie, Akademie für Sozialarbeit, medizinisch-technischen Akademie oder Hebammenakademie

5 anderer tertiärer Bildungsabschluss (Kolleg, Meisterprüfung, Lehrgang, mit dem kein akademischer Grad verbunden war)

6 Reifeprüfung einer allgemein bildenden höheren Schule

7 Reife- und Diplomprüfung einer berufsbildenden oder lehrer- und erzieherbildenden höheren Schule
8 Lehrabschlussprüfung, berufsbildende mittlere Schule oder vergleichbare Berufsausbildung
9 Pflichtschule
Ausländische Abschlüsse sind sinngemäß zuzuordnen.

2.5 Beschäftigungsart 1:
1 Dienstverhältnis zum Bund
3 Arbeitsverhältnis zur Universität
4 Ausbildungsverhältnis, ausgenommen Lehrlinge gemäß Berufsausbildungsgesetz, BGBl. Nr. 142/1969, zuletzt geändert durch das Bundesgesetz BGBl. I Nr. 5/2006
5 sonstiges Beschäftigungsverhältnis
6 Ausbildungsverhältnis gemäß Berufsausbildungsgesetz, BGBl. Nr. 142/1969, zuletzt geändert durch das Bundesgesetz BGBl. I Nr. 5/2006
7 Arbeitsverhältnis zur Universität, das dem Kollektivvertrag für die Arbeitnehmerinnen und Arbeitnehmer der Universitäten unterliegt *(BGBl II 2010/71)*
Beschäftigungsart 2:
B befristetes Beschäftigungsverhältnis
M befristetes Arbeitsverhältnis im Sinne von § 109 Abs. 2 Universitätsgesetz 2002
U unbefristetes Beschäftigungsverhältnis *(BGBl II 2006/231)*

2.6 Verwendung
11 Universitätsprofessor/in (§ 98 UG)
12 Universitätsprofessor/in, bis fünf Jahre befristet (§ 99 Abs. 1 UG)
14 habilitierte/r wissenschaftliche/r und künstlerische/r Mitarbeiter/in (Universitätsdozent/in)
16 wissenschaftliche/r und künstlerische/r Mitarbeiter/in mit selbständiger Lehre und Forschung oder Entwicklung und Erschließung der Künste
17 nebenberuflich tätige/r Lektor/in (§ 100 Abs. 4 UG)
18 Lektor/in (§ 107 Abs. 2 Z 1 UG), ausgenommen Verwendung 17
21 wissenschaftliche/r und künstlerische/r Mitarbeiter/in ohne selbständige Lehre
23 Ärztin/Arzt in Facharztausbildung
24 wissenschaftliche/r und künstlerische/r Projektmitarbeiter/in an Vorhaben gemäß § 26 Abs. 6 UG
25 wissenschaftliche/r und künstlerische/r Projektmitarbeiter/in an Vorhaben gemäß § 27 Abs. 1 Z 3 UG
26 Senior Scientist/Artist (KV), ausgenommen Verwendungen 24 und 25
27 Universitätsassistent/in (KV)
30 Studentische/r Mitarbeiter/in
40 professionelle Unterstützung der Studierenden in Gesundheits- und Sozialbelangen
50 Universitätsmanagement
60 Verwaltung
61 Ärztin/Arzt zur ausschließlichen Erfüllung von Aufgaben im Rahmen einer öffentlichen Krankenanstalt
62 Krankenpflege im Rahmen einer öffentlichen Krankenanstalt
64 Projektmitarbeiter/in an Vorhaben gemäß § 26 Abs. 6 oder § 27 Abs. 1 Z 3 UG, die/der keine wissenschaftlichen oder künstlerischen Tätigkeiten verrichtet
70 Wartung und Betrieb
81 Universitätsprofessor/in, bis sechs Jahre befristet (§ 99 Abs. 3 UG)
82 Assoziierte/r Professor/in (KV)
83 Assistenzprofessor/in (KV)
84 Senior Lecturer (KV)
Die Angabe einer Verwendung mit dem Zusatz „(KV)" ist nur bei solchen Personen zulässig, die in die entsprechenden Verwendungsgruppen gemäß Kollektivvertrag für die Arbeitnehmerinnen und Arbeitnehmer der Universitäten eingereiht wurden.
(BGBl II 2010/71)

2.7 Funktion
1 Rektor/in
2 Vizerektor/in
3 Vorsitzende/r des Senats
4 Monokratisches Organ zur Vollziehung der studienrechtlichen Bestimmungen in erster Instanz
5 Leiter/in einer Organisationseinheit mit Forschungs- und Lehraufgaben oder Aufgaben der Entwicklung und Erschließung der Künste und der Lehre der Kunst
6 Leiter/in einer Organisationseinheit mit anderen Aufgaben

Anlage 2
zu § 3

Raumdaten der Universitäten

1. Merkmale

Lfd. Nr.	Feldinhalt
1	universitätseigener eindeutiger Objektcode
2	Bezeichnung des Objektes
3	Postleitzahl der topographischen Objektanschrift gemäß 2.1
4	Ort der topographischen Objektanschrift gemäß 2.1
5	Standort (Straße, Gasse, Platz, Ortschaft) des Objektes gemäß 2.1
6	Hausnummer (Ordnungsnummer) gemäß 2.1
7	Nettogrundfläche des Objektes (Nutzungsarten 1 bis 9 gemäß 2.2) in m^2
8	Nutzfläche des Objektes je Nutzungsart 1 bis 7 gemäß 2.2 in m^2
9	Funktionsflächen des Objektes (Nutzungsart 8 gemäß 2.2) in m^2
10	Verkehrsflächen des Objektes (Nutzungsart 9 gemäß 2.2) in m^2
11	Hauptmietzins/Untermietzins/Nutzungsentgelt ohne Betriebskosten und Umsatzsteuer pro Jahr
12	Betriebskosten (einschließlich Abrechnung) ohne Umsatzsteuer gemäß §§ 21 bis 24 des Mietrechtsgesetzes, BGBl. Nr. 520/1981, zuletzt geändert durch das Bundesgesetz BGBl. I Nr. 120/2005, pro Jahr
13	Umsatzsteuer pro Jahr

2. Feldinhalt

Die Felder 1 und 3 bis 13 dürfen nicht leer übergeben werden.

2.1 Unter Objekt sind ein Gebäude oder die in einem Gebäude von der Universität genutzten Flächen zu verstehen. Verfügt die Universität in einem Gebäude über verschiedene Teilbereiche (Top-Nummern), sind diese, auch wenn sie flächenmäßig nicht zusammenhängen, in ein Objekt zusammenzufassen. Bei Gebäudekomplexen mit mehreren gesonderten Gebäuden ist jedes Gebäude als Objekt anzuführen. Bestehen für ein Objekt mehrere Anschriften, so ist die an der Universität überwiegend verwendete anzuführen.

2.2 Nutzungsart

(Raumwidmungscodes für den Universitätsbereich im Anschluss an DIN 277 und ÖNORM B 1800)

1 Wohn- und Aufenthaltsräume
2 Büros und Sitzungsräume
3 Werkstätten und Labors
4 Lager und Archive
5 Unterrichtsräume und Bibliotheken
6 Medizinisch ausgestattete Räume
7 Sonstige Nutzung (Sanitär, Garderoben, Abstellräume)
8 Funktionsflächen
9 Verkehrsflächen

(BGBl II 2006/231)

Stichwortverzeichnis

zum BDG, GehG und VBG

Die Abkürzung „Anl.1 BDG“ bezieht sich auf die Anlage 1 zum BDG 1979, die Abkürzung „VBG“ bezieht sich auf das Vertragsbedienstetengesetz 1948, die Abkürzung „BDG“ bezieht sich auf das Beamten-Dienstrechtsgesetz 1979, die Abkürzung „GehG“ bezieht sich auf das Gehaltsgesetz 1956; Zahlen in Klammern beziehen sich auf die Absätze im jeweiligen Paragraphen.

Beamten-Dienstrechtsgesetz 1979

(Auszüge)

Bundesgesetz vom 27. Juni 1979 über das Dienstrecht der Beamten, BGBl. Nr. 1979/333

Aus Übersichtlichkeitsgründen ist nur die letzte relevante Novelle im Text ausgewiesen: BGBl I 2008/147)*

...

6. Abschnitt
Universitätslehrer

Unterabschnitt A
Bestimmungen für alle Universitätslehrer

Gliederung

§ 154. Universitätslehrer im Sinne dieses Bundesgesetzes sind:

a) Universitätsprofessoren,

b) Universitätsdozenten,

c) Universitätsassistenten und

d) Bundeslehrer.

Aufgaben der Universitätslehrer (Rechte und Pflichten)

§ 155. (1) Die Aufgaben der Universitätslehrer umfassen Forschung (Entwicklung und Erschließung der Künste), Lehre und Prüfungstätigkeit, Betreuung der Studierenden, Heranbildung des wissenschaftlichen (künstlerischen) Nachwuchses sowie zusätzlich Organisations- und Verwaltungstätigkeit, Management und Mitwirkung bei Evaluierungsmaßnahmen. Die Erfüllung der Aufgaben ist in regelmäßigen Abständen, zumindest jedoch alle fünf Jahre, zu evaluieren.

(2) Die Universitätslehrer haben ihre Aufgaben in Forschung (Entwicklung und Erschließung der Künste) und Lehre in Verbindung mit den fachlich in Betracht kommenden Bereichen in und außerhalb der Universität zu erfüllen.

(3) Die Universitätslehrer sind zur fachlichen, pädagogischen und didaktischen Weiterbildung verpflichtet. Soweit sie Organisations- und Verwaltungstätigkeiten sowie Managementaufgaben auszuüben und an Evaluierungsmaßnahmen mitzuwirken haben, sind sie auch zu einer entsprechenden und zeitgerechten Aus- und Weiterbildung verpflichtet.

(4) Tätigkeiten gemäß § 27 und § 56 des Universitätsgesetzes 2002 zählen nicht zu den Dienstpflichten, sondern gelten als Nebentätigkeiten.

(5) Universitätslehrer, die an der Medizinischen Universität in ärztlicher (§§ 2 und 3 des Ärztegesetzes 1998, BGBl. I Nr. 169) oder zahnärztlicher (§§ 16 und 17 des Ärztegesetzes 1998) Verwendung stehen, haben außerdem an der Erfüllung der Aufgaben mitzuwirken, die den Universitätseinrichtungen im Rahmen des öffentlichen Gesundheitswesens und der Untersuchung und Behandlung von Menschen obliegen (§ 29 Abs. 4 Z 1 des Universitätsgesetzes 2002).

(5a) Universitätslehrer, die an der Medizinischen Universität in ärztlicher oder zahnärztlicher Verwendung stehen und deren regelmäßige Wochendienstzeit herabgesetzt ist, dürfen – abgesehen vom Fall des § 50c Abs. 3 – mit ihrer Zustimmung über die für sie maßgebende Wochendienstzeit hinaus zu ärztlichen oder zahnärztlichen Journaldiensten herangezogen werden.

(6) Universitätslehrer mit einem abgeschlossenen Studium der Studienrichtung Veterinärmedizin, die an der Universität als Tierärzte verwendet werden, haben außerdem an der Erfüllung der Aufgaben mitzuwirken, die den Universitätseinrichtungen im Rahmen der Untersuchung und Behandlung von Tieren obliegen.

(7) Bei der Auslegung der folgenden Bestimmungen über die Rechte und Pflichten hat die in den Abs. 1 bis 3, 5 und 6 umschriebene Aufgabenstellung im Vordergrund zu stehen. Der Schwerpunkt der Aufgabenstellung des Universitätslehrers ergibt sich aus seiner organisatorischen Eingliederung in den universitären Bereich, aus der erreichten dienstrechtlichen Stellung und aus seiner fachlichen Qualifikation.

(8) Die zuständigen Universitätsorgane haben unter Berücksichtigung des sich aus den Studienvorschriften ergebenden Bedarfs und der budgetären Bedeckbarkeit dafür zu sorgen, daß das Lehrangebot entsprechend der fachlichen Qualifikation der im jeweiligen Fach vorhandenen Universitätslehrer möglichst ausgewogen verteilt wird und insbesondere möglichst alle Universitätslehrer im Lehrbetrieb eingesetzt werden.

(9) Auf Universitätslehrer sind die §§ 15a und 20 Abs. 4 bis 6 nicht anzuwenden.

**) Seit dem Erscheinen der 9. Auflage mit 1. 10. 2009 sind folgende Novellen des Beamten-Dienstrechtsgesetzes 1979 verlautbart worden: BGBl I 2009/76, BGBl I 2009/77, BGBl I 2009/135, BGBl I 2009/153, BGBl I 2010/62, BGBl I 2010/82, BGBl I 2010/111.*

(10) Die Lehrverpflichtung der Universitätslehrer ist in Semesterstunden festgesetzt. Eine Semesterstunde entspricht so vielen Unterrichtseinheiten, wie das Semester Unterrichtswochen umfasst. Eine Unterrichtseinheit dauert 45 Minuten.

§ **156.** In den Fällen der §§ 17 bis 19 bleiben alle Rechte unberührt, die sich aus der Lehrbefugnis als Universitätsprofessor oder als Universitätsdozent ergeben.

§ **157.** (1) Universitätslehrer, die Vorgesetze von Universitätsassistenten sind, haben die im § 186 Abs. 1 angeführten Vorgesetztenpflichten und die Verpflichtung, der Dienstbehörde das Vorliegen eines Kündigungsgrundes im Sinne des § 175 Abs. 8 unverzüglich zu melden.

(2) Die Universitätslehrer haben die für die jeweiligen Universitätseinrichtungen geltenden Ordnungsvorschriften einzuhalten.

§ **158.** (1) Bei der Beurteilung, ob die Ausübung einer Nebenbeschäftigung den Universitätslehrer an der Erfüllung seiner dienstlichen Aufgaben behindert, die Vermutung seiner Befangenheit hervorruft oder sonst wesentliche dienstliche Interessen gefährdet (§ 56 Abs. 2), ist die Verbindung mit den fachlich in Betracht kommenden Bereichen in und außerhalb der Universität angemessen zu berücksichtigen.

(2) Das Erteilen entgeltlichen Privatunterrichtes an ordentliche Studierende, die an der betreffenden Universität eine Studienrichtung gewählt haben, in der der Universitätslehrer an der Feststellung des Studienerfolges mitzuwirken hat, ist eine Nebenbeschäftigung, die die Vermutung seiner Befangenheit hervorruft. Dies gilt für die Erteilung entgeltlichen Privatunterrichts an außerordentliche Studierende sinngemäß.

§ **159.** Die Universitätslehrer haben jährlich im nachhinein dem Amt der Universität die Zahl der von ihnen in ihrem Fachgebiet erstatteten außergerichtlichen wissenschaftlichen (künstlerischen) Gutachten zu melden, zu deren Erstellung Personal bzw. Sachmittel der Universitätseinrichtung erforderlich waren. Die Meldung hat auch den Arbeitsaufwand sowie Angaben über das Ausmaß der Inanspruchnahme des Personals und der Sachmittel zu enthalten.

Freistellung

§ **160.** (1) Den Universitätslehrern kann für Forschungs- bzw. Lehrzwecke (für Zwecke der Entwicklung und Erschließung der Künste), die in ihren wissenschaftlichen (künstlerischen) Aufgaben begründet sind, eine Freistellung von jenen Dienstpflichten gewährt werden, die ihre Anwesenheit an der Universitätseinrichtung erfordern.

(2) Eine solche Freistellung kann unter Beibehaltung der Bezüge oder unter Entfall der Bezüge gewährt werden. Freistellungen unter Entfall der Bezüge sind für die Vorrückung und für den Ruhegenuss zu berücksichtigen, soweit sie eine Gesamtdauer von fünf Jahren nicht übersteigen. Dieser Zeitraum erhöht sich um die Zeit, in der ein Universitätslehrer in einem Arbeitsverhältnis als Universitätsprofessor gemäß § 97 Abs. 1 des Universitätsgesetzes 2002 zu einer Universität steht, längstens jedoch auf 15 Jahre.

(3) Bei der Anwendung des Abs. 2 ist auf vermögenswerte Leistungen, die der Universitätslehrer auf Grund einer während der Freistellung ausgeübten Tätigkeit oder im Zusammenhang mit der Freistellung erhält, und notwendige Mehraufwendungen aus Anlaß der Freistellung Bedacht zu nehmen.

(Abs. 4 aufgehoben)

Sonderbestimmungen für akademische Funktionäre

§ **160a.** (1) Ein in einem Bundesdienstverhältnis stehender Universitätslehrer, der zum Rektor oder zum hauptamtlichen Vizerektor einer Universität gewählt wird, ist für die Dauer der Ausübung dieses Amtes gegen Entfall der Bezüge beurlaubt. Die Zeit dieses Karenzurlaubes ist für Rechte, die von der Dauer des Dienstverhältnisses abhängen, zu berücksichtigen. Abweichend von § 75b Abs. 1 führt dieser Karenzurlaub nicht zur Abberufung des Universitätslehrers von seinem Arbeitsplatz. Während dieses Karenzurlaubes behält der hauptamtliche Rektor oder Vizerektor das sich aus den Organisationsvorschriften ergebende Recht zur Ausübung der Lehrbefugnis sowie zur Benützung der Universitätseinrichtungen für Zwecke der Forschung oder der Entwicklung und Erschließung der Künste.

(2) Wird ein Universitätslehrer Mitglied des Nationalrates, des Bundesrates, eines Landtages, des Europäischen Parlaments, des Verfassungsgerichtshofes, des Europäischen Gerichtshofes oder des Europäischen Gerichtshofes für Menschenrechte, ruht seine Funktion als nicht hauptamtlicher Vizerektor (§ 24 des Universitätsgesetzes 2002), als Vorsitzender des Senats (§ 25 des Universitätsgesetzes 2002) oder als das für studienrechtliche Angelegenheiten zuständige Organ (§ 19 Abs. 2 Z 2 des Universitätsgesetzes 2002).

(3) Universitätslehrer haben nach der Ausübung einer der folgenden akademischen Funktionen während einer vollen Funktionsperiode Anspruch auf Freistellung für Forschung oder Entwicklung und Erschließung der Künste (Forschungssemester) unter Beibehaltung des Monatsbezuges sowie der Aufwandsentschädigung in folgendem Ausmaß:
1. ein Semester für den:

a) Rektor oder Dekan einer Universität (Fakultät) unter der Voraussetzung auch der Ausübung der jeweiligen Stellvertreterfunktionen (§§ 16 und 18 Abs. 1 bis 3 UOG),
b) Rektor der Akademie der bildenden Künste in Wien (AOG),
c) Rektor-Stellvertreter einer Universität der Künste (KH-OG),
d) Abteilungsleiter einer Universität der Künste (KH-OG),
e) Studiendekan oder Vizestudiendekan (§ 43 UOG 1993, § 42 KUOG),
f) Vorsitzender des Senats (§ 51 Abs. 3 UOG 1993, § 59 Abs. 3 KUOG), des Universitätskollegiums (§ 58 Abs. 3 UOG 1993, § 50 Abs. 5 KUOG) oder eines Fakultätskollegiums (§ 48 Abs. 4 UOG 1993, § 57 Abs. 4 KUOG),
g) das für studienrechtliche Angelegenheiten zuständige Organ gemäß § 19 Abs. 2 Z 2 des Universitätsgesetzes 2002,
h) Vorsitzenden des Senats (§ 25 des Universitätsgesetzes 2002);

2. zwei Semester für den:
a) Rektor einer Universität der Künste (KH-OG),
b) Rektor (§ 53 UOG 1993, § 51 KUOG) oder Vizerektor (§ 54 UOG 1993, § 53 KUOG) einer Universität oder Universität der Künste,
c) Dekan (§ 49 UOG 1993, § 58 KUOG) oder Vizedekan (§ 61a UOG 1993) einer Fakultät,
d) Rektor (§ 23 des Universitätsgesetzes 2002) oder Vizerektor (§ 24 des Universitätsgesetzes 2002) an einer Universität.

(4) Im Falle der Ausübung einer der im Abs. 3 genannten akademischen Funktionen während einer weiteren Funktionsperiode oder mehrerer weiterer Funktionsperioden besteht Anspruch auf Freistellung für insgesamt ein weiteres Semester.

(5) Während des Forschungssemesters ist der Universitätslehrer von den dienstlichen Aufgaben mit Ausnahme der Verpflichtung zur Forschung oder zur Entwicklung und Erschließung der Künste freigestellt.

(6) Der Anspruch auf diese Freistellung ist bis zum dritten auf die Beendigung der Ausübung der akademischen Funktion folgenden Studienjahr geltend zu machen und möglichst ein Jahr vor dem beabsichtigten Antritt anzumelden.

Disziplinarrecht

§ 161. (1) Bei der Bestellung der Disziplinarkommisssion beim Bundesministerium für Wissenschaft und Forschung ist vorzusorgen, daß für Universitätslehrer besondere Senate gebildet werden können.

(2) Je ein Mitglied jedes Senates hat der Gruppe der Universitätsprofessoren und der anderen Universitätslehrer (§ 154 lit. b bis d) anzugehören.

(3) Zu Disziplinaranwälten und deren Stellvertretern sind rechtskundige Universitätslehrer zu bestellen. Die Disziplinaranwälte sind in dieser Eigenschaft dem Bundesminister für Wissenschaft und Forschung unmittelbar unterstellt.

Unterabschnitt B
Universitätsprofessoren

Anwendungsbereich

§ 161a. Dieser Unterabschnitt gilt, soweit im folgenden nicht anderes bestimmt wird, für alle im § 154 genannten Universitätslehrer.

Ernennung

§ 162. (1) Im Ernennungsbescheid sind auch die Fachbezeichnung und die Universität anzuführen. Das Dienstverhältnis ist definitiv.

(2) Ernennungen zum Universitätsprofessor in einem öffentlich-rechtlichen Dienstverhältnis sind mit Wirksamkeit nach dem 30. September 2001 nur zulässig, wenn die Planstelle für ein öffentlich-rechtliches Dienstverhältnis ausgeschrieben worden ist.

(3) Ab dem 1. September 2001 sind Planstellen für Universitätsprofessoren ausschließlich für ein privatrechtliches Dienstverhältnis auszuschreiben.

Veränderungen im Dienstverhältnis

Übertritt in den Ruhestand, Emeritierung

§ 163. (1) Der Universitätsprofessor gemäß § 161a tritt mit Ablauf des Studienjahres, in dem er das 65. Lebensjahr vollendet, in den Ruhestand.

(2) Das Amt der Universität kann mit Zustimmung des Universitätsprofessors verfügen, daß an die Stelle des Übertritts in den Ruhestand die Emeritierung gemäß Abs. 5 tritt. Voraussetzung dafür ist, daß wegen des Bedarfs in Forschung (Entwicklung und Erschließung der Künste) und Lehre und wegen der besonderen Leistungen des Professors in Forschung (Entwicklung und Erschließung der Künste) und Lehre ein besonderes Interesse der Universität an einer Weiterverwendung des Professors besteht.

(3) Eine Verfügung gemäß Abs. 2 darf spätestens in dem Studienjahr getroffen werden, in dem der Universitätsprofessor das 64. Lebensjahr vollendet.

(4) Eine Verfügung gemäß Abs. 2 ist nur zulässig, wenn der Senat den Bedarf der Universität und auf Grund der Leistungen des Professors in Forschung (Entwicklung und Er-

schließung der Künste) und Lehre das besondere Interesse an einer Weiterverwendung des Professors bestätigt.

(5) Im Falle einer Verfügung gemäß Abs. 2 ist der Professor von der Erfüllung der Dienstpflichten, insbesondere der Lehrverpflichtung, auf Dauer zu entbinden (Emeritierung). Die Emeritierung hat der Zustimmungserklärung des Professors entsprechend mit Ablauf des Studienjahres zu erfolgen, in dem der Professor

1. das 66. oder 67. Lebensjahr oder
2. das 68 Lebensjahr

vollendet.

(6) Der emeritierte Universitätsprofessor gilt nicht als Beamter des Dienststandes. Auf ihn sind anzuwenden:

1. § 20 Abs. 2 (Auflösung des Dienstverhältnisses),
2. § 46 (Amtsverschwiegenheit),
3. § 53 Abs. 2 Z 1 bis 4 (Meldepflichten),
4. § 80 Abs. 9 (Weiterbenützung der Naturalwohnung),
5. die §§ 133 bis 135 (Disziplinarbestimmungen für Beamte des Ruhestandes).

Versetzung in den Ruhestand durch Erklärung

§ 164. Die Versetzung in den Ruhestand durch Erklärung (§§ 15 und 15c) wird für den Universitätsprofessor gemäß § 161a nur wirksam, wenn er zum beabsichtigten Termin der Ruhestandsversetzung eine tatsächliche Verwendung im Bundesdienst von wenigstens 18 Jahren aufweist.

Besondere Aufgaben

§ 165. (1) Ein Universitätsprofessor gemäß § 161a hat nach Maßgabe der Organisations- und Studienvorschriften

1. sein wissenschaftliches (künstlerisches) Fach in Forschung (Entwicklung und Erschließung der Künste) und Lehre zu vertreten und zu fördern sowie sich an der Erfüllung der Forschungsaufgaben (Aufgaben zur Entwicklung und Erschließung der Künste) der Organisationseinheit, der der Professor zugeordnet ist, zu beteiligen,
2. Lehrveranstaltungen, insbesondere Pflichtlehrveranstaltungen, nach Maßgabe des sich aus dem Studienrecht ergebenden Bedarfs (§ 155 Abs. 8) durchzuführen und Prüfungen abzuhalten,
3. Studierende, insbesondere Diplomanden und Dissertanten, und den wissenschaftlichen (künstlerischen) Nachwuchs zu betreuen,
4. an Organisations- und Verwaltungsaufgaben sowie an Evaluierungsmaßnahmen mitzuwirken und
5. allfällige weitere Pflichten gemäß § 155 Abs. 5 oder 6 zu erfüllen.

(2) Der Universitätsprofessor hat diese Dienstpflichten an der Universität nach den Erfordernissen des Universitätsbetriebes in örtlicher und zeitlicher Bindung persönlich zu erfüllen. Lediglich bei der Wahrnehmung der Aufgaben der Forschung (Entwicklung und Erschließung der Künste) ist er zeitlich und örtlich nur insoweit gebunden, als dies die Zusammenarbeit mit anderen, der Universitätseinrichtung zugeordneten Bediensteten bzw. die Verwendung der Sachmittel der Universitätseinrichtung erfordern. Soweit eine örtliche Bindung an die Universität nicht besteht, hat der Universitätsprofessor dafür zu sorgen, dass er für eine dienstliche Inanspruchnahme erreichbar ist.

(3) Durch die persönliche Erfüllung der Dienstpflichten gemäß Abs. 2 gilt die regelmäßige Wochendienstzeit als erbracht.

(4) Das Rektorat hat den Universitätsprofessor auf Vorschlag oder nach Anhörung des Leiters der Organisationseinheit, der der Universitätsprofessor zugeordnet ist, und des Universitätsprofessors selbst nach Maßgabe des sich aus den Studienvorschriften ergebenden Bedarfs und der finanziellen Bedeckbarkeit mit der selbständigen Abhaltung von Lehrveranstaltungen im Ausmaß von mindestens sechs Semesterstunden (§ 155 Abs. 10) in wissenschaftlichen oder mindestens zwölf Semesterstunden in künstlerischen Fächern zu betrauen. In besonders begründeten Fällen, insbesondere wenn dem Universitätsprofessor die Leitung oder Koordination eines multinationalen EU-Forschungsprojektes obliegt, ist vorübergehend eine Betrauung in einem geringeren Ausmaß zulässig. Das Ausmaß der Betrauung darf den im § 51 oder § 51a des Gehaltsgesetzes 1956 angeführten Semesterstundenrahmen nicht überschreiten.

Amtstitel

§ 166. (1) Als Amtstitel ist vorgesehen: „Universitätsprofessor“.

(2) Das Recht zur weiteren Führung des Amtstitels „ordentlicher Universitätsprofessor“ bleibt unberührt.

(3) Emeritierte Universitäts(Hochschul)professoren sind berechtigt, ihren Amtstitel gemäß Abs. 1 oder 2 unter Voranstellung des Wortes „Emeritierter“ zu führen.

Urlaub

§ 167. (1) Das Ausmaß des Erholungsurlaubes beträgt für den Universitätsprofessor gemäß § 161a in jedem Kalenderjahr 240 Stunden. Der Verbrauch der Urlaubsstunden ist nur tageweise zulässig. Einem Urlaubstag entsprechen dabei 8 Stunden.

(2) Der Verbrauch des Erholungsurlaubes ist nicht auf die lehrveranstaltungsfreie Zeit beschränkt, er ist aber unter Berücksichtigung der dienstlichen Interessen kalendermäßig festzule-

gen, wobei auf die persönlichen Verhältnisse des Universitätsprofessors angemessen Rücksicht zu nehmen ist.

Außerdienststellung

§ **168.** *entfällt.*

Ausnahmebestimmungen

§ **169.** (1) Die folgenden Bestimmungen sind auf den Universitätsprofessor gemäß § 161a nicht anzuwenden:

1. § 4 Abs. 1 Z 1 und 4 (Ernennungserfordernisse),
2. die §§ 10 bis 13 (provisorisches und definitives Dienstverhältnis, Übertritt in den Ruhestand),
3. § 22 (Entlassung wegen mangelnden Arbeitserfolges),
4. die §§ 25 bis 31 (Grundausbildung),
5. die §§ 40 und 41 (Verwendung),
6. § 47a, § 48 Abs. 1, Abs. 2 dritter Satz, Abs. 2a erster und zweiter Satz und Abs. 4 bis 6 und die §§ 48a bis 48e (Dienstzeit),
7. § 57 (Gutachten),
8. § 58 (Ausbildung und Fortbildung),
9. § 65 Abs. 1 und 4 bis 8, § 66 und § 67 (Urlaub), *(BGBl I 2008/147)*
10. die §§ 81 bis 90 (Leistungsfeststellung).

(2) Die §§ 25 bis 31 sind jedoch anzuwenden, wenn der Universitätsprofessor eine Verwendung anstrebt, für die die Grundausbildung als Ernennungs- oder Definitivstellungserfordernis vorgesehen ist.

(3) Eine Versetzung (§ 38) oder eine Dienstzuteilung (§ 39) ist nur mit Zustimmung des Universitätsprofessors zulässig. Keiner solchen Zustimmung bedarf es in den Fällen des § 38 Abs. 3 Z 4 sowie bei Auflassung des betreffenden Faches an der Universität im Rahmen studienrechtlicher Änderungen.

(4) Die in den §§ 81 bis 90 angeführten Pflichten des Vorgesetzten werden durch Abs. 1 Z 10 nicht berührt.

(5) Das vom zuständigen Bundesminister festgesetzte Ausmaß der Lehrverpflichtung des Außerordentlichen Universitätsprofessors wird durch

1. die Herabsetzung der regelmäßigen Wochendienstzeit nach den §§ 50a oder 50b oder
2. eine Teilzeitbeschäftigung nach dem MSchG oder §§ 8 oder 8a EKUG

nicht geändert. § 31 Abs. 3 bis 7 UOG bleibt unberührt.

Unterabschnitt C
Universitätsdozenten

Anwendungsbereich und Überstellung

§ **170.** (1) Dieser Unterabschnitt gilt für die im § 154 lit. b genannten Universitätslehrer.

(2) Der Universitätsassistent (Unterabschnitt D) ist auf Ansuchen und unter Bindung der bisher innegehabten Planstelle mit Beginn des auf die Verleihung der Lehrbefugnis als Universitätsdozent folgenden Semesters in die Verwendungsgruppe der Universitätsdozenten zu überstellen, wenn die Lehrbefugnis für seine Verwendung als Universitätsassistent in Betracht kommt. Eine Änderung der organisationsrechtlichen Gruppenzugehörigkeit tritt hiedurch nicht ein.

(3) Abs. 2 ist auf einen Bundeslehrer an Universitäten und auf einen Beamten des höheren Dienstes in wissenschaftlicher Verwendung (§§ 141b und 257) mit einer für ihre Verwendung in Betracht kommenden Lehrbefugnis als Universitätsdozent anzuwenden, wenn sie organisationsrechtlich zum wissenschaftlichen und künstlerischen Universitätspersonal (§ 94 Abs. 1 Z 4 des Universitätsgesetzes 2002) gehören oder wie ein Universitätsassistent verwendet werden.

(4) Art. VI Abs. 12 des Bundesgesetzes BGBl. Nr. 148/1988 ist an einer Universität der Künste ab dem Zeitpunkt des vollständigen Wirksamwerdens der Bestimmungen des KUOG nicht mehr anzuwenden.

Ernennung

§ **171.** Im Ernennungsbescheid sind auch die Fachbezeichnung und die Universität anzuführen. Das Dienstverhältnis ist definitiv.

Übertritt in den Ruhestand

§ **171a.** Der Universitätsdozent tritt mit Ablauf des Studienjahres, in dem er das 65. Lebensjahr vollendet, in den Ruhestand. § 13 Abs. 2 ist mit der Maßgabe anzuwenden, daß an die Stelle des Jahres das Studienjahr tritt.

Besondere Aufgaben und Dienstzeit

§ **172.** (1) Ein Universitätsdozent hat nach Maßgabe der Organisations- und Studienvorschriften

1. sein wissenschaftliches (künstlerisches) Fach in Forschung (Entwicklung und Erschließung der Künste) und Lehre zu vertreten und zu fördern sowie sich an der Erfüllung der Forschungsaufgaben (Aufgaben zur Entwicklung und Erschließung der Künste) der Organisationseinheit, der der Universitätsdozent zugeordnet ist, zu beteiligen,
2. Lehrveranstaltungen, insbesondere Pflichtlehrveranstaltungen, nach Maßgabe des sich aus dem Studienrecht ergebenden Bedarfs (§ 155 Abs. 8) durchzuführen und Prüfungen abzuhalten,
3. Studierende, insbesondere Diplomanden und Dissertanten, und den wissenschaftlichen (künstlerischen) Nachwuchs zu betreuen,

4. an Organisations- und Verwaltungsaufgaben sowie an Evaluierungsmaßnahmen mitzuwirken und
5. allfällige weitere Pflichten gemäß § 155 Abs. 5 oder 6 zu erfüllen.

(2) Der Universitätsdozent hat die Dienstpflichten gemäß Abs. 1 an der Universität persönlich zu erfüllen und seine Anwesenheit an der Universität im Einvernehmen mit dem unmittelbaren Dienstvorgesetzten im Voraus entsprechend einzuteilen. Er hat dabei die Erfordernisse des Dienstbetriebes zu beachten. Soweit es diese Erfordernisse zulassen, kann er die gleitende Dienstzeit nach § 48 Abs. 3 in Anspruch nehmen.

(3) Der Universitätsdozent ist zur Einhaltung der festgelegten Dienstzeit verpflichtet, wenn er nicht vom Dienst befreit oder enthoben oder gerechtfertigt vom Dienst abwesend ist. Lediglich bei der Wahrnehmung der Aufgaben der Forschung (Entwicklung und Erschließung der Künste) ist er örtlich nur insoweit gebunden, als dies die Zusammenarbeit mit anderen, der Universitätseinrichtung zugeordneten Bediensteten bzw. die Verwendung der Sachmittel der Universitätseinrichtung erfordern. Soweit eine örtliche Bindung an die Universität nicht besteht, hat der Universitätsdozent dafür zu sorgen, dass er für eine dienstliche Inanspruchnahme erreichbar ist.

(4) Wird ein Universitätsdozent zum Ersatzmitglied des Verfassungsgerichtshofes bestellt, so ist er durch den Rektor in dem der Ausübung der Ersatzmitgliedschaft angemessenen Ausmaß von den Dienstpflichten, jedenfalls jedoch von allen weisungsgebundenen Tätigkeiten, zu befreien.

Lehrverpflichtung

§ 172a. (1) Das Rektorat hat auf Vorschlag oder nach Anhörung des Leiters der Organisationseinheit, der der Universitätsdozent zugeordnet ist, und nach Anhörung des Universitätsdozenten diesen nach Maßgabe des sich aus den Studienvorschriften ergebenden Bedarfs und der finanziellen Bedeckbarkeit mit der selbständigen Abhaltung von Lehrveranstaltungen zu betrauen.

(2) In einem wissenschaftlichen Fach ist ein Universitätsdozent mit der Abhaltung von Lehrveranstaltungen im Ausmaß von mindestens vier und höchstens acht Semesterstunden zu betrauen. In besonders begründeten Fällen, insbesondere wenn dem Universitätsdozenten die Leitung oder Koordination eines multinationalen EU-Forschungsprojektes obliegt, ist vorübergehend eine Betrauung in einem geringeren Ausmaß zulässig.

(3) Ein in einem künstlerischen oder Zentralen Künstlerischen Fach tätiger Universitätsdozent ist mit der Abhaltung von Lehrveranstaltungen im Ausmaß von mindestens zwölf und höchstens 22 Semesterstunden zu betrauen. Bei der Festsetzung dieser Stundenanzahl der Lehrveranstaltungen ist auf die Entwicklung und Erschließung der Künste Bedacht zu nehmen und zu berücksichtigen, in welchem Ausmaß der Universitätsdozent auch in die Betreuung von Studierenden bei der Umsetzung künstlerischer Studienprojekte an der Universität eingebunden ist.

Amtstitel

§ 172b. Als Amtstitel ist „Außerordentlicher Universitätsprofessor" vorgesehen.

Urlaub

§ 172c. (1) Das Ausmaß des Erholungsurlaubes beträgt für den Universitätsdozenten in jedem Kalenderjahr 240 Stunden. Der Verbrauch der Urlaubsstunden ist nur tageweise zulässig. Einem Urlaubstag entsprechen dabei acht Stunden.

(2) Der Verbrauch des Erholungsurlaubes ist nicht auf die lehrveranstaltungsfreie Zeit beschränkt, er ist aber unter Berücksichtigung der dienstlichen Interessen kalendermäßig festzulegen, wobei auf die persönlichen Verhältnisse des Universitätsdozenten angemessen Rücksicht zu nehmen ist.

Ausnahmebestimmungen

§ 173. (1) Die folgenden Bestimmungen sind auf den Universitätsdozenten nicht anzuwenden:
1. § 12 Abs. 2 (Ernennungs- und Definitivstellungserfordernisse),
2. § 22 (Entlassung wegen mangelnden Arbeitserfolges),
3. die §§ 25 bis 31 (Grundausbildung),
4. die §§ 40 und 41 (Verwendung),
5. § 47a, § 48 Abs. 1, Abs. 2 dritter Satz, Abs. 2a erster und zweiter Satz und Abs. 4 bis 6 und die §§ 48a bis 48e (Dienstzeit),
6. § 57 (Gutachten),
7. § 58 (Ausbildung und Fortbildung),
8. § 65 Abs. 1 und 4 bis 8, § 66 und § 67 (Urlaub), *(BGBl I 2008/147)*
9. die §§ 81 bis 90 (Leistungsfeststellung).

(2) Die §§ 25 bis 31 sind jedoch anzuwenden, wenn der Universitätsdozent eine Verwendung anstrebt, für die die Grundausbildung als Ernennungs- oder Definitivstellungserfordernis vorgesehen ist.

(3) Eine Versetzung (§ 38) oder eine Dienstzuteilung (§ 39) ist nur mit Zustimmung des Universitätsdozenten zulässig. Keiner solchen Zustimmung bedarf es in den Fällen des § 38 Abs. 3 Z 4 und bei wesentlichen Bedarfsänderungen an der Universität oder Universität der Künste, die eine dauernde volle Auslastung des Universitätsdozenten an der Universität nicht mehr gewährleisten.

Unterabschnitt D
Universitätsassistenten

Zeitlich begrenztes Dienstverhältnis

§ 174. (1) Der Universitätsassistent steht vorerst in einem zeitlich begrenzten öffentlich-rechtlichen Dienstverhältnis.

(2) Das Dienstverhältnis dient zunächst der Erprobung der Befähigung als Universitätslehrer sowie der Vertiefung und Erweiterung der fachlichen Bildung.

(3) Ein Dienstverhältnis als Universitätsassistent in einem zeitlich begrenzten öffentlich-rechtlichen Dienstverhältnis darf mit Wirksamkeit nach dem 30. September 2001 nicht mehr begründet werden.

Dauer des zeitlich begrenzten Dienstverhältnisses

§ 175. (1) Das zeitlich begrenzte Dienstverhältnis des Universitätsassistenten endet nach Ablauf von vier Jahren.

(2) Das Dienstverhältnis nach Abs. 1 verlängert sich

1. auf bis zu sieben Jahre
   a) um Zeiten eines Beschäftigungsverbotes nach den §§ 3 bis 5 MSchG und eines Karenzurlaubes nach den §§ 15 bis 15d und 15i MSchG oder nach den §§ 2 bis 6 und 9 EKUG,
   b) beim Zusammentreffen von Zeiten nach lit. a mit Zeiten nach Z 2 oder Abs. 3, wobei Zeiten nach Z 2 oder Abs. 3 bis zu zwei Jahren berücksichtigt werden dürfen;
2. auf bis zu sechs Jahre
   a) um Zeiten der Leistung des Präsenz- oder Ausbildungs- oder Zivildienstes,
   b) um Zeiten eines Karenzurlaubes, bei dem anläßlich der Gewährung verfügt worden ist, daß sich das Dienstverhältnis um die Dauer des Karenzurlaubes verlängert.

(3) Der Bundesminister für Wissenschaft und Forschung kann aus besonders berücksichtigungswürdigen Gründen auf Antrag des Universitätsassistenten eine Verlängerung des Dienstverhältnisses verfügen. Ein solcher Antrag ist spätestens vier Monate vor dem Ende des Dienstverhältnisses zu stellen und im Dienstwege unverzüglich dem Bundesminister für Wissenschaft und Forschung zu übermitteln.

(4) In die Zeiten nach Abs. 1 bis 3 sind Zeiten eines früheren Dienstverhältnisses als Universitätsassistent im Sinne der Abs. 1 bis 3 einzurechnen, wenn für beide Dienstverhältnisse das Ernennungserfordernis des abgeschlossenen Hochschulstudiums derselben Studienrichtung gilt.

(5) Das Dienstverhältnis verlängert sich um Zeiten, in denen der Universitätsassistent

1. nach den §§ 17 bis 19 freizustellen oder außer Dienst zu stellen war oder Anspruch auf Gewährung der erforderlichen freien Zeit hatte oder
2. sich in einem Karenzurlaub gemäß § 75 Abs. 2 Z 1 befunden hat.

(6) *entfällt.*

(7) Hat das zeitlich begrenzte Dienstverhältnis des Universitätsassistenten noch nicht sechs Monate gedauert, so kann es von der Dienstbehörde ohne Angabe von Gründen mit Bescheid gekündigt werden. Die Kündigungsfrist beträgt einen Kalendermonat.

(8) Hat das zeitlich begrenzte Dienstverhältnis des Universitätsassistenten bereits mehr als sechs Monate gedauert, so kann es von der Dienstbehörde aus folgenden Gründen mit Bescheid gekündigt werden:

1. Mangel der für die ordnungsgemäße Erfüllung der dienstlichen Aufgaben erforderlichen gesundheitlichen Eignung,
2. unbefriedigender Arbeitserfolg,
3. pflichtwidriges Verhalten.

Die Kündigungsfrist beträgt drei Kalendermonate und hat mit dem Ablauf eines Kalendermonates zu enden.

(9) In den Fällen der Abs. 2, 3 und 5 endet das Dienstverhältnis mit Ablauf des Monats, in dem der Verlängerungszeitraum oder die Summe der Verlängerungszeiträume – berechnet jeweils vom Zeitpunkt gemäß Abs. 1 an – endet.

(10) Abs. 2 Z 2 lit. b und Abs. 5 sind nicht anzuwenden, soweit die in diesen Bestimmungen genannten Zeiträume nach dem 30. September 2001 liegen. Verfügungen gemäß Abs. 3 dürfen sich nicht auf Zeiträume beziehen, die nach dem 30. September 2001 liegen.

(11) Universitätsassistenten, deren zeitlich begrenztes Dienstverhältnis sich über den 1. September 2001 hinaus gemäß Abs. 2 Z 1 lit. a und Z 2 kraft Gesetzes verlängert, sind – abweichend vom § 176 Abs. 6 – berechtigt, mit Wirkung des Tages des Ablaufs der Verlängerungsfrist einen Antrag auf Überleitung gemäß § 176 zu stellen.

(12) Würde das zeitlich begrenzte Dienstverhältnis eines Universitätsassistenten in der Zeit zwischen 30. September 2001 und 28. Februar 2002 durch Ablauf der Bestellungsdauer enden, verlängert es sich bis 31. März 2002, sofern der Universitätsassistent dem Rektor nicht bis zum erwähnten Ablauf der Bestellungsdauer schriftlich mitteilt, dass er eine solche Verlängerung nicht wünscht.

§ 175a. (1) Ein Universitätsassistent, dessen zeitlich begrenztes Dienstverhältnis spätestens am 31. August 2005 endet, kann auf seinen Antrag in ein auf vier Jahre befristetes vertragliches Dienstverhältnis als Assistent gemäß § 49l des Vertragsbedienstetengesetzes 1948 übernommen werden, wenn

1. der Universitätsassistent das für seine Verwendung in Betracht kommende Doktoratsstudium abgeschlossen hat oder eine für die Verwendung in Betracht kommende und dem Doktorat gleichzuwertende künstlerische, künstlerisch-wissenschaftliche oder wissenschaftliche Befähigung besitzt und
2. die Übernahme mit Rücksicht auf den bisherigen Verwendungserfolg des Universitätsassistenten in der Erfüllung der ihm übertragenen Aufgaben gerechtfertigt ist.

(2) Für Ärzte (einschließlich der Fachärzte für Zahn-, Mund- und Kieferheilkunde) tritt an die Stelle der Voraussetzung gemäß Abs. 1 Z 1 der Erwerb des Doktorats der gesamten Heilkunde und der Abschluss der Ausbildung zum Facharzt eines für die Verwendung in Betracht kommenden oder der Verwendung nahe stehenden Sonderfaches.

(3) Der Rektor hat vor seiner Entscheidung Stellungnahmen des (der) Dienstvorgesetzten und zwei voneinander unabhängige Gutachten fachzuständiger Universitätsprofessoren oder von Universitätsprofessoren eines verwandten Faches über die fachliche Qualifikation des Antragstellers einzuholen. Der Antragsteller hat das Recht, von sich aus Gutachten vorzulegen.

(4) Auf Übernahmen gemäß Abs. 1 mit Wirksamkeit vom 1. Jänner 2004 findet § 126 Universitätsgesetz 2002, BGBl. I Nr. 120/2002, sinngemäß Anwendung.

Dienstverhältnis auf unbestimmte Zeit

§ 176. (1) Auf Antrag des Universitätsassistenten kann sein zeitlich begrenztes Dienstverhältnis mit Bescheid des Bundesministers für Wissenschaft und Forschung in ein Dienstverhältnis auf unbestimmte Zeit umgewandelt werden. Dieser Bescheid ist in allen Fällen zu begründen.

(2) Eine Umwandlung nach Abs. 1 ist nur zulässig, wenn
1. der Antrag spätestens sechs Monate vor dem Ende des zeitlich begrenzten Dienstverhältnisses gestellt worden ist,
2. der Universitätsassistent die Erfordernisse für den Universitätsassistenten im Dienstverhältnis auf unbestimmte Zeit erfüllt und
3. die Umwandlung mit Rücksicht auf den bisherigen Verwendungserfolg des Universitätsassistenten in der Erfüllung der ihm übertragenen Aufgaben sowie im Hinblick auf die in den Studien- und Organisationsvorschriften für die betreffende Universitätseinrichtung festgelegten Aufgaben in Forschung (Entwicklung und Erschließung der Künste), Lehre und Verwaltung sachlich gerechtfertigt ist. Allfällige für den Erwerb dieser Qualifikation zusätzlich erbrachte Leistungen, insbesondere im Rahmen einer facheinschlägigen außeruniversitären Praxis oder einer Einbindung in die internationale Forschung (Entwicklung Erschließung der Künste) sind bei der Beurteilung zu berücksichtigen. Weiters ist eine allfällige Tätigkeit als Mitglied eines Arbeitskreises für Gleichbehandlungsfragen zu berücksichtigen.

(3) Ein Antrag gemäß Abs. 1 ist unverzüglich unter Anschluß einer Stellungnahme des (der) Dienstvorgesetzten an das nach den Organisationsvorschriften für Personalangelegenheiten des Universitätsassistenten zuständige Kollegialorgan weiterzuleiten. Der Vorsitzende des Kollegialorgans hat zwei voneinander unabhängige Gutachten fachzuständiger Universitätsprofessoren oder von Universitätsprofessoren eines verwandten Faches (oder von Wissenschaftern mit einer entsprechenden Lehrbefugnis) über die fachliche Qualifikation des Antragstellers einzuholen, unbeschadet des Rechtes des Antragstellers, von sich aus solche Gutachten vorzulegen. Das Kollegialorgan hat unter Bedachtnahme auf diese Gutachten und nach Anhörung des Antragstellers hiezu eine ausführlich begründete Stellungnahme auszuarbeiten. Die Stellungnahme hat Aussagen über
1. die Erfüllung der dem Universitätsassistenten gemäß § 180a übertragenen Aufgaben unter besonderer Berücksichtigung seiner Qualifikation in Forschung (Entwicklung und Erschließung der Künste) und Lehre,
2. allenfalls für den Erwerb dieser Qualifikation zusätzlich erbrachte Leistungen sowie
3. die Erfüllung der Voraussetzungen des Abs. 2 Z 2 und 3

zu enthalten. Der Antrag sowie alle Gutachten und Stellungnahmen sind bis spätestens drei Monate vor dem Ende des Dienstverhältnisses dem Bundesminister für Wissenschaft und Forschung vorzulegen. Liegen die angeführten Unterlagen dem Bundesminister für Wissenschaft und Forschung bis dahin nicht oder nicht vollständig vor, so hat er über den Antrag zu entscheiden, ohne die fehlenden Unterlagen abzuwarten.

(4) Wird eine Entscheidung über einen Antrag gemäß Abs. 1 nicht vor dem Zeitpunkt des Endes des Dienstverhältnisses getroffen, so gilt das Dienstverhältnis bis zur Entscheidung, längstens aber auf die Dauer von drei Monaten als verlängert. Wenn innerhalb dieser drei Monate eine bescheidmäßige Umwandlung des Dienstverhältnisses in ein Dienstverhältnis auf unbestimmte Zeit erfolgt, tritt sie mit dem auf die Zustellung des Bescheides folgenden Monatsersten in Kraft.

(5) Wird ein Bescheid, mit dem die Umwandlung des Dienstverhältnisses in ein Dienstverhältnis auf unbestimmte Zeit abgelehnt worden ist, vom Verfassungsgerichtshof oder vom Verwaltungsgerichtshof aufgehoben und in der Folge durch einen Bescheid ersetzt, der die Umwandlung in ein Dienstverhältnis auf unbestimmte Zeit bewirkt, so gilt das Dienstverhältnis mit dem auf die Rechtskraft

dieses neuen Bescheides folgenden Monatsersten als Dienstverhältnis auf unbestimmte Zeit neu begründet. Die im abgelaufenen Dienstverhältnis zurückgelegten Zeiten sind auf die in § 177 angeführten Fristen anzurechnen. Die Zeit, die zwischen dem Ende des abgelaufenen und dem Beginn des neu begründeten Dienstverhältnisses liegt, ist

1. wie eine im § 12 Abs. 2 Z 1 des Gehaltsgesetzes 1956, BGBl. Nr. 54, angeführte Zeit zur Gänze für die Ermittlung des Vorrückungsstichtages zu berücksichtigen und
2. wie eine im § 53 Abs. 2 lit. a des Pensionsgesetzes 1965 angeführte Zeit – jedoch ohne Entrichtung eines besonderen Pensionsbeitrages – als Ruhegenußvordienstzeit anzurechnen.

(6) Abs. 1 bis 5 ist auf Universitätsassistenten, deren zeitlich begrenztes Dienstverhältnis nach dem 1. September 2001 endet, nicht mehr anzuwenden. Allfällige Anträge gemäß Abs. 1, die von solchen Universitätsassistenten gestellt werden, können bereits vor dem 30. September 2001 abgewiesen werden.

§ 176a. Ein Universitätsassistent, der schon vor seiner Bestellung gemäß § 174 das Erfordernis gemäß Anlage 1 Z 21.2 lit. a oder b erfüllt hat, gilt ab 30. September 2001 als Universitätsassistent im Dienstverhältnis auf unbestimmte Zeit. Für einen Assistenzarzt gilt dies nur, wenn er schon vor seiner Bestellung gemäß § 174 das Erfordernis gemäß Anlage 1 Z 21.3 lit. b erfüllt hat. Die im § 177 Abs. 3 angeführte Frist von sechs Jahren ist ab dem Zeitpunkt der Bestellung gemäß § 174 zu berechnen.

Provisorisches Dienstverhältnis

§ 177. (1) Das Dienstverhältnis des Universitätsassistenten auf unbestimmte Zeit ist zunächst provisorisch.

(2) § 10 ist mit der Maßgabe anzuwenden, daß

1. eine Probezeit nicht vorgesehen ist und
2. die Kündigungsgründe des Abs. 4 Z 1 und 5 nicht gelten.

(3) Bei Nichterfüllung der Definitivstellungserfordernisse endet das Dienstverhältnis des provisorischen Universitätsassistenten mit dem Ablauf von sechs Jahren ab der Umwandlung gemäß § 176 von Gesetzes wegen.

(4) Die im Abs. 3 angeführte Zeit von sechs Jahren verlängert sich um:

1. Zeiten, in denen der Universitätsassistent nach den §§ 17 bis 19 freizustellen oder außer Dienst zu stellen war oder Anspruch auf Gewährung der erforderlichen freien Zeit hatte,
2. Zeiten eines Beschäftigungsverbotes nach den §§ 3 bis 5 MSchG, eines Karenzurlaubes nach den §§ 15 bis 15d und 15i MSchG oder nach den §§ 2 bis 6 und 9 EKUG im provisorischen Dienstverhältnis bis zu einem Höchstausmaß von drei Jahren,
3. Zeiten von Karenzurlauben nach § 75 Abs. 2 Z 1 im provisorischen Dienstverhältnis.

(5) Verlängerungen des zeitlich begrenzten Dienstverhältnisses und des provisorischen Dienstverhältnisses, die aus Anlaß eines Beschäftigungsverbotes nach den §§ 3 bis 5 MSchG, eines Karenzurlaubes nach den §§ 15 bis 15d und 15i MSchG oder nach den §§ 2 bis 6 und 9 EKUG eintreten, dürfen insgesamt fünf Jahre nicht übersteigen.

(6) In den Fällen des Abs. 4 endet das Dienstverhältnis mit Ablauf des Monats, in dem der Verlängerungszeitraum oder die Summe der Verlängerungszeiträume – berechnet jeweils vom Zeitpunkt gemäß Abs. 3 an – endet.

(7) Abs. 4 Z 1 und 3 ist nicht anzuwenden, soweit die in diesen Bestimmungen genannten Zeiträume nach dem 30. September 2001 liegen.

Definitives Dienstverhältnis

§ 178. (1) Das Dienstverhältnis wird auf Antrag definitiv, wenn der Universitätsassistent folgende Voraussetzungen erfüllt:

1. die Erfordernisse gemäß Anlage 1 Z 21.4 (bei ärztlicher, zahnärztlicher und tierärztlicher Verwendung auch der Z 21.5) und
2. a) eine vierjährige Dienstzeit als Universitätsassistent nach Erbringung der in Anlage 1 Z 21.2 lit. a oder b bzw. Z 21.3 lit. b angeführten Erfordernisse und
   b) eine sechsjährige Gesamtdienstzeit aus Zeiten als Universitätsassistent oder Vertragsassistent oder in einer Tätigkeit an einer Universität, die nach ihrem Inhalt der eines Vertragsassistenten entspricht.

Der Eintritt der Definitivstellung ist mit Bescheid festzustellen.

(2) Ein Bescheid nach Anlage 1 Z 21.4 bedarf eines Antrages des Universitätsassistenten auf Definitivstellung. Der Antrag ist spätestens ein Jahr vor dem Ende des Dienstverhältnisses nach § 177 Abs. 3 zu stellen und unter Anschluss einer Stellungnahme des (der) Dienstvorgesetzten an den Senat der betreffenden Universität weiterzuleiten. Der Rektor hat zwei voneinander unabhängige Gutachten fachzuständiger Universitätsprofessoren oder von Universitätsprofessoren eines verwandten Faches (oder von Wissenschaftern mit einer entsprechenden Lehrbefugnis) über die fachliche Qualifikation des Antragstellers einzuholen. Diese Gutachter sind aus Listen mit Vorschlägen zu entnehmen, die der Präsident der Österreichischen Akademie der Wissenschaften und der Präsident des Fonds zur Förderung der wissenschaftlichen Forschung erstellen. Diese Listen haben Gutachterinnen in angemessener Anzahl zu enthalten. Sind in diesen Listen keine

Gutachter für das betreffende Fach oder für ein nahe verwandtes Fach enthalten, steht es dem Rektor frei, andere geeignete Personen zu Gutachtern zu bestellen. Der Antragsteller hat das Recht, von sich aus Gutachten vorzulegen.

(2a) Das in Abs. 2 genannte Kollegialorgan hat unter Bedachtnahme auf die ihm vorliegenden Gutachten und die Stellungnahme(n) des (der) Dienstvorgesetzten und nach Anhörung des Antragstellers hiezu eine ausführlich begründete Stellungnahme zur Erfüllung der Definitivstellungserfordernisse auszuarbeiten. Diese Stellungnahme hat jedenfalls Aussagen über

1. die Erfüllung der dem Universitätsassistenten gemäß § 180a übertragenen Aufgaben unter besonderer Berücksichtig seiner Qualifikation in Forschung (Entwicklung und Erschließung der Künste) und Lehre und
2. allenfalls für den Erwerb dieser Qualifikation zusätzlich erbrachte Leistungen sowie allfällige Einbindung des Universitätsassistenten in die internationale Forschung (Entwicklung und Erschließung der Künste) zu enthalten. Liegen die Gutachten und Stellungnahmen bis spätestens sechs Monate nach der Antragstellung nicht oder nicht vollständig vor, kann über den Antrag entschieden werden, ohne die fehlenden Unterlagen abzuwarten. Der Bescheid ist in allen Fällen zu begründen.

(2b) In den zum Zeitpunkt der Kundmachung des Bundesgesetzes BGBl. I. Nr. 87/2001 anhängigen Verfahren sind unabhängig von der Einholung von Gutachten durch den Vorsitzenden des zuständigen Kollegialorganes vom Rektor Gutachter gemäß Abs. 2 in der ab 30. September 2001 geltenden Fassung zu bestellen, wenn die sich aus § 177 Abs. 3 ergebende Frist nach dem 28. Februar 2002 endet.

(2c) Die zum Zeitpunkt der Kundmachung des Bundesgesetzes BGBl. I Nr. 130/2003 anhängigen oder zu diesem Zeitpunkt auf Grund einer Entscheidung des Verwaltungsgerichtshofes fortzusetzenden Verfahren gemäß § 178 sind durch Bescheid des Bundesministers für Wissenschaft und Forschung zu entscheiden und nach den bisherigen Bestimmungen durchzuführen.

(3) Wird eine Entscheidung über einen Antrag gemäß Abs. 2 nicht vor dem in § 177 Abs. 3 genannten Zeitpunkt getroffen, so gilt das Dienstverhältnis bis zur Entscheidung, längstens aber auf die Dauer von drei Monaten als verlängert.

(4) Wird ein Bescheid, mit dem das Nichtvorliegen der Definitivstellungsvoraussetzungen festgestellt worden ist, vom Verfassungsgerichtshof oder vom Verwaltungsgerichtshof aufgehoben und in der Folge durch einen Bescheid ersetzt, der eine Definitivstellung bewirkt, so gilt das Dienstverhältnis mit dem auf die Rechtskraft dieses neuen Bescheides folgenden Monatsersten als definitives Dienstverhältnis neu begründet. Die Zeit, die zwischen dem Ende des abgelaufenen und dem Beginn des neu begründeten Dienstverhältnisses liegt, ist

1. wie eine im § 12 Abs. 2 Z 1 des Gehaltsgesetzes 1956 angeführte Zeit zur Gänze für die Ermittlung des Vorrückungsstichtages zu berücksichtigen und
2. wie eine im § 53 Abs. 2 lit. a des Pensionsgesetzes 1965 angeführte Zeit – jedoch ohne Entrichtung eines besonderen Pensionsbeitrages – als Ruhegenußvordienstzeit anzurechnen.

Dienstpflichten

§ 179. (1) Der Universitätsassistent hat im Rahmen einer Universitätseinrichtung in Forschung (Entwicklung und Erschließung der Künste), Lehre und Verwaltung mitzuarbeiten und damit zur Erfüllung der den Universitäten übertragenen Aufgaben beizutragen.

(2) Nach Maßgabe seiner wissenschaftlichen (künstlerischen) Qualifikation und der Beauftragung hat er

1. Aufgaben in der Forschung (Entwicklung und Erschließung der Künste) zu erfüllen,
2. Lehrveranstaltungen (§ 155 Abs. 8) und Prüfungen abzuhalten bzw. daran mitzuwirken,
3. Studierende, insbesondere bei wissenschaftlichen (künstlerischen) Arbeiten, und den wissenschaftlichen (künstlerischen) Nachwuchs zu betreuen,
4. an Organisations- und Verwaltungsaufgaben und an Evaluierungsmaßnahmen mitzuwirken.

(3) Der Universitätsassistent hat seine dienstlichen Aufgaben persönlich und, soweit der Gegenstand nicht anderes erfordert, an der Universität zu erfüllen.

Festlegung der Dienstpflichten

§ 180. *entfällt.*

180a. (1) Unverzüglich nach dem Dienstantritt des Universitätsassistenten hat der Leiter der Organisationseinheit, der der Universitätsassistent zugeordnet ist, dessen dienstliche Aufgaben in der Forschung oder in der Entwicklung und Erschließung der Künste, in der Lehre und in der Betreuung von Studierenden sowie zusätzlich im Organisations- und Verwaltungsbereich unter Berücksichtigung der Aufgaben der Organisationseinheit und der Qualifikation des Universitätsassistenten möglichst ausgewogen schriftlich festzulegen.

(2) Abweichend vom Abs. 1 kann der Leiter der Organisationseinheit, der der Universitätsassistent zugeordnet ist, bei Bedarf von Amts wegen oder auf Antrag des Universitätsassistenten für einen Zeitraum von jeweils höchs-

tens einem Semester die überwiegende Verwendung in der Lehre oder in der Forschung festlegen. Für einen längeren Zeitraum ist eine überwiegende Verwendung in der Lehre oder in der Forschung (Entwicklung und Erschließung der Künste) nur zulässig, wenn sich der Universitätsassistent bereits im Dienstverhältnis auf unbestimmte Zeit (§ 176) befindet.

(3) Bei der Festlegung der Dienstpflichten ist auf

1. die Einräumung angemessener Zeit zur Erbringung wissenschaftlicher oder künstlerischer Leistungen (§ 181 Abs. 1 Z 1),
2. die Lehrtätigkeit (§ 180b) und
3. die mit einer allfälligen Funktion oder Mitgliedschaft des Universitätsassistenten in Universitätsorganen verbundene Belastung

Bedacht zu nehmen. Allfällige einschlägige generelle Richtlinien sind zu beachten.

(4) Die Dienstpflichten des Universitätsassistenten sind bei Bedarf vom Leiter der Organisationseinheit, der der Universitätsassistent zugeordnet ist, von Amts wegen oder auf Antrag des Universitätsassistenten neu festzulegen.

(5) Der Universitätsassistent und sein unmittelbarer Dienstvorgesetzter sind vor der Festlegung der Dienstpflichten anzuhören.

(6) Die Aufsicht über die Festlegung der Dienstpflichten obliegt dem Rektor.

Lehrverpflichtung

§ 180b. (1) Die Lehrverpflichtung des Universitätsassistenten ist nach Maßgabe des sich aus den Studienvorschriften ergebenden Bedarfs (§ 155 Abs. 8) und der finanziellen Bedeckbarkeit sowie unter Berücksichtigung der auf Grund der Dienstpflichtenfestlegung (§ 180a) obliegenden Aufgaben innerhalb der sich aus den folgenden Bestimmungen ergebenden Grenzen festzulegen.

(2) Der Universitätsassistent ist bis zum Ablauf von zwei vollen Semestern nach seiner erstmaligen Bestellung ausschließlich zur Mitwirkung an Lehrveranstaltungen eines Universitätsprofessors oder eines Universitätsdozenten im Ausmaß von bis zu sechs, in besonders begründeten Fällen im Ausmaß von bis zu acht Semesterstunden heranzuziehen. Als Mitwirkung gilt eine Unterrichtstätigkeit unter der Anleitung und Aufsicht des Lehrveranstaltungsleiters. Über die Heranziehung entscheidet der Leiter der Organisationseinheit, der der Universitätsassistent zugeordnet ist; einem allfälligen anderen unmittelbaren Dienstvorgesetzten kommt diesbezüglich ein Vorschlagsrecht zu.

(3) Ab dem darauffolgenden Semester ist ein Universitätsassistent mit der selbständigen Abhaltung von Lehrveranstaltungen im Ausmaß von zwei oder drei, in begründeten Fällen im Ausmaß von vier Semesterstunden zu beauftragen. Eine Beauftragung mit weiteren zwei Semesterstunden ist mit Zustimmung des Universitätsassistenten zulässig, wenn dies zur Aufrechterhaltung des Lehrbetriebs notwendig ist. Eine aus studienrechtlichen Gründen notwendige Über- oder Unterschreitung in einem Semester ist im anderen Semester des betreffenden Studienjahres auszugleichen.

(4) Abweichend vom Abs. 2 richtet sich die Lehrverpflichtung eines Universitätsassistenten, der bereits zum Zeitpunkt der erstmaligen Bestellung eine ausreichende facheinschlägige Lehrerfahrung nachweisen kann, nach Abs. 3.

(5) Ein Universitätsassistent mit Doktorat (in künstlerischen Fächern mit einer dem Doktorat gleichzuwertenden künstlerischen Eignung) sowie ein Assistenzarzt mit abgeschlossener Facharztausbildung ist mit der selbständigen Abhaltung von Lehrveranstaltungen im Ausmaß von zwei bis vier Semesterstunden zu beauftragen. Eine Beauftragung mit weiteren zwei Semesterstunden ist mit Zustimmung des Universitätsassistenten zulässig, wenn dies zur Aufrechterhaltung des Lehrbetriebs notwendig ist. Eine aus studienrechtlichen Gründen notwendige Über- oder Unterschreitung in einem Semester ist im anderen Semester des betreffenden Studienjahres auszugleichen.

(6) Im Klinischen Bereich einer Medizinischen Universität sind Assistenzärzte (§ 189) abweichend vom § 155 Abs. 8 letzter Halbsatz nur insoweit in der Lehre einzusetzen, als der Studienbetrieb dies erfordert. Abs. 3 ist auf einen solchen Assistenzarzt erst anzuwenden, wenn er auf Grund des Fortschrittes der Ausbildung zum Facharzt im Hauptfach über die erforderlichen Kenntnisse und Fähigkeiten zur selbständigen Abhaltung von Lehrveranstaltungen verfügt.

(7) Ein Universitätsassistent im definitiven Dienstverhältnis kann mit seiner Zustimmung über das im Abs. 5 festgesetzte Ausmaß hinaus mit der Abhaltung von höchstens vier weiteren Semesterstunden betraut werden.

(8) Auf die Erbringung der in den Abs. 3, 5 und 7 genannten Semesterstunden sind

1. Lehrveranstaltungen aus einem wissenschaftlichen Fach mit 100%,
2. Lehrveranstaltungen aus einem künstlerischen, Zentralen Künstlerischen oder praktischen Fach mit 75%,
3. Lehrveranstaltungen in einem Zentralen Künstlerischen Fach oder im gleichzuhaltenden künstlerischen Fach der Lehramtsstudien, jeweils im Rahmen des künstlerischen Gesamtkonzepts eines Universitätslehrers mit der Lehrbefugnis für das gesamte Fach („künstlerische Assistenz") mit 65%,
4. Lehrveranstaltungen, bei denen der Lehrveranstaltungsleiter eine überwiegend anleitende oder kontrollierende Tätigkeit ausübt, mit 50%

der Semesterstunde anzurechnen.

(9) Das Rektorat hat auf Vorschlag oder nach Anhörung des Leiters der Organisationseinheit, der der Universitätsassistent zugeordnet ist, nach Anhörung auch des Kollegialorgans gemäß § 25 Abs. 8 Z 3 des Universitätsgesetzes 2002 nach Maßgabe der Qualifikation des Universitätsassistenten die von diesem abzuhaltenden Lehrveranstaltungen festzulegen.

(Abs. 10 und 11 aufgehoben)

Dienstzeit

§ 181. (1) Zur regelmäßigen Wochendienstzeit nach § 48 Abs. 2 erster Satz zählt insbesondere der Zeitaufwand für

1. die selbständige wissenschaftliche (künstlerische) Tätigkeit, wie etwa
   a) der Erwerb des Doktorates oder der Lehrbefugnis als Universitätsdozent oder
   b) die anderen Arbeiten,

   soweit der Zeitaufwand in angemessenem Ausmaß eingeräumt worden ist (§ 180a Abs. 3 Z 1),
2. die Lehr- und Prüfungstätigkeit und
3. die Mitwirkung in Universitätsorganen.

(2) Der Leiter der Universitätseinrichtung hat im Auftrag der Dienstbehörde die Wochendienstzeit nach Abs. 1 nach Anhörung des Universitätsassistenten im voraus einzuteilen und für ihre Einhaltung zu sorgen. Auf die Aufgaben der Einrichtung und die Notwendigkeiten des Lehr- und Forschungbetriebes (Entwicklung und Erschließung der Künste) sowie die berechtigten Interessen des Universitätsassistenten ist dabei Bedacht zu nehmen. Soweit es die dienstlichen Erfordernisse zulassen, kann die gleitende Dienstzeit nach § 48 Abs. 3 in Anspruch genommen werden.

(3) Der Universitätsassistent hat die nach Abs. 2 festgelegte Dienstzeit einzuhalten, wenn er nicht vom Dienst befreit, enthoben oder gerechtfertigt vom Dienst abwesend ist.

Rechte

Mitwirkung bei wissenschaftlichen (künstlerischen) Arbeiten

§ 182. Wirkt der Universitätsassistent bei wissenschaftlichen (künstlerischen) Arbeiten mit, sind Art und Umfang seiner Mitarbeit jedenfalls in der Veröffentlichung zu bezeichnen.

Veröffentlichung wissenschaftlicher (künstlerischer) Arbeiten

§ 183. Der Universitätsassistent hat das Recht, eigene wissenschaftliche (künstlerische) Arbeiten selbständig zu veröffentlichen. Soweit jedoch die Veröffentlichung unter Berufung auf seine Zugehörigkeit zu einer Universitätseinrichtung erfolgen soll, ist hiefür die Zustimmung des Leiters der Universitätseinrichtung erforderlich. Die bloße Angabe der Dienstadresse gilt nicht als Berufung auf die Zugehörigkeit zu einer Universitätseinrichtung.

Lehrtätigkeit

§ 184. Wird ein Universitätsassistent zur Mitwirkung an Lehrveranstaltungen eines Universitätsprofessors oder eines Universitätsdozenten herangezogen, ist er im Vorlesungsverzeichnis namentlich anzuführen.

Amtstitel

§ 185. (1) Für Universitätsassistenten sind folgende Amtstitel vorgesehen:

1. im zeitlich begrenzten und im provisorischen Dienstverhältnis „Universitätsassistent“,
2. im definitiven Dienstverhältnis „Assistenzprofessor“.

(2) Für Universitätsassistenten in ärztlicher, zahnärztlicher oder tierärztlicher Verwendung tritt an die Stelle des Amtstitels nach Abs. 1 Z 1 der Amtstitel „Assistenzarzt“.

Sonstige Rechte

§ 186. (1) Der Vorgesetzte im Sinne des § 84 Abs. 3 hat

1. die Verwendung des Universitätsassistenten so zu lenken, daß diesem bei und durch die Erfüllung seiner Dienstpflichten die Erbringung wissenschaftlicher (künstlerischer) Leistungen ermöglicht wird, und
2. mit dem Universitätsassistenten im zeitlich begrenzten oder provisorischen Dienstverhältnis nachweislich mindestens alle zwei Jahre ein Gespräch über dessen berufliche Qualifikation und die Möglichkeiten einer weiteren Verwendung an der Universität zu führen.

(2) Bei der Bewerbung um eine nicht für Universitätslehrer vorgesehene Planstelle sind

1. der Universitätsassistent und
2. der ehemalige Universitätsassistent in den ersten vier Jahren nach Beendigung des Dienstverhältnisses

vorzugsweise zu berücksichtigen, wenn sie für die angestrebte Planstelle mindestens gleich geeignet sind wie die übrigen Bewerber.

(3) Wird ein Universitätsassistent im zeitlich befristeten Dienstverhältnis oder ein Universitätsassistent im provisorischen Dienstverhältnis in eine andere Besoldungsgruppe überstellt, so ist er bei Erfüllung der Voraussetzungen für die Definitivstellung in der neuen Verwendungsgruppe zum definitiven Beamten, sonst zum provisorischen Beamten zu ernennen.

(4) Die vom Universitätsassistenten erbrachten wissenschaftlichen (künstlerischen) Leis-

tungen sind nach Maßgabe besonderer Rechtsvorschriften im Rahmen einer späteren Grundausbildung für eine andere Verwendung (§§ 25 bis 31) im Sinne des Abs. 2 angemessen zu berücksichtigen. Hiebei ist auf Antrag des Universitätsassistenten die Stellungnahme eines von ihm namhaft gemachten Fachmannes einzuholen.

Ausnahmebestimmungen

§ 187. (1) Die folgenden Bestimmungen sind auf den Universitätsassistenten im zeitlich begrenzten Dienstverhältnis nicht anzuwenden:
1. die §§ 10 bis 12 (provisorisches und definitives Dienstverhältnis),
2. § 22 (Entlassung wegen mangelnden Arbeitserfolges),
3. die §§ 25 bis 31 (Grundausbildung),
4. § 47a, § 48 Abs. 1, Abs. 2 dritter Satz, Abs. 2a erster und zweiter Satz und Abs. 4 bis 6 und die §§ 48a bis 48e (Dienstzeit),
5. § 57 (Gutachten),
6. *entfällt,*
7. die §§ 81 bis 90 (Leistungsfeststellung).

(2) Die folgenden Bestimmungen sind auf den Universitätsassistenten im Dienstverhältnis auf unbestimmte Zeit nicht anzuwenden:
1. § 11 Abs. 1 und 3 bis 6 (Definitivstellung),
2. § 12 Abs. 2 (Ernennungs- und Definitivstellungserfordernisse),
3. die §§ 25 bis 31 (Grundausbildung),
4. § 47a, § 48 Abs. 1, Abs. 2 dritter Satz, Abs. 2a erster und zweiter Satz und Abs. 4 bis 6 und die §§ 48a bis 48e (Dienstzeit),
5. § 57 (Gutachten),
6. *entfällt,*
7. die §§ 81 bis 90 (Leistungsfeststellung), solange sich der Universitätsassistent nicht im definitiven Dienstverhältnis befindet.

(3) Die §§ 25 bis 31 sind jedoch abweichend von Abs. 1 und 2 anzuwenden, wenn der Universitätsassistent eine Verwendung anstrebt, für die die Grundausbildung als Ernennungs- oder Definitivstellungserfordernis vorgesehen ist.

§ 188. *(entfallen)*

Sonderbestimmungen für Universitätsassistenten in ärztlicher oder zahnärztlicher Verwendung

§ 189. (1) Für Universitätsassistenten, die seit Beginn ihres Dienstverhältnisses als Ärzte in Ausbildung zum Facharzt (§ 8 des Ärztegesetzes 1998) an Universitätseinrichtungen verwendet werden, gelten folgende Sonderbestimmungen:
1. Die §§ 174 und 175 sind mit der Maßgabe anzuwenden, daß sich das zeitlich begrenzte Dienstverhältnis bis zum Ablauf eines Jahres nach dem Abschluß der Ausbildung zum Facharzt verlängert.
2. Die Dauer des zeitlich begrenzten Dienstverhältnisses darf jedoch abweichend vom § 175 Abs. 1 sieben Jahre und abweichend vom § 175 Abs. 2 folgende Zeiträume nicht übersteigen:
   a) zehn Jahre in den Fällen des § 175 Abs. 2 Z 1,
   b) neun Jahre in den Fällen des § 175 Abs. 2 Z 2.

(2) Werden Universitätsassistenten mit einem abgeschlossenen Studium der Medizin erst seit einem späteren Zeitpunkt als Ärzte in Ausbildung zum Facharzt (§ 8 des Ärztegesetzes 1998) an Universitätseinrichtungen verwendet, befinden sie sich aber spätestens seit Beginn des dritten Jahres ihres Dienstverhältnisses in Facharztausbildung, so gilt für sie Abs. 1 mit der Maßgabe, daß
1. Zeiten, die im bestehenden Dienstverhältnis nicht in Facharztausbildung zurückgelegt worden sind, einen Verlängerungsgrund im Sinne des § 175 Abs. 2 im Höchstausmaß von zwei Jahren bilden und
2. auch bei Anwendung der Z 1 die Gesamtverwendungsdauer des Abs. 1 Z 2 von
   a) insgesamt zehn Jahren in den Fällen des § 175 Abs. 2 Z 1,
   b) insgesamt neun Jahren in den Fällen des § 175 Abs. 2 Z 2

nicht überschritten werden darf.

(3) Wechselt ein Universitätsassistent in Ausbildung zum Facharzt (§ 8 des Ärztegesetzes 1998) das Sonderfach, so verlängert sich sein zeitlich begrenztes Dienstverhältnis bis zum Abschluß der Facharztausbildung im neuen Sonderfach, wobei jedoch die Gesamtverwendungsdauer des Abs. 1 Z 2 von insgesamt
a) zehn Jahren,
b) dreizehn Jahren in den Fällen des § 175 Abs. 2 Z 1,
c) zwölf Jahren in den Fällen des § 175 Abs. 2 Z 2

nicht überschritten werden darf.

(4) Für Universitätsassistenten, die an Universitätseinrichtungen in ärztlicher (§§ 2 und 3 des Ärztegesetzes 1998) oder zahnärztlicher (§§ 16 und 17 des Ärztegesetzes 1998) Verwendung stehen, sind bei der Festlegung der Dienstpflichten nach § 180a und der Aufteilung und Erbringung der Wochendienstzeit nach § 181 auch die im § 155 Abs. 5 genannten Aufgaben zu berücksichtigen. Hiebei ist auf die Ausbildung zum Facharzt in angemessener Weise Rücksicht zu nehmen.

(5) Eine Entsendung gemäß § 39a Abs. 1 Z 3 im Rahmen der Ausbildung zum Facharzt

darf abweichend von § 39a Abs. 3 zwölf Monate nicht übersteigen.

Unterabschnitt E

Lehrer an Universitäten

Anwendungsbereich

§ 190. Dieser Unterabschnitt ist auf Lehrer der Verwendungsgruppe L1 anzuwenden, die ausschließlich an Universitäten verwendet werden.

Übertritt in den Ruhestand

§ 191. Der Lehrer tritt mit Ablauf des Studienjahres, in dem er das 65. Lebensjahr vollendet, in den Ruhestand. § 13 Abs. 2 ist mit der Maßgabe anzuwenden, daß an die Stelle des Jahres das Studienjahr tritt.

Pflichten

Dienstpflichten

§ 192. (1) Der Lehrer ist im Rahmen einer Universitätseinrichtung zur Erteilung regelmäßigen Unterrichts einschließlich der Mitwirkung an der Betreuung wissenschaftlicher (künstlerischer) Arbeiten der Studierenden verpflichtet. Er hat Prüfungen abzuhalten, den Erfolg der Teilnahme an Lehrveranstaltungen zu beurteilen und bei Prüfungen mitzuwirken.

(2) Soweit ihm dies übertragen worden ist, hat der Lehrer in der Universitätsverwaltung mitzuarbeiten.

Festlegung der Unterrichtstätigkeit

§ 193. (1) Das Rektorat hat Themen und Art der Lehrveranstaltungen des Lehrers unter Bedachtnahme auf den sich aus den Studienvorschriften ergebenden Bedarf, auf die Lehrverpflichtung und auf die Funktionen des Lehrers festzulegen.

(2) Die Festlegung nach Abs. 1 ist im Einvernehmen mit dem Leiter der betreffenden Universitätseinrichtung zu treffen. Der Lehrer ist anzuhören.

(3) Bei Bedarf kann zu einem späteren Zeitpunkt auf Antrag des Leiters der Universitätseinrichtung oder des Lehrers die Unterrichtstätigkeit des Lehrers neu festgelegt werden. Die Abs. 1 und 2 sind anzuwenden.

Lehrverpflichtung

§ 194. (1) Ist ein Lehrer an einer Universität ausschließlich für die im § 192 Abs. 1 angeführten Tätigkeiten bestellt, so ist er in den einzelnen Gruppen von Fächern zur Abhaltung von Unterricht in der nachstehend angeführten Anzahl von Semesterstunden (§ 155 Abs. 10) verpflichtet:

	Semesterstunden
1. an den Universitäten gemäß § 6 Z 1 bis 15 des Universitätsgesetzes 2002	
a) Unterricht aus wissenschaftlichen Fächern	13
b) Unterricht aus künstlerischen Fächern und in Sprachfächern, die nicht Diplomprüfungsfächer sind	17
c) Unterricht aus praktischen Fächern	19
2. an den Universitäten gemäß § 6 Z 16 bis 21 des Universitätsgesetzes 2002	
a) Unterricht aus wissenschaftlichen Fächern	13
b) Unterricht aus künstlerischen Fächern oder aus einem Zentralen Künstlerischen Fach (ausgenommen lit. f) und Unterricht aus Fremdsprachen	17
c) Unterricht aus praktischen Fächern und als Solokorrepetitor	19
d) Korrepetition in Klassen künstlerischer Ausbildung	21
e) Künstlerisch-technische Unterweisung als Leiter einer Zentralwerkstätte	26
f) Unterricht in einem Zentralen Künstlerischen Fach oder im gleichzuhaltenden künstlerischen Fach der Lehramtsstudien, jeweils im Rahmen des künstlerischen Gesamtkonzepts eines Universitätslehrers mit der Lehrbefugnis für das gesamte Fach („künstlerische Assistenz“)	19

(2) Das Ausmaß dieser Lehrverpflichtung ist unter Verwendung von Werteinheiten auf eine Lehrverpflichtung von 20 Semesterstunden umzurechnen. Hiebei entspricht

1. 1 Semesterstunde der Lehrverpflichtung von 13 Semesterstunden 1,538 Werteinheiten
2. 1 Semesterstunde der Lehrverpflichtung von 17 Semesterstunden 1,176 Werteinheiten
3. 1 Semesterstunde der Lehrverpflichtung von 19 Semesterstunden 1,053 Werteinheiten
4. 1 Semesterstunde der Lehrverpflichtung von 21 Semesterstunden 0,952 Werteinheiten
5. 1 Semesterstunde der Lehrverpflichtung von 26 Semesterstunden 0,769 Werteinheiten.

(3) Ergeben sich bei der Ermittlung des Ausmaßes der Lehrverpflichtung zuletzt nicht volle Werteinheiten, so sind Bruchteile ab der vierten Dezimalstelle zu vernachlässigen.

(4) Hat der Lehrer außerhalb der im § 192 Abs. 1 angeführten Tätigkeiten regelmäßig weitere dienstliche Aufgaben zu erfüllen (§ 192 Abs. 2), so ist diese Tätigkeit unter Bedachtnahme auf die daraus erwachsende zeitliche Belastung des Lehrers vom Bundeskanzler durch Verordnung oder im Einzelfall in entsprechendem Ausmaß in die Lehrverpflichtung einzurechnen. Hiebei ist vom zeitlichen Aus-

maß dieser weiteren dienstlichen Aufgaben und ihrem Anteil an der für Verwaltungstätigkeiten maßgebenden Wochendienstzeit auszugehen. *(BGBl I 2008/147)*

(5) § 213 gilt sinngemäß mit der Maßgabe, daß an die Stelle des Schuljahres das Studienjahr tritt.

Rechte

Mitwirkung bei wissenschaftlichen (künstlerischen) Arbeiten und Veröffentlichung wissenschaftlicher (künstlerischer) Arbeiten

§ 195. Die §§ 182 und 183 gelten sinngemäß.

Benützung von Universitätseinrichtungen für Zwecke der Forschung (Entwicklung und Erschließung der Künste)

§ 196. Dem Lehrer ist nach Maßgabe der organisationsrechtlichen Vorschriften die Benützung von Universitätseinrichtungen für Zwecke der Forschung (Entwicklung und Erschließung der Künste) zu gestatten.

Amtstitel

§ 197. Für den Lehrer ist der Amtstitel „Professor", für den (geschäftsführenden) Leiter eines Universitäts-Sportinstituts der Amtstitel „Direktor" vorgesehen.

Urlaub und Ferien

§ 198. (1) Der Lehrer hat seinen Erholungsurlaub ausschließlich in der lehrveranstaltungsfreien Zeit zu verbrauchen.

(2) Außerhalb der Zeit des Erholungsurlaubes sind Lehrer während der lehrveranstaltungsfreien Zeit nur insoweit zur Anwesenheit an der Universität verpflichtet, als dies zur Erfüllung von Dienstpflichten (insbesondere Prüfungen, Mitwirkung in Kollegialorganen, sonstigen Verwaltungsaufgaben, Werkstättenbetrieb) erforderlich ist. Der Lehrer hat dafür zu sorgen, daß er von einer dienstlichen Inanspruchnahme verständigt werden kann.

(3) Die Pflegefreistellung ist in vollen Stunden zu verbrauchen. Durch den Verbrauch

1. der Pflegefreistellung nach § 76 Abs. 1 dürfen je Studienjahr nicht mehr als 20 Wochenstunden,
2. der Pflegefreistellung nach § 76 Abs. 4 dürfen je Studienjahr nicht mehr als 20 weitere Wochenstunden im Sinne des § 194 Abs. 2 und 4 an Dienstleistung entfallen.

(4) Die Zahl der im Abs. 3 angeführten Wochenstunden vermindert sich entsprechend, wenn

1. die Wochendienstzeit des Lehrers herabgesetzt oder
2. Art. VII Abs. 2 erster Satz des Bundesgesetzes BGBl. Nr. 148/1988 anzuwenden ist.

Die Zahl der im Abs. 3 angeführten Wochenstunden erhöht sich entsprechend, wenn das Ausmaß der Wochendienstzeit aus den im § 61 Abs. 1 des Gehaltsgesetzes 1956 angeführten Gründen überschritten wird. § 76 Abs. 6 Satz 1 und Abs. 7 sind mit der Maßgabe anzuwenden, daß an die Stelle des Kalenderjahres das Studienjahr tritt.

Dienstfreistellung für Gemeindemandatare

§ 198a. § 78a ist auf Lehrer an Universitäten mit folgenden Abweichungen anzuwenden:

1. Durch die Gewährung der erforderlichen freien Zeit gemäß § 78a Abs. 2 Z 2 dürfen nicht mehr als 32 und bei Bürgermeistern nicht mehr als 64 Unterrichtsstunden je Studienjahr entfallen.
2. Die Gewährung der erforderlichen freien Zeit soll im Monatsdurchschnitt eines Semesters vier Unterrichtsstunden, bei Bürgermeistern acht Unterrichtsstunden nicht überschreiten.
3. Die Dienstfreistellung darf das Ausmaß von 80 Unterrichtsstunden je Semester nicht übersteigen und ist in vollen Unterrichtsstunden zu gewähren. Sie soll im Monatsdurchschnitt innerhalb eines Semesters 20 Stunden nicht überschreiten. In einer Kalenderwoche darf höchstens die Hälfte der als Monatsdurchschnitt festgelegten Dienstfreistellung in Anspruch genommen werden.
4. Für die Tätigkeit als Gemeindemandatar darf eine über die Maßnahmen nach Z 1 bis 3 hinausgehende Lehrpflichtermäßigung nicht gewährt werden.

Leistungsfeststellung

§ 199. Die Bestimmungen über die Leistungsfeststellung sind auf Lehrer an Universitäten mit der Abweichung anzuwenden, daß an die Stelle des Kalenderjahres das Studienjahr und an die Stelle des Monates Jänner der Monat November treten.

Ausnahmebestimmungen

§ 200. (1) Die folgenden Bestimmungen sind auf die Lehrer nicht anzuwenden:

1. die §§ 25 bis 31 (Grundausbildung),
2. die §§ 47a bis 50 (Dienstzeit),
3. § 57 (Gutachten).

(2) Die §§ 25 bis 31 sind jedoch abweichend vom Abs. 1 anzuwenden, wenn der Lehrer eine Verwendung anstrebt, für die die Grundausbildung als Ernennungs- oder Definitivstellungserfordernis vorgesehen ist.

(3) Wird ein Lehrer ausschließlich zur Erfüllung der Aufgaben eines Universitätsassistenten oder nur zu Verwaltungstätigkeiten herangezo-

gen, so unterliegt er für die Dauer einer solchen Verwendung den Bestimmungen über die dienstliche Tätigkeit, die Pflichten, die Feiertagsruhe und den Urlaub, die für jene Beamten gelten, für die dieser Arbeitsplatz grundsätzlich vorgesehen ist. Eine solche Verwendung ist nur vorübergehend in besonders begründeten Anlassfällen zulässig. Eine solche Verwendung bedarf der Zustimmung des Lehrers.

...

Übergangsbestimmungen zur Dienstrechts-Novelle 1999

§ 247f. (1) Ordentliche Hochschulprofessoren gelten kraft Gesetzes mit dem Zeitpunkt des vollständigen Wirksamwerdens des KUOG an der betreffenden Universität der Künste als in die Verwendungsgruppe der Universitätsprofessoren (§ 21 UOG, § 22 KUOG) übergeleitet.

(2) Wird eine bisher in einem künstlerischen oder Zentralen Künstlerischen Fach verwendete Planstelle eines Universitätsassistenten frei, hat das oberste Kollegialorgan der Universität der Künste nach Anhörung des Institutsvorstandes und der Institutskonferenz (des Leiters der betreffenden Hochschuleinrichtung) sowie des Studiendekans zu prüfen, ob diese Planstelle mit Rücksicht auf die Aufgaben des Instituts (der Hochschuleinrichtung) und auf den sich aus den Studienvorschriften ergebenden Bedarf künftig wieder als Universitätsassistenten-Planstelle besetzt oder durch eine Planstelle eines Bundes- oder Vertragslehrers ersetzt werden soll. Über einen diesbezüglichen Vorschlag des Kollegialorgans entscheidet der Rektor.

...

Anlage 1

(Auszüge)

...

19. Universitätsprofessoren

Ernennungserfordernisse:

19.1. Für Universitätsprofessoren an Universitäten gemäß § 6 Z 1 bis 15 des Universitätsgesetzes 2002 (§ 154 lit. a):

a) eine der Verwendung entsprechende abgeschlossene inländische oder gleichwertige ausländische Hochschulbildung,
b) eine an einer österreichischen Universität erworbene oder gleichwertige ausländische Lehrbefugnis (venia docendi) oder eine der Lehrbefugnis als Universitätsdozent gleichzuwertende wissenschaftliche Befähigung für das Fach, das der zu besetzenden Planstelle entspricht,
c) die pädagogische und didaktische Eignung,
d) die Eignung zur Führung einer Universitätseinrichtung,
e) der Nachweis der Einbindung in die internationale Forschung,
f) der Nachweis einer facheinschlägigen außeruniversitären Praxis, soweit diese in dem zu besetzenden Fach möglich und sinnvoll ist.

19.2. Für künstlerische Fächer an Stelle der in Z 19.1 genannten Erfordernisse die Erfüllung der Ernennungserfordernisse der Z 19.3 bzw. 19.4.

19.3. Für Universitätsprofessoren an Universitäten gemäß § 6 Z 16 bis 21 des Universitätsgesetzes 2002 (§ 154 lit. a):

a) eine der Verwendung entsprechende abgeschlossene inländische oder gleichwertige ausländische Hochschulbildung,
b) der Nachweis künstlerischer, künstlerisch-wissenschaftlicher oder wissenschaftlicher Leistungen,
c) die pädagogische und didaktische Eignung,
d) die Eignung zur Führung einer Universitätseinrichtung,
e) der Nachweis der Einbindung in die internationale Entwicklung und Erschließung der Künste (Forschung),
f) der Nachweis einer facheinschlägigen außeruniversitären Praxis, soweit diese in dem zu besetzenden Fach möglich und sinnvoll ist.

19.4. Für künstlerische oder künstlerisch-wissenschaftliche Fächer kann eine Hochschulbildung im Sinne der Z 19.3 lit. a auch durch eine gleichzuwertende künstlerische oder künstlerisch-wissenschaftliche Eignung ersetzt werden.

20. Universitätsdozenten

Ernennungserfordernisse:

Für Universitätsdozenten (§ 154 lit. b):

a) eine der Verwendung entsprechende abgeschlossene inländische oder gleichwertige ausländische Hochschulbildung,
b) eine an einer österreichischen Universität oder Universität der Künste erworbene oder gleichwertige ausländische Lehrbefugnis (venia docendi).

21. Universitätsassistenten

Ernennungserfordernisse:

21.1. Für Universitätsassistenten im zeitlich begrenzten Dienstverhältnis

a) die Erfüllung der Ernennungserfordernisse der Z 1.12,
b) für künstlerische oder künstlerisch-wissenschaftliche Fächer, für die eine Ausbildung nach lit. a nicht vorgesehen ist, der Nachweis einer gleichwertigen Eignung.

Erfordernisse für die Umwandlung des Dienstverhältnisses eines Universitätsassistenten in ein Dienstverhältnis auf unbestimmte Zeit:

21.2.

a) Das Doktorat einer der Verwendung entsprechenden Fachrichtung.

b) Für künstlerische oder künstlerisch-wissenschaftliche Fächer, für die ein Erwerb des Doktorates nach lit. a nicht vorgesehen ist oder auf Grund der Verwendung des Universitätsassistenten nicht in Betracht kommt, die Feststellung durch das zuständige Universitätsorgan, daß der Universitätsassistent eine dem Doktorat gleichzuwertende künstlerische oder künstlerisch-wissenschaftliche Eignung besitzt.

c) Zusätzlich zu lit. a oder b eine vierjährige Dienstzeit als Universitätsassistent im zeitlich begrenzten Dienstverhältnis.

d) In diese vierjährige Dienstzeit können folgende Zeiten eingerechnet werden, die nach der Erfüllung des Erfordernisses der lit. a liegen:
   aa) Zeiten als vollbeschäftigter Vertragsassistent,
   bb) Zeiten, die der Universitätsassistent an einer Universität (Universität der Künste) in einer Tätigkeit zurückgelegt hat, die nach Inhalt und Umfang der eines vollbeschäftigten Vertragsassistenten entspricht,
   cc) im halben Ausmaß Zeiten nach den sublit. aa oder bb, die zwar nicht in Vollbeschäftigung, aber mindestens im halben Beschäftigungsausmaß zurückgelegt wurden,
   dd) bis zum Höchstausmaß von zwei Jahren Zeiten außeruniversitärer Tätigkeiten, die für die Verwendung des Universitätsassistenten von Bedeutung sind.

21.3. Für Fachärzte (einschließlich der Fachärzte für Zahn-, Mund- und Kieferheilkunde) treten an die Stelle der Erfordernisse der Z 21.2 gemeinsam folgende Erfordernisse:

a) Das Doktorat der gesamten Heilkunde,

b) der Abschluß der Ausbildung zum Facharzt eines für die Verwendung in Betracht kommenden oder der Verwendung nahestehenden Sonderfaches und

c) eine vierjährige Dienstzeit als Universitätsassistent im zeitlich begrenzten Dienstverhältnis.

d) In diese vierjährige Dienstzeit können folgende Zeiten eingerechnet werden, die nach Erfüllung des Erfordernisses nach lit. b liegen:
   aa) Zeiten als vollbeschäftigter Vertragsassistent,
   bb) Zeiten, die der Universitätsassistent an einer Universität in einer Tätigkeit zurückgelegt hat, die nach Inhalt und Umfang der eines vollbeschäftigten Vertragsassistenten entspricht,
   cc) im halben Ausmaß Zeiten nach den sublit. aa oder bb, die zwar nicht in Vollbeschäftigung, aber mindestens im halben Beschäftigungsausmaß zurückgelegt wurden,
   dd) bis zum Höchstausmaß von zwei Jahren Zeiten außeruniversitärer Tätigkeiten, die für die Verwendung des Universitätsassistenten von Bedeutung sind.

Definitivstellungserfordernisse:

21.4. Die bescheidmäßige Feststellung, daß der Universitätsassistent die für eine dauernde Verwendung in der betreffenden Universitätseinrichtung erforderliche

a) Leistung in der wissenschaftlichen, künstlerischen oder künstlerisch-wissenschaftlichen Tätigkeit (Forschung beziehungsweise Entwicklung und Erschließung der Künste),

b) Bewährung im Lehrbetrieb unter Bedachtnahme auf die pädagogische und didaktische Befähigung sowie

c) Bewährung in der mit der Erfüllung der wissenschaftlichen, künstlerischen oder künstlerisch-wissenschaftlichen Aufgaben der betreffenden Universität verbundenen Organisations- und Verwaltungstätigkeit

aufweist. Allfällige für den Erwerb dieser Qualifikation zusätzlich erbrachte Leistungen, insbesondere im Rahmen einer facheinschlägigen außeruniversitären Praxis oder einer Einbindung in die internationale Forschung (Erschließung der Künste) sind bei der Beurteilung zu berücksichtigen. Weiters ist eine allfällige Tätigkeit als Mitglied eines Arbeitskreises für Gleichbehandlungsfragen zu berücksichtigen.

21.5. Bei in ärztlicher, zahnärztlicher oder tierärztlicher Verwendung stehenden Universitätsassistenten ist bei der Feststellung nach Z 21.4 auch auf die Bewährung in den Tätigkeiten gemäß § 155 Abs. 5 bzw. 6 Bedacht zu nehmen.

21.6. Die in Z 21.4 lit. a und b angeführten Erfordernisse gelten durch den Erwerb einer Lehrbefugnis oder Qualifikation gemäß Z 20 lit. b für das betreffende Fachgebiet als erfüllt.

21a. Lehrer an Universitäten

Ernennungserfordernisse:

21a.1. Eine den Fachgebieten entsprechende abgeschlossene Hochschulbildung (Lehramt) durch den Erwerb eines auf Grund eines Diplomstudiums erlangten Diplomgrades gemäß § 66 Abs. 1 in Verbindung mit Anlage 1 Z 3 UniStG. Bei Lehrern künstlerischer oder künstlerisch-wissenschaftlicher Fächer wird dieses Erfordernis durch den Nachweis künstlerischer (künstlerisch-wissenschaftlicher) und kunstpädagogischer Leistungen, die den Anforderungen des Arbeitsplatzes entsprechen, ersetzt.

21a.2. Lehrer für Religionspädagogik haben überdies die kirchlich (religionsgesellschaftlich) erklärte Befähigung und Ermächtigung für die Erteilung des entsprechenden Unterrichtes an einer Universität nach den hiefür geltenden kirchlichen (religionsgesellschaftlichen) Vorschriften nachzuweisen; eine Nachsicht von diesem Erfordernis ist ausgeschlossen. Bei Lehrern für Religionspädagogik wird das Erfordernis der dem Fachgebiet entsprechenden abgeschlossenen Hochschulbildung (Lehramt) durch den Erwerb eines auf Grund eines Diplomstudiums erlangten Diplomgrades gemäß § 66 Abs. 1 in Verbindung mit Anlage 1 UniStG in einer anderen dem Fachgebiet entsprechenden Studienrichtung ersetzt.

21a.3. Bei Lehrern für lebende Fremdsprachen wird das Erfordernis des Lehramtsstudiums durch die Erfüllung sämtlicher nachstehender Erfordernisse ersetzt:

a) eine den Unterrichtsgegenständen entsprechende abgeschlossene Hochschulbildung durch den Erwerb eines auf Grund eines Diplomstudiums erlangten Diplomgrades gemäß § 66 Abs. 1 in Verbindung mit Anlage 1 UniStG,
b) eine danach zurückgelegte vierjährige facheinschlägige Praxis, bei Verwendung im Rahmen der Dolmetscher- und Übersetzerausbildung sowie der sozial- und wirtschaftswissenschaftlichen Studien eine danach zurückgelegte vierjährige facheinschlägige Berufspraxis und
c) der Nachweis der pädagogischen Eignung.

21a.4. Soweit keine den Unterrichtsgegenständen entsprechende hochschulmäßige Lehramtsprüfung vorgesehen ist, werden die Erfordernisse der Z 21a.1 ersetzt durch

a) den Erwerb eines auf Grund eines Diplomstudiums erlangten Diplomgrades gemäß § 66 Abs. 1 in Verbindung mit Anlage 1 UniStG in einer den Unterrichtsgegenständen entsprechenden Studienrichtung mit
b) einer danach zurückgelegten vierjährigen einschlägigen Lehrpraxis.

…

Gehaltsgesetz 1956

(Auszüge)

Bundesgesetz vom 29. Feber 1956 über die Bezüge der Bundesbeamten, BGBl. Nr. 1956/54

Aus Übersichtlichkeitsgründen ist nur die letzte relevante Novelle BGBl I 2010/111 im Text ausgewiesen)*

...

Abschnitt IV
Universitätslehrer

Gehalt der Universitätsprofessoren

§ 48. (1) Das Gehalt der Universitätsprofessoren (§ 154 lit. a BDG 1979) beträgt:

in der Gehaltsstufe	für		
	Universitätsprofessoren	Außerordentl. Universitätsprofessoren	Ordentliche Universitätsprofessoren
	Euro		
1	3 456,7	3 072,9	4 012,4
2	3 627,7	3 169,0	4 205,0
3	3 819,8	3 264,6	4 397,7
4	4 012,4	3 360,5	4 590,1
5	4 205,0	3 456,7	4 846,0
6	4 397,7	3 627,7	5 104,5
7	4 590,1	3 819,8	5 440,1
8	4 846,0	4 012,4	5 776,4
9	5 104,5	4 205,0	6 112,0
10	5 440,1	4 397,7	6 448,2
11	5 776,4	4 590,1	–
12	6 112,0	4 846,0	–
13	6 448,2	5 104,5	–
14	–	5 440,1	–
15	–	5 776,4	–

(BGBl I 2010/111)

(2) Das Gehalt des Universitätsprofessors beginnt, soweit im folgenden nicht anderes bestimmt wird, mit der Gehaltsstufe 1.

(3) Soweit es zur Gewinnung eines Wissenschafters oder Künstlers aus dem In- oder Ausland notwendig ist, kann der Bundespräsident bei der Ernennung zum Universitätsprofessor (§ 21 des Bundesgesetzes über die Organisation der Universitäten, BGBl. Nr. 805/1993 – UOG 1993, § 22 des Bundesgesetzes über die Organisation der Universitäten der Künste, BGBl. I Nr. 130/1998 – KUOG) oder zum Ordentlichen Universitätsprofessor ein höheres als das nach § 48 Abs. 2 gebührende Gehalt gewähren.

(4) In der Verwendungsgruppe der Universitätsprofessoren (§ 21 UOG 1993, § 22 KUOG) ist Abs. 3 bezüglich der zweiten besoldungsrechtlichen Kategorie (§ 21 Abs. 4 und § 22 Abs. 1 Z 3 UOG 1993, § 22 Abs. 7 und § 23 Abs. 1 Z 3 KUOG) mit der Maßgabe anzuwenden, daß anläßlich der Ernennung eine Einstufung nur in die Gehaltsstufen 1 bis 5 zulässig ist.

(5) Die Begünstigungen nach Abs. 3 kann der Bundespräsident auch gewähren, um die Berufung eines Universitätsprofessors (§ 21 UOG 1993, § 22 KUOG) oder eines Ordentlichen Universitätsprofessors in das Ausland oder die Annahme einer Stellung außerhalb des Hochschulwesens im In- oder Ausland abzuwehren.

(6) Die Begünstigung nach Abs. 3 und 5 darf nur gewährt werden, wenn der Wissenschafter oder Künstler sich vor seiner Ernennung oder vor einer Maßnahme nach Abs. 5 schriftlich verpflichtet, innerhalb von drei Jahren nach seinem Dienstantritt oder einer Maßnahme nach Abs. 5 seinen Arbeitsplatz nicht aufzugeben.

(7) § 12 ist auf Universitätsprofessoren (§ 21 UOG 1993, § 22 KUOG) und auf Ordentliche Universitätsprofessoren nicht anzuwenden.

(8) Wird ein Universitätsassistent zum Außerordentlichen Universitätsprofessor ernannt, so gebühren ihm die Gehaltsstufe und der Vorrückungstermin, die sich ergeben würden, wenn er die Zeit, die für das Erreichen seiner bisherigen Gehaltsstufe notwendig war, in dem vier Jahre übersteigenden Ausmaß als Außerordentlicher Universitätsprofessor zurückgelegt hätte.

(9) Bei einer Ernennung zum Außerordentlichen Universitätsprofessor gebühren dem Beamten, der vorher nicht Universitätsassistent war, die Gehaltsstufe und der Vorrückungstermin, die sich ergeben würden, wenn er zum Universitätsassistenten ernannt und zum Außerordentlichen Universitätsprofessor überstellt worden wäre.

(10) Wird ein Außerordentlicher Universitätsprofessor zum Ordentlichen Universitätsprofessor ernannt, so gebühren ihm die Ge-

---

**) Seit dem Erscheinen der 9. Auflage mit 1. 10. 2009 sind folgende Novellen des Gehaltsgesetzes 1956 verlautbart worden: BGBl I 2009/52, BGBl I 2009/73, BGBl I 2009/76, BGBl I 2009/108, BGBl I 2009/135, BGBl I 2009/153, BGBl I 2010/6, BGBl I 2010/82, BGBl I 2010/111, BGBl I 2011/109.*

haltsstufe und der Vorrückungstermin, die sich ergeben würden, wenn er die Zeit, die für das Erreichen seiner bisherigen Gehaltsstufe notwendig war, in dem zwölf Jahre übersteigenden Ausmaß als Ordentlicher Universitätsprofessor zurückgelegt hätte. Die in der höchsten Gehaltsstufe der Außerordentlichen Universitätsprofessoren verbrachte Zeit ist bis zum Ausmaß von vier Jahren anzurechnen. Die §§ 8 und 10 sind auf diese Zeiten anzuwenden.

(11) Auf den Ordentlichen und Außerordentlichen Universitätsprofessor ist mit dem Zeitpunkt des vollständigen Wirksamwerdens der Bestimmungen des UOG 1993 an der betreffenden Universität, frühestens jedoch mit 1. März 1998, das Gehalt der Verwendungsgruppe „Universitätsprofessoren (§ 21 UOG 1993, § 22 KUOG)“ anzuwenden. Dem Ordentlichen oder Außerordentlichen Universitätsprofessor gebührt ab diesem Zeitpunkt die Gehaltsstufe, die betragsmäßig der zu diesem Zeitpunkt gebührenden Gehaltsstufe der bisherigen Verwendungsgruppe entspricht. Der Vorrückungstermin bleibt unverändert. Zeiten, die ein Außerordentlicher Universitätsprofessor in der Gehaltsstufe 15 oder im Bezug der Dienstalterszulage zurückgelegt hat, sind auf das Erreichen der Gehaltsstufen 12 und 13 sowie der Dienstalterszulage in der neuen Verwendungsgruppe anzurechnen. Bezüglich der besoldungsrechtlichen Stellung ist ein Feststellungsbescheid zu erlassen.

(12) Dem (Ordentlichen) Universitätsprofessor an einer Universität der Künste gebührt ab dem Zeitpunkt des vollständigen Wirksamwerdens der Bestimmungen des KUOG an der betreffenden Universität der Künste das Gehalt der Gehaltsstufe der Verwendungsgruppe „Universitätsprofessoren (§ 21 UOG 1993, § 22 KUOG)“, die betragsmäßig der zu diesem Zeitpunkt gebührenden Gehaltsstufe der Verwendungsgruppe der Ordentlichen Universitätsprofessoren entspricht. Der Vorrückungstermin bleibt unverändert.

Gehalt der Universitätsdozenten

§ **48a.** (1) Das Gehalt des Universitätsdozenten (§ 154 lit. b BDG 1979) beträgt:

in der Gehaltsstufe	Euro
1	–
2	2 294,9
3	2 366,4
4	2 437,6
5	2 975,3
6	3 150,2
7	3 325,1
8	3 500,4
9	3 675,7
10	3 850,8
11	4 026,1
12	4 201,5
13	4 376,8
14	4 552,2
15	4 761,8
16	5 005,1
17	5 248,5
18	5 491,6

(BGBl I 2010/111)

(2) Das Gehalt des Universitätsdozenten beginnt, soweit im folgenden nichts anderes bestimmt wird, mit der Gehaltsstufe 2.

(3) Bei der Überstellung eines Universitätsassistenten mit der Lehrbefugnis als Universitätsdozent zum Universitätsdozenten gebühren ihm die Gehaltsstufe und der Vorrückungstermin, die sich ergeben würden, wenn er die Zeit, die für das Erreichen seiner bisherigen Gehaltsstufe notwendig war, als Universitätsdozent zurückgelegt hätte.

(4) Wird ein Bundeslehrer oder ein Beamter des höheren Dienstes in wissenschaftlicher Verwendung mit der Lehrbefugnis als Universitätsdozent zum Universitätsdozenten überstellt, gebühren ihm die Gehaltsstufe und der Vorrückungstermin, die sich ergeben würden, wenn er vor seiner Überstellung zum Universitätsdozenten zunächst zum Universitätsassistenten ernannt worden wäre.

(5) Bei der Überstellung von Universitätsassistenten an einer Universität der Künste gemäß § 170 Abs. 4 BDG 1979 ist Abs. 3 anzuwenden.

Gehalt der Universitätsassistenten

§ **49.** (1) Auf das Gehalt des Universitätsassistenten sind die Bestimmungen über das Gehalt der Lehrer der Verwendungsgruppe L 1 anzuwenden.

(2) Dem Universitätsassistenten, der eine tatsächliche Verwendungsdauer von mehr als sechs Jahren als Universitätsassistent aufweist, gebührt eine ruhegenußfähige Dienstzulage im Ausmaß eines Vorrückungsbetrages. In diese Frist sind Zeiten einer tatsächlichen Verwendung als vollbeschäftigter Vertragsassistent zur Gänze und Zeiten als teilbeschäftigter Vertragsassistent zu 75% einzurechnen. Die Dienstzulage erhöht sich auf zweieinhalb Vorrückungsbeträge ab dem der Erlangung der Lehrbefugnis als Universitätsdozent (in jenen Fächern, in denen eine Habilitation nicht möglich ist, ab der Erlangung einer gleichzuwertenden Befähigung) folgenden Monatsersten.

Dienstzulage (Forschungszulage)

§ **49a.** (1) Dem Universitätslehrer gebührt eine ruhegenußfähige Dienstzulage (Forschungszulage). Durch die Dienstzulage (Forschungszulage) gelten alle zeitlichen und mengenmäßigen Mehrleistungen als abgegolten; ausgenommen hievon sind ärztliche, zahnärztliche und tierärztliche Journaldienste und ärztliche, zahnärztliche und tierärztliche Bereitschaftsdienste sowie Dienstleistungen in deren

Rahmen. 71,35% der Dienstzulage (Forschungszulage) gelten als Abgeltung für zeitliche Mehrleistungen.

(2) Die Ansprüche nach § 49 Abs. 2 werden durch Abs. 1 nicht berührt.

(3) Die Dienstzulage (Forschungszulage) beträgt in Prozentsätzen des Gehaltes der Gehaltsstufe 2 der Dienstklasse V der Beamten der Allgemeinen Verwaltung für

1. Universitätsprofessoren gemäß § 154 lit. a BDG 1979 sowie Universitätsdozenten gemäß § 154 lit. b BDG 1979 .... 17,45%,
2. Universitätsassistenten gemäß § 154 lit. c BDG 1979 .... 10,91%.

Aufwandsentschädigung

§ 49b. Dem Universitätslehrer gebührt eine Aufwandsentschädigung. Sie beträgt in Hundertsätzen des Gehaltes der Gehaltsstufe 2 der Dienstklasse V der Beamten der Allgemeinen Verwaltung für

1. Universitätsprofessoren gemäß § 154 lit. a BDG 1979 sowie Universitätsdozenten gemäß § 154 lit. b BDG 1979 .... 4,00 vH,
2. Universitätsassistenten gemäß § 154 lit. c BDG 1979 .... 3,50 vH.

Dienstalterszulage

§ 50. (1) Dem Universitätsassistenten gebührt eine Dienstalterszulage gemäß § 56 Abs. 1.

(2) Dem Universitätsdozenten (§ 154 lit. b BDG 1979) und dem Universitätsprofessor (§ 154 lit. a BDG 1979), der in seiner Verwendungsgruppe im Dienststand vier Jahre in der höchsten Gehaltsstufe verbracht hat, gebührt eine ruhegenussfähige Dienstalterszulage. Die §§ 8 und 10 sind auf diese Zeiten anzuwenden.

(3) Die Dienstalterszulage des Universitätsdozenten gebührt im Ausmaß von eineinhalb Vorrückungsbeträgen.

(4) Die Dienstalterszulage des Universitätsprofessors beträgt 687,6 €. *(BGBl I 2010/111)*

Besondere Dienstalterszulage

§ 50a. (1) Einem Universitätsprofessor, der eine fünfzehnjährige Dienstzeit in dieser Verwendungsgruppe im Dienststand an österreichischen Universitäten aufweist und vier Jahre im Dienststand im Bezug der Dienstalterszulage gemäß § 50 Abs. 4 gestanden ist, gebührt ab dem Zusammentreffen beider Voraussetzungen eine ruhegenußfähige besondere Dienstalterszulage in der Höhe der Dienstalterszulage gemäß § 50 Abs. 4.

(2) § 48 Abs. 3 und 5 ist auf die besondere Dienstalterszulage nicht anzuwenden.

(3) Mit dem Anfall dieser besonderen Dienstalterszulage vermindert sich eine gemäß § 52 Abs. 1 Z 2 in der bis 28. Februar 1998 geltenden Fassung zuerkannte Kollegiengeldabgeltung um den siebenfachen Betrag der besonderen Dienstalterszulage, höchstens jedoch auf die gemäß den §§ 51 und 51a gebührende Kollegiengeldabgeltung.

(4) Bei der Berechnung der fünfzehnjährigen Dienstzeit gemäß Abs. 1 sind auch Zeiten heranzuziehen, die

1. in einer vergleichbaren Verwendung an einer Universität eines Staates, der oder dessen Rechtsnachfolger nunmehr Mitgliedstaat des Europäischen Wirtschaftsraumes ist oder
2. nach dem 31. Dezember 1979 in einer vergleichbaren Verwendung an einer Universität des Staates, mit dem das Assoziierungsabkommen vom 29. Dezember 1964, 1229/1964, geschlossen worden ist oder
3. nach dem 1. Juni 2002 in einer vergleichbaren Verwendung an einer Universität der Schweiz (Abkommen zwischen der Europäischen Gemeinschaft und ihren Mitgliedstaaten einerseits und der Schweizerischen Eidgenossenschaft andererseits über die Freizügigkeit, BGBl. III Nr. 133/2002) zurückgelegt worden sind.

Kollegiengeldabgeltung an Universitäten gemäß § 6 Z 1 bis 15 des Universitätsgesetzes 2002

§ 51. (1) Universitätsprofessoren (§ 154 lit. a BDG 1979) und Universitätsdozenten (§ 154 lit. b BDG 1979) gebührt für jedes Semester, in dem sie Lehrveranstaltungen abgehalten haben, eine Kollegiengeldabgeltung nach den folgenden Bestimmungen.

(2) Der Grundbetrag von 3 973,2 Euro gebührt für eine tatsächliche Lehrtätigkeit von acht Semesterstunden (§ 155 Abs. 10 BDG 1979). Dieser Betrag erhöht sich mit 1. Oktober 2002 und jeweils mit 1. Oktober der folgenden Jahre um den Prozentsatz, um den das Gehalt der Gehaltsstufe 2 der Dienstklasse V eines Beamten der Allgemeinen Verwaltung, einschließlich einer allfälligen Teuerungszulage, in dem dem jeweiligen 1. Oktober vorangegangenen Jahr angestiegen ist.

(3) Für eine über acht Semesterstunden hinausgehende Lehrtätigkeit gebührt ein Zuschlag von 10% des Grundbetrages je Semesterstunde. Die gesamte Kollegiengeldabgeltung darf für Universitätsprofessoren 140% und für Universitätsdozenten 120% des Grundbetrages nicht übersteigen.

(4) Der Grundbetrag vermindert sich um je 12,5% für jede auf acht fehlende Semesterstunde. Für eine Lehrtätigkeit von weniger als drei Semesterstunden gebührt keine Kollegiengeldabgeltung.

(5) Lehrveranstaltungen, die gemeinsam mit einem anderen Universitätsangehörigen gemäß § 94 Abs. 1 Z 4, 6, 7 und 8 des Universitätsgesetzes 2002 abgehalten werden,

sind auf die der Berechnung der Kollegiengeldabgeltung zugrundeliegende Anzahl von Semesterstunden anteilig anzurechnen.

(6) Erfüllt der Universitätsprofessor oder der Universitätsdozent die von ihm übernommene bzw. die ihm übertragene Lehrtätigkeit nicht zur Gänze, so ist die Kollegiengeldabgeltung anteilig zu kürzen.

(7) Bei ungleicher Verteilung der Lehrveranstaltungen auf die beiden Semester eines Studienjahres ist für die Berechnung der Kollegiengeldabgeltung vom Durchschnitt der anrechenbaren Semesterstunden im Studienjahr auszugehen.

(8) Die gemäß § 165 Abs. 4 BDG 1979 festgesetzten Lehrveranstaltungen eines Universitätsprofessors an der eigenen Universität sind bei der Berechnung der Kollegiengeldabgeltung zu berücksichtigen, andere Lehrveranstaltungen an der eigenen Universität nur im Höchstausmaß von zwei Semesterstunden. Lehrveranstaltungen an einer anderen Universität sind in die Berechnung der Kollegiengeldabgeltung nur einzubeziehen, wenn für diese Lehrveranstaltungen Bedarf auf Grund der Studienvorschriften besteht und dieser Bedarf vom zuständigen Organ dieser Universität bestätigt worden ist.

(9) Alle gemäß § 172a BDG 1979 festgelegten Lehrveranstaltungen eines Universitätsdozenten an der eigenen Universität sind bei der Berechnung der Kollegiengeldabgeltung zu berücksichtigen, andere Lehrveranstaltungen an der eigenen Universität nur im Höchstausmaß von zwei Semesterstunden. Lehrveranstaltungen an einer anderen Universität sind in die Berechnung der Kollegiengeldabgeltung nur einzubeziehen, wenn für diese Lehrveranstaltungen Bedarf auf Grund der Studienvorschriften besteht und dieser Bedarf vom zuständigen Organ dieser Universität bestätigt worden ist.

(10) Werden einem Universitätsprofessor oder Universitätsdozenten von einer anderen Fakultät, Universität Lehraufträge erteilt, gebührt ihm eine Lehrveranstaltungs-Abgeltung gemäß § 1 oder eine Remuneration gemäß § 2 des Bundesgesetzes über die Abgeltung von Lehr- und Prüfungstätigkeiten an Hochschulen, BGBl. Nr. 463/ 1974, nur dann, wenn diese Lehraufträge zur Vertretung einer vorübergehend unbesetzten Planstelle eines Universitätsprofessors bestimmt sind und überdies die gesamte Lehrtätigkeit des Universitätsprofessors über zwölf Semesterstunden bzw. die gesamte Lehrtätigkeit des Universitätsdozenten über zehn Semesterstunden hinausgeht.

(10a) Abs. 10 ist bis zum Enden von bis zum 31. Dezember 2003 erteilten Lehraufträgen anzuwenden, wobei bei der Bemessung das Bundesgesetz über die Abgeltung von Lehr- und Prüfungstätigkeiten an Hochschulen, BGBl. Nr. 463/1974, in der bis zum 31. Dezember 2003 geltenden Fassung heranzuziehen ist.

(11) Eine gemäß § 52 Abs. 1 Z 2 in der bis zum Ablauf des 28. Februar 1998 geltenden Fassung in Form eines Zuschlages zur gemäß § 51 gebührenden Kollegiengeldabgeltung gewährte höhere Kollegiengeldabgeltung darf zusammen mit der Kollegiengeldabgeltung gemäß Abs. 1 bis 8 und 10 den Betrag von 8 047,9 Euro je Semester nicht übersteigen.

Kollegiengeldabgeltung an Universitäten gemäß § 6 Z 16 bis 21 des Universitätsgesetzes 2002

§ 51a. (1) Universitätsprofessoren (§ 154 lit. a BDG 1979) und Universitätsdozenten (§ 154 lit. b BDG 1979) gebührt für jedes Semester, in dem sie Lehrveranstaltungen in einem Zentralen Künstlerischen Fach oder in einem anderen künstlerischen Fach persönlich abgehalten haben, eine Kollegiengeldabgeltung nach den folgenden Bestimmungen.

(2) Für die nachstehend angeführte tatsächlich geleistete Lehrtätigkeit gebührt folgende Kollegiengeldabgeltung:
1. für 12 bis 13 Semesterstunden (§ 155 Abs. 10 BDG 1979) ..... 1 390,7 Euro,
2. für 14 bis 15 Semesterstunden ... 2 781,1 Euro,
3. für 16 bis 17 Semesterstunden ... 3 337,4 Euro,
4. für 18 bis 19 Semesterstunden ... 3 893,7 Euro,
5. für 20 bis 21 Semesterstunden ... 4 449,9 Euro,
6. für 22 bis 23 Semesterstunden ... 5 006,1 Euro,
7. ab 24 Semesterstunden .... 5 562,5 Euro.

Diese Beträge erhöhen sich mit 1. Oktober 2002 und jeweils mit 1. Oktober der folgenden Jahre um den Prozentsatz, um den das Gehalt der Gehaltsstufe 2 der Dienstklasse V eines Beamten der Allgemeinen Verwaltung, einschließlich einer allfälligen Teuerungszulage, in dem dem jeweiligen 1. Oktober vorangegangenen Jahr angestiegen ist.

(3) Für eine Lehrtätigkeit von weniger als zwölf Semesterstunden gebührt keine Kollegiengeldabgeltung. Abs. 2 Z 7 ist auf Universitätsdozenten nicht anzuwenden.

(4) Lehrveranstaltungen, die gemeinsam mit einem anderen Universitätslehrer mit der Lehrbefugnis für das gesamte Fach abgehalten werden, sind auf die der Berechnung der Kollegiengeldabgeltung zugrundeliegende Anzahl von Semesterstunden anteilig anzurechnen.

(5) Lehrveranstaltungen, die ein Universitätsprofessor oder ein Universitätsdozent nach seinem künstlerischen Gesamtkonzept gemeinsam mit einem Bundes- oder Vertragslehrer, Universitätsassistenten oder Lehrbeauftragten abhält, sind bei der Berechnung der Kollegiengeldabgeltung für diesen Universitätsprofessor oder Universitätsdozenten nur im halben Stundenausmaß zu berücksichtigen.

(6) Erfüllt der Universitätsprofessor oder der Universitätsdozent die von ihm übernommene bzw. die ihm übertragene Lehrtätigkeit nicht zur Gänze, so ist die Kollegiengeldabgeltung anteilig zu kürzen.

(7) Bei ungleicher Verteilung der Lehrveranstaltungen auf die beiden Semester eines Studienjahres ist für die Berechnung der Kollegiengeldabgeltung vom Durchschnitt der anrechenbaren Semesterstunden im Studienjahr auszugehen.

(8) Die gemäß § 165 Abs. 4 BDG 1979 festgesetzten Lehrveranstaltungen eines Universitätsprofessors an der eigenen Universität sind bei der Berechnung der Kollegiengeldabgeltung zu berücksichtigen, andere Lehrveranstaltungen an der eigenen Universität der Künste nur im Höchstausmaß von zwei Semesterstunden. Lehrveranstaltungen an einer anderen Universität sind in die Berechnung der Kollegiengeldabgeltung nur einzubeziehen, wenn für diese Lehrveranstaltungen Bedarf auf Grund der Studienvorschriften besteht und dieser Bedarf vom zuständigen Organ dieser Universität bestätigt worden ist.

(9) Alle gemäß § 172a BDG 1979 festgelegten Lehrveranstaltungen eines Universitätsdozenten an der eigenen Universität sind bei der Berechnung der Kollegiengeldabgeltung zu berücksichtigen, andere Lehrveranstaltungen an der eigenen Universität nur im Höchstausmaß von zwei Semesterstunden. Lehrveranstaltungen an einer anderen Universität sind in die Berechnung der Kollegiengeldabgeltung nur einzubeziehen, wenn für diese Lehrveranstaltungen Bedarf auf Grund der Studienvorschriften besteht und dieser Bedarf vom zuständigen Organ dieser Universität bestätigt worden ist.

(10) Werden einem Universitätsprofessor oder Universitätsdozenten von einer anderen Universität Lehraufträge erteilt, gebührt ihm eine Lehrveranstaltungs-Abgeltung gemäß § 1 oder eine Remuneration gemäß § 2 des Bundesgesetzes über die Abgeltung von Lehr- und Prüfungstätigkeiten an Hochschulen, BGBl. Nr. 463/1974, nur dann, wenn diese Lehraufträge zur Vertretung einer vorübergehend unbesetzten Planstelle eines Universitätsprofessors bestimmt sind und überdies die gesamte Lehrtätigkeit des Universitätsprofessors über 25 Semesterstunden bzw. die gesamte Lehrtätigkeit des Universitätsdozenten über 23 Semesterstunden hinausgeht.

(10a) Abs. 10 ist bis zum Enden von bis zum 31. Dezember 2003 erteilten Lehraufträgen anzuwenden.

(11) Eine gemäß § 52 Abs. 1 Z 2 in der bis zum Ablauf des 28. Februar 1998 geltenden Fassung in Form eines Zuschlages zur gemäß § 51a gebührenden Kollegiengeldabgeltung gewährte höhere Kollegiengeldabgeltung darf zusammen mit der Kollegiengeldabgeltung gemäß Abs. 1 bis 8 und 10 den Betrag von 8 047,9 Euro je Semester nicht übersteigen.

(12) Auf die Abgeltung der Lehrtätigkeit von Universitätsprofessoren und Universitätsdozenten für Lehrveranstaltungen aus einem wissenschaftlichen (künstlerisch-wissenschaftlichen) Fach ist § 51 anzuwenden.

(13) Hält ein Universitätsprofessor oder ein Universitätsdozent im Rahmen seiner Lehrbefugnis Lehrveranstaltungen sowohl aus einem Zentralen Künstlerischen Fach oder in einem anderen künstlerischen Fach als auch aus einem wissenschaftlichen (künstlerisch-wissenschaftlichen) Fach ab, sind diese Lehrveranstaltungen je nach ihrer fachlichen Zugehörigkeit in die Berechnung der Kollegiengeldabgeltung gemäß Abs. 1 und gemäß § 51 einzubeziehen.

(14) Lehrveranstaltungen, mit deren Abhaltung ein für ein (Zentrales) künstlerisches Fach ernannter Universitätsprofessor oder Universitätsdozent außerhalb seines Nominalfaches beauftragt wurde, sind je nach der fachlichen Zuordnung dieser Lehrveranstaltungen in die Berechnung der Kollegiengeldabgeltung gemäß Abs. 1 oder gemäß § 51 einzubeziehen.

(15) In den Fällen der Abs. 13 und 14 gebührt eine Kollegiengeldabgeltung gemäß Abs. 1 jedoch nur, wenn der Anteil der Lehrveranstaltungen aus dem (Zentralen) künstlerischen Fach mindestens zwölf Semesterstunden beträgt. In diesem Fall ist bezüglich der Abgeltung der Lehrveranstaltungen aus dem wissenschaftlichen (künstlerisch-wissenschaftlichen) Fach § 51 Abs. 4 zweiter Satz nicht anzuwenden.

(16) Die Kollegiengeldabgeltungen gemäß Abs. 1 bis 10 und gemäß § 51 dürfen zusammen den Betrag von 5 562,5 Euro je Semester nicht übersteigen. Auf diesen Betrag ist Abs. 2 letzter Satz anzuwenden.

Abgeltung der Lehrtätigkeit der Universitätsassistenten

§ 52. (1) Dem Universitätsassistenten, der auf Grund einer Beauftragung gemäß § 180b Abs. 3, 5 und 7 BDG 1979 Lehrveranstaltungen im Ausmaß von mindestens zwei Semesterstunden abhält, gebührt für die Dauer dieses Semesters eine ruhegenußfähige Dienstzulage (Lehrzulage) von monatlich 369,6 Euro. Für den Anspruch auf diese Dienstzulage gelten sechs Monate als ein Semester. Die Ansprüche nach § 49 Abs. 2 werden hiedurch nicht berührt. *(BGBl I 2010/111)*

(2) Mit dieser Dienstzulage sind die ersten beiden Semesterstunden der Lehrtätigkeit gemäß § 180b Abs. 3 und 5 BDG 1979 abgegolten.

(3) Für jede weitere auf Grund einer Beauftragung gemäß § 180b Abs. 3, 5, 7 und 11 BDG 1979 abgehaltenen Semesterstunde gebührt eine Kollegiengeldabgeltung von 671,1 Euro je Semester.

(3a) Hat ein Universitätsassistent die ihm übertragenen Lehrveranstaltungen – allenfalls in Blockform – zur Gänze abgehalten, jedoch nicht während des gesamten diesem Semester zugeordneten Auszahlungszeitraums (Abs. 1) Anspruch auf Monatsbezüge, sind ausfallende Teile der Lehrzulage durch eine entsprechend höhere Kollegiengeldabgeltung gemäß Abs. 3 auszugleichen.

(4) Für jede Semesterstunde einer Mitwirkung gemäß § 180b Abs. 2 BDG 1979 gebührt anstelle der Abgeltung gemäß Abs. 1 bis 3 eine Kollegiengeldabgeltung von 335,5 Euro je Semester.

(5) Wird die Lehrtätigkeit gemäß § 180b BDG 1979 nicht zur Gänze persönlich ausgeübt, ist die Abgeltung gemäß Abs. 1 bis 4 anteilig zu kürzen.

(6) Bei ungleicher Verteilung der Lehrtätigkeit auf die beiden Semester eines Studienjahres ist für die Berechnung der Abgeltungen gemäß Abs. 1 bis 4 vom Durchschnitt der anrechenbaren Semesterstunden im Studienjahr auszugehen.

(7) Werden einem Universitätsassistenten von einer anderen Universität Lehraufträge erteilt, sind diese Lehrauftragsstunden in die Berechnung der Abgeltung der Lehrtätigkeit des Universitätsassistenten gemäß Abs. 3, 5 und 6 einzubeziehen. In die Berechnung der Abgeltung gemäß Abs. 1 sind solche Lehrauftragstunden nur im Falle einer Lehrtätigkeit an einer Universität des Dienstortes zu berücksichtigen.

(8) Die in den Abs. 3 und 4 angeführten Beträge erhöhen sich mit 1. Oktober 2002 und jeweils mit 1. Oktober der folgenden Jahre um den Prozentsatz, um den das Gehalt der Gehaltsstufe 2 der Dienstklasse V eines Beamten der Allgemeinen Verwaltung, einschließlich einer allfälligen Teuerungszulage, in dem dem jeweiligen 1. Oktober vorangegangenen Jahr angestiegen ist.

*(§ **52a.** entfällt)*

*(§ **53.** entfällt)*

*(§ **53a.** entfällt)*

Vergütung für die Erfüllung von ärztlichen oder zahnärztlichen Aufgaben im Rahmen einer öffentlichen Krankenanstalt

§ **53b.** (1) Den an der Universität in ärztlicher oder zahnärztlicher Verwendung stehenden Universitätsassistenten und Universitätsdozenten gebührt für ihre Mitwirkung gemäß § 155 Abs. 5 BDG 1979 eine monatliche Vergütung. Die Vergütung beträgt 360,3 €. Diese Vergütung erhöht sich für die Dauer der Wirksamkeit einer Vereinbarung gemäß § 3 Abs. 4 und § 4 KA-AZG, die die nach diesen Bestimmungen zulässigen Arbeitszeitgrenzen voll ausschöpft, auf 492,5 €. *(BGBl I 2010/111)*

(2) Auf die Vergütung nach Abs. 1 sind anzuwenden:

1. § 15 Abs. 1 letzter Satz und
2. § 15 Abs. 5 mit der Maßgabe, dass
   a) an die Stelle der Abwesenheit vom Dienst das Unterbleiben der Mitwirkung an den in Abs. 1 genannten Aufgaben tritt und
   b) Zeiträume einer Freistellung gemäß § 160 BDG 1979 unter Beibehaltung der Bezüge wie die in § 15 Abs. 5 Z 1 und 2 genannten Zeiträume zu behandeln sind.

(3) Anfall und Einstellung der Vergütung nach Abs. 1 werden mit dem auf den maßgebenden Tag folgenden Monatsersten oder, wenn der maßgebende Tag der Monatserste ist, mit diesem Tag wirksam. Die Vergütung fällt auch dann mit dem Monatsersten an, wenn der maßgebende Tag zwar nach dem Monatsersten, nicht aber nach dem ersten Arbeitstag des betreffenden Monats liegt. Maßgebend ist der Tag des Ereignisses, das den Anfall oder die Einstellung bewirkt. Die Bestimmungen des § 13 über die Kürzung und den Entfall der Bezüge bleiben unberührt.

(4) Die Vergütung nach Abs. 1 gebührt dem Beamten

1. bei Herabsetzung der regelmäßigen Wochendienstzeit nach den §§ 50a oder 50b BDG 1979 oder
2. bei Teilzeitbeschäftigung nach dem MSchG oder
3. bei Teilzeitbeschäftigung nach §§ 8 oder 8a EKUG

in dem Ausmaß, das der Wochendienstzeit entspricht. Diese Verringerung der Vergütung wird abweichend vom Abs. 3 für den Zeitraum wirksam, für den die Maßnahme nach Z 1, 2 oder 3 gilt.

(Abs. 5 entfällt)

(6) Personen, die am 1. Jänner 2000 nicht mehr dem Dienststand angehört haben, gebührt für Zeiträume im Kalenderjahr 1999, während derer sie die Anspruchsvoraussetzungen erfüllt haben, die Vergütung nach Abs. 1 nur auf Antrag.

Abfertigung

§ **54.** (1) Dem Universitätsassistenten, dessen Dienstverhältnis durch Ablauf der Bestellungsdauer gemäß § 175 BDG 1979 oder mit Zeitablauf von Gesetzes wegen gemäß § 177 Abs. 3 BDG 1979 endet, gebührt eine Abfertigung.

(2) Die Abfertigung beträgt im Falle des

1. § 175 BDG 1979 .... 6 Monatsbezüge,
2. § 175 im Zusammenhang mit § 189 BDG 1979
   a) bei einer tatsächlichen Verwendungsdauer bis zu sechs Jahren .... 6 Monatsbezüge,
   b) bei einer tatsächlichen Verwendungsdauer von mehr als sechs Jahren .. 8 Monatsbezüge ohne die Dienstzulage gemäß § 49 Abs. 2,
3. § 177 BDG 1979 .... 10 Monatsbezüge.

(3) Wird ein ehemaliger Universitätsassistent, der eine Abfertigung erhalten hat, innerhalb von vier Jahren wieder in den Bundesdienst oder in ein Arbeitsverhältnis zu einer Universität aufgenommen, so ist er verpflichtet, die Abfertigung nach Abs. 2 soweit zu erstatten, als die ihrer Berechnung zugrunde gelegte Zahl der Monatsbezüge höher ist als die Zahl der Monatsentgelte einschließlich allfälliger Kinderzulagen, die einem Vertragsbediensteten des Bundes mit gleicher für die Bemessung der Abfertigung anrechenbarer Dienstzeit zusteht. Der Erstattungsbetrag ist unter sinngemäßer Anwendung des § 13 a Abs. 2 bis 4 hereinzubringen.

...

Unterabschnitt J
Universitätslehrer

Besondere Dienstalterszulage

§ **169a.** (1) Weist ein Universitätsprofessor des Dienststandes, des Ruhestandes oder ein emeritierter Universitätsprofessor Dienstzeiten gemäß § 50a Abs. 4 in der Fassung des Bundesgesetzes BGBl. I Nr. 130/2003 auf, die nun auf Grund des angeführten Bundesgesetzes zu berücksichtigen sind, ist auf seinen Antrag die besondere Dienstalterszulage gemäß § 50a entsprechend anzupassen. Antragsberechtigt sind weiters bei Zutreffen der Voraussetzungen auch ehemalige Universitätsprofessoren; zuständig ist in diesem Fall das Amt jener Universität, der der Universitätsprofessor zuletzt angehört hat. Antragsberechtigt sind auch Personen, denen als Angehörige oder Hinterbliebene ein Versorgungsanspruch nach einem vom ersten oder zweiten Satz erfassten Universitätsprofessor oder ehemaligen Universitätsprofessor zusteht.

(2) Die Anpassung der besonderen Dienstalterszulage nach Abs. 1 wird rückwirkend, frühestens jedoch mit 1. Jänner 1994 wirksam.

(3) Rechtswirksam sind Anträge gemäß Abs. 1, wenn sie vor Ablauf des 30. Juni 2004 gestellt werden.

(4) Für besoldungs- und pensionsrechtliche Ansprüche, die aus der Anwendung des Abs. 1 für Zeiten entstehen, die vor dem 1. Juli 2004 liegen, ist der Zeitraum vom 30. September 2003 bis zum 30. Juni 2004 nicht auf die dreijährige Verjährungsfrist des § 13b dieses Bundesgesetzes und des § 40 des Pensionsgesetzes 1965 anzuwenden.

...

Vertragsbedienstetengesetz 1948

(Auszüge)

Bundesgesetz vom 17. März 1948 über das Dienst- und Besoldungsrecht der Vertragsbediensteten des Bundes, BGBl. Nr. 1948/86

Aus Übersichtlichkeitsgründen ist nur die letzte relevante Novelle BGBl I 2010/111 im Text ausgewiesen)*

...

Abschnitt IIa
Sonderbestimmungen für das wissenschaftliche und künstlerische Personal an Universitäten

1. Unterabschnitt
Bestimmungen für alle Universitätslehrer

Anwendungsbereich

§ 49a. Dieser Unterabschnitt ist auf Professoren und Assistenten an Universitäten anzuwenden, deren privatrechtliches Dienstverhältnis nach dem 30. September 2001 begründet wird.

Aufgaben der Universitätslehrer (Rechte und Pflichten)

§ 49b. (1) Die Aufgaben der Universitätslehrer umfassen Forschung (Entwicklung und Erschließung der Künste), Lehre einschließlich Prüfungstätigkeit, Betreuung der Studierenden, Heranbildung des wissenschaftlichen (künstlerischen) Nachwuchses sowie zusätzlich Organisations- und Verwaltungstätigkeit, Management und Mitwirkung bei Evaluierungsmaßnahmen. Sie erstrecken sich auch auf Tätigkeiten gemäß § 27 und § 56 des Universitätsgesetzes 2002. Die Erfüllung der Aufgaben ist in regelmäßigen Abständen, zumindest jedoch alle fünf Jahre, zu evaluieren.

(2) Die Universitätslehrer haben ihre Aufgaben in Forschung (Entwicklung und Erschließung der Künste) und Lehre in Verbindung mit den fachlich in Betracht kommenden Bereichen in und außerhalb der Universität zu erfüllen.

(3) Die Universitätslehrer sind zur fachlichen, pädagogischen und didaktischen Weiterbildung verpflichtet. Soweit sie Organisations- und Verwaltungstätigkeiten sowie Managementaufgaben auszuüben und an Evaluierungsmaßnahmen mitzuwirken haben, sind sie auch zu einer entsprechenden und zeitgerechten Aus- und Weiterbildung verpflichtet.

(4) Universitätslehrer, die an der Universität in ärztlicher (§§ 2 und 3 des Ärztegesetzes 1998) oder zahnärztlicher (§§ 16 und 17 des Ärztegesetzes 1998) Verwendung stehen, haben außerdem an der Erfüllung der Aufgaben mitzuwirken, die den Universitätseinrichtungen im Rahmen des öffentlichen Gesundheitswesens und der Untersuchung und Behandlung von Menschen obliegen (§ 29 Abs. 4 Z 1 des Universitätsgesetzes 2002).

(5) Das Krankenanstalten-Arbeitszeitgesetz (KA-AZG), BGBl. I Nr. 8/1997, ist auf Universitätslehrer in ärztlicher und zahnärztlicher Verwendung im Klinischen Bereich einer Medizinischen Universität anzuwenden, soweit sie nicht eine leitende Funktion (§ 1 Abs. 3 KA-AZG) ausüben. Die Heranziehung zu ärztlichen oder zahnärztlichen Journal- und Bereitschaftsdiensten bedarf bei Universitätslehrern in Teilbeschäftigung der Zustimmung des Universitätslehrers, es sei denn der Spitalsbetrieb kann anders nicht aufrechterhalten werden.

(6) Universitätslehrer mit einem abgeschlossenen Studium der Studienrichtung Veterinärmedizin, die an der Universität als Tierärzte in Verwendung stehen, haben außerdem an der Erfüllung der Aufgaben mitzuwirken, die den Universitätseinrichtungen im Rahmen der Untersuchung und Behandlung von Tieren obliegen.

(7) Bei der Auslegung der folgenden Bestimmungen über die Rechte und Pflichten hat die in den Abs. 1 bis 4 und 6 umschriebene Aufgabenstellung im Vordergrund zu stehen. Der Schwerpunkt der Aufgabenstellung des Universitätslehrers ergibt sich aus seiner organisatorischen Eingliederung in den universitären Bereich, aus der dienstrechtlichen Stellung und aus seiner fachlichen Qualifikation.

(8) In den Fällen des § 29i bleiben alle Rechte unberührt, die sich aus der Lehrbefugnis (venia docendi) als Universitätsprofessor oder als Universitätsdozent ergeben.

(9) Die Universitätslehrer haben die für die jeweiligen Universitätseinrichtungen geltenden Ordnungsvorschriften einzuhalten.

(10) Die Lehrverpflichtung der Universitätslehrer wird in Semesterstunden festgesetzt. Eine Semesterstunde entspricht so vielen Unterrichtseinheiten, wie das Semester Unterrichtswochen umfasst. Eine Unterrichtseinheit dauert 45 Minuten.

**) Seit dem Erscheinen der 9. Auflage mit 1. 10. 2009 sind folgende Novellen des VBG 1948 verlautbart worden: BGBl I 2009/73, BGBl I 2009/76, BGBl I 2009/77, BGBl I 2009/135, BGBl I 2009/153, BGBl I 2010/6, BGBl I 2010/82, BGBl I 2010/111.*

Vorgesetztenfunktion, Nebenbeschäftigung, Gutachten

§ **49c.** (1) Universitätslehrer, die eine Vorgesetztenfunktion ausüben, haben die Verwendung der ihrer Organisationseinheit zugeordneten Mitarbeiter so zu lenken, dass diesen die Erfüllung ihrer jeweiligen Dienstpflichten ermöglicht wird. Zur Unterstützung dieser Verpflichtung haben diese Universitätslehrer mit ihren Mitarbeitern nachweislich mindestens alle zwei Jahre ein Gespräch über deren berufliche Qualifikation und die Möglichkeiten einer weiteren Verwendung an der Universität zu führen (Mitarbeitergespräch).

(2) Bei der Beurteilung, ob die Ausübung einer Nebenbeschäftigung den Universitätslehrer an der Erfüllung seiner dienstlichen Aufgaben behindert, die Vermutung seiner Befangenheit hervorruft oder sonst wesentliche dienstliche Interessen gefährdet (§ 5 Abs. 1 in Verbindung mit § 56 Abs. 2 BDG 1979), ist die Verbindung mit den fachlich in Betracht kommenden Bereichen in und außerhalb der Universität angemessen zu berücksichtigen. Die Erteilung entgeltlichen Privatunterrichtes an Studierende, für die der Universitätslehrer an der Feststellung des Studienerfolges mitzuwirken hat, ist unzulässig.

(3) Die Universitätslehrer haben jährlich im Nachhinein dem Rektor die Zahl der von ihnen in ihrem Fachgebiet erstatteten außergerichtlichen wissenschaftlichen (künstlerischen) Gutachten zu melden, zu deren Erstellung Personal bzw. Sachmittel der Universitätseinrichtung erforderlich waren. Die Meldung hat auch den Arbeitsaufwand sowie Angaben über das Ausmaß der Inanspruchnahme des Personals und der Sachmittel zu enthalten.

(4) Eine gesonderte Abgeltung für die Mitwirkung an der Durchführung der Aufgaben der Universität im Rahmen des § 27 des Universitätsgesetzes 2002 ist zulässig, soweit

1. für diese Mitwirkung Mehrleistungen zu erbringen sind, die nicht nach anderen gesetzlichen Vorschriften abgegolten werden, und
2. die Universität über die erforderliche Bedeckung aus Tätigkeiten gemäß § 27 des Universitätsgesetzes 2002 verfügt.

Freistellung

§ **49d.** (1) Der Rektor kann Universitätslehrern für Forschungs- bzw. Lehrzwecke (für Zwecke der Entwicklung und Erschließung der Künste), die in ihren wissenschaftlichen (künstlerischen) Aufgaben begründet sind, eine Freistellung von jenen Dienstpflichten gewähren, die ihre Anwesenheit an der Universität erfordern.

(2) Eine Freistellung nach Abs. 1 kann unter Beibehaltung der Bezüge oder unter Entfall der Bezüge gewährt werden. Freistellungen unter Entfall der Bezüge sind für Rechte, die von der Dauer des Dienstverhältnisses abhängig sind, zu berücksichtigen.

(3) Bei der Anwendung des Abs. 2 ist auf vermögenswerte Leistungen, die der Universitätslehrer auf Grund einer während der Freistellung ausgeübten Tätigkeit oder im Zusammenhang mit der Freistellung erhält, und notwendige Mehraufwendungen aus Anlass der Freistellung Bedacht zu nehmen.

Sonderbestimmungen für akademische Funktionäre

§ **49e.** (1) Ein Universitätslehrer, der zum Rektor oder hauptamtlichen Vizerektor einer Universität gewählt wird, ist für die Dauer der Ausübung dieses Amtes gegen Entfall der Bezüge beurlaubt. Die Zeit dieses Karenzurlaubes ist für Rechte, die von der Dauer des Dienstverhältnisses abhängen, zu berücksichtigen. Abweichend von § 29d Abs. 1 führt dieser Karenzurlaub nicht zur Abberufung des Universitätslehrers von seinem Arbeitsplatz. Während dieses Karenzurlaubes behält der hauptamtliche Rektor oder Vizerektor das sich aus den Organisationsvorschriften ergebende Recht zur Ausübung der Lehrbefugnis sowie zur Benützung der Universitätseinrichtungen für Zwecke der Forschung oder der Entwicklung und Erschließung der Künste.

(2) Wird ein Universitätslehrer Mitglied des Nationalrates, des Bundesrates, eines Landtages, des Europäischen Parlaments oder des Verfassungsgerichtshofes, ruht seine Funktion als nicht hauptamtlicher Vizerektor (§ 24 des Universitätsgesetzes 2002), als Vorsitzender des Senats (§ 25 des Universitätsgesetzes 2002) oder als das für die studienrechtlichen Angelegenheiten zuständige Organ (§ 19 Abs. 2 Z 2 des Universitätsgesetzes 2002).

(3) Universitätslehrer haben nach der Ausübung einer der folgenden akademischen Funktionen gemäß UOG 1993 oder KUOG während einer vollen Funktionsperiode Anspruch auf Freistellung für Forschung oder Entwicklung und Erschließung der Künste (Forschungssemester) unter Beibehaltung des Entgelts in folgendem Ausmaß:

1. ein Semester für den:
   a) Studiendekan oder Vizestudiendekan,
   b) Vorsitzenden des Senats, des Universitätskollegiums oder eines Fakultätskollegiums;
2. zwei Semester für den:
   a) Rektor oder Vizerektor,
   b) Dekan oder Vizedekan.

(4) Universitätslehrer haben nach Ausübung einer der folgenden akademischen Funktionen gemäß des Universitätsgesetzes 2002 während einer vollen Funktionsperiode Anspruch auf Freistellung für Forschung oder Entwicklung und Erschließung der Künste (Forschungssemester) unter Beibehaltung des Entgelts in folgendem Ausmaß:

1. ein Semester für den Vorsitzenden des Senats gemäß § 25 des Universitätsgesetzes 2002 und für das für studienrechtliche Angelegenheiten zuständige Organ gemäß § 19 Abs. 2 Z 2 des Universitätsgesetzes 2002;
2. zwei Semester für den Rektor oder Vizerektor.

(5) Im Falle der Ausübung einer der im Abs. 3 und 4 genannten akademischen Funktionen während einer weiteren Funktionsperiode oder mehrerer weiterer Funktionsperioden besteht Anspruch auf Freistellung für insgesamt ein weiteres Semester.

(6) Während des Forschungssemesters ist der Universitätslehrer von den dienstlichen Aufgaben mit Ausnahme der Verpflichtung zur Forschung oder zur Entwicklung und Erschließung der Künste freigestellt.

(7) Der Anspruch auf diese Freistellung ist bis zum dritten auf die Beendigung der Ausübung der akademischen Funktion folgenden Studienjahr geltend zu machen und möglichst ein Jahr vor dem beabsichtigten Antritt anzumelden.

2. Unterabschnitt
Professoren

Dienstverhältnis

§ 49f. (1) Professoren üben die Funktion eines Universitätsprofessors (§ 97 des Universitätsgesetzes 2002) aus. Diese Professoren und Vertragsprofessoren gemäß § 57 sind einander in funktioneller Hinsicht gleichgestellt.

(2) Professoren gemäß Abs. 1 stehen in einem zeitlich befristeten oder in einem unbefristeten Dienstverhältnis. Das zeitlich befristete Dienstverhältnis ist mit längstens sieben Jahren zu begrenzen.

(3) Anstellungserfordernisse für Professoren der wissenschaftlichen Fächer sind:
1. eine der Verwendung entsprechende abgeschlossene inländische oder gleichwertige ausländische Hochschulbildung,
2. hervorragende wissenschaftliche Qualifikation in Forschung und Lehre für das zu besetzende Fach,
3. die pädagogische und didaktische Eignung,
4. Qualifikation zur Führungskraft,
5. facheinschlägige Auslandserfahrung,
6. facheinschlägige außeruniversitäre Praxis, soweit diese in dem zu besetzenden Fach möglich und sinnvoll ist,
7. für eine ärztliche (§§ 2 und 3 des Ärztegesetzes 1998) oder zahnärztliche (§§ 16 und 17 des Ärztegesetzes 1998) Verwendung überdies die Befugnis zur selbständigen Ausübung des ärztlichen Berufs als Facharzt eines einschlägigen Sonderfaches oder des zahnärztlichen Berufs.

(4) Anstellungserfordernisse für Professoren der künstlerischen Fächer sind:
1. eine der Verwendung entsprechende abgeschlossene inländische oder gleichwertige ausländische Hochschulbildung,
2. hervorragende künstlerische oder künstlerisch-wissenschaftliche Qualifikation für das zu besetzende Fach,
3. die pädagogische und didaktische Eignung,
4. Qualifikation zur Führungskraft,
5. facheinschlägige Auslandserfahrung,
6. facheinschlägige außeruniversitäre Praxis, soweit diese in dem zu besetzenden Fach möglich und sinnvoll ist.

Die Hochschulbildung im Sinne der Z 1 kann auch durch eine gleich zu wertende künstlerische oder künstlerisch-wissenschaftliche Eignung ersetzt werden.

(5) Die Universität hat sich bei ihrer Meinungsbildung einer anerkannten Methode der Personalauswahl zu bedienen.

(6) Im Dienstvertrag sind die Fachbezeichnung und die Universität anzuführen.

(7) Auf Professoren ist der Abschnitt I mit Ausnahme der §§ 3 Abs. 2 und 3, 3b, 4 Abs. 4, 4a, 10 bis 15a, 19, 22 Abs. 2 bis 4 und 6, 22a, 22b, 26, 27a Abs. 1 und 4 bis 8, 27c, 28b sowie 30 Abs. 5 und 6 insoweit anzuwenden, als sich aus den folgenden Bestimmungen nicht anderes ergibt.

(8) Eine Versetzung (§ 6) oder eine Dienstzuteilung (§ 6a) ist nur mit Zustimmung des Professors zulässig. Keiner solchen Zustimmung bedarf es bei Auflassung des betreffenden Faches an der Universität im Rahmen studienrechtlicher Änderungen. Die Versetzung oder Dienstzuteilung obliegt dem Bundesminister für Wissenschaft und Forschung und ist an die Zustimmung der beteiligten Universitäten gebunden.

(9) § 32 Abs. 2 Z 4 und Abs. 3 bis 5 ist nicht anzuwenden. Eine Kündigung ist weiters dann nicht zulässig, wenn sie wegen der vom Universitätsprofessor in Forschung (Entwicklung und Erschließung der Künste) oder Lehre vertretenen Auffassung oder Methode (Vorliegen eines verpönten Motivs) erfolgt. § 32 Abs. 2 Z 7 ist mit der Maßgabe anzuwenden, dass eine Kündigung erst mit Wirksamkeit des Ablaufs des Studienjahres erfolgen darf, in dem der Professor das 65. Lebensjahr vollendet.

Verlängerung des Dienstverhältnisses

§ 49g. (1) Das zeitlich befristete Dienstverhältnis als Vertragsprofessor verlängert sich um Zeiten
1. eines Beschäftigungsverbotes nach den §§ 3 bis 5 MSchG,
2. eines Karenzurlaubes nach den §§ 15 bis 15d und 15i MSchG oder nach den §§ 2 bis 6 und 9 EKUG,

längstens jedoch um drei Jahre. Eine solche Verlängerung tritt nicht ein, wenn der Vertragsprofessor als Ersatzkraft für einen unter

Entfall der Bezüge beurlaubten oder freigestellten Universitätsprofessor oder Vertragsprofessor aufgenommen worden ist.

(2) Das zeitlich befristete Dienstverhältnis als Vertragsprofessor kann vom Rektor mit Zustimmung des Professors auf unbestimmte Zeit verlängert werden.

(3) Eine Verlängerung gemäß Abs. 2 darf nur erfolgen, wenn

1. der Bedarf nach einer zeitlich unbefristeten Professur für das betreffende Fach im Entwicklungsplan der Universität (§ 98 Abs. 1 des Universitätsgesetzes 2002) ausgewiesen ist und
2. eine vom Rektor veranlasste Evaluierung der Leistungen des Vertragsprofessors durch vier facheinschlägige oder zumindest fachverwandte Experten für alle Aufgabenbereiche zu einem positiven Ergebnis kommt.

(4) Zwei der Experten gemäß Abs. 3 Z 2 müssen als Universitätsprofessoren oder Wissenschafter (Künstler) gleich zu wertender Qualifikation im Ausland tätig sein, wenigstens ein Experte soll an einer anderen inländischen Universität als Professor tätig sein. Im Rahmen der Evaluierung der Lehre ist auch auf die Bewertung der Lehrveranstaltungen durch die Studierenden Bedacht zu nehmen.

Besondere Aufgaben

§ **49h.** (1) Der Professor hat nach Maßgabe der Organisations- und Studienvorschriften

1. sein wissenschaftliches (künstlerisches) Fach in Forschung (Entwicklung und Erschließung der Künste) und Lehre zu vertreten und zu fördern sowie sich an der Erfüllung der Forschungsaufgaben (Aufgaben zur Entwicklung und Erschließung der Künste) der Organisationseinheit, der der Professor zugeordnet ist, oder einer allfälligen Untereinheit zu beteiligen,
2. Lehrveranstaltungen, insbesondere Pflichtlehrveranstaltungen, nach Maßgabe des sich aus dem Studienrecht ergebenden Bedarfs durchzuführen und Prüfungen abzuhalten,
3. Studierende, insbesondere Diplomanden und Dissertanten, und den wissenschaftlichen (künstlerischen) Nachwuchs zu betreuen,
4. an Organisations- und Verwaltungsaufgaben sowie an Evaluierungsmaßnahmen mitzuwirken und
5. allfällige weitere Pflichten gemäß § 49b Abs. 4 oder 6 zu erfüllen.

(2) Das Rektorat hat den Professor auf Vorschlag oder nach Anhörung des Leiters der Organisationseinheit, der der Professor zugeordnet ist, und des Professors selbst mit der selbständigen Abhaltung von Lehrveranstaltungen im Ausmaß von mindestens sechs und höchstens zwölf Semesterstunden in wissenschaftlichen oder mindestens zwölf und höchstens 24 Semesterstunden in künstlerischen Fächern zu betrauen. In besonders begründeten Fällen, insbesondere wenn dem Professor die Leitung oder Koordination eines multinationalen EU-Forschungsprojektes obliegt, ist vorübergehend eine Betrauung in einem geringeren Ausmaß zulässig. Bei der Betrauung sind der sich aus den Studienvorschriften ergebende Bedarf und die finanzielle Bedeckbarkeit zu berücksichtigen.

(3) Der Professor hat die Aufgaben gemäß Abs. 1 und 2 an der Universität nach den Erfordernissen des Universitätsbetriebes in örtlicher und zeitlicher Bindung persönlich zu erfüllen. Lediglich bei der Wahrnehmung der Aufgaben der Forschung (Entwicklung und Erschließung der Künste) ist er zeitlich und örtlich nur insoweit gebunden, als dies die Zusammenarbeit mit anderen, der Universitätseinrichtung zugeordneten Bediensteten bzw. die Verwendung der Sachmittel der Universitätseinrichtung erfordern. Soweit eine örtliche Bindung an die Universität nicht besteht, hat der Professor dafür zu sorgen, dass er für eine dienstliche Inanspruchnahme erreichbar ist.

(4) Durch die persönliche Erfüllung der Aufgaben gemäß Abs. 1 und 2 gilt die regelmäßige Wochendienstzeit als erbracht.

(5) § 20 gilt mit der Maßgabe, dass § 47a, § 48 Abs. 1, Abs. 2 dritter Satz, Abs. 2a erster und zweiter Satz und Abs. 3 bis 6 sowie die §§ 48a bis 48f BDG 1979 nicht anzuwenden sind.

Rechte

§ **49i.** (1) Der Professor führt

1. im befristeten Dienstverhältnis die Funktionsbezeichnung „Vertragsprofessor“,
2. im unbefristeten Dienstverhältnis die Funktionsbezeichnung „Universitätsprofessor“.

(2) Das Ausmaß des Erholungsurlaubes beträgt für den Professor in jedem Kalenderjahr 240 Stunden. Der Verbrauch der Urlaubsstunden ist nur tageweise zulässig. Einem Urlaubstag entsprechen dabei acht Stunden.

(3) Der Verbrauch des Erholungsurlaubes ist nicht auf die lehrveranstaltungsfreie Zeit beschränkt, er ist aber unter Berücksichtigung der dienstlichen Interessen kalendermäßig festzulegen, wobei auf die persönlichen Verhältnisse des Professors angemessen Rücksicht zu nehmen ist.

Entgelt

§ **49j.** (1) Das Entgelt des vollbeschäftigten Professors ist unter Berücksichtigung seiner Aufgaben und Funktionen, der Stellung des zu vertretenden Faches an der betreffenden Universität, des Bedarfs nach den Studienvorschriften und der budgetären Bedeckbarkeit mit einem Jahresbruttobetrag in einem Rahmen von 43 952,5 € bis 131 857,6 € zu vereinbaren.

(2) Bei Teilbeschäftigung gebührt nach § 21 der entsprechende Anteil.

(3) Das Jahresentgelt ist in 14 gleiche Teile zu teilen, zwölf davon sind als Monatsentgelt, zwei als Sonderzahlungen nach § 8a Abs. 2 auszuzahlen.

(4) Wird der Professor nur während eines Teiles des Jahres verwendet, gebührt das Entgelt nach den Regeln des § 8a anteilig.

(5) Der im Abs. 1 genannte Rahmen sowie der nach Abs. 1 vereinbarte Jahresbruttobetrag erhöhen sich jeweils um den Prozentsatz, um den sich das Gehalt der Gehaltsstufe 5 eines Universitätsprofessors nach § 48 Abs. 1 des Gehaltsgesetzes 1956 einschließlich einer allfälligen Teuerungszulage nach dem 1. Jänner 2002 erhöht.

(6) Mit dem Entgelt sind auch alle mengenmäßigen und zeitlichen Mehrleistungen abgegolten, ausgenommen sind ärztliche, zahnärztliche und tierärztliche Journal- und Bereitschaftsdienste sowie Dienstleistungen in deren Rahmen. Ausgenommen sind weiters Tätigkeiten gemäß § 26 Abs. 1 und § 27 des Universitätsgesetzes 2002, soweit hiefür eine gesonderte Abgeltung (§ 49c Abs. 4) erfolgt. Für außergewöhnliche Leistungen können jederzeit widerrufbare Leistungsprämien zuerkannt werden.

Abfertigung

§ 49k. (1) Bei Beendigung des Dienstverhältnisses durch Zeitablauf gebührt dem Vertragsprofessor abweichend von § 84 Abs. 2 Z 1 eine Abfertigung, sofern er zu diesem Zeitpunkt wenigstens eine ununterbrochene fünfjährige tatsächliche Verwendung in dieser Funktion aufweist. Zeiten, in denen der Professor nach § 49d freigestellt war, Zeiten eines Beschäftigungsverbotes nach den §§ 3 bis 5 MSchG und eines Karenzurlaubs nach den §§ 15 bis 15d und 15i MSchG oder nach den §§ 2 bis 6 und 9 EKUG sind in die tatsächliche Verwendungsdauer einzurechnen.

(2) Die Abfertigung beträgt nach einer ununterbrochenen Verwendung von fünf Jahren 20%, nach sieben Jahren 25% des dem Vertragsprofessor gebührenden Jahresbruttoentgelts.

(3) Keine Abfertigung gebührt, wenn der Vertragsprofessor gleichzeitig in einem anderen Dienstverhältnis mit mindestens halbem Beschäftigungsausmaß zu einer inländischen Gebietskörperschaft steht oder unmittelbar anschließend in ein anderes Dienstverhältnis zum Bund oder Arbeitsverhältnis zu einer Universität übernommen wird.

(4) Soweit nicht Abs. 3 anzuwenden ist, ist bei einer einverständlichen Lösung des Dienstverhältnisses eine Vereinbarung über die Abfertigung nur zulässig, wenn das Dienstverhältnis unter den in § 84 Abs. 3 angeführten Voraussetzungen aufgelöst worden ist und wenigstens drei Jahre gedauert hat.

(5) Wird ein ehemaliger Vertragsprofessor, der eine Abfertigung gemäß Abs. 1 erhalten hat, innerhalb von vier Jahren wieder in den Bundesdienst oder Arbeitsverhältnis zu einer Universität aufgenommen, ist er verpflichtet, diese Abfertigung im Ausmaß von
1. 50% bei einer Wiederaufnahme innerhalb von zwölf Monaten,
2. 40% bei einer Wiederaufnahme innerhalb von 24 Monaten,
3. 30% bei einer Wiederaufnahme innerhalb von 36 Monaten,
4. 20% bei einer Wiederaufnahme innerhalb von 48 Monaten

zurückzuzahlen.

(6) Auf die Abfertigung von Universitätsprofessoren ist § 84 anzuwenden.

3. Unterabschnitt
Assistenten

Aufnahme

§ 49l. (1) Auf Assistenten ist der Abschnitt I mit Ausnahme der §§ 4 Abs. 4, 4a, 10 bis 15a, 19, 22 Abs. 2 bis 4 und 6, 22a, 22b, 26, 27a Abs. 8, 27c sowie § 30 Abs. 5 und 6 insoweit anzuwenden, als sich aus den folgenden Bestimmungen nicht anderes ergibt.

(2) Zum Assistenten können Personen bestellt werden, die
1. ein für die Verwendung in Betracht kommendes Doktoratsstudium abgeschlossen haben oder
2. eine für die Verwendung in Betracht kommende und dem Doktorat gleich zu wertende künstlerische, künstlerisch-wissenschaftliche oder wissenschaftliche Befähigung besitzen.

(3) Ärzte (§§ 2 und 3 des Ärztegesetzes 1998) haben die Befugnis zur selbständigen Ausübung des ärztlichen Berufs als Facharzt eines für die Verwendung in Betracht kommenden Sonderfaches nachzuweisen. Dies gilt auch für Fachärzte für Zahn-, Mund- und Kieferheilkunde (§§ 16 und 17 des Ärztegesetzes 1998). Ärzte und Zahnärzte, die das Studium der Humanmedizin (Anlage 1 Z 4.3 des UniStG) oder der Zahnmedizin (Anlage 1 Z 4.4 des UniStG) absolviert haben, müssen außerdem das Doktorat der Medizinischen Wissenschaft (Anlage 2 Z 2.4 des UniStG) besitzen.

(4) Eine Beschäftigung als teilbeschäftigter Assistent ist nur in besonders begründeten Ausnahmefällen zulässig, in denen es Umstände in Forschung (Entwicklung und Erschließung der Künste) und Lehre erfordern oder nur ein Teil einer Planstelle zur Verfügung steht. Das Beschäftigungsausmaß darf nicht unter der Hälfte des für Vollbeschäftigte vorgesehenen Ausmaßes liegen.

(5) Personen, die weder die österreichische Staatsbürgerschaft noch eine Staatsangehörigkeit eines vom § 3 Abs. 1 Z 1 lit. b erfassten Landes besitzen, können abweichend vom § 3 als Assistenten aufgenommen werden, wenn die Aufnahme im Hinblick auf die vom Assistenten zu erfüllenden Aufgaben notwendig ist und der aufzunehmende Assistent eine Vorbildung aufweist, die der für Assistenten vorgeschriebenen Ausbildung inhaltlich gleichwertig ist; eine formelle Nostrifizierung (§ 90 des Universitätsgesetzes 2002) ist nicht erforderlich.

Verwendungsdauer

§ **49m.** (1) Die Dauer des Dienstverhältnisses des Assistenten ist vom Rektor je nach Bedarf mit vier bis sechs Jahren festzusetzen. Eine Befristung auf einen kürzeren Zeitraum ist vorzunehmen, wenn dies auf Grund anderer gesetzlicher Bestimmungen erforderlich ist.

(2) Das Dienstverhältnis verlängert sich

1. um Zeiten
   a) eines Beschäftigungsverbotes nach den §§ 3 bis 5 MSchG,
   b) eines Karenzurlaubes nach den §§ 15 bis 15d und 15i MSchG oder nach den §§ 2 bis 6 und 9 EKUG,
   c) der Leistung des Präsenz- oder Ausbildungs- oder Zivildienstes,

   längstens jedoch um drei Jahre;
2. um Zeiten einer Freistellung gemäß § 49d für eine facheinschlägige wissenschaftliche (künstlerische) Tätigkeit im Ausland, längstens jedoch um vier Jahre.

Verlängerungszeiträume gemäß Z 1 und 2 dürfen zusammen fünf Jahre nicht überschreiten. Solche Verlängerungen treten nicht ein, wenn der Assistent als Ersatzkraft für einen unter Entfall der Bezüge beurlaubten oder freigestellten Assistenten, Universitäts- oder Vertragsassistenten aufgenommen worden ist.

Besondere Aufgaben

§ **49n.** (1) Der Assistent hat nach Maßgabe der Organisations- und Studienvorschriften an der Erfüllung der Aufgaben der Organisationseinheit, der der Assistent zugeordnet ist, in Forschung (Entwicklung und Erschließung der Künste) und Lehre mitzuwirken. Dazu zählen

1. die selbständige Forschung (Entwicklung und Erschließung der Künste),
2. die Mitwirkung an Forschungsprojekten (Projekten zur Entwicklung und Erschließung der Künste) des Instituts,
3. die Abhaltung von Lehrveranstaltungen (einschließlich der Prüfungstätigkeit) nach Maßgabe der Beauftragung durch das Rektorat,
4. die Betreuung von Studierenden,
5. die Mitwirkung an Organisations- und Verwaltungsaufgaben und an Evaluierungsmaßnahmen,
6. allfällige weitere Pflichten gemäß § 49b Abs. 4 oder 6.

(2) Die Aufgaben des Assistenten gemäß Abs. 1 sind anlässlich der Aufnahme vom Leiter der Organisationseinheit, der der Assistent zugeordnet ist, schriftlich festzulegen und bei Bedarf anzupassen. Der Assistent und sein unmittelbarer Dienstvorgesetzter sind hiezu anzuhören. Bei der Festlegung der Aufgaben ist auf die Einräumung angemessener Zeit zur Erbringung selbständiger wissenschaftlicher oder künstlerischer Leistungen Bedacht zu nehmen.

(3) Das Rektorat hat den Assistenten auf Vorschlag oder nach Anhörung des Leiters der Organisationseinheit, der der Assistent zugeordnet ist, und des Assistenten selbst mit der selbständigen Abhaltung von Lehrveranstaltungen im Ausmaß von vier Semesterstunden, bei Teilbeschäftigung im Ausmaß von zwei Semesterstunden, im Durchschnitt eines Studienjahres zu beauftragen. Bei der Beauftragung sind der sich aus den Studienvorschriften ergebende Bedarf und die Qualifikation des Assistenten zu berücksichtigen. Eine Unterschreitung dieses Stundenausmaßes ist zulässig, wenn es der sich aus den Studienvorschriften ergebende Bedarf erfordert.

(4) Assistenzärzte im Klinischen Bereich einer Medizinischen Universität sind abweichend von Abs. 3 nur insoweit in der Lehre einzusetzen, als der Studienbetrieb dies erfordert.

(5) Auf eine Semesterstunde gemäß Abs. 3 sind

1. Lehrveranstaltungen aus einem wissenschaftlichen Fach mit 100%,
2. Lehrveranstaltungen aus einem künstlerischen, Zentralen Künstlerischen oder praktischen Fach mit 75%,
3. Lehrveranstaltungen in einem Zentralen Künstlerischen Fach oder im gleichzuhaltenden künstlerischen Fach der Lehramtsstudien, jeweils im Rahmen des künstlerischen Gesamtkonzepts eines Universitätslehrers mit der Lehrbefugnis für das gesamte Fach („Künstlerische Assistenz“) mit 65%,
4. Lehrveranstaltungen, bei denen der Lehrveranstaltungsleiter eine überwiegend anleitende oder kontrollierende Tätigkeit ausübt, mit 50%

der Semesterstunde anzurechnen.

(6) Der Assistent hat seine dienstlichen Aufgaben persönlich und, soweit der Gegenstand nicht anderes erfordert, an der Universität zu erfüllen.

Dienstzeit

§ **49o.** (1) Die Dienstzeit ist vom Leiter der Organisationseinheit, der der Assistent zugeordnet ist, nach Anhörung des Assistenten im Voraus einzuteilen. Dabei ist auf die Aufgaben der Organisationseinheit, der der Assistent zugeordnet ist, sowie die berechtigten Interessen des Assistenten Bedacht zu nehmen.

(2) Der Assistent hat die nach Abs. 1 festgelegte Dienstzeit einzuhalten, wenn er nicht vom Dienst befreit, enthoben oder gerechtfertigt vom Dienst abwesend ist. § 20 gilt mit der Maßgabe, dass § 47a, § 48 Abs. 1, Abs. 2 dritter Satz, Abs. 2a erster und zweiter Satz und Abs. 4 bis 6 sowie die §§ 48a bis 48f BDG 1979 nicht anzuwenden sind.

Rechte

§ 49p. (1) Der Assistent führt die Funktionsbezeichnung „Universitätsassistent", der Assistent in ärztlicher, zahnärztlicher oder tierärztlicher Verwendung führt die Funktionsbezeichnung „Assistenzarzt".

(2) Wirkt der Assistent bei wissenschaftlichen (künstlerischen) Arbeiten mit, sind Art und Umfang seiner Mitarbeit jedenfalls in der Veröffentlichung zu bezeichnen.

(3) Der Assistent hat das Recht, eigene wissenschaftliche (künstlerische) Arbeiten selbständig zu veröffentlichen. Soweit jedoch die Veröffentlichung unter Berufung auf seine Zugehörigkeit zu einer Universitätseinrichtung erfolgen soll, ist hiefür die Zustimmung des Leiters der Universitätseinrichtung erforderlich. Die bloße Angabe der Dienstadresse gilt nicht als Berufung auf die Zugehörigkeit zu einer Universitätseinrichtung.

(4) Bei der Bewerbung um eine nicht für Universitätslehrer vorgesehene Planstelle sind ein Assistent und ein ehemaliger Assistent in den ersten vier Jahren nach Beendigung des Dienstverhältnisses vorzugsweise zu berücksichtigen, wenn sie für die angestrebte Planstelle mindestens gleich geeignet sind wie die übrigen Bewerber.

(5) Die vom Assistenten erbrachten wissenschaftlichen (künstlerischen) Leistungen sind nach Maßgabe besonderer Rechtsvorschriften im Rahmen einer späteren Grundausbildung für eine andere Verwendung im Bundesdienst angemessen zu berücksichtigen. Hiebei ist auf Antrag des Assistenten die Stellungnahme eines von ihm namhaft gemachten Experten einzuholen.

Entgelt

§ 49q. (1) Das jährliche Bruttoentgelt bei Vollbeschäftigung beträgt

1. für Assistenten, die nicht von Z 2 oder 3 erfasst sind,
   a) 44 691,3 €,
   b) 53 555,4 €, wenn der Assistent Lehrveranstaltungen gemäß § 49n Abs. 3 im Ausmaß von durchschnittlich vier Semesterstunden abhält;
2. für Assistenten in ärztlicher Verwendung im nichtklinischen Bereich
   a) 49 123,3 €,
   b) 57 987,4 €, wenn der Assistent Lehrveranstaltungen gemäß § 49n Abs. 3 im Ausmaß von durchschnittlich vier Semesterstunden abhält;
3. für Assistenten in ärztlicher oder zahnärztlicher Verwendung im Klinischen Bereich einer Medizinischen Universität
   a) 53 555,4 €,
   b) 62 419,8 €, wenn der Assistent Lehrveranstaltungen gemäß § 49n Abs. 3 im Ausmaß von durchschnittlich vier Semesterstunden abhält.

(BGBl I 2010/111)

(1a) Für die Dauer der Wirksamkeit einer Vereinbarung gemäß § 3 Abs. 4 und § 4 KA-AZG, die die nach diesen Bestimmungen zulässigen Arbeitszeitgrenzen voll ausschöpft, tritt an die Stelle

1. des Betrages im Abs. 1 Z 3 lit. a der Betrag 55 138,2 €,
2. des Betrages im Abs. 1 Z 3 lit. b der Betrag 64 001,6 €.

(BGBl I 2010/111)

(2) Bei Teilbeschäftigung gebührt nach § 21 der entsprechende Anteil.

(3) Das Jahresentgelt ist in 14 gleiche Teile zu teilen, zwölf davon sind als Monatsentgelt, zwei als Sonderzahlungen nach § 8a Abs. 2 auszuzahlen.

(4) Wird der Assistent nur während eines Teiles des Jahres verwendet, ist das Entgelt anteilig zu kürzen. Wird der Assistent während eines Kalenderjahres teils im Klinischen, teils im nichtklinischen Bereich als Arzt verwendet, gebührt das Entgelt gemäß Abs. 1 Z 2 und 3 anteilig nach der Dauer der Verwendung im jeweiligen Bereich.

(5) Hält der Assistent nur in einem Semester, nicht aber im Durchschnitt eines Studienjahres, Lehrveranstaltungen im Ausmaß von wenigstens vier Semesterstunden ab, gebührt das Bruttoentgelt gemäß lit. b des Abs. 1 Z 1 bis 3 anteilig für dieses Semester.

(6) Mit dem Entgelt sind auch alle mengenmäßigen und zeitlichen Mehrleistungen abgegolten. Ausgenommen sind ärztliche, zahnärztliche und tierärztliche Journal- und Bereitschaftsdienste sowie Dienstleistungen in deren Rahmen. Ausgenommen sind weiters Tätigkeiten gemäß § 27 des Universitätsgesetzes 2002, soweit hiefür eine gesonderte Abgeltung (§ 49c Abs. 4) erfolgt. Für außergewöhnliche Leistungen können jederzeit widerrufbare Leistungsprämien zuerkannt werden.

(7) Wird ein Assistent in eine andere Entlohnungsgruppe überstellt, so ist der für die neue Entlohnungsgruppe geltende Vorrückungsstichtag so zu ermitteln, als ob der Vertragsbedienstete in diesem Zeitpunkt in die neue Entlohnungsgruppe aufgenommen worden wäre. § 15a ist sinngemäß anzuwenden.

Abfertigung

§ 49r. (1) Bei Beendigung des Dienstverhältnisses durch Zeitablauf gebührt dem Assistenten abweichend von § 84 Abs. 2 Z 1 eine Abfertigung im Ausmaß von 40% des für ein volles Jahr gebührenden Bruttoentgelts, sofern er zu diesem Zeitpunkt wenigstens eine ununterbrochene vierjährige tatsächliche Verwendung in dieser Funktion aufweist. Zeiten, in denen der Assistent nach § 49d freigestellt war, Zeiten eines Beschäftigungsverbotes nach den §§ 3 bis 5 MSchG und eines Karenzurlaubs nach den §§ 15 bis 15d und 15i MSchG oder nach den §§ 2 bis 6 und 9 EKUG sind in die tatsächliche Verwendungsdauer einzurechnen.

(2) Keine Abfertigung gebührt, wenn der Assistent gleichzeitig in einem anderen Dienstverhältnis mit mindestens halbem Beschäftigungsausmaß zu einer inländischen Gebietskörperschaft steht oder unmittelbar anschließend in ein anderes Dienstverhältnis zum Bund oder in ein Arbeitsverhältnis zu einer Universität übernommen wird.

(3) Soweit nicht Abs. 2 anzuwenden ist, ist bei einer einverständlichen Lösung des Dienstverhältnisses eine Vereinbarung über die Abfertigung nur zulässig, wenn das Dienstverhältnis unter den in § 84 Abs. 3 angeführten Voraussetzungen aufgelöst worden ist und wenigstens vier Jahre gedauert hat.

(4) Wird ein ehemaliger Assistent, der eine Abfertigung gemäß Abs. 1 erhalten hat, innerhalb von vier Jahren wieder in den Bundesdienst oder in ein Arbeitsverhältnis zu einer Universität aufgenommen, ist er verpflichtet, diese Abfertigung im Ausmaß von
1. 50% bei einer Aufnahme innerhalb von zwölf Monaten,
2. 40% bei einer Aufnahme innerhalb von 24 Monaten,
3. 30% bei einer Aufnahme innerhalb von 36 Monaten,
4. 20% bei einer Aufnahme innerhalb von 48 Monaten

zurückzuzahlen.

4. Unterabschnitt
Staff Scientists

Allgemeines

§ 49s. (1) Staff Scientists sind Vertragsbedienstete des Bundes der Entlohnungsgruppe u1 in einem zeitlich unbefristeten Dienstverhältnis. Zum Staff Scientist können Personen bestellt werden, die
1. ein für die Verwendung in Betracht kommendes Doktoratsstudium abgeschlossen haben oder
2. eine für die Verwendung in Betracht kommende und dem Doktorat gleich zu wertende künstlerische, künstlerisch-wissenschaftliche oder wissenschaftliche Befähigung besitzen.

(2) Auf Staff Scientists sind anzuwenden:
1. der Abschnitt I mit Ausnahme der §§ 10 bis 14, 22 Abs. 2 bis 4 und 6, 22a, 22b, 27a Abs. 8, 27c sowie 30 Abs. 5 und 6 insoweit, als sich aus den folgenden Bestimmungen nicht anderes ergibt;
2. die §§ 49b bis 49e sowie § 49o und § 49p Abs. 2, 3 und 5 insoweit, als dies der Art ihrer Verwendung im Sinne der Organisationsvorschriften entspricht.

(3) Arbeitsplätze für Staff Scientists dürfen von der Universitätsleitung nur dann eingerichtet werden, wenn
1. in der betreffenden Organisationseinheit der Universität der Bedarf nach einem solchen Arbeitsplatz besteht und
2. die hiefür erforderlichen Personalpunkte als budgetäre Bedeckung vorhanden sind.

(4) Die Prüfung des Bedarfs erfolgt durch die Universitätsleitung auf Antrag des Leiters der Organisationseinheit, der der Staff Scientist zugeordnet ist, oder auf Antrag eines Assistenten. Zu einem Antrag eines Assistenten ist eine Stellungnahme des Institutsvorstandes einzuholen.

(5) Der Besetzung des Arbeitsplatzes eines Staff Scientist hat, sofern die Besetzung nicht gemäß § 49t erfolgt, eine öffentliche Ausschreibung voranzugehen.

(6) Eine Kündigung ist nicht zulässig, wenn sie wegen der vom Staff Scientist in Forschung (Entwicklung und Erschließung der Künste) oder Lehre vertretenen Auffassung oder Methode (Vorliegen eines verpönten Motivs) erfolgt.

Sonderbestimmungen für die Überstellung von Assistenten

§ 49t. (1) Zum Staff Scientist darf ein Assistent (3. Unterabschnitt) nur überstellt werden, wenn er alle für diese Verwendung erforderlichen Qualifikationen und die fachliche Eignung für den zu besetzenden Arbeitsplatz besitzt.

(2) Beabsichtigt der Rektor, einen Arbeitsplatz für einen Staff Scientist ohne öffentliche Ausschreibung einem Assistenten zu übertragen, hat er die Prüfung der erforderlichen Qualifikation und der fachlichen Eignung des in Aussicht genommenen Assistenten einzuleiten. Der Rektor hat eine ausführlich begründete Stellungnahme des unmittelbaren Dienstvorgesetzten einzuholen. Er hat weiters zwei voneinander unabhängige Gutachten fachzuständiger Universitätsprofessoren oder von Universitätsprofessoren eines verwandten Faches (oder von Wissenschaftern oder Künstlern mit einer entsprechenden Lehrbefugnis) über die Erfüllung der Voraussetzungen des Abs. 1 einzuholen. Die Gutachter sind aus vom Präsidenten der Österreichischen Akademie der Wissenschaften und vom Präsidenten des Fonds zur Förderung der wissenschaftlichen Forschung zu er-

stellenden Listen mit Vorschlägen zu entnehmen. Diese Listen haben Gutachterinnen in angemessener Anzahl zu enthalten. Sind in diesen Listen keine Gutachter für das betreffende Fach oder für ein nahe verwandtes Fach enthalten, steht es dem Rektor frei, andere geeignete Personen zu Gutachtern zu bestellen.

Organisationsrechtliche Zuordnung und besondere Aufgaben

§ 49u. (1) Organisationsrechtlich sind Staff Scientists der Gruppe der wissenschaftlichen und künstlerischen Mitarbeiter im Forschungs-, Kunst- und Lehrbetrieb (§ 100 des Universitätsgesetzes 2002) zugeordnet.

(2) Staff Scientists haben nach Maßgabe der Widmung des Arbeitsplatzes an der Erfüllung der Aufgaben der Organisationseinheit, der der Staff Scientist zugeordnet ist, in Forschung (Entwicklung und Erschließung der Künste) und Lehre mitzuwirken. Dazu zählen

1. die Unterstützung des Forschungs- oder Kunstbetriebes des Instituts und die selbständige Forschung (Entwicklung und Erschließung der Künste),
2. die wissenschaftliche (künstlerische) Unterstützung im Lehrbetrieb einschließlich der Betreuung von Studierenden und des wissenschaftlichen (künstlerischen) Nachwuchses,
3. die Mitwirkung an Organisations- und Verwaltungsaufgaben sowie an Evaluierungsmaßnahmen,
4. allfällige weitere Pflichten gemäß § 49b Abs. 4 oder 6.

(3) Die Aufgaben des Staff Scientist sind vom Leiter der Organisationseinheit, der der Staff Scientist zugeordnet ist, unter Berücksichtigung der Widmung des Arbeitsplatzes schriftlich festzulegen und bei Bedarf anzupassen. Der Staff Scientist und sein unmittelbarer Dienstvorgesetzter sind hiezu anzuhören. Der Staff Scientist hat seine dienstlichen Aufgaben persönlich und, soweit der Gegenstand nicht anderes erfordert, an der Universität zu erfüllen.

Entgelt

§ 49v. (1) Das Monatsentgelt in der Entlohnungsgruppe u1 beträgt:

in der Entlohnungsstufe	Euro
1	2 309,4
2	2 618,5
3	2 706,6
4	2 934,8
5	3 164,7
6	3 394,9
7	3 598,9
8	3 802,9
9	3 935,8
10	3 068,6
11	4 157,2

(BGBl I 2010/111)

(2) Das Monatsentgelt beginnt mit der Entlohnungsstufe 1. Die Entlohnungsstufe und der Vorrückungstermin bestimmen sich nach der für die Vorrückung in höhere Entlohnungsstufen maßgebenden Dienstzeit. § 19 ist mit der Maßgabe anzuwenden, dass Vertragsbedienstete nach einer Dienstzeit von sieben Jahren in die Entlohnungsstufe 2 und sodann nach jeweils vier Jahren in die Entlohnungsstufen 3 bis 11 vorrücken.

(3) Mit dem Entgelt sind auch alle mengenmäßigen und zeitlichen Mehrleistungen abgegolten. Ausgenommen sind ärztliche, zahnärztliche und tierärztliche Journal- und Bereitschaftsdienste sowie Dienstleistungen in deren Rahmen. Ausgenommen sind weiters Tätigkeiten gemäß § 27 des Universitätsgesetzes 2002, soweit hiefür eine gesonderte Abgeltung (§ 49c Abs. 4) erfolgt. Für außergewöhnliche Leistungen können jederzeit widerrufbare Leistungsprämien zuerkannt werden.

(4) Auf Staff Scientists, die als Oberärzte im Klinischen Bereich einer Medizinischen Universität verwendet werden, ist § 40c des Gehaltsgesetzes 1956 in Verbindung mit § 78 dieses Bundesgesetzes anzuwenden.

(5) Wird ein Staff Scientist vom Rektorat mit der selbständigen Abhaltung von Lehrveranstaltungen beauftragt, gebührt ihm für die Abhaltung dieser Lehrveranstaltungen eine Abgeltung im Ausmaß von 690,4 € je Semesterstunde. Dieser Betrag erhöht sich mit 1. Oktober 2004 und jeweils mit 1. Oktober der folgenden Jahre um den Prozentsatz, um den das Gehalt der Gehaltsstufe 2 der Dienstklasse V eines Beamten der Allgemeinen Verwaltung, einschließlich einer allfälligen Teuerungszulage, in dem dem jeweiligen 1. Oktober vorangegangenen Jahr angestiegen ist.

(6) Auf eine Semesterstunde gemäß Abs. 5 sind

1. Lehrveranstaltungen aus einem wissenschaftlichen Fach mit 100%,
2. Lehrveranstaltungen aus einem künstlerischen, Zentralen Künstlerischen oder praktischen Fach mit 75%,
3. Lehrveranstaltungen in einem Zentralen Künstlerischen Fach oder im gleichzuhaltenden künstlerischen Fach der Lehramtsstudien, jeweils im Rahmen des künstlerischen Gesamtkonzepts eines Universitätslehrers mit der Lehrbefugnis für das gesamte Fach („Künstlerische Assistenz") mit 65%,
4. Lehrveranstaltungen, bei denen der Lehrveranstaltungsleiter eine überwiegend anleitende oder kontrollierende Tätigkeit ausübt, mit 50%

der Semesterstunde anzurechnen.

(7) Im Falle der Überstellung in die Entlohnungsgruppe u1 richten sich die Entlohnungsstufe und der nächste Vorrückungstermin nach dem Vorrückungsstichtag und der Zeit, die für

die Vorrückung gemäß Abs. 2 dritter Satz maßgebend gewesen wäre. Zeiten, in denen die Vorrückung in der früheren Entlohnungsgruppe gehemmt gewesen ist, sind nicht zu berücksichtigen. Im Falle der Überstellung aus einer in § 15 Abs. 2 Z 3 angeführten Entlohnungsgruppe ist von einer um vier Jahre verbesserten besoldungsrechtlichen Stellung auszugehen.

Abschnitt III
Sonderbestimmungen für Vertragslehrer und Vertragsassistenten an Universitäten

Vertragslehrer

§ 50. (1) Die §§ 155 bis 160a, der Unterabschnitt E des 6. Abschnittes des Besonderen Teiles sowie die Anlage 1 Z 21a des BDG 1979 sind auf Vertragslehrer, die ausschließlich an Universitäten verwendet werden, sinngemäß mit der Maßgabe anzuwenden, daß der Verwendungsgruppe L 1 die Entlohnungsgruppe l 1 des Entlohnungsschemas I L entspricht.

(2) Auf die im Abs. 1 angeführten Vertragslehrer sind, soweit in diesem Abschnitt nicht anderes bestimmt ist, folgende Bestimmungen anzuwenden:
1. Abschnitt I – ausgenommen § 1 Abs. 3 Z 2 und § 30 Abs. 5 und 6 –,
2. die für Vertragslehrer der Entlohnungsgruppe l 1 des Entlohnungsschemas I L geltenden Bestimmungen der §§ 38, 41, 45 und 92c.

(3) Die in §§ 47a bis 50 (Dienstzeit) des BDG 1979 sind auf die im Abs. 1 angeführten Vertragslehrer nicht anzuwenden.

Vertragsassistenten

§ 51. (1) Vertragsassistenten sind Vertragsbedienstete des Bundes. Auf sie ist der Abschnitt I mit Ausnahme des § 4 Abs. 4 und des § 30 Abs. 5 und 6 insoweit sinngemäß anzuwenden, als sich aus den folgenden Bestimmungen nicht anderes ergibt.

(2) Als Vertragsassistenten können nur Personen aufgenommen werden, die die Erfordernisse für die Ernennung zum Universitätsassistenten erfüllen.

(3) Die Aufnahme ist nur zulässig
1. als teilbeschäftigter Vertragsassistent,
2. für eine vorübergehende Verwendung zu Lasten einer von einem anderen Bundesbediensteten besetzten Planstelle, die nach den Bestimmungen des Stellenplanes für die Dauer eines Karenzurlaubes oder einer anderen Abwesenheit besetzt werden darf und die für eine Verwendung bestimmt ist, die zumindest der Verwendung eines Universitätsassistenten oder eines Beamten des höheren Dienstes in wissenschaftlicher Verwendung entspricht, oder
3. als vollbeschäftigter Vertragsassistent, wenn der Bewerber die Voraussetzungen für eine Ernennung zum Universitätsassistenten mit Ausnahme des in § 4 Abs. 1 Z 4 BDG 1979 genannten Erfordernisses erfüllt.

(4) Eine Beschäftigung als teilbeschäftigter Vertragsassistent ist nur in besonders begründeten Ausnahmefällen zulässig, in denen es Umstände in Forschung (Entwicklung und Erschließung der Künste) und Lehre erfordern oder nur ein Teil einer Planstelle zur Verfügung steht. Das Beschäftigungsausmaß darf nicht unter der Hälfte und nicht über drei Viertel des für Vollbeschäftigte vorgesehenen Ausmaßes liegen.

(5) Außer in den Fällen des Abs. 3 können Personen, die weder die österreichische Staatsbürgerschaft noch eine Staatsangehörigkeit eines vom § 3 Abs. 1 Z 1 lit. b erfaßten Landes besitzen, abweichend vom § 3 als Vertragsassistenten aufgenommen werden. Dies jedoch nur dann, wenn die Aufnahme im Hinblick auf die vom Vertragsassistenten zu erfüllenden Aufgaben erforderlich ist und der aufzunehmende Vertragsassistent eine Vorbildung aufweist, die der für einen Universitätsassistenten vorgeschriebenen Ausbildung inhaltlich gleichwertig ist; eine formelle Nostrifizierung (§ 70 des Universitäts-Studiengesetzes, BGBl. I Nr. 48/1997) ist nicht erforderlich.

(6) Aufnahmen gemäß Abs. 2 bis 5 mit Wirksamkeit nach dem 30. September 2001 sind unzulässig.

Verwendungsdauer

§ 52. (1) Das Dienstverhältnis des Vertragsassistenten ist vorerst mit zwei Jahren zu befristen. Eine kürzere Dauer des Dienstverhältnisses kann in begründeten Fällen vereinbart werden. Sie ist jedenfalls dann zu vereinbaren, wenn dies auf Grund anderer gesetzlicher Bestimmungen erforderlich ist. Eine Weiterbestellung ist nach Maßgabe der wissenschaftlichen oder künstlerischen Eignung des Vertragsassistenten möglich, soweit nicht § 51 Abs. 3 Z 2 entgegensteht.

(2) Das zeitlich befristete Dienstverhältnis des Vertragsassistenten endet nach Ablauf einer Gesamtbestellungsdauer von vier Jahren, soweit nicht § 51 Abs. 3 Z 2 entgegensteht. Zeiten, die nicht in Vollbeschäftigung, aber mindestens im halben Beschäftigungsausmaß zurückgelegt worden sind, sind auf Antrag in diese Gesamtbestellungsdauer nur im halben Ausmaß einzurechnen. Hiedurch darf jedoch eine Gesamtbestellungsdauer von sechs Jahren nicht überschritten werden.

(3) Das Dienstverhältnis des Vertragsassistenten verlängert sich, soweit nicht § 51 Abs. 3 Z 2 entgegensteht, unabhängig vom Beschäftigungsausmaß um
1. höchstens drei Jahre
   a) um Zeiten eines Beschäftigungsverbotes nach den §§ 3 bis 5 MSchG und eines Karenzurlaubes nach den §§ 15 bis 15d

und 15i MSchG oder nach den §§ 2 bis 6 und 9 EKUG,
b) beim Zusammentreffen von Zeiten nach lit. a mit Zeiten nach Z 2, wobei Zeiten nach Z 2 bis zu zwei Jahren berücksichtigt werden dürfen;
2. höchstens zwei Jahre
a) um Zeiten der Leistung eines Präsenz- oder Ausbildungs- oder Zivildienstes,
b) um Zeiten eines Karenzurlaubes, bei dem anläßlich der Gewährung verfügt worden ist, daß sich das Dienstverhältnis um die Dauer des Karenzurlaubes verlängert.

(4) Eine Gesamtbestellungsdauer im zeitlich befristeten Dienstverhältnis gemäß Abs. 2 und 3 von insgesamt sieben Jahren, im Falle der Teilbeschäftigung von insgesamt neun Jahren, darf nicht überschritten werden.

(5) Die im Abs. 2 angeführte Zeit von vier Jahren verlängert sich ungeachtet des Abs. 4, soweit nicht § 51 Abs. 3 Z 2 entgegensteht, um
1. Zeiten, in denen der Vertragsassistent nach Art. VI des Bundesgesetzes BGBl. Nr. 612/1983 oder nach § 29f in der bis zum 30. Juni 1997 geltenden Fassung oder gemäß § 29h oder § 29i freizustellen war oder Anspruch auf Gewährung der erforderlichen freien Zeit hatte,
2. Zeiten von Karenzurlauben gemäß § 29b Abs. 2 Z 1.

(6) Das Dienstverhältnis eines Vertragsassistenten, der sich am 30. September 1996 seit mehr als zwei Jahren in dieser Verwendung befindet und der bis zum spätest möglichen Zeitpunkt der Antragstellung auf Verlängerung seines Dienstverhältnisses gemäß § 52a Abs. 1 zwar die Voraussetzungen des § 52a Abs. 2 Z 4, noch nicht aber die des § 52a Abs. 2 Z 2 erfüllt, ist abweichend von Abs. 2 bis 5 auf Antrag um zwei Jahre zu verlängern. Wird innerhalb dieses Zeitraumes das fehlende Erfordernis erbracht, so gilt das Dientverhältnis mit dem auf die Erfüllung des Erfordernisses folgenden Monatsersten als gemäß § 52a Abs. 1 verlängert.

(7) Abs. 3 Z 2 lit. b und Abs. 5 sind nicht anzuwenden, soweit die in diesen Bestimmungen genannten Zeiträume nach dem 30. September 2001 liegen.

(8) Ein Vertragsassistent im Dienstverhältnis gemäß Abs. 1 und 2, der schon vor seiner Aufnahme das Erfordernis gemäß § 52a Abs. 2 Z 2 lit. a oder b erbracht hat, ist ab 30. September 2001 berechtigt, einen Antrag gemäß § 52b zu stellen. Für einen Vertragsassistenten in ärztlicher Verwendung gilt dies nur, wenn er die Ausbildung zum Facharzt eines für die Verwendung in Betracht kommenden Sonderfaches bereits vor seiner Aufnahme abgeschlossen hat.

(9) Würde das zeitlich begrenzte Dienstverhältnis eines Vertragsassistenten in der Zeit zwischen 30. September 2001 und 28. Februar 2002 durch Ablauf der Bestellungsdauer enden, verlängert es sich bis 31. März 2002, sofern der Vertragsassistent dem Rektor nicht bis zum erwähnten Ablauf der Bestellungsdauer schriftlich mitteilt, dass er eine solche Verlängerung nicht wünscht.

(10) Ein Vertragsassistent, dessen zeitlich begrenztes Dienstverhältnis spätestens am 31. August 2005 endet, kann auf seinen Antrag in ein auf vier Jahre befristetes Dienstverhältnis als Assistent gemäß § 49l übernommen werden, wenn
1. der Vertragsassistent das für seine Verwendung in Betracht kommende Doktoratsstudium abgeschlossen hat oder eine für die Verwendung in Betracht kommende und dem Doktorat gleich zu wertende künstlerische, künstlerisch-wissenschaftliche oder wissenschaftliche Befähigung besitzt und
2. die Übernahme mit Rücksicht auf den bisherigen Verwendungserfolg des Vertragsassistenten in der Erfüllung der ihm übertragenen Aufgaben gerechtfertigt ist.

Für Ärzte (einschließlich der Fachärzte für Zahn-, Mund- und Kieferheilkunde) tritt an die Stelle der Voraussetzung gemäß Z 1 der Erwerb des Doktorats der gesamten Heilkunde und der Abschluss der Ausbildung zum Facharzt eines für die Verwendung in Betracht kommenden oder der Verwendung nahe stehenden Sonderfaches. Der Rektor hat vor seiner Entscheidung Stellungnahmen des (der) Dienstvorgesetzten und zwei voneinander unabhängige Gutachten fachzuständiger Universitätsprofessoren oder von Universitätsprofessoren eines verwandten Faches über die fachliche Qualifikation des Antragstellers einzuholen. Der Antragsteller hat das Recht, von sich aus Gutachten vorzulegen.

§ 52a. (1) Auf Antrag des Vertragsassistenten kann sein zeitlich befristetes Dienstverhältnis (§ 52) um sechs Jahre verlängert werden, soweit nicht § 51 Abs. 3 Z 2 entgegensteht.

(2) Eine Verlängerung nach Abs. 1 ist nur zulässig, wenn
1. der Antrag spätestens sechs Monate vor dem Ende des zeitlich befristeten Dienstverhältnisses gestellt worden ist,
2. a) der Vertragsassistent das Doktorat einer der Verwendung entsprechenden Fachrichtung besitzt,
b) für künstlerische oder künstlerisch-wissenschaftliche Fächer, für die ein Erwerb des Doktorates nach lit. a nicht vorgesehen ist oder auf Grund der Verwendung des Vertragsassistenten nicht in Betracht kommt, die Feststellung durch das zuständige Universitätsorgan getroffen ist, daß der Vertragsassistent eine dem Doktorat gleichzuwertende künstlerische oder künstlerisch-wissenschaftliche Eignung besitzt,

3. der Vertragsassistent zusätzlich zu Z 2 lit. a oder b eine mindestens vierjährige Dienstzeit gemäß § 52 aufweist und
4. der bisherige Verwendungserfolg des Vertragsassistenten in der Erfüllung der ihm übertragenen Aufgaben in Forschung (Entwicklung und Erschließung der Künste), Lehre und Verwaltung diese Verlängerung sachlich rechtfertigt.

(3) § 176 Abs. 3 und 4 BDG 1979 ist bezüglich des Nachweises der in Abs. 2 Z 4 genannten Erfordernisse sinngemäß anzuwenden. Weiters ist eine allfällige Tätigkeit als Mitglied eines Arbeitskreises für Gleichbehandlungsfragen zu berücksichtigen.

(4) Die im Abs. 1 angeführte Zeit von sechs Jahren verlängert sich, soweit nicht § 51 Abs. 3 Z 2 entgegensteht, um folgende zeitlich nach dem Ablauf des Dienstverhältnisses gemäß § 52 liegende Zeiträume:
1. Zeiten eines Beschäftigungsverbotes nach den §§ 3 bis 5 MSchG, eines Karenzurlaubes nach den §§ 15 bis 15d und 15i MSchG oder nach den §§ 2 bis 6 und 9 EKUG bis zu einem Höchstausmaß von drei Jahren,
2. Zeiten, in denen der Vertragsassistent nach Art. VI des Bundesgesetzes BGBl. Nr. 612/1983 oder nach § 29f in der bis zum 30. Juni 1997 geltenden Fassung oder gemäß § 29h oder § 29i freizustellen war oder Anspruch auf Gewährung der erforderlichen freien Zeit hatte,
3. Zeiten von Karenzurlauben gemäß § 29b Abs. 2 Z 1.

(5) Abs. 1 bis 3 ist auf einen Vertragsassistenten, dessen zeitlich befristetes Dienstverhältnis nach dem 29. September 2001 endet, nicht mehr anzuwenden.

(6) Vertragsassistenten, deren zeitlich begrenztes Dienstverhältnis sich über den 1. September 2001 hinaus gemäß § 52 Abs. 3 Z 1 lit. a und Z 2 kraft Gesetzes verlängert, sind abweichend von Abs. 5 berechtigt, mit Wirkung des Tages des Ablaufs der Verlängerungsfrist einen Antrag gemäß Abs. 1 bis 3 zu stellen.

(7) Abs. 4 Z 2 und 3 sind nicht anzuwenden, soweit die in diesen Bestimmungen genannten Zeiträume nach dem 30. September 2001 liegen.

Dienstverhältnis auf unbestimmte Zeit

§ 52b. (1) Auf Antrag des Vertragsassistenten ist eine Verlängerung seines Dienstverhältnisses auf unbestimmte Zeit zulässig. Voraussetzungen dafür sind:
1. die Erfüllung der Bedingungen des § 52a Abs. 2;
2. die Feststellung, daß der Antragsteller die für eine unbefristete Verwendung in der betreffenden Universitätseinrichtung erforderlichen Leistungsnachweise in
   a) der wissenschaftlichen, künstlerischen oder künstlerisch-wissenschaftlichen Tätigkeit (Forschung bzw. Entwicklung und Erschließung der Künste),
   b) im Lehrbetrieb unter Bedachtnahme auf die pädagogische und didaktische Befähigung sowie
   c) bei der mit der Erfüllung der wissenschaftlichen, künstlerischen oder künstlerisch-wissenschaftlichen Aufgaben der betreffenden Universität verbundenen Verwaltungstätigkeit

im erforderlichen Ausmaß erbracht hat.

(2) § 178 Abs. 2, 2a, 2b und 3 BDG 1979 ist bezüglich des Nachweises der in Abs. 1 genannten Erfordernisse sinngemäß anzuwenden. Weiters ist eine allfällige Tätigkeit als Mitglied eines Arbeitskreises für Gleichbehandlungsfragen zu berücksichtigen.

(3) Eine Verlängerung gemäß Abs. 1 ist frühestens nach einer insgesamt sechsjährigen Dienstzeit als Vertragsassistent, hievon mindestens vier Jahre nach Erfüllung der Erfordernisse des § 52a Abs. 2 Z 2 lit. a oder b zulässig.

Anwendung von Bestimmungen des BDG 1979

§ 53. Von den für Universitätsassistenten geltenden Bestimmungen des 6. Abschnittes des Besonderen Teiles des BDG 1979 sind auf Vertragsassistenten sinngemäß anzuwenden:
1. die §§ 155 bis 160a, 179, 182, 183, 186 Abs. 1 und 4, 187 Abs. 1 Z 4 und 189 Abs. 4;
2. die §§ 180a und 181 mit der Einschränkung, daß § 180a Abs. 3 Z 1 und § 181 Abs. 1 Z 1 nur insoweit anzuwenden sind, als dies in der vom Vertragsassistenten geforderten Qualifikation begründet ist;
3. § 180b mit der Maßgabe, daß
   a) § 180b Abs. 7 nur auf Vertragsassistenten gemäß § 52b anzuwenden ist,
   b) bei Teilbeschäftigung die Lehrverpflichtung
      aa) im Falle des § 180b Abs. 2 vier Semesterstunden und
      bb) im Falle des § 180b Abs. 3 und 5 zwei Semesterstunden

   beträgt; eine darüber hinausgehende Beauftragung bis zu insgesamt acht Semesterstunden im Falle des § 180b Abs. 2 oder bis zu insgesamt vier Semesterstunden im Falle des § 180b Abs. 3 und 5 bedarf der Zustimmung des Vertragsassistenten;

   eine darüberhinausgehende Beauftragung bedarf der Zustimmung des Vertragsassistenten;
4. § 186 Abs. 2 mit der Erweiterung, daß auch Planstellen für Universitätsassistenten und für Bundeslehrer an Universitäten in Betracht kommen.

Monatsentgelt

§ 54. Das Monatsentgelt des vollbeschäftigten Vertragsassistenten beträgt:

in der Entlohnungsstufe	Euro
1	2 156,5
2	2 225,8
3	2 295,2
4	2 372,2
5	2 538,8
6	2 713,7
7	2 888,7
8	3 058,1
9	3 234,3
10	3 415,5
11	3 575,7
12	3 750,9
13	3 926,1
14	4 101,5
15	4 276,8
16	4 446,7
17	4 668,3
18	4 668,3
19	5 000,2

(BGBl I 2010/111)

Dienstzulage (Forschungszulage)

§ 54a. (1) Dem vollbeschäftigten Vertragsassistenten gebührt eine Dienstzulage (Forschungszulage). Durch die Dienstzulage (Forschungszulage) gelten alle zeitlichen und mengenmäßigen Mehrleistungen als abgegolten; ausgenommen hievon sind ärztliche, zahnärztliche und tierärztliche Journaldienste und ärztliche, zahnärztliche und tierärztliche Bereitschaftsdienste sowie Dienstleistungen in deren Rahmen. 71,35% der Dienstzulage (Forschungszulage) gelten als Abgeltung für zeitliche Mehrleistungen.

(2) Die Dienstzulage (Forschungszulage) gemäß Abs. 1 beträgt 10,91% des Gehaltes der Gehaltsstufe 2 der Dienstklasse V der Beamten der Allgemeinen Verwaltung.

(3) Dem halbbeschäftigten Vertragsassistenten gebührt eine Dienstzulage (Forschungszulage) im Ausmaß von 1,56% des Gehaltes der Gehaltsstufe 2 der Dienstklasse V der Beamten der Allgemeinen Verwaltung. Bei einem höheren Teilbeschäftigungsausmaß erhöht sich das Ausmaß der Dienstzulage (Forschungszulage) entsprechend. Durch die Dienstzulage (Forschungszulage) gelten alle mengenmäßigen Mehrleistungen als abgegolten. Die Ansprüche nach Abs. 4 werden hiedurch nicht berührt.

(4) Dem Vertragsassistenten, der

1. eine tatsächliche Verwendungsdauer von mehr als sechs Jahren als vollbeschäftigter Vertragsassistent oder von mehr als acht Jahren als teilbeschäftigter Vertragsassistent aufweist und
2. das Erfordernis des § 52a Abs. 2 Z 2 erfüllt,

gebührt eine Dienstzulage im Ausmaß eines Vorrückungsbetrages. Diese Dienstzulage erhöht sich auf zweieinhalb Vorrückungsbeträge ab dem der Erlangung der Lehrbefugnis als Universitätsdozent (in jenen Fächern, in denen eine Habilitation nicht möglich ist, ab der Erlangung einer gleichzuwertenden Befähigung) folgenden Monatsersten.

Aufwandsentschädigung

§ 54b. Dem Vertragsassistenten gebührt eine Aufwandsentschädigung. Sie beträgt in Hundertsätzen des Gehaltes der Gehaltsstufe 2 der Dienstklasse V der Beamten der Allgemeinen Verwaltung für

1. vollbeschäftigte Vertragsassistenten . 3,50 vH,
2. teilbeschäftigte Vertragsassistenten ... 1,75 vH.

Abgeltung der Lehrtätigkeit

§ 54c. Auf die Abgeltung der Lehrtätigkeit ist § 52 des Gehaltsgesetzes 1956 anzuwenden. § 21 ist auf diese Geldleistungen nicht anzuwenden.

*§ **54d** entfällt.*

Vergütung für die Erfüllung von ärztlichen oder zahnärztlichen Aufgaben im Rahmen einer öffentlichen Krankenanstalt

§ 54e. (1) Den an der Universität in ärztlicher oder zahnärztlicher Verwendung stehenden Vertragsassistenten gebührt für ihre Mitwirkung gemäß § 155 Abs. 5 BDG 1979 eine monatliche Vergütung. Die Vergütung beträgt 360,3 €. Diese Vergütung erhöht sich für die Dauer der Wirksamkeit einer Vereinbarung gemäß § 3 Abs. 4 und § 4 KA-AZG, die die nach diesen Bestimmungen zulässigen Arbeitszeitgrenzen voll ausschöpft, auf 492,5 €. *(BGBl I 2010/111)*

(2) Unterbleibt die Mitwirkung an den in Abs. 1 genannten Aufgaben länger als einen Monat, ruht die Vergütung nach Abs. 1 vom Beginn des letzten Tages dieser Frist an bis zum Ablauf des letzten Tages des Unterbleibens der Mitwirkung. Zeiträume

1. eines Urlaubs, während dessen der Vertragsassistent den Anspruch auf Monatsentgelt behält,
2. einer Feststellung gemäß § 160 BDG 1979 unter Beibehaltung des Monatsentgelts oder
3. einer Dienstverhinderung auf Grund eines Dienstunfalls

einschließlich unmittelbar daran anschließender dienstfreier Tage bleiben außer Betracht. Fallen Zeiträume nach Z 1 bis 3 in einen Zeitraum im Sinne des ersten Satzes, verlängert sich die Monatsfrist oder verkürzt sich der Ruhenszeitraum im entsprechenden Ausmaß. Anspruch auf die Vergütung kann jedoch immer nur für Zeiträume bestehen, für die auch ein Anspruch auf Monatsentgelt besteht.

(3) Nicht vollbeschäftigte Vertragsassistenten erhalten den ihrer Arbeitszeit entsprechenden Teil der Vergütung nach Abs. 1.

(4) Personen, deren Dienstverhältnis am 1. Jänner 2000 nicht mehr bestanden hat, gebührt für Zeiträume im Kalenderjahr 1999, während derer sie die Anspruchsvoraussetzungen erfüllt haben, die Vergütung nach Abs. 1 nur auf Antrag.

Abfertigung des Vertragsassistenten

§ 54f. § 84 Abs. 2 Z 1 ist nicht anzuwenden, wenn die tatsächliche Verwendung als Vertragsassistent ununterbrochen wenigstens vier Jahre gedauert hat. Wurde die tatsächliche Verwendung als Vertragsassistent jedoch deshalb unterbrochen, weil eine dieser Verwendung entsprechende Planstelle vorübergehend nicht zur Verfügung stand, und betragen solche Unterbrechungen nicht mehr als insgesamt drei Monate, so gilt dies nicht als Unterbrechung im Sinne des ersten Satzes. Die Unterbrechungszeiträume sind jedoch in die für den Abfertigungsanspruch und für die Höhe der Abfertigung maßgebende Dauer des Dienstverhältnisses nicht einzurechnen. Bei einer einverständlichen Auflösung des Dienstverhältnisses ist eine Vereinbarung über die Abfertigung nur dann zulässig, wenn das Dienstverhältnis unter den im § 84 Abs. 3 angeführten Voraussetzungen einverständlich aufgelöst wurde und das Dienstverhältnis wenigstens vier Jahre gedauert hat.

Abschnitt IV

Sonderbestimmungen für Vertragsprofessoren an Universitäten und Vertragsdozenten an Universitäten

Vertragsdozenten

§ 55. (1) Ein Vertragsassistent mit der Lehrbefugnis als Universitätsdozent ist auf Ansuchen und unter Bindung der bisher innegehabten Planstelle mit Beginn des auf die Verleihung der Lehrbefugnis als Universitätsdozent folgenden Semesters in die Entlohnungsgruppe der Vertragsdozenten zu überstellen, wenn die Lehrbefugnis für seine Verwendung als Vertragsassistent in Betracht kommt. Eine Änderung der organisationsrechtlichen Gruppenzugehörigkeit tritt hiedurch nicht ein.

(1a) Abs. 1 ist auf einen Vertragslehrer an Universitäten (§ 50) und auf einen Vertragsbediensteten des höheren Dienstes in wissenschaftlicher Verwendung mit einer für ihre Verwendung in Betracht kommenden Lehrbefugnis als Universitätsdozent anzuwenden, wenn sie organisationsrechtlich zum wissenschaftlichen und künstlerischen Universitätspersonal (§ 94 Abs. 1 Z 4 des Universitätsgesetzes 2002) gehören oder wie ein Vertragsassistent verwendet werden.

(2) Ein vor der Überstellung allenfalls noch gemäß den §§ 52 oder 52a zeitlich befristetes Dienstverhältnis wird mit dem Zeitpunkt der Überstellung zum Vertragsdozenten auf unbestimmte Zeit verlängert.

(3) Auf Vertragsdozenten sind die §§ 155 bis 160a, 172, 172a und 172c sowie die Anlage 1 Z 20 des BDG 1979 anzuwenden.

(4) Auf Vertragsdozenten ist der Abschnitt I mit Ausnahme der §§ 3 Abs. 2 und 3, 3b, 4 Abs. 4, 4a, 10 bis 14, 20, 22 Abs. 2 bis 4, 27a Abs. 1 und 4 bis 8, 27c, 30 Abs. 5 und 6 sowie § 36 insoweit anzuwenden, als sich aus den folgenden Bestimmungen nicht anderes ergibt.

(5) Personen, die am 1. Oktober 1997 in einem Dienstverhältnis als Vertragsassistent stehen und eine für ihre Verwendung in Betracht kommende Lehrbefugnis als Universitäts(Hochschul)dozent besitzen, gelten ab diesem Tag als Vertragsdozenten gemäß Abs. 1. Diese Vertragsdozenten sind vom Rektor der betreffenden Universität (Hochschule) vom Wirksamwerden der Überleitung schriftlich zu verständigen. Eine solche Überleitung unterbleibt, wenn der Vertragsassistent dem Rektor bis spätestens 30. September 1997 schriftlich mitteilt, daß er sie nicht wünscht.

Dienstvertrag und Funktionsbezeichnung

§ 55a. (1) Im Dienstvertrag sind die Fachbezeichnung und die Universität anzuführen.

(2) Der Vertragsdozent führt die Funktionsbezeichnung „Außerordentlicher Universitätsprofessor".

Monatsentgelt

§ 56. Das Monatsentgelt des vollbeschäftigten Vertragsdozenten beträgt:

in der Entlohnungsstufe	Euro
1	2 343,5
2	2 412,3
3	2 481,3
4	2 987,4
5	3 160,5
6	3 333,7
7	3 512,5
8	3 683,2
9	3 850,9
10	4 026,2
11	4 201,6
12	4 376,8
13	4 549,1
14	4 745,1
15	5 022,0
16	5 353,8
17	5 685,9
18	5 685,9
19	6 017,6

(BGBl I 2010/111)

Dienstzulage (Forschungszulage)

§ 56a. (1) Dem vollbeschäftigten Vertragsdozenten gebührt eine Dienstzulage (Forschungszulage), durch die alle zeitlichen und mengenmäßigen Mehrleistungen abgegolten sind; ausgenommen hievon sind ärztliche, zahnärztliche und tierärztliche Journaldienste und ärztliche, zahnärztliche und tierärztliche Bereitschaftsdienste sowie Dienstleistungen in deren Rahmen. 71,35% der Dienstzulage (Forschungszulage) gelten als Abgeltung für zeitliche Mehrleistungen.

(2) Die Dienstzulage (Forschungszulage) gemäß Abs. 1 beträgt 17,45% des Gehaltes der Gehaltsstufe 2 der Dienstklasse V der Beamten der Allgemeinen Verwaltung einschließlich einer allfälligen Teuerungszulage.

(3) Dem halbbeschäftigten Vertragsdozenten gebührt eine Dienstzulage (Forschungszulage) im Ausmaß von 2,50% des Gehaltes der Gehaltsstufe 2 der Dienstklasse V der Beamten der Allgemeinen Verwaltung einschließlich einer allfälligen Teuerungszulage. Bei einem höheren Teilbeschäftigungsausmaß erhöht sich das Ausmaß der Dienstzulage (Forschungszulage) entsprechend. Durch die Dienstzulage (Forschungszulage) gelten alle mengenmäßigen Mehrleistungen als abgegolten.

Aufwandsentschädigung

§ 56b. Dem Vertragsdozenten gebührt eine Aufwandsentschädigung. Sie beträgt in Prozentsätzen des Gehaltes der Gehaltsstufe 2 der Dienstklasse V der Beamten der Allgemeinen Verwaltung für

1. vollbeschäftigte Vertragsdozenten ... 4,00%,
2. teilbeschäftigte Vertragsdozenten .... 2,00%.

Abgeltung der Lehrtätigkeit

§ 56c. Dem Vertragsdozenten gebührt für jedes Semester, in dem er Lehrveranstaltungen abhält, eine Kollegiengeldabgeltung gemäß § 51 oder § 51a des Gehaltsgesetzes 1956 in dem für Universitätsdozenten vorgesehenen Ausmaß.

§ 56d. *entfällt.*

Vergütung für die Erfüllung von ärztlichen oder zahnärztlichen Aufgaben im Rahmen einer öffentlichen Krankenanstalt

§ 56e. (1) Den an der Medizinischen Universität in ärztlicher oder zahnärztlicher Verwendung stehenden Vertragsdozenten gebührt für ihre Mitwirkung gemäß § 155 Abs. 5 BDG 1979 eine monatliche Vergütung. Die Vergütung beträgt 360,3 €. Diese Vergütung erhöht sich für die Dauer der Wirksamkeit einer Vereinbarung gemäß § 3 Abs. 4 und § 4 KA-AZG, die die nach diesen Bestimmungen zulässigen Arbeitszeitgrenzen voll ausschöpft, auf 492,5 €. *(BGBl I 2010/111)*

(2) § 54e Abs. 2 bis 4 ist anzuwenden.

Vertragsprofessoren

Aufnahme

§ 57. (1) Vertragsprofessoren üben die Funktion eines Universitätsprofessors (§ 97 des Universitätsgesetzes 2002) aus. Sie stehen in einem zeitlich befristeten (Abs. 2) oder in einem unbefristeten (Abs. 3) Dienstverhältnis. Das zeitlich befristete Dienstverhältnis ist mit längstens fünf Jahren zu begrenzen, eine einmalige Verlängerung um höchstens fünf Jahre ist zulässig.

(2) Die Aufnahme in ein zeitlich befristetes Dienstverhältnis darf erfolgen:

1. als Ersatzkraft für einen unter Entfall der Bezüge beurlaubten oder freigestellten (§ 160 BDG 1979) Universitätsprofessor oder
2. als teilbeschäftigter Vertragsprofessor oder
3. wenn aus studienrechtlichen Gründen oder wegen der besonderen Bedingungen des zu vertretenden Faches nur eine vorübergehende Verwendung geboten ist oder
4. wenn die Personalkosten für den Vertragsprofessor dem Bund von der Universität oder der Universität der Künste oder einer ihrer Einrichtungen aus Mitteln der Teilrechtsfähigkeit (§ 4 Abs. 7 UOG, § 3 Abs. 1a UOG 1993, § 3 Abs. 3 KUOG, § 2 Abs. 5 KH-OG, § 5 Abs. 2 AOG) ersetzt werden oder
5. in den Fällen des § 76 Abs. 2 Z 4 KUOG.

(3) Das Dienstverhältnis ist in den Fällen des § 76 Abs. 2 Z 4 KUOG unbefristet, wenn die Bestellung zum Gastprofessor ohne zeitliche Begrenzung erfolgt ist. *(BGBl I 1999/127)*

(Abs. 4 entfällt.)

(5) Personen, die weder die österreichische Staatsbürgerschaft noch die Staatsangehörigkeit eines vom § 3 Abs. 1 Z 1 lit. b erfaßten Landes besitzen, können mit Zustimmung des für die Angelegenheiten der Universitäten zuständigen Bundesministers aufgenommen werden.

(6) Auf Vertragsprofessoren sind die §§ 155 bis 160a, 165 und 167 sowie die Anlage 1 Z 19 BDG 1979 anzuwenden.

(7) Auf Vertragsprofessoren ist der Abschnitt I mit Ausnahme der §§ 3 Abs. 2 und 3, 3b, 4 Abs. 4, 4a, 5a bis 6c, 10 bis 15, 19, 20, 22 Abs. 2 bis 4, 22a, 26, 27a Abs. 1 und 4 bis 8, 27c, 28b, 30 Abs. 5 und 6 sowie § 36 insoweit anzuwenden, als sich aus den folgenden Bestimmungen nicht anderes ergibt.

(8) Aufnahmen gemäß Abs. 2 mit Wirksamkeit nach dem 30. September 2001 sind unzulässig.

Dienstvertrag und Funktionsbezeichnung

§ 57a. (1) Im Dienstvertrag sind die Fachbezeichnung und die Universität anzuführen.

(2) Der Vertragsprofessor führt die Funktionsbezeichnung „Universitätsprofessor".

Entgelt

§ **58.** (1) Das Entgelt des vollbeschäftigten Vertragsprofessors ist unter Berücksichtigung seiner Aufgaben und Funktionen, der Stellung des zu vertretenden Faches an der betreffenden Universität, des Bedarfs nach den Studienvorschriften und der budgetären Bedeckbarkeit mit einem Jahresbruttobetrag in einem Rahmen von 43 589,1 Euro bis 87 178,2 Euro zu vereinbaren.

(2) Bei Teilbeschäftigung gebührt gemäß § 21 der entsprechende Anteil.

(3) Wird der Vertragsprofessor nur während eines Teiles des Jahres verwendet, ist das Entgelt anteilig zu kürzen.

(4) Das Jahresentgelt ist in 14 gleiche Teile zu teilen, zwölf davon sind als Monatsentgelt, zwei als Sonderzahlungen gemäß § 8a Abs. 2 auszuzahlen.

(5) Der im Abs. 1 genannte Rahmen sowie der gemäß Abs. 1 vereinbarte Jahresbruttobetrag erhöhen sich jeweils um den Prozentsatz, um den sich das Gehalt der Gehaltsstufe 5 eines Universitätsprofessors gemäß § 48 Abs. 1 des Gehaltsgesetzes 1956 einschließlich einer allfälligen Teuerungszulage nach dem 1. Jänner 2002 erhöht.

(Abs. 6 entfällt)

Abgeltung der Lehrtätigkeit

§ **58a.** Dem Vertragsprofessor gebührt für jedes Semester, in dem er Lehrveranstaltungen abhält, eine Kollegiengeldabgeltung gemäß § 51 oder § 51a des Gehaltsgesetzes 1956.

§ **58b.** *entfällt.*

Abfertigung

§ **58c.** (1) Abweichend von § 84 Abs. 2 Z 1 gebührt dem Vertragsprofessor eine Abfertigung nach einer ununterbrochenen fünfjährigen tatsächlichen Verwendung in dieser Funktion. Zeiten, in denen der Vertragsprofessor gemäß § 160 BDG 1979 freigestellt war, Zeiten eines Beschäftigungsverbotes nach den §§ 3 bis 5 MSchG und eines Karenzurlaubes nach den §§ 15 bis 15d und 15i MSchG oder nach den §§ 2 bis 6 und 9 EKUG sind in die tatsächliche Verwendungsdauer einzurechnen.

(2) Keine Abfertigung gebührt, wenn der Vertragsprofessor gleichzeitig in einem anderen Dienstverhältnis mit mindestens halbem Beschäftigungsausmaß zu einer inländischen Gebietskörperschaft oder in einem Arbeitsverhältnis mit mindestens halbem Beschäftigungsausmaß zu einer Universität steht.

(3) Soweit nicht Abs. 2 anzuwenden ist, ist bei einer einverständlichen Lösung des Dienstverhältnisses eine Vereinbarung über die Abfertigung nur dann zulässig, wenn das Dienstverhältnis unter den in § 84 Abs. 3 angeführten Voraussetzungen aufgelöst worden ist und wenigstens drei Jahre gedauert hat.

…

Bundes-Gleichbehandlungsgesetz – B-GlBG

BGBl 1993/100 idF

BGBl 1994/16	BGBl 1995/43	BGBl 1995/522
BGBl 1996/375	BGBl I 1998/30	BGBl I 1999/132
BGBl I 2000/94	BGBl I 2000/142	BGBl I 2001/87
BGBl I 2002/119	BGBl I 2004/65	BGBl I 2005/82
BGBl I 2005/165	BGBl I 2007/53	BGBl I 2007/96
BGBl I 2008/2	BGBl I 2008/97	BGBl I 2009/135
BGBl I 2009/153	BGBl I 2011/6	

Bundesgesetz über die Gleichbehandlung im Bereich des Bundes (Bundes-Gleichbehandlungsgesetz – B-GlBG)
(BGBl I 2004/65)

Inhaltsverzeichnis

I. Teil
Gleichbehandlung

Geltungsbereich

§ 1. (1) Dieses Bundesgesetz gilt, soweit im Folgenden nicht anderes bestimmt wird, für

1. Bedienstete, die in einem öffentlich-rechtlichen oder privatrechtlichen Dienstverhältnis zum Bund stehen,
2. Personen mit einem freien Dienstvertrag zum Bund,
3. Lehrlinge des Bundes,
4. Teilnehmerinnen und Teilnehmer am Verwaltungspraktikum nach Abschnitt Ia des Vertragsbedienstetengesetzes 1948, BGBl. Nr. 86,
5. Personen im Ausbildungsdienst und *(BGBl I 2011/6)*
6. Personen, die sich um Aufnahme in ein solches Dienst- oder Ausbildungsverhältnis zum Bund bewerben.

(2) Das 1. bis 3. Hauptstück des I. Teiles dieses Bundesgesetzes sind auf die Besetzung von Planstellen für Verwendungen nicht anzuwenden, für die ein bestimmtes Geschlecht oder ein bestimmtes Merkmal unverzichtbare Voraussetzung für die Ausübung der vorgesehenen Tätigkeit darstellt.

(3) Der II. Teil dieses Bundesgesetzes gilt nur für die Dienststellen des Bundes, der 5. Abschnitt des II. Teiles nur für die im Inland gelegenen Dienststellen des Bundes.

(BGBl I 2004/65)

(4) § 5 Z 3 dieses Bundesgesetzes ist auf eingetragene Partnerinnen und Partner von Bewerberinnen oder Bewerbern nach dem Bundesgesetz über die eingetragene Partnerschaft (Eingetragene Partnerschaftgesetz – EPG), BGBl. I Nr. 135/2009, sinngemäß anzuwenden. *(BGBl I 2009/135)*

Begriffsbestimmungen

§ 2. (1) Dienststellen im Sinne dieses Bundesgesetzes sind die Behörden, Ämter und anderen Verwaltungsstellen sowie die Anstalten und Betriebe des Bundes, die nach ihrem organisatorischen Aufbau eine verwaltungs- oder betriebstechnische Einheit darstellen.

(2) Zentralstellen im Sinne dieses Bundesgesetzes sind das Bundeskanzleramt, die übrigen Bundesministerien sowie jene Dienststellen, die keinem Bundesministerium nachgeordnet sind.

(3) Ressorts im Sinne dieses Bundesgesetzes sind die Zentralstellen mit den ihnen nachgeordneten Dienststellen und die Dienststellen, die keinem Bundesministerium nachgeordnet sind.

(4) Vertreterin oder Vertreter des Dienstgebers im Sinne dieses Bundesgesetzes ist jede Bundesministerin, jeder Bundesminister, jede Dienststellenleiterin, jeder Dienststellenleiter, jede und jeder Vorgesetzte sowie jede und jeder Bedienstete, soweit die betreffende Person auf Seiten des Dienstgebers maßgebenden Einfluss auf Personalangelegenheiten oder Regelungen gegenüber den Bediensteten hat.

(5) Dienstnehmerin oder Dienstnehmer im Sinne dieses Bundesgesetzes sind Bedienstete, Personen mit einem freien Dienstvertrag zum Bund, Lehrlinge des Bundes, Teilnehmerinnen und Teilnehmer am Verwaltungspraktikum nach Abschnitt Ia des Vertragsbedienstetengesetzes 1948 sowie Frauen im Ausbildungsdienst.

(BGBl I 2004/65)

1. Hauptstück
Gleichstellung und Gleichbehandlung von Frauen und Männern

Gleichstellung

§ 3. Ziel dieses Hauptstückes ist die Gleichstellung von Frauen und Männern.

(BGBl I 2004/65)

1. Abschnitt
Gleichbehandlungsgebot

Gleichbehandlungsgebote im Zusammenhang mit einem Dienst- oder Ausbildungsverhältnis

§ 4. Auf Grund des Geschlechtes – insbesondere unter Bedachtnahme auf den Ehe- oder Familienstand – darf im Zusammenhang mit einem Dienst- oder Ausbildungsverhältnis gemäß § 1 Abs. 1 niemand unmittelbar oder mittelbar diskriminiert werden, insbesondere nicht

1. bei der Begründung des Dienst- oder Ausbildungsverhältnisses,
2. bei der Festsetzung des Entgelts,
3. bei der Gewährung freiwilliger Sozialleistungen, die kein Entgelt darstellen,
4. bei Maßnahmen der ressortinternen Aus- und Weiterbildung,
5. beim beruflichen Aufstieg, insbesondere bei Beförderungen und der Zuweisung höher entlohnter Verwendungen (Funktionen),
6. bei den sonstigen Arbeitsbedingungen und
7. bei der Beendigung des Dienst- oder Ausbildungsverhältnisses.

(BGBl I 2004/65)

Begriffsbestimmungen

§ 4a. (1) Eine unmittelbare Diskriminierung liegt vor, wenn eine Person auf Grund ihres Geschlechtes in einer vergleichbaren Situation eine weniger günstige Behandlung erfährt, als eine andere Person erfährt, erfahren hat oder erfahren würde.

(2) Eine unmittelbare Diskriminierung aufgrund des Geschlechtes im Sinne des Abs. 1 liegt jedenfalls dann vor, wenn eine Person im Zusammenhang mit

1. ihrer Schwangerschaft oder
2. einem Beschäftigungsverbot nach § 3 Abs. 1 und 3 sowie § 5 Abs. 1 und 2 des Mutterschutzgesetzes 1979 (MSchG), BGBl. Nr. 221,

eine weniger günstige Behandlung erfährt. *(BGBl I 2009/153)*

(3) Eine mittelbare Diskriminierung liegt vor, wenn dem Anschein nach neutrale Vorschriften, Kriterien oder Verfahren Personen, die einem Geschlecht angehören, in besonderer Weise gegenüber Personen des anderen Geschlechtes benachteiligen können, es sei denn, die betreffenden Vorschriften, Kriterien oder Verfahren sind durch ein rechtmäßiges Ziel sachlich gerechtfertigt und die Mittel sind zur Erreichung dieses Zieles angemessen und erforderlich. *(BGBl I 2009/153)*

(4) Eine Diskriminierung liegt auch bei Anweisung einer Person zur Diskriminierung vor. *(BGBl I 2009/153)*

(BGBl I 2004/65)

(5) Eine Diskriminierung liegt auch vor, wenn eine Person auf Grund ihres Naheverhältnisses zu einer Person wegen deren Geschlechts diskriminiert wird. *(BGBl I 2011/6)*

Auswahlkriterien

§ 5. Bei der Auswahlentscheidung zwischen Bewerberinnen und Bewerbern dürfen insbesondere folgende Kriterien nicht diskriminierend herangezogen werden:

1. bestehende oder frühere
   a) Unterbrechung der Erwerbstätigkeit,
   b) Teilbeschäftigung oder
   c) Herabsetzung der Wochendienstzeit,

2. Lebensalter und Familienstand,
3. eigene Einkünfte der Ehegattin oder Lebensgefährtin oder des Ehegatten oder Lebensgefährten eines Bewerbers oder einer Bewerberin,
4. zeitliche Belastungen durch die Betreuung von Kindern oder von pflegebedürftigen Angehörigen und die Absicht, von der Möglichkeit der Teilbeschäftigung oder der Herabsetzung der Wochendienstzeit Gebrauch zu machen.

(BGBl I 2004/65)

Einreihung von Verwendungen und Arbeitsplätzen

§ 6. Bei der Einreihung von Verwendungen und Arbeitsplätzen in für den Monatsbezug oder das Monatsentgelt bedeutsame Kategorien, wie Besoldungs-, Verwendungs- und Funktionsgruppen oder Dienstklassen, sind keine Kriterien für die Beurteilung der Tätigkeit der Frauen einerseits und der Männer andererseits zu verwenden, die zu einer Diskriminierung führen.

(BGBl I 2004/65)

Einkommensberichte des Bundes
(BGBl I 2011/6)

§ 6a. (1) Die Bundeskanzlerin oder der Bundeskanzler ist verpflichtet, jährlich bis zum 1. Oktober einen Bericht zur Einkommensanalyse der Dienstnehmerinnen und Dienstnehmer des Bundes zu erstellen. Berichtszeitraum ist das jeweilige vorangegangene Kalenderjahr. Dieser Bericht hat Angaben über

1. die Anzahl der Frauen und die Anzahl der Männer in der jeweiligen Verwendungs-, Entlohnungs- oder Gehaltsgruppe und
2. das Medianeinkommen von vollbeschäftigten Frauen und Männern in der jeweiligen Verwendungs-, Entlohnungs- oder Gehaltsgruppe

zu enthalten.

(2) Der Bericht ist derart zu anonymisieren, dass keine Rückschlüsse auf Einzelpersonen möglich sind.

(3) Der Bericht ist unverzüglich nach seiner Fertigstellung von der Bundeskanzlerin oder vom Bundeskanzler auf der Internethomepage des Bundeskanzleramtes zu veröffentlichen und den Leiterinnen und Leitern der Zentralstellen zu übermitteln. Von den Leiterinnen und Leitern der Zentralstelle ist der Bericht an die zuständigen Zentralausschüsse weiterzuleiten.

(4) Für Dienstnehmerinnen und Dienstnehmer, für die es kein anzuwendendes Verwendungs-, Entlohnungs- oder Gehaltsgruppenschema gibt, gilt abweichend von Abs. 1 und 3, dass

1. ein Bericht nur zu erstatten ist, wenn die Anzahl dieser Dienstnehmerinnen und Dienstnehmer in der jeweiligen Dienststelle mehr als 150 beträgt,
2. der Bericht entsprechend der für sie zur Anwendung gelangenden Besoldungsstruktur zu erstellen ist,
3. die Berichtspflicht die Leiterin oder den Leiter der jeweiligen Dienststelle trifft und
4. der Bericht dem jeweils zuständigen Personalvertretungsorgan zu übermitteln ist, das den Dienstnehmerinnen und Dienstnehmern auf ihr Verlangen Einsicht in diesen zu gewähren hat.

(BGBl I 2011/6)

Ausschreibung von Arbeitsplätzen und Funktionen

§ 7. (1) Die beabsichtigte Besetzung eines Arbeitsplatzes, der innerhalb einer Verwendungs- oder Entlohnungsgruppe einer Funktionsgruppe oder einer höheren Bewertungsgruppe zugeordnet ist und nicht bereits auf Grund von in anderen Bundesgesetzen enthaltenen Bestimmungen über die Ausschreibung von Funktionen oder Arbeitsplätzen auszuschreiben ist, ist in der Dienststelle, in der der Arbeitsplatz besetzt werden soll, auf geeignete Weise bekannt zu machen.

(2) In Ausschreibungen von Arbeitsplätzen oder Funktionen sind die mit dem Arbeitsplatz (der Funktion) verbundenen Erfordernisse und Aufgaben so zu formulieren, dass sie Frauen und Männer gleichermaßen betreffen. Die Ausschreibung darf auch keine zusätzlichen Anmerkungen enthalten, die auf ein bestimmtes Geschlecht schließen lassen.

(3) Unbeschadet des Abs. 2 hat die Ausschreibung jedoch zu enthalten:

1. den Hinweis, dass Bewerbungen von Frauen für Arbeitsplätze einer bestimmten Verwendung (Einstufung) oder für eine bestimmte Funktion besonders erwünscht sind, wenn der Anteil der Frauen im Wirkungsbereich der jeweiligen Dienstbehörde in einer solchen Verwendung oder Funktion unter 50% liegt und
2. – wenn Fördermaßnahmen nach den §§ 11b und 11c geboten sind – den Hinweis auf diesen Umstand.

(BGBl I 2004/65)

(4) Die Abs. 2 und 3 gelten nicht für Arbeitsplätze oder für Funktionen, für die ein bestimmtes Geschlecht unverzichtbare Voraussetzung für die Ausübung der vorgesehenen Tätigkeit ist.

(BGBl I 2004/65)

Sexuelle Belästigung

§ 8. (1) Eine Diskriminierung auf Grund des Geschlechtes liegt auch vor, wenn die Dienstnehmerin oder der Dienstnehmer im Zusammenhang mit ihrem oder seinem Dienst- oder Ausbildungsverhältnis

1. von der Vertreterin oder vom Vertreter des Dienstgebers selbst sexuell belästigt wird,
2. durch die Vertreterin oder den Vertreter des Dienstgebers dadurch diskriminiert wird, indem sie oder er es schuldhaft unterlässt, im

Falle einer sexuellen Belästigung durch Dritte eine angemessene Abhilfe zu schaffen oder
3. durch Dritte sexuell belästigt wird.

(2) Sexuelle Belästigung liegt vor, wenn ein der sexuellen Sphäre zugehöriges Verhalten gesetzt wird, das die Würde einer Person beeinträchtigt oder dies bezweckt, für die betroffene Person unerwünscht, unangebracht, entwürdigend, beleidigend oder anstößig ist und
1. eine einschüchternde, feindselige oder demütigende Arbeitsumwelt für die betroffene Person schafft oder dies bezweckt oder
2. bei dem der Umstand, dass die betroffene Person ein der sexuellen Sphäre zugehöriges Verhalten seitens einer Vertreterin oder eines Vertreters des Dienstgebers oder einer Kollegin oder eines Kollegen zurückweist oder duldet, ausdrücklich oder stillschweigend zur Grundlage einer Entscheidung mit Auswirkungen auf den Zugang dieser Person zur Aus- und Weiterbildung, Beschäftigung, Weiterbeschäftigung, Beförderung oder Entlohnung oder zur Grundlage einer anderen Entscheidung über das Dienst- oder Ausbildungsverhältnis gemacht wird.

(BGBl I 2008/97)

(3) Eine Diskriminierung liegt auch bei Anweisung zur sexuellen Belästigung einer Person vor.

(BGBl I 2004/65)

Belästigung

§ 8a. (1) Eine Diskriminierung auf Grund des Geschlechtes liegt auch vor, wenn die Dienstnehmerin oder der Dienstnehmer im Zusammenhang mit seinem Dienst oder Ausbildungsverhältnis durch geschlechtsbezogene Verhaltensweisen
1. von der Vertreterin oder vom Vertreter des Dienstgebers selbst belästigt wird,
2. durch die Vertreterin oder den Vertreter des Dienstgebers dadurch diskriminiert wird, indem sie oder er es schuldhaft unterlässt, im Falle einer Belästigung durch Dritte eine angemessene Abhilfe zu schaffen oder
3. durch Dritte belästigt wird.

(2) Geschlechtsbezogene Belästigung liegt vor, wenn ein geschlechtsbezogenes Verhalten gesetzt wird, das die Würde einer Person beeinträchtigt oder dies bezweckt, für die betroffene Person unerwünscht, unangebracht, entwürdigend, beleidigend oder anstößig ist und
1. eine einschüchternde, feindselige oder demütigende Arbeitsumwelt für die betroffene Person schafft oder dies bezweckt oder
2. bei dem der Umstand, dass die betroffene Person eine geschlechtsbezogene Verhaltensweise seitens einer Vertreterin oder eines Vertreters des Dienstgebers oder einer Kollegin oder eines Kollegen zurückweist oder duldet, ausdrücklich oder stillschweigend zur Grundlage einer Entscheidung mit Auswirkungen auf den Zugang dieser Person zur Aus- und Weiterbildung, Beschäftigung, Weiterbeschäftigung, Beförderung oder Entlohnung oder zur Grundlage einer anderen Entscheidung über das Dienst- oder Ausbildungsverhältnis gemacht wird. *(BGBl I 2008/97)*

(3) Eine Diskriminierung liegt auch bei Anweisung zur Belästigung einer Person vor.

(BGBl I 2004/65)

Diskriminierung als Dienstpflichtverletzung

§ 9. Jede unmittelbare oder mittelbare Diskriminierung auf Grund des Geschlechtes nach den §§ 4 und 5 bis 8a durch eine Bedienstete oder einen Bediensteten verletzt die Verpflichtungen, die sich aus dem Dienstverhältnis ergeben, und ist nach den dienst- und disziplinarrechtlichen Vorschriften zu verfolgen.

(BGBl I 2004/65)

Vertretung von Frauen in Kommissionen

§ 10. (1) Bei der Zusammensetzung von in den Dienstrechtsvorschriften vorgesehenen Kommissionen, Senaten, Kollegialorganen und Beiräten, die zur Vorbereitung von Entscheidungen oder zur Entscheidung in Personalangelegenheiten berufen sind, hat von den vom Dienstgeber zu bestellenden Mitgliedern mindestens ein Mitglied weiblich und ein Mitglied männlich zu sein. Die oder der Vorsitzende der Arbeitsgruppe für Gleichbehandlungsfragen oder eine von ihr oder ihm namhaft gemachte Bedienstete oder ein von ihr oder ihm namhaft gemachter Bediensteter hat das Recht, an allen Verhandlungen und Sitzungen der Kommission oder des betreffenden Senates, des Kollegialorgans oder Beirates – ausgenommen an den Sitzungen der Disziplinarkommissionen – mit beratender Stimme teilzunehmen. Die Bestimmungen über die Mitgliedschaft und Vertraulichkeit gelten auch für Bedienstete mit beratender Stimme. *(BGBl I 2008/97, BGBl I 2009/153)*

(2) Von jeder Interessenvertretung soll bei der Nominierung von Mitgliedern derartiger Kommissionen und ihrer Senate auf die Zusammensetzung nach Abs. 1 Bedacht genommen werden. *(BGBl I 2009/153, BGBl I 2011/6)*

(3) Abs. 1 und 2 sind nur auf die Neubestellung von Kommissions- und Senatsmitgliedern anzuwenden.

(4) Abs. 1 und 2 gelten nicht für Kommissionen und ihre Senate, deren Zuständigkeitsbereich sich auf zwei oder mehrere Ressorts erstreckt.

(BGBl I 2004/65)

(5) Abweichend von Abs. 1 und 2 ist bei der Erstattung von Besetzungsvorschlägen für Richterplanstellen nach § 32 des Richter- und Staatsanwaltschaftdienstgesetzes (RStDG), BGBl. I Nr. 305/1961, § 32b RStDG anzuwenden. Dies gilt auch bei der Erstattung von Vorschlägen für Staatsanwaltschaftsplanstellen nach § 180 RStDG mit der Maßgabe, dass anstelle des Personalsenates die Personalkommission tritt. *(BGBl I 2009/153, BGBl I 2011/6)*

Gebot der sprachlichen Gleichbehandlung
(BGBl I 2008/97)

§ 10a. (1) Die Ausschreibungen von Arbeitsplätzen und Funktionen sowie an Bedienstete gerichtete Schriftstücke in allgemeinen Personalangelegenheiten haben Personenbezeichnungen in weiblicher und männlicher oder geschlechtsneutraler Form zu enthalten. Für Schriftstücke in individuellen Personalangelegenheiten ist jene Formulierung zu verwenden, die dem jeweiligen Geschlecht entspricht.

(2) Abs. 1 gilt nicht für Ausschreibungen, bei denen ein bestimmtes Geschlecht unverzichtbare Voraussetzung für die Ausübung der vorgesehenen Tätigkeit ist.

(BGBl I 2008/97)

2. Abschnitt
Besondere Fördermaßnahmen für Frauen

Frauenförderungsgebot

§ 11. (1) Die Vertreterinnen oder Vertreter des Dienstgebers sind verpflichtet, nach Maßgabe der Vorgaben des Frauenförderungsplanes auf eine Beseitigung

1. einer bestehenden Unterrepräsentation von Frauen an der Gesamtzahl der dauernd Beschäftigten und der Funktionen sowie
2. von bestehenden Benachteiligungen von Frauen im Zusammenhang mit dem Dienstverhältnis hinzuwirken (Frauenförderungsgebot).

(2) Frauen sind unterrepräsentiert, wenn der Anteil der Frauen an der Gesamtzahl der

1. dauernd Beschäftigten in der betreffenden Besoldungsgruppe, im betreffenden Entlohnungsschema oder in der betreffenden Verwendungs- oder Entlohnungsgruppe oder
2. – wenn eine Unterteilung in Funktionsgruppen (einschließlich Grundlaufbahn), Gehaltsgruppen oder Bewertungsgruppen besteht – dauernd Beschäftigten in der betreffenden Gruppe oder
3. sonstigen hervorgehobenen Verwendungen (Funktionen), welche auf die dauernd Beschäftigten in der betreffenden, keine Unterteilung in Gruppen aufweisende Kategorie nach Z 1 entfallen, im Wirkungsbereich der jeweiligen Dienstbehörde weniger als 45% beträgt. Steht einer Verwendungsgruppe eine entsprechende Entlohnungsgruppe gegenüber, ist diese in den Vergleich mit einzubeziehen. Arbeitsplätze der Entlohnungsschemata v und h sind dabei der ihrer Bewertung im Beamtenrecht entsprechenden Verwendungsgruppe und Funktionsgruppe (einschließlich Grundlaufbahn) zuzuordnen. *(BGBl I 2009/153)*

(3) Die Abs. 1 und 2 sind nicht auf die in § 1 Abs. 2 genannten Verwendungen anzuwenden.

(BGBl I 2004/65)

Frauenförderungspläne

§ 11a. (1) Nach Einholung eines Vorschlages der Arbeitsgruppe für Gleichbehandlungsfragen haben die Leiterin oder der Leiter der Zentralstelle einen Frauenförderungsplan für das Ressort zu erlassen, der im Bundesgesetzblatt II zu verlautbaren ist.

(2) Der Frauenförderungsplan ist auf der Grundlage des zum 31. Dezember jedes zweiten Jahres zu ermittelnden Anteiles der Frauen an der Gesamtzahl der dauernd Beschäftigten sowie der zu erwartenden Fluktuation für einen Zeitraum von sechs Jahren zu erstellen und fortzuschreiben. Nach jeweils zwei Jahren ist er an die aktuelle Entwicklung anzupassen. *(BGBl I 2009/153)*

(3) Im Frauenförderungsplan ist jedenfalls festzulegen, in welcher Zeit und mit welchen personellen, organisatorischen sowie aus- und weiterbildenden Maßnahmen in welchen Verwendungen eine bestehende Unterrepräsentation sowie bestehende Benachteiligungen von Frauen beseitigt werden können. Dabei sind jeweils für zwei Jahre verbindliche Vorgaben zur Erhöhung des Frauenanteils in

1. jeder Besoldungsgruppe, in jedem Entlohnungsschema oder in jeder Verwendungs- oder Entlohnungsgruppe oder
2. – wenn eine Unterteilung in Funktionsgruppen (einschließlich Grundlaufbahn), Gehaltsgruppen oder Bewertungsgruppen besteht – in der betreffenden Gruppe oder
3. in den betreffenden hervorgehobenen Verwendungen (Funktionen), welche auf die betreffende nicht in Gruppen unterteilte Kategorie nach § 11 Abs. 2 Z 1 entfallen, im Wirkungsbereich jeder Dienstbehörde festzulegen. Steht einer Verwendungsgruppe eine entsprechende Entlohnungsgruppe gegenüber, ist diese mit der Verwendungsgruppe gemeinsam zu behandeln.

(BGBl I 2004/65)

Vorrangige Aufnahme in den Bundesdienst

§ 11b. (1) Bewerberinnen, die für die angestrebte Planstelle gleich geeignet sind wie der bestgeeignete Mitbewerber, sind, sofern nicht in der Person eines Mitbewerbers liegende Gründe überwiegen, entsprechend den Vorgaben des Frauenförderungsplanes solange vorrangig aufzunehmen, bis der Anteil der Frauen an der Gesamtzahl der dauernd Beschäftigten

1. in der betreffenden Besoldungsgruppe, im betreffenden Entlohnungsschema oder in der betreffenden Verwendungs- oder Entlohnungsgruppe oder
2. – wenn eine Unterteilung in Funktionsgruppen (einschließlich Grundlaufbahn), Gehaltsgruppen oder Bewertungsgruppen besteht – in der betreffenden Gruppe im Wirkungsbereich der jeweiligen Dienstbehörde mindestens 45% beträgt. Steht einer Verwendungsgruppe eine entsprechende Entlohnungs-

gruppe gegenüber, ist diese in den Vergleich miteinzubeziehen. Verwendungen gemäß § 1 Abs. 2 sind dabei nicht zu berücksichtigen. *(BGBl I 2009/153)*

(2) Die in der Person eines Mitbewerbers liegenden Gründe gemäß Abs. 1 dürfen gegenüber Bewerberinnen keine unmittelbar oder mittelbar diskriminierende Wirkung haben.

(BGBl I 2004/65)

Vorrang beim beruflichen Aufstieg

§ 11c. Bewerberinnen, die für die angestrebte hervorgehobene Verwendung (Funktion) gleich geeignet sind wie der bestgeeignete Mitbewerber, sind, sofern nicht in der Person eines Mitbewerbers liegende Gründe überwiegen, entsprechend den Vorgaben des Frauenförderungsplanes solange vorrangig zu bestellen, bis der Anteil der Frauen an der Gesamtzahl der dauernd Beschäftigten

1. in der betreffenden Funktionsgruppe (einschließlich Grundlaufbahn), Gehaltsgruppe oder Bewertungsgruppe oder
2. in den sonstigen hervorgehobenen Verwendungen (Funktionen), welche auf die betreffende, nicht unterteilte Kategorie nach § 11 Abs. 2 Z 1 entfallen, im Wirkungsbereich der jeweiligen Dienstbehörde 45% beträgt. § 11 Abs. 2 zweiter und dritter Satz und § 11b Abs. 2 sind anzuwenden. Verwendungen (Funktionen) gemäß § 1 Abs. 2 sind dabei nicht zu berücksichtigen.

(BGBl I 2004/65, BGBl I 2009/153)

Vorrang bei der Aus- und Weiterbildung

§ 11d. Frauen sind zur Teilnahme an Aus- und Weiterbildungsmaßnahmen, die zur Übernahme höherwertiger Verwendungen (Funktionen) qualifizieren, entsprechend den Vorgaben des Frauenförderungsplanes vorrangig zuzulassen.

(BGBl I 2004/65, BGBl I 2009/153)

3. Abschnitt
Berichtswesen

Bericht an die Bundeskanzlerin oder den Bundeskanzler
(BGBl I 2007/53, BGBl I 2008/97)

§ 12. (1) Jede Leiterin oder jeder Leiter einer Zentralstelle hat bis zum 31. März des auf den Ablauf jedes zweijährigen Geltungszeitraumes der Frauenförderungspläne folgenden Jahres der Bundeskanzlerin oder dem Bundeskanzler über den Stand der Verwirklichung der Gleichbehandlung und Frauenförderung in ihrem oder seinem Ressort im jeweils letzten Geltungszeitraum des Frauenförderungsplanes für das Ressort zu berichten. *(BGBl I 2008/97)*

(2) Diese Berichte haben nach dienst- und besoldungsrechtlichen Kriterien gegliederte statistische und anonymisierte Daten sowie Vorschläge zum Abbau der Benachteiligungen von Frauen im Ressort zu enthalten. Die Bundeskanzlerin oder der Bundeskanzler hat durch Verordnung festzulegen, welche statistische und anonymisierte Daten in diese Berichte aufzunehmen sind und welche dieser Daten automationsunterstützt ermittelt, verarbeitet, übermittelt sowie veröffentlicht werden dürfen. *(BGBl I 2008/97)*

(3) Der von der Bundeskanzlerin oder vom Bundeskanzler der Bundesregierung vorzulegende Bericht hat auch anonymisierte Angaben über die das 1. Hauptstück des I. Teiles dieses Bundesgesetzes betreffende Tätigkeit der Gleichbehandlungskommission, insbesondere über die Verfahren vor der Kommission und die sonstige Tätigkeit der Kommission, gegliedert nach Ressorts, sowie Vorschläge zur Verwirklichung der Gleichbehandlung nach dem 1. Hauptstück des I. Teiles dieses Bundesgesetzes im Bundesdienst zu enthalten.

(BGBl I 2004/65, BGBl I 2008/97)

Bericht an den Nationalrat

§ 12a. Die Bundesregierung hat dem Nationalrat bis zum 1. Oktober jedes zweiten Jahres unter Bedachtnahme auf die Berichte nach § 12 einen umfassenden Bericht über den Stand der Verwirklichung des 1. Hauptstückes des I. Teiles dieses Bundesgesetzes (Gleichbehandlungsbericht) vorzulegen.

(BGBl I 2004/65)

2. Hauptstück
Gleichbehandlung ohne Unterschied der ethnischen Zugehörigkeit, der Religion oder der Weltanschauung, des Alters oder der sexuellen Orientierung (Antidiskriminierung)

Gleichbehandlungsgebote im Zusammenhang mit einem Dienst- oder Ausbildungsverhältnis

§ 13. (1) Auf Grund der ethnischen Zugehörigkeit, der Religion oder der Weltanschauung, des Alters oder der sexuellen Orientierung darf im Zusammenhang mit einem Dienst- oder Ausbildungsverhältnis gemäß § 1 Abs. 1 niemand unmittelbar oder mittelbar diskriminiert werden, insbesondere nicht

1. bei der Begründung des Dienst- oder Ausbildungsverhältnisses,
2. bei der Festsetzung des Entgelts,
3. bei der Gewährung freiwilliger Sozialleistungen, die kein Entgelt darstellen,
4. bei Maßnahmen der ressortinternen Aus- und Weiterbildung,
5. beim beruflichen Aufstieg, insbesondere bei Beförderungen und der Zuweisung höher entlohnter Verwendungen (Funktionen),
6. bei den sonstigen Arbeitsbedingungen und
7. bei der Beendigung des Dienst- oder Ausbildungsverhältnisses.

(2) Abs. 1 gilt nicht für unterschiedliche Behandlungen aus Gründen der Staatsangehörig-

keit sowie eine Behandlung, die sich aus der Rechtsstellung von Staatsangehörigen dritter Staaten oder staatenloser Personen ergibt.

(BGBl I 2004/65)

Begriffsbestimmungen

§ 13a. (1) Eine unmittelbare Diskriminierung liegt vor, wenn eine Person auf Grund eines in § 13 genannten Grundes in einer vergleichbaren Situation eine weniger günstige Behandlung erfährt, als eine andere Person erfährt, erfahren hat oder erfahren würde.

(2) Eine mittelbare Diskriminierung liegt vor, wenn dem Anschein nach neutrale Vorschriften, Kriterien oder Verfahren Personen, die einer ethnischen Gruppe angehören, oder Personen mit einer bestimmten Religion oder Weltanschauung, eines bestimmten Alters oder mit einer bestimmten sexuellen Orientierung gegenüber anderen Personen in besonderer Weise benachteiligen können, es sei denn, die betreffenden Vorschriften, Kriterien oder Verfahren sind durch ein rechtmäßiges Ziel sachlich gerechtfertigt und die Mittel sind zur Erreichung dieses Zieles angemessen und erforderlich.

(3) Eine Diskriminierung liegt auch bei Anweisung einer Person zur Diskriminierung vor.

(BGBl I 2004/65)

(4) Eine Diskriminierung liegt auch vor, wenn eine Person auf Grund ihres Naheverhältnisses zu einer Person wegen deren ethnischer Zugehörigkeit, deren Religion oder deren Weltanschauung, deren Alters oder deren sexuellen Orientierung diskriminiert wird. *(BGBl I 2011/6)*

Ausnahmebestimmungen

§ 13b. (1) Bei Ungleichbehandlung wegen eines Merkmals, das im Zusammenhang mit einem der in § 13 genannten Diskriminierungsgründe steht, liegt keine Diskriminierung vor, wenn das betreffende Merkmal auf Grund der Art einer bestimmten beruflichen Tätigkeit oder der Rahmenbedingungen ihrer Ausübung eine wesentliche und entscheidende berufliche Voraussetzung darstellt und sofern es sich um einen rechtmäßigen Zweck und eine angemessene Anforderung handelt.

(2) Eine Diskriminierung auf Grund der Religion oder Weltanschauung liegt in Bezug auf berufliche Tätigkeiten innerhalb von öffentlichen Organisationen, deren Ethos auf religiösen Grundsätzen oder Weltanschauungen beruht, nicht vor, wenn die Religion oder die Weltanschauung dieser Person nach der Art dieser Tätigkeiten oder der Umstände ihrer Ausübung eine wesentliche, rechtmäßige und gerechtfertigte berufliche Anforderung angesichts des Ethos der Organisation darstellt.

(3) Eine Diskriminierung auf Grund des Alters liegt nicht vor, wenn die Ungleichbehandlung

1. objektiv und angemessen ist,
2. durch ein legitimes Ziel, insbesondere rechtmäßige Ziele aus den Bereichen Beschäftigungspolitik, Arbeitsmarkt und berufliche Bildung gerechtfertigt ist und
3. die Mittel zur Erreichung dieses Zieles angemessen und erforderlich sind.

(4) Ungleichbehandlungen nach Abs. 3 können insbesondere einschließen

1. die Festlegung besonderer Bedingungen für den Zugang zum Dienst- oder Ausbildungsverhältnis und zur Aus- und Weiterbildung sowie besonderer Beschäftigungs- und Arbeitsbedingungen, einschließlich der Bedingungen für Entlassung und Entlohnung, um die berufliche Eingliederung von Jugendlichen, älteren Dienstnehmerinnen und Dienstnehmer und Personen mit Fürsorgepflichten zu fördern oder ihren Schutz sicherzustellen,
2. die Festlegung von Mindestanforderungen an das Alter, die Berufserfahrung oder des Dienstalters für den Zugang zum Dienst- oder Ausbildungsverhältnis oder für bestimmte mit dem Dienst- oder Ausbildungsverhältnis verbundenen Vorteile,
3. die Festsetzung eines Höchstalters für die Einstellung auf Grund der spezifischen Ausbildungsanforderungen eines bestimmten Arbeitsplatzes oder auf Grund der Notwendigkeit einer angemessenen Beschäftigungszeit vor dem Eintritt in den Ruhestand.

(5) Eine Diskriminierung auf Grund des Alters liegt auch nicht vor bei den betrieblichen Systemen der sozialen Sicherheit durch Festsetzung von Altersgrenzen als Voraussetzung für die Mitgliedschaft oder den Bezug von Altersrente oder von Leistungen bei Invalidität einschließlich der Festsetzung unterschiedlicher Altersgrenzen im Rahmen dieser Systeme für bestimmte Beschäftigte oder Gruppen oder Kategorien von Beschäftigten und die Verwendung im Rahmen dieser Systeme von Alterskriterien für versicherungsmathematische Berechnungen, solange dies nicht zu Diskriminierungen wegen des Geschlechtes führt.

(BGBl I 2004/65)

Einreihung von Verwendungen und Arbeitsplätzen

§ 14. Bei der Einreihung von Verwendungen und Arbeitsplätzen in für den Monatsbezug oder das Monatsentgelt bedeutsame Kategorien, wie Besoldungs-, Verwendungs- und Funktionsgruppen oder Dienstklassen, sind keine Kriterien für die Beurteilung der Tätigkeit zu verwenden, die zu einer Diskriminierung einer Person wegen einer im § 13 genannten Gründe führen.

(BGBl I 2004/65)

Ausschreibung von Arbeitsplätzen und Funktionen

§ 15. (1) In Ausschreibungen von Arbeitsplätzen und Funktionen sind die mit dem Arbeitsplatz (der Funktion) verbundenen Erfordernisse und Aufgaben so zu formulieren, dass sie zu keiner Diskriminierung einer Person wegen einer im § 13 genannten Gründe führen.

(2) Abs. 1 gilt nicht für Arbeitsplätze oder für Funktionen, für die das Vorliegen eines Merkmals, das im Zusammenhang mit einem der in § 13 genannten Diskriminierungsgründe steht, unverzichtbare Voraussetzung für die Ausübung der vorgesehenen Tätigkeit ist.

(BGBl I 2004/65)

Belästigung

§ 16. (1) Eine Diskriminierung nach § 13 liegt auch vor, wenn die Dienstnehmerin oder der Dienstnehmer im Zusammenhang mit seinem Dienst- oder Ausbildungsverhältnis

1. von der Vertreterin oder vom Vertreter des Dienstgebers selbst belästigt wird,
2. durch die Vertreterin oder den Vertreter des Dienstgebers dadurch diskriminiert wird, indem sie oder er es schuldhaft unterläßt, im Falle einer Belästigung durch Dritte eine angemessene Abhilfe zu schaffen oder
3. durch Dritte belästigt wird.

(2) Belästigung liegt vor, wenn eine unerwünschte Verhaltensweise, die mit einem der Gründe nach § 13 in Zusammenhang steht, gesetzt wird,

1. die die Würde der betroffenen Person beeinträchtigt oder dies bezweckt,
2. die für die betroffene Person unerwünscht, unangebracht oder anstößig ist und
3. die eine einschüchternde, feindselige, entwürdigende, beleidigende oder demütigende Arbeitsumwelt für die betroffene Person schafft oder dies bezweckt.

(BGBl I 2008/97)

(3) Eine Diskriminierung liegt auch bei Anweisung zur Belästigung einer Person vor.

(BGBl I 2004/65)

Diskriminierung als Dienstpflichtverletzung

§ 16a. Jede unmittelbare oder mittelbare Diskriminierung sowie jede Anweisung zur Diskriminierung nach den §§ 13 Abs. 1 und 14 bis 16 durch eine Bedienstete oder einen Bediensteten verletzt die Verpflichtungen, die sich aus dem Dienstverhältnis ergeben, und ist nach den dienst- und disziplinarrechtlichen Vorschriften zu verfolgen.

Berichtswesen
(BGBl I 2008/97)

§ 16b. § 12 Abs. 3 ist mit der Maßgabe anzuwenden, dass der von der Bundeskanzlerin oder vom Bundeskanzler der Bundesregierung vorzulegende Bericht auch anonymisierte Angaben über die dieses Hauptstück betreffende Tätigkeit der Gleichbehandlungskommission zu enthalten hat.

(BGBl I 2008/97)

3. Hauptstück
Gemeinsame Bestimmungen für das 1. und 2. Hauptstück

1. Abschnitt
Rechtsfolgen der Verletzung des Gleichbehandlungsgebotes Begründung eines Dienst- oder Ausbildungsverhältnisses

§ 17. (1) Ist das Dienst- oder Ausbildungsverhältnis wegen einer Verletzung des Gleichbehandlungsgebotes nach § 4 Z 1 oder § 13 Abs. 1 Z 1 nicht begründet worden, so ist der Bund der Bewerberin oder dem Bewerber zum Ersatz des Vermögensschadens und zu einer Entschädigung für die erlittene persönliche Beeinträchtigung verpflichtet.

(2) Der Ersatzanspruch beträgt, wenn die Bewerberin oder der Bewerber

1. bei diskriminierungsfreier Auswahl die zu besetzende Planstelle erhalten hätte, mindestens drei Monatsbezüge oder
2. im Aufnahmeverfahren diskriminiert worden ist, aber die zu besetzende Planstelle wegen der besseren Eignung der aufgenommenen Bewerberin oder des aufgenommenen Bewerbers auch bei diskriminierungsfreier Auswahl nicht erhalten hätte, bis zu drei Monatsbezüge des für die Gehaltsstufe 2 der Dienstklasse V der Beamten der allgemeinen Verwaltung gebührenden Betrages.

(BGBl I 2004/65)

Festsetzung des Entgelts

§ 17a. Erhält eine vertraglich Bedienstete oder ein vertraglich Bediensteter wegen Verletzung des Gleichbehandlungsgebotes nach § 4 Z 2 oder § 13 Abs. 1 Z 2 durch den Bund für gleiche Arbeit oder für eine Arbeit, die als gleichwertig anerkannt wird, ein geringeres Entgelt als eine Bedienstete oder ein Bediensteter, bei der oder bei dem eine Diskriminierung wegen eines im § 4 oder § 13 genannten Grundes nicht erfolgt, so hat sie oder er gegenüber dem Bund Anspruch auf Bezahlung der Differenz und einer Entschädigung für die erlittene persönliche Beeinträchtigung.

(BGBl I 2004/65)

Gewährung freiwilliger Sozialleistungen

§ 17b. Bei Verletzung des Gleichbehandlungsgebotes nach § 4 Z 3 oder § 13 Abs. 1 Z 3 hat die Dienstnehmerin oder der Dienstnehmer Anspruch auf Gewährung der betreffenden Sozialleistung oder Ersatz des Vermögensschadens und jeweils auf eine Entschädigung für die erlittene persönliche Beeinträchtigung.

(BGBl I 2004/65)

Maßnahmen der Aus- und Weiterbildung

§ 17c. Bei Verletzung des Gleichbehandlungsgebotes nach § 4 Z 4 oder § 13 Abs. 1 Z 4 hat die Dienstnehmerin oder der Dienstnehmer auf ihr oder sein Verlangen Anspruch auf Einbeziehung in die entsprechenden Aus- und Weiterbildungsmaßnahmen oder auf Ersatz des Vermögensschadens und jeweils auf eine Entschädigung für die erlittene persönliche Beeinträchtigung.

(BGBl I 2004/65)

Beruflicher Aufstieg vertraglich Bediensteter

§ 18. (1) Ist eine vertraglich Bedienstete oder ein vertraglich Bediensteter wegen einer Verletzung des Gleichbehandlungsgebotes nach § 4 Z 5 oder § 13 Abs. 1 Z 5 nicht beruflich aufgestiegen, so ist der Bund zum Ersatz des Vermögensschadens und zu einer Entschädigung für die erlittene persönliche Beeinträchtigung verpflichtet.

(2) Der Ersatzanspruch beträgt, wenn die Bedienstete oder der Bedienstete

1. bei diskriminierungsfreier Auswahl beruflich aufgestiegen wäre, die Entgeltdifferenz für mindestens drei Monate, oder
2. im Verfahren für den beruflichen Aufstieg diskriminiert worden ist, aber die zu besetzende Planstelle wegen der besseren Eignung der oder des beruflich aufgestiegenen Bediensteten auch bei diskriminierungsfreier Auswahl nicht erhalten hätte, die Entgeltdifferenz bis zu drei Monate zwischen dem Entgelt, das die oder der Bedienstete bei erfolgreichem beruflichen Aufstieg erhalten hätte, und dem tatsächlichen Entgelt.

(BGBl I 2004/65)

Beruflicher Aufstieg von Beamtinnen und Beamten

§ 18a. (1) Ist eine Beamtin oder ein Beamter wegen einer Verletzung des Gleichbehandlungsgebotes nach § 4 Z 5 oder § 13 Abs. 1 Z 5 nicht mit einer Verwendung (Funktion) betraut worden, so ist der Bund zum Ersatz des Vermögensschadens und einer Entschädigung für die erlittene persönliche Beeinträchtigung verpflichtet.

(2) Der Ersatzanspruch beträgt, wenn die Beamtin oder der Beamte

1. bei diskriminierungsfreier Auswahl beruflich aufgestiegen wäre, die Bezugsdifferenz für mindestens drei Monate, oder
2. im Verfahren für den beruflichen Aufstieg diskriminiert worden ist, aber die zu besetzende Planstelle wegen der besseren Eignung der oder des beruflich aufgestiegenen Bediensteten auch bei diskriminierungsfreier Auswahl nicht erhalten hätte, die Bezugsdifferenz bis zu drei Monate zwischen dem Monatsbezug, den die Beamtin oder der Beamte bei erfolgter Betrauung mit der Verwendung (Funktion) erhalten hätte, und dem tatsächlichen Monatsbezug.

(BGBl I 2004/65)

Gleiche Arbeitsbedingungen

§ 18b. Bei Verletzung des Gleichbehandlungsgebotes nach § 4 Z 6 oder § 13 Abs. 1 Z 6 hat die Dienstnehmerin oder der Dienstnehmer Anspruch auf die Gewährung der gleichen Arbeitsbedingungen wie eine Dienstnehmerin oder ein Dienstnehmer, bei der oder bei dem eine Diskriminierung wegen eines im § 4 oder § 13 genannten Grundes nicht erfolgt, oder auf Ersatz des Vermögensschadens und jeweils auf eine Entschädigung für die erlittenen persönliche Beeinträchtigung.

(BGBl I 2004/65)

Beendigung des Dienst- oder Ausbildungsverhältnisses

§ 18c. (1) Ist das Dienst- oder Ausbildungsverhältnis oder ein Probedienstverhältnis der Dienstnehmerin oder des Dienstnehmers wegen eines im § 4 oder § 13 Abs. 1 genannten Grundes gekündigt, vorzeitig beendet oder aufgelöst worden (§ 4 Z 7 oder § 13 Abs. 1 Z 7), so ist die Kündigung, Entlassung oder Auflösung auf Grund eines Antrages oder einer Klage der betroffenen Dienstnehmerin oder des betroffenen Dienstnehmers nach den für das betreffende Dienst- oder Ausbildungsverhältnis geltenden Verfahrensvorschriften für rechtsunwirksam zu erklären und eine Entschädigung für die erlittene persönliche Beeinträchtigung zuzusprechen. *(BGBl I 2009/153)*

(2) Ist ein befristetes, auf Umwandlung in ein unbefristetes Dienstverhältnis angelegtes, Dienstverhältnis wegen eines im § 4 oder § 13 Abs. 1 genannten Grundes durch Zeitablauf beendet worden, so kann auf Feststellung des unbefristeten Bestehens des Dienstverhältnisses geklagt werden.

(3) Lässt die Dienstnehmerin oder der Dienstnehmer die Beendigung gegen sich gelten, so hat sie oder er Anspruch auf Ersatz des Vermögensschadens und auf eine Entschädigung für die erlittene persönliche Beeinträchtigung.

(BGBl I 2008/97)

Sexuelle Belästigung und Belästigung

§ 19. (1) Eine Dienstnehmerin oder ein Dienstnehmer hat gegenüber der Belästigerin oder dem Belästiger Anspruch auf Ersatz des erlittenen Schadens, wenn sie oder er infolge Belästigung nach §§ 8 und 8a oder 16 im Zusammenhang mit ihrem oder seinem Dienst- oder Ausbildungsverhältnis diskriminiert worden ist.

(2) Im Fall einer Belästigung nach §§ 8 Abs. 1 Z 2 und 8a Abs. 1 Z 2 oder 16 Abs. 1 Z 2 besteht der Anspruch einer Dienstnehmerin oder eines Dienstnehmers auf Ersatz des erlittenen Schadens auch gegenüber dem Bund.

(3) Soweit der Nachteil nicht in einer Vermögenseinbuße besteht, hat die Dienstnehmerin oder der Dienstnehmer zum Ausgleich der erlittenen persönlichen Beeinträchtigung Anspruch auf angemessenen Schadenersatz, mindestens jedoch auf einen Schadenersatz von 1 000 Euro.

(BGBl I 2004/65, BGBl I 2011/6)

Mehrfachdiskriminierung
(BGBl I 2008/97)

§ 19a. Liegt eine Mehrfachdiskriminierung aus in § 4 oder § 13 Abs. 1 genannten Gründen vor, so ist darauf bei der Bemessung der Höhe der Entschädigung für die erlittene persönliche Beeinträchtigung Bedacht zu nehmen.

(BGBl I 2008/97)

2. Abschnitt
Geltendmachung von Ansprüchen

Fristen

§ 20. (1) Ansprüche von Bewerberinnen oder Bewerbern nach § 17 und von vertraglichen Dienstnehmerinnen oder Dienstnehmern nach § 18 sind binnen sechs Monaten gerichtlich geltend zu machen. Die Frist für die Geltendmachung der Ansprüche nach den §§ 17 und 18 beginnt mit Ablauf des Tages, an dem die Bewerberin, der Bewerber, die Dienstnehmerin oder der Dienstnehmer Kenntnis von der Ablehnung der Bewerbung oder Beförderung erlangt hat. Ansprüche von vertraglichen Dienstnehmerinnen oder Dienstnehmern nach § 19 infolge Belästigung nach §§ 8a und 16 sind binnen eines Jahres gerichtlich geltend zu machen. Eine Anfechtung einer Kündigung, Entlassung oder Auflösung eines Probedienstverhältnisses der vertraglichen Dienstnehmerin oder des vertraglichen Dienstnehmers gemäß § 18c Abs. 1 oder § 20b, sowie die Einbringung einer Feststellungsklage nach § 18c Abs. 2 oder § 20b hat binnen 14 Tagen ab ihrem Zugang bei Gericht zu erfolgen. Ansprüche von vertraglichen Dienstnehmerinnen oder vertraglichen Dienstnehmern nach § 18c Abs. 3 sind binnen sechs Monaten ab Zugang der Kündigung, Entlassung oder Auflösung des Probedienstverhältnisses oder der Beendigung eines Dienstverhältnisses durch Zeitablauf gerichtlich geltend zu machen. Für Ansprüche nach §§ 17a bis 17c und 18b gilt die dreijährige Verjährungsfrist gemäß § 1486 des Allgemeinen Bürgerlichen Gesetzbuches. *(BGBl I 2008/97, BGBl I 2009/153)*

(2) Ansprüche von vertraglichen Dienstnehmerinnen oder Dienstnehmern nach § 19 infolge sexueller Belästigung nach § 8 sind binnen drei Jahren gerichtlich geltend zu machen. Ansprüche von Beamtinnen oder Beamten nach § 19 infolge sexueller Belästigung nach § 8 sind binnen drei Jahren mit Antrag bei der für sie zuständigen Dienstbehörde geltend zu machen. Ansprüche von Beamtinnen oder Beamten gegenüber der Belästigerin oder dem Belästiger nach § 19 infolge Belästigung nach § 8 sind binnen drei Jahren gerichtlich geltend zu machen. *(BGBl I 2008/97, BGBl I 2009/153)*

(3) Ansprüche von Beamtinnen und Beamten nach § 19 infolge Belästigung nach den §§ 8a und 16 sind binnen eines Jahres mit Antrag bei der für sie zuständigen Dienstbehörde geltend zu machen. Ansprüche von Beamtinnen oder Beamten gegenüber der Belästigerin oder dem Belästiger nach § 19 infolge Belästigung nach den §§ 8a und 16 sind binnen eines Jahres gerichtlich geltend zu machen. Ansprüche von Beamtinnen oder Beamten gegenüber dem Bund nach § 18a sind binnen sechs Monaten mit Antrag bei der für sie zuständigen Dienstbehörde geltend zu machen. Die Frist für die Geltendmachung des Anspruches nach § 18a beginnt mit Ablauf des Tages, an dem die Beamtin oder der Beamte Kenntnis von der Ablehnung der Bewerbung oder Beförderung erlangt hat. *(BGBl I 2008/97, BGBl I 2009/153)*

(4) Der Antrag auf Erklärung der Rechtsunwirksamkeit der Kündigung und auf eine Entschädigung für die erlittene persönliche Beeinträchtigung einer provisorischen Beamtin oder eines provisorischen Beamten gemäß § 18c Abs. 1 oder § 20b ist binnen 14 Tagen bei der für sie oder ihn zuständigen Dienstbehörde zu stellen. Der Antrag auf Ersatz des Vermögensschadens und auf eine Entschädigung für die erlittene persönliche Beeinträchtigung einer provisorischen Beamtin oder eines provisorischen Beamten gemäß § 18c Abs. 3 ist binnen sechs Monaten bei der für sie oder ihn zuständigen Dienstbehörde zu stellen. Die Frist beginnt mit Ablauf des Tages, an dem die Beamtin oder der Beamte von der Kündigung Kenntnis erlangt hat. *(BGBl I 2009/153)*

(5) Das Dienstrechtsverfahrensgesetz 1984, BGBl. Nr. 29, und die dazu ergangenen Verordnungen sind auf die Zuständigkeit der Dienstbehörden zur Geltendmachung von Ersatzansprüchen durch Beamtinnen oder Beamte anzuwenden. *(BGBl I 2009/153)*

(6) Die Einbringung des Antrages auf Prüfung der Verletzung des Gleichbehandlungsgebotes bei der Gleichbehandlungskommission bewirkt die Hemmung der Fristen nach Abs. 1 bis 4. *(BGBl I 2009/153)*

(7) Ansprüche nach den §§ 17 bis 19, die neben einem in diesem Bundesgesetz erfassten Diskriminierungsgrund auch auf den Diskriminierungsgrund der Behinderung gestützt werden, können bei den ordentlichen Gerichten oder bei Behörden nur nach vorheriger Durchführung eines Schlichtungsverfahrens beim Bundesamt für Soziales und Behindertenwesen geltend gemacht werden. Für die Geltendmachung dieser Ansprüche gelten die §§ 7k bis 7m und 7o des Behinderteneinstellungsgesetzes, BGBl. Nr. 22/1970. *(BGBl I 2005/82, BGBl I 2009/153)*

(BGBl I 2004/65)

Beweislast

§ 20a. Insoweit sich eine betroffene Person vor Gericht auf einen Diskriminierungstatbestand im Sinne der §§ 4, 8, 8a, 13 Abs. 1 oder 16 beruft, hat sie diesen glaubhaft zu machen. Der oder dem Beklagten obliegt es bei Berufung auf § 4 oder § 13 Abs. 1 zu beweisen, dass es bei Abwägung aller Umstände wahrscheinlicher ist, dass ein anderes von der oder dem Beklagten glaubhaft gemachtes Motiv für die unterschiedliche Behandlung ausschlaggebend war oder das andere Geschlecht unverzichtbare Voraussetzung für die auszuübende Tätigkeit ist oder ein Rechtfertigungsgrund im Sinne der §§ 4a Abs. 3, 13a Abs. 2 oder 13b vorliegt. Bei Berufung auf § 8, § 8a oder § 16 obliegt es der oder dem Beklagten zu beweisen, dass es bei Abwägung aller Umstände wahrscheinlicher ist, dass die von der oder dem Beklagten glaubhaft gemachten Tatsachen der Wahrheit entsprechen. *(BGBl I 2005/20, BGBl I 2009/153)*

(BGBl I 2004/65)

Benachteiligungsverbot

§ **20b.** Die Dienstnehmerinnen oder die Dienstnehmer dürfen durch die Vertreterin oder den Vertreter des Dienstgebers als Reaktion auf eine Beschwerde oder auf die Einleitung eines Verfahrens zur Durchsetzung des Gleichbehandlungsgebotes nicht entlassen, gekündigt oder anders benachteiligt werden. Auch eine andere Dienstnehmerin oder ein anderer Dienstnehmer, die als Zeugin oder Zeuge oder Auskunftsperson in einem Verfahren auftritt oder eine Beschwerde einer Dienstnehmerin oder eines Dienstnehmers unterstützt, darf als Reaktion auf eine Beschwerde oder auf die Einleitung eines Verfahrens zur Durchsetzung des Gleichbehandlungsgebotes nicht entlassen, gekündigt oder anders benachteiligt werden. § 20a ist anzuwenden. *(BGBl I 2004/65)*

II. Teil
Institutionen und Verfahren

1. Hauptstück
Institutionen

Einteilung

§ **21.** Personen und Institutionen, die sich mit der Gleichbehandlung und Frauenförderung im Sinne dieses Bundesgesetzes besonders zu befassen haben, sind:

1. die Gleichbehandlungskommission des Bundes,
2. die Gleichbehandlungsbeauftragten,
3. die Arbeitsgruppen für Gleichbehandlungsfragen,
4. die Interministerielle Arbeitsgruppe für Gleichbehandlungsfragen,
5. die Kontaktfrauen (Frauenbeauftragte) und
6. Arbeitskreise für Gleichbehandlungsfragen gemäß § 21 des Hochschulgesetzes 2005, BGBl. I Nr. 30/2006. *(BGBl I 2004/65, BGBl I 2007/53, BGBl I 2009/153)*

1. Abschnitt
Gleichbehandlungskommission

Einrichtung

§ **22.** (1) Beim Bundeskanzleramt ist die Gleichbehandlungskommission des Bundes (in der Folge „Kommission“ genannt) einzurichten. *(BGBl I 2007/53)*

(2) Der Kommission gehören als Mitglieder an:

1. eine Vertreterin oder ein Vertreter des Bundeskanzleramtes, die oder der über eine mindestens dreijährige Erfahrung in der Vollziehung des Bundes-Gleichbehandlungsgesetzes verfügt, *(BGBl I 2007/53)*
2. zwei Personen, die eine mindestens dreijährige Erfahrung im Bereich des Arbeits- und Sozialrechts oder des Dienstrechts des Bundes erworben haben,
3. eine auf Vorschlag des Bundeskanzlers bestellte Person, die eine mindestens dreijährige Erfahrung im Bereich des Dienstrechts des Bundes erworben hat, *(BGBl I 2005/165)*
4. zwei Vertreterinnen oder Vertreter der Interministeriellen Arbeitsgruppe für Gleichbehandlungsfragen,
5. je vier Vertreterinnen oder Vertreter der
   a) Gewerkschaft Öffentlicher Dienst oder
   b) in Angelegenheiten von Post- und Fernmeldebediensteten der Gewerkschaft der Post- und Fernmeldebediensteten.

Die Mitglieder (Ersatzmitglieder) nach Z 1 bis 3 müssen den Abschluss der rechtswissenschaftlichen Studien aufweisen.

(3) Für jedes der in Abs. 2 Z 1 bis 5 genannten Mitglieder ist mindestens ein Ersatzmitglied zu bestellen.

(4) Die in Abs. 2 Z 1 bis 3 genannten Mitglieder (Ersatzmitglieder) werden von der Bundeskanzlerin oder vom Bundeskanzler, die weiteren Mitglieder (Ersatzmitglieder) von den in Abs. 2 Z 4 und 5 genannten Institutionen für eine Funktionsdauer von fünf Jahren bestellt. Vor der Bestellung von Bediensteten anderer Ressorts (Zentralstellen) ist das Einvernehmen mit der Leiterin oder dem Leiter der betreffenden Zentralstelle herzustellen. *(BGBl I 2007/53, BGBl I 2008/97)*

(5) Üben die in Abs. 2 Z 4 und 5 genannten Institutionen ihr Bestellungsrecht nicht binnen vier Wochen nach Aufforderung aus, so hat die Bundeskanzlerin oder der Bundeskanzler die erforderlichen Mitglieder (Ersatzmitglieder) selbst zu bestellen. Wiederbestellungen sind zulässig. *(BGBl I 2007/53, BGBl I 2008/97)*

(6) Im Bedarfsfall ist die Kommission durch Neubestellung von Mitgliedern für den Rest der Funktionsdauer zu ergänzen.

(7) Die oder der Vorsitzende des Senates I hat die Tätigkeit der Kommission zu koordinieren und insbesondere die Senate zu bilden. *(BGBl I 2004/65)*

Senate

§ **22a.** (1) Die Kommission hat in Senaten zu entscheiden. Die beiden einzurichtenden Senate sind für folgende Bereiche zuständig:

1. Senat I für die Gleichbehandlung von Frauen und Männern (I. Teil, 1. Hauptstück),
2. Senat II für die Gleichbehandlung ohne Unterschied der ethnischen Zugehörigkeit, der Religion oder der Weltanschauung, des Alters oder der sexuellen Orientierung (I. Teil, 2. Hauptstück).

(2) Betrifft ein von der Kommission zu behandelnder Fall sowohl die Gleichbehandlung von Frauen und Männern als auch die Gleichbehandlung ohne Unterschied der ethnischen Zugehörigkeit, der Religion oder Weltanschauung, des Alters oder der sexuellen Orientierung, so ist Senat I zuständig. Er hat dabei auch die Bestimmungen über die Gleichbehandlung ohne Unterschied der Rasse oder ethnischen Herkunft, der Religion oder Weltanschauung, des Alters oder der sexuellen Orientierung (I. Teil, 2. Hauptstück) anzuwenden. *(BGBl I 2004/65)*

2. Hauptstück) anzuwenden.

Zusammensetzung der Senate

§ 22b. (1) Jeder Senat hat aus der oder dem Vorsitzenden oder deren oder dessen Stellvertreterin oder Stellvertreter und weiteren Mitgliedern zu bestehen. Ein Mitglied kann auch beiden Senaten angehören.

(2) Jedem Senat gehören als Mitglieder an:

1. eine Vertreterin oder ein Vertreter des Bundeskanzleramtes, die oder der über eine mindestens dreijährige Erfahrung in der Vollziehung des BundesGleichbehandlungsgesetzes verfügt, *(BGBl I 2007/53)*
2. eine Person, die eine mindestens dreijährige Erfahrung im Bereich des Arbeits- und Sozialrechts oder des Dienstrechts des Bundes erworben hat,
3. eine auf Vorschlag des Bundeskanzlers bestellte Person, die eine mindestens dreijährige Erfahrung im Bereich des Dienstrechts des Bundes erworben hat, *(BGBl I 2005/165, BGBl I 2007/53)*
4. eine Vertreterin oder ein Vertreter der Interministeriellen Arbeitsgruppe für Gleichbehandlungsfragen,
5. zwei Vertreterinnen oder Vertreter der
   a) Gewerkschaft Öffentlicher Dienst oder
   b) in Angelegenheiten von Post- und Fernmeldebediensteten der Gewerkschaft der Post- und Fernmeldebediensteten.

(3) Die Bundeskanzlerin oder der Bundeskanzler hat je ein Mitglied jedes Senates

1. zur Vorsitzenden oder zum Vorsitzenden und
2. zu deren oder dessen Stellvertreterin oder Stellvertreter zu bestellen.

(BGBl I 2004/65, BGBl I 2008/97)

Aufgaben der Gleichbehandlungskommission

§ 23. (1) Die Senate der Kommission haben sich in ihrem Zuständigkeitsbereich (§ 22a) mit allen die Gleichbehandlung von Frauen und Männern, die Frauenförderung und die Gleichbehandlung ohne Unterschied der ethnischen Zugehörigkeit, der Religion oder der Weltanschauung, des Alters oder der sexuellen Orientierung im Bundesdienst betreffenden Fragen im Sinne dieses Bundesgesetzes zu befassen.

(2) Entwürfe von Gesetzen und Verordnungen einer Zentralstelle des Bundes, die Angelegenheiten der Gleichbehandlung von Frauen und Männern, der Frauenförderung und der Gleichbehandlung ohne Unterschied der ethnischen Zugehörigkeit, der Religion oder der Weltanschauung, des Alters oder der sexuellen Orientierung im Bundesdienst unmittelbar berühren, sind der Kommission im Begutachtungsverfahren zur Erstellung eines Gutachtens zuzuleiten.

(BGBl I 2004/65)

Gutachten

§ 23a. (1) Auf Antrag einer der in Abs. 2 genannten Personen oder Institutionen oder von Amts wegen hat der dafür zuständige Senat der Kommission ein Gutachten zu erstatten,

1. ob eine Verletzung des Gleichbehandlungsgebotes nach den §§ 4 und 5 bis 8a, 13 und 14 bis 16 oder
2. ob eine Verletzung des Frauenförderungsgebotes nach den §§ 11 und 11b bis 11d vorliegt. *(BGBl I 2008/97)*

(2) Zur Antragstellung an die Kommission sind berechtigt:

1. jede Bewerberin und jeder Bewerber um Aufnahme in ein Dienst- oder Ausbildungsverhältnis, und
2. jede Dienstnehmerin und jeder Dienstnehmer, die oder der
   a) eine ihr oder ihm zugefügte Diskriminierung nach den §§ 4 und 5 bis 8a, 13 und 14 bis 16,
   b) eine Benachteiligung nach § 20b oder
   c) eine Verletzung des Frauenförderungsgebotes nach den §§ 11 und 11b bis 11d

   behauptet, *(BGBl I 2005/82)*
3. jede Arbeitsgruppe für Gleichbehandlungsfragen für ihren Ressortbereich,
4. jede und jeder Gleichbehandlungsbeauftragte für ihren oder seinen Vertretungsbereich.

(3) Betrifft ein Antrag gemäß Abs. 2 Z 3 oder 4 nicht eine Personengruppe, sondern eine Einzelperson, bedarf der Antrag der nachweislichen Zustimmung der betroffenen Bewerberin oder Dienstnehmerin oder des betroffenen Bewerbers oder Dienstnehmers.

(4) Die Antragstellerin oder der Antragsteller nach Abs. 2 Z 1 oder 2 hat das Recht, sich durch eine Person ihres oder seines Vertrauens, insbesondere durch eine Vertreterin oder einen Vertreter einer Interessenvertretung oder einer Nichtregierungsorganisation, im Verfahren vor der Kommission vertreten zu lassen. Der Senat hat auf Antrag der von der Diskriminierung betroffenen Person eine Vertreterin oder einen Vertreter einer von dieser Person namhaft gemachten Nichtregierungsorganisation als Auskunftsperson gemäß § 24 Abs. 4a beizuziehen. *(BGBl I 2008/97)*

(5) Ein Antrag an die Kommission ist nur binnen sechs Monaten ab Kenntnis der behaupteten Diskriminierung oder Verletzung des Frauenförderungsgebotes zulässig. Abweichend davon ist ein Antrag wegen einer Verletzung des Diskriminierungsverbotes nach § 8 binnen drei Jahren und nach den §§ 8a und 16 binnen eines Jahres zulässig. *(BGBl I 2005/82, BGBl I 2009/153)*

(6) Sobald ein Verfahren bei der Kommission anhängig ist, hat die oder der Vorsitzende des befassten Senates hievon binnen zwei Wochen zu benachrichtigen:

1. die Antragstellerin oder den Antragsteller,
2. die Vertreterin oder den Vertreter des Dienstgebers, die oder der der Diskriminierung beschuldigt wird.

(7) Der befasste Senat hat sein Gutachten innerhalb von sechs Monaten ab Einlangen des Antrages bei der Kommission

1. der Antragstellerin oder dem Antragsteller und
2. der Leiterin oder dem Leiter des zuständigen Ressorts zu erstatten.

(8) Ist der befasste Senat der Auffassung, dass eine Verletzung des Gleichbehandlungsgebotes oder des Frauenförderungsgebotes vorliegt, so hat er

1. der zuständigen Leiterin oder dem zuständigen Leiter des Ressorts schriftlich einen Vorschlag zur Verwirklichung der Gleichbehandlung zu übermitteln und
2. sie oder ihn aufzufordern,
   a) die Diskriminierung zu beenden und
   b) die für die Verletzung des Gebotes verantwortliche Bundesbedienstete oder den für die Verletzung des Gebotes verantwortlichen Bundesbediensteten nach den dienst- oder disziplinarrechtlichen Vorschriften zu verfolgen.

(9) Betreffen die Vorschläge nach Abs. 8 eine Verletzung des Gleichbehandlungsgebotes oder des Frauenförderungsgebotes nach dem 1. Hauptstück des I. Teiles dieses Bundesgesetzes und kommt die Leiterin oder der Leiter des Ressorts diesen Vorschlägen nicht innerhalb von zwei Monaten nach, ist dieser Umstand in den dem Nationalrat vorzulegenden Bericht über die Tätigkeit der Kommission nach § 12a aufzunehmen. *(BGBl I 2007/96)*

(10) Der befasste Senat hat Gutachten im Sinne des Abs. 1, sofern keine Rückschlüsse auf Einzelfälle gezogen werden können, im vollen Wortlaut, jedoch in anonymisierter Form, auf der Homepage des Bundeskanzleramtes kostenlos zu veröffentlichen.

(BGBl I 2004/65, BGBl I 2007/53)

Geschäftsführung der Gleichbehandlungskommission

§ 24. (1) Die oder der Senatsvorsitzende und im Falle ihrer oder seiner Verhinderung ihre oder seine Stellvertreterin oder ihr oder sein Stellvertreter hat den Senat nach Bedarf einzuberufen. *(BGBl I 2004/65)*

(2) Ein Mitglied des Senates, das verhindert ist, seine Funktion auszuüben, ist durch sein Ersatzmitglied zu vertreten. *(BGBl I 2004/65)*

(3) Der Senat ist beschlussfähig, wenn mindestens die Hälfte der Mitglieder anwesend ist. *(BGBl I 2004/65)*

(4) Der Senat hat seine Beschlüsse mit Stimmenmehrheit zu fassen. Eine Stimmenthaltung ist unzulässig. Bei Stimmengleichheit ist die Meinung angenommen, für die die Vorsitzende oder der Vorsitzende gestimmt hat. Die oder der Vorsitzende hat ihre oder seine Stimme zuletzt abzugeben. *(BGBl I 2004/65)*

(4a) Die oder der Senatsvorsitzende kann den Sitzungen des Senates auch sonstige Fachleute mit beratender Stimme beiziehen. Dem Verlangen von mehr als einem Drittel der Mitglieder, der Arbeitsgruppe für Gleichbehandlungsfragen oder der oder des Gleichbehandlungsbeauftragten nach Beiziehung bestimmter Fachleute hat die oder der Vorsitzende zu entsprechen. *(BGBl I 2004/65, BGBl I 2008/97)*

(5) Die Mitglieder der Gleichbehandlungskommission sind in Ausübung dieses Amtes selbständig und unabhängig. Die Bundesregierung hat das Recht, sich über alle Gegenstände der Geschäftsführung der Kommission zu unterrichten. *(BGBl I 2008/2, BGBl I 2009/153)*

Abs. 5a entfällt durch BGBl I 2011/6.

(6) Die Geschäftsordnung der Senate der Kommission ist durch Verordnung der Bundeskanzlerin oder des Bundeskanzlers näher zu regeln. *(BGBl I 2004/65, BGBl I 2007/53, BGBl I 2008/97)*

(7) Für die Sacherfordernisse der Kommission und für die Besorgung ihrer Kanzleigeschäfte hat das Bundeskanzleramt aufzukommen. *(BGBl I 2004/65, BGBl I 2007/53)*

Verfahren vor der Gleichbehandlungskommission

§ 25. (1) Auf das Verfahren vor den Senaten der Kommission sind die §§ 6 Abs. 1, 7, 13, 14 bis 16 sowie 18 bis 22, 32, 33, 45 und 46 AVG, BGBl. Nr. 51/1991, anzuwenden. Für die Beiziehung von Dolmetschern und Übersetzern gelten die Bestimmungen der §§ 39a, 52 Abs. 3 und 4 sowie 53 AVG, wobei die Kosten von Amts wegen zu tragen sind.

(2) Die §§ 45 und 46 AVG sind jedoch mit der Maßgabe anzuwenden, dass eine Antragstellerin oder ein Antragsteller, der eine ihr oder ihm zugefügte Diskriminierung nach den §§ 4, 4a, 6 bis 8a, 13 Abs. 1 und 14 bis 16 oder eine Verletzung des Frauenförderungsgebotes nach den §§ 11 und 11b bis 11d behauptet, diesen Umstand lediglich glaubhaft zu machen hat. Die Vertreterin oder der Vertreter des Dienstgebers hat darzulegen, dass

1. bei Berufung auf § 4 oder § 13 Abs. 1 bei Abwägung aller Umstände eine höhere Wahrscheinlichkeit dafür spricht, dass ein anderes von ihr oder ihm glaubhaft gemachtes Motiv für die unterschiedliche Behandlung ausschlaggebend war oder das andere Geschlecht unverzichtbare Voraussetzung für die auszuübende Tätigkeit ist oder ein Rechtfertigungsgrund im Sinne des § 13b vorliegt,

2. bei Berufung auf § 8, § 8a oder § 16 bei Abwägung aller Umstände eine höhere Wahrscheinlichkeit dafür spricht, dass die von ihr oder ihm glaubhaft gemachten Tatsachen der Wahrheit entsprechen. *(BGBl I 2005/82)*

(3) Jede Vertreterin und jeder Vertreter des Dienstgebers ist verpflichtet, dem befassten Senat der Kommission die für die Durchführung ihrer Aufgaben erforderlichen Auskünfte zu erteilen.

(4) Soweit keine Verpflichtung zur Amtsverschwiegenheit entgegensteht, sind den Senaten der Kommission die Kopien der für die Entscheidung des konkreten Falles notwendigen Bewerbungsunterlagen, Akten oder Aktenbestandteile binnen drei Wochen zu übermitteln, deren Kenntnis für die Entscheidung des konkreten Falles erforderlich ist. *(BGBl I 2008/97)*

(5) Von der Übermittlung ausgenommen sind Aktenbestandteile, soweit deren Kenntnis durch die Kommission eine Schädigung berechtigter Interessen einer Dienstnehmerin oder eines Dienstnehmers oder eine Gefährdung der Aufgaben der Behörde herbeiführen oder den Zweck des Verfahrens beeinträchtigen würde. *(BGBl I 2008/97)*

(6) Die Einsichtnahme in einen Personalakt ist nur mit Zustimmung der oder des betroffenen Bediensteten zulässig. Über personenbezogene Daten hat jedes Mitglied eines Senates der Kommission gegenüber jedermann Stillschweigen zu bewahren.

(BGBl I 2004/65)

2. Abschnitt
Gleichbehandlungsbeauftragte

Bestellung der Gleichbehandlungsbeauftragten

§ 26. (1) Jede Ressortleiterin und jeder Ressortleiter hat unter Bedachtnahme auf die Personalstruktur und die regionale Verteilung der Dienststellen ihres oder seines Ressorts im Bundesgebiet mindestens drei Vertretungsbereiche für Gleichbehandlungsbeauftragte festzulegen. Kann auf Grund des großen Arbeitsanfalles mit drei Vertretungsbereichen nicht das Auslangen gefunden werden, können bis zu insgesamt sieben Vertretungsbereiche festgelegt werden.

(2) Für jeden Vertretungsbereich hat die Ressortleiterin oder der Ressortleiter eine Gleichbehandlungsbeauftragte oder einen Gleichbehandlungsbeauftragten und deren oder dessen Stellvertreterin oder Stellvertreter zu bestellen.

(3) Abweichend von Abs. 1 haben jede Leiterin und jeder Leiter einer Dienststelle, die keinem Bundesministerium nachgeordnet ist, für ihre oder seine Dienststelle eine Gleichbehandlungsbeauftragte oder einen Gleichbehandlungsbeauftragten und deren oder dessen Stellvertreterin oder Stellvertreter zu bestellen.

(4) Die Gleichbehandlungsbeauftragten und deren Stellvertreterinnen oder Stellvertreter sind für eine Funktionsdauer von fünf Jahren zu bestellen. Die Bestellung bedarf der Zustimmung der oder des zu bestellenden Bediensteten. Wiederbestellungen sind zulässig.

(5) Voraussetzung für die Bestellung zur oder zum Gleichbehandlungsbeauftragten ist, dass die oder der Bedienstete

1. dem Personalstand des Ressorts angehört und
2. in einer zum Vertretungsbereich der oder des zu bestellenden Gleichbehandlungsbeauftragten gehörenden Dienststelle beschäftigt ist.

(6) Die Arbeitsgruppe für Gleichbehandlungsfragen ist berechtigt, der Ressortleiterin oder dem Ressortleiter für jeden Vertretungsbereich je drei Bedienstete als Gleichbehandlungsbeauftragte und als deren Stellvertreterinnen oder Stellvertreter zur Bestellung vorzuschlagen.

(7) Bei der durch die Arbeitsgruppe vorzunehmenden Auswahl von Bediensteten für einen Dreiervorschlag ist für die Dauer von Fördermaßnahmen im Bereich des Ressorts nach dem 2. Abschnitt des 1. Hauptstückes des I. Teiles besonders Bedacht zu nehmen auf Erfahrung in

1. der Vertretung von Bediensteten unter gleichbehandlungs- und frauenfördernden Gesichtspunkten,
2. der Vertretung weiblicher Bediensteter in Personalvertretungsorganen oder in Gremien der Gewerkschaft.

(BGBl I 2004/65)

Aufgaben der Gleichbehandlungsbeauftragten

§ 27. (1) Die Gleichbehandlungsbeauftragten haben sich mit allen die Gleichbehandlung von Frauen und Männern, die Frauenförderung und die Gleichbehandlung ohne Unterschied der ethnischen Zugehörigkeit, der Religion oder der Weltanschauung, des Alters oder der sexuellen Orientierung in ihrem Vertretungsbereich betreffenden Fragen im Sinne dieses Bundesgesetzes zu befassen.

(2) Die Gleichbehandlungsbeauftragten haben Anfragen, Wünsche, Beschwerden, Anzeigen oder Anregungen einzelner Bediensteter ihres Vertretungsbereiches zu Fragen der Gleichbehandlung entgegenzunehmen, zu beantworten oder der Arbeitsgruppe für Gleichbehandlungfragen, der sie angehören, weiterzugeben. Über Wünsche Beschwerden, Anzeigen und Anregungen zur Gleichbehandlung haben sie dieser jedenfalls zu berichten, sofern dies von einer oder einem Bediensteten verlangt wird.

(3) Die Gleichbehandlungsbeauftragten sind verpflichtet, mindestens einmal jährlich eine Besprechung mit den Kontaktfrauen (Frauenbeauftragten) ihres Vertretungsbereiches und – im Bereich der Pädagogischen Hochschulen – mit jeweils einem Mitglied des Arbeitskreises für Gleichbehandlungsfragen gemäß § 21 des

Hochschulgesetzes 2005 abzuhalten. *(BGBl I 2007/53, BGBl I 2009/153)*

(4) Die Gleichbehandlungsbeauftragten sind berechtigt, bei jedem begründeten Verdacht einer Diskriminierung nach den §§ 4 und 5 bis 8a, 13 Abs. 1 und 14 bis 16 durch eine Beamtin oder einen Beamten mit schriftlicher Zustimmung jener oder jenes Bediensteten, die oder der eine ihr oder ihm zugefügte Diskriminierung behauptet, unverzüglich und unmittelbar der Dienstbehörde Disziplinaranzeige zu erstatten. Wurde eine Disziplinaranzeige auf Grund eines begründeten Verdachts einer sexuellen Belästigung erstattet, hat die Dienstbehörde in jedem Fall die Disziplinaranzeige an die Vorsitzende oder den Vorsitzenden der Disziplinarkommission und an die Disziplinaranwältin oder den Disziplinaranwalt weiterzuleiten.

(5) Gleichbehandlungsbeauftragte sind in Angelegenheiten, in denen sie selbst gemäß Abs. 4 Disziplinaranzeige erstattet haben, von der betroffenen Disziplinarkommission als Zeuginnen oder Zeugen zu vernehmen.

(6) Gleichbehandlungsbeauftragte sind berechtigt, in Angelegenheiten, die ihren Vertretungsbereich betreffen, an den Sitzungen der Gleichbehandlungskommission mit beratender Stimme teilzunehmen.

(BGBl I 2004/65)

3. Abschnitt
Arbeitsgruppen für Gleichbehandlungsfragen

Einrichtung und Mitgliedschaft

§ 28. (1) Bei jeder Zentralstelle ist eine Arbeitsgruppe für Gleichbehandlungsfragen (in der Folge „Arbeitsgruppe" genannt) einzurichten.

(2) Der Arbeitsgruppe gehören als Mitglieder die gemäß § 26 bestellten Gleichbehandlungsbeauftragten und im Falle ihrer Verhinderung ihre Stellvertreterinnen oder Stellvertreter an.

(3) Die Leiterin oder der Leiter jeder Zentralstelle hat aus dem Kreis der Mitglieder der Arbeitsgruppe eine Vorsitzende oder einen Vorsitzenden und deren oder dessen Stellvertreterin oder Stellvertreter zu bestellen. Die Bestellung bedarf der Zustimmung der oder des zu bestellenden Bediensteten.

(BGBl I 2004/65)

Aufgaben der Arbeitsgruppen

§ 29. (1) Die Arbeitsgruppen haben sich mit allen die Gleichbehandlung von Frauen und Männern, die Frauenförderung und die Gleichbehandlung ohne Unterschied der ethnischen Zugehörigkeit, der Religion oder der Weltanschauung, des Alters oder der sexuellen Orientierung im Ressort betreffenden Fragen im Sinne dieses Bundesgesetzes zu befassen.

(2) Den Arbeitsgruppen obliegt es insbesondere,

1. die Leiterin oder den Leiter der Zentralstelle von einem ihnen zur Kenntnis gelangten begründeten Verdacht einer Diskriminierung oder einer Verletzung des Gebotes für Frauenförderung zu unterrichten und einen Vorschlag zur Verwirklichung der Gleichbehandlung zu übermitteln,
2. Anträge an die Kommission auf Erstellung eines Gutachtens zu stellen,
3. einen Vorschlag für den Frauenförderungsplan nach § 11a mit Zielvorgaben für das Ressort auszuarbeiten und der Leiterin oder dem Leiter der Zentralstelle vorzulegen,
4. die Dienstnehmerinnen und Dienstnehmer über ihre Rechte und Möglichkeiten zu deren Geltendmachung sowie die Verfolgung von Pflichtverletzungen nach diesem Bundesgesetz zu informieren.

(3) Die Arbeitsgruppen können bei Bedarf der Leiterin oder dem Leiter der Zentralstelle bis Ende Jänner eines jeden Jahres einen schriftlichen Bericht über die Verwirklichung der Gleichbehandlung und Frauenförderung im Ressort im vorangegangenen Kalenderjahr vorlegen.

(BGBl I 2004/65)

Geschäftsführung der Arbeitsgruppen

§ 30. (1) Auf die Geschäftsführung der Arbeitsgruppen ist § 24 Abs. 1 bis 4 anzuwenden.

(2) Die Geschäftsordnung der Arbeitsgruppen ist durch Verordnung der Bundeskanzlerin oder des Bundeskanzlers näher zu regeln. *(BGBl I 2007/53, BGBl I 2008/97)*

(3) Für die Sacherfordernisse der Arbeitsgruppen und für die Besorgung ihrer Kanzleigeschäfte hat die jeweils zuständige Zentralstelle aufzukommen.

(BGBl I 2004/65)

Tätigkeit der Arbeitsgruppen

§ 31. (1) Die Arbeitsgruppen sind bei der Wahrnehmung ihrer Aufgaben von den Vertreterinnen und Vertretern des Dienstgebers im Ressort zu unterstützen.

(2) Jede Vertreterin und jeder Vertreter des Dienstgebers im Ressort ist verpflichtet, der Arbeitsgruppe die für die Durchführung ihrer Aufgaben erforderlichen Auskünfte zu erteilen.

(BGBl I 2004/65)

4. Abschnitt
Interministerielle Arbeitsgruppe für Gleichbehandlungsfragen

Einrichtung und Mitgliedschaft

§ 32. (1) Beim Bundeskanzleramt ist eine Interministerielle Arbeitsgruppe für Gleichbehandlungsfragen (in der Folge „Interministerielle Arbeitsgruppe" genannt) einzurichten. *(BGBl I 2007/53)*

(2) Der Interministeriellen Arbeitsgruppe gehören als Mitglieder an:

1. die Vorsitzenden der bei den Zentralstellen eingerichteten Arbeitsgruppen sowie

2. je zwei Vertreterinnen oder Vertreter der Gewerkschaft Öffentlicher Dienst und der Gewerkschaft der Post- und Fernmeldebediensteten.

(3) Die im Abs. 2 Z 2 genannten Mitglieder werden von den genannten Institutionen für die Dauer von fünf Jahren bestellt. Wiederbestellungen sind zulässig.

(4) Den Vorsitz in der Interministeriellen Arbeitsgruppe hat die Bundeskanzlerin oder der Bundeskanzler zu führen.

(BGBl I 2004/65, BGBl I 2007/53, BGBl I 2008/97)

Aufgaben der Interministeriellen Arbeitsgruppe

§ 33. Die Interministerielle Arbeitsgruppe hat folgende Aufgaben:

1. Beratung der Bundesregierung in allen grundsätzlichen Angelegenheiten der Gleichbehandlung und Frauenförderung im Bundesdienst im Sinne des 1. und 2. Hauptstückes des I. Teiles dieses Bundesgesetzes,
2. Ausarbeitung von Vorschlägen für die Frauenförderung nach dem 2. Abschnitt des 1. Hauptstückes des I. Teiles dieses Bundesgesetzes,
3. Koordination der Arbeitsgruppen und
4. Bestellung einer Vertreterin oder eines Vertreters der Interministeriellen Arbeitsgruppe in der Kommission.

(BGBl I 2004/65)

Geschäftsführung der Interministeriellen Arbeitsgruppe

§ 34. (1) Die Interministerielle Arbeitsgruppe ist mindestens einmal jährlich von der Vorsitzenden oder vom Vorsitzenden einzuberufen.

(2) Auf die Geschäftsführung der Interministeriellen Arbeitsgruppe ist § 24 Abs. 3, 4, 6 und 7 anzuwenden.

(BGBl I 2004/65)

5. Abschnitt
Kontaktfrauen (Frauenbeauftragte)
(BGBl I 2007/53)

Bestellung der Kontaktfrauen (Frauenbeauftragten)
(BGBl I 2007/53)

§ 35. (1) In jeder Dienststelle, in der mindestens fünf Dienstnehmerinnen beschäftigt sind, kann die oder der Vorsitzende der Arbeitsgruppe eine Dienstnehmerin zur Kontaktfrau (Frauenbeauftragten) bestellen, solange an dieser Dienststelle eine Frauenförderung gemäß § 11 geboten ist. Für zwei oder mehrere Dienststellen kann eine gemeinsame Kontaktfrau (Frauenbeauftragte) bestellt werden, wenn dies unter Berücksichtigung der Personalstruktur der Dienststellen der Verwirklichung der Gleichbehandlung und Frauenförderung nach dem 1. Hauptstück des I. Teiles dieses Bundesgesetzes am besten entspricht. *(BGBl I 2007/53)*

(2) In Dienststellen mit bis zu 300 Dienstnehmerinnen kann eine Kontaktfrau (Frauenbeauftragte), in Dienststellen mit mehr als 300 Dienstnehmerinnen eine weitere Kontaktfrau (Frauenbeauftragte) bestellt werden. *(BGBl I 2007/53)*

(3) Die Kontaktfrauen (Frauenbeauftragten) sind auf die Dauer von fünf Jahren zu bestellen.

(BGBl I 2004/65, BGBl I 2007/53)

Aufgaben der Kontaktfrauen (Frauenbeauftragten)
(BGBl I 2007/53)

§ 36. (1) Die Kontaktfrauen (Frauenbeauftragten) haben sich mit den die Gleichbehandlung und Frauenförderung in ihrer Dienststelle betreffenden Fragen im Sinne des 1. Hauptstückes des I. Teiles dieses Bundesgesetzes zu befassen. *(BGBl I 2007/53, BGBl I 2008/97)*

(2) Die Kontaktfrauen (Frauenbeauftragten) haben Anfragen, Wünsche, Beschwerden, Anzeigen oder Anregungen einzelner Dienstnehmerinnen entgegenzunehmen und die Dienstnehmerinnen ihrer Dienststelle zu beraten und zu unterstützen. *(BGBl I 2007/53)*

(3) Gegenstand der Beratung und Unterstützung gemäß Abs. 2 ist

1. die Information der Dienstnehmerinnen über ihre Rechte,
2. ihre Möglichkeiten zu deren Geltendmachung nach diesem Bundesgesetz und
3. die Verfolgung von Pflichtverletzungen nach dem 1. Hauptstück des I. Teiles dieses Bundesgesetzes.

(BGBl I 2004/65)

2. Hauptstück
Verfahren

Rechtsstellung
(BGBl I 2004/65)

§ 37. (1) Die Gleichbehandlungsbeauftragten, Kontaktfrauen (Frauenbeauftragten) und Mitglieder des Arbeitskreises für Gleichbehandlungsfragen gemäß § 21 des Hochschulgesetzes 2005 sind in Ausübung ihrer Tätigkeit selbständig und unabhängig. Die Leiterin oder der Leiter der Zentralstelle ist berechtigt, sich über alle Gegenstände der Geschäftsführung der Gleichbehandlungsbeauftragten, Kontaktfrauen (Frauenbeauftragten) und Mitglieder des Arbeitskreises für Gleichbehandlungsfragen gemäß § 21 des Hochschulgesetzes 2005 zu unterrichten. *(BGBl I 2007/53, BGBl I 2008/2, BGBl I 2009/153)*

(2) Die Tätigkeit als Kontaktfrau (Frauenbeauftragte) und als Mitglied des Arbeitskreises für Gleichbehandlungsfragen gemäß § 21 des Hochschulgesetzes 2005 ist ein unbesoldetes Ehrenamt, das neben den Berufspflichten und möglichst ohne Beeinträchtigung des Dienstbetriebes auszuüben ist. Dabei ist auf die zusätzliche Belastung aus dieser Tätigkeit Rücksicht zu

nehmen. *(BGBl I 2007/53, BGBl I 2009/153, BGBl I 2011/6)*

(3) Den Gleichbehandlungsbeauftragten steht unter Fortzahlung ihrer Dienstbezüge die zur Erfüllung ihrer Aufgaben notwendige freie Zeit zu; die Inanspruchnahme ist der oder dem Dienstvorgesetzten mitzuteilen. *(BGBl I 2009/153, BGBl I 2011/6)*

(4) Die Leiterinnen und Leiter der Dienststellen dürfen die Gleichbehandlungsbeauftragten, Kontaktfrauen (Frauenbeauftragten) und Mitglieder des Arbeitskreises für Gleichbehandlungsfragen gemäß § 21 des Hochschulgesetzes 2005 in der Ausübung ihrer Tätigkeit nicht beschränken und sie aus diesem Grunde auch nicht benachteiligen. Aus dieser Tätigkeit darf ihnen bei der Leistungsfeststellung und in ihrem beruflichen Fortkommen kein Nachteil erwachsen. *(BGBl I 1999/132, BGBl I 2007/53, BGBl I 2009/153, BGBl I 2011/6)*

(5) Soweit es die dienstlichen Erfordernisse gestatten, hat die Dienststellenleiterin oder der Dienststellenleiter den Gleichbehandlungsbeauftragten, Kontaktfrauen (Frauenbeauftragten) und Mitgliedern des Arbeitskreises für Gleichbehandlungsfragen gemäß § 21 des Hochschulgesetzes 2005 die Teilnahme an Fortbildungsveranstaltungen des Dienstgebers auf folgenden Gebieten zu ermöglichen:

1. Gleichbehandlungsrecht und Frauenförderung,
2. Menschenrechte,
3. Dienst- und Besoldungsrecht (einschließlich Dienstrechtsverfahren),
4. Organisationsrecht und
5. Reden und Verhandeln.

(BGBl I 2004/65, BGBl I 2009/153, BGBl I 2011/6)

Verschwiegenheitspflicht

§ **38.** (1) Die Gleichbehandlungsbeauftragten, Kontaktfrauen (Frauenbeauftragten) und Mitglieder des Arbeitskreises für Gleichbehandlungsfragen gemäß § 21 des Hochschulgesetzes 2005 haben über alle ihnen ausschließlich in Ausübung ihres Amtes bekannt gewordenen Dienst- und Betriebsgeheimnisse, insbesondere über die ihnen als geheim bezeichneten Angelegenheiten, technischen Einrichtungen, Verfahren und Eigentümlichkeiten des Betriebes, strengste Verschwiegenheit zu bewahren. *(BGBl I 2007/53, BGBl I 2009/153)*

(2) Die in Abs. 1 genannten Bediensteten sind außerdem zur Verschwiegenheit über alle ihnen von einzelnen Dienstnehmerinnen oder Dienstnehmern gemachten Mitteilungen verpflichtet, die der Sache nach oder auf Wunsch der Dienstnehmerinnen oder Dienstnehmer vertraulich zu behandeln sind.

(3) Die Verpflichtung zur Verschwiegenheit nach den Abs. 1 und 2 besteht auch nach der Beendigung der Tätigkeit als Gleichbehandlungsbeauftragte, Gleichbehandlungsbeauftragter oder Kontaktfrau (Frauenbeauftragte) fort. *(BGBl I 2004/65, BGBl I 2007/53)*

Ruhen und Enden der Mitgliedschaft und von Funktionen

§ **39.** (1) Die Mitgliedschaft zur Kommission, zu den Arbeitsgruppen und zur Interministeriellen Arbeitsgruppe für Gleichbehandlungsfragen sowie die Funktionen als Gleichbehandlungsbeauftragte, Gleichbehandlungsbeauftragter und Kontaktfrau (Frauenbeauftragte) ruhen

1. ab der Einleitung eines Disziplinarverfahrens bis zu dessen rechtskräftigem Abschluss und
2. während der Zeit
   a) der Suspendierung,
   b) der Außerdienststellung,
   c) eines Urlaubes von mehr als drei Monaten und
   d) der Leistung des Präsenz- oder Ausbildungs- oder Zivildienstes. *(BGBl I 2007/53)*

(2) Die Mitgliedschaft und die Funktionen nach Abs. 1 enden

1. mit dem Ablauf der Funktionsdauer,
2. mit der rechtskräftigen Verhängung einer Disziplinarstrafe,
3. mit der Versetzung ins Ausland,
4. mit dem Wechsel der Dienstbehörde,
5. mit dem Ausscheiden aus dem Dienststand oder aus dem Personalstand des Ressorts,
6. durch Verzicht und
7. bei Gleichbehandlungsbeauftragten und Kontaktfrauen (Frauenbeauftragten) durch Ausscheiden aus dem betreffenden Vertretungsbereich oder der betreffenden Dienststelle. *(BGBl I 2007/53)*

(3) Die Bundesregierung hat ein Mitglied der Kommission und die Leiterin oder der Leiter der Zentralstelle hat eine Gleichbehandlungsbeauftragte oder einen Gleichbehandlungsbeauftragten, eine Kontaktfrau (Frauenbeauftragte) oder ein Mitglied des Arbeitskreises für Gleichbehandlungsfragen gemäß § 21 des Hochschulgesetzes 2005 abzuberufen, wenn das Mitglied oder sie oder er

1. aufgrund ihrer oder seiner gesundheitlichen Verfassung die mit ihrer oder seiner Funktion verbundenen Aufgaben dauernd nicht mehr erfüllen kann oder
2. die mit ihrer oder seiner Funktion verbundenen Pflichten grob verletzt oder dauernd vernachlässigt hat.

(BGBl I 2004/65, BGBl I 2007/53, BGBl I 2011/6)

III. Teil
Sonderbestimmungen

1. Abschnitt
Sonderbestimmungen für Landeslehrerinnen und Landeslehrer

Anwendungsbereich

§ 40. Die §§ 1 bis 9, 11 bis 11d, 13 bis 20b, 23, 23a Abs. 1 bis 8, 25, 27, 29, 31, 35 und 36 dieses Bundesgesetzes sind auf Lehrerinnen und Lehrer an öffentlichen Pflichtschulen und an land- und forstwirtschaftlichen Berufs- und Fachschulen (§ 1 des Landeslehrer-Dienstrechtsgesetzes, BGBl. Nr. 302/1984, § 1 des Land- und forstwirtschaftlichen Landeslehrer-Dienstrechtsgesetzes, BGBl. Nr. 296/1985, § 1 des Landesvertragslehrergesetzes 1966, BGBl. Nr. 172, und § 1 des Land- und forstwirtschaftlichen Landesvertragslehrergesetzes, BGBl. Nr. 244/1969) mit der Maßgabe anzuwenden, dass

1. sich der enthaltene Verweis auf Bundesbedienstete auf in öffentlichen Pflichtschulen und an land- und forstwirtschaftlichen Berufs- und Fachschulen verwendete Landeslehrerinnen und Landeslehrer bezieht,
2. an die Stelle des Begriffes „Bund" der Begriff „Land" im jeweils richtigen grammatikalischen Zusammenhang tritt,
3. an die Stelle der Wortfolge „Dienststellenleiterin oder Dienststellenleiter" die Wortfolge „Schulleiterin oder Schulleiter" im jeweils richtigen grammatikalischen Zusammenhang tritt,
4. „Zentralstelle" im Sinne dieses Bundesgesetzes jeweils jene Behörde ist, die durch die gemäß Art. 14 Abs. 4 lit. a und Art. 14a Abs. 3 B-VG erlassenen Landesgesetze zur Ausübung der Diensthoheit berufen ist,
5. „Ressorts" im Sinne dieses Bundesgesetzes die Zentralstellen mit den ihnen nachgeordneten Dienststellen sind,
6. „Dienststellen" im Sinne dieses Bundesgesetzes alle öffentlichen Pflichtschulen und land- und forstwirtschaftlichen Berufs- und Fachschulen sind,
7. an Stelle der Verlautbarung im Bundesgesetzblatt II die Verlautbarung im entsprechenden Kundmachungsorgan des Landes vorzunehmen ist,
8. an die Stelle der „Kommission" bzw. ihrer Senate das landesgesetzlich zur Wahrnehmung der Aufgaben der Gleichbehandlungskommission berufene Organ tritt,
9. die Aufgaben der Gleichbehandlungsbeauftragten von jener Person oder jenen Personen wahrzunehmen sind, die dafür von den landesgesetzlich hiezu berufenen Organen bestellt werden,
10. die Aufgaben der Arbeitsgruppen und deren Vorsitzenden von Organisationseinheiten, die aus den gemäß Z 9 bestellten Personen gebildet werden, oder, sofern nur eine solche Person bestellt worden ist, von dieser wahrzunehmen sind,
11. an Stelle der Veröffentlichung auf der Homepage des Bundeskanzleramtes die Veröffentlichung auf einer entsprechenden Homepage des Landes zu erfolgen hat und
12. soweit gemäß den §§ 17 bis 20b Ersatzansprüche an den Bund eingeräumt sind, diese vom Land zu tragen sind.

(BGBl I 2004/65, BGBl I 2007/96)

2. Abschnitt
Sonderbestimmungen für Angehörige von Universitäten

Anwendungsbereich

§ 41. (1) Dieses Bundesgesetz ist auf alle Angehörigen der Universität sowie auf die Bewerberinnen und Bewerber um Aufnahme in ein Arbeitsverhältnis oder ein anderes für eine der in § 94 Abs. 1 Z 2 bis 6 des Universitätsgesetzes 2002, BGBl. I Nr. 120/2002, genannten Funktionen bestimmtes Rechtsverhältnis zur Universität oder um Aufnahme als Studierende, mit Ausnahme des 3. Abschnittes des 1. Hauptstückes des I. Teiles und des 3. und 4. Abschnitts des 1. Hauptstückes des II. Teiles mit der Maßgabe anzuwenden, dass die Universität als Dienststelle und als Zentralstelle (§ 2 Abs. 1 und 2) gilt und sie die Pflicht zur Leistung von Schadenersatz gemäß § 17 Abs. 1 trifft.

(2) Das Recht, sich mit der Gleichbehandlung und Frauenförderung im Bereich der Universitäten im Sinne dieses Bundesgesetzes besonders zu befassen (§ 27) steht dem gemäß § 42 des Universitätsgesetzes 2002 an jeder Universität einzurichtenden Arbeitskreis für Gleichbehandlungsfragen zu. Ihm obliegt insbesondere

1. die Erstellung eines Vorschlags für den Frauenförderungsplan (§ 11a Abs. 1) und
2. die Antragstellung auf Erstattung eines Gutachtens an den jeweiligen Senat der Kommission (§ 23a).

(3) Auf die Mitglieder der Arbeitskreise ist § 37 Abs. 3 und 5 anzuwenden. Die Mitglieder der Arbeitskreise haben einmal jährlich Anspruch auf Ersatz der mit der Teilnahme an einer universitätsübergreifenden Veranstaltung aller Arbeitskreise zur Beratung grundsätzlicher Angelegenheiten der Gleichbehandlung und Frauenförderung an den Universitäten verbundenen Reise(Fahrt)auslagen nach Maßgabe der Reisegebührenvorschrift des Bundes. *(BGBl I 2009/153, BGBl I 2011/6)*

(4) Hat die Universität die Absicht, ein in einem zeitlich befristeten Dienst-, Arbeits- oder anderen Rechtsverhältnis zum Bund oder zur Universität stehendes Mitglied eines Arbeitskreises nicht mehr weiter zu beschäftigen, obwohl eine Weiterverwendung rechtlich zulässig wäre, hat der Rektor diese Absicht dem Arbeitskreis

spätestens zwei Wochen vor dem Zeitablauf des Dienst-, Arbeits- oder Rechtsverhältnisses unter Angabe der Gründe schriftlich mitzuteilen.

(BGBl I 2004/65)

Diskriminierungsverbot im Zusammenhang mit einem Studium

§ **42.** (1) Für Studienwerberinnen, Studienwerber und Studierende an Universitäten gilt ferner, dass sie auch im Zusammenhang mit ihrem Studium, insbesondere bei

1. der Zulassung zum ordentlichen oder außerordentlichen Studium,
2. dem Zugang zu Lehrveranstaltungen mit einer beschränkten Teilnehmerzahl,
3. der Anmeldung zu Prüfungen,
4. der Durchführung von Lehrveranstaltungen oder Prüfungen,
5. der Beurteilung des Studienerfolges,
6. der Festlegung des Themas und der Betreuung der Bakkalaureats-, (künstlerischen) Magister- oder Diplomarbeit oder Dissertation und
7. der Einräumung der Möglichkeit zur Benützung der facheinschlägigen Einrichtungen der Universität nicht unmittelbar oder mittelbar auf Grund des Geschlechtes, der ethnischen Zugehörigkeit, der Religion oder der Weltanschauung, des Alters oder der sexuellen Orientierung diskriminiert werden dürfen.

(2) Eine Diskriminierung auf Grund des Geschlechtes, der ethnischen Zugehörigkeit, der Religion oder der Weltanschauung, des Alters oder der sexuellen Orientierung liegt auch vor, wenn Studienwerberinnen, Studienwerber oder Studierende im Zusammenhang mit ihrem Studium belästigt werden. Auf die Belästigung sind die Bestimmungen der §§ 8, 8a und 16 mit der Maßgabe anzuwenden, dass

1. an die Stelle des Ausdrucks „Vertreterin oder Vertreter des Dienstgebers" der Ausdruck „Vertreterin oder Vertreter jener Universität, an der eine Zulassung zum Studium besteht oder beantragt wird",
2. an die Stelle des Ausdrucks „Arbeitsumwelt" der Ausdruck „Studienumwelt" und
3. an die Stelle des Ausdrucks „zur Aus- und Weiterbildung, Beschäftigung, Weiterbeschäftigung, Beförderung oder Entlohnung oder zur Grundlage einer anderen nachteiligen Entscheidung über das Dienst- oder Ausbildungsverhältnis" der Ausdruck „zum Studium, auf den Studienerfolg oder den Studienfortgang an dieser Universität" tritt.

(BGBl I 2004/65)

3. Abschnitt

Verweisungen

§ **43.** Wird in anderen Bundesgesetzen auf dieses Bundesgesetz in der bis zum Ablauf des 30. Juni 2004 geltenden Fassung verwiesen, sind diese Verweisungen auf dieses Bundesgesetz in der ab 1. Juli 2004 geltenden Fassung und die neuen Bestimmungen dieses Bundesgesetzes in der ab 1. Juli 2004 geltenden Fassung zu beziehen. Sehen diese Verweisungen die Anwendung von Bestimmungen dieses Bundesgesetzes in der bis zum Ablauf des 30. Juni 2004 geltenden Fassung auf Arbeitnehmer einer ausgegliederten Einrichtung, auf die dieser zur dauernden Dienstleistung zugewiesenen Beamten oder auf Bewerber um Aufnahme in ein Arbeitsverhältnis oder sonstiges Rechtsverhältnis zu dieser Einrichtung vor, finden auf den durch die Verweisung erfassten Personenkreis dieser Einrichtung auch die Bestimmungen über die Gleichbehandlung ohne Unterschied der ethnischen Zugehörigkeit, der Religion oder der Weltanschauung, des Alters oder der sexuellen Orientierung dieses Bundesgesetzes in der ab 1. Juli 2004 geltenden Fassung Anwendung.

(BGBl I 2004/65)

IV. Teil

Übergangs- und Schlussbestimmungen

1. Abschnitt

Übergangsbestimmungen

Frauenförderung an Justizanstalten

§ **44.** Die Justizanstalten gelten als eigener Wirkungsbereich einer Dienstbehörde im Sinne des 2. Abschnittes des I. Hauptstückes des I. Teiles dieses Bundesgesetzes.

(BGBl I 2004/65)

Übergangsbestimmungen für Frauenförderungspläne, Berichte, Personen und Institutionen

§ **45.** (1) Frauenförderungspläne, die gemäß § 41 in der bis zum Ablauf des 30. Juni 2004 geltenden Fassung erlassen wurden, gelten bis zum Ablauf ihres Zeitraumes von sechs Jahren weiter und sind weiterhin nach jeweils zwei Jahren an die aktuelle Entwicklung anzupassen.

(2) Auf die Berichte, die nach Abs. 1 über den am 30. Juni 2004 laufenden zweijährigen Geltungszeitraum zu erstellen sind, ist § 50 in der bis zum Ablauf des 30. Juni 2004 geltenden Fassung anzuwenden.

(3) Die nach § 21 in der bis zum Ablauf des 30. Juni 2004 geltenden Fassung bestellten Mitglieder (Ersatzmitglieder) der Bundes-Gleichbehandlungskommission gelten für die Zeit ab 1. Juli 2004 als nach §§ 22 und 22a Abs. 1 Z 1 in der ab 1. Juli 2004 geltenden Fassung bestellte Mitglieder der Kommission und des Senates I mit einer ab 1. Juli 2004 beginnenden Funktionsdauer von fünf Jahren.

(4) Die oder der nach § 21 in der bis zum Ablauf des 30. Juni 2004 geltenden Fassung bestellte Vorsitzende der Bundes-Gleichbehandlungskommission gilt für die Zeit ab 1. Juli 2004 als nach § 22a Abs. 1 Z 1 in der ab

1. Juli 2004 geltenden Fassung bestellte oder bestellter Vorsitzende des Senates I.

(5) Die nach § 26 Abs. 4 in der bis zum Ablauf des 30. Juni 2004 geltenden Fassung bestellten Gleichbehandlungsbeauftragten und deren Stellvertreterinnen und Stellvertreter gelten ab 1. Juli 2004 bis zum Ablauf ihrer Funktionsdauer als nach § 26 in der ab 1. Juli 2004 geltenden Fassung bestellte Gleichbehandlungsbeauftragte und Stellvertreterinnen und Stellvertreter.

(6) Die nach § 32 in der bis zum Ablauf des 30. Juni 2004 geltenden Fassung bestellten Mitglieder der Interministeriellen Arbeitsgruppe für Gleichbehandlungsfragen gelten ab 1. Juli 2004 bis zum Ablauf ihrer Funktionsdauer als nach § 32 in der ab 1. Juli 2004 geltenden Fassung bestellte Mitglieder der Interministeriellen Arbeitsgruppe für Gleichbehandlungsfragen.

(7) Die nach § 35 in der bis zum Ablauf des 30. Juni 2004 geltenden Fassung bestellten Kontaktfrauen gelten ab 1. Juli 2004 bis zum Ablauf ihrer Funktionsdauer als nach § 35 in der ab 1. Juli 2004 geltenden Fassung bestellte Kontaktfrauen.

(BGBl I 2004/65)

Übergangsbestimmung für die Vertretung von Frauen in Kommissionen
(BGBl I 2008/97)

§ 45a. Auf die Zusammensetzung von am 1. September 2008 bestehenden nach Dienstrechtsvorschriften vorgesehenen Kommissionen ist bis zum Ablauf der Funktionsdauer ihrer Mitglieder § 10 in der bis zum Ablauf des 31. August 2008 geltenden Fassung anzuwenden.

(BGBl I 2008/97)

2. Abschnitt
Schlussbestimmungen

Verweisungen auf andere Bundesgesetze

§ 46. Soweit in diesem Bundesgesetz auf andere Bundesgesetze verwiesen wird und nicht ausdrücklich anderes bestimmt ist, sind diese Bundesgesetze in der jeweils geltenden Fassung anzuwenden.

(BGBl I 2004/65)

Inkrafttreten

§ 47. (1) Dieses Bundesgesetz tritt mit dem der Kundmachung im Bundesgesetzblatt folgenden Tag, § 21 mit 1. März 1993 in Kraft.

(2) Dieses Bundesgesetz ist auf Sachverhalte anzuwenden, die nach dem der Kundmachung im Bundesgesetzblatt folgenden Tag verwirklicht wurden.

(3) Die Überschrift nach § 49 im Inhaltsverzeichnis, § 2 Abs. 3a, § 4 erster Satz, § 18 Abs. 1, § 19 Abs. 1 erster Satz, § 20 Z 6, § 21 Abs. 2 Z 4, § 23 Abs. 4, § 32 Abs. 2 Z 2, § 41 Abs. 2, § 53 Abs. 1 und § 53 Abs. 4 in der Fassung des Bundesgesetzes BGBl. Nr. 16/1994 treten mit 1. Jänner 1994 in Kraft. *(BGBl 1994/16)*

(4) § 20 Z 6, § 23 Abs. 2 Z 5, § 27 Abs. 7 und § 28 Abs. 2 Z 2 in der Fassung des Bundesgesetzes BGBl. Nr. 43/1995 treten mit 1. Jänner 1995 in Kraft. *(BGBl 1995/43)*

(5) § 26 Abs. 8 und § 37 Abs. 6 in der Fassung des Bundesgesetzes BGBl. Nr. 522/1995 treten mit 1. Jänner 1995 in Kraft. *(BGBl 1995/522)*

(6) § 2 Abs. 3a in der Fassung des Bundesgesetzes BGBl. Nr. 375/1996 tritt mit 1. Mai 1996 in Kraft. *(BGBl 1996/375)*

(7) § 1 Abs. 1 Z 3 und 3a, § 2 Abs. 5 und § 39 Abs. 1 Z 2 lit. d in der Fassung des Bundesgesetzes BGBl. I Nr. 30/1998 treten mit 1. Jänner 1998 in Kraft. *(BGBl I 1998/30)*

(8) Das Inhaltsverzeichnis, § 6, § 7 Abs. 1, § 9, § 10, § 14, § 15, § 18 Abs. 2, § 20 Z 6, § 21 Abs. 2 bis 4 und 6, § 23 Abs. 8, § 25 Abs. 3, § 27 Abs. 4, § 29 Abs. 2 Z 4 und Abs. 3, § 31 Abs. 2, § 34 Abs. 1, § 37 Abs. 4 bis 9, § 40 Abs. 2, § 41 Abs. 1 und 3 zweiter Satz, § 42, § 43, die Überschriften vor § 46, § 46 samt Überschrift, § 47 samt Überschrift, die Überschrift 7. Teil in der Fassung des Bundesgesetzes BGBl. I Nr. 132/1999 und die §§ 48 bis 52 sowie die Aufhebung des § 2 Abs. 3a, des § 29 Abs. 2 Z 5 und der §§ 46 bis 48, 50 und 51 samt Überschriften durch das Bundesgesetz BGBl. I Nr. 132/1999 treten mit 1. Jänner 2000 in Kraft. *(BGBl I 1999/132)*

(9) § 21 Abs. 1, Abs. 2 Z 1 und 3 und Abs. 4 bis 6, § 24 Abs. 7, § 32 Abs. 1 und 4 und § 50 Abs. 1, 2 und 3 in der Fassung des Bundesgesetzes BGBl. I Nr. 94/2000 treten mit 1. April 2000 in Kraft. *(BGBl I 2000/94)*

(10) § 18 Abs. 3 in der Fassung des Bundesgesetzes BGBl. I Nr. 142/2000 tritt mit 1. Jänner 2002 in Kraft. *(BGBl I 2000/142)*

(11) In der Fassung des Bundesgesetzes BGBl. I Nr. 87/2001 treten in Kraft:
1. das Inhaltsverzeichnis und die §§ 42 bis 44 samt Überschriften mit 1. September 2001,
2. § 46 Abs. 1 mit 30. September 2001.

(BGBl I 2001/87)

(12) Das Inhaltsverzeichnis, der Titel, §§ 1 bis § 23a, § 24 Abs. 1 bis 4a, 6 und 7, §§ 25 bis 36, die Überschriften vor § 37, § 37 Abs. 5 und §§ 38 bis 48 sowie die Aufhebung des § 37 Abs. 6 bis 9 in der Fassung des Bundesgesetzes BGBl. I Nr. 65/2004 treten mit 1. Juli 2004 in Kraft.

(BGBl I 2004/65, BGBl I 2005/82)

(13) In der Fassung des Bundesgesetzes BGBl. I Nr. 82/2005 treten in Kraft:

1. § 20 Abs. 1 und 3, § 20a, § 23a Abs. 2 Z 2 und Abs. 5, § 25 Abs. 2 Z 1 und 2 und § 47 Abs. 12 mit 1. Juli 2004,

2. § 20 Abs. 6 mit 1. Jänner 2006.

(BGBl I 2005/82)

(14) § 22 Abs. 2 Z 3 und § 22b Abs. 2 Z 3 in der Fassung des Bundesgesetzes BGBl. I Nr.

165/2005 treten mit 1. Jänner 2006 in Kraft. *(BGBl I 2005/165)*

(15) In der Fassung des Bundesgesetzes BGBl. I Nr. 53/2007 treten in Kraft:

1. § 12 samt Überschrift, § 22 Abs. 1, Abs. 2 Z 1 und Abs. 4, § 22b Abs. 2 Z 1 und Abs. 3, § 23a Abs. 10, § 24 Abs. 6 und 7, § 30 Abs. 2 und § 32 Abs. 1 und 4 in der Fassung des Bundesgesetzes BGBl. I Nr. 53/2007 mit 1. März 2007 und
2. die Überschrift zu den §§ 35 und 36 des Inhaltsverzeichnisses, die die §§ 35 und 36 betreffenden Zeilen des Inhaltsverzeichnisses, § 21 Z 5, § 27 Abs. 3, § 35 samt Überschriften, § 36 samt Überschrift, § 37, § 38 und § 39 mit 1. Juli 2007. *(BGBl I 2007/53)*

(16) § 23a Abs. 9 und § 40 in der Fassung des Bundesgesetzes BGBl. I Nr. 96/2007 treten mit 1. Jänner 2008 in Kraft. *(BGBl I 2007/96)*

(17) In der Fassung des Bundesgesetzes BGBl. I Nr. 97/2008 treten in Kraft:

1. Die die §§ 10a, 12, 16b, 19a und 45a betreffenden Zeilen des Inhaltsverzeichnisses, § 8 Abs. 2, § 8a Abs. 2, § 10 Abs. 1 (nicht für den Militärischen Dienst), § 10a samt Überschrift, § 12 samt Überschrift, § 16 Abs. 2, § 16b samt Überschrift, § 18c, § 19a samt Überschrift, § 20 Abs. 1 bis 3, § 22 Abs. 4 und 5, § 22b Abs. 3, § 23a Abs. 1, 4 und 9, § 24 Abs. 4a und 6, § 25 Abs. 4 und 5, § 30 Abs. 2, § 32 Abs. 4, § 36 Abs. 1 und § 45a mit 1. September 2008,
2. § 10 Abs. 1 für den Militärischen Dienst mit 1. September 2009. *(BGBl I 2008/97)*

(18) § 1 Abs. 4 in der Fassung des Bundesgesetzes BGBl. I Nr. 135/2009 tritt mit 1. Jänner 2010 in Kraft. *(BGBl I 2009/135)*

(19) § 4a, § 10 Abs. 1 und 2, § 11 Abs. 2, § 11a Abs. 2 erster Satz, § 11b Abs. 1, § 11c, § 18c Abs. 1, § 20, § 21, § 23a Abs. 5 2. Satz, § 24 Abs. 5, § 27 Abs. 3, § 37, § 38 Abs. 1 und § 41 Abs. 3 in der Fassung des Bundesgesetzes BGBl. I Nr. 153/2009 treten mit 1. Jänner 2010 in Kraft. *(BGBl I 2009/153)*

(20) Die den § 6a betreffende Zeile des Inhaltsverzeichnisses, § 1 Abs. 1 Z 5, § 4a Abs. 5, § 6a samt Überschrift, § 13a Abs. 4, § 19 Abs. 3, § 37, § 39 Abs. 3 und § 41 Abs. 3 sowie der Entfall des § 24 Abs. 5a in der Fassung des Bundesgesetzes BGBl. I Nr. 6/2011 treten mit 1. März 2011 in Kraft. *(BGBl I 2011/6)*

Vollziehung

§ **48.** Mit der Vollziehung dieses Bundesgesetzes sind betraut:

1. hinsichtlich des § 40 die Länder,
2. hinsichtlich der Angelegenheiten, die nur den Wirkungsbereich einer Bundesministerin oder eines Bundesministers betreffen, diese Bundesministerin oder dieser Bundesminister,
3. hinsichtlich der übrigen Angelegenheiten die Bundesregierung.

(BGBl I 1999/132, BGBl I 2004/65)

Anhang: VfGH-Erkenntnis Studienbeiträge

1. Erkenntnis des Verfassungsgerichtshofs G 10/11, V 6/10-11 vom 30. Juni 2011

IM NAMEN DER REPUBLIK!

Der Verfassungsgerichtshof hat unter dem Vorsitz des

Präsidenten
Dr. Gerhart HOLZINGER,

in Anwesenheit der Vizepräsidentin
Dr. Brigitte BIERLEIN

und der Mitglieder
Mag. Dr. Eleonore BERCHTOLD-OSTERMANN,
Dr. Sieglinde GAHLEITNER,
DDr. Christoph GRABENWARTER,
Dr. Michael HOLOUBEK,
Dr. Helmut HÖRTENHUBER,
Dr. Claudia KAHR,
Dr. Georg LIENBACHER,
Dr. Rudolf MÜLLER,
Dr. Peter OBERNDORFER,
DDr. Hans Georg RUPPE und
Dr. Johannes SCHNIZER

sowie des Ersatzmitgliedes
Dr. Gabriele KUCSKO-STADLMAYER

als Stimmführer, im Beisein der Schriftführerin
Mag. Julia JERABEK,

in dem von Amts wegen eingeleiteten Verfahren zur Prüfung

1. der Verfassungsmäßigkeit des § 91 Abs. 1 bis 6 und 8 des Bundesgesetzes über die Organisation der Universitäten und ihre Studien (Universitätsgesetz 2002), BGBl. I Nr. 120/2002, in der Fassung BGBl. I Nr. 134/2008 sowie
2. der Gesetzmäßigkeit des § 2 Abs. 3 der Verordnung der Bundesministerin für Bildung, Wissenschaft und Kultur über Studienbeiträge (Studienbeitragsverordnung 2004 – StubeiV 2004), BGBl. II Nr. 55/2004, in der Fassung BGBl. II Nr. 3/2009

in seiner heutigen nichtöffentlichen Sitzung gemäß Art. 140 und Art. 139 B-VG zu Recht erkannt:

I. 1. § 91 Abs. 1 bis 3 und 8 des Bundesgesetzes über die Organisation der Universitäten und ihre Studien (Universitätsgesetz 2002), BGBl. I Nr. 120/2002, in der Fassung BGBl. I Nr. 134/2008 wird als verfassungswidrig aufgehoben.

2. Die Aufhebung tritt mit Ablauf des 29. Februar 2012 in Kraft.

3. Frühere gesetzliche Bestimmungen treten nicht wieder in Kraft.

4. § 91 Abs. 4 bis 6 des Bundesgesetzes über die Organisation der Universitäten und ihre Studien (Universitätsgesetz 2002), BGBl. I Nr. 120/2002, in der Fassung BGBl. I Nr. 134/2008 war verfassungswidrig.

5. Der Bundeskanzler ist zur unverzüglichen Kundmachung dieser Aussprüche im Bundesgesetzblatt I verpflichtet.

II. 1. § 2 Abs. 3 der Verordnung der Bundesministerin für Bildung, Wissenschaft und Kultur über Studienbeiträge (Studienbeitragsverordnung 2004 – StubeiV 2004), BGBl. II Nr. 55/2004, in der Fassung BGBl. II Nr. 3/2009 wird als gesetzwidrig aufgehoben.

2. Die Aufhebung tritt mit Ablauf des 29. Februar 2012 in Kraft.

3. Der Bundesminister für Wissenschaft und Forschung ist zur unverzüglichen Kundmachung dieser Aussprüche im Bundesgesetzblatt II verpflichtet.

Entscheidungsgründe

I. Anlassverfahren, und Vorverfahren

1. Beim Verfassungsgerichtshof ist zur Zahl B 86/10 eine auf Art. 144 B-VG gestützte Beschwerde anhängig, der im Wesentlichen folgender Sachverhalt zu Grunde liegt: Der Beschwerdeführer ist außerordentlicher Studierender an der Technischen Universität Graz. Seinem Antrag auf Feststellung, nicht verpflichtet zu sein, den Studienbeitrag für das Sommersemester 2009 zu bezahlen, wurde mit Bescheid des Senates der Technischen Universität Graz vom 5. Oktober 2009 nicht stattgegeben.

2. Bei der Behandlung der vorliegenden Beschwerde sind beim Verfassungsgerichtshof Bedenken ob der Verfassungsmäßigkeit des § 91 Abs. 1 bis 6 und 8 des Universitätsgesetzes 2002 (in der Folge: UG) und ob der Gesetzmäßigkeit des § 2 Abs. 3 der Studienbeitragsverordnung 2004 (in der Folge: StubeiV 2004) entstanden. Der Verfassungsgerichtshof leitete daher mit Beschluss vom 4. Dezember 2010 von Amts wegen ein Gesetzes- bzw. Verordnungsprüfungsverfahren hinsichtlich der genannten Bestimmungen ein.

2.1. Der Verfassungsgerichtshof ist im Prüfungsbeschluss vom 4. Dezember 2010 (vorläufig) davon ausgegangen, dass der angefochtene Bescheid sich explizit und der Sache nach auf § 2 Abs. 3 StubeiV 2004 stützt, sodass die in Prüfung genommene Verordnungsbestimmung im verfassungsgerichtlichen Bescheidprüfungsverfahren präjudiziell sein dürfte. Nach (vorläufiger) Auffassung des Verfassungsgerichtshofes steht die genannte Verordnungsbestimmung in einem untrennbaren sachlichen und systematischen Zusammenhang mit dem in ihr verwiesenen § 91 Abs. 1 UG, in dem sich die Regelungen über die Befreiung von der Pflicht zur Entrichtung des Studienbeitrags finden, sodass auch diese Gesetzesbestimmung anscheinend präjudiziell ist. Der Verfassungsgerichtshof ging im Prüfungsbeschluss weiters vorderhand davon aus, dass die Abs. 2 bis 6 und Abs. 8 des § 91 UG eine untrennbare Einheit mit dem Abs. 1 dieser Bestimmung bilden und daher auch diese Absätze von der Präjudizialität mit umfasst sein dürften.

2.2. Die Erwägungen, die den Verfassungsgerichtshof zur Einleitung des Gesetzesprüfungsverfahrens veranlasst hatten, legte er dort wie folgt dar:

„§ 91 Abs. 2 UG idF der Novelle 2008, BGBl. I 134, sieht vor, dass Studierende, sofern sie nicht die Voraussetzungen des Abs. 1 erfüllen, für jedes Semester einen Studienbeitrag in der Höhe von 363,36 Euro zu entrichten haben. Abs. 1 betrifft Studierende, welche die österreichische Staatsbürgerschaft besitzen, EU-Bürger oder gleichgestellt sind, ‚wenn sie die vorgesehene Studienzeit pro Studienabschnitt um nicht mehr als zwei Semester überschreiten'. Das UG idF der Novelle 2008 beruht somit anscheinend auf der Konzeption, dass die Pflicht zur Zahlung von Studienbeiträgen – bei Vorliegen bestimmter persönlicher Voraussetzungen – davon abhängt, ob das Studium innerhalb einer bestimmten Frist absolviert wird. Es liegt auf der Hand, dass dabei der Frage, wie diese Frist zu bestimmen ist, für die Bejahung oder Verneinung der Beitragspflicht zentrale Bedeutung zukommt. Daran scheint auch der Umstand nichts zu ändern, dass § 92 Abs. 1 UG in verschiedenen Fällen Ausnahmen von den zeitlichen Erfordernissen des § 91 Abs. 1 leg.cit. vorsieht.

2.1. Unter verfassungsrechtlichem Aspekt ist entscheidend, ob die Wendung ‚vorgesehene Studienzeit pro Studienabschnitt' einen hinreichend klaren Bedeutungsinhalt hat, so dass in allen in Betracht kommenden Fällen die Frage der Beitragspflicht oder Beitragsfreiheit beantwortet werden kann. Nach der vorläufigen Annahme des Verfassungsgerichtshofes ist dies nicht der Fall:

Eine ‚Studienzeit pro Studienabschnitt' ist nach dem aktuellen Stand des Universitätsrechtes nur für Diplomstudien vorgesehen; nur diese sind in Studienabschnitte gegliedert, für die in den einschlägigen studienrechtlichen Vorschriften jeweils eine Studienzeit vorgegeben wird. Für Bachelor-, Master- und Doktoratsstudien ist eine Gliederung in Studienabschnitte hingegen explizit ausgeschlossen (§ 51 Abs. 2 Z 4, 5 und 12 UG).

Für Bachelor- und Masterstudien ist gesetzlich auch keine bestimmte Studienzeit vorgesehen. Nur für Doktoratsstudien legt § 54 Abs. 4 UG eine Dauer von ‚mindestens drei Jahre[n]' fest. Bei Bachelor- und Masterstudien ergibt sich auf der Ebene des Gesetzes die Studiendauer hingegen nur aus der Umschreibung des in ECTS-Anrechnungspunkten angegebenen Arbeitsaufwandes. Mit diesen Punkten wird der relative Anteil des mit den einzelnen Studienleistungen verbundenen Arbeitspensums bestimmt, wobei das Gesetz von einem Jahresarbeitspensum von 1500 Echtstunden ausgeht und diesem 60 ECTS-Punkte zuordnet (vgl. § 51 Abs. 2 Z 26 und § 54 Abs. 3 UG).

Nach § 54 Abs. 2 UG dürfen neu einzurichtende Studien grundsätzlich nur als Bachelor- und Masterstudien eingerichtet werden. Lehramtsstudien und Humanmedizinische Studien sowie Zahnmedizinische Studien dürfen (bis zum In-Kraft-Treten des § 54 Abs. 2 UG idF BGBl. I 81/2009 mit 1. Oktober 2012) nur in Form von Diplomstudien angeboten werden.

Nach § 54 Abs. 3 UG hat der Arbeitsaufwand für Bachelorstudien 180 und für Masterstudien mindestens 120 ECTS-Anrechnungspunkte zu betragen. Wenn dies für die Erlangung der Beschäftigungsfähigkeit zwingend erforderlich ist und die Studiendauer international vergleichbar ist, kann der Arbeitsaufwand für ein Bachelorstudium bis zu 240 ECTS-Anrechnungspunkte betragen. In den Humanmedizinischen und Zahnmedizinischen Studien kann nach dieser Vorschrift der Arbeitsaufwand für das Bachelor- und das Masterstudium insgesamt 360 ECTS-Anrechnungspunkte betragen.

§ 91 Abs. 1 UG idF BGBl. I 134/2008 stellt somit eine Voraussetzung für den Entfall der Studienbeitragspflicht auf, die bei jenen Studien, die bereits im Zeitpunkt der Beschlussfassung über diese Novelle als die grundsätzlich pro futuro allein zulässigen anzusehen sind, nämlich bei den Bachelor- und Masterstudien, anscheinend keinen Sinn macht, weil diese Studien nicht in Studienabschnitte gegliedert sind. Der Verfassungsgerichtshof geht vorderhand nicht davon aus, dass der Gesetzgeber beabsichtigt hätte, einen Entfall der Studienbeitragspflicht gemäß § 91 Abs. 1 UG bei Studien, die nicht in Studienabschnitte gegliedert sind, von vornherein auszuschließen. Es dürfte jedoch weder aus dem Gesetz noch aus anderen studienrechtlichen Vorschriften mit hinreichender Klarheit hervorgehen, wie bei diesen Studien nun jene Studienzeit zu berechnen ist, bei deren Überschreiten (um mehr als zwei Semester) die Beitragspflicht einsetzt. Insbesondere dürfte es – ohne klare gesetzliche Vorgabe – nicht gerechtfertigt sein, die Dauer eines Studienabschnittes bei den Diplomstudien mit der Gesamtdauer des

Studiums beim Bachelor- oder Masterstudium gleichzusetzen, zumal eine solche Studiendauer nur indirekt aus der Umschreibung des in ECTS-Punkten anzugebenden Arbeitsaufwandes ableitbar ist und etwa bei den Humanmedizinischen und Zahnmedizinischen Studien der Arbeitsaufwand für das Bachelor- und das Masterstudium nur als Gesamtgröße (insgesamt 360 ECTS-Anrechnungspunkte) angegeben ist.

2.2. Der Verfassungsgerichtshof hat ferner das Bedenken, dass der Regelung des § 91 Abs. 1 UG nicht mit hinreichender Klarheit entnommen werden kann, ob sie nur auf ordentliche oder auch auf außerordentliche Studierende anzuwenden ist. Außerordentliche Studierende sind die Studierenden, die zu den außerordentlichen Studien zugelassen sind (§ 51 Abs. 2 Z 22 UG). Darunter sind nach der Legaldefinition der Z 20 leg.cit. die Universitätslehrgänge und der Besuch einzelner Lehrveranstaltungen aus wissenschaftlichen Fächern zu verstehen. Während die Beitragspflicht für Universitätslehrgänge gesondert geregelt ist (§ 91 Abs. 7 leg.cit.), kann aus § 91 Abs. 1 leg.cit. nicht mit der verfassungsrechtlich gebotenen Deutlichkeit abgeleitet werden, welche studienbeitragsrechtlichen Konsequenzen sich für außerordentliche Studierende ergeben, die – definitionsgemäß – bloß zu einzelnen Lehrveranstaltungen aus wissenschaftlichen Fächern zugelassen sind. Der Umstand, dass für solche Studien aus der Natur der Sache heraus eine Studienzeit nicht vorgesehen ist, könnte ja sowohl die Schlussfolgerung nahe legen, dass die Vorschrift für außerordentliche Studierende keine (Ausnahme)Regelung trifft, so dass diese gemäß Abs. 1 leg.cit. der Beitragspflicht unterliegen (so offenbar die Position des § 2 Abs. 3 StubeiV 2004). Dafür könnte auch die Überlegung sprechen, dass es durchaus sachlich gerechtfertigt erscheint, wenn der Gesetzgeber eine Beitragsbefreiung Studierenden vorbehält, die eine umfassende universitäre Berufsvorbildung in Form eines ordentlichen Studiums absolvieren. Es wäre aber auch die Argumentation denkbar, dass dann, wenn für bestimmte Studien keine (Mindest)Studienzeit vorgesehen ist, eine Beitragspflicht von vornherein nicht in Betracht kommt, wobei auch ins Treffen geführt werden könnte, dass außerordentliche Studierende den Universitäten anscheinend weniger Kosten verursachen als die ordentlichen.

2.3. Erweisen sich die gegen die in Prüfung gezogene Gesetzesvorschrift dargelegten verfassungsrechtlichen Bedenken als gerechtfertigt, so wäre § 2 Abs. 3 StubeiV 2004, da er sich ausschließlich auf die in dieser Vorschrift enthaltene Verordnungsermächtigung stützen dürfte, anscheinend mit dem Mangel einer nicht ausreichenden gesetzlichen Grundlage behaftet."

3. Die Bundesministerin für Wissenschaft und Forschung erstattete eine Äußerung, in der sie zu den im Prüfungsbeschluss dargelegten Bedenken des Verfassungsgerichtshofes Stellung nimmt und für den Fall der Aufhebung der in Prüfung gezogenen Gesetzesbestimmung „beantragt, der Verfassungsgerichtshof möge im Sinne des Art. 140 B-VG aussprechen, dass die Rechtslage, die vor der Erlassung BGBl. I Nr. 134/2008 gegolten hat, nämlich die Fassung BGBl. I Nr. 87/2007 wieder in Kraft gesetzt werde."

3.1. Sie räumt zwar ein, dass es „prima vista richtig [sei], dass die Wendung ‚vorgesehene Studienzeit pro Studienabschnitt' grundsätzlich auf Bachelor-, Master- und Doktoratsstudien nicht anwendbar zu sein scheint", weil nur Diplomstudien in Studienabschnitte gegliedert seien und für Bachelor- und Masterstudien auch keine auf eine numerische Semesteranzahl abgestimmte Bestimmung hinsichtlich der Studienzeit im UG vorgesehen sei. Aufgrund der den mit den einzelnen Studienleistungen verbundenen Arbeitsaufwand für die Studien festlegenden ECTS-Anrechnungspunkte sei jedoch jedem Bachelor- und Masterstudium eine gewisse Studiendauer zuzurechnen. Die Bundesministerin weist in diesem Zusammenhang weiters darauf hin, dass die meisten von den Curriculakommissionen erlassenen Curricula auch eine verbalisierte Studiendauer vorsähen. Bei teleologischer Interpretation sei daher die Wendung „vorgesehene Studienzeit pro Studienabschnitt" in § 91 Abs. 1 UG auch auf Studierende von Bachelor- und Masterstudien anzuwenden, wobei sowohl Bachelor- als auch Masterstudien hinsichtlich der Dauer grundsätzlich jeweils einem Studienabschnitt eines Diplomstudiums entsprächen. Es könne nicht davon ausgegangen werden, dass der Gesetzgeber bei der gewählten Formulierung im Auge hatte, eine Beitragsbefreiung nur für jene Studierenden vorzusehen, welche sich in einem „Studienabschnitt eines Diplomstudiums" befinden. Ein solcher Ansatz wäre nach Auffassung der Bundesministerin für Wissenschaft und Forschung verfassungswidrig, da er mit dem Gleichheitsgrundsatz keinesfalls in Einklang zu bringen wäre. Im Fall der Doktoratsstudien sei zwar eine in Jahren ausgedrückte Studiendauer festgelegt. Es könne dem Gesetzgeber jedoch nicht unterstellt werden, dass gerade bei sehr kosten-, weil betreuungsintensiven Doktoratsstudien keine Studienbeiträge verlangt werden sollen.

3.2. Zur Studienbeitragspflicht für außerordentliche Studierende bringt die Bundesministerin für Wissenschaft und Forschung vor, dass § 91 UG nicht zwischen ordentlichen und außerordentlichen Studierenden unterscheide, sodass auch außerordentliche Studierende einen Studienbeitrag zu entrichten hätten. Jedoch leitet sie aus dem Fehlen einer „gesetzlichen Studiendauer" und dem Hinweis auf die geringe Akademikerquote in Österreich im internationalen Vergleich, mit denen in den Materialien (IA 890/A BlgNR 23. GP) die Studienbeitragsbefreiung in § 91 Abs. 1 UG begründet wird, ab, dass außerordentliche Studierende nicht nach dieser Bestimmung von der Studiengebühr befreit sein können. Im Übrigen sei der Studienbeitrag nur ein Beitrag zu den tatsächlichen Kosten und unterscheide sich damit vom Lehrgangsbeitrag für Universitätslehrgänge, der sich an den tatsächlichen Kosten orientiere.

4. Die Bundesregierung erstattete eine Äußerung, in der sie beantragt, der Verfassungsgerichtshof wolle aussprechen, dass die in Prüfung gezogene Bestimmung des UG nicht als verfassungswidrig aufgehoben wird. Zu den vorgebrachten Bedenken im Hinblick auf den Verstoß gegen das Rechtsstaatsprinzip führt die Bundesregierung wörtlich Folgendes aus:

„1.2.1. Zu den Bedenken hinsichtlich der Wendung ‚vorgesehene Studienzeit pro Studienabschnitt':

Der Gesetzgeber ging bei der teilweisen Abschaffung der Studienbeiträge durch die Novelle BGBl. I Nr. 134/2008 Universitätsgesetz von der Konzeption aus, dass man nur dann vom Studienbeitrag befreit sein soll, wenn das Studium innerhalb einer bestimmten bzw. bestimmbaren Frist abgeschlossen wird. Damit wollte man ‚leistungswilligen Studierenden' das Studium ohne Studiengebühren ermöglichen (vgl. den zugrundeliegenden Initiativantrag (XXIII. GP) Nr. 980/A, S. 8).

Das Universitätsgesetz 2002 sieht – anders als früher das Universitätsstudiengesetz (UniStG) – keine Verpflichtung mehr vor, Studien in bestimmter Weise zu gliedern.

Für Bachelor- und Masterstudien ist daher keine Semester- oder Jahresgliederung mehr vorgesehen. Das bedeutet aber nicht, dass für diese Studien keine Studiendauer festgelegt wäre. Die maßgebliche Studiendauer ergibt sich vielmehr aus einer Umschreibung des Arbeitsaufwandes, der in ECTS-Punkten anzugeben ist (vgl. *Perthold-Stoitzner*, Verfassungsrechtliches zur Neuregelung der Studienbeitragspflicht, in *Hauser/Kostal*, Jahrbuch Hochschulrecht 09, 119).

Mit dem Übergang zu einem dreistufigen Studiensystem – Bachelor-, Master- und Doktoratsstudium (dem sogenannten Bologna-Studiensystem) – wird durch die Anrechenbarkeit von Studienleistungen in Form von ECTS-Punkten den Studierenden europäischer Universitäten ermöglicht, an mehreren europäischen Universitäten zu studieren und die erbrachten Leistungen in allen Studien gleich anrechnen zu lassen (vgl. *Rainer*, Vorbemerkungen zum II. Teil des UG II in *Mayer*, Kommentar UG^2 230). Damit wurde vor allem die Mobilität von Studierenden gefördert.

Der Bundesgesetzgeber hat in § 54 Abs. 3 des Universitätsgesetzes 2002 den Arbeitsaufwand für Bachelorstudien mit 180 ECTS-Anrechnungspunkten und den Arbeitsaufwand für Masterstudien mit mindestens 120 ECTS-Anrechnungspunkten festgelegt. Er hat in § 54 Abs. 4 Universitätsgesetz 2002 die Dauer von Doktoratsstudien mit mindestens drei Jahren festgelegt. Gemäß § 51 Abs. 2 Z 26 des Universitätsgesetzes 2002 ist der Umfang der Studien mit Ausnahme der Doktoratsstudien im Sinne des europäischen Systems zur Anrechnung von Studienleistungen (European Credit Transfer System – ECTS, im Sinne des Beschlusses Nr. 253/2000/EG des Europäischen Parlaments und des Rates über die Durchführung der zweiten Phase des gemeinschaftlichen Aktionsprogramms im Bereich der allgemeinen Bildung Sokrates, ABl. Nr. L 28 vom 3.2.2000 S 1, in der Fassung des Beschlusses Nr. 451/2003/EG, ABl. L 69 vom 13.3.2003 S 6.) in ECTS-Anrechnungspunkten anzugeben. Mit diesen Anrechnungspunkten ist der relative Anteil des mit den einzelnen Studienleistungen verbundenen Arbeitspensums zu bestimmen, wobei das Arbeitspensum eines Jahres 1500 Echtstunden zu betragen hat und diesem Arbeitspensum 60 Anrechnungspunkte zugeteilt werden. 30 ECTS-Punkte entsprechen nach herrschendem Verständnis daher einem Semester (vgl. *Perthold-Stoitzner*, Verfassungsrechtliches zur Neuregelung der Studienbeitragspflicht, in Jahrbuch Hochschulrecht 09, 119).

Aus der Bestimmung des § 54 Abs. 3 des Universitätsgesetzes 2002, wonach der Arbeitsaufwand für ein Bachelorstudium (mit Ausnahmen) 180 ECTS-Anrechnungspunkte und für ein Masterstudium mindestens 120 ECTS-Anrechnungspunkte zu betragen hat, ergibt sich daher durch Zusammenschau mit § 51 Abs. 2 Z 26 des Universitätsgesetzes 2002, dass ein Bachelorstudium grundsätzlich eine Studiendauer von sechs Semestern und ein Masterstudium eine Studiendauer von mindestens vier Semestern aufweist. Daher kann auch durch die Angabe von ECTS-Anrechnungspunkten eine ‚gesetzliche Studiendauer' im Sinne des § 91 Abs. 1 des Universitätsgesetzes 2002 bestimmt werden. Das ergibt sich auch aus der Vorgängerregelung – dem außer Kraft getretenen Universitätsstudiengesetz (UniStG) –, wo normiert war, dass bei der Umwandlung von Diplomstudien in Bakkalaureats-Magisterstudien die Gesamtstudiendauer aus der Summe eines Bakkalaureats- und des aufbauenden Magisterstudiums die Dauer des zugrundeliegenden Diplomstudiums grundsätzlich nicht überschreiten darf [§ 11a Abs. 4 UniStG, BGBl. I Nr. 48/1997 idF BGBl. Nr. 167/1999 (außer Kraft)]. Darüber hinaus bringen die Materialien dieser Vorgängerregelung auch deutlich zum Ausdruck, dass die Bachelor- und Masterstudien im Vergleich zu den Diplomstudien ‚keine andere Art von Studien' darstellen (vgl. *Novak*, Rechtsfragen zur Studienbeitragspflicht an Universitäten, zfhr 2009, 104 f; RV 1997 BlgNR 20. GP, 13).

Aus dem vorher Gesagten ergibt sich, dass jedem Bachelor- und Masterstudium eine gewisse Studiendauer zuzurechnen ist, die in ECTS-Anrechnungspunkten ausgedrückt wird. Im Übrigen sehen die meisten von den Curriculakommissionen erlassenen Curricula (Studienpläne) auch eine verbalisierte Studiendauer vor.

Im Wege einer teleologischen Interpretation des § 91 Abs. 1 des Universitätsgesetzes 2002 ergibt sich daher, dass die Wendung ‚wenn sie die vorgesehene Studienzeit pro Studienabschnitt um nicht mehr als zwei Semester überschreiten' auch auf Studierende von Bachelor- und Masterstudien anzuwenden ist. Sowohl Bachelor- als auch Masterstudien entsprechen somit hinsichtlich der Dauer grundsätzlich jeweils einem Studienabschnitt des (früheren) Diplomstudiums.

Auch im Sinne einer verfassungskonformen Interpretation ist eine solche Auslegung nicht nur möglich, sondern auch geboten, da im gegenteiligen Fall die Regelung in einem Spannungsverhältnis zum Gleichheitssatz stünde. Es wäre sachlich nicht gerechtfertigt, wenn man die Regelung derart auslegen würde, dass für Bachelor- und Masterstudien keine Beitragsbefreiung normiert wäre. Eine gleichheitskonforme Interpretation ist daher sogar geboten, weshalb im Sinne einer verfassungskonformen Interpretation – durch die Umrechnung von ECTS-Punkten – jedem Bachelor- und Masterstudium eine gewisse Studiendauer zuzurechnen ist.

Zur Frage der Feststellung des Gesetzesinhalts bei der Bestimmtheitsprüfung hat der Verfassungsgerichtshof selbst ausgesprochen, dass alle zur Verfügung stehenden Auslegungsmöglichkeiten ausgeschöpft werden müssen. Nur wenn sich nach Heranziehung aller zur Verfügung stehenden Interpretationsmethoden immer noch nicht beurteilen lasse, was rechtens ist, verletze die Vorschrift Art. 18 B-VG (vgl. VfSlg. 16.911/2003; *Walter/Mayer/Kucsko-Stadlmayer*, Bundes-Verfassungsrecht[10], Rz 573).

1.2.2. Zu den Bedenken hinsichtlich außerordentlicher Studierender:

Gemäß § 51 Abs. 2 Z 22 des Universitätsgesetzes 2002 sind außerordentliche Studierende die Studierenden, die zu den außerordentlichen Studien zugelassen sind. Darunter werden gemäß § 51 Abs. 2 Z 20 des Universitätsgesetzes 2002 die Universitätslehrgänge und der Besuch einzelner Lehrveranstaltungen aus wissenschaftlichen Fächern verstanden. Unstrittig ist, dass die Beitragspflicht für Universitätslehrgänge gesondert geregelt ist. Für Universitätslehrgänge wird gemäß § 91 Abs. 7 des Universitätsgesetz 2002 ein Lehrgangsbeitrag eingehoben. Außerordentliche studierende Lehrgangsteilnehmer haben ex lege keinen Studienbeitrag zu entrichten.

Der § 91 Abs. 1 des Universitätsgesetzes 2002 unterscheidet zwar nicht nach ordentlichen und außerordentlichen Studierenden, doch geht, wie bereits ausgeführt wurde, aus dem Wortlaut klar hervor, dass die Befreiung von Studiengebühren an eine bestimmte oder zumindest bestimmbare Studiendauer anknüpft. Die Anknüpfung an eine Studiendauer ist bei außerordentlichen Studierenden gerade nicht möglich, da diese nur einzelne Lehrveranstaltungen besuchen und für sie keine ‚Studienzeit' vorgesehen ist. Im Gegensatz zu den Bachelor- und Masterstudien ist die Studienzeit außerordentlicher Studien daher auch nicht bestimmbar. Da sie somit von der Ausnahmeregelung des Abs. 1 nicht umfasst sind, gilt für außerordentliche Studierende die Regel des Abs. 2, nämlich, dass Studiengebühren zu entrichten sind.

Aus der Begründung zum oben zitierten Initiativantrag (980/A XXIII. GP) geht darüber hinaus hervor, dass ‚Österreich ... im internationalen Vergleich zu wenig Akademiker' aufweist. Daraus kann abgeleitet werden, dass der Gesetzgeber nur diejenigen Studierenden von den Studiengebühren befreien wollte, die ein gesamtes Studium absolvieren können. Der Verfassungsgerichtshof räumt in seinem Beschluss ebenfalls ein, dass es sachlich gerechtfertigt erscheint, wenn der Gesetzgeber eine Beitragsbefreiung Studierenden vorbehält, die eine umfassende universitäre Berufsvorbildung in Form eines ordentlichen Studiums absolvieren.

Aus der Sicht der Bundesregierung ergibt sich somit eindeutig, dass § 91 Abs. 1 des Universitätsgesetzes 2002 nicht auf außerordentliche Studierende anzuwenden ist."

II. Rechtslage

1. § 91 UG, BGBl. I 120/2002, lautet idF BGBl. I 134/2008 (die in Prüfung gezogenen Absätze sind hervorgehoben).

„Studienbeitrag

§ 91. (1) Studierende, welche die österreichische Staatsbürgerschaft besitzen, EU Bürger sind oder denen Österreich auf Grund eines völkerrechtlichen Vertrages (wie zB der Konvention über die Rechtsstellung der Flüchtlinge, BGBl. Nr. 55/1955) dieselben Rechte für den Berufszugang zu gewähren hat wie Inländern, haben, wenn sie die vorgesehene Studienzeit pro Studienabschnitt um nicht mehr als zwei Semester überschreiten, keinen Studienbeitrag zu entrichten. Wird ein Studienabschnitt in der vorgesehenen Studienzeit absolviert, kann einem weiteren Studienabschnitt ein Semester zugerechnet werden. Zeiten des Präsenz- und Zivildienstes, der während der Studienzeit absolviert wird, werden auf die vorgesehene Studienzeit nicht angerechnet.

(2) Studierende, die die Voraussetzungen gemäß Abs. 1 nicht erfüllen, haben jedes Semester einen Studienbeitrag in der Höhe von 363,36 Euro zu entrichten. Der Studienbeitrag erhöht sich bei Entrichtung innerhalb der Nachfrist um 10 vH.

(3) Studierende, die zu mehreren Studien, auch an mehreren Universitäten, zugelassen sind, haben den Studienbeitrag nur einmal zu entrichten.

(4) Der Studienbeitrag ist für jedes Semester im Voraus zu entrichten. Zur Sicherstellung der Einhebung des Studienbeitrages sind der Bundesministerin oder dem Bundesminister von den Universitäten folgende Daten der Studierenden zu übermitteln:

1. die Matrikelnummer;
2. die Namen einschließlich allfälliger akademischer Grade und das Geschlecht;
3. die Staatsangehörigkeit;
4. der Beitragsstatus;
5. die Anschrift am Studienort und am Heimatort.

Nähere Bestimmungen zur Einhebung des Studienbeitrages sind durch die Bundesministerin oder den Bundesminister durch Verordnung festzulegen.

(5) Die Studienbeiträge verbleiben der jeweiligen Universität.

(6) Der Studienbeitrag von Studierenden, die ein von mehreren Universitäten gemeinsam eingerichtetes Studium betreiben oder die zu mehreren Studien an verschiedenen Universitäten zugelassen sind, ist unter den beteiligten Universitäten aufzuteilen.

(7) Für den Besuch von Universitätslehrgängen haben die Teilnehmerinnen und Teilnehmer einen Lehrgangsbeitrag zu entrichten. Er ist unter Berücksichtigung der tatsächlichen Kosten des Universitätslehrgangs festzusetzen. Ordentlichen Studierenden, die eine Studienbeihilfe beziehen, ist auf Antrag unter Bedachtnahme auf ihre Leistungsfähigkeit eine Ermäßigung des Lehrgangsbeitrags zu gewähren. Der Lehrgangsbeitrag ist vom Senat festzusetzen. Außerordentliche Studierende, die ausschließlich zum Studium eines Universitätslehrganges zugelassen sind, haben den Lehrgangsbeitrag und keinen Studienbeitrag zu entrichten. Für Vorbereitungslehrgänge ist kein Lehrgangsbeitrag und kein Studienbeitrag einzuheben.

(8) Anlässlich der Entrichtung des Studienbeitrages sind die Studierenden berechtigt, zwischen den vom Senat gemäß § 25 Abs. 1 Z 13 festgelegten Möglichkeiten der Zweckwidmung der Studienbeiträge zu wählen."

Mit BGBl. I 81/2009 wurden die Abs. 4 bis 7 des § 91 UG neu gefasst, wobei neben redaktionellen Umstellungen nur in diesem Zusammenhang unwesentliche inhaltliche Änderungen (insbesondere wurde die Bundesrechenzentrum GmbH gesetzlich beauftragt, einen Datenverbund zur Sicherstellung der Einhebung des Studienbeitrags zu betreiben) vorgenommen wurden.

2. § 2 Abs. 3 StubeiV 2004, BGBl. II 55, idF BGBl. II 3/2009 (das ist die in Prüfung gezogene Verordnungsbestimmung) lautet:

„§ 91 Abs. 1 des Universitätsgesetzes 2002 ist nur auf ordentliche Studierende anzuwenden."

III. Erwägungen

1. Prozessvoraussetzungen

Das Gesetzes- und Verordnungsprüfungsverfahren hat nicht ergeben, dass die vorläufigen Annahmen des Verfassungsgerichtshofes, dass die Beschwerde zulässig ist, § 2 Abs. 3 StubeiV 2004 im verfassungsgerichtlichen Bescheidprüfungsverfahren präjudiziell ist, § 91 Abs. 1 UG mit dieser Bestimmung in einem untrennbaren Zusammenhang steht und die Abs. 2 bis 6 und 8 des § 91 UG mit Abs. 1 dieser Bestimmung eine untrennbare Einheit bilden, unzutreffend wären. Da im Verfahren auch sonst Zweifel am Vorliegen der Prozessvoraussetzungen weder vorgebracht noch entstanden sind, ist das Gesetzes- und Verordnungsprüfungsverfahren zulässig.

2. In der Sache

2.1. Zum Gesetzesprüfungsverfahren

2.1.1. Die Bedenken des Verfassungsgerichtshofes ob der Verfassungsmäßigkeit des § 91 Abs. 1 UG konnten im Gesetzesprüfungsverfahren nicht zerstreut werden.

2.1.2. Die im Prüfungsbeschluss dargelegten Bedenken des Verfassungsgerichtshofes gingen zum einen dahin, dass eine „Studienzeit pro Studienabschnitt" nach dem aktuellen Stand des Universitätsrechtes nur für Diplomstudien vorgesehen ist (die aber grundsätzlich nicht mehr eingerichtet werden dürfen) und dem § 91 Abs. 1 UG daher nicht mit hinreichender Klarheit entnommen werden kann, wie bei allen anderen Studien die Studienzeit zu berechnen ist, bei deren Überschreiten (um mehr als zwei Semester) die Beitragspflicht nach § 91 Abs. 2 UG einsetzt. Zum anderen hegte der Verfassungsgerichtshof das Bedenken, dass aus § 91 Abs. 1 UG nicht mit hinreichender Klarheit hervorgeht, ob diese Bestimmung nur auf ordentliche oder auch auf außerordentliche Studierende anzuwenden ist.

2.1.3. Sowohl die Bundesministerin für Wissenschaft und Forschung als auch die Bundesregierung räumen ein, dass für Bachelor- und Masterstudien keine in Semester oder Jahre gegliederte Studiendauer festgelegt sei. Sie wenden jedoch ein, dass die maßgebliche Studiendauer aus einer Umschreibung des Arbeitsaufwandes, der in ECTS-Punkten ausgedrückt wird, abzuleiten sei. Im Wege einer teleologischen Interpretation des § 91 Abs. 1 UG ergebe sich daher, dass die Wendung „wenn sie die vorgesehene Studienzeit pro Studienabschnitt um nicht mehr als zwei Semester überschreiten" auch auf Studierende von Bachelor- und Masterstudien anzuwenden sei, wobei sowohl das Bachelor- als auch das Masterstudium hinsichtlich der Dauer grundsätzlich jeweils einem Studienabschnitt des (früheren) Diplomstudiums entsprächen. Hinsichtlich der Frage der Studienbeitragspflicht außerordentlicher Studierender bringen die Bundesregierung und die Bundesministerin für Wissenschaft und Forschung vor, dass § 91 Abs. 1 UG an eine bestimmte Studiendauer anknüpfe, für außerordentliche Studierende (die keine Lehrgangsteilnehmer sind) aber keine Studienzeit vorgesehen sei, da diese nur einzelne Lehrveranstaltungen besuchen. Außerordentliche Studierende seien daher nicht von der Ausnahmeregelung des Abs. 1 des § 91 UG umfasst; sie hätten sohin einen Studienbeitrag nach Abs. 2 dieser Bestimmung zu entrichten. Dafür spreche auch der Hinweis auf die geringe Akademikerquote in Österreich im internationalen Vergleich, mit der in den Materialien (IA 890/A BlgNR 23. GP) die Studienbeitragsbefreiung in § 91 Abs. 1 UG begründet wird.

2.1.4. Dieses Vorbringen vermag den Verfassungsgerichtshof jedoch aus folgenden Gründen nicht zu überzeugen:

Gemäß Art. 18 Abs. 1 B-VG darf die gesamte staatliche Verwaltung nur auf Grund der Gesetze ausgeübt werden. In ständiger Rechtsprechung tut der Verfassungsgerichtshof dar, dass daher bereits im Gesetz die wesentlichen Voraussetzungen und Inhalte des behördlichen Handelns umschrieben sein müssen (VfSlg. 8395/1978 und die dort genannten Beispiele aus der Vorjudikatur). Der Verfassungsgerichtshof hat aber auch ausgesprochen, dass angesichts der unterschiedlichen Lebensgebiete, Sachverhalte und Rechtsfolgen, die Gegenstand und Inhalt gesetzlicher Regelung sein können, ganz allgemein davon auszugehen sei, dass Art. 18 B-VG einen dem jeweiligen Regelungsgegenstand adäquaten Determinierungsgrad verlangt (VfSlg. 13.785/1994, 16.993/2003, 18.895/2009). Eine besonders genaue gesetzliche Determinierung ist dabei in jenen Bereichen geboten, in denen eine exakte Vorherbestimmung möglich ist und in denen das Rechtsschutzbedürfnis (wie etwa im Strafrecht, Sozialversicherungsrecht oder im Steuerrecht) eine solche erfordert (VfSlg. 13.785/1994 mwN). Dies trifft auch auf den Bereich des Studienbeitragsrechts zu.

Der nach dieser Rechtsprechung erforderliche Determinierungsgrad wird durch § 91 Abs. 1 UG idF BGBl. I 134/2008 nicht erreicht.

Der Verfassungsgerichthof teilt die Auffassung der Bundesregierung, dass der Gesetzgeber einen Entfall der Studienbeitragspflicht nach § 91 Abs. 1 UG auch bei Studien, die nicht in Studienabschnitte gegliedert sind, insbesondere bei Bachelor- und Masterstudien, nicht von vornherein ausschließen wollte und ein solcher Ausschluss schon deswegen nicht anzunehmen ist, weil er gegen den auch den Gesetzgeber bindenden Gleichheitssatz verstieße. Angesichts dessen wäre es aber im Hinblick auf Art. 18 B-VG erforderlich, dass aus den einschlägigen studienrechtlichen Vorschriften unmittelbar zu entnehmen ist, ab welchem Zeitpunkt eine Beitragspflicht anzunehmen ist. Wenn der Gesetzestext von einer Studienzeit pro Studienabschnitt spricht, dann lässt er es offen, wie die Beitragspflicht oder Beitragsfreiheit bei Studien festgestellt werden soll, bei denen weder Studienabschnitte noch für diese eine Studienzeit vorgesehen sind. Dem Gesetzgeber stünde es wohl frei, bei Studien, für die weder eine Studienzeit noch eine Gliederung in Studienabschnitte vorgesehen ist, die Beitragspflicht bzw. Beitragsfreiheit an Hand anderer Kriterien, etwa auch an der Zahl der erworbenen ECTS-Punkte zu bestimmen. Dazu bedürfte es jedoch einer entsprechend klaren gesetzlichen Grundlage, wie sie beispielsweise durch das Bundesgesetz BGBl. I 47/2008 im Studienförderungsgesetz 1992 (§ 18) geschaffen wurde. Wenn der Gesetzgeber es für notwendig erachtet, diese Frage im Beihilfenrecht exakt zu regeln, ist es verfassungsrechtlich nicht hinzunehmen, dass sie dort, wo es um die Studienbeitragspflicht geht, ungeregelt bleibt. Dass auf Ebene der jeweiligen Universität in einzelnen Curricula eine Studiendauer festgesetzt ist, vermag an dieser Auffassung nichts zu ändern.

Ebenso wenig vermag den Verfassungsgerichtshof das Vorbringen der Bundesregierung zu überzeugen, dass aus § 91 Abs. 1 UG klar hervorgehe, dass diese Bestimmung auf außerordentliche Studierende keine Anwendung findet. Wie schon im Prüfungsbeschluss dargelegt, ist nämlich ebenso die Auslegung möglich, dass eine Studienbeitragspflicht für Studien, bei denen einen Studienzeit nicht vorgesehen ist und damit auch eine Studienzeitüberschreitung von vornherein nicht in Betracht kommt, entfällt. Dafür spricht nicht nur, dass außerordentliche Studierende in der Regel weniger Kosten verursachen als ordentliche Studierende; auch die von der Bundesregierung ins Treffen geführten Materialen zur Novelle BGBl. I 134/2008 (IA 890/A BlgNR 23. GP), nach denen „[d]amit ... wieder jene Regelung eingeführt [wird], die bis zur Einführung der Allgemeinen Studiengebühren gegolten hat", legen diese Auslegung nahe, weil nach dieser früheren Regelung jedenfalls auch für außerordentliche Studierende der Grundsatz der Beitragsfreiheit galt. Hinsichtlich der Frage des Vorliegens einer Studiendauer ist im Übrigen auf die Ausführungen zu den Bachelor- und Masterstudien hinzuweisen: Aus den auch für außerordentliche Studien feststellbaren ECTS-Anrechnungspunkten wäre für diese ebenso indirekt eine Studienzeit ableitbar, wie die Bundesregierung dies für die Bachelor- und Masterstudien annimmt. Damit zeigt sich aber, dass § 91 Abs. 1 UG den Anforderungen des Art. 18 B-VG auch insoweit nicht entspricht, als aus ihm nicht mit hinreichender Klarheit hervorgeht, ob dieser Bestimmung auch außerordentliche Studierende unterliegen oder nicht.

§ 91 Abs. 1 UG und die damit in untrennbarem Zusammenhang stehenden Abs. 2, 3 und 8 dieser Vorschrift sind daher als verfassungswidrig aufzuheben; hinsichtlich der ebenfalls mit Abs. 1 des § 91 UG in untrennbarem Zusammenhang stehenden Abs. 4 bis 6 dieser Bestimmung, die mit Bundesgesetz BGBl. I 81/2009 novelliert wurden, ist auszusprechen, dass diese in der (im Anlassverfahren präjudiziellen) Fassung BGBl. I 134/2008 verfassungswidrig waren.

2.2. Zum Verordnungsprüfungsverfahren

Nach der ständigen Rechtsprechung des Verfassungsgerichtshofes (zB VfSlg. 9535/1982) hat die Verfassungswidrigkeit jener Gesetzesbestimmung, die die Verordnung trägt, zur Folge, dass die Verordnung hiemit der erforderlichen gesetzlichen Deckung entbehrt. Aus der Aufhebung des § 91 Abs. 1 UG, auf den die in Prüfung gezogene Verordnungsbestimmung gestützt ist, folgt demnach die Gesetzwidrigkeit des § 2 Abs. 3 StubeiV 2004.

IV. Ergebnis und damit zusammenhängende Ausführungen

1. Daher sind § 91 Abs. 1 bis 3 und 8 UG als verfassungswidrig und § 2 Abs. 3 StubeiV 2004 als gesetzwidrig aufzuheben; hinsichtlich § 91 Abs. 4 bis 6 UG ist auszusprechen, dass diese Bestimmung verfassungswidrig war.
2. Die Bestimmung einer Frist für das Außer-Kraft-Treten der aufgehobenen Gesetzesstelle gründet sich auf Art. 140 Abs. 5 dritter und vierter Satz B-VG. Mit dieser Frist soll dem Gesetzgeber und in der Folge dem Verordnungsgeber die Möglichkeit einer Neuregelung eingeräumt und gleichzeitig ein Außer-Kraft-Treten der aufgehobenen Gesetzesbestimmungen während des laufenden Semesters verhindert werden.
3. Der Ausspruch, dass frühere gesetzliche Bestimmungen nicht wieder in Kraft treten, beruht auf Art. 140 Abs. 6 erster Satz B-VG.
4. Die Verpflichtung des Bundeskanzlers zur unverzüglichen Kundmachung der Aufhebung und der damit im Zusammenhang stehenden sonstigen Aussprüche erfließt aus Art. 140 Abs. 5 erster Satz B-VG und § 64 Abs. 2 VfGG iVm § 3 Z 3 BGBlG.
5. Die Bestimmung einer Frist für das Außer-Kraft-Treten der aufgehobenen Verordnungsstelle gründet sich auf Art. 139 Abs. 5 letzter Satz B-VG.
6. Die Verpflichtung des Bundesministers für Wissenschaft und Forschung zur unverzüglichen Kundmachung der Aufhebung und des damit im Zusammenhang stehenden weiteren Ausspruchs erfließt aus Art. 139 Abs. 5 erster Satz B-VG und § 60 Abs. 2 VfGG iVm § 4 Abs. 1 Z 4 BGBlG.
7. Diese Entscheidung konnte gemäß § 19 Abs. 4 erster Satz VfGG ohne mündliche Verhandlung in nichtöffentlicher Sitzung getroffen werden.

Wien, am 30. Juni 2011

Der Präsident:

Dr. HOLZINGER

Schriftführerin:

Mag. JERABEK

2. Kundmachung des Bundeskanzlers über die Aufhebung des § 91 Abs. 1 bis 3 und 8 des Universitätsgesetzes 2002

BGBl I 2011/45

Kundmachung des Bundeskanzlers über die Aufhebung des § 91 Abs. 1 bis 3 und 8 des Universitätsgesetzes 2002 durch den Verfassungsgerichtshof sowie über den Ausspruch des Verfassungsgerichtshofs, dass § 91 Abs. 4 bis 6 des Universitätsgesetzes 2002 verfassungswidrig war

Gemäß Art. 140 Abs. 5 und 6 B-VG und gemäß § 64 Abs. 2 und § 65 des Verfassungsgerichtshofgesetzes 1953, BGBl. Nr. 85, wird kundgemacht:

Der Verfassungsgerichtshof hat mit Erkenntnis vom 30. Juni 2011, G 10/11, V 6/11-10, dem Bundeskanzler zugestellt am 7. Juli 2011, zu Recht erkannt:

„1. § 91 Abs. 1 bis 3 und 8 des Bundesgesetzes über die Organisation der Universitäten und ihre Studien (Universitätsgesetz 2002), BGBl. I Nr. 120/2002, in der Fassung BGBl. I Nr. 134/2008 wird als verfassungswidrig aufgehoben.

2. Die Aufhebung tritt mit Ablauf des 29. Februar 2012 in Kraft.

3. Frühere gesetzliche Bestimmungen treten nicht wieder in Kraft.

4. § 91 Abs. 4 bis 6 des Bundesgesetzes über die Organisation der Universitäten und ihre Studien (Universitätsgesetz 2002), BGBl. I Nr. 120/2002, in der Fassung BGBl. I Nr. 134/2008 war verfassungswidrig."

3. Kundmachung des Bundesministers für Wissenschaft und Forschung über die Aufhebung des § 2 Abs. 3 der Studienbeitragsverordnung 2004

BGBl II 2011/230

Kundmachung des Bundesministers für Wissenschaft und Forschung über die Aufhebung des § 2 Abs. 3 der Studienbeitragsverordnung durch den Verfassungsgerichtshof

Gemäß Art. 139 Abs. 5 B-VG wird kundgemacht:

Der Verfassungsgerichtshof hat mit Erkenntnis vom 30. Juni 2011, G 10/11, V 6/11-10, dem Bundesminister für Wissenschaft und Forschung zugestellt am 7. Juli 2011, zu Recht erkannt:

1. § 2 Abs. 3 der Verordnung der Bundesministerin für Bildung, Wissenschaft und Kultur über Studienbeiträge (Studienbeitragsverordnung 2004 – StubeiV 2004), BGBl. II Nr. 55/2004, in der Fassung BGBl. II Nr. 3/2009 wird als gesetzwidrig aufgehoben.
2. Die Aufhebung tritt mit Ablauf des 29. Februar 2012 in Kraft.